我
思

敢於運用你的理智

張純一（1871—1955），字仲如，湖北漢陽人；1909年開始任職于基督教出版機構上海廣學會，編纂《大同報》，從事基督教的研究；後因對基督教的批判，爲教界所排斥，于1919年離開廣學會；後開始真正接觸佛教界和研究佛學，主張『佛化基督教』，得到太虛大師的賞識。

除了對基督教和佛教有切身的體會和研究外，張純一對諸子百家也有深入的研究，著有《老子通釋》（1946）、《晏子春秋校注》（1930）等；尤其在墨學研究上做出了卓越的貢獻，著有《墨子間詁箋》（1922）及增訂本、《墨學與景教》（1923）、《墨學分科》（1923）、《墨子集解》（1936）。本次影印的《墨子集解》是1936年9月世界書局版。

張純一的《墨子集解》是繼孫詒讓《墨子間詁》後又一注解墨子的力作，其在『叙』中有言：『余自民國八年春研尋是書，迄今十有七年。嘗終日覃思，屢忘寢食，辨古字聲形之轉變，稽故書記載之异同，正僞補脫，期得真詮。』

墨子集解

張純一 著

長江出版傳媒
崇文書局

圖書在版編目（ＣＩＰ）數據

墨子集解 / 張純一著． -- 武漢 ： 崇文書局，
2024.5
（中國古代哲學典籍叢刊）
ISBN 978-7-5403-7626-0

Ⅰ．①墨… Ⅱ．①張… Ⅲ．①《墨子》—研究 Ⅳ．
①B224.5

中國國家版本館 CIP 數據核字（2024）第 072022 號

墨子集解
MOZI JIJIE

出版人 韓 敏
出 品 崇文書局人文學術編輯部
策劃人 梅文輝 (mwh902@163.com)
責任編輯 梅文輝
封面設計 甘淑媛
責任印製 李佳超
出版發行 長江出版傳媒 | 崇文書局
地 址 武漢市雄楚大街 268 號出版城 C 座 11 層
電 話 (027)87679712 郵 編 430070
印 刷 湖北新華印務有限公司
開 本 880mm×1230mm 1/32
印 張 21.75
字 數 500 千
版 次 2024 年 5 月第 1 版
印 次 2024 年 5 月第 1 次印刷
定 價 128.00 元
(讀者服務電話：027—87679738)

ISBN 978-7-5403-7626-0

墨子集解敍

性契眞常。歎體歧分而殊染。心恒寂定。鑒物萬别而一同。本原澄徹。悲智圓融。此墨子所以自苦而利天下也。墨學集成於墨子。與道儒鼎峙。立說多與孔老符。而又獨鳴其異。如尙勞賤。務平等。宛爾農家。學兼名家兵技巧家。有今遠西所謂形學光學重學等不勝書。曰無窮不害兼。曰愛衆衆世。若愛寡世。愛尙世與後世。一若今之世。直大宇宙之總。而通於釋氏之無量慈悲。謂目離識無見。謂火頓視不熱。示有非常。證無不去。眇理豐備。斯爲至貴矣。綜觀周秦漢魏書。皆孔墨儒墨對舉。自唐韓昌黎後。鮮能讀墨子者。寥寥千載。逮清乾嘉諸老。取而讐校之。功莫高焉。然闕誤猶不少。孫仲容作閒詁。富搜羅。勤甄討。大義粗明。而精蘊多未楬曉也。傅青主墨子大取篇釋、從事獨先。曹鏡初邃於內學。墨子箋、發明經及經說之讀法、宣究墨恉。凌駕前人。王晉卿有萬曆本、焦竑校本、墨子斠注補正。樹義精堅。王壬秋墨子注、時有掇獲。劉申叔墨子拾補、考證明備。尹候青墨子新釋、詳叚借字。具新穎義。梁任公墨經校釋、閒亦見及微旨。張子晉墨經注、及大取篇釋義、頗得墨髓。伍非百墨辯解故、察名實於毫芒。陳立破之方軌。大取篇注、及墨子大義述、亦資之深而原逢左右。樂調甫墨學五書、獨往獨來。闡明聲光之義。剖析名謂之理。辯悟敵非。證成己是。卽故理類、顯眞摧似。更據道藏本、唐堯臣本、兪弁鈔三卷本校文。精覈無比。近人治墨者多。行見二千年絕學。無難光而大之矣。余自民國八年春研尋是書、迄今十有七年。嘗終日覃思。屢忘寢食。辨古字聲形之轉變。稽故書記載之異同。正譌補脫、期得眞詮。凡以明兼體。弘兼用也。嗟嗟墨子。祖夏禹之儉勤。恢張顯學。本史佚之捷給。精抝語經。爲人重而自爲輕。亟儕晏子知道。於神厚而於體薄。無殊老氏存身。誼恉至深遠也。是書據前賢諸說。擇善從長。拾遺義。振玄綱。冀轉世閒有徧之道學。爲世出世閒無徧之至仁。庶冥符墨聖貴兼之眞。先民而後身。凡有血氣者。知天地與我並生。萬物與我爲一而交相尊親矣。副墨止此。吾思渺矣。吾才竭矣。竊歎墨道之大。一兼無外。泯楚越之畛域。盡心力以利愛。鈞天地之有。夷生人之等。誠神州文化之祕藏。世界大同之扃鑰也。願讀是書者。張皇幽眇。明貞日月。無欲惡而備世之急。則墨家心傳。終古不絕矣。中華民國二十有四年歲次乙亥九月下澣漢陽張純一敍於南京旅次。

鄙箸初次脫稿、蔣君竹莊謀於醫學書局梓行、且任校讎之勞。書成。余賡續鉤考、三歷寒暑、釐定不少。歐陽季香君嗜墨、審校六十餘條。梅君擷芸佛學大家、諟正十有二事。欒君調甫、伍君非百、稽商奐義。洞究眞理。海源閣藏陸穩藍印本、近爲蘇潘君博山所得。博山爲顧君惕生校本。余借閱、据唐堯臣本照錄之。亦校墨書者所珍也。諸君嘉惠多矣。蕭生樹楨校文一過、啓予亦勤。覆勘竟、知翦陋。匡訂之功、敬竢來哲。純一附誌。

墨子傳本

墨子十五卷古本詳見孫氏閒詁墨子篇目考　樂臺注三卷本並見通志藝文略及明焦竑經籍志墨家　宋板影抄一本　竹紙舊抄四本以上並見汲古閣宋元秘本書目　緜眇閣本四卷　子彙本一卷　路小洲弘治己未舊抄本以上並見莫友芝書目　顧千里校道藏本　明吳寬抄本見善本書室藏書志卷十八孫所見黃蕘圃影寫本今藏南京國學圖書館其前五卷葉德輝云在湘鄉王佩初家　茅坤校本并十五卷爲六卷有日本寶曆仿刻本　顧千里校季本以上並見墨子閒詁　萬曆節本繆調甫云疑王氏自友人家借得陳仁錫諸子奇賞本校而未畢之稱　焦竑校本以上並見墨子斠注補正　陸穩藍印活字本葉德輝郋園讀書志卷五云是明藩據唐堯臣本重印案陸刻先唐刻一年葉說未塙　唐堯臣本涵芬樓景印　白貫衲本據唐本重刊　俞弁鈔三卷本見繆調甫墨子三卷本考證　李贄批選本二卷食舊廛書目載李贄郎兆玉評本墨子十五卷　百家類纂本明慈谿沈津集卷二十五刪節不全　錢曾藏會稽鈕氏世學樓本見讀書敏求記　丁小山與許周生互校墨子經說四卷本見孫志祖讀書脞錄四

墨子集解十五卷目録

附　錄

墨子集解卷一

漢陽張純一仲如

親士第一

畢沅云、衆經音義云、倉頡篇曰、親、愛也。近也。說文解字云、士從一從十。孔子曰、推十合一爲士。玉篇云、傳曰、通古今、辯然不、謂之士。此與修身篇無稱子墨子云、疑翟所著也。孫詒讓墨子閒詁云、畢說未塙。此書文多闕失。或稱子墨子曰、或否、疑多非古本之舊。未可據以定爲墨子所自著之書也。又此篇所論、大抵尙賢篇之餘義。亦似不當爲第一篇。後人因其持論尙正、與儒言相近、遂舉以冠首耳。以馬總意林所引校之、則唐以前本已如是矣。純一案孫說似未審。親士爲政治之本、修身爲教學之本、是墨家貴兼之樞因。二篇均無子墨子曰、其文古樸淳茂、當爲墨子自著。惟親士篇中言孟賁吳起之死、當爲後人所增竄。二千年來、偏重儒術。學者理想受縛。見道不憭。不幸甚矣。今分三項言之。(一)墨家親士、在使國君尙羣爲治。蓋道家上德若谷之恉。不得謂儒家持論獨正也。(二)不親士則無賢可尙。親士卽荀子致士篇、所謂衡聽顯幽重明退姦進良之術。是實圖治之先務。並非尙賢之餘義。唐以前本已如是、可見古人卓識。(三)古者農道儒墨諸家之學、恆互相通而難分。如親士尙賢與儒同。修身非戰無殊儒道二家。節用又農道儒三家皆然。豈獨親士與儒言相近耶。墨子以立國奠基、首在養士。養士多則賢才衆、而後其國可與圖存。老子曰、貴以賤爲本。高以下爲基。親士者、尙賢之基本也。故以親士冠其書。英儒赫胥黎曰、智仁勇之民與、而後其國一富而不可貧、一强而不可弱。可爲親士之說明。荀子致士篇、或本此而作。

入國而不存其士、則亡國矣。孫云、說文子部云、存、恤問也。見賢而不急、則緩其君矣。白虎通義三綱六紀云、君者羣也。羣下之所歸心也。見賢而不急用、則君道廢弛、無人急君之急矣。禮記大學曰、見賢而不能舉、舉而不能先、慢也。非賢無急、非士無與慮國。尹桐陽墨子新釋云、慮、謀也。純一案非賢無以紓民之急難。非士無以圖國之富强。故求賢衆在養士多。親士固兼愛兼利之本也。緩賢忘士、而能以其國存者、未曾有也。曹耀湘墨子箋云、士多聞之人也。說文孔子曰、推十合一爲士。賢、能也。勞也。詩曰、我從事獨賢。士多聞必勤於學問。賢多能必勤於行事。存其士而不忘。急於賢而弗敢緩。又爲國者之勤於政與民也。墨子之教、上宗夏禹。故開章則以勤爲第一義。純一案以上言親士爲立國之本。

昔者文公出走而正天下、桓公去國而霸諸侯。王念孫讀書雜志云、爾雅曰、正、長也。晉文爲諸侯盟主、故曰正天下、與下覇諸侯對文。又廣雅正、君也。凡墨子書言正天下正諸侯。非訓爲長。卽訓爲君。尹云、文雖譎而不正、然能假尊周攘夷之名以合諸侯。亦可謂能正乎天下也。

越王句踐遇吳王之醜、王樹柟墨子斠注補正云、秦策皆有詬醜大誹。注云醜、恥也。國語曰、昔者夫差恥吾君于諸侯之國。卽此義。而尙攝中國之賢君。孫云攝與懾通。左襄十一年傳云、武震以攝威之。韓詩外傳云、上攝萬乘、下不敢敖乎匹夫。此義與彼同。謂越王之威。足以懾中國賢君也。尹云、明標中國者以越地在夷故也。

三子之能達名成功於天下也、皆於其國抑而大醜也。俞樾諸子平議云、抑之言屈抑也。抑而大醜、與達名成功相對。言於其國則抑而大醜、於天下則達名成功。正見其由屈抑而達、下文所謂敗而有以成也。曹云醜、恥也。禮云、知恥近乎勇。人有恥則其志奮然以興。所以能勤而不怠。功以成。名以達也。抑、屈也。屈於此而伸於彼、有恥之效也。故老子曰。強行者有志。

太上無敗、孫云、太上對其次爲文。謂等之最居上者。不論時代今古也。明李贄墨子批選敘云、太上者學無學、爲無爲、事無事者也。

其次敗而有以成、此之謂用民。孫云、言以親士、故能用其民也。王闓運墨子注云、言三子能用人親士也。曹云無敗者、勤於其始也。敗而有成者、恥而思奮也。用民、能用其民也。能用民、故敗而不忘。純一案忘當爲亡之譌。國事非羣力不濟。太上、如堯舜之人、皆以堯舜之心爲心。(說苑君道篇)所謂無爲而治、固無敗矣。其次如晉文始入而教其民。使士食田。故一戰而霸。(左傳二十七年傳晉語四)齊桓問士之有田宅、身在陳列者幾何人。處士修行、足以教人。可使帥衆莅百姓者幾何人。士之急難可使者幾何人。(管子問篇)管仲賞於國中、從列士以下有善者、衣裳賀之。(管子大匡篇)句踐同男女之衆無曠其功。(越語下)於其達士、絜其居。美其服。飽其食。而摩厲之於義。四方之士來者、必廟禮之。(越語上)所謂敗而有以成、皆親士而重羣治之效也。此英儒斯賓塞爾、赫胥黎輩、尙羣爲治之微恉。以上言親士之效。

吾聞之曰、非無安居也、我無安心也。非無足財也、我無足心也。畢云、言不肯苟安、如好利之不知足。純一案畢說不肯苟安是、而取譬則非。準墨家貴兼、昭昭然爲天下憂不足之義、此可反覆推言之。(一)我居雖安、而衆居不安、我應無安心。我財雖足、而衆財未足、我應無足心。(二)衆居雖安、我應敎之無安心。衆財雖足、我應敎之無足心。舍其餘力以相勞。舍其餘財以相分。然後可爲兼士於天下。此親士所以不容緩也。易繫辭下曰、安而不忘危。存而不忘亡。管子心術下曰、豈無利事哉、我無利心。豈無安處哉、我無安心。其心超物表。先天下之憂而憂。均與此同。曹云、安於居則必惰。足於財則必侈。無其心、則勤且儉矣。勤儉者、墨氏之大指也。

是故君子自難而易彼。畢云、言自處於難、卽躬自厚而薄責人之義。純一案畢說近是而未透宗。墨家所謂難者、自苦爲極也。此言君子不自安、不自足、常爲天下求安足而

勤勞。蓋先天下憂患難。期與衆人自易而難彼。言衆人惟圖一己之安樂、自處於易。不知先
天下共安樂。與衆人異也。天下憂患難。以其難也俟之人。此二句、意
林首引君子進不敗其志內究其情。墨家枯槁不舍。不必仕進、始行其志。此言君子愛利
之。天下、有進無退。雖事或不濟、而志且益堅。蓋情深
悲惻、不容自已。必雖雜庸民。襍、明陸穩藍印本、唐堯終無怨心。言君子和光同塵。識量
內盡其誠而后即安。臣本、李贄選本並作雜。遠大。雖雜處庸民中、
人不知而不慍。易乾文言曰、遯世无悶。不見是而无彼有自信者也。信同伸。易繫辭下尺蠖
悶。義同。墨家具農家尙勞賤之精神。即此可見。之屈、以求信也。言君
子自立有方、確乎其不可拔。天下不可得而貴。不可得而賤也。蓋士有
可親之實如此。或云信如字讀、信力獨到。見之眞。守之固。亦通。
是故爲其所難者必得其所欲焉。未聞爲其所欲而免其所惡者也。難者、爲天下
勤勞也。欲者、安足也。惡者、敗亡也。惟爲天下勤勞、不自安足者、始可得安足。若
天下未安未足。輒自安自足、未有不敗亡者。此親士所宜急也。以上言所以親士之故。
是故偪臣傷君傷君與傷上義複、疑當作偝臣撟君。偝與偪形近而譌。校者望文生義、以爲
偪臣必致傷君。又因下有傷上明文。撟字草書形亦近傷。遂妄改撟爲傷、而
義不可通矣。爾雅釋詁、輔、偝也。郭注、偝猶輔也。說文人部偝。徐鉉曰輔。段注謂人之偝、猶
車之輔也。承培元廣說文答問、偝即周易比輔也之輔。人部偝、助也。各本作輔也、淺人所改也。
鄉書偝輔不同義。凡輔相輔弼、皆以偝爲正。荀子臣道篇云、有能比知同力、率羣臣百吏而相與彊
君撟君、君雖不安。不能不聽。遂以解國之大患。除國之大害。尊君安國謂之輔。楊注、撟與矯同。
屈也。此言偝弼之臣、能矯正君之過失而服之。所謂責難於君。即上文所望於君爲
其所難之義。明親士之利甚大也。此冒下文君必有弗弗之臣、至焉可以長生保國。諂下傷上。
在下者諂、不利於上必矣。戒爲君者勿爲其所欲、始可免其所惡也。
明不親士之害也。此冒下文臣下重其爵位而不言、至則國危矣。
君必有弗弗之臣。孫云、弗讀爲咈、說文口部云、咈、違也。純一案公羊傳桓十年、公會衞侯
于桃丘、弗遇。何休注、弗者、不之深也。弗弗義與否否同。說文丿部弗、矯
也。韻會、弗、不可也。不然也。固是矯義。說文不部、否、不也。從口不。不亦聲。徐鍇曰、不
可之意見於言也。段玉裁注、不者、事之不然也。否者、說事之不然也。弗、否、不、並一聲之轉。
昭二十年左傳、君所謂可。而有否上必有詻詻之下。畢云、禮記云、言容詻詻、鄭君注云、教
焉。臣獻其否、以成其可。可證。令嚴也。說文云、論訟也。玉篇云、魚
格切。洪頤煊讀書叢錄分議者延延。王樹枏云、廣雅釋訓、延、延長也。分議者延延、謂分議者
云、詻詻與諤諤同。反復辯論而長言也。純一案分、異也。荀子不苟篇是君子

小人之分也注。分議即異議。分議者延延、謂備弼之臣。不敢苟同於君。常持異議而長言。禮記曲禮上分爭辯訟是其義。蓋承上文弗弗言。與下文近臣則喑義對。曹云、延延猶誾誾。和悅而諍也。

而支苟者詻詻。王樹柟云、支當爲致、苟當爲敬、因偏旁脫爛而誤。致敬者詻詻、謂致敬於君者。其言容詻詻也。孟子曰、陳善閉邪謂之敬。致敬與分議對文。王闓運本支作攴。云、苟敬也。苟自急敕。又攴而警之。直諫士也。純一案支、猶持也。後漢書郭泰傳注、不必破作致或攴。苟、說文茍部云、自急敕也。從羊省。從勹口。字與從艸之苟異。通作亟。廣雅亟、敬也。王闓運說是、但不必破作敬。支苟、猶言持敬。與分議爲儷文。詻詻、疑涉上而誤。或本作諤諤。蓋延延不同弗弗可證。支苟者諤諤、與下文遠臣則唫義對。謂以陳善閉邪爲敬而諍於君。國有爭臣、故無危亡之虞也。

焉可以長生保國。王云、焉字下屬爲句。焉猶乃也。言如是乃可以長生保國也。尹云、得士之效。純一案李贄早斷焉字屬下讀。長即兼愛下有所放依以長其身之長。生謂生民。易觀九五觀我生虞翻注、長生保國。謂長養生民。保衛國士也。此承備臣撟君申敘之。以上言親士之利。

臣下重其爵位而不言。近臣則喑。畢云、當爲瘖。說文云、瘖、不能言也。玉篇云、瘖、於深切。不能言。喑、於金於甘二切。啼極無聲也。則作喑亦是。孫云、瘖喑字同。尚賢下篇有瘖字。晏子諫下篇云、近臣嘿。遠臣瘖。又云、朝居嚴則下無言。下無言則上無聞矣。下無言則吾謂之瘖。上無聞則吾謂之聾。說苑正諫篇、晏子云、下無言則謂之喑。喑即瘖也。又穀梁文六年傳云、下闇則上聾。闇與喑瘖字亦通。純一案晏子遠臣瘖。見諫上十二章。朝居嚴、見諫下十七章。

遠臣則唫。畢云、與噤音義同。史記蒯通曰、吟而不言。曹云、唫、不言也。遠臣則唫、如屈原既放。行吟澤畔之意。但有怨咨而不能言也。尹云、唫同噤。口閉也。

怨結於民心。蘇時學墨子刊誤云、喑唫心爲韻。純一案姚文田古音諧二侵引此。喑作瘖。

詻諛在側。善議障塞。蘇云、側塞亦爲韻。純一案古音諧一哉引此。

則國危矣。此承詻下傷上申敘之。以上言不親士之害。家語六本篇云、湯武以諤諤而昌。桀紂以唯唯而亡。大恉正與此同。

桀紂不以其無天下之士耶。殺其身而喪天下。管子五輔篇、暴王之所以失國家。危社稷。覆宗廟。滅於天下。非失人者、未之嘗聞。

故曰歸國寶。畢云、歸讀如齊人歸女樂之歸。

不若獻賢而進士。言賢士能盡臣道。抗君命。安國危。（本荀子臣道篇）勝於國寶。禮記大學曰、楚國無以爲寶。惟善以爲寶。舅犯曰、亡人無以爲寶。仁親以爲寶。此言士爲國寶。曹云、廣明篇首急賢存士之說。亦教勸之意也。

今有五錐。孫云、說文金部云、錐、銳也、釋名釋用器云、錐、利也。

此其銛。畢云、史記集解云、徐廣曰、思廉反。駰案漢書音義曰、銛謂利。純一案廣雅釋詁二、銛、利也。**銛者必先挫。**尹云、莊子天下。銳則挫矣。卽此所云先挫者。**有五刀此其錯。**孫云、廣雅釋詁云、錯、磨也。畢云、言磨錯之利。**錯者必先靡。**孫云、礳之叚字。今省作磨、謂錯磨也。畢云、挫靡爲韻。靡字麻聲。純一案顧炎武唐韻正四紙云、靡文彼切。古音摩。引此。古音諸十一麻去聲亦引此。江有誥先秦韻讀云、挫、平聲。靡、音摩。歌部。**是以甘井先竭。**尹云、汲飲者多。**招木先伐。**畢云、招與喬音相近。竭伐爲韻。江有誥云、祭部。洪云、招通作高。招木謂高木也。王樹枏云、招讀爲韶。左氏襄廿九年傳、見舞韶濩者。釋文云。韶本或作招、漢書禮樂志集注曰、招讀曰韶。集韻、韶美也。亦作招。招木近伐、謂木之美者近於伐也。尹云、逸周書周祝。甘泉必竭。直木必伐。**靈龜先灼。**尹云、用以爲卜。說文卜、灼剝龜也。淮南說林、牛蹏彘顱亦骨也、而世弗灼。必問吉凶於龜者、以其歷歲久矣。純一案莊子外物篇、宋元君得白龜、卜之。曰、殺龜以卜、吉。乃刳龜、七十二鑽而無遺策。**神蛇先暴。**甘井下四先字、舊並譌近、從俞孫二校改。俞云、四近字、皆先之誤。上文曰、今有五錐此其銛、銛者必先挫、有五刀此其錯、錯者必先靡。然則甘井四喩、正承上文而言。亦必是先字明矣。先近篆書形似而誤。孫云、俞說是也。意林引此。正作靈龜先灼、神蛇先暴。莊子山木篇、亦云直木先伐、甘井先竭。暴蛇者蓋以求雨。淮南子齊俗訓云、犧牛粹毛。宜於廟牲。其以致雨。不若黑蜧。許愼注云、黑蜧、神蛇也。潛於神淵、能興雲雨。春秋繁露求雨篇云、春旱求雨、暴巫聚蛇。王闓運云、曝以爲藥。畢云、灼暴爲韻。江有誥云、宵部。**是故比干之殪、其抗也。**蘇云、抗猶抗直。孫云、抗亢聲類同。莊子刻意篇云、刻意尙行。離世異俗。高論怨誹。爲亢而已矣。釋文李頤云、窮高曰亢。尹云、殪、死也。純一案論語微子篇、比干諫而死、韓詩外傳一、王子比干。殺身以成其忠。卽此所謂抗也。**孟賁之殺、其勇也。**孫云、孟子公孫丑篇、僞孫奭疏引皇甫謐帝王世紀云、秦武王好多力之人、齊孟賁之徒並歸焉。孟賁生拔牛角。史記范雎傳集解引許愼、漢書東方朔傳顏師古注、並云孟賁衞人。案依世紀說、則賁在墨子後。此文蓋後人所增竄。尹云、孟賁、猛奔也。古力士之名。**西施之沈、其美也。**蘇云、吳越春秋逸篇云、吳亡後、越浮西施於江、令隨鴟夷以終。其言與此合。是吳亡、西施亦死也。墨子書記當時事、必有据。後世乃有五湖隨范蠡之說、誣矣。孫云、案吳越春秋逸文、見楊愼丹鉛錄引修文殿御覽。尹云、西施越之美女。家於苧蘿村西。故曰西施。吳越春秋云、越王以吳夫差淫而好色。乃令范蠡取西施以獻之。修文御覽引吳越春秋逸篇、吳亡後、越浮西施於江、令隨鴟夷以終。蓋浮、沈也。反言耳。隨鴟夷者。子胥之譖死。西施有力焉。胥死盛以鴟夷。沈西施、所以報子胥之忠。故云隨鴟夷以終。据此則西施沈水、非僅墨云然也。讀此書則西施之始終可考。而范蠡之心迹亦明矣。**吳起之裂、其事也。**事古音鉏里切、與美韵。畢云、謂事功。蘇云、墨子嘗見楚惠王、而吳起之死、當悼王二十一年。上距惠王之卒、巳五十一年。疑墨子不及見此事。此蓋門弟子之詞也。汪中述學墨子序說同。純一案蘇汪說是也。據呂氏春秋上德篇、吳起死時。墨者鉅子孟勝、不能守陽城君之國。恐絕墨者於世。傳鉅子於田襄子而死之。足爲墨子巳死之證。胡適中國哲學史大綱說同。惟胡謂墨子巳死四十年、欠審。韓詩外傳一云、吳起峭刑而車裂。呂氏春秋執一篇、言吳起勝於西河。而困於王錯。傾造大難。身不得死焉。高注、大難、車裂之難。盧文弨云、起後在楚事悼王。王死、貴人相與射起。起伏王尸而死。見史記本傳。此書後貴卒篇亦同。至戰國秦策、韓非難言問田兩篇、史記蔡澤傳、皆言起支解。此亦可信。旣攢射矣、何必不臠割。唯此注言車裂、則非是。故彼人者、寡不死其所長。歐陽季香云、寡不卽鮮不。言彼輩皆以過顯其所長、不保其身。故曰太盛難守也。曹云、此段蓋道家之說。亦訓儉之意也。儉者不惟辭厚實。亦避顯名。所謂儉者不奪人也。自比干以至吳起。皆受世之顯名以殺其身。名之太盛者、亦不得爲儉也。純一案老子有三寶、曰慈、曰儉、曰不敢爲天下先。墨家亦然。此段全文、一言以蔽之曰太盛難守而巳。太盛難守、卽老子持而盈之不如其巳、揣而梲之不可長保之義。上文雖雜庸民、終無怨心。蓋知靜爲躁君也。與此遙相照映。此教士勿遽爲天下先。寧靜致遠。庶有濟於天下。又教在上者、必使國中多士濟濟。始足有爲。不然、雖有一二翹楚。恐難保其身。而有比干孟賁之禍。如銛先挫錯先磨未足言親士也。以上言士多始能保其終。

故雖有賢君不愛無功之臣。雖有慈父不愛無益之子。尹云、文選曹子建求自試表、故慈父不能愛無益之子。仁君不能畜無用之臣。注引此。純一案趙蕤長短經反經篇引此四句、難必篇、引下二句、文並同此。是故不勝其任而處其位。非此位之人也。不勝其爵而處其祿。非此祿之主也。言非士無可用。用士則勤於其職。而後位非虛設。祿非虛靡。以上言無士則官曠。

良弓難張。然可以及高入深。文選曹子建樂府白馬篇、注引此。良馬難乘。然可以任重致遠。喻士不易致。然天下事愈難能者愈可貴。大都如此。良才難令。然可以致君見尊。士雖難得、要必爲其所難、虛心求之、則可得其所欲、免其所惡。尹云、說上自難之理。是故江河不惡小谷之滿己也。孫云、說文谷部云、泉出通川爲谷。爾雅釋水云、水注川曰谿。注谿曰谷。故能大。言士之德行。恆不在己下。必不惡其高於己。且虛己以親之。如江河之納小谷。而後能成其大。文選曹子建求通親親表注引此句。尹云、說不惡求士而親士之理。管子曰、海不辭水。故能成其大。曹云、此言爲人上者。當勤於求賢。以任國家之職。又當克勤小物。以受天下之善也。聖人者事無辭也。物無違也。故能爲天下器。

聖人事至而曲成。物來而順應。蓋德備用宏也。論語曰、君子不器。卽是天下器。曹云、事無辭者、勇於任事也。物無違者、不敢惡慢於人也。

是故江河之水。北堂書鈔百二十九引此、陳禹謨本孔廣陶本並作河水之大。藝文類聚六十七引作江河之水。**非一源之水也。**舊作非一源也、王云、此本作江河之水、非一源之水也。今本脫之水二字。而一源二字則不誤。北堂書鈔衣冠部三、初學記器物部引此。並作非一源之水。孫據補正。**千鎰之裘。**畢云、鎰從金俗寫。賈逵國語注曰、一溢二十四兩。漢書食貨志云、黃金以溢爲名。孟康曰、二十兩爲溢也。純一案北堂書鈔藝文類聚並引作鎰。**非一狐之白也。**孫云、玉藻云、君衣狐白裘。淮南子說山訓云、天下無粹白之狐。而有粹白之裘。掇之衆白也。晏子春秋外篇云、景公賜晏子狐白之裘。玄豹之茈。其貲千金。漢書匡衡傳顏注云、狐白、謂狐腋下之皮、其毛純白。集以爲裘。輕柔難得。故貴也。純一案茈當是冠之形譌。

夫惡有同方取不取同而已者乎畢云、惡讀如烏。俞云、取不二字、傳寫誤倒。同方、謂同道也。純一案俞校畢讀、均是。此文疑本作夫惡有同方不取者乎。取同而已、蓋非兼王之道也。上下文始聯串條暢。今不取誤倒、義不可通。當從俞校正。者乎二字。倒著而已下、致上句語義不完。又將取同而已、蓋非兼王之道也、二句隔斷。致蓋非兼王之道也句法唐突。義不相屬。者乎當移置取同上。屬上讀。作夫惡有同方不取者乎絕句。爲水非一源裘非一狐之喻作結。則諧矣。取同而已、承上直轉。又進一解。言不取同方、固不足以親士。設僅取同方而止、亦不能兼天下之士而盡親之。故曰取同而已、蓋非兼王之道也。又總冒下文。墨家平等尙羣治之精神。於此可見。**蓋非兼王之道也。**則兼天下之士、同與不同。皆在所取。皆在所親。凡事共爲其難。有成而無敗矣。曹云、兼王者、兼愛天下之君也。兼愛者、所以能爲王也。尹云兼王謂兼愛之王。能兼取而不偏也。

是故大地不昭昭。大舊作天、從曹本王本改。與下文大水大火、文同一例。孫云、說文日部云、昭、日明也。中庸鄭注云、昭昭猶耿耿。小明也。**大水不潦潦。**畢云說文云、潦、雨大皃。然此義與明瞭同。老子云、水至清則無魚也。純一案東方朔答客難云、水至淸則無魚。人至察則無徒。曹云、潦潦、言水之淸泚也。**大火不燎燎。**燎、廣韻四宵云、庭火也。三十五笑云、照也。曹云、燎燎、火之明也。詩云、庭燎之光。**王德不堯堯。**畢云說文云、堯高也。從垚在兀上。高遠也。白虎通云、堯猶嶢。嶢、至高之貌。曹云、此言不尙明察。以申上兼王之理。純一案老子曰、聖人終不自爲大。故能成其大。此王德所以不堯堯也。潦、從水寮聲。音與燎同。昭潦燎堯爲韻。江有誥云、宵部。說文通訓定聲小部、古音諧十五爻並引此。以上言當虛己親士而爲兼王。

若乃千人之長也。若舊作者。孫云、此與上云王德不相冡。疑上句者字當爲若。若乃連讀。爲更端之詞。下三語卽承此言之。純一案孫校是也。今據正。長、知養切。

猶君也。其直如矢。老子曰、大直若屈。王弼注、隨物而直。直不在一。故若屈也。今直如矢、不能隨物而直。非大直矣。其平如砥。李選本作低。砥、廣雅釋器、礪也。不平則不足以磨刀刃。惜其平過小耳。大平者、無論平與不平。無不視同一平也。書洪範曰、無黨無偏。王道平平。今平如砥、不能取不平而同之。故止能爲千夫之長。詩大東周道如砥。其直如矢。砥音紙。與矢爲韻。古音諧五齊上聲引此。不足以覆萬物。曹云、過於直則物不能容。極於平則物莫能藏。故平直者地道。而非天覆物之道也。老子曰、地法天。純一案不足以覆萬物、言難供萬物之仰給。此墨家貴兼貴大取。治尙無爲。無異道家者也。汪中墨子序云、親士篇錯入道家言二條。與前後不類。惜汪氏所治墨書不傳。以意度之。當卽指上文今有五錐至太盛難守也、並此文。詎知翟祖大禹。禹師墨如。(見潛夫論讚學篇)禹王天下。色尙黑。執玄圭。卽夏用墨道之證。道家尙玄。義與墨同。老子曰、玄之又玄。衆妙之門。曰慈曰儉。墨子曰、無窮不害兼。曰兼愛。曰節用。其旨一也。此墨書所以入道藏也。蓋墨與道之相類者、不一而足。故明辨之。是故谿陝者速涸。蘇云、陝與狹同。孫云、說文谷部云、谿、山瀆無所通者。𨸏部云陝、隘也。俗作陿狹、非。畢云、說文云、涸、渴也。純一案此喻不能虛而含弘。陸本李選本陝作狹。逝淺者速竭。王引之云、逝淺二字、義不相屬。逝當爲遊。俗書游字作遊、與逝相似而誤。遊卽流字也。曲禮注士視得旁遊目五步之中。釋文遊作游。云徐音流。流淺與谿陝對文。曹本改逝作游。云游流也。古蓋通用。原作逝、逝亦流也。純一案此喻不能深而靜重。論語子罕篇、逝者如斯夫。逝卽川流也。墝埆者畢云、墝埆當爲磽确。磬石也。見說文。俗寫從土。何休公羊學曰。墝埆不生五穀。曹云、墝埆當作磽确。謂土薄而石見也。純一案此喻其地不育。尹云、育、生也。王者淳澤不出宮中。孫云、淮南子齊俗訓高注云、淳厚也。則不能不能柔而和順。流國矣。言王者厚澤。當由親士而遍流於國。若不出宮中。則爲私暱所縛。而國非其國矣。王闓運云、言親士當身下之也。曹云、自江河不惡以下至此、皆以明爲人上者。以廣大含容爲德。卽兼愛之旨也。純一案以上言器量不大。不能保國。

曹云、按墨子以兼愛儉勤三者爲大旨。故於首篇卽著而明之。此篇之意。尤在尙賢。尙賢者、所以爲兼愛之本也。孔子曰、汎愛衆而親仁。仁者於人無不愛。故親仁卽所以廣愛也。堯舜以不得人爲憂。后稷之爲烈。豈一手一足哉。欲兼愛者。不可以不尙賢。此篇所以名爲親士而爲墨書之冠也。皋陶謨曰、在知人在安民。墨者之教。其原出於夏。信而有徵矣。

釋太虛墨子平議曰、人之處世。必親近善友而後能修德進業。士爲人之有術智道藝者。卽善友也。然則親士不獨人君。特君人者彌重乎親士耳。老子明南面之術曰、三十輻共一轂。當其無有車之用。上句喻異材精能之士。分職專業。而共擧國政也。下句喻君人無爲而成國治也。然君人無爲而能成用者。則以能親士而任能也。能親士則端默而治。不能親士則勞瘁而不治。然親士尤在乎知士。不知士者則不知所當親。所親不當、危莫甚焉。故曰善爲君者。勞於論人而佚於治官。不善爲君者。傷形費神。愁心勞意。國逾危。身逾辱。太虛曰、工乎此者、可使南面矣。

修身第二

畢云、修治之字從彡。從肉者修脯字。經典假借多用此。曹云、太史公論墨子曰、強本節用。則人給家足之道也。強本以勤。節用則儉、此乃墨氏之大指。此篇名修身、則強本之意爲多。純一案修身全篇、實治國平天下之大本。墨道重實行。故言誠意正心。備具條理。禮中庸詩曰、不顯惟德。百辟其刑之。是故君子篤恭而天下平。蓋性道之感無遠弗屆。平天下不難。而篤恭爲難。故墨家教士。首重修身。誠兼愛天下之常經也。公孟篇、告子謂子墨子曰、我能治國爲政。子墨子曰、政者口言之。身必行之。今子口言而身不行。是子之身亂也。子不能治子之身。惡能治國政。子姑亡。子之身亂之矣。蓋以言行君子之所以動天地。斷不可自亂以亂天下也。故莊子曰、道之眞以治身。其緒餘以治國家。其土苴以治天下。李云、談道學者。當熟玩此篇。

君子戰雖有陳、曹云、陳、行列也。而勇爲本焉。喪雖有禮、儀節。而哀爲本焉。士雖有學、而行爲本焉。尹云、然則墨非二一本者。俞云、君子二字、衍文也。此蓋以戰雖有陳喪雖有禮二句、起士雖有學一句。若冠以君子二字。則既言君子、不必又言士矣。馬總意林作君子雖有學、行爲本焉。戰雖有陳、勇爲本焉。喪雖有禮、哀爲本焉。與今本不同。然有君子字、卽無士字。亦可知今本既言君子又言士之誤矣。士雖有學、與君子雖有學文異而義同。孫云、說苑建本篇、載孔子語。與此略同。君子似非衍文。亦見家語六本篇。純一案君子所以陪士、非衍。家語首列立身有義矣、而孝爲本。說苑同。惟身作體。此知墨家貴兼。不尙宗法。與儒家首重孝者異趣也。學所以成行。弘道濟世也。故行爲本。行苟不立。學何足貴。此墨家教士之主恉。

是故置本不安者無務豐末。孫云置與植通。詩商頌那置我鞉鼓。鄭箋云、置讀曰植。方言云、植、立也。俞云、者、衍字也。下文上句並無者字、是其證。純一案者字非衍。上文士雖有學而行爲本焉、爲一篇之主眼。此二句緊跟上文總冒下文。不得與下列四端並論。管子權修篇曰、身者治之本也。故大學云、壹是皆以修身爲本。說苑建本篇曰、置本不固、無務豐末。安固義同。近者不親無務來遠。說苑建本篇曰、比近不悅。無務修遠。家語六本篇曰、比近不安。無務求遠。親戚不附。孫云、曲禮云、兄弟親戚。稱其慈也。孔穎達疏云、親指族內。戚言族外。案古多稱父母爲親戚。詳兼愛下篇。此則似逼內外族姻言之。與孔義同。無務外交。此屬行邊。言遠之本在近中。躁進無益。孔子稱閔子騫人不閒於其父母昆弟之言。蓋甚難之。管子版法解云、召遠在修近。家語六本篇曰、親戚不悅。無務外交。說苑建本篇同。事無終始。陸本作始終。無務多業。孫云爾雅釋詁云、業、事也。舉物而闇。無務博聞。李選本博作傳誤。此屬學邊。謂當專一依次精進。蓋多之本在少中。掉舉無當也。老子曰、少則得。多則惑。天下難事必作於易。天下大事必作於細。曹云、此皆言務本之意。而克勤小物之意亦在其中。非欲遺其遠者大者。實不敢忽其小者近者。事以漸積而成也。

是故先王之治天下也、必察邇以來遠。舊脫以字、從曹本補。君子察邇而邇修者也。曹云、察邇、言知之眞。邇修、言行之密。純一案書臯陶謨曰、愼厥身修思永。惇敘九族。庶明勵翼。邇可遠在茲。言外治本於內修。大指正同。說苑建本篇曰、反本修邇。君子之道也。見不修行、李讀句、畢讀同。見毀、畢讀句。而反之身者也。見不修行反之身、卽論語里仁篇見不賢而內自省。見毀反之身、猶孟子離婁下遇橫逆三自反。欒廷梅云、俞弁鈔三卷本、作君子察爾修身也。修身見毀而反之身者也。按爾字、當如藏本讀作邇。古通。察邇者、言察其近者之情、藉以修身。若近情不悅而有所毀、則反修之身。必至近悅行修然後來遠、是所謂先王之治天下也。藏本文繇而義不了、殆亦宋校之所改竄者歟。此以怨省而行修矣。曹云、省、少也。禮記云、自天子以至於庶人、皆以修身爲本。邇者遠之本。身者家國天下之本也。純一案墨子之道不怒。蓋由勇於反省。惟務精進修德。絕不尤人。故無敵怨。是之謂積修省怨。

譖慝之言無入之耳。耳不聽惡聲。畢云、玉篇云、慝、他得切、惡也。經典多此字、古只作匿。王云、譖慝卽讒慝。僖二十八年左傳、閉執讒慝之口是也。讒與譖古字通。故小雅巷伯篇取彼譖人。緇衣注及後漢書馬援傳、並引作取彼讒人。無入之耳、言不聽讒慝之言也。故下文曰雖有詆訐之民無所依矣。尹云、慝、邪也。說文作匿。批扞之聲無出之口。口不出惡言。孫云、廣雅釋詁云、批、擊也。易林睽之賁云、批捍之言。我心不快。批扞、卽批捍也。殺傷人之孩無存之心。畢云、孩當讀如根荄。曹本改作荄。王闓運本作孩、云同核、意也。純一案核猶言種子。喻一念初起、極微細之生相也。心無殺傷人之種子、則意不生惡念矣。欒云、無字俞鈔本作橆。殺傷人之下空一字、道藏本作孩、頗費解。雖有詆訐之民無所依矣。畢云、說文云、詆、訶也。訐、面相斥罪也。玉篇云、詆、都禮切。訐、居謁切。攻人之陰私也。曹云、此言愼言之道。君子之聽言出言。民皆依而做之。不可不愼也。純一案文選三都賦序李善注引民作人。老子曰、我好靜而民自正。是之謂除惡化民。

故君子力事日彊、陸本作彊非。願欲日逾、設壯日盛。曹云、設、有整飭之意。壯、強也。設壯、不敢怠惰也。此言勤行之道。力事日彊、勤於執事也。願欲者、以天下爲心。欲兼濟也。逾、過也。甚也。願欲卽愛之意。日逾卽兼之意。設壯日盛者、卽莊敬日強之意。所以固肌膚之會筋骸之束也。張之銳云、壯同裝。設裝猶言設備。

謂事業之設備日盛也。純一案力事、竭力從事也。日彊、日夜不休。自強不息也。顧欲、謂志願。逾、說文辵部云、逾進也。設、說文言部云、施陳也。謂君子任事則日益勤勉精進。心志則日益超越。而德業之施設則日益盛大也。**君子之道也。貧則見廉。**心常慊怕。子華子晏子問黨篇曰、嗇其所以出。而謹節其所受。故人皆見其廉。欒云、俞鈔本廉字作廉。**富則見義。**多財則以分貧。盡其在我以利人。故人皆見其義。禮曲禮上曰、積而能散。欒云、據經上篇云、義利也。蓋以利人爲義。曹云、貧則不貪於取。富則不吝於與。尹云、論語言貧而樂。富而好禮、私德也。廉不利他人之有。義分利及人。均公德耳。所謂墨學能利用於社會者。畢云、義當爲羛。說文云、墨翟書義從弗。則漢時本如此。今書義字皆俗改也。王引之云、弗於聲義均有未協。弗當作丰。丰古文我字。與弗相似、故譌作弗耳。周晉姜鼎銘、我字作丰。是其明證。羛之從丰聲、與義之從我聲一也。說文我字下重文未載古文作丰。故於此亦不知爲丰字之譌。蓋鐘鼎古篆。漢人亦不能徧識也。劉師培墨子拾補云、玉篇我部羛字注亦云、墨翟書義字從弗、與說文同。又後漢書光武紀云、大破五校於羛陽。彼文羛字、亦與義同。是義字從弗、不獨本書爲然。純一案周散氏盤銘義字三見。一作羛。形似弗而非弗。可爲墨書原文之證。說文云從弗、已經字體之變易而從俗改也。吳大澂說文古籀補三、以散氏盤文爲古義字。非。**生則見愛。**生有益於人。（檀弓上）若陽和之廣被。故天下丈夫女子。莫不延頸舉踵而願安利之。（列子黃帝）**死則見哀。**百姓如喪考妣。論語子張篇、其生也榮、其死也哀。義同。**四行者不可虛假反之身者也。**言君子惟自勵行而已。大行受大名。細行受細名。有如權衡不可欺以輕重。出之身者若何。反之身者若何。恆稱其量。反、復也。反之身者、猶佛教所謂本身現行所生自果也。是之謂果德類感。**藏於心者無以竭愛。**莊子知北遊篇曰、聖人之愛人也終無已。王闓運云、常仁也。**動於身者無以竭恭。**莊子庚桑楚篇曰、敬中以達彼。彼外也。尹云、言常敬。**出於口者無以竭馴。**王闓運云、常謙也。孫云、馴猶雅馴。謂出口者皆典雅之言。純一案廣雅釋詁馴、善也。此謂善言不竭於口也。藏於心者無以竭愛、謂心常兼愛天下。無有已時。而意業淨。動於身者無以竭恭、謂敬以作所。動容周旋無不中禮。而身業淨。出於口者無以竭馴、謂出口者無非先王之道。聖人之言。使王公大人用之、國必治。匹夫徒步之士用之、行必修。而口業淨矣。**暢之四支。**孫云、說文肉部云、胑體、四胑也。或作肢。支卽肢之省。易坤文言云、美在其中。而暢於四支。孔穎達疏云、四支猶言手足。**接之肌膚。**孫云、小爾雅廣詁云、接、達也。呂氏春秋論威篇云、其藏於民心。捷於肌膚也。捷接字亦通。純一案爾雅釋詁接、捷也。郭璞注、捷謂相接續也。孟子盡心上云。其生色也。睟然見於面。盎於背。施於四體。四體不言而喻。義同。**華髮隳顛**畢云、隳字當爲墮。曹本改作墮、孫云、說文髟部云、鬌髮墮也。

頁部云、顚、頂也。墮與髻通。墮顚卽禿頂。新序雜事篇云、齊宣王謂閭丘卬曰、士亦華髮墮顚而後可用耳。後漢書邊讓傳李賢注云、華髮、白首也。純一案㒸通作墮。禮月令繼長增高、毋有壞墮。說文、墮又作㒸。**而猶弗舍者其唯聖人乎。**曹云、藏於心、動於身、出於口、皆有餘不盡之美、所以和順積中。而英華發外。歷久而不渝。終其身而無尤悔也。華髮、頒白也。墮顚、髮落也。此言聖人之勤於治身治心。而無頃刻之違於仁也。純一案以上言成己成人至誠無息。

志不彊者智不達。心之所之謂之志。志不堅強則學不精進。永無眞知。人必動心忍性而后能增益其所不能。老子曰、強行者有志。彊陸本作疆。非。**言不信者行不果。**老子曰、輕諾必寡信。多易必多難。畢云、文選注云、許君注淮南子云、果、成也。純一案文選許注見謝宣遠於安城答靈運詩注、此二句明修身之道。務勤求德慧。言行兼顧。

據財不能以分人者不足與友。墨家有財相分。所以圓成性德。實現兼愛也。蓋侈於自營。重利輕義。必致羣道日渙。當與衆共棄之。班孟堅曰、不能愛則不能羣。尹云、明當積而能散。莊子徐無鬼、以財分人之謂賢。欒云、賢言之、卽富而無義者不與爲友。**守道不篤。**道者墨道。通天人物我生死有無於一兼者也。守之不篤。不能利天下以自利。所以異於禽獸幾希者將盡去之。**徧物不博。**王本改徧作辯。俞云、徧亦辯也。用物言徧。是非言辯。文異而義同。純一案徧偏古通用。偏物不博、謂偏執專理、不能博通。荀子修身篇云、多聞曰博。少聞曰淺。不博則淺陋必矣。安能罕譬而喻。**辯是非不察者。**辯曹本作辨。王本同。列子說符篇曰、天下理無常是。事無常非。呂氏春秋疑似篇曰、相似之物。愚者之所大惑。而聖人之所加慮也。故墨子見岐道而哭之。以是非難明辨也。莊子逍遙遊篇云、豈惟形骸有聾盲哉。夫知亦有之。釋典云、無聞無智慧、是名人身牛。**不足與游。**論語顏淵篇、曾子曰、君子以友輔仁。季氏篇、孔子曰、友多聞益矣。今無利人之仁。又無自利之智。儻與之游。得毋損乎。不可不愼。故以所染繼此篇、寄意深矣。以上言愼交游。

本不固者末必幾。喻見地不眞。未能有終也。王云、爾雅幾、危也。言木本不固者。其末必危也。**雄而不修者其後必惰。**畢云、雄猶勇。曹云、雄、猶銳也。進銳退速。**原濁者流不清。**喻心不清淨。言行皆濁。荀子君道篇、君子餐原。原清則流淸。原濁則流濁。義同。**行不信者名必秏。**畢云、舊從耒。非。玉篇云、秏、可到切。減也。敗也。詩云、秏斁下土。又云、耗正作秏。尹云、秏、損也。純一案行不能見信於人。其名必敗。**名不徒**

生而譽不自長。功成名遂。實不至、名不歸。名譽不可虛假。反之身者也。曹云、此皆言砥行立名之道。以返本務實爲要。亦所以訓勤也。純一案、以上論身不修名不立。

務言而緩行、雖辯必不聽。論語里仁篇曰、君子欲訥於言而敏於行。後漢書第五倫傳曰、以身教者從。以言教者訟。義可互明。多力而伐功、雖勞必不圖。孔書說命中、有其善喪厥善。矜其能喪厥功。王樹柟云、國策秦策而天下可圖也。注云圖、取也。務言而緩行。雖辯而人必不聽。多力而伐功、雖勞而人必不取。不聽不圖、皆卽人言。尹云、顏子云、無伐善、無施勞。老子云、自伐者無功。慧者心辯而不繁說。慧者玄鑒瑩徹。而常寂然。老子曰、知者不言。易繫辭下曰、中心疑者其辭枝。多力而不伐功。此以名譽揚天下。王闓運云、此以、是以。曹云、事前而多說、則後效難期。事後而誇張、則前功盡棄。墨子此篇、皆返本務實之意。若此者尤深切著明矣。慧、智慧也。純一案孔書大禹謨曰、汝惟不矜。天下莫與汝爭能。汝惟不伐。天下莫與汝爭功。墨教然也。老子曰、聖人功成而弗居。不自伐故有功。不自矜故長。蓋卽傳禹之道者也。晏子春秋外上廿七章孔子曰、救民之生而不夸。行補三君而不有。晏子果君子也。是其實例。以上言勤修聖行。不務人知。

言無務爲多而務爲智。無務爲文而務爲察。智、釋名釋言語云、知也。無所不知也。察、說文宀部云、覆審也。廣韻十四黠云、諦也。知也。墨者家法尙樸。故言不務多與文。而務爲智與察者。在在必明其故而徧其類也。故兼釋氏因明之宗因言。類卽因明之喻。此其立辯之精神也。故彼無智無察。上無字舊脫、今校補。曹本同。蓋承上務爲智務爲察反展也。在身而惰、反其務者也。舊惰譌情、務譌路、孫云、情當爲惰、形近而誤。上云雄而不修者其後必惰。路當爲務、卽冡上務爲智務爲察而言。謂違反其所當務之事。明鬼下篇云、今執無鬼者曰、鬼神者固無有。則此反聖王之務。此義與彼同。純一案孫說是、今據正。此示學者立言之準。務具如實智。理析毫芒。則建立宗義。因喻極成。而敵莫能破。且能破敵說而無不當矣。此務爲智與察之諦理也。

善無主於心者不留。行莫辯於身者不立。曹云、襲取之善、非有主於心也。無主則若客然、過而不留矣。偶合之行、非能審辯其是非也。不辯則雖行而仍茫然、不能以自立矣。純一案善必主於心。而後能恆久。行必辯於身。而後能堅定。故老子曰、善建者不拔。善抱者不脫。行辯於身。謂現身說法也。以上明示眞修之準。

名不可簡而成也。譽不可巧而立也。簡、略也。省也。文選高唐賦簡與玄服注。巧、故僞詐也。呂氏春秋論人篇去巧故高注。績學且難成名。欺德安能弋譽。**君子以身戴行者也。**孫云、戴載古通。春秋隱十年經伐戴、穀梁作載。釋名釋姿容云、戴、載也。純一案載具充積運輸二義。謂君子繩墨自矯。道積於厥躬。汎愛兼利。運用於天下。猶以身載道而行。故行而世爲天下法也。**思利尋焉。**畢云、尋習。**忘名忽焉。可以爲士於天下者。**欒云、俞鈔本天作兖。據魏比丘道璸記天作兖、即兖字之變體。**未嘗有也。**孳孳爲利、而無成名之實、決不能爲天下士。以上言名不可盜。

曹云、孟子云、墨子兼愛、摩頂放踵、利天下爲之。似專於爲人、而無修己之學。此篇所論、皆返本而務實、修身之道略備。得其一語、可以終身行之。可見墨子之學術、有大用、有全體也。按修身之道、以言行二者爲大端。言出於口、行出於身。而心者身與口之主宰也。孔子曰、敏於事而愼於言。言不敢肆、亦儉之意也。行不敢惰、亦勤之意也。此儒墨之所同也。

所染第三

畢云、呂氏春秋有當染篇、文略同。蘇云、篇中言中山尙宋康、皆墨子後事。而翟子爲墨子弟子、至與傳說並稱。此必非墨子之言、蓋亦出於門弟子。汪中云、宋康之滅、在楚惠王卒後一百五十七年。墨子蓋嘗見染絲者而歎之。爲墨子之學者、增成其說耳。純一案此彔修身而次之、教人愼始。具內典因該果海、菩薩畏因之意。所染者外緣、即一切塵境。能染者內心、境因心有。心逐境遷。故愼所染。能所分明、立言精審、無異釋家。呂覽襲此、改所爲當、陋已。荀子勸學篇、疑本此而作。晏子春秋雜上廿三章曰、今夫蘭本三年而成。湛之苦酒、則君子不近。庶人不佩。湛之糜醢、而賈匹馬矣。非蘭本美也、所湛然也。願子之必求所湛。晏聞之、君子居必擇鄰。游必就士。擇居所以求士。求士所以避患也。晏聞汨常移質。習俗移性。不可不愼也。純是所染之神理。墨學淵源甚古。晏子蓋深得之。家語六本篇曰、與善人居。如入芝蘭之室、久而不聞其香、即與之化矣。與不善人居、如入鮑魚之肆、久而不聞其臭、亦與之化矣。丹之所藏者赤。漆之所藏者黑。是以君子必愼其所與處者焉。義同。此知孔墨之道不二也。大戴禮保傅篇、賈誼新書保傅篇、同可爲此篇之注脚。史佚即尹佚、固墨祖之一。亦武王所染之一。欒云、所染、並攝染之當與不當二義。若呂氏春秋日當染、僅染之當者耳。其於桀紂范中行氏等四王六君之染已不相涉、則不免失所題篇之義矣。

子墨子言、見染絲者而歎曰、孫云、言字疑衍。公羊隱十一年何休注云、稱子冠氏上者、著其爲師也。其不冠子者他師。列子天瑞篇張注云、載子於姓上者、首章是弟子之所記故也。王闓運云、凡記師言稱子曰。述其口語則稱子言。各記其師、乃以姓氏別之。純一案呂氏春秋當染篇、作墨子見染素絲者而歎曰、意林引作墨子見染絲而歎曰、太平御覽八百十四引作墨子見染絲者歎曰、羣書治要作子墨子見染絲者而歎曰、均無言字。但引書每有節文、未足爲據。此似墨子嘗見染絲者而歎、其言至故染不可不愼也止。事後因述其言以爲教、故其弟子鄭重記之。與內典之稱佛言同。自非獨染絲然也、至舉天下不義辱人必稱此四王者。蓋墨子申敘其義、下接詩曰必擇所湛必謹所湛者此之謂也作結、明主恉也。自齊桓染於管仲至所染不當也義複、大氐後人增入、所以暢其說也。自非獨國有染也士亦有染至豎刀之徒是也。與呂氏春秋當染篇文大異。想尤晚出。論衡藝增篇云、墨子哭於練絲。蓋本此爲說也。

染於蒼則蒼。染於黃則黃。孫云、廣雅釋器云、蒼、青也。韓詩外傳云、藍有青而絲假之青於藍。地有黃而絲假之黃於地。淮南子說林訓云、墨子見練絲而泣之、爲其可以黃可以黑。純一案晏子春秋外下末章云、尺蠖食黃則黃、食蒼則蒼、言習染移質同。蒼黃爲韻。古音諧十六庚引此。所入者變。呂覽作所以入者變。其色亦變。

五入必而已、則爲五色矣。畢云、一本無必字。呂氏春秋無則字。後漢書注引作五入之則爲五色。太平御覽引作五入則爲五色。純一案後漢書注見馮衍傳、太平御覽見卷八百十四。說文八部云、必、分極也。從八弋。(本劉再賡說)段注、極、猶準也。立表爲分判之準。故云分極。引伸爲必然之詞。此言五色判分、各視所入而變。方其未染、純白一也。分入五色以後、則蒼黃殊異、幾盡失其本色。別而不能兼、故可悲也。一切經音義六十五云、後漢書墨子泣乎白絲知漸染之易性是也。明白貴栴重刻墨子序云、周輿嗣文、墨悲絲染。解者曰、悲習染之易以移人也。呂氏春秋疑似篇云、墨子見歧道而哭之。義同。賈誼新書審微篇云、機漸而往。俄而東西易面。人不自知也。故墨子見衢路而哭之、悲一跬而繆千里也。

故染不可不愼也。孫云、治要作可不愼耶。純一案大乘起信論云、染法從無始已來、熏習不斷。蓋境界爲緣、輒令淨妙明心、隨之而汙。雜染所依、不易斷滅。故凡起心趣所緣境、不可不愼。以上言當不爲物染。

非獨染絲然也、國亦有染。畢云、太平御覽、吳淑事類賦、俱作治國亦然。有節文。純一案意林作人固亦有染。

舜染於許由。孫云、高誘云、許由陽城人。堯聘之不至。純一案史記伯夷列傳、堯讓天下於許由、許由不受。恥之逃隱。伯陽。孫云、呂氏春秋本味篇云、堯舜得伯陽續耳然後成。注云、伯陽續耳皆賢人、堯用之以成功也。御覽八十一引尸子云、舜事親養老。爲天下法。其遊也得六人。曰雒陶、方回、續耳、伯陽、東不識、秦不空、皆一國之賢者也。陶潛聖賢羣輔錄引皇甫謐逸士傳、舜友七子、亦有伯陽。韓非子說疑篇、作晉伯陽。漢書古今人表、作柏陽。北堂書鈔四十九引尸子、作柏陽。此伯陽、自是舜時賢人。

禹染於皐陶、伯益。皐陶字庭堅、高陽氏才子八愷之一。見文十八年左傳並疏。虞書有皐陶謨、是爲法家之鼻祖。伯益亦八愷之一、名大費。佐禹平水土功成、舜賜皐游。見秦本紀。世傳山海經爲伯益所著。

湯染於伊尹。伊尹名摯、居於伊水、故氏之。見通鑑。其德業詳見孔書湯誥、伊訓、太甲、咸有一德、說命下諸篇。孟子萬章篇亟稱之。仲虺。孫云、高誘云、仲虺居薛爲湯之左相。純一案孔書有仲虺之誥。

武王染於太公。呂氏春秋有望字。太公姓姜名尙、字子牙。爲四嶽之裔、封於呂。從其封姓、故曰呂尙。年老遇西伯。西伯曰、吾太公望子久矣、故號太公望。見史記。漢書藝文志、道家列太公二百三十七篇。又撰六韜行於世。**周公**。呂氏春秋有旦字。周公名旦、文王之子、武王之弟。與召公夾輔周室。世傳周禮爲周公致太平之書。章學誠校讎通義、且謂六經皆周公舊典。**此四王者所染當。**孫云、高誘云、所從染得其人。故曰當。**故王天下、立爲天子、功名蔽天地。**孫云、高誘云、蔽猶極也。尹云、立、位也、蔽、蓋也。**舉天下之仁義顯人、必稱此四王者。**孫云、高誘云、稱美其德以爲喻也。純一案以上言王者之善染。

夏桀染於干辛、畢云、呂氏春秋云、夏桀染於羊辛。又愼大云、桀爲無道。干辛任威。陵轢諸侯。以及兆民。高誘曰、干辛桀之諛臣。說苑云、桀用干莘。班固古今人表云、干辛崇侯。與之爲惡。孫云、呂氏春秋知度篇云、桀用羊辛、漢書顏注云、干莘桀之勇人也。抱朴子良規篇、亦作干辛。**推哆。**畢云本書明鬼云、王手禽推哆大戲。下又云推哆大戲。生裂兕虎。指畫殺人。古今人表作雅侈。孫云、推哆、晏子春秋諫上篇、賈子新書連語篇、作推侈。韓子說疑篇、又作侯侈。淮南子主術訓、又作推移。惟抱朴子良規篇作推哆、與此同。**殷紂染於崇侯、惡來。**孫云、高誘云、崇國、侯爵、名虎。惡來嬴姓、飛廉之子、紂之諛臣。史記秦本紀云、蜚廉生惡來。惡來有力。蜚廉善走。父子俱以材力事殷紂。周武王之伐紂、並殺惡來。尹云、韓非說疑、紂有崇侯虎。呂覽知度、紂用惡來。**厲王染於厲公長父。**呂氏春秋作周厲王。高誘云、厲王、周夷王之子名胡。欒云、厲公、俞鈔本作纗公。洪云、荀子成相篇楊倞注、引墨子作蠵公長父。呂氏春秋當染篇、厲王染於虢公長父。蠵即虢字之譌。今本作厲字、又後人所改。蘇云、厲公號君謚。孫云、荀子成相篇云、孰公長父之難。厲王流於彘。楊注引此云、蠵公與孰公不同、不知孰是。孰或作郭。案荀子別本作郭、與呂覽合、是也。虢郭古通。洪以蠵爲虢之譌、亦近是。蘇以厲爲虢公謚、未塙。竹書紀年、厲王三年、淮夷侵洛。王命虢公長父伐之、不克。後漢書東夷傳作虢仲。今本紀年出於摭拾、未知足據否。純一案孰爲郭之譌無疑。謚法解、殺戮無辜曰厲。蘇說似可從。**榮夷終。**孫云、呂氏春秋當染同。國語周語、厲王說榮夷公爲卿士。韋注云、榮、國名。夷、謚也。書敍有榮伯。史記周本紀、集解引馬融云、榮伯、周同姓。畿內諸侯。爲卿大夫也。夷公、蓋榮伯之後。畢云、終、一本作公。史記云、厲王好利、近榮夷公。蘇云、終或榮夷公名。尹云、終同公。純一案周語上、厲王說榮夷公。芮良夫曰、王室其卑乎。夫榮夷公好專利、而不知大難。以是教王、王能久乎。匹夫專利、猶謂之盜。王而行之、其歸鮮矣。榮公若用、周必敗。既榮公爲卿士、諸侯不享。王流於彘。**幽王染於傅公夷。**高誘云、幽王周厲王之孫、宣王之子名宮皇。孫云、夷、治要作幾。蘇云、傅公夷無攷。國語、惠王時有傅氏。注曰、傅氏、貍姓也。在周爲傅氏。**蔡公穀。**畢云、蔡、一本作祭。呂氏春秋作虢公鼓祭公敦。蘇云、蔡當從呂覽作祭爲是。祭爲周畿內國。周公少子所封。自文公諜父以下、世爲卿士於周。隱元年所書祭伯來者、卽其後也。若蔡當幽王時唯有釐侯。所事不聞更有名穀者。此四王者所染不當。故國殘身死。爲天下僇。孫云、高誘云、不當者、不得其人。僇、辱也。僇、治要作戮。畢云、此戮字假音。擧天下之不義辱人、之字舊脫、據呂氏春秋補。與上文擧天下之仁義顯人、文同一例。必稱此四王者。舊本稱下挩此字、孫據道藏本補。與上文及治要合。呂氏春秋當染亦同。高誘云、稱其惡以爲戒也。純一案唐本陸本稱下並有此字、與道藏本同。以上言王者之惡染。

齊桓染於管仲鮑叔。齊桓下呂氏春秋有公字。高誘云、桓公、齊僖公之子、名小白。管鮑其二卿也。案管鮑事、詳管子書。漢志道家、列筦子八十六篇、隋唐志、著之法家之首。晉文染於舅犯。高誘云、文公、晉獻公之子、名重耳。尹云、舅犯、狐偃也。字子犯。晉文之舅也。因曰舅犯。高偃。羣書治要、作齊桓公染於管仲。晉文公染於咎犯。呂氏春秋、作晉文公染於咎犯郄偃。王云、高當爲𩫏。𩫏卽城郭之郭。形與高相近、因譌爲高。賈子過秦論、據一丈之𩫏。今本𩫏譌作高。墨子多古字、後人不識。故傳寫多誤耳。左傳晉大夫卜偃。晉語作郭偃。韋注曰。郭偃、晉大夫卜偃也。商子更法篇韓子南面篇、並與晉語同。呂氏春秋作郄偃。郄卽郭之譌。太平御覽治道部一引呂氏春秋、正作郭偃。俞云、王說得之。然必謂高是𩫏之誤、則猶求之形、而未求之聲也。高與郭一聲之轉耳。故從高得聲之字、玉篇、塙、音口角切。敲、音口卓切、翯音胡角切。然則高亦可讀如郭矣。詩緜篇毛傳曰、王之郭門曰臯門。郭偃之爲高偃。猶郭門之爲臯門也。尹云、高偃、郭偃也。晉語、文公問於郭偃。韓非子南面、郭偃毋更晉、則晉文不霸。楚莊染於孫叔。呂氏春秋作荊莊王染於孫叔敖。高注、莊王、楚穆王之子、名旅。孫云左宣十一年傳、楚令尹蔿艾獵城沂。孔穎達疏引服虔云、艾獵、蔿賈之子、孫叔敖也。洪适隸釋、漢孫叔敖碑云、楚相孫君、諱饒、字叔敖、不知何據。沈尹。畢云、呂氏春秋作沈尹蒸。又贊能有沈尹莖。楚莊王欲以爲令尹。沈尹莖辭曰、期思之鄙人有孫叔敖者、聖人也。又尊師云、楚莊師孫叔敖沈申巫。高誘曰、沈縣大夫。新序作沈尹竺。案申尹莖巫竺、皆字之誤。李惇云、宣十二年左傳、邲之戰。孫叔敖、令尹也。而將中軍者爲沈尹。注云、沈或作寢。寢、縣也。韓詩外傳所載楚樊姬事、與淮南子新序正同。但淮南新序並曰虞邱子、惟外傳則曰沈令尹。乃知沈尹卽虞邱子。令尹者其官、沈者其氏、或食邑也。孫云、李說是也。沈尹莖、呂氏春秋察傳篇、又作沈尹筮。字形並相近、未知孰爲正也。吳闔閭染於伍員。呂氏春秋作吳王闔廬。高注云、闔廬、吳王夷昧之子、名光。孫云、左昭二十七年傳、史記吳世家同作廬。此及後非攻中篇並作閭。與史記十二諸侯年表、淮南子泰族訓、吳越春秋同。純一案越絕書閭作廬。羣書治要同。闔閭伍員句踐范蠡等事功、並詳吳越春秋及越絕書。文義。孫云、當染作文之儀。畢云、呂氏春秋尊師云、吳王闔閭師伍子胥文之儀。高誘曰文氏、之儀名。案彼有之字者。如庚公差、孟子云之斯。專諸、史記云設諸。音之綴急。王闓運云、文義、蓋行人儀。純一案義、儀本字。**越句踐染於范蠡。**當染越下有王字。高誘云、句踐、允常之子。范蠡、楚三戶人也。字少伯。**大夫種。**畢云、高誘注呂氏春秋云、大夫種、文氏字子禽、楚之郢人。孫云、文選豪士賦序、李注引吳越春秋云、文種者、楚南郢人也。姓文字少禽。太平寰宇記、說同呂覽注。郷卽郢之譌。**此五君者所染當。**舊脫者字、孫據治要增。與呂氏春秋合。**故霸諸侯功名傳於後世。**孫云、治要無功字。曹云、舊數五伯者、齊桓、晉文、宋襄、秦穆、楚莊。又或數昆吾、大彭、豕韋、以及桓、文。今觀墨子之說、則數吳越、不數宋秦、墨子是也。又按孟子書、謂仲尼之徒、不稱桓文。其實論語中、亦有稱桓文處。五伯之德雖降於王、而功亦有不可沒者也。純一案此處疑脫舉天下之正長可服人、必稱此五君者二句。上文舉天下之仁義顯人、必稱此四王者。舉天下之不義辱人、必稱此四王者。相對成文。下文據呂覽當染有舉天下之貪暴可羞人、必稱此六君者二句。故知此有脫文。以上言國君之善染。

范吉射染於長柳朔王胜。胜李選本陸本唐本並作胜、誤。治要無王胜二字。畢云、呂氏春秋長作張、胜作生字。高誘注云、吉射、范獻子鞅之子、昭子也。張柳朔王生二人者、吉射家臣也。孫云、治要長作張。左哀五年傳、初范氏之臣、王生惡張柳朔。言諸昭子、使爲柏人。此長柳朔王胜、卽張柳朔王生。呂覽與左傳同。長柳、古複姓。漢書藝文志、有長柳占夢。但據左傳、則朔生乃范氏之賢臣。朔並死范氏之難。與此書異。或所聞不同。**中行寅染於籍秦高彊。**治要籍作藉、無高彊二字、畢云、呂氏春秋作黃藉秦、非。高誘注云、寅、晉大夫中行穆子之子、荀子也。黃藉秦高彊、其家臣。高彊、齊子尾之子。奔晉、爲中行氏之臣。史記索隱云、系本籍秦、晉大夫籍游之孫。籍談之子。孫云、呂覽注、荀子、當作荀文子。卽寅謚也。見定八年左傳。尹云、左昭二十七年傳、晉籍秦致諸侯之戍于周。左昭二年傳、子尾見彊。**吳夫差染於王孫雒。**治要作吳夫差染於宰嚭、無王孫雒太四字。呂覽吳王夫差染於王孫雄。高注夫差、吳王闔廬子也。盧文弨云、今外傳吳語王孫雄、舊宋本作王孫雒。墨子所染篇同。吳越春秋夫差內傳、句踐伐吳外傳、越絕請糴內傳、皆作王孫駱。說苑雜言篇、作公孫雒。雒字是矣。顧廣圻校同。王云、盧說是也。隸書雄字或作䧺、與雒相似、故雒譌爲雄。困學紀聞左氏類、引國語呂氏春秋並作雒。韓子說疑篇、有吳王孫頟。頟卽雒之譌。則其字之本作雒益明矣。**太宰嚭。**畢云、高誘注呂氏春秋云、嚭晉伯宗之孫、楚州犂之子。孫云、定四年左傳云、伯州犂之孫嚭爲吳太宰。嚭爲伯州犂孫、史記吳世家、越絕書、吳越春秋、杜預春秋釋例、說並同。唯高誘呂氏春秋當染重言兩篇注、以爲州犂之子、誤也。國語吳語韋注、誤與高同。尹云、太宰嚭、卽伯嚭也。吳越春秋作帛否。文選注引史記作伯喜、楚州犂之孫。奔吳、而闔閭以爲大夫。夫差立、任爲太宰。故一稱太宰嚭也。純一案吳越春秋作白喜。奔吳事詳闔閭內傳。**知伯搖染於智國張武。**畢云、搖一本作瑤。純一案治要無張武二字、搖作瑤。與呂覽當染篇同。高注云、智瑤、宣子申之子、襄子也。國武二人其家臣。孫云、國語晉語云、三卿宴於藍臺、知襄子戲韓康子而侮段規。知伯國聞之、諫曰、主不備、難必至矣。韋注云、伯國、晉大夫知氏之族。左哀二十三年傳、晉荀瑤伐齊、將戰、長武子請卜。杜注云、武子晉大夫。案知國張武、蓋卽知伯國長武子也。長張字通。淮南子人間訓云、張武教智伯奪韓魏之地、而擒於晉陽。尹云、呂覽察傳、智伯聞趙襄子於張武。純一案高誘注云、智伯圍趙襄子於晉陽、襄子與韓魏通謀、殺智伯於高梁之東。

中山尚染於魏義偃長。治要無偃長二字。畢云、偃呂氏春秋作攝。孫云、中山、卽春秋之鮮虞。左傳定四年、始見於傳。其初亡於魏。文侯十七年、使樂羊圍中山三年滅之。以其地封子擊。後擊立爲太子、改封次子摯。後中山復國。又亡於趙。則惠文王四年滅之。並見史記魏趙世家及樂毅傳。據水經滱水酈道元注、及太平御覽百六十一引十三州志、並謂中山桓公爲魏所滅。則尚或卽桓公。純一案墨子壽考、與孔子並時而差後。當生於周敬王十年以後、卒於周威烈王末年。中山不一滅、初滅於魏文侯、在威烈王時。墨子當及見之。至趙惠文王滅中山、當周赧王二十年。墨子已卒百餘年矣。史記趙世家正義引括地志云、中山故城一名中人亭、在定州唐縣東北四十一里。春秋時、鮮虞國之中人邑也。水經滱水注、中山桓公、不恤國政。周王問太史餘曰、今之諸侯、孰先亡乎。對曰、天生民而令有別、所以異禽獸也。今中山淫昏康樂、逞欲無度、其先亡矣。後二年果滅。魏文侯以封太子擊也。魏義偃長、事無足徵。

宋康染於唐鞅佃不禮。治要無佃不禮三字。佃道藏本作佃、陸本唐本同。並非。畢云、呂氏春秋佃作田、是。禮作禮、誤。孫云、宋王偃爲齊湣王所滅、謚康。見國策宋策。呂氏春秋作宋康王。漢書古今人表有田不禮、則似據趙世家也。呂氏春秋淫辭篇云、宋王謂其相唐鞅曰、寡人所殺戮者衆矣、而羣臣愈不畏。其故何也。唐鞅對曰、王之所罪、盡不善者也。罪不善、善者故爲不畏。王欲羣臣之畏也、不若無辨其善與不善而時罪之。若此、則羣臣畏矣。無幾何、宋君殺唐鞅。荀子解蔽篇亦云、唐鞅蔽於欲權而逐載子。又云唐鞅戮於宋。皆其事也。史記趙世家、載趙主父使田不禮相太子章、後爲李兌所殺。事當宋康之末年。或卽一人、先仕宋而後仕趙與。純一案趙世家、李兌謂肥義曰、田不禮之爲人也、忍殺而驕。肥義謂信期曰、公子與田不禮、甚可憂也。其於義也、聲善而實惡。此爲人也、不子不臣。此人貪而欲大。內得主而外爲暴。矯令爲慢。以擅一旦之命。不難爲也。禍且逮國。卒與公子章作亂、爲李兌所殺。蘇云、宋康之亡、當楚頃襄王十一年。上去楚惠王之卒、一百四十三年。此不獨與墨子時事不値。且與中山之亡相距止數年。而皆在孟子之後。孟子言方千里者九、則中山未亡。言宋王行仁政、則宋亦未亡。若此書爲墨子自著、則墨子時世更在孟子之後。不知孟子之闢墨子、正在墨學方盛之時。其必不然也審矣。

此六君者所染不當。故國家殘亡。畢云、家呂氏春秋作皆。身爲刑戮。宗廟破滅。李選本作裂。絕無後類。呂覽作身或死辱、宗廟不血食、絕其後類。孫云、荀子禮論篇云、先祖者、類之本也。楊注云、類、種也。逸周書嘗麥篇云、殷無類於冀州。

君臣離散。民人流亡。舉天下之貪暴可羞人、可羞人、舊作苛擾者。據呂覽改、與上文顯人辱人正相配。必稱此六君者。者舊作也、據呂覽正。與上文一律。以上言國君之惡染。

凡君之所以安者何也。以其行理也。韓非子解老、理者、成物之文也。行理、言一切行事、皆有條理不紊亂也。治要無此句、語意不完。行理性於染當。畢云、性當爲生。一本作在、誤。孫云、治要及呂氏春秋並作生。生古通用。純一案曹本王本尹本並作在、亦通。但未若生字義長。王樹枬云、性今依治要呂氏春秋讀如生。故善爲君者、勞於論人。孫云、高誘云、論猶擇也。而佚於治官。孫云、佚、治要作逸。不能爲君者、尹云、能、善。傷形費神。愁心勞意。然國逾危。身逾辱。孫云、逾、治要並作愈。呂氏春秋當染同。高誘云、愈益也。此六君者、非不重其國愛其身也。以不知要故也。孫云、高誘云、不知所行之要約也。不知要者、所染不當也。孫云、高誘云、所從染不得其人也。純一案羣書治要引止此。吾人一切惡行、每出於一念之玷染而不可遏。故荀子勸學篇曰、君子居必擇鄉。遊必就士。所以防邪僻而近中正也。以上言爲君當知要。

非獨國有染也。士亦有染。孫云、以後至篇末、與呂氏春秋當染篇文絕異。其友皆好仁義。淳謹畏令。則家日益。身日安。名日榮。處官得其理矣。歐陽云、處官、卽居官。理、治也。言居官皆治。上文云家日益身日安。卽身修家齊國治之意。則段干木、畢云、呂氏春秋云、段干木學于子夏。孫云、呂覽尊師篇又云、段干木晉國之大駔也。學于子夏。史記老子傳集解云、段干是魏邑名也。魏世家有段干木、本蓋因邑爲姓。純一案史記魏世家、文侯師田子方。受子夏經藝。客段干木。過其閭未嘗不軾。秦以此不敢加兵於魏。禽子、孫云、詳公輸篇。畢云、呂氏春秋云、禽滑釐學于墨子。許犯學于禽滑釐。此稱禽子則墨子門人小子之文矣。傅說之徒孫云、傅說見尙賢中篇。此與段干木禽子並舉、似不類。疑後人所增竄也。尹云、傅說、武丁臣。舉於版築閒者。純一案傅說事詳孔書說命三篇。是也。王闓運云、三子皆貧賤隱居、故可友。純一案以上言士之善染。

其友皆好李選本作得、非。矜奮。孫云、荀子正名篇云、有兼聽之明、而無奮矜之容。又子道篇楊注云、奮、振矜也。創作比周。孫云、左文十八年傳云、頑嚚不友。是與比周。杜注云、比、近也。周、密也。純一案比周、猶言阿黨爲私。創作、謂譸張爲幻、不遵先民矩矱。晏子春秋問上十四章云、爲臣比周以求進。管子明法篇云、臣雖上而下比周矣。

則家日損、身日危、名日辱、處官失其理矣。視聽言動、皆非禮故。則子西、易牙、豎刀之徒是也。蘇云、春秋時子西有三、一爲鄭公孫夏。一爲楚鬭宜申。一爲楚公子申。茲所舉蓋鬭宜申也。孫云、易牙豎刀、並見公羊僖十八年傳。左僖二年傳、作寺人貂。貂刀字通。純一案左襄二十七年傳、鄭享趙孟。子西賦黍苗之四章。二十九年傳、子西卽世。左僖二十八年傳、子西將左。杜預注、子西、鬭宜申。晉狐毛狐偃以上軍夾攻子西。楚左師潰。楚師敗績。文十年傳、子西縊而縣絕。王使止之。使爲商公。又使爲工尹。乃與子家謀弒穆王。穆王聞而殺之。史記孔子世家、楚昭王將以書社地七百里封孔子。令尹子西止之。左哀十六年傳、子木暴虐於其私邑、子西殺之。其子曰勝、在吳。子西欲召之。葉公止之。（說詳楚語）子西弗從。召勝爲白公。勝作亂、殺子西。卽公子申。然其德治在楚。不可沒也。見國語卷十八、並定五年六年左傳。共三子西、鄭公孫夏無足非。楚公子申瑕不掩瑜、其沮書社之封、墨者不爲異也。鬭宜申與子家比周謀逆、與易牙豎刀比周作亂同。當卽此之所指、蘇說是巳。呂氏春秋知接篇、管仲願桓公遠易牙豎刀常之巫等。公曰、易牙烹其子以慊寡人、猶尙可疑邪。管仲對曰、人之情非不愛其子也。其子之忍、又將何有於君。公又曰、豎刀自宮以近寡人、猶尙可疑邪。管仲對曰、人之情非不愛其身也。其身之忍、又將何有於君。桓公因而逐之。復召之。後公病、易牙、豎刀、常之巫、相與作亂。塞宮門。築高牆不通人。公無所得飲食。死于壽宮。左僖二年傳、齊寺人貂、始漏師于多魚。杜注、多魚、地名。疏引鄭玄云、豎、未冠者之官名。然則此人名貂、幼童爲內豎之官。以爲齊侯所寵。後雖年長、遂呼爲豎貂焉。此時爲寺人之官、故稱寺人貂也。言漏者漏泄師之密謀也。漏師巳是大罪。此云始者、言其終又甚焉。故言始以爲齊亂張本。又十七年傳、雍巫有寵於衛共姬。因寺人貂以薦羞於公。亦有寵。管仲卒、五公子皆求立。桓公卒、易牙與寺人貂、因內寵以殺羣吏、而立公子無虧。杜注、雍巫、雍人名巫、卽易牙。以上言士之惡染。

詩曰、必擇所湛。湛舊作堪、王云、堪當讀爲湛。湛與漸漬之漸同。說文作瀸、云漬也。月令湛熾必絜。鄭注曰、湛、漬也。內則說八珍之漬云、湛諸美酒。注曰、湛亦漬也。湛漬、皆染也。楚辭七諫、日漸染而不自知兮。王注曰、稍漬爲漸。汙變爲染。必擇所湛、猶云必擇所染耳。純一案湛義同染。堪卽湛之形誤。今據王校改。下同。蘇云、此蓋逸詩。必謹所湛者。王闓運云、詩說之詞。此之謂也。易繫辭下曰、善不積不足以成名。惡不積不足以滅身。鶡冠子度萬曰、大乎小。衆乎少。莫不從微始。故此篇以當愼所染纏結。

曹云、此篇言人君必愼於用人。亦首篇急賢存士之意。然人君各賢其臣、豈有以爲不賢而用之者。故君道莫難於知人也。墨子之意、在勞於論人一語。人苟不足於明、惟勤可以補之。無所不用其勤、勤於見、勤於問、勤於觀察、勤於考校、勤於求、則賢士聞風生感而與起矣。

釋太虛曰、染於善則善。染於惡則惡。卽告子所云生之謂性、無善無不善。決東則東、決西則西者也。至夫水之就下、激之則可上流。則荀子所謂性惡、可化於僞善者也。故墨子實於人性爲無善無不善、而善出於天志、不善出於逆天志者也。書稱告子出於儒墨之閒、則告子人性無善無不善、蓋是學於墨子者也。仁內義外、則是告子自立之義。故爲墨孟之所交誹。

法儀第四

畢云、法、說文云灋、刑也。平之如水、从水。廌、所以觸不直者去之。法、今文省。此借爲法度之義。儀、義如渾天儀之儀。說文云檥、榦也。儀與檥音相近。又說文云儀、度也。亦通。孫云、爾雅釋詁云、儀榦也。與說文檥解說同。管子形勢解篇云、法度者、萬民之儀表也。此篇所論、蓋天志之餘義。純一案天志明天愛利之兼。此篇明人當法天之兼主旨微有不同。故冢所染而次之。明能法天、則所染無不當、天卽兼愛天下之儀表。管子版法篇曰、法天合德是其義。此篇文不冗繁、當爲墨子自著。篇首子墨子曰、門人加之。天志三篇、則三墨所述。此篇之注脚也。尹云、晏子春秋問上、立法儀而不犯。荀子成相、君法儀禁不爲。

子墨子曰、天下從事者、不可以無法儀。無法儀而其事能成者無有也。舊脫也字。孫據羣書治要增。王樹枏校同。雖至士之爲將相者、皆有法。天志上篇、庶人竭力從事、未得次己而爲政、有士政之。士竭力從事、未得次己而爲政、有將軍大夫政之。將軍大夫竭力從事、未得次己而爲政、有三公諸侯政之。三公諸侯竭力聽治、未得次己而爲政。有天子政之。天子未得次己而爲政、有天政之。次與恣同。此以形而上之道爲法。雖至百工從事者、亦皆有法。百工爲方以矩、爲圓以規、圓、李選本陸本唐本並作圓。直以繩、正以縣。畢云、此縣挂正字。尹云、呂覽分職、爲圓必以規。爲方必以矩。爲平直必以准繩。平以水。無巧工不巧工、皆以此五者爲法。平以水三字舊脫。孫云、考工記輿人云、圜者中規。方者中矩。立者中縣。衡者中水。莊子馬蹄篇云、匠人曰、我善治木、曲者中鉤。直者應繩。卽此義。以考工記校之。疑上文或當有平以水三字。蓋本五者而挩其一與。純一案孫校是、今據補。僅有方圓直正而無平、則工巧不備。水者平之至準而能大者也。考工記輪人、水之以眡其平沈之均也。此以形而下之器爲法。蓋墨家注重科學之精神也。宋易山齋周官總義曰、注目而視方員、不如付諸規矩之爲公。騰口而議平直、不如付諸準繩之爲審。巧者能中之。畢云、史記索隱云倉頡篇云、中、得也。不巧者雖不能中、放依以從事。畢云、說文云、仿、相似也。放與仿同。尹云、仿、放、效也。猶逾己。畢云、猶勝于己。王闓運云、逾同愈。故百工從事、皆有法所度。所、猶可也。孫云、治要無所字。下同。今大者治天下、其次治大國、而無法所度。譬如航海、無南針而迷方、危甚。此不若百工辯也。王本作辨、云辨智也。陶宏慶讀墨子札記云、辯明也。純一案治要無辯字、非。以上言從事不可無法儀。

然則奚以爲治法而可。尹云、奚、何也。當皆法其父母奚若。孫云、當與嘗通。嘗、試也。詳天志下篇。王引之云、當並與儻同。畢云、奚若與何如同。天下之爲父母者衆、而仁者寡。天下無不愛子之父母。其愛不免於溺。蔽於己私。有偏之染因也。仁以人爲主。公而無私。眞理也。釋氏所謂無緣大慈、無漏之淨行也。莊子天運篇曰、至仁無親。親者、私愛也。無私愛方爲至仁。若皆法其父母、此法不仁也。法不仁、不可以爲法。父母不能如天兼愛。即是不仁。故不可法。當皆法其學奚若。孫云、學、謂師也。曹云、學、效也。謂師也。師者人之所效。天下之爲學者衆、而仁者寡。學以無我爲極。有我之見存者、不得爲學。今天下之爲學者、祇知有我、蓋不知兼故。不知兼、不仁。不行兼、不仁。非兼、愈不仁。故曰天下之爲學者衆而仁者寡。若皆法其學、此法不仁也。法不仁、不可以爲法。當皆法其君奚若。天下之爲君者衆、而仁者寡。天下有別君。無兼君。不尙同。好攻伐。不仁甚矣。故曰天下之爲君者衆而仁者寡。若皆法其君、此法不仁也。法不仁、不可以爲法。故父母學君三者、莫可以爲治法。舊有而可二字。涉下句而衍。孫據王校刪。案以上文、治要略、殊失墨旨。以上言父母學君皆不足法。

然則奚以爲治法而可。曰莫若法天。曰上舊衍故字。治要無故曰二字。案曰字當有、今刪故字。孔書舜典曰、欽哉惟時亮天工。尹云、堯則天。墨曰法天。均以天爲道德標準者。天之行廣而無私。天無私覆。其施厚而不德。孫云、治要作息。純一案易乾文言曰、乾始能以美利利天下。不言所利。大矣哉。陰符經曰、天之无恩。而大恩生。其明久而不衰。易繫辭下曰、日月之道。貞明者也。以上總括天德。古音諧五齊引此、私衰諧。

故聖王法之。聖王盡人合天。既以天為法，動作有為，必度於天。論語泰伯篇曰、唯天為大、唯堯則之。案墨子所謂天、猶釋氏所謂淸淨法身。具足無漏功德。斯人皆無明輪運。往往依眞起妄。故父母學君、莫可為法。惟天眞常无妄。法之則一切有為、俱可依止、轉成無垢。而兼愛之旨不難達矣。（吾國先哲言道、恆囿於天之名相不能遣。故詮理未能融人而一之。更未能基本一心、說明世界緣起。如易言太極、中庸言天命、均非眞諦。視佛敎頗有遜色）。天之所欲則為之。天所不欲則止。聖人明見自性。統天無別。故能上同於天。先天而天弗違。後天而奉天時。以上言惟聖法天。然而天何欲何惡者也。者字衍、治要無、當據删。而猶則也。也讀若邪。天志下篇曰、天之所欲者何也、所惡者何也、天欲義而惡其不義者也。天必欲人之相愛相利。而不欲人之相惡相賊也。天志中篇曰、天之意不欲大國之攻小國也。大家之亂小家也。強之暴寡。詐之謀愚。貴之傲賤。此天之所不欲也。不止此而已。欲人之有力相營。有道相敎。有財相分也。又欲上之強聽治也。下之強從事也。奚以知天之欲人之相愛相利而不欲人之相惡相賊也。也讀為邪。以其兼而愛之兼而利之也。老子曰、天之道利而不害。奚以知天兼而愛之兼而利之也。也亦同邪。孫云、治要天字下有之字。以其兼而有之兼而食之也。今天下無小大國、小大畢本誤倒、孫云、治要作小大。欒云、道藏本及唐堯臣本、並作小大。純一案李選本陸本均作小大、今並據正。皆天之邑也。人無長幼貴賤皆天之臣也。尹云、法華經曰、一切衆生。皆是吾子。蓋由此而推演者。純一案楞嚴經云、十方如來。憐念衆生。如母憶子。內典類此者甚夥。蓋東海西海聖人、心同理同。皆眞現量之所證得。非必由此推演。釋氏之兼、量宏於墨。墨較景敎廣耳。此以莫不犓牛羊、舊脫牛字、畢云、當云牛羊。說文云、犓以芻莖養牛也。玉篇云、犓則俱切。今作芻。陸德明莊子音義云、司馬云、牛羊曰芻。犬豕曰豢。蘇云、犓乃芻牛兩字、而誤合為一者。文當云芻牛羊。純一案此以、是以也。芻犓音義俱同。犓牛羊。豢犬猪、儷文。天志上篇、兩言莫不犓牛羊豢犬彘。天志下篇、亦兩見犓豢其牛羊犬彘之文。此文脫牛字。今據畢校增。豢犬豬、絜為酒醴粢盛、醴、李選本作醲、誤。畢云、㓗字正作絜。尹云、說文盛、黍稷在器中以祀者也。穀梁桓十四年傳、天子親耕以供粢盛。注、黍稷曰粢。在器曰盛。以敬事天。此不為兼而有之兼而食之邪。天苟兼而有食之。尹云、苟、誠也。夫奚說以不欲人之相愛相利也。天志中篇云、且夫天子之有天下也、辟之無以異乎國君諸侯之有四境之內也。今國君諸侯之有四境之內也、夫豈欲其國臣萬民之相爲不利哉。夫天之有天下也、將無以異此。以上言天兼愛利。

故曰愛人利人者天必福之。以兼故、徧乎物之所造。老子曰、天道無親。常與善人。惡人賊人者天必禍之。以別故、乖乎性道之常。孟子曰、順天者存。逆天者亡。蓋天者、物我一心之廓都。有感斯應。至神也。此言天不容人不法天。曰殺不辜者得不祥焉。曰李選本畢本並作日。今從孫校改。曹本王本尹本同。尹云、墨之道德法天。而又以天道賞罰、激誘其法天。是借重於道德威權之一端而布敎。夫奚說人爲其相殺而天不與禍乎。不字舊脫。王樹枏云、天下原有不字、而今本脫之。上言曰殺不辜者得不祥焉、此言夫誰說人爲其相殺而天不與禍乎。文義正相承。純一今據補。天志下篇、今天下之國、粒食之民、殺一不辜者必有一不祥。曰誰殺不辜、曰人也。孰予之不祥、曰天也。若天之中實不愛此民也、何故而人有殺不辜、而天予之不祥哉。即此注脚。曰天予不祥、蓋順俗權說。實則自作不祥之結果。此以理證不法天之報。是以知天欲人相愛相利。舊本無知字、治要同。王云、是以下有知字、而今本脫之、則文義不明。上文曰奚以知天之欲人相愛相利、而不欲人之相惡相賊也。奚以知正與是以知相應。孫據增。曹本同。而不欲人相惡相賊也。昔之聖王禹湯文武兼愛天下之百姓。畢云、舊脫愛字、以意增。純一案治要正有愛字。率以尊天事鬼。尹云、表記言夏道尊命、事鬼敬神而遠之。殷人尊神、率民以事神。周人尊禮尙施、事鬼敬神而遠之。均有尊天事鬼事也。其利人多。天鬼人別之名三、兼之實一。一氣之感、皆徧於自心而無間。聖王知之、率天下之百姓、相與尊之事之利之。所以保自心之眞常也。是之謂兼愛。易坤文言曰、敬義立而德不孤。故天福之。易坤文言曰、積善之家、必有餘慶。使立爲天子。立、位同。其盛德足以得天下人之歡心故。天下諸侯皆賓事之。孫云、廣雅釋詁云、賓、敬也。尹云、賓、服也。純一案孟子公孫丑上云、以德行仁者王。以德服人者、中心悅而誠服也。孔書仲虺之誥曰、德日新、萬邦惟懷。此舉往事證法天之福利。

暴王桀紂幽厲兼惡天下之百姓。惡者愛之反。言殘忍肆虐也。率以詬天侮鬼。孫云、廣雅釋詁云、詬、罵也。左昭十三年傳、楚靈王投龜、詬天而呼。釋文云、詬、詈辱也。纂云、俞鈔本天作兂。其賊人多。其賊舊倒、從俞校。據羣書治要乙。孫及王樹枏校同。案暴王心無忌憚、故敢滅德作戚、以敷虐於萬方百姓。蓋不知人己一兼保眞常也。故天禍之。易坤文言曰、積不善之家、必有餘殃。使遂失其國家。孫云、遂與隊通。易震遂泥。釋文云、遂荀本作隊、俗作墜、義同。淮南子天文訓高注云、隊、隕也。身死爲僇於天下。孫云、僇治要作戮。大學辟則爲天下僇矣。孔穎達疏云、僇謂刑僇也。荀子非相篇云、爲天下大僇。楊注云、僇與戮同。後世子孫毀之、至今不息。尹云、息、止也。純一案衆人之心、卽是天心、可順而不可逆、古今皆然。此舉往事證不法天之禍害。故爲不善以得禍者、欒云、俞鈔本不作丕。桀紂幽厲是也。愛人利人以得福者、禹湯文武是也。愛人利人以得福者有矣。惡人賊人以得禍者亦有矣。有、猶多也。歷驗不爽也。言自來愛人利人以得福者多矣、豈惟禹湯文武。惡人賊人以得禍者亦多矣、豈惟桀紂幽厲。蓋敎人尙同兼愛也。天志三篇、皆此篇之義疏。曹云、有者、言古今尙多有之。不僅如三代之八王者。八王其最著明者也。

曹云、此篇言兼愛之道。而以天爲法儀之宗也。後文尙同尙賢天志明鬼諸篇、其大指皆如此。

七患第五

孫云、以下二篇所論、皆節用之餘義。純一案孫說未允。此篇冢法儀而次之。明人不法天兼愛。所染必不當。則修身無方。親士無準。而七患至矣。蓋敎人嚴密爲備。防患未然。期與天地同常也。老子曰、知常曰明。不知常、妄作、凶。是其微旨。此篇當亦墨子自箸。

子墨子曰、國有七患。七患者何。城郭溝池不可守、而治宮室。大禹克勤于邦。克儉于家。卑宮室而盡力乎溝洫。是墨道也。今正相反。城郭溝池不修、無可恃以爲守。而治宮室、忘公而私營、失政本矣。左成九年傳曰、莒恃其陋而不修城郭。浹辰之間。而楚克其三都。無備也夫。管子霸言篇曰、重宮室之營。而輕四竟之守。所以削也。一患也。邊國至境、畢云、當作竟。本書耕柱篇云、楚四竟之田。只作竟。曹云、邊國、謂夷狄之國也。洪云、邊當是敵字之譌、古敵字多作適。言敵國至境、而四鄰莫救、故可患也。四鄰莫救。魯問篇云、厚爲皮幣。卑辭令。亟徧禮四鄰諸侯。則患可救也。二患也。先盡民力無用之功、欒云、先盡民力下疑當有財寶以與四字。純一案欒校是也。當據補。財寶與民力對文、與賞賜相應。下文財寶虛於待客。可證。無用之功、如後文治臺榭修墳墓之類是已。

賞賜無能之人。無能、無功也。賞賜無能、則有能者雖賞不喜。民力盡於無用。有用時民無力矣。財寶虛於待客。廣雅釋詁三云、虛、空也。言無財寶待客也。唐本陸本待並誤侍。治要無此二句三患也。仕者持祿、游者憂交。舊本持譌侍、交譌反、陸本唐本同。羣書治要引侍作持。反作佼。王云、待當爲持、憂反當爲愛交。持猶守也。呂氏春秋愼大篇注、言仕者守其祿、游者愛其交、皆爲己而不爲國家也。管子明法篇曰、小臣持祿養交、不以官爲事。晏子春秋問篇曰、士者持祿、游者養交。養交與愛交同意。孫從王校並治要改待作持。改憂反作愛佼。云管子七臣七主篇云、好佼友而行私請。又明法篇云、以黨舉官、則民務佼而不求用。並以佼爲交。此云愛佼、猶管子云好佼務佼也。純一案持從治要是也。反爲交之形譌、孫從治要作佼。義同。憂字實不誤。陸本唐本治要均作憂、可證。古優字只作憂。非儒篇、夫憂妻子以大負累。憂妻子、謂優厚於妻子也。憂交、謂優於交際、不以官爲事。義與愛佼同。不必破作愛。君脩法討臣、臣懾而不敢拂。欒云、道藏本及唐本、重一臣字。畢本脫。孫云、拂羣書治要作咈。案咈正字。拂叚字。說文手部云、拂過擊也。口部云、咈違也。荀子臣道篇云、事暴君者有補削無撟拂。楊注云、拂違也。賈子保傅篇云、𥾯廉而切直、匡過而諫邪者。謂之拂。拂者拂天子之過者也。王樹枏云、討、治也。曹云、所謂唯其言而莫予違也。尹云、懾、懼也。拂、撟也。純一案君修法討臣、必暴戾而不仁於民。臣懾而不敢拂、必阿諛而不利於國。四患也。君自以爲聖智、而不問事。孔書仲虺之誥曰、能自得師者王。謂人莫己若者亡。好問則裕。自用則小。鬻子曰、不肖者不自謂不肖也、雖自謂賢、人猶謂之不肖也。愚者不自謂愚、雖自謂智、人猶謂之愚。不問事、言愚而好自用。不勤於聽治也。自以爲安彊、陸本作疆、非。而無守備。左傳二十二年傳、僖公卑邾不設備。臧文仲曰、國無小、不可易也。無備、雖衆不可恃也。及戰、敗績。又僖五年傳、弦子有所恃而不事楚、又不設備。楚亡之。又僖十二年傳、黃人有所恃、不共楚職。曰自郢及我九百里、焉能害我。楚滅之。四鄰謀之不知戒。此七字治要無。五患也。所信者不忠、所忠者不信。上句信字、舊本譌言、又無兩者字、孫據羣書治要補正。純一案晏子春秋問上廿九章景公問晏子曰、臨國莅民。所患何也。晏子對曰、所患者三。忠臣不信。一患也。信臣不忠。二患也。君臣異心。三患也。蓋晏子開一患爲三、墨子合三患爲一耳。六患也。畜種菽粟、孫云、畜治要作蓄、字通。畢云、菽正爲尗。不足以食之。論語顏淵篇、子貢問政、子曰、足食。蓋食不足、則良民不免凍餓離散而死溝壑。強暴者必愈刦奪而作亂。大臣不足以事之。畢云、舊脫以字、一本有。孫云、羣書治要亦有以字。荀子正名篇楊注云、事、任使也。純一案大臣不足以任使、國事必廢弛舛悟。不親士故。不向賢故。賞賜不能喜。賞賜無功。又有功不賞故。誅罰不能威。誅罰恒不當其罪。且無罪見誅。有罪不誅故。七患也。以七患居國、必無社稷。孫云、無、疑當爲亡。畢云、國稷爲韻。純一案江有誥云、國稷之部。古音諧一戢引此。以七患守城、敵至國傾。畢云、城傾爲韻。江有誥云、耕部。古音諧十青引此。七患之所當、尹云、當値也。國必有殃。畢云、當殃爲韻。純一案古音諧十六庚引此。以上言當防患於未然。治要引止此。

凡五穀者、民之所仰也。欲免七患、首當足食以聚民。民以食爲天故。孟子滕文公上、五穀熟而民人育。趙岐注、五穀、謂稻黍稷麥菽也。五穀所以養人也。君之所以爲養也。君亦賴五穀以爲養。且以養人者也。故民無仰則君無養。論語顏淵篇曰、百姓不足、君孰與足。畢云、仰養爲韻。純一案古音諧十六唐上聲引此。江有誥云、當殃仰養仰養陽部。民無食則不可事。韓非子喻老篇曰、事者、爲也。漢書食貨志曰、腹肌不得食。膚寒不得衣。雖慈母不能保其子。君安能以有其民哉。管子治國篇曰、夫令不必行、禁不必止、戰不必勝、守不必固、命之曰寄生之君。此由不利農少粟之害也。畢云、食事爲韻。純一案江有誥云、之部。古音諧四之去聲引此。故食不可不務也。漢書食貨志曰、民貧則姦邪生。貧生於不足。不足生於不農。下文曰、國無三年之食者、國非其國也。家無三年之食者、子非其子也。孟子曰、不違農時。穀不可勝食也。地不可不力也。力畢本作立、孫據道藏本及明刻本正。曹本同。地不可不力、言不使地有遺利。民有餘力。游食之民、使盡歸農。生穀之土、必盡墾之、山澤之利、必盡出之。用不可不節也。用而能節、則財恒足。而國可圖強矣。以上言足食在盡地力節用。

五穀盡收、尹云、謂年豐。則五味盡御於主。孫云、獨斷云、御者進也。凡飲食入於口曰御。不盡收、則不盡御。孫云白虎通義諫諍篇云、陰陽不調。五穀不熟。故王者爲不盡味而食之。純一案此宰所以徹膳之義。喻王者德薄、不能變理陰陽、以致五穀不熟。當與民一體共患難也。一穀不收謂之饉。二穀不收謂之罕。罕舊譌旱、俞云、按旱者不雨也。不得爲二穀不收之名。疑旱乃罕字之誤。一穀不收謂之饉。二穀不收謂之罕。饉也、罕也、皆稀少之謂。饉、猶僅也。故襄二十四年穀梁傳、作一穀不升謂之嗛。嗛猶歉也。然則二穀不收謂之罕。其義正一律矣。純一案俞說是也。今據正。下同。三穀不收謂之凶。四穀不收謂之餽。邵晉涵云、餽與匱通。鄭注月令曰、匱乏也。王云、邵說是。純一案太平御覽三十五引餽音匱。匱正字。餽叚字。五穀不收謂之饑。畢云、太平御覽引作飢、誤。此飢餓字。純一案藝文類聚八十五引正作饑。歲饉則仕者大夫以上。上舊作下、從王闓運校改。尹本同。御覽八百三十七引無任者二字。皆損祿五分之一。罕則損五分之二。凶則損五分之三。饉則損五分之四。饑則盡無祿、御覽引脫無字。類聚同。稟食而已矣。孫云、稟食、謂有稍食而無祿也。說文亩部云、稟、賜穀也。周禮司士鄭注云、食、稍食也。又宮正注云、稍食祿稟。劉云、藝文類聚八十五、御覽八百三十七、並引作廩食。故凶饑存乎國人、君徹鼎食。尹云、存在也。孫云、曲禮鄭注云、徹、去也。舊衍五分之五四字、今從曹本刪。君徹鼎食、與大夫徹縣、士不入學、文蓋一律。大夫徹縣。莊子山木篇釋文司馬彪云、八音備爲縣而聲高下。孫云、周禮小胥云、卿大夫判縣。鄭注、謂左右縣。曲禮云、大夫無故不徹縣。孔疏云、徹亦去也。尹云、曲禮云、歲凶祭事不縣。士不入學。孫云、周書糴匡篇云、成年餘子務藝。年儉餘子務穡。是不入學也。尹云、學謂學校。君朝之衣不革制。孫云、周書大匡篇云、大荒、祭服漱不制。朝服輕於祭服、不制明矣。蘇云、革、改也。王闓運云、朝服雖敝、不更新也。諸侯之客、四隣之使、雍飧而不盛。飧舊本作食、今從王校改。曹本同。王云、雍食當爲雍飧。周官外饔、凡賓客之飧饔饔食之事。鄭注曰、飧客始至之禮。饔既將幣之禮。飧饔、即饔飧也。饔雍古字通。孫云、王說是也。周書糴匡篇云、年儉、賓祭以中盛。年饑、則勤而不賓。大荒、賓旅設位有賜。與此略同。尹云、周書大匡、遭天之大荒、非公卿不賓。賓不過具。徹驂騑。尹云、言車唯駕二馬。禮記曲禮注、車有一轅四馬。中兩馬夾轅爲服馬。兩邊爲騑馬。亦名驂馬。純一案文選陽給事誄注、服謂中央兩馬。夾轅者在服之左曰驂。右曰騑。塗不芸。畢云、塗俗寫从土。本書非攻中云、涂道之修遠。只作涂。芸、蕓省文。孫云、穀梁襄二十四年傳云、大侵之禮。廷道不除。范甯注云、廷、廷內道路不修除也。王闓運云、馳道不除。純一案王說見曲禮下。家語曲禮子貢問篇、作馳道不修。蓋歲凶、賢君自貶。救民之禮也。馬不食粟。尹云、曲禮云、歲凶、馬不食穀。周書大匡、畜不食穀。畜謂馬也。婢妾不衣帛。此告不足之至也。以上言視歲收而節用。

今有負其子而汲者、隊其子於井中。畢云、此墜正字。說文云、隊、从高隊也。其母必從而道之。蘇云、道與導同。謂引也。尹云、道援也。吳汝綸云、釋名道、蹈也。列子黃帝篇、向見吾子道之。張湛注、道當爲蹈。此道之、謂蹈井也。欒云。吳讀義長。蓋謂母以愛子墜井、必從入而救之。（古井非若今日縱立直下者莊子抱甕而汲可證）明夫國君大夫、宜於歲凶民飢之日、從而減膳以救濟之也。今歲凶民饑道餓。此疚重於隊其子。舊作重其子此疚於隊。王引之云、當作此疚重於隊其子。疚、病也。言此病較之隊其子者爲尤重也。今本顛倒、不成文義。孫云、王說是也。蘇說同。純一今據正。此禹稷溺由己溺飢由己飢之旨。

其可無察邪。任民事者、可不關心民瘼、盡乃職以安利之。此言保民之責、重於毋之護其子。故時年歲善、王樹枏云、年歲連文。周禮春官、正歲年以序事。易林、草菜不闢。年歲無有。又膏我下土。年歲大茂。是年歲連文之證。此謂時而年歲善、則民仁且良。時而年歲凶、則民吝且惡也。則民仁且良。管子牧民篇、倉廩實則知禮節。衣食足則知榮辱。時年歲凶、則民吝且惡。孟子告子上篇、富歲子弟多賴。凶歲子弟多暴、非天之降才爾殊也。其所以陷溺其心者然也。盡心上篇、聖人治天下、使有菽粟如水火、而民焉有不仁者乎。與此文略異、而意指正同。夫民何常此之有。尹云、言民之仁良與吝惡、非僅以歲善凶為準。明當節用。純一案言當節用。尤當以時生財。觀下文自明。爲者疾、食者寡、則歲無凶。舊作爲者疾、食者衆、則歲無豐。陸本唐本疾作寡。王樹枏云、萬歷節本疾作寡。孫云、此疑當作爲者疾、食者寡、則歲無凶。爲者緩、食者衆、則歲無豐。爲者緩、食者衆、則歲無豐。此上文咸以歲善與歲凶對舉。是其證。今本挩食者寡至爲者緩十字。文義遂舛牾不合矣。純一案孫說是也。觀疾字或作寡、足爲各本俱有脫誤之證。今據補訂。曹本同。蓋墨氏以天時不足恃。務盡人事以濟天時之窮。且必勤於爲人。儉於自養。而後能眞兼愛也。下文財不足則反之時、與爲者疾相應。食不足則反之用、與食者寡相應。教勤也。教儉也。所以使年有豐而無凶也。反之、爲者緩則不勤。食者衆則不儉。是使年歲有凶而無豐。非墨道也。此文正達其恉。與大學樹義同。生利者多、分利者少、則民足國裕。生利者少、分利者多、則民窮國困。誠古今理財之典要也。言民仁良在歲無凶。凶豐爲韻。故曰財不足則反之時。財不足、則反之時而求其足。莊子天下篇曰、墨者日夜不休。自苦爲極。蓋力時急。汲汲爲天下生利也。食不足則反之用。反之用在儉。故先民以時生財。尹云、言力時急。孫云、禮記坊記鄭注云、先民、謂上古之君也。書伊訓孔疏引賈逵國語注云、先民、古賢人也。純一案以時生財、謂上功勞苦。時不虛度。則一日有兼日之用。一人有兼人之功。生財自密矣。管子霸言篇曰、精時者。日少而功多。固本而用財。尹云、言自養儉。純一案書五子之歌曰、民爲邦本。管子國蓄篇曰、五穀食米、民之司命。黃金刀幣。民之通施。固本用財、必使民皆足於食用。然後量其所入之餘。必養生不可缺者始用之。絲毫不浪費。在在須蓄積以備患也。則財足。今埃及印度之亡。皆由財政紊亂。墨子務足財用。蓋灼見也。故雖上世之聖王、大取篇、尚世對今世後世言、上世卽尚世。豈能使五穀常收、而旱水不至哉。然而無凍餓之民者、何也。邪同。其力時急。勤則生財密。且心有所事。無暇用財。而自養儉也。儉則用之節。人不役於物。心常安定。財恒充足。勤儉固千古理財之常經。

故夏書曰、禹七年水。殷書曰、湯五年旱。畢云、管子山權數云、管子曰、湯七年旱。禹五年水。與此文互異。莊子秋水篇云、湯之時八年七旱。荀子王霸云、禹十年水。湯七年旱。賈誼新書無蓄云、禹有十年之蓄、故免九年之水。湯有十年之積、故勝七歲之旱。淮南子主術云、湯之時七年旱。又異。純一案越絕書計倪內經、湯之時比七年旱而民不饑。禹之時比九年水而民不流。與荀子新書合。孫云、呂氏春秋順民篇云、昔者湯克夏而正天下。天大旱五年不收。湯乃以身禱於桑林。與此書所言正合。王充論衡感虛篇亦云、書傳言湯遭七年旱。或言五年。是古書本有二說也。胡兆鸞墨子尚書古義曰、唐正義本無此文。此文乃孔子時所刪之尚書也。孔安國眞古文佚。無可攷證。僅能以今文家定其篇次。伏生於禹貢之前、題曰虞夏傳。馬鄭本亦題曰虞夏書。則此夏書、當在禹貢前九共九篇中。以大題爲虞夏書、故亦稱夏書。大傳引九共佚文、有予辯下土云云。此云七年水、溯其前事、又當在前也。殷書卽商書。伏生亦稱殷傳。大傳言湯大旱七年、禱於桑林之社。卽作夏社事。此稱殷書、其文當在夏社篇中。墨子見尚書眞本。諸書之譌誤、皆當據墨子以證之。此其離凶饑甚矣。饑舊譌餓、孫云、凶餓當作凶饑、卽冢上三穀四穀不收而言。下云不可以待凶饑。又云民見凶饑則亡。皆其證也。此涉下凍餓而誤。純一案孫說是、今據正。曹云、雝與罹同。尹云、雝、遭也。然而民不凍餓者、賈誼新書憂民篇云、王者之法、三年耕而餘一年之食。九年而餘三年之食。三十歲而民有十年之蓄。故禹水九年。湯旱七年。甚也。野無青草。而民無饑色。道無乞人。誠有具也。何也。其生財密。力時急、以時生財。其用之節也。自養儉、固本而用財。以上言力時節用。水旱無憂。故倉無備粟、不可以待凶饑。倉舊本譌食、俞云、食乃倉字之誤。倉無備粟、與下句庫無備兵文正相對。若作食字、失其恉矣。孫據正。曹本同。庫無備兵、雖有義不能征無義。左隱五年傳曰、不備不虞。不可以師。城郭不備全、欒云、俞鈔本作完、是其原文。道藏本作全、當由宋人避欽宗諱同音字所改也。辭過篇兩完固輕利同。不可以自守。左昭十八年傳、鄭子產曰、小國忘守則危。國之不可小。有備故也。心無備慮、不可以應卒。曹云、卒與猝同。純一案釋慧苑華嚴經音義、備、預早爲之也。大戴記小辨篇、事戒不虞曰知備。史記仲尼弟子列傳、慮不先定。不可以應卒。索隱、卒謂急卒。卒有非常之事。是若慶忌無去之心、不能輕出。畢云、言慶忌雖勇、猶輕出致死。昔吳王患慶忌之在鄰國。恐合諸侯來伐。要離詐以負罪出奔。戮妻子。斷右手。如衛求見慶忌。與東之吳。渡江。中流。順風而刺慶忌。事見吳越春秋闔閭內傳。孫云、要離殺吳王子慶忌、見呂氏春秋忠廉篇。高注云、慶忌者、吳王僚之子也。有力捷疾。而人皆畏之。無能殺之者。蘇云、去下據上文當脫備字。純一案上下皆儷文、獨此是若至輕出十二字不類。殊嫌其贅。必是後人注語、傳寫者誤入正文。當刪。夫桀無待湯之備故放。紂無待武之備故殺。王引之云、禦敵謂之待。魯語、帥大讎以憚小國。其誰云待之。楚語、其獨何力以待之。韋注並云、待禦也。純一案吳越春秋句踐陰謀篇、昔桀易湯而滅。紂易文王而亡。易之爲言無備也。設桀紂有待湯武之備。敬民以爲治。湯武烏能放殺之。桀紂貴爲天子、富有天下、然而皆滅亡於百里之君者何也。孫云、孟子公孫丑篇曰。湯以七十里、文王以百里。純一案桀紂之亡、非湯武能亡之。乃桀紂不能如湯武兼愛天下自亡之。蓋桀紂以無備而亡。湯武以有備而昌也。有富貴而不爲備也。滅亡之禍、伏於富貴之中。以富貴最易令人顛冥而忘戒備故。

故備者國之重也。重、輜重也。宣十二年左傳、楚重至于邲注。言軍備莫重於輜重。三軍之生死、國命之存亡係之。有國者急當足食足財用亦然。要在不時密爲之備。有備庶無患。左昭五年傳曰、城濮之役、晉無楚備以敗於邲。邲之役、楚無晉備以敗於鄢。自鄢以來、晉不失備。是以楚弗能報。左成九年傳、君子曰、恃陋而不備。罪之大者也。備豫不虞。善之大者也。以上言當嚴密爲備。殷鑒不遠。

食者、國之寶也。和氏之璧、隋侯之珠、天下之良寶也。不能充飢。民見凶饑則亡。故曰食者國之寶也。管子治國篇曰、粟也者、民之所歸也。地之所歸也。粟多則天下之物盡至矣。兵者、國之爪也。無兵不能征無義。且無以禦外侮。城者、所以自守也。墨者非攻。固不攻人。然必嚴守備。城所以增天地之險阻也。畢云、寶爪守爲韻。純一案古音諧十四茲上聲引此。此三者國之具也。言國備莫若三者爲重。

故曰以其極賞、孫云、周書命訓篇云、極賞則民賈其上。賈其上則民無讓。無讓則不順。以賜無功。虛其府庫、以備車馬衣裘奇怪。尹云、謂奇器淫巧。苦其役徒、以治宮室觀樂。尹云、謂目觀以爲樂。觀樂玩好之說勝。則姦民在上位。死又厚爲棺椁。畢云、舊作槨、俗寫。尹云、禮、棺天子四重。諸公三重。諸侯再重。大夫一重。士不重。荀子禮論、則云天子棺椁七重。諸侯五重。大夫三重。士再重。多爲衣裘。曾云、裘當作衾。尹云、謂襲衣斂衣等。純一案厚葬之費。無裨死者。有害生者。故墨子非之。生時治臺榭。畢云、當爲謝。荀子王霸云、臺謝甚高。楊倞曰、謝榭同。陸德明左氏音義云、榭本亦作謝。知古無榭字。純一案左傳襄三十一年、無觀臺榭。晏子屢言臺榭。榭正字。謝叚音字。爾雅釋宮、闍謂之臺。有木者謂之榭。又無室曰榭。古非無榭字。說文漏耳。死又脩墳墓。尹云、易墓始於周。古則墓而不墳耳。純一案方言十三末云、冢、秦晉之間謂之墳。凡葬而無墳謂之墓。郭璞注云、墓、猶慕也。說文冢、高墳也。釋名釋喪制云、冢、隴也。象山頂之高隴起也。墓、慕也。孝子思慕之處也。故民苦於外。府庫單於內。畢云、史記云、王之威亦單矣。集解云、徐廣曰、單亦作殫。索隱云、按單音丹。單盡也。上不厭其樂。下不堪其苦。苦樂不均。不平甚矣。蓋在上者。不法天兼愛故。尹云、堪勝也。故國離寇敵則傷。曹云、離與罹同。尹云、傷、病也。民見凶饑則亡。尹云、亡、死也。逃也。純一案傷亡爲韻。古音諧十六庚引此。此皆備不具之罪也。言荒嬉無備則亡。

且夫食者、聖人之所寶也。北堂書鈔百四十二、引作夫食聖人之所寶。管子治國篇曰、先王知衆民彊兵廣地富國之必生於粟也。粟者、王者之本事也。人主之大務。有人之塗。治國之道也。故周書曰、國無三年之食者、國非其國也。家無三年之食者、子非其子也。此之謂國備。畢云、周書云夏箴曰、小人無兼年之食。遇天饑。妻子非其有也。大夫無兼年之食。遇天饑。臣妾與馬非其有也。國無兼年之食。遇天饑。百姓非其有也。墨蓋夏教。故義略同。孫云、畢據周書文傳篇文。此文亦本夏箴。而與文傳小異。攷穀梁莊二十八年傳云、國無三年之畜日國非其國也。與此文略同。疑先秦所傳夏箴文、本如是也。又御覽五百八十八、引胡廣百官箴敘云、墨子著書、稱夏箴之辭、蓋卽指此。若然、此書當亦稱夏箴與周書同。而今本挩之。胡云、唐正義本無此文。考之書序及各家說、不能定爲何篇之文。蓋孔子百篇之書。其所佚者多矣。逸周書文傳篇文與此異。不得指此爲逸周書文。禮記王制云、無三年之蓄、國非其國也、與此文同。王制乃漢孝文令博士刺取六經而作。必當時有此周書佚文因而撰入。此亦眞古尙書之僅存者。純一案此以聖人寶食總結。曹云、此篇言彊本節用之道。教治國者以勤儉也。

辭過第六

畢云、辭受之字从受。經典假借用此。過謂宮室衣服飲食舟車蓄私五者之過也。李批云、此與禹儉奚殊。孫云、此篇與節用篇文意略同。羣書治要引並入七患篇。此疑後人安分。非古本也。純一案節用僅存上中二篇。闕下篇。此篇言宮室衣服飲食舟車蓄私與上中二篇同。疑此卽節用下篇。以錯簡故。後人誤與七患合爲一篇。後又分析而立辭過之名。或治要引此遺漏篇名。觀其首行另起。不與七患文連書。可想而知。抑思墨書篇次、具有脈理。繼七患後。當有此篇。辭過義取於節。能節者心。所節者財。用爲國備。焉有七患。故冢七患而次之。蓋昭昭然爲天下憂不足也。然則此篇當亦墨子自著。故義縕文藻。視節用上中二篇、精采多矣。節用則門弟子所述。文辭稍有出入。與天志三篇。爲法儀注腳同。予疑此卽節用下篇、故友張子晉見之、來書謬稱獨具隻眼。今友歐陽季香、亦以予疑此爲節用下篇極允。謂墨子篇題。多取于正文中。辭過二字、此篇全文無一見可證。姑並錄此以待考。墨家尙儉。說有二義。（一）精者。性自淸靜。耳目搖之。約以寧神。天和將至。（二）粗者。人皆壽康。嗜欲戕之。不役於物。形乃長生。墨子現身亂世。概文勝之無用。大悲內熏。欲反天下於一樸。莫急於爲大羣理財。節用之名、似消極的義多。而節用之實、固積極的義多。蓋克己利羣。眞自利之妙法。豈惟計學之要略哉。

子墨子曰、古之民畢云、太平御覽引作上古之民。純一案鮑刻御覽一百七十三民作人。長短經適變篇引同。未知爲宮室時。畢云、舊脫室字、據太平御覽增。孫云、長短經引亦有室字。禮運云、昔者先王未有宮室。冬則居營窟。夏則居橧巢。純一案羣書治要引有室字。就陵阜而居穴而處。孫云、穴上疑挩一字。純一案節用中篇、因陵丘堀穴而處焉。此穴上當補一堀字。尹云、野處而穴居。下潤濕傷民故聖王作爲宮室。畢云、王太平御覽引作人。尹云、作、起也。歐陽云、爲宮室三字、疑衍。純一案治要長短經、並重爲宮室三字。足見非衍。爲宮室之法。畢云、太平御覽引作制。純一案鮑刻御覽作宮室之法。曰、室高足以辟潤濕。孫云、謂堂基之高。舊本挩室字、今據羣書治要補。辟治要長短經並作避。濕字治要無。畢云、辟避字假音。純一案御覽作高足以避潤濕。高上無曰室二字。長短經同。邊足以圉風寒。節用中篇邊作旁。義同。畢云、邊、太平御覽引作中、非。圉、李善注左思魏都賦引作御。太平御覽引作禦。玉篇云、圉、禁也。歐陽云、邊、言室之四周也。上足以待雪霜雨露。王引之云、待、禦也。節用篇待作圉。圉卽禦字也。純一案御覽引作待霜雪。文選魏都賦李善注引作待露。有脫文。晏子春秋諫下十四章其不爲橧巢者、以避風也。其不爲穴者、以避濕也。是故明堂之制、下之潤濕不能及也。上之寒暑不能入也。土事不文。木事不鏤。示民知節也。其神理與此符合。尹云、待備也。宮牆之高、孫云、禮記儒行鄭注云、宮爲牆垣也。畢云、太平御覽引作牆高二字。欒云、俞鈔本牆作墻。足以別男女之禮。之禮二字御覽無。謹此則止。畢云、謹厪字假音。尹云、謹僅也。凡費財勞力不加利者不爲也。舊本挩凡字、孫據治要補。王樹枏校同。畢云、此下舊接是故聖王作爲宮室云云。今移。以其常役、舊脫以其常三字。從畢校補。曹本王本尹本同。脩其城郭則民勞而不傷。孟子盡心上、以佚道使民。雖勞不怨。以其常正、蘇云、正同征。收其租稅則民費而不病。孫云、道藏本則民作民則。純一案法儒孟德斯鳩曰、國民各出其財產之一分、期於安享其所餘也。病古音被旺切、音傍。與傷韵。民所苦者非此也。苦於厚作斂於百姓。舊本此四十字、在作誨婦人治之下。畢從盧校移此。王云、作斂與籍斂同。籍古讀若昨、節用上篇其籍斂厚。**是故聖王作爲宮室便於生。**孫云、治要作使上二字、誤。畢云、太平御覽引作以便生、**不以爲觀樂也。**御覽無觀字。**作爲衣服帶履便於身。**孫云、治要作使身、誤。**不以爲辟怪也。**畢云、辟、僻字假音。**故節於身、誨於民。**卽身示教。世人身亂家亂。安欲治民。愼已。晏子春秋諫下十八章古者之爲宮室也、足以便生。不以爲奢侈也。故節於身。謂於民。義同。**是以天下之民可得而治。**孫云、長短經作故天下之人。無可得而治四字。**財用可得而足。**孫云、長短經有也字。**當今之主、**孫云、長短經作王。**其爲宮室則與此異矣。必厚作斂於百姓。**孫云、治要長短經並無作字。劉云、今考御覽一百七十三所引、亦無作字。又下文衣服節必厚作斂、類聚八十五、御覽八百十五、均引作必厚斂。並與治要相合。然本篇四作字、實非衍文。雜志云、作斂與籍斂同。其說是也。古籍乍聲之字、多與籍通。淮南氾論訓、履天下之籍。高注云、籍或作阼。又史記商君傳、集解引新序周室歸籍。索隱云、字合作胙。均其例。此文叚作爲籍、與彼例同。唐人昧其義、故引者均刪此字耳。**暴奪民衣食之財。**尹云、暴剝也。**以爲宮室臺榭曲直之望。**尹云、爾雅、無室曰榭。四方而高曰臺。陜而修曲曰樓。**青黃刻鏤之飾。**畢云、已上六句、太平御覽節。尹云、青黃謂彩色、淮南俶眞、雜之以青黃華藻。純一案晏子春秋諫下十四章宮室之美、過避潤溼。窮臺榭之高、極汙池之深而不止。務于刻鏤之巧。文章之觀而不厭。則亦與民爲讎矣。義可互明。**爲宮室若此、故左右皆法象之。**孫云、長短經法下有而字。尹云、左右謂臣。**是以其財不足以待凶饑振孤寡。**孫云、振舊本作賑、俗字。據治要正。**故國貧而民難治也。**李選本而作其。御覽作而人難訴也。孫云、長短經治作理、蓋避唐諱改。**君誠欲天下之治而惡其亂也。**誠舊作實。孫云、實治要作誠。欒據俞鈔本校云、此誠字。及下文君誠欲天下之治而惡其亂。尚賢中篇、此非中誠愛我也。今王公大人中誠將欲治其國家。尚賢下篇、誠知其不能也兩見。按此六誠字、道藏本均作實、當由宋避璭宗舊名所改也。鈔中誠完等字、與羣書治要太平御覽合。純一案欒說是也、今並據正、悉復本書之舊。**當爲宮室不可不節。**王引之云、當猶則也。純一案當如字讀。

古之民未知爲衣服時、御覽八百十五引民作人、無時字。類聚八十五引同。御覽六百八十九引、爲衣服時作衣服之制。長短經引民亦作人。**衣皮**

帶茭。畢云、衣皮藝文類聚引作衣皮毛、非。王云、說文筊。竹索也。其艸索則謂之茭。尚賢篇曰、傅說被褐帶索、謂草索也。此言帶茭、猶彼言帶索矣。孫云、禮運說上古云。未有麻絲。衣其羽皮。帶茭、疑卽喪服之茭帶。傳云絞帶者、繩帶也。冬則不輕而溫。孫云、長短經作煖。案下文輕煖常見。似是。夏則不輕而清。孫云、曲禮、冬溫而夏凊。釋文云、凊、七性反。字從冫。冰冷也。本或作水旁、非也。說文仌部云、凊、寒也。聖王以爲不中人之情。孫云、情治要作溫凊二字、誤。故作誨婦人。孫云、長短經、作上有聖人二字。與下文同。但上已云聖王、則此不當重復、恐不足據。曹云、作誨、言作法以教人也。治絲麻。畢云、治下舊有役修其城郭等四十字、今移前。梱布絹。畢云、梱字當爲稛。說文云、絭束也。孫云、非樂上作細布縿。非命下作捆布縿。此稛或當爲捆。亦稛之叚字。絹當爲綃。綃與繰通。故彼二篇又譌縿、詳非樂篇。曹本作稛。云原訛梱。尹本作捆。云捆同捆。孟子捆屨織席注、捆、謂叩椓也。欲使堅。故叩之。以爲民衣。長短經民作人。爲衣服之法。冬則練帛、舊衍之中二字、長短經無、今據刪。下同。孫云、說文糸部云、練、湅繒也。繒、帛也。練帛卽素也。足以爲輕且煖。畢云、文選注引作煗。純一案文選曹子建求自試表注。長短經無且字、下同。孫云、後文煗字兩見。說文火部煖煗、並訓溫也。長短經仍作煖。夏則絺綌。孫云、說文糸部云、絺、細葛也。綌、粗葛也。足以爲輕且清。舊本脫煖至且十二字、畢本據北堂書鈔增煖夏則絺綌輕且七字。王云、夏則絺綌輕且清、本作夏則絺綌之中足以爲輕且清。與冬則練帛之中足以爲輕且煖對文。北堂書鈔衣冠部三、引作冬則練帛輕且煖、夏則絺綌輕且清、省文也。若下二句內、獨少之中足以爲五字、則與上二句不對矣。羣書治要所引上下皆有此五字、當據補。孫云、長短經引云、夏則絺綌足以爲輕凊、亦有足以爲三字。純一案御覽六百八十九引、作冬則絹帛輕且溫、夏則絺綌輕且涼。北堂書鈔作冬則絹綿輕且暖。尹云、晏子春秋諫下十三章古聖人制衣服也。冬輕而煖。夏輕而凊。謹此則止。故聖人之爲衣服、舊挩之字、孫據治要補。適身體和肌膚、畢云、北堂書鈔引云、以適身體。以和肌膚。而足矣。非榮耳目而觀愚民也。孫云、長短經非下有以字。純一案長短經無而字。民作人。榮、辱之反。觀、示也。皆矜飾之意。晏子春秋諫下十四章聖王衣服節儉。冠足以修敬、不務其飾。衣足以掩形、不務其美。首飾足以修敬而不重也。身服足以行潔而不害于動作。服之輕重便于身。用財之費順于民。義可互明。劉云、榮與營同。卽眴字之叚。當是之時、堅車良馬不知貴也。李選本不上衍而字。刻鏤文采、不知喜也。何則。其所道之然。歐陽云、道同導。言上以節導下則然。故民衣食之財家歐陽云、當作故民之衣食家財。足以待旱水凶饑者何也。者何也三字疑衍。自何則至何也二十四字、治要無。得其所以自養之情而不感於外也。孫云、感治要同。案當爲惑之誤。也字治要無。尹云、感、動。純一案孫說非。感治要同。足證不誤。禮樂記、夫物之感人無窮。而人之好惡無節。則是物至而人化物也。老子曰。五色令人目盲。五音令人耳聾。五味令人口爽。難得之貨。令人行妨。故墨家崇儉。不感於外。匪惟使天下均無貧。亦使人皆存性。與天地同和也。墨子非樂、蓋欲天下人皆得無聲之至樂。斯得其所以自養。而不爲所以爲養者害。一部易經、以感爲體。貴貞一耳。墨氏亦然。是以其民儉而易治。孫云、長短經引儉上有用字。其君用財節而易贍也。畢云、呂氏春秋適音篇、不充則不詹。高誘曰、詹足也。詹讀如澹然無爲之澹。文選注云、許君注淮南子云、澹、足也。古無从貝字。此俗寫。純一案上文故民衣食之財家。足以待旱水凶饑十四字、蓋錯置、當移此。與下文府庫實滿、足以待不然。兵革不頓、士民不勞、足以征不服。正相配。家、說文居也。豭省聲。段注、此字爲一大疑案。元戴侗六書故、作宊。謂人所合也。从𠂨。三人聚宀下、宊之義也。𠂨、古族字。𠂨譌爲豕。說文謂从豭省、無義。竊以家字形當作宊。古音姑。義訓居。姑居疊韻。居有聚義積義。孔書益稷懋遷有無化居傳、居謂所宜居積者。又居、謂儲也。漢書張湯傳、居物致富引服虔。故民衣食之財家、謂民皆儉而節用。君亦節用不暴奪民衣食之財。故民財常居積而不散。足以待旱水凶饑也。待、禦也。

府庫實滿、足以待不然。孫云、不然、謂非常之變也、漢書司馬相如傳、發巴蜀之士各五百人以奉幣衛使者不然。顏注引張揖云、不然之變也。治要作不極。誤。與摯甫說與孫同。尹云、待、備也。兵革不頓、孫云、襄四年左傳、甲兵不頓。杜注云、頓壞也。尹云、頓、鈍也。士民不勞、足以征不服。不服、謂抗不用命者。故霸王之業、可行於天下矣。盛德大業、必出於有節之眞性。

當今之主、孫云、舊本作王、長短經同、今據治要正。與上下文合。王樹枏校同。其爲衣服則與此異矣。冬則輕煗。孫云、治要作煖。下同。尹云、孝經援神契、甘肥適口。輕煖適神。夏則輕凊。皆已具矣。必厚作歛於百姓。孫云、長短經無作字。暴奪民衣食之財以爲錦繡文采靡曼之衣。孫云、舊本倒作衣之、俞云、衣之當作之衣、此十字一句讀。案長短經正作以爲文彩靡曼之衣。今據乙。小爾雅廣言云、靡細也。漢書韓信傳、靡衣媮食。顏注云、靡、輕麗也。文選七發李注云、曼、輕細也。王樹枏云、羣書治要與萬歷本、皆作之衣。尹云、靡曼、好色也。呂覽順民、目不視靡曼。鑄金以爲鉤。尹云、鉤、帶鉤也。晉語、申孫之矢。集於桓鉤。珠玉以爲佩。佩舊作珮、畢云、當爲佩。古無此字。曹本作佩。孫云、大戴禮記保傅篇云、玉佩上有蔥衡。下有雙璜。衡牙蚍珠。以納其間。琚瑀以雜之。珮治要作佩、長短經同。純一今據正。案日本天明刻本治要作珮。女工作文采、男工作刻鏤、以爲身服。李選本作以身服此。孫云、治要作以身服之。此非云益煗清也。淸舊誤作之情、治要同。王本作煗清也。尹本同。今從之。單財勞力。孫云、單亦盡也。詳上篇。純一案晏子春秋諫下十四章、衣服之侈過足以敝。用力甚多。用財甚費。大旨與此同。畢歸之於無用也。也字舊脫、孫據治要增。以此觀之、孫云、以、長短經作由。其爲衣服、非爲身體、皆爲觀好。孫云、長短經下有也字。曹云、觀、示也。好、美也。純一案本天地有用之身。飾外觀無謂之美。供愚民之玩賞。賤孰甚焉。是以其民淫僻而難治、其君奢侈而難諫也。長短經無也字。夫以奢侈之君御淫僻之民、舊御下衍好字、從孫校據治要並長短經刪。欲國無亂、李選本國作用。不可得也。奢侈則心亂。心亂則天下大亂之本也。君誠欲天下之治而惡其亂、誠舊作實。孫云、實、治要作誠。純一案俞鈔本同。從欒校改。當爲衣服不可不節。

古之民未知爲飲食時、孫云、治要無時字、純一案御覽六百二十七、引作未知飲食。北堂書鈔百四十二引作古之人未之飲食。素食而分處。治要無此句。孫云、素食謂食草木。管子七臣七主篇云、果蓏素食當十石。素、疏之叚字。淮南子主術訓云、夏取果蓏。秋蓄蔬食。疏俗作蔬。月令取蔬食。鄭注云、草木之實爲蔬食。禮運說上古云、未有火化、食草木之實。卽此素食也。曹云、素與傃同。嚮也。素食而分處者、若今游牧之國、逐水艸而居也。王闓運云、素當爲索。各自索食、故無常處。故聖人作誨男耕稼樹藝、畢云、古只作埶。說文云、埶種也。从坴丮、持而種之。以爲民食。其爲食也、足以增氣充虛、彊體適腹而已矣。彊、陸本誤彊。體、唐本作軆、俗。書鈔引腹作賑。文選曹子建贈徐幹詩注、引作古之人其爲食也、足以增氣充虛而已。孫云、呂氏春秋重己篇云、昔先聖王之爲飲食䬨醴也。足以適味充虛而已矣。王本無矣字。故其用財節、其自養儉、民富國治。孫云、治要故字在民富上。今則不然、厚作斂於百姓、孫云、治要無作字。純一案御覽同。以爲美食芻豢、蒸炙魚鼈。畢云、太平御覽引此、炙作炰。鼈作鱉。孫云、蒸與烝通。毛詩小雅瓠葉傳云、炕火曰炙。禮記禮運鄭注云、炙貫之火上。治要無魚鼈二字。純一案不惜戕人與物之性。以自戕其性。罔知兼體故。大國累百器、小國累十器、前列方丈、畢本作美食方丈、一云舊作前方丈、今据文選注兩引改。太平御覽作前則方丈。王云、美食二字、與上文相複。畢改非也。羣書治要引作前方丈、則魏徵所見本、正與今本同。文選七命注、應璩與從弟君苗君胄書注、引作美食方丈者。此以上文之美食與下文之方丈連引、而節去芻豢以下十七字。乃是約舉其詞。不得據彼以改此也。太平御覽治道部八、引作前則方丈。句法較爲完足。孫云、孟子盡心篇云、食前方丈。趙岐注云、極五味之饌食。列於前方一丈。純一案此文承上衆百器十器言。本作前列方丈。御覽引作前則方丈、則卽列之形誤。今據增列字。謂列於前方一丈。目不能徧視、手不能徧操、口不能徧味。冬則凍冰。夏則餲饐。餲舊作飾、從洪校改。畢云、饐、說文云飯傷溼也。洪云、飾餚當作餲饐。與凍冰對文。爾雅釋器、食饐謂之餲。郭璞注、飯穢臭。論語鄉黨、食饐而餲。孔注、饐餲臭味變也。尹云、釜至冰餲。狀其品多。人君爲飲食如此。故左右象之。尹云、象、法也。是以富貴者奢侈。孤寡者凍餒。畢云、當爲餧。說文云、餧饑也。王景羲墨商云、餒、餧之隸變。雖欲無亂、畢云、舊脫雖字、據太平御覽增。不可得也。君誠欲天下之治而惡其亂、舊無之字、從王校增。誠舊作實。孫云、實治要作誠。純一案俞鈔本同、從欒校改。當爲飲食二字舊倒、從孫校乙。曹本王本尹本並同。不可不節。

古之民未知爲舟車時、北堂書鈔百三十七引無爲字時字。重任不移、遠道不至。故聖王作爲舟車、以便民之事。其爲舟車也、完固輕利、完舊本作全、今據御覽書鈔治要意林並俞鈔本正。下同。可以任重致遠。其用財少、用上舊衍爲字、從曹本王本刪。王樹枬云、爲用之爲、涉上文其爲字衍。羣書治要無其爲二字。而爲利多。是以民樂而利之。法令不急而行、孫云、令治要作禁。法上舊有故字、涉下故字而衍、從王校據羣書治要刪。曹本同。案聖人以天下人之心爲心而運用之。法令其糟魄也。民不勞而上足用、畢云、上舊作止、一本如此。孫云、治要亦作上。足下治要有以字。故民歸之。民非歸心於聖人。歸於太和之眞元而已。當今之主、其爲舟車與此異矣。完固輕利、皆已具矣。矣字舊脫、從孫校據治要補。必厚作斂於百姓、治要無作字。陸本唐本作作科。以飾舟車。孫云、治要作以爲舟車飾。飾車以文采、飾舟以刻鏤。女子廢其紡織而脩文采、故民寒。男子離其耕稼而脩刻鏤、故民飢。飢舊譌饑。從孫校據治要改。

下同。人君爲舟車若此、故左右象之。是以其民飢寒並至、故爲姦衺。孫云、治要作邪。純一案億兆人之姦衺。恒由一二人不知節性引生之。姦衺多則刑罰深。孫云、此句首舊無姦衺二字。王云、舊本兩姦衺脫其一、則義不可通。今據羣書治要補。刑罰深則國亂。老子曰、法令滋彰。盜賊多有。孫云、治要國上衍固字。畢云、太平御覽引云而國亂矣。君誠欲天下之治而惡其亂。誠舊作實。孫云、實治要作誠。純一今並從欒校、據俞鈔本改。當爲舟車不可不節。

凡回於天地之間、曹云、回、周迴也。純一案回、回古字。說文口部云、轉也。從口中象回轉形。義與釋氏輪回同。此墨家貴兼。了知性體不滅之證。易繫辭上、原始反終。故知死生之說。精氣爲物。游魂爲變。是故知鬼神之情狀。可爲此同字之塙詁。天地之閒、指欲界天五趣雜居地言。欒云、同有圍繞之義。包於四海之內、包、裹也。包於四海之內、言未能逃出四海之外。一切衆生皆然。天壤之情、陰陽之和、此電分正負、異性相吸之理。周易上經首乾坤。下經首咸恒。圓覺經彌勒章、一切衆生、欲因愛生。命因欲有。故有輪迴。均可會通其義。莫不有也、雖至聖不能更也。尹云、更、改也。何以知其然。聖人有傳。王闓運云、於傳有之。天地也則曰上下、四時也則曰陰陽、尹云、春夏爲陽。秋冬爲陰。人情也則曰男女、尹云。男女爲人大欲之所存。禽獸也則曰牡牝雄雌也。尹云、牡牝斥獸言。雄雌斥禽言耳。純一案牡牝、陸本作牝牡。此卽釋氏阿賴耶識、變起根身器界。一切衆生、皆因婬欲而正性命之理。眞天壤之情、雖有先王不能更也。尹云、有、在也。雖上世至聖、必蓄私、不以傷行。孫云、私謂妾媵私人。顧云、晏子春秋諫下、古聖王畜私不傷行。歐陽云、不以傷行、言不多蓄妾御、流爲淫佚以傷其行。故民無怨、宮無拘女、故天下無寡夫。孫云、小爾雅廣義云、凡無妻無夫、通謂之寡。寡夫曰索。左襄二十七年傳云、齊崔杼生成及彊而寡。杜注云、偏喪曰寡。寡特也。尹云、所謂一夫而一妻者。周制天子妃嬪至百二十、過抑人欲。莫此爲甚。內無拘女、曹云、拘女者、女在宮中若拘囚也。外無寡夫。孟子對齊宣王言、欲天下內無怨女。外無曠夫。意同。故天下之民衆。尹云、言生育繁。當今之君、畢云、上俱作主。其蓄私也、大國拘女累千、小國累百。是以天下之男多寡無妻、女多拘無夫。此知墨子惡多妻之無道。主張夫婦匹合甚明。世有羣雌孤雄、一陰衆陽之俗、皆非理也。男女失時。畢云、女、舊作子、一本如此。故民少。尹云、失婚嫁之時。君誠欲民之衆而惡其寡。誠舊作實、欒云俞鈔本作試、知卽誠之譌。純一今據改。與上文一例。當蓄私不可不節。當時諸侯、莫不欲其民之衆。如越句踐謀生聚是其例。故節用上篇、說蚤處家息勞薄斂止攻伐諸端以衆民。皆損上益下之權智。所以存天理也。

凡此五者、聖人之所儉節也。儉節則甯靜、上焉者、歸根復命。可得無生。次焉者、全形存性。可以長生。小人之所淫佚也。淫佚則昏動。念念生滅。生死輪迴。無止期也。儉節則昌。昌者德業盛大之謂。老子曰、儉故能廣。淫佚則亡。桀紂可鑒。昌亡爲韻。古音諧十六庚引此。此五者不可不節。夫婦節而天地和。李選本作利。禮中庸、君子之道、造端乎夫婦。及其至也、察乎天地。風雨節而五穀孰。陸本唐本作熟、俗字。衣服節而肌膚和。曹云、夫婦節三句、又推言節之利也。夫婦之節、情欲不敢縱肆也。天地者、一家之尊卑也。衣服之節、暑不過涼、冬不過溫也。上之五者、所節者大。此則其小者。王闓運云、此下有奪文。

墨氏貴儉。欲人寡欲全生而財用自足。荀子富國篇數難之。至謂墨術誠行、天下尚儉而彌貧。然務節用裕民。餘無所減。固與墨子無異。蓋墨以質保眞。儒以文隆禮。道有不同耳。

李云、此正生財之要。節用愛人之大道。簡而易操。約而易成者。恨未有以告之。

曹云、此篇專言節用之道。其目有五。大指爲人君言。亦士大夫有家者所宜謹也。篇名辭過者、節之爲言、本以制事之太過也。墨子之書、敎勤敎儉。二者乃其大要。勤於己而不欲費於人。且能濟人之急。儉於己而不欲損於人。且能敬天之休。雖云用夏之道。實修己治人事天之大道也。易曰、自天祐之。吉無不利。其墨者之謂與。

三辯第七

畢云、此辯聖王雖用樂。而治不在此。孫云、此篇所論、蓋非樂之餘義。曹云、三讀如三復之三。謂反覆辯論。不憚其詳也。純一案此篇除其樂逾繁其治逾寡。並貶湯武環天下自立。無大後患又自作樂云云外。無勝義。似無獨立成篇之理。疑本公孟篇中程子與墨子問答之辭。篇首程繁問於子墨子曰可證。校者以墨子非樂。聖王亦在所貶。特揭出以立篇耳。公孟篇中有墨子與程子辯之文、卽三辯立名之所本。蓋墨以樂非治亂之道。不必聖王皆是也。

程繁畢云、太平御覽引作程子。孫云、公孟篇亦作程子。蓋兼治儒墨之學者。純一案鮑刻御覽五百六十五作程繁。問於子墨子曰、夫子曰、舊本無此三字、王云、聖王上當有夫子曰三字。而今本脫之、則文義不明。下文今夫子曰聖王不爲樂、是其證。孫據補。曹本同。聖王不爲樂。昔諸侯倦於聽治、息於鐘鼓之樂。孫云、鐘鼓爲金奏。純一案陸本鼓作皷。士大夫倦於聽治、息於竽瑟之樂。孫云、周禮小胥云、卿大夫判縣。士特縣。曲禮云、大夫無故不徹縣。士無故不徹琴瑟。孔穎達疏、以爲不命之士。若命士則特縣。若然、士大夫之樂亦有鐘鼓。攷賈子新書審微篇云、大夫直縣。士有琴瑟。公羊隱五年何注、引魯詩傳云、大夫士曰琴瑟。白虎通義禮樂篇云、詩傳曰、大夫士琴瑟御。大夫士北面之臣、非專事子民。故但琴瑟而已。曲禮疏引春秋說題辭、亦謂樂無士大夫制。此書義蓋與魯詩春秋緯略同。劉云、御覽五百六十五引瑟作琴。農夫春耕夏耘、畢云、說文云䅖、除苗間穢也。耘或字。此省文。秋斂北堂書鈔百十一引作秋收。冬藏、畢云、古只作臧。劉云、御覽五百六十五引同。五百八十四引斂作收。息於瓴缶之樂。瓴舊作聆、王云、聆乃瓴字之譌。瓴卽瓴字也。但移瓦於左、移令於右耳、北堂書鈔樂部七缶下、鈔本太平御覽樂部三、及二十二缶下。引墨子並作吟缶。吟亦瓴字之譌。蓋墨子書瓴字本作瓴。故今本譌作聆。諸類書譌作吟。而缶字則皆不譌也。其刻本御覽作吟謠者、後人不知吟爲瓴之譌。遂改吟缶爲吟謠耳。上文云諸侯息於鐘鼓。士大夫息於竽瑟。此云農夫息於瓴缶。鐘鼓竽瑟瓴缶、皆樂器也。淮南子精神篇、叩盆拊瓴。相和而歌。盆卽缶也。若吟謠則非樂器、不得言吟謠之樂矣。孫云、王說是也。說文瓦部云、瓴、甖也。似缾者。又缶部云、缶瓦器、所以盛酒漿。秦人鼓之以節歌。詩陳風宛丘篇、坎其擊缶。毛傳云、盎謂之缶。爾雅釋器同。郭注云、盆也。史記李斯傳云、擊甕叩缻。眞秦之聲也。缻甕同物。缻卽缶之俗。純一今據王校正。曹本同。今夫子曰聖王不爲樂、此譬之猶馬駕而不稅。孫云、方言云、稅、舍車也。趙宋陳魏之間謂之稅。郭璞注云、稅猶脫也。畢云、太平御覽作脫同。尹云、史記李斯傳、吾未知所稅駕也、索隱、猶解駕。言休息也。弓張而不弛。尹云、弛、弓解也。無乃非有血氣者之所能至耶。所下舊衍不字、從李選本刪。此言樂能息勞。

子墨子曰、昔者堯舜有茅茨者。茅茨舊作第期、畢據太平御覽改。李選本有作而。俞云茅茨土階、是言古明堂之儉。不得云且以爲禮且以爲樂也。下文曰周成王之治天下也不若武王。武王之治天下也不若成湯。成湯之治天下也不若堯舜。故其樂逾繁者其治逾寡。然則其說堯舜亦當以樂言、不當以宮室言也。疑後人不達第期之義而臆改之。未可爲據。仍當從原文而闕其疑。孫云、俞說非也。若第期專以樂言、則下文不當云且以爲禮。畢校不誤。詩小雅甫田鄭箋云、茨、屋蓋也。孔疏云、墨子稱茅茨不翦。謂以茅覆屋。曹本從畢校作茅茨。純一案文選東京賦魏都賦兩注、並引墨子曰堯舜茅茨不翦。蓋墨子之意、以堯舜非自立。且不以爲功。故其禮極儉而樂極簡。可褒也。初學記帝王部引、亦作茅茨不翦。然則此文本作昔者堯舜茅茨不翦。今作有第期者、固不成文。作有茅茨者。文亦欠諧。當據詩甫田疏及文選注等正。**且以為禮。且以為樂。**且、姑且也。義與詩山有樞、且以喜樂且以永日同。**湯放桀於大水。**蘇云、列女傳云、流於海。死於南巢之山。王闓運云、大水卽泰洞。尹云、大水或謂潁水。**環天下自立以為王。**環、周也。越語下環會稽三百里者以為范蠡地注。又周禮秋官序官環人注、環、猶圍也。謂圍繞守衞。環天下者、周圍天下據為己有也。自立云者、識其以武力暴取也。蓋天下者、天下人之天下、乃據為己有。自立為王。不公甚矣。曰環。曰自立。皆春秋所謂一字之貶也。**事成功立無大後患。**言民間之事、足為後患者尚多。不過不大。輒自作樂。未免驕侈。此非冥契神農之化者不能道也。**因先王之樂又自作樂命曰護。又脩九招。**畢云、脩舊作循、今以意改。已上十六字舊脫、今据太平御覽增。呂氏春秋云、湯命伊尹作為大護。歌晨露。脩九招六列。孫云、道藏本雖亦有挩文、然尚有自作樂命曰九招七字、則未全挩也。畢說未審。風俗通義聲音篇云、湯作護。護言救民也。藝文類聚帝王部引春秋元命苞云。湯之時民大樂其救於患害。故護者救也。白虎通義禮樂篇云、湯曰大護者。言湯承衰能護民之急也。公羊隱五年何注云、殷曰大護、殷時民樂大其護己也。並與此同。周禮大司樂護作濩。漢書禮樂志同。護濩字亦通。九招卽書臯陶謨簫韶九成舜樂也。史記夏本紀云、禹與九招之樂。呂氏春秋古樂篇云、嚳作九招、舜令質修之。山海經大荒西經云、啓始歌九招。周禮大司樂作九磬。招韶磬字並通。

純一案陸本唐本、並與道藏本同。**武王勝殷殺紂。**尹云、淮南子本經、武王甲卒三千。破紂牧野。殺之於宣室。**環天下自立以為王。事成功立無大後患。**呂氏春秋察微篇云、猶尚有管叔蔡叔之事。與東夷八國不聽之謀。高注、東夷八國、附從二叔、不聽王命。**因先王之樂又自作樂命曰象。**以上皆墨子對於湯武之微辭。亦卽尼父謂武未盡善之意。孫云、毛詩周頌序云、維清奏象舞也。鄭箋云、象用兵時刺伐之舞。武王制焉。禮記文王世子下管象。鄭注云、象周武王伐紂之樂。春秋繁露三代改制質文篇云、武王作象樂。淮南子氾論訓云、周武象。高注云、武王樂也。白虎通義禮樂篇云、武王曰象者、象太平而作樂、示已太平也。欒云、俞鈔本作因先王之樂命人象試下王成王因先王之樂命曰騶虞。按此文頗有譌脫。**周成王因先王之樂、**欒云、此句首不應有周字、蓋涉下文而衍。當刪。**又自作樂、**並無功亦作樂。**命曰騶虞。**王云、御覽引作周成王因先王之樂又自作樂命曰騶吾是也。上文云湯因先王之樂又自作樂命曰護、武王因先王之樂又自作樂命曰象。卽其證。今本脫去又自作樂四字、則義不可通。困學紀聞所引、已同今本。書傳中騶虞字多作騶吾。故困學紀聞詩類引墨子尚作騶吾。今作騶虞者、後人依經典改之。孫云、王說是也。今據增。鈔本御覽樂部三引此書、騶虞又作鄒吾、字並通。詩召南有騶虞篇、蓋作於成王時。故墨子以為成王之樂。凡詩皆可入樂也。周禮大司樂、大射令奏騶虞、鄭注云、騶虞樂章名。純一案呂氏春秋古樂篇云、成王立。殷民反。王命周公踐伐之。故此歷言德愈衰樂愈繁。不滿於作樂者之意。溢於言表。可謂字字挾風霜也。周成王之治天下也、劉云、御覽五百六十五引周上有吾聞二字、今本均脫。不若武王。武王之治天下也、不若成湯。成湯之治天下也、不若堯舜。堯舜之治天下、不若神農。不待言。故其樂逾繁者其治逾寡。自此觀之、樂非所以治天下也。李云、至言。曹云、此即莊子所云墨子不與先王同。毀古之禮樂也。純一案以上言樂與治隆替相反。

程繁曰、子曰聖王無樂。此亦樂已。曹云、謂如上墨子所述湯武成王等、皆所謂聖王之樂也。若之何其謂聖王無樂也。也讀爲邪。詰問之詞。詳晏子春秋校注諫上二章禮也下。子墨子曰、聖王之命也、蘇云、此下有闕文誤字。多寡之。孫云、此疑當作多者寡之。言凡物病其多者、則務寡之。王闓運云、有脫字。食之利也。以知飢而食之者、飢、舊譌饑、今改。智也。固爲無智矣。固舊作因、從孫校改。下智字、陸本唐本並作知。今聖王有樂而少、王字舊脫、從孫校增。李選本無而字。此亦無也。孫云、此言食爲人之利。然人飢知食不足爲智。若因飢知食而謂之爲智、則所智甚淺、固爲無智矣。以喻聖王雖作樂而少、猶之無樂也。

曹云、此篇非毀先王之樂。亦教儉之旨。兼教人勤也。蓋以樂之一事。勞人而費財。以娛耳目之觀聽。且能令人放逸而廢時曠日。故並先王制作之禮樂而毀之。其實墨子之旨。但謂先王有樂。宜損而不宜再益。所惡於樂者、惡其流之日繁也。儒墨各稱先王。其相爭辯。以節葬非樂二者爲大端。故莊子以爲反天下之心。天下不堪。至於救世之苦心。墨者爲切矣。孟子必欲距之、以爲邪說者何哉。

以上七篇、皆墨學要綱。大都墨子自箸、間有後人加入注語、斷非二墨所述也。親士爲尙賢之本、修身爲兼愛之本、所染爲非命之本、法儀爲尙同天志明鬼之本、七患爲防攻之本、辭過爲節用節葬之本、三辯爲非樂之本。惟三辯篇、非墨子箸、乃其徒記述、義理不甚充實。疑聖王之命也下、必有非樂之精警語甚多、經後世陋儒刪去。

墨子集解卷二

漢陽張純一仲如

尙賢上第八

（畢云、說文云、賢、多才也。玉篇云、有善行也。尙與上同。孫云、經典釋文敘錄引鄭康成書贊云、尙者上也。淮南子氾論訓云、兼愛上賢右鬼非命。墨子之所立也。而楊子非之。漢書藝文志、亦作上賢。王闓運云、此下皆三篇同意或同詞。所謂墨分爲三。尹云、墨分爲三、各記所聞。故下二篇多同意。管子樞言、無功勞於國而貴富者。其唯尙賢乎。純一案墨子尙賢。老子不尙賢。蓋世間出世間異也。詎知老子不尙失德之賢。正欲入官者以德就列。墨子所尙者有道之士。正欲其以道佐人主。賢之名同而實別。其恉一也。鶡冠子學本老子、亦著世賢篇。案法儀尙同、親士尙賢、皆墨氏政尙無爲。所以兼愛也。）

子墨子言曰、今者王公大人爲政於國家者。（今者舊本作古者、王云、此謂今之王公大人。非謂古也。古者、當依羣書治要作今者、義見下文。孫云、王說是也。今據正。禮運云、大人世及以爲禮。鄭注云、大人、諸侯也。孔疏士相見禮云、與大人言言事君。故以大人爲卿大夫。純一案此言爲政於國家。大人當是諸侯及卿大夫。）皆欲國家之富。人民之衆。刑政之治。然而不得富而得貧。不得衆而得寡。不得治而得亂。則是失其所欲。得其所惡。（則是下舊有本字、王樹柟云、本字涉失字形近而誤。當刪。今從之。）是其故何也。子墨子言曰、是在王公大人爲政於國家者。不能以尙賢事能爲政也。（孫云、事使義同。漢書高帝紀如淳注云、事、謂役使也。）是故國有賢良之士衆。則國家之治厚。賢良之士寡。則國家之治薄。故王公大人之務。（舊脫王公二字據上文補。）將在於衆賢而已。（尹云、務、專力也。純一案以上言爲政在衆賢。）

曰然則衆賢之術將奈何哉。（尹云、術法也。）子墨子言曰、譬若欲衆其國之善射御之士者。必將富之貴之。敬之譽之。然后國之善射御之士。（孫云、后羣書治要作後、下同。）將可得而衆也。王引之云、此將字猶乃也。與上將字異義。況又有賢良之士。王本無又字、注云、有本作又、誤作又有。厚乎德行。辯乎言談。博乎道術者乎。辯、辞審也。尹云、術、猶藝也。鄉飲酒義、古之學術道者。此固國家之珍。而社稷之佐也。畢云、佐當爲左。鈕樹玉云、佐字見漢刻石門頌。尹云、珍、寶也。重也。佐、助也。純一案賢良之士、化羣日進於善。轉汙俗爲淳美。信能綱維國運也。亦必且富之貴之敬之譽之。然后國之賢良之士亦將可得而衆也。孫云、后道藏本作後。純一案陸本唐本李選本治要並作後。曹本同。舊本良上脫賢字、士上脫之字、今據上文補。文同一例。此言富貴敬譽。爲衆賢四術。

是故古者聖王之爲政也。舊本脫也字、孫據治要補。言曰、不義不富。不義不貴。不義不親。不義不近。孫云、治要不富不貴不親不近、並在不義上。是以國之富貴人聞之、皆退而謀曰、始我所恃者富貴也。今上擧義不辟貧賤。辟如字讀、除也。孫云、治要作避。下並同。然則我不可不爲義。親者聞之、亦退而謀曰、始我所恃者親也。今上擧義不辟疏。疏上舊本有親字、治要同。王云、親字涉上文而衍。不避疏、義見上下文。孫據刪。然則我不可不爲義。近者聞之、亦退而謀曰、始我所恃者近也。今上擧義不辟遠。舊本作近、治要作遠近、王云、近字涉上文而誤。近當爲遠。不辟遠見下文。孫據正。然則我不可不爲義。遠者聞之、亦退而謀曰、我始以遠爲無恃。今上擧義不辟遠。然則我不可不爲義。逮至遠鄙郊外之臣、尹云、逮、及也。孫云、遠鄙卽下四鄙。謂都鄙縣鄙也。書文侯之命、孔疏引鄭注云、鄙邊邑也。周禮載師、杜子春注云、五十里爲近郊。百里爲遠郊。又引司馬法云、王國百里爲郊。門庭庶子、孫云、說文广部云、庭宮中也。周禮宮伯、掌王宮之士庶子凡在版者。鄭衆注云、庶子宿衞之官。案士庶子、卽公族及卿大夫之子。宿衞宮中者也。蓋凡宿衞位署、皆在路寢內外朝門庭之閒。故此書謂之門庭庶子。凡宿衞子弟、已命者謂之士。未命者謂之庶子。說詳周禮正義。國中之衆、孫云、周禮鄉大夫鄭注云、國中、城郭中也。四鄙之萌人孫云、漢書劉向傳顏注云、萌與甿同。無知之貌、管子山國軌篇尹注云、萌、田民也。一切經音義云、萌古文氓。同。畢云、萌、氓字之假音。聞之皆競爲義。以不義不富貴故。荀子君道篇曰、尙賢使能則民知方。是其故何也。曰、上之所以使下者一物也。尹云、言唯尙賢。物、事也。下之所以事上者一術也。謂舉國貴義一也。尹云、術、途也。譬之富者。畢云、富舊作異、一本如此。有高牆深宮。牆立既謹。止爲鑿一門。止舊譌上、從孫校正。止、猶僅也。荀子王制篇、謹其時禁。注謹、嚴也。言爲宮立牆既已謹嚴。而牆上止鑿一門不二門。有盜人入。人字疑涉下入字衍。下文盜其無自出。盜下無人字可證。闔其自入而求之。畢云、自入、言所從入之門。尹云、闔、閉。盜其無自出。是其故何也。則上得要也。要、約也。得要謂唯賢是尙。則人無貧富貴賤遠近親疏莫不競爲義也。以上言舉賢卽衆賢唯一之門。

故古者聖王之爲政。列德而尙賢。列、布也。陳也。言尙賢非徒尙虛聲。必有實德一一可以列舉。然後認定爲賢而尙之。故曰列德而尙賢。上文云、賢良之士、厚乎德行。辯乎言談。博乎道術。中篇曰、聖人聽其言。迹其行。察其所能。而愼予官。管子小匡篇、管仲曰、升降揖讓進退、閑習辨辭之剛柔。臣不如隰朋。請立爲大行。墾草入邑、辟土。聚粟多衆。盡地之利。臣不如甯戚。請立爲大司田。平原廣牧車不結轍。士不旋踵。鼓之而三軍之士視死如歸。臣不如王子城父。請立爲大司馬。決獄折中。不殺不辜。不誣無罪。臣不如賓須無。請立爲大司理。犯君顏色。進諫必忠。不辟死亡。不撓富貴。臣不如東郭牙。請立爲大諫之官。是列德之實例。雖在農與工肆之人。尹云、肆、市也。謂商人。周禮有肆長。純一案工、百工。周禮冬官屬也。有能則舉之。墨氏兼農家之學。一切平等。高予之爵。重予之祿。兩予字、治要並作與。任之以事。斷予之令。孫云、禮記樂記鄭注云、斷、決也。謂其令必行。純一案自斷予之令至授之賢者、治要略。文義不完。曰、爵位不高、則民弗敬。蓄祿不厚。則民不信。政令不斷。則民不畏。舉三者授之賢者。非爲賢賜也。欲其事之成也。也字舊脫、王樹枏云、句末有也字、語方足。宜據中篇增。今從之。曹本同。事、利民保國之事。故當是時。孫云、治要無此二字。以德就列。重德。孫云、國語周語韋注云、列、位次也。論語季氏篇、陳力就列。集解引馬融云、當陳其才力。度己所任。以就其位。亦釋列爲位。以官服事。重事。不重官。荀子儒效篇云、譎德而定次。量能而授官。孫云、周禮大司徒鄭衆注云、服事、謂爲公家服事者。以勞殿賞。孫云、殿、治要作受。俞云、論功行賞。殿者定也。殿與定一聲之轉。詩采菽篇殿天下之邦。毛傳曰殿鎭也。鎭卽有定義。小爾雅廣言、殿塡也。塡與奠通。奠亦定也。殿奠文異而義同。

量功而分祿。

賞與祿不能以親近倖獲。尹云、分、頒也。

故官無常貴、而民無終賤。

孫云、終、治要作恆。尹云、孔子譏世卿。墨子除階級。均欲國人不拘於閥閱。而以道德及智能互競者。

有能則舉之、無能則下之。

天下爲公。選賢與能。一切平等無私。舉下爲韻。唐韻正三十五馬云、下、古音戶。劉云、墨旨以有能無能定貴賤。卽儒家立賢無方之說。與公羊傳之破階級相同。說見周末學術史、哲理學史序注。

舉公義、辟私怨。

孫云、辟、治要亦作避。畢云、辟讀如辟舉之辟。俞云、畢說非也。豈有私怨者、不問其賢否、而概辟舉之乎。小爾雅廣言、辟除也。辟私怨、謂惟公義是舉●而私怨在所不問。故除去之也。又禮記郊特牲篇、有由辟焉。鄭注曰、辟讀如弭。此辟字或從鄭讀亦通。純一案治要作避私怨、就無能則下之言。畢讀如辟舉之辟。就有能則舉之言。如左襄三年傳、晉祁奚舉解狐是。俞渾括上文說、義較長。尚賢若此、亦可使民不爭也。

此若言之謂也。

王云、若亦此也。古人自有複語。管子山國軌篇曰、此若言何謂也。地數篇曰、此若言可得聞乎。此書節葬篇曰、以此若三聖王者觀之。又曰以此若三國者觀之。皆並用此若二字。純一案以上言列德任賢。公平之至。

故古者堯舉舜於服澤之陽。

畢云、未詳其地。服與蒲、音之緩急。或卽蒲澤。今蒲州府。孫云、文選曲水詩序李注引帝王世紀云、堯求賢而四嶽薦舜。堯乃命于順澤之陽。疑卽本此書。史記五帝本紀、就時於負夏。集解引鄭玄云、負夏衞地。孟子離婁篇、舜生於諸馮。遷於負夏。趙注云、諸馮負夏皆地名、負海也。案服澤疑卽負夏。趙岐云負海、必有所本。尹云、服澤、卽濩澤也。初學記州郡部引墨子曰、舜漁於雷澤。在濩澤縣西。前漢書地理志、河東郡有濩澤縣故城。在今山西陽城縣西二十里。帝王世紀作順澤。順服義近。

授之政、天下平。禹舉益於陰方之中。

孟子萬章上、益避禹之子於箕山之陰、趙注箕山之陰、嵩山下深谷之中。以藏處也。或卽此所謂陰方歟。

授之政、九州成。

尹云、成、平也。蘇云、成與平爲韻。純一案江有誥云、耕部。古音諧十青引此。

湯舉伊尹於庖廚之中。

孫云、史記殷本紀、阿衡欲奸湯而無由。乃爲有莘氏媵臣。負鼎俎以滋味說湯。畢云、韓非子知難云、上古有湯、至聖也。伊尹、至智也。然且七十說而不受。身執鼎俎爲庖宰。昵近習親。湯乃僅知其賢而用之。文選注云、魯連子曰、伊尹負鼎佩刀以干湯。得意、故尊爲宰舍。又云、文子曰、伊尹負鼎而干湯。尹云、國策、伊尹負鼎俎而干湯。好名未著而受三公。

授之政、其謀得。

文王舉閎夭泰顚於罝罔之中。

畢云、事未詳。或以詩兔罝有公侯腹心之語而爲說。恐此詩卽賦閎夭泰顚事。古者書傳未湮。翟必有据。胡云、畢說是也。墨子博采爲說。如服澤陰方、皆不見於名書。或尙書佚文。或尙書古義。均未可知。伊尹事別見後貴義篇。說具下。孫云、書君奭云、惟文王尙克修和我有夏。亦惟有若虢叔、有若閎夭、有若散宜生、有若泰顚、有若南宮括。僞孔傳云、閎泰氏、夭顚名。詩周南兔罝敍云、兔罝、后妃之化也。關雎之化行則莫不好德。賢人衆多也。毛傳云、兔罝兔罟也。尹云、蓋以捕兔爲業者。詩肅肅兔罝。箋、罝兔、鄙賤之事。授之政。西土服。蘇云、服與得爲韻。純一案服古音蒲北反。見唐韻正一屋。江有誥云、之部。古音諧一說引此。故當是時、雖在於厚祿尊位之臣。莫不敬懼而施畢云、下疑脫一字。純一案畢以此句與莫不競勸而尙德同例。謂下脫一字是也。據上文其謀得、西土服、下文莫不競勸而尙悳、得服悳同韻審校。施下脫字、當在廣韻二十四職二十五德中求之。或據唐韻正、以一屋字、當改入職德韻者補之。了然無疑。依此再三斠尋。施下惟補福字爲適。賈子道德說、安利之謂福。莫不敬懼而施福。言莫不敬懼而施安國利民之事。雖在農與工肆之人。莫不競勸而尙悳。悳舊作意、孫云、意疑爲悳、形近而譌。悳正字。德叚借字。純一案孫說是。今據正。上無不悳。下皆感應。亦衆賢之道。會羣之治也。以上舉堯禹湯文尙賢而世治爲證。

故士者所以爲輔相承嗣也。孫云、大戴禮記曾子立事篇云、使子猶使臣也。使弟猶使承嗣也。孔廣森云、承丞也。嗣讀爲司。丞司者、官之偏貳。故弟視之。臣則私臣、自所謁除也。可以子視之。案大戴禮記保傅篇、以道充弼承爲四聖。云博聞強記、接給而善對者謂之承。承者、承天子之遺忘者也。書益稷欽四鄰。孔疏引鄭康成云、四近謂左輔右弼前疑後承。曹云、左氏傳云、承嗣大夫。尹云、秦策、禹有五丞。湯有三輔。故得士則謀不困。晏子春秋問上篇、謀必得。事必成。體不勞。佚於治官。尹云、言能無爲而治。名立而功成。美章而惡不生。舊作名立而功業彰而惡不生、王云、羣書治要引作名立而功成。美章而惡不生。是也。功成與名立對文。惡不生與美彰對文。今本脫成字、美字又譌作業。則文不對而句亦不協矣。美業字形相似故譌。漢書賈誼傳、一動而五美附。今本美譌作業。孫據王校補正。曹本同。章作彰。案成生爲韻。則由得士也。管子五輔篇。古之聖王。所以取明名廣譽。厚功大業。顯於天下。不忘於後世。非得人者。未之嘗聞。是故子墨子言曰、得意賢士不可不舉。不得意賢士不可不舉。得意有賢士、緫無失意時。如舜有臣五人、武有亂臣十人是。不得意有賢士、緫有得意時。如齊桓出亡有鮑叔、晉文出亡有舅犯等是。曹云、得意、謂國家功成治定之時也。不得意者、有難未弭、有志未成也。得意而能舉賢、則所以保邦。不得意而能舉賢、則所以興邦也。尙欲祖述堯舜禹湯之道。王引之云、尙與儻同。孫云、尙疑與上同。下篇云、上欲中聖人之道。將不可以不尙賢。夫尙賢者政之本也。以上言輔相承嗣得士、即堯舜禹湯爲政之本。尹云、後漢書楊震傳、臣聞政以尚賢爲本。注引此無之字。曹云、言尚賢之道。賢有三端。曰厚乎德行。辯乎言談。博乎道術。古者邦交以詞令爲重。故有折衝於樽俎之上。非以言取人之謂也。尚之者亦有三端。曰高予之爵。厚予之祿。斷予之令。斷也者、所謂任賢勿貳也。墨子生於春秋之末。諸侯大夫。皆以世祿而秉政。賢人在下位。貧賤而疏遠者。無由見用於世。故歷敘帝王舉賢於側微。以爲法式。成湯立賢無方。無方者、無貴賤親疏遠近之別也。禮記曰、天下無生而貴者也。若以世胄躡高位、則有生而貴者矣。故貴者常貴。賤者終賤。漢以後猶有門地之說。上以爲政。下以爲俗。至今日則此風微矣。此知大賢立教。蓋多救時之論。按墨家之說、多與儒家異。而尚賢則儒墨之所同也。老子云、不尚賢使民不爭。道家以此並譏儒墨。究之聖王之治術。或尚賢。或不尚賢。猶水與火。雖相反而實相濟也。儒墨之與道家。猶食與藥。雖不可強合。而又不可偏廢也。或疑墨子以兼愛爲宗旨。其於天下之人。無智愚賢不肖。皆一視而同仁。然後爲兼也。今日尚賢。則必賤愚而絀不肖。毋乃有不愛之人乎。曰是不然。兼愛者。匪僅有愛人之心而已。必有利人之實政焉。有利人之實政者。非一手一足之烈也。故尚賢者。所以推吾愛人之心。而廣行利人之事也。愚不肖在上則亂。亂則人受其害。賢智在上則治。治則人受其利。彼愚不肖者、雖爲聖王之所弗尚。而仍無害爲聖王之所利愛也。故知兼愛者。必以尚賢爲急矣。

尚賢中第九

子墨子言曰、今王公大人之君人民、主社稷、治國家、欲脩保而勿失。脩、修之段字。尹云、脩、長也。故不察尚賢爲政之本也。故、畢云、一本作胡。孫云、下文兩見。一作胡。一作故。蘇云、胡是也。下同。曹本王本尹本並作胡。王云、故與胡同。故下文又曰、故不察尚賢爲政之本也。管子侈靡篇云、公將有行。故不俟公。亦以故爲胡。王闓運云、也同邪。何以知尚賢之爲政本也。曰、自貴且智者爲政乎愚且賤者則治。自愚且賤者爲政乎貴且智者則亂。舊本作自愚賤者。孫云、愚下依上文亦當有且字。純一案陸本唐本正作自愚且賤者。今據增。是以知尚賢之爲政本也。以上云欲保國家長治、必以尚賢爲本。

故古者聖王甚尊尚賢而任使能。不黨父兄。不偏貴富。不嬖顏色。尹云、相助匿非曰黨。

嬖、便嬖。愛也。顏色、謂美皃者。賢者舉而上之。富而貴之。以爲官長。不肖者抑而廢之。貧而賤之。以爲徒役。尹云。言以供使。是以民皆勸其賞。畏其罰。相率而爲賢。是以賢者衆而不肖者寡。舊作相率而爲賢者、俞云、相率而爲賢絕句。者字乃是字之誤、屬下讀。惟其相率而爲賢、是以賢者衆而不肖者寡也。兩句皆用是以字、古人行文不避重複。今誤作相率而爲賢者、則是民之相率爲賢。以賢者衆而不肖者寡之故。於義不可通矣。純一案俞說是。今據正。曹本同。此謂進賢。畢云、謂一本作爲。孫云、進賢依上文當作尚賢。純一案進賢與上文賢者舉而上之相應。對不肖者抑而廢之言。似不誤。論語顏淵篇、舜有天下。選於衆舉皋陶。不仁者遠矣。湯有天下。選於衆舉伊尹。不仁者遠矣。義可互明。以上言進賢無私則賢衆。

然後聖人聽其言。迹其行。迹、循實而考之也。察其所能而愼予官。此謂事能。孫云、事與使同、詳上篇。上文作使能。故可使治國者使治國。可使長官者使長官。可使治邑者使治邑。上管子君臣上、量能而授官。尹云、所謂器之。凡所使治國家官府邑里此皆國之賢者也。此疑本作者、當屬上斷句、蓋草書形近而譌。以上言聖人勞於論人。非徒尚賢名、

賢者之治國也。畢云、國下一本有家字。孫云、道藏本國下有者字。純一案陸本唐本、同出道藏本有者字、並非。蚤朝晏退。畢云、蚤字同早。純一案蚤、早之音段。聽獄治政。是以國家治而刑法正。賢者之長官也。夜寢夙興。尹云、夙、早也。收斂關市山林澤梁之利以實官府。是以官府實而財不散。賢者之治邑也。蚤出莫入。莫、曹本從俗作暮。耕稼樹藝。聚菽粟。陶云、聚菽粟上當有多字。非樂上篇非命下篇皆有此文。並作多聚菽粟。曹本作以聚菽粟。王本菽作叔。是以菽粟多而民足乎食。兩菽字王本尹本並作叔。曹云、此一段徵賢者之實事。以能勤者爲賢也。故國家治則刑法正。官府實則萬民富。上有以絜爲酒醴粢盛以祭祀天鬼。外有以爲皮

幣與四鄰諸侯交接。內有以食飢息勞。飢舊本作饑、孫依道藏本正。王本尹本同。將養其萬民。俞云、將當作持、持養乃古人恆言。此作將養、形似而誤。天志中篇、正作內有以食飢息勞持養其萬民。可據以訂正。非命上篇、將養老弱。亦持養之誤。王樹枏云、將亦養也。詩四牡不遑將父傳、桑柔天不我將箋、皆云將養也。天志篇持養、亦當作將養。吳摯甫曰、陶詩將養不得節、與此將養正同。純一案將養持養皆古義。不必破此從彼、或破彼從此。外有以懷天下之賢人。王云、外有以三字、涉上文外有以爲皮幣而衍。下文曰內者萬民親之、賢人歸之。是養民與懷賢、皆內事。非外事也。是故上者天鬼富之。王樹枏云、富福古字音義同。大戴禮武王踐阼篇、勞則富。盧辯注云、躬勞慾福。禮記郊特牲云、富也者福也。詩瞻仰何人不富。傳云、富福也。天鬼富之者、謂天鬼福之也。俞同中篇、天鬼之福可得也。彼文則直用福字。外者諸侯與之。與、親也。善也。內者萬民親之。賢人歸之。以此謀事則得。尹云、言不失。舉事則成。入守則固。出誅則彊。尹云、誅、討也。故唯昔三代聖王堯舜禹湯文武之所以王天下正諸侯者。唯讀若雖、下文故雖昔者三代暴王正作雖。孫云、正、長也。義詳親士篇、此亦其法已。以上列舉尚賢之利。斷言雖聖王所以王天下、不過如此。

既曰若法。未知所以行之術。則事猶若未成。王云、曰者、有之壞字也。若法、此法也。言既有此法、而無術以行之、則事猶然未成也。若與此同義。猶若即猶然。俞云、王非也。曰字乃云字之誤。云者有也。說見辭過篇。既云若法、即既有此法。淺人不達云字之義、謂是云曰之云。疑本書皆用曰字、此不當用云字。故改云作曰耳。是以必爲置三本。何謂三本。曰爵位不高。則民不敬也。陸本唐本李選本作矣。蓄祿不厚。則民不信也。政令不斷。則民不畏也。故古聖王高予之爵。重予之祿。任之以事。斷予之令。夫豈爲其臣賜哉。欲其事之成也。敬信令成韵。言尚賢必置三本。詩曰、告女憂恤。誨女予爵。舊本爵誤鬱、盧以意改爲序爵、畢本從之。王云、鬱爲爵之譌、予則非譌字也。上文言古聖王高予之爵、重予之祿。下文言今王公大人之用賢、高予之爵而祿不從。此引詩誨女予爵、正與上下文予字同義。則不得改予爲序矣。毛詩作告爾憂恤、誨爾序爵。誰能執熱。逝不以濯。今墨子兩爾字皆作女。序作予。誰作執。逝作鮮。以作用。是墨子所見詩、固有異文也。孫云、王說是也。王應麟詩攷引、亦作序爵。盧蓋兼據彼文。然王攷多以意改、未必宋本予果作序也。今不據改。毛詩大雅桑柔傳云、濯所以救熱也。禮亦所以救亂也。鄭箋云、恤亦憂也。逝猶去也。我語女以憂天下之憂。教女以次序賢能之爵。其爲之當如手持熱物之用濯。謂治國之道、當用賢者。王景羲云、予即序之聲也。孰能執熱、鮮不用濯。孫云、詩攷引執作誰。蓋亦王氏所改。尹云、言執熱必濯。則此語古者國君諸侯之不可以不執善承嗣輔佐也。孫云、執、猶親密也。曲禮云、執友稱其仁也。鄭注云、執友志同者。呂氏春秋遇合篇云、故嫫母執乎黃帝。列女傳辯通篇、齊鍾離春傳云、衒嫁不售。流弃莫執。執並與親義相近。此執善、亦言親善也。譬之猶執熱之有濯也。將休其手焉。孫云、爾雅釋詁云、休息也。尹云、喻尙賢所以息君肩。純一案論語衛靈公篇、無爲而治者、其舜也與。夫何爲哉、恭己正南面而已矣。淮南子主術訓、人主之術、因循而任下。責成而不勞。夫乘衆人之智。則無不任也。用衆人之力。則無不勝也。皆墨家尙賢之塙詁。古者聖王唯毋得賢人而使之。唯舊作惟、孫據王校改。王云、毋語詞耳。本無意義。唯毋得賢人而使之者、唯得賢人而使之也。下篇曰、今唯毋以尙賢爲政其國家百姓。又曰以其唯毋臨衆發政而治民。節葬下篇曰、今唯無以厚葬久喪者爲政。其字或作毋。或作無。皆是語詞、非有實義也。孟康注漢書貨殖傳曰、無、發聲助也。管子立政九敗解篇曰、人君唯毋聽寢兵、則羣臣賓客莫敢言兵。人君唯無聽諂諛飾過之言則敗。其字或作毋、或作無、並與墨子同義。洪說同。尹云、言得賢則必貴而封之。般爵以貴之。畢云、般讀如頒賜之頒。曹云、般與班同。裂地以封之。尹云、裂、分也。晏子春秋問上、君裂地以封之。終身不厭。尹云厭、棄也。賢人唯毋得明君而事之。竭四肢之力。肢、王本作支。以任君之事。尹云、論語所謂事君能致其身者。終身不倦。若有美善、則歸之上。舊脫有過失則歸之下句、據下文知之。尹云、記所謂善則歸君。是以美善在上而怨謗在下。舊怨上衍所字、曹本無。今據刪。魯問篇、是以美善在上。而怨讎在下。無所字。寧樂在君。尹云、寧、安也。而憂慼在臣。慼王本作戚。舊脫而字。魯問篇、安樂在上而憂慼在臣。文義與此同。今據補、與上文一律。晏子春秋諫下五章古之善爲人臣者、聲名歸之君。禍災歸之身。義可互明。故古者聖王之爲政若此。以上言重任賢士。是聖王所以美善寧樂之道。今王公大人、亦欲效人以尙賢使能爲政。孫云、效人、謂效古人之爲政也。高予之爵而祿不從也。王闓運云、所謂客卿。夫高爵而無祿、民不信也。尹云、民、人也。斥受爵者。曰此非中誠愛我也。誠舊作賓、從欒校據俞鈔本改。尹云、言非誠心。中、心也。假藉而用我也。畢云、古無借字、只用藉。說文序有假借字、从人、俗寫亂之。孫云、漢書薛宣朱博傳贊、假借用權。宋祁校云、借蕭該謂本作藉字。大戴禮記衛將軍文子篇云、使其臣如藉。夫假藉之民將之、猶於也。將、當作者。豈能親其上哉。親愛也。近也。故先王言曰。言上脫之字、下文故先王之言曰可證。貪於政者、畢云、貪舊作食、一本如此。不能分人以事。厚於貨者、不能分人以祿。莊子天運篇云、以富爲是者不能讓祿。親權者不能與人柄。事則不與。尹云、與、授也。祿則不分。請問天下之賢人。將何自至乎王公大人之側哉。若苟賢者不至乎王公大人之側、則此不肖者在左右也。晏子春秋諫下廿一章、從邪者邇。道害者遠。讒諛萌通。而賢良廢滅。義可互明。尹云、此、是也。不肖者在左右、則其所譽不當賢。而所罰不當暴。晏子春秋諫上八章、信用讒佞。賞無功。罰不辜。王公大人尊此以爲政乎國家。尹云、尊、遵也。則賞亦必不當賢。而罰亦必不當暴。若苟賞不當賢。而罰不當暴。則是爲賢者不勸。而爲暴者不沮矣。尹云、沮同阻。止也。是以入則不慈孝父母。王引之云、賈子道術篇云、親愛利子謂之慈。子愛利親爲之孝。孝與慈不同、而同取愛利之義。故孝於父母、亦可謂之孝慈。莊子漁父篇曰、事親則慈孝。出則不長弟鄉里。孫云、國語齊語云、不慈孝於父母。不長弟於鄉里。尹云、言失爲長爲弟之道。居處無節。出入無度。孫云、節度義同、非命上篇云、坐處不度。出入無節。男女無別。使治官府則盜竊。守城則倍畔。倍、尹本作背。君有難則不死。出亡則不從。晏子春秋問上十九章忠臣事君、有難不死。出亡不送。詞同而義正相反。使斷獄則不中。偏聽。尹云、中、公也。分財則不均。墨家多財則以分貧。下篇有財者勉以分人。蓋求其均也。於陵子貧居篇、均天地之有。尹云、均、平也。與謀事不得。曹本與字屬上斷句。舉事不成。入守不固。出誅不彊。故雖昔者三代暴王孫云、上文云、故唯昔三代聖王堯舜禹湯文武之所以王天下正諸侯者。王引之云、雖卽唯也。古字通。桀紂幽厲之所以失措其國家、傾覆其社稷者。王樹枏云、措讀爲錯。論語顏淵篇、舉直錯諸枉。釋文、錯本作措。皇疏云。錯、廢也。謂失廢其國家也。以此故也。以、畢本作巳、云古字以巳通，一本作以。曹本同。今從之。以上列舉不任賢之害、卽三代暴王滅亡之故。

何則、皆以明小物而不明大物也。孫云、周禮大司徒鄭注云、物猶事也。純一案此總揭上文不能任賢之故、而爲下文開其端。今王公大人、有一衣裳、不能制也。必藉良工。尹云、制、裁也。有一牛羊、不能殺也。必藉良宰。孫云、呂氏春秋不苟篇、與良宰遺之。高注云、宰謂膳宰。故當若之二物者、之、是也。王公大人皆知以尙賢使能爲政也。皆舊譌未、從李選本改。逮至其國家之亂、社稷之危、則不知尙賢使能以治之。舊脫尙賢二字。從蘇校補。與上文一律。親戚則使之、無故富貴、面目佼好、則使之。畢云、佼、姣字假音。說文云、姣好也。孫云、詩陳風月出篇、佼人僚兮。釋文云、佼字又作姣。好也。王樹枏云、故功一聲之轉。無故富貴、猶言無功富貴。廣雅、故事也。詩七月傳、功事也。故二字可互訓。下篇、其所賞者已無故矣。其所罰者亦無罪。故與罰相對爲文。是其證。夫親戚則使之、據上文審校、此脫親戚則使之五字。今補。陶校同。無故富貴、面目佼好則使之、俞云、上文曰、故古者聖王甚尊尙賢而任使能。不黨父兄。不偏富貴。不嬖顏色。此云親戚則使之、是黨父兄矣。無故富貴、面目佼好則使之、是偏富貴而嬖顏色矣。若使之豈必智且慧哉。舊作智且有慧、王云、智且慧、與前貴且智愚且賤文同一例。慧上不當有有字。蓋後人所加。純一今據刪。孫云、說文心部云、慧儇也。治國家、則此使不智慧者治國家也。尹云、此、是也。國家之亂、既可得而知已。尹云、旣、槪也。且夫王公大人有所愛其色而使之。之字舊脫、從孫校補。尹云、色謂佼好。其心不察其知而與其愛。尹云、知謂智慧。純一案與、舉同。是故不能治百人者、使處乎千人之官。不能治千人者、使處乎萬人之官。此其故何也。曰處若官者、爵高而祿厚。故愛其色而使之焉。處若舊倒、王云、若與故義不相屬、若處官者當爲處若官者。若官、此官也。言以處此官者、爵高而祿厚。故特用其所愛也。下文曰雖日夜相接以治若官。是其證。若與此同義。說見上文。孫據乙。曹本同。夫不能治百人者使處乎千人之官。不能治千人者使處乎萬人之官、則此亓官什倍也。舊脫不能治百人者使處乎千人之官十三字及亓字、陶云、不字衍文。夫字下當有能治百人者使處乎千人之官二句。皆複舉上文也。又官什倍上、當有亓字。亓官什倍、亦見下文。本書皆以此爲是、言如此則是亓官什倍也。純一案陶說是也。今並據補。惟不字非衍文。更依上文增一不字。夫治之法、將日至者也。說文至、鳥飛从高下至地也。从一。一猶地也。象形。不上去而至下來也。日至、言事日來而不已也。日以治之。日不什脩。孫云、小爾雅廣言云、脩、長也。什脩、謂十倍其長。純一案言一日不能加長十倍。知以治之。知不什益。言一日中、智能不能增加十倍。曹云、日治、謂用日力以治事也。知治、謂用才智以治事也。而亓官什倍、則此治一而棄其九矣。雖日夜相接以治若官。尹云、日夜相接、亦不過如二日之久。可治二而仍棄八。官猶若不治。此其故何也。則王公大人不明乎以尚賢使能爲政也。以上言王公大人視國家、不若一衣裳一牛羊之重。不尚賢以爲政、故官不治。

故以尚賢使能爲政而治者、自上文故古者聖王甚尊尚賢而任使能、至故古者聖王之爲政若此。皆是。夫若言之謂也。孫云、此夫對吾爲文、疑當訓彼。純一案夫若言疑當作若夫言。夫、指事之辭。若、如也。言如前文所言之謂也。以下賢不使能爲政而亂者、自上文今王公大人亦欲效人以尚賢使能爲政、至則王公大人不明乎以尚賢使能爲政也。皆是。舊脫不使能三字、從孫校補。尹云、下對尚言。則尚者上也。若吾言之謂也。孫云、若吾言、疑亦當作吾若言。純一案上文全出墨子一人之口。不得言彼。卽不得言吾。吾字蓋後人以對若夫言、誤以夫訓彼臆改。疑本作若此言、與若夫言相對爲文。若夫言、指上文甚遠者。若此言、指上文甚近者。今王公大人中誠將欲治其國家、誠舊作實、從欒校據俞鈔本改。案本書實字、原並作誠。觀下篇實知其不能也兩見、羣書治要一引實亦作誠。非儒篇以爲實在、北堂書鈔百五十八引實亦作誠可證。欲脩保而勿失、胡不察尚賢爲政之本也。此概言尚賢則治。下賢則亂。遙應篇首胡不察尚賢爲政之本。

且以尚賢爲政之本者、亦豈獨子墨子之言哉。此聖王之道。先王之書、距年之言也。畢云、距年、下篇作豎年。猶云遠年。孫云、畢說未塙。王闓運云、巨年、古書也。傳曰、求聖君哲人以裨輔而身。蘇云、伊訓云、敷求哲人。俾輔于爾後嗣。與此略同。孫云、國語晉語云、裨輔先君。韋注云、裨補也。此下篇云、晞夫聖武知人以屛輔爾身。文義較詳備。此約述之。裨輔不當有聖君。君蓋亦武之譌。伊訓僞孔傳云、布求賢智、使師輔於爾嗣王。言仁及後世。純一案君猶尹也。說文从尹發號故从口。白虎通三綱六紀曰、君、羣也。羣下之所歸心也。上稱下亦曰君。史記申屠嘉傳、上曰、君勿言。吾私之。君字不誤。指在民上者言。人指平民言。聖君哲人、相對爲義。胡云、以下篇文校此、其稍異者、音義皆通。此言傳曰。下云湯誓曰。一傳一經、各著其名。彼言豎年之言然。上言呂刑之書然。亦各著其名。則距年之言爲傳、不得以爲經也。僞古文襲此入伊訓篇、作敷求哲人。裨補于爾後嗣、去原文之古質遠矣。湯誓曰。孫云、書敍云、伊尹相湯伐桀。升自陑。遂與桀戰于鳴條之野。作湯誓。今湯誓無此文。僞古文撫此爲湯誥。謬。聿求元聖。尹云、元、大也。與之戮力同心。孫云、湯誥僞孔傳云、聿遂也。大聖陳力謂伊尹。孔疏云、戮力猶勉力也。案說文力部云、勠并力也。戮、勠之借字。以治天下。蘇云、今書湯誥篇、無同心以下六字。胡云、此作僞古文者、竄取湯誓之文、撰爲湯誥。欲以此眩惑後人。不知湯誓之文、明著于墨子。而湯誥自有眞古文、猶可攷正也。史記殷本紀云、旣絀夏命。還亳。作湯誥。維三月王至於東郊。告諸侯羣后。毋不有功于民云云。此史遷受於安國之眞古文也。則此言聖王之不失以尚賢使能爲政也。王字舊脫、從孫校補、曹本同。故古者聖王唯能審以尚賢使能爲政。無異物雜焉。尹云、異物、他事也。天下皆得其利。孫云、道藏本作列。純一案陸本唐本並作列、非。古者舜耕歷山。孫云、史記五帝本紀同。畢云、史記集解云、鄭玄曰、在河東。水經注云、河東郡南有歷山、謂之歷觀。舜所耕處也。有舜井。嬀汭二水出焉。純一案太平寰宇記蒲州河東縣南三十里、卽舜耕歷山處。陶河瀕。畢云、此古濱字、見說文。史記集解云、皇甫謐曰、濟陰定陶西南陶丘亭是也。正義曰、按於曹州濱河作瓦器也。括地志云、陶城在蒲州河東縣北三十里。卽舜所都也。南去歷山不遠。或耕或陶。所在則可。何必定陶、方得爲陶也。舜之陶也、斯或一焉。按守節說、本水經注是也。孫云、水經濟水注云、陶丘、墨子以爲釜丘也。今檢勘全書、無釜丘之文。疑古本此文、或作陶釜丘矣。純一案太平寰宇記河東縣記、故陶城在縣北三十里。史記謂舜陶河濱卽此是。漁雷澤。孫云、史記五帝本紀同。王云、雷澤本作濩澤。此後人習聞舜漁雷澤之事、而以其所知改其所不知也。漢書地理志、河東郡濩澤縣。應劭曰、有濩澤在西北。穆天子傳、天子四日休於濩澤。郭璞曰、今平陽濩澤縣是也。濩音獲。又音穫。水經沁水注曰、濩澤水出濩澤城西白㵎渠東逕濩澤。墨子曰、舜漁濩澤。又東逕濩澤縣故城南、蓋以澤氏縣也。初學記州郡部正文、出舜澤二字。注曰、墨子曰、舜漁于濩澤。在濩澤縣西。今本初學記作雷澤、與注不合。明是後人所改。又元和郡縣志河東道下、太平寰宇記河東道下、太平御覽州郡部九、路史疏仡紀、引墨子並作濩澤。是墨子自作濩澤、與他書作雷澤者不同。濩澤、在今澤州府陽城縣西嶕嶢山下、下篇漁於雷澤、亦後人所改。**堯得之服澤之陽。**孫云、服澤詳上篇。**舉以爲天子。與接天下之政。**接、持也。又荀子大略篇、先事慮事謂之接。**治天下之民。伊摯有莘氏女之私臣。**孫云、詩商頌長發孔疏引鄭康成書注云、伊尹名摯、湯以爲阿衡。以尹天下。故曰伊尹。畢云、莘、漢書外戚傳作㜪。玉篇、㜪、色臻切。有㜪國。說文云、呂不韋曰、有侁氏以伊尹㑞女。案呂氏春秋本味云、有侁氏女子採桑、得嬰兒於空桑之中、獻之其君。其君令㸒人養之、長而賢。湯聞伊尹。使人請之有侁氏。有侁氏不可。伊尹亦欲歸湯。湯於是請取婦爲婚。有侁氏喜。以伊尹媵女。高誘曰、侁讀曰莘。有莘在今河南陳留縣。括地志云、古莘國、在汴州陳留縣東五里、故莘城是也。陳留風俗傳云、陳留外黃有莘昌亭、本宋地、莘氏邑也。**親爲庖人。**孫云、周禮天官庖人鄭注云、庖之言苞也。裹肉曰庖苴。說文广部云、庖、廚也。莊子庚桑楚篇云、湯以胞人籠伊尹。呂氏春秋本味篇作㸒人。胞㸒並庖之借字。**湯得之舉以爲己相。與接天下之政治天下之民。**臣人民爲韻。**傅說被褐帶索。**尹云、言以索爲帶。褐謂粗衣。劉云、文選解嘲注、亦引作被褐帶索。庸築傅巖。與今本同。被褐帶索、非必刑人之服。蓋貧賤執役者之恒飾也。荀子富國篇云、墨子雖爲之衣褐帶索。淮南子齊俗云、貧人則夏被褐帶索。均其證。**庸築乎傅巖。**畢云、庸、史記索隱引作傭。孔安國書傳云、傅巖在虞虢之界。史記索隱云、在河東太陽縣。又夏靖書云、猗氏六十里、河西岸吳阪下、便得隱穴。是說所潛身處也。案今在山西平陸縣東二十五里。孫云、書敍云、高宗夢得說、使百工營求諸野、得諸傅巖。孔疏引鄭康成云、得諸傅巖、高宗因以傅命說爲氏。僞古文說命云、說築傅巖之野。僞孔傳云、傅氏之巖、在虞虢之界。通道所經、有㵎水壞道。常使胥靡刑人、築護此道。說賢而隱、代胥靡築之以供食。水經河水注云、沙㵎水出虞山東南、逕傅巖。歷傳說隱室前。俗謂之聖人窟。史記殷本紀、傅巖作傅險。音近字通。**武丁得之舉以爲三公。**孫云、國語楚語云、武丁使以象夢求四方之賢聖、得傅說以來、升以爲公。韋注云、公、三公也。史記殷本紀云、武丁得而與之語、果聖人。舉以爲相。殷國大治。**與接天下之政。治天下之民。此何故始賤卒而貴。始貧卒而富。**卒倉卒。漢書趙充國傳則無以應卒注、卒謂暴也。言聖王求賢於仄陋。破世祿之階級也。**則王公大人明乎以尚賢使能爲政。是以**

民無飢而不得食、寒而不得衣、勞而不得息、亂而不得治者。以上言聖王尚賢爲政。故民無飢寒勞苦而國治。

故古聖王能審以尚賢使能爲政。上能字舊本譌以、陶云、上以字當作能。上文云故古者聖王唯能審以尚賢使能爲政、無異物雜焉。是其證。王樹枏云、上以字涉下以字衍。純一案以本作㠯。與台字篆文㠯形近故誤。台古通能。今從陶說改。而取法於天。標明兼愛宗旨。雖天亦不辯貧富貴賤遠邇親疏。王闓運云、雖同唯。尹云、言其一視同仁。賢者舉而尚之、不肖者抑而廢之。老子曰、天之道坦然而善謀。孟子曰、順天者存。逆天者亡。可互明。下文富貴爲賢得賞、爲暴得罰、親而不善得罰、天之使能四義。本此演之。

然則富貴爲賢以得其賞者誰也。也同邪。曰若昔者三代聖王堯舜禹湯文武者是也。尹云、者同諸。皆也。所以得其賞何也。曰其爲政乎天下也、兼而愛之、從而利之。公正無私、與天合德。新書修政語上、帝嚳曰、德莫高於博愛人。而政莫高於博利人。又率天下之萬民以尊天事鬼。舊尊上有尚字。王樹枏云、尚字衍。以尊天事鬼、與下以詬天侮鬼儷文。純一今據刪。禮大學所謂堯舜帥天下以仁而民從之。義可互明。愛利萬民。了知物我一體。與慈普濟。是故天鬼賞之、立爲天子。立位同。以爲民父母。天鬼萬民通于一心、無不順應。賞之云者、以迹言耳。萬民從而譽之曰聖王。尹云、譽、偁也。至今不已。則此富貴爲賢以得其賞者也。此、是也。賞之果報、該於賢之因中。

然則富貴爲暴以得其罰者誰也。曰若昔者三代暴王桀紂幽厲者是也。何以知其然也。曰其爲政乎天下也、兼而憎之、從而賊之。賊舊本譌賤、王云、賤當爲賊、字之誤也。尚同篇、則是上下相賊也。天志篇、上詬天、中詬鬼、下賊人。非儒篇、是賊天下之人者也。今本賊字並誤作賤。此言桀紂幽厲之爲政乎天下、兼萬民而憎惡之。又從而賊害之。非謂賤其民也。上文云堯舜禹湯文武之爲政乎天下也、兼而愛之。從而利之。愛利與憎賊正相反。天志篇曰、堯舜禹湯文武之兼愛天下也。從而利之。桀紂幽厲之兼惡天下也。從而賊之。故知賤爲賊之誤。孫據王說正。

又率天下之萬民萬字據上文補。以詬天侮鬼。禮大學所謂桀紂帥天下以暴而民從之。尹云、詬同垢、厚怒聲也。左昭十二年傳、投龜詬天而呼。賊殺萬民。賊殺舊譌賤傲、王云、賤亦當爲賊。傲當爲殺。說文敖字本作𢾕。殺字古文作敊。二形相似。敊(古文殺字)誤爲敖。又誤爲傲耳。墨子多古字。後人不識。故傳寫多誤。此說桀紂幽厲之暴虐、故曰詬天侮鬼。賊殺萬民。非謂其賤傲萬民也。上文言堯舜禹湯文武尊天事鬼愛利萬民。愛利與賊殺亦相反。法儀篇曰、禹湯文武兼愛天下之百姓、率以尊天事鬼、其利人多。桀紂幽厲兼惡天下之百姓、率以詬天侮鬼、其賊人多、故知賤傲爲賊殺之誤。魯問篇、賊敖百姓。太平御覽兵部七十七引賊敖作賊殺。是其明證也。孫並據王說正。曹本同。是故天鬼罰之。使身死而爲刑戮。子孫離散。室家毀滅。絕無後嗣。萬民從而非之曰暴王。尹云、非、毁也。至今不已。所謂遺臭萬年。則此富貴爲暴以得其罰者也。以上舊衍而字、今據上下文删。文同一例。

然則親而不善以得其罰者誰也。曰若昔者伯鯀帝之元子。孫云、大戴禮記帝繫篇云、顓頊產鯀。史記夏本紀云、鯀之父曰帝顓頊。索隱云、皇甫謐云、鯀帝顓頊之子、字熙。系本亦以鯀爲顓頊子。漢書律歷志、則云顓頊五代而生鯀。按鯀既仕堯、與舜代系殊懸、舜卽顓頊六代孫、則鯀非是顓頊之子。蓋班氏之言近得其實。漢志亦引帝繫、而與今本大戴禮舛異。楚辭離騷王注、引帝繫及淮南子原道訓高注、說並與漢志同。吳越春秋越王無余外傳、亦以鯀爲顓頊之後。此書云帝之元子、疑墨子於鯀之世繫、未能審校其年代也。純一案大戴禮顓頊產鯀、言鯀出於顓頊氏。非必卽帝顓頊之子。史記誤。此帝指舜言。元子或卽長輩之意。明其親也。墨子不誤。廢帝之德庸。孫云、左傳襄二十五年杜注云、庸、用也。既乃刑之于羽之郊。畢云、郭璞注山海經云、今東海祝其縣西南有羽山。案在今山東蓬萊縣。孫云、史記正義引括地志云、羽山在沂州臨沂縣。書堯典、孟子萬章篇、史記五帝本紀、並云殛鯀於羽山。晉語韋注云、殛、放而殺也。案此刑亦謂放。故下云乃熱照無有及也。山海經云、殺鯀於羽郊、亦謂鯀放而死也。乃熱照無有及也。孫云、此似言幽囚之、日月所不照。帝亦不愛。則此親而不善以得其罰者也。

然則天之所使能者誰也。劉云、使能上疑挩尙賢二字。曰若昔者禹稷皋陶是也。何以知其然也。先王之書、呂刑道之、孫云、書敘云、呂命穆王訓夏贖刑作呂刑。尹云、呂刑、書篇名。大傳作甫刑。道、言也。曰、皇帝淸問下
民有辭有苗。孫云、書釋文引馬融云、淸問、淸訊也。僞孔安國傳云、帝堯詳問民患、皆有辭怨於苗民。孔疏引鄭康成說、亦以此皇帝爲堯。畢云、孔書作鰥寡有辭于苗。尹云、
書呂刑鄭注、苗謂九黎之君。胡云、皇帝淸問四字爲
句。下民有辭有苗爲句。曰字以下乃下民訟有苗之辭。曰羣后之肆在下明明不常。畢云、孔書肆
作逮。不作棐、傳云輔。据此當作匪。孫云、肆正字。作隸與逮、聲類同。古通用。此肆卽逮之叚
字。書作棐者、匪之叚字。匪不義同。畢說得之。僞孔傳云、羣后諸侯之逮在下國、皆以明明大道。輔
行常法。非經義。鰥寡不蓋。孫云、今書羣后以下十四字、在皇帝淸問下民上。僞孔傳云、使鰥寡得所。無有掩蓋。胡云、羣后之肆四字爲句、言有苗乃羣后之所隸屬。周禮師氏率
四夷之隸。故書隸或作肆。鄭司農讀爲隸。在下明明不常句、鰥寡不蓋句。此二句言有苗之虐在下
者、明明用非常之刑。明明讀如明明敭仄陋之明明。蓋、覆也。鰥寡不能蓋覆以德。此三句皆訟有
苗之辭。純一案尙同中篇逮至有苗之制五刑、以亂天下。則胡說是。僞孔傳之謬明矣。德威維威。畢云、孔書作畏。孫云、維孔書作惟。下同。禮記表記引甫刑、二畏字亦並作威。
與此同。德明維明。常明韵。胡云、德威二句、則鄭君所謂堯誅苗之事。維威則誅苗也。維明則去有苗非常之刑也。乃名三后。畢云、孔書名作命。孫云、名命
通。說文口部云名、自命也。恤功於民。孫云、僞孔傳云、堯命三君。憂功於民。伯夷降典、哲民維刑。畢云、孔書哲作折。王引之云、折之言
制也。折正字、哲借字。孫云、僞孔傳云、伯夷下典禮、敎民而斷以法。漢書刑法志引折作
悊。悊哲字同、與此書合。胡云、說文口部哲、智也。哲民維刑、謂牖民智而惕之以刑。禹平
水土、主名山川。古音樞倫切。孫云、僞孔傳云、禹治洪水。山川無名者主名之。尹云、爾雅言從釋地以下至九河、皆禹所名也。稷隆播種。孫云、隆、畢
本依呂刑改爲降。王云、古者降與隆通。不煩改字。非攻篇、天命融隆火于夏之城。亦以隆爲降。
喪服小記注、以不貳降。釋文降一本作隆。說文隆、從生、降聲。是隆降古同聲。故隆字亦通作降。
農殖嘉穀。孫星衍云、農者、廣雅釋詁云、勉也。殖者、文選藉田賦注引蒼頡篇云、種也。孫云、孫說是也。王念孫劉逢祿說同。僞孔傳云、后稷下敎民、播種農畝生善穀。
三后成功、維假於民。民刑川民韵。畢云、假一本作殷。孔書亦作殷。王鳴盛云、疑隸變相似而誤。孫云、僞孔傳云、各成其功、惟所以殷盛於民。言禮敎備。
衣食足。此作假、蓋與嘏通。士冠禮釋文云、嘏本或作假。爾雅釋詁云、嘏、大也。說文古部云、嘏、大
遠也。維嘏於民、言其功施於民者大且遠。下文所謂萬民被其利也。王應麟漢書藝文志攷證、引墨
子亦作假。則宋本固如是。今本或作殷、乃據孔書改、非其舊也。胡云、假讀如假于上下之假。說
文引虞書假於天以及民。墨子所謂事天則天鄉其德。下施則民被其利也。此皆墨子說經之古誼。此

文存古尙書之眞。誠可寶貴也。則此言三聖人者、謹其言、愼其行、精其思慮、索天下之隱事遺利、尹云、索、求也。以上事天、則天鄕其德、孫云、鄕當讀爲盲。明鬼下篇云、帝享女明德。尹云、鄕、饗也。下施之萬民、萬民被其利、終身無已。萬民終其身、心安於禮法。身安於居。足於食。利孰大焉。據上文則此富貴爲賢以得其賞者也、則此富貴爲暴以得其罰者也、則此親而不善以得其罰者也、三句審校。此當有則此天之所以尙賢使能者也一句。而今本脫之。當補。以上皆言天尙賢無私。所以兼愛之例證。

故先王之言曰、此道也、大用之天下則不窕、舊本譌究、畢云、一本作窕、非。王云、作窕者是也。說見管子宙合篇。孫云、尙同下篇亦云、大用之治天下不窕。今據正。說詳尙同下篇。曹本作窕。純一案淮南子原道訓、處小而不逼。處大而不窕。高注、在小能小。在大能大。小用之則不困。小用之下、疑脫一國一家四字。尙同下篇云、大用之治天下不窕。小用之治一國一家而不橫。可證。脩用之則萬民被其利、終身無已。脩曹本作修。尹云、脩、長也。周頌道之曰、聖人之德、昭於天下、若天之高、若地之普。舊作其有昭於天下也、若地之固。今從俞校、刪其有也若地之固七字。並移昭於天下於若天之高上。江有誥云、普下魚部。若山之承、孫云、承與丞通。說文収部云、丞、翊也。从卩从収从山、山高奉承之義。若山之承、亦言如山之高也。不坼不崩、坼、裂也。崩、壞也。言聖人性德堅定。超象外而屹立。止其所以厚終。靜而能持。惟山可表德也。江有誥云、承崩蒸部。古音諧三登引此。若日之光、若月之明、唐韻正十二庚云、古音謨郎反。今以字母求之、似當作彌郎反。與天地同常。俞云、此文疑有錯誤。當云聖人之德。昭於天下。若天之高。若地之普。若山之承。不坼不崩。若日之光。若月之明。與天地同常。蓋首四句、下普隔句爲韻。中二句承崩、末三句光明常、皆每句協韻。昭於天下句、傳寫脫去、而誤補於若地之普下。則首二句無韻矣。又增其有也三虛字、則非頌體矣。旣云若地之普、又云若地之固、重複無義。故知其錯誤也。純一案江有誥云、光明常陽部。古音諧十六庚引此。莊子在宥篇、與日月參光。與天地爲常。義同。王景羲云、今周頌無此文。王闓運云、天保詩說也。以雅爲頌。則此言聖人之德、章明博大、埴固以脩久也。畢云、埴訓黏土、堅牢之意。孫云、淮南子泰族訓云、勇者可令埴固。故聖人之德、蓋總乎天地者也。禮記中庸、言聖人與天地合德。博厚配地。高明配天。悠久無疆。義同。曰總乎天地者、攝萬歸一。大宇宙之總。天地在心內現也。此聖人盡性之極功。墨道貴兼之精義。尙賢特其運智成悲。傳利衆生之粗迹耳。以上言尚賢之極。可以明貞日月。德總天地。

今王公大人欲王天下正諸侯。孫云、正、長也。詳親士篇。夫無德義將何以哉。其說將必挾震威彊。尹云、震同振。持也。今王公大人將焉取挾震威彊。舊有哉字、蓋涉上而衍、今刪。傾者民之死也。孫云、此彖上將焉取挾震威彊爲問辭。者當爲諸之省。也古與邪通。漢書田蚡傳、欲以傾諸將相。顏注云、傾謂踰越而勝之也。此云傾諸民之死、亦言驅民使必死以相傾也。民生爲甚欲。死爲甚憎。憎、惡也。所欲不得而所憎屢至。畢云、屢卽屨字省文。史記或作屨。漢書或作婁。皆訓數。自古及今、未嘗能有以此王天下正諸侯者也。舊作未有嘗、蘇云、上有字衍。欒云、純道藏本及唐本未下無有字、畢本衍。一案陸本亦作未嘗。今並據刪。曹本同。今王公大人欲王天下正諸侯。王公二字舊脫、據上文補。文同一例。將欲使意得乎天下。名成乎後世。故不察尚賢爲政之本也。孫云、故亦與胡同。曹本王本尹本並作胡。政上爲字舊脫、王據上文補。孫本曹本並同。也讀邪。此聖人之厚行也。聖人含德甚厚。故能載物。此言王天下正諸侯、必以德義。要在尚賢爲政。

曹云、尚賢之道。不患有賢而弗尚。特患所尚之非賢。故曰臨亂之君、各賢其臣。桀紂幽厲之所嚮用者、豈以爲不賢而用之哉。聖王兼愛天下之人。故以能利人者爲賢。暴王專縱一己之欲。故以佼好便僻聚斂掊克爲賢。然則尚賢雖爲爲政之本。要必有端乎尚賢之本者。否則所謂賢者不賢也。烏足尚哉。墨者之宗旨。在勤儉兼愛二者。必人之勤儉而愛人者、始得爲賢。又必君之勤儉而愛人者、乃能用賢也。

尚賢下第十

子墨子言曰、天下之王公大人、皆欲其國家之富也、人民之衆也、刑法之治也。然而不識以尚賢爲政於其國家百姓。於字舊脫、從王闓運校補。王公大人本失尚賢爲政之本也。本失、王本作未知。下同。若苟王公大人本失尚賢爲政之本也、則不能毋舉物示之乎。曹云、毋語詞。今若有一諸侯於此爲政於其國家也、下於字舊脫、依上文王闓運校補。曰凡我國能射御之士、我將賞貴之。不能射御之士、我將罪賤之。尹云、時君尚武。故舉射御以爲喻。問於若國之士、孰喜孰懼。我以爲必能射御之士喜。不能射御之士懼。我嘗因而誘之矣。嘗舊譌賞、孫云、賞當爲嘗、嘗、試也。此句爲下文發端。書中嘗字多譌爲賞、詳尚同下篇。純一案孫說是也。今據正。曹本王本並作嘗。曹云、誘、進也。李選本因作內。曰凡我國之忠信之士、我將賞貴之。不忠信之士、我將罪賤之。問於若國之士、孰喜孰懼。我以爲必忠信之士喜。不忠不信之士懼。今惟毋以尚賢爲政於其國家百姓。孫云、毋、語詞。說詳中篇。於字舊脫。歐陽云、據然而不識以尚賢爲政於其國家百姓句、其上當補於字。今從之。使國之爲善者勸。國下之字舊脫、據下文補。文同一例。爲暴者沮。大以爲政於天下。畢云、大、一本作夫。使天下之爲善者勸。爲暴者沮。然昔吾所以貴堯舜禹湯文武之道者、何故之以哉。王闓運云、昔當作若、純一案昔字疑當移置貴下堯上、似對下文今字言。故下舊脫之字。今校補。尚同中篇、屢言何故之以也。以其唯毋臨衆發政而治民。使天下之爲善者可而勸也。王云、可而猶可以也。下文曰上可而利天、中可而利鬼、下可而利民、與此文同一例。爲暴者可而沮也。然則此尚賢者也。與堯舜禹湯文武之道同矣。以上言尚賢爲政之本。堯舜禹湯文武皆然。

而今天下之士君子。居處言語皆尚賢。居處李選本陸本作處居。逮至其臨衆發政而治民、莫知尚賢而使能。所謂口言而身不行。我以此知天下之士君子、明於小而不明於大也。上於字舊本脫、孫據羣書治要增。與下文合。何以知其然乎。孫云、治要作也。今王公大人有一牛羊之財、畢云、同材。不能殺。必索良宰。貴義篇、世之君子、使爲一犬一彘之宰。不能則辭之。使爲一國之相。不能而爲之。豈不悖哉。尹云、索、求也。有一衣裳之財、不能制。必索良工。當王公大人之於此也。雖有骨肉之親無故富貴面目美好者、誠知其不能也。誠舊作實、從欒校據俞鈔本改。不使之也。是何故。恐其敗財也。當王公大人之於此也。則不失尙賢而使能。鶡冠子世賢篇、堯之任人也。不用親戚。而必使能。其治病也。不任所愛。必使舊醫。王公大人有一罷馬不能治。孫云、罷治要作疲、下同。案罷疲字同。國語齊語云、天下諸侯罷馬以爲幣。韋注云、罷、不任用也。管子小匡篇、作疲馬。尹知章注云、疲、謂瘦也。尹云、罷、病也。必索良醫。有一危弓不能張。孫云、考工記弓人云、豐肉而短。寬緩以荼。若是者爲之危弓。鄭注云、危、猶疾也。純一案鄭注、荼、古文舒假借字。尹云、危同乖。反也。廣雅作恑。必索良工。當王公大人之於此也、雖有骨肉之親無故富貴面目美好者、誠知其不能也。誠舊作實、從欒校據俞抄本改。孫云、治要作誠。必不使。是何故、恐其敗財也。當王公大人之於此也。則不失尙賢而使能。逮至其國家則不然。孫云、逮至治要作至建。王公大人骨肉之親無故富貴面目美好者、則舉之。此譬猶瘖者而使爲行人。聾者而使爲樂師。此譬猶十七字、舊錯置下文而不明於大也下。今從曹本移此。孫云、說文疒部云、瘖不能言也。尹云、周禮有行人樂師、須善辭知音者爲之。純一案易鼎云、鼎折足。覆公餗。其形渥。凶。繫辭言不勝其任也。則王公大人之親其國家也、孟子滕文公上、信以爲人之親其兄之子注、親、愛也。不若親其一危弓罷馬衣裳牛羊之財與。親其、治要作其親。我以此知天下之士君子、皆明於小而不明於大也。畢云、舊脫明字。一本有。孫云、道藏本季本並有。純一案陸本唐本及治要均有。魯問篇云、高爵祿則以讓賢。可謂明於大。是故古之聖王之治天下也、其所富。其所貴。未必王公大人骨肉之親無故富貴、面目美好者也。是故昔者舜耕於歷山。陶於河瀕。漁於雷澤。孫云、當作濩澤。說詳上篇。反於常陽。反舊作灰、畢云、疑卽恆山之陽。洪云、灰當是販字之譌。尙書大傳、販於頓丘。史記五帝本紀、就時於負夏。索隱、就時猶逐時。若言乘時射利也。義亦與販相近。兪云、灰疑反字之誤。反者販之叚字。販從反聲。古文以聲爲主。故止作反也。純一案洪兪說均是也、今據正。堯得之服澤之陽。立爲天子。立、位同。下同。使接天下之政。而治天下之民。昔伊尹爲莘氏女師僕。畢云、僕、佚也。女師。見詩云、言告師氏。王云、僕卽佚之譌。此謂有莘氏以伊尹媵女、非以爲僕也。說文佚、送也。呂不韋曰、有侁氏以伊尹佚女。侁、莘同。今本呂氏春秋本味篇、佚作媵。經傳皆作媵、而佚字罕見。唯墨子書有之。而字形與僕相似。因譌而爲僕。孫云、王說近是。曹本從王校作媵。云卽媵字。王闓運云、御姆車。尹承王說云、說文姆、女師也。讀若母。列女傳有魯母師。使爲庖人。湯得而舉之。立爲三公。使接天下之政。而治天下之民。而字舊脫、據上下文增。昔者傅說居北海之洲、畢云、書正義云、尸子云、傅巖在北海之洲。孔傳云、傅巖在虞虢之界。洲當爲州。孫云、虞虢界近南河、距北海絕遠。墨子尸子說、蓋與漢晉以後地理家異。純一案北海、疑當爲河北之倒誤。圜土之上。畢云、史記殷本紀云、說爲胥靡。築於傅巖。孔傳云、說賢而隱。代胥靡築之以供食。故此云圜土也。孫云、呂氏春秋求人篇亦云、傅說、殷之胥靡也。周禮大司徒鄭注云、圜土、謂獄也。獄城圜又比長。注云、圜土者、獄城也。獄必圜者、規主仁。以仁心求其情。古之治獄者、閔於出之。釋名釋宮室云、獄又謂之圜土。言築土表牆、其形圜也。月令仲春、命有司省囹圄。孔疏引鄭志崇精問曰、獄周曰圜土。殷曰羑里。夏曰均臺。案周以圜土爲繫治罷民之獄。據此書則殷時已有圜土之名。不自周始矣。尹云、水經注曰、夏曰夏臺。殷曰羑里。周曰囹圄。皆圜土也。紂都朝歌。而羑里在蕩陰。則圜土必在國都地也。此云圜土之上、謂冀都夏臺之上。在今山西夏縣。與平陸縣爲接壤地者。衣褐帶索。庸築於傅巖之城。文選揚子雲解嘲注引此、作傅說被褐帶索。庸築傅巖。武丁得之。武丁得而舉之。立爲三公。舉以爲三公。使接天下之政。使下舊衍之字、今據上文刪。而治天下之民。是故昔者堯之舉舜也。湯之舉伊尹也。武丁之舉傅說也。豈以爲骨肉之親、無故富貴、面目美好者哉。惟法其言。孫云、惟治要作唯。純一案李選本陸本唐本並作唯。用其謀。行其道。上可而利天。孫云、而猶以也。中可而利鬼。下可而利人。聖賢爲政。務盡其性以贊天地之化育。能令太和翔洽。風雨時。鬼神歆。兆民孜協。以上言古聖王求賢於仄陋。法其言。用其謀。行其道。而天鬼人無不利。

是故推而上之。古者聖王既審尙賢欲以爲政。故書之竹帛。尹云、古無紙、書字者用竹簡或帛。琢之槃盂。孫云、爾雅釋器云。雕謂之琢。韓非子大體篇云、至安之世。不著名於圖書。不錄功於盤盂。尹云、槃、承槃。盂、飲器也。傳以遺後世子孫。於先王之書、呂刑之書然。王曰、於。畢云、孔書作吁。孫云、僞孔傳云、吁、歎也。釋文引馬融本作于。云于於也。純一案於讀若於戲之於。音嗚。來有邦有土。邦舊作國、畢云、孔書國作邦。孫云、孔傳云、有國土諸侯。史記周本紀亦作國。尹云、有國者、畿外諸侯。有土者、畿內有采地之臣。胡云、唐正義本呂刑文國作邦。史記邦多作國、避漢諱也、此當爲漢人傳寫所改。純一案胡說是。今據正。復本書之舊。告女訟刑。段玉裁云、訟刑、公刑也。古訟公通用。畢云、孔書女作爾。訟作詳。王鳴盛云、墨子作訟。从詳而傳寫誤。孫云、王說是也。今書又改作祥、孔傳云、告汝以善用刑之道。周禮大宰大司寇鄭注引、並作詳。後漢書劉愷傳、李注引鄭書注云、詳、審察之也。此訟疑卽詳之誤。胡云、史記亦引此文。周本紀云、告汝祥刑。祥與詳音義皆通。故以祥代詳。僞古文因而作祥。墨子作訟。訟之爲公。當云以公理其刑。在今而安百姓。畢云孔書而作爾是。女何擇不人。不舊作言。畢云、孔書無女字、作何擇非人。王引之云、言當爲否。篆書否字作否。言字作言。二形相似。隸書否字或作否。言字或作言。亦相似。故否誤爲言。否與不、古字通。故下二句云、何敬不刑。何度不及也。今書作何擇非人、何敬非刑。何度非及。非、否、不、並同義、孫云、王說是也。純一今據正。曹本同。何敬不刑。何度不及。孫云、孔傳云、在今爾安百姓兆民之道。當何所擇、非惟吉人乎。當何所敬、非惟五刑乎。當何所度、非惟及世輕重所宜乎。釋文引馬融云、度、造謀也。案以此下文推之、則墨子訓不及、爲不及堯舜禹湯文武之道、猶言何慮其不能逮也。與孔說異。能擇人而敬爲刑。堯舜禹湯文武之道可及也。胡云、釋經簡質而明顯。此最古之誼也。是何也。則以尙賢及之。尹云、句。於先王之書、豎年之言然。畢云、豎、距字假音。曰睎夫聖武知人。睎舊譌晞、畢云、疑當从目。孫云、畢說是也。說文目部云、睎、望也。聖武、謂聖人與武人也。知與智通。逸周書皇門篇云、乃方求論擇元聖武夫。羞于王所。純一案曹本作睎。今從之。以屛輔而身。尹云、屛、藩也。此言先王之治天下也必選擇賢者以爲其羣屬輔佐也。也字舊在下文曰今下、曹本移此、今從之。以上言古書以尙賢垂訓。曰今天下之士君子、皆欲富貴而惡貧賤。之舊譌言、王云、言當爲之。今天下之士君子皆欲富貴而惡貧賤。又見下文。草書言與之相似、故之譌爲言。孫據王說正。曹本同。曰、然女何爲而得富貴而辟貧賤。辟、除也。畢云、辟、同避。曰莫若爲賢。曰字舊脫、今從曹本增。爲賢之道將柰何。曰、有力者疾以助人、有財者勉以分人、有道者勸以教人。王樹枏云、後漢書馬融傳注云、勸、勉也。宋策許救甚勸注云、勸、力也。勸與上疾勉同義。曹云、勸、誶勉也。墨子之所謂賢者、以其利於人也。勤則能利於人矣。純一案天志中篇、子墨子曰、天之意欲人之有力相營、有道相敎。有財相分。知此三者、固墨氏兼愛交利之宗風。近世所謂互助論、不是過也。若此則飢者得食、寒者得衣、亂者得治。若飢則得食、寒則得衣、亂則得治。此安生生。王引之云、安猶乃也。言知此乃得生生也。今王公大人其所富、其所貴、皆王公大人骨肉之親、無故富貴、面目美好者也。今王公大人骨肉之親、無故富貴、面目美好者、焉故必知哉。孫云、論語子路皇侃義疏云、焉猶何也。顏之推家訓音辭篇、引葛洪字苑云、焉字訓何訓安。音於愆反。曹云、知與智同。若不知、曹云、智。使治其國家、則其國家之亂、可得而知也。今天下之士君子皆欲富貴而惡貧賤。然女何爲而得富貴而辟貧賤哉。曰莫若爲王公大人骨肉之親、無故富貴、面目美好者。舊本脫此八字、王據上下文補。曹本同。下又增也字。夫王公大人骨肉之親、夫字舊脫、從王本增。無故富貴、面目美好者、此非可學而能者也。而字舊脫、從王校增。曹本同。尹云、言美好乃天賦。不可以學而能。使不知辯。舊本脫知字、孫據道藏本補。德行之厚、若禹湯文武、不加得也。尹云、言德如聖王、終貧賤而無所得。辯、辨別也。王公大人骨肉之親、躄瘖聾瞽。尹云、言不美好。暴如桀紂、不加失也。舊無瞽字、如作爲。孫云、說文止部云躄、人不能行也。

呂氏春秋盡數篇高注云、躄不能行也。躄卽躄之或體。躄瘖聾皆廢疾、不宜與纍並舉。且荀子非相篇、稱桀紂長巨姣美。則必無此諸疾。疑聾下挩一字。下纍爲桀紂自爲句。爲又如之誤。二字艸書相近。躄瘖聾、言其有惡疾。纍如桀紂、言其有惡行也。又案聾下或挩瞽字。耕柱篇亦云聾瞽。純一今並據孫校補正。案聾瞽喻無聞見。躄瘖喻無言行。非必惡疾。言王公大人骨肉之親、雖面目美好、實猶躄瘖聾瞽。甚至暴如桀紂也。**是故以賞不當賢。**以字衍。**罰不當暴。其所賞者已無故矣。**無故卽無功。**其所罰者亦無罪。是以使百姓皆攸心解體。**畢云、攸一本作放。孫云、攸與悠通。言悠忽也。淮南子脩務訓高注云、悠忽、游蕩輕物也。曹本王本並作放心。**沮以爲善。**王闓運云、以、其。曹云、沮、抑也。沮以爲善者、謂不相勸勉爲善也。**垂其股肱之力。**孫云、垂義不可通、字當作舍。艸書二字形近而誤。尚同中篇云、至乎舍餘力不以相勞。隱匿良道不以相教。腐朽餘財不以相分。與此文意正同。節葬下篇亦云、無敢舍餘力隱謀遺利而不爲親爲之者矣。此以下六句、卽舍力遺利隱謀之事。純一案垂字不誤。讀如垂衣垂手之垂。言不用其股肱之力。**而不相勞來也。**孫云、爾雅釋詁云、勞來勤也。孟子滕文公篇云、勞之來之。史記周本紀云、武王曰、日夜勞來。定我西土。說文力部云、勑、勞勑也。勞來。卽勞勑。**腐臭餘財。**畢云、臭、殠省文。曹本作殠、云殠與朽同。**而不相分資也。**孫云、戰國策齊策高誘注云。資與也。莊子大宗師篇郭象注云、資者、給濟之謂。尹云、財久藏則腐臭。**隱慝良道。**孫云、尚同上中並作隱匿良道。畢云、慝卽匿字異文。隱匿之字、亦寫从心。知經典慝惡字卽匿也。**而不相教誨也。**曹云、墨子之所謂賢者、勤而愛人也。不尚賢、則人相尚以放逸而不愛人矣。**若此則飢者不得食。寒者不得衣。亂者不得治。**舊本挩此十二字、王據上文補。孫從之。曹本治下有矣字。舊有推而上之以五字、王云、此五字與上下文義不相屬。蓋涉上文推而上之而衍。純一案王說是也。今據刪。以上言尚賢則有力相助。有財相分。有道相教。民皆安生而治。不尚賢則一切相反。

是故昔者。曹本無是故二字。**堯有舜。舜有禹。禹有皋陶。湯有小臣。**孫云、此卽上文所謂伊尹爲有莘氏女師僕也。楚辭天問云、成湯東巡有莘爰極。何乞彼小臣而吉妃自得。王注云、小臣、謂伊尹也。呂氏春秋尊師篇云、湯師小臣。高注云、小臣謂伊尹。尹云、呂覽知度、故小臣呂尚聽、而天下知殷周之王也。**武王有閎夭。泰顚。南宮括。散宜生。**孫云、閎夭泰顚南宮括散宜生、並見書君奭篇。散宜生亦見孟子盡心篇。趙注云、散宜生、文王四臣之一也。散宜生有文德而爲相。大戴禮記帝繫篇注、堯娶於散宜氏之女。散宜蓋以國爲氏也。畢云、紂拘文王於羑里。於是散宜生乃以千金求天下之珍怪。得騶虞雞斯之乘。玄玉百工。大貝百朋。玄豹黃羆、青豻白虎文皮千合。以獻於紂。以費仲而通。紂見而悅之。乃免其身。殺牛而賜之。見淮南子道應訓。而天下和。庶民阜。是以近者安之。遠者歸之。日月之所照。舟車之所及。雨露之所漸。孫云、廣雅釋詁云、漸、漬也。粒食之所養。王云、自而天下和至此凡三十七字、舊本誤入下文國家百姓之利之下。今移置於此。孫云、王校是也。今依乙正。粒食、謂食穀之人。小爾雅廣物云、穀謂之粒。書益稷云、蒸民乃粒。僞孔傳云、米食曰粒。天志上篇云、四海之內、粒食之民。王制云、西方曰戎。被髮衣皮。有不粒食者矣。北方曰狄。衣羽毛穴居。有不粒食者矣。得此莫不勸譽。勸者相勉爲善。譽者頌揚上德。以上言堯舜禹湯文武尚賢之效。

且今天下之王公大人士君子、中實將欲爲仁義。求爲上士。上欲中聖王之道。下欲中國家百姓之利。王云、自得此莫不勸譽至此凡四十五字、舊本誤入上文而天下和之上。今移置於此。得此莫不勸譽、舊本脫莫字。今補。求爲上士、舊本脫上字。今據各篇補。孫云、王校是也。今依乙補。故尚賢之爲說不可不察也。舊作而不可不察此者也。孫云、治要作是故尚賢之爲說不可不察也。純一今據删而此者三字。尚賢者、天鬼百姓之利。而政事之本也。

欒云、尚賢尚同兼愛非攻節用節葬天志明鬼非樂非命、是爲十論、共三十篇、今存二十三篇、皆有意義之篇題、爲墨子上說下教之言而由其徒記述之者也。魯問題云、子墨子游。魏越曰、旣得見四方之君子、則將先語。子墨子曰、入國必擇務而從事焉。國家昏亂則語之尚賢尚同、國家貧則語之節用節葬、國家憙音湛湎則語之非樂非命、國家淫僻無禮則語之尊天事鬼、國家務奪侵淩則語之兼愛非攻、故曰必擇務而從事焉。據是言之、十論皆墨子治國救時之術、而墨之所以爲學者亦盡在是矣。各具三篇、以上中下分題之。其文各具首尾、不相連續。字句攸異、而大旨無殊。蓋亦篇自爲書者也。俞蔭甫疑其爲相里相夫鄧陵三家相傳之本、後人合以成書。其說最爲得之。蓋自墨子歿後、墨離爲三、各有大師掌其教義。而墨子上說下教之道、自爲墨者所必習。故其後學傳誦聖言、能於大義無虧。逮後三墨之師、本其口傳著於竹帛、各據師說、故有三篇詳略之異。見墨子要略。

墨子集解卷三

漢陽張純一仲如

尙同上第十一

畢云、楊倞注荀子尙作上。孫云、尙亦與上通。漢書藝文志作上同。注如淳云、言皆同可以治也。純一案性外無天。尙同以天爲極。以天兼愛無私、至仁至義也。莊子天地篇曰、大聖之治天下也、舉滅其賊心。而皆進其獨志。欲同乎德而心居矣。老子所謂鎭之以無名之樸。不以智治國、然後乃至大順。皆尙同之微旨。文子自然篇、老子曰、古之立帝王者、非以奉養其欲也。聖人踐其位者、非以逸樂其身也。爲天下之民、強陵弱。衆暴寡。詐者欺愚。勇者侵怯。又爲其懷智不以相敎。積財不以相分。故立天子以齊一之。爲一人之明、不能徧照海內、故立三公九卿以輔翼之。爲絕國殊俗不得被澤、故立諸侯以敎誨之。是以天地四時無不應也。官無隱事。國無遺利。所以衣寒、食飢、養老弱、息勞倦、無不以也。大旨與此篇同。是爲墨學多同於道家之證。尹云、尙同者、謂當同於上。

子墨子言曰、古者民始生未有刑政之時。太平御覽七十七引此文無始字。孫云、道藏本刑作形、字通。純一案陸本唐本並作形。蓋其語人異義。俞云、此本作古者民始生未有政長之時。蓋其語曰、天下之人異義。中篇文同可據訂。歐陽云、刑政當作政長、與下文生於無政長句應。純一案蓋其語人異義、意甚顯明、不必與中篇同。此人各一義之義、顯係失仁之義。固老子所必棄、亦墨子所不貴也。故貴上同於天。一同天下之義以正之。是知墨子貴義、與老子棄義、似相反實相成。王闓運云、語、議也。是以一人則一義、二人則二義、十人則十義。其人茲衆、其所謂義者亦茲衆。蘇云、茲滋古通用、是書皆作茲。孫云、說文艸部云、茲、艸木多益。水部云、滋、益也。古正作茲。今相承作滋。是以人是其義、以非人之義。故交相非也。畢云、非也是舊作非是也、字倒、今以意改。是以內者父子兄弟作怨惡。離散不能相和合。天下之百姓、皆以水火毒藥相虧害。孫云、小爾雅廣言云。虧、損也。至有餘力、不能以相勞。孫云、爾雅釋詁云、勞勤也。孟子滕文公篇趙注云、共井之家。各相營勞也。卽此相勞之義。腐㱙餘財、不以相分。孫云、尙賢下作腐臭餘財。臭㱙亦聲近。畢云、舊本㱙俱作列、非。說文云、㱙腐也。或從歺。隱匿良道、不以相敎。天下之亂、若禽獸然。夫明虖天下之所以亂者、孫云、說文虍部云、虖、唬虖也。此借爲乎字。生於無政長。畢云、政當爲正。是故選擇天下之賢可者。王云、選下有擇字、而今本脫之。下文及中下二篇、皆作選擇。太平御覽皇王部二引此同。純一案王說是也、今據補。立以爲天子。韓非子五蠹篇、上古之世。人民少而禽獸衆。人民不勝禽獸蟲蛇。有聖人作。構木爲巢、以避羣害。而民悅之。使王天下。號曰有巢氏。民食果蓏、蜯蛤腥臊惡臭。而傷害腹胃。民多疾病。有聖人作。鑽燧取火。以化腥臊而民說之。使王天下。號之曰燧人氏。可爲例證。經上云、君、臣萌通約也。說曰、君以羣名者也。今遠西有所謂民約論。將毋同。惜言選擇。未言罷免。頗爲缺點。或以所選必屬賢仁。自與百姓同勞苦以終生乎。（荀子富國篇云、墨子大有天下、小有一國、將少人徒、省官職、上功勞苦、與百姓均事業。齊功勞。）抑有權選舉。即有權罷免。如古者諸侯廢嚳立堯之故事。不待言乎。尹云、天子而曰選。則昔所謂傳賢者。今之總統亦類是。天子既已立。既已二字舊脫、據下文天子三公既以立、諸侯國君既已立補。文同一例。陸本唐本中篇作天子既已立矣。以其力爲未足。又選擇天下之賢可者、置立之以爲三公。尹云、然則世卿之制。非墨所取。天子三公既以立、孫云、以已通。以天下爲博大。遠國異土之民。是非利害之辯。不可一一而明知。一一、舊作一二、從王本改。故畫分萬國。畢云、說文云、畫、界也。立諸侯國君。諸侯國君既已立。以其力爲未足。又選擇其國之賢可者。置立之以爲正長。孫云、爾雅釋詁云、正、長也。書立政云、立民長伯立政。政與正同。此正長、即中篇所云左右將軍大夫及鄉里之長。與上文正長通天子諸侯言者異。淮南子脩務訓云。且古之立帝王者、非以奉養其欲也。聖人踐位者、非以逸樂其身也。爲天下強掩弱、衆暴寡、詐欺愚、勇侵怯、懷知而不以相教、積財而不以相分、故立天子以齊一之。爲一人聰明而不足以徧燭海內、故立三公九卿以輔翼之。絕國殊俗僻遠幽閒之處、不能被德承澤、故立諸侯以教誨之。是以地無不任。時無不應。官無隱事。國無遺利。蓋本此書。純一案以上言立正長以尙同。

正長既已具。天子發政於天下之百姓。言曰、聞善而不善。王引之云、而、猶與也。言善與不善也。而與聲之轉。故莊子外物篇、與其譽堯而非桀、大宗師篇與作而。皆以告其上。恐以不善爲善。或以善爲不善。皆以告其上。則可是正之。墨以兼愛爲善。別則不善。足以泯我見之非。而成利人之是也。上之所是必皆是之。上之所非必皆非之。所以一同天下之義。下句上之二字舊脫。欒云、此文本作上之所非必皆非之。俞抄本作所上之非之、蓋以所字誤置上之二字上。而其下又脫非必皆三字。道藏本則所上脫上之二字。此兩本皆有脫誤、可據以互校者。純一案樂說是。今從之。尹云、所謂上同。上有過則規諫之。堯舜未必有過。而有諫鼓謗木。所以無過也。下有善則傍薦之。畢云、則一本作必。孫云、傍與訪通。義詳中篇。上同而不下比者。孫云、樂記鄭注云、比猶同也。此上之所賞而下之所譽也。意若聞善而不善。意與抑同。見經傳釋詞。詞之轉也。不以告其上。上之所是弗能是。上之所非弗能非。尹云、故爲異義。純一案晏子春秋問上篇曰、爲政患善惡之不分。上有過弗規諫。下有善弗傍薦。下比而不上同者。而不、舊作不能、據上文改。此上之所罰而百姓之所毀也。之字舊脫、據上文補。孫云、韓非子難三篇云、明君求善而賞之。求姦而誅之。其得之一也。故以善聞之者。以說善同於上者也。以姦聞之者。以惡姦同於上者也。此宜賞譽之所及也。不以姦聞、是異於上而下比周於姦者也。此宜毀罰之所及也。與此說略同。上以此爲賞罰。甚明察以審信。甚舊譌其、王云、其當爲甚。甚明察以審信見中篇。孫據王校正。純一案以上言上同則賞。不上同則罰。是故里長者、里之仁人也。孫云、此里爲鄉之屬別、與周禮地官六遂所屬異。尹云、此里長治百家也。周禮里宰、則謂治二十五家耳。里長發政里之百姓。言曰、聞善而不善。必以告其鄉長。尹云、周禮鄉老、二鄉則公一人。鄉大夫、每鄉卿一人。治二萬五千家。治萬二千五百家。鄉長之所是必皆是之。鄉長之所非必皆非之。去若不善言。學鄉長之善言。去若不善行。學鄉長之善行。則鄉何說以亂哉。察鄉之所以治者何也。以字舊脫、孫云、所下據下文當有以字。王樹枏校同。案繹史及曹本王本尹本並有以字。今據補。鄉長唯能壹同鄉之義。孫云、壹、中下篇並作一。字通。是以鄉治也。鄉長者、鄉之仁人也。鄉長發政鄉之百姓。言曰、聞善而不善。舊衍者字、據上下文刪。必以告國君。國君之所是必皆是之。國君之所非必皆非之。去若不善言。學國君之善言。去若不善行。學國君之善行。則國何說以亂哉。察國之所以治者何也。國君唯能壹同國之義。是以國治也。國君者、國之仁人也。國君發政國之百姓、言曰、聞善而不善。必以告天子。天子之所是必皆是之。天子之所非必皆非之。皆是皆非上、兩必字舊脫、據上文審校補。中篇作天子之所是必亦是之。天子之所非必亦非之。去若不善言學天子之善言。去若不善行學天子之善行。則天下何說以亂哉。察天下之所以治者何也。天子唯能壹同天下之義。是以天下治也。尹云、孔大一統。墨尚壹同。均恐天下分裂。民莫安生。禍亂不已。乃救世之至意也。今雖政體共和。各省亦必同一於中央政府。然後能治。純一案墨以兼愛爲仁。交利爲義。故以兼愛之人。一同非義之義。而亂自止矣。以上言自里而鄉而國而天下、上同一義無不治。

天下之百姓、皆上同於天子而不上同於天。子舊本譌一。孫從蘇戴二校正。曹本王本尹本同。純一案恐天子或有我之見存。不能大公至正如天無私覆。故必上同於天。則眞兼矣。則天菑猶未去也。天字舊脫、孫云、菑上依中篇當有天字。純一今據增。畢云、菑、災字之假音。菑、不耕田也。見說文。尹云、所謂假神道以設教。今若天飄風苦雨。王云、今若天、天當爲夫。夫與天字相似、篇內又多天字。故夫譌爲天。今若夫猶言今夫。兼愛篇曰、今若夫攻城野戰。殺身而爲名。此天下百姓之所皆難也。又曰今若夫兼相愛交相利。此自先聖六王者親行之。皆其證矣。孫云、王說亦通。但中篇云、故當若天降寒熱不節、雪霜雨露不時。五穀不孰。六畜不遂。疾菑戾疫。飄風苦雨。荐臻而治者。此天之降罰也。則此天字似非譌文。爾雅釋言云、迴風爲飄。詩大雅何人斯毛傳云、飄風暴起之風。釋文云、疾風也。左莊四年傳云、春無淒風秋無苦雨。杜注云、霖雨爲人所患苦。禮記月令云、苦雨數至。五穀不滋。湊湊而至者。畢云、湊同臻。太平御覽作臻。史記三王世家云、西湊月氏。正義云。湊音臻。孫本作溱云、溱溱、言風雨之盛也。詩小雅無羊云、室家溱溱。毛傳云、溱溱。衆也。廣雅釋言云、蓁蓁、盛也。溱蓁聲同字通。中篇作薦臻。純一案道藏本陸本唐本並作湊。曹本尹本並作溱。此天之所以罰百姓之不上同於天者也。太平御覽二、引作飄風苦雨溱溱而至。此天之所以罰百姓不上同於天也。欒云、上天字俞鈔本作兕。

是故子墨子言曰、古者聖王爲五刑。請以治其民。孫云、請與誠通。此書誠多作請。詳下篇。譬若絲縷之有紀。畢云、說文云、紀、絲別也。孫云、紀本義爲絲別。引申之絲之統總亦爲紀。說文糸部云、統、紀也。禮記樂記鄭注云、紀、總要之名也。禮器云、紀散而衆亂、注云、絲縷之數有紀。罔罟之有綱。畢云、說文云、綱、維紘繩也。尹云、書盤庚若網在綱。所以連收天下之百姓不尙同其上者也。兪云、所下奪以字、所以連收天下之百姓不尙同其上者也。若無以字、則不成義。中篇曰、將以運役天下淫暴而一同其義也。彼云將以。此云所以。文法雖異而實同。純一案兪說是也。曹本王本並有以字。今據補。連、合也。收、聚也。所以連收天下之百姓不尙同其上者、言天下之百姓。人各一義。不上同者。治以五刑。使統於一義也。以上言義不上同於天而兼愛。則天罰之。聖王亦以刑治之。

尙同中第十二

子墨子曰、方今之時。尹云、方當也。復古之民始生未有正長之時。孫云、易雜卦傳云、復、反也。謂反而考之古之民始生之時。蓋其語曰、尹云、猶議論。天下之人異義。是以一人一義。十人十義。百人百義。其人數茲衆。其所謂義者亦茲衆。是以人是其義。而非人之義。故交相非也。交相舊倒。戴云、當從上篇作交相非也。純一案陸本唐本正作交相非、今據乙。尹本同。內之父子兄弟作怨讎。皆有離散之心。不能相和合。至乎舍餘力不以相勞。隱匿良道不以相教。腐殄餘財不以相分。畢云、殄舊作列。見上。天下之亂也。至如禽獸然。無君臣上下長幼之節。父子兄弟之禮。尹云、所謂圖騰社會者、聚族而居。分部而獵。僅知有母而不知有父。漸而衍之。則爲宗法社會。乃有父子夫婦之倫。又漸衍則有會長。君臣所由起。今茲政體共和。公舉總統。以爲正長。無所謂世襲之君。屈服之臣。進化極矣。呂覽恃君、昔太古嘗無君矣。其民聚生羣處。知母不知父。無親戚兄弟夫妻男女之別。無上下長幼之道。無進退揖讓之禮。無衣服履帶宮室蓄積之便。無器械舟車城郭險阻之備。此無君之患。蓋据圖騰社會時言耳。是以天下亂焉。明乎民之無正長、以一同天下之義而天下亂也。是故選擇天下賢良聖知辯慧之人。立以爲天子。使從事乎一同天下之義。天子既已立矣。（已、畢本孫本俱作以。今从陸本唐本、曹本同。）以爲唯其耳目之請。（畢云、請當爲情。下同。顧云。史記樂書、情文俱盡。徐廣曰、古情字或假作請。諸子中多有此。洪云、列子說符篇、發於此而應於外者唯請。張湛注、請當作情。荀子成相篇、聽之經明其請。楊倞注、請當爲情。純一案墨子書請情誠三字通用。）不能獨一同天下之義。是故選擇天下贊閱賢良聖知辯慧之人。（孫云、漢書東方朔傳顏注云、贊、進也。太玄經范望注云、閱、簡也。純一案贊、明也。閱、經歷也。）置以爲三公。（尹云、周禮鄉老、二鄉則公一人。王者六鄉、故云三公也。）與從事乎一同天下之義。天子三公既已立矣。以爲天下博大山林遠土之民。不可得而一也。是故靡分天下。（俞云、靡當爲歷、字之誤也。大戴記五帝德篇、歷離日月星辰。是歷與離同義。此云歷分天下、與彼云歷離日月星辰、文義正同。若作靡字、則無義矣。非攻下篇、禹既已克有三苗。焉磨爲山川。別物上下。天志中篇、磨爲日月星辰以昭道之。兩磨字皆磿字之誤。磿卽歷之段字也。說本王氏念孫。王樹枏云、廣雅釋言靡離也。純一案小爾雅廣言、靡、細也。細分天下、與下文萬國相應。）設以爲萬國諸侯。（舊作萬諸侯國君、文不成義。萬國連文、君字涉下而衍、今以意校正。）使從事乎一同其國之義。國君既已立矣。又以爲唯其耳目之請。不能一同其國之義。是故擇其國之賢者。置以爲左右將軍大夫。（孫云、將軍、謂卿也。周禮夏官。軍將皆命卿。春秋戰國時、侯國亦皆以卿爲將。通謂之將軍。非攻中篇云、晉有六將軍。卽六卿也。管子立政篇云、將軍大夫以朝。水經河水酈注引竹書紀年云。邯鄲命將軍大夫適子代吏。皆貂服。並稱卿大夫爲將軍大夫。）以遠至乎鄉里之長。（遠舊作遠。孫云、遠當爲遠、形近而誤。後文云、遠至有苗之制五刑以亂天下。尚賢上篇云、遠至遠鄙郊外之臣、門庭庶子。國中之衆、四鄙之萌人聞之、皆競爲義。與此文例正同。純一案孫說是也。今據正。）與從事乎一同其國之義。天子諸侯之君（曹本改之作國。孫云、天子、子疑當作下。純一案子字不誤。諸侯之君、四字不辭。之君、疑爲以遠之譌。言天子諸侯以遠民之正長、旣已定矣。）民之正長既已定矣。天子爲發政施教曰。凡聞見善者必以告其上。聞見不善者亦必以告其上。上之所是必亦是之。上之所非必亦非之。

己有善傍薦之。王云、己字義不可通、己當爲民、字之誤也。傍者溥也。徧也。說文旁、溥也。旁與傍通。言民有善、則衆共薦之。若堯典所云師錫也。上篇曰、上有過則規諫之。下有善則傍薦之。下亦民也。孫云、此己字可通。不必與上篇同義。祭義云、卿大夫有善薦於諸侯。鄭注云、薦、進也。謂在位之人。己有善則告進之於上也。傍當爲訪之借字。二字皆从方得聲。古多通用。魯問篇云、所謂忠臣者、上有過則微之以諫。己有善則訪之上。而無敢以告。外匡其邪而入其善。尚同而無下比。與此上下文義並略同。可證傍薦之義。上篇亦同。上有過規諫之。尚同義其上。尹云、不爲異義。而毋有下比之心。孫云、管子小匡篇云、公又問焉曰、於子之鄉。有不慈孝於父母。不長弟於鄉里。驕躁淫暴。不用上令者。有則以告。有而不以告。謂之下比。尹注云、下與有衆者比而掩蓋之。上得則賞之。尹云、得知也。萬民聞則譽之。意若聞見善不以告其上。意與抑同。聞見不善亦不以告其上。上之所是不能是。上之所非不能非。己有善不能傍薦之。上有過不能規諫之。下比而非其上者。上得則誅罰之。萬民聞則非毀之。故古者聖王之爲刑政賞罰也。罰舊作譽、陶云、賞譽當爲賞罰。承上文而言。今本涉下文上之賞譽而誤。純一案陶說是。今據正。甚明察以審信。是以舉天下之人。皆欲得上之賞譽。而畏上之毀罰。是故里長順天子政而一同其里之義。里長既同其里之義。有率其里之萬民以尚同乎鄉長。有字舊脫、據下文補。讀若又。曰、凡里之萬民、皆尚同乎鄉長而不敢下比。鄉長之所是必亦是之。鄉長之所非必亦非之。去而不善言。學鄉長之善言。而、汝也。下同。去而不善行。學鄉長之善行。鄉長固鄉之賢者也。舉鄉人以法鄉長。夫鄉何說而不治哉。察鄉長之所以治鄉而鄉治者、舊脫而鄉治三字、語義不完。今據下文察國君之所以治國而國治者補。何故之以也。曰唯以其能一同其鄉之義。是以鄉治。曹本增也字。鄉長治其鄉。而鄉既已治矣。王云、舊本脫鄉長治三字、下文曰國君治其國而國既巳治矣。今據補。蘇說同。尹云、即今所謂地方自治者。有率其鄉之萬民之字舊脫、今據上下文補。孫云、有讀爲又、下並同。以尚同乎國君。曰、凡鄉之萬民、皆上同乎國君而不敢下比。國君之所是必亦是之。國君之所非必亦非之。去而不善言、學國君之善言。去而不善行、學國君之善行。國君、固國之賢者也。舉國人以法國君。夫國何說而不治哉。察國君之所以治國而國治者。何故之以也。曰唯以其能一同其國之義。是以國治國君治其國、而國既巳治矣。舊本而下脫國字。孫據王校補。有率其國之萬民以尚同乎天子。曰、凡國之萬民、皆上同乎天子皆字舊脫。據太平御覽七十七引補。與上文皆上同乎鄉長國君一律。而不敢下比。天子之所是必亦是之。天子之所非必亦非之。去而不善言、學天子之善言。去而不善行、學天子之善行。天子者、固天下之仁人也。舉天下之萬民御覽七十七引脫之字。以法天子。夫天下何說而不治哉。畢云、下舊作子。一本如此。察天子之所以治天下而天下治者、而天下治四字舊脫、據上文察國君之所以治國而國治者審校增。何故之以也。曰唯以其能一同天下之義。是以天下治。夫既尚同乎天子、而未尚同乎天者、則天菑將猶未止也。故當若天降寒熱不節、雪霜雨露不時。雪霜陸本作霜雪。五穀不孰。孫云、道藏本作熟。非。六畜不遂。孫云、國語齊語云、犧牲不略則牛羊遂。韋注云、遂、長也。疾菑戾疫。孫云、漢書食貨志顏注云、戾、惡氣也。案戾疫、即兼愛下篇之癘疫。戾癘一聲之轉。畢云、戾、沴字之假音。亦通。飄風苦雨荐臻而至者。孫云、荐薦同。毛詩大雅節南山傳云、薦、重也。爾雅釋詁云、臻、仍乃也、仍與重義亦同。易坎象水荐至、釋文引京房荐作臻。此天之降罰也。書洪範、日休徵日咎徵。顯示天人之際。感應之微。漢書五行志本之。禮中庸、致中和。天地位焉。萬物育焉。朱熹注、天地萬物、本吾一體。吾之心正、則天地之心亦正。吾之氣順、則天地之氣亦順。文子精誠纘義、天人一氣。隱顯相通。和氣致祥。沴氣致殃。未有不由人主者也。此云天降罰者、乃順俗權說。實皆人爲自感召之。將以罰下人之不尙同乎天者也。以上文義全同上篇、不過字句少差異耳。故古者聖王、明天鬼之所欲而避天鬼之所憎。而畢本誤不、孫據道藏本並天志中篇正。純一案陸本唐本並作而。曹本同。天鬼之所欲憎、卽人心善惡之結果。孟子曰、禍福無不自己求之者。以求興天下之利。除天下之害。孫本脫天下之利除五字。是以率天下之萬民齊戒沐浴。孫云、齊、道藏本作齋。潔爲酒醴粢盛。畢云、本書多作絜。俗从水。以祭祀天鬼。古聖知神化盛德體物不遺。憫人心浮動而難鎮靜也。重爲祭祀。使皆居敬。以復其本具之明德。所以止私慾。存公義。兼愛也。惟未及攝天地鬼神於一心。難資進修耳。其事鬼神也、酒醴粢盛、不敢不蠲潔。孫云、周禮宮人鄭注云、蠲猶絜也。呂氏春秋尊師篇云、臨飲食必蠲絜。尹云、事、祀也。犧牲不敢不腯肥。孫云、曲禮云、豚曰腯肥。鄭注云、腯亦肥也。腯、充貌也。左桓六年傳云、吾牲牷肥腯。又云、奉牲以告、曰博碩肥腯。尹云、牛羊曰肥豕曰腯。純一案春秋繁露祭義云、祭之爲言際也。與祭、然後能見不見。見不見之見者、然後能知天命鬼神。是知祭者、所以止人逐境遷流之心。使復其精明之德。冥契眞常無際之大原也。惟犧牲務腯肥。未能盡物之性。其道仍有漏耳。珪璧幣帛、不敢不中度量。孫云、珪璧有度。若考工記玉人云、四圭尺有二寸以祀天、兩圭五寸有邸以祀地之屬是也。幣帛有度。若漢書食貨志云、周法布帛廣二尺二寸爲幅。周禮內宰鄭注引天子巡守禮云、制幣丈八尺純四𠝹是也。王制云、布帛幅廣狹不中度量。不粥於市。純一案珪璧幣帛必中度量、則度量無不同可知已。昔舜受禪、卽同律度量衡。蓋本天道平爭、正人心。厚風俗也。今新進各國度量衡幣制無不一。而吾國亂焉。羞已。春秋祭祀、不敢失時幾。俞云、幾者期也。詩楚茨篇如幾如式。毛傳訓幾爲期是也。不敢失時幾者、不敢失時期也。國語周語注曰、期、將事之日也。是期以日言。不敢失時。幷不敢失日。故曰不敢失時幾。純一案循天之道。以養其身。見春秋繁露。聽獄不敢不中。晏子春秋問下篇云、中聽則民安。以刑罰不中、則民無所措手足故。分財不敢不均。論語季氏篇云、不患寡而患不均。均無貧。蓋本一切平等之性道。通之治道。亦以解多財之苦縛也。今社會學者、輒執此一端以召天下。陋已。居處不敢怠慢。書召誥云、節性惟日其邁。王敬作所。不可不敬德。此無盡事功之本也。故大學言治平本於誠意正心。論語憲問篇曰、修己以敬。以安人以安百姓。乃至堯舜猶病。曰其爲正長若此。是故上者天鬼有深厚乎其爲政長也。舊無深字、孫云、下云天鬼之所深厚。則此厚上疑挩深字。純一案孫說是也。今據增。深厚與便利對文。下者萬民有便利乎其爲政長也。孟子公孫丑篇云、得道者多助。蓋道之通於天人鬼神本無閒。惟在一心善感耳。天鬼之所深厚、而能彊從事焉。則王云、自上者天鬼以下至此、凡二十八字。舊本誤入下文入守固之下、今移置於此。而能彊從事焉、舊本脫能字。今據下文補。孫從之。蘇說同。天鬼之福可得也。萬民之所便利、而能彊從事焉。則萬民之親可得也。天鬼錫福萬民和親。皆一至誠致之。書微子之命云、恪愼克孝。肅恭神人。上帝時歆。下民祗協。足見天心民心。是一非二。故詩云、永言配命。自求多福。尹云、彊、勉也。其爲政長若此。長字舊脫、據上文增。是以謀事得。畢云、舊脫此字、据後文增。舉事成。謀必度於義、事必因於民故。見晏子春秋問上篇。入守固。倉有備粟、庫有備兵、心有備慮、民和財豐故。出誅勝。以有義征不義、伐罪弔民故。此何故之以也。此舊譌者、蓋草書形近而誤。今校改。也讀爲邪。曰唯以尙同爲政者也。爲政上同於天。則必得衆。荀子致士篇云。得衆動天。故古者聖王之爲政長若此。政下舊脫長字、從王本補。以上列舉聖王上同之實德與效益。

今天下之人曰、方今之時。王云、自出誅勝以下至此、凡三十八字。舊本誤入上文上者天鬼之上、今移置於此。孫云、王校是也。蘇說同。今從乙正。天下之正長猶未廢乎天下也。言外有廢政長之意。尹云、言正長仍存而不廢。而天下之所以亂者、何故之以也。子墨子曰、方今之時之以正長、玉篇曰、以爲也。王本尹本並删以字。則本與古者異矣。譬之若有苗之以五刑然。畢云、苗舊作量、据下改。昔者聖王制爲五刑。孫云、書舜典僞孔傳云、五刑墨、劓、剕、宮、大辟。以治天下。畢云、文選注引此云、畫衣冠。異章服。謂之戮。上世用戮、而民不犯。疑此閒脫文。純一案文選見王元長永明九年策秀才文注。欒云、俞鈔本天作宄。逮至有苗之制五刑、俞云、之衍字、孫云、此卽下五殺之刑。以亂天下。不尙同、無忌憚故。則此豈刑不善哉。用刑則不善也。是以先王之書、呂刑之道畢云、當云道之。孫云、下文兩云之道、此疑不倒。吳摯甫云、之道猶之言也。下術令之道相年之道並同。曰、苗民否用練折則刑。畢云、孔書作弗用靈。制以刑。靈練、否弗、折制、音同。錢大昕云、古書弗與不同。否卽不字。靈練聲相近。緇衣引作匪用命。命當是令之譌。令與靈古文多通用。令靈皆有善義。王鳴盛云、古音靈讀若連、故轉爲練也。折爲制、古字亦通。古文論語云、片言可以折獄。魯論折作制是也。段玉裁云、靈作練者、雙聲也。依墨子上下文觀之、練亦訓善、與孔正同。孫云、僞孔傳云、三苗之主、頑凶若民。習蚩尤之惡。不用善化民。而制以重刑。三苗帝堯所誅。呂刑及緇衣孔疏引書鄭注云、苗民、謂九黎之君也。九黎之君、於少昊氏衰而棄善道。上效蚩尤重刑。必變九黎言苗民者、有苗九黎之後。顓頊代少昊誅九黎。分流其子孫、爲居於西裔者三國。至帝辛之衰又復。九黎之君惡、堯與又誅之。堯末又在朝、舜時又竄之。後禹攝位、又在洞庭逆命。禹又誅之。後王深惡此族、三生凶惡。故著其氏而謂之民。民者、冥也。言未見仁道。又鄭緇衣注云、命謂政令也。高辛氏之末。諸侯有三苗者作亂。其治民不用政令。專制御之以嚴刑。乃作五虐蚩尤之刑。以是爲法。案鄭書禮二注不同。書注與此合。於義爲長。戰國策魏策吳起云、昔者三苗之居、左彭蠡之波。右洞庭之水。文山在其南。而衡山在其北。恃此險也。爲政不善。而禹放逐之。史記吳起傳、作左洞庭。右彭蠡。五帝本紀張守節正義據彼云、今江州鄂州岳州、三苗之地也。案古三苗國、當在今湖南湖北境。唯作五殺之刑曰法。畢云、孔書殺作虐。孫星衍云、虐殺義相同。孫云、僞孔傳云、惟爲五虐之刑、自謂得法。則此言善用刑者以治民。不善用刑者以爲五殺。則此豈刑不善哉。用刑則不善。故遂以爲五殺。不尙同、則所以治天下者。反以亂天下。是以先王之書、術令之道曰、唯口出好與戎。蘇云、出書大禹謨。孫云、術令、當是說命之叚字。禮記緇衣云、兌命曰、惟口起羞。惟甲冑起兵。惟衣裳在笥。惟干戈省厥躬。鄭注云、兌當爲說。謂殷高宗之臣傅說也。作書以命高宗。尙書篇名也。羞猶辱也。惟口起辱。當愼言語也。案此文與彼引兌命、辭義相類。術說令命、音並相近、必一書也。晉人作僞古文書不悟、乃以竄入大禹謨、疏繆殊甚。近儒辯古文書者亦皆不知其爲說命佚文。故爲表出之。僞孔傳云、好謂賞善。戎謂伐惡。言口榮辱之主。胡云、墨子以戎爲讒賊寇戎。言莠言倡亂也。訓繹最古。則此言善用口者出好。不善用口者以爲讒賊寇戎。則此豈口不善哉。用口則不善也。故遂以爲讒賊寇戎。以上言正長不上同則亂。

故古者之置正長也、將以治民也。譬之若絲縷之有紀、而罔罟之有綱也。

將以連收天下之淫暴而一同其義也。連收舊作運役、王云、運役二字、義不可通。當依上篇作連收、字之誤也。連收二字、正承絲縷罔罟而言。純一案王校是也。今據正。曹本王本並同。之字舊脫、今校補。是以先王之書相年之道曰、畢云、相年當爲拒年。夫建國設都。乃作后王君公。否用泰也。孫云、論語子罕皇疏云、泰、驕泰也。王引之云、否、非也。尹云、后王謂天子。君公謂諸侯。奉以卿大夫師長。奉以卿三字、舊止作輕。畢云、輕當爲卿。盧云、下篇作奉以卿、字誤也。今從盧說、據下篇增訂。否用佚也。愼子威德篇曰、古者立天子而貴者、非以利一人也。曰天下無一貴、則理無由通。理通以爲天下也。故立天子以爲天下、非立天下以爲天子也。立國君以爲國、非立國以爲君也。立官長以爲官、非立官以爲官長也。義卽本此。維辯使治天均。孫云、辯辨字通、周易集解引易鄭注云、辯、分也。謂分授以職使治天均。均、平也。下篇作治天明。純一案下文富貧衆寡安危治亂。正是此義。則此語古者上帝鬼神之建設國都立正長也。非高其爵、厚其祿。富貴游佚而錯之也。舊無游字、王云、佚上有游字、而今本脫之、則語意不完。下篇曰、非特富貴游佚而擇之也。是其證。游佚卽淫佚、語之轉耳。純一案王說是、今據補。王樹枏云。呂覽貴直篇、在人之游。注云、游、樂也。楚辭懷沙各有所錯兮。注曰、錯、安也。富貴游佚而錯之、謂富貴樂佚而安之也。吳摯甫曰、錯下篇作擇。則當讀如時措之措。措、置也。置、立也。將以爲萬民興利除害。富貧衆寡。舊作富貴貧寡、孫云、此與上下文例不合。疑當作富貧衆寡。純一案孫說是、今據正。曹本同。安危治亂也。荀子王制篇云、君者善羣也。大略篇云、天之生民、非爲君也。天之立君、以爲民也。故古者聖王之爲政若此。政字舊脫、從戴校補。以上言置正長以爲民。維辯使治天均。欒云、俞鈔本爲作鶩。

今王公大人之爲政則反此。政上舊衍刑字從戴校刪。政以爲便譬。孫云、政與正同。畢云、譬讀如辟。洪云、論語季氏友便辟。馬鄭皆讀辟爲譬。謂巧爲譬喻以求容媚。義卽本此。尹云、便譬、便嬖也。左右小臣寵幸者。荀子富國觀其便嬖。宗於父兄故舊。孫云、宗於疑宗族之誤。王本作族。以爲左右置以爲正長。歐陽云、當作便譬以爲政。宗族父兄故舊以爲左右。置以爲正長。蓋任便譬爲政。如宦官宮妾秉政之類。而又於宗族父兄故舊數者中、或以爲左右。或置以爲政長也。民知上置正長之非以治民也。非下舊衍正字、從戴校刪。是以皆比周隱匿。

孫云、比周詳前篇。匿、王本作慝。而莫肯尙同其上。是故上下不同義、昧本性明、分別起執、不上同故。若苟上下不同義、則賞譽不足以勸善。則字舊本脫、從王本補。而刑罰不足以沮暴。而陸本唐本俱譌不。何以知其然也。同邪。曰上唯毋立而爲政乎國家爲民正長。孫云、毋語詞。曰人可賞、吾將賞之。若苟上下不同義、上之所賞、則衆之所非。王本增也字。曰人衆與處、於衆得非。尹云、言衆以爲非。則是雖使得上之賞、未足以勸乎。王闓運云、乎者不質言。尹云、言不足勸。上唯毋立而爲政乎國家爲民正長。曰人可罰、吾將罰之。若苟上下不同義、上之所罰、則衆之所譽。曰人衆與處、於衆得譽。則是雖使得上之罰、未足以沮乎。若立而爲政乎國家爲民正長、賞譽不足以勸善、而刑罰不可以沮暴。可以二字舊脫、並從陸本唐本補。則是不與鄉吾本言民始生未有正長之時同乎。尹云、鄉、曏也。若有正長與無正長之時同、則此非所以治民一衆之道。呂氏春秋不二篇云、有金鼓所以一耳。必同法令、所以一心也。知者不得巧、愚者不得拙、所以一衆也。勇者不得先、懼者不得後、所以一力也。故一則治。異則亂。一則安。異則危。夫能齊萬不同愚智工拙、皆盡力竭能如出乎一穴者。其唯聖人矣乎。與此可互明。以上言不上同。則正長等於無。賞罰失其用。無以治民而一衆。

故古者聖王唯而審以尙同、畢云、而讀與能同。舊脫審字、文選注引作能審以尙同。今据增。以爲正長。是故上下情請爲通。畢云、文選注引作是故上下通情。舊脫故字、今据增。王云、此本作是故上下請通。請卽情字也。墨子書多以請爲情。今作情請爲通者、後人旁注情字。而寫者遂誤入正文。又涉上文以爲正長、而衍爲字耳。文選東京賦注引情通作通情者、乃涉賦文上下通情而誤。顧校同。曹本作是故上下之情爲通。王本同。尹本刪情字。釋云請同情、誠也。爲、僞也。純一案請字當刪。上有隱事遺利、孫云、隱事遺利、與節葬篇隱謀遺利義同。下得而利之。下有蓄怨積害、上得而除之。是以數千萬里之外尹云、或數千里、或萬里之外。有爲善者、其室人未徧知、鄉里未徧聞、天子得而賞之。數千萬里之外有爲不善者、其室人未徧知、鄉里未徧聞、天子得而罰之。是以擧天下之人、皆恐懼振動惕慄、尹云、振同震。爾雅、慄震恐懼也。動驚也。惕亦懼也。不敢爲淫暴、曰天子之視聽也神。畢云、子舊作下、一本如此。先王之言曰、非神也。夫唯能使人之耳目助己視聽、使人之脣吻助己言談、脣字舊脫。孫云、說文口部云、吻、口邊也。以上句文例校之、吻上疑有脣字。非命下篇云、今天下之士君子之爲文學出言談也、非將勤勞其喉舌而利其脣哏也。哏與吻字同。純一案孫說是也。今據增。使人之心助己思慮、使人之股肱助己動作。助之視聽者衆、則其所聞見者遠矣。助之言談者衆、則其德音之所撫循者博矣。孫云、荀子富國篇云、拊循之。楊注云、拊與撫同。撫循、慰悅之也。助之思慮者衆、則其謀度速得矣。舊謀度上衍談字、今並據王蘇校刪。曹本王本同。助之動作者衆、即其擧事速成矣。舊本其在擧下、蘇云、當作則其擧事速成矣。俞云、此本作即其擧事速成矣。上文三言則其。此言即其。即則古通用也。今作即擧其事、誤。孫據俞說乙。王本尹本同。曹本即作則。此言能上同於天。則萬衆之我見盡除。遐邇一體。情無不通。一切視聽言談思慮動作。無不大公至正。天下如一人。而羣力不勝用矣。管子九守篇曰、以天下之目視、則無不見也。以天下之耳聽、則無不聞也。以天下之心慮、則無不知也。輻輳並進、則明不塞矣。文子上仁篇淮南子主術訓、均有文與此略同。故古者聖人之所以濟事成功垂名於後世者、無他故異物焉。孫云、異物猶言異事。韓非子外儲說右上篇云、晉文公一擧而八有功。所以然者、無他故異物。從狐偃之謀。假顚頡之脊也。曰、唯能以尙同爲政者也。以上言上同爲政。則上下情通。人不敢爲淫暴。視聽言談思慮動作助之者衆。故事無不濟。功無不成。是以先王之書周頌之道道、言也。道下舊衍之字、上文呂刑之道術令之道下並無之字、今據刪。王本同。曰、孫云、古書詩書多互偁。載見辟王。畢本作載來見彼王。孫本曹本同。畢云、一本作載見辟王、同詩。純一案一本是。今從之。孫云、詩載見敍云、諸侯始見乎武王廟也。毛傳云、載、始也。鄭箋云、諸侯始見君子。謂見成王也。聿求厥章。蘇云、聿詩作曰、孫云、聿曰古通用。鄭箋云、求車服禮儀之文章制度也。尹云、所謂章者。則此語古者國君諸侯之以春秋來朝聘天子之廷、受天子之嚴教。退而治國。政之所加、莫敢不賓。孫云、爾雅釋詁云、賓、服也。當此之時、本無有敢紛天子之教者。孫云、廣雅釋詁云、紛、亂也。謂不敢變亂天子之教令。純一案墨子痛天下之亂。民不堪命。有與孔子尊周。使天下定於一之同心。欒云、俞鈔本子作學。此古隸之遺、而淵源於古文者也。詩曰、我馬維駱。孫云、爾雅釋畜云、白馬黑鬣駱。六轡沃若。孫云、毛詩衛風氓傳云、沃若、猶沃沃然。載馳載驅。周爰咨度。孫云、毛詩小雅皇皇者華傳云、咨禮義所宜爲度。又曰、我馬維騏。孫云、毛詩魯頌駉傳云、蒼綦曰騏。六轡若絲。孫云、毛傳云、言調忍也。蘇云、若詩作如。載馳載驅。周爰咨謀。孫云、毛傳云、咨事之難易爲謀。即此語舊衍也字、王云、即與則同。語猶言也。則此語三字。文義直貫至以告天子而止。則語下不當有也字、凡墨子書用則此語三字者、語下皆無也字。此蓋後人不曉文義而妄加之。純一案王說是也。今據刪。古者國君諸侯之聞見善與不善也、皆馳驅以告天子。諸侯之朝天子。無非欲政教一。賞罰當。爲萬民謀上同一義之樂利。是以賞當賢。罰當暴。不殺不辜。尹云、辜、辠也。不失有罪。則此尙同之功也。以上引詩爲上同之明證。

是故子墨子曰、今天下之王公大人士君子、中請將欲富其國家。王云、請即誠字。俞云、請上奪中字。墨子書多以請爲情。中請即中情也。下篇曰、今天下王公大人士君子、中情將欲爲仁義。是其證也。後人不知請之當讀爲情。故誤刪中字耳。尙賢篇曰、且今天下之王公大人士君子。中實將欲爲仁義。中實亦即中情也。純一案俞說是也。今據補。衆其人民。治其刑政。定其社稷。尹云、言富衆治定、均在尙同。當若尙同之說、說字舊脫、從俞校補。不可不察。此爲政之本也。爲政二字舊脫、從畢校增。曹本同。

尙同下第十三

畢云、中與書目云、一本自親士至上同凡十三篇者、即此已上諸篇。非有異本。王闓運云、此篇全同上篇詞意、不足重錄。

子墨子言曰、知者之事、必計國家百姓之所以治者而爲之。所上之字、據下文增。必計國家百姓之所以亂者而辟之。（畢云、辟同避。）然計國家百姓之所以治者何也。上之爲政。得下之情則治。（尹云、情、實也。）不得下之情則亂。何以知其然也。上之爲政得下之情、則是明於民之善非也。若苟明於民之善非也、（畢云、若苟二字舊倒、据下文改。）則得善人而賞之。得暴人而罰之也。善人賞而暴人罰、則國必治。上之爲政也不得下之情、則是不明於民之善非也。若苟不明於民之善非、則是不得善人而賞之。不得暴人而罰之。善人不賞而暴人不罰、爲政若此、國衆必亂。故賞罰不得下之情、（賞下舊脫罰字、從蘇俞二校補。）不可而不察者也。（不可而舊作而不可、俞云、當作不可而、猶言不可以也。今據乙。）然計得下之情、將柰何可。故子墨子曰、唯能以尚同一義爲政、然後可矣。（以上言上之爲政、得下之情則治。不得下之情則亂。計得下之情、唯尚同一義爲政然後可。）

何以知尚同一義之可而爲政於天下也。（孫云、而亦猶以也。說詳尚賢下篇。下文諸侯可而治其國。家君可而治其家同。）然胡不審稽古之始爲政之說乎。（始舊作治。王引之云、然猶則也。然胡不、則胡不也。見經傳釋詞。俞云、治字乃始字之誤。下文曰古者天之始生民未有正長也云云、是從古之始爲政者說。故此云胡不審稽古之始爲政之說乎。純一案俞說是、今據正。）古者天之始生民未有正長也、百姓爲人。（戴云、此人字讀如人偶之人。王景羲云、此言泰古之世、百姓人自爲正。人自爲長也。戴依說文讀人偶失之。）若苟百姓爲人、是一人一義。十人十義。百人百義。千人千義。逮至人之衆不可勝計也。（尹云、計、數也。）則其所謂義者亦不可勝計。此皆是其義而非人之義。是以厚者有鬬。而薄者有爭。（畢云、薄舊作蕩、一本如此。尹云、厚大也。薄小也。）是故天下之欲同一天下之義也。（孫云、上天下二字、疑當作天。曹校同。畢云、文選注引作古者同天之義。是故選擇賢者立爲天子。孫云、文選王元長三月三日曲水詩序注引此作上聖立爲天子。蓋李善所改易。又袁彥伯三國名臣序贊注引、則並與此同。尹云、所謂天下爲公。選賢讓能者。孔子謂之大同。天子以其知力爲未足獨治天下。是以選擇其次立爲三公。三公又以其知力爲未足獨左右天子也。尹云、左右助也。是以分國建諸侯。諸侯又以其知力爲未足獨治其四境之内也。是以選擇其次立爲卿之宰。孫云、之猶與也。卿之宰又以其知力爲未足獨左右其君也。是以選擇其次立而爲鄉長家君。而字疑衍。易曰、家人有嚴君焉。父母之謂也。何待選立。此由選擇而立、必卽一族之仁者、如今所謂族正族長是。是故古者天子之立三公諸侯卿之宰鄉長家君非特富貴游佚而擇之也。孫云、擇當依中篇讀爲措。將使助治刑政也。舊本治下衍亂字、從孫校删。故古者建國設都。乃立后王君公。奉以卿士師長。尹云、奉、承也。此非欲用說也。王云、說字義不可通、說當爲逸、字之誤也。中篇曰、夫建國設都乃作后王君公、否用泰也。卿大夫師長。否用佚也。否用佚、卽非用逸。是其證。否猶非也。說見尙賢下。僞古文說命、建邦設都。樹后王君公。承以大夫師長。不惟逸豫。卽用墨子而小變其文。孫云、王說是也。僞孔傳云、言立國設都。立君臣上下。不使有位者逸豫民上。言立之主使治民。尹云、用以也。說樂也。純一案非欲用說。說同悅。與否用泰、否用佚、義同。淮南子脩務訓、古之立帝王者、非以奉養其欲也。聖人踐位者、非以逸樂其身也。義蓋本此。唯辯而使助治天明也。舊本助治天下有助字、王云下助字衍。唯辯而使助治天明者、辯讀爲徧。古徧字多作辯。天明、天之明道也。哀二年左傳曰、二三子順天明。言所以設此卿士師長者。唯徧使助治天道也。中篇作維辯使治天鈞。孫云、王謂下助字衍、是也。今據删。辯當訓爲分。王讀爲徧、尙未得其義。左傳哀二年孔疏、釋天明爲天之明道。卽王說所本。大戴禮記虞戴德篇云、法于天明開施教于民。左昭二十五年傳云、則天之明。義並略同。純一案曹本同此。以上言欲同一天下之義。故選賢者。立爲天子三公諸侯以及鄉長家君。使助治天明。今此何爲人上而不能治其下。尹云、此、玆也。爲人下而不能事其上。則是上下相賊也。賊舊譌賤。孫依王校正。曹本王本尹本並同。何故以然則義不同也。若苟義不同者有黨。黨者比周於下而不上同之謂。上以若人爲善將賞之。畢云、賞舊作毀、一本如此。百姓不刑將毀之。七字舊脫、從欒校據俞抄本補。刑、法也。百姓不以爲法、故毀之。若人唯使得上之賞、孫云、唯雖字通。而辟百姓之毀。孫云、辟避字亦同。後文辟避錯出。是以爲善者必未可使勸也。勸下舊衍見有賞三字、從欒校據俞抄本删。上以若人爲暴將罰之。百姓往附將譽之。七字舊脫、俞抄本有。作百姓姓付將舉之。欒云、姓付疑爲往附之誤。舉乃譽字之訛。純一案欒校是也。今據補正。若人唯使得上之罰。而懷百姓之譽。是以爲暴者必未可使沮也。沮下舊衍見有罰三字、從欒校據俞抄本删。故計上之賞譽不足以勸善。計其毀罰不足以沮暴。此何故以然則義不同也。以上言上下相賊、以義不同故。

然舊本脫則義不同也然六字、王云、此何故以然、是問詞。則義不同也、是答詞。然則欲同一天下之義將奈何可、又是問詞。舊脫中六字、則上下文皆不可通矣。今據上文補。孫本從之。曹本同。則欲同一天下之義將柰何可。故子墨子言曰、欒云、下子字、俞鈔本作學。然胡不嘗使家人總其身之義。以尙同於家君。試用家君發憲布令其家。舊作然胡不賞使家君、王云、賞字義不可通、賞當爲嘗。嘗賞字相似、又涉上下文賞罰而誤。使家君三字、則涉下文使家君而衍。既言用家君、則不得又言使家君。胡不嘗試用家君發憲布令其家、作一句讀。孫云、王校是矣。然下文說國君發憲布令、則云故又使家君總其家之義以尙同於國君。說天子發憲布令、則云故又使國君選其國之義以尙同於天子。則此文疑亦當云胡不嘗使家人總其身之義以尙同於家君。試用家君發憲布令其家、前後文例乃相應。蓋今本胡不嘗使家下、挩十一字。使家君三字、非衍文也。發憲猶言布憲。憲者、法也。非命上篇云、先王之書所以出國家布施百姓者憲也。純一案孫說是也。今據補十一字。並從王校改賞爲嘗。曰、若見愛利家者必以告。若見惡賊家者亦必以告。若見愛利家者以告。者字舊脫、今校補。亦猶愛利家者也。上得且賞之。衆聞則譽之。若見惡賊家者不以告。（者字舊脫、今校補。）亦猶惡賊家者也。上得且罰之、衆聞則非之。（王本作毀之。）是以偏若家之人、（畢云、偏舊作徧、一本如此。下同。）皆欲得其長上之賞譽、辟其毀罰。（辟同避。）是以善言之、不善言之。（畢云、舊脫四字、一本有。尹云、言於家君。）家君得善人而賞之、得暴人而罰之。善人賞而暴人罰、（舊本賞上罰上、幷衍之字。今據上下文刪。）則家必治矣。然計若家之所以治者何也。唯以尚同一義爲政故也。家既已治、國之道盡此已邪。（尹云、道治也。已止也。）則未也。（尹云、言非盡此。）國之爲家數也甚多。（國之舊作天下。畢云、一本作國之。孫云、國之是。下文云天下之爲國數也甚多、則此不當作天下明矣。今據正。王樹枏云、積家爲國、積國爲天下。故此言國之爲家數也甚多。下文言天下之爲國數也甚多。萬歷本正作國之。）此皆是其家、而非人之家。是以厚者有亂、（王本亂作鬥。）而薄者有爭。故又使家君總其家之義、（畢云、舊脫此字、一本有。尹云、總合也。）以尚同於國君。國君亦爲發憲布令於國之衆、曰、若見愛利國者必以告、若見惡賊國者亦必以告。若見愛利國者以告、（者、舊在告下、今校乙。）亦猶愛利國者也。上得且賞之、衆聞則譽之。若見惡賊國者不以告、（者舊在告下、今校乙。）亦猶惡賊國者也。上得且罰之、衆聞則非之。是以偏若國之人、皆欲得其長上之賞譽、避其毀罰。是以民見善者言之、見不善者言之。國君得善人而賞之、得暴人而罰之。善人賞而暴人罰、則國必治矣。然計若國之所以治者何也。唯能以尚同一義爲政故也。國既已治矣、天下之道盡此已邪。則未也。天下之爲國數也甚多。此皆是其國、（畢云、舊脫其字、一本有。）而非人之國。是以厚者有戰、而薄者有爭。故又使國君選其國之義以尚同於天子。舊本以下有義字、畢云、一本無此字是。俞云、下義字衍文。上文云、故又使家君總其家之義以尚同於國君。下文云天子又總天下之義以尚同於天。並無下義字。是其證也。上下文並言總、而此言選、選亦總也。詩猗嗟篇、舞則選兮。毛傳訓選爲齊。選其國之義猶齊其國之義。曰總曰選、文異而義同也。史記仲尼弟子列傳、任不齊字選、是選有齊義。賈子等齊篇曰、撰然齊等。撰與選通。戴說同。孫云、一本是也。今據刪。純一案曹本同此。天子亦爲發憲布令於天下之衆曰、若見愛利天下者必以告。若見惡賊天下者亦必以告。舊亦下脫必字、從王樹枏校補、與上文一律。若見愛利天下者以告、舊者在告下、今乙。下同。亦猶愛利天下者也。上得則賞之。衆聞則譽之。若見惡賊天下者不以告、亦猶惡賊天下者也。上得且罰之。畢云、且一本作則。衆聞則非之。是以徧天下之人皆欲得其長上之賞譽。避其毀罰。是以見善不善者告之。據上文當作是以見善者告之、見不善者告之。天子得善人而賞之。得暴人而罰之。善人賞而暴人罰、天下必治矣。然計天下之所以治者何也。唯而以尚同一義爲政故也。畢云、一本無而字、非。而同能。純一案以上言家國天下、唯以尚同一義而治。

天下既已治。畢云、既一本作計、非。天子又總天下之義以尚同於天。舊本天下亦作天子、俞云、當作天子又總天下之義以尚同於天。義見上下文。孫據正。王樹枏云、萬曆本作天下。純一案陸本唐本並作天下。墨家尚同。在不明性道者、或以思想言論、受縛殊甚。詎知上同於天。卽兼以易別。泯絕我見。與天合德。固自由之極軌。觀其天子國君鄉里之長、皆由公選。莫非仁者。豈敢濫用職權。而在在勸善去不善。善以天志爲鵠。自然爭怨不生。心治而氣順。(文子下德)蓋天道之極。遠者自親。人事之起。近親造怨。(管子形勢)故聖王執一以理物之情性。化萬異爲一同。則天地之間、一人之身也。六合之內、一人之形也。(均本文子下德)烏乎亂。文子自然篇、老子曰、所謂天子者、有天道以立天下也、立天下之道、執一以爲保。反本無爲。是卽墨氏尚同之微旨。故當尚同之爲說也。孫云、同舊本作用、蓋與下文互譌。蘇云、用當作同、是也。今據正。純一案隨本唐本並作同。上用之天子、上用舊作尙同、畢云、一本作上同。王云、舊本用作同、涉上句而誤、今據下文改。孫從之。蘇校同。可以治天下矣。中用之諸侯、可而治其國矣。王引之云、而與以同義。故二字可以互用。孫云、王說是也。詳尙賢下篇。下用之家君、可而治其家矣。下舊作小、王引之云、小用之當作下用之。與尙用之中用之對文。下文小用之則與大用之對文。今本下用作小用者、卽涉下文小用之而誤。純一案王說是也。今據正。是故大用之治天下不窕。小用之治一國一家而不橫者。畢云、爾雅云、窕、閒也。猶云無閒。王云、窕、不滿也。橫、充塞也。純一案橫、不順也。不橫、謂無不循理而順。尙賢中篇、小用之則不困。義正相通。若道之謂也。故曰治天下之國、若治一家。韓詩外傳四、善爲上者、不忘其下。誠愛而利之、四海之內。闔若一家。家古音姑。使天下之民、若使一夫。使人皆以天心爲心。滅其賊心。則億兆人之心如一心矣。鶡冠子天則篇曰、夫使百姓釋己而以上爲心者。敎之所期也。家夫爲韻。見唐韻正九麻。古音諧十二魚引此。以上言天子總天下之義尙同於天。則治天下之國若一家。使天下之人若一夫。

意獨子墨子有此、意與抑同。而先王無此其有耶。孫云、疑當作無有此耶、其字衍。純一案其有二字、並是衍文。當刪。則亦然也。聖王皆以尙同爲政。故天下治。何以知其然也。於先王之書也也字疑衍。大誓之言然。孫云、書敘云、惟十有一年、武王伐殷。一月戊午、師渡孟津。作泰誓。古書泰皆作大、僞孔傳云。大會以誓衆。則作大是。曰、小人見姦巧乃聞、不言也、也與者同。發罪鈞。畢云、孔書無此文。蘇云、發當作厥。今泰誓云、厥罪惟鈞。江聲云、發、謂發覺也。鈞、同也。言知姦巧之情。而匿不以告。比事發覺。則其罪與彼姦巧者同。此言見淫辟不以告者、辟同僻。其罪亦猶淫辟者也。務使尙同一義。俗美化淳。故古之聖王之治天下也。治上舊無之字、據下文是故古之聖王之治天下也補。文同一例。其所差論以自左右羽翼者皆良。王云、差論、皆擇也。爾雅曰、旣差我馬。差、擇也。所染篇曰、故善爲君者、勞於論人。而佚於治官。呂氏春秋當染篇同。高注、論、猶擇也。非攻篇、差論其爪牙之士。比列其舟車之衆。義與此同。外爲之人。孫云、外爲二字疑誤。尹云、爲、佐也。純一案孔書益稷篇。予欲左右有民、汝翼。予欲宣力四方、汝爲。此外似對左右言、爲似對羽翼言。外爲之人、謂遠而宣力四方之人。助之視聽者衆、故與人謀事、先人得之。與人舉事、先人成之。光譽令聞、先人發之。光舊本作先之、畢云、二字一本作光、是。孫據改。曹本王本尹本並同。俞云、光廣古通用。光譽卽廣譽。孟子曰、令聞廣譽施於身。孫云、俞校是也。非命下篇作光譽令問。問與聞字通。禮記孔子閒居鄭注云、令、善也。言以名德善聞。唯信身而從事。整躬率物。民莫不信。故利若此。古者有語焉曰、一目之視也、畢云、舊脫之字、一本有。不若二目之明也。一耳之聽也。不若二耳之聽也。舊明作視、聽作聽、孫云。以下二句文例校之、疑二目之視、視當作覩。二耳之聽、聽當作聰。今本皆傳寫捝之。純一案孫說是。惟視當作明。下文故唯毋以聖王爲聽耳明目與。可證。今正。一手之操也、不若二手之彊也。畢云、舊脫之字、一本有。夫唯能信身而從事。故利若此。王闓運云信身、信上也。是故古之聖王之治天下也、千里之外有賢人焉。其鄉里之人未之均聞見也。孫云、說文土部云、均、平徧也。此與中篇云、室人未徧知。鄉里未徧聞。義同。純一案未上舊衍皆字、與句中均字義複。下文無、可證。今據刪。聖王得而賞之。千里之外外舊譌內、今據上下文義改。下文兩言千里之外。可證。若言千里之內。則聖王之聽明有限矣。有暴人焉。其鄉里之人舊脫之人二字、從畢校據上文補。未之均聞見也。聖王得而罰之。故唯毋以聖王爲聰耳明目與。孫云、毋、語詞。豈能一視而通見千里之外哉、一聽而通聞千里之外哉。聖王不往而視也、不就而聽也。荀子君道篇云、故天子不視而見。不聽而聰。不慮而知。不動而功。塊然獨坐。而天下從之。如一體如四支之從心。義可相發。然而使天下之爲寇亂盜賊者、周流天下無所重足者。孫云、詩無將大車鄭箋云、重猶累也。尹云、重、同踵。託也。何也。其以尙同爲政善也。以上言聖王尙同爲政。助之視聽者衆。謀無不得。事無不成。而寇亂盜賊、無所立足。

是故子墨子曰、凡使民尙同者。愛民不疾民無可使。孫云、以下文校之、不疾疑當作必疾。或當云不可不疾。

呂氏春秋尊師篇高注云、疾、力也。純一案孫泥於下文、以愛民不疾斷句誤耳。蓋愛民不疾民無可使八字連讀。文從義順。言尚同之極。人我一體。愛之惟恐不力。聖人無爲。非疾愛民不使民也。曹云、疾、亟也。凡欲使民者、必亟於愛民而後可。

曰、必疾愛而使之致信而持之。致畢本譌敢、孫據道藏本正。云國語越語韋注云、持守也。王樹枏云、萬歷本作致。致、至也。欒云、唐本亦作致。富貴以道其前。道、導同。明罰以率其後。尹云、率從也。爲政若此、唯欲毋與我同、唯畢本作雖、一云舊作唯、以意改。王云、古者雖與唯通。不煩改字。王引之云、禮記少儀雖有君賜。鄭注曰、雖或爲唯。說文雖字以唯爲聲。故雖可通作唯。唯亦可通作雖。將不可得也。言凡使民尚同者。必疾愛民。又有以賞其同。而罰其不同。故民莫不信而上同也。

是以子墨子曰、今天下王公大人士君子、中情將欲爲仁義、王云、情卽誠字。言誠將欲爲仁義、則尚同之說、不可不察也。尚賢篇曰、且今天下之王公大人士君子、中實將欲爲仁義。實亦誠也。非攻篇曰、情不知其不義也。故書其言以遺後世。情不知卽誠不知。凡墨子書中、誠情通用者不可枚舉。求爲上士。舊本脫上字、王據各篇補。上欲中聖王之道。下欲中國家百姓之利。故當尚同之說不可不察。舊本作而不察、畢云、當云不可不察。王據補。王樹枏云、萬歷本作不可不察。今從之。尚同爲政之本而治之要也。舊脫之字、從畢校補。此總結尚同爲政之本。

曹云、尚同者、卽兼愛也。以其存於心者言之、則曰兼愛。以其發於政令者言之。則曰尚同。政必視乎其位。故尚同者、天子諸侯、在上位者之事也。愛不必上位。自天子以至於庶人。皆可行也。尚書洪範、陳之箕子。而傳之大禹。其曰無偏無黨。無反無側。蕩平正直。會極歸極云云。乃墨子尚同之義所自出。禮記王制篇云、一道德以同俗。中庸篇云、車同軌。書同文。行同倫。禮運篇云、大道之行也。天下爲公。不獨親其親。不獨子其子。是之謂大同。儒者之說若此者、固不一而足也。且墨子所謂同。所謂兼。實卽儒之所謂公。孟子力詆兼愛之說、殆欲獎私而廢公。矯同而立異。其於內聖外王之道、果有當乎。

伍非百云、墨子之上同、固主張以政長統一人民者也。故必選擇其賢可者以爲政長。自天子以至鄉里之長皆賢可者、而後能令天下之義皆同於上。天者、墨子所認爲最高之同也。百姓上同於天子、天子上同於天、則天下莫不同矣。天之意若何、曰兼愛天下之人、兼利天下之人而已矣。然則上同、卽是愛民。天子上同於天、天又下同於民。則是墨子之尚同、乃以民意爲最高之同也。吾故曰墨子之上同、毋寧謂之下同、以至高至同之天、下儕於至低至異之民、此其爲說、寧非矛盾。雖然、是有辨。前之所謂民者、乃指人民之各有性也。今茲所謂民者、乃指人民之遍有性也。各有性、以自私自利爲出發點、所謂各是其是而非其非者是也。遍有性、以愛人利人爲出發點、所謂人類之公是公非者是也。二者同源而異流、常因機遇而互有隱顯。當世之治也、則公是公非著、而私是私非暫伏而不用。及其亂也、則私是私非流行、而公是公非亦隱而不顯。墨子之所謂民意者、乃指此公是公非而言。在上者常依據此公是公非以爲施政標準、未有不能同一天下之義者。故曰上同於天。卽下同於民。又墨子尙同之治、非僅下同於民已也。於同下之外、又喜在下者言在上者之過失、以期集思廣益。聞過求諫、亦一要義也。綜觀墨子尙同之說、其要義可得言者、一曰選賢、二曰尊天、三曰愛民、四曰納諫。四者一貫之治、違其一而上同之治不可得成。見墨子大義述。

梁啓超墨子學案云、墨子主張上之所是、必皆是之。上之所非、必皆非之。不免干涉思想自由太過、遠不如孔子所云道並行而不相悖矣。純一案梁依章太炎說而申之。竊不謂然。墨子以愛利家國天下之善言爲是、惡賊家國天下之不善言爲非。是非固有定義。且鄉長國君天子皆仁者、尤必上同於天之義。則其義卽廣而無私之至仁、必於家國天下有利而無害無疑。故善言不一、利事不一、同歸於是。自必並行而不悖。若人自以爲義、而不利於家國天下、卽不善言。上之所非者在此、亦家國天下人所必非者。安能容其並行、妨害家國天下人之自由耶。墨家是非之公、上同於天、正示人思想自由之極軌。梁氏不悟、惜哉。晏子春秋問上篇、景公問爲政何患、晏子對以善惡不分。蓋墨道然也。孔子儕之。義與墨同。

墨子集解卷四

漢陽張純一仲如

兼愛上第十四

畢云、舊好之字作𢾾。从攴者、行兒。經典通用此。孫云、邢昺爾雅疏、引尸子廣澤篇云、墨子貴兼。純一案兼者、融洽二儀。蕩滌萬有。（肇論玄得）

釋形去智。物我一如也。愛者、動以天行。化暴成仁。本大慈悲。繁興德用也。兼卽愛之體。愛卽兼之用。管子版法篇曰、兼愛無遺。立政九敗解曰、人君唯毋聽兼愛之說。則視天下之民如其民。視國如吾國。如是則無並兼攘奪之心。無覆軍敗將之事。淮南子主術訓曰、兼包萬國。一齊殊俗。並覆百姓。若合一族。義均同此。顯蔭上人來書曰、墨氏兼愛、固是菩薩用心。然其學說與眼光。決不如大乘佛法之高遠。故並無出世自利、入世利他之定律。佛法不言愛者、恐言愛則落於情的方面。故言無緣慈悲。則解黏去縛之道也。若滯於愛、則與佛法有隔閡。若止以愛爲範圍、卽爲生死根本、與佛法全不相應矣。案顯蔭說欠審、不知墨也。墨經在在因名遣名。曰無不可去。曰無窮不害兼。了知法界唯一眞常。空諸幻有也。曰視人身若其身。曰天下無人。直與易艮其背不獲其身。行其庭不見其人。同一妙解。照見五蘊皆空。敎人行捨無著也。曰聖人不爲其室臧之故在於臧。（古藏字）聖人不得爲子之事。聖人之法死亡（通忘）親、爲天下也。則不落於情的方面無疑。其道不怒。日夜不休。自苦爲極。且正體不動。是出世自利之行也。摩頂放踵。利天下爲之。是入世利他之實。愛本於兼。無親疏無厚薄。無緣必矣。惟陳義切近。不及佛法美滿邃密耳。更言兼愛之量、普及於人鬼而止。視耶穌之敎、僅愛人者進已。然不及釋家普度胎卵溼化各類衆生之廣。故墨耶二敎之平等、尚屬差別的。有漏的。惟佛敎斯爲無上正等覺道。甚願學者由墨而入佛門也。尹云、孔子荅老子之言曰、中心物愷。兼愛無私。此仁義之情也。其敎弟子之言曰、汎愛衆。後儒韓昌黎以爲與兼愛同。嵇叔夜曰、仲尼兼愛。不羞執鞭。然則孔子亦尙兼愛者邪。夫兼愛之推行也、必居上位。故尸子曰、匹夫愛其宅。不愛其鄰。諸侯愛其國。不愛其敵。天子兼天下而愛之、大也。此兼愛篇中所以歷數禹湯文武也。戰國時墨子之徒、言盈天下。喜談兼愛。駿高於儒。孟子以兼愛爲無父。非眞無父也。謂兼愛者、手無斧柯。力不能逮。勉於其疏、而或遺於其親也。若夫斥爲禽獸、殆因其時儒墨不相能。務各是其師之說、而故爲此過激之語與。案尹說未允、篇中歷數禹湯文武者、引證故實。俾衆易喻耳。尸子之意、亦以能兼愛者量大。非必謂匹夫不能兼愛也。匹夫與堯舜、固同一兼體也。堯舜固能兼愛者。果皆遺於其親哉。釋迦薄帝王而不爲。固匹夫而能兼愛者。其孝恩豈世間聖賢所能追步哉。

聖人以治天下爲事者也。必知亂之所自起。尹云、自、從也。焉能治之。王引之云、言知亂之所自起、乃能治之也。顧云、三焉字皆下屬。孫云王顧讀是也。焉訓乃。詳親士篇。不知亂之所自起、則不能治。王樹枏云、自必知以下二十二字、涉下文而衍。綸一案墨書前後重複者屢見、此似非衍。譬之如醫之攻人之疾者然。譬下之字疑衍。非攻中篇譬若醫之藥人之有病者然。譬下無之字。孫云、小爾雅廣詁云、攻、治也。必知疾之所自起、焉能攻之。不知疾之所自起、則弗能攻。治亂者何獨不然。必知亂之所自起、焉能治之。不知亂之所自起、則弗能治。聖人以治天下爲事者也、不可不察亂之所自起。當察亂何自起。孫云、當讀爲嘗。同聲叚借字。荀子君子篇、先祖當賢。楊注云、當或爲嘗。孟子萬章篇、是時孔子當阨。說苑至公篇、引當阨作嘗阨。是其證。嘗、試也。下篇云、姑嘗本原若衆害之所自生。語意與此同。王樹枏校同。起不相愛。臣子之不孝君父、所謂亂也。子自愛不愛父、故虧父而自利。孫云、故意林引作欲。下同。弟自愛不愛兄、故虧兄而自利。臣自愛不愛君、孫云、不下舊衍自字、今依道藏本刪。上下文凡言不愛者、不下皆無自字。故虧君而自利。意林云、非兼愛也。此所謂亂也。雖父之不慈子、兄之不慈弟、君之不慈臣、此亦天下之所謂亂也。父自愛也不愛子、故虧子而自利。兄自愛也不愛弟、故虧弟而自利。君自愛也不愛臣、故虧臣而自利。凡此自利、卽是自害。唯依安僉而得苦故。是何也、皆起不相愛。以上言父子兄弟君臣亂自不相愛生。雖至天下之爲盜賊者亦然。盜愛其室、不愛異室、舊作不愛其異室、王云、下句不當有其字、蓋涉上下文而衍。下文不愛異家、不愛異國、皆無其字。是其證。意林引無其字。純一今據刪。曹本同。尹云、異室、他人室也。故竊異室以利其室。意林云、亦非兼愛。賊愛其身、不愛人身、故賊人身以利其身。俞云、兩人字下並奪身字。本作賊愛其身、不愛人身。故賊人身以利其身。方與上句一律。下文云、視人身若其身、誰賊。亦以人身其身對言。中篇云、今人獨知愛其身、不愛人之身。是以不憚舉其身、以賊人之身。並可證人下當有身字也。純一今據補。此何也、皆起不相愛。雖至大夫之相亂家、諸侯之相攻國者亦然。大夫各愛其家、舊本無其字、畢云、一本云愛其家。孫云、以下文校之、有者是也。今據增。不愛異家、故亂異家以利其家。舊本無其字。畢云、一本云、利其家、孫云、以下文校之、亦當有其字。今據增。諸侯各愛其國、不愛異國、故攻異國以利其國。天下之亂物、具此而已矣。孫云、物亦事也。言天下之亂事、畢盡於此。察此何自起。皆起不相愛。以上言盜竊異室。賊賊人身、大夫亂異家、諸侯攻異國、皆起不相愛。

若使天下兼相愛、愛人若愛其身。孫云、句首愛字舊本挩、今依盧校補。曹本同。猶有不孝者乎。視父兄與君若其身。此十四字舊脫、王云、據下文校、補猶有不孝者乎視父若其身十一字。孫云、當於父下、更補兄與君三字。蓋墨子此文、以無不孝、晐無不忠不弟。猶下文以無不慈、晐無不惠不和也。上文亦云臣子之不孝君父所謂亂也。可證。王因下云不孝、故但補父、而不及兄與君。則與下無不慈之兼子弟臣言者、不相對矣。純一今據補。惡施不孝。惡讀若烏、何也。尹云、施、行也。猶有不慈者乎。視子弟與臣若其身、惡施不慈、王闓運云、視弟臣如子乃爲慈也。純一案王說偏淺、不合墨義。故不孝不慈亡有。王云、舊本脫故不慈有四字、畢據下文補有字。今以上下文考之、當作故不孝不慈亡有。不孝不慈亡有、總承上文而言。下文曰故盜賊亡有。故大夫之相亂家諸侯之相攻國者亡有。與此文同一例。今補。王樹枏云、萬歷本作不孝不慈亡、亦脫有字故字。下文故視人之室若其室。故字衍。當是此句首字、誤倒於下耳。今改故不孝不慈亡有。曹本同。尹云、亡、無也。猶有盜賊乎。視人之室若其室、視上舊衍故字、從孫校刪。王樹枏校同。誰竊。視人身若其身、誰賊。故盜賊亡有。畢云、二字舊倒、非。下同。猶有大夫之相亂家、諸侯之相攻國者乎、視人家若其家、誰亂。視人國若其國、誰攻。故大夫之相亂家、諸侯之相攻國者、亡有。若使天下兼相愛、國與國不相攻、家與家不相亂、盜賊無有、君臣父子皆能孝慈、若此則天下治。以上言兼相愛。則視人猶己。孝慈興。盜賊滅。國家安而天下治。

故聖人以治天下爲事者。惡得不禁惡而勸愛。故天下兼相愛則治。物我冥會。一
異齊同。浩然太和。隨適大順。交相惡則亂。舊本脫交字、王據下二篇補。純一案昧本靈明。偏計起執。貪瞋猖烈。世間黯闇。故子墨子曰、不
可以不勸愛人者此也。總結。

曹云、墨子之學。其爲儒者所詆訾。在於兼愛。孟子至比之於禽獸、以爲無父。究其實、則忠孝之
理。所由推行而盡利也。人必視天下猶一家。中國猶一人。萬物猶一體。然後可以得親順親、爲
人爲子。故孝經曰、愛親者不敢惡於人。敬親者不敢慢於人。又曰、合萬國之歡心、以事其先王、
合百姓之歡心。以事其先君。又曰、先之以博愛。而民莫遺其親。蓋重言以申明之。聖人之訓、
炳若日星矣。儒者卽欲自別於墨氏、獨不思孝
經之言乎。孟氏之書、其自蹈於偏蔽者歟。

兼愛中第十五

子墨子言曰、仁人之所以爲事者。尹云、仁人、謂兼愛者。必與天下之利。除天下之害。除下
舊衍去字、據下篇刪。以此爲事者也。然則天下之利何也。天下之害何也。子墨子言曰、
今若國之與國之相攻、家之與家之相篡、孫云、說文厶部云、逆而奪取曰篡。人之與人之相賊、
三句與字上並衍之字、當刪。君臣不惠忠、父子不慈孝、兄弟不和調、此則天下之害也。然
則察此害亦何用生哉。察舊譌祟、俞云、祟字無義、乃察字之誤。何用生者、何以生也。一切經音義卷七引蒼頡篇曰、用、以也。詩桑柔篇、逝不以濯。尙賢
篇引作鮮不用濯、卽其證也。言國與國相攻、家與家相篡、人與人相賊、以及君臣父子兄弟之不惠
忠、不慈孝、不和調、當察其害之何以生。故曰然則察此害亦何用生哉。上篇曰、當察亂何自起、
與此同義。孫云、俞說是也。純一今據正。曹本同。以相愛生邪、舊作以不相、俞云、以不相愛生邪、當作以相愛生邪、乃反言以問之、起子墨子之正對也。下篇云、姑嘗本原若
衆害之所自生、此胡自生。此自愛人利人生與。卽必曰非然也。必曰從惡人賊人生。又云、姑嘗本
原若衆利之所自生、此胡自生。此自惡人賊人生與。卽必曰非然也。必曰從愛人利人生。皆以反言
發問、而起正對。正與此同。若如今本、則文義複沓矣。純一案俞說是也。今據刪不字。子墨子言、以不相愛生。今諸侯獨知愛

其國、不愛人之國。是以不憚舉其國以攻人之國。今家主獨知愛其家、孫云、家主、謂卿大夫也。周禮春官敍官、鄭注云、家謂大夫所食采地。又大宰鄭衆注云、主謂公卿大夫、世世食采不絕者。不愛人之家。句首舊衍而字、今據上下文刪。文同一例。是以不憚舉其家以篡人之家。今人獨知愛其身、不愛人之身。是以不憚舉其身以賊人之身。是故諸侯不相愛則必野戰。家主不相愛則必相篡。人與人不相愛則必相賊。君臣不相愛則不惠忠。父子不相愛則不慈孝。兄弟不相愛則不和調。天下之人皆不相愛。強必執弱。衆必劫寡。四字舊脫、從孫校補。富必侮貧。貴必傲賤。傲畢本作敖。云一本作傲。此傲字假音。今從一本。下同。詐必欺愚。凡天下禍篡怨恨其所以起者。以不相愛生也。是以仁者非之。以上言不兼愛之害。

既以非之。何以易之。子墨子言曰、以兼相愛交相利之法易之。尹云、莊子天下、墨子汎愛兼利而非鬥。兼利謂交利也。然則兼相愛交相利之法、將奈何哉。子墨子言、視人之國若視其國。視人之家若視其家。視人之身若視其身。劉云、視人國若己國、卽禮運天下爲公之義。視人家若己家、卽禮運不獨親其親子其子之義。視人身若己身、卽禮運貨不必藏於己、力不必爲己之義。汪容甫謂墨子言兼愛。意欲使國家愼守其封。而無虐鄰之人民畜產。此猶兼愛之狹意也。說見哲理學史序注。是故諸侯相愛則不野戰。家主相愛則不相篡。人與人相愛則不相賊。君臣相愛則惠忠。父子相愛則慈孝。兄弟相愛則和調。天下之人皆相愛。強不執弱。衆不劫寡。富不侮貧。孫云、自君臣相愛以下至此凡四十字、舊本誤入下文今天下之士之下。王移置於此、是也。今從之。貴不傲賤。詐不欺愚。凡天下禍篡怨恨可使毋起者。以相愛生也。是以仁者譽之。以上言兼愛之利。

然而今天下之士孫云、自貴不傲賤以下至此凡三十八字、舊本誤入上文君臣相愛之上。王移置於此。又凡天下禍篡怨恨可使毋起者。以相愛生也。是以仁者譽之。舊本挩去以相愛生也是六字。王據上文云、凡天下禍篡怨恨其所以起者。以不相愛生也。是以仁者非之。補六字。是也。今並從之。君子曰、王云、然而今天下之士君子曰為一句。舊本君子曰作子墨子曰、此因與下文子墨子言曰相涉而誤。下文云、然而今天下之士君子曰。今據改。孫云、王校是也。畢本作子墨子言曰、尤誤。道藏本無言字。然。孫云、句。乃若兼則善矣。王引之云、乃若、轉語詞也。雖然天下之難物于故也。于舊作於、孫據道藏本正。俞云、於故二字、當為衍文。下文云、然而今天下之士君子曰、然。乃若兼則善矣。雖然。不可行之物也。正與此文一律。惟其為難物、故為不可行之物也。今衍於故二字、則無義矣。孫云、于故雖難通、然非衍文也。竊疑于即迂之借字。文王世子云、況于其身以善其君乎。鄭注、于讀為迂。是其證。故者、事也。迂故、言迂遠難行之事。俞同中篇云、故古者聖人之所以濟事成功垂名於後世者。無他故異物焉。此云難物迂故、與他故異物、文例正同。王本無于故二字。子墨子言曰、天下之士君子、特不識其利辯其害故也。俞云辯其下脫害字、下文愛人者人必從而愛之。利人者人必從而利之。是其利也。惡人者人必從而惡之。害人者人必從而害之。是其害也。純一案俞說是、今據增。尹云、辯、明也。今若夫攻城野戰。殺身為名、此天下百姓之所皆難也。尹云、皆、同也。苟君說之、則士衆能為之。況於兼相愛、交相利、則與此異。曹本改夫作矣。屬上斷句、云原訛作夫。夫愛人者人必從而愛之。利人者人必從而利之。惡人者人必從而惡之。害人者人必從而害之。善感善應。惡感惡應。此何難之有。特上弗以為政、士不以為行故也。昔者晉文公好士之惡衣。畢云、太平御覽引作服。純一案御覽見三百八十九。又四百三十一引作晉文公好惡衣。又六百八十九與六百九十四引、並與此文同。故文公之臣、畢云、太平御覽引作大夫二字。純一案御覽四百三十一引作臣下二字。又六百八十九引、文與此同。六百九十四引、無之字。皆牂羊之裘。御覽三百八十九引無皆字。四百三十一皆下有衣字。六百八十九裘作裳。六百九十四作皆牂裘。孫云、詩小雅苕之華云、牂羊墳首。毛傳云、牂羊、牝羊也。畢云、爾雅云、羊牝牂。韋以帶劍。畢云、舊作錢、據太平御覽改。

純一案陸本韋作帶。御覽四百三十一引、作以韋帶劍。六百八十九作韋以爲帶。孫云、公孟篇正作劍。漢書東方朔傳云、孝文皇帝以韋帶劍。顏注云、但空用韋不加飾。

練帛之冠。畢云、太平御覽引此練作大。孫云、練帛詳辭過篇。練帛蓋即大帛。左閔二年傳、衞文公大帛之冠。杜注云、大帛厚繒。後漢書馬皇后傳、李注云、大練、大帛也。大布之衣且苴之屨。八字舊脫、曹從王校補。入以見於君出以踐於朝。舊本踐下脫於字、王據上句補。畢云、淮南子齊俗訓云、晉文君大布之衣。牂羊之裘、韋以帶劍、威立於海內。王云、練帛之冠下、當有大布之衣且苴之屨八字。而今本脫之。上文曰、晉文公好士之惡衣。此但言冠而不言衣、則與上文不合。入以見於君、是總承上文而言。出以踐於朝、則專指且苴之屨而言。今本脫且苴之屨四字、則踐字義不可通。下篇曰、大布之衣、牂羊之裘、練帛之冠、且苴之屨、入見文公。出以踐之朝。是其證。

是其故何也。君說之、故臣能爲之也。王云、爲上脫能字。下文君說之故臣能之也、能下脫爲字。前文曰、苟君說之、則士衆能爲之。後文曰、若苟君說之、則衆能爲之。皆其證。純一案王說是也。今據增。

昔者楚靈王好士細要。畢云、舊作腰、俗寫。後漢書注引此云、楚靈王好細腰、而國多餓人。孫云、晏子春秋外篇云。楚靈王好細腰、其朝多餓死人。韓非子二柄篇云、楚靈王好細腰、而國中多餓人。後漢書注、疑涉彼二書而誤。尹云、要、身中也。今字作腰。淮南主術、故靈王好細要、而民有殺食自飢也。故靈王之臣、畢本脫故字、孫據道藏本補。皆以一飯爲節、畢云、太平御覽引此一作三。孫云、戰國策楚策莫敖子華曰、昔者先君靈王好小腰。楚士約食。馮而後能立。式而後能起。吳師道校注引此云、楚靈王好士細腰。故其臣皆三飯爲節、與御覽同。純一案彼三字並誤。尹云、欲餓以細其要。脇息然後帶。畢云、脇、舊作脇、据太平御覽改。孫云、戰國策校注引亦不誤。扶牆然後起。孫云、兩然字、戰國策校注引並作而。尹云、言其疲極。比期年、朝有黧黑之色。畢云、黧非、古字當爲黎。呂氏春秋行論云、禹官爲司空以通水潦。顏色黎黑。只作黎。玉篇云、黧亦作黎。色、舊本作危、王引之云、危與黧黑二字、義不相屬。危當爲色。人瘦則面色黧黑、義見上文。孫云、王校是也。蘇說同。今據正。是其故何也。何舊譌是。孫據蘇校正。曹本王本同。君說之、故臣能爲之也。爲字舊脫、從王校補。

昔越王句踐好士之勇、教馴其臣。孫云、馴讀爲訓。史記五帝本紀云、不雅馴。張守節正義云、馴訓也。周禮地官敘官鄭衆注云、訓讀爲馴。馴訓字通。和合之孫云、此三字無義、疑當作私令人、屬下讀。焚舟失火。孫云、舟非藏寶之所。御覽宮室部引墨子作自焚其室。疑舟當爲內。內謂寢室。呂氏春秋用民篇云、句踐試其民於寢宮。民爭入水火死者千餘矣。遽擊金而卻之。劉子新論閱武篇同。韓非子內儲說上篇、亦云焚宮室。並與此事同。內舟形近而譌。非攻中篇徙大舟。舟譌作內。與此可互證。下篇亦同。黃紹基云、御覽引作焚其室、竊疑本當作焚舟室。越絕外傳記越地傳云、舟室者、句踐船宮也。蓋卽教舟師之地。故下篇云、伏水火而死者不可勝數也。言或赴火或蹈水死者甚衆也。後人不喩舟室之義、則誤刪舟字。校本書者。又刪室字。遂致歧互矣。尹云、失、縱也。

試其士曰、越國之寶盡在此。盡在此御覽三百八十九引、作悉在此中。越王親自鼓其士而進之。畢云、舊此下有曰字、衍文。尹云、管子兵法、鼓所以進也。金所以退也。士聞鼓音、破碎亂行。孫云、碎疑萃之借字。萃亦行列之謂。穆天子傳、七萃之士。郭璞注云、萃、集也、聚也。蓋凡卒徒聚集部隊謂之萃。破萃亂行、皆謂陵躐其曹伍。爭先赴火也。王闓運云、言不必依行次。蹈火而死者左右百人有餘。畢云、太平御覽引云、越王好士勇。自焚其室。曰、越國之寶悉在此中。王自鼓。蹈火而死者百餘人。越王擊金而退之。尹云、金、鉦也。荀子議兵、聞鼓聲而進。聞金聲而退。呂覽用民、句踐試其民於寢宮、民爭入水火死者千餘矣、遽擊金而卻之。所記略與此同。是其故何也。君說之、故臣能爲之也。此十四字舊脫。據上文審校補。是故子墨子言曰、乃若夫少食惡衣、殺身而爲名。王引之云、乃若、發語詞也。此天下百姓之所皆難也、若苟君說之、則衆能爲之。借難於兼者。形兼之不難。況兼相愛、交相利、與此異矣。夫愛人者人亦從而愛之、利人者人亦從而利之。惡人者人亦從而惡之。害人者人亦從而害之。此何難之有焉。特上不以爲政、而士不以爲行故也。以上言兼愛交利、視惡衣少食殺身易行、破敵難也。

然而今天下之士君子曰、然。乃若兼則善矣。雖然。不可行之物也。譬若挈太山越河濟也。畢云、此濟字當爲泲、卽出山西垣曲縣王屋山之沇水也。从齊者、石濟水。出直隸贊皇縣也。純一案畢說是也。禹貢導沇水。東流爲濟。今濟南、卽泲南。河卽黃河。孫云、淮南子俶眞訓高注云、挈、舉也。孟子梁惠王篇云、挾泰山以超北海。語人曰我不能。是誠不能也。與此語意相類。尹云、喻其難行。子墨子言、是非其譬也。夫挈太山而越河濟、可謂畢劫有力矣。孫云、劫於義無取、疑當爲劼之誤。廣韻十四黠云、劼、用力也。或當爲勁。下篇及非樂上篇、並有股肱畢強之文。勁與強義亦同。曾本改劫作勁。尹云、以力去物曰劫。純一案廣雅釋詁三、畢、竟也。廣韻三十三葉、劫、強取也、本書屢見強劫弱衆劫寡之文。是劫具有強意。不必破作劼與勁也。畢劫有力、言畢竟強有力。**自古及今、未有能行之者也。况乎兼相愛、交相利、則與此異。古者聖王行之。何以知其然。古者禹治天下。西爲西河漁竇、**畢云、西河在今山西陝西之界。漁竇疑卽龍門。孫云、書禹貢黑水西河惟雍州。又云、浮于積石。至於龍門西河。會於渭汭。僞孔傳云、龍門之河在冀州西。孔疏云、在冀州西界、故謂之西河。王制云、自東河而東至於西河千里而近。是河相對而爲東西也。漁疑卽渭之譌。尹云、爲、治也。河自砥柱以上、龍門以下、爲西河。漁竇、鯉魚洞也。水經注河水南得鯉魚洞。解竇者、以爲魚往還所耳。地在今山西河東道吉縣。**以泄渠孫皇之水。**孫云、此章所舉江河淮漢嘑池孟諸五湖、皆周禮職方氏九州川浸澤藪之名。此渠孫皇亦必雍州大川澤之一。以職方攷之。疑當作蒲弦澤。卽雍州澤藪之弦蒲也。鄭注云、弦蒲在汧。鄭衆云、弦或爲汧。蒲或爲浦。漢書地理志云、右扶風汧北有蒲谷鄉、弦中谷。雍州弦蒲藪。汧水出西北入渭。蒲渠字並从水旁、因而致誤。弦正字作𢐀亦類孫字。澤作皇者、澤从睪聲。古書睪或掘作皋。史記天官書、澤字作滜。封禪書澤山。集解引徐廣云、澤一作皋。左襄十七年傳澤門。釋文云、澤或作皋。皆其證也。顏元孫干祿字書云、皐俗作睾。通作皐。漢孔彪碑又作皐。與皇字並絕相似。故傳寫譌互矣。據漢志弦卽汧水入渭。渭復入河。故西河渭瀆、可泄此澤之水。而蒲谷鄉與弦中谷、合而名澤。故弦蒲亦可倒稱蒲弦。參互審校、似無疑義。弦蒲藪、在今陝西隴州西四十里。尹云、泄渠謂或流或蓄。孫皇猶大小。言水非一。**北爲防原泒。**泒、陸本作派。畢云、泒、疑卽雁門泒水也。孫云、說文𨸏部云、防、隄也。周禮稻人云、以防止水。原亦水名、無攷。說文水部云、泒水起雁門葰人戍夫山。東北入海。卽嘑池之原。此舉其原。下又詳其委也。王闓運云、泒今作沽。尹云、水經注、聖水南流。歷縣西轉。又南逕良鄉縣故城西。有防水注之。水出縣西北大防山南。在今直隸京兆尹良鄉縣。原、大也。原泒、今大沽河也。一解白河。管子小匡、反其侵地吉臺原姑與柒里。原姑其或原泒與。**注后之邸。**孫云、此與下注五湖之處。文例正同。后之邸、疑卽職方氏幷州澤藪之昭余祁也。爾雅釋地、十藪、燕有昭餘祁。釋文引孫炎本祁作底、祁底邸並音近相通。昭作后者、疑省昭爲召。又誤作后。之余音亦相轉。漢書地理志、大原郡鄔九澤在北、是爲昭余祁、幷州藪。在今山西太原府祁縣東七里。尹云、邸同底。止居也。**嘑池之竇、**畢云、卽虖沱河。出今山西繁時縣。古無池字。卽沱異文。故此亦以池爲沱也。顧云、竇卽瀆字。周禮大宗伯注四竇。釋文本亦作瀆。孫云、職方氏、幷州、其川虖池。鄭注云、虖池出鹵城。案漢書地理志、亦作虖池。禮記禮器作惡池。注云、惡當爲呼。聲之誤也。嘑虖字同。戰國策秦韓中山策、並作呼池。**洒爲底柱、**畢云、說文云、灑、汎也。洒假音字。水經云、砥柱山、在河東大陽縣東河中。括地志云、厎柱山俗名三門山。硤石縣東北五十里黃河之中。案在今山西平陸縣東五十里三門山東。孫云、洒與下文灑同。當讀所宜反。厎當作底。禹貢東至于厎柱。僞孔傳云。厎柱山名。河水分流、包山而過。山見水中若柱然。在西虢之界。洒卽謂分流也。**鑿爲龍門。**畢云、水經云、龍門山、在河東皮氏縣西。括地志云、龍門山在同州韓城縣北五十里。山在今河津韓城二縣界。尹云、水經注、龍門山、在河東皮氏縣。夾河而立。儼爲絕險。大禹鑿之。故又號禹門。今山西河津縣西北三十里地也。書至于龍門。淮南人間、禹鑿龍門。辟伊闕。**以利燕代胡貉與西河之民。**孫云、說文豸部云、貉、北方豸種也。職方氏有九貊。貊、貉之俗。漢書高帝紀顏注云、貉在東北方。三韓之屬、皆貉類也。考工記鄭注云、胡今匈奴。**東爲漏大陸。**舊作東方漏之陸、孫云、以上下文例校之。東方、方當作爲。與西爲北爲南爲文正同。漏之陸、疑當作漏大陸。淮南子本經訓說禹治水云、鴻水漏。九州乾。言大陸之水漏而乾也。純一案孫說是也。今據正。畢云、陸疑卽大陸。在今直隸鉅鹿縣。**防孟諸之澤、**孫云、禹貢、豫州導菏澤被孟豬。史記夏本紀作明都。漢書溝洫志作盟諸。職方氏云、青州其澤藪曰望諸。爾雅釋地云、宋有孟諸。此與爾雅字同。漢書地理志云、孟豬、在梁國睢陽縣東北。畢云、澤在今山東虞城縣西北十里。有孟諸臺。接商邱縣界。水經云、明都澤在梁郡睢陽縣東北。明孟諸都音相近。尹云、防者、以其能止水耳。**灑爲九澮、**畢云、此巜字之假音。爾雅云、水注溝曰澮。說文以澮爲水名。案九巜、卽九河也。孫云、灑釃字通。漢書溝洫志云、禹迺釃二渠以引其河。注、孟康云、釃、分也。分其流。泄其怒也。史記河渠書釃作廝。索隱云、廝漢書作灑。史記舊本亦作灑。字從水。韋昭云、疏決爲灑。此與史漢舊本字正同。漢書司馬相如傳、決江疏河。灑沈澹災。顏注云、灑、分也。所宜反。淮南子要略云、禹剔河而道九岐。**以楗東土之水。**畢云、說文云、楗門限。則此蓋言限也。玉篇、渠偃切。孫云、呂氏春秋愛類篇云、禹於是疏河決江。爲彭蠡之障。乾東土。所活者千八百國。**以利冀州之民。**孫云、爾雅釋地云、兩河閒曰冀州。說文北部云、冀北方州也。案古通以中土爲冀州。穀梁桓五年傳云、鄭同姓之國也。在乎冀州。楊士勛疏云、冀州者、天下之中州。唐虞夏殷皆都焉。淮南子墜形訓云、正中冀州曰中土。高注云、冀、大也。四州之主、故曰中土。山海經大荒北經郭注云、冀州、中土也。**南爲江漢淮汝。東流之注五湖之處。**孫云、玉海地理門引作東流注之五湖。范成大吳郡志同。淮南子要略云、禹鑿江而通九路。辟五湖而定東海。職方氏揚州其浸五湖。鄭注云、五湖在吳南。國語越語韋注云、五湖今太湖。此云注五湖、蓋專據江漢言之。水經沔水酈注云、南江東注於具區、謂之五湖口。五湖謂長蕩湖太湖射湖貴湖滆湖也。又引虞翻說太湖云、是湖有五道、故曰五湖。案晉唐人釋五湖名多差異。要不出太湖之枝別。畢云、文選注云、張勃吳錄曰、五湖者、太湖之別名也。周行五百餘里。今案江南吳、吳江、宜興、武進、無錫、浙江烏程、長興、七縣皆瀕此湖也。曾云、注、水行也。處、水停也。王本改處作虛。尹云、東流之注、注東海也。淮南本經、旒注東海。呂覽古樂、禹疏三江五湖。注之東海。以利黔首。處、都也。水所停曰都。**以利荆楚干越**干畢本作于、云四字舊作楚荆越與、據文選注改。王云、畢改非也。文選江賦注、本作荆楚干越之民。干、古寒反。今本墨子作楚荆越與南夷之民。但誤倒荆楚二字、又脫干字耳。若與南夷之與、則不誤也。上文云、燕代胡貉與西河之民。此文云荆楚干越與南夷之民。與非誤字明矣。南夷、謂荆楚干越以南之夷。故曰荆楚干越與南夷。文選注無與南夷三字、省文耳。畢誤以楚荆越與連讀、故删去與字耳。干越卽吳越、非春秋所謂於越也。畢改干越爲于越。亦非。又云、莊子刻意篇曰、夫有干越之劍者。釋文司馬彪云、干、吳也。吳越出善劍也。案吳有谿名干谿。荀子勸學篇曰、干越夷貉之子。楊倞曰、干越猶言吳越。淮南原道篇曰、干越生葛絺。高注曰、干吳也。是干越卽吳越也。干越爲二國。若春秋之於越卽是越。而以於爲發聲、與干越不同。劉台拱云、干與哀九年左傳吳城邗溝通江淮之邗同。孫云、王劉說是也。干邗之借字。說文邑部云、邗、國也。今屬臨淮。一曰邗本屬吳。管子云、昔者吳干戰。據管子說、則吳干本二國。後干爲吳所滅。遂通稱吳爲干。故此云干越矣。**與南夷之民。**胡云、此古尚書禹貢說也。墨子有經說篇、傳經自有師法。疑此卽史㐭以來相傳之古誼也。**此言禹之事。則吾今行兼矣。**則字舊脫、據下文補。王闓運云、禹已行吾所言兼愛事也。尹云、禹之事爲兼愛。吾今故欲行兼。非難物也。**昔者文王之治西土。若日若月。乍光于四方于西土。**曹云、乍卽作字。王樹枏云、乍讀爲作。蘇云、此與太誓略同。疑有脫誤。孫云、下篇引作泰誓。今僞古文卽采此書。僞孔傳云、言其明德充塞四方。明著岐周。義互詳下篇。**不爲大國侮小國。不爲衆庶侮鰥寡。**尹云、管子輕重己、無妻無子謂之老鰥。無夫無子謂之老寡。**不爲暴勢奪穡人黍稷狗彘。**畢云、說文云、嗇、耕濇也。从來从㐭。來者㐭而藏之。故田夫謂之嗇夫。穡與嗇通。尹云、狗彘、爲穡人所畜者。**天屑臨文王慈。**孫云、以上疑並出古泰誓。今僞古文止采下篇、故無之。後漢書馬廖傳李注云、屑、顧也。畢云、漢書武帝紀云、屑然如有聞。**是以老而無子者、有所侍養以終其壽。**舊作有所得終其壽、欒云、得下疑脫養以二字。純一案欒說是也。下篇作有所侍養以終其壽。得卽侍之譌。今據補正。尹云、壽、年也。**連獨無兄弟者、**王引之云、連與獨文義不倫、連疑當作逴、與連相似而誤。逴猶獨也。故以逴獨連文。莊子大宗師篇、彼特以天爲父。而身猶愛之。而況其卓乎。郭注曰、卓者、獨化之謂也。秋水篇、吾以一足跉踔而行。玉篇、逴、敕角切。蹇也。蹇者、獨任一足。故謂之逴。逴與卓通。漢書河閒獻王傳、卓爾不羣。說苑君道篇、踔然獨立。說文𧗿、特止。徐鍇曰、特止、卓立也。卓踔𧗿並與逴同聲。皆獨貌也。洪云、爾雅釋畜、未成雞僆、郭璞注、江東呼雞少者曰僆。連與僆同。連獨、猶言㓜獨也。胡云、連、謂顚連無告。歐陽云、獨、小雅哀此惸獨。連獨聯文、形容無兄弟者之顚連惸獨而無告也。有所雜於生人之閒。孫云、雜讀爲集。廣雅釋詁云、集、成也。就也。言連獨之人、得以成就其生業。少失其父母者、尹云、所謂孤子。有所放依而長。孫云、放依義同。檀弓子貢曰、哲人其萎。則吾將安放。胡云、據下篇引則如日如月二句、乃古泰誓文。僞古文泰誓下云、惟我文考。若日月之照臨。光於四方。顯於西土。直襲下篇文、損益而竄改之。墨子此文不爲大國侮小國以下、則與上條同爲古尚書說也。皆約書詞爲說。左氏襄三十一年傳云、周書數文王之德曰、大國畏其力。小國懷其德。(僞古文亦襲此二句入泰誓)故此云不爲侮小國。康誥云、不敢侮鰥寡。故此云不爲衆庶侮鰥寡。毋佚云、文王卑服卽康功田功。故此云不爲暴勢奪穡人黍稷狗彘。胥當爲冒之譌、天冒臨文王慈。卽康誥冒聞於上帝帝休之意。(論衡初稟篇、及趙岐孟子盡心篇注引書、皆以冒字下屬爲句、與僞孔傳異。)老而無子云云、與孟子言文王發政施仁、必先鰥寡孤獨之民。皆爲說書之詞。惟此不言無妻無夫、而言無兄弟者。說亦小異。此言文王之事。言字舊脫從孫校補。則吾今行兼矣。王闓運云則卽。昔者武王將事泰山隧。畢云、隧或爲隊、穆天子傳云、鈃山之隊。玉篇云、隊、以醉切。掘地通路也。或作闕。案隊隧字、皆說文闕字之省。閻若璩云、玩其文義。乃是武王既定天下後望祀山川。或初巡守岱宗禱神之辭。非伐紂時事也。孫云、廣雅釋詁云、將、行也。周禮小宗伯云、將事于四望。傳曰、泰山、有道尹云、事、祀也。隧同燧。烜火也。所謂燔柴。傳、禪也。祭天也。曰、祭之祝辭。道猶德也。曾孫周王有事。孫云、僞古文書武成襲比文云、告于皇天后土。所過名山大川。曰惟有道曾孫周王發。孔疏云、自稱有道者、聖人至公。爲民除害。以紂無道。言己有道。所以告神求助。不得飾以謙辭也。稱曾孫者、曲禮說諸侯自稱之辭云、臨祭祀外事曰曾孫某侯某。哀六年左傳蒯聵禱祖。亦自稱曾孫。皆是言己承藉上祖奠享之意。大事既獲。孫云、小爾雅廣言云、獲、得也。仁人尚作。孫云、說文人部云、作、起也。以祇帝夏、帝舊譌商、從胡校改。蠻夷醜貉。孫云、僞武成云、予小子既獲仁人。敢祇承上帝以遏亂略。華夏蠻貊罔不率俾。僞孔傳云、仁人謂太公周召之徒。言誅紂敬承天意以絕亂路。案祇當讀爲振。內則祇見孺子。鄭注云、祇或作振。國語周語云、以振救民。韋注云、振、拯也。此謂得仁人以拯救中國及四夷之民。譌書改爲祇承上帝、失其恉矣。醜貉者、貉類衆多。爾雅釋詁云、醜、衆也。欒云、據許印林說、此蓋祝詞、乃有韻之文。除曾孫周王有事六字爲句外、餘均四字句。獲作夏貉四字爲韻、古韻在魚部。親人人三字爲韻、古今音皆在眞部。此可以韻定其句讀者。雖有周親不若仁人。萬方有罪維予一人。蘇云、書泰誓篇若作如。萬方有罪作百姓有過。維作在。孫云、僞古文泰誓、卽謨采此文。僞孔傳云、周、至也。言紂至親雖多、不如周家之少仁人。民之有過、在我教不至。又論語堯曰篇云、雖有周親。不如仁人。百姓有過。在予一人。集解孔安國云、親而不賢不忠則誅之。管蔡是也。仁人謂箕子微子。來則用之。又說苑貴德篇云、武王克殷、問周公曰、將奈其士衆何。周公曰、使各宅其宅。田其田。無變舊新。惟仁是親。百姓有過。在予一人。尙書大傳、韓詩外傳、淮南子主術訓、文並略同。羣書治要引尸子綽子篇云、文王曰、苟有仁人。何必周親。則以爲文王語。與墨子韓詩說苑並異。胡云、此稱傳曰、蓋述古傳記之言武王祀泰山之祝祠也。雖有周親四句、見論語而文小異。蓋所据不同。論語乃古尙書之佚文。此則傳記之佚文。故同一事而文小異也。僞古文武成篇云、惟有道曾孫周王發、將有大正於商。又云、予小子既獲仁人。敢祗承上帝以遏亂略。華夏蠻貊罔不率俾。全襲此文而雜以他語。（如以遏亂略本左氏傳以討亂略）彼所据之本、亦可据以正今墨子之譌。篆文商與帝近而譌。（下非命下篇受之大帝帝又商之譌）此當云以祗帝夏、彼故本之作祗承上帝、乃割夏字。上增一字。下取蠻貉二字爲句。蓋墨子引傳文最古。未易驟明。如帝夏猶言中夏。重之曰帝。猶後世言皇輿。（非命中篇云得之在於商夏之詩書商亦帝之譌尊之故云帝夏猶言中國詩書又天志中篇云大夏之道然下引詩帝謂文王大夏猶帝夏謂中夏之道然也）祗禔古通。（墨子天志中引書神祗非命上引作神禔是二字墨子本通用）以祗帝夏、謂以福中國（禔福也）而及蠻夷醜貉也。彼不知其義、任意割裂、不亦傎乎。古人文字。率多用韻。（非命下引泰誓天有顯德云云卽有韻）此祝詞更自有韻。泰山二字、乃冊書記事之文。有道曾孫。史官祝詞之例稱。周王有事、（句）、言成功而祭也。大事既獲、（句）、言既定天下也。觀雖有周親四句論語引於大賚後。知非伐紂時語矣。仁人尙作、（句）、作讀如天作高山之作。蓋謂嶽降賢佐也。以祗二句、乃言伐紂以福中夏、施及蠻貊也。雖有周親二句、言克殷也。萬方有罪二句、引罪之詞、與湯同也。是明明皆有韻之祝詞、竊謂墨子稱古傳記、不必皆古尙書。而實可以證僞古文者、此類是也。

此言武王之事。則吾今行兼矣。則字舊脫、據上文補。以上言兼愛之事、古聖王已先我行之。極成自宗也。

是故子墨子言曰、今天下之士君子、士字舊倒置下文富上、今校移此。曹本王本尹本並同。忠實欲天下之富、畢云、忠一本作中。舊云士富、士字衍。孫云、忠中通。而惡其貧。欲天下之治而惡其亂。當兼相愛交相利。此聖王之法、天下之治道也。不可不務爲也。總結。

曹云、此篇蓋以申上篇之說。而妨人之疑難也。兼愛者、所以治天下之達道。而人一聞兼愛之說、則每以爲難行。以爲必不可行者。其原由於自私自利而已。人有此血氣之軀、以爲我之所私有、而欲厚利養之。私其一身。因推而私其家。私其國。利於己則求之。害於己則攻之。此天下之所以亂多而治少也。墨氏所謂兼者、公而無私已耳。人不能自勝其私。乍聞則疑之憚之。繼且拒之疾之。儒墨之門戶日分。而儒者以兼愛爲邪說。反以自私自利之心。侈談內聖外王之道。不亦惑乎。純一案曹以此篇蓋申上篇之說、非也。凡三篇者、蓋墨分爲三。各尊所聞。敘述有詳略耳。

兼愛下第十六

子墨子言曰、仁人之事者、必務求興天下之利。除天下之害。然當今之時、天下之害孰爲大。曰若大國之攻小國也。大家之亂小家也。強之劫弱。衆之暴寡。詐之謀愚。貴之敖賤。畢云、敖一本作傲。此天下之害也。孫云、呂氏春秋侈樂篇云、故彊者劫弱。衆者暴寡。勇者淩怯。壯者慠幼。從此生矣。語意與此同。又與爲人君者之不惠也。又與舊作人與、王云、人與當依下文作又與。廣雅與、如也。上文若大國之攻小國也云云若、如也。此文兩言又與、亦謂又如也。蘇說同。王樹枏云、萬歷本作又與。臣者之不忠也。父者之不慈也。子者之不孝也。臣上父上子上、均當有爲人二字。篇末爲人君爲人臣六句可證。此又天下之害也。又與今之賤人。今下舊衍人字、從王校刪。王本尹本並同。執其兵刃毒藥水火、以交相虧賊。此又天下之害也。姑嘗本原若衆害之所自生。舊脫此字。孫依下文衆利章補。此胡自生。此自愛人利人生與。卽必曰非然也。必曰從惡人賊人生。分名乎天下惡人而賊人者、陸本賊譌賤。兼與別與。尹云、別謂不兼。卽必曰畢云、舊脫此字、據上文增。別也。然卽之交別者。孫云、卽則同。交別、猶言交相別。王闓運云、之、是也。果生天下之大害者與。衆生執境迷心、分別取著。我見熾盛、貪瞋橫生故。是故子墨子曰、別非也。破別。舊作是故別非也。子墨子曰、俞云、此本作是故子墨子曰、別非也。下文是故子墨子曰、兼是也。與此爲對文可證。純一今據乙。非人者必有以易之。若非人而無以易之、譬之猶以水救水以火救火也。舊作猶以水救火也。畢云、一本作火救水。孫云、顧校季本同。俞云、以水救火、何不可之有。畢校云、一本作火救水。然墨子此譬、本明無以易之之不可。若水火是相反之物。無論以水救火、以火救水、皆是有以易之。與設喩之旨不合。疑墨子原文。本作猶以水救水。以火救火也。故曰其說將必無可。今本作水救火。別本作火救水。皆有脫文。純一案俞說是。曹本同。今據補。莊子人閒世、是以火救火。以水救水。名之曰益多。可爲墨子取譬之證。其說將必無可焉。

是故子墨子曰、兼以易別。別則損人利己。罪惡叢生。兼則萬物一體。天下歸化。淮南子原道訓云、得一之道。而以少正多。(注、而能也。)能以寡統衆。義可互明。然卽兼之可以易別之故何也。曹本卽作則。曰、藉爲人之國若爲其國。夫誰獨舉其國以攻人之國者哉。爲彼由爲己也。彼下舊衍者字、據下二句刪。孔子曰、己所不欲。勿施於人。耶穌曰、欲人如何待己。先當如何待人。人己兼利一也。畢云、由、同猶。爲人之都尹云、說文、有先君之舊宗廟曰都。周禮邦都之賦注、邦都五百里。若爲其都。夫誰獨舉其都以伐人之都者哉。爲彼猶爲己也。爲人之家若爲其家。夫誰獨舉其家以亂人之家者哉。爲彼猶爲己也。卽彼卽己。故愛彼卽愛己。孟子曰、殺人之父、人亦殺其父。殺人之兄、人亦殺其兄。然則非自殺之也、一閒耳。可反證。然卽國都不相攻伐、人家不相亂賊。都與家爲韻。伐與賊爲韻。此天下之害與。卽必曰天下之利也。姑嘗本原若衆利之所自生。此胡自生。此自惡人賊人生與。卽必曰非然也。必曰從愛人利人生。分名乎天下愛人而利人者。別與兼與。卽必曰兼也。兼之利天下如此、是宗義圓成。所立兼名、不可動搖矣。然卽之交兼者、果生天下之大利者與。是故子墨子曰、兼是也。立兼。所謂兼者、無人相。無我相。離一切法差別之相。畢竟平等。唯一眞心而已。且鄉吾本言曰、畢云、鄉、曏字省文。說文云、曏不久也。鄭君注儀禮云、曏曩也。仁人之事者、畢本事譌是、孫據道藏本正、陸本唐本同。必務求興天下之利。除天下之害。今吾本原兼之所生。天下之大利者也。舊脫也字、孫據道藏本補。王樹枏云、萬歷本有也字。純一案陸本唐本並有也字。吾本原別之所生。天下之大害者也。是故子墨子曰、別非而兼是者、出乎若方也。畢云、乎舊作平、以意改。王樹枏云、萬歷本正作乎。孫云、樂記鄭注云、方猶道也。純一案以上言天下衆害生於別。大利生於兼。故必以兼易別。

今吾將正求興天下之利而取之。興舊譌與、蘇云、與當作興。王樹枏云。萬歷本作求興。與字誤。純一案陸本亦作興。今據正。取讀若聚。以兼爲正。正與政同。是以聰耳明目、相爲視聽乎。爲從畢本、陸本唐本同。孫本作與。舊本是下衍故字。孫據道藏本刪。王樹枏云、萬歷本作是以。與下句一律。焦竑校本同。純一案陸本唐本並同。天下一人。視周聽遠。是以股肱畢強、孫云、畢與中篇云畢劫有力義同。相爲動宰乎。畢云舊動下有爲字、一本無。純一案曹本如此。尙同中篇云、使人之耳目助己視聽。使人之股肱助己動作。義同。所謂有力相營也。羣力相資。自能勝物。禮運云、力惡其不出於身也。不必爲己。可互證。而有道肆相教誨。孫云、爾雅釋言云、肆、力也。文選東京賦厥庸孔肆。薛綜注云、肆、勤也。言勤力相教誨。純一案自覺覺他。所謂有道相教也。伊尹曰、予天民之先覺者也。予將以斯道覺斯民也。非予覺之而誰也。其自任天下之重。與墨氏同。是以老而無妻子者、有所侍養以終其壽。俞云、侍當爲持、古書多言持養。淺人不達而改爲侍、非是。純一案侍養亦古義。幼弱孤童之無父母者、有所放依以長其身。所謂有財相分也。禮記禮運云、人不獨親其親不獨子其子。使老有所終。幼有所長。論語公冶篇曰、老者安之。少者懷之。孟子梁惠王篇曰、老吾老以及人之老。幼吾幼以及人之幼。義並同。足證儒墨之道不二也。今唯毋以兼爲正。舊本今譌令、蘇云、令當作今。孫據道藏本正。陸本唐本同。戴云、毋語詞。卽若其利也。戴云、若、此也。純一案此在因明、謂之眞能立。柏拉圖之共和國、克魯巴金之互助論、皆一兼之士苴也。不識天下之士、畢云、舊作事、一本如此。所以皆聞兼而非之者。之字舊脫、從孫校補。其故何也。也邪同。以上列舉以兼爲政之利。甚以天下之非兼者爲可怪。

然而天下之士非兼者之言猶未止也。曰兼卽善矣。兼字舊脫。陶云、卽善矣上、當有兼字。中篇云、乃若兼則善矣。本篇下文云、兼卽仁矣。義矣。皆其證也。純一案陶說是。今據補。雖然、豈可用哉。子墨子曰、用而不可、雖我亦將非之。雖我舊作難哉、王云、難哉二字、與下文義不相屬。難哉當爲雖我、字之誤也。言兼愛之道、如其用而不可、則雖我亦將非之也。蘇校同。孫據正。且焉有善而不可用者。尹云、焉、安也。姑嘗兩而進之。設以爲二士。設舊作誰、王引之云、誰字義不可通、誰當爲設。言設爲二士於此、而使之各執一說也。隸書設誰二形略相似、故誤。純一今據正。使其一士者執別。使其一士者執兼。是故別士之言曰、劉云、別士指楊朱學派言。吾豈能爲吾友之身若爲吾身、爲吾友之親爲吾友陸本譌作若爲友。若爲吾親。是故退睹其友、飢卽不食、寒卽不衣、陳澧東塾讀書記云、此謂友飢而不餽以食。友寒而不贈以衣也。疾病不侍養、王樹枏云、或謂侍當爲持、此自爲侍養、侍養於疾病意尤合。不可據他書持養字改此。死喪不葬埋。畢云、當爲薶。說文云、薶、瘞也、玉篇云、埋與薶同。本書或作貍。別士之言若此、行若此。兼士之言不然、行亦不然、曰、吾聞爲高士於天下者、必爲其友之身若爲其身、爲其友之親若爲其親。是藉世間有漏之仁道。莊嚴一兼無外之諦理。劉云、墨子之旨、在於去彼我對待之詞。雖耶教之視人如己。不是過也。然後可以爲高士於天下。舊脫於字、畢云、一本有。孫云、有者是也、今據增。是故退睹其友、飢則食之、寒則衣之、疾病侍養之、死喪葬埋之。兼士之言若此、行若此。若之二士者、舊無士字、畢云、一本有士字是。孫據增。純一案之、是也。言相非而行相反與。常使若二士者、常舊作當、戴云、依下文當宜作常。王樹枏云、與如也。常誤爲當。萬歷本作常。與下文一律。純一今據正。王引之云、若此也。言必信、行必果、使言行之合、猶合符節也。尹云、周禮門關用符節注、如今宮中諸官詔符也。說文符、信也。漢制以竹長六寸。分而相合。無言而不行也。然卽敢問今有平原廣野於此、被甲嬰冑、孫云、漢書賈誼傳顏注云、嬰、加也。將往戰、死生之權、孫云、權疑當作機。純一案權衡、喻生死無定。未可識也。又有君大夫之遠使於巴越齊荊、孫云、左傳桓九年杜注云、巴國、在巴郡江州縣。常璩華陽國志云、巴、黃帝高陽之支庶。世爲侯伯。周武王克商。封其宗姬於巴。爵之以子。七國稱王。巴亦稱王。周愼王五年、秦遣張儀司馬錯伐蜀、滅之。因取巴執王以歸。置巴郡。尹云、有同右。助也。爲也。巴國名、在今四川江北縣西。往來及否未可識也。舊本重及否未三字。孫從王校刪。然卽敢問不識將惡也、俞云、惡下脫從字、將惡從也、猶云將何從也。下文曰不識將擇之二君者將何從也。是其證。孫云、俞校近是。據此則下文家室上當有脫文。王樹枏云、此句與上下文義不貫。萬歷本無敢問不識惡也六字。焦竑校本亦然。今從之。純一案繹史引作然卽將三字、竊以奉承親戚、與提挈妻子對文。上冒然卽將家室五字、語意頗不完。此文疑本作然卽敢閒有家室者、將惡從奉承親戚提挈妻子而寄託之。今本不識二字、涉下而衍。從譌也。家室上脫有字。下脫者字。又倒著將惡下。故義不可通。家室奉承親戚、錢大昕云、古人稱父母爲親戚。大戴禮記曾子疾病篇、親戚既沒。雖欲孝誰爲孝。孟子盡心篇、人莫大焉亡親戚君臣上下。孫云、錢說是也。亦見節葬下非命上中篇。提挈妻子而寄託之。尹云、挈、持也。不識於兼之有是乎、於別之有是乎。戴云、有字皆友之聲誤。王本有皆作友。王景羲云、魯論學而篇、有朋自遠方來。釋文、集解本有一作友。荀子大略、友者所以相有也。道不同、何以相有也。楊倞注、有友同義。純一案有友並從又得聲、故義可相通。我以爲當其於此也、我舊本譌哉、孫從王蘇二校正。天下無愚夫愚婦、雖非兼之人、必寄託之於兼之有是也。王樹枏云、兼之有當爲兼之人。天下無愚夫愚婦雖非兼之人。必寄託之於兼之人是也。與下天下無愚夫愚婦雖非兼君必從兼君是也。句法皆一律。兼之有涉上文而誤。吳摯甫曰、有友同字、兼之有者、兼之友也。上兩兼之有並同。此言而非兼、擇卽取兼、卽此言行費也。畢本費改拂、云舊作兼費、一本如此。王云、古者拂與費通。不煩改字。大雅皇矣篇、四方以無拂。鄭箋曰、拂猶佹也。中庸、君子之道費而隱。注曰、費猶佹也。釋文、費本又作拂。同。扶弗反。是其證。顧說同。不識天下之士、所以皆聞兼而非之者、其故何也。以上言雖非兼者、必寄託家室於兼之友。是卽擇友破別立兼。

然而天下之士、非兼者之言猶未止也。曰、意可以擇士而不可以擇君乎。乎舊作子。王云、子當爲乎、字之誤也。乎與意文義相承。下文曰、意不忠親之利而害爲孝乎、是其證。孫據正。純一案晏子春秋問上篇云、臣雖賤、亦得擇君而事之。姑嘗兩而進之、設以爲二君。設舊譌誰、從王校改。使其一君者執兼、使其一君者執別。下其字舊脫、孫據道藏本補。王樹枏云、萬歷本、焦竑校本、使下有其字。與上文一律。案陸本唐本下句並有其字。是故別君之言曰、舊本脫曰字、孫據道藏本補。案陸本唐本並有曰字。吾惡能爲吾萬民之身若爲吾身。舊本脫若字、孫據道藏本補。案陸本唐本同。此泰非天下之情也。畢云、泰一本作大。人之生乎地上之無幾何也。尹云、言人生不久。秦策、居無幾何。譬之猶駟馳而過隙也。畢本隙改郤、云郤舊作隙、據文選注引作郤。云古隙字。郤卽郤也。說文云、隙、壁際孔也。郤、節郤也。節郤言節之會。亦際縫之意。皆通。孫云、隙郤通。不必改。三年問云、若駟之過隙、鄭注云、喻疾也。莊子知北游篇云、人生天地之間。若白駒之過郤。忽然而已。釋文云、郤本亦作隙。隙孔也。又盜跖篇云、天與地無窮。人死者有時。操有時之具、而託於無窮之閒。忽然無異騏驥之馳過隙也。是故退睹其萬民。飢卽不食。寒卽不衣。王本卽並作則。疾病不侍養。死喪不葬埋。別君之言若此。行若此。兼君之言不然。行亦不然。曰、吾聞爲明君於天下者。必先萬民之身畢云、先舊作萬、一本如此。後爲其身。晏子春秋問下十一章云、先民而後身。義同。然後可以爲明君於天下。是故退睹其萬民。畢云舊脫其字、以意增。飢卽食之。寒卽衣之。疾病侍養之。死喪葬埋之。兼君之言若此。行若此。若之二君者。若之上舊衍然卽交三字、戴云、然卽交三字無義。當是衍文。純一案戴校是也。上文兼士之言若此行若此若之二士者、與此相對成文。中閒無然卽交三字可證。今據刪。言相非。而行相反。與常使若二君者。與、如也。屬下讀。若、此也。言必信。行必果。使言行之合、猶合符節也。無言而不行也。然卽敢問今歲有癘疫。萬民多有勤苦凍餒。畢云、當作餧。轉死溝壑中者。孫云、孟子公孫丑篇云、凶年饑歲。子之民老羸轉於溝壑。趙注云、轉、轉尸於溝壑也。國語吳語云、子之父母將轉於溝壑。韋注云轉、入也。逸周書大聚篇云、死無傳尸。淮南子主術訓、作轉尸。高注云、轉、棄也。案高說爲允。既已衆矣。不識將擇之二君者、將何從也。我以爲當其於此也、天下無愚夫愚婦、雖非兼者。舊譌君、王校改者。云涉上下文兼君而誤。必從兼君是也。言而非兼。擇卽取兼。畢云、二字舊脫、據上文增。卽此言行拂也。卽字舊脫。孫云、以上文校之、句首仍當有卽字。因兩卽相涉而誤挩耳。純一今據補。不識天下之士、二字舊脫、據上文補。所以皆聞兼而非之者。其故何也。以上言雖非兼者、必從兼君。是卽擇君破別立兼。然而天下之士、非兼者之言舊衍也字、據上文刪。王本無。猶未止也。畢云、猶舊作獨、一本如此。曰、兼卽仁矣義矣。雖然。豈可爲哉。吾譬兼之不可爲也。猶挈泰山以超江河也。畢云、泰一本作太。孫云、中篇作譬若挈太山越河濟也。非攻中篇、備梯篇、又並作大山。故兼者直願之也。王樹柟云。直、特也。言兼者、特願之而已。豈可爲之物哉。尹云、直、但也。顧、思也。夫豈可爲之物哉。尹云、物、事也。子墨子曰、夫挈泰山以超江河。尹云、孟子挾泰山以超北海、語出於此。自古及今、古下舊衍之字、從戴校刪。王樹柟云、萬歷本、焦竑校本、並無之字。生民而來、未嘗有也。今若夫兼相愛。交相利。此自先聖四王者親行之。四舊譌六、孫云、下文止有四王。此六疑四篆文之誤。下同。曹校同。今據正。尹云、者同諸、皆也。何以知先聖四王之親行之也。以字舊脫、從畢校據太平御覽增。子墨子曰、吾非與之並世同時、親聞其聲見其色也。以其所書於竹帛、鏤於金石、琢於槃盂、孫云、文選廣絕交論李注引云、琢之盤盂、銘於鐘鼎、傳於後世。疑兼用魯問篇文、呂氏春秋求人篇云、功績銘乎金石、著於盤盂、高注云、金、鐘鼎也。石、豐碑也。盤盂之器、皆銘其功。傳遺後世子孫者知之。畢云、遺、劉逵注左思賦引作于。孫云、天志中非命下及貴義魯問四篇、皆作遺。劉引非。泰誓曰、孫云、尙同下篇、天志中篇、非命上中下篇、並作大誓。此作泰、與今僞孔本同。疑後人所改。文王若日若月乍照。王闓運云、句。孫星衍云、乍古與作通。光于四方于西土。于舊本並作於、孫據道藏本改。畢云、孔書云、唯我文考。若日月之照臨。光於四方。顯於西土。卽此言文王之兼愛天下之博大也。譬之日月兼照天下之無有私也。尹云、記云、日月無私照。卽此文王兼也。雖子墨子之所謂兼者、孫云、雖與唯通、下並同。於文王取法焉。且不唯泰誓爲然、唯舊本作惟、孫據道藏本改。雖禹誓畢云、大禹謨文、云禹誓者、禹之所誓也。孫云、今大禹謨出僞古文。卽采此書爲之。惠棟云、臯陶謨、言苗頑勿卽功。則舜陟後、禹當復有征苗誓師之事。卽亦猶是也。禹曰、濟濟有衆。孫云、孔安國云、濟濟、衆盛之貌。咸聽朕言。畢云、孔書作命。非惟小子敢行稱亂。孫云、孔安國云、稱、舉也。畢云、孔書無此八字。蘇云、二語今見湯誓。惟作台。尹云、惟同台我也。蠢茲有苗。孫云、爾雅釋訓云、蠢、不遜也。孔安國云、蠢、動也。用天之罰。畢云、孔書無此四字。尹云、用行也。若予既率爾羣封諸君以征有苗。舊封誤對、君誤羣、畢云、孔書作肆予以爾衆士奉辭伐罪。羣猶衆。惠棟云、羣猶君也。周書大子晉云、侯能成羣謂之君。堯典言羣后。蘇云、羣字疑誤。或爲辟。辟、君也。孫云、惠說近是。此羣對諸羣、當讀爲羣封諸君。封與邦古音近通用。封對形近而誤。羣封諸君、言衆邦國諸君也。純一案孫說是也。今據正。胡云、書序無禹誓篇名。唐正義本大禹謨云、禹乃會羣后誓于師曰。濟濟有衆。咸聽朕命。蠢茲有苗。昏迷不恭。是僞古文襲此文、而去其非惟小子二句。以避湯誓之同文。蓋謂夏書無禹誓。乃隱度爲禹謨之詞。禹征有苗事、不見於史記夏本紀。而韓詩外傳三言有苗不服。禹請伐之。而舜不許。曰吾喻敎猶未竭也。久喻敎而有苗請服。天下聞之、皆薄堯之義。而美舜之德。鹽鐵論論功篇、說略同。僞古文實本此說、取禹誓羼入禹謨。惠氏棟王氏鳴盛皆云穀梁（隱八年傳）荀子並稱誥誓不及五帝。誓始於禹。舜時未有也。然則禹謨在虞書。墨子引禹誓。自當在夏書。且禹攻有苗。墨子已詳之。非攻下篇、昔者有三苗大亂云云、蓋稱舜爲高陽命禹征苗也。史遷但據百篇之序、故不紀其事。墨子得覩百篇之文、故能舉其詞。三苗之反側不安、不止一時一事。禮記鄭注云、舜征有苗而死。以是推之。禹之征苗。在禹時亦必有之事。墨子非攻篇、述征苗之事在舜時。此篇述誓師之詞在夏書。墨氏詳於夏道。隨事稱引。固不必以虞時不應有誓而致疑也。禹之征有苗也、非以求重富貴、求下舊衍以字、從戴校刪。王樹枏云、萬歷本無。干福祿。孫云、詩大雅假樂篇、干祿百福。鄭箋云、干求也。樂耳目也。以求興天下之利。除天下之害。即此禹兼也。雖子墨子之所謂兼者、於禹取法焉。取法、舊作求、孫云、以上下文校之、當作取法、純一據正。且不唯禹誓爲然、唯舊本亦作惟、孫據道藏本改。雖湯說即亦猶是也。孫云、周禮大祝六祈六曰說。鄭注云、說以辭責之、用幣而已。此下文亦云以祠說於上帝鬼神。若然、則說禮毀時已有之。論語堯曰篇集解孔安國云、墨子引湯誓。國語周語內史過引湯誓、與此下文略同。韋注云。湯誓、商書。伐桀之誓也。今湯誓無此言、則已散亡矣。案孔安國引此作湯誓、或兼據國語文。尚賢中篇引湯誓、今書亦無之。湯曰。畢云、今湯誥文。惟予小子履、畢云、孔書作肆台小子。孫云、論語堯曰篇、無惟字。孔注云、履、殷湯名。此伐桀告天之文。案孔以此爲伐桀時事。白虎通義三正篇及周語韋注說同。然據此後文、則是湯禱旱之辭。孔說蓋誤。大戴禮記少閒篇云、乃有商履代興。白虎通義姓名篇云、湯王後更名爲子孫法。本名履也。敢用玄牡、告於上天后。畢云、孔書作上天神后。孫云、論語作敢昭告於皇皇后帝。孔注云、殷家尚白。未變夏禮、故用玄牡。皇、大。后、君也。大大君帝、謂天帝也。白虎通義三正篇云、論語曰予小子履云云、此湯伐桀告天以夏之牲也。與論語孔注說同。御覽八十三引帝王世紀載此文、作告於上天后土。疑此后下、亦脫土字。曰、今天大旱。卽當朕身履。孫云、帝王世紀云、湯自伐桀後、大旱七年。禱於桑林之社。其辭如此。畢云、詳此文是湯禱旱文。孔書亦無此十字。胡云、書夏社序疏引鄭君說、當湯伐桀之時。大旱致災。與此文言大旱合。未知得罪于上下。畢云、孔書作未知獲戾於上下。尹云、上天下地。有善不敢蔽。有罪不敢赦。簡在帝心。孫云、僞湯誥云、爾有善、朕弗敢蔽。罪當朕躬、弗敢自赦。惟簡在上帝之心。孔傳云、所以不蔽善人、不赦己罪、以其簡在天心故也。孔疏云、鄭玄注論語云、簡閱在天心、言天簡閱其善惡也。畢云、皆與孔書微異。萬方有罪。卽當朕身。朕身有罪。無及萬方。畢云、俱與孔書微異。孔安國注論語云、墨子引湯誓其辭若此。國語周語內史過引湯誓云、余一人有罪、無以萬夫。萬夫有罪、在余一人。孫云、孔安國云、無以萬方、萬方不與也。萬方有罪、我身之過。羣書治要引尸子綽子篇云、湯曰、朕身有罪、無及萬方。萬方有罪、朕身受之。帝王世紀云、萬方有罪、罪在朕躬、朕躬有罪、無及萬方。無以一人之不敏、使上帝鬼神傷民之命。並與此文小異。僞湯誥云、其爾萬方有罪、在予一人。予一人有罪、無以爾萬方。孔傳云、在予一人、自責化不至。無用爾萬方、言非所及。卽此言湯貴爲天子富有天下。然且不憚以身爲犧牲。以祠說于上帝鬼神。孫云、呂氏春秋順民篇云、昔者湯克夏而正天下。天大旱五年不收。湯乃身禱於桑林曰、余一人有罪、無及萬夫。萬夫有罪、在余一人。無以一人之不敏、使上帝鬼神傷民之命。於是翦其爪。鄽其手。以身爲犧牲。用祈福於上帝。與此文合。則湯說卽禱桑林之辭也。御覽八十三引尸子及帝王世紀說與呂略同。胡云、尙書大傳云、湯伐桀之後、大旱七年。史卜曰、當以人爲禱。湯乃翦髮斷爪。自以爲牲而禱於桑林之社。卽墨子云以身爲犧牲以祠之說。卽此湯兼也。雖子墨子之所謂兼者、於湯取法焉。且不惟禹誓與湯說爲然。禹誓舊作誓命。孫云、誓命依上文當作禹誓。漢書藝文志、禹作㕣。顏注云、古禹字。此書多古字、蓋亦作㕣。與命相似而譌。校者不悟。又移著誓下。遂與上文不合矣。純一案孫說是也。今據正。雖周詩卽亦猶是也。雖字舊脫、據上文補。周詩曰、王道蕩蕩。不偏不黨。王道平平。不黨不偏。蘇云、見書洪範篇、四不字作無。茲稱周詩、或有據。孫云、洪範云、無偏無黨。王道蕩蕩。無黨無偏。王道平平。僞孔傳云、蕩蕩言開闢。平平言辯治。呂氏春秋貴公篇高注云、蕩蕩、平易也。史記張釋之馮唐傳、說苑至公篇引書、無並作不、與此同。古詩書亦多互稱。戰國策秦策四引詩云、大武遠宅不涉。卽逸周書大武篇所云遠宅不薄。可以互證。純一案蕩黨平偏並叶韻。古音譜十六庚上聲引此、蕩黨諧。又七眞引此、平偏諧。其直若矢。其易若底。君子所履。小人所視。舊作之所履之所視、蘇云、詩大東篇、作周道如砥。其直如矢。下無雨之字。純一今據刪。矢厎履視爲韻。古音諧五齊上聲引此。孫云、親士篇云、其直如矢。其平如砥。厎仍作砥、與毛詩同。小雅大東毛傳云、如砥、貢賦平均也。如矢、賞罰不偏也。鄭箋云、此言古者天子之恩厚也。君子皆法傚而履行之。其如砥矢之平。小人又皆視之共之無怨。孟子萬章篇引詩、砥亦作厎。字通。趙注云、厎、平。矢、直。視、比也。周道平直、君子履直道小人比而則之。案厎道藏本作底譌。說文厂部云厎、柔石也。重文作砥。又广部云、底、山居也。下也。二字迥別。今經典多互譌。 若吾言非語道之謂也。也讀若邪。 古者文武爲正。孫云、正與政同。 均分。尹云、均分則公。 賞賢罰暴。勿有親戚弟兄之所阿。孫云、呂氏春秋高義篇高注云、阿、私也。 卽此文武兼也。雖子墨子之所謂兼者、於文武取法焉。不識天下之士。士舊作人、據上下文改。 所以皆聞兼而非之者、其故何也。以上言兼非不可爲。先聖四王親行之。卽藉聖王以立兼。

然而天下之士、非兼者之言猶未止也。士字、也字舊脫、據上文增。曰意不忠親之利而害爲孝乎。蘇云、忠當作中、讀去聲。戴云、中當訓爲得。曹云、此卽孟子書中墨氏兼愛是無父也之說。 子墨子曰、姑嘗本原之孝子之爲親度者。尹云、度、謀也。 吾不識孝子之爲親度者、亦欲人之愛利其親與。之字舊脫、從蘇校、並據下句補。 意欲人之惡賊其親與。蘇云、意讀如抑。下文亦然。 以說觀之。尹云、說同閱。謂其所閱歷者。 卽欲人之愛利其親也。然卽吾惡先從事、卽得此。然下卽字、曹本王本尹本並作則、尹云。惡、何也。 若我先從事乎愛利人之親、然後人報我以愛利吾親乎。以字舊脫、從孫校補。 意我先從事乎惡賊人之親、俞云、惡下脫賊字、當據上文補。王樹枏云、萬歷本有賊字。純一今據補。曹本同。 然後人報我以愛利吾親乎。卽必吾先從事乎愛利人之親、卽曹本作則。 然後人報我以愛利吾親也。此破論敵無父之說以立兼。 然卽之交孝子者、曹本卽作則。王闓運云、卽、則。之、是。孫云、之交孝子、猶上云交兼交別。 果不得已乎毋先從事愛利人之親者與。毋、語詞。意以天下之孝子爲遇。畢云、一本作偶、孫云、遇當爲愚。同聲叚借字。而不足以爲正乎。尹云、正善也。姑嘗本原之之字舊本脫。孫據道藏本補。案陸本唐本並有之字。先王之書、舊作之所書、孫云、所字疑衍。尚同中篇云、是以先王之書周頌之道之曰、是其證。純一今據刪。大雅之道曰、道上舊衍所字、今校刪。無言而不讐。無德而不報。讐報義同。孫云、大雅抑毛傳云、讐、用也。鄭箋云、敎令之出如賣物。物善則其售賈貴。物惡則其售賈賤。蘇云、大雅抑篇、無兩而字。投我以桃、報之以李。孫云、鄭箋云、此言善往則善來。人無行而不得其報也。投猶擲也。卽此言愛人者必見愛也。孟子離婁下、愛人者人恆愛之。本此。而惡人者必見惡也。此卽釋氏因果之理。不識天下之士、所以皆聞兼而非之者、其故何也。舊本兼作愛、誤。孫據道藏本正。案陸本唐本同。曹云、孝經曰、愛親者不敢惡於人。又曰、先之以博愛。而民莫遺其親。又曰、合萬國之懽心、以事其先王。得人之懽心、以事其親。又曰、事親者居上不驕。爲下不亂。在醜不爭。又曰、敬其父則子悅。敬其兄則弟悅。又曰、敎以孝、所以敬天下之爲人父者。大抵聖人之所謂孝者。必能兼愛天下之人。而後能盡乎孝之量。墨子之說。與孝經之旨。有相合。無相違也。陋儒以自私自利之心。窺測聖道。於身則私其身。於家則私其家。損人利己。以是爲孝。固與孝經之旨。顯相乖剌。反以墨子兼愛爲無父之說。墨子蓋亦預料後世儒者、必有以無父之說抵拒聖敎者、故設爲疑難之語而明辯之。其詞反復婉曲。極天理人情之至。絕無辯士矜張之習。實仁人之言也。言當理者。自不可破。學者愼毋爲孟子所惑。純一案以上言愛利人之親卽是愛利吾之親。所謂大孝不匱。蓋破非兼者之謬執也。

意以爲難而不可爲邪。嘗有難此而可爲者。難此、言更難於此。昔荊靈王好小要。畢云、舊作腰、非。純一案中篇作楚靈王好士細要。當靈王之身、生存時。荊國之士、飯不踰乎一⿷匚古。⿷匚古舊譌固、畢云、固一本作握。純一案說文古籀補五、載曾伯黎簠作⿷匚古。虢叔簠作[illegible]。鄦子妝簠作[illegible]。虢叔作叔殷敦簠作[illegible]。謂皆古簠字。據此知墨書固本作⿷匚古或作[illegible]。後人不識其字、以爲缺畫寫作固。一本以爲固不可通、又改作握。遂失其義。⿷匚古、食器也。今正。據而後興。孫云、說文手部云、據、杖持也。扶垣而後行。故約食爲甚難爲也。甚舊作其、俞云、其當作甚、下二句並同。甚難爲、卽至難爲也。下文曰、是故約食焚舟苴服。此天下之至難爲也。是其證。純一案俞說是。今並據正。然後爲而靈王說之。

孫云、後當作衆。中篇云、若苟君說之。則衆能爲之。是其證。下並同。王景羲云、此倒語例。猶云靈王說然後爲之也。後非譌字、篇中三見、並同。純一案此猶云然後爲靈王而說之。楚策一曰、昔者先君靈王好小要。楚士約食。馮而能立。式而能起。食之可欲。忍而不入。死之可惡。就而不避。未踰於世、而民可移也。孫云、踰當作渝、下並同。爾雅釋言云、渝、變也。言世未變、而民俗已爲之移也。非命上篇云、此世未易。民未渝。在於桀紂則天下亂。在於湯武則天下治。又中篇云、此世不渝而民不改。上變政而民易教。又下篇云、此世不渝而民不易。上變政而民改俗。此云未渝於世、猶彼云世不渝也。純一案孫說是也。但不必破踰作渝。踰逼作逾。越也。未踰於世而民可移、言世猶是世而民已移。尹云、未踰於世。言其不久。卽求以鄉其上也。此證兼不難行者一。孫云、鄉與向字通。昔者越王句踐好勇。教其士臣三年。以其知爲未足以知之也。蘇云、上知字當讀如智。焚舟失火。孫云、舟疑當作內。詳上篇。鼓而進之。其士偃前列。孫云、廣雅釋詁云、偃、僵也。儀禮鄉射禮鄭注云、偃、猶仆也。尹云、伏而覆曰仆。仰而倒曰偃。伏水火而死者、不可勝數也。者舊譌有、王云、有字文義不順。有當爲者、字之誤也、中篇曰、士聞鼓音。破碎亂行。蹈火而死者。左右百人有餘。是其證。蘇校同。今據正。當此之時、不鼓而退也。孫云、退上疑捝不字。謂士爭進前赴火、雖止不鼓、而仍不肯退也。純一案而卽不之譌。越國之士、可謂顫矣。尹云、顫同擅。嫥壹也。故焚身爲甚難爲也。然後爲之越王說之。畢云、上之字、據前後文當爲而。未踰於世、而民可移也。卽求以鄉其上也。其字舊脫、王樹枏云。萬歷本鄉下有其字。與上下文一律、純一今據補。此證兼不難行者二。昔者晉文公好苴服。孫云、苴粗字通。猶中篇云惡衣。當文公之時、晉國之士、大布之衣。孫云、左閔二年傳、衞文公大布之衣。杜注云、大布、麤布。淮南子齊俗訓許注義同。牂羊之裘。練帛之冠。孫云、二句中篇同。且苴之屨。畢云、且當爲粗。王云、且苴卽麤粗。麤、倉胡反。粗、才戶反。廣雅釋詁、粗麤大也。孫云、王說是也、春秋繁露俞序篇云、始於麤粗。終於精微。晏子春秋諫下篇云、縵密不能蔍苴。論衡量知篇云、夫竹木麤苴之物也。說文角部云、觕、角長貌。讀若麤。觕與且苴、並聲近字通。入見文公。出以踐之朝。故苴服爲甚難爲也。然後爲而文公說之。未踰於世、而民可移也。卽求以鄉其上也、此證兼不難行者三。是故約食焚身苴服身舊譌舟、從孫校。此天下之至難爲也。然後爲而上說之。未踰於世。而民可移也。何故也。卽求以鄉其上也。今若夫兼相愛。交相利。舊本脫愛交相三字、孫依王校補。此其有利且易爲也。不可勝計也。我以爲則無有上說之者而已矣。苟有上說之者、勸之以賞譽。威之以刑罰。我以爲人之於就兼相愛交相利也。蘇云、於就當作就於。孫云、於就不誤。譬之猶火之就上、水之就下也。不可防止於天下。兼利天下。已在利中。眞利所在。誰不爭赴。以上言約食焚身苴服甚難爲。衆且爲上而說之。況兼愛利大且易爲、苟有上說之者、將人之就兼、不可防止於天下。蓋破敵難以立兼。

故兼者、聖王之道也。王公大人之所以安也。萬民衣食之所以足也。故君子莫若審兼而務行之。爲人君必惠。爲人臣必忠。爲人父必慈。爲人子必孝。爲人兄必友。爲人弟必悌。畢云、當爲弟、此俗寫。故君子若欲爲惠君忠臣慈父孝子友兄悌弟。若上舊有莫字、王云、若欲爲惠君忠臣云云、若上不當有莫字。蓋涉上文莫若而衍。純一今據刪。當若兼之不可不行也。孫云、當若猶言當如。詳尙同中篇。此聖王之道。而萬民之大利也。結勸行兼利大。

墨子以世間萬罪之源。由偏計物我別執而起。兼以易之。則小我假我之妄除。大我無我之眞見。天地萬物、總於一兼。欲惡生死、泯於本無。內聖外王、道在是矣。文子道德篇曰、兼愛無私。久而不衰。兼利無擇。與天地合。誠不刊之論。楊子爲我、遠非墨匹。孟子並而闢之、未免武斷。非惟門戶見陝、亦得之性道者甚膚也。

曹云、兼愛者、墨氏之學之宗旨也。前後之爲說凡數十篇。皆以助明兼愛之旨也。論語子貢問博施於民、而能濟衆、可謂仁乎。孔子曰、何事於仁。必也聖乎。堯舜其猶病諸。堯舜以聖人履天子之位。猶以博施濟衆爲病。墨子生於東周之世、位不能過中士、乃以兼愛爲教。其言盈天下。而不病堯舜之病者。抑何說哉。人之生於天壤之閒、其爲數不可紀者也。五行百產、天地所生以給人之食、供人之用者。雖曰無限、而不能無限者也。人惟自私其身、自私其所親、厚愛而厚養之。人人欲厚其養、則造物將不給於養。於是不能不虧人以自利、損不足以奉有餘。此大不平之事、天心之所甚惡也。墨者之教、在約己以濟人。周急不繼富。要使智愚強弱不齊之倫。並生並育於兩間而不相斷害。確乎視天下猶一家。萬物猶一體。而非虛有此志願也。仁之所以爲仁。聖之所以爲聖。天之所以爲天。墨氏盡之矣。堯舜禹湯文武周公仲尼、豈有異道哉。易傳曰、天之所助者順也。人之所助者信也。履信思乎順、又以尙賢也。是以自天祐之。吉无不利。其墨子之謂與。

釋太虛曰、兼愛者、倫業之本。而衆善之原也。愛非善也、亦非惡也。然偏愛則衆惡生焉。而兼愛則衆善出焉。故不善於愛、而善於兼愛者也。異哉孟軻、乃以兼愛罪墨子爲無父。然則孟軻之所謂有父者、豈必須憎惡天下人而後爲有父耶。世之陋儒皆於是而肆其狂詆、眞桀犬之吠耳。況墨子之所謂兼愛者、固明明曰君惠臣忠、父慈子孝。此與君君臣臣父父子子何異哉。又曰、子之孝其父者、尤願天下人之皆愛其父。欲天下人之皆愛其父、必將兼愛天下人之父。而後天下人乃皆愛其父。故兼愛者、所以成其大孝者也。以無父非孝罪墨子、非瞽目盲心者必不出此。

墨子集解卷五

漢陽張純一仲如

非攻上第十七

孫云、淮南子氾論訓高注云、非、猶譏也。純一案墨子兼愛。視人猶己。故非攻、以一天下之和。莊子天下篇曰、其道不怒。此非攻之神理。即釋氏怨親平等、景教愛敵如友之義。足見其胞與量宏也。老子曰、以道佐人主者、不以兵強天下。其事好還。師之所處、荆棘生焉。大軍之後、必有凶年。善者果而已。不敢以取強。又曰、兵者不祥之器。不得已而用之。樂殺人者、不可以得志於天下。吉事尚左。凶事尚右。偏將軍居左。上將軍居右。言以喪禮處之。殺人之衆。以哀悲泣之。戰勝以喪禮處之。皆其祕義。孟子曰、爭地以戰。殺人盈野。爭城以戰。殺人盈城。此所謂率土地而食人肉。罪不容於死。故善戰者服上刑。荀子議兵篇云、兵者所以禁暴除害也。非爭奪也。故仁人之兵。所存者神。所過者化。若時雨之降。莫不說喜。皆善學墨子者。莊子胠篋盜跖二篇、以盜國爲不義、與墨同。而務適性無爲以止盜、與墨異趣也。劉云、淮南說山訓云、大家攻小家則爲暴、大國攻小國則爲賢。約用此三篇之義。

今有一人入人園圃、畢云、說文云、園所以樹果。種菜曰圃。竊其桃李。喻一。衆聞則非之。上爲政者得則罰之。尹云、上、告也。得、獲也。此何也。以虧人自利也。至攘人犬豕雞豚者、喻二。孫云、穀梁成五年范甯注云、攘、盜也。其不義又甚入人園圃竊桃李。是何故也。以其虧人愈多。苟虧人愈多。其虧人愈多苟六字舊脫、從欒校補。其不仁茲甚。孫云、茲滋古今字。詳同上篇。罪益厚。尹云、厚重也。至入人欄廏、孫云、欄、即闌之借字。說文門部云、闌門遮也。廣雅釋室云、欄、牢也。畢云、說文無欄字。玉篇云、木欄也。尹云、闌、牛閑。廏、馬舍。取人馬牛者、喻三。其不義又甚攘人犬豕雞豚。義上舊衍仁字、從孫校刪。此何故也。以其虧人愈多、苟虧人愈多、其不仁茲甚。罪益厚。至殺不辜人、扡其衣裘、人下舊衍也字、從王校刪。畢云、扡讀如終朝三拕之拕。陸德明音義云、褫、鄭本作拕。徒可反。扡即拕異文。孫云、說文手部云、拕、曳也。淮南子人閒訓云、秦牛缺徑於山中而遇盜。拖其衣被。許注云、拖、奪也。拖即拕之俗。取戈劍者、喻四。其不義又甚入人欄廏取人馬牛。此何故也。以其虧人愈多。苟虧人愈多、其不仁茲甚矣。罪益厚。當此天下之君子、畢云、舊脫此字、據後文增。皆知而非之、謂之不義。今至大爲不義攻國。不義二字舊脫、從畢校據後文增。則弗知非。畢云、知一本作之、舊脫非字、據後文增。孫云、道藏本季本並不挩。王樹枏云、萬歷本有非字。純一案陸本唐本並有。從而譽之、謂之義。此可謂知義與不義之別乎。可舊本作何、畢云、一本作可是、孫據正。純一案別辯義同。以上連設四喻。明攻國爲大盜。而天下之君子、反譽之爲義。

殺一人謂之不義、必有一死罪矣。孫云、荀子正論篇云、殺人者死。傷人者刑。是百王之所同也。尹云、殺人當抵。呂覽去私、墨子之法。曰殺人者死。傷人者刑。若以此說往、殺十人、十重不義、必有十死罪矣。殺百人、百重不義、必有百死罪矣。當此天下之君子、皆知而非之、謂之不義。今至大爲不義攻國、則弗知非。舊本知作之、下又衍而字、畢云、一本無而字是。王云、之當爲知。俗音知之相亂、故知譌爲之。上文皆知而非之、正與弗知非相對。且上下文皆作弗知非、則之爲知之誤明矣。孫據王校正。從而譽之、謂之義。情不知其不義也、王云、情誠通用。故書其言以遺後世。王闓運云、若孫子吳子。若知其不義也、夫奚說書其不義以遺後世哉。畢云、奚說、猶言何樂。孫云、奚說、言何辭以解說也。純一案以殺人愈多愈不義。斥攻國遺後之妄。

今有人於此、少見黑曰黑、多見黑曰白、則必以此人爲不知白黑之辯矣。必字爲字舊脫、從孫校依下文補。少嘗苦曰苦、多嘗苦曰甘、則必以此人爲不知甘苦之辯矣。今小爲非、則知而非之。大爲非攻國、則不知非。舊本不知下衍而字。孫據王蘇校刪。從而譽之謂之義。畢云、舊之謂二字倒、一本如此。此可謂知義與不義之辯乎。舊本可上脫此字、又謂誤爲。畢云、一本作謂是。孫云、道藏本可上有此字。爲正作謂。今據補正。季本謂亦不誤。是以知天下之君子、舊衍也字、從孫校刪。辯義與不義之亂也。以多見黑曰白、多嘗苦曰甘、喻以大不義爲義之顚倒。

曹云、此篇首末疑均有闕文。竊考中篇之首子墨子言曰古者王公大人爲政於國家者情欲毁譽之審賞罰之當刑政之不過失是故凡三十五字。當在此篇之首。其篇中是故子墨子言曰古者王公大人情欲得而惡失欲安而惡危故當攻戰而不可不非也凡二十四字。當在此篇之末。純一案中篇之首三十五字及中間二十四字、均嫌其贅。移置此篇之首與末、義亦不串。

非攻中第十八

子墨子言曰、今者王公大人爲政於國家者、今舊作古、從王校改。情欲毁譽之審、毁字舊脫、從王校補。孫云、情亦與誠通。下並同。賞罰之當、刑政之不過失、王云、有脫文。下文曰今者王公大人。情欲得而惡失。欲安而惡危。故當攻戰而不可不非。是故子墨子曰、古者有語、尹云、語、說也。謀而不得、則以往知來、孫云、論語學而篇云、告諸往而知來者。以見知隱。司馬遷曰、易本隱而之顯。春秋推見至隱。謀若此、可得而知矣。今師徒唯毋興起、徒舊本誤徙。孫云、據道藏本正。毋語詞。冬行恐寒、夏行恐暑、此不可以冬夏爲者也。春則廢民耕稼樹藝、秋則廢民穫斂。此不可以春秋爲者也。九字舊脫、從孫校依上文補。司馬法仁本篇、戰道不違時。不歷民病。所以愛吾民也。冬夏不興師。所以兼愛民也。禮月令春夏不起兵。大旨均與此同。今國際戰事公法、無此文明。今唯毋廢一時、上不中天之利。則百姓飢寒凍餒而死者、不可勝數。今嘗計軍出、出舊譌上、孫云、嘗猶試也、下同。上字疑誤、當作出。國策齊策云、軍之所出。矛戟折鐶。弦絕傷弩。破車罷馬。亡失之大半。純一案孫說是也。今據改。下文反、正對出言。竹箭、羽旄、幄幕、畢云、說文云楃、木帳也。幄當从木。孫云、幄節葬下篇作屋。此俗字。周禮幕人鄭注云。在旁曰帷。在上曰幕。四合象宮室曰幄。甲、盾、撥劫、孫云、史記孔子世家索隱云、撥音伐、謂大盾也。劫未詳。疑當作⿰缶刀。古書从缶从去之字、多互譌。備蛾傅篇、法譌作⿰氵缶。此⿰缶刀譌作劫。可以互證。說文刀部云、⿰缶刀、刀把也、即禮記少儀之拊也。刀把或以木爲之。故有靡敝腐爛之患。往而靡弊腑冷不反者、畢云、往舊作住、一本如此。腑即腐字異文。冷爛音相近、當爲爛。孫云、戰國策秦策高注云、弊、壞也。尹云、禮記少儀、國家靡敝。疏謂財物靡散。腑冷、腐零也。言腐朽零落而不可用。不可、勝數、又與其矛、戟戈、劍、乘車、其字舊在車下、今乙。比列而往。往舊作住、畢以意改、今從之。比字而字舊脫、今據後文比列其舟車之衆增比字。並據下文與其牛馬肥而往增而字。碎折靡弊而不反者不可勝數與其牛馬肥而往、瘠而反。往死亡而不反者。王云、下往字涉上往字而衍。孫云、往字似不必刪。不可勝數與其涂道之脩遠。曹本作修遠。尹云、脩、長也。糧食輟絕而不繼。糧從陸本。畢本孫本俱作粮、畢云、粮俗。玉篇云、粮同糧。曹本王本尹本並作糧。孫云、周禮廩人、凡邦有師役之事。則治其糧與其食。鄭注云、行道曰糧。謂糒也。止居曰食、謂米也。孟子梁惠王篇云、師行而糧食。飢者弗食。勞者弗息。趙注云、行軍皆遠轉糧食而食之。尹云、輟、已也。猶止也。百姓死者。不可勝數也。與其居處之不安。食飲之不時。飲舊作飯、王云、食飯當爲食飲之誤。食飲不時見下篇。純一今據正。飢飽之不節。百姓之道疾病而死者。不可勝數。尹云、道、路也。史記平津侯主父傳、道路死者相望。喪師多不可勝數。喪師盡不可勝計。下不中人之利。則是鬼神之喪其主后。后、繹史引作後。孫云、后與後字通。亦不可勝數。中不中鬼之利。王制云、天子諸侯祭因國之在其地而無主後者。鄭注云、絕無後爲之祭主者。即此義。曹云、對外神言曰主。人爲神祇之主也。對祖考言曰后。后與後同。後嗣也。國家發政。奪民之用。廢民之利。若此甚衆。甚、曹本作其。王樹枏云、甚當爲其。然而何爲爲之。而同則。曰、我貪伐勝之名及得地之利。地字舊脫、從王本補。故爲之。子墨子言曰、計其所自勝、無所可用也。計其所得、反不如所喪者之多。尹云、喪、失也。今攻三里之城。七里之郭。孫云、雜守篇云、率萬家而城方三里。孟子公孫丑篇亦云、三里之城。七里之郭。戰國策齊策云、即墨三里之城。七里之郭。又作三里之城。五里之郭。攻此不用銳。攻此二字、疑衍。尹云、銳、利兵也。且無殺而徒得此然也。尹云、也同邪。殺人多必數於萬。寡必數於千。然後三里之城七里之郭且可得也。且、未定之詞。今萬乘之國。虛城數於千、畢云、虛、墟字正文。俗從土。舊無城字、孫云、虛下疑脫城字、下文云以爭虛城。純一今據補。不勝而入。畢云、舊作人、以意改。廣衍數於萬、尹云、衍、下平地也。言其本國之地荒人少。不勝而辟。畢云、此闕字之假音。入辟爲譬。然則土地者、所有餘也。天民者、所不足也。天舊作王、王云、王民二字。義不可通。當是士民之誤。士民與土地對文。下文王民同。純一案王說未允、王當爲天。草書形似而譌。下篇云、夫取天之人。（取聚同）以攻天之邑。此刺殺天民。可證。今正。法儀篇云、今天下無小大國、皆天之邑也。人無幼長貴賤、皆天之臣也。墨家上同於天。以民之於天。猶體分於兼。故莫非天民。今盡天民之死。嚴下上之患。尹云、嚴、急也。以爭虛城、則是棄所不足而重所有餘也。爲政若此、非國之務者也。以上言計其所得。不如所喪之多。非國之務。

飾攻戰者言曰、畢云、舊作也言、一本如此。南則荊吳之王。孫云、吳當作越。墨子時吳已亡。故下文以夫差亡吳事爲戒。不宜此復舍越而舉吳也。下篇云、今天下好戰之國、齊晉楚越。節葬下篇云、諸侯力征、南有楚越之王、而北有齊晉之君。皆其證也。純一案吳亡時、墨子之年、大氐四十許。卽吳已亡。飾攻戰者舉吳爲言。未始不可。北則齊晉之君。始封於天下之時、其土地之方、舊脫地字、孫云、據道藏本補。案陸本唐本並有地字。未至有數百里也。人徒之衆、未至有數十萬人也。以攻戰之故、土地之博、博、廣也。至有數千里也。舊衍也字、王樹柟云、萬歷本無。純一今據刪。人徒之衆、至有數百萬人。故當攻戰而不可已也。已舊譌爲、王樹柟云、萬歷本爲作已。純一案繹史引同。今並據正。子墨子言曰、雖四五國則得利焉。猶謂之非行道也。譬若醫之藥人之有病者然。孫云、句。之字、疑衍。今有醫於此、和合其祝藥之于天下之有病者而藥之。畢云、祝謂祝由、見素問。一本無祝字、非也。孫云、周禮瘍醫、掌腫瘍潰瘍金瘍折瘍之祝藥。鄭注云、祝當爲注、讀如注病之注、聲之誤也。注謂附著藥。彼祝藥爲療瘍附著之藥。此下文云食、則與彼義異。畢云、祝由、又與此書及周禮義並不合。純一案古時醫爲巫者之事。故毉字原從巫。山海經海內西經、開明東有巫彭巫抵巫陽巫履巫凡巫相。郭璞注皆神醫。是其證。想見古人治病。注重心理。（如今催眠術治療法大致同）必祝說以慰其心意。又以梅漬水。稱爲醫酒以佐之。故醫從酉。省去水也。周禮猶存古意、至東漢則古意寖失。鄭注實不合。此和合其祝藥於天下之有病者而藥之、所謂和合說有二義。一方製藥時、虔誠祝禱。如法修合。二至療病時、祝說藥物。二者並施也。釋氏密宗亦有呪藥之法。藥之之藥、療也。家語正論解、不如吾所聞而藥之注。李笠定本墨子閒詁校補云、祝藥者、謂經祝咒之藥也。近世修合丸散。有須齋戒祝禱者。其古代祝藥之遺法與。藥經祝咒。而後和合施行天下之有病者。故云萬人食也。萬人食此。若醫四五人得利焉。猶謂之非行藥也。蘇云、食者多而利者少。則非常行之藥。故孝子不以食其親。忠臣不以食其君。古者封國於天下。尚者以耳之所聞。畢云、尚同上。近者以目之所見。以攻戰亡者、不可勝數。何以知其然也。東方有莒之國者。畢云、今山東莒州。其爲國甚小。閒於大國之閒。尹云、上閒、夾也。不敬事於大國。國字舊脫、從蘇校增。大國亦弗之從而愛利。王闓運云、依今文法、當云弗從而愛利之。是以東者越人夾削其壤地。孫云、國策齊策云、莒恃越而滅。與此異。西者齊人兼而有之。計莒之所以亡於齊越之閒者、以是攻戰也。是、此也。王本無是字。蘇云、史記云、楚簡王元年、北伐滅莒。據此則莒實爲齊滅。故其地在戰國屬齊。孫云、杜預春秋釋例云、莒國嬴姓、少昊之後。周武王封茲輿期於莒。十一世茲平公方見春秋。共公以下微弱不復見。四世楚滅之。戰國策西周策云、郲莒亡於齊。亦蘇說之證。尹云、言莒地爲齊所兼併。史記六國年表、楚簡王元年滅莒。後地入於齊爲莒邑。齊湣王走莒卽此。雖南者陳蔡其所以亡於吳越之閒者、孫云、左傳魯哀公十七年、楚滅陳。史記管蔡世家、蔡侯齊四年、楚惠王滅蔡。案在貞定王二十二年。尹云、此云亡於吳越閒、謂地在吳越閒耳。陳都宛丘、今河南淮陽縣治。蔡都上蔡、遷新蔡、又遷州來。今安徽壽縣地也。皆與吳越接壤。亦以攻戰。雖北者且不一著何。道藏本如此、陸本唐本同。畢本作中山諸國。云四字舊作且一不著何五字。一本如此。史記趙世家云、惠文王三年滅中山。遷其王於膚施。表作四年。元和郡縣志云、定州、戰國時爲中山國。中山之地、方五百里。城中有山、故曰中山。今直隸定州是。蘇云、中山之亡、當魏文侯世。墨子與子夏之門人同時、此事當猶及見之。今畢注引史記趙惠文王三年滅中山、非是。孫云、中山初滅於魏後滅於趙。詳所染篇。然此中山諸國四字、乃後人肊改。實當作且不著何四字。舊本作且一、道藏本作且不一、並衍一字。且疑柤之借字。國語晉語獻公田、見翟柤之氛。韋注云、翟柤國名。是也。不著何、亦北胡國。周書王會篇云、不屠何青熊。孔晁注云、不屠何、亦東北夷也。管子小匡篇、敗胡貉。破屠何。尹注云、屠何、東胡之先也。劉恕通鑑外紀、周惠王三十二年、齊桓公救燕破屠何。屠著聲類同。不著何卽不屠何也。又王會伊尹獻令、正北有且略豹胡。且略、卽此且。及左傳翟柤。豹胡、亦卽不屠何。豹不胡何、並一聲之轉。不屠何、漢爲徒河縣屬遼西郡。故城在今奉天錦州府綿縣西北。祖據國語爲晉獻公所滅。所在無考。尹云、不一爲丕、說文作邳。奚仲之後、湯左相仲虺所封國、或者卽國策北夷與。其所以亡於燕代胡貊之閒者、孫云、貊、貉之俗。詳兼愛中篇。亦以攻戰也。以上言以攻戰得利者少。以攻戰亡者多。

是故子墨子言曰、今者王公大人今舊作古、從王校改。情欲得而惡失。孫云、情與誠通。欲安而惡危。畢云、欲舊作故、以意改。王樹枏云、萬歷本作欲。故當攻戰而不可不非也。也字舊脫。從曹本補。此三十四字、疑當在篇末。錯置於此。

飾攻戰者之言曰、彼不能收用彼衆、是故亡。我能收用我衆、以此攻戰於天下、誰敢不賓服哉。子墨子言曰、子雖能收用子之衆、子豈若古者吳闔閭哉。孫云、閭、左傳昭三十七年作廬、字通。詳所染篇。古者吳闔閭教士七年。士字舊脫、從兪校補。畢云、案史記闔閭九年入郢、吳越春秋云、九年十月楚二師陳於柏舉。卽此是也。純一案論語子路篇云、善人敎民七年。亦可以卽戎矣。以不敎民戰。是謂棄之。奉甲執兵、奔三百里而舍焉。孫云、呂氏春秋簡選篇云、吳闔廬選多力者五百人。利趾者三千人。以爲前陳。此云奉甲執兵奔三百里而舍、卽多力利趾者也。兪云、奉甲執兵奔三百里而舍、卽敎士之法。乃古所謂武卒者。荀子議兵篇、魏氏之武卒。以度取之衣。三屬之甲。操十二石之弩。負矢五十箇。置戈其上。冠軸帶劍。贏三日之糧。日中而趨百里。中試則復其戶。利其田宅。今據墨子之言、則闔閭先有此法矣。次注林。次下疑脫於字。出於冥隘之徑。孫云、左傳定四年吳伐楚。舍舟於淮汭。自豫章與楚夾漢。左司馬戌謂子常曰、我悉方城外以毀其舟。還塞大隧直轅冥阨。釋文云。阨本或作隘。杜注云、三者漢東之隘道。案此冥隘、卽左傳之冥阨。史記蘇秦傳云。塞鄳阨。亦卽此。集解引徐廣云、鄳、江夏鄳縣。注林地無考。以左傳校之、疑當作淮汭。純一案冥隘、戰國策作鄳隘。史記春申君傳作黽隘。尹云、史記魏世家、秦攻冥阨之塞、在今河南信陽縣東南九十里。湖北應山縣北六十五里。一名平靖關。亦曰冥塞。國策投己乎冥塞之外。徑、步道也。戰於柏舉。孫云、事見春秋定四年經。柏舉、杜注云、楚地。呂氏春秋首時篇高注云、柏舉、楚南鄙邑。畢云、在今湖北麻城縣。元和郡縣志云、麻城縣龜頭山。在縣東南十八里。舉水之所出也。春秋吳楚戰於柏舉、卽此地也。尹云、柏舉因柏子山及舉水而名。淮南詮言。作柏莒。純一案楚策一、吳與楚戰於柏舉。三戰入郢。中楚國而朝宋及魯。舊本作與及魯。王樹枏云、萬歷本無與字。今從之。孫云、左傳。闔閭時無宋魯朝吳事。疑因哀七年夫差會魯於鄫。徵宋魯百牢事傅會之。王闓運云、中楚、取楚都之。至夫差之身。北而攻齊。舍於汶上。戰於艾陵。孫云、見春秋哀十一年經。畢云艾陵、在今山東泰安縣東南。史記吳太伯世家云、夫差七年北伐齊。敗齊師於艾陵至繒。大敗齊人而葆之大山。蘇云、大山卽太山。篇中太多作大。魯問篇齊太王作大王是也。尹云、葆同保。守也。東而攻越。濟三江五湖。尹云、此三江、謂松江婁江東江耳。吳都梅里。遷姑蘇。其伐越必濟於此。吳越春秋、范蠡去越。乘舟出三江之口。入五湖之中。今大湖東注爲松江。下七十里。有水口分流。東北入海曰婁江。東南入海曰東江。與松江爲三。其水口、卽三江口也。越語、吳軍江北。越軍江南。皆松江也。越語、越伐吳。戰於五湖。又曰、范蠡滅吳。反。至五湖而辭越。則大湖亦吳至越所必經者。湖中有苞山。春秋謂之夫椒山。卽夫差敗越處也。孫云、五湖詳前兼愛中篇。而葆之會稽。孫云左傳哀元年、吳王夫差敗越于夫椒。遂入越。越子以甲楯五千。保於會稽。杜注云、上會稽山也。在會稽山陰縣南。葆保字通。會稽山、詳節葬下篇。畢云、今浙江山陰會稽山。尹云、今紹興縣南山也。曹云、葆之者、言齊越之君。爲吳所逐。棲山以自保也。九夷之國莫不賓服。孫云、爾雅釋地云、九夷八狄七戎六蠻謂之四海。王制孔疏云、九夷、依東夷傳九種。曰畎夷、于夷、方夷、黃夷、白夷、赤夷、玄夷、風夷、陽夷、李巡注爾雅云、一曰玄菟。二曰樂浪。三曰高驪。四曰滿飾。五曰鳧臾。六曰索家。七曰東屠。八曰倭人。九曰天鄙。案王制疏所云、皆海外遠夷之種別。此九夷與吳楚相近。蓋卽淮夷、非海外東夷也、書敍云、成王伐淮夷。遂踐奄。韓非子說林上篇云、周公旦攻九夷。而商蓋服。商蓋卽商奄。則九夷亦卽淮夷。九夷、春秋以後。蓋臣屬楚吳越三國。戰國時、又專屬楚。說苑君道篇、說越王句踐與吳人戰。大敗之。兼有九夷。淮南子齊俗訓云、越王句踐霸天下。泗上十二諸侯。皆率九夷以朝。戰國策秦策云、楚苞九夷方千里。文選李斯上秦始皇書、說秦伐楚。包九夷。制鄢郢。李注云、九夷、屬楚夷也。若然、九夷實在淮泗之閒、北與齊魯接壤。故論語子欲居九夷。參互校覈。其疆域固可攷矣。於是退不能賞孤。孫云、說文子部云、孤、無父也。月令立冬、賞死事。恤孤寡。鄭注云、死事、謂以國事死者。孤寡其妻子也。施舍羣萌。畢云、此氓字之假音。孫云、尚賢中篇云、四鄙之萌人。舍、予、聲近字通。施舍、猶賜予也。左昭十三年傳云、施舍寬民。又云施舍不倦。杜注云、施舍猶云布恩德。自恃其力。伐其功。譽其智。尹云、譽、僻也。怠於教。遂築姑蘇之臺。七年不成。畢云、史記集解云、越絕書曰、闔閭起姑蘇之臺。三年聚材。五年乃成。高見三百里。顏師古注。漢書伍被傳云、吳地記云、因山爲名。西南去國三十五里。今江南蘇州府治。孫云、越絕以姑蘇爲闔閭所築、疑誤。國語吳語說吳王夫差云、高高下下、以罷民於姑蘇。韋注云、姑蘇臺名。在吳西近湖。案國語以築姑蘇爲夫差事、與此書正合。尹云、吳地記曰、吳王闔閭十一年、起臺於姑蘇山。春夏遊焉。後夫差復高而飾之。越伐吳。遂見焚。及若此則吳有離罷之心。蘇云、罷讀如疲。越王句踐視吳上下不相得。收其衆以復其讎。入北郭。徙大內。王云、徙大內三字、義不可通。大內當爲大舟。吳語、越王句踐襲吳。入其郛。焚其姑蘇。徙其大舟。韋注曰、大舟、王舟。吳越春秋夫差內傳、亦作徙其大舟。孫云、王說是也。吳語韋注云、郛、郭也。徙、取也。此哀十三年越入吳事。與二十年圍吳事不相涉。此類舉之耳。圍王宮。孫云、國語吳語云、越師入吳國。圍王宮。韋注云、王宮姑蘇。而吳國以亡。孫云、左傳哀二十年十一月越圍吳。二十二年十一月越滅吳。尹云、大內、謂寶物妻妾。呂覽順民、越與吳戰於五湖。吳師大敗。遂大圍王宮。城門不守。禽夫差。戮吳相。殘吳。二年而霸。昔者晉有六將軍。孫云六將軍卽六卿。爲軍將者也。春秋時、通稱軍將爲將軍。穀梁文六年傳云、晉使狐射姑爲將軍是也。淮南子道應訓云、趙文子問於叔向曰、晉六將軍。其孰先亡乎。又人閒訓云、張武爲智伯謀曰。晉六將軍。中行文子最弱。許注云、六將軍、韓、趙、魏、范、中行、智伯也。尹云、後韓趙魏爲三卿而分晉。故曰三晉。而智伯莫爲強焉。計其土地之博、人徒之衆、欲以抗諸侯、以爲英名攻戰之速。疑當作以攻戰之速爲英名。曹本移攻戰之速四字置上文人徒之衆下。故差論其爪牙之士。尹云、爪牙之士、勇力之臣也。詩祈父、予王之爪牙。荀子臣道、爪牙之士施。比列其舟車之衆。比舊譌皆、王云、皆當爲比。天志篇、比列其舟車之卒。是其證。下篇皆列同。純一今據正。又舊本列下捝其字、王據上句補。以攻中行氏而有之。以其謀爲既已足矣。又攻范氏而大敗之。舊作茲范氏、孫云、茲字疑衍、中行氏卽荀氏。范氏卽士氏。左傳定十三年、晉逐荀寅士吉射。乃知伯瑤祖文子躒事。此及魯問篇、並通舉不復析別。淮南子人閒訓、亦謂張武爲智伯謀。伐范中行滅之。純一案孫說是也。今據刪。並三家以爲一家而不止。尹云、史記晉世家、智伯與趙韓魏共分范中行地以爲邑。國策智伯帥趙韓魏而伐范中行氏滅之。范氏士會之後。荀林父將中行。後因以官爲氏。又圍趙襄子於晉陽。孫云、事在魯悼公十五年。尹云、晉陽今山西太原縣治。及若此則韓魏亦相從而謀曰。古者有語。脣亡則齒寒。孫云、戰國策趙策、淮南子人閒訓、並以此爲張孟談說韓魏之君語。穀梁僖二年傳、虞宮之奇曰、語曰脣亡則齒寒。左僖五年傳、語作諺。

趙氏朝亡、我夕從之。趙氏夕亡、我朝從之。畢云、我舊作吾、一本如此。詩曰。魚水不務。孫云、務疑當讀爲鶩。東魏嵩陽寺碑、朝野傾務。務鶩字通。淮南子主術訓云、魚得水而鶩。高注云、鶩、疾也。又或當作旃。卽游之省。陸將何及乎。王云、陸將何及乎、不類詩詞。乎字蓋淺人所加、王景羲云、乎字卽墨子增、以自成語例。蘇云、此蓋逸詩。是以三家之君。家舊譌主、從曹本正。三家韓魏趙。一心戮力。畢云、戮勠字假音。辟門除道。蘇云、辟同闢。奉甲興士。韓魏自外、趙氏自內、擊智伯大敗之。畢云、事俱見韓非子。純一案說林上。尹云、事見趙策一。史記亦云、哀公四年。趙襄子、韓康子、魏桓子、共殺智伯。盡幷其地。是故子墨子言曰、古者有語曰。劉云、白帖六引作古詩曰。類聚八、御覽五十八、並引作古語。君子不鏡於水而鏡於人。鏡於水見面之容。鏡於人則知吉凶。舊作吉與凶、蘇云、書酒誥篇云、古人有言曰。人無於水監。當於民監。太公金匱陰謀有武王鏡銘云、以鏡自照見形容。以人自照見吉凶。二書所云與此合。蓋古語也。孫云、國語吳語云、申胥曰、王盍亦鑑於人。無鑑於水。劉云、白帖六。引作知其吉凶。類聚八、御覽五十八並無與字。純一今據刪。容凶爲韻。江有誥云、東部。古音諧一東引此。今以攻戰爲利、則蓋嘗鑒之於智伯之事乎。畢云、蓋同盍。此其爲不吉而凶、既可得而知矣。尹云、既、概也。純一案老子曰、夫唯兵者不祥之器。故有道者不處。以上言好攻戰者、雖僥强一時。必致滅亡。可爲殷鑒。

非攻下第十九

王闓運云、此合上中二篇意。而小異其詞。

子墨子言曰、今天下之所譽義者、義舊作善、經上云、義、利也。下文爲其上中天之利。中中鬼之利。下中人之利。皆義可譽之實。又曰、今天下之所同義者、聖王之法也。今天下之諸侯猶多攻伐幷兼。則是有譽義之名而不察其實也。則此文當作譽義明矣。今校正。其說將何哉。舊本脫哉字。王云、天志篇曰、天下之所以亂者、其說將何哉。今據補。尹云、言以何者爲標準。爲其上中天之利、而中中鬼之利、而下中人之利。故譽之與、舊本譌譽、王引之據下文改。意亡非爲其上中天之利、而中中鬼之利、而下中人之利、故譽之與。王引之云、意與抑同。亡與無同。皆詞也。非命篇曰、不識昔也三代之聖善人與。意亡昔三代之暴不肖人與。蘇說同。雖使下愚之人畢云、舊愚之二字倒、以意移。必曰將爲其上中天之利、而中中鬼之利、而下中人之利。故譽之。今天下之所同義者、畢云、義舊作養、一本如此。聖王之法也。今天下之諸侯、將猶皆攻伐并兼。舊作將猶多皆免攻伐并兼。俞云、免字衍文。天志下篇云、今天下之諸侯、將猶皆侵凌攻伐兼并。無免字可證。純一案俞說是。今據刪免字。又以皆與多義複。刪多字。則是有譽義之名、而不察其實也。此譬猶盲者之與人同命白黑之名。白黑、王本尹本並作黑白。而不能分其物也。貴義篇云、瞽不能知白黑者。非以其名也。以其取也。天下之君子不知仁者。非以其名也。亦以其取也。大旨正同。則豈謂有別哉。言無辯別也。

是故古之知者之爲天下度也。知讀若智。度、謀也。必慎慮其義。慎舊作順、王樹枏云、順當爲慎、古順字作愼。形近而譌。純一今據正。而後爲之行。尹云、行必思其合義。是以動則不疑。遠邇咸得其所欲。遠邇咸舊作速通成。從孫校改。尹云、推行盡利、人所欲者。而順天鬼百姓之利。則知者之道也。畢云、知讀智。是故古之仁人有天下者。必反大國之說。曹云、大、廣也。大國、言廣疆土也。王闓運云、說、攻伐之說。王景羲云、仁人非攻、故反之。一天下之和。使人兼愛交利。各正性命。保合太和。此墨道精義入神處。總四海之內。仁人德洽於羣生。而大宇宙之總。焉率天下之百姓以農。戴云、焉猶乃也。尹云、務農而不務戰。純一案農者儉以自利。勤以利他。天下大利所歸也。由是鑄劍戟爲農器。戾氣消而日月光矣。臣事上帝山川鬼神。忠事上帝山川鬼神。則不自欺欺人。利人多功又大。功下舊衍故字。從戴校刪。是以天賞之、鬼富之。畢云、鬼舊作愚、以意改。純一案富與福同。人譽之。使貴爲天子。富有天下。名參乎天地。至今不廢。此則知者之道也。知讀智。先王之所以有天下者也。

今王公大人、天下之諸侯則不然。將必皆差論其爪牙之士。比列其舟車之卒伍。比舊譌皆、從孫校改。尹云、周禮、五人爲伍。五伍爲兩。四兩爲卒。於此爲堅甲利兵。以往攻伐無罪之國。入其國家邊境。芟刈其禾稼。斬其樹木。墮其城郭。孫云、說文𠂤部云、敗城𠂤曰隓。篆文作𡐦。墮卽𡐦之變體。左傳三十二年杜注云、墮、毀也。畢云、墮、一本作墜。以湮其溝池。畢云、湮塞之字當爲堙。攘殺其牲牷。孫云、周禮牧人、掌牧六牲。而阜蕃其物。以共祭祀之牲牷。鄭注云、六牲謂牛馬羊豕犬雞。牷、體完具。鄭衆云。牷純色。燔燎其祖廟。燎舊作潰。王引之云、燔與潰義不相屬、燔潰當爲燔燎。隸書尞字或作賚、與貴字相似、故字之從尞者或譌從貴。史記仲尼弟子傳索隱引家語有申繚。今本家語七十二弟子篇作申續。趙策魏殺呂遼。下文又作呂遺。皆其類也。尞與貴隸相似、故燎譌爲潰、又譌爲潰耳。此篇云攘殺其牲牷。燔燎其祖廟。天志篇云、焚燒其祖廟。攘殺其犧牷。文異而義同也。純一案王說是。今據正。曹本同。剄殺其萬民。剄舊作勁、畢云、剄字从刀。王本尹本並同。今從之。孫云、左傳定四年杜注云、剄取其首。史記陳涉世家索隱引三蒼郭璞注云、剄、刺也。下文云、刺殺天民。與此義同。覆其老弱。孫云、逸周書周祝篇孔注云、覆滅也。遷其重器。孫云、孟子梁惠王篇文同。趙注云、寶重之器。純一案、司馬法仁本篇云、入罪人之地。無暴神祇。無毀土功。無燔牆屋。無伐林木。無取六畜禾黍器械。見其老幼。奉歸無傷。此皆相反。正與歐戰蔑棄戰時公法同。卒進而極鬭。極舊作柱乎。戴云、柱乃極字譌。草書極與柱相似。乎字衍。極、亟字之借。純一案戴校是也。今據刪訂。卒、急也。曰、死命爲上。多殺次之。身傷者爲下。王本無者字。尹本同。又況失列北橈乎哉。罪死無赦。舊本失作先、赦作殺、王云、先列二字、義不可通。當是失列之誤。謂失其行列也。罪死無殺、義亦不可通。當作罪死無赦。此涉上下文殺字而誤。橈、畢本作撓。云、北、謂奔北也。北之言背馳。撓之言曲行。謂逗撓。孫云、王校是也。今據正。撓俗字。據道藏本正。國語吳語韋注云、軍敗奔走曰北。左成二年傳、師徒橈敗。杜注云、橈、曲也。以譂其衆。畢云、說文玉篇無譂字。古字言心相近、卽憚字。孫云、畢說是也。國語周語韋注云、憚、懼也。國策秦策云、王之威亦憚矣。賈子新書解縣篇云、陛下威憚大信。曹本譂作憚。云、此言用兵之號令也。憚、赫也。以威令其衆。夫無兼國覆軍。孫云、漢書貨殖傳注、孟康云、無、發聲助也。案無與唯無辭意同。曹本改無作毋。王闓運云、夫無猶言唯是。賊虐萬民。以亂聖人之緒。孫云、廣雅釋詁云、緒、業也。意將以爲利天乎。夫取天之人。以攻天之邑。取彊聚。漢書五行志、內取茲爲禽注。曹云、人者天之所生。故曰天之人。有生皆係於天。故他國亦天之邑。尹云、法儀篇曰、天下無大小國、皆天之邑也。人無幼長貴賤、皆天之臣也。

此剝殺天民剝振神位。傾覆社稷。攘殺犧牲。王云、剝與振義不相屬、振當爲掁、字之誤也。說文剝、裂也。廣雅掁、裂也。曹憲音必麥反。是剝掁皆裂也。故曰剝掁神位。自刺殺天民以下、皆以四字爲句。今本作剝振神之位、之字涉上文取天之人攻天之邑而衍。攘殺其犧牲、其字亦涉上文攘殺其牲牷而衍。曹本從王校作剝掁神位。王樹枏云、振字不誤。昭十八年左傳云、振除火災。素問五常政大論云、其變振拉摧拔。據此則振字之義可知。純一案王說之字其字衍。是也。今據删。振廣韻二十一震云、裂也。不必破作掁。又擊也。史記禮書擧若振槁。索隱又與震同、戰國策、燕王振怖大王之威。史記五帝紀、振驚朕衆。義均可通。則此上不中天之利矣。意將以爲利鬼乎。夫殺天之人。殺陸本譌利。舊脫天字。從戴校補。畢云、人舊作神、据後文改。曹云、人指本國之兵衆。與他國之人民。滅鬼神之主。曹云、鬼神以人爲主。廢滅先王。曹云、諸侯國多先王之裔。賊虐萬民。百姓離散。則此中不中鬼之利矣。意將以爲利人乎。夫殺人之爲利人也薄矣。人之舊倒、薄舊譌博。俞云、博當作薄、言殺人以利人。其利亦薄也。若作博字。則不可通。孫云、此疑當作夫殺人之爲利人也薄矣。純一案俞孫說是也。今據乙正。又計其費此。曹云、費、行軍之所費也。尹云、此、貲也。商君書徠民、有能用之費此之牛。爲害生之本。害舊作周、王云、周字義不可通。周當爲害。財者、生之本也。用兵而費財。故曰害生之本。隸書害字或作周、與周相似而誤。純一案王說是。今據正。曹本王本並同。竭天下百姓之財用。不可勝數也。則此下不中人之利矣。

今夫師者之相爲不利者也。之字疑衍。王景羲云、据下文、師上或挩與字。曰。將不勇。士不分。畢云、分、同忿。曹本改作忿。孫云、分疑奮聲近段借字。兵不利。曹云、兵爲器械。純一案利、銛也。謂鋒刃能銳入也。敎不習。尹云、管子幼官曰、敎習不著。師不衆。尹云、衆、多也。卒不和。舊作卒不利和、俞云、卒讀爲將卒之卒、利即和字之誤而衍者。純一案陸本唐本並作卒不和。繹史引同。今並據以删正。威不圉。孫云、圉與彊圉義同。逸周書謚法篇云、威德剛武曰圉。孔注云、圉、禦也。害之不久。孫云、害疑當作圍、形近而誤。曹云、害者、害他也。爭之不疾。疾、捷速也。又力也。呂覽尊師高注。係之不強。係舊作孫。孫云、孫無義。疑當作係。國語吳語韋注云、係、縛也。蓋謂係纍民人。純一案孫校是、今據改。孟子梁惠王篇云、殺其父兄、係累其子弟。植心不堅。曹云、植、立也。尹云、管子版法、植固不動。與國諸侯疑。曹云、與國、言所交與之邦也。王闓運云、上十二事。與國諸侯疑則敵生慮而意羸矣。曹云、羸弱也。已上十四語、蓋當時談兵者之說也。偏具此物。畢云、偏當爲徧。王云、古多以偏爲徧、不煩改字。非儒篇遠施周偏、公孟篇今子偏從人而說之、皆是偏之借字。曹本作偏。云、物、事也。此物卽上文所云云之事也。而致從事焉、則是國家失本、而百姓易務也。本舊作卒。劉云、卒疑本訛。卒本二字、俗書相似。失本者、喪其本務也。下同。純一案劉說是也。備城門篇、我亟使穴師選卒、又城上樓卒、卒並譌本。蓋隸書卒字或作卒、因而互誤。今正。書云、民爲邦本。失本謂失民也。下同。曹云、易務、言廢農業也。今不嘗觀其說好攻伐之國、若使中興師。曹云、中、言不大也。君子孫云、此下有挩字。疑當云君子數百。純一案孫說是。據下文審校、當作君子也必數百。尹云、君子謂君所親近有志行者。猶吳所謂賢良、齊所謂士。吳語以其私卒君子六千人爲中軍。左昭二十七年傳、左司馬沈尹戌帥都君子與王馬之屬以濟師。庶人也必且數千。尹云、庶人餘子。周禮小司徒、大故致餘子。純一案鄭注謂餘子、卿大夫之子。當守王宮者也。尙賢上篇門庭庶子、孫注、庶子、卽公族及卿大夫之子。宿衛宮中者也。徒倍十萬。加等曰倍。尹云、徒步兵。然後足以師而動矣。久者數歲、速者數月。是上不暇聽治、士不暇治其官府、農夫不暇稼穡、婦人不暇紡績織紝。畢云、說文云、紡、網絲也。績、緝也。織、作布帛之總名也。紝、機縷也。絍或字。則是國家失本、而百姓易務也。然而又與其車馬之罷弊也。尹云、與、以也。幔幕帷蓋、孫云、說文巾部云、幔、幕也。廣雅釋器云、幔、幬也。幕帷、詳中篇。三軍之用、甲兵之備、五分而得其一、則猶爲序疏矣。孫云、序疏二字、義不可通。疑當爲厚餘。皆形之誤。厚餘、言多餘也。孫子作戰篇、國之貧於師者。力屈財殫。中原內虛。於家百姓之費。十去其七。公家之費。破車罷馬。甲冑矢弓。戟楯矛櫓。丘牛大車。十去其六。此說與彼略同。曹本序疏以意改厚倖。然而又與其散亡道路、道路遼遠、孫云、疑衍道路二字、說文辵部云、遼、遠也。純一案散亡道路爲句。道路遼遠爲句。語義各足。道路二字非衍。糧食不繼、舊衍傺字、從王校刪。食飲不時、不舊作之、王云、當爲不時。食飲不時、與糧食不繼對文。純一今據正。廝役以此飢寒凍餒疾病、凍餒與飢寒義複疑衍。而轉死溝壑中者、廝舊作廁、王云、廁役二字、義無所取。當爲廝役之誤。宣十二年公羊傳、廝役扈養死者數百人。是其證。純一今據正。曹本王本同。尹云、轉死棄尸。不可勝計也。此其爲不利於人也、天下之害厚矣。天上疑脫爲字。而王公大人樂而行之、則此樂賊滅天下之萬民也。豈不悖哉。今天下好戰之國齊晉楚越。若使此四國者得意於天下、此皆十倍其國之衆而未能食其地也。孫云、食謂治田以耕者。周禮遂師云、經牧其田野辨其可食者。言四國荒土多、民不能盡耕之也。是人不足而地有餘也。今又以爭地之故而反相賊也。殺人曰賊。然則是虧不足而重有餘也。孫云、重舊本譌動、道藏本作重。與中篇合。今據正。純一案陸本唐本並作重。

今遝夫好攻伐之君、舊本遝作還、洪云、明鬼下篇、逮至昔三代、文與此同、還當是遝之譌。遝逮古字通用。孫云、洪說是也。今據正。下文云則夫好攻伐之君可證。又飾其說以非子墨子曰、子以攻伐爲不義、子以攻伐、舊作以攻伐之、從畢校据後文正。非利物與。昔者禹征有苗、湯伐桀、武王伐紂、此皆立爲聖王、是何故也。也讀邪。子墨子曰、子未察吾言之類、未明其故者也。孫云、大取篇云、辭以故生。以理長。以類行。荀子非十二子篇楊注云、類謂比類。純一案言禹湯武征伐之故。爲弔民伐罪。非闔閭智伯爭地殺人攻伐之類可比。彼非所謂攻、所謂誅也。舊無下所字。孫云、說文言部云、誅、討也。謂討有罪。與攻無罪之國異。依下文謂上亦當有所字、純一今據增。此正攻與誅之名。司馬法仁本篇云、殺人安人、殺之可也。攻其國愛其民、攻之可也。故仁見親。義見說。是卽孟子所謂誅其君而弔其民也。尹云、荀子議兵、王者有誅而無戰。

昔者三苗大亂。舊本者下有有字、王云、卽者字之誤而衍者。今據開元占經太平御覽引刪。純一案御覽八十二引隨巢子曰、昔三苗大亂。又五百三十一引墨子曰、昔三苗大亂。並無者字。又八百八十二引隋巢子亦同。天命殛之。尹云、殛、誅也。劉云、開元占經一百一引殛作墊。墊、下也。猶云天命隕之也。此疑淺人所改。純一案開元占經百二十引作天命殛之。足證殛字不誤。又百十九引作天命傾覆。日妖宵出。孫云、日妖不可通、日疑當爲有之譌。下云婦妖宵出。有鬼宵吟。通鑑外紀引隨巢子汲冢紀年云、三苗將亡。日夜出。晝日不出。則疑妖是衍文。尹云、宵、夜也。太陽本晝出。夜出故曰日妖。雨血三朝。孫云、開元占經三引太公金匱云、有苗時天雨血沾衣。尹云、呂覽愼大、晝見星而天雨血。龍生於廟、犬哭乎市。舊本脫於字、又犬作大。王云、龍生廟、當作龍生於廟。方合上下句法。太平御覽禮儀部十引此、正作龍生於廟。大哭乎市、文義不明。大當爲犬。犬哭乎市、與龍生於廟對文。開元占經犬占引墨子曰、三苗大亂。犬哭于市。太平御覽獸部十七、引隨巢子曰、昔三苗大亂。龍生于廟。犬哭于市。皆其證。孫云、王校是也。今據正。通鑑外紀引隨巢子汲冢紀年云、青龍生於廟。劉云、占經一百二十引作龍生于太廟。一百十九又引作犬嘷於市中。尹云、抱朴子曰、夏時龍生於大廟之中。夏冰開元占經一百一引。地坼及泉。畢云、太平御覽引此云、三苗欲滅時。地震坼泉湧。純一案御覽見八百十八、鮑刻本無坼字。王本坼作塝。尹本同。云坼、卽坼。裂也。齊策六、嬴博之閒。地坼及泉。春秋考異郵曰、臣恣地裂坼。五穀變化。尹云、言不時熟。民乃大振。畢云、同震。高陽乃命禹於玄宮。畢云、舜、高陽第六世孫。故云。舊無禹於二字、王云、此當作高陽乃命禹於玄宮。下文禹征有苗、正承此文而言。又下文天乃命湯於鑣宮。與此文同一例。今本脫禹於二字、則文義不明。純一今據補。孫云、藝文類聚符命部引隨巢子云、天命夏禹於玄宮。有大神人面鳥身云云。則非高陽所命也。此文疑有脫誤。今本竹書紀年、帝舜三十五年。帝命夏后征有苗。有苗氏來朝。劉云、高陽之上、亦有挩文。疑當作天乃使高陽命禹於玄宮。尹云、高陽帝顓頊。高陽水帝也。禹其裔孫耳。玄宮、北方宮也。莊子大宗師、顓頊得之以處玄宮。夏色尙黑。以水氣勝。故云乃命禹玄宮。禹親把天之瑞卪。卪舊譌令、從王本改。卪、節正字。畢云、把、文選注引作抱。說文云、瑞以王爲信也。孫云今文選東京賦李注引作命。說文手部云、把、握也。以征有苗。四電誘祇。孫云、未詳。疑當爲雷電誖振、雷壞字爲田、又譌爲四。誖誘振祇、形並相近。誖勃振震字通。書無逸云、治民祇懼。史記魯世家祇作震、是其證也。有神人面鳥身、奉珪以侍。奉珪舊譌若瑾。孫云、人面鳥身之神。卽明鬼下篇秦穆公所見之句芒也。若瑾以侍、義不可通。若瑾、疑奉珪之誤。若鐘鼎古文與奉篆文、二形相似。珪瑾亦形之誤。儀禮覲禮記方明六玉云、東方圭。周禮大宗伯禮四方玉云、東方以青圭。白虎通義文質篇云、珪位在東方。是珪於方位屬東。句芒亦東方之神。故奉珪。猶國語晉語、說西方之神蓐收執鉞矣。藝文類聚符命部引隨巢子云、有大神人面鳥身。降而福之。司祿益富。而國家實。司命益年。而民不夭。疑卽指此事。純一案孫說是、今據正。御覽八百八十二引隨巢子、文略與類聚同。搤矢有苗之祥矢疑本作失、祥疑本作祚、俱以形近而譌。史記孝武紀、莫不搤腕。集解引瓚曰、搤、執持也。搤與扼捉並同。搤失有苗之祚。謂使有苗失祚也。自四電誘祇至此、文多脫誤。苗師大亂後乃遂幾。孫云、道藏本後作后。說文丝部云、幾微也。言三苗之後世遂衰微也。禹既已克有三苗。王云、句。焉磿爲山川、別物上下。磿舊譌磨、王云、焉字下屬爲句、焉猶於是也。乃也。下文湯焉敢奉率其衆。武王焉襲湯之緒。義並與此同。磨字義不可通、磨當爲磿、磿與歷通。周官遂師注曰、磿者適歷。適音滴。中山經歷石之山。郭注或作磿。史記高祖功臣侯表、磿簡侯程黑、漢表作歷。春申君傳、濮磿之北、新序善謀篇作歷。樂毅傳故鼎反乎磨室、燕策作歷。歷之言離也。大戴記五帝德篇曰、歷離日月星辰。是歷與離同義。淮南精神篇曰、別爲陰陽。離爲八極。然則磨爲山川、亦謂離爲山川也。離與磨皆分別之義。故曰磨爲山川。別物上下。世人多見磨、少見磿、故書傳中磿字多譌作磨。史記及山海經注磿字、今本皆譌作磨。又逸周書世俘篇伐磿、楚策遠自棄於磿山之中、今本亦譌作磨、則以磨爲磿、自古已然矣。純一案王說是、今據正。御制四極。舊御譌卿四譌大。歐陽云、卿疑御形近而誤。孫云、大當爲四、四、篆文作咒、與大篆文形近。故譌。爾雅釋地云、東至於泰遠。西至於邠國。南至於濮鉛。北至於祝栗。謂之四極。郭注云、皆四方極遠之國。純一案歐陽及孫說均是也。今並據正。太平御覽八百八十二、引隋巢子曰、四方歸之。闢地以王之。指禹言。似本於此。劉云、路史夏紀注引隨巢子云、四方歸禹。乃克三苗。而神人不違。與此略符。此云四極、猶彼所云四方也。而神民不違。天下乃靜。則此禹之所以征有苗也。遝至乎夏王桀。畢云、文選注引作夏桀時。遝舊作還、王云、還字義不可通。還當爲遝、遝與逮同。逮、及也。遝與還字形相似而誤。下文還至乎商王紂同。洪說同。孫據正。天有⿰車告命。⿰車告舊本從畢校改作誥。王樹枏云、⿰車告當爲軼字之誤。軼逸同字。廣雅釋詁逸、失也。王本同。孫云、⿰車告疑當爲酷、謂嚴命也。說文告部云、嚳、急告之甚也。白虎通義號篇云、嚳者極也。嚳酷字亦通。一切經音義云、酷、古文俈嚳焅三形。日月不時。尹云、竹書紀年、帝癸十年五星錯行。二十九年二日並出。箋孝經緯曰、夏時兩日並出。讖曰、桀無道。兩日照。荆州占曰、兩日以上出。天下有災。夏以兩日亡。寒暑雜至。孫云、易釋文引孟喜云、雜、亂也。謂寒暑錯亂而至。失其恆節。五穀焦死。孫云、史記龜策傳說桀紂云、天數枯旱。國多妖祥。螟蟲歲生。五穀不成。尹云、淮南覽冥、所謂田無立禾者。鬼呼於國。於字舊脫、王云、呼下當有於字、方合上下句法。孫云、御覽八十三引帝王世紀、亦云鬼呼於國。純一今據補。劉云、開元占經一百十三引作夏桀之時鬼呼於國。復引作鬼叫於國。呼叫異文。國上並有於字。王校是也。尹云、淮南覽冥、夏桀之時、黃神嘯吟。鬼呼是其類也。鸛鳴十夕餘。鸛舊作鸖、盧云、鸖字未詳、若作鸛、與鶴同。孫云、盧說是也。道藏本季本並作鸛。今據改。鶴字唐姚元景造象記作鸛。楚金禪師碑作鸖。並俗書譌變。通鑑外紀夏紀云、鸛鳴於國。十日十夕不止。即本此文。通志夏紀鸛作鸖、疑誤。劉云、唐人所寫古類書引此文、入鶴部。作鬼呼於國。鶴鳴十多。（注修文御覽）多字雖誤。足證鸛與鶴同。天乃命湯於鑣宮。畢云、舊脫天字、据文選注增。鑣、藝文類聚引作⿰金麗。文選注作鑣。劉云、類聚見卷十。文選見褚淵碑文注。今考初學記二十四、湯有鑣宮。注云見墨子、湯所受命之宮。御覽三百五引墨子云、湯在鑣宮。夢神謂之曰。夏桀無道。汝克戡之。玉海百五十五引此文、亦作天命湯於鑣宮。是古本作鑣不作⿰金麗。與今本同。用受夏之大命。用、以也。舊有夏德大亂、予既卒其命於天矣、往而誅之、必使汝堪之、四句。孫云、四句文義、與下文重複。疑校書者附記異同、遂與正文淆掍。文選辯命論、褚淵碑文注、兩引亦無此數語。純一案孫說是也。今據刪。湯焉敢奉率其衆。王引之云、焉猶乃也。言湯既受天命、乃敢伐夏也。王紹蘭云、焉之爲言於是也。尹云、奉、承也。是以鄉有夏之境。鄉、向也。帝乃使陰暴毀有夏之城。陰如書洪範惟天陰隲下民之陰。當在使上。疑本作帝乃陰使暴毀有夏之城。如命融隆火是。少少有神來告曰、少少、極言其少也。猶云少頃少閒。夏德大亂、往攻之、予必使汝大堪之。畢云、文選注藝文類聚引作戡。此戡字之假音。說文云、戡、殺也。爾雅云、堪、勝也。劉云、類聚十、玉海百五十五引、堪作戡。尹云、堪同戡。克也。予既受命於天、天命融隆火于夏之城閒西北之隅。畢云、隆疑作降、言命祝融降火。王云、降與隆通。不煩改字。詳尙賢中篇。孫云、國語周語、內史過說夏亡回祿信於聆隧。韋注云、回祿火神。聆隧、地名。左昭十八年傳鄭災。禳火於玄冥回祿。孔疏云、楚之先吳回爲祝融。或云回祿、卽吳回也。是融卽回祿。此與周語所云卽一事也。備城門篇云、城四面四隅、皆爲高磿𨫼。考工記匠人、城隅之制九雉。鄭注云、城隅、謂角浮思也。詩邶風靜女篇、俟我于城隅。尹云、竹書紀年、帝癸三十年冬、聆隧災。純一案開元占經三引墨子曰、天下火燔邑城門。似卽指此事。湯奉桀衆以克有夏。夏字舊脫、從蘇校補。王本同。屬諸侯於薄。畢云、此作薄是也。管子地數云、湯有七十里之薄。周書殷祝解云、湯放桀而復薄。荀子議兵云、古者湯以薄武王以滈。呂氏春秋云、湯嘗約于郼薄。皆作薄。地理志云、河南偃師尸鄉、殷湯所都。是今河南偃師也。史記集解云、皇甫謐曰、梁國穀孰爲南亳、卽湯都也。括地志云、宋州穀孰縣西南三十五里。南亳故城。卽南亳湯都也。宋州北五十里大蒙城爲景亳、湯所盟地。因景山爲名。河南偃師爲西亳、帝嚳及湯所都。盤庚亦從都之。又案薄、惟孟子作亳。非正字也。亳、京兆杜陵亭。見說文。別有亳、王號湯。在今陝西三原縣。地各不同。劉云、占經三、路史發揮注引、並作亳。孫云、禮記經解鄭注云、屬、猶合也。尹云、屬、會也。薄謂南薄。在今河南商邱縣南四十里。薦章天命。孫云、爾雅釋詁云、薦、進也。儀禮士冠禮鄭注云、章、明也。尹云、薦、陳也。通于四方、而天下諸侯莫敢不賓服。則此湯之所以誅桀也。遝至乎商王紂。遝舊亦作還、孫依王校正。畢云、文選注引作商王紂時。太平御覽作紂之時。天不享其德。享舊譌序、俞云、序乃享字之誤。莊子則陽篇、隨序之相理。釋文曰、序一本作享。是其例也。天不享其德、文義甚明。字誤作序、不可通矣。孫云、俞說是也。尙賢中篇云、則天鄉其德。鄉亦與享通。純一今據正。祀用失時。孫云、史記龜策傳說桀紂云、逆亂四時。失百鬼嘗。謚言祭祀不以時舉也。兼夜中。孫云、有捝誤。王樹枏云、帝王世紀、紂爲長夜之飲。七日七夜。疑此句上脫飲字。十日雨土于薄。太平御覽二十七、引作商王紂不德。兼夜十日雨土於亳。開元占經三、引作商紂不道。十日雨土于亳。天雨土。君失封。案天雨土君失封六字、似卽此處脫文。當補入。畢云、太平御覽引作亳。假音字。孫云、李淳風乙巳占、亦引墨子曰、商紂不德。十日雨土於亳。今本紀年、帝辛五年、雨土於亳。尹云、竹書紀年、帝辛四十八年、二日並出。此云十日、則非竹書所紀者。淮南兵略、武王伐紂。當戰之時。十日亂於上。風雨擊於中。蓋卽此所謂十日也。竹書紀年、帝廑八年、天有妖孽。十日並出。楚辭招魂、十日並出。流金礫石。皆以十日爲災象也。爾雅、風而雨土爲霾。

九鼎遷止。耕柱篇云、九鼎既成。遷於三國。曹云、止、居也。尹云、遷止、卽遷處也。呂覽明理、至亂之化。有社遷處。鼎遷、亦其類也。

婦妖宵出有鬼宵吟。開元占經一百十三引作墨子曰、商紂之亡。有鬼宵吟。孫云、文選蘇子卿古詩李注引蒼頡篇云、吟、歎也。

有女爲男。王樹枏云、太平御覽八十三皇王部、引作有男爲女。尹云、竹書紀年、帝辛四十二年、有女子化爲丈夫。春秋潛潭巴曰、賢人去位。天子獨居。則女子化爲丈夫。

天雨肉。開元占經三引洪範傳曰、君無道暴虐。天雨肉。孫云、呂氏春秋愼大篇、說殷亡之妖云、天雨血。尹云、後漢書桓帝紀、二年秋七月庚申、廉縣雨肉。注引續漢志云、肉似羊肺。或大如手。

棘生乎國道。孫云、國道謂道中。九經九緯之涂也。尹云、言荆棘生於國路之中。

王兄自縱也。王云、兄與況同。況益也。言紂益自放縱也。晉語、衆況厚之。韋注曰、況益也。顧說同。

赤烏銜珪、降周之岐社。烏舊作鳥、畢云、鳥、太平御覽引作雀。珪、初學記引作書。純一案陸本唐本作赤烏是。藝文類聚九十八九十九並作赤烏。北堂書鈔一二兩引俞安期本一作赤烏銜珪。一作赤烏銜書。今據正。初學記見二十二。御覽八十四。又八百六引作赤烏銜圭。又九百二十亦作烏。孫云、太平御覽時序部引尚書中候云、周文王爲西伯。季秋之月甲子、赤雀銜丹書入豐。止於昌戶。王乃拜稽首受取。曰、姬昌、蒼帝子。亡殷者、紂也。宋書符瑞志同。史記周本紀集解正義引尚書帝命驗云。季秋之月甲子、赤爵銜丹書入于酆。止於昌戶。其書云、敬勝怠者吉云云。與大戴禮記武王踐阼篇丹書文同。與此異。以上諸書並作銜書。與初學記同。呂氏春秋應同篇云、文王之時、赤烏銜丹書。集之周社。亦與此書降岐社事同。疑皆一事。而傳聞緣飾。不免詭異耳。今本紀年、帝辛三十二年、有赤烏集於周社。劉云、書抄一百二十兩引作赤烏啣書。類聚十二引作赤烏銜珪。九十九烏類引作赤烏。事類賦十九烏賦注、亦引作赤烏銜珪。疑此文赤烏、舊本作鳥。作珪作書。亦二本不同。以呂氏春秋應同篇赤烏銜丹書證之。自以作烏爲上。赤雀二字、乃御覽之訛。御覽八百六引此文作赤烏銜圭是其證。

曰天命周文王伐殷有國。畢云、太平御覽云、命曰、周文王伐殷。事類賦云、命伐殷也。純一案御覽見八十四。又八百六作曰天命文王伐殷。又九百二十同此。並無有國二字。初學記二十二、更無天字。北堂書鈔百二十兩引同。

泰顛來賓。蘇云、孟子云、太公避紂。居北海之濱。聞文王作。興曰盍歸乎來。卽來賓之事也。孫云。泰顛與太公非一人。蘇說不可從。

河出綠圖。孫云、北堂書鈔地部引隨巢子云、姬氏之輿。河出綠圖。呂氏春秋觀表篇云、綠圖幡薄從此生矣。淮南子俶眞訓云、至德之世。洛出丹書。河出綠圖。易緯乾鑿度云、昌以西伯受命。改正朔。布王號於天下。受籙應河圖。綠籙通。尹云、綠圖、卽顧命所謂在東序之河圖。鄭玄說河圖、圖出於河。帝王聖者之所受。純一案御覽九百二十引作河出圖。類聚九十九作河出籙圖、九十八引同此。書鈔九十六圖篇引亦同此。孫云、地部引、誤。

地出乘黃。孫云、周書王會篇云、白民乘黃。乘黃者似狐。其背有兩角。山海經海外西經同。宋書符瑞志云、帝舜卽位。地出乘黃之馬。劉賡稽瑞引孫氏瑞應圖云、王者德御四方。輿服有度。秣馬不過所業。則地出乘黃。淮南子云、黃帝治天下。飛黃服皁。高注云、飛黃乘黃。尹云、乘黃神馬。一名吉光。周書謂之吉黃。前漢書禮樂志謂之訾黃。文選東京賦謂之騰黃。皆一物也。管子小匡、地出乘黃。

武王踐功。孫云、踐功、疑踐阼之誤。

夢見三神曰、畢云、舊脫此字、據文選注藝文類聚增。尹云、周禮有三酒。此三神、謂始造三酒之神。國策、昔者帝女令儀狄造酒。說者以爲瑤姬。瑤姬亦神女耳。純一案類聚十引脫夢字。

予既沈漬殷紂于酒德矣。孫云、書微子、我用沈酗于酒。孔疏云、人以酒亂。若沈於水。故以耽酒爲沈也。史記宋世家、紂沈湎於酒。詩小雅釋文云、漬、淹也。一切經音義引通俗文云、水浸曰漬。畢云、漬藝文類聚引作瀆。尹云、列女傳、妲己者、殷紂之妃也。紂好酒淫樂。不離妲己。積糟爲丘。流酒爲池。懸肉爲林。使人裸形相逐。爲長夜之飲。妲己好之。論衡語增、紂沈湎於酒。以糟爲邱。以酒爲池。牛飲者三千人。

往攻之。類聚十作汝往攻之。

予必使汝大堪之。畢云、堪、藝文類聚文選注引作戡。

武王乃攻狂夫。戴云、狂夫、疑獨夫之誤。純一案非誤。孟子謂之獨夫。此謂之狂夫。墨書經說通例、凡是者曰正曰當。非者曰狂曰詩。狂夫、謂狂妄之人。指紂言。天志中篇云、是謂天賊。聚斂天下之醜名而加之。是也。尹云、洪範五行傳、失威儀之制。怠慢驕恣謂之狂。韓非子解老、心不能審得失之地謂之狂。賈子大政上、知善而弗行謂之狂。紂爲無道。故特偁曰狂夫耳。詩狂夫瞿瞿。晉語、狂夫沮之衣也。注、狂夫、方相氏之士。亦以其凶惡名之。

反商之周。書召誥王朝步自周。馬融曰、周鎬京也。之至也。王樹枏云、周當爲政。僞武成、乃反商政。卽本此。周政聲轉而誤。

天賜武王黃鳥之旗。畢云、賜、太平御覽引作錫。北堂書鈔引隨巢子云、天賜武王黃鳥之旗。抱朴子云、武王時輿。天給之旗。純一案賜類聚九十八御覽八十四、又三百二十引同作錫。初學記二十二同此。御覽三百四十引隨巢子亦同此。旗下有以伐殷三字。鳥類聚九十九鳥部作烏。劉云、類聚九十九亦引作錫。書抄百二十、玉海八十三、並引作賜。賜錫義同。文苑英華七百七十二、梁簡文帝南郊頌序云、周稱黃鳥之旗。夏有玄珪之錫。亦本此文。孫云、黃鳥之旗、疑卽周禮巾車之大赤。亦卽司常之鳥隼爲旟。考工記輈人云、鳥旟七斿。以象鶉火也。國語吳語謂之赤旟。曲禮云、行前朱雀而後玄武。朱雀、卽指鳥旟言之。黃與朱色近、故赤旟謂之黃鳥之旗。大赤爲周正色之旗。流俗緣飾。遂以爲天錫之祥矣。

王既已克殷、成帝之

來。孫云、周書商誓篇云、武王曰、予惟甲子克致天之大罰。口帝之來。革紂之口。口予亦無敢違大命。與此文意略同。畢云、來當爲賚。尹云、來同賚、賜也。分主諸神、祀酎先王。酎舊作紂、涉上下文而誤。今從曹本正。孫云、明鬼下篇云、昔者武王之攻殷誅紂也。使諸侯分其祭。曰、使親者受內祀。疏者受外祀。是其事也。通維四夷。孫云、維當作于。上文說湯云、通于四方。尹云、書旅獒、遂通道於九夷八蠻。而天下莫不賓。句焉襲湯之緒。王引之云、言武王乃襲湯之緒也。孫云、詩魯頌閟宮云、纘禹之緒。毛傳云、緒、業也。即此武王之所以誅紂也。即此舊倒。王樹枬云、此即當爲即此。即與則同。上文則此禹之所以征有苗也。則此湯之所以誅桀也。則此即即此、句法當一律。純一今據乙。若以此三聖王者觀之、則非所謂攻也。所謂誅也。

則夫好攻伐之君、又飾其說以非子墨子曰、子以攻伐爲不義、非利物與。

昔者楚熊麗、畢云、史記楚世家云、鬻熊子事文王。蚤卒。其子曰熊麗。始討此睢山之閒。畢云、討字當爲封、睢山即江漢沮漳之沮。王景羲云、說文云、討、治也。本義自通。畢改爲封、非。孫云、史記楚世家、熊繹、當周成王之時。舉文武勤勞之後嗣。而封熊繹於楚蠻。是始封楚者、爲熊麗之孫繹。與此書不同。梁玉繩云、麗是繹祖。睢爲楚望。然則繹之前已建國楚地。成王蓋因而封之、非成王封繹始有國耳。尹云、討、除也。伐也。此、柴也。討柴、即傳所謂起山林者。睢山、中山經所謂景山是也。以爲睢水所出。故名睢山。在今湖北保康縣西南。楚初都丹陽。即今秭歸。後徙枝江。仍號丹陽。此云睢山之閒、則秭歸也。郡縣志、南漳縣東北一百八里有粗山。漢志、沮水出東山粗山。東山皆睢山之異名。左昭十二年傳、楚右尹子革曰、昔我先君熊繹。辟在荊山。睢山、荊山之首山也。越王繄虧盧云、即無餘也。繄舊譌緊、畢從盧校改。孫云、無餘、見越絕書外傳記地篇。吳越春秋越王無余外傳字作余同。依盧校繄虧即無餘、疑無餘本名無虧。古語無長言之、或曰繄無、則無虧長言之亦可云繄無虧。短言之又可云繄虧。虧餘亦聲相轉也。但無餘遠在夏世。而史記越世家、則謂句踐始爲越王。史記正義引輿地志云、周敬王時、有越侯夫譚子曰允常。拓土始大稱王。案允常爲句踐父。漢書古今人表、亦云越王允常。並與史記不同。此越王或當是允常。亦未能決定也。又案國語世本、並以越爲芈姓。則疑繄虧或即執疵。詳後。出自有遽、孫云、史記越世家云、其先禹之苗裔、而夏后帝少康之庶子也。封於會稽、以奉守禹之祀。吳越春秋云、少康恐禹迹宗廟祭祀之絕。乃封其庶子於越。號曰無餘。此云出自有遽、古籍無徵。國語鄭語云。芈姓夔越。與史記不同。吳語韋注云。越王句踐、祝融之後、允常之子、芈姓也。又引世本、亦云越芈姓也。漢書地理志顏注引臣瓚、亦據世本明越非禹後。大戴禮記帝繫篇云、陸終產六子、其六曰季連、是爲芈姓。季連產付祖氏。付祖氏產穴熊氏。世至于渠蔞鯀、出自熊渠。有子三人。其孟之名爲無康、爲句亶王。其中之名爲紅、爲鄂王、其季之名爲疵、爲戚章王。史記楚世家云、熊渠立其長子康爲句亶王。中子紅爲鄂王。少子執疵爲越章王。孔廣森云、蔞鯀或當爲蘷越、越即越章也。戚章字形之誤。詒讓案以世本帝繫證之、則國語之說不爲無徵。左僖二十六年傳、蘷子曰、我先王熊摯。漢書古今人表、及史記正義引宋均樂緯注、並謂熊摯亦熊渠子。竊疑蘷越同出、孔說似可通。若然、此出自有遠、或當云、出自熊渠。猶帝繫云蔞鯀出自熊渠也。渠遽聲近古通用。始邦於越。尹云、賀循會稽山記、少康其少子號曰於越。越國之偁始此。春秋亦偁於越焉。唐叔與呂尙邦齊晉。尹云、史記晉世家、唐叔虞者、周武王子而成王弟。齊世家、太公望呂尙者東海上人。此皆地方數百里。今以幷國之故、四分天下而有之。蘇云、墨子當春秋後、其時越方強盛。而晉尙未亡。故以荆越齊晉爲四大國。不數秦者、時秦方衰亂故也。此可徵墨子在孔子後。而未及戰國也。凡書中涉戰國時事者、皆其徒爲之爾。是故何也。子墨子曰、子未察吾言之類、未明其故者也。古者天子之始封諸侯也、萬有餘國。國字舊脫、從戴校補。畢云、呂氏春秋用民云。當禹之時。天下萬國。至於湯而三千餘國。尹云、史記本紀、黃帝置左右監。監於萬國。今以幷國之故、萬有餘國皆滅。舊作萬國有餘、從戴校乙。而四國獨立。此譬猶醫之藥萬有餘人、而四人愈也。則不可謂良醫矣。

則夫好攻伐之君又飾其說曰、我非以金玉子女壤地爲不足也。我欲以義名立於天下、以德求諸侯也。畢云、求一本作來。下同。子墨子曰、今若有能以義名立於天下、以德求諸侯者、天下之服、可立而待也。夫天下處攻伐久矣。曹云、處當作苦。音訛。譬若傅子之爲馬然。王云、傅當爲僮、字之誤也。僮、今童字也。說文僮、未冠也。耕柱篇曰、大國之攻小國。譬猶童子之爲馬也。童子之爲馬。足用而勞。今大國之攻小國也。攻者農夫不得耕。婦人不得織。以守爲事。攻人者亦農夫不得耕。婦人不得織。以攻爲事。故大國之攻小國也。譬猶童子之爲馬也。是其證。蘇校同。孫云、道藏本季本並作傅、傅或當爲孺。孺俗作孺、與傅形近。孺子僮子義同。今若有能信効先利天下諸侯者。孫云、効讀爲交、同聲叚借字。信交、謂相交以信。周禮大行人云、凡諸侯之邦交歲相問也。殷相聘也。世相朝也。純一案先利天下諸侯、所以一天下之和。大國之不義也、則同憂之。大國之攻小國也、則同救之。救之陸本誤倒。尹云、蘇秦之合縱類是。小國城郭之不全也、必使修之。布粟乏之絕、則委之。乏舊作之、王云、之絕二字不詞、當是乏絕之誤。月令曰、賜貧窮、振乏絕、是也。委讀委輸之委。純一案王說是。今據正。曹本同。孫云、周禮小行人云、若國凶荒則令賙委之。幣帛不足、則共之。畢云、共同供。純一案孟子云、交鄰國有道。惟仁者爲能以大事小。以大事小者、樂天者也。樂天者保天下。墨家可謂樂天保天下者。知吾國古時國際道德之高尙。今國際公法學者、難與語此。以此効大國、則大國之君說、以此効小國、則小國之君說。舊作以此効大國、則小國之君說。孫云、効亦讀爲交。此云交大國、則不宜云小國之君說。疑小國亦當爲大國。純一案孫說非、大國下脫則大國之君說以此効小國十一字。上文云、大國之不義也、則同憂之。大國之攻小國也、則同救之。小國城郭之不全也、必使修之。布粟乏絕、則委之。幣帛不足、則共之。以意審校、當作以此効大國、則大國之君說。以此効小國、則小國之君說。語意始完足。今補。人勞我逸、則我甲兵強。尹云、因逸而強。寬以惠。寬大以施恩惠。緩易急。緩和以易急迫。民必利。利舊作移、孫云、呂氏春秋義賞篇云、賞重則民移之。高注云、移猶歸也。曹云、移當作利。純一案曹說是也。今據改。墨道以兼利爲正。若使民由彼移此、非兼利也。易攻伐以治我國、功必倍。功舊作攻、從曹本王本改。言攻伐耗財費時。害己害人。易以圖治。人己俱利。旣除巨害。又與厚利。故曰功必倍。孟子曰、當今之時。萬乘之國行仁政。民之悅之。猶解倒懸也。故事半古之人。功必倍之。量我師舉之費、以爭諸侯之斃。爭舊作諍、王云、涉下文諸字從言而誤。今改。孫云、說文犬部云、獘頓仆也。或作斃从死。斃、踣也。罷也。則必可得而厚利焉。厚舊作序、王引之云。序利當爲厚利、隸書厚字或作序。見漢荊州刺史度尙碑。又作㕂、見三公山碑。形與序相似而誤。詩序、厚人倫。釋文、厚本或作序、非。荀子王霸篇、桀紂卽厚於有天下之埶。鹽鐵論國病篇、無德厚於民。今本厚字並譌作序。此言量我與師之費。以爭諸侯之斃者。則厚利必可得也。明鬼篇曰、豈非厚利哉。今本厚作序、則義不可通。純一案王說是也。今據正。曹本同。督以正、廣韻二沃、督、率也。勸也。漢書車千乘傳、宜有以敎督。督以正、卽上文云以德求諸侯也。義其名。孫云、卽上文云、我以義名立於天下也。必務寬吾衆、信吾師。以此援諸侯之師、援舊譌授、從孫校正。言以此仁義之師、援助諸侯。則天下無敵矣。孟子曰、仁者無敵。其爲利天下。舊脫利天二字。從蘇校補。不可勝數也。此天下之利。而王公大人不知而用。則此可謂不知利天下之巨務矣。畢云、巨舊作臣、以意改。孫云、顧校季本正作巨。是故子墨子曰、今且天下之王公大人士君子、王引之云、今且、今夫也。中情將欲求興天下之利。除天下之害。當若繁為攻伐。此實天下之巨害也。今欲為仁義。求為上士。尚欲中聖王之道。孫云、尚上字通。下欲中國家百姓之利。故當若非攻之為說。而將不可不察此者也。舊脫下不字、畢以意增。此者舊倒、從王校乙。

墨子非攻。以止貪瞋癡闇。性德之宏。潤齊天地。近如國際公法之持平。海牙和平會之弭兵。皆務滅攻戰之禍。尚已。英人李提摩太、且以積極的弭兵法。著萬年太平策。義尤詳於康德永世太平論。均略同墨家兼愛之旨。惜未能如釋氏見性而息爭也。

釋太虛曰、攻者、相刦奪殺害也。其事則凶器危道。其業則殺盜淫妄。乃人倫必須去除之禍本。故攻戰事、絕對當非。

墨子集解卷六

漢陽張純一仲如

節用上第二十

墨家節用、務以質蓑眞。止天下之亂。蓋自養儉、所以自利。財恒足、可以利他。是兼愛也。陰符經曰、萬物人之盜。老子曰、儉故能廣。淮南子主術曰、非澹薄無以明德。皆其奧旨。釋氏名色聲香味觸之五境曰五欲。亦名五塵、以汙眞理故。智度論十七曰、世人愚惑。貪著五欲。至死不捨。爲之後世受無量苦。又以五欲之害身、喩如五箭。楞嚴經四曰、汝現前眼耳鼻舌及與身心。六爲賊媒。自劫家寶。均可爲墨家不惑於外之說明。即其節用之諦理。禮記哀公問篇云、節醜其衣服。卑其宮室。車不雕幾。器不刻鏤、食不貳味。以與民同利。又坊記云、君子不盡利以遺民。罔非節用之塙詁。太史談僅謂爲人給家足之道。漏義多矣。荀子富國篇、往往難之。特儒者之見、與墨異趣耳。案上篇獨不言節飮食、必脫其文。此上中二篇與辭過篇宜參觀。歐陽云、節用爲墨子重要學說。今觀上中兩篇、皆無甚精義。不及辭過篇之充實、並有奪文。下篇竟全佚。是或爲人所不便、故滅其迹與。

聖人爲政一國、一國可倍也。畢云、言利可倍。伍云、力時急、則生產力加倍。費用儉、則消耗量減半。加倍、則一年有兩年之財。減半、則一年餘半年之糧。向之僅足者、今則三倍之矣。向之不足半者、今則足而餘一矣。故曰聖人爲政一國、一國可倍也。大之爲政天下、天下可倍也。其倍之、非外取地也。攻取非倍利之道。乃倍失利者也。因其國家、去其無用之費。舊本脫用之費三字、王據下文及中篇補。王樹枏云、萬歷本作去其無用。足以倍之。聖王爲政、其發令興事、使民用財也。王云、便民當爲使民、言必有用之事、然後使民爲之也。純一案便字不誤。言必便利於民之事、始用財也。無加用而爲者。無下舊有不字、王樹枏云、不字衍。萬歷本無。與下文一律。無加用而爲、謂不加費而爲之。所謂因其國家、去其無用。足以倍之也。純一今據刪。是故用財不費、民德不勞。孫云、德與得通。下同。李選本民作用。其興利多矣。

其爲衣裘何以爲。裘、下文並作裳。冬以圉寒、夏以圉暑。孫云、圉、禦字通。詳辭過篇。凡爲衣裳之道。冬加溫、夏加凊者、芊。芊、祥同。善也。鮮不加者去之。鮮舊譌鉏、黃堯圃影寫吳匏庵手抄本作鉏。下同。今依畢校改。下同。畢云、鮮、少也。言少有不加於溫凊者去之。卽下篇云、諸加費不加于民利者、聖王弗爲是也。不加猶云無益。

其爲宮室何以爲、冬以圉風寒。夏以圉暑雨、有圉盜賊。凡爲宮室。加固者芊。舊作有盜賊加固者、王樹柟云、有盜賊三字、涉下文而誤。萬歷本作凡爲宮室加固者。與上下文一律。純一案有盜賊三字不誤。宮室不僅禦風寒暑雨。亦禦盜賊。此文本作有圉盜賊。凡爲宮室加固者。今本脫圉字。又脫凡爲宮室四字。萬歷本又脫有圉盜賊四字。今依文義審校、並據萬歷本補訂。有讀又。尹云、固、堅也。鮮不加者去之、曹云、不加者、謂無益於禦盜賊而徙爲觀美者也。

其爲甲盾五兵何以爲。孫云、周禮司兵云、掌五兵五盾。又軍事建車之五兵。鄭衆注云、五兵者、戈、殳、戟、酋矛、夷矛。鄭康成云、步卒之五兵、則無夷矛而有弓矢。司馬法定爵篇云、弓矢禦。殳矛守。戈戟助。凡五兵當長以備短。短以救長。案五兵古說多差異。惟鄭君與司馬法合。當爲定論。以圉寇亂盜賊。若有寇亂盜賊、有甲盾五兵者勝。無者不勝。畢云、者舊作有、以意改。是故聖人作爲甲盾五兵。凡爲甲盾五兵、加輕以利、堅而難折者芊。尹云、折、斷也。鮮不加者去之。

其爲舟車何以爲。車以行陵陸。舟以行川谷。王景羲云、許書口部谷、從水半見。篆形作谷。仌卽水之半體、口則象其空閒也。然則谷川同類。谷本有水、川則其長流者耳。今人習於俗義、而幾忘之矣。故莊子云、海爲百谷王。此云舟可以行川谷、皆可證谷字之本義、中篇大川廣谷義同。以通四方之利。有無化居。凡爲舟車之道。加輕以利者芊。句鮮不加者去之。曹云、已上四者、使民用財之大端。其有益於民用者、雖勞力而費財。猶或爲之、但不多作而已。若其無益、則決不爲。凡其爲此物也、無加用而爲者。曹云、此言聖人之自奉於身。但取適用而止。其加用之物。則不爲也。是故用財不費。民德不勞。其興利多矣。矣字舊脫、從戴校補。孫有去王公大人之好聚珠玉鳥獸犬馬。王公二字舊脫、依戴校增。孫云、有讀爲又。此承上文言聖人爲衣裳宮室甲盾五兵舟車、旣去其不加者而不爲。又去其珠玉鳥獸犬馬之玩好。以益爲衣裳五者。故其數自倍增也。以益衣裳黃影寫本誤囊。宮室甲盾五兵舟車之數。於數倍乎。若則不難。戴云、若、猶此也。曹云、言能去無用之費。以益有用之物。則其力裕。其數自倍矣。於數倍乎、設問之詞。若則不難、答詞也。衣裳宮室甲盾五兵舟車之用、所以利民之生。不得不用者也。珠玉鳥獸犬馬、無益於民用。直可去也。卽王公大人之聚此數物也、亦何益於己身之用哉。故知節用云者、於其必用者。示之以節也。若其本爲無用者、亦何節之可言哉。故孰爲難倍、王樹枏云、故猶則也。唯人爲難倍。然人有可倍也。昔者聖王爲法、曰、丈夫年二十、毋敢不處家。孫云、明吳寬鈔本、作不敢毋處家。左文十八年傳云、男有家、周禮大司徒鄭注云、有夫有婦然後爲家。尹本二十作三十、釋云、禮記曲禮、三十曰壯。有室。謂處家也。尚書大傳、男子三十而娶。女子二十而嫁。三本作二誤。純一案陸本唐本並同吳鈔本。李選本同此。女子年十五、孫云、吳鈔本作二十、誤。毋敢不事人。孫云、周禮媒氏、令男三十而娶。女二十而嫁。賈疏引王肅聖證論云、前賢有言。丈夫二十、不敢不有室。女子十五、不敢不有其家。王肅語本於此。此聖王之法也。孫云、韓非子外儲說右篇、齊桓公下令於民曰。丈夫二十而室。婦人十五而嫁。亦見說苑貴德篇。墨子此說與彼同。國語越語亦云、女子十七不嫁、其父母有罪。丈夫二十不娶。其父母有罪。齊越之令、或亦本聖王之法與。尹云、齊桓令婦人十五而嫁、衰周制也。此云聖王之法、謂許嫁乃爲事人耳。穀梁文十二年傳、女子十五而許嫁。二十而嫁。禮記內則、女子十五而笄。笄則許嫁矣。聖王既沒于民次也。孫云、次讀爲恣。言恣民之所欲。其欲蚤處家者、有所二十年處家。其欲晚處家者、有所四十年處家。王云、文十三年公羊傳注曰、所猶時也。言有時二十年。有時四十年也。以其蚤與其晚相踐。孫云、玉藻鄭注云。踐當爲翦、聲之誤也。呂氏春秋制樂篇高注云、翦、除也。後聖王之法十年。若純三年而字、孫云、周禮玉人注云、純、猶皆也。說文子部云、字、乳也。尹云、字、滋也。謂生子。言若三年而生一子。子生可以二三計矣。計舊譌年、王樹枏云、萬歷本年作計。今從之。蘇云、聖王之法二十而處家。今後十年。彼早處家者。當有二三子也。此不惟使民蚤處家而可以倍與。惟、吳鈔本作唯。案不讀作非。惟語助。或下文之倒置於此者。尹云、言人可倍。曹云、此略明蕃育之法。因上文可倍之說、而推言及此。非此篇本指也。欲人民之加多、乃越句踐十年生聚之術。聖王之法、未必如此。然聖王欲令天下男女。無曠無寡。昏姻以時。則必盡愛民養民之道。自有人民殷阜之效。亦非如句踐之將用民力、以復其讎也。墨子之意、欲人君取法聖王而已矣。且不惟此爲然已。舊作且不然已、孫云、此文未足、必有挩字。明鬼下篇云、且不惟此爲然。此且不下、疑亦挩惟此爲三字。純一今據補。今天下爲政者、其所以寡人之道多。其使民勞。其籍斂厚。王引之云、籍斂、稅斂也。大雅韓奕篇、實畝實籍。箋曰、籍、稅也。正義引宣十五年公羊傳曰、什一而籍。民財不足。凍餓死者。不可勝數也。且大人惟毋興師。興、陸本唐本黃影寫本並作與。以攻伐鄰國。孫云、惟毋、吳鈔本作唯無。唯毋、語詞。久者終年。速者數月。男女久不相見。此所以寡人之道也。尹云、不相見則生子少。有與居處不安。有字舊脫、據下文補。曹本補又字。飲食不時。作疾病死者。有與侵就𠐊橐。畢云、𠐊卽援字異文。孫云、有讀爲又。侵就未詳。橐以舉火攻城之具。見備穴篇。韓非子八說篇云、干城距衝、不若堙穴伏橐。疑此𠐊亦當爲伏之譌。尹云、𠐊卽援。言持橐以運餉。曹本改作又與侵蹴傒橐。云、蹴、迫也。侵蹴、言爲人所侵迫也。傒、係也。橐縛也。言爲人所係縛也。純一案侵、淩也。犯也。莊廿九年左傳、凡師有鐘鼓曰伐。無曰侵。隱五年穀梁傳、苞人民、毆牛馬、曰侵。就同蹴。蹋也。攻城野戰死者。不可勝數。曹本有也字。此非今爲政者。所以寡人之道數術而起與。非今舊譌不令、畢云、令當爲今。戴云、不、猶非也。王樹枏云、萬歷本作此非今爲政者。今從之。曹本同。云、言今世之所以民少者。非一事所致也。上不能節用。則使民不以時。斂民不能薄。民困於賦役而死者多。又不能愛人而好攻伐。民苦於爭戰而死者又多。不獨男女失昏姻之時而已。墨子言此、正以明上文蕃育人民之說。非同於句踐生聚之術也。歐陽云、數術猶言多術。上文其所以寡人之道多句可證。下數術義同。聖人爲政特無此。此非聖人爲政。其所以衆人之道亦數術而起與。此非舊作不、孫云、此字當重、誤挩其一。曹本作此非。純一今據孫曹校補訂。與上文一律。曹云、特無此者、無若今爲政者之弊也。亦數術而起者、以明聖王所以蕃育人民之道、亦非僅男女昏姻得時之一端。蓋亦必節用而愛人以爲本也。

故子墨子曰、去無用之務。行聖王之道。舊本脫務字行字、王樹枏云、萬歷本作去無用之務。行聖王之道。今從之。天下之大利也。

劉云、墨子作節用篇。與尚書不作無益害有益義同。（節用上篇之旨在於去無益之費。作有用之事。而節葬非樂二篇之旨。亦由節用而推。）節人君之私用。爲一國之公財。（節用上篇云、去大人之好聚珠玉鳥獸犬馬、以益衣裳宮室甲盾五兵之數。誠以珠玉等物君主一人之私好也。甲盾五兵舟車一國之公益也。蓋墨子知國家公財、與君主私財爲二。故節人君之私用以爲一國之公益也。）

以務本去末爲主。非矜矜於節儉也。（說見周末學術史計學史序。）

節用中第二十一

子墨子言曰、古者明王聖人、所以王天下正諸侯者。老子曰、清靜爲天下正。彼其愛民謹忠。彼其二字疑衍、孫云、說文言部云、謹、愼也。此蓋與信義近。利民謹厚。愛民謹忠者、盡忠愛民、使民咸知己輕羣重。自居薄而利羣厚。所以正民德也。利民謹厚者、使衆寡欲養神。不役於物。然後能盡物性以大其用。所以厚民生也。忠信相連。又示之以利。是以終身不饜。孫云、吳鈔本作厭。歿世而不卷。歿吳鈔本作沒、世舊作二十、孫據盧校改。曹本王本尹本並同。蘇云、卷當爲倦。孫云、卷卽劵之叚字。正字當作劵。說文力部云、劵、勞也。考工記輈人鄭注云、劵今倦字也。王本作劵。古者明王聖人其所以王天下正諸侯者此也。孫云、正、長也。詳親士篇。曹云、此言聖王以愛民利民爲政。而其本務在於節用。故將言節用。而先言利民。

是故古者聖王制爲節用之法曰、凡天下羣百工、輪車鞼匏、王云、輪車梓匠、爲攻木之工。陶爲摶埴之工。冶爲攻金之工。然則鞼匏、卽考工記䩵鮑、爲攻皮之工也。凡文吻問與脂旨至、古音多互相轉。故䩵字或作鞼。鞄之爲匏、亦借字耳。故攷工記又借作鮑。孫云、王說近是。說文革部云、䩵、攻皮治鼓工也。或從韋作韗。又云鞄、柔革工也。攷工記曰、柔皮之工鮑氏。鮑卽鞄也。此段鞼匏字爲之。非儒篇有鮑函車匠、字亦作鮑。或云考工記、設色之工畫繢。鞼卽繢之借字。亦通。陶冶梓匠、使各從事其所能。曰、凡足以奉給民用則止。諸加費不加于民利者、聖王弗爲。畢云、舊民用下作諸加費不加民利則止、今據後文改。史記李斯列傳、李斯曰、凡古聖王飲食有節。車器有數。宮室有度。出令造事。加費而無益於民利者禁。卽用此義。純一案淮南子齊俗訓、稱神農之法曰、不貴難得之貨、不器無用之物。老子申其義曰、不貴難得之貨、使民不爲盜。不見可欲、使民心不亂。又曰難得之貨、令人行妨。人多伎巧、奇物滋起。足見古聖王利民、非獨使之節用以足用。尤重在節性以廣德。蓋聖王無己。惟務倍利於民之身心而已。今墨家不器無用之物、義與神農老子同。其欲天下衣食饒溢、姦邪不生。安樂無事而均平者至矣。劉云、墨子之意、以爲凡事之利於國家人民者、不妨取民財以爲之。若事與國家人民無益、雖絲毫不能取於民也。其理甚精。非節儉之謂也。說見計學史序注。

古者聖王制爲飲食之法曰、足以充虛繼氣。強股肱。北堂書鈔引強上有以字。使耳目聰明則止。使字舊脫、畢云、太平御覽引有使字。純一案御覽八百四十九書鈔百四十二引、並有使字、今據補。御覽書鈔均省去則止二字、非。薄滋味以養形。卽減嗜欲以養神。五味之調。芬香之和。皆是腐腸毒藥。足以傷生損壽。故老子曰、不極五味之調。芬香之和。畢云、芬字同芬。人之生、動之死地亦十有三。夫何故。以其生生之厚。純一案老子曰、五味令人口爽。又曰、人之輕死。以其求生之厚。是以輕死。夫唯無以生爲者。是賢於貴生。不致遠國珍怪異物。怪舊作恠、畢云、恠一本作怪。太平御覽引同。孫云、作怪是也。今據正。公羊昭三十一年傳、有珍怪之食。何注云、珍怪猶奇異也。荀子正論篇云、食飲則重大牢而備珍怪。淮南子精神訓云、珍怪奇異、人之所美也。而堯糲粢之飯。藜藿之羹。曹本同。

何以知其然古者堯治天下。南撫交阯。孫云、吳鈔本作趾。阯、趾之叚字。大戴禮記少閒篇、韓非子十過篇、淮南子脩務訓、並作阯。高注云、交阯南方之國。荀子王霸篇楊注、引尸子及賈子新書並作阯。案交阯卽今越南國。北際幽都。際舊作降、王云、降字義不可通、降當爲際。爾雅際、接捷也。郭注曰捷、謂相接續也。際降字形相似、故傳寫易譌。曹本作際。純一今據正。孫云、淮南子脩務訓高注云、陰氣所在故曰幽都。今雁門以北是。莊子在宥篇云、堯流共工於幽都。釋文引李頤云、尚書作幽州、北裔也。東西至日所出入。畢云、謂暘谷昧谷。曹云、此指堯典所云四宅、莫不賓服。逮至其厚受。舊譌愛、曹本作受、云、厚受、謂其身所受也。說文獻人曰亯。反亯曰㫗。㫗字今作厚。亦亯意。純一今據改。黍稷不二。羹胾不重。胾音剸。孫云、說文肉部云、胾、大臠也。詩魯頌閟宮、毛炰胾羹。毛傳云、胾、肉也。羹、大羹鉶羹也。不重、謂止一品。飯於土塯。飯舊譌飲、王云、土塯乃飯器、非飲器。飲乃飯字之誤。孫據正。畢云、塯、玉篇云、力又切。瓦飯器也。孫云、史記秦始皇本紀云、飯土簋。索隱本簋作塯。又敘傳云。食土簋。集解徐廣云、一作塯。與此字並同。純一案御覽七百五十九兩引前作堯飯土簋啜土鉶。後作堯飯土軌啜土鉶。軌史記李斯列傳作匭。劉云路史陶唐紀注、引作飯土塯。啜於土形。畢云、御覽引作鉶。鄭君注周禮云、鉶、羹器也。後漢書注、引作歠土鉶。顧云、秦本紀正作土形。太史公自序作刑。劉云、路史注引作土鉶。孫云、說文口部云、啜、嘗也。形刑並鉶之叚字。後漢書注所引、疑卽本史記敘傳文。史記正義引顏氏云、刑所以盛羹也。土謂燒土爲之、卽瓦器也。秦始皇本紀作啜土刑。集解引如淳云、土刑飯器之屬瓦器也。李斯傳作鉶。韓非子十過篇同。韓詩外傳三又作型。斗以酌。王云、斗上脫一字。此與下文義不相屬。酌下必多脫文、不可考。孫云、詩大雅行葦云、酌以大斗。說文木部云、科勺也。勺部云、勺挹取也。此斗酌卽科勺之叚借字。謂以科挹酒漿也。王本作匏斗以酌。未知何據。俛仰周旋威儀之禮。畢云、說文云頫、低頭也。或从人免。純一案有脫文、疑此八字當從曹校移置下文輕且凊下。諸加費不加于民利者、九字舊脫、從孫校補。聖王弗爲。

古者聖王制爲衣服之法、曰、冬服紺緅之衣輕且暖。太平御覽七十七引作煖。論語鄉黨、君子不以紺緅飾。邢昺疏、紺玄色、緅淺絳色。畢云、說文云、紺帛深青揚赤色。玉篇紺古憾切。案緅非古字、當爲纔。考工記云、五入爲緅。鄭君注云、今禮俗文作爵。言如爵頭色。說文纔云、帛雀頭色。與鄭注緅義合。說文無緅字、是知當爲纔。夏服絺綌之衣輕且凊。絺、細葛。綌、粗葛。曹本移上文俛仰周旋威儀之禮及下文足以將之置此。則止。諸加費不加於民利者、聖王弗爲。

古者聖王。舊作人、據陸本唐本改。與上下文合。爲猛禽狡獸暴人害民。孫云、廣雅釋詁云、狡、健也。呂氏春秋恃君篇、服狡蟲。高注云、狡蟲。蟲之狡害者。此狡獸與彼狡蟲義同。於是教民以兵行、日帶劍。爲刺則入、擊則斷。尹云、劍有鋒能入。有刃能擊。淮南脩務、夫怯夫操利劍。擊則不能斷、刺則不能入。旁擊而不折。此劍之利也。歐陽云、讀此節可以窺知古者用兵之起原、蓋因驅除鷙禽猛獸也。亦卽田獵之濫觴。後世人君行春蒐夏苗秋獮冬狩之禮。閱兵講武。猶不忘此意。甲爲衣則輕且利。動則兵且從。似言動則以兵器相隨。可以追逐爲人害者。而不畏其刺擊。此甲之利也。此下疑脫諸加費不加於民利者聖人弗爲二句。劍甲之屬所以禦暴。非爲暴也。據上下文審校、疑脫古者聖王制爲舟車之法曰十一字。車爲服重致遠。乘之則安、引之則利。尹云、引、輓也。安以不傷人、利以速至。力時急、則生財之道密。此車之利也。古者聖王爲大川廣谷之不可以濟。於是制爲舟楫。制舊作利。從王校改。此文疑本作於是制爲舟楫。通四方之利。此舟之利也。足以將之則止。今本脫去通四方之利句、則舟之所以爲利者不明。此舟之利也、倒著津人不飾下。文氣不串。足以將之則止。孫云、止舊譌上、今據道藏本正。廣雅釋詁云、將、行也。純一案陸本唐本並作止。雖上者三公諸侯至。畢云、上舊作止、以意改。舟楫不易。易、改。津人不飾。孫云、說文水部云、津、水渡也。津人、蓋掌渡之吏士。列子黃帝篇云、津人操舟若神。劉向列女傳辯通篇、趙津女娟者。趙河津吏之女。此舟之利也。王闓運云、此下脫去諸加費不加利云云。

古者聖王制爲節葬之法曰、衣三領、孫云、意林作三領之衣。荀子正論篇楊注云、三領、三稱也。禮記君陳衣於序東西。領南上。故以領言。足以朽肉。棺三寸、孫云、意林作三寸之棺。說詳節葬下篇。足以朽骸。孫云、荀子正論篇云、世俗之爲說者曰、太古薄葬、棺厚三寸。衣衾三領。葬田不妨田。故不掘也。蓋戰國時相傳有是語。不獨墨家言也。純一案此所以保母財。利生者。明死者形無足戀。掘穴深不通於泉。掘、舊作堀。孫云、吳鈔本作掘。下同。純一案節葬下亦作掘地之深。下無沮漏。今據改。王本同。氣不發洩則止。氣舊譌流。畢云、流當爲氣。據下篇有云、氣無發洩於上。純一今據改。曹本改流作屍氣。死者既葬。生者毋久喪用哀。言當從事生利。不可坐分人利。孝經喪親章、教民無以死傷生。毀不滅性。此聖人之政也。王闓運云。下有脫文。

古者人之始生、未有宮室之時。因陵丘堀穴而處焉。聖王慮之。以爲堀穴。冬日可以辟風寒。畢云、辟同避。言堀穴但可以避冬日風寒而已。冬日舊作日冬、從曹本王本改。逮夏、畢云、逮舊本建、以意改。下潤溼上熏烝。孫云、熏道藏本吳鈔本作重、誤。恐傷民之氣。于是作爲宮室而利民。民字今校增。然則爲宮室之法將柰何哉。子墨子言曰、其旁可以圉風寒。上可以圉雪霜雨露。其中蠲潔、孫云、蠲潔詳尙同中篇。可以祭祀。宮牆足以爲男女之別則止。諸加費不加于民利者、于字據上文增。聖王弗爲。王本自然則爲宮室之法至聖王弗爲、刻作雙行小字。注云、此詞例不類上文、蓋采脫文綴之。曹云、此篇文義不甚周足。蓋其缺佚者多矣。非僅下篇闕也。又按上篇所列四條、曰衣裳、曰宮室、曰甲盾五兵、曰舟車。此篇所列、曰百工、曰飲食、曰衣服、曰兵甲、曰車、曰舟楫、曰葬、曰宮室。皆人生日用之不可闕者。則引古聖之制以爲之節。若如前辭過篇所云、拘女蓄私。及後非樂篇所載、則聖王固禁而弗爲。是知墨子所謂節用、於有用者節之。於無用者去之。通其意者、以類推之可也。

節用下第二十二闕

曹云、墨子之書、闕者十數篇。節用三篇、闕其下篇。即其中篇、文意亦弗完備。蓋亦有闕文矣。竊嘗從其前後各篇中、攷求其意指。而爲說以補之、曰、節用者。去無用也。雖其有益於民用者。亦不可以無節。況其爲無用者哉。人之生於天地之間也。不能無資於物以爲養。於是乎有用。小而用百物之材。大而用民人之力。皆當有節焉。反是、則材力必絀矣。人者天生之。天必有以養之。天並生之。天必欲其均養之。竭千百人之所養者、以專奉一二人。則此千百之中、必有受其飢寒者矣。小民終歲勤動。從事耕織。以爲衣食。從事工賈。以通有無。若違其時、奪其力、則民廢業而利源竭矣。天生民而立之君。非以受天下之養。乃所以均養天下之人也。士君子者、天民之秀。亦有養民之責者也。海宇之內。無一物不得其養。然後無負於爲君。一夫不獲。時予之辜。然後無忝於爲士。故愛民之力。所以利人也。愛物之材。亦所以利人也。民物之材力有餘。是爲以美利利天下矣。夫人情之流。不可究極。目之欲色。耳之欲聲。口之欲味。身之欲放佚焉而不知返。則唯圖己身是利。而不顧爲民物之害。疏水以療飢渴而已。乃或山海珍錯。日陳於前。而意猶不厭。布帛以禦寒暑而已。乃或珠玉錦繡。窮極奢麗。而猶以爲不華。棟宇以庇風雨而已。乃或刻鏤金玉。丹青彩飾而猶以爲不壯。其樂而淫也。歌舞絃管酒池肉林。子女狗馬之好。馳騁田獵之娛。狂蕩而無極。其哀而卹也。虛官府。傾帑藏。以委之朽壤之中。猶不已。乃殺人以殉之。然則今之人之爲此也。意以爲有利於民與。抑有利於己與。若嘗深究其故。則必以其所爲。爲有損於民而又無益於己也。夫既有損於民而又無益於己矣、然且人之爲之者日甚。而莫知以爲監戒者。則人情之流放焉而不知返者然也。故夫王公大人、縱情肆欲以在民上。而邦之士大夫、僭竊效尤。侈靡以成俗。於是民之死者、日積而不可數也。古者聖人有憂之。故以節用爲教。書之竹帛。琢之槃盂。古者聖人在上。不勞天下以奉一人。聖人在下。不私一身而忘天下。要使含生負氣之倫。各得其所。各遂其生。修之於家。其德乃餘。修之於鄉。其德乃長。修之於邦。其德乃豐。修之於天下。其德乃普。是知節用者。所以爲兼愛之本也。墨子之法、聖王之法也。墨子之心、天地之心也。雖然、墨子之爲是說也。毋乃不稽於古者哉。嘗攷之論語之書仲尼之言矣。仲尼之道大禹之德也曰、禹吾無閒然矣。菲飲食。而致孝乎鬼神。惡衣服。而致美乎黻冕。卑宮室。而盡力乎溝洫。禹吾無閒然矣。則此言大禹之儉以克己。而勤以利民也。豈惟大禹爲然哉。昔者堯舜堂高三尺。土階三等。茅茨不剪、采椽不斲。飲土簋。歠土鉶。糲粱之飯。藜藿之羹。夏日葛衣。冬日鹿裘。是約己也。則此堯舜之節用也。豈惟堯舜然哉。昔者黃帝行之。何以徵之。史氏之紀黃帝之德曰、時播百穀草木。淳化鳥獸蟲蛾。旁羅日月星辰。極畋土石金玉。勞勤心力耳目。節用水火材物。則此言黃帝之德。格於上下。通於神明。被於生民。旁施萬物。然且不敢厚以自奉。節用水火材物。以明儉也。又必勞其心力耳目。不敢自暇自逸。以求利養民。則此五帝之德也。墨子之言、其於古者聖帝明王之所行。既皆然矣。不識今天下之士君子、所以聞墨子之言而皆非之者何哉。意毋以其非仲尼之說歟。仲尼至聖也。其言曰、道千乘之國。敬事而信。節用而愛人。使民以時。又曰、以約失之者鮮矣。其在孝經曰、在上不驕。高而不危。制節謹度。滿而不溢。又曰、謹身節用。以養父母。則此仲尼之言節用、一貫乎內聖外王之道也。不識今天下之儒者、聞墨子之言而皆非之者其故何哉。意以爲墨子之說行於天下。則人不得肆其情。遑其欲歟。則是使王公大人失其樂。而爲士君子亦不克自遂其私也。則吾不得而知之也。

節葬上第二十三闕

節葬中第二十四闕

節葬下第二十五

畢云、說文云、葬、臧也。从死在茻中。一其中所以薦之。易曰、古之葬者厚衣之以薪。又云、節、竹約也。經典借爲約之義。純一案維摩經方便品云、是身無常。無強無力無堅。爲苦爲惱。衆病所集。如毒蛇。如怨賊。爲要當死。速朽之物。不足重也。列子楊朱篇、晏平仲曰、既死豈在我哉。焚之亦可。沈之亦可。瘞之亦可。露之亦可。衣薪而棄諸溝壑亦可。莊子列禦寇篇云、莊子將死、弟子欲厚葬之。莊子不可。曰、吾以天地爲棺槨。日月爲連璧。星辰爲珠璣。萬物爲齎送。吾葬具豈不備耶。何以加此。漢書楊王孫傳、王孫病且終。先令其子曰。吾必贏葬。爲布囊盛尸。以反吾眞。王孫學墨者也。平仲墨家也。莊子道家、尙儉與墨同。佛則等而上之矣。讀諸經傳。不謀而合。墨子節葬。豈獨忍爲其薄哉。洞徹生死之故。力矯奢靡之風。無限慈懷寓儉以行。其深意非翦翦者所能窺也。

子墨子言曰、仁者之爲天下度也。尹云、度、謀也。辟之無以異乎孝子之爲親度也。畢云、辟同譬。今孝子之爲親度也、將柰何哉。曰、親貧則從事乎富之。親疑家之誤、家對天下言。人民寡則從事乎衆之。人民二字、疑涉下文而誤。衆亂則從事乎治之。當其於此也、亦有力不足、財不贍、智不知、舊作智、畢云、一本作知。純一今從之。然後已矣。無敢舍餘力隱謀遺利。孫云、隱謀謂隱匿其智謀。猶尙同上篇云、隱匿良道。不以相教也。荀子王制篇云、無隱謀。無遺善。而百事無過。非君子莫能。而不爲親爲之者矣。若三務者、畢云、舊脫此字、据後文增。尹云、務、事也。三務、富衆治。孝子之爲親度也既若此矣。雖仁者之爲天下度、畢云舊脫爲字、一本有。亦猶此也。曰天下貧則從事乎富之。人民寡則從事乎衆之。衆而亂則從事乎治之。當其於此、亦有力不足、財不贍、智不知、然後已矣。無敢舍餘力隱謀遺利、而不爲天下爲之者矣。若三務者、仁者之爲天下度也、也字舊脫、畢據上文增。仁上舊有此字、從孫校刪。既若此矣。今逮至昔者三代聖王既沒、盧云、今逮至昔者違下爲文。亦見下篇。純一案明鬼下作逮至昔三代聖王既沒、此今字疑誤衍。天下失義、後世之君子、或以厚葬久喪以爲仁也義也孝子之事也。或以厚葬久喪以爲非仁非義、義上非字、據下文增。非孝子之事也。曰、二子者言則相非。畢云、則字据下當爲即。孫云、二字古通。行即相反。孫云、即吳鈔本作則。純一案李選本亦作則。皆曰吾上祖述堯舜禹湯文武之道者也。而言即相非、行即相反。於此乎後世之君子、尹云、此、是也。皆疑惑乎二子者言也。若苟疑惑乎之二子者言、然則姑嘗傳而爲政乎國家萬民而觀之。傳道藏本陸本唐本吳鈔本並同。畢本作傳。王云、傳字義不可通。當依舊本作傳。傳與轉通。言若疑惑乎二子之言。則試轉而爲政乎國家百姓以觀之也。純一案傳字是。漢書武五子傳贊集注、傳、引也。言引而爲政乎國家萬民以觀之。計厚葬久喪、奚當此三利者哉。哉舊作我、從曹本改。意若使法其言、用其謀、厚葬久喪、實可以富貧衆寡定危治亂乎、此仁也義也孝子之事也。畢云、舊脫此字、据前後文增。爲人謀者不可不勸也。畢云、此下舊有仁者將求興天下誰霸而使民譽之云云、共六十四字。與下文複出、今刪。孫云、吳鈔本亦衍。霸作伯。仁者將求興之天下。求字舊脫、從俞校補。設置而使民譽之。終身勿廢也。身字舊脫、從俞校據下文增。王樹枏校同。設置舊作誰買、義不可通。從孫校改。意亦使法其言、用其謀、厚葬久喪、實不可以富貧衆寡定危治亂乎。治舊作理。從畢校改。曹本同。此非仁非義非孝子之事也。孝不孝、以利天下不利天下爲斷。爲人謀者不可不沮也。仁者將求除之天下。畢本作除天下之、孫據道藏本吳鈔本乙。曹本同。相廢而使人非之。孫云、相廢義難通。相疑當爲措。與廢義同。相措形近而譌。終身勿爲也。也字舊脫、從俞校據上文增。王樹枏校同。是故興天下之利。是舊譌且、從王校改。除天下之害。令國家百姓之不治也。也讀若者。自古及今未嘗有也。有上舊衍之字、從王本刪。曹本作未之嘗有也。孫校同。以上言厚葬久喪、視能否富貧衆寡治亂爲衡。

何以知其然也。今天下之士君子何以知其然也、於義無取。何以知其四字並也字、疑均後人臆增。當刪。將猶多皆疑惑厚葬久喪之爲中是非利害也。多下皆字衍、當刪。孫云、穆天子傳郭璞注云、中、猶合也。故子墨子言曰、然則姑嘗稽之今雖毋法執厚葬久喪者言王云、雖與唯同。孫云、毋、語詞。以爲事乎國家。此存乎王公大人有喪者。王樹枏云、存、在也。非樂篇皆作在乎。曰、棺椁必重。畢云、椁舊作槨、以意改。孫云、檀弓上、天子之棺四重。柏椁。以端長六尺。鄭注云、諸公三重。諸侯再重。大夫一重。士不重。葬埋必厚。衣衾必多。孫云、喪大記云、小斂君錦衾。大夫縞衾。士緇衾。皆一衣十有九稱。大斂君陳衣百稱。大夫五十稱。士三十稱。文繡必繁。孫云、文繡、謂棺飾。若帷荒之屬。周禮縫人鄭注云、孝子旣啓見棺猶見親之身。旣載飾而以行遂以葬。若存時居於帷幕而加文繡是也。丘隴必巨。孫云、說文土部云、壠、丘壠也。曲禮鄭注云、丘、壟也。壟冢也。隴、壟之叚字。淮南子說林訓云、或謂冢、或謂隴、名異實同也。呂氏春秋安死篇云、世之爲丘壟也、其高大若山。其樹之若林。存乎匹夫賤人死者。匹舊譌正、王云、正當爲匹。白虎通義曰、庶人稱匹夫。上文王公大人爲一類。此文匹夫賤人爲一類。隸書匹字或作疋、與正相似而誤。孫據正。殆竭家室。孫云、莊子養生主釋文引向秀云。殆疲困也。存乎諸侯死者。存字從畢校增。虛府庫。庫舊譌車、在府上。俞云、車乃庫字之誤。今從曹本乙正。然後金玉珠璣比乎身。比舊譌北、孫據道藏本吳鈔本正。純一案陸本唐本並作比。俞云、漢書王尊傳師古注曰、比、周也。比乎身、猶言周乎身。綸組節約車馬藏乎壙。孫云、淮南子齊俗訓云、古者非不能竭國麋民。虛府殫財。含珠鱗施。綸組節束。追送死也。許注云、綸、絮也。束、縛也。案節約與淮南書節束義同。又必多爲屋幕。孫云、吳鈔本作幄幙。案屋非攻中篇亦作幄。幄俗字、古止作屋。詩大雅抑、尙不愧於屋漏。鄭箋云、屋、小帳也。幙俗幕字。鼎敦敦舊作鼓、從王本改。几梴畢云、梴同筵。孫云、梴道藏本吳鈔本並作挻、从手、誤。壺濫孫云、呂氏春秋節喪篇、有云壺濫。盧文弨云、壺濫蓋器名。愼勢篇作壺鑑。一云功名著乎盤盂。銘篆著乎壺鑑。梁履繩云、周禮春始治鑑。集韻鑑或從水。戈劍羽旄齒革。孫云、呂氏春秋節喪篇云、國彌大、家彌富、葬彌厚。含珠鱗施。夫玩好貨寶、鐘鼎壺鑑、轝馬衣被戈劍、不可勝數。諸養生之具、無不從者。寢而埋之。謂舉金玉珠璣等物盡葬埋之。滿意。滿意二字、語意不完。以意審校滿意上當增而後二字。送死若徙。舊作若送從。孫云、此當從公孟篇作送死若徙。荀子禮論篇云、具生器以適墓。象徙道也。此挩死字。送字誤箸若字之下。徙又誤從。遂不可通。純一案孫說是也。今據補訂。曰、天子諸侯殺殉。畢云、古只爲徇、孫云、天子下當有諸侯二字、純一今據補。衆者數百。寡者數十。將軍詩黃鳥孔疏曰、文六年左傳云、秦伯任好卒。以子車氏之三子奄息仲行鍼虎爲殉。皆秦之良也。國人哀之。爲之賦黃鳥。

大夫殺殉。孫云、將軍大夫卽卿大夫、詳尙同中篇。衆者數十。寡者數人。孟子梁惠王篇、仲尼曰、始作俑者。其無後乎。爲其象人而用之也。孫奭疏引埤倉云、木人送葬。設關而能踊跳故名之曰偏。夫偏且不可、況殺殉乎。處喪之法將柰何哉。曰、哭泣不秩。畢云、言聲無次第。孫云、爾雅釋詁云、秩、常也。儀禮士喪記云、哭晝夜無時。雜記下云、中路嬰兒失其母焉。何常聲之有。聲翕。翕舊作翁、王樹柟云、翁當爲翕、形之誤。純一案王校是也。今據正。翕者言哭泣不秩。聲如噎也。曹本改翁作翕。縗絰。畢云、說文云、縗服、長六寸、博四寸、直心。絰喪首戴也。鄭君注喪禮云、麻在首在要皆曰絰。垂涕。處倚廬。寢苫枕凷。孫云、禮喪服傳及士喪禮記云、居倚廬、寢苫枕塊。鄭注云、倚木爲廬。在中門外、東方北戶。苫、編藁。塊、堛也。釋文、塊本又作凷。案凷本字、塊或體。又相率強不食而爲飢。孫云閒傳云、斬衰、三日不食。齊衰、二日不食。大功、三不食。小功緦麻、再不食。薄衣而爲寒。繹史引薄作不。使面目陷隰、盧云、當爲𣩞。玉篇有𣩞字、先外切、一云瘦病也。孫云、莊子天地篇云、卑陬失色。釋文、李云、卑陬、愧懼貌。一云顏色不自得也。此隰疑亦與陬同。皆形容阻喪之貌。顏色黧黑。孫云、黧、黎之俗。詳兼愛中篇。王本改作黎。耳目不聰明。手足不勁強。不可用也。粗言之、妨害生理、精言之、乖違禮意。又曰、上士之操喪也。尹云、操持也。必扶而能起。杖而能行。孫云、喪服四制云、百官備。百物具。不言而事行者、扶而起。言而后事行者、杖而起。鄭注云、扶而起、謂天子諸侯也。杖而起、謂大夫士也。以此共三年。若法若言。行若道。王引之云、若、猶此也。使王公大人行此、則必不能蚤朝晏退。聽獄治政。舊脫晏退二字、從俞校補。聽獄治政四字從孫校補。使士大夫行此則必不能治五官六府。舊脫使士大夫行此則必不能治十一字、孫云、此當作使士大夫行此、則必不能治五官六府。蓋上王公大人、指天子諸侯言。此治五官六府、辟草木、實倉廩、指卿大夫言也。非樂上篇云、王公大人蚤朝晏退、聽獄治政。此其分事也。士君子內治官府、外收斂關市山林澤梁之利、以實倉廩府庫。此其分事也。此與彼正同。今本五官上有挩文、遂以五官六府以下、並爲王公大人之事。非也。又案五官者、殷周侯國之制也。史記周本紀云、古公作五官有司。大戴禮記千乘篇云、千乘之國列其五官。曾子問諸侯適天子、乃命國家五官而後行。鄭注云、五官五大夫典事者。管子大匡篇云、乃命五官行事。商子君臣篇云、地廣民衆、故分五官而守之。曲禮下、天子之五官、曰司徒。司馬。司空。司士。司寇。典司五衆。天子之六府、曰司土。司木。司水。司草。司器。司貨。典司六職。鄭注云、此亦殷時制也。府主藏六物之稅者。周禮太宰說邦國官制云、設其參。傅其伍。鄭注云、伍謂大夫五人。檀弓孔疏引崔靈恩說、謂小宰小司徒小司馬小司寇小司空是也。蓋諸侯雖止三卿。然亦備五官。但其二官無卿耳。戰國時諸侯蓋猶沿其制。至淮南子天文訓云、何謂五官。東方爲田。南方爲司馬。西方爲理。北方爲司空。中央爲都。春秋繁露五行相生篇云、司馬者火也。司營者土也。司徒者金也。司寇者水也。司農者木也。左昭二十九年傳云、五行之官。是謂五官。木正曰句芒。火正曰祝融。金正曰蓐收。水正曰玄冥。土正曰后土。此並古五官之別制。與周侯國五官之名不甚合也。六府古籍無明文。曲禮六府、鄭君以爲殷制、則非周法。左傳文七年、大戴禮記四代篇、並以水火金木土穀爲六府。亦非官府。漢書食貨志、說太公爲周立九府圜法。顏注謂卽周官大府玉府內府外府泉府天府職內職金職幣等官。若然天子有九府六府或亦諸侯制與。純一今據孫說補十一字。辟草木。畢云、辟同闢。草卽艸字假音。實倉廩。使農夫行此則必不能蚤出夜入。畢云、夜、一本作晚。耕稼樹藝。孫云、說文丮部云、埶穜也。藝、卽埶之俗。使百工行此則必不能修舟車爲器皿矣。使婦人行此。孫云、婦吳鈔本作媍。則必不能夙興夜寐紡績織紝。畢云、紝紝二字皆通。細布縿。舊本細作綑。布縿二字脫。劉云、綑乃細譌。以本書證之、下脫布縿二字。非樂上篇云、婦人夙興夜寐。紡績織紝。多治麻絲葛緒。綑布縿。綑亦細譌。與此正同。畢校已改。又非命下篇云、婦人之所以夙與夜寐。强乎紡績織紝、多治麻統葛緒。捆布縿。而不敢怠倦者。捆亦同細。觀彼文細布縿以上。均有紡績織紝之文。與此相合。故知綑當作細下有布縿二字也。管子山至數篇云、民不得以織爲縿綃而貍之於地。旨與文略同。彼以織爲縿綃。又此文當作細布縿之證也。純一案劉校是也。今據以補正。計厚葬爲多埋賦財者也。賦古貨字。原譌賦之二字。從曹本刪改。計久喪爲久禁從事者也。廢時曠業。妨礙生計。財以成者、畢云、以同已。挾而埋之。挾舊譌扶、從王引之校改。後得生者、而久禁之。畢云、言厚葬則埋巳成之財。久喪則禁後生之財。純一案言既耗母財。又不能新生財。大背節用之旨。以此求富、此譬猶禁耕而求穫也。富之說無可得焉。是故求以富國家、畢云、舊求以二字倒、據後文改。純一案國字舊脫、後文今唯無以厚葬久喪者爲政、國家必貧。又是故求以富國家、甚得貧焉。今據補。而既巳不可矣。言厚葬久喪、不能富貧。欲以衆人民、意者可邪。其說又不可矣。今唯無以厚葬久喪者爲政。孫云、唯舊本作惟、今據吳鈔本改。下文亦作唯。唯無唯毋義同。吳鈔本喪下無者字。君死、喪之三年。父母死、喪之三年。孫云、喪服經、爲父斬衰三年。父卒、爲母齊衰三年。說苑修文篇、齊宣王謂田過日、吾問儒者喪親三年。喪君三年。則戰國時非儒者。蓋不盡持三年服也。妻與後子死、孔廣森云、後子者、爲父後之子。卽長子也。喪之三年。四字舊脫、據非儒篇妻後子三年校補。畢云、左傳日、王一歲而有三年之喪二。周禮如此。孫云、喪服經、父爲長子斬衰三年。夫爲妻齊衰期。畢據左昭十五年傳證此文是也。彼叔向語、指景王有穆后太子壽之喪。而云有三年之喪二。是妻亦有三年之義。五者、二字舊倒、從王校乙。皆喪之三年。然後伯父叔父兄弟孼子其。畢云、其同期。孫云、公孟篇正作期。非儒篇作其。與此同。喪服經、爲世父母、叔父母、昆弟衆子、並齊衰期。說文子部云、孼、庶子也。孼子卽衆子。對前後子爲家嫡也。戚族人五月。戚字舊脫、王云、族人當爲戚族人。謂族人之近者也。非儒篇正作戚族人五月。見儀禮喪服。今本脫戚字、則義不可通。公孟篇戚族人五月。今本亦脫戚字。純一今據補。孫云、喪服經、爲從祖祖父母從祖父母報。從祖昆弟並小功五月。姑姊甥舅、皆有數月。二字舊倒、王云、月數當爲數月。公孟篇、正作姑姊舅甥、皆有數月之喪。亦見喪服。今據乙。孫云、喪服、爲姑姊妹在室期。適人、大功九月。甥舅相爲緦麻三月。則毀瘠必有制矣。使面目陷陬、顏色黧黑。耳目不聰明、手足不勁強。不可用也。又日、上士之操喪也。之字據上文增。必扶而能起、杖而能行。以此共三年。若法若言。行若道。苟其飢約又若此矣。是故百姓冬不仞寒。畢云、仞、忍字假音。夏不仞暑。作疾病死者、不可勝計也。此其爲敗男女之交多矣。以此求衆、譬猶使人負劍而求其壽也。孫云、負伏通。左傳襄三年、魏絳將伏劍。孔疏云、謂仰劍刃、身伏其上而取死也。衆之說無可得焉。是故求以衆人民、而既以不可矣。畢云、以同已。純一案言厚葬久喪、不能衆寡。欲以治刑政、意者可乎。其說又不可矣。今唯無以厚葬久喪者爲政。唯無語詞。後同。孫云、唯舊本作惟、今從吳鈔本改。國家必貧、人民必寡、刑政必亂。若法若言、行若道、使爲上者行此、則不能聽治。使爲下者行此、則不能從事。上不聽治、刑政必亂。下不從事、畢云、不下舊有行字、衍文。衣食之財必不足。若苟不足、爲人弟者求其兄而不得、不弟弟必將怨其兄矣。爲人子者求其親而不得、不孝子必且怨其親矣。且舊譌是、從孫校據下文改。曹本同。爲人臣者求之君而不得、不忠臣必且亂其上矣。是以僻淫邪行之民、孫云、僻淫、吳鈔本作淫僻。出則無衣也、入則無食也、內續奚吾。俞云、四字不可解。疑當爲內積奚后、皆字之誤也。奚后、卽謑詬之叚音。說文言部謑、恥也。重文謑。曰謑或從奊。又曰詬、謑詬、恥也。重文訽。曰詬或從句。荀子非十二子篇作謑訽、是其本字。漢書賈誼傳作奊詬、奊卽謑之省。墨子作奚后。奚卽謑之省、后卽詬之省。古文以聲爲主。故省不從言耳。內積謑詬者、內積恥辱也。蓋出則無衣、入則無食、不勝其恥辱。故並爲淫暴而不可勝禁也。並爲淫暴而不可勝禁也。是故盜賊衆而治者寡。夫衆盜賊而寡治者、王云、夫字承上文而言。舊本夫譌作先、今改正。以此求治、譬猶使人三睘而毋負己也。王引之云、睘與還同、還讀周還折還之還。謂轉折也。使人三轉其身於己前。則或轉而向己。或轉而背己。皆勢所必然。如此而欲使其毋背己、不可得也。故曰以此求治、譬猶使人三睘而毋負己也。亦言求治之必不可得也。負亦背也。負與背古同聲而字亦相通。史記主父偃傳、南面負扆。漢書負作背。漢書高紀、項羽背約。史記背作負。孫云、莊子說劍篇、說趙文王宰人上食。王三環之。釋文云、環、繞也。睘環義同。治之說無可得焉。是故求以治刑政、而既已不可矣。言厚葬久喪不能治亂。

欲以禁止大國之攻小國也、意者可邪。曹云、春秋時有不伐喪之說。故墨子及之。其說又不可矣。是故昔者聖王既沒。天下失義、諸侯力征。孫云、國語吳語云、以力征一二兄弟之國。大戴禮記用兵篇云、諸侯力政。不朝於天子。盧注云、言以威力侵爭。案征正政通。天志上篇作力政。下篇及明鬼下篇並作力正。南有楚越之王、而北有齊晉之君、此皆砥礪其卒伍。畢云、礪當爲厲。以攻伐幷兼爲政於天下。是故凡大國之所以不攻小國者、積委多。孫云、說文禾部云、積、聚也。周禮大司徒鄭注云、少曰委。多曰積。左傳僖三十三年杜注曰、積芻米禾薪。城郭修。孫云、吳鈔本作脩。上下調和。是故大國不耆攻之。畢云、之舊作者、據後文改。孫云、漢書景帝紀顏注云、耆讀曰嗜。無積委、城郭不修、上下不調和、是故大國耆攻之。畢云、耆舊作者、據上文改。今唯無以厚葬久喪者爲政、國家必貧、人民必寡、刑政必亂。若苟貧、是無以爲積委也。孫云、唯無舊本作惟毋、今據吳鈔本改。若苟寡、是修城郭溝渠者寡也。修字舊脫、王云、城郭溝渠上當有修字。而今本脫之、則義不可通。此修字正承上文城郭修城郭不修而言。蘇校同。今並從曹本補。若苟亂、是出戰不克、入守不固。據上文審校、出戰上當有必字。不固下當有也字。以此求禁止大國之攻小國也、以字舊脫、據上文補。而既已不可矣。言貧寡亂、不能止大國之攻。

欲以干上帝鬼神之福、尹云、干、求也。意者可邪。其說又不可矣。今唯無以厚葬久喪者爲政。孫云、唯舊本作惟、今據吳鈔本改。國家必貧、人民必寡、刑政必亂。若苟貧、是粢盛酒醴不淨潔也。若苟寡、是事上帝鬼神者寡也。若苟亂、是祭祀不時度也。今又禁止事上帝鬼神。爲政若此、上帝鬼神殆將從上撫之曰、殆將舊作始得、從曹本改。我有是人也與無是人也孰愈。曰我有是人也與無是人也無擇也。則惟

上帝鬼神 孫云、惟吳鈔本作唯。王云、惟與雖同。 降之罪厲之禍罰而棄之、王云、之禍罰、之猶與也、謂罪厲與禍罰也。之字古或訓爲與。純一案禍上之字衍、當從曹本刪。 則豈不亦乃其所哉。王云、乃其所、猶言固其宜。言以不事上帝鬼神而獲禍、固其宜也。襄二十一年左傳曰、若上之所爲而民亦爲之。乃其所也。是其證。文二年傳、吾以勇求右。無勇而黜。亦其所也。哀十六年傳、克則爲卿。不克則亨。固其所也。曹云、乃其所。言應得也。純一案言貧寡亂、更干鬼神之罰。

故古者聖人舊作古聖王、畢云、後漢書趙咨傳注引作古者聖人、孫云、北堂書鈔禮儀部十三引亦同。純一案太平御覽五百五十五初學記禮部下引並作古者聖人。今並據改。 制爲葬埋之法。孫云、宋書禮志引尸子、禹治水爲喪法。墨子所述、或即夏法與。 曰、桐棺三寸、舊脫桐字、畢云、初學記引作桐、餘書亦多作曰。孫云、棺上當有桐字。左傳哀二年云、桐棺三寸、不設屬辟、下卿之罰也。釋文云、棺用難朽之木、桐木易壞。不堪爲棺。故以爲罰。墨子尚儉、有桐棺三寸。荀子禮論篇、說刑餘罪人之喪、棺厚三寸。衣衾三領。呂氏春秋高義篇云、楚子囊死。爲之桐棺三寸。是皆示罰之法。墨子制爲恒典。則太儉矣。檀弓云、夫子制於中都。四寸之棺。五寸之椁。鄭注云、爲民作制。荀子楊注引墨子曰、桐棺三寸。葛以爲緘。蓋兼用下文。孟子公孫丑篇云、古者棺椁無度。中古棺七寸。椁稱之。自天子達於庶人。並與此異。純一今依孫校並據初學記十四及下文補桐字。 足以朽體。衣衾三領、足以覆惡。謂惡臭。 及其葬也、及上舊衍以字、從曹本刪。 下毋及泉、上毋通臭。尹云、臭、說文作殠、腐气也。 壟若參耕之畝。孫云、參耕之畝、謂三耦耕之畝也。考工記匠人爲溝洫。耜廣五寸。二耜爲耦。一耦之伐。廣尺深尺謂之甽。鄭注云。古者耜一金兩人併發之。其壟中曰甽。甽上曰伐。今之耜岐頭兩金象古之耦也。說文耒部云、耕廣五寸爲伐、二伐爲耦。與考工說同。若然一耦之甽、其廣一尺。則三耦之甽、其廣三尺也。 則止矣。死者既以葬矣、以同已。 生者必無久哭。王云、久哭當爲久喪。喪字從哭亾聲。墨子原文蓋本作喪。見玉篇廣韻。而傳寫脫去亾字耳。節用篇曰、死者既葬。生者毋久喪用哀。是其證。久喪二字、見於本篇及它篇者多矣。若作久哭。則語不賅備。 而疾而從事人爲其所能、以交相利也。疾下而字衍、當刪。言務急於生利以利羣。 此聖王之法也。今執厚葬久喪者之言曰、厚葬久喪、雖使不可以富貧衆寡、定危治亂、然此聖王之道也。畢云、之、舊作也以二字。據後文改。 子墨子曰、不然。

昔者堯北教乎八狄。畢云、北堂書鈔引作北狄。孫云、畢據書鈔九十二引校。然書鈔二十五又引、仍作八狄。爾雅釋地有八狄。詩小雅蓼蕭孔疏引李巡本爾雅云、五狄在北方。周禮職方氏、又云六狄。禮記王制孔疏引李巡云、五狄一曰月支。二曰穢貊。三曰匈奴。四曰單于。五曰白屋。藝文類聚十一引帝王世紀。舜攝政二十八年、堯與方回遊陽城而崩。純一案書鈔九十四引作八狄。孫云、二十五。誤。劉云、初學記十四、御覽五百五十五、路史陶唐注、並引作八狄。則八狄非誤。**道死、葬蛩山之陰。**畢云、蛩、初學記引作鞏。一本亦作鞏。北堂書鈔、後漢書注、太平御覽、俱引作卭。呂氏春秋安死云、堯葬於穀林。高誘曰、堯葬成陽。此云穀林。成陽山下有穀林。劉云、路史注、引作卭卭之山。孫云、後漢書趙咨傳注、作堯葬卭之山。水經瓠子河注引帝王世紀云、墨子、堯北教八狄。道死、葬鞏山之陰。山海經曰、堯葬狄山之陽。一名崇山。二說各殊。以爲成陽近是堯冢也。史記五帝本紀集解云、皇覽曰、堯冢在濟陰成陽。劉向曰、堯葬濟陰。丘壠皆小。呂氏春秋曰、堯葬穀林。皇甫謐曰、穀林卽城陽。正義云、括地志云、堯陵在濮州。雷澤縣西三里。郭緣生述征記云、城陽東有堯冢。亦曰堯陵。有碑。是也。**衣衾三領。**御覽五百五十五、引作衣衾二領。書鈔九十四引同此。**穀木之棺。**畢云、穀字从木。孫云說文木部云、穀、楮也。毛詩小雅鶴鳴傳云、穀、惡木也。禮天子棺用梓椑。此用穀、尙儉。**葛以緘之。**孫云、釋名釋喪制云、棺束曰緘。緘、函也。古者棺不釘也。喪大記云、凡封用綍去碑負引。君封以衡。大夫士以咸。鄭注云、咸讀爲緘。凡柩車及壙說載除飾而屬紼於柩之緘。今齊人謂棺束爲緘繩。又檀弓云、棺束縮二衡三。案禮棺束用皮。此用葛、亦尙儉也。漢書楊王孫傳云、昔堯之葬也、窾木爲匵。葛藟爲緘。其穿下不亂泉。上不泄殨。**既泚而後哭。**畢云、泚當爲犯、空字之假音也。俞云、空者、葬下棺也。**滿埳無封。**畢云、古無埳字、當爲坎。北堂書鈔、後漢書注、太平御覽、俱引作坎。玉篇云、埳、苦感切。亦與坎同。俞云、禮記王制篇、不封不樹。鄭注曰、封謂聚土爲墳。無封、言不爲墳也。檀弓曰、古者墓而不墳。**已葬而牛馬乘之。**身非已有、是天地之委形。況已屬槁骨、豈可妄認爲己自私葬地、禁止牛馬遊行乎。**舜西教乎七戎。**畢云、北堂書鈔太平御覽引、俱作犬戎。純一案鮑刻御覽五百五十五引作舜西教七戎。路史陶唐注、作舜西教八戎。劉云、後漢書王符傳注、引作舜西教於西戎。與書抄所引北狄句、當係同本。孫云、爾雅釋地有七戎。詩蓼蕭孔疏引李本爾雅云、六戎在西方。周禮職方氏、又云五戎。王制孔疏引李注云、六戎、一曰僥夷。二曰戎夷、三曰老白。四曰耆羌。五曰鼻息。六曰天剛。**道死、葬南己之市。**孫云、書鈔九十二、同此。御覽八十一、引帝王世紀云、舜南征。崩於鳴條。年百歲。殯以瓦棺。葬於蒼梧九疑山之陽、是爲零陵。謂之紀市。在今營道縣。孟子離婁篇云、舜卒於鳴條。史記五帝本紀、舜踐帝位三十九年、南巡狩崩於蒼梧之野。葬於江南九疑。是爲零陵。集解皇覽曰、舜冢在零陵營浦縣。畢云、後漢書注引作舜葬紀市。尹云、舜葬在長沙零陵界中。九疑山在今湖南寧遠縣南六十里。御覽引尸子作葬南己之中。

純一案路史注、作道死南紀之市。王云、南己、後漢書王符傳注引作南巴、巴卽己之譌。北堂書鈔、及初學記禮部下、引墨子並作南己。後漢書趙咨傳注、及太平御覽、並引作南紀。呂氏春秋安死篇、舜葬於紀市、卽所謂南紀之市。墨子稱舜所葬地、本不與諸書同。不必牽合舜葬九疑之文致與上文西教乎七戎不合也。

衣衾三領、穀木之棺。畢云、後漢書注引穀作款非。

葛以緘之。已葬、而市人乘之。畢云、呂氏春秋安死篇云、舜葬於紀市。不變其肆。孫云、淮南子齊俗訓云、昔舜葬蒼梧。市不變其肆。

禹東教乎九夷。孫云、九夷詳非攻中篇。畢云、太平御覽五百五十五引作教於越者、以意改之、王云、鈔本北堂書鈔、及初學記引此並作於越、非作御覽者以意改也。今本作九夷者、後人因上文七戎八狄而改之。不知此說堯舜禹所至之地。初非以七戎八狄九夷爲次序也。據下文云葬會稽之山。會稽正在越地。則當以作於越者爲是。純一案路史注作於越。

道死、葬會稽之山。書鈔九十二葬篇引葬下有于字。淮南子齊俗訓云、禹葬會稽之山、農不易其畝。孫云、稽瑞引墨子云、禹葬會稽。鳥爲之耘。疑此佚文。史記夏本紀云、或云禹會諸侯計功而崩、因葬焉。命曰會稽。會稽者、會計也、集解云、皇覽曰、禹冢在山陰縣會稽山上。會稽山本名苗山。在縣南去縣七里。越傳云、禹到大越上苗山。大會計。爵有德。封有功。因而更名苗山曰會稽。因病。死葬。葦棺。穿壙深七尺。上無瀉泄、下無邸水。壇高三尺。土階三等。周方一畝。正義括地志云、禹陵在越州會稽縣南十三里。案越傳卽越絕書。今本越絕記地傳文、與裴駰所引略同。

衣衾三領、畢云、史記集解、引衾作裘非。孫云、周禮職方氏賈疏引亦作裘、與夏本紀集解同。七患篇云、死又厚爲棺槨。多爲衣裘。則葬有用裘者。

桐棺三寸。畢云、後漢書注引尸子云、禹之葬法。死於陵者葬於陵。死於澤者葬於澤。桐棺三寸。制喪三日。孫云。宋書禮志引尸子云、禹治水爲喪法曰。使死於陵者葬於陵。死於澤者葬於澤。桐棺三寸。制喪三月。越絕書記地外傳、吳越春秋越王無余外傳、並云禹葬會稽。葦椁桐棺。

葛以緘之。孫云、緘當作繃。說文系部云、繃、束也。引墨子曰、禹葬會稽。桐棺三寸。葛以繃之。卽此文。藝文類聚十一、御覽三十七、引帝王世紀、亦云禹葬會稽。葛以繃之。段玉裁云、繃、今墨子此句三見、皆作緘。古蒸侵二部、音轉最近也。畢云、太平御覽八十二、引緘作繃、注云補庚切。則此緘字俗改。劉云、廣韻十三耕、引作葛以繃與說文合。

絞之不合、道之不埳。道舊作通、孫云、道藏本吳鈔本通並作道。王樹枏云、萬歷本作道。純一案陸本唐本同藏本。今並據改。不埳李選本作石埳。

掘地之深、掘舊作土、王云、土地二字、文義不明。土地當爲掘地。寫者脫其右半耳。下文曰掘地之深。下無菹漏。氣無發泄於上。節用篇曰、掘穴深不通於泉。皆其證。今據改。

下毋及泉、孫云、毋吳鈔本作無、下同。純一案初學記書鈔九十二毋並作不。御覽八十二引毋亦作不。下同。

上毋通臭。孫云、後漢書趙咨傳注、引作皆下不及泉。上無遺臭。書鈔無作不。餘並與李引同。純一案初學記毋作無。御覽五百五十五引作上無通臭。

既葬、收餘壤

其上。孫云、說文土部云、壤、柔土也。九章算術商功篇穿地四、爲壤五。爲堅三。劉徽注云、壤謂息土。堅謂築土。畢云、太平御覽引作收餘壞爲壟。壟若參耕之畝。孫云、藝文類聚十一、御覽三十七、引帝王世紀文略同。蓋卽本此書。吳越春秋越王無余外傳、禹命羣臣曰。吾百世之後。葬我會稽之山。葦槨桐棺。穿壙七尺。下無及泉。墳高三尺。土階三等。葬之後田無改畝。卽其事也。畢云、壟前漢書注作隴。則止矣。畢云、則舊作取、據前漢書注改。若以此若三聖王者觀之。孫云、此若、若亦卽此也。詳尙賢上篇、後同。則厚葬久喪果非聖王之道。故三王者皆貴爲天子。李選本爲作於。富有天下。豈憂財用之不足哉。以爲如此葬埋之法。畢云、太平御覽引作以爲葬埋之法也。劉云、路史注、引作爲葬埋之法也。王云、北堂書鈔初學記亦如是。於義爲長。純一案以上舉證聖王節葬之法。

今王公大人之爲葬埋則異於此。必大棺中棺。孫云、禮記喪大記云、君大棺八寸。屬六寸。椑四寸。上大夫大棺八寸。屬六寸。下大夫大棺六寸。屬四寸。士棺六寸。鄭注云、大棺、棺之在表者也。檀弓曰、天子之棺四重。水兕革棺被之。其厚三寸。杝棺一。梓棺二。四者皆周。此以內說而出也。然則大棺及屬用梓。椑用杝。以是差之。上公革棺不被。三重也。諸侯無革棺、再重也。大夫無椑、一重也。士無屬、不重也。庶人之棺四寸。案此云大棺中棺、卽大棺與屬。下云革闠三操、疑卽所謂水兕革棺被之也。革闠三操。革闠猶言革棺。闠、集韻音匱。義同。說文、匱、匣也。从匚貴聲。六書故、今通以藏器之大者爲匱。次爲匣。小爲匵。孫云、操疑當爲襍、淮南子詮言訓高注云、襍帀也。襍操形近而誤。璧玉既具既舊譌卽、王云、卽字文義不順、卽當爲既、言璧玉既具。而戈劍等物又皆具也。純一今據正。曹本同。戈劍鼎鼓壺濫。濫同鑑。鼓疑敦之譌。詳前。文繡素練大鞅萬領。孫云、說文革部云、鞅、頸靼也。釋名釋車云、鞅、嬰也。喉下稱嬰、言纓絡之也。案鞅爲馬鞁具之一。無大小之分。此大字疑誤、又不當云萬領、所未詳也。劉云、周書器服解、有焚纓一給之文。此文之鞅、卽彼之纓。疑大乃樊之壞字。彼文作焚、亦樊叚也。輿馬女樂皆具。尹云、具、備也。曰必捶垛差通壟雖凡山陵。孫云、吳鈔本無必字。捶垛疑當讀爲捶除、內則鄭注云、捶、擣之也。說文手部云、擣、一曰築也。則捶亦有堅築之義。垛除、聲義亦通。謂除道也。差通、疑當作羨道。周禮家人鄭注云、隧羨道也。九章算術商功篇云、今有羨除。劉注云、羨除、隧道也。其所穿地上平下邪。史記衞世家、共伯入釐侯羨自殺。索隱云、羨、墓道也。竊疑此當讀必捶垛羨道爲句。卽九章所謂羨除也。壟雖凡山陵爲句。大意蓋謂丘壟之高、如山陵耳。然雖凡二字必誤、無以正之。今姑從舊讀。純一案孫說是也。必捶涂差通當作必捶除羨道。皆字形之誤。雖疑爲讙之音叚。或形誤。廣韻六脂。讙以佳切。就也。廣雅釋詁三訓同。說文京部云、就、高也。从京从尤。京、人所爲絕高丘也、尤、尤異於凡也。凡疑爲如之殘譌。此爲輟民之事、靡民之財。輟、增韻歇也。靡、越語下靡王躬身、韋注損也。不可勝計也。其爲毋用若此矣。毋同無。斷言今之葬埋、異乎聖王。是故子墨子曰、鄉者畢云、鄉、鄉省文。吾本言曰、陸本吾本二字倒。意亦使法其言、畢云、舊脫法字、一本有。用其謀。句計厚葬久喪、請可以富貧衆寡定危治亂乎。請畢本改作誠、注、舊作請。一本如此。曹本從之。王云、古者請與誠通。不煩改字。則仁也義也、孝子之事也。爲人謀者不可不勸也。意亦使法其言用其謀。若人厚葬久喪、實不可以富貧衆寡定危治亂乎、則非仁也非義也、非孝子之事也。爲人謀者不可不沮也。是故求以富國家、甚得貧焉。欲以衆人民、甚得寡焉。欲以治刑政、甚得亂焉。求以禁止大國之攻小國也、而既已不可矣。欲以干上帝鬼神之福、又得禍焉。上稽之堯舜禹湯文武之道、而政逆之。孫云、政正通。下稽之桀紂幽厲之事、猶合節也。若以此觀之、之字舊脫、據上下文補。則厚葬久喪、其非聖王之道也。總結前文厚葬久喪、非聖王之道。今執厚葬久喪者言曰、厚葬久喪、果非聖王之道、夫胡說中國之君子、爲而不已、畢云、猶言何說。操而不擇哉。畢云、擇同釋。孫云、釋、舍也。純一案李選本擇作釋。下同。釋與上句義複、非。擇、分別也。簡選也。子墨子曰、此所謂便其習而義其俗者也。孫云、習吳鈔本作事。下同。義當讀爲宜。昔者越之東有輆沐之國者。畢云、輆舊作輆、不成字。據太平廣記引作輆、音磑愛反。今改。盧云、列子湯問篇作輒木。新論作軫沐。顧云、世德堂列子作木。影宋本作沐、孫云、意林引列子、及道藏本劉子風俗篇、並作輒沭。博物志五引作駭沭。集韻十九代云、輆沭國名。在越東。是北宋本實作輆沭。魯問篇以食子爲啖人國俗。與此復不同。其長子生、則解而食之。盧云、解、魯問作鮮。與列子湯問同。孫云、解鮮、析義並同。新論、作其長子生則解肉而食其母。純一案意林引列子、作越東有輒沭國。生長子則食之。謂之宜弟。其大父死、負其大母而棄之、孫云、博物志引作父死則負其母而棄之。新論風俗作其人父死、卽負其母而棄之。案此不必定爲大父母、疑張劉所引近是。尹云、大父、王父。謂祖也。大母、王母。謂祖母。曰鬼妻。博物志曰作言。意林引列子、作則負其大母棄之。謂之鬼妻。不可與居處。博物志作不可與同居。列子作不可以同居處。此上以爲政、下以爲俗。爲而不已、操而不擇、則此豈實仁義之道哉。此所謂便其習而義其俗者也。楚之南有啖人國者、啖舊作炎、顧云、季本作啖。孫云、魯問篇亦作啖人。新論同。道藏本列子釋文作啖人。云談去聲。純一今據改。其親戚死、孫云、親戚、謂父母也。詳兼愛下篇。朽其肉而棄之、畢云、列子朽作㱙、同。太平廣記引作剮。純一案博物志作朽。孫云、御覽七百九十引博物志亦作剮。列子釋文云、㱙本作冎。音寡。剮肉也。尹云、朽、腐也。然後埋其骨、乃成爲孝子。博物志作乃爲孝子也。秦之西有儀渠之國者、畢云、渠舊作秉、據列子及太平廣記改。史記正義括地志云、寧原慶三州、秦北地郡。戰國及春秋時、爲義渠戎國之地。今甘肅慶陽府也。在陝西之西。孫云、博物志引作義渠、新論同。周書王會篇云、義渠以茲白。孔晁注云、義渠、西戎國。後漢書西羌傳云、涇北有義渠之戎。俞云、史記秦本紀、厲共王三十三年伐義渠虜其王。卽此國也。其親戚死、聚柴薪而焚之、劉云、薪字疑衍、劉子新論風俗篇作則聚柴而焚之。是其證。純一案博物志五作聚柴積而焚之。與列子同。燻上、謂之登遐。畢云、燻卽熏字俗寫。太平廣記引作熏其煙上謂之登煙霞。孫云、列子亦作燻則煙上。謂之登遐。新論作煙上燻天。謂之昇霞。博物志作熏之卽煙上。謂之登遐。登遐者、禮記曲禮下天子崩告喪、曰天王登假。鄭注云、登、上也。假已也。上已者、若僊去云耳。釋文假音遐。然後成爲孝子。博物志作然後爲孝。孫云、成爲與鈔本作謂之。此上以爲政、下以爲俗。畢云、太平廣記引、有云而未足爲非也。孫云、博物志引、有中國未足爲非也七字。列子作而未足爲異也。純一案中國、博物志作東國。或孫所見本異。爲而不已、操而不擇、則此豈實仁義之道哉。此所謂便其習而義其俗者也。若以此若三國者觀之、則亦猶薄矣。若以中國之君子觀之、舊本脫以字、王據上文補。則亦猶厚矣。王云、爾雅猶、已也。言亦已薄。亦已厚也。如彼則大厚。如此則大薄。然則葬埋之有節矣。尹云、有節、則不厚亦不薄。純一案言節葬爲無過不及之道。故衣食者、人之生利也。然且猶尙有節。尙字疑衍。葬埋者、孫云、吳鈔本無者字。人之死利也。夫何獨無節於此乎。王闓運云、於此乎、言於是也。子墨子制爲葬埋之法。本堯舜禹三聖王之薄葬以救時弊。曰、棺三寸、足以朽骨。衣三領、足以朽肉。意林引作三領之衣、足以朽骸。孫云、韓非子顯學篇云、墨者之葬也。冬日冬服。夏日夏服。桐棺三寸。服喪三月。掘地之深、下無菹漏。孫云、菹與沮通。廣雅釋詁、沮、溼也。純一案意林作深則通於泉。通上脫不字。氣無發洩於上。壟足以期其所則止矣。畢云、言期會。純一案廣韻七之、期、信也。言有壟足以徵信其所在則止。哭往哭來、反從事乎衣食之財。晏子春秋諫下廿一章、死即畢斂。不以害生事。棺槨衣衾。不以害生養。哭泣處哀。不以害生道。蓋墨氏宗風也。佴乎祭祀。畢云、說文佴、佽也。純一案廣雅釋詁、佽、代也。言從事衣食之財。利羣以代祭祀。斯眞孝親之達道。下文故曰子墨子之法。不失死生之利者此也。義甚顯明。蓋墨家視祭祀、未若兼愛交利之重也。王景羲云、墨子佴、佽、詁訓相代。佽者、說文一曰遞也。佴者釋詁云、貳也。詩杕杜傳又云、佽助也。此言取衣食之餘財、以貳助祭祀也。以致孝於親。孫云、於、吳鈔本作乎。故曰、子墨子之法、不失死生之利者此也。言厚葬久喪、無益於死者。徒有害於生者。以此增益死者之惑業。更有害於死者。故惟節葬不失死生之利。以上言節葬利羣爲孝。

故子墨子言曰、今天下之士君子、中請將欲爲仁義、請舊作謂、王云、謂即請之譌。請與誠通。顧說同。孫據正。求爲上士。上欲中聖王之道。下欲中國家百姓之利。故當若節喪之爲政。而不可不察此者也。此者二字舊倒、孫依王校乙。

墨家節葬。蓋以形爲桎梏。死則縛解。是必朽物。宜卽忘之。莊子養生主云、適來、夫子時也。適去、夫子順也。安時而處順、哀樂不能入也。古者謂是帝之縣解。是其祕要。論衡案書篇、謂墨家於其神厚而於體薄也。誠然。至以厚薄不相勝、則戲論耳。仲任識力、固未足與此。

大取篇云、聖人之法死忘親。為天下也。墨子救世之勇、其在釋迦耶穌之班乎。

曾云、節葬一篇、蓋墨子救時之論也。莊子之譏墨子曰、其生也勤、其死也薄、其道大觳。而儒者尤以薄喪為詬病、見於孟子之語夷之。吾攷墨子所以譏世者二端、一曰厚葬。一曰久喪。二者當分而論之。厚葬之說、起於春秋戰國之間。至秦漢而靡財與力不可勝計。乃至總計天下財賦、三分取一、以供陵寢。楊王孫嬴葬以矯時。班史為之立傳。則當日士大夫之以厚葬為俗、亦可知矣。若致之於古。則豈特二帝三王之盛。未嘗有厚葬之事哉。仲尼之門人、欲厚葬顏回、而夫子以為不可。孔子之葬。封之若斧。一日而三斬板。則是厚葬之說。儒者亦未嘗以為然也。自晉及唐、其風漸以衰微。雖王公大人上至天子之葬、不能及秦漢之費。而士大夫乃復頗以受弔致客為榮。又用浮屠法供佛飯僧以為孝。則所以勞力而耗財者、不在於此而在於彼矣。郭璞葬書、實萌芽相墓之說。宋儒從而助其瀾。葬師之書滋益多。至今日而人人著信。閩皖江楚之地尤酷嗜其說。舉世如醉如狂。以祖考之枯骨。為子孫富貴之媒。而塋墓之獄訟。無處無之。無歲無之。有司苦其繁而不勝理。此其為風俗人心之害。又不止勞力靡財而已。至於服喪之年月久近。商以前之制。殆不可考。儀禮喪服。則成周之所定也。宰我欲短喪。而孔子以為不仁。於是三年之喪。遂若日月在天。終古莫之敢易。漢孝文帝遺詔、已葬三十六日釋服。殆為臣庶言之。非欲為子者減其親之服也。緣是而天子不復行三年喪。夷考其時。士大夫之居喪。皆有其實而不徒務其文。雖魏晉之閒。風尚曠達。而凡縱情越禮者。猶見譏於時。墨子之為喪也。近以三日。久以三月。其為時也極少。而觀其書中節用非樂諸篇所陳。則墨家者流。其平日所以自奉養其耳目口體者、蓋無以甚殊於居喪之時。則雖以三月為期。謂之終身之憂可也。今日士大夫之為喪。則徒有其文而無其實。妾御未嘗偶離於室。膏粱未嘗暫輟於口。衣冠之色稍異。而輕煖未嘗有變。仕者解任。秀者輟考。著為功令。而奪情起復。匿喪應試者。踵相接也。由斯以觀。則墨子所譏厚葬久喪二端。至今日而皆為已陳芻狗。不足置辯。即如致弔客作佛事。雖云靡費。猶有涯量。不足以為利害之所存。然則居今日而欲救時弊者。惟以屛黜葬師之說。為當務之急。而士大夫之善處喪者。既不廢三年期功之文。則於其身之所以自奉養。必取情文相稱。以求其心之所能安。庶乎於仲尼墨翟之意。為兩得之。而於古聖王之法。亦不相悖爾。

劉云、墨子節葬下篇之旨。自孟子斥之於前。荀卿斥之於後。士大夫偶有道及者。則衆斥為異端。予謂此特由於未觀墨子耳。夫墨子節葬之旨有二。一曰費無用之財。二曰損生人之性。前之一說、原於節用者也。故主於儉。後之一說、原於兼愛者也。故主於仁。蓋墨氏之旨。以為人所以生財。而生財則所以富民。今喪葬不節。則人之因服喪而廢有用之日者多矣。有用之日廢。則生財之數愈乏矣。況厚葬則厚於送死。而薄於養生。耗財之用愈多。而生財之數必寡。生財之數寡。盜竊所由興也。盜竊之興。刑罰所由立也。墨子以厚葬久喪為國家貧人民寡刑政亂之祖。殆謂此夫。

見塵集

至於損生人之性者。則以人以有用之身。不當因哀而致毀。與禮記所言不勝喪乃比於不慈不孝。同出一轍。謂之與儒家異則可。謂之爲儒家罪人則不可。蓋儒家之說。所以發人不忍之心。而墨家之說。則亦由不忍人之心而推之者也。但所引堯舜夏禹之說。則不過引前說以爲已說之證耳。似未可據之爲實。蓋節喪節葬。乃墨子所特創之說也(見國粹學報十一期叢談讀書隨筆)

墨子集解卷七

漢陽張純一仲如

天志上第二十六

畢云、玉篇云、志、意也。說文無志字。鄭君注周禮云、志古文識。則識與志同。又篇中多或作之。疑古文志亦只作之也。孫云、春秋繁露楚莊王篇云、事君者儀志。事父者承意。事天亦然。此天志之義也。王闓運云、意同法儀篇。亦弟子所綴。尹云、專制之時、君權特重。墨論之有法儀。藉天以讋㹫威之主耳。與孔子之言天、固同一苦衷也。門弟子亟申其旨、綴爲天志、其推闡可謂盡致矣。今茲政體共和、監督在於民意、無須言天、是亦神權變爲人權之見端也已、純一案天者、一大積氣耳。古人以其在顚、故名爲天。蓋一眞性體之代名、兼之本也。志者、一眞性體之神用。愛之本也。天志卽大公至正之眞理。故墨家一切政教宗之。欲人順奉天志。兼愛天下以爲壽也。老子曰、天之道利而不害。又曰、天之道不爭而善勝。不言而善應。繟然而善謀。天網恢恢、疏而不漏。義可互明。

子墨子言曰、今天下之士君子、知小而不知大。何以知之、以其處家者知之。若處家得罪於家長、猶有鄰家所避逃之。王云、所、猶可也。言有鄰家可避逃也。下文同。純一案逃陸本均作迯、俗字。然且親戚兄弟所知識孫云、親戚、卽父母也。下篇云父以戒子、兄以戒弟。共相儆戒、畢云、共舊作其。一本如此。下同。皆曰不可不戒矣。不可不愼矣。惡有處家而得罪於家長而可爲也。也、讀若邪。尹云、今民律親屬編、有家長統攝家政。以一家中最尊長者爲之。非獨處家者爲然、雖處國亦然。處國得罪於國君、猶有鄰國所避逃之。然且親戚弟兄所知識共相儆戒、皆曰不可不戒矣。不可不愼矣。誰亦有處國得罪於國君而可爲也。此有所避逃之者也、相儆戒猶若此其厚。厚重也。況無所避逃之者、相儆戒豈不愈厚、然後可哉。且語有之曰、語下舊衍言字、從俞校刪。焉而晏日焉而得罪。日舊作曰、畢以意改。俞云、焉而字疊出、文義難通。疑上焉而字爲衍文。墨子本作且語有之曰、晏日焉而得罪、將惡避逃之。晏者、淸也。明也。說文日部、晏天淸也。小爾雅廣言、晏明也。文選羽獵賦、於是天淸日晏。並其證也。此謂人苟於昏暮得罪、猶有可以避逃之處。若晏日則人所共覩、無所逃避矣。下文曰夫天不可爲林谷幽門無人、明必見之。然則墨子正以晏日之不可避逃、起下文明必見之之意。晏之當訓明無疑矣。孫云、俞說晏日之義是也。此當以焉而晏日焉而得罪八字爲句。上焉與於同義、焉而猶言於而。言於此晴晏之日焉而得罪也。俞以上焉而二字爲衍文、則尚未得其義。純一案俞說是也。將惡所避逃之。舊脫所字、今校增。曰無所避逃之。所、處也。與上文所字異義。夫天不可爲林谷幽閒無人、閒舊作門、王云、門當爲閒、閒讀若閑。言天監甚明、雖林谷幽閒無人之處、天必見之也。賈子耳痺篇曰、故天之誅伐。不可爲廣虛幽閒攸遠無人。雖重襲石中而居。其必知之乎。淮南覽冥篇曰、上天之誅也。雖在壙虛幽閒。遼遠隱匿。重襲石室。界障險阻。其無所逃之亦明矣。義皆本於墨子。則幽門爲幽閒之誤明矣。明鬼篇雖有深谿博林幽澗毋人之所、幽澗亦幽閒之誤。孫云、王校是也。但讀閒爲閑。尚未得其義。閒當讀爲閒隙之閒。荀子王制篇云、無幽閒隱僻之國、莫不趨使而安樂之。楊注云、幽、深也。閒、隔也。純一案王孫說是也。今據正。墨氏之天、徧一切處。卽兼之實體。具足神用。能使天下人於不睹不聞中、共相儆戒、以從事於義。可謂善巧方便。明必見之、然而天下之士君子之於天也、舊脫士字及之於二字、王據上下文補士字。又以意補之於二字。孫從之。忽然不知以相儆戒。忽視天道。不知欽崇。各修自營。以爲羣害。天下有不大亂者哉。此我所以知天下之士君子之字舊脫、據上文增。知小而不知大也。

然則天亦何欲何惡。天欲義而惡不義。天之象似在外、其妙用實顯於人心而非外。書泰誓中篇曰、天視自我民視。天聽自我民聽。足見天心卽人心之表現。孟子公孫丑篇曰、得道者多助、失道者寡助、皆人心之天爲用也。然則率天下之百姓、以從事於義、則我乃爲天之所欲也。我爲天之所欲、天亦爲我所欲。天人不二。感應道交。書蔡仲之命曰、皇天無親。惟德是輔。然則我何欲何惡。舊本無我字、畢云、一本則下有我字。王據增。我欲福祿而惡禍祟。契理來福祿。反常來禍祟。若我不爲天之所欲、而爲天之所不欲。舊本脫此十五字、王據中篇補。自然之道不可違。違之是自作孽。然則我率天下之百姓、以從事於禍祟中也。尹云、言必從事於福祿。也同邪。純一案乖戾之感祿於人心、則羣道息而災患生。然則何以知天之欲義而惡不義。孫云、吳鈔本無以字。純一案、陸本唐本同。並非。曰天下有義則生。書君奭天壽平格孔傳。天無私壽、惟至平通格於天者則壽之。老子曰、夫唯無以生爲者。是賢於貴生。無義則死。書泰誓下荒怠弗敬。自絕於天。有義則富。凡事心存利人。則人皆樂與相接、而大利自至矣。無義則貧。大取篇云、義、利。不義、害。言義則利人亦自利。不義則害人亦自害。孟子公孫丑篇云、失道者寡助。寡助之至親戚畔之。失道至此生機絕矣。御覽四百八十五貧下引此二句。有義則治。無義則亂。非命上篇曰。在於桀紂則天下亂。在於湯武則天下治。蓋有義無義之辨也。然則天欲其生而惡其死。書高宗肜日云。非天夭民。民中絕命。欲其富而惡其貧。論語顏淵篇、子夏曰。死生有命、富貴在天。故墨子非命。欲其治而惡其亂。孟子滕文公篇曰、天下之生久矣、一治一亂、不符天行之健。誤矣。墨子深知眞常之妙理、本來有治無亂、凡亂、皆人自亂之。故曰天欲其治而惡其亂。此我所以知天欲義而惡不義也。畢云、我舊作義、以意改。顧云。季本我。王樹枏云。萬歷本正作我。且夫義者政也。且上舊衍曰字、從曹本刪。王云、政與正同。下篇皆作正。孫云、意林引下篇正皆作政二字互通。義者正也。言義者所以正治人也。無從下之政上、必從上之政下。是故庶人竭力從事、未得次己而爲政。畢云、次、恣字省文。下同。一本作恣、俗改。孫云、意林引下篇次並作恣。節用上篇云、聖王既沒、於民次也。恣亦作次。可證。有士政之。士竭力從事、未得次己而爲政。有將軍大夫政之。孫云、將軍大夫、卽卿大夫也。詳尙同中篇。將軍大夫竭力從事、未得次己而爲政。有三公諸侯政之。三公諸侯竭力聽治、未得次己而爲政。有天子政之。天子未得次己而爲政、有天政之。天者非他、一眞性體之總相。具足無量功德。常以美利利天下而無言者也。人必大公至正。廓然無我。始有少分相應也。尹云、據此則墨之言天、爲監督最高機關、非迷信也。天子爲政於三公諸侯將軍大夫將軍大夫四字舊脫。從陶校依上文補。士庶人。天下之士君子、固明知之。之字舊脫、從俞孫校補。天之爲政於天子、天下之百姓、未得明知也。百姓上之字、舊在未得下、今移。

故昔三代聖王、禹湯文武欲以天之爲政於天子、明說天下之百姓。說、廣韻十七薛、告也。故莫不犓牛羊、豢犬彘、潔爲粢盛酒醴。畢云、爲粢二字舊脫、据後文增。以祭祀上帝鬼神而祈福於天。祈上舊衍求字、今校刪。我未嘗聞天之祈福於天子也。舊作我未嘗聞天下之所求祈福於天子者也、顧云、據中下二篇、下字衍。蘇校同。戴云、案中篇云、吾未知天之祈福於天子也。則此文衍下字及所求二字及者字、純一今據刪。我所以知天之爲政於天子者也。者字疑衍。故天子者、天下之窮貴也、天下之窮富也。戴云、窮、極也。此二字、轉相訓。故欲富且貴者、欲舊譌於、孫云、吳鈔本作欲。王樹枏云、萬歷本作欲是。純一案陸本唐本並作欲。御覽七十七引同。今正。當天意而不可不順。順天意者、兼相愛、交相利、必得賞。反天意者、別相惡、交相賊、必得罰。順天者昌。逆天者亡。然則是誰順天意而得賞者。是字疑衍。誰反天意而得罰者。子墨子言曰、昔三代之聖王禹湯文武、之字舊脫、據下文增。此順天意而得賞者也。者字舊脫、繹史引有。畢校同。今據補。昔三代之暴王桀紂幽厲、此反天意而得罰者也。然則禹湯文武其得賞何以也。子墨子言曰、其事上尊天、中事鬼神、下愛人。故天意曰、此之我所愛兼而愛之、王闓運云、之、於。我所利兼而利之。愛人者此爲博焉。博、廣也。普也。利人者此爲厚焉。故使貴爲天子、富有天下、業延萬世。舊無延字、從王本增。子孫傳稱其善、孫云、業謂子孫纂業也。左昭元年傳、臺駘能業其官。杜注釋爲纂業。方施天下、畢云、方猶旁。孫云、方旁古通。皋陶謨、方施象刑惟明。新序節士篇、方作旁。說文丄部云、旁、溥也。方施、言施溥徧於天下也。至今稱之謂之聖王。然則桀紂幽厲其得罰何以也。其得舊倒、依孫校據上文乙。子墨子言曰、其事上詬天、中誣鬼神。舊作中詬鬼、畢云、据上當有神字。孫云、道藏本吳鈔本並作中誣鬼。大戴禮記本命篇云、誣鬼神者罪及二世。則作誣義亦通。王樹枏云、蒭歷本詬作誣。誣卽侮之音借字。純一案陸本唐本並作誣。繹史引作中誣鬼神。今依增訂。與上文一律。下賊人。賊舊譌賤、孫依王校正。說詳尚賢中篇。王樹枏校及曹本王本並同。故天意曰、此之我所愛別而惡之、我所利交而賊之。惡人者此爲之博也。博陸本譌作愽。賊人者此爲之厚也。賊舊作賤、孫云、賤亦賊之誤。此並冡上文別相惡交相賊而言。純一案繹史引作賊人者。陸本唐本同。今並據正。故使不得終其壽、不歿其世。孫云、歿吳鈔本作沒。純一案黃影寫本世誤壽。至今毀之、謂之暴王。以上文可約爲二義、(一)以聖王得賞、暴王得罰、明證天之爲政於天子。(二)兼則天人共賞。別則天人共罰。

然則何以知天之愛天下之百姓、以其兼而明之。何以知其兼而明之、以其兼而有之。何以知其兼而有之、以其兼而食焉。何以知其兼而食焉、曰孫本脫此字。四海之內、粒食之民、孫云、大戴禮記少閒篇云、粒食之民、昭然明視。莫不犓牛羊、豢犬彘、潔爲粢盛酒醴、以祭祀上帝鬼神。祀下舊衍於字、據上文刪。天有邑人、畢云、邑舊作色、非。以意改。尹云、天下無大小國皆天邑。人無幼長貴賤皆天臣。何用弗愛也。尹云、言其必兼。且吾言殺一不辜者、必有一不祥。殺不辜者誰也。則人也。予之不祥者誰也。則天也。若以天爲不愛天下之百姓、則何故以人與人相殺、而天予之不祥。此我所以知天之愛天下之百姓也。孫云、此我下、吳鈔本有之字。

順天意者、義政也。反天意者、力政也。孫云、力政下篇作力正。謂以力相制。義詳節葬下篇。純一案文選謝宣遠張子房詩注、墨子曰、反天意者力政也。然義政將柰何哉。畢云、舊脫政字、一本有。子墨子言曰、處大國不攻小國、處大家不篡小家、強者不劫弱、貴者不傲賤、詐者不欺愚。舊作多詐者、孫云、中篇及兼愛中篇下篇文並略同、皆無多字。此疑衍。綰一今據刪、與上文一律。此必上利於天。中利於鬼、下利於人、三利無所不利。故舉天下美名加之、謂之聖王。力政者則與此異、言非此、畢云、非猶背。行反此、猶偝馳也。偝畢本作倖、注、一本作偝。今從一本。曹本同。繹史引亦作偝。孫云、倖疑偝之誤。玉篇人部云、淮南子分流偝馳。偝相背也、與舛同。今淮南子說山訓作舛。又氾論訓高注云、舛、乖也。偝與背同。」見坊記投壺及荀子。與偝義亦同。王本作偝。處大國攻小國。處大家篡小家。強者劫弱。貴者傲賤。詐者欺愚。舊作多詐欺愚、今依上文校訂。此上不利於天、中不利於鬼、下不利於人、三不利無所利。故舉天下惡名加之、謂之暴王。

子墨子言曰、我有天志。譬若輪人之有規。匠人之有矩。輪匠執其規矩、以度天下之方圜。曰中者是也。不中者非也。今天下之士君子之書不可勝載、言語不可盡計。計繹史作記。上說諸侯、下說列士、其於仁義、則大相遠也。畢云、相、舊作其、一本如此。何以知之、曰我得天下之明法以度之。明法、謂天志。曹云、天志之書、墨子所以自明其兼愛之說、深契乎天心也。天之心仁而已矣。則人之順天者、亦惟有兼愛而已。禮記曰、君子之道、本諸身。徵諸庶民。攷諸三王而不繆。建諸天地而不悖。質諸鬼神而無疑。百世以俟聖人而不惑。墨子之有天志明鬼二篇、所謂不悖不疑也。然則上攷三王、下俟百聖、亦何非由斯道者哉。

天志中第二十七

子墨子言曰、今天下之君子欲為仁義者、舊本君子下衍之字。今從吳鈔本刪。則不可不察義之所從出。既曰不可以不察義之所從出、孫本從譌欲。然則義何從出。子墨子曰、義不從愚且賤者出、必自貴且知者出。知讀若智。尹云、自、從也。何以知義之不從愚且賤者出、而必自貴且知智同。者出也。也讀若邪。曰、義者善政也、何以知義之爲善政也。邪同。曰天下有義則治、無義則亂、是以知義之爲善政也。王云、舊本脫兩爲字、下篇曰何以知義之爲政也、天下有義則治、無義則亂、我以此知義之爲政也、今據補。夫愚且賤者、不得爲政乎貴且知者、四字舊脫、從畢校補。然後得爲政乎愚且賤者。此吾所以知義之不從愚且賤者出、而必自貴且知者出也。然則孰爲貴孰爲知。曰天爲貴天爲知而已矣。然則義果自天出矣。今天下之人曰、當若天子之貴於諸侯、諸侯之貴於大夫、兩於字舊脫、從孫校補。碻明知之。碻舊作傐、畢云、傐當爲碻、碻、言確然可知。今據改。然吾未知天之貴且知於天子也。子墨子曰、吾所以知天之貴且知於天子者有矣。曰天子爲善、天能賞之。天子爲暴、天能罰之。天子有疾病禍祟、必齋戒沐浴、潔爲酒醴粢盛、以祭祀天鬼、則天能除去之。然吾未知天之祈福於天子也。此吾所以知天之貴且知於天子也。且吾所以知天之貴且知於天子者、不止此而已矣。者上十四字舊脫、今從曹本補。又以先王之書、馴天明不解之道也知之。畢云、馴與訓同。言訓釋天之明道。純一案荀子非十二子篇、閉約而無解注、解說也。不解卽不易知之義。馴天明不解之道、謂訓釋天之高明不易解說之道。曰明哲維天、畢云、舊作大、以意改。臨君下土。土舊作出、王引之云、下出二字、義不可通、出當爲土。明哲維天、臨君下土。猶詩言明明上天照臨下土耳。隸書出字、形與土相似、故譌。孫據正。則此語天之貴且知於天子。不知亦有貴且知于天者乎。于從吳鈔本。各本多作夫。曰天爲貴天爲知而已矣。然則義果自天出矣。是故子墨子曰、今天下之君子、中實將欲遵道利民、遵陸本唐本黃影寫本並作尊。曹本同。本察仁義之本、天之意不可不順也。順舊作愼、孫云、愼與順同。上下文屢云順天意。下同。純一案古順字作愼、形近而誤。今校改。下同。曹本同。

既以天之意以爲不可不順已、然則天之意將何欲何憎。意字舊脫、從畢校補。曹本同。

子墨子曰、天之意不欲大國之攻小國也。大家之亂小家也。強之暴寡。詐之謀愚。貴之傲賤。此天之所不欲也。不止此而已、舊本脫不字、又止作上。王校補不字。畢校改上爲止。孫並據正。欲人之有力相營。王景義云、已下當依上文補矣字。欲上當依下文補又字。語意始完。孫云、文選陸士衡贈從兄車騎詩、李注引鍾會老子注云、經護爲營。純一案禮運云、力惡其不出於身也。不必爲己。有道相教。公孟篇云、今求善者寡。不強說人。人莫之知也。故偏從人而說之。有財相分也。魯問篇云、多財而不以分貧、不祥也。又欲上之強聽治也。下之強從事也。上強聽治、則國家治矣。下強從事。則財用足矣。若國家治財用足、則內有以潔爲酒醴粢盛、孫云、潔吳鈔本作絜。以祭祀天鬼。外有以爲環璧珠玉以聘撓四鄰、畢云、撓與交同音。曹本撓作交。諸侯之寃不興矣。蘇云、寃當讀如怨。孫云、一切經音義云、古文寃惌二形今作怨。同。邊境甲兵不作矣。化干戈爲玉帛。內有以食飢息勞、持養其萬民。孫云、荀子榮辱篇楊注云、持養、保養也。義詳非命下篇。則君臣上下惠忠、父子弟兄慈孝。故唯毋明乎順天之意、唯舊本作惟、孫據吳鈔本改。毋、語詞。詳尚賢中篇。奉而光施之天下。孫云、光與廣通。王樹枏校同。純一案光字本義、較妙於廣。兼愛下篇、文王若日若月乍照、光于四方于西土。可證。光施之天下、與書堯典光被四表同義。奉而光施之天下。謂奉天之意普利天下、如日光無不被也。則刑政治、萬民和。國家富、財用足。百姓皆得煖衣飽食、便寧無憂。孫云、廣雅釋詁云、便、安也。是故子墨子曰、今天下之君子、中實將欲遵道利民、本察仁義之本、天之意不可不順也。

且夫天之有天下也，之上舊衍子字，從戴校刪。辟之無以異乎國君諸侯之有四境之內也。孫云、吳鈔本辟作譬。畢云、辟同譬。今國君諸侯之有四境之內也，夫豈欲其國臣萬民之相爲不利哉。國臣舊倒。俞云、臣國當爲國臣。正對國君而言。君曰國君，故臣曰國臣也。今倒作臣國，義不可通。純一今據乙。今若處大國則攻小國，處大家則亂小家，欲以此求賞譽，據下文當有於國君賞譽五字。終不可得，誅罰必至矣。據下文句首當有而字。夫天之有天下也，將無已異此。畢云、已同以。今若處大國則攻小國，畢云、舊脫則字，據下句增。處大都則伐小都，孫云、吳鈔本二句並無則字。欲以此求福祿於天，福祿終不得，據上文當作終不可得。而禍祟必至矣。然有所不爲天之所欲，王樹枏云、上所字衍。而爲天之所不欲，則夫天亦且不爲人之所欲，而爲人之所不欲矣。人之所不欲者何也。曰疾病禍祟也。畢云、舊脫禍字，據下文增。若己不爲天之所欲，而爲天之所不欲，是率天下之萬民以從事乎禍祟之中也。故古者聖王明知天鬼之所福，而辟天鬼之所憎，辟同避。以求興天下之利，而除天下之害。是以天之爲寒熱也節，四時調，陰陽雨露也時，五穀孰，孫云、道藏本吳鈔本作熟。俗字。六畜遂，疾菑戾疫凶饑則不至。孫云、戾厲字通。詳尙同中篇。純一案禮記中庸云、致中和。天地位焉。萬物育焉。文子符言云、人主不和，即天氣不下。地氣不上。陰陽不調。風雨不時。人民疾饑。又精誠纘義云、天人一氣。隱顯相通。和氣致祥。沴氣致殃。未有不由人主者也。是故子墨子曰、今天下之君子，中實將欲遵道利民，畢云、舊脫道字、一本有。本察仁義之本，天之意不可不順也。天下之字舊脫。據上文增。

且夫天下蓋有不仁不祥者、曰當若子之不事父、弟之不事兄、臣之不事君也、故天下之君子與謂之不祥者。王引之云、故猶則也。畢云、與、與同舉。今夫天兼天下而愛之。撽遂萬物以利之。俞云、撽疑本作徼、徼與交通。莊子庚桑楚篇、夫至人者相與交食乎地而交樂乎天。徐無鬼篇、作吾與之徼樂於天吾與之徼食於地。是交徼古通用也。王樹柟云、撽或讀爲徼、與交通。交遂萬物以利之、卽交相利之義。劉云、遂、育也。純一案黃影寫本物作民、下同。並誤。此言天兼愛天下、故交遂萬物以利天下。乃天下人均當交利以報天之原理。合觀下文若豪之末非天之所爲也、而民得而利之、則可謂否矣。卽佛教無不從此法界流之義。惟釋氏法身無內外。墨氏言天。與基督教之上帝同。未免著相於外。蓋本歷史舊貫之通病。若豪之末。畢云、豪本作毫。毫字正文。經典或从毛。非。孫云、豪吳鈔本作毫。下同。非天之所爲也。爲舊作謂。孫據吳鈔本正。純一案也讀爲者、大取篇害之中取小也。第二句也字、義與此同。而民得而利之、則可謂否矣。言萬物之中、設有豪末之物、非天之所爲而民得而利之者、則可謂無矣。蓋否字卽無字之義、倒裝於句末也。然獨無報夫天、而不知其爲不仁不祥也。此吾所謂君子明細而不明大也。衆生顚倒。大都如是。且吾所以知天之愛民之厚者有矣、曰以磿爲日月星辰、以字舊脫、孫據道藏本吳鈔本補。案陸本唐本並有以字。磿舊譌磨、顧云、顏氏家訓、世本容成造磿。以磿爲碓磨之磨。王云、磨當爲磿。磿爲日月星辰猶大戴記五帝德篇言歷離日月星辰也。孫云、王校是也。詳非攻下篇。純一今據正。以昭道之。孫云、說文日部云、昭明也。制爲四時春秋冬夏、以紀綱之。霣降雪霜雨露、霣舊作雷、王云、雷降雪霜雨露、義不可通。雷蓋霣字之誤。霣與隕同、左氏春秋經莊七年、星隕如雨。公羊隕作霣。爾雅隕、降落也。故曰霣降雪霜雨露。純一今據正。雷、曹本作零。以長遂五穀麻絲、使民得而財利之。以上言天時生物之利。列爲山川谿谷、播賦百事、畢云、播、布。尹云、賦、斂也。以臨司民之善否。畢云、司讀如伺、俗从人。純一案司如字讀、亦通。爲王公侯伯、孫云、侯伯舊作諸伯、吳鈔本作侯伯。道藏本作諸侯。審校文義、吳本較長。今據正。純一案陸本唐本並作侯伯。使之賞賢而罰暴。畢云、賢舊作焉、一本如此。顧云、藏本賢、季本同。孫云、吳鈔本亦作賢。純一案陸本唐本並作賢。賊金木鳥獸、大戴記千乘篇云、飭五兵及木石曰賊。易雜卦傳蠱則飭也韓康伯注、飭、整治也。從事乎五穀麻絲，（孫云、吳鈔本作絲麻。）以爲民衣食之財。（以上言建國保育兆民之利。）自古及今，未嘗不有此也。今有人於此，驩若愛其子，竭力單務以利之，（蘇云、單同殫。）其子長而無求報于父。（舊作其子長而無報子求父。孫云、一切經音義引三蒼云、驩古歡字。蘇云、當云其子長而無報乎父。王樹枏云、求字當在無字下。子乃于字之譌。其子長而無求報于父、謂其子長而不知求報于其父也。子求父三字、義不可通。純一案王校是。今從之。曹本作其子長而無報于其父。王本同蘇校。）故天下之君子，與謂之不仁不祥。（畢云、與同舉。曹本作舉。）今夫天兼天下而愛之，撽遂萬物以利之，（孫云、以吳鈔本作而。）若豪之末，非天之所爲也，（也字舊脫、從畢校据上文增。）而民得而利之，則可謂否矣。然獨無報夫天，而不知其爲不仁不祥也。此吾所謂君子明細而不明大也。（孫云、吳鈔本無君子二字。）

且吾所以知天愛民之厚者，不止此而足矣。曰殺不辜者，天予不祥。殺不辜者誰也，（殺字舊脫、從孫校補。）曰人也。予之不祥者誰也，曰天也。若天不愛民之厚，夫胡說人殺不辜而天予之不祥哉。（夫舊作天、王云、天胡說之天、當爲夫。此涉上下文天字而誤。夫、發聲也。言若天非愛民之厚、則人殺不辜而天予之不祥者、果何說哉。節葬篇曰、厚葬久喪、果非聖王之道、夫胡說中國之君子爲而不已操而不擇哉。是其證。孫從之。曹本同。）此吾之所以知天之愛民之厚也。（舊脫之所二字、孫據吳鈔本增。）

且吾所以知天之愛民之厚者，（孫云、吳鈔本吾下有之字。天下無之字。）不止此而已矣。曰愛人利人，順天之意，得天之賞者有矣。（孫本矣誤之。）憎人賊人，（畢云、二字舊脫、据下文增。）反天之意，得天之罰者亦有矣。夫愛人利人，順天之意，得天之賞者誰也，曰若昔三代聖王堯舜禹湯文武者是也。堯舜禹湯文武焉所從事，（焉、何也。）曰從事兼，不從事別。兼者、處大國不攻小國、處大家不亂小家。強不劫弱。衆不暴寡。詐不謀愚。貴不傲賤。觀其事、上利乎天、中利乎鬼、下利乎人、三利無所不利。是謂天德。聚斂天下之美名而加之焉、曰此仁也義也。愛人利人、順天之意、得天之賞者也。不止此而已、又書其事於竹帛、又字及其事二字舊脫。從戴校據下文補。鏤之金石、琢之槃盂、孫云、吳鈔本槃作盤、下同。畢云、後漢書注引槃作盤。傳遺後世子孫。曰將何以爲。將以識夫愛人利人、順天之意得天之賞者也。尹云、識誌也。皇矣道之曰、帝謂文王、予懷明德。不大聲以色。不長夏以革。不識不知、順帝之則。孫云、詩大雅毛傳云、懷、歸也。不大聲見於色。革、更也。不以長大有所更。鄭箋云、夏、諸夏也。天之言云、我歸人君有光明之德。而不虛廣言語以外作容貌。不長諸夏以變更王法者。其爲人不識古。不知今。順天之法而行之者。此言天之道、尙誠實。貴性自然。案墨子說詩、與鄭義同。帝善其順法則也、故舉殷以賞之、使貴爲天子、富有天下、名譽至今不息。故夫愛人利人、順天之意得天之賞者、既可得而知已。舊作既可得留而已、王云、當作既可得而智已。智卽知也。墨子書知字多作智、見於經說耕柱二篇者、不可枚舉。言順天之意得天之賞者、既可得而知已。舊作既可得留而已者、智誤爲留、又誤在而字上耳。純一今據正。

夫憎人賊人、孫云、賊吳鈔本作疾。反天之意得天之罰者誰也。曰若昔者三代暴王桀紂幽厲者是也。桀紂幽厲焉所從事。曰從事別。不從事兼。別者、處大國則攻小國、處大家則亂小家。強劫弱。衆暴寡。詐謀愚。謀王本作欺。貴傲賤。觀其事、上不利乎天、中不利乎鬼、下不利乎人、三不利無所利。是謂天賊。聚斂天下之醜名而加之焉、曰此非仁也非義也。憎人賊人、反天之意、得天之罰者也。不止此而已、又書其事於竹帛、鏤之金石、琢之槃盂、傳遺後世子孫。曰將何以爲。將以識夫憎人賊人、反天之意、得天之罰者也。大誓之道之曰、疑衍一之字、孫云、誓道藏本吳鈔本並作明。案此文非命上中二篇、並作大誓、明塙爲譌字。欒云、道藏本及唐堯臣本、誓字均作明。此蓋由畢校據非命上中兩篇引其文作太誓而改者。以尙同下引泰誓作大誓、故仍大字舊文不改。純一案陸本亦作大明。紂越厥夷居。孫云、江聲云、夷居、倨僈也。說文尸部云、居、蹲也。不肯事上帝。棄厥先神祇不祀。孫云、祇舊本譌祇、今據道藏本正。乃曰吾有命無廖㒋務。此文有脫譌。上句當從孔書作吾有民有命。與非命上篇中篇合。下句當合非命中篇審校作無勠其務。無毋同。言紂自恃有民有天命。不戮力於政事。廖㒋並是誤字。務下舊衍天下二字、畢云、卽下天亦二字重文、今刪。天亦縱棄紂而不葆。畢云、孔書泰誓云、紂乃夷居。弗事上帝神祇。遺厥先宗廟不祀。乃曰吾有民有命。罔懲其侮。察天所以縱棄紂而不葆者、舊無所字、語意未足、今校增。反天之意也。故夫憎人賊人、孫云、賊吳鈔本作疾。反天之意得天之罰者、既可得而知也。得舊本誤謂、孫據吳鈔本正。王校亦改得。

是故子墨子之有天之。畢云、一本作志、疑俗改。辟之無以異乎輪人之有規、辟之舊作辟人、孫云、人當作之。上文云、辟之無以異乎國君諸侯之有四境之內也、是其證。純一今據改。辟讀譬。匠人之有矩也。今夫輪人操其規、將以量度天下之圜與不圜也。孫云、量度吳鈔本到、下同。曰中吾規者謂之圜、不中吾規者謂之不圜。是以圜與不圜、皆可得而知也。此其故何。則圜法明也。匠人亦操其矩、將以量度天下之方與不方也。曰中吾矩者謂之方、不中吾矩者謂之不方。是以方與不方、皆可得而知之。此其故何。則方法明也。故子墨子之有天之也。舊作天之意也、王云、天之意本作天之。天之卽天志。本篇之名也。子墨子之有天之。已見上文。古志字通作之。說見號令篇。後人不達。又見上下文皆云順天之意。反天之意。故於天之下加意字耳。純一今據刪。上將以度天下之王公大人爲刑政也。據上下文審校、度上疑脫量字。孫云爲上奥鈔本有之字。純一案陸本唐本並有之字。下將以量天下之萬民爲文學出言談也。據上下文審校、量下疑脫度字。觀其意行、意字舊脫、據下文審校增。墨子言德操、分身口心。與釋氏同。意屬心。行屬身。言談屬口。順天之意謂之善意行、反天之意謂之不善意行。舊本譌非、孫從王校正。觀其言談、順天之意謂之善言談。反天之意謂之不善言談。觀其刑政、順天之意謂之善刑政。反天之意謂之不善刑政。故置此以爲法、立此以爲儀、將以量度天下之王公大人卿大夫之仁與不仁、譬之猶分黑白也。有天志分善惡、猶分黑白。善惡分明。天下之亂自無由生。晏子春秋問上末章、景公問晏子曰、爲政何患。對曰、患善惡之不分。左右善則百僚各得其宜而善惡分。是故子墨子曰、今天下之王公大人士君子、中實將欲遵道利民、本察仁義之本、天之意不可不順也。順天之意者、義之法也。

天志下第二十八　王闓運云、與上篇詞意全同。又多同非攻中篇。純一案後段文多同非攻上篇。

子墨子言曰、天下之所以亂者、其說將何哉。則是天下士君子、皆明於小而不明於大也。也字舊無、從曹本增。何以知其明於小不明於大也。以其不明於天之意也。何以知其不明於天之意也。以處人之家者知之。陶云、當云以人之處家者知之。今人處若家得罪、將猶有異家所以避逃之者矣。矣字依畢校據下文增。王引之云、所以、可以也。然且父以戒子、兄以戒弟、曰戒之愼之、處人之家者不可不戒愼也。舊作處人之家不戒不愼之。今據下文、處人之國者不可不戒愼也。增訂。王本同。無者字。而有處人之國者乎、而猶若也、見經傳釋詞。陶云、以上篇證之、當云非獨處家者爲然、雖處國亦然、今人處若國得罪、將猶有異國所以避逃之者矣。然且父以戒子、兄以戒弟、曰戒之愼之、處人之國者、不可不戒愼也。今人皆處天下而事天、得罪於天、將無所以避逃之者矣。然而莫知以相極戒也。王引之云、極字義不可通。極戒當爲儆戒、字之誤也。上篇相儆戒三字凡五見。俞云、極戒、卽儆戒也。極通作亟。荀子賦篇出入甚極。又曰反覆甚極。楊倞注並曰極讀爲亟。是也。廣雅釋詁、亟敬也。亟爲敬、故亦爲儆矣。亟又與苟通。見爾雅釋詁篇釋文。而儆字卽從苟、是可知其義之通。說文心部極、疾也。從心亟聲。一曰謹重貌。謹重之義、亦與儆相近。曹本極作儆。吾以此知大物則不知者也。據上下文審校、此句疑當作吾以此知天下之士君子、於小物則知之、於大物則不知也。尹云、物事也。是故子墨子言曰、戒之愼之、禮記中庸曰、君子戒愼乎其所不睹。恐懼乎其所不聞。必爲天之所欲、而去天之所惡。曰天之所欲者何也、所惡者何也。當有曰字作答。天欲義而惡其不義者也。何以知其然也。曰義者正也。孫云、正猶言正人。詳上篇。何以知義之爲正也。亦當有曰字。天下有義則治、無義則亂。我以此知義之爲正也。

然而正者、無自下正上者、必自上正下。是故庶人不得次己而爲正、孫云、意林引次並作恣。正並作政。案次當依馬讀爲恣。有士正之。士不得次己而爲正、有大夫正之。大夫不得次己而爲正、有諸侯正之。諸侯不得次己而爲正、有三公正之。三公不得次己而爲正、有天子正之。天子不得次己而爲正、有天正之。義正於上。歸極於天。今天下之士君子、皆明於天子之正天下也、而不明於天之正天子也。王云、舊本不明於天下脫之字、正下又脫天子二字。今補。

是故古者聖人明以此說人曰、天子有善、天能賞之。天子有過、天能罰之。天子賞罰不當、聽獄不中。此中字平聲去聲兼讀。正也。當也。不中者、失於偏也。不得其情也。天下疾病禍祟。祟舊譌福、王云、福字義不可通、禍福當爲禍祟。下者降也。言降之以疾病禍祟也。疾病禍祟見中篇。純一今據正。霜露不時、天子必且犓豢其牛羊犬彘、絜爲粢盛酒醴。孫云、絜舊本作潔、今據吳鈔本改。下同。以禱祠祈福於天。言天子有過、見罰於天、必祈禱之。尹云、祈求也。我未嘗聞天之禱祠祈福於天子也。祠字舊脫、從畢校補。吾以此知天之貴且知於天子也。貴且知、舊作重且貴。孫云、吳鈔本此作是。重且貴作貴且重。以此下文及中篇校之、重且貴當作貴且知。純一從之。是故義者、不自愚且賤者出、必自貴且知者出。曰誰爲貴、誰爲知、曰天爲貴天爲知。舊脫誰爲貴三字。曰天爲貴四字、從曹本補。然則義果自天出也。今天下之士君子之欲爲義者、則不可不順天之意矣。

曰順天之意何若。曰兼愛天下之人。何以知兼愛天下之人也。以其兼而食之也。其字舊脫、據下文補。孫云、食謂享食其賦稅物產。何以知其兼而食之也。自古及今、無有遠靈孤夷之國莊子則陽篇、其所以爲靈公者何邪注、靈卽是無道之謚也。此靈當訓無道。遠靈與孤夷義對。戴云、遠靈二字、義不可通。靈疑當作雱。雱說文以爲籀文旁字。旁與方通。今文尚書多借旁爲方。遠雱言遠方也。孫云、靈疑虛之誤。北魏孝文帝祭比干文。虛作虗。南唐本業寺記作霊。東魏武定二年邑主造象頌靈作霛。二形並相似。耕柱篇評靈亦塙虛之誤。與此正同。王樹枏云、遠靈孤夷、疑作遠夷孤靈。靈與零通。吳仲山碑、神零有知。零卽靈字。遠夷孤零之國、謂國之在遠夷孤零而無所依者。皆犓豢其牛羊犬彘、絜爲粢盛酒醴、以敬祭祀上帝山川鬼神。以此知兼而食之也。苟兼而食焉、必兼而愛之。譬之若楚越之君。孫云、譬吳鈔本作辟。今是楚王食於楚之四境之內、王引之云、今是與今夫義同。故愛楚之人。孫云、道藏本季本吳鈔本並挩楚之人以下十字。戴云、當據上文補之四境之內五字。墨子文不避重複。不得於此文獨省也。純一今從之。越王食於越之四境之內、五字舊脫。故愛越之人。今天兼天下而食焉、我以此知其兼愛天下之人也。

且天之愛百姓也、不盡物而止矣。王云、物字義不可通、物當爲此。此字指上文而言。中篇曰不止此而已矣、又曰不止此而已、皆其證。曹本作不盡是物而止矣。今天下之國、粒食之民、殺一不辜者、必有一不祥。王云、舊本民下衍國字、今刪。殺一下脫不辜者必有一六字。今據上中二篇補。曰誰殺不辜。曰人也。孰予之不祥。祥、舊譌辜。依孫校據上文正。曹本及王樹枏校並同。曰天也。若天之中同衷。實不愛此民也、何故而人有殺不辜、而天予之不祥哉。且天之愛百姓厚矣。天之愛百姓別矣。王闓運云、異於物也。王引之云、別讀爲徧。言天徧愛百姓也。古或以別爲徧。樂記其治辯者其禮具。鄭注、辯、徧也。史記樂書辯作辨。集解一作別。其證也。曹本從王校改別作徧。既可得而知也。

何以知天之愛百姓也、吾以賢者之必賞善罰暴也。何以知賢者之必賞善罰暴也、吾以昔者三代之聖王知之。孫云、吳本三代之聖王。作之三代聖王。故昔也三代之聖王堯舜禹湯文武之兼愛天下也、愛下舊衍之字、據吳鈔本及陸本唐本刪。與下文一律。從而利之、移其百姓之意。禮記大學云、一家仁一國興仁。堯舜帥天下以仁、而民從之。焉率以敬上帝山川鬼神。焉、乃也。天以爲從其所愛而愛之、從其所利而利之、於是加其賞焉。使之處上位、立爲天子。以法也以法也三字、曹本作是以天下之庶民、屬而譽之。業萬世子孫、以爲法也。孫云、以下文校之、此處脫文甚多。以法也三字、乃其殘字之僅存者。今以此下文及尙賢中篇補之、疑當作以爲民父母。是以天下之庶民、屬而譽之。業萬世子孫繼嗣譽之者不之廢也。純一案據下文審校、此文疑當作是以天下之庶民。屬而譽之。萬世以爲法也。名之曰聖人、以此知其賞善之證。畢云、舊脫知字、據下文增。是故昔也三代之暴王桀紂幽厲之兼惡天下也、從而賊之、移其百姓之意、禮記大學、一人貪戾、一國作亂。桀紂帥天下以暴、而民從之。焉率以詬侮上帝山川鬼神。天以爲不從其所愛而惡之、不從其所利而賊之、於是加其罰焉。使之父子離散、國家滅亡、抎失社稷、畢云、說文云、抎、有所失也。玉篇云、抎、于粉切。憂及其身。舊本憂下衍以字、從王樹柟校刪。是以天下之庶民屬而毀之、業萬世子孫繼嗣毀之、賁不之廢也。此文業字及子孫繼嗣毀之賁七字、並是衍文。當刪。王樹柟云、周禮州長注云、屬、合也。聚也。言天下之庶民、聚而毀之、世世不止也。名之曰暴王。暴舊譌失、從蘇校正。以此知其罰暴之證。今天下之士君子欲爲義者、則不可不順天之意矣。

曰順天之意者兼也。反天之意者別也。兼之爲道也義正。別之爲道也力正。孫云、正上篇並作政、字通。力正義詳明鬼下篇。曰義正者何若。曰大不攻小也。強不侮弱也。衆不賊寡也。詐不欺愚也。貴不傲賤也。富不驕貧也。壯不奪老也。是以天下之庶國。莫以水火毒藥兵刃以相害也。若事上利天、中利鬼、下利人、三利而無所不利。是謂天德。故凡從事此者、聖知也。仁義也。忠惠也。慈孝也。是故聚斂天下之善名而加之。是其故何也。則順天之意也。兼則物我一如。在在與天合德。爲利無窮。曰力正者何若。曰大則攻小也。強則侮弱也。衆則賊寡也。詐則欺愚也。貴則傲賤也。富則驕貧也。壯則奪老也。是以天下之庶國、方以水火毒藥兵刃以相賊害也。若事上不利天、中不利鬼、下不利人、三不利而無所利。是謂天賊。天舊譌之、俞云、之當作天。是謂天賊、與是謂天德對文。中篇正作天賊。純一今據正。故凡從事此者、寇亂也。盜賊也。不仁不義。不忠不惠。不慈不孝也。舊脫也字、從王樹枏校補。是故聚斂天下之惡名而加之。是其故何也。則反天之意也。別則彼此相賊。在在背乎天道。爲害無窮。

故子墨子置立天之以爲儀法。畢云、之一本作志、疑俗改。考古志字只作之。說文無志字。若輪人之有規、匠人之有矩也。今輪人以規、匠人以矩、以此知方圜之別矣。王云、舊本脫知字、中篇曰圜與不圜、方與不方、皆可得而知。今據補。是故子墨子置立天之以爲儀法。畢云、之當爲志。吾以此知天下之士君子之去義遠也。孫云、道藏本吳鈔本義下有之字。純一案陸本唐本同、之字衍。何以知天下之士君子之去義遠也。孫云、吳鈔本義下有之字。今氏大國之君舊本作今知氏、俞云、知字蓋涉上文兩句並有知字而衍。氏當讀爲是。禮記曲禮篇是職方、鄭注曰是或爲氏。儀禮覲禮篇大史是右、注曰古文是爲氏也。周官射人注引作大史氏右。然則是氏古通用。今氏卽今是也。今是卽今夫也。禮記三年問篇今是大鳥獸。荀子禮論篇今是作今夫。荀子宥坐篇今夫世之陵遲亦久矣。韓詩外傳今夫作今是。並其證也。上文曰今是楚王食於楚之四境之內、此云今氏大國之君、文法正同。上文作是、此文作氏、則字之異耳。純一今據删知字。曹本作今之世大國之君。寬者然曰孫云、疑當作寬然曰、者乃衍文。純一案此文疑本作今是大國之君、皆寬然曰。言皆自寬假其過失以爲之辭。今本皆譌者、又倒著寬下。故義不可通。曹本改者作若。注云、寬若、言無所畏忌之意。吾處大國而不攻小國、吾何以爲大哉。是以差論爪牙之士、爪舊作蚤、孫云、蚤吳鈔本作爪。非攻中下二篇並作爪。純一今據正。比列其舟車之卒伍。伍字舊脫。從俞校據非攻下篇補。以攻伐無罪之國。伐舊作罰、從孫校據非攻下篇改。入其溝境、王云、溝境二字不詞、當依非攻篇作邊境、此涉下文溝池而誤也。尹云、國境設溝以限之、因云溝境。周禮司險、設國之五溝五涂以爲阻固、皆有守禁。謂國境設溝以爲固耳。刈其禾稼。斬其樹木。殘其城郭、孫云、史記樊酈滕灌傳、集解引張晏云、殘、有所毀也。以御其溝池。王引之云、御字義不可通、御當爲抑、抑之言堙也。謂壞其城郭、以塞其溝池。若周語所云墮高堙庳也。史記河渠書、禹抑鴻水。索隱曰、抑漢書溝洫志作堙。堙抑皆塞之也。是抑與堙同義。非攻篇作湮其溝池。湮亦堙也。隸書抑字或作抑、見漢校官碑。御字或作御、見帝堯碑。二形相似而誤。曹本御作禦。尹云、御同禦、杜也。塞也。焚燒其祖廟。攘殺其犧牲。孫云、吳鈔本作牲。民之格者、則勁拔之。畢云、勁舊作勁、从力、非。勁拔卽勁刜。拔音同刜。孫云、勁拔疑勁殺之誤。非攻下篇云、勁殺其萬民。殺與拔篆文相近而誤。尹云、格同挌、鬥也。不格者、則係纍而歸。畢云、係一本作繫、纍舊譌操、王引之云、民可係而歸、不可操而歸、古亦無以係操二字連文者。操當爲纍、卽孟子所謂係累其子弟也。纍誤爲果、後人因改爲操耳。孫云、王校是也。孟子梁惠王篇趙注云、係累猶縛結也。純一今據改。丈夫以爲僕圉、畢云、圉舊作圍、以意改。孫云、丈舊譌大、顧云、當爲丈。王引之宋翔鳳校並同。今據正。左傳文十八年杜注云、僕、御也。周禮夏官鄭注云、養馬曰圉。胥靡。孫云刑徒役作之名。婦人以爲舂酋。畢云、周禮云、其男子入於辠隸、女子入於舂藳。又說文云、酋、繹酒也。禮有大酋、掌酒官也。未詳婦人爲酋之義。酋與舀聲形相近。說文云、抒臼也。亦舂藳義與。王云、月令注、酒孰曰酋。據此則酒官謂之酋者、以其掌酒也。然則女奴之掌酒者、亦得謂之酋矣。周官酒人、女酒三十人。奚三百人。鄭注曰、女酒、女奴曉酒者。古者從坐男女、沒入縣官爲奴。其少才知以爲奚。是其證。惠士奇禮說曰、酒人之奚多至三百。則古之酒、皆女子爲之。卽墨子所謂婦人以爲舂酋也。宋翔鳳云、呂氏春秋精通篇云、臣之父不幸而殺人、不得生。臣之母得生、而爲公家爲酒。則此言舂酋者、或爲舂、或爲酒也。孫云、畢說是也。周官舂人、有女舂抌二人。鄭注云、女舂抌。女奴能舂與抌者。抌、抒臼也。說文舀、或作抌。此以舂酋連文、則酋卽抌之叚字可知。吳鈔本婦作媍。酋作囚、誤。則夫好攻伐之君、不知此爲不仁義、以告四鄰諸侯曰、吾攻國覆軍、殺將若干人矣。其鄰國之君、亦不知此爲不仁義也。有具其皮幣。孫云、有與又通。下同。發其緦處。畢云、未詳。說文玉篇無緦字。孫云、緦、吳鈔本作緫。卽總之俗。於義亦無取。疑緦處當作徒遽。國語吳語云、徒遽來告。韋注云、徒、步也。遽、傳車也。周禮行夫注云、遽若今時乘傳騎驛而使者也。發其徒遽、謂使人致賀於攻伐之國、必起發卒徒車馬以從行也。或云緦當爲總之譌、總又從之借字。總處卽從遽、亦通。曹本作總處、注總原訛緦。總處謂府庫之蓄聚。使人饗賀焉。孫云、饗當讀爲聘亯之亯。周禮玉人鄭注云、亯獻也。則夫好攻伐之君、有重不知此爲不仁不義也。王本有作又。有書之竹帛、藏之府庫。爲人後子者、孫云、後子卽鍋子。詳節葬下篇。必且欲順其先君之行。曰何不當發吾府庫、舊本脫府字、王據上文補。視吾先君之法義。義舊作美。王云、法美二字、義不相屬。美當爲義。字之誤也。義卽古儀字。法義卽法儀也。前有法儀篇云、天下從事者。不可以無法儀。非命篇曰、先立義法。卽儀法。當讀爲嘗。嘗試也。言試發吾府庫、視吾先君之法儀也。純一案王說是、今據正。必不曰文武之爲正者若此矣、陸本唐本並重爲正二字。曰吾攻國覆軍殺將若干人矣。則夫好攻伐之君、不知此爲不仁不義也。其鄰國之君。不知此爲不仁不義也。是以攻伐世世而不已者、此吾所謂大物則不知也。

所謂小物則知之者何若。今有人於此、入人之場園、取人之桃李瓜薑者。王本園作圃。案太平御覽九百七十八引作今有人入場園、取人瓜者得罰。文雖不具、而園非誤字無疑。不必與非攻上同也。上得且罰之、衆聞則非之。是何也。曰不與其勞獲其實、孫云、言不與種植之勞而取其實也。純一案百丈禪師、一日不作一日不食。耶穌教、亦以不勞者不當食。義同。以非其所有而取之故。舊作已非其有所取之故、孫云、此有誤、疑當云以非其所有取之故。已、以同。所有二字誤倒、遂不可通。王本作已非其所有而取之故、純一今從孫王二校訂正。而況有踰人之牆垣、踰下舊衍於字。從孫校删。抯格人之子女者乎。兪云、抯字無義、當爲衍文。蓋卽垣字之誤而複者、格人之子女、與下竊人之金玉蚤絫、竊人之牛馬一律。曰格曰竊、皆以一字爲文也。格人之子女、謂拘執人之子女。後漢書鍾離意傳注曰、格、拘執也。是其義。孫云、抯擅字通。方言云、抯、擅、取也。南楚之閒、凡取物溝泥中、謂之抯、或謂之擅。釋名釋姿容云、擅、叉也。五指俱往叉取也。兪說非。曹本作抯略、注抯、取也。尹云、格同略。強取也。與角人之府庫、兪云、角字無義、乃穴字之誤。穴隸書作内、角隸書作角、兩形相似而誤。尹云角、穿也。竊人之金玉蚤絫者乎。王引之云、蚤絫二字、義不可通。蚤絫當爲布喿。隸書布字作布。蚤字作蚤、二形相似故譌。喿蓋繰之借字、布繰卽布帛。說文繰、帛如紺色。或曰深繒、讀若喿。繰喿同音、故字亦相通。金玉布繰、皆府庫所藏。故曰角人之府庫、竊人之金玉布喿。曹本從王校作布繰。注繰、絹也。尹云、蚤同瑵。絫同瓃。均玉器。與踰人之欄牢、孫云、欄吳鈔本作闌。下同。義詳非攻上篇。

周禮充人鄭注云、牢閑也。說文牛部云、牢、閑養牛馬圈也。竊人之牛馬者乎。而況有殺一不辜人乎。有讀又。一字涉下文而衍。今王公大人之爲政也、畢云、人舊作天、以意改。孫云、道藏本吳鈔本作夫。季本作人、與畢校合。自殺一不辜人者。踰人之牆垣扭格人之子女者。與角人之府庫竊人之金玉蚤絫者。孫云、道藏本吳鈔本下並有乎字、純一案陸本唐本同。與踰人之欄牢竊人之牛馬者。畢云、舊脫之字、据上文增。與入人之場園孫云、毛詩豳風七月傳云、春夏爲圃。秋冬爲場。鄭箋云、場圃同地。自物生之時、耕治之以種菜茹。至物盡成熟、築堅以爲場。竊人之桃李瓜薑者。王引之云、舊脫者與入人之場園竊人之十字。據上下文補。今王公大人之加罰此也、雖古之堯舜禹湯文武之爲政、亦無以異此矣。

今天下之諸侯、將猶皆侵凌攻伐兼幷。此爲殺一不辜人者、數千萬矣。此爲踰人之牆垣格人之子女者、畢云、據上格上當脫扭字。與角人府庫竊人金玉蚤絫者、數千萬矣。踰人之欄牢竊人之牛馬者。與入人之場園竊人之桃李瓜薑者、數千萬矣而自曰義也。故子墨子言曰、是蕡義者。義舊作我、顧云、蕡讀若治絲而棼之棼。我當爲義。純一今據正。王樹枏云、義字承上自曰義也而言。孫云、顧說是也。棼亦與紛同。尙同中篇云、本無有敢紛天子之教者。與此文例略同。急就篇云、芬薰脂粉膏澤筩。芬皇象本作蕡。此以蕡爲棼、與彼相類。吳摯甫曰、蕡爲紛之借字。紛、亂也。左傳昭五年蚡泉、穀梁作賁泉、公羊作濆泉。左傳苗賁皇、晉語作苗棼皇、說苑作盆。楚辭地方九則何以墳之、借墳爲分。此蕡義、蕡黑白甘苦之辨。言亂義、亂黑白甘苦之辨也。則豈有以異是蕡黑白甘苦之辯者哉。王闓運云、是夫。今有人於此少示之黑謂黑。少下舊衍而字、今據下文刪。孫云、王引之經傳釋詞、謂下刪之字。今從之。多示之黑謂白。必曰吾目亂、不知黑白之別。今有人於此少嘗甘、舊少上衍能字、甘上衍之字、今校刪。謂甘。多嘗甘謂苦。甘字舊脫、從曹本補。必曰吾口亂不知甘苦之味。甘上舊衍其字、今校删。與不知黑白之別句法一律。曹本同。今王公大人之爲政也、爲字舊脫、從戴校補。曹本同。或殺人於其國家。於字舊脫、從曹本增。禁之曹本此蚤、屬禁之爲句。注、言其國中有擅殺人者、必早禁絕之。此蚤越戴云、三字有脫誤。純一案此文疑本作或殺人於其國家、禁之。蚤知其不義也。越此有能多殺其鄰國之人因以爲大義。蚤、早之叚。越、於也。言或有人擅殺人於其國中、則禁絕之、早知其不義也。非攻上篇云、殺一人謂之不義、必有一死罪矣。必有一死罪、所以禁之。是早知其不義也。下文因以爲大義、正承此知其不義、相對爲文。蚤上此字、當在越下。越此有能多殺其鄰國之人、言於此有能多殺其鄰國之人、因以爲大義、今本蚤下脫知其不義也五字。而越下此字、又倒著蚤上、遂不可通。有能多殺其鄰國之人、因以爲大義。大舊作文、王云、文義二字、義不可通。文當爲大、字之誤也。謂多殺鄰國之人、聞之者不以爲不義、反以爲大義也。非攻篇曰、小爲非則知而非之。大爲非攻國、則不知非、從而譽之謂之義。此之謂也。純一案王說是、今據正。設不以爲大義、安肯書之竹帛、爲後世法儀耶。此豈有異蕡白黑甘苦之別者哉。孫云、別辯聲近字通。

故子墨子置天之以爲儀法。畢云、之當爲志。非獨子墨子以天之爲法也、之下舊衍志字、王云、志字亦後人所加。之卽志字。說詳中篇。純一今據删。於先王之書、大夏之道之然。俞云、大夏卽大雅也。雅夏古字通。荀子榮辱篇曰、越人安越。楚人安楚。君子安雅。儒效篇曰、居楚而楚。居越而越。居夏而夏是夏與雅通也。下文所引帝謂文王六句。正大雅皇矣篇文。帝謂文王。予懷明德。孫云、吳鈔本懷下有而字。純一案陸本唐本同。毋大聲以色。毋長夏以革。蘇云、詩大雅皇矣篇、二毋字作不。孫云、中篇引毋並作不、與詩同。不識不知。順帝之則。孫云、義並詳中篇。此誥文王之以天志爲法、舊衍也字、從孫校王樹枏校删。曹本王本同。誥、孫云、吳鈔本作告。畢云、誥字據上文當爲語。曹本從之。而順帝之則也。

且今天下之士君子、中實將欲爲仁義、求爲上士、上欲中聖王之道、下欲中國家百姓之利者。當天之而不可不察也。天之者、兩天之下、舊並衍志字。從王校删。義之經也。

曹云、此篇之末、與非攻上篇之說同。蓋亦以明兼愛之旨也。墨家主兼愛、而其時在春秋戰國之間、天下之苦兵爭也甚矣。乃當時王公大人在上位者、皆以攻伐幷兼爲能、故墨子亟非之。兼愛者、墨家宗旨。非攻者、救世之苦心也。儒墨之論雖殊、而其以天爲本則同。故天志者、兼愛之說之本源也。易曰、自天祐之、吉无不利。子曰、天之所助者順也。墨子其庶乎。

墨子集解卷八

漢陽張純一仲如

明鬼上第二十九闕

明鬼中第三十闕

明鬼下第三十一

孫云、淮南子氾論訓作右鬼。高注云、右、猶尊也。漢書藝文志亦同。顧注引此作明鬼神。疑衍神字。明謂明鬼神之實有也。純一案說文鬼部云、人所歸爲鬼。从人象鬼頭。鬼陰氣賊害从厶。爾雅釋訓云、鬼之爲言歸也。郭注引尸子曰、古者謂死人爲歸人。列子天瑞篇云、精神離形。各歸其眞。故謂之鬼。鬼、歸也。歸其眞宅。老子曰、夫物芸芸。各復歸其根。墨氏明鬼、恆兼神言。示人性靈不滅也。明鬼神之實有、正欲人皆敬畏之。契眞常而延年壽。匪惟止亂而已。蓋鬼神者、性德之變化。體物不遺。而人心起用。理事玄通。因業感果。毫釐不差者也。故曰雖有深谿博林幽閒無人之所、施行不可以不董。莊子庚桑楚篇曰、爲不善乎顯明之中者、人得而誅之。爲不善乎幽闇之中者、鬼得而誅之。明乎人明乎鬼者、然後能獨行。孔子曰、未能事人。焉能事鬼。義通。天志明鬼、相爲表裏。善惡諸法、皆從心生。人心易汙濁不易清淨。故先聖尊天右鬼、重祭祀以爲教本。所以除人心之汙濁、使復歸於清淨也。人心清淨、斯天下清淨、無盡德業繁興焉。而兼愛之旨可達矣。自性道不明於天下、執無鬼者、旦暮以無鬼神爲教、德治非所重矣。澆季尙法治、亦足濟德治之窮。其如人心日汩其眞、徒法不能以自行何。尹云、明鬼篇之作用、意與天志同。但天爲天神、而鬼爲人鬼耳。大取篇曰、治人有爲鬼焉、可知墨借鬼以治人。

子墨子言曰、逮至昔三代聖王既沒、精明之德、交於神明。感無不通、故爲聖王。天下失義、諸侯力正。昧本性明、起惑造業。動輒障礙、故事力征。畢云、正同征。孫云、節葬下篇作征。字通。天志下篇云、兼之爲道也義正。別之爲道也力正。周禮禁暴氏、禁庶民之亂暴力正者。鄭注云、力正以力強得正也。是以存夫爲人君臣上下者之不惠忠也。父子弟兄之不慈孝弟長貞良也。正長之不強於聽治。賤人之不強於從事也。民之爲淫暴寇亂盜賊。畢云、舊脫亂字、據下文增。以兵刃毒藥水火、退無罪人乎道路率徑、孫云、退當爲迓字之誤。迓與禦通。書牧誓、弗迓克奔。釋文引馬融本、迓作禦。云禁也。史記周本紀、弗迓作不禦。集解引鄭注云、禦、彊禦。謂彊暴也。孟子萬章篇云、今有禦人於國門之外者。趙注云、禦人以兵。禦人而奪之貨。即其義也。率徑當爲術徑、屬上道路爲句。率聲與朮聲、古音相近。廣雅釋詁云、率、述也。說文行部云、術、邑中道也。杜臺卿玉燭寶典、引蔡邕月令章句云、術、車道也。徑、步道也。王樹枏云、呂覽仲夏、退嗜慾、注、退、止也。退從艮、故義亦訓止。謂止阻無罪人于道路率徑之中也。率當爲術、聲之誤。一切經音義、引蒼頡字林、俱云邑中道曰術。道路率徑、四字一義。奪人車馬衣裘以自利者、並由此作。舊作並作由此始、王樹枏云、當爲並由此作。始作同義。廣雅、作始也。此文當是一本作作、一本作始、校書者旁記之、後人因誤入正文、而倒作字於其上也。此作字當訓起。純一案王說是也。今據刪乙。是以天下亂。此其故何以然也。則皆以疑惑鬼神之有與無之別、不明乎鬼神之能賞賢而罰暴也。今若使天下之人偕信鬼神之能賞賢而罰暴也、偕舊本作借若、孫本作偕若、曹本作皆若、王云、上言若使、則下不得又言偕若。余謂若字涉上文而衍、偕乃借字之誤。偕與皆通。湯誓予及女皆亡、孟子梁惠王篇皆作偕。周頌豐年篇降福孔皆。晉書樂志皆作偕。言使天下之人、皆信鬼神之能賞賢而罰暴、則天下必不亂也。舊本罰暴二字倒轉、據上文改。純一今從王校改刪。陸本唐本並作罰暴。則夫天下豈亂哉。孔書大禹謨曰、惠迪吉、從逆凶、惟影響。吾人性德、本通鬼神而爲一。一切染淨現行、自生異熟之果、何待鬼神之賞罰。故深明性道者、修己愛人毋不敬。一切意行、皆可質諸鬼神而無疑。果使天下皆然、何亂之有。今執無鬼者曰、鬼神者固無有、旦暮以爲教誨乎天下、舊本下有之字、畢又以意增人字。王云、畢補非也。此文本作旦暮以爲教誨乎天下、今本天下下有之字者、涉下句天下之衆而衍。畢不解其故、而於之下補人字、誤矣。下文天下之衆、即天下之人也。孫據王校刪。疑天下之衆。使天下之衆、皆疑惑乎鬼神有無之別、孫云、吳鈔本無惑字。是以天下亂。是故子墨子曰、今天下之王公大人士君子、實將欲求興天下之利、除天下之害、故當鬼神之有與無之別、將不可以不明察此者也。舊本將上衍以爲二字、今從俞校及王樹枏校刪。明上脫不字、孫從王校補。以上言人不明鬼神之賞罰、必無忌憚而天下亂。既以鬼神有無之別、以爲不可不察已。然則吾爲明察此其說將柰何而可、子墨子曰。是與天下之所以察知有與無之道者、是字疑衍。上與字同舉。必以衆人耳目之實、人舊作之、從曹本改。知有與亡爲儀者也、亡、曹本王本並作無。孫云、吳鈔本作無。亡古無字。篇中諸有無字、疑古本並作亡。尹云、儀、法也。請惑聞之見之。孫云、請讀爲誠。惑與或通。純一案惑、曹本王本並作或。則必以爲有。莫聞莫見、則必以爲無。孫云、舊挩則必以爲有以下九字、王據下文及非命篇補。今從之。若是、何不嘗入一鄉一里而問之。嘗、試也。自古以及今、生民以來者、亦有嘗見鬼神之物、陸本脫之字。聞鬼神之聲、則鬼神何謂無乎。若莫聞莫見、則鬼神可謂有乎。孫云、何可錯出、義兩通。不知孰爲正字。今執無鬼者言曰、夫天下亦孰爲聞見鬼神之物哉。神下舊衍有無二字、據下文刪。唐本鬼神倒。子墨子言曰、夫天下之爲聞見鬼神之物者、不可勝計也。此十七字舊倒著亦孰爲聞見上、曹本移此。又於亦孰爲聞見上、增夫天下三字。案此以有鬼答無鬼之說、不應出於執無鬼者之口。曹校是、今從之。若以衆之所同見與衆之所同聞、則若昔者杜伯是也。畢云、周語韋注、杜國伯爵。陶唐氏之後。漢書地理志、京兆尹杜陵故杜伯國。有周右將軍杜主祠四所。地在今陝西長安縣南杜豐。周宣王殺其臣杜伯而不辜。太平御覽三百七十一引此文同。惟無而字。又八十五引作周宣王殺杜伯不辜。又八百八十三引作周宣王殺杜伯不以罪。畢云、史記索隱引作不以罪。劉云、史記周本紀正義引周春秋不作無。漢書郊祀志顏注亦作不以罪。尹云、汲冢瑣語、宣王之妾女鳩、欲通杜伯。杜伯不可。女鳩反訴之王。王囚杜伯於焦。杜伯之友左儒、九諫而不聽。並殺之。後三年、而杜伯射王。杜伯曰、吾君殺我而不辜。若以死者爲無知則止矣。以字爲字、並疑衍。若死而有知、不出三年、必使吾君知之。御覽八十五引作杜伯曰、死若有知、三年必使君知之。其後三年、舊作其三年、俞云、其下脫後字。太平御覽引此文、正作後三年。但刪其字耳。孫云、周語韋注、宋明道本亦作後三年。史記周本紀正義引周春秋、亦作後三年。據史記宣王四十六年崩、則殺杜伯當在四十四年。通鑑外紀載殺杜伯於四十六年、非也。今本竹書紀年云、宣王四十三年、王殺大夫杜伯。其子隰叔出奔晉。則不數所殺年、亦通。純一案御覽見三百七十一。今依俞孫校增後字。開元占經百十三引周春秋亦作後三年。

周宣王合諸侯而田於圃田、車數百乘。俞云、田於圃田者、圃田地名。詩車攻篇、東有甫草。駕言行狩。鄭箋以鄭有甫田說之。爾雅釋地、作鄭有圃田。卽其地也。劉云、顏之推冤魂志、引周春秋作游於圃田。孫云、周語云、杜伯射王於鄗。韋注云、鄗、鄗京也。史記周本紀集解引徐廣云、豐在京兆鄠縣東。鎬在上林。昆明北有鎬池。去豐二十五里。皆在長安南數十里。周禮職方氏鄭注云、圃田在中牟。以周地理言之、鄗在西都。圃田在東都、相去殊遠。又韋引周春秋、宣王會諸侯田於圃。明道本圃作囿。史記封禪書索隱、周本紀正義、所引並與韋同。論衡死僞篇云、宣王將田於圃。則漢唐舊讀並於圃字斷句。皆不以圃爲圃田。荀子王霸篇楊注引隨巢子云、杜伯射宣王於畝田。畝與牧聲轉字通、疑卽鄗京遠郊之牧田、亦與圃田異。但隨巢子以圃田爲畝田、似可爲俞讀左證。近胡承珙亦謂此卽圃田、而謂國語鄗卽菽鄗、㫄韋以爲鄗京之誤。其說亦可通。姑兩存之、竢通學詳定焉。田車者、考工記云、田車之輪、六尺有六寸。鄭注云、田車、木路也。駕田馬。純一案太平御覽八十五作宣王田於圃田、從人滿野。又三百七十一作王田於圃田、車徒滿野。又八百八十三作宣王田於圃。此文必或作圃田或作圃。二本不同。據史記封禪書杜主故周之右將軍、索隱引本書。及周本紀正義。周語韋注引周春秋。並論衡死僞篇校之。當以田於圃爲是。

從數千人從下疑脫者字。滿野。

日中。杜伯。史記正義、周語韋注、引周春秋並作日中杜伯起於道左。論衡死僞篇、亦作杜伯起於道左。乘白馬素車、朱衣冠、御覽八十五作朱衣朱冠。又三百七十一作衣朱衣朱冠。孫云、朱衣冠、蓋韋弁服也。周禮司服、凡兵事韋弁服。鄭注云、韋弁以靺韋爲弁。又以爲衣裳也。靺朱色近通稱。執朱弓、挾朱矢、御覽八十五執上有手字。周本紀正義引周春秋、作衣朱衣冠、操朱弓矢。周語上韋注引周春秋、又作衣朱衣、冠朱冠、操朱弓朱矢。劉云、冤魂志作朱衣朱冠、起於道左、執朱弓朱矢。追周宣王、射之車上。舊本射之作射入、畢云、文選注引作射之。孫云、之字是也。今據改。中心折脊、殪車中、劉云、御覽八十五引中心作中其心。孫云、後漢書光武紀李注云、殪、仆也。伏弢而死。畢云、弢、太平御覽引作韇。一引作伏弓衣。義同。純一案畢據御覽三百七十一及八百八十三校。御覽八十五引同此文。劉云、漢書郊祀志注引弢作弓衣。孫云、史記索隱、文選（劉孝標重答劉沼書）注、引並作弢、與今本同。論衡死僞篇亦作韇。說文弓部云、弢、弓衣也。

當是之時、周人從者莫不見、遠者莫不聞、著在周之春秋。孫云、國語晉語、司馬侯謂悼公曰。羊舌肹習於春秋。韋注云、春秋紀人事之善惡、而目以天時、謂之春秋。周史之法也。時孔子未作春秋。又楚語莊王使士亹傅太子申叔時、告之曰、教之春秋以感勸其心。公羊莊七年傳云、不脩春秋曰、雨星不及地尺而復。何注云、謂史記也。古者謂史記爲春秋。管子法法篇云、故春秋之記、臣有弒其君。子有弒其父者矣。尹注云、春秋卽周公之凡例、而諸侯之國史也。史通六家篇、隋書李德林傳、並引墨子云、吾見百國春秋。此其一也。

為君者以教其臣、為父者以儆其子、畢云、說文云、警戒也。此異文。純一案唐本作儆陸本作警、字同。曰戒之慎之。凡殺不辜者、其得不祥。鬼神之誅、畢云、舊作謀、據後文改。若此之憯遬也。畢云、說文云、遬、籀文、孫云、憯速義同。玉篇手部云、揩、側林切。急疾也。憯與揩通。易豫朋盍簪。釋文云、簪鄭云速也。李作揩、淮南子本經訓云、兵莫憯於志。而莫邪為下。高注云、憯、猶利也。並與此義相近。道藏本吳鈔本、並無也字。純一案陸本唐本李選本均無。以若書之說觀之、則鬼神之有、豈可疑哉。證有鬼神一非惟若書之說為然也、孫云、道藏本吳鈔本並無也字。昔者秦穆公秦舊譌鄭、畢云、郭璞注山海經引此作秦穆公。又太平御覽、太平廣記、引穆作繆。孫云、郭引作秦是也。玉燭寶典、引墨子曰、昔秦穆公有明德。上帝使句芒賜之壽十九年也。即約此文。論衡福虛篇云、儒家之徒董無心、墨家之役纏子、相見講道、纏子稱墨家佑鬼神是。引秦穆公有明德、上帝賜之十九年。纏子難以堯舜不賜年、桀紂不夭死、堯舜桀紂猶為尚遠。且近難以秦穆公晉文公。夫諡者、行之迹也。迹生時行、以為死諡。穆者、誤亂之名。文者、德惠之表。有誤亂之行、天賜之年。有德惠之操、天奪其命乎。案穆公之霸、不過晉文。晉文之謚、美於穆公。天不加晉文以命、獨賜穆公以年。是天報誤亂、與穆公同也。又無形篇云、傳言秦繆公有明德。上帝賜之十九年。北齊書樊遜傳、遜對問禍福報應。亦云秦穆有道、句芒錫秊。以諸書證之、則不當作鄭明矣。下文凡鄭字並當作秦。純一今從之。開元占經一百十三引亦沿誤作鄭繆公。當晝日中處乎廟。孫云、當吳鈔本作嘗、古字通用。純一案御覽八百七十二引作鄭繆公晝日處廟。又八百八十二作鄭繆公處乎廟。有神入門而左、人面鳥身。人面二字舊脫、畢云、海外東經云、東方句芒。鳥身人面。太平廣記引作人面鳥身。戴云、脫人面二字。劉云、洪興祖楚詞遠遊補注、引作有神人面鳥身。是宋本有此二字也。（漢書司馬相如傳、顏注引張揖說云、句芒東方青帝之神、鳥身人面。）惟占經一百十三、御覽八百七十二、八百八十二所引、悉與今本相同。御覽八百八十二所引、並無而左二字。竊疑舊本有二、一作有神人面鳥身。一即今本。然入門二字、乃人面之譌。入門而左、又校者所改。雖譌誤所起、非自近時。固以作人面者為長也。純一今據增。素服三絕。孫云、三絕無義、疑當作玄純。玄與三、純與絕、艸書並相近、因而致誤。素衣玄純、蓋即深衣采純。明與凶服異也。面狀正方。御覽八百七十二引此文同。又八百八十二略。兩引素服下、並無三絕二字。畢云、太平廣記引作而狀方正。劉云、占經一百十三及楚詞遠遊補注、並引作面狀正方。秦穆公見之、乃恐懼犇。神曰、無懼。畢云、舊脫此四字。据太平廣記增。王樹枏云、開元占經一百十三、引作繆公乃懼。神曰無奔。據此則舊本奔上、應脫神曰無三字。劉云、御覽八百七十二同占經。帝享女明德、孫云、女吳鈔本作汝。純一案御覽八百七十二、八百八十二、並作汝。劉云、楚詞遠遊補注、引享作厚。御覽八百八十二引作饗。義並通。使予錫女壽十年有九。孫云、錫、吳鈔本作享。劉云、占經、御覽、楚詞補注、並引作錫。享字訛。純一案御覽八百八十二引錫作賜。義同。使若國家蕃昌。御覽八百七十二、引作使君國昌。占經百十三作使君昌。子孫茂毋失秦。秦舊作鄭、從孫校改。穆公再拜稽首曰、敢問神名。名字舊脫、畢據誤本御覽補明字、云明同名。王云、鈔本御覽神鬼部二、正作敢問神名。刻本名作明、誤也。明古讀若芒、不得與名通。孫云、王校是也。楚辭遠遊洪興祖補注、引亦作名。今據補正。王樹枏云、開元占經引作公問神名。神曰句芒。神曰予爲句芒。舊無神字、劉云、占經引日上有神字、當據補。純一今從之。御覽八百七十二、日上亦有神字。孫云、句芒、地示五祀之木神。月令、春其神句芒是也。左傳昭二十九年、蔡墨說少昊氏之子重爲句芒。此人鬼、爲木官、配食句芒者、非地示也。若以秦穆公之所身見爲儀、則鬼神之有、豈可疑哉。證有鬼神二。

非惟若書之說爲然也、昔者燕簡公、畢云、案史記簡公、平公子。周敬王十六年、公元年也。孫云、論衡書虛篇、說此事作趙簡子。死僞篇、作趙簡公。並誤。惟訂鬼篇、作燕簡公與此同。殺其臣莊子儀而不辜。顧云、論衡訂鬼書虛死僞作莊子義。純一案義古儀字。法苑珠林四十四引作儀。莊子儀曰、吾君殺我而不辜、舊本作吾君王、孫云、簡公時燕尙未僭王、此王字疑後人所加。純一案上文杜伯曰吾君殺我而不辜、無王字、今據刪。下文必使吾君知之、亦無王字。死人毋知亦已、死人有知、孫云、毋吳鈔本作無。劉云、法苑珠林引作死者無知則已、若其有知。不出三年、必使吾君知之。法苑珠林無吾字。期年、燕將馳祖。王云、法苑珠林君臣篇、作簡公祀於祖澤。燕之有祖澤猶宋之有桑林、國之大祀也。據此則祖是澤名。故又以雲夢比之。下文燕簡公方將馳於祖塗、亦謂祖澤之塗也。孫云、顏之推還冤記、又作燕之沮澤、當國之大祀。祖與沮葅字通。王制云、山川沮澤。孔疏引何胤隱義云、沮澤下溼地也。孟子滕文公篇趙注云、葅、澤生草者也。今青州謂澤有草者爲葅也。燕之有祖、當齊之有社稷、舊齊之下無有字、王引之校增。云、當猶如也。孫云、國語魯語云、莊公如齊觀社。曹劌諫曰、齊棄太公之法、而觀民於社。又曰、今齊社而往觀旅、非先王之訓也。韋注云、旅衆也。襄二十四年左傳云、楚子使薳啓彊如齊聘。齊社、蒐軍實、使客觀之。宋之有桑林、孫云、左襄十年傳云、宋公享晉侯於楚丘、請以桑林。杜注云、桑林、殷天子之樂名。淮南子脩務訓云、湯旱以身禱於桑山之林。高注云、桑山之林、能爲雲雨。故禱之。呂氏春秋愼大篇云、武王勝殷。立成湯之後於宋。以奉桑林。高注云、桑林、桑山之林、湯所禱也。故所奉也。莊子養生主篇云、合於桑林之舞。釋文引司馬彪云、桑林湯樂名。案杜預司馬彪並以桑林爲湯樂。左傳孔疏引皇甫謐說、又以桑林爲大濩別名。以此書及淮南書證之、桑林蓋大林之名。湯禱旱於彼。故宋亦立其祀。左昭二十一年傳云、宋城舊鄘及桑林之門。當卽望祀桑林之處。因湯以盛樂禱旱於桑林。後世沿襲。遂有桑林之樂矣。楚之有雲夢也。孫云、爾雅釋地云、楚有雲夢。郭注云、今南郡華容縣東南巴丘湖是也。周禮職方氏、荊州其澤藪曰雲瞢。尹云、今湖北安陸以南、枝江以東、湖南華容以北、皆古雲夢澤。楚君嘗遊獵之。此男女之所屬而觀也。孫云、周禮州長鄭注云、屬、猶合也。聚也。日中燕簡公方將馳於祖塗。莊子儀荷朱杖而擊之、殪之車上。孫云、史記十二諸侯年表、燕簡公在位十二年。卒當敬王二十七年。魯哀公二年。則殺莊子儀事、當在簡公十一年也。論衡死僞篇云、簡公將入桓門。莊子儀起於道左。執彤杖而捶之。斃於車下。與此小異。疑兼采它書。劉云、法苑珠林引作子儀起於道左。荷朱杖擊公。公死於車上。今本多挩。從者莫不見、遠者莫不聞。著在燕之春秋。諸侯傳而語之曰、孫云、語吳鈔本作言。純一案陸本唐本並作言。凡殺不辜者、其得不祥、鬼神之誅、若此其憯遬也。以若書之說觀之、則鬼神之有、豈可疑哉。證有鬼神三。非惟若書之說爲然也。孫云、惟吳鈔本作唯。昔者宋文君鮑之時。孫云、君吳鈔本作公。論衡祀義篇云、宋公鮑之身有疾。尹云、史記宋世家、杵臼弟鮑革立、是爲文公。年表作宋文公鮑、古人二名但稱其一。有臣曰祏觀辜。顧云、論衡訂鬼作宋夜姑。孫云、字書無祏字。論衡祀義篇云、祝曰夜姑。則祏當卽祝之譌。祝卽周禮大小祝也。觀辜疑亦夜姑之譌。王本袥作祏。尹本從之。云祏、掌祀之官。左莊十四年傳、命我先人典守宗祏。觀辜、人名。固嘗從事於厲。孫云、論衡祀義篇云、掌將事於厲者。盧云、厲、公厲泰厲之屬也。宋歐陽士秀以厲爲神祠。以管子請桓公立五厲、祀堯之五吏爲證。後世統謂之廟。尹云、厲謂公厲。從事於厲、言從君而祀公厲也。禮記祭法、王爲羣姓立七祀、曰泰厲。諸侯爲國立五祀、曰公厲。大夫立三祀、曰族厲。左昭七年傳、鬼有所歸。乃不爲厲。袾子杖揖出。與言曰、畢云、袾、祝字異文。袾子卽祝史也。玉篇云、袾、之俞切。呪詛也。又音注。言神馮于祝子而言也。蘇云、下言舉揖而槀之、則揖宜从木爲楫。俞云、下文袾子舉揖而槀之、揖未知何物。疑此文本作袾子揖杖出、下文本作袾子舉杖而槀之。尚書大傳、八十者杖於朝。見君揖杖。鄭注曰、揖、挾也。此揖杖之義也。因揖杖誤倒爲杖揖、後人遂改下文之舉杖爲舉揖以合之耳。舉杖而槀之、猶定二年左傳云、奪之杖以敲之。槀卽敲之叚音。孫云、類篇示部引廣雅云、袾、詛也。畢以袾爲祝異文、說無所據。袾子竊疑當是巫。巫能接神。故厲神降於其身、謂之祩子。猶楚辭謂巫爲靈子也。蘇校謂揖當作楫、近是。論衡祀義篇、作厲鬼杖楲而與之言。又云舉楲而掊之。楲卽楫之俗。然說文木部云、楫、舟櫂也。於義無取。純一案楫不可杖、兪說義長。論衡引揖已作楫。足見其倒誤起於漢也。觀辜、是何珪璧之不滿度量、酒醴粢盛之不淨潔。犧牲之不全肥也。舊本也字在犧上、今移。畢云、全謂純色、與牷同。孫云、淮南子時則訓、高注云、全無虧缺也。純一案論衡祀義、作何而粢盛之不膏也。何而犓犧之不肥碩也。何而珪璧之不中度量也。春秋冬夏陸本作春夏秋冬。李選本同。選失時。孫云、蓋言祭厲失其常時。選下有挩字。後文云、官府選劾必先祭器。則選下疑挩劾字。選當讀爲饌具之饌。王樹枏云、方言廣雅、俱云選徧也。豈女爲之與意鮑爲之與。王引之云、意與抑同。論語學而篇求之與抑與之與。漢石經抑作意。純一案論衡祀義作而罪歟。其鮑之罪歟。觀辜曰、鮑幼弱在荷繈之中、畢云、荷與何同。漢書注李奇云、繈、絡也。以繒布爲之。絡負小兒。師古曰、卽今之小兒繃也。居丈反。孫云、繈吳鈔本作襁。襁正字。繈借字。說文衣部云、襁、負兒衣也。論語子路篇、襁負其子而至矣。集解包咸云、負者以器曰襁。呂氏春秋明理篇云、道多褓襁。高注云、褓小兒被也。襁樓格上繩也。孫奭孟子音義引博物志云、襁褓織縷爲之。廣八寸、長一尺二寸、以負小兒於背上。史記魯世家、成王少在強葆之中。鮑何與識焉。官臣觀辜特爲之。論衡祀義、作夜姑順色而對曰、鮑身尙幼在襁褓、不預知焉。審是掌之。孫云、左襄十八年傳、中行獻子禱于河、偁官臣偃。杜注云、守官之臣。袾子舉揖而槀之。揖、兪校改杖。畢云、槀同敲。孫云、此槀疑當讀爲毃。同聲叚借字。左定二年傳云、奪之杖以敲之。釋文云、敲、苦孝反。又苦學反。說文作毃。云擊頭也。字林同。殪之壇上。孫云、論衡祀義篇云、厲鬼舉楲而掊之。斃於壇下。當是時、畢云、舊脫此字、一本有。宋人從者莫不見、遠者莫不聞。畢云、舊脫者字、一本有。孫云、道藏本吳鈔本並有。純一案陸本唐本同。著在宋之春秋。諸侯傳而語之曰、諸不敬愼祭祀者、鬼神之誅至若此其憯遫也。孫云、道藏本吳鈔本無也字。純一案陸本唐本同。以若書之說觀之、鬼神之有、豈可疑哉。證有鬼神四。非惟若書之說爲然也。孫云、惟吳鈔本作唯。昔者齊莊君之臣、畢云、君事類賦引作公。舊脫臣字、據太平御覽事類賦增。純一案史記齊世家有兩莊公、前者名購、後者名光、未知孰是。有所謂王里國。畢云、太平御覽事類賦引作王國卑、下同。疑此非。與中里徼者。畢云、太平御覽事類賦引作檄、下同。劉云、事類賦注二十二引此句。

中上有與字。當據補。今從之。此二子者、訟三年而獄不斷。孫云、公羊宣元年何注云、古者疑獄三年而後斷。齊君由謙殺之。恐不辜。猶謙釋之、恐失有罪。王云、由、猶、皆欲也。謙與兼同。言欲兼殺之兼釋之也。大雅文王有聲篇、匪棘其欲。禮器作匪革其猶。周官小行人、其悖逆暴亂作慝猶犯令者。大戴記朝事篇、猶作欲。是猶卽欲也。猶由古字亦通。蘇說同。乃使二人共一羊。二舊作之、畢云、太平御覽事類賦引之作二。純一案二字是。今據改。盟齊之神社。畢云、事類賦無神字。孫云、周禮司盟云、有獄訟者。則使之盟詛。凡盟詛、各以其地域之衆庶。共其牲而致焉。鄭注云、使其邑閭出牲而來盟。此所云與禮合。純一案盟下疑脫於字。二子許諾。畢云、太平御覽事類賦引作二子相從。於是掘洫剄羊而灑其血。舊作泏洫摽羊而漉其血、王引之云、摽卽剄字也。廣雅曰、剄刑刻剄也。吳語自剄於客前、賈逵曰、剄、剄也。作摽者、或字耳。此文本作摽羊出血而灑其血、謂剄羊出血而灑其血於社也。太平御覽獸部十三、引作以羊血灑社者、省文耳。今本出血作泏血、涉下文灑字而誤加氵、又誤在摽羊之上、則義不可通。曹本作於是掘洫剄羊而漉其血、洼、掘、原訛作泏。洫、坎也。掘地以爲溝坎也。餘從王校。純一今從王曹二校改。讀王里國之辭、尹云、謂盟詞也。旣已終矣。畢云、四字事類賦作巳盡二字。讀中里徼之辭、未半也。畢云、太平御覽事類賦引也作祭。羊起而觸之。畢云、事類賦引作觸中里徼。折其腳、祧。曹本改祧作跳、注言中里徼爲羊所觸。其足損折而逃走也。純一案祧字於義無取、當爲跳字之譌。曹改作跳是也。而訓逃走則非。蓋足方損折、何能逃走。說文足部云、跳、蹶也。神之而槀之。曹云、之、往也。言神追而擊之也。純一案下文殪之盟所、則訓之爲往亦欠允。之、猶於也。而與以同。言神因中里徼腳折而蹶。於以擊之速其死也。殪之盟所。中里徼事前心已大虧、故經羊觸而魂消也。當是時、齊人從者莫不見、遠者莫不聞。畢云、太平御覽引云齊人以爲有神驗。事類賦引云齊人以爲有神、疑以意改。著在齊之春秋。諸侯傳而語之曰、諸盟矢不以其請者。諸盟矢舊譌請品先。畢云、品當爲盟。下請當爲情。王引之云、畢謂品當作盟是也。上請字當爲諸。諸猶今人言諸凡也。上文曰諸不敬愼祭祀者、鬼神之誅至若此其憯遬也。是其證。下請字卽情字也。墨子書通以請爲情、不煩改字。俞云、先字之義尚不可曉。先疑矢字之誤。矢誓古通用。盟矢卽盟誓也。孫云、俞說是也。純一今據諸校正。謂諸盟誓不以實情者、難逃鬼神之誅也。鬼神之誅至、若此其憯遬也。以若書之說觀之、鬼神之有、豈可疑哉。證有鬼神五。以上皆墨家立言第二表。是故子墨子言曰、雖有深谿博林幽閒無人之所、舊閒作澗、無作毋。王云、深谿博林幽澗毋人、卽天志上篇所謂林谷幽閒無人也。幽澗亦幽閒之誤。幽閒毋人、正指深谿博林言之。若作幽澗、則與深谿義複。純一案王說是、今據正。曹本同。尹云、有、在也。所、處也。施行不可以不董。顧云、爾雅董正也。純一案施行必謹必誠而後能正。見有鬼神視之。見俗作現。見有鬼神視之、謂心意中常覺有鬼神臨視之。戒愼恐懼、無時不然。蓋知因果律嚴。與鬼神合其吉凶也。禮中庸曰、如在其上。如在其左右。詩大雅抑之篇曰、相在爾室。尙不愧於屋漏。義同。以上舉衆耳目之實、五證鬼神之有。教人愼獨也。

今執無鬼者曰、夫衆人耳目之請、畢云、當爲情、下同。孫云、請卽情之叚借、不必改字。非命中篇作情。純一案曹本作情、下同。豈足以斷疑哉。柰何其欲爲高士君子於天下、士字舊脫、孫云、高君子無義、高疑當作尙、下又挩士字。尙士卽上士也。下文云則非所以爲君子之道也。又云此非所以爲上士之道也。卽遙冢此文。純一案孫校是也。惟不必破高作尙。兼愛下篇云、然後可以爲高士於天下。足證高字不誤。高士卽上士、今據增士字。而有復信衆人耳目之請哉。人舊作之、孫云、有讀爲又。衆之疑當同上文作衆人。下同。與純一案孫說衆之當作衆人是也。今並據正。而讀有爲又、復字義複未安。有如字讀。請下疑脫者字。言奈何其欲爲高士君子於天下。而有復信衆人耳目之情者哉。語氣始足。子墨子曰、畢云、舊脫墨子二字、以意增。王闓運云、此子曰中、舊無墨子字、是初本。若以衆人耳目之請以爲不足信也、不以斷疑。尹云、斷、決也。不識若昔者三代聖王堯舜禹湯文武者、足以爲法乎。故於此乎自中人以上、皆曰若昔者三代聖王足以爲法矣。若苟昔者三代聖王足以爲法、然則姑嘗上觀聖王之事。昔者武王之攻殷誅紂也。使諸侯分其祭。曰使親者受內祀。孫云、謂武王克殷、分命諸侯、使主殷祀也。非攻下篇云、王既已克殷。成帝之來。分主諸神祀紂先王是也。受內祀、謂同姓之國。得立祖王廟也。郊特牲孔疏引五經異義云、古春秋左氏說天子之子、以上德爲諸侯者。得祖所自出。魯以周公之故立文王廟。左傳宋祖帝乙。鄭祖厲王。猶上祖也。疏者受外祀。孫云、此謂異姓之國。祭山川四望之屬。祭統說周賜魯重祭云、外祭則郊祀是也。內祭則大嘗禘是也。彼大祀非凡諸侯所得祀。蓋不在所受之列。故武王必以鬼神爲有、是故攻殷誅紂、誅舊作伐、王樹枏云、萬歷本作攻殷誅紂。與上文一律。純一案陸本唐本同。今據正。使諸侯分其祭。若鬼神無有、則武王何祭之分哉。之字舊脫、從曹本補。孫云、祭吳鈔本作祀。胡云、墨子此篇、疊稱非惟若書之說爲然也、上所舉則周之春秋、燕之春秋之類。此舉聖王之事、其見於書可知。特所云書者、不必皆尙書耳。然武王事、旣別無春秋。則非經文、亦當爲古尙書。說分祭之辭、尤近書體。百篇之中、惜無從考證。豈上祭于畢時事耶。則又泰誓佚文矣。非惟武王之事爲然也、古聖王古舊譌故、孫云、故當爲古。下文古聖王古者聖王文屢見。可證。王樹枏云、故字與上文義不順、餘同孫校。純一今並據改。

吳摯甫曰、故聖王以下、至古者聖王之爲政若此、乃是後文脫簡在此。蓋是甘誓之文。故曰非惟若書之說爲然。上引武王之事、固未引書。若非脫簡、則所云若書者、果何書哉。非惟武王之事爲然也句下、卽接古者聖王必以鬼神爲有句。至以若書觀之則鬼神之有豈可疑哉句下、乃接此段故聖王云云。至古者聖王之爲政若此句下、乃接古曰云云。蓋吉日丁卯以下、祀社視之祠、承此段立叢社擇祝宗爲文無疑也。案吳說此文錯簡是也。今依前後文再三審校。武王克殷。使諸侯分祭爲周事。卽周書之鬼。後文由周書溯商書。由商書溯夏書。層次井然。故以尙者夏書、其次商周之書云云作結。下接且惟昔者虞夏商周三代之聖王云云、以總說三代聖王之右鬼。具有條理。若以昔者虞夏商周三代之聖王云云、參雜於周書之間、則文無秩序矣。當從吳校移正。

其賞也必於祖。其僇也必於社。胡云、唐正義本甘誓云、用命賞於祖。弗用命戮於社。墨子此文略異。賞於祖者何也。告分之均也。僇於社者何也。告聽之中也。晏子問下七章云、中聽則民安。孫云、江聲云、分之均、謂頒賞平均。聽之中、謂斷皐允當也。尹云、中、公也。非惟若書之說爲然也。自古聖王至此四十六字、與夏書文複。疑爲上篇或中篇文之殘存者。當移置篇末另存之。

且惟昔者虞夏商周三代之聖王、其始建國營都日。曹本都下增之字。必擇國之正壇、置以爲宗廟。孫云、考工記、匠人、營國方九里。左祖右社。前朝後市。呂氏春秋愼勢篇云、古之王者擇天下之中而立國。擇國之中而立宮。擇宮之中而立廟。劉逢祿云、壇場、祭壇場也。置、措也。必擇木之修茂者、修從吳鈔本。立以爲菆社。社舊譌位、王云、菆與叢同。位當爲社、字之誤也。急就篇、祠祀社稷叢臘奉。叢一本作菆。顏師古曰、叢謂草木岑蔚之所。因立神祠。卽此所謂擇木之修茂者、立以爲菆社也。秦策恒思有神叢。高注曰、神祠、叢樹也。呂氏春秋懷寵篇曰、問其叢社大祠。民之所不欲廢者而復與之。皆其證也。置以爲宗廟、承上賞於祖而言、立以爲菆社、承上僇於社而言。則位爲社字之誤明矣。史記陳涉世家索隱引墨子云、建國必擇木之修茂者以爲叢位。則所見本、社字已誤作位。而菆字作叢、則不誤也。純一今從王校改位作社。必擇國之父兄慈孝貞良者、以爲祝宗。孫云、劉云、祝太祝。宗宗伯也。尹云、祝、祭主贊詞者。周禮有大祝小祝甸祝詛祝。宗主宗廟之官。書汝作秩宗。前漢書郊祀志、使先聖之後、能知山川、敬於禮儀、明神之事、以爲祝。能知四時、犧牲壇場、上下氏姓所出者、以爲宗。必擇六畜之腯肥倅毛、以爲犧牲。腯上舊有勝字、畢讀倅毛爲句。云倅粹字假音、作倅異文也。劉刪勝字、讀與畢同。顧云、倅字句。孫云、淮南子時則訓云、視肥臞全粹。高注云、粹、毛色之純也。又齊俗訓云、犧牛粹毛。宜於廟牲。此畢所本。依其讀則勝當爲衍文。但以文例校之、似顧讀爲長。周禮小宗伯、毛六牲。鄭注云、毛、擇毛也。牧人凡陽祀用騂牲毛之。陰祀用黝牲、毛之。注云、毛之取純毛也。純一案句當從畢讀。勝形近腯、因譌而衍。從劉校刪。孫同顧讀、斷毛以爲犧牲爲句。引周禮鄭注毛、擇毛也爲證。不知擇毛之義、巳包括於必擇六畜中。若以旣擇六畜後、又專擇毛色。殊不塙、不可從。珪璧琮璜、畢云、琮舊作璜、本如此。孫云、吳鈔本不誤。純一案陸本唐本琮並作宗。稱財爲度。尹云、周禮大宗伯、以蒼璧禮天。以黃琮禮地。以青圭禮東方。以赤璋禮南方。以白琥禮西方。以玄璜禮北方。必擇五穀之芳黃、以爲酒醴粢盛。故酒醴粢盛、與歲上下也。孫云、逸周書糴匡篇云、成年穀足、賓祭以盛。年饑、舉祭以薄。大荒、有禱無祭。祭以薄資。卽與歲上下之法。故古聖王治天下也、必先鬼神而後人者、此也。必上舊衍故字。從王樹枏校刪。曹本同。案鬼神非他、性體之功用也。不明性道、縱令有德、亦屬有漏。決不能厚利天下。故曰官府選效、孫云、廣雅釋詁云、效、具也。効俗效字。必先鬼神。鬼神二字舊脫、從王樹枏校補。祭器祭服、畢藏於府。祝宗有司、畢立於朝。尹云、立、位也。犧牲不與昔聚羣。孫云、此言祭牲當特繫、不與常時所畜羣聚耳。周禮充人云、掌繫祭祀之牲牷。祀五帝、則繫于牢。芻之三月。享先王亦如之。凡散祭祀之牲、繫于國門使養之。是也。故古者聖王之爲政若此。以上舉三代建國爲政之敬事、總證聖王右鬼。古者聖王必以鬼神爲王云、爲下當有有字、而今本脫之。必以鬼神爲有見上文。其下仍有脫文不可考。王本從之。曹本作必以鬼神爲其務。其務鬼神厚矣。又恐後世子孫不能知也、故書之竹帛、畢云、文選注引作以其所獲書於竹帛。傳遺後世子孫。或恐其腐蠹絕滅、或舊作咸、王引之云、咸字文義不順。當是或字之誤。言或恐竹帛之腐蠹絕滅、故又琢之盤盂鏤之金石也。純一今據改。後世子孫不得而記、故琢之盤盂、鏤之金石、以重之。有恐後世子孫孫云、有吳鈔本作又。字逼。王樹柟校同。不能敬著以取羊。畢云、言敬威以取祥也。孫云、說文云、君讀若威。又云羊、祥也。秦漢金石多以羊爲祥。純一案威逼畏。書皋陶謨、天明畏自我民明威。蓋人心無忌憚、禍機之隱伏無限。必資敬畏、則性體漸明、而物我俱利矣。故先王之書、聖人之言。舊脫之言二字、從王校補。一尺之帛、一篇之書、語數鬼神之有也、尹云、語數猶云數語。重有重之。王云、有與又同。孫云、吳鈔本有作又。此其故何。下文有也字。則聖王務之。以上皆墨家立言第一表。今執無鬼者曰、鬼神者固無有。則此反聖王之務。尹云、此、是也。反聖王之務、則非所以爲君子之道也。聖王之所以爲聖王者、在明眞常之性、以利人事。鬼神者、性道之迹也。故反聖王之務、則無敬天愛人之心。不得爲君子。

今執無鬼者之言曰、先王之書、聖人之言。四字舊作愼無二字。王云、愼無二字、義不可逼。愼無當爲聖人。上文曰故先王之書聖人一尺之帛一篇之書是其證。純一案此全承上文重言之。聖人下亦當有之言二字、今仍據王校補。一尺之帛、一篇之書、語數鬼神之有、重有重之。孫云、重下有字亦讀爲又。畢云、重有重下、舊有亦何書二字、衍文。亦何書有之哉。有之舊倒、孫云、吳鈔本之有二字倒。純一案此執無鬼者、反對有鬼神者之言、而詰問之。謂如爾言先王之書等等語數鬼神之有、重又重之、亦何書有之哉。下文周書大雅有之、正承此而言、吳鈔本是。王校亦作有之、今據乙。

子墨子曰、周書大雅有之。孫云、古者詩書多互偁。吳鈔本無大雅二字。大雅曰、文王在上、於昭于天。孫云、大雅文王篇文、毛傳云、在上、在民上也。於、歎辭。昭、見也。鄭箋云、文王初爲西伯、有功於民、其德著見於天、故天命之以爲王、使君天下也。崩謚曰文。周雖舊邦、其命維新。孫云、毛傳云、乃新在文王也。鄭箋云、大王聿來胥宇、而國於周。王迹起矣。而未有天命、至文王而受命。言新者、美之也。有周不顯、帝命不時。孫云、毛傳云、有周、周也。不顯、顯也。顯、光也。不時、時也。時、是也。鄭箋云、周之德不光明乎、光明矣。天命之不是乎、又是矣。文王陟降、在帝左右。孫云、墨子說文王既死、神在帝之左右。穆穆文王、令問不已。孫云、問吳鈔本作聞。穆穆毛詩作亹亹。問作聞。毛傳云、亹亹、勉也。鄭箋云、勉勉乎不倦、文王之勤用明德也。其善聲聞日見稱歌無止時也。若鬼神無有、則文王既死、彼豈能在帝之左右哉。

此吾所以知周書之鬼也。且周書獨鬼、而商書不鬼、則未足以爲法也。然則姑嘗上觀乎商書。曰、嗚呼、古者有夏。方未有禍之時。百獸貞蟲。孫云、貞當爲征之叚字、乃動物之通稱。說詳非樂上篇。純一案陸本唐本蟲並作虫。允及飛鳥。王引之云、允、猶以也。言百獸貞蟲以及飛鳥也。以與用同義。故允可訓爲用、亦可訓爲以。說文曰、允從儿、㠯聲。㠯用允、一聲之轉耳。莫不比方。孫云、莊子田子方篇云、日出東方而入於西極。萬物莫不比方。案比方猶言順道也。易比象傳云、比、下順從也。樂記、樂行而民鄉方。鄭注云、方、猶道也。矧隹人面。畢云、隹古惟字、舊誤作住。江聲說同。王引之云、古惟字但作隹。古鐘鼎文惟字作隹。石鼓文亦然。又夏竦古文四聲韻、載道德經惟字作隹。墨子多古字。後人不識。故傳寫多誤。矧惟者、語詞。康誥曰、矧惟不孝不友。酒誥曰、矧惟爾事服休服采。皆其證也。鹽鐵論未通篇曰、周公抱成王。聽天下。恩塞海內。澤被四表。矧惟人面。含仁保德。靡不得其所。後漢書章帝紀曰、訖惟人面。靡不率俾。並與墨子同意。孫云、王說是也。顧說同。人面言有面目而爲人。非百獸貞蟲飛鳥之比也。國語越語范蠡曰、余雖靦然而人面哉。余猶禽獸也。尹云、矧、況也。胡敢異心。山川鬼神、亦莫敢不寧。蘇云、二語見商書伊訓、餘略同。孫云、書僞孔傳云、莫、無也。言皆安之。若能共允。江聲云、共讀爲恭。恭、恪也。允、誠也。隹天下之合。畢云、隹舊作住、亦誤。江王說同。純一案禮中庸云、君子篤恭而天下平。蓋性德淵微。發於至誠。感無不徧也。下土之葆。孫云、葆保字通。詩大雅崧高、南土是保。鄭箋云、保、守也。安也。漢書天文志顏注引宋均云、葆、守也。察山川鬼神之所以莫敢不寧者、以佐禹謀也。禹謀舊倒、文義不順、今校乙。曹云、言鬼神皆輔佐禹之詒謀也。胡云、唐正義本伊訓云、曰嗚呼、古有夏先后。方懋厥德。山川鬼神。亦莫不寧。暨鳥獸魚鼈咸若。此僞古文全依墨子而刪削之。毛氏奇齡古文冤詞、稱賈誼新書君德篇引靈臺詩亦曰、文王之時。德及鳥獸。洽於龜鼈咸若。此賈自釋詩。僞古文蓋用賈生之詞。襲墨子之義。以售其僞於不覺耳。此吾所以知商書之鬼也。孫云、商書舊本作商周、王蘇據上文改是也。今從之。且商書獨鬼、而夏書不鬼、商書舊本作禹書、王蘇據上文改。孫從之。則未足以爲法也。然則姑嘗上觀乎夏書禹誓曰。畢云、此孔書甘誓文、文微有不同。書序云、啓與有扈戰於甘之野、作甘誓。與此不同。而莊子人閒世云、禹攻有扈。呂氏春秋召類云、禹攻曹魏屈驁有扈以行其教。皆與此合。孫云、呂氏春秋先己篇云、夏后柏啓與有扈戰於甘澤而不勝。是呂覽有兩說。或禹啓皆有伐扈之事。故古書或以甘誓爲禹誓與。說苑政理篇云、昔禹與有扈氏戰。

三陳而不服。禹於是修教三年。而有扈氏請服。說亦與此合。胡云、或有扈之國、屢易君而屢叛。莊子人間世篇云、禹攻有扈、國爲虛厲。則禹時巳亡。啓時反叛。大戰於甘。孫云、尚書釋文引馬融云、甘、有扈南郊地也、甘。水名。今在鄠縣西。畢云、其地在今陝西鄠縣。王乃命左右六人、下聽誓於中軍。孫云、孔書云、乃召六卿。詩棫樸正義引鄭康成云、六卿者、六軍之將。僞孔傳云、天子六軍、其將皆命卿。孫星衍云、鄭注周禮大司馬云、天子六軍、三三而居一偏。賈誼新書云、紂將與武王戰。紂陳其卒。左隱右隱。是天子親征。王爲中軍。六卿左右之也。純一案下字疑涉上六字草書而衍。當刪。曰有扈氏、孫云、史記正義云、地理志鄠縣古扈國有戶亭。訓纂云、扈戶鄠三字、一也。古今字不同耳。尚書釋文云、有扈國名。與夏同姓。馬云、姒姓之國。爲無道者。漢書地理志云、右扶風鄠縣古扈國、夏啓所伐者也。案卽今陝西鄠縣。威侮五行、怠棄三正。孫云、尚書釋文引馬融云、建子、建丑、建寅、三正也。史記夏本紀集解引鄭康成云、五行、四時盛德所行之政也。威侮、暴逆之。三正、天地人之正道。僞孔傳云、五行之德、王者相承所取法。有扈與夏同姓。恃親而不恭。是則威虐侮慢五行。怠惰棄廢天地人之正道。言亂常。王引之謂書及此威字、並當爲烕之誤。烕者。蔑之叚借字。亦通。尹云、楚語、堯有丹朱。舜有商均。夏有觀扈。周有管蔡。以觀扈皆夏同姓者。淮南子齊俗訓、昔有扈氏爲義而亡。高誘注云、有扈、夏啓之庶兄也。以堯舜擧賢禹獨與子。故伐啓。啓亡之。則不知所據何書矣。天用勦絕其命。畢云、勦字同剿。孫云、僞孔傳云、勦。截也。截絕謂滅之。案勦當從刀。舊本從力。誤。唐石經尚書亦譌勦。說文刀部云、剿、絕也。引書作剿。有曰、孫云、有讀爲又。日中、今予與有扈氏爭一日之命。胡云、誓師尅期。且爾卿大夫庶人、予非爾田野葆士之欲也。士當作土、上文下土之葆可證。孫云、孔書無此三十二字。孫星衍云、墨子所見古文書與今本異。或脫簡。或孔子所刪也。葆同保。鄭注月令云、小城曰保。俗作堡。言不貪其土地人民。予共行天之罰也。孫云、共吳鈔本作恭。孔書云、今予惟恭行天之罰。僞孔傳云、恭、奉也。史記夏本紀恭亦作共。與此同。呂氏春秋先己篇高注、引書作龔。孫星衍云、恭當作龔。說文龔、慤也。言謹行天罰。左不共于左、右不共于右。孫云、史記集解引鄭康成云、左車左。右車右。共孔書並作攻。又首句下多汝不恭命四字。史記夏本紀亦無。孔傳云、左車左。左方主射。攻治也。治其職。右車右。勇力之士。執戈矛以退敵。若不共命。孫云、孔書亦作汝不恭命。考工記鄭注云、若猶女也。段玉裁云、墨子作共、其義蓋亦訓供奉、如桀誓無敢不共也。御非爾馬之政、若不共命。行正命命命命韵。孫云、孔書作御非其馬之正、汝不恭命。傳云、御以正馬爲政。二者有失、皆不奉我命。史記夏本紀、正亦作政。是以賞于祖而僇于社。孫云、于舊本並作於、今據吳鈔本改。下二句同。賞于祖者何也、言分之均也。分下舊衍命字。上文告分之均也可證。今據刪。僇于社者何也、孫云、孔書作用命賞于祖、弗用命戮于社。僇戮字通。史記夏本紀亦作僇。孔傳云、天子親征、必載遷廟之祖主行。有功則賞祖主前、示不專。又載社主謂之社。事不用命奔北者、則戮之於社主前。社主陰。陰主殺。親祖嚴社之義。言聽之中也。舊聽下衍獄字。中謂事。王云、事、中之壞字。中者平也。與均字對文。上文曰僇於社者何也、言聽之中也是其證。純一今據刪正。故古聖王必以鬼神爲能賞賢而罰暴。爲下舊脫能字、上下文言鬼神之能賞賢罰暴者不一。今據補。是故賞必於祖。而僇必於社。此吾所以知夏書之鬼也。故尙者夏書。尙者舊本作尙書、王云、尙書夏書、文不成義。尙與上同。書當爲者。言上者則夏書。其次則商周之書也。此涉上下文書字而誤。孫據正。其次商周之書。語數鬼神之有也、重有重之。孫云、有亦讀爲又、此其故何也。疑有脫文。則聖王務之。以若書之說觀之、則鬼神之有、豈可疑哉。以上引夏商周書、分證聖王右鬼。顯示鬼神之實有。且極明於賞罰。皆墨家立言第一表。於古日、孫云、疑有挩字。吉日丁卯。詩小雅吉日篇曰、吉日維戊、又曰吉日庚午。取剛日也。此云吉日丁卯、蓋取柔日。孫云、周以子卯爲忌日。疑此卯當爲丣。二字形近而誤。漢書翼奉傳云、東方之情怒也。怒行陰賊。亥卯主之。是以王者惡子卯也。西方之情喜也。喜行寬大。巳酉主之。是以王者吉午酉也。是吉丣之義。周代祝社方。孫云、方謂秋祭四方地示后土句芒等也。詩小雅甫田云、以社以方。毛傳云、方迎四方氣於郊也。鄭箋云、秋祭社與四方。爲五穀成熟報其功也。此周代祝社方、疑當爲用代祀社方。周用祀祝並形近而誤。歲於社者考。孫云、於吳鈔本作于、又無者字。案社者當爲祖若。歲於祖若考、言薦歲事於祖及考也。少牢饋食禮云、用薦歲事於皇祖伯某。曹本改者作若。以延年壽。精明之德。交於神明。則嗜慾寡而形神調。年自永矣。亢倉子用道篇云、道德順則鬼神助。若無鬼神、彼豈有所延年壽哉。

此節言敬鬼神能延年。

是故子墨子曰、嘗若鬼神之能賞賢如罰暴也。孫云、嘗若當作當若、此書文例多如是。詳尙同中篇。如吳鈔本作而。畢云、如與而音義同。曹本作當若鬼神之能賞賢而罰暴也。純一案善自獲福。惡自敗亡。鬼神之賞罰、皆本心現行之自果也。蓋本施之國家、施之萬民、實所以治國家利萬民之道也。孫云、吳鈔本治利二字互易。純一案舊有若以爲不然五字。王云、此五字隔斷上下文義、蓋涉下文而衍。今據刪。是以吏治官府之不絜廉、孫云、絜舊本作潔、今據吳鈔本改。下並同。男女之爲無別者、有鬼神見之。有字舊脫、據下文增。民之爲淫暴寇亂盜賊、以兵刃毒藥水火、退無罪人乎道路、退、止也。本王樹柟說。奪人車馬衣裘以自利者、有鬼神見之。畢云、見舊作現、非。孫云、吳鈔本作見不誤。是以吏治官府不敢不絜廉、見善不敢不賞、見暴不敢不罪。民之爲淫暴寇亂盜賊、以兵刃毒藥水火、退無罪人乎道路、奪人車馬衣裘以自利者、人字舊脫、據上文增。由此止。舊有是以莫放幽閒擬乎鬼神之明顯明有一人畏上誅罰二十一字、孫從戴校刪。是以天下治。以上爲墨家立言第三表。故鬼神之明、不可爲幽閒廣澤山林深谷。爲謂古通用。鬼神之明必知之。世閒凡夫、不知自性與鬼神通。故藉鬼神以警之。使內生明也。以上言儆鬼神、則吏治絜廉。民不淫暴。

鬼神之罰、不可爲富貴衆強、爲畢本作恃。注云、舊脫此字、一本有。王云、不可下一字、乃爲字。非恃字也。下文曰此吾所謂鬼神之罰、不可爲富貴衆強勇力強武堅甲利兵者此也。文凡兩見。是其明證矣。上文曰鬼神之明、不可爲幽閒廣澤山林深谷、與此文同一例。不可爲富貴衆強云云、猶孔子言仁不可爲衆也。其一本作不可恃、恃字乃後人以意補之、與上下文不合。孫從王校改。勇力強武堅甲利兵。鬼神之罰必勝之。若以爲不然、昔者夏王桀太平御覽八十二引作昔夏桀。貴爲天子、富有天下、上詬天侮鬼、下殃殺天下之萬民。殺舊譌傚、從王校正、下同。祥上帝伐元山帝行。孫云、伐吳鈔本作代。山帝疑亦當爲上帝。曹云、祥字乃佯示二字誤合爲一。佯示上帝、言僞稱天命也。晚出古文書所云、矯誣上天以布命于下是也。純一案此文疑本作佯代上帝。危上帝行。晏子春秋外下十三章詳問詳對、詳、佯同。此祥同詳。危謂毀敗。管子禁藏吏不敢以長官威嚴危其命注。言桀佯代上帝、作毀敗上帝之行。卽矯誣上帝以布命於下義。今本代譌伐、當從吳鈔本正。又倒置帝下。佯叚祥爲之。危譌元、上譌山、遂不可通。故於此乎天乃使湯至明罰焉。畢云、至同致。湯以車九兩。孫云、周禮夏官敍官云、二十五人爲兩。古者兵車一兩、卒二十五人。九兩止二百二十五人、於數太少。殆非也。此九兩疑當作九十兩。呂氏春秋簡選篇云、殷湯良車七十乘。必死士六千人。數略相近。鳥陳鴈行。孫云、六韜鳥雲澤兵篇、有鳥雲之陳云、所謂鳥雲者、鳥散而雲合。變化無窮者也。尹云、鳥陳雁行、皆陣名。太白陰經曰、黃帝設八陣、鳥雲、鳥翔火也。雁行、鵝鸛天也。絡書兵鈐、有鳥翔陣。韓非子存韓、先爲雁行以攻關。湯乘大贊。俞云、湯乘大贊、即書序所謂升自陑者。枚傳云、湯升道從陑。出其不意。是也。呂氏春秋簡選篇、亦云登自鳴條。蓋湯之伐桀、必由閒道、從高而下、故書序言升。呂覽言登。墨子言乘。乘即升也。登也。詩七月篇毛傳曰、乘、升也。襄二十三年左傳杜注曰、乘、登也。升陑登鳴條、皆以地言。則乘大贊亦必以地言。但不能知其所在耳。

犯遂下衆人之蝺遂。孫云、疑當作犯逐夏衆入之郊遂。逐遂形誤。夏下蝺郊聲誤。歐陽云、玩上文乘字、是由間道從高而下。則犯遂下、當作遂下犯。下遂字是逐誤、應作逐衆人之蝺。蝺必地名。蓋倒置犯字於遂下上。又誤逐爲遂、置於之蝺下也。王乎禽推哆大戲。推哆大戲、桀二臣名。畢云、乎禽當爲手禽。或云乎同呼。王樹枏云、王當爲生字之誤。乎禽應作禽乎。二字誤倒、則義不可通。下文亦應作生禽乎費仲惡來。純一案王校義長。尹云、禽、獲也。

故昔者夏王桀、者字舊脫、從孫校補。與上文一律。貴爲天子、富有天下、有勇力之人。畢云、舊脫力字人字、據太平御覽增。推哆大戲。孫云、晏子春秋內篇諫上云、推侈大戲、足走千里。手裂兕虎。生列兕虎。生列舊作主別、畢云、太平御覽引作生捕、王云、本作生㓫兕虎、㓫古分列字。即今裂字。說文列、分解也。裂、繒餘也。義各不同。今分列字皆作裂、而列但爲行列字矣。鈔本御覽皇王部七引墨子作生裂兕虎。故知今本主別爲生列之譌。刻本作生捕者、淺人以意改耳。孫據正。劉云、路史夏紀注、正引作生裂兕虎。指畫殺人。御覽八十二又三百七十又三百八十六共三引並同。足證下文寡字之誤。人民之衆兆億、侯盈厥澤陵。孫云、詩周頌下武毛傳云、侯、維也。然不能以此圉鬼神之誅。孫云、圉禦字通。詩大雅桑柔篇、孔棘我圉。鄭箋云、圉當作禦。純一案書太甲曰、自作孽不可逭。此吾所謂鬼神之罰、不可爲富貴衆強勇力強武堅甲利兵者此也。

且不惟此爲然。昔者殷王紂、御覽八十三引無者字。貴爲天子、富有天下。上詬天侮鬼、畢云、御覽引作上訶天侮鬼神。下殃殺天下之萬民。播棄黎老。孫云、僞古文書泰誓云、播棄犂老。孔傳云、鮐背之耇稱犂、布棄不禮敬。山井鼎七經、孟子考文、引古本書犂作黎、與此同。孔疏云、孫炎曰、耇面凍、梨色似浮垢也。然則老人面色似梨、故稱梨老。傳以播爲布。布者、徧也。言徧棄之不禮敬也。方言云、梨老也。燕代之北鄙曰梨。王引之云、梨老者、耆老也。古字梨與耆近。尚書西伯戡黎、釋文大傳黎作耆。是其例也。賊誅孩子。孫云、誅吳鈔本作殺。說文口部云、咳小兒笑也。古文作孩。此謂紂誅殺小兒也。焚炙無罪。焚炙舊作楚毒、王云、本作焚炙。此因焚誤爲楚。則楚炙二字、義不可通。後人不得其解、遂以意改爲楚毒耳。焚炙、即所謂炮烙之刑也。焚炙刳剔、皆實有其可指之刑。若改作楚毒、則不知爲何刑矣。北堂書鈔政術部十五出焚炙無罪四字。注曰、墨子云殷紂焚炙無罪。則墨子之本作焚炙無罪甚明。僞古文泰誓、焚炙忠良。刳剔孕婦。即用墨子而小變其文。孫云、王說是也。泰誓僞孔傳云、忠良無罪焚炙之。孔疏云、焚炙俱燒也。純一今據改。刳剔孕婦。孫云、僞古文書泰誓同。孔傳云、懷子之婦、刳剔視之。孔疏云、刳剔、謂割剝也。皇甫謐帝王世紀云、紂剖比干妻以視其胎。即引此爲刳剔孕婦也。庶舊鰥寡號咷無告也。尹云、庶舊、謂衆故舊。若微子箕子比干之屬。孫云、太玄經范注云、號咷、憂聲也。故於此乎天乃使武王至明罰焉。武王以擇車百兩、孫云、擇車、猶呂氏春秋云簡車選車。說文手部云、擇、柬選也。虎賁之卒四百人。孫云、逸周書克殷篇云、周車三百五十乘、陳於牧野。王既誓、以虎賁戎車馳商師。孔注云、戎車三百五十乘、則士卒三萬一千五百人。有虎賁三千五百人也。書敘云、武王戎車三百兩。虎賁三百人。與受戰於牧野。孟子盡心篇云、武王之伐殷也、革車三百兩、虎賁三千人。史記周本紀云、遂率戎車三百乘。虎賁三千人。甲士四萬五千人。風俗通義三王篇引尚書、武王戎車三百兩。虎賁八百人。禽紂於牧之野。呂氏春秋簡選篇云、武王虎賁三千人。簡車三百乘。以要甲子之事於牧野、而紂爲禽。貴因篇作選車三百。虎賁三千。案諸書所言、數並差異、未知孰是。先庶國節窺戎。洪云、史記周本紀、乃告司馬司徒司空諸節。集解馬融曰、諸受符節有司也。庶節即諸節。窺戎即觀兵。此當本於尚書泰誓篇。與殷人戰乎牧之野。王乎禽費中、王樹枏云、王乎禽、當作生禽乎。孫云、乎亦當爲手。史記殷本紀紂用費中爲政。正義云、費姓仲名也。畢云、中讀如仲。惡來。孫云、見所染篇。衆畔皆走。畔吳鈔本作叛。皆舊譌百。從王引之校正。曹本同。武王逐奔入王宮。逐舊譌遂、下王字脫、今據太平御覽八十三引正補。尹云、逸周書克殷、商辛奔內、登於鹿臺之上。屛遮而自燔於火。武王先入。適王所。乃克射之。三發而後下車。即此所謂入宮者。萬年梓株折紂而出。歐陽云、武王奔入王宮時、紂已畏避萬年老梓樹中。遂擊折其株、牽紂而出、繫之赤轅也。純一案如歐陽說、當作折萬年梓株而出紂。繫之赤環、出字舊脫、鮑刻御覽八十三、引作誓紂而出。擊之赤鐶。畢云、御覽引作折紂而出。環作轘。是言繫之朱輪。蓋所見本不同。今據增出字。曹本同。孫云、荀子解蔽篇云、紂縣於赤旆。正論篇云、縣之赤旂。並與此異。純一案楊倞注云、史記武王斬紂頭、縣之大白旗。六韜云、武王伐紂。縣紂之首於白旗。荀子云、赤旆赤旂、所傳聞異也。劉云、畢云、御覽引瓓作轘是。言繫之朱輪。今考史記龜策傳載宋元王語述紂事云、身死不葬。頭縣車軫、四馬曳行。或卽此事。自以作轘爲長。載之白旗。孫云、逸周書克殷篇云、武王入適王所。擊之以輕呂、斬之以黃鉞。折縣諸太白。孔注云、折絕其首。以爲天下諸侯僇。故昔者殷王紂貴爲天子、富有天下、有勇力之人費中、畢云、御覽引作仲。惡來、崇侯虎。孫云、見所染篇。指畫殺人。畫舊譌寡。據御覽正。詳前。人民之衆兆億、侯盈厥澤陵。然不能以此圉鬼神之誅。此吾所謂鬼神之罰、不可爲富貴衆強勇力強武堅甲利兵者此也。湯武之誅桀紂、非湯武能誅之。蓋湯武之仁心、通乎鬼神者、不忍萬民之塗炭、不得不誅之。是猶鬼神誅之。實則鬼神不能誅之。乃桀紂不明乎自然之道不可違。（陰符經）自作惡業自誅之。以上言桀紂不能圉鬼神之誅。

且禽艾之道之曰、翟灝云、逸周書世俘解、有禽艾侯之語。當卽此禽艾。王本無下之字、蓋刪去。得幾無小。幾舊作璣、從呂覽正。胡校同。蘇云、禽艾蓋逸書篇名。呂覽報更篇云、此書之所謂德幾無小者也。得璣與德幾、古字通用。孫云、蘇說是也。說苑復恩篇云、此書之所謂德無小者也。疑卽本此。今書僞古文伊訓亦云、惟德罔小、純一案書云、惟德罔小、萬邦惟慶。不德罔大、墜厥宗。義與此同。滅宗無大。則此言鬼神之所賞、無小必賞之。鬼神之所罰、無大必罰之。

今執無鬼者曰、意不忠親之利而害爲孝子乎。忠中同。子墨子曰、古今之爲鬼舊作古之今之、王樹枏云、上之字衍、萬歷本無、孫校同。今據刪。非他也。有天鬼孫云、疑當有神字。周禮大宗伯、天神地示人鬼。此則天神地示總曰鬼神。散文得通也。亦有山水鬼神者。亦有人死而爲鬼者。鬼下亦當有神字。曹云、此分天神地示人鬼之別也。今有子先其父死、弟先其兄死者矣。意雖使然。畢本使作死、云一本作使。孫云、道藏本吳鈔本並作使。今從之。歐陽云、雖當作誰、形誤。然而天下之陳物王闓運云、陳物、故事常理。曰、先生者先死。若是、則先死者非父則母、非兄而姒也。孫云、爾雅釋親云、女子同出、謂先生爲姒。後生爲娣。長婦謂稚婦爲娣婦。娣婦謂長婦爲姒婦。王引之云、而猶則也。今絜爲酒醴粢盛。孫云、絜道藏本作潔。卽絜之俗。以敬愼祭祀若使鬼神請有。請畢本改誠、一云舊作請、一本如此、下依改。孫云、道藏本吳鈔本並作請、此篇多以請爲誠、詳前。是得其父母姒兄而飮食之也。豈非厚利哉。若使鬼神請亡。孫云、亡無通。是乃費其所爲酒醴粢盛之財耳。自夫費之、孫云、自當爲且。尹云、自猶劓也。非直注之汙壑而棄之也。舊無非字、直作特。畢云、一本作非直注之。蘇云、特字上當有非字。兪云、一本作非直注之是也。直特固得通用、而非字則必當有。墨子蓋謂非空棄之而已、且可以合驩聚衆也。今脫非字、則義不可通。下文正作非直注之汙壑而棄之也、當據補。孫從蘇兪校補非字、曹本王本尹本、並作非直。今從之。尹云、水淺不流曰汙。內者宗族、外者鄉里、皆得如具飮食之。如曹本改而。王闓運注而。孫云、此謂祭祀與兄弟賓客爲獻酬。又詩小雅湛露孔疏引尙書大傳云、燕私者祭已而與族人飮。亦是也。國語楚語云、日月會于龍豵。家于是乎嘗祀。百姓夫婦、擇其令辰、以昭祀其先祖。於是乎合其州鄉朋友婚姻。比爾兄弟親戚。是祭祀並燕州鄉朋友等。卽此所云宗族鄉里也。雖使鬼神請亡。請畢本作誠、道藏本吳鈔本如此、下並同。此猶可以合驩聚衆。孫云、驩吳鈔本作歡。下同。取親於鄉里。今執無鬼者言曰、鬼神者固請無有、請、畢本作誠。是以不共其酒醴粢盛犧牲之財。尹云、共供。吾非乃今愛其酒醴粢盛犧牲之財乎。孫云、吳鈔本挩非字、又今在乃上。以文義校之、疑當在吾上。今吾語前後屢見。純一案吳本今在乃上是也。此非字衍。當據吳本刪。作吾今乃愛其酒醴粢盛犧牲之財乎、言吾今豈愛其酒醴粢盛犧牲之財乎。誠以鬼神無有、無所用其祭也。其所得者臣將何哉。孫云、臣字誤。畢云、一本無此字、純一案臣當爲㠯。形似而譌。又由何下倒著將上、遂不可通。此文本作其所得者、將何㠯哉。㠯今作以。言實無鬼神、雖祭亦何所得哉。此上逆聖王之書、內逆仁人孝子之行。仁舊作民、從曹本改。而欲爲上士於天下、欲字舊脫、從曹本補。此非所以爲上士之道也。舊脫之字也字。王云、上文曰則非所以爲君子之道也。與此文同一例。孫據補。是故子墨子曰、今吾爲祭祀也、非直注之汙壑而棄之也、上以交鬼神之福、舊脫神字、從蘇校補。

曹云、之、致也。言交乎神明以致福也。下以合驩聚衆、取親乎鄉里。若鬼神誠有。舊作若神有。王樹柟云、當作若鬼神請有、此是複舉上文之詞。孫說同。今從之。則是得吾父母兄姒而食之也。兄姒舊作弟兄、從俞校改。義見上文。則此豈非天下利事也哉。是故子墨子曰、今天下之王公大人士君子、中實將欲求興天下之利、除天下之害、當若鬼神之有也、將不可不尊明也。孫云、尊明、謂尊事而明著之以示人也。即明鬼之義。聖王之道也。墨子右鬼、欲人敬愼以存性。自利利他也。

李云、我有鬼神說與此合。果信鬼神、其誰敢不力於爲善乎。

曹云、明鬼之說、與上卷天志三篇之旨、大略相同。蓋亦所以明兼愛之旨也。天者、人之所以資始。鬼神者、天心之所發見而佐天以臨人者也。人爲萬物之靈、鬼神實鑒臨之。故爲害於人者、鬼必禍之。利於人者、鬼必福之。上卷云、殺一不辜必有一不祥、此篇尤詳引而申釋之。是以聖人兼愛天下之人。故爲鬼神所憑依。而爲宗廟社稷山川百靈之主。其次則畏罪而強仁。明乎鬼神之不可欺。不可犯。則亦足以潛消逆亂之志。而生其孝敬之心。明鬼一說、所以助顯天地之心。而隱輔國家之政教者。其爲益也大矣。篇末之說、蓋慮人以其節用之說、還以相稽。故特明其有益於死生而非爲妄費。救時之心、於是爲切矣。又按莊子稱墨子好學而博不異、謂其博物洽聞。而不爲怪誕之說也。明鬼篇歷紀鬼神之事、近於幽渺。而其曰近者莫不見、遠者莫不聞、著在史書。則亦必當時耳目衆著之事、墨子乃稱引之耳。多聞擇善而從之、多見而識之、不語怪力亂神、此孔墨之所同者歟。

非樂上第三十二

孫云、荀子富國篇楊注云、墨子言樂無益於人。故作非樂篇。純一案墨家務勞於爲人。儉於自奉。盡性以蘇天下之困。故日夜不休。自苦爲極。以備世之急。不容正長厚措斂乎萬民、虧奪民衣食之財以自養。以爲樂不能食飢衣寒息勞止亂。且耗財廢時。奢靡成性。使舉國上下不能賴其力以生。而飢而寒而亂。殊背大禹形勞天下之恉。故力非之。蓋憫當時社會文勝之極敝。挺身與抗。而欲反之質也。淮南子主術訓曰、及至亂主。取民則不裁其力。求於下則不量其積。男女不得事耕織之業、以供上之求。力勤財匱。君臣相疾也。故民至於焦脣沸肝。有今無儲。而乃始撞大鐘、擊鳴鼓、吹竽笙、彈琴瑟。是猶貫甲冑而入宗廟。被羅紈而從軍旅。失樂之所由生矣。可爲墨氏非樂之塙詁。荀卿因墨子非樂、作樂論以敵之。蓋尙質尙文異趣也。老子曰、五音令人耳聾。莊子駢拇篇曰、多於聰者、亂五聲。淫六律。金石絲竹黃鐘大呂之聲非乎。而師曠是巳。又繕性篇曰、禮樂徧行則天下亂。此道家非樂之證也。

近世講勞農主義者、粗迹略似墨家。而絕無其惔然無欲惡之神理。不足比擬。又講實利主義者、注重物質之發展以資生、迹亦相類、然墨之爲道、正以苦行塗卻守神。（莊子天運）則非所及知矣。此亞化所以優秀也。尹云、管子禁藏、夫明王不美宮室、非喜小也。不聽鐘鼓、非惡樂也。爲其傷於本事而妨於教也。然則非樂之說、倡於管子。墨特因而發明耳。淮南子曰、墨子非樂、不入朝歌。尸子曰、繞梁之鳴、許史鼓之、非不樂也。而墨以爲傷義、故不聽也。均因墨有非樂篇而云然。實則非樂、不自墨始也。

子墨子言曰、仁者之事。舊作仁之事者、王樹枏云、萬歷本作仁者之事。純一今據乙。孫校同。必務求興天下之利、除天下之害、將以爲法乎天下。利人乎卽爲。不利人乎卽止。且夫仁者之爲天下度也。非爲其目之所美耳之所樂口之所甘身體之所安。仁者爲天下勤勞。無暇爲自身之耳目口體計。以此虧奪民衣食之財、仁者弗爲也。是故子墨子之所以非樂者、非以大鐘鳴鼓琴瑟竽笙之聲、孫云、爾雅釋樂云、大鐘謂之鏞。說文金部云、鏄、大鍾淳于之屬。以爲不樂也。非以刻鏤文章之色、舊本文上衍華字、畢云、一本無。今據刪。王本尹本並同。曹本華下增采字。以爲不美也。非以犓豢煎炙之味、孫云、犓吳鈔本作芻。說文火部云、煎、熬也。方言云、煎、火乾也。凡有汁而乾謂之煎。以爲不甘也。非以高臺厚榭邃宇之居、以爲不安也。宇舊作野、王引之云、野卽宇字也。古讀野如宇、故與宇通。周禮職方氏、其澤藪曰大野、釋文野劉音與。與宇古同音。楚辭招魂、高堂邃宇、王注曰、邃深也。宇屋也。鹽鐵論取下篇曰、高堂邃宇、廣廈洞房。易林恒之剝曰、深堂邃宇。君安其所。皆其證。若郊野之野、則不得言邃。且上與高臺厚榭不倫、下與之居二字、義不相屬矣。曹本作邃宇。純一今據改。雖身知其安也、口知其甘也、目知其美也、耳知其樂也、然上考之不中聖王之事。下度之不中萬民之利。是故子墨子曰、爲樂非也。今王公大人雖無造爲樂器、王云、雖與唯同。無、語詞也。說見尚賢中篇。以爲事乎國家、非直掊潦水折壞垣而爲之也。孫云、折舊本譌拆、今據道藏本吳鈔本及王校正。折當讀爲擿。耕柱篇云、夏后開使飛廉折金於山川、此義與彼正同。說詳彼注。壞謂土壞、垣讀爲壇、聲近叚借字。韓詩外傳、閔子曰、出見羽蓋龍旂旃裘、相隨視之、如壇土矣。莊子則陽篇、觀乎大山、木石同壇。與此書義並同。壜壇、猶言壇土也。墨子意謂王公大人作樂器、非掊取之於水、擣取之於地所能得。故下文卽言將必厚措斂乎萬民、以爲鐘鼓等也。俞云、掊、說文手部云杷也。今鹽官入水取鹽爲掊。潦水、行潦之水。將必厚措斂乎萬民、王云、措字以昔爲聲、措斂與籍斂同。以爲大鐘鳴鼓琴瑟竽笙之聲。言爲樂是厲民自養。

然則當用樂器、此六字舊在下文民有三患上、今從曹本移此。譬之若聖王之爲舟車也。卽我弗敢非也。此十六字王校移後、今從曹本仍舊。譬吳鈔本作辟。古者聖王亦嘗厚措斂乎萬民、以爲舟車、既已成矣。已舊作以、據陸本唐本改。王校同。曰吾將惡許用之。王引之云、言吾將何所用之也。文選謝朓在郡臥病詩、李注曰、許猶所也。許所聲近而義同。說文所、伐木聲也。詩曰伐木所所、今詩作許許。洪說同。曰曰吾將惡許用之曰八字、疑本在厚措斂乎萬民下。之字指所斂於民之財言。謂斂於民者何所用之。乃爲舟車以利民。今置以爲舟車既已成矣下。則之字指舟車言。豈有不知舟車之用、輒爲舟車之理。故知誤倒。當乙。舟用之水、車用之陸。君子息其足焉、小人休其肩背焉。孫云、休吳鈔本作息。言小人休息其負荷之勞也。故萬民出財、齎而予之。孫云、予吳鈔本作與。周禮掌皮云、歲終則會其財齎。鄭注云、財斂財本數及餘見者。齎所給予人以物曰齎。鄭司農云、齎或爲資。又稾人云、掌受財于職金以齎其工。注云、齎給市財用之直。此謂萬民出財齎以給爲舟車之費也。不敢以爲慼恨者、何也。以其反中民之利也。言聖王專爲民興利、故民樂分其所有以相與。欲爲政者、在在如舟車利民也。法儒孟德斯鳩曰、平國之民多出賦、而復之以所享之自由。詎知此土、古聖王之民出賦不多、而自由極已。然則樂器反中民之利亦若此、卽我弗敢非也。言樂不如舟車利民。

民有三患。饑者不得食、寒者不得衣、勞者不得息。此農家並耕之要旨。三者、民之巨患也。然卽當爲之撞巨鐘、王引之云、卽與則同。孫云、當嘗字通。嘗、試也。文選東京賦李注云、撞、擊也。巨大義同。擊鳴鼓、彈琴瑟、吹竽笙、畢云、文選注引作吹笙竽。而揚干戚。孫云、小爾雅廣言云、揚、舉也。民衣食之財、將安可得乎。王引之經傳釋詞、得下補而具二字。云安猶於是也。言衣食之財、將於是可得而具也。純一案王說未允、安猶何也。言民衣食之財、何可以爲樂而得之。下接即我以爲未必然也、猶言則我以爲未必可得也。語意甚明。下文將安可得而治與、與將安可得乎、義正相對。是安不得訓於是之證。所補而具二字、似與而治二字相對。詎知安可得而治、承天下之亂言。故而治二字不可少。此承衣食之財言、秖云將安可得乎、義已足。不必再贅而具二字。即我以爲未必然也。意舍此俞云、此三字乃承上文而作轉語也。意猶作抑。論語學而篇抑與之與、漢石經抑作意、是其證也。抑舍此者、言姑舍此弗論、而更論它事也。上文言樂之無益於飢者寒者勞者。下文言樂之無益於大國攻小國大家伐小家。而以此三字作轉語也。今有大國即攻小國、有大家即伐小家、強劫弱、衆暴寡、詐欺愚、貴傲賤、寇亂盜賊並興、不可禁止也。然即當爲之撞巨鐘、擊鳴鼓、彈琴瑟、吹竽笙而揚干戚、天下之亂也、將安可得而治與。即我以爲未必然也。以爲二字舊脫、俞校據上文補。從是故子墨子曰、姑嘗厚措斂乎萬民、陸本萬譌莫。以爲大鐘鳴鼓琴瑟竽笙之聲。以求與天下之利、除天下之害、而無補也。是故子墨子曰、爲樂非也。以上言樂不能食飢衣寒止亂。

今王公大人唯毋處高臺厚榭之上而視之、唯舊作惟。從吳鈔本。此鐘猶是延鼎也。孫云、延鼎、蓋謂偃覆之鼎。玉藻鄭注云、延冕上覆也。是延有覆義。鐘上弇下侈、與鼎相反。虛縣弗擊、則與鼎偃覆相類。王闓運云、埏鼎、鑄鼎土型。弗撞擊、將何樂得焉哉。其說將必撞擊之。惟勿撞擊、孫云、勿語詞。惟勿、猶云唯毋唯無。將必不使老與遲者。王云、遲讀爲稺。遲字本有稺音。遲稺又同訓爲晚。廣雅遲稺晚也。故稺亦作遲。老與遲者、耳目不聰明、股肱不畢強、孫云、畢、疾也。聲不和調、明不轉抃。孫云、明即謂目也。抃舊作朴。俞云、朴當作抃、形誤。抃者、變之叚字。尚書堯典篇、於變時雍。孔宙碑作於卞時雍。即其例也。純一案明、目精也。俞以朴爲抃是也。今據改。下同。莊子天下篇、而連犿無傷也。釋文犿本亦作抃。皆宛轉貌。一云相從之貌。曹本作轉利。王本同。將必使當年。王云、當年、壯年也。當有盛壯之義。晏子外篇曰、兼壽不能殫其教、當年不能究其禮。呂氏春秋愛類篇曰、士有當年而不耕者、女有當年而不績者。淮南子齊俗篇曰、丈夫丁壯而不耕、婦人當年而不織。管子揆度篇曰、老者譙之、當壯者遣之邊戍。當壯即丁壯也。丁當一聲之轉。因其耳目之聰明、股肱之畢強、聲之和調、明之轉朴。明舊作眉、畢云、眉一本作明。今從一本。使丈夫爲之、廢丈夫耕稼樹藝之時。使婦人爲之、廢婦人紡績織紝之事。御覽八百二十六引作廢紡織績紝之事。今王公大人唯毋爲樂、唯舊作惟、孫據吳鈔本改。虧奪民衣食之財舊本譌時、孫從王校正。王樹枏校同。以拊樂、如此多也。孫云、廣雅釋詁云、拊、擊也。純一案李選本也作矣。是故子墨子曰、爲樂非也。言爲樂、廢男女之耕織。

今大鐘鳴鼓琴瑟竽笙之聲、既已具矣。王公二字從畢校據上文增。大人鏞然奏而獨聽之、畢云、鏞字說文玉篇俱無。王樹枏云、鏞當爲肅字之誤。將何樂得焉哉。其說將必與賤人與君子聽之。下五字舊本作不與君子、王樹枏云、萬歷本作其說將必與賤人與君子聽之。純一今據增訂。與君子聽之、廢君子之聽治。之字舊脫、據下文補。曹本同。與賤人聽之、廢賤人之從事。今王公大人唯毋爲樂、虧奪民衣食之財以拊樂、如此多也。民下舊衍之字、據上下文刪。是故子墨子曰、爲樂非也。言爲樂、廢君子之聽治與賤人之從事。

昔者齊康公畢云、案史記康公名貸、宣公子、當周安王時。（畢本作定王誤）孫云、齊康公與田和同時。墨子容及見其事。但康公衰弱、屬於田氏、卒爲所遷廢、恐未必能與樂如此之盛。竊疑其爲景公之誤。純一案齊康公在位二十六年、當十九年爲田氏所遷廢、其昏庸必矣。或當未遷時、恣情興樂、亦無足異。未必爲景公之誤。惟齊康公元年、當楚惠王卒後二十八年、即孔子卒後七十五年。以墨子與楚惠王同時、當生於孔子四十歲以後論、（詳墨子年代考）知齊康元年、墨子殆百歲上下、未必墨子果有此年、及見康公之即位與興樂。況稱昔者、又不知在興樂後幾何年始書其事。足徵非樂諸篇、爲墨子之徒、三家所記、非著自墨子無疑。即知墨子不及見康公之興樂無疑。興樂萬蘇云、太平御覽興樂萬萬人、作有樂工萬人。愚謂萬不可以數言、當爲萬舞之萬。萬人、猶舞人也。興樂萬、猶興樂舞也。斯於事義爲協。孫云、蘇說是也。周禮鄉大夫舞師並云興舞。鄭注云、興猶作也。即此興樂萬之義。純一案御覽見五百六十五雅樂下。萬人不可衣短褐。孫云、短褐即裋褐之借字。說文衣部云、裋、豎使布長襦。褐粗衣。方言云、襜褕其短者謂之裋褕。又云複襦。江湘之間謂之𧞣。𧞣即裋之俗。墨子書此及魯問公輸三篇，字並作短。韓非子說林上篇、賈子新書過秦下篇、戰國策宋策、史記孟嘗君傳、文選班彪王命論並同。史記秦本紀、夫寒者利裋褐。徐廣曰、一作短小襦也。索隱云、蓋謂褐布豎裁、爲勞役之衣。短而且狹、故謂之短褐。亦曰豎褐。列子力命篇云、衣則裋褐。殷敬順釋文云、裋音豎。荀子大略篇云、衣則豎褐不完。楊注云、豎褐、僮豎之褐。亦短褐也。案短豎並裋之同聲段借字。純一案北堂書鈔百二十九引、御覽六百九十三、八百四十九、八百五十四三引、並作短褐。不可食糠糟。畢云、糠字从禾。俗寫誤从米。蘇云、御覽作糟糠。純一案蘇據御覽八百四十九校、下同。御覽八百五十四引作糠糟。曰食飲不美、蘇云、御覽食飲作飲酒。面目顏色不足視也。衣服不美、身體從容、不足觀也。舊作從容醜羸、畢云、一本作身體容貌、不足觀也。王云、醜羸二字、後人所加也。楚辭九章注曰、從容、舉動也。古謂舉動爲從容。身體從容不足觀、謂衣服不美、則身體之一舉一動、皆無足觀也。後人乃加入醜羸二字。夫衣服不美、何至羸其身體。且身體從容不足觀、與面目顏色不足視對文。加醜羸二字、則與上文不對矣。鈔本北堂書鈔衣冠部三、引此作身體從容不足觀、無醜羸二字。太平御覽服章部十、飲食部七、所引並同。純一今據刪。是以食必粱肉、衣必文繡。此常不從事乎衣食之財、而常食乎人者也。常舊並作掌、畢云、一本作常、曹本同。今從之。言爲樂不能生財以利人、且耗人之財以自利。是故子墨子曰、今王公大人惟毋爲樂、虧奪民衣食之財以拊樂、如此多也。孫云、毋道藏本與鈔本並作無、字通。舊本爲下脫樂字、今據王校補。是故子墨子曰、爲樂非也。言爲樂常不從事乎衣食之財、而常食乎人。

今人固與禽獸麋鹿蜚鳥貞蟲異者也。孫云、蜚與飛通。貞蟲詳明鬼下篇。宋翔鳳云、貞蟲征、此言蜚鳥貞蟲、卽三朝記所謂蜚征也。案宋說是也。莊子在宥篇云、災及草木。禍及止蟲。釋文引崔譔本作正蟲、亦卽貞蟲也。征、正字。貞正並聲近段借字。今之禽獸麋鹿蜚鳥貞蟲、因其羽毛以爲衣裘。因其蹄蚤畢云、蹄卽蹢省文。蚤卽爪假音。以爲絝屨。吳鈔本絝作袴。畢云、絝卽袴正文。說文云、絝、脛衣也。因其水草以爲飲食。故唯使雄不耕稼樹藝。孫云、唯舊作惟、今從吳鈔本改。唯雖字通。蘇云、惟當作雖。雌亦不紡績織紝。衣食之財固已具矣。今人與此異者也、賴其力者生。畢云、生舊作主、下同。

以意改。孫云、史記高帝紀、以臣無賴。集解晉灼云、賴利也。純一案賴其力強從事。則力時急而生財密。用自節而足矣。不賴其力者不生。君子不強聽治、即刑政亂。賤人不強從事、即財用不足。今天下之士君子以吾言不然、然即姑嘗數天下分事而觀樂之害。蘇云、即與則通用。純一案而猶與也。及也。見經傳釋詞。王公大人蚤朝晏退、聽獄治政。蚤與早通。孫云、文選任彥昇天監三年策秀才文李注、引退作罷、聽作斷。此其分事也。士君子竭股肱之力、亶其思慮之智、蘇云、非命篇亶作殫。孫云、亶殫聲近字通。太玄經范望注云、亶、盡也。內治官府、外收斂關市山林澤梁之利、以實倉廩府庫。此其分事也。農夫蚤出暮入、耕稼樹藝、多聚叔粟。叔舊作升、王云、升當為叔、以字形相似而誤。叔與菽同。大雅生民篇、蓺之荏菽。檀弓啜菽飲水。釋文並作叔。莊子列御寇篇、食以芻叔。漢書昭帝紀、以叔粟當賦。並與菽同。尚賢篇云、蚤出莫入。耕稼樹藝聚菽粟。是其證也。純一案曹本作尗。叔同。今據改。此其分事也。婦人夙興夜寐、紡績織紝、多治麻絲葛緒、綑布縿。畢云、綑舊作細、盧云、當為綑、與捆同。非命下正作捆。王云、縿當為繰。凡書傳中從喿之字、多變而從參。故繰誤為縿。集韻綑織也。綑布繰、猶言綑布帛。此其分事也。今惟毋在乎王公大人說樂而聽之、即必不能蚤朝晏退、聽獄治政、是故國家亂而社稷危矣。今惟毋在乎士君子說樂而聽之、孫云、吳鈔本惟毋作唯無。即必不能竭股肱之力、亶其思慮之智、內治官府、外收斂關市山林澤梁之利、以實倉廩府庫。是故倉廩府庫不實。今惟毋在乎農夫說樂而聽之、孫云、惟吳鈔本作唯、下同。即必不能蚤出暮入、耕稼樹藝、多聚叔粟、是故叔粟不足。多聚叔粟、叔舊本作升、孫據王校正。又舊本脫是故叔粟四字、王據上下文補。今惟毋在乎婦人說樂而聽之、即必不能夙興夜寐。畢云、舊脫能字、以意增。必不舊倒、依孫校據上文乙。紡績織紝、孫云、吳鈔本作織紝紡績。多治麻絲葛緒、紬布縿。紬舊本亦誤細、孫據盧校正。是故布縿不與。曰孰爲而廢大人之聽治、賤人之從事、曰樂也。舊本而廢在聽治下、賤人作國家。俞云、而廢二字、當在大人之上。國家二字、當作賤人。後人不達文義而誤改也。此本云孰爲而廢大人之聽治、賤人之從事、曰樂也。言大人聽樂、則廢聽治。賤人聽樂、則廢從事也。上文曰與君子聽之、廢君子之聽治。與賤人聽之、廢賤人之從事。是其證也。純一案俞說是也。今據正。是故子墨子曰、爲樂非也。以上言人賴力而生。不可觀樂以廢事。

何以知其然也、曰先王之書湯之官刑有之。孫云、左傳昭六年、叔向曰、商有亂政而作湯刑。竹書紀年祖甲二十四年、重作湯刑。呂氏春秋孝行覽云、商書曰、刑三百罪莫重於不孝。高注云、商湯所制法也。曰、其恆舞于宮、畢云、其孔書云敢有。孫云、舞吳鈔本作武、字通。伊訓僞孔傳云、常舞則荒淫。是謂巫風。畢云、是孔書作時。文見伊訓。孫云、僞孔傳云、事鬼神曰巫。其刑君子出絲二衛。孫云、衛數量名。疑當爲術。術與遂古通。月令徑術、鄭注讀爲遂。是其例。西京雜記鄒長倩遺公孫弘書云、五絲爲編、倍編爲升、倍升爲緎、倍緎爲紀、倍紀爲緵、倍緵爲襚、遂卽襚也。此假借作術。又譌作衛。遂不可通耳。小人否似二伯黃徑。孫讀小人否句、云似言小人則無刑。此官刑、故嚴於君子。而寬於小人。又疑否當爲咅、卽倍之省。猶書呂刑云、其罰惟倍。言小人之罰、倍於君子也。曹讀小人否似句、云否似當作倍役。王本否下注音卽倍。似下注以。徑改經。尹從王注。云伯帛也。謂罰小人倍於君子、不出絲而出二匹之帛。乃言曰、孫云、後數句非命下篇別爲大誓文。疑當作大誓曰。嗚乎孫云、道藏本吳鈔本並作呼。萬舞洋洋。萬字舊脫、據上文與樂萬、下文萬舞翼翼增。洋洋從吳鈔本。舊作佯佯。孫云、此猶詩魯頌閟宮云、萬舞洋洋。毛傳云、洋洋、衆多也。黃言孔章。黃讀如天地玄黃之黃、謂狀如黃昏時也。黃言、喻樂之昏亂也。王引之云、舞佯佯、黃言孔章、上帝弗常、九有以亡。卽下文之萬舞翼翼、章聞于天、天用弗式也。此承上文言耽於樂者、必亡其國。故下文云察九有之所以亡者、徒從飾樂也。上帝弗常。非命上篇云、天亦縱棄之而弗葆。義同。王引之云、常讀大雅抑篇曰、肆皇天弗尙之尙。謂天弗右也。爾雅釋詁尙右也。尙古通作常。晩出古文尙書、咸有一德篇襲墨子而改之曰、厥德非常、九有以亡。蓋未知尙爲常之借字也。九有以亡。孫云、毛詩商頌玄鳥奄有九有傳云、九有、九州也。文選册魏公九錫文李注引韓詩作九域。有域一聲之轉。上帝不順、畢云、孔書無此八字。降之百𦙶。孫云、吳鈔本作日殃。孔書作惟上帝不常。作善降之百祥。作不善降之百殃。畢云、百舊作日、非。玉篇云、𦙶、徐羊切。女鬼也。純一案日爲百之殘。戴震云、𦙶古殃字。其家必壞喪。泮章常亡殃喪爲韻。古音譜十六庚引此。察九有之所以亡者、徒從飾樂也。尹云、從縱也。於武觀曰、孫云、國語楚語云、啓有五觀。韋注云、觀。洛汭之地。水經巨洋水、酈注云、國語曰、啓有五觀。謂之姦子。五觀蓋其名也。所處之邑、其名爲觀。左傳昭元年杜注云、觀國今頓丘衞縣。畢注、汲郡古文云、帝啓十年放王季子武觀于西河。十五年武觀以西河叛。彭伯壽帥師征西河。武觀來歸。注、武觀、五觀也。楚語士娓曰、夏有五觀。韋昭云、五觀啓子、太康昆弟也。春秋傳曰、夏有觀扈。惠棟云、此逸書敘武觀之事、卽書敘之五子也。周書嘗麥曰、其在夏之五子。忘伯禹之命。假國無正用。胥與作亂。遂凶厥國。皇天哀禹。賜以彭壽。思正夏略。五子者、武觀也。彭壽者、彭伯也。五子之歌、墨子述其遺文。周書載其逸事。與內外傳所稱無殊。且孔氏逸書本有是篇。漢儒習聞其事。故韋昭注國語。王符撰潛夫論、皆依以爲說。啓乃淫溢康樂。孫云、此指啓晚年失德之事。竹書紀年及山海經皆盛言啓作樂。楚辭離騷亦云、啓九辯與九歌兮、夏康娛以自縱。不顧難以圖後兮、五子用失乎家衖。並古書言啓淫溢康樂之事。淫溢康樂卽離騷所謂康娛自縱也。王逸楚辭注云、夏康啓子太康也、失之。野于飲食。俞云、野于飲食、卽下文所謂渝食于野也。與左傳室於怒。市於色。文法正同。將將銘莧磬以力。畢云。莧疑筦字之誤。形聲相近。孫星衍說同。曹本作將將金石。注云、二字原作銘一字。胡云。當作將將鐘鼓句。筦磬以力句。言肆力於淫樂也。歐陽云、銘當從曹箋作金石。湛濁于酒。渝食于野。江聲云、湛濁、沈湎也。言飲酒無度。渝讀當爲輸。轉輸饋食于野。言游田無常也。孫云、湛沈湎。江說得之。渝當讀爲偸、同聲叚借字。表記鄭注云、偸苟且也。謂苟且飲食於野外燕游之所。胡云、濁當爲湎。萬舞翼翼。孫云、詩商頌那云、萬舞有奕。毛傳云、奕奕然閑也。奕翼字通、小雅采薇傳、亦云翼翼閑也。章聞于天。天舊譌大、惠云、當作天。畢及江說同。今據正。天用弗式。孫星衍云、萬舞之盛、顯聞於天。天弗用之。畢云、翼式爲韻。海外西經云、大樂之野。夏后啓于此儛九代。大荒西經云、夏后開上三嬪于天、得九辯與九歌以下。据此則指啓盤于游田。純一案古音譜一戠引此。江有誥云、食力翼式之部。故上者天鬼弗式。舊作戒、孫云、戒當爲式、此卽冢上引書天用弗式之文。純一今據改。下者萬民弗利。是故子墨子曰、今天下士君子、誠將欲求與天下之利、畢云、誠舊作請、一本如此。除天下之害、當在樂之爲物、尹云、在、察也。將不可不禁而止也。以上言耽於樂者必亡。

李云、唐太宗與封德彝魏徵論樂曰、均此樂也、樂者聞之則喜。憂者聞之則悲。悲喜在人心、非由樂也。惜徵輩不達、欲以佐聖主、與不世之業難矣。觀墨子令人有太古之思乎。

曹云、樂之爲物。古聖王以爲治世之大用。見於禮記之所稱述。墨子非之已甚。似乎張而不弛。不近乎人情。匪特儒者斷斷不休。莊子亦曰、墨子雖獨能任。奈天下何。蓋以其非人所樂從也。三篇中下二篇已佚、而別詳於三辯篇中。墨子之教在於節用。如飲食衣服宮室舟車甲兵之類。皆勞力而費財。然實爲人生不能不用之事。故從其用而節之。至於樂則勞力而費財。而究無當於人生日用之實。飢者不得而食。寒者不得而衣。勞者不得而息。亂寇不得而解。固不宜以後世淫哇之樂、上擬韶夏。以爲不可缺也。語雖矯枉過直。究亦救世之良藥也。

墨子集解卷九

漢陽張純一仲如

非樂中第三十三闕

非樂下第三十四闕

非命上第三十五

李云、儉勤致富。不敢安命。今觀勤儉之家自見。孫云、漢書藝文志注蘇林云、非有命者。言儒者執有命。而反勸人修德積善。政教與行相反。故讖之也。如淳云、言無吉凶之命。但有賢不肖善惡。祭法孔疏引孝經援神契云、命有三科。有受命以保慶。有遭命以謫暴。有隨命以督行。受命、謂年壽也。遭命、謂行善而遇凶也。隨命、謂隨其善惡而報之。白虎通義壽命篇、及王充論衡命義篇、說三命略同。墨子所非者、卽三命之說也。純一案儒家執有命、如論語先進篇曰、賜不受命。顏淵篇曰、死生有命。富貴在天。憲問篇曰、道之將行也與、命也。道之將廢也與、命也。凡此關於人事、而爲宿命之主張者、皆墨子所必非也。若堯曰篇云、不知命無以爲君子。禮記中庸云、君子居易以俟命。則依義理以立命。當爲墨子所不非。墨子非命。大氐以巳定之命、卒可轉移。未定之命、宜大造就。惟當法天兼愛。不可自暴自棄。觀其言曰、在湯武則治。在桀紂則亂。強必貴。不強必賤。強必富。不強必貧。與釋氏一切唯心造之說。大致相同。書高宗肜日篇曰、惟天監下民、典厥義。降年有永有不永。非天天命。民中絕命。其揆一也。孟子盡心篇曰、修身所以立命。盡其道而死者、正命也。桎梏死者非正命。公孫丑篇曰、禍福無不自己求之者。蓋同於非命之旨者也。然猶是孔門蹊徑。如梁惠王下篇曰、吾之不遇魯侯、天也。天卽命之異名。設在墨子。必曰吾自有義愛利天下。無須見魯侯也。列子有力命篇、託力不勝命以諷世。安固然之理以厚德。是眞知命者也。蓋執命之弊、最足挫折人之朝氣。將全社會墮入昏暮中。是固墨子所不許者。荀子非相篇、或感於墨子之非命而作。天論篇云、從天而頌之。孰與制天命而用之。蓋深得墨家非命之旨。

子墨子言曰、今者王公大人爲政國家者。今者舊作古者、誤與尙賢上篇非攻中篇同。今校改。皆欲國家之富、人民之衆、刑政之治。然而不得富而得貧、不得衆而得寡、不得治而得亂。則是本失其所欲、得其所惡。是故何也。故上疑脫其字。尙賢上篇、天志下篇、屢作是其故何也。子墨子言曰、執有命者以襍於民閒者衆。執有命者之言曰、命富則富、命貧則貧、命衆則衆、命寡則寡、命治則治、命亂則亂、命壽則壽、命夭則夭。論語顏淵篇曰、死生有命。富貴在天。命王云、此下有脫文、不可考。純一案疑脫窮則窮、命達則達、命賞則賞、命罰則罰、十五字。非儒篇有強執有命以說議曰、壽夭貧富、安危治亂、固有天命、不可損益。窮達賞罰、幸否有極、人之知力、不能爲焉。後文上之所賞、命固且賞、非賢故賞也。上之所罰、命固且罰、不暴故罰也。下篇不曰吾罷不肖、吾從事不強。必曰吾命固將窮。均可證。雖強勁何益哉。上以說王公大人之聽治。上以二字、孫本誤倒。說通稅。禮記檀弓、稅驂於舊館。釋文、稅本作說。詩甘棠、召伯所說。釋文、本或作稅。又作脫同。史記李斯傳、吾未知所稅駕。索隱、稅駕猶解駕。言休息也。舊本脫之聽治三字語意不完。今校補。蓋上以說王公大人之聽治。與下以駔百姓之從事爲儷文。後文今用執有命者之言、則上不聽治下不從事。並公孟篇、又以命爲有。爲上者行之、必不聽治矣。爲下者行之、必不從事矣。均可證。下以駔百姓之從事。畢云、駔、阻字假音。故執有命者不仁。以不能策勵人羣、日進於善故。故當執有命者之言、不可不明辯。斷言執有命者不仁。

然則明辯此之說將柰何哉。子墨子言曰、言必立儀。舊本必上脫言字。孫云、今本曰言二字、涉上誤倒、疑當作言必立儀。管子禁藏篇云、法者、天下之儀也。尹注云、儀謂表也。純一案孫說言必立儀是也。下文言而毋儀、正承此而言。但上下文均作子墨子言曰、知此言曰二字不誤、今據孫校增一言字。言而毋儀、譬猶運鈞之上而立朝夕者也。毋無同。畢云、運、中篇作員。音相近。廣雅云、運、轉也。高誘注淮南子云、鈞、陶人作瓦器法下轉鈞者、史記集解云、駰案漢書音義曰、陶家名模下圓轉者爲鈞。索隱云、韋昭曰、鈞木長七尺、有絃所以調爲器具也。言運鈞轉動無定、必不可立表以測景。孫云、管子七法篇云、不明於則而欲出號令、猶立朝夕於運均之上。尹注云、均、陶者之輪也。立朝夕所以正東西也。今均既運、則東西不可準也。周禮大司徒云、日東則景夕。日西則景朝。是非利害之辯、不可得而明知也。故言必有三表。孫云、表儀義同。左文六年傳云、引之表儀。洪云、中篇下篇此段文義、大略相同。皆作言有三法。法說文作灋。表古文作䙰。字形相近。何謂三表。子墨子言曰、有本之者。孫云、本謂考其本始。下篇作有考之者。有原之者。孫云、廣雅釋詁云、諒度也。原諒字通。劉歆列女傳頌小序云、原度天道。此原之、亦謂察度其事故也。有用之者。謂應用於實際。於何本之。上本之於古者聖王之事。依據聖王典型。自必福利羣生而無流弊。於何原之。下原察百姓耳目之實。依據共聞共見、則人易信從。於何用之。廢以爲刑政、王云、廢讀爲發。故中篇作發而爲刑政。下篇作發而爲政乎國。發廢古字通。純一案陳第毛詩古音考一云、發音廢。廢亦可音發。漢郊祀歌含秀垂款。續舊不廢。顏師古曰、廢音發。蓋發廢古通音也。可爲王說之證。觀其中國家百姓人民之利。言期實用。利於大羣。必爲仁術無疑。此所謂言有三表也。經上下、經說上下四篇。爲專精辯學者言之。此三表論式、爲通常不精辯學者立。而分析精密。注重實驗。固墨家立論之特色。

然而今天下之士君子、或以命爲有。王云、句。盍嘗尙觀於聖王之事。盍上舊衍益字、王云、益即盍字之譌。盍字俗書作盇、形與益相近、故盍譌作益。史記楚世家、還盍長城以爲防。徐廣曰、盍一作益。今云益盍者、一本作益、一本作盍、而後人誤合之耳。盍與盇同。盇、何不也。檀弓曰、子盍言子之志於公乎。孟子梁惠王篇、盍亦反其本矣。嘗、試也。尙與上同。言今天下之士君子、或以命爲有。則何不試上觀於聖王之事乎。孫據王校删益字。古者桀之所亂、湯受而治之。紂之所亂、武王受而治之。此世未易、改換也。民未渝。孫云、爾雅釋言云、渝變也。在於桀紂則天下亂。畢云、舊脫在字、据下文增。在於湯武則天下治。尹云、管子宙合、國猶是國也。民猶是民也。桀紂以亂亡。湯武以治昌。豈可謂有命哉。此立言第一表。

然而今天下之士君子、或以命爲有。句盍嘗尙觀於先王之書。盍舊亦譌益、據上文改。王闓運云、蓋即盍也。先王之書、所以出國家、畢云、舊脫以字、据下文增。布施百姓者、畢云、舊脫此字、据下文增。憲也。孫云、爾雅釋詁云、憲、法也。周禮秋官有布憲。管子立政篇云、布憲於國。國語周語云、布憲施舍於百姓。韋注同爾雅。先王之憲亦嘗有曰、福不可請、禍不可諱。禍上舊衍而字、據下文删。孫云、諱當讀爲違、同聲段借字。禮記緇衣太甲曰、天作孼猶可違也。鄭注云、違猶避也。下同。純一案曹本作違。敬無益暴無傷者乎。所以聽獄制罪者、刑也。先王之刑亦嘗有曰、福不可請禍不可諱。敬無益暴無傷者乎。所以整設師旅、進退師徒者、誓也。先王之誓亦嘗有曰、福不可請禍不可諱。敬無益暴無傷者乎。胡云、憲即典謨訓誥也。刑如湯刑呂刑之類。誓如禹誓湯誓泰誓之類。是故子墨子言曰、吾尚未鹽數尚舊譌當、從孫校改。畢云、鹽、盡字之譌。王闓運云、鹽、徧也。歌曲尾聲曰鹽。純一案王說未明所出、別雅四云、武鹽時、民飲歐歌曲終而不盡者。謂之族鹽。似鹽義與盡同。陸本唐本並作盐。盐、鹽之俗字。鹽當從畢校作盡。下文天下之良書不可盡數、正承此言。是其證。天下之良書不可盡計數。計字衍。大方論數、孫云、大方即大較也。後漢書郎顗傳李注云、方法也。史記律書索隱云、大較大法也。王樹枏云、大方猶大略也。而三者是也。三舊譌五、畢云、五當爲三、即上先王之憲之刑之誓是。純一案畢說是、今據正。王樹枏云、而如古通用。言大略論數、如三者是也。今雖毋求執有命者之言、孫云、雖、唯通。毋、語詞。必不可得、不亦錯乎。舊作不必得不亦可錯乎、王本不必得、作必不得。王樹枏云、可字應在必得上、誤倒。言今求執有命者之言於先王之書。不可必得。不亦乖乎。後漢書第五種傳注云、錯、猶乖也。純一案二王說均是而欠圓。此文疑本作必不可得、不亦錯乎。錯、舛也。誤也。今依二王說校訂。言求有命之言於先王之書、必不可得。而執以爲有、錯之至也。此立言第二表。

今用執有命者之言、是覆天下之義。命與義不並立。覆、傾顛也。敗也。覆天下之義者、是立命者也。百姓之誶也。俞云、誶讀爲悴、說文心部悴、憂也。猶曰百姓之憂也。故曰說百姓之誶者、是滅天下之人也。說百姓之誶者、尹云、說、喜。是滅天下之人也。然則所爲欲義人在上者、舊本脫人字、孫云、義在上、文未備。據下文當作義人在上。純一今據補。王樹枏校同。何也。曰義人在上、天下必治。上帝山川鬼神、必有幹主。孫云、說文木部云、幹本也。榦者本榦、對枝言之也。荀子儒效篇云、以枝代主而非越也。楊注云、枝、枝子。若然冢適謂之幹。支子謂之枝。幹主者、猶言宗主耳。萬民被其大利。何以知之。子墨子曰、古者湯封於亳。畢云、當爲薄。說文云、亳、京兆杜陵亭也。从高省、乇聲。史記集解云、徐廣曰、京兆杜縣有亳亭。索隱云、秦寧公與亳王戰。亳王奔、遂滅湯社。皇甫謐云、周桓王時。自有亳王、號湯。非殷也。此亳在陝西長安縣南。若殷湯所封。是河南偃師之薄。書傳及本書亦多作薄。惟孟子作亳、蓋借音字。後人依改亂之。

絕長繼短、孫云、禮記王制云、凡四海之內、絕長補短、方三千里。孟子滕文公篇云、今滕絕長補短。將五十里也。戰國策秦策、韓非說秦王曰、今秦地形斷長續短、方數千里。又楚策莊辛對楚王曰、今楚雖小。絕長續短。猶以數千里。此云絕長繼短、猶國策云斷長續短也。方地百里。與其百姓兼相愛交相利財多則分。舊作移則分、畢云、言財多則分也。移或多字。純一案畢說是也。今據補正。此文本作財多則分。移字蓋涉上利字之禾旁並多字而誤合為一字。又脫去財字耳。下文交相利下僅一則字、亦脫去財多分三字也。墨家以有道相教。有力相勞、有財相分為義。湯居薄、於葛遺之牛羊。又使衆往為之耕。文王治岐、澤梁無禁。發政施仁。必先鰥寡孤獨者。皆兼愛交利、財多則分之證。率其百姓以上尊天事鬼。是以天鬼富之。富福同。諸侯與之。百姓親之。賢士歸之。未歿其世、孫云、歿吳鈔本作殁。下同。尹云、歿、終也。而王天下政諸侯。孫云、政正通。正猶長也。詳親士篇。昔者文王封於岐周、畢云、岐、岐山。周、周原。孫云、孟子離婁篇云、文王生於岐周。趙注云、岐山下周之舊邑。漢書地理志云、右扶風美陽。禹貢岐山在西北中水鄉。周大王所邑。又云大王徙郊。文王作酆。絕長繼短、方地百里。舊本作地方、孫據道藏本乙。與上文合。與其百姓兼相愛交相利、財多則分。舊僅一則字、今增財多分二字、說詳上。是以近者安其政、遠者歸其德。聞文王者、皆起而趨之。罷不肖股肱不利者、孫云、荀子非相篇云、君子賢而能容罷。楊注云、罷弱不任事者。國語齊語云、罷士無伍。韋注云、無行日罷。管子小匡篇尹注云、罷謂乏於德義者。處而願之曰、柰何乎使文王之地及我、則吾利豈不亦猶文王之民也哉。舊本則上吾字、從王樹柟校移下文鄉者上。是以天鬼富之。諸侯與之。百姓親之。賢士歸之。未歿其世、而王天下政諸侯。政舊作征、蘇云、征當從上文作政、蓋政者正也。征政古通用。孫從吳鈔本改。一云政諸侯、謂長諸侯也。詳親士篇。純一案陸本唐本並作政。吾鄉者言曰、句上吾字、舊誤脫在上文使文王之地及我句下。今從王樹柟校移此。畢云、鄉同嚮。義人在上、天下必治。上帝山川鬼神、必有幹主。萬民被其大利。吾用此知之。是故古之聖王、發憲出令、設以爲賞罰、以勸賢沮暴。沮暴二字、從王校增。是以入則孝慈於親戚、孫云、親戚卽父母也。詳兼愛下篇。尙賢中篇云、入則不慈孝父母。出則弟長於鄉里、坐處有度、出入有節、男女有辨。孫云、辨別同。尙賢中篇云、男女無別。是故使治官府則不盜竊、守城則不崩叛。孫云、崩當爲倍之叚字。尙賢中篇云、守城則倍畔。猶此下文云守城則崩叛也。倍與背同。逸周書時訓篇云、遠人背叛。倍與崩一聲之轉、古字通用。說文人部倗讀若陪位、邑部䣙讀若陪。卽崩倍相通之例。純一案論語季氏篇、邦分崩離析。集解引孔注、欲去曰崩。君有難則死、出亡則送。此上之所賞、而百姓之所譽也。執有命者之言曰、上之所賞、命固且賞、非賢故賞也。舊衍上之所罰、命固且罰、不暴故罰也、十三字。從俞校刪。是故入則不慈孝於親戚、出則不弟長於鄉里、陸本李選本弟並譌治。坐處不度、出入無節、男女無辨。是故治官府則盜竊、守城則崩叛、君有難則不死、出亡則不送。此上之所罰、百姓之所非毀也。執有命者言曰、上之所罰、命固且罰、不暴故罰也。王引之云、不與非同義、故互用。舊衍上之所賞、命固且賞、非賢故賞也、十三字。從俞校刪。以此爲君則不義、爲臣則不忠、爲父則不慈、爲子則不孝、爲兄則不長、長舊譌良、孫云、良於爲兄、義不甚切、疑良當爲長。逸周書謚法篇云、教誨不倦曰長。卽其義也。此以兄長對弟弟、亦卽冡上云出則弟長於鄉里爲文。尙賢中篇云、出則不長弟鄉里。國語齊語亦云、不長弟於鄉里。謚法云、愛民長弟曰恭。此並以長教幼爲長。幼事長爲弟。淺人不解長字之義、而改爲良、遂與上弟長之文不相應矣。純一案孫說是。今據正。爲弟則不弟、而強執此者、此特凶言之所自生、而暴人之道也。舊本作者、道藏本作昔、畢據下文改。特舊本譌持、王云、持字義不可通、持當爲特。呂氏春秋忠廉篇注曰、特猶直也。言此直是凶人之言、暴人之道也。下文同。孫據正。純一案以上比較貴義與執命之利害。是立言第三表。

然則何以知命之爲暴人之道。昔上世之窮民、貪於飲食、惰於從事、是以衣食之財不足。畢云、舊脫食字、据中篇增。而飢寒凍餒之憂至。飢寒二字、與凍餒義複。疑衍。不知曰我罷不肖、從事不疾。尹云、疾、力也。必曰我命固且貧。傅山曰、墨子罷不肖執有命之說、甚足以鞭策惰窳。見霜紅龕集卷二十九。昔上世暴王、據上文昔上世之窮民、世下疑脫之字。孫云、昔舊本譌作若。王據上文改昔。今從之。道藏本吳鈔本並作苦、則當屬上讀。不忍其耳目之淫、心涂之辟。王引之云、心涂本作心志、耳目之淫、心志之辟、並見中篇。下篇作心意、亦心志之譌。王本涂下注術。不順其親戚。遂以亡失國家、傾覆社稷。不知曰我罷不肖、爲政不善。必曰吾命固失之。於仲虺之告孫云、書敍云、湯歸自夏、至于大坰、仲虺作誥。禮記緇衣尹吉曰、鄭注云、吉當爲告。告古文誥字之誤也。曰、我聞于夏人、矯天命、布命于下。畢云、孔書作夏王有罪、矯誣上天、以布命于下。孫云、僞孔傳云、言託天以行虐於天下。乃桀之大罪。帝式是惡、舊作帝伐之惡、畢云、中篇作帝式是惡。式伐形相近。之是音相近也。純一案江聲說同。見下篇。今據正。龔喪厥師。畢云、孔書作帝用不臧、式商受命。用爽厥師。龔用喪爽音同。江聲云、師衆也。言桀執有命、天用是惛惡之。用喪其衆。孫星衍云、用爲龔聲相近。此言湯之所以非桀之執有命也。於太誓曰、紂夷處。劉云、據此則天志中篇紂越厥夷居。居乃居處之居、非倨傲之倨。夷居夷處、均謂倨傲以居也。荀子修身篇云、不由禮則夷固僻違庸衆而野。楊注云、夷倨也。中篇作紂夷之居。夷之居者、惟倨傲是居也。不肎事上帝鬼神。孫云、天志中篇無鬼神二字。畢云、孔書作乃夷居、弗事上帝神祇。棄厥先神祇不祀。舊棄譌禍、祇譌禔、今據天志中篇正。畢云、孔書作遺厥先宗廟弗祀。乃曰、吾有民有命。民上有字舊脫、據孔書增。無廖排漏。孫云、道藏本作扁、案此當從中篇作毋僇其務。純一案陸本唐本並作扁。歐陽云、廖、當從中篇作僇。無僇排漏、言于事之有罅漏者。不必戮力排去而補綴之也。排漏易言之、卽是使事皆擧而無廢。天亦縱棄之而弗葆。舊本棄在之下、王云、當作縱棄之。縱棄猶放棄也。中篇作天不亦棄縱而不葆。天志中篇作天亦縱棄紂而不葆。皆其證。孫從王校乙。葆吳鈔本作保。此言武王所以非紂之執有命也。之字舊脫、從畢校据上文增。今用執有命者之言、則上不聽治。下不從事。上不聽治、則刑政亂。下不從事、則財用不足。上無以供粢盛酒醴、孫云、供吳鈔本作共。祭祀上帝鬼神。下無以降綏天下賢可之士。孫云、舊本脫下無以三字、王據上下文補。爾雅釋詁云、綏安也。純一案曹本降作隆。王本同。又改可作才。降與隆同、不煩改字。詳尚賢中篇。外無以應待諸侯之賓客。內無以食飢衣寒將養老弱。故命上不利於天。中不利於鬼。下不利於人。而強執此者、此特凶言之所自生、特舊譌持、孫依王校改。而暴人之道也。以上言執有命者、非窮民卽暴王。乃至上不聽治、下不從事、而於天鬼人俱不利。

是故子墨子言曰、今天下之士君子、忠實欲天下之富而惡其貧。畢云、忠下篇作中。欲天下之治而惡其亂。執有命者之言、不可不非。此天下之大害也。

李云、李鄴侯云、君相所以造命。若君相言命、則禮樂刑政皆無用矣。千載下卓乎有識有才學、可以與人國家事者、鄴侯是矣。

曹云、非樂篇所以教儉也。非命所以教勤也。耽於樂則必費。委於命則必怠。費侈則無以節其流。怠惰則無以開其源。然未有侈而不怠、未有怠而不侈者。故二者之弊恆相因、而勤儉之道亦互相成也。孔子罕言命。而易繫曰樂天知命故不憂。論語曰不知命無以爲君子也。墨子非天下之言命、乃欲並命之一端而無之。則矯枉而過其直矣。唯是人力之所能爲、人事之所當爲者、不得輒委之於命而不爲耳。在上者爲民造命、而自強不息。在下者樂天知命、而足己無求。富貴者畏天命、而自奉不敢過。貧賤者安天命、而於人無所尤。此則孔墨之道、未嘗不同。而墨家亦不當以其救時之論、舉此而廢彼也。

劉云、墨子非命篇、亦主人定勝天之說。以爲天不可獨任、要貴以人勝天。與申包胥之說、互相發明。此英儒赫胥黎天演學最精之義也。見周末學術史哲理學史序。

梅光羲云、墨子當不至無宿命通。而主張非命者、殆當時人信命太過、故乃作此有爲之言乎。

非命中第三十六

子墨子言曰、凡出言談由文學之爲道也、孫云、由爲義相近。下篇云、今天下之君子之爲文學出言談也。則不可而不先立義法。畢云、義上篇作儀。義儀同。純一案而以同。義古儀字。若言而無義、譬猶立朝夕於員鈞之上也。孫云、譬吳鈔本作辟。員上篇作運、聲義相近。則雖有巧工、必不能得正焉。尹云、正朝夕也。然今天下之情僞、情誠。未可得而識也。故使言有三法。三法者何也、有本之者、有原之者、有用之者。於其本之也、考之天鬼之志、聖王之事。於其原之也、徵以先王之書。用之柰何、發而爲刑政。政字從畢校據上篇增。觀其中國家百姓人民之利。此十一字舊脫、文義不備、今據上篇增。此言之三法也。

今天下之士君子、或以命爲有。五字舊脫、從盧校增。曹本同。或以命爲亡。我所以知命之有與亡者、以衆人耳目之情、知有與亡。有聞之、有見之、謂之有。莫之聞、莫之見、謂之亡。然胡不嘗考之百姓之情。畢云、舊脫不字、據下文增。孫云、然與則義同。然胡不、亦見尙同下篇。此下文繁言之、則云然則胡不。自古以及今、生民以來者、亦嘗有見命之物、有字舊脫、從孫校、據下文補。聞命之聲者乎。則未嘗有也。若以百姓爲愚不肖、耳目之情不足因而爲法、然則胡不嘗考之諸侯之傳言流語乎。自古以及今、生民以來者、亦嘗有聞命之聲、見命之體者乎。則未嘗有也。

然胡不嘗考之聖王之事。古之聖王、舉孝子而勸之事親、尊賢良而勸之爲善。發憲布令以教誨。孫云、長短經運命篇、引無布字。純一案治要引此文同。發憲令與明賞罰對文。布字後人所加。當據長短經刪。明賞罰以勸沮。孫云、舊本脫明字、今據長短經引補。又勸沮長短經作沮勸。勸吳鈔本作賞、非。若此則亂者可使治、而危者可使安矣。若以爲不然、昔者桀之所亂、湯治之。紂之所亂、武王治之。以上三治字、長短經俱作理。此世不渝而民不改、民長短經引作人、下同。上變政而民易教。孫云、政、治要長短經並作正。其在湯武則治、其在桀紂則亂。長短經無此二句。治要有。則安危治亂、安危上則字、舊本倒置下文豈可上。今據長短經乙、文較順適。治要引此、誤同。不可據。在上之發政也。豈可謂有命哉。夫曰有命云者、亦不然矣。夫、猶彼也。

今夫執有命者言曰、舊無執字、從孫校補。我非作之後世也、我非猶云非我。自昔三代有若言以傳流矣。今胡先生非之。舊作今故先生對之、孫云、生顧校季本吳鈔本並作王。疑當作今胡先生非之。純一案孫說是也。今據正。曰、夫執有命者舊無執字、今校補。不志昔也三代之聖善人與。畢云、下篇作不識昔也。志卽識字。與讀如歟。孫云、不志不識、並猶云不知。禮記哀公問鄭注云、志讀爲識。識、知也。意亡昔三代之暴不肖人也。孫云、意與抑同。意亡語詞。詳非攻下篇。畢云、亡同無。也下篇作與。同。何以知之。畢云、言有命之說不識出之昔者聖善人乎。意亡此言出之暴不肖人乎。彼固無知之妄言。初之列士桀大夫、王樹枏云、初之猶古之。純一案別雅五云、史記賈誼傳服鳥賦、列士徇名。卽烈士也。文選賈賦作烈。孫云、說苑臣術篇云、列士者、所以參大夫也。桀與傑字通。白虎通義聖人篇引禮別名記云、萬人曰傑。說文人部云、傑、埶也。材過萬人也。呂氏春秋孟秋紀高注云、才過萬人曰桀。毛詩衛風邦之桀兮傳云、桀、特立也。愼言知行。知同智。此上有以規諫其君長、下有以教順其百姓。畢云、順同訓。孫云、舊本此下有故上有以規諫其君長下有以教順其百姓二句、盧云、此已上十七字衍文。案盧校是也。吳鈔本亦無。今據刪。故上得其君長之賞、下得其百姓之譽。列士桀大夫、聲聞不廢、流傳至今。而天下皆曰其力也。必不能曰我見命焉。言力實爲之。非由於命。

是故昔者三代之暴王、是故二字衍。不繆其耳目之淫、畢云、言不糾其繆。孫云、繆卽糾之叚字。不愼其心志之辟、孫云、治要作僻。畢云、僻同。外之毆騁田獵畢弋。畢云、說文云、古文驅从攴。純一案治要作毆。曹本王本尹本並同。孫云、騁畢本作聘、譌。孟子盡心篇云、驅騁田獵。國語齊語云、田狩畢弋。

韋注云、畢、掩雉兎之網也。弋、誰之借字。詳備高臨篇。純一案靈巖山館原本睇不誤。內沈於酒樂而自必不能日以下至此、凡四十五字。舊本誤入下文身在刑僇之中之下。王移置於此。不顧其國家百姓之政。繁爲無用。暴逆百姓。使下不親其上。是故國爲虛厲。孫云、厲公孟魯問二篇並作戾。字通。畢云、陸德明莊子音義李云、居宅無人曰虛。死而無後曰厲。身在刑僇之中。自不顧其國家以下至此、凡三十五字。舊本誤入上文必不能日之上、王移置於此。舊本不顧上又衍一字、王據下篇刪。不肎曰三字舊脫、畢据下文增不日二字。治要引有此二字。孫據補。我罷不肖。畢云、我舊作而、一本如此。孫云、顧校季本同。純一案治要引無此四字。我爲刑政不善。必曰治要脫必字。我命故且亡。孫云、故下文作固。同。雖昔也三代之窮民。孫云、治要窮作僞、與下同。亦由此也。劉云、治要引由作猶。蘇云、由與猶同。內之不能善事其親戚。畢云、事一本作視。孫云、親戚謂父母、詳兼愛下篇。外之不能善事其君長。外下舊挩之字。從孫校補。惡恭儉而好簡易。貪飲食而惰從事。衣食之財不足。使身至有飢寒凍餒之憂。飢舊譌饑、今改。孫云、上下篇並作飢。吳鈔本同。必不能曰、畢云、必舊作心、以意改。孫云、顧校季本正作必。我罷不肖、我從事不疾。必曰我命固且窮。雖昔也三代之僞民。亦猶此也。繁飾有命以教衆愚樸人久矣。人久二字、陸本誤倒。治要引此文、至以教衆愚止。王云、愚樸下衍人字。戴云、不當刪。孫云、王校近是。家語王言篇、民敦而俗樸。王肅注云、樸愨愿貌。純一案以上言執有命者、非聖善人。皆暴不肖人。

聖王之患此也。故書之竹帛、琢之金石。於先王之書、仲虺之告曰、我聞有夏人。矯天命。布命于下。帝式是惡。用喪厥師。舊作用闕師、畢云、闕當是喪厥二字。下篇作用爽厥師。孫星衍云、厥與闕形相近。純一今依畢說據上篇正。此語夏王桀之執有命也。湯與仲虺共非之。先王之書、太誓之言然曰、紂夷之居。義詳上篇。而不肎事上帝。棄厥先神示而不祀也。舊作棄闕其先神而不祀也、孫云、以天志中篇及上篇校之。闕亦當讀爲厥、與上闕師同。此當云棄闕先神示而不祀也。示、祇同。傳寫誤作亓、校者不憭、因此書其字多作亓、遂又改爲其、復誤移箸先神上。不知闕卽欮字、不當更云其也。天志篇、正作棄厥先神祇不祀可證。純一今從孫校訂正。曰、我有民有命。民上有字、據孔書增。言紂恃有下民有天命也。毋僇其務。畢云、言毋勠力其事也。上二篇俱當从此、孔書作罔懲其侮、義異。或云僞泰誓不足据、不知此文。孫云、毋僇當爲侮僇、二字平列。言紂惟陵侮僇辱民是務也。天不亦棄縱而不葆。孫云、吳鈔本作保。王云、孟子滕文公篇注曰、不亦者、亦也。畢本不亦作亦不、非。純一案亦上不字衍。當作天亦縱棄之而不葆、與上篇同。此言紂之執有命也、武王以太誓非之。有於三代百國有之曰、百舊作不。孫云、上有字當讀爲又。不疑當作百。三代百國、或皆古史記之名。隋書李德林傳引墨子云、吾見百國春秋。純一今據改。女毋崇天之有命也。三代百國舊作命三不國、不成文。孫云、命三疑當爲今三。下當挩代字。純一案命字涉上文而衍、今刪。三代百國。承上文言。今據補訂。亦言命之無也。於召公之非執命亦然。舊本脫非字、命亦作令於、孫云、此有脫誤。疑當作於召公之非執命亦然。召公蓋卽召公奭。亦周書佚篇之文。令與命字通。於、亦字誤。上篇云此言湯之所以非桀之執有命也。又云此言武王所以非紂執有命也。是其證。純一案孫說是也。今據補正。曰、舊作且、從畢校改。曹本同。敬哉無天命。惟予二人而無造言。孫云、周禮大司徒、有造言之刑。鄭注云、造言、訛言惑衆。不自天降自我得之。舊作不自降天之哉得之。文不成義。孫云、疑當作不自天降、自我得之。純一案孫說是也。今據正。孟子公孫丑上篇曰、禍福無不自己求之者、義與此同。在於商夏之詩書曹本夏作周。曰、命者暴王作之。且今天下之士君子、將欲辯是非利害之故。孫云、吳鈔本辯作辨。當有天命者、有天舊倒、畢云、天當爲夫。純一案天字不誤。當在有下。卽承上文無天命爲言。今乙。不可不疾非也。王云、呂氏春秋尊師篇注云、疾、力也。執有命者、此天下之厚害也。是故子墨子非之也。之字舊脫、從孫校補。

孔子罕言之命。多就過去已成之果言。此命之已定、無可如何者。故不怨天。不尤人。素貧賤行乎貧賤。素富貴行乎富貴。墨子所非之命。乃就將來可種之因言。此命之可造、而能求諸己者。故以爲強必富。不強必貧。強必煖。不強必寒。蓋孔子知命、所以使人安分。墨子非命、所以使人自強。兩義似相反。實相成也。自來小人聽命。大人造命。墨氏非世宿命。求人正命。非知命之君子、窮理盡性以至於命者哉。若夫釋氏兼儒墨之命而一之。所以資益人之慧命者更深遠矣。曹云、列子有力命篇、以力與命相較。而力終不如命之權。蓋道家者流爲此說、以詰墨家之非命耳。不貧富貴賤、壽夭窮達、生死存亡、實有命焉。人不得以力而強爲之也。唯君子有必盡之職分。不可委之於命。而怠惰不修耳。好逸而惡勞者。人之恒情。墨子以儉勤兼愛救天下。聞者每憚其難爲、則一概以有命之說拒之。墨子因爲非命之言、以破其飾辯。則亦不暇顧其矯枉過直耳。救時之言、大率類此。學者但當師其意。而不可執其文。竊謂在人上者、必盡其心力所當爲。而不可責命於天。且當敬畏天命。而不敢縱肆。在下者勤於自修。而亦當知有命而安之。不怨不尤。不忮不求。此則謂有命也可。謂無命也可。總其身一不敢怠而已。此則老孔墨楊之所同者爾。

非命下第三十七

子墨子言曰、凡出言談、則不可而不先立儀而言。不可舊作必可、畢云、一本作則必先立義而言。蘇云、當作不可不先立儀而言。必字誤。上而字衍。俞云、則必可當作則不可、中篇曰、則不可而不先立義法。是其證也。不可而者不可以也。王氏念孫說。純一今據正。若不先立儀而言、譬之猶運鈞之上、而立朝夕焉也。我以爲雖有朝夕之辯。孫云、吳鈔本作辨。必將終未可得而從定也。是故言有三法。何謂三法。曰、有考之者。有原之者。畢云、舊脫有字、一本如此。有用之者。惡乎考之。考先聖大王之事。惡乎原之。察衆之耳目之請。畢云、據前篇當爲情。孫云、請情古通、不必改字。惡乎用之。發而爲政乎國家萬民而觀之。家舊譌察、從曹本正。此謂三法也。

故昔者三代聖王禹湯文武方爲政乎天下之時、曰、必務舉孝子而勸之事親。尊賢良之人而教之爲善。是故出政施教、賞善罰暴。且以爲若此、則天下之亂也、將屬可得而治也。孫云、國語魯語韋注云、屬、適也。社稷之危也、將屬可得而定也。若以爲不然、昔桀之所亂、湯治之。紂之所亂、武王治之。當此之時、世不渝而民不易。畢云、文選注引此治作理、世作時、民作人、皆唐人避諱改。上變政而民改俗。存乎桀紂而天下亂。存乎湯武而天下治。天下之治也、湯武之力也。天下之亂也、桀紂之罪也。若以此觀之、夫安危治亂、夫據中篇當作則。存乎上之爲政也。則夫豈可謂有命哉。則夫二字衍、當刪。故昔者禹湯文武方爲政乎天下之時。治要引無故字、是。曰、必使飢者得食、寒者得衣、勞者得息、亂者得治、遂得光譽令問於天下。孫云、羣書治要問作聞。尙同下篇亦云光譽令聞。問聞通。夫豈可以爲其命哉。其字舊脫、治要同。今據下文從孫校補。故以爲其力也。孫云、故固通。今賢良之人、尊賢而好功道術。王闓運云、功、攻也。孫云、功治要作蓄。畢云、一本無功字。曹本從之。故上得其王公大人之賞、下得其萬民之譽、遂得光譽令問於天下。治要問作聞。亦豈以爲其命哉。治要豈上無亦字。又以爲其力也。其字舊脫、從孫校補。王本同。

然今執有命者、執舊作夫、王樹枏云、萬歷本夫作執。純一今據正。不識昔也三代之聖善人與、意亡昔三代之暴不肖人與。孫云、意與抑同。意亡、語詞。以若說觀之、以若舊倒、從孫校乙。則必非昔三代聖善人也。必暴不肖人也。

然今以命爲有者、昔三代暴王桀紂幽厲、貴爲天子、富有天下。於此乎不而矯其耳目之欲。畢云、而讀如能、一本無此字。非。孫云、畢讀是也。陳壽祺說同。而從其心意之辟。從同縱。辟同僻。外之歐騁田獵畢弋。內湛於酒樂。畢云、中篇湛作沈。而不顧其國家百姓之政、繁爲無用。

暴逆百姓。遂失其宗廟。孫云、遂與隊通。法儀篇云、遂失其國家。其言不曰吾罷不肖、吾聽治不強。必曰吾命固將失之。雖昔也三代罷不肖之民、亦猶此也。不能善事親戚君長。甚惡恭儉而好簡易。貪飲食而惰從事。衣食之財不足。是以身有陷乎飢寒凍餒之憂。其言不曰吾罷不肖、吾從事不強。必曰吾命固將窮。必舊譌又、戴云、又當依上文改作必。王樹枏云、又當爲必、據上篇訂正。今從之。昔三代僞民亦猶此也。

昔者暴王作之。窮人術之。畢云、舊脫人字、一本有。術同述。孫云、樂記知禮樂之情者能作。識禮樂之文者能述。述、史記樂書作術。此皆疑衆遲樸。畢云、言沮樸實之人。歐陽云、疑與遲連用、卽常語所謂遲疑不決也。有命之說、足以疑惑衆人。而令愚樸者遇事遲緩。不急於進取也。先聖王之患之也、下之字畢本脫。固在前矣。是以書之竹帛、鏤之金石、琢之盤盂、傳遺後世子孫。孫云、遺吳鈔本作示。案此文亦見兼愛下天志中貴義魯問諸篇、並作遺。則吳本非是。曰何書焉存。王云、焉猶於也。孫云、王說是也。此倒句、猶云存於何書。禹之總德有之曰、蘇云、總德蓋逸書篇名。允不著惟天。不、丕同。孫云、吳鈔本惟作唯。胡云、言誠哉不顯惟天。不可恃有命也。民不而葆。畢云、而同能。葆同保。胡云、言恃命而民不能保也。既防凶心。句天加之咎。不愼厥德。天命焉葆。胡云、防方古通用。毛詩黃鳥傳、防比也。凶心、猶言凶德。既比於凶德、故天加之咎也。末二句、言無德則命不可恃。此皆引以證非命也。天與心古音爲韻。此亦古尙書有韻之文。仲虺之告曰、我聞有夏人矯天命。布命于下。布命二字舊脫、今從孫校據上中二篇補。王樹枏校同。帝式是憎。舊作增、畢云、增當作惡或憎字。純一案增憎形近而誤、今從畢校改。江聲云、式、用也。增讀當爲憎。增憎字通。說文憎惡也。或作帝式是惡。用爽厥師。孫云、爽、上篇作喪。純一案老子五味令人口爽。河上公注、爽亡也。彼用無爲有。用、以同。故謂矯。孫云、公羊傳三十二年何注云、詐稱曰矯。若有而謂有、夫豈爲矯哉。孫云、爲、吳鈔本作謂。昔者桀執有命而行、湯爲仲虺之告以非之。太誓

之言也於去發　孫星衍云、去發或太子發三字之誤。莊述祖云、去發當爲太子發。武王受文王之事、故自稱太子述文王伐功告諸侯、且言紂未可伐爲太誓上篇。俞云、古人作書、或合二字爲一。如石鼓文小魚作鯊。散氏銅盤銘小子作𡥈是也。此文大子字、或合書作𡥈。其下闕壞、則似厺字。因誤爲去耳。詩思文篇正義引大誓曰。惟四月太子發、上祭於畢、下至於孟津之上。又云太子發升舟、中流、白魚入於王舟。王跪取出、涘以燎之。注曰、得白魚之瑞、即變稱王、應天命定號也。疑古大誓三篇、其上篇以太子發上祭於畢發端。至中下兩篇、則作於得魚瑞之後、無不稱王矣。故學者相承稱大誓上篇爲太子發、以別於中下兩篇。亦猶古詩以篇首字命名之例也。曰、惡乎君子。孫云、惡、莊校改於。天有顯德。其行甚章。莊云、有當爲右、助也。言天之助明德、其行事甚章著。蘇云、書泰誓曰、嗚呼、我西土君子。天有顯德。厥類惟彰。爲鑑不遠。孫云、鑑、吳鈔本作監。莊云、鑑當爲監。在彼殷王。孫云、詩大雅蕩云、殷鑒不遠。在夏后之世。鄭箋云、此言殷之明鏡不遠也。近在夏后之世。謂湯誅桀也。後武王誅紂、今之王者何以不用爲戒。此詩與彼詩、文異而意則同。謂人有命。謂敬不可行。謂祭無益。謂暴無傷。蘇云、此四句、今書泰誓在厥鑑惟不遠之上。上二句作謂已有天命。謂敬不足行。下同。上帝不常。九有以亡。蘇云、二語今泰誓無之。上句見伊訓。下句見咸有一德。孫云、常當讀爲尙。尙、右也。上帝不順。祝降其喪。蘇云、今泰誓不作弗。其作時。孫云、泰誓僞孔傳云、祝斷也。天惡紂逆道。斷絕其命。故下是喪亡之誅。古音諧十六庚引止此、章王行傷當亡喪諧。惟我有周。受之大商。商舊譌帝、蘇云、今泰誓下句作誕受多方。莊校改帝爲商。云天改殷之命、而周受之。陳喬樅校同。云商字作帝非是。此節皆有韻之文。作商則與上文叶。今訂正之。昔者紂執有命而行、者字舊脫、從吳鈔本補、與上文一律。武王爲太誓去發以非之。孫云、去發亦當爲太子發。純一案去發二字疑衍。曰、子胡不尙考之乎商周虞夏之記、從十簡之篇。尹云、十、什也。詩鹿鳴之什釋文篇數既多。故以十篇編爲一卷。名之曰什。以尙皆無之。蘇云、尙當作上。古字通用也。孫云、皆無之、謂皆以命爲無也。將何若者也。文有譌脫。

是故子墨子曰、今天下之君子之爲文學出言談也。孫云、吳鈔本天下下無之字。純一案君子上當有士字。非將勤勞其喉舌、喉舌舊作惟舌、畢云、惟一本作頰。王云、惟與頰形聲俱不相近。若本是頰字、無緣誤而爲惟。一本作頰者、後人以意改之耳。惟舌當爲喉舌。喉誤爲唯、囗誤爲惟耳。純一今據正。而利其脣哻也。畢云、哻脣字省文。說文云、吻口邊也。純一案曹本作非將勤勞其喉舌而利其脣吻也。中實將欲爲其國家邑里萬民刑政者也。爲字舊脫、孫云、吳鈔本欲下有爲字。王樹枏云、欲下脫爲字、則義不可通。據萬歷本增。純一案陸本唐本並有爲字。邑里二字、當爲治理之譌。今也王公大人之所以蚤朝晏退、舊本蚤作早、吳鈔本如此。聽獄治政、終朝均分、尹云、自旦及食時曰終朝。均、徧也、齊也。分、半也。謂日中。而不敢怠倦者何也。孫云、舊本敢下有息字、卽怠字之衍文。畢云、一本無此字、是。今據刪。純一案曹本無息字。曰、彼以爲強必治、尹云、強、勤也。不強必亂。強必寧、不強必危。故不敢怠倦。今也卿大夫之所以竭股肱之力、殫其思慮之知。孫云、吳鈔本作智。內治官府、外斂關市山林澤梁之利、以實官府。而不敢怠倦者何也。曰、彼以爲強必貴、不強必賤。強必榮、不強必辱。故不敢怠倦。今也農夫之所以蚤出暮入、強乎耕稼樹藝、多聚叔粟。叔舊本誤升、孫據王校正。而不敢怠倦者何也。曰、彼以爲強必富、不強必貧。強必飽、不強必飢。故不敢怠倦。今也婦人之所以夙興夜寐、畢云、舊脫以字、據上文增。孫云、吳鈔本不挩。強乎紡績織紝、多治麻絲葛緒、畢云、緒紵字假音。絲舊作統、王云、統當爲絲。非樂篇作多治麻絲葛緒。是其證。今據改。捆布縿。畢云、說文云稛、絭束也。此俗寫。孫云、孟子滕文公篇云、捆屨織席。趙注云、捆、猶叩椓也。織屨欲使堅、故叩之也。孫氏音義云、案許叔重云、捆織也。從木者誤也。淮南子脩務訓云捆纂組。高注云、捆叩椓。此文本書凡三見、辭過篇作梱、非樂上篇作綑、惟此作捆、與孟子淮南書字同。然稛綑捆三字、說文並無之。惟禾部有稛字。故畢以爲卽稛之俗。蓋从困从囷、聲形並相近。故展轉譌變、錯異如是。要皆稛之俗別矣。縿當依王校作繰。詳非樂上篇。而不敢怠倦者何也。曰、彼以爲強必富、不強必貧。強必煖、不強必寒。故不敢怠倦。今雖毋在乎王公大人、蕢若信有命而致行之。雖、唯通。毋、語助。蕢當爲蕡、形誤。蕡與治絲而棼之棼同。棼亦與紛同。見天志下篇、是蕡義者注。蕡若猶言紛如。狀信有命者致行紛亂也。則必怠乎聽獄治政矣。卿大夫必怠乎治官府矣。農夫必怠乎耕稼樹藝矣。婦人必怠乎紡績織紝矣。王公大人怠乎聽獄治政、卿大夫怠乎治官府、則我以爲天下必亂矣。農夫怠乎耕稼樹藝、婦人怠乎紡績織紝、則我以爲天下衣食之財將必不足矣。若以爲政乎天下、上以事天鬼、天鬼不使。王云、爾雅使、從也。天鬼不從、猶上文言上帝不順耳。下以持養百姓、持舊本作待、王云、待字義不可通、待養當爲持養。字之誤也。天志篇曰、食飢息勞。持養其萬民。荀子勸學篇曰、除其害者以持養之。榮辱篇曰、以相羣居。以相持養。楊倞注、持養保養也。分言之則曰持曰養。管子明法篇曰、小臣持祿養交。晏子春秋問篇曰、士者持祿。游者養交是也。蘇校同。孫據正。百姓不利、必離散不可得用也。是以入守則不固、出誅則不勝、故雖昔者三代暴王桀紂幽厲之所以抎失其國家、失舊作共在抎上。畢云、抎失。王云、共字義不可通、當是失字之誤。隸書失字或作失、與共相似。說文抎、有所失也。尙賢篇云、失損其國家、傾覆其社稷、抎損古字通。天志篇云、國家滅亡、抎失社稷、皆其證。今據乙正。傾覆其社稷者此也。

是故子墨子言曰、今天下之士君子、中實將欲求興天下之利、除天下之害、當若有命者之言、不可不強非也。此十三字、舊作當若有命者言也七字、王云、此本作當若有命者之言、不可不強非也。淮南脩務訓篇注曰、強、力也。言有命之言、士君子不可不力非之也。中篇作不可不疾非、疾亦力也。下文曰將不可不察而強非者此也。是其證。今本言上脫之字。也上脫不可不強非五字。則義不可通、孫據王校補。曰、命者暴王所作、窮人所術、孫云、術與述通。見上。非仁者之言也。孫云、舊本仁作人、誤。今據道藏本吳鈔本正。王樹枏云、萬曆本作仁者。今之爲仁義者、將不可不察而強非者此也。

曹云、墨子之非命、原以敎勤。此篇之後一段、其本意乃顯然矣。人情好逸惡勞、其執有命者、乃以文飾其苟且惰媮之情耳。亦非於命、而確見其爲有也。易曰、自天祐之、吉无不利。子曰、天之所助者順也。人之所助者信也。能行墨子之所行者、必爲天之所祐。非命之所得而限、又非罷不肖者、所得藉口以爲怨尤之資也。

非儒上第三十八闕

王闓運云、此無中篇、蓋三墨皆無此篇、後弟子附入而託言先有此。

非儒下第三十九

畢云、孔叢詰墨篇、多引此詞。此述墨氏之學者、設師言以折儒也。故親士諸篇、無子墨子言曰者、翟自著也。此無子墨子言曰者、門人小子臆說之詞、並不敢以誣翟也。例雖同而事異。後人以此病翟、非也。說文云、儒、柔也。術士之稱。孫云、荀子儒效篇云、逢衣淺帶。解果其冠。略法先王。而足亂世術。繆學雜舉。不知法後王而一制度。不知隆禮義而殺詩書。其衣冠行僞已同於世俗矣。然而不知惡者。其言議談說。已無以異於墨子矣。然而明不能分別。呼先王以欺愚者。而求衣食焉。得委積足以揜其口。則揚揚如也。隨其長子。事其便辟。舉其上客。億然若終身之虜。而不敢有他志。是俗儒者也。是周季俗儒。信有如此所非者。但並以此非孔子、則大氐誣詆增加之辭。儒墨不同術。亦不足異也。畢氏強爲之辯。理不可通。純一案孫說是也。惟謂儒墨不同術宜有辯。荀子儒效篇云、其言議談說。已無以異於墨子矣。然而明不能分別。足徵儒墨異同。不易剖析。如親士修身所染尚賢貴義非攻。二家有何不同。而尙同天志節用七患。亦不盡異。所異者、非樂非命節葬明鬼耳。然除樂爲儒所必重外。餘皆互有異同處甚多。詳後墨儒之異同。要而言之。二家門戶。分於一兼。兼則尊卑勞逸生死人己、一無等差。不能兼則反是。蓋墨道之大、頓頗農家道家。與儒家斤斤於世教宗法、有大異其趣者。若夫荀卿儒者、非十二子篇且言子思孟軻之罪。並賤子張子夏子游三氏之爲儒。則儒家末流之弊滋多、無足異也。莊子田子方篇曰、以魯國而儒者一人耳。則眞儒之難爲、益可知矣。案尙賢尙同天志非命等均三篇。蓋墨離爲三、各述所聞者說書。校者強分上中下以識別之。故諸篇中、莫不數見子墨子之稱。足見其祗承師訓。所以文有出入、大旨胥同。獨此篇多爲墨家後輩所說。今雖存下篇、謂闕上篇。余決不信如明鬼節葬非樂之出自三家、皆有三篇而闕。卽其獨無中篇可證。觀其辭旨、自篇首至用雖急遺行遠矣。固爲儒家可指斥者。其中如貪於飮食、惰於作務、會噎爲深云云、荀子非十二子篇亦非之。其餘或爲節葬非命之緒餘。或爲耕柱公孟所已道。要旨無多。自以所聞孔某之行至終、辭涉誣詆無疑、蓋非儒爲墨學獨立成家之特著。所以反對當時非兼之儒家者也。此篇前半、或門人記其所聞。自齊景公問晏子曰以下、斷非墨子所與聞也。尹云、儒墨道不相同、其相非固宜。蓋天下之理、此以爲是、而彼或以爲不是。則非者出焉。人之採擇、唯視社會之趨向如何。非可以通行者、卽謂爲是也。然則墨之非儒、亦未可全以爲非也。說者以此篇迺門人小子之臆說、非墨自箸。而細繹其詞例、同於親士脩身。則爲墨所自箸無疑。固不必曲爲墨諱矣。欒云、非儒爲有意義之篇題。以篇中無子墨子言曰句、斷爲後世墨者之作。非儒之旨、原本墨子。蓋墨子生長於魯、魯之儒爲最盛。墨子爲說教行義故、不得不取其不合於己者而非之也。然墨子非儒、以儒者之禮樂喪服執命無鬼四者爲主。非儒下乃涉及孔子私行、殊失墨子言稱孔子之意。

儒者曰、親親有術、尊賢有等。王引之云、此卽中庸所謂親親之殺、尊賢之等。今云親親有術者、殺與術聲近而字通也。說文殺字從殳杀聲。而無杀字。五經文字曰、杀古殺字。今案杀字。蓋從乂朮聲。說文乂。芟艸也。從丿乀相交、或從刀作刈。廣雅刈、殺也。哀元年左傳、艾殺其民、艾與乂刈同。是乂卽殺也。故杀字從乂、而以朮爲聲。杀與術並從朮聲。故聲相近。轉去聲則殺音色介反。術音遂、聲亦相近。故墨子書以術爲殺。言親疏尊卑之異也。孫云、孔穎達禮記正義云、五服之節。降殺不同。是親親之衰殺。公卿大夫。其爵各異。是尊賢之等。案墨子下文亦專舉喪服言、蓋欲破親親有殺。以佐其兼愛節葬之說也。其禮曰、喪父母三年。舊本下有其字、王云、其字涉下文伯父叔父弟兄庶子其而衍。節葬篇、父母死喪之三年。下無其字。是其證。孫據刪。云禮蓋卽指喪服經。妻畢云、舊脫此字、據下文增。後子三年。孫云、後子、詳節葬篇。曹云、後子、謂適子爲後也。妻喪三年、見左氏傳云、王一歲而有三年之喪二。伯父叔父弟兄庶子其。畢云、與期同。孫云、公孟篇正作期。戚族人五月。孫云、以上述喪服、並詳節葬篇。曹云、戚、近也。若以親疏爲歲月之數、則親者多而疏者少矣。是妻後子與父母同也。母字舊脫、據上下文增。王樹枏校同。若以尊卑爲歲月之數。之字舊脫、據上文增。則是尊其妻子與父母同、而視伯父宗兄而卑子也。視舊譌作親、王云、親當爲視。言視伯父宗兄如庶子之卑也。視親字相似、又涉上下文親字而誤。今據改。孫云。宗兄見曾子問。言適長爲宗子者。故下文云其宗兄守其先宗廟數十年。王引之云、而卑子之而讀爲如。言卑其伯父宗兄如庶子也。俞云、卑子卽庶子、乃取卑小之義。僖二十二年左傳、公卑邾。杜注曰、卑小也。曹本作而視伯父宗兄如卑子也。逆孰大焉。孫云、吳鈔本逆孰到。純一案到出古本。到同菿、菿大也。詳見韓詩遺說考菿彼圃田下。此言親疏與尊卑之等相違。曹云、此譏儒者喪服之制。其親死、列尸弗斂、舊本脫斂字、王云、死三日而後斂、則前二日猶未斂也。故曰列尸弗斂。列者、陳也。鈔本北堂書鈔地部二引此、正作列尸弗斂。孫據補。登屋、窺井、挑鼠穴、挑、書鈔百五十八引作逃。非。尹云、挑招呼也。說文鼠、穴蟲之總名。莊子應帝王鼷鼠深穴乎神邱之下。鼠好穴居、此故特云鼠穴。探滌器、而求其人焉。孫云、此非喪禮之復也。士喪經云、復者升自前東榮中屋。北面招以衣。曰皐某復。是登屋也。說文水部云、滌洒也。滌器、洒濯之器。若槃匜之屬。窺井以下、並喪禮所無。蓋譏語也。以爲實在、則戇愚甚矣。孫云、書鈔地部引實作誠。畢云、說文云、戇、愚也。愚戇也。純一案書鈔作則愚甚矣、戇字蓋後人所加。公孟篇、夫嬰兒子之知、獨慕父母而已。父母不可得也、然號而不止。此其故何也。卽愚之至也。如其亡也必求焉、僞亦大矣。王引之云、如其亡也二句、與僞字義不相屬、如當爲知。王景羲言既知其亡而必求之。則僞而已矣。蘇說同。云、亡無遁。此句與上以爲實在句相對爲文。則如字義長。王引之校改如爲知。亦足備一義。純一案書鈔引此文同。足證不誤。言親已死而求其人。非愚卽僞。曹云、此譏儒者居喪始死時之禮。

取妻身迎、取、娶同。祗褍爲僕。畢云、說文云、祗敝也。褍衣正幅。則褍亦爲正、意與端同。王校作祗、祗當爲袨。隸書袨字作袨、與祗相似、故袨誤爲祗。袨褍卽玄端也。周官司服、其齊服有玄端素端。鄭注曰、端者取其正也。服虔注、昭元年左傳曰、禮衣端正無殺、故曰端。端與褍同。故說文以褍爲衣正幅也。玉篇袨、黑衣也。淮南齊俗篇、尸祝袀袨。高注曰、袀、純服。袨、黑齋衣也。卽周官所云齊服玄端也。莊子達生篇、祝宗人玄端。卽淮南所云尸祝袀袨也。孫云、士昏禮親迎、主人爵弁纁裳緇袘。郊特牲說諸侯則玄冕。此云玄端者、蓋據庶人攝盛之服言之。曹云、爲僕、謂御輪三周也。秉轡授綏、孫云、士昏禮云、壻御婦車授綏。鄭注云、壻御者、親而下之。綏、所以引升車者。僕人必授人綏。此上云爲僕、卽指親御之事。如仰嚴親。仰、敬重之意。昏禮威儀、如承祭祀。顚覆上下、悖逆父母。陸本悖譌悖。下則妻子。王樹枏云、本書則卽二字通用。下則妻子者、下卽妻子也。卽、就也。純一案下就妻子者、言重視妻子也。下文妻之奉祭祀。子將守宗廟。故重之。正承此而言。妻子上侵。句、此文自取妻親迎至可謂孝乎、皆四字句。言重視妻子而下就之。必致妻子上侵陵其父母。事親若此、可謂孝乎。曹云、此譏儒者昏姻之禮。儒者曰、舊儒譌傳、又脫曰字、曹本從畢校補正。王樹枏校同。迎妻、王樹枏云、二字涉上文而衍。純一案吳鈔本妻字不重、足爲王校之證。迎字蓋後人所加。妻之奉祭祀之、猶與也。孫云、禮記哀公問、公曰、冕而親迎。不已重乎。孔子對曰、合二姓之好、以繼先聖之後。以爲天地宗廟社稷之主。君何謂已重乎。墨子所非、與哀公言相類。子將守宗廟、故重之。孫云、哀公問、孔子曰。妻也者、親之主也。敢不敬與。子也者、親之後也。敢不敬與。應之曰、此誣言也。其宗兄、守其先宗廟數十年。死、喪之其。畢云、同期。兄弟之妻、奉其先之祭祀、弗服。舊譌散、從盧校改。則喪妻子三年、必非以守宗廟奉祭祀也。舊脫宗廟二字。據上文從孫校補。夫憂妻子以大負絫。孫云、憂妻子、謂憂厚於妻子。猶下文云厚所至私也。國策趙策云、夫人優愛孺子。說文夊部云、憂和之行也。引詩曰布政憂憂。今詩商頌長發作優。案古無優字、優厚字止作憂。今別作優、而以憂爲悳愁字。墨子書多古字、此亦其一也。以與已同。言偏厚妻子、已爲大負絫矣。乃又飾辭文過、託之奉祭祀守宗廟。故下云又曰所以重親也。有曰孫云、有當讀爲又。所以重親也。王樹枏云、夫憂妻子以大負絫句、以文義觀之、當在有曰所以重親也句下。有曰者、儒者又曰也。爲欲厚所至私。畢云、舊作和、以意改。尹云、私謂妻子。輕所至重。豈非大姦也哉。曹云、此譏儒者爲昏喪之禮、實薄於孝而厚於慈。又以宗廟祭祀爲說。尹云、姦、私也。

有強執有命以說議曰、孫云、上有字亦讀爲又。壽夭貧富、安危治亂、固有天命。不可損益。孫云、莊子至樂篇、孔子曰、命有所成、而形有所適也。夫不可損益。純一案文選王命論。運命論、辯命論三注、並引作貧富治亂、固有天命、不可損益。窮達賞罰、幸否有極、畢云、說文夭部云、幸吉而免凶也。从屰从夭。夭死之事。故死謂之不幸。孫云、廣雅釋詁云、極中也、逸周書命訓篇云、天生民而成大命。命司德正之以禍福。立明王以順之。曰、大命有常。小命日成。成則敬。有常則廣。廣以敬命。則度至於極。此古說有命之遺言也。人之知力。孫云、吳鈔本知作智。不能爲焉。羣吏信之、則怠於分職。庶人信之、則怠於從事。尹云、極言有命之弊。爲非命篇張本。吏不治則亂。舊本脫吏字、王據上文補。農事緩則貧。貧且亂、倍政之本。舊無倍字、王云、此句有脫文。孫云、疑當作倍政之本。下文云、倍本棄事而安怠傲。純一案孫說是也。今據補。倍、背同。而儒者以爲道教、是賊天下之人者也。賊舊譌賤、孫依王蘇校正。曹云、此譏儒者之言命。純一案墨家自苦爲極。備世之急。正如禮運所謂力惡其不出於身也、不必爲己。故不容執有命之說、以爲天下厚害。

且夫繁飾禮樂以淫人。孫云、舊本無樂字、吳鈔本有。以下句文例校之、有者是也、下文晏子曰、好樂而淫人。可證。今據補。曹云、淫、過也。侈也。禮文繁則浮費多。久喪僞哀以謾親。畢云、說文云、謾、欺也。曹云、僞哀、如以官代哭之類。純一案鹽鐵論論誹篇、晏子有言、儒者繁於樂而舒於民。久喪以害生。禮煩而難行。義略同此。立命緩貧而高浩居。緩貧謂不事生業。畢云、浩居同傲倨。孫云、畢據史記孔子世家、義亦見後。倍本棄事而安怠傲。畢云、舊作徹、以意改。曹云、怠者必傲。如禮記儒行之說。純一案以上綜論儒者、繁飾禮樂、久喪僞哀、立命、三大弊。貪於飲食。孫云、舊本作酒、今據吳鈔本校改。

下亦云得壓飲食。惰於作務。孫云、荀子非十二子篇云、偸儒憚事。無廉恥而耆飲食。必曰君子固不用力。是子游氏之賤儒也。此所非與彼相類。陷於飢寒。危於凍餒。無以違之。孫云、禮記緇衣鄭注云、違猶辟也。純一案辟同避。是若乞人。舊作人氣、孫云、人氣疑當作乞人。此冡上飢寒凍餒而言、氣與乞通。古乞作气。卽雲气字。下文云夏乞麥禾是其證。純一今據正。鼷鼠藏畢云、爾雅有鼷鼠。陸德明音義云、孫炎云、鼷者、頰裏也。郭云、以頰內藏食也。字林云、卽鼢鼠也、說文云、鼷、鼢也。玉篇云、鼷、胡雞切。田鼠也。鼷、舊作鼷誤。孫云、夏小正云、正月田鼠出。田鼠者、嗛鼠也。嗛鼷字通。謂儒者得食則藏之、若鼷鼠裏藏食物矣。而羝羊視。畢云、爾雅云、羊牡羒。注羝。廣雅云、二歲曰羝。說文云、羝、牡羊也。陸德明音義云、字林云、牂羊也。然則羝羒牂、皆牡羊。賁彘起畢云、易大畜云、豶豕之牙。翟灝曰、說文豶、劇豕。今俗猶呼劇豬是也。案說文作䝐豕、翟以意改之。䝐與犗義同。劇者犗假音。玉篇云、豶、扶云切、犗也。曹云、三者皆以狀其傑險怠傲之意也。純一案以鼷鼠藏而羝羊視七字句、文例校之。賁彘起上、當有脫文四字。視起爲韵。君子笑之。怒曰、散人焉知良儒。畢云、散人猶宂人。曹云、散人、言不事事之人。吳摯甫曰、八字爲句。上君子、謂墨者。此怒曰、則謂爲儒者聞笑而怒也。散人乃儒之稱墨。非墨之譏儒。欒云、散人、謂人之無用者。莊子人閒世篇、而幾死之散人又惡知散木。夫夏乞麥禾。孫云、疑脫春乞云云、夫似卽春字上半缺剝僅存者。五穀既收。大喪是隨。孫云、言秋冬無可乞、則爲人治喪以得食也。子姓皆從。孫云、喪大記云、卿大夫父兄子姓立于東方。注云、子姓、謂衆子孫也。姓之言生也。國語楚語、帥其子姓。韋注云、子姓、衆同姓也。得厭飲食。厭通饜。飽足也。畢治數喪。足以至矣。孫云、至下疑有挩文。王景羲云、至或生字之譌。謂畢此數喪、足當治生矣。王闓運云、至年終也。因人之家以爲翠。舊作翠以爲、畢云、廣雅脺、肥也。此古字。孫云、以文例校之、因人之家、與下恃人之野、文正相對。疑當作因人之家以爲翠。翠當依畢訓爲肥。此特文誤到耳。今據乙。曹本作因人之家以爲脺。恃人之野以爲尊。畢云、言禾麥在野。尹云、野謂農民不知禮者。尊酒器。所以爲飲。富人有喪。乃大說喜曰、此衣食之端也。孫云、此與荀子儒效篇所謂得委積足以揜其口。則揚揚如也者相類。純一案荀子非十二子篇、偸儒憚事。無廉恥而耆飲食。洵有如墨氏所非者。曹云、此譏儒者不耕而食、且利人有喪。蓋當時習俗如此。儒者曰、君子必古言服然後仁。舊作必服古言、王云、服古言三字、文義不順。當依公孟篇作必古言服然後仁。純一今據正。案鹽鐵論論誹篇墨子有言、儒者稱往古而言訾當世。賤所見而貴所聞。卽譏儒者之尊古也。應之曰、所謂古之言服者、皆嘗新矣。孫云、舊本脫言服二字、今依王引之校增。謂古言服、其始制之時皆爲新。積久乃成古也。而古人言之服之、則非君子也。公孟篇曰、行不在服。然則必服非君子之服、言非君子之言、而後仁乎。孫云、舊本古人言之服之、脫言之二字。則非君子也、脫非字。服非君子之服、上服字譌作法。並依王引之校增。純一案此破儒說一。

又曰、君子循而不作。顧云、廣雅釋言、循、述也。論語曰、君子述而不作、應之曰、古者羿作弓。孫云、呂氏春秋勿躬篇云、夷羿作弓。畢云、羿、羿省文。說文云羿、古諸侯也。一日射師。純一案山海經海內經、少皞生般、般是始爲弓矢。郭注云、世本云、牟夸作矢揮作弓。荀子云、倕作弓。浮游作矢。吳越春秋云、黃帝作弓。俱不同。尹云、此云羿作弓、蓋因其善射耳。仔作甲。畢云、仔卽杼。少康子。孫云、史記夏本紀、帝少康崩、子帝予立。索隱云、予音宁。系本云、季杼作甲者也。奚仲作車。孫云、呂氏春秋君守篇同。高注云、奚仲、黃帝之後任姓也。傳曰、爲夏車正、封於薛。說文車部云、車夏后時奚仲所造。山海經海內經云、奚仲生吉光。吉光是始以木爲車。郭注云、世本云、奚仲作車。此言吉光、明其父子共創作意。以是互稱之。續漢書輿服志、劉注引古史考云、黃帝作車。引重致遠。其後少昊時駕牛。禹時奚仲駕馬。依譙周說奚仲駕馬。車非其所作。司馬彪劉昭並從之。於義爲長。巧垂作舟。畢云、北堂書鈔引作倕。太平御覽作錘。事類賦引作工倕。太平御覽引有云禹造粉。疑在此。純一案藝文類聚七十一舟引墨子曰棄作舟。棄與垂異。俞云、莊子胠篋篇、攦工倕之指。釋文曰、倕音垂、堯時巧者也。堯典咨垂女共工。是稱工垂者、工其官。垂其名。劉云、廣韻十八尤舟字注、引作工倕。御覽七百六十八引同。初學記二十五作巧倕。書鈔一百三十七亦引作巧。是古有作工作巧二本。據劉子新論閱武篇、般倕奮斷。袁注云、般倕神農時巧人也。廣韻五支倕字注云、黃帝時巧人名倕。書顧命兌之戈節、疏云、垂是巧人。、知兌和亦古巧人。綜上三義、作巧爲長。尹云、說文舟、船也。古者共鼓貨狄刳木爲舟。剡木爲楫。以濟不通。海內經、番禺是始爲舟。呂覽勿躬、虞姁作舟。物理論以爲化狐。發蒙記以爲伯益。案尹說並見初學記引。然則今之鮑函車匠、畢云、考工記有函鮑、鄭君注云、鮑讀爲鮑魚之鮑。書或爲鞄。說文云、鞄、柔革工也。从革、包聲。讀若朴。周禮曰、柔皮之工鮑氏、鞄卽鮑也。皆君子也。也讀若邪。而羿仔奚仲巧垂、皆小人邪。且其所循、人必或作之。孫云、言所述之事。其始必有作之之人也。然則其所循、皆小人道也。孫云、也邪古通。吳鈔本作耶。純一案此破儒說二。耕柱篇、子墨子曰、吾以爲古之善者則誅之。今之善者則作之。欲善之益多也。曹云、此識儒者是古非今、述而不作之說。尹云、觀此、則墨貴進取。與儒尙保守殊。

又曰、畢云、又舊作人、以意改。君子勝不逐奔。孫云、穀梁隱五年傳云、伐不踰時。戰不逐奔。司馬法仁本篇云、古者逐奔不過百步。又天子之義篇云、古者逐奔不遠。墨子所述儒者之言、與穀梁同。荀子議兵篇亦云、服者不禽。犇命者不獲。揜函弗射。孫云、揜吳鈔本作掩。純一案方言、揞揜錯摩、藏也。吳揚曰揜。孟子公孫丑上、函人惟恐傷人。趙注函、甲也。揜函、猶言藏其甲。示不敢敵也。揜函弗射、卽司馬法仁本篇、不校勿敵之義。今國際戰時公法蕩然、哀哉。施則助之胥車。畢云、施舊作強、據下文改。孫云、畢因下文施字兩見、故據改。然施強義並未詳。似言軍敗而走、則助之挽重車。而文有挩誤。歐陽云、晉語、秦人殺冀芮而施之。注施、陳其尸也。此施字義同。言敵人之被殺而陳其尸者、則如敵人之意以胥車助之。胥車、爲載胥靡之車。胥靡卽俘虜也。應之曰、若皆仁人也、則無說而相與。仁人以其取舍是非之理相告。無故從有故也。尹云、從、服也。弗知從有知也。無辭必服。見善必遷。何故相與。舊無與字、王云、何故相下、當有與字。而今本脫之。則義不可通。相與、謂相敵也。古謂相敵爲相與。襄二十五年左傳、一與一誰能懼我。哀九年傳、宋方吉不可與也。越語、彼來從我、固守勿與。與字並與敵同義。言旣爲仁人、則無辭必服。見善必遷。何故兩相敵也。上文曰、若皆仁人也、則無說而相與。是其明證矣。純一今據補。此言國際偶起爭端。終不相敵而和解之。服從公理。泯絕強權。今之國際裁判會等、允當效法。若兩暴交爭其勝者欲不逐奔。揜函弗射。施則助之胥車。雖盡能猶且不得爲君子也。曹云、言兩暴必不肯相讓。雖讓、猶無解於其爲暴。意暴殘之國也、聖王將爲世除害。王字舊脫、從曹本補。王本同。興師誅罰。司馬法仁本篇曰、攻其國愛其民、攻之可也。禮月令、孟秋之月。天子乃命將帥。選士厲兵。簡練桀俊。專任有功以征不義。詰誅暴慢以明好惡。順彼遠方。曹云、言以仁伐暴、乃謂之義戰。勝將因用儒術儒舊術傳、王云、傳術二字、義不可通。傳術當爲儒術。毋逐奔云云、皆儒者之言。故曰用儒術令士卒。孫據正。曹本同。令士卒曰、毋逐奔、揜函勿射。施則助之胥車。暴亂之人得活。人下舊有也字、王云、也字涉上下文而衍。此言暴亂之人爲天下害。聖人與師誅罰。將以除害也。若用儒術令士卒曰、毋逐奔云云。則暴亂之人得活。而天下之害不除矣。是暴亂之人下本無也字。今據刪。天下之害不除。之字舊脫、據上文並王校補。曹本同。是爲羣殘父母而深賊世也。賊舊譌賤、從戴校正。曹本王本並同。不義莫大焉。曹云、此言儒者好言仁、而究歸於不仁也。若宋襄公不重傷不禽二毛之類。純一案此破儒說三。

又曰、君子若鐘。畢云、君舊作吾、據上文改。擊之則鳴。弗擊不鳴。孫云、此亦見公孟篇、公孟子告墨子語。學記云、善待問者如撞鐘。叩之以小者則小鳴、叩之以大者則大鳴。應之曰、夫仁人事上竭忠。事親務孝。得善則美。有過則諫。舊本務字得字互錯。俞云、事親務孝、言事親者務爲孝也。與上事君竭忠相對。得善則美、言有善則美之也。與有過則諫相對。純一案俞說是也。今據乙。曹本同。此爲人臣子之道也。子字舊脫、下文君親臣子並言。與上文忠孝相應。可證。今校補。今擊之則鳴。弗擊不鳴。墨家務以仁義徧從人而說之、與釋氏弘法利生同。故以如鐘不擊不鳴爲非。隱知豫力。孫云、豫當爲舍之叚字。豫從予聲、古音與舍同部。節葬下篇云、無敢舍餘力、隱謀遺利、而不爲親爲之者矣。隱知猶彼云隱謀。豫力卽彼云舍餘力也。恬漠待問而後對。尹云、恬安也。孫云、漢書賈誼傳顏注云、漠、靜也。淮南子詮言訓云、故中心常恬漠。泰族訓云、靜莫恬淡。宋本莫作漠。漠漠莫並通。雖有君親之大利、弗問不言。若將有大寇亂盜賊將作。若機辟將發也。孫云、莊子逍遙遊篇云、中於機辟。死於罔罟。釋文引司馬彪云、辟、罔也。又山木篇云、然且不免於罔羅機辟之患。鹽鐵論刑德篇云、罻羅張而縣其谷。辟陷設而當其蹊。則機辟蓋掩取鳥獸之物。辟字又作臂。楚辭哀時命云、外迫脅於機臂兮。上牽聯於矰隿。王注云、機臂、弩身也。案爾雅釋器云、繴謂之罿。司馬彪釋辟爲罔。蓋卽以爲繴之借字。王說與司馬義異、未知孰是。他人不知。己獨知之。雖其君親皆在。不問不言。是夫大亂之賊也。尙同下篇曰、若見惡賊國者不以告、亦猶惡賊國者也。若見惡賊家者不以告、亦猶惡賊家者也。以是爲人臣不忠。爲子不孝。事兄不弟友。友、舊誤交、從孫校改。遇人不貞良。尹云、貞正也。曹云、譏儒者弗問不言。非忠孝之道也。夫執後不言之朝物。孫云、執後不言、謂拘執居後、不肯先言。之朝物、疑有挩誤。曹云、執取也。言在朝之人。但取爲人後。以不言爲得計。尹云、朝謂朝廷。物事也。純一案之朝物三字、當在執後不言上。夫、猶彼也。之、猶於也。謂彼於朝事、執後不言。見利使己雖恐後言。曹讀物見利使句。一云言事物著見、爲利所使。則己爭之唯恐或後。尹作見利便己句、一云便本誤使。雖同唯。俞云、雖當作唯。

古字通也。蓋言利之所在、唯恐後言也。下文云、君若言而未有利焉。則高拱下視。會噎爲深。曰唯其未之學也。正與此文反復相明。言苟無利。則君雖言之。而已亦以未學謝也。正所以破儒者擊之則鳴、弗擊不鳴之說。**若言而未有利焉。**若上舊有君字。劉云、君字無義。疑卽若字誤羨之文。純一案劉說是也。今據刪。王本同。**則高拱下視。**孫云、說文手部云、拱、斂手也。**會噎爲深。**畢云、說文云、噎、咽也。讀若快。噎、飯窒也。會與噲同。不言之意。尹云、深、猶藏也。**曰唯其未之學也。**孫云、唯舊本作惟、據吳鈔本改。其當爲某。尹云、自飾之辭。純一案論語、衛靈公問陳於孔子。孔子對曰、軍旅之事、未之學也。**用誰急。遺行遠矣。**孫云、誰當作雖。蓋言事急則退避而遠行。荀子非十二子篇云、正其衣冠。齊其顏色。嗛然而終日不言。是子夏氏之賤儒也。此所非與彼相類。曹云、以上一段、譏儒者好爲愼密。而流於深阻。不可以爲世用。純一案此破儒說四。

夫一道術學業者仁義也。者字舊譌昔、又錯在也字下、孫本也譌者。曹本如此。一云言世之爲道術爲學業者不一。而能一之者。莫如仁義。純一今從之。下文非義之類也。非仁之儀也。均可爲曹說之證。尹云、言仁義爲道學之本。**大以治人。小以任官。遠施用徧。**用、孫本從王校作周。純一案用字不誤。猶以也。遠施用徧。近以修身。言遠而施之天下。無所不徧。近而施之於身。無所不修。徧卽是周。改用作周。未免義複。徧從畢本吳鈔本。孫本及陸本唐本並作偏。義同。**近以脩身。**脩舊作循。孫據王校正。**不義不處。**上不字讀若非。**非理不行。務興天下之利。除天下之害。曲直周旋。利人則爲。不利則止。**舊脫除天下之害五字、利人則爲不五字、俞云、利則止、當作不利則止。傳寫脫不字也。非樂上篇曰、必務求興天下之利。除天下之害。將以爲法乎天下。利人乎卽爲。不利人乎卽止、與此文有詳略、而義正同。純一案本書與天下之利、恆與除天下之害並言。不利則止上、亦當有利人則爲句、文義較完足。俞校是也、今並據增。**此君子之道也。以所聞孔某之行、**畢云、某字舊作孔子諱、今改。下放此。**則本與此相反謬也。**孫云、謬吳鈔本作繆。純一案下文舉證孔子六事之非、此文蓋總冒之。尹云、時以孔子爲儒宗。故特言之。

齊景公問晏子曰、尹云、晏子春秋雜上、有墨子稱晏子知道之語。則晏墨固同宗者。此故特舉其問答之詞。**孔子爲人何如。晏子不對。公又問、復不對。**舊本問復二字誤倒、今校乙。孫云、吳鈔本無復字。**景公曰、以孔某語寡人者衆矣。俱**

以爲賢人也。舊本脫爲字。從孫校據孔叢子詰墨篇增。今寡人問之、而子不對。何也。晏子對曰、嬰不肖、不足以知賢人。尹云、說文肖、骨肉相似也。从肉、小聲。不似其先、故曰不肖。漢書刑法志、夫人宵天地之貌。師古曰、宵義與肖同。故膚安之人、如之不肖。言其狀貌無所象似也。禮記哀公問、寡人雖無似也。注無似、猶言不肖。雜記、某之子不肖。注肖、似也。不似、言不如人。雖然嬰聞所謂賢人者、入人之國、必務合其君臣之親而弭其上下之怨。弭、廣韻息也。玉篇止也。孔某之荊、孫云、史記孔子世家。楚昭王迎孔子至楚事。在哀公六年。尹云、之往也。知白公之謀而奉之以石乞。孫云、白公、楚平王孫、名勝。其與石乞作亂事、見哀十六年左傳。此事不可信。列子說符篇、呂氏春秋精通篇、淮南子道應訓、並載白公與孔子問答。或因彼而誤傳與。君身幾滅而白公僇。畢云、孔叢詰墨云、白公亂在哀公十六年秋也。孔子已卒十旬。蘇云、此誣罔之辭、殊不足辨。唯據白公之亂、在景公卒後十二年。而晏子之卒、更在景公之先。又安能預知後事、而先與景公言之。嬰聞賢人、得上不虛。尹云、言必利人。得下不危。言必利上。言聽於君必利人、教行於下必利上。舊作教行下必於上。俞云、此本作教行於下必利上、與上句言聽於君必利人、相對爲文。教行下脫於字、而利字又誤作於、義不可通矣。純一案俞說是也。今據補正。是以言明而易知也、行明而易從也。舊本作行易而從也。王云、行易而從、文不成義。當作行明而易從、與上句文同一例。下文曰、行義可明乎民、又曰、行義不可明於民、皆其證。孫據王說補正。行義可明乎民、謀慮可通乎君臣。今孔某深慮周謀以奉賊。周舊作同、俞云、同乃周字之誤。深慮周謀、相對爲文。言其慮深沈、其謀周密也。純一今據改。勞思盡知以行邪。勸下亂上、教臣殺君。畢云、孔叢引殺作弒。非賢人之行也。入人之國、而與人之賊。與、猶助也。國策秦策不如與魏以勁之注。非義之類也。知人不忠、趣之爲亂。畢云、趣讀促。非仁之義也。之義舊倒、曹本作之儀。今據乙。案義即儀本字。不煩改作儀。晏子春秋外下、音義引作非仁義之本也。逃人而後謀、避人而後言。言上後字、舊本作后、孫據吳鈔本改。行義不可明於民。孫云、明吳鈔本作謀。誤。謀慮不可通於君臣。嬰不知孔某之有異於白公也。是以不對。景公曰、嗚乎、孫云、道藏本吳鈔本作呼。純一案陸本唐本並作呼。貺寡人者衆矣。孫云、儀禮士昏禮記云、貺、吾子有貺命。鄭注云、貺、賜也。此貺與貺命義同。畢云、貺當爲況、此俗寫。非夫子、則吾終身不知孔某之與白公同也。此非孔子事一。

孔某之齊、見景公。孫云、史記孔子世家、以此爲昭公二十五年、魯亂、孔子適齊以後事。景公說、欲封之以尼谿。孫云、史記孔子世家同。晏子春秋外篇作爾稽、孫星衍云、尼爾稽谿、聲皆相近。詒讓案尼谿地無攷。呂氏春秋高義篇、又作景公致廩丘以爲養。以告晏子。晏子曰、不可。

夫儒浩居而自順、舊衍者也二字、今刪。與下文一律。盧云、晏子外篇與此多同。浩居作浩裾。畢云、案史記作倨傲自順。顧云、漢書酷吏郅都傳、丞相條侯至貴居也。居讀作倨。孫云、王制云、喪祭用不足曰暴。有餘曰浩。鄭注云、浩猶饒也。居裾並倨之叚字。家語三恕篇云、浩裾者則不親。王肅注云、浩裾、簡略不恭之貌。大戴禮記文王官人篇云、自順而不讓。又云有道而自順。孔廣森云、自順、謂順非也。曹云、自順、謂任情意而不能矯其失。不可以教下。好樂而淫人、孫云、晏子外下一章、作好樂緩於民。曹云、淫人、謂使人之情蕩。不可使親治。立命而怠事、不可使守職。宗喪循哀、畢云、孔叢、史記、宗作崇。孫云、宗崇字通。詩周頌烈文鄭箋云、崇厚也。書盤庚僞孔傳云、崇重也。循、史記孔叢作遂。晏子作久喪道哀。王云、循遂一聲之轉。遂哀、謂哀而不止也。三年問曰、三年之喪、二十五月而畢。若駟之過隙。然而遂之、則是無窮也。不可使慈民。孫云、晏子作子民、慈子字通。禮記緇衣云、故君民者、子以愛之、則民親之。又云、故長民者、章志貞教。尊仁以子愛百姓。國語周語云、慈保庶民、親也。機服勉容、盧云、晏子作異于服勉于容。孫云、大戴禮記本命篇、盧注云、機、危也。危服、蓋猶言危冠。勉、俛之借字。考工記矢人前弱則俛、唐石經俛作勉、是其證也。機服勉容、言其冠高而容俛也。曹本改機作璣、云璣異也。勉容、強爲容儀也。純一案曹說勉容是也。荀子非十二子篇云、正其衣冠。齊其顏色。並下文云盛容脩飾。均是其義。不可使導衆。孔某盛容脩飾以蠱世、孫云、吳鈔本脩作修、晏子作盛聲樂以侈世。文選西京賦薛綜注云、蠱惑也。弦歌鼓舞以聚徒、繁登降之禮以示儀、務趨翔之節以觀衆。孫云、趨吳鈔本作趍。觀舊本作勸。吳鈔本作觀。與晏子外篇合。今據正。尹云。行而張拱曰翔。淮南氾論、弦歌鼓舞以爲樂。盤旋揖讓以修禮。厚葬久喪以送死。孔子之所立也。而墨子非之。語蓋出此。博學不可使儀世。舊本博作儒、儀作議。畢云、晏子儒作博、議作儀。王云、作博者是。此言孔子博學而不可以爲法於世。非譏其儒學也。今本作儒學者、博誤爲傳。又誤爲儒耳。隸書傳儒相似。儀議古字通。孫據正。曹本據晏子春秋作博學不可使儀世。純一今從之。尹云、淮南齊俗、不可以爲世儀。勞思不可以補民。畢云、二字舊脫、盧據晏子增。絫壽不能盡其學。史記太史公自序、記太史談論六家要指云、儒者博而寡要。勞而少功。是以其事難盡從。當年不能行其禮。孫云、當年、壯年也。詳非樂上篇。抱朴子外篇省煩、引墨子作累世不能盡其學。當年不能究其事。與史記略同。積財不能贍其樂。尹云、贍、給也。繁飾邪術以營世君。畢云、說文云、營、惑也。家語云、營惑諸侯。高誘注淮南子曰、營、惑也。營同營。營與眴音相近。尹云、荀子宥坐、言談足以飾邪營衆。盛爲聲樂以淫遇民。畢云、當爲愚民。曹本從之。孫云、晏子作以淫愚其民。案遇與愚通。詳非命下篇。其道不可以期世。俞云、晏子春秋雜篇、作其道也不可以示世。此文期字、亦示字之誤，古文其字作亓、見集韻。亓誤爲亓、因誤爲期矣。其學不可以導衆。畢云、孔叢作家、非。今君封之、以移齊俗。移舊作利、孫云、晏子作今欲封之、以移齊國之俗。畢云、史記云、君欲用之以移齊俗。作移是。今據畢孫二校改。非所以導國先衆。公曰、畢云、二字舊脫。據孔叢增。善。孫云、吳鈔本無此字。於是厚其禮。畢云、厚其二字舊脫、盧據晏子增。留其封。敬見而不問其道。孫云、問吳鈔本作利。誤。孔某乃志怒於景公與晏子。某字舊本無、道藏本空、季本吳鈔本並作孔子諱。孫據增某字。晏子作仲尼迺行。志、畢本孫本俱從盧校改恚。純一案志字不誤。改作恚、反與怒字義複。志同誌、記也。志怒於景公與晏子、言怒景公與晏子而不忘也。乃樹鴟夷子皮於田常之門。畢云、鴟夷子皮即范蠡也。韓非子說林上云、鴟夷子皮事田成子。成子去齊走而之燕。鴟夷子皮負傳而從。按史記貨殖傳云、范蠡變名易姓、適齊爲鴟夷子皮。蘇云、據史記范蠡亡吳後、乃變易姓名適齊爲鴟夷子皮。然吳亡之歲、在孔子卒後六年、（純一案據史記晏子先景公十年卒）又安知蠡之適齊而樹之田氏之門乎。此與莊周所言孔子見盜跖無異。眞齊東野人之語也。孫云、淮南子氾論訓云、昔者齊簡公釋其國家之柄而專任大臣。故使陳成田常鴟夷子皮得成其難。說苑指武篇又云、田成子常與宰我爭。宰我夜伏卒、將以攻田成子。鴟夷子皮聞之、告田成子。即此。田常即陳恆。見春秋哀十四年經。公羊恆作常。莊子盜跖篇云、田成子常殺君竊國、而孔子受幣。蓋戰國時有此誣妄之語。錢大昕云、田常弒君之年、越未滅吳。范蠡何由入齊。此淮南之誤也。告南郭惠子以所欲爲。孫云、荀子法行篇、南郭惠子問於子貢。楊注云、未詳其姓名。蓋居南郭因以爲號。莊子有南郭子綦。案見齊物論篇。南郭惠子尙書大傳略說作東郭子思。說苑雜言篇作東郭子惠。史記索隱引世本、陳成子弟有惠子得。或即此人。歸於魯。有頃。閒齊將伐魯。畢云、言伺其閒。

蘇云、閒當作間。告子貢曰、賜乎、舉大事於今之時矣。乃遣子貢之齊、因南郭惠子以見田常、勸之伐吳、以教高國鮑晏、四氏皆齊世卿。使毋得害田常之亂。勸越伐吳。三年之內、齊吳破國之難。孫云、史記孔子弟子列傳、載田常欲作亂於齊。憚高國鮑晏。故移其兵欲以伐魯。孔子聞之、使子貢至齊、說田常伐吳。又說吳救魯伐齊、與齊人戰於艾陵、大破齊師。越王聞之、襲破吳。越絕書陳成恆內傳所載尤詳。云子貢一出、存魯亂齊破吳彊晉霸越。卽其事。伏尸不可以術數。舊作伏尸以言術數、孫云、吳鈔本無言字。蘇云、當云不可以言計數也、尸下脫不可二字、純一今從吳鈔本刪言字。依蘇校增不可二字。術同述。曹本作伏尸不以術數。云言不可勝計也。孔某之謀也。謀舊譌誅、從蘇校改。案此非孔子事二。曹云、已上兩段、或見晏子春秋及史記。蓋當時爲墨家之學者、託於晏子譏孔子之言、其實皆莊子寓言之類也。晏子尙儉、故墨家每稱道之。晏子先孔子而卒、景公之不能用孔子、非必因晏子沮止而然。世傳尼谿書社等事、皆不足信。白公鵰夷事、皆在仲尼歿後。晏子更不得而見之。凡若此類、其大指以見儒墨不相合而已。尹云、魯爲孔墳墓之處、父母之國、用術數以止齊伐。蓋不得已事也。越絕書卷七曰、昔者陳恆相齊簡公、欲爲亂、憚齊邦鮑晏、故徙其兵而伐魯。魯君憂也。孔子患之。乃召門人弟子而謂之曰、諸侯有相伐者尙恥之。今魯父母之邦也、丘墓存焉。今齊將伐之、可無一出乎。顏淵辭出、孔子止之。子路辭出、孔子止之。子貢辭出、孔子遣之。吳越春秋夫差內傳略同。而史記仲尼弟子列傳、記載其事甚詳。末結以子貢一出、存魯亂齊破吳強晉而霸越。則孔子實有功於魯也。而墨子以其伏尸而斥之。兼愛之旨、亦非攻之旨也。今世趨重人道主義、萬國且立和平之會。其墨學爲之先河乎。

孔某爲魯司寇、孫云、史記孔子世家云、定公九年、由司空爲大司寇。舍公家而奉季孫。畢云、奉舊作於、據孔叢改。季孫相魯君而走。孫云、經傳無此事、亦譏語也。季孫與邑人爭門關、孫云、說文門部云、關以木橫持門戶也。決植。孫云、決植上疑有說文、爾雅釋宮云、植謂之傳。郭注云、戶持鎖植也。一切經音義引三蒼云、戶旁柱曰植、此疑流俗傳譌、以左襄十年傳鄹大夫抉門事、爲孔子也。決疑抉之借字。淮南子道應訓云、孔子勁杓國門之關。又主術訓孔子力招城關。高注云、招舉也。以一手招城門關端能舉之。畢云、列子云、孔子勁能招國門之關、而不肎以力聞。呂氏春秋愼大云、孔子之勁、舉國門之關、而不肎以力聞。此云決植、卽其事也。說文云、植戶植也。似言季氏爭關而出、孔子決門植以縱之。純一案此非孔子事三。

孔某窮於蔡陳之閒、太平御覽八百五十九、八百六十三、九百三、並引作陳蔡。八百六十三窮作厄。畢云、孔叢窮作戹。藜羹不糂。孫云、內則鄭注云、凡羹齊宜五味之和米屑之糝。畢云、藝文類聚（九十四）引作藜蒸不糝。北堂書鈔作不糝。太平御覽作糂、（九百二注乘感切）一作糝。荀子云、七日不火食、藜羹不糂。楊倞云、糂與糝同、蘇覽反。說文糂、以米和羹也。古文糂从參、則糂糝古今字。純一案御覽九百三羹作藿。莊子讓王糂作糝。書鈔一百四十四糝篇、作藜蒸不糝。一百四十五蒸篇同、惟藜作莉。劉云、今考廣韻四十八感、引作孔子厄陳蔡、藜羹不糂。又云或作糝。是作糂作糝、二本不同。惟書鈔一百四十四、（糝篇）一百四十五、（蒸篇）並引作藜蒸。御覽八百五十九、亦引作藜蒸不糂。是古本羹字作蒸。羹則後人所改。蓋據莊子讓王、及荀子宥坐篇。十日莊子讓王、荀子宥坐、並作七日不火食。子路享豚。舊作爲享豚、孫云、享吳鈔本作亨。畢云、孔叢太平御覽引享作烹。俗寫耳。享卽烹字。王云、爲字後人所加。享卽今之烹字也。經典省作享。後人誤讀爲燕享之享。故又加爲字耳。孔叢子詰墨篇、藝文類聚獸部中、太平御覽人事部百二十七、飲食部二十一、獸部十五、引此皆作子路烹豚、無爲字。純一今據删。孔某不問肉之所由來而食。畢云、藝文類聚引作不問肉所從來卽食之。純一案明王元貞校本類聚九十四作孔子不問肉所由來卽食之。劉云、御覽八百六十三引此、句末有之字。九百三引由作從。褫人衣褫舊譌號、畢云、號、褫字之誤。孔叢作褫、說文衣部云、褫、奪衣也。純一今依畢校改。曾本同。孫云、剝。以酤酒。孫云、酤吳鈔本作沽。孔叢酤作沽。同。畢云、孔某不問酒之所由來而飮。哀公迎孔某、孫本作孔子。孫云、孔子窮於陳蔡之閒、在哀公六年。十一年、季康子迎孔子自衞反魯。卽其時也。席不端弗坐、孫云、弗吳鈔本作不、下句仍作弗。論語鄕黨篇云、席不正不坐。皇侃義疏云、舊說云、鋪之不周正、則不坐之也。故范寗云、正席所以恭敬也。割不正弗食。孫云、文選王明君詞李注引、兩弗字並作不。論語鄕黨篇文同。皇疏云、古人割肉必方正、若不方正割之、故不食也。子路進請曰、何其與陳蔡反也。也讀若邪。畢云、文選注引反作異。孔某曰、來吾語女。舊本作與女、畢云、當爲語女。孫云、道藏本季本並作語女。吳鈔本作語汝。今據正。曩與女爲苟生。畢云、苟且。王云、苟且之苟。畢說非也。苟讀爲亟其乘屋之亟。亟、急也。說文苟、自急勑也。從羊省、從勹口、勹口猶愼言也。與苟且之苟從艸者不同。曩與女爲苟生、今與女爲苟義者。曩謂在陳蔡時也。今謂哀公賜食時也。苟、急也。言曩時則以生爲急。今時則以義爲急也。若以苟爲苟且之苟、則苟義二字義不可通矣。文選石崇王昭君辭注引此、亦誤以爲苟且之苟。案苟字不見經典、唯爾雅亟、速也。釋文曰、亟字又作苟、同。居力反。此釋文中僅見之字。釋文而外、則唯墨子書有之、亦古文之僅存者、良可貴也。俞云、王氏以苟爲說文自急敕之苟。然求之文義、亦似未合。本文言爲苟生爲苟義。不言以生爲急以義爲急也。此字仍當爲苟且之苟。苟生者、苟可以得生而止也。苟義者、苟可以得義而止也。儀禮燕禮聘禮記、並有賓爲苟敬之文。鄭注聘禮曰、燕私樂之禮、崇恩殺敬也。又曰苟敬也。主人所以小敬也。然則苟敬之義、亦謂苟可以致敬而止。此言爲苟生爲苟義、正與爲苟敬一律。蓋古語有然、未可臆改也。淮南子繆稱篇云、小人之從事也曰苟得。君子之從事也曰苟義。文義正與此相近。純一案俞說亦通、王說義長。禮記大學湯之盤銘曰、苟日新。苟亦同亟。非从艸之苟。

今與女爲苟義。畢云、舊云曩與女爲苟義。脫五字。据文選注增。夫飢約、則不辭妄取以活身、舊本辭下有忘字。畢云、此字衍。孫云、道藏本吳鈔本季本並無。今據刪。贏飽、則僞行以自飾。舊本贏作羸、又脫則字。王云、羸飽僞行以自飾、本作贏飽則僞行以自飾。贏之言盈也。盈飽卽贏飽、正對上文飢約而言。今本飽下脫則字、贏飽又譌作羸飽、則義不可通。孫云、吳鈔本正作贏。今據補正。純一案此文疑本作贏飽則僞行禮儀以自飾。僞行禮儀、與不辭妄取儷文。上文云繁登降之禮以示儀。如席不端弗坐、割不正弗食、亦禮儀之一也。僞行下尙脫禮儀二字。汙邪詐僞、孫云、吳鈔本汙邪倒。孰大於此。此非孔子事四。

孔某與其門弟子閒坐曰、夫舜見瞽叜就然、畢云、舊作然就、孫以意改。孟子云、舜見瞽叟其容有蹙。韓非子忠孝云、記曰、舜見瞽叟其容造焉。孔子曰、當是時也、危哉天下岌岌。荀子亦同作造。案就蹙造三音皆相近。孫云、禮記曲禮足蹙釋文云、蹙本又作蹴。大戴禮保傅篇、靈公造然失容。賈子胎教篇、作戚然易容。新序雜事篇、作靈公蹴然易容。此書以就爲蹙爲造。猶新序以蹴爲戚爲造也。孟子趙注云、其容有蹙、踖不自安也。又公孫丑篇曾西蹴然注云、蹴然、猶蹙踖也。此時天下圾乎。畢云、圾舊作坂、以意改。孟子韓非子作岌岌。孫云、孟子萬章篇云、孔子曰、於斯時也、天下殆哉岌岌乎。趙注云、孔子以子爲君、父爲臣、岌岌乎、不安貌也。故曰殆哉。莊子天地篇云、殆哉圾乎天下。郭注云、圾、危也。管子小問篇云、桓公言欲勝民。管仲曰、危哉君之國岌乎。義並同。周公旦其非人也邪。其非舊倒、孫云、非其人、疑當作其非人。人與仁字通。言周公不足爲仁、卽指下舍其家室而言。三國志魏志裴松之注、及長短經懼誡篇、並引尸子云、昔周公反政。孔子非之。曰、周公其不聖乎。以天下讓。不爲兆民也。非仁與不聖之論略同。蓋戰國時流傳有是語。又按詩小雅四月云、先祖匪人。胡寧忍予。人亦卽仁字。言先祖於我其不仁乎。彼匪人與此非人、文意字例並同。純一今據乙。何爲舍亓家室而託寓也。舍亓舊作舍亦、王云、亦字義不可通、亦當爲亓。亓、古其字也。墨子書其字多作亓、說見公孟篇。耕柱篇曰、周公旦辭三公、東處於商奄。蓋卽此所謂舍其家室而託寓者。孫據正。云以上並謂孔子誣舜與周公也。純一案此非孔子事五。

孔某所行、心術所至也。其徒屬弟子、皆效孔某。孫云、徒屬猶言黨友。故後兼舉陽貨佛肸言之。呂氏春秋有度篇云、孔墨之弟子徒屬、充滿天下。子貢季路輔孔悝亂乎衞。畢云、舊脫亂字、據孔叢云、以亂衞增。孫云、莊子盜跖篇、跖曰、子路欲殺衞君而事不成、身菹於衞東門之上。是子教之不至也。案子貢未聞與孔悝之難、亦謾語也。鹽鐵論殊路篇云、子路仕衞。孔悝作亂、不能救君出亡、身菹於衞。子貢子皐遁逃、不能死其難。然則時子貢或適在衞與。陽虎亂乎魯。魯舊作齊、畢云、孔叢作魯、今據改。孫云、此當從孔叢作魯。左傳定九年、陽貨奔齊又奔晉、無亂齊之事。論語皇疏引古史考、謂陽貨亦孔子弟子、蓋卽本此書而誤也。佛肸以中牟叛。孫云、論語陽貨篇云、佛肸召、子欲往。子路曰、佛肸以中牟畔、子之往也如之何。集解孔安國云、晉大夫趙簡子之邑宰。史記孔子世家、佛肸爲中牟宰。趙簡子攻范中行伐中牟、佛肸畔。使人召孔子。左傳哀五年夏、趙鞅伐衞、范氏之故也。遂圍中牟、卽其時也。肸蓋范中行之黨。孔安國以爲趙氏邑宰、誤也。桼雕刑殘。畢云、孔叢作漆雕開形殘。詰曰、非行己之致。孫云、桼正字。經典多叚漆爲之。刑與鈔本校改形。刑形字通。案孔子弟子列傳、尙有漆雕哆漆雕徒父二人。此所云或非開也。韓非子顯學篇、說孔子卒後。儒分爲八。有漆雕氏之儒。又云、漆雕之議、不色撓。不目逃。行曲則違於臧獲。行直則怒於諸侯。此亦非漆雕開明甚。孔叢僞託、不足據也。莫大焉。畢云、莫上當脫一字。純一案此非孔子事六。

夫爲弟子後生孫云、後生亦弟子也。耕柱篇、耕柱子遺十金於墨子曰、後生不敢死。又云後生有反子墨子而反者。並弟子之稱。其師孫云、其上有挩字。必脩其言、孫云、脩吳鈔本作修。王樹柟云、脩當爲循字之誤。循與法同義。劉云、脩字疑當作循。法其行。力不足、知弗及、而後已。尹云已、止也。今孔某之行如此、儒士則可以疑矣。曹云、此言儒者之行、必由其心術所至。儒者之徒、必法其師所行。今孔子之徒所行如此、則是孔子所行亦必如此。所行如此、則凡爲儒士者、其行不足取。其心皆可疑也。此墨家推類而爲之說。純一案此總結儒不可宗。上舉六事、大都誣詆。蓋後世墨者、與儒爭勝、務排之以自伸也。

曹云、非儒一篇、亦以教勸也。儒之言柔也。柔則與墨子強本之道相反。故爲墨者必非儒。春秋之末、齊人譏魯人曰、唯其儒書以爲二國憂。秦始皇坑儒。漢高帝不悅儒術。元帝好儒、宣帝以爲亂我家者太子也。蓋自仲尼之沒、數百年之閒、儒者多爲世詬病。此篇之譏儒術、多過當之語。其誹仲尼、尤爲虛誣之詞。蓋不悅儒術者、附會爲此說、必非墨翟之本書也。唯其中高泆居、安怠傲、二語。切中後世儒者之病。而想當時之儒者、亦必恆有此病、而後爲世所譏耳。仲尼之徒、固無患此。孟子好辯、傲則有之、怠亦無有也。晉以後習于曠達、唐以後淫于浮屠、則怠與傲二者兼有之。有能行墨家之行者、固仲尼之所深許也。但墨者長於行、儒者長於文。行利於一時、文傳於後世。諸子百家之書、皆藉儒者以傳。欲著書以與儒者爭、必不勝也。故儒墨並世、則儒不及墨。逮乎後世、則墨必不及儒。漢書藝文志、敘列九流。今則儒家之言、不可勝讀。道家僅存。墨家幾乎絕矣。學者毋泥孟子之文、而廢墨子之行。斯則通儒耳。

墨子集解卷十

漢陽張純一 仲如

經上第四十

畢云、此翟自著。故號曰經。中亦無子墨子曰云云。按宋潛谿云、上卷七篇號曰經。中卷下卷六篇號曰論。上卷七篇、則自親士至三辯也。此經似反不在其數。然本書固稱經、詞亦最古、豈後人移其篇第與。唐宋傳注、亦無引此、故譌錯獨多、不可句讀也。孫云、以下四篇、皆名家言。又有算術及光學重學之說。精眇簡奧、未易宣究。其堅白異同之辯、則與公孫龍書、及莊子天下篇所述惠施之言相出入。莊子又云、相里勤之弟子、五侯之徒、南方之墨者、苦獲己齒鄧陵子之屬、俱誦墨經。而倍譎不同、相謂別墨。以堅白同異之辯相訾、以觭偶不仵之辭相應。莊子所言、即指此經。晉書魯勝傳注墨辯敘云、墨辯有上下經、經各有說、凡四篇。與其書衆篇連第。故獨存。亦即此四篇也。莊子駢拇篇又云、駢於辯者、纍瓦結繩竄句遊心於堅白同異之閒、而敝跬譽無用之言、非乎。而楊墨是已。據莊子所言、則似戰國之時、墨家別傳之學、不盡墨子之本恉。畢謂翟所自著、攷之未審。凡經與說舊並旁行、兩截分讀。今本誤合并寫之、遂掍淆譌挩。益不可通。今別攷定附著於後、而篇中則仍其舊。純一案宋潛谿未見此經與說。所謂中卷下卷六篇、指尚賢尚同言耳。畢說此翟自著、是也。孫氏星衍說同、即其辭旨精眇簡奧、獨異諸篇。又獨此上下二篇稱經、經各有說。其體例與天志兼愛等各有三篇、出自三家者迥殊。即知三家尊聞說書、不敢稱經也。又莊子天下篇曰、其道不怒、又好學而博不異。是爲墨子兼愛、並著經明兼之括論。又曰相里勤之弟子、五侯之徒、南方之墨者、苦獲己齒鄧陵子之屬、俱誦墨經。並晉魯勝墨辯注敍曰、墨子著書、作辯經以立名本。皆其明證。汪氏中曰、經上至小取六篇、當時謂之墨經、是已。孫謂經說四篇、爲墨家別傳之學、不盡墨子之本恉。謬甚。竊謂此經蓋墨子自著。立名學之方式。博不異之墨風。經上舉名擬實、嚴定界說。以分析名相始也。經下破似立眞。明爲辯說。以遣除名相終也。經下旨趣、深於經上。墨道之大繫乎此。儼然佛教之法相宗、藉形下之學、通形上之道。使人皆以兼正別、受用不盡爾。經各有說、或爲例證。或與經相反以相成。或補經義所未備。凡以暢演經義。經擬易卦、說其爻辭也。其體例、猶管子形勢明法之有解。韓非之有內外儲說。其文辭、無異易有十翼。春秋有公穀左三傳。適是當時文字。且辭約旨微、決非墨子、未能確明定義、詳悉宣示。後世墨者、無此識力、不能爲也。用敢斷定經上下經說上下並大取小取六篇、皆墨子自著無疑。夫名學原於書契。雖師服名以制義。（左傳桓二年）管子督言正名。（心術上篇）鄧析循名責實。（鄧析子以析命名、析即分析量度義、故能設無窮之辭、見列子力命）而墨子始辯異同以成家。即此經是。莊子齊物論曰、天地與我並生、而萬物與我爲一。即墨道之所以爲兼也。曰請言其畛、有左有右、有倫有義、有分有辯。即經上所謂體分於兼也。曰分也者、有不分也。辯也者、有不辯也。即經下所謂無窮不害兼也。惟莊子游心於兼之同、恐鑿死混沌、不欲斤斤於兼之異。而墨子則冥會於兼之同、以爲混沌有眞、萬鑿不死、務廣示天下以兼之異、使皆究極乎兼之同。故特著經以明兼。此與莊子所見微異者也。荀子天論篇曰、墨子有見於齊、無見於畸、牛是牛不是。今師魯勝引說就經之意、依經旁行上下次序釐定之、以便來哲宣究而譔正焉。

純一嘗與欒調甫先生書、討論墨學、謂墨子之辯與藝均以明兼。欒覆書云、尊論極是。三墨專守、時賢多持此說、梅所未解。竊以莊周謂相里勤之弟子、五侯之徒、南方之墨者、鄧陵子之屬、俱誦墨經。與韓非謂三墨爲相里相夫鄧陵之墨者言之。傳辯學者、已不盡是南墨。三墨專守之說自破。又墨家之有別墨、猶佛門之因明。因明大師陳那天主、闡立三支。不得謂於因明外、不聞佛說。則別墨誦墨經談堅白外、亦非不傳兼愛之道備守之術明矣。別墨乃墨者偏重辯學之稱、非三墨互相訐詆之號也。小取篇云、辯者別同異、明是非。徐幹中論云、辯之言別也、爲其善分別事類而明處之也。是辯有別義、而別即所以爲辯也。案欒說是也。說文釆下云、辨、別也。辨、辯同。辯與別一聲之轉。墨辯大旨、多與因明同。有特點二、(一)重在正名。啓悟他過、明顯自宗。匪惟審正思考而已。(二)注重實際之歸納。不重演繹之形式。希臘三段論、大都俗諦的比量、無眞現量可言、弗如也。

經上篇旁行句讀上列

故所得而後成也

體分於兼也

知材也

慮求也

知接也

恕明也

仁體愛也

義利也

經上篇旁行句讀下列

止以久也

必不已也

平同高也

同長以缶相盡也

中同長也

厚有所大也

日中缶南也 無說

直參也 無說

禮敬也
行爲也
實榮也
忠以爲利而強低也
孝利親也
信言合於意也
佴自作也
詣作嗛也
廉作非也
令不爲所作也
任士損己而益所爲也
勇志之所以敢也
力刑之所以奮也
生刑與知處也
臥知無知也
夢臥而以爲然也

圜一中同長也
方柱隅四讙也
倍爲二也
端體之無序而最前者也
有閒中也
閒不及旁也
纑閒虛也
盈莫不有也
堅白不相外也
攖相得也
似當作比有以相攖有不相攖也
次無閒而不攖攖也
法所若而然也
佴所然也
說所以明也無說
彼舊作攸不可兩不可也

平知無欲惡也
利所得而喜也
害所得而惡也
治求得也
譽明美也
誹明惡也
舉擬實也
言出舉也
且且言然也
君臣萌通約也
功利民也
賞上報下之功也
罪犯禁也
罰上報下之罪也
同異而俱於之一也
久彌異時也宇彌異所也

辯爭彼也辯勝當也
爲窮知而縣於欲也
已成亡
使謂故
名達類私
謂移舉加
知聞說親名實合爲
聞傳親
見體盡
合缶宜必
欲缶權利惡缶權害
爲存亡易蕩治化
同重體合類
異二不體不合不類
同異交得放有無
聞耳之聰也無說

窮或有前不容尺也

盡莫不然也

始當時也

化徵易也

損偏去也

益大有挩文無說

儇俱柢

庫易也

動或從也

讀此書旁行孫云、此校語誤入正文。

曹云、讀此書旁行、此總明墨經誦讀之法。旁行者、自右而左、橫而推之也。今按經上篇凡九十九條、依經說以求其緒、則皆閒一以相承。如宗廟之昭穆。如織錦之緯絲。此文體之變、不知其意指所在。畢氏因錄經文爲兩截、旁讀以成文。竊意墨子當日編簡、本如是也。按墨經分兩截讀之。其上一截、多言德行政事。若仁義禮智忠孝廉信誹譽賞罰之類。下一截、多言器用象數文詞。若方圜平直堅白閒見異同之類。蓋與易傳所云形而上爲道、形而下爲器。禮記云德成而上藝成而下之意。大致相合。大小精粗、始終本末、殆判然矣。漢志載名家者流七家三十六篇。如尹文公孫龍惠子毛公、皆爲堅白異同之辯。故知名家者、墨氏之支流也。墨經之所列、皆正名之旨矣。晉書魯勝傳、勝注墨辯敘曰、墨子著書、作辯經以立名本。惠施公孫龍祖其學、以正刑名顯於世。然則經、當謂之辯經也。又云、墨子之書、唯此數篇爲難讀。其猶可得而尋求者、經則閒錯以成章。說則先上截而後下截。故說可以校經。經亦可以校說。互相校而得其端緒、則章段分明、句讀亦不難審定矣。張之鋭墨子大取篇釋義敘例云、墨子經上經下經說上經說下四篇之中、有哲理學。有物理學。有論理學。名爲墨辯、僅可以代表其中之一種論理學。以鄙見論之、墨子書可名

循所聞而得其意心之察也疑即上文之說

執所言而意得見心之辯也疑即上文之說

言口之利也無說

諾不一利用

服執說音利

巧轉則求其故

法同則觀其同

法異則觀其宜

止因以別道

正無非

為辯學者。祇小取一篇耳。魯勝改墨經為墨辯、本屬錯誤。不應盲從。欒云、經上章次排列之序、凡一章之界所下字義、若為專門術語、輒於本章之前、先立一界以明之。如言出舉也章前、為舉字立界。賞與罰章前、為功罪二字立界。纑閒虛也章前、為閒字立界。而閒字之前、復為有閒立界。仳與次章前、為攖字立界。辯爭彼也、為彼字立界是也。

經說上第四十二 曹云、經說二篇、每遇分段之際、必取經文章首一字以識別之。其中亦有脫漏數處、必明乎此、然後此四篇之章句次序、始可尋求。而校訛補脫、略有據依之處矣。

經上上列　經說上上列

故、所得而後成也。畢云、說文云、故、使為之也。孫云、故之為辭、凡事因得此而成彼之謂。墨子說與許義正同。純一案故、即事物之所以然。說文段注、今俗云原故是也。許義本此。墨子立言、具科學之精神。即此可見。例如兼愛中篇、屢云是其故何也。尙同中篇、屢云何故之以也。可證。故者、一切事物所得以成就之小原因大原因也。印度三支論之因、義同。窺基因明入正理論疏云、因者所由。釋所立宗義之所由也。或所以義。由此所以、所立義成。藕益因明論直解曰、因者、諸法所以然之故。宗非因不顯。喻非因不立。因最有力。故標因明。因既明則能立能破也。墨經開宗明義、揭示故字。以是為論理一切演繹歸納之基礎也。欒云、以因釋故、是也。如非攻下子未察吾言之類未明其故也、此一故字、與因質量全同。但據說及大取小取參之、似墨子之故、兼涵因明宗因二義。說分小故大故云者、小故即大取夫辭以故生之故、為因明之因。邏輯之小原。大故即小取以說出故之故。為因明之宗。邏輯之判。張之銳新攷正墨經注云、故之名義、在名學中、為斷其結果之辭。結果成於種種原因。所得、即所得之種種原因。原因、前題也。故、斷詞也。綜合種種原因而斷其結果、名學謂之歸納法。墨經首舉此義、以明學也者、即所以考求事物之種種原因而斷其結果也。伍非百云、故字為名家一極重要術語。其散見於同時名家稱引者、如小取之以說出故、荀子正名之辯則盡故、非十二子之持之有故、孟子離婁下之苟求其故、皆是。大取篇曰、夫辯以故生、以理長、以類行。故理類為構成辯之三大原則。而故尤為重要。辯以故生、非故則理與類均無所麗矣。

故、臚舉經題、經說通例如此。小故、事物所由成之各小原因。有之不必然。張之銳云、雖有此因而不必即結此果。無之必不然。張之銳云、若無此因必不能結此果、大故、事物所由成之總要原因。有之必然。無之必不然。二句舊作有之必無然。孫云、此疑當作有之必然。無之必不然。與上小故文正相對。小故大故、謂同一言故、而事有大小也。今本上句捝然字、下句捝三字、遂不可通。純一案孫說是、今據補。張之銳云、此蓋於所得原因不同之中、而分斷詞為相對斷詞、絕對斷詞二義。小故、相對斷詞也。大故、絕對斷詞也。又按論理學斷詞、又分肯定否定兩項。肯定否定。又分全稱偏稱兩項。必然、肯定也。必不然、否定也。小故、偏稱也。大故、全稱也。

若見之成見也。見即荀子天論篇、老子有見於詘無見於信。墨子有見於齊無見於畸之見。言凡有所見、必有其小故大故集合而成。必無偏蔽、斯正見也。今心理學所謂由直觀而成觀念、由觀念而成概念皆是。若者、取譬之詞。小取篇曰、辟也者、舉它物而以明之也。是其義。即因明所謂喻也、下並同。凡見之所以成見者、其故有九、缺一不得。佛教唯識宗、所謂眼識九緣生是也。(一)空緣、即眼與境之中閒、須無障礙。(二)明緣、即須日月燈等以照之。(三)根緣、須有能發識之眼。(四)境緣、即諸識所緣之境。(五)作意緣、即徧行五心所之作意、謂於所緣境而起警覺。(六)分別依、即第六識。謂眼識依之而起了別之作用。(七)染淨依、即第七識。謂第六識恆依之而審量。(八)根本依、即第八識。謂六七二識、常依之而起受熏持種之作用。(九)種子緣、即是諸識各有自類親種子爲因緣也。嘗見國故論衡原名、以法相宗眼識九緣之前五緣釋五路、竊恐墨氏無其邃密。今因見之成見、姑舉引其說、以資研究。蓋墨子立言、具眞現量。詮理頗多合於釋氏、惟不及釋氏之圓徹耳。曹云、若見之成見者、如人言見某物。必有所見之實。凡事之必有所得而後成者、其理類乎此。按說中每段後稱云若某者、皆觸類取譬之詞。理得譬喻而易明也。

體、分於兼也。曹云、孟子云、有聖人之一體。又云、具體而微。兼者、具體也。分於兼者、有兼之一分也。孫云、周禮天官敘官鄭注云、體猶分也。說文秝部云、兼、幷也。蓋幷衆體則爲兼、分之則爲體。純一案體者、兼之別相、小故也。兼者、體之總相、大故也。經下云、無窮不害兼、明萬殊不外於一本。具見墨子立論、一切即一之精神、此即其著經所以明兼之證。張之銳云、言衆體分於一體、以明萬物一原之義。說文云、惟初太極。道立於一。造分天地。化成萬物。老子云、一生二。二生三。三生萬物。皆與墨經體分於兼義同。蓋分析之法。在名學中至爲重要。堅白之辯、即從一石之體而分析之也。分析異同、名學謂之演繹法。墨經開端立此二義、而名學之大綱備矣。梁啓超墨經校釋云、兼指總體。體指部分。部分由總體分出、故曰體分於兼。幾何公理、謂全量大於其分、全量等於各分之和。即其義也。

體、經題 **體也者有端。**五字舊著前條大故上。張惠言墨子經說解移著此體字上。純一案體標經目、今移著體字下爲合。者舊譌若、諸說徧例、如下文慮慮也者知知也者可證。今據改。曹云、凡言體則必有端。如人手足、謂之四體也。**若二之一、尺之端也。**曹云、凡言二則有兩。一尺則有兩端。兼之則曰具體。分之則曰一體也。梁云、二者一之兼。一者二之體。尺者端之兼。端者尺之體也。凡墨經所謂尺、皆當幾何學之線。所謂端、當其點。體若尺之端者、謂點爲線之一體。將一線分割之、可以得無數點。

卽體分於
兼之義。

知、材也。 張云、知讀智。曹本作智。孫云、此言智之體也。純一案知同智。材卽智之體。所以能知
識一切事物者也。楞嚴經曰、元依一精明。分成六和合。所謂六和合者、卽眼耳鼻舌身
意六根之所知也。所謂一精明者。乃八識之體、卽此所謂材是也。今心理學者、研究神經系統。謂
知識必依官體起用。惟往重於浮塵根。從不知有淨色根。粗陋極巳。此篇第一章首言故。意謂學者、
萬事萬物、必明見其本末終始之所以然。則辯學尙焉。故著辯經。顧宇宙間事物雖萬狀。無非一本
所現。故第二章以體分於兼次之。明著經之宗旨所在也。又恐學者逐境迷心。昧本妙明。故第三章
次以智材。猶釋氏言萬法建立於一心也。張之銳云、知讀如智。材、材具也。言人性有智、而後可
以知也。名學爲求知之學。所以糾正吾人之知識、使歸於眞境。故上條旣言歸納演繹兩大法則。而
卽次以推論吾人性中知識作用之所以然。梁云、材者、本能也。孟子云、非材之罪。不能盡其材。
與此同義。本篇釋知字之義凡四條。本條論知識之本能。第五條論知識之過程。第六條論知識之成
立。第八十條論求知識之方法。皆認
識論中最有價値之文。宜比而觀之。

知材、經題 **知也者、所以知也。** 孫云、上二知字讀爲智。曹本上二知字俱作智。張之銳云、言智
爲所以求知之具也。純一案智材、卽攝大乘論所謂所知依。
凡有所知。皆依之而起用。
故曰智也者、所以知也。 **而必知。** 言人具有智性。故與物接必知之。曹云、所以知者、謂性德
之智也。有智乃能知也。而必知者、成德之智也。必知乃
得爲智 **若明。** 以目之明爲喻。明、目精也。禮記檀弓上、子夏喪其子而喪其明注。
也。 言智材具知之本能、觸物必知。猶目精具見之本能、觸物必見也。

慮、求也。 孫云、說文心部云、慮、謀思也。張之銳云、以人之智推求事理謂之慮。故曰慮求也。
純一案慮卽百法明門論之尋伺。尋謂尋求。伺謂伺察。必依於遍行心所之思與別境心所
之慧而起用。謂於境取相。令心
造作爲性也。心理學謂之思考。

慮、慮也者、以其知有求也而不必得之。若睨。 孫云、言以知求索、而得否不可必。
說文目部云、睨、衺視也。謂有求而
不必得。若睨而視之、見不見未可必也。梁云、思慮者、根據知識以求眞理也。但求未必遂得。
例如睨而視物。其視雖比泛視爲精細。然能見其眞與否、究未敢定。純一案慮者、據所已知、懷
疑而進求新知也。不必得之、說有二義、(一)粗言之、所求事理。未必能得其眞實。(二)精言之、
卽求得其眞實。終是一無所得。故曰不必得之。若睨者、謂睨而視物。蓋依思慧凝神推度之狀。
莊子庚桑楚篇曰、知者之所不知猶睨也。可互相發。易曰、憧憧往來。朋
從爾思。子曰、天下何思何慮。言思慮憧憧、徒自勞損。寄意正與此同。

知、接也。畢云、知以接物。楊葆彝云、莊子庚桑楚篇、知者接也。孫云、此言知覺之知。淮南子原道訓云、物至而神應、知之動也。知與物接、而好憎生焉。曹云、禮記云、物至知。知謂身與物接、而心因以有知也。純一案前言知材也、爲知之體、此言知接也、爲知之用。卽心理學所謂知的感覺。亦卽佛教法相宗遍行五心所之觸與受。梁云、此條言知識之第二要件、須藉感覺。接者、感受也。卽佛典受想行識之受。欒云、知爲智與物遇合直接感得者。蔣維喬云、接者根塵相接也。

知、知也者、以其知過物而能貌之若見。孫云、貌吳鈔本作皃。曹云、過、亦接也。貌、描畫也。知與物接、而能肖物之形也。梁云、貌、狀態也。貌之、攝其狀態以成印象也。純一案此言旣具識性、必多感觸。旣有感觸、卽具印象。佛教唯識學、所謂落謝影子藏於八識田中。不易空卻。及其時過境遷。一念忽萌。其印象卽再現。如親見其物之狀態無異。故曰以其知過物而能貌之。若見。是卽阿賴耶識。受熏持種之本能也。唯識論中、境本有三。曰性境、有眞俗二義。曰帶質境、有眞似二義。曰獨影境、有有質無質二義。此知過物云者、謂知眼識過色。初一刹那、屬俗性境。然已受熏持種。故異時猶能貌之。若見云者、謂所見者是有質獨影境。亦名似帶質境。卽舊時印象所落謝之影子。非是實物。唯是自識託彼外質變起影相。故曰若見。凡以破境顯識耳。蓋幻境不破。眞知不現。不足以論物。故下章以𢜔論物次之。

𢜔、舊譌恕、孫從道藏本吳鈔本正。顧云、𢜔卽智字。明也。孫云、此言知之用。周禮大司徒鄭注云、知明於事。純一案𢜔者、能見人所不見。淮南兵略訓云、見人所不見謂之明。

𢜔、𢜔也者、以其知論物而其知之也著若明。張之銳云、經說下云、智論之。非智無以也。言以智推論物理。名學又謂之論理學。論理學之推論物理。有兩法則。一曰內籀。一曰外籀。易本隱以之顯、外籀也。春秋察見以之隱、內籀也。又易傳曰、微顯而闡幽。亦卽此義。言以智論物。內外洞徹。故其知之著而且明也。純一案明卽古盟字。言旣具智慧、無難明辯萬物之理。論物、卽整理舊有觀念。極成明墻概念之謂。猶心理學之判斷與推理。因明之眞能立眞能破。眞知顯著。著之竹帛。如誓約然。祇能信守。不能變更。有建諸天地而不悖、質諸鬼神而無疑、百世以俟聖人而不惑之義。梁云、此條言知識之第三要件。須將所知者加以組織。成一明確之觀念。釋名、論、倫也。有倫理也。僅遇物而能貌之、猶不足以爲知識。必將感覺所得之知、分類比較。有倫有脊、令此印象成爲一觀念。了然於胸中。則是以其知論物、而其知之也著也。小取篇云、論求羣言之比。卽是此論字。

綜觀第一條明故、以正見極成立辯之主因。第二條卽以萬端分於兼、揭示墨道大而無外小而無內。第三條繼以知材、猶釋氏之言心王、所以大宇宙之總。示人具靈知之本能、原極精明。第四條繼以慮求、言能見境界、知所簡擇。第五條繼以知接、言於會歷境、印持不忘。皆本智之大用也。第六條教人精心析理、期於契眞无妄、止於一兼。忘我利羣而已。故下文以仁義禮行等次之。此知墨經義極幽微、須藉佛教唯識學闡發之。

仁、體愛也。孫云、國語周語下韋注云、博愛於人爲仁。說苑修文篇云、積愛爲仁。曹云、萬物一體、兼而愛之也。尹云、莊子天地篇、愛人利物之謂仁。賈子道術、心兼愛人謂之仁。梁云、仁者、相人偶之謂。見禮記鄭注。個人爲人類之一體。體分於兼。人之愛人、若手足之捍頭目也。此體愛之義。

仁、愛己者、非爲用己也。不若愛馬者。者舊作著、涉上文而誤、又衍若明二字。今並從孫校删訂。張云、言當觀仁於兼愛。孫云、疑己或當爲民。民唐人避諱闕筆、與己形近、因而致誤。淮南子精神訓云、聖王之養民、非求用也。性不能已。此義或與彼同。純一案己字不誤、孫未得解。聖王之養民、非爲己用也、性不能已也。見文子微明篇、淮南精神訓無。仁、說文人部云、親也。從人二。上文云、體分於兼。說云、若二之一。可相發明。言己與人相偶密至。猶體分於兼。故兼愛上云、視人身若其身。兼愛下云、爲彼猶爲己也。大取篇云、愛人不外己。又云天下無人。言人己本兼而分爲體也。仁則合體而復於兼。仁字從人、即兼義。從二、即體義。故兼愛人者即愛己。本於性不能已。非爲用人始愛人。猶非爲用己始愛己。豈若用馬始愛馬者比哉。莊子則陽篇曰、聖人之愛人也。不知其愛人也。其愛人也終無已。性也。是其義。不若云者、猶因明論之異喻也。下並同。曹云、凡愛物者、因將用之而後愛之。若愛己、則不爲用己也。所謂體愛也。以此二者衡之。若愛人者。因用人而愛、則與愛物同矣。不因用人而愛、則與愛己同矣。愛人如己。是爲體愛。無所不愛。墨子兼愛之理然也。凡言若某者、正譬也。不若某者、反譬也。反譬而正義自明。亦辯者之術也。愛馬者、馬爲我用則愛之。不爲我用則不愛也。莊子載惠施之說云、氾愛萬物。天地一體也。與天地同體、則於物無不愛。而非將以用物。梁云、墨家之言仁也。因人與我同出於一體。故愛人如愛己。愛己非爲用己。則愛人亦非爲用人明矣。大取篇云、愛人不外己。己在所愛之中。與本條相發明。自此以下至勇十四條、皆墨學主要術語。猶釋氏因明之宗。教人循名責實也。

義、利也。利上疑亦當有體字。義始周密。而今本脫之。義字从羊我聲。古音俄。牛何切。我即體義。羊即吉利義。墨子視萬物一體。以交相利爲義。故直以利訓義。謂利人即所以自利。是爲體利。斯爲正義。蓋古訓也。近世遠西言計學者、明兩利爲利。獨利必不利。粗近墨旨。未若釋氏之見諦與墨同也。畢云、易曰。利者義之和。孫云、昭十年左傳云、義、利之本也。孝經唐明皇注云、利物爲義。

義、志以天下爲芬。而能能利之、不必用。張云、芬、美也。孫云、下能字、善也。能能利之、言能善利之也。純一案墨子言行一致。仁義皆必實用。故不必用人始爲仁、不必用天下始爲義。蓋與當時游士、亟欲用天下、煩言飾辭而無實用（見商君書農戰）者、敵也。方言十三芬、和也。注、芬香和調。此言義在天下爲美德。爲義可使天下和調。無異芬香之美。故爲利天下而爲義。能使天下交相利。是能以美利利天下者大。不必用天下。曹云、芬、香美也、以天下爲芬者、不見人之可惡也。能能者、竭盡其力之所能。所謂摩頂放踵利天下爲之也。用者、見用於世也。不必用者、不必在上位、隨分而能利人也。人之所惡莫如惡臭。未有遇芬而惡之者也。故爲義者、以天下爲芬。

禮、敬也。孫云、樂記云、禮者殊事合敬者也。純一案墨子以儒家、繁登降之禮以示儀。務趨翔之節以觀衆。（非儒）正如老子所謂失義而後禮。是爲忠信之薄而亂之首。無足取。故特申而明之曰、禮、敬也。言禮以敬人。實以敬己。而自成完人也。一主於敬而已。曲禮曰、毋不敬。奚用繁文爲耶。

禮、貴者公。賤者名。而俱有敬僈焉等異論也。畢云、僈、慢字異文。張云、論讀爲倫。孫云、言賤者尊貴者爲公而自名也。貴賤之中、復有敬慢之別。禮有貴賤尊卑等差之異。張之銳云、言禮以敬爲主。而敬慢生於人心。不在稱謂。稱謂、儀也。故稱公稱名、其心俱有敬慢。非稱公爲敬而稱名爲慢也。純一案墨子一往平等。以禮無不敬。無敢慢。槩以世俗之禮、有貴賤等差之異爲非。謂既分貴賤尊卑。則其爲禮不過徒嚴外飾。憒憒然以觀衆人之耳目。俱敬也卽是俱慢。是交別也。是欺德也。殊失禮意。說與經言似相反。意實相成。伍云、荀子非十二子篇、謂墨之道不足以別君臣、懸上下。與此章恰爲針對之論。

行、爲也。荀子正名篇曰、正義而爲謂之行。爲說文爪部云、母猴也。段注、假借爲作爲之字。凡有所變化曰爲。尹云、行、人之步趨也。引申則爲言行之行。論語述而、吾無行而不與二三子者。皇疏、爲也。

行、所爲不善名。句 行也。所爲善名。句 巧也。曹云、不善名者、不善於取名也。善名者、善於取名也。莊子云、爲善無近名。凡亟於名者。其實必不足。故觀人之所爲。其不善名者、行也。其善名者、巧也。墨者貴行而惡巧。故欲行之浮於名。史記稱西伯陰行善。陰者、不近名之謂也。王樹枏云、巧、作僞也。呂氏春秋論人篇、去巧故。注云、巧故、詐僞也。若爲盜。張之銳云、但求實不求名、故不善名。是爲實行。所爲專求名、故善名。無實而巧以取名。欺世釣名。故若爲盜。純一案此冢禮而次之、謂行必主敬。則一切有爲、皆本無爲。斯爲至行。不巧取名也。彼世儒無實行、而所爲往往巧取善名者。是德之賊、猶盜也。當時儒墨互相非。此其顯標墨行、而隱刺儒者之辯也。脩身篇云、名不可簡而成也。譽不可巧而立也。君子以身戴行者也。莊子庚桑楚篇云、性之動謂之爲。爲之僞謂之失。又云、券內者行乎無名。券外者志乎期費。行乎無名者、唯庸有光。志乎期賚者、唯賈人也。均可與此相發明。

實、榮也。畢云、實至則名榮。尹云、榮、名也。實至而名自歸。呂覽務本、嘗試觀上古記三王之佐。其名無不榮者。其實無不安者。功大也。張之銳云、榮謂實之光華外見者。有實則自發光華。純一案文選通幽賦、苟能實。其必榮。注引張晏曰、苟能有仁義之道。必有榮名也。

實、其志氣之見也。使人如己。不若金聲玉服。孫云、不字疑當作必。玉服即佩服之玉。言其實充美。則見於外者。若金聲玉服之昭著。即所謂榮也。純一案孫未得解。不字非誤。此承行而次之。墨子務質樸以化天下。於此可見。實者、即莊子徐無鬼篇、所謂修胸中之誠也。榮者、即老子所謂道之華也。大丈夫處其實不居其華。是墨道也。不居其華而自華。非墨者之所計及也。志、誠於中者也。氣、形於外者也。其志氣之見也使人如己。即莊子田子方篇、所謂正容以悟之。使人之意也消。又則陽篇所謂不言而飲人以和。與人並立而使人化。例如舜耕歷山、田者讓畔之類是。魯問篇、公輸子謂子墨子曰、吾未得見之時。我欲得宋。自我得見之後。予我宋而不義。我不爲。其實諭也。豈若金聲玉服、徒飾外觀者。不能充實而有光輝哉。蓋墨子以行不在服。(見公孟篇)與後世儒家重視儒服者異趣也。故以不若反譬之。

以上章次、蓋本老子失仁而後義。失義而後禮之旨。禮繁則行必僞。故貴爲無爲之行。篤實而歸於樸、此可以知墨道。此與上文仁義禮行共五章、皆建立自宗。啓悟他過之辯也。

忠、以爲利而強低也。孫云、低疑當爲君。君與氐篆書相似、因而致誤。氐復誤爲低耳。忠爲利君、與下文孝爲利親、文義正相對。荀子臣道篇云、逆命而利君謂之忠。又云、有能比智力、率羣臣百吏而相與彊君撟君。君雖不安、不能不聽。遂以解國之大患。除國之大害。成於尊君安國謂之輔。案此云強君、與荀子義同。以爲利、即解大患除大害尊君安國之事也。曹本改以作已。注云、既利於國不居其功、忠臣之事也。強者、勇於任事也。低者、抑然自下也。如易言勞謙是也。王樹枏云、史記平準書注引晉灼云、低、距也。距、抗違也。強低猶力爭、即謇謇強諫之意。論語所謂忠焉能勿誨乎是也。

忠、不利弱子亥。曹本改子亥二字作孩。足將入止容。曹云、不利弱孩者、不爲身家妻子之利也。所謂強也。足將入止容者、謹之至而足容重也。舉趾不高、所謂低也。論語曰、入公門、鞠躬如也、如不容。公而忘私、勞而不伐、忠臣之極致也。

孝、利親也。孫云、賈子道術篇云、子愛利親謂之孝。尹云、孝之道固多端。此括云利親。恐人子徒尚虛文耳。賈子說蓋本此。

孝、以親爲芬。而能能利親。不必得。孫云、能能利親、亦謂能善而利之也。不必得、謂不必中親之意。莊子外物篇云、人親莫不欲子之孝。而孝未必愛。純一案荀子大略篇云、虞舜孝巳。孝而親不愛。亦其例也。曹云、利於親爲孝。猶利於人爲義也。能能者、能竭其力也。不敢有其身。不敢私其財也。不必得者、不必見得於親意也。伯奇申生、孝而獲罪。不得於親、而絕不見親之有過。所以爲孝之至也。義以天下爲芬、故能兼而愛之。孝以親爲芬、故能盡愛之道。義不必用、孝不必得、所以爲能能也。若計其效而爲之、則愛有所阻矣。案曹說是也。但未盡墨家利親之量。茲補充之。（一）墨家之孝、非徒具虛文。必能中親之利而後爲孝。（說本兼愛下篇）（二）大取篇云、愛人之親、若愛其親。不止利一親。故曰知親之一利未爲孝也。（三）兼愛下篇曰、必吾先從事乎愛利人之親。然後人報我以愛利吾親。務使天下人交爲孝子。（四）墨家譏儒者獨慕父母、爲嬰兒子之知。（公孟）故以聖人不得爲子之事。當爲天下而忘親。（大取）斯爲不匱之大孝。此皆其能能利親。而不計所得者也。

墨家言忠孝。以大利於君親。正所以大利天下。是其忠孝之特色。

信、言合於意也。孫云、言言與意相合。無僞飾。曹云、口與心符也。

信、不以其言之當也。孫云、不當爲必之譌。張之銳云、言信者、非以其言之當於理。但以所言符合爲信。使人視城得金。孫云、言告人以城上有金。視而果得之。明言必信也。張之銳云、此假喩以明之。謂如人言城上有金。不論其言當理與否。第使人視城上果得金。則其言卽爲信也。純一案張說明憭。足正孫破不爲必之非。使人視城得金上、疑原有若字。而今本脫之。當補。明其爲喩也。史記商君列傳、徙木示信、類此。此明信之正義然也。論語學而篇、有子曰、信近於義。言可復也。是爲信之第二義。

梁云、儒家言道德、多重動機。墨家言道德、多重結果。故儒家言忠孝、忠孝之心誠發於內斯足矣。墨家則必須忠孝之結果、能利其君親。儒家言信、但不欺其志足矣。墨家則謂所言必合於事實、乃得爲信。故墨家道德之實踐、與知識問題、有密切關係。

佴、自作也。畢云、說文云、佴、佽也。孫云、作疑當作佌。經說上有佌字、卽比之借字。佴比並訓次、言自相次比、是謂之佴。說云與人遇人衆㥯、卽相次比之意也。純一案孫未得解。上下共十餘章、類皆德操之名。此文自不應專作次比解。爾雅釋言、佴、貳也。郭注、佴、次。爲副貳。有俌弼義。說文、佴、佽也。詩車攻、決拾既佽箋、佽、比也。杕杜、胡不比焉。胡不佽焉、傳、比、輔。佽、助也。此知佴之爲名、猶佽也。助也。作、與起也。易乾卦、聖人作而萬物覩。以吾人既不能離衆而獨立。卽當具兼愛交利之精神。和衆以互助也。自作者、卽身先天下勤勞以盡本分。是佽助羣衆之正義也。

佴與人遇。曹本作偶。義同。人衆循。畢云、字書無循字。純一案遇、爾雅釋言、偶也。郭注、偶爾相値、遇。釋名釋親屬、耦、遇也。二人相對遇也。下人字當爲入。涉上人字形似而誤。循當爲循之譌。曹本作入衆循。當據正。與人遇、入衆循、言遇少數之人。則人我親密而相偶。入衆人之中。則遵循禮法而相從。所謂以繩墨自矯也。經云自作、所以利人。爲佽助天下之主因。說義不立異於人。所以無我。亦佽助天下之勝緣也。孟子曰、大舜有大焉。善與人同。舍己從人。樂取於人以爲善。佛敎四攝法中、有同事攝。謂隨衆生所樂。與之共事。霑與利益。均可與此相發明。曹云、與人偶者、猶云與人爲徒也。循、因也。入衆循者、猶云因人成事也。皆取物於人之意。佴之義也。經云自作者、藉人力以成己事。說義不合經者、所以曲而暢之也。

謂作嗛也。畢云、字書無謂字。洪說同。孫云、孟子睊睊胥讒。孫奭音義云、睊一作謂。謂、睊、狷、並同聲假借字。案謂當爲獧之借字。字又作狷。論語云、狷者有所不爲也。狷孟子作獧。同。曹云、嗛與謙同。不受也。作嗛者、言自立節槩。不妄取予也。純一案嗛疑卽下章廉字之譌。或讀若廉。莊子齊物論曰、大仁不仁。大廉不嗛。言大廉不廉也。釋文、嗛徐音謙。謙義亦近廉。廉是狷者之所以爲節也。作嗛者、言與起天下人之廉節也。墨經象周易卦彖之文而辭約。寓古詩諷與之旨而義精。次第蟬聯。如舉擬實也。言出舉也。功利民也。賞上報下之功也。罪犯禁也。罰上報下之罪也。均可爲此嗛字、卽下條廉字之證。前後義理。歷歷如貫珠。後世連珠文體。亦繩其祖武歟。

謂、孫云、當讀爲獧。爲是爲是之台彼也。是、說文部首云、直也。从日正。段注、直、正見也。十目燭隱則曰直。以日爲正則曰是。天下之物、莫正於日也。台音怡。義同。說文口部云、台、說也。爾雅釋言云、怡、悅也。說同悅。爲是者、所爲無不是也。言狷者以廉爲天下先。雖恆順衆生而不相違。而明見諦理、所爲無不正直也。然決不爲是而取悅於彼衆也。歐陽云、也、當讀作耶。弗爲也。曹云、狷者有所不爲。豈肯苟同於俗。上條佴之云者不立異。此條謂之云者不苟同。

廉、作非也。廉卽禮記儒行、砥礪廉隅之廉。蓋方形外邊、一磬折形之兩側。鄭注鄉飲酒禮曰、側邊曰廉。算術開方。初商以下、在根數兩側之長方曰廉。兩廉之角一小方、謂之隅。砥礪廉隅、喩細行必謹也。引伸爲廉節義。淸儉義。察義等。故冡狷而次之。作、猶治也。周禮稻人以涉揚其芟作田注。非者、是之反。廉作非、言廉者常自省察其身口意之非禮而修治之。以人必常知自己之不是處而對治之。而德業乃日進。是其所以爲廉也。

廉、惟己之所爲、知其愧恥也。舊作己惟爲之知其也䚷也所、孫本刪上也字。畢云、一本作知其思耳也是。曹本依一本校訂如此。注云、心也篆文相似。思鬼文亦相似。惟、思惟也。思己所爲、不合於義、則恥之。純一案原文義不可通。所字、畢張孫均斷屬下章經目令字上。並非。今從曹校正。百法明門論、十一善法中、有慚愧二法、慚者、依自法力、崇重賢善爲性。對治無慚、止息惡行爲業。愧者、依世間力、輕拒暴惡爲性。對治無愧、止息惡行爲業。彼慚與此恥義同。愧則一也。

令、不爲所作也。此章上冢涓廉。下繼任勇。不應閒以非德操之令。令疑本作卩。傳寫者不解其義、因而致誤。卩、說文部首、瑞信也。象半分之形。卽符節之本字。節爲符卩之叚字。說文竹部云、節、竹約也。人之操行。當有約束。修短合度。如竹有節。所謂繩墨自矯也。引伸爲節制節義字。此言卩之爲名、以限度嚴密爲義。設有行事稍逾分量者。雖欲有所作、終不敢爲也。惟有所不爲、斯爲大作爲。歐陽云、作亦爲也。常語刺人之任意行事者、曰爲所欲爲。不爲所作、卽言不爲所欲爲也。孟子人有不爲也。而後可以有爲。兩爲字疊。此則作爲相變成文耳。

令、當作卩、卽節字。非身弗行。孫云、弗吳鈔本作不。純一案非身不行、謂非卽身嚴其操守。弗克著爲勝行也。修身篇曰、君子以身戴行者也。義可互明。此宜經義之蘊也。例如伯夷叔齊。非餓死於首陽。不足以立節義。使萬世之以力取天下者愧。

任、士損己而益所爲也。曹云、任、謂任俠之事也。士、民之秀者也。任獨言士者、非凡民所能也。墨子摩頂放踵以利天下。則無所不愛也。張之銳云、言任俠之士。損去一己之利益。而以利益他人爲務也。純一案大取篇曰、斷指與斷腕、利於天下相若、無擇也。又曰殺己以利天下。皆此任之說也。呂氏春秋上德篇、記墨者鉅子孟勝爲陽城君死。弟子死之者百八十三人。是其證。

任、爲身之所惡、以成人之所急。張之銳云、損己者、人之所惡。急、謂急難也。言旣損自己以成就人之急難也。曹云、身所惡者、如菲食惡衣之類。成、濟也。人之所急者、如飢溺之類。儉於自奉。勤於濟人。墨者之行、禹稷之行也。梁云、莊子天下篇論墨子。謂以繩墨自矯。而備世之急。純一案晏子春秋問上五章、墨子曰、晏子知道。道在爲人者重。自爲者輕。知晏子亦墨之任者。

勇、志之所以敢也。孫云、賈子道術篇云、持節不恐謂之勇。畢云、敢、決。張之銳云、言立志堅決。敢於作爲。是之爲勇。純一案說文力部云、勇、气也。从力、甬聲。

古文作㥁、从心。此訓志之所以敢。志者、心之所之也。正與古文㥁字義合。此冡任而次之。言士之所以能任若，因其持節不恐也。實因其了知損己利人之事。爲圓滿智行。發大願力。決定成就。故敢於有爲。舍命不渝也。

勇、以其敢於是也命之。不以其不敢於彼也害之。孫云、命猶名也。言因敢得名。純一案勇以敢於爲義得名。若非義之事決不敢爲。非惟不害其爲勇。正其所以爲大勇也。此釋氏勇猛精進。大雄無畏之精神也。伍云、志者、心之所向。期以達其志而不顧其餘之謂。敢、志在於此則敢於此。志不在於彼則不敢於彼。非不敢也。志不在也。相如之屈廉頗。不以損却秦之威。秦民之怯私鬥。不以貶善戰之名。故曰以其敢於是也命之。不以其不敢於彼也害之。

力、刑之所以奮也。畢云、刑同形。言奮身是強力。張云、形以力奮。梁云、形之所以奮在力。深合物理。奮、動也。物質恆動不已以成衆形、尹云、形謂有形者。即物體也。形奮由於力。所謂靜止物體、其運動必須作用於外力是也。奮、迅也。謂運動之迅速。今物理學有惰性法即此。純一案梁說物質恆動不已、當作物質因力恆動不已。義始完足。蓋質以力動。無力不動故。尹說以靜止物體舉例、專就無情言。不知此形字、兼有情言。僅得其一偏耳。凡形之含識者。其運動或須外力。亦不必須外力。恆由內力自運動於不已也。

力、重之謂。尹云、今力學一曰重學。下。張之銳云、地有引力。故重必下。尹云、力學所謂落下運動是也。與重讀奮也。孫云、與疑當作舉。言凡重者必就下。有力則能舉重以奮也。純一案孫破與爲舉、未允。廣雅釋詁、奮、動也。國策齊策、君不與勝者而與不勝者。高注、與、猶助也。此言萬物不自動。仗力以動。凡形而下之物。變動不已。皆有力以主之。力者何。重之謂。即物之就下可實驗也。經說下云、凡重、上弗挈、下弗收、旁弗劫、則下直。是其證也。與重奮者、謂凡有形之物。雖因其重必就下。但助以重力激之。必奮出而至高遠。足見形以力奮也。伍云、力、重之謂。猶云力之爲言重也。凡物有形。謂其靜之量曰重。動之量曰力。各因時空之不同。而隱顯異名耳。大地之上。遠若流星。近若微塵。大若奔岩。細若飄瓦。莫不具親地之勢。故力之最顯著者。莫若地心之吸物。有一分之形。即受一分之吸。下、謂地心吸力也。地欲其下。人欲其上。重勝力則下。力勝重則上。故曰與重、奮也。經文依次連第。均有脈理。以上均言德操。以下將言生理與心理。此章爲之樞紐。隱寓釋氏萬法唯識三界唯心之意。故冡勇而次之。謂勇即人之志力。其力發於心。總宇宙而無內　之分者也。經文寥寥七字、包孕無盡哲理。說則專據力學爲釋、神味雋永。足資玩索。此知墨子立言、辭約義豐。形上形下。通而爲一。理至精微。形總無情之大地山河草木。有情之人及鳥獸昆蟲等言。力即不生不滅、與生滅和合之阿賴耶識。在無情爲雷動風散雨潤日暄之消息。在有情爲一切衆生意志感想之衝動。所以鼓盪萬物成形者也。故曰力、形之所以奮也。即此一言。舉三千大千世界塵點劫來、無限成住壞空之理。並凡屬含識、出入生死、任運而轉之故。盡包括之而無遺。易始乾坤。實此力闢闔之。下經首咸。亦此力感之。終於未濟者、終賴此力以濟之。蓋力爲萬有之主動。有不能自已者。無如其勢自然趨下。爲此地心所吸引。積重難返何。安得有大力者出其力以激之、使萬有莫不奮出而至高遠耶。說義託小包大。下之寄意。據經文及下三章審校。凡衆生隨逐業流綸墮之理。可會通之。與重奮之寄意。卽逆流上溯。世稱佛法與天門之說也。下文平知無欲惡章、略啓其端。

生、刑與知處也。

畢云、刑同形。孫云、言形體與知識、合并同居則生。曹云、形、謂四肢百體也。知、謂視聽聰明心意知覺也。處、同居也。形與神離則死矣。伍云、戰國諸子論生物、均含有形知兩面。臧三耳雞三足之辨、皆此類。

生、盈之生。

盈舊作楹、今據吳鈔本改。

商不可必也。

經上云、盈莫不有也。盈之生、言知識必與形體彌滿相合。斯謂之生。但識住則命存。識去則命卸。（見百法明門論纂注命根）壽夭無定。有如商家求利。盈虧無常。不可必也。貴義篇云、士之用身。不若商人用一布之愼也。可爲此取譬於商之證。惟商上當有若字。若商二字。當並著不可必也下。始符結論同喩之例。此明生死之權、庸衆不能自操之理。今生理衛生學、本諸實驗、分析精密、遠勝古人。然惟知養形。不知養神。以視古人、甚粗陋也。

臥、知無知也。

臥、說文臥部大小徐本並云休也。廣韻三十九過云、寢也。釋名釋姿容云、化也。精氣變化、不與覺時同也。此冡生形與知處而次之。言臥時是生非死。知性具足。何以又無知用。隱示庸衆五欲蓋纏。不能同覺時有知用也。梁云、上知字、爲知材也之知。下知字、爲知接也之知。伍云、上知爲能知。下知爲所知。

臥

有脫文。

夢、臥而以爲然也。

孫云、說文云寢、寐而有覺也。夢、不明也。經典通叚夢爲寢。畢云、言夢中所知、以爲實然。曹云、夢之所見、非實見也。方其臥也、以夢爲然。列子蕉鹿莊子胡蝶之喩是矣。純一案蕉鹿之夢、見周穆王篇。胡蝶之夢、見齊物論篇。此冡上章而言。臥時雖有知性。實無知用。然如夢時。知雖起用。不過自以爲然。而不知其非然。究非眞知也。莊子齊物論曰、方其夢也。不知其夢也。成唯識論曰、如患夢者。患夢力故。心似種種外境相現。緣此執爲實有外境。不知是身如夢。爲虛妄見。（維摩經方便品）借夢而喩其非眞。與此經寄意同也。此明夢是獨影境。全屬非量。

夢

孫云、此疑以臥夢義易明、故述而不說。

以上三章連第。極近佛典徵知所依之理。

平、知無欲惡也。孫云、說文兮部云、平、正也。謂欲惡兩忘。曹云、雖知其事、而愛惡之情未生。其在人心最爲平正。而無所偏倚也。謂之平者、若水之無波。張之銳云、平、正也。人有知而後有欲惡。欲惡不得正、則一切行爲之罪惡由此而生。故欲正行爲、宜先正其心。欲正其心、宜先去欲惡。使其心還復本體則平矣。王樹枏云、鬼谷子摩篇云、平者、靜也。靜其知則無欲惡。故經說上曰、平、憺然也。一切經音義十六引蒼頡、惔、恬也。純一案此示至人無夢之方。言欲惡盪胸。失其正定。惟眞人而後有眞知。（莊子大宗師）能向無欲惡處薦取本來。則平等性智現前。外緣無從動於中矣。淮南子齊俗訓云。人性欲平。嗜欲害之。惟聖人能遺物而反己。

平、惔然。張云、惔疑當爲憺。孫云、張說是也。楊說同。集韻四十九敢云、憺或作惔。說文心部云、憺、安也。即經所謂無欲惡。純一案大取篇云、正體不動。莊子刻意篇云、平易恬惔。則憂患不能入。邪氣不能襲。可與此互證。此教人證取無生之理。曹云、憺、安也。無欲惡之情、則心安且平也。性猶水也。情猶波也。無波則水平也。張之銳云、無欲惡故憺然、憺然則臥夢皆適矣。自生形與知處也以下至此、義皆相因。言人生行爲罪惡、悉緣求生之一念有以致之。夢想顛倒、適以自苦。惟達者知生之如寄。故常平其欲惡。憺然自得。以養其天眞。知正、而後行爲乃得當也。

利、所得而喜也。喜即是欲。

利、得是而喜、則是利也。其害也、非是也。

害、所得而惡也。

害、得是而惡、則是害也。其利也、非是也。此冢平知無欲惡反襯之。言人無眞知。欲惡熾然。凡所得而喜者、以爲是利。雖其中有害、亦以爲非害而不惡也。凡所得而惡者、以爲是害。雖其中有利、亦以爲非利而不喜也。莊子大宗師篇曰、利害不通、非君子也。荀子不苟篇曰、欲惡取舍之權。見其可欲也、則必前後慮其可惡也者。見其可利也、則必前後慮其可害也者。而兼權之。孰計之。然後定其欲惡取舍。如是則常不失陷矣。凡人之患、偏傷之也。見其可欲也、則不慮其可惡也者。見其可利也、則不顧其可害也者。是以動則必陷。爲則必辱。是偏傷之患也。即此二章之墻詁。人惟欲惡不得其正。故利害亦不得其正。後文欲正權利。惡正權害。所以救此失也。荀子正名篇曰、權不正。則禍託於欲、而人以爲福。福託於惡、而人以爲禍。此亦人所以惑於禍福也。大旨亦相同。此教人袪妄求眞。勿任情昏動也。曾本其害也、其利也。兩也字均作他。注云、得利而喜、人之情也。若利於己而害於人、則非利也。得害而惡、亦人情也。若損己而有益於人、則君子必爲之、不以爲惡也。此二條言人之欲惡、緣利害而生。在於一己、則用情不平。推度於人我之交、則平矣。張之銳云、此兩條承上條平知無欲惡而言。喜卽欲也。凡人之情、喜利而惡害。利害交於外。欲惡戰於中。是以不能憺然也。墨家以任俠爲務。爲身之所惡。以成人之所急。以害自居。害而不惡。以利與人。而已不欲。是以其心常平而憺然也。

治、求得也。此總承上兩章言之。治、理也。亂之反也。求所得者、有利無害、斯可謂治矣。治有平義。欲惡不得其平、天下終不治。故欲平天下、先平自心。惟求欲惡得其平而已。禮中庸曰、君子篤恭而天下平。老子曰、淸靜爲天下正。可證。欲惡苟得其平、則正心在中。萬物得度。(管子內業)所求於天下者、無不可得矣。故曰治求得也。

治、吾事治矣人有治南北。孫云、有當讀爲又、張之銳云、禮記檀弓曰、今丘也東西南北之人也。蓋墨突不得黔。孔席不暇煖、其當時栖皇求治之情、可以想見矣。純一案欲惡平。處官得其理。吾身無不治。吾事無不治矣。然天下未治。害未盡除。利未盡與。未爲得也。又必兼四方之人相與共治之。使無不得其所。卽使天下之事無不得其理。此墨氏所以自苦而爲義(貴義)又偏從人而說之也。(公孟)言南北不言東西者、略舉也。自苦、卽治欲惡。眞能自利利人。爲天下徹底除害之道。莊子曰、道之眞以治身。其緒餘以治國家。其土苴以治天下。墨氏以無欲惡爲治。得其本矣。公孟篇、墨子誡告子曰。子不能治子之身。惡能治國政。子姑亡。姑防子之身亂之矣。可與此相發明。合觀以上三章、見墨子正人之欲惡。以生活上之利害爲主。極平實而易行。卒以求得大利而無害。莫若善羣爲治。爲大多數人謀幸福至切。是其交相利之實行也。

譽、明美也。譽、說文言部云、偁也。廣韻九魚同。美、說文羊部云、甘也。與善同意。譽明美、明其有利人之眞善。孫云、國語晉語韋注云、明、著也。言著人之善。曹云、譽者、稱其名也。明美者、明其有美之實。尹云、譽爲明美之具。所以名必在大德者。

譽、舊衍之字、據下文刪。**必其行也。**必說文八部云、分極也。**其言之忻。**孫云、說文心部云、忻、闓也。司馬法曰、善者忻民之善。閉民之惡。卽此義。純一案今本司馬法、無許引文、**使人督之。**孫云、督、篤之借字。書微子之命云、曰篤不忘。左傳十二年傳云、謂督不忘。督卽篤也。爾雅釋詁云、篤、厚也。言使人厚於爲善行。曹云、督與篤同。凡譽人之善者、必欲其人之行善也。言之欣然、使人加厚焉。此譽之有益於人者也。純一案說文目部云、督、察視也。此言譽者、必分別其所行摘爲善行。在言之者甚爲懽忻。

是其爲譽。無異使聞之之人。察視行者之美德。莫不懽忻。自不爲惡。而日遷於善。亦使行者加勉也。伍云、督、猶案覆也。孔子曰、如有所譽者、必有所試矣。義同。

誹、明惡也。誹、說文言部云、謗也。集韻、或省作非。增韻、非議也。誹者、明其有害人之實惡。張之銳云、誹、猶毀也。言誹、所以明人之惡也。欒云、墨家以誹爲辨別眞理之重要作用。謂不如是、無以明是非也。故非樂非命、常採嚴正的攻擊態度。

誹、必其行也、其言之忻。孫云、誹譽義相反。說不宜同。疑皆涉上而誤。下有挩文。曹本作其言之不忻。使人改之。注云、凡誹人之惡者。必欲其不行也。言之戚然。使人改過而遷善。此誹之有益於人者也。純一案依上文審校、疑此文當作誹、必其行也。其言之怍。（從梁校）使人戒之。怍與忻形近、又涉上文而譌。說文怍、慚也。天志上篇云、共相儆戒。皆曰不可不戒矣。戒固墨氏之雅言。言誹者、必分別其所行埆是惡行、言之可怍。是其爲誹。無異使聞之之人。莫不互相儆戒。一一改過自新。亦使行者止其惡也。黃初云、誹者。非背毀之謂。必因人之不善。面折廷諍。婉言曲諭。使聽者翻然悔悟。忻然樂從。如子路人告之以有過則喜。是其例。據上文使人督之句、此處當有脫文。忻字非誤。家治而次以譽誹。明與論是非之公。亦足以裁制人之欲惡。使各得其平。果皆勸於譽。沮於誹。則有利人自利之美行。而無害人自害之惡行。天下自治矣。

舉、擬實也。此家譽誹而次之。舉卽禮記曲禮上、主人不問客不先舉之舉。猶概括之詞。故下文云、言出舉也。擬、增韻、揣度也。實、事實也。謂或譽或誹、必揣度其行相之美惡。概括言之。當恰如其實而不妄也。孫云、說文手部云、擬、度也。謂量度其實而言之。欒云、舉卽概念。擬實、謂比擬其實狀。卽易繫辭、擬諸形容象其物宜之義。梁云、擬實者、模擬其實相也。

舉告以文名舉彼實故也。名、卽小取以名舉實之名。文名、謂假文爲名。如物爲達名、馬爲類名是。告以文名舉彼實故者、言旣擬得其實。卽以適合分際之名。舉以相告。以彰彼名之實狀。及其所以然也。舊本故字、倒著也下。畢孫本均斷屬下章、讀作故言也者、誤。曹本移著此也字上、是也。今從之。

言、出舉也。此經家舉而次之。謂舉彼之實、不得不藉言以出之。言卽名也。與上章說告以文名之名義同。欒云、辯經無釋名字明文。其釋言曰言出舉也。意謂由口宣出心中之舉爲言。然則其所謂言、卽小取所謂以名舉實之名矣。

言、舊作言也二字、錯置畫俿也下。今校移此、蓋牒經字。也字衍、刪。**言也者、諸口能之。**張之銳云謂凡有口者皆能言。**出名者也。**名舊作民。孫云、民當爲名之誤。後文云、聲出口俱有名。出名、亦謂言出而有名。猶經云出舉也。純一案孫說是、今據正。**名若畫俿也。**名舊譌民、從孫校改。畢云、俿、虎字異文。

純一案畢說是也。段松苓益都金石記、周紀侯鐘、文曰紀侯虎作寶鐘。虎作𢒰。可爲畢說之證。名若畫俿、言偁名能狀其實。使人明憭不疑。若畫虎然。一望而知也。

謂言猶石致也。致通緻。詩彼都人士箋、其情性密致。禮記聘義注、縝、致也。釋文並云致本作緻。此謂立言之道。當審愼周密而出。如石之堅實密緻。不可奪也。

且、且爲更端之語助。具前後方然三義。如說。依前後經義言之、或屬未來之期望。或屬巳往之事實。或屬方然之討論。故立且名以寄意。**且言然也。**且言然者、姑且言之如是耳。

且、自前曰且。自後曰且。舊譌巳、今校改。**方然亦且。**舊衍若石者也四字、義無可取。前後文俱不相屬。今校删。經說立義界限精嚴。自後曰巳、無關且義。必不然也。巳本作且。後人不識其義、而改作巳。或因形近而譌。自前曰且者、距臨事時甚遠。如史記晉世家、且待其亂。又晉不可假道也、是且滅虞。皆是。是屬未來義。自後曰且者、如國策秦策一、疾且不起。猶云疾巳不起。詩溱洧、士曰旣且。箋、士曰巳觀矣。皆從事後言之、是爲巳往義。惟此義見於經籍者稀耳。方然亦且者、如詩雞鳴、會且歸矣。秦策一、城且拔矣。且皆訓將。又書湯誓曰、徂茲淮夷徐戎並興。經傳釋詞云、徂讀爲且。且、今也。言今茲淮夷徐戎並與也。是皆現在義也。管見巳當爲且、頗矜掝獲。及讀墨子斠注補正。驚其先我得之、不禁隨喜。惟釋義不同、亟錄之以爲佐證。王云、自後曰己、己當爲且字之譌。自前曰且者、發語詞也。如韓子難二云、且嬰家貧。待市食而朝莫趨之。趙策云、且微君之命命之也。是也。自後曰且者、助句辭也。如詩山有扶蘇、乃見狂且。易夬、其行次且。（釋文引司馬注云且語助也）是也。方然亦曰且者、秦策、城且拔矣。淮南子時則篇、雷且發聲。高誘注、皆云且將也。將者、方然之義也。

君、臣萌通約也。張云、萌同氓。純一案尙同三篇、大旨皆謂古者民始生未有政長之時、天下之亂若禽獸然。夫明乎天下之所以亂者生於無政長。是故選擇天下之賢者、立爲天子諸侯國君下逮鄉里之長通名爲君。是爲臣民通約之證。愼子威德篇云、古者立天子而貴者、非以利一人也。曰天下無一貴。則理無由通。通理以爲天下也。故立天子以爲天下。非立天下以爲天子也。立國君以爲國。非立國以爲君也。立官長以爲官。非立官以爲官長也。是其約法之綱要、可得而知者也。

君、以若名者也。若字義不可通。當爲羣字、損筆存君、形近而譌。說文口部云、君、尊也。从尹。發號故從口。又部云、尹治也。書益稷庶尹允諧傳、尹、正也。衆正官之長。廣雅釋言、君、羣也。逸周書太子晉解云、侯能成羣謂之君。荀子王制篇云。君者、善羣也。白虎通義三綱六紀云、君者、羣也。羣下之所歸心也。韓詩外傳云、君者何也。曰羣也。

羣天下萬物而除其害者謂之君。是君以羣得名。古義如此。頗與經義相貫。韓非子五蠹篇、說上古有巢氏。燧人氏、皆民悅之使王天下。史記五帝本紀云、軒轅修德。諸侯尊爲天子。綱目前編、說帝摯荒淫。諸侯廢摯立堯、書堯典、說舜在側陋。四岳揚之。臣氓通約。信而有徵。墨子固中國二千四百年前先盧梭著民約論者也。不惟我中國然也。古羅馬人、亦以爲國王之大權。出於羅馬國民。由國民委之王也。見日本吾妻兵治著國家學卷三第五十七葉、然則國家之起原。由有人而成羣。由羣而選有大德者爲之君。又舉賢才以爲臣。蓋通例也。此蒙上章治而言之。似謂天下之人。設皆能舉美惡之實。互相勸戒以正欲惡。則古聖王之德治可期。曼乎尚己。無如其不可必也。乃環顧當時。諸侯力征。大夫世及而專政。世亂極矣。故與此復古之思。且作方然之期望焉。

功、利民也。 說文、功、以勞定國也。从力、工聲。段注、周禮司勳曰、國功曰功。鄭曰保全國家若伊尹。許則舉祭法以釋之也。案鄭君以保全國家若伊尹訓功。蓋以伊尹任天下之重。一夫不獲、則曰時予之辜。故五就桀。放太甲。皆所以利民也。古者工與功同字、周禮肆師、凡師不功注。書皋陶謨、天工人其代之。漢書律厤志、工作功。益稷、苗頑弗卽工。史記夏本紀、作苗頑不卽功。功字从力从工。此蒙君訓利民。謂君當竭力爲兆民作工。謀福利也。若不爲民服勞役而無治功。卽不能善羣。失其所以爲君之道。荀子王霸篇、譏墨子大有天下。小有一國。必自爲之。則勞苦秏顇莫甚焉。是爲役夫之道。可與此功字相印證。遠西居民上者、自稱民僕。蓋本耶穌人子來、非以役人乃役於人之說而言之。凡以忘己利羣。爲功一也。

功不待時、若衣裘。 張云、冬資葛。夏資裘。不待時而利。孫云、不疑當爲必。言功之利民、必合時宜、謂夏衣而冬裘也。純一案 孫說未審。功不待時、與罪不在禁、文義相對。國語越語上、大夫種曰、賈人夏則資皮。冬則資絺。是不待時之證。言能預爲未來謀者利大也。設必待時爲衣裘、是所謂亂則治之。譬猶噎而穿井也。死而求醫也。(見公孟篇)何功可言、夫惟治之於未亂。不待時之功。能普被於天下。若衣裘然。衆人亦安之若素。忘功於何有。是其利之所以大也。墨師大禹。形勞天下。備世之急。雖治國勸之無饜(公孟)者也。進化論鉅子英儒頡德有言曰、勤勞於爲未來者。則爲優爲勝。怠逸於爲未來者。則爲劣爲敗。可謂知言。

賞、上報下之功也。 曹云、計功而賞。則賞不僭。張之銳云、謂以賞酬功也。

賞、此字舊錯著罪不在禁上、今從孫校移此。**上報下之功也。** 曹云、說與經文同、其義可知。純一案此說似特重申其意。謂功不待時者、衆人不知其功。(公輸篇)固難言賞矣。然賞所以報功、必非眞有功者不賞、而賞始至公。可以勸賢。

罪，犯禁也。罪、說文网部云、捕魚网。从网非聲。秦以罪爲辠字。桂馥云、秦以辠字似皇字。改爲罪。此罪反對功言。犯禁者、犯害人之禁令也。張之銳云、禁、謂律所禁止之科條也。

罪不在禁。惟害無罪。殆姑。孫云、殆疑當爲隸之叚字。說文隶部云、隸、及也、姑與辜通。言罪不必犯禁。惟害無罪則及罪也。純一案此言罪之定義、在於犯禁。禁者、禁其害無罪耳。蓋罪之行爲。不在禁令之內。雖犯之不爲罪者無限、惟害無罪始及罪也。故老子曰、法令滋彰。盜賊多有。孔子曰、道之以政。齊之以刑。民免而無恥。此墨氏所以繩墨自矯也。

罰，上報下之罪也。尹云、說文刀部云、罰、辠之小者。从刀詈。未以刀有所賊。但持刀罵詈則應罰。純一案說文卒部云、報、當罪人也。从卒从𠬝。𠬝罪也。博号切。段注卒字云、干者、犯也。其人有干犯而觸罪、故其義曰所以驚人。其形从大干、會意。卒讀若籋。尼輒切。此言有罪必罰、而罰始可沮暴。管子明法篇曰、不淫意於法之外。不爲惠於法之內。動無非法者。所以禁過而外私也。卽此報罪之墻誌。呂氏春秋去私篇、墨者有鉅子腹䵍、居秦。其子殺人。秦惠王曰、先生之年長矣。非有它子也。寡人已令吏弗誅矣。腹䵍對曰、墨者之法。殺人者死。傷人者刑。此所以禁殺傷人也。夫禁殺傷人者。天下之大義也。王雖爲之賜、而令吏弗誅。腹䵍不可不行墨子之法。不許惠王而遂殺之。子、人之所私也。忍所私以行大義。鉅子可謂公矣。此知墨氏之學與行一也。又知墨氏立有成法。惜乎不傳耳。

罰，上報下之罪也。張之銳云、賞罰兩說。但舉經文。不釋其義。以易明了不待再解也。按墨經論治。終之以賞罰。明治世大柄。不外賞功以勸衆。罰罪以懲頑也。純一案此又重申其義。謂有罪必罰、而罰始可沮暴。

以上四章、冢君而次及之。言羣賴君而治。必有賞罰與譽誹、互濟其窮。而行賞罰者。必有不待時之功。無不在禁之罪。以爲天下法。然後賞罰可以神其用而不用。若徒恃賞罰。則不待時之功、等於無功而賞窮。不在禁之罪、等於無罪而罰窮。烏足以君臨天下耶。從此知墨子所立諸名相中。卽具有破除名相之微旨。其寄意至深遠也。

同，異而俱於之一也。孫云、之一、猶言是一。謂合衆異爲一。純一案管子正篇云、萬物崇一。崇通宗。文子下德篇云、以萬異爲一同。論語里仁篇曰、吾道一以貫之。可見衆異始終於一而已。一者、天地同體、萬物齊觀之謂。莊子齊物論曰、類與不類。相與爲類。此墻誌也。吾國名學、在在有歸納的精采者在此。楞嚴經云、一切合同。種種法門。得無差別。名雖癡亂行。則於同中。顯現羣異。一一異相。各各見同。名善現行。蓋以一切法。同一法性故。墨氏已得其旨矣。張之銳云、此亦承上條而言。之、猶此也。如賞罰不同。而同期於治。是異而相俱此一也。辨別同異。名學之所有事。以下遂以論理推言哲理。以明萬殊之一本也。

同、舊作侗、從張校改。二人而俱見是楹也。張云、一楹也。二人俱見。俱謂之楹。是同也。同者異之主。若事君。孫云、事、舊本作是。今據道藏本吳鈔本正。似言猶衆人同事一君。張云、事君者、執事百官各異。而所事之君則一也。純一案張說同者異之主。是見諦語。孫不采錄、何其疏也。釋名釋宮室云、楹、亭也。亭亭然孤立。旁無所依也。又孤立獨處。能勝任上重也。是取楹喻一不依一切。而爲一切所託義。二人俱見是楹、言人不一而所見者一。即經異而俱於之一義。重以事君爲喻者、言萬衆莫不朝宗於一。若圖之有中心也。即尙同之微旨。

上言功罪賞罰、異也。約於一君、同也。下言久同而古今旦莫異。宇同而東西南北異。從知墨子立辯之辭極其別。而所以立辯之旨唯一兼也。此東方文化之異彩也。

久、義與宙同。淮南子齊俗訓云、往古來今謂之宙。四方上下謂之宇。彌異時也。宇、舊本誤守、王引之云、當爲宇字、形相似而誤。彌、徧也。宇者徧乎異所之稱也、經說上解此云、宇東西南北。東西南北、可謂異所矣。而徧乎東西南北則謂之宇。故曰宇彌異所也。孫據正。彌異所也。此冢上異而俱於之一言。依一法界大總相。以時與空分析之。古今旦莫、異也。同一久。東西南北、異也。同一宇。久宇二名、異也。同一實。豈果有久與宇可分析乎。頗似佛典詮無時量無方量之義。經下有無久與宇之文可證。百法明門論、心不相應行二十四法中、有時方二法。時者、過現未來、成住壞空、四季三際、年月日夜、六時十二、隨方假立、故名爲時。即此久是。方者、色處分齊、人法所依、或十方上下、六合四極、亦隨假制。即此宇是。

久、古今旦莫。舊本久上衍今字、旦譌且、孫從王引之校删正。宇、東西南北。舊本西下衍家字、今從顧王校删。章炳麟云、删去今字、家字、句法斯整鍊。案此久宇對舉。與前功罪賞罰諸章同。似當分爲兩章。以全經通例校之亦然。乃詳審經文位次。塙乎不誤。蓋以久與宇、徒有假名。可分而不可分。遂併爲一談。寓因名遣名之意。此經文之變例也。

窮、或有前不容尺也。前謂目前。漢書嚴助傳集注、尺、十寸之積。言宇之大雖無窮。或有時目前不能容尺。猶面牆而立。即有窮也。張之銳云、久宇本無窮。而有時有地或有窮。有窮無窮而變化生矣。

四時。可爲佐證。

窮、或不容尺、有窮。莫不容尺、無窮也。張云、或不容尺、實也。雖未窮而有窮。莫不容尺、虛也。雖窮而無窮。純一案張說近是。莫不此言或容尺而不足、卽有窮。或容尺而有餘、卽無窮。上句申敍經義。下句與經相反。所以曲暢之。蓋謂有窮無窮之辯、無甚差別。所以齊大小也。莊子齊物論曰、天下莫大於秋毫之末。而大山爲小。可與此神會之。此冢宇而次之。宇佛教謂之空。今科學家謂之空閒。空閒本無窮也。一經人爲則有窮。經立窮名、卽縮無窮之宇爲有窮。而有窮仍卽無窮。無隔礙故。彼空無異此空故。楞嚴經所謂於一毫端、徧能含受十方國土。墨氏似已得其旨。

盡、莫不然也。曹云、有一不然。則不盡矣。張之銳云、莫不然、則謂之盡然。故曰盡莫不然也。

盡、但止動。張之銳云、言止動者、明久宇間所有變化。祇此靜動而已。純一案但、猶言特也。第也。止對動言。卽靜也。此並冢久宇而言。謂宇宙間萬有無盡。莫不有終盡時。但一靜一動爲用耳。蓋萬物成住壞空。一剎那頃。莫不動靜互根。與時消息也。大乘起信論曰、依一心法。有二種門。一者心眞如門。二者心生滅門。是二種門。總攝一切法。不相離故。心眞如門、卽此止義。心生滅門、卽此動義。以此二義、攝萬法而無遺矣。易繫辭上傳曰夫乾、其靜也專。其動也直。是以大生焉。夫坤、其靜也翕。其動也闢。是以廣生焉。廣大配天地。變通配四時。可爲佐證。

始、當時也。此冢久宇窮盡而言。謂無盡緣起。始無定時。特當其生相初萌時。俄而託始。故曰始當時也。曹云、詩云、自今以始。古今非有始也。言者隨所託始。王闓運云、名之曰始。必當初時。

始、時或有久。或無久。始當無久。孫云、此言始者、或時已歷久而追溯其本。或時未歷久而甫發其端。二者皆謂之始。但始必當無久時。若已有久。則不得爲始也。張之銳云、言方始之時。其後或有久。或無久。不可知也。但據其時爲始而言。始當爲無久。不當爲有久也。純一案孫就已往說始。張就後來說始。皆此說所含意。竊謂時已有久者、溯既往之始。時將有久者、開未來之始。時尙無久者、適當現在之始。蓋始就時之初言。當其無久必矣。雖然、始之云者。似乎有始而已。果有始之能久乎。方其始也。言當無久時。歷時已久矣。剎那剎那。不得停住。何有現在之時。何有當時之始。此則墨氏言外意也。莊子齊物論、有始也者。有未始有始也者云云。淮南子俶眞訓、有始者。有未始有有始者云云。大都本此。梁云、常人所謂時閒的觀念。墨經不謂之時而謂之久。墨經所謂時。乃兼有久無久兩者而言。有久之時、人所易明。如萬年千年一年一月一日一時一刻一分一秒皆是也。無久之時、則非常識可見。將時閒析至極微極微。終不能不謂之時。例如菩薩處胎經云、一刹那翻爲一念。百二十刹那爲一怛刹翻爲一瞬。六十怛刹爲一息。一日夜計有六百三十八萬刹那。此時也。若云有閒則尙可析。若不可析。則謂之無久也。所謂始者、則與此無久之時相當也。莊子庚桑楚篇云、有長而無本剽者。宙也。有長卽有久之義。無本剽卽無久之義。

化、說文匕、變也。呼跨切、化敎行也。从匕从人。匕亦聲。疑此文本祇作匕。今作化者、後人所改。**徵易也。**楊云、驗其變易也。

化若鼃爲鶉。孫星衍云、淮南齊俗訓云、夫蝦蟆爲鶉。生非其類。唯聖人知其化。孫云、列子天瑞篇、亦有此文。說文黽部云、鼃、蝦蟆屬。淮南書卽本此。荀子正名篇云、狀變而實無別、而爲異者謂之化。有化而無別謂之一實。純一案此言宇宙閒之萬物、旣終盡而復始。莫非一化之所待。(莊子大宗師)迹其伩因託緣。變化密移。有可徵驗者。若鼃爲鶉是其實例。此必古代相傳之學說、故列子淮南子均沿用之。張之銳云、天地始生萬物皆由於化。莊子至樂篇云、種有幾。萬物皆出於機。皆入於機。卽此所謂徵兆也。知化則知萬物一原矣。

損、孫云、說文手部云、損、減也。**偏去也。**畢云、言損是去其半。曹云、去其一偏是爲損。若全去不謂之損也。

損偏也者、兼之體也。舊本偏下無去字、孫依王校補。欒云、說謂偏爲兼之一體。用以釋經偏去。爲去兼之一體。王補去字、於義未合。今從之。**其體或去或存。謂其存者損。**存上舊本挩或字、孫據王引之校補。曹云、不曰去者損、而曰存者損、何也。去者已去、不可曰損也。存者失其偶、故曰損也。墨子貴兼。凡損人以存己者。祇以自損耳。若此說不一而足也。純一案曹說頗得墨旨。此卽釋氏所謂自他不二。所以興無緣之大慈。起同體之大悲者也。此彖化而次之。言化貨萬物。此損彼益。實無損益。常人見爲損者。不過兼之一偏。而兼之體不一。或去或存。往往對於存者。悲其損者。亦終於不知兼而已矣。

益、大。舊作大益、錯著巧轉則求其故下。孫云、此與前云損偏去也。損益義似正相對。疑謂凡體損之則小。益之則大也。以旁行句讀次第校之。疑當在巧轉則求其故句上。而又佚其說耳。純一案孫說是也。今據移正。大下疑脫來也二字。益、大來也。與損偏去也對文。墨經在在舉約該博。此屑易老。老子曰、物或損之而益。或益之而損。易序卦云、損而不已必益。故此以益次損。雜卦云、損益、盛衰之始也。故此云損偏去、益大來。益卦六二象傳曰、或益之自外來。可證。蓋道必損而後益也。其說佚。最是憾事。

儇、說文人部云、慧也。**俱祗。**俱舊作稘、從孫校改。祗舊譌秖、從吳鈔本正。曹本同。注云、儇、慧利也。祗、敬也。俱祗者、無衆寡、無大小、無敢慢也。一有不敬。則必失己失人。

不得爲慧利矣。純一案此冢化損益諸章而次之。言大化運行無滯。萬物因之而消息。吾人亦任運循環於其中。然則如何求得眞知而爲眞人。亦惟始終主敬而已。、祗爾雅釋詁、敬也。俱祗、毋不敬也。毋不敬、則內外適一。不隨物化。而能化人。可以自利。可以昫嫗萬民也。論語憲問篇、子路問君子。子曰、修己以敬。可以安人、安百姓。乃至堯舜猶病。義可互明。

儇昫民也。曹云、昫、溫卹也。有卹民之心。則智慧有實。否則不謂之慧也。純一案說文日部云、昫、日出昷也。昫民、謂具大智慧者。必愛利天下。如日光普被於兆民。使體加溫。而所見增明也。

庫、洪云、庫者、物所藏也。易也。參同契曰、日月爲易、易行周流、是其義。言宇宙爲萬物之庫。萬物變易於其中。似有去來。實無去來。所以喻藏識也。藏識、謂人識性有如庫藏之功用也。(釋氏說藏識、有能藏所藏我愛執藏諸功用。)下文以臺執釋必不已。可爲庫喻藏識之證。張之銳云、庫、藏也。易、變易也。言庫雖不變。而其所藏之物則常變易。舉庫者、明天地爲萬物之大庫藏也。

庫區穴若斯貌常。孫云、貌吳鈔本作皃。管子宙合篇云、區者、虛也。區穴猶云空穴。區穴若、猶言若區穴。文偶倒耳。純一案言庫以藏物。物之出入似有變易。而庫之形貌若區穴然。常存不變。喻藏識有變易之用。而藏識終無變易也。張之銳云、此以庫之不變。反證其所變者、爲所藏之物也。言庫之區穴、其貌固常如是。而其內則無時不有變化。以明物之變化、不在外具之形式也。

動、說文力部云、動、作也。段注、作者、起也。易无妄動而健、虞注、動、震也。百法明門論、遍行五心所、有作意一法。謂能警心爲性。於所緣境引心爲業。此動字義同。或從也。張之銳云、動、變動也。物無時不變。則無時不動。惟動有自動有被動。自動、主也。被動、從也。故曰動或從也。言或從、明其尙有主動者也。又按經上上欄以動終。下欄以止始。明動靜之相因也。純一案此冢上章庫卽藏識之喻而次之。與下列首句止以久也對文。經說上云、盡但止動。動止是墨氏之雅言。大都謂天地變化、不過一動一靜而已。人心亦然。動者、警覺起心。引令趣境也。而境界爲緣亦足令心從之而動。故曰動、或從也。或、惑同。此卽釋氏所謂阿賴耶識、任運而轉之理。

動、偏祭從。偏與偏同。若戶樞免瑟。若舊譌者、今校改。說徧例言若者、猶因明論以喻作結也。春秋繁露祭義篇云、祭之爲言際也。廣雅釋言云、祭、際也。動偏際從、謂動則周徧於無際。感而遂通也。管子幼官篇云、動而無不從。是其義。若戶樞免瑟、張云、瑟、蝨同。戶樞不蠹。動故也。欒云、史記韓世家公子蟣蝨、國策作幾瑟。

此張皋文瑟齸相通之證。

此章似卽管子侈靡篇、所謂動化從新之義。下列首章繼此言止以久。又似謂至動之中、有不動者。所以能久。其旨至淵微也。遠西進化論者。皆祇知其動。不知其止。故粗膚。

經上下列　經說上下列

止以久也。止對動言。靜也。謂天地變動中、有不動而靜止者。所以能悠久也。又喻動止不二也。

止、無久之不止。當牛非馬。孫云、當、猶言是也。經上云辯勝當。卽謂是者勝也。若矢過楹。矢舊本譌夫。王引之云、夫當作矢。矢之過楹、久則止而不行。故曰無久之不止。若矢過楹。鄉射禮記曰、射自楹閒。故以矢過楹爲喻。孫云、王校是也。今據正。莊子天下篇云、鏃矢之疾。而有不行不止之時。疑此義與彼略同。

有久之不止。當馬非馬。孫云、莊子齊物論篇云、以馬喻馬之非馬。不若以非馬喻馬之非馬也。疑卽此義。若人過梁。孫云、梁謂橋梁。

純一案天地以止而能久。而止在不止之中。約分兩端、(一)無久之不止。(二)有久之不止。無久之不止、當牛非馬者。牛喻止。馬喻不止。顧牛有不止時。馬有止時。特世以牛之止時久。不止時無久。遂認牛爲止。而昧於其不止。以牛非馬比也。故曰當牛非馬。又若矢之過楹。莊子云、鏃矢之疾。而有不行不止之時。司馬彪云、形分止。勢分行。又云、無所止則其疾無閒。矢疾而有閒者中有止也。蓋明鏃矢無久之不止中。仍有剎那剎那之止時。且其形之本質未嘗動也。有久之不止、當馬非馬者。世以馬之不止時久。止時無久。遂認馬爲不止。而昧於其不止中。其四足之動、亦如鏃矢之疾。而有不行不止之時。蓋馬行時、其四足不能同時俱行。同時俱止。就其舉足先後言。固各有不行不止之時。又馬行時、四足有止有不止。而馬之身未嘗動也。故曰當馬非馬。又若人之過梁、雖不止時較矢之過楹爲久。其兩足亦各有不行不止之時。又其兩足、或止或不止。其身亦未嘗動也。是有久之不止中、仍有止而不動者也。孰知止而不止。不止而止。不因無久有久而殊也。此借衆目及見之物相、喻衆不及見之藏識也。荀子正名篇云、非而謁楹、有牛馬非馬也、此惑於用名以亂實者也。卽指此言。非爲若之譌。而爲矢之譌。謁爲過之譌。此冥契釋氏成住壞空之理。止、既成而住之相。不止、將壞而空之相。天地萬物、動靜互根。生滅不停。人但知止住而能久。不知止中有不止者二。或無久之不止。或有久之不止。而卽住卽壞。終於無常一也。百法明門論、第四心不相應行二十四法中、有勢速之法。可神會之。

必不已也。孫云、說文八部云、必、分極也。純一案此冢止而次之。言當分極是非。止於一是。終身以之而不已。佛教法相宗、謂第六識了別一切境界。適當此必之分極義。謂第七識於所了境。恆審思量。隨緣執我。終無閒斷。適當此不已義。故說云必、謂臺執者也。

必謂臺執者也。孫云、釋名釋宮室云、臺、持也。築土堅高。能自勝持也。莊子庚桑楚篇云、靈臺者。有持而不知其所持、而不可持者也。釋文云、靈臺、謂心有靈智能任持也。純一案莊子靈臺之說、卽此臺之塙詁。臺執、猶法相宗所謂藏識。卽第八根本識。分析言之。其義有三、(一)能藏、卽能持義。猶如庫藏、能藏一切寶物等。謂無量劫來。所作一切善惡種子、唯此識能藏。此約持種邊說。(二)所藏、卽所依義。猶如庫藏、是寶物等所依故。此識是一切善染法所依處、故名所藏。此約受熏邊說。(三)執藏、卽堅守不捨義。猶如金銀等藏、為人堅守。此識為染汙第七識、堅執為自內我、故名執藏。以此三義、故令積劫因果、不失不壞。是之謂臺執。是之謂不已。

若弟兄一然者一不然者必不必也。莊子列御寇篇云、聖人以必不必、故無兵。是其義。**是非必也。**第七識不起現行妄執有我時。或證入無生阿羅漢位以後。則平等性智現前。視人猶己。若弟兄然。一切平等。隨所緣境。謂然謂不然。必不偏執也。如是則一切境相。非所必緣。故曰必不必也。是非必也。此知墨經立說、義極精微。

平、同高也。平、無高無低之象。故曰同高。凡物體有高。而上下兩面平行者。其直立體積。各面之高必等。此冢必而次之。言人妄起分別、則種種不平俱起。世界山川陵谷。莫非衆生心種種不平業感所表現。設能毋意毋必。則萬事無不得其平矣。宗鏡錄(卷四十七第二十一頁)云、第八眞識常如捨相。(捨相卽無不平之相)故號心王。爾後因一念無明。起七識波浪。遂心境歷然。自他宛爾。因茲有情心內、逐憎愛而結怨親。無情境中、隨想念而標形礙。遂使外則桑田變海。海變桑田。內則親作怨由。怨為親種。互為高下。反覆相酬。卽此經言外之微旨。此知墨子言不盡意、特舉物理以示例耳。此經無說。

自此以下至次共十八章、皆言格物致知之理。所以明兼也。

同、長長短大小。本無有也。必兩物相形、而後有此假名。故佛教謂之假色。墨子以單物無長可言、故言同長。**以缶相盡也。**盧文弨云、缶、古文正。亦作缶。畢云、缶卽正字。唐大周石刻、投心缶覺如此。孫云、集韻四十五勁云、正唐武后作缶。亦見唐岱岳觀碑。純一案此冢平而次之。言凡事理求得其平。不可此高彼下。亦不可此長彼短。同長云者、彼此等長。而終無過與不及之差也。是之謂以正相盡。例如幾何原本卷首第三十四界、兩直線于同面行至無窮。不相離亦不相遠。而不得相遇。為平行線是。

同長長字舊脫、今補。述經目也。蓋上文旣總釋同名、曰異而俱於之一。下文又分析同名。曰重體合類。且皆對異為言。故知此章非言同也。次章云中同長也。與前舉擬實也言出舉也同例。尤可證。

楗與柱之同長也正。舊本楗譌揵、畢云、一本作楗●孫云、顧校季本同。今據改。陸本吳鈔本並作揵、蓋楗之形誤明矣。舊本柱譌狂。正譌心。多以心字屬下章讀。伍云、此說同長以缶相盡之文。狂當爲柱。心當爲正。皆字之誤。楗與柱、兩等距之長形物。取以爲喻。案伍說是、今並據正。老子曰、善閉無關楗。釋文、楗、距門也。一切經音義引三蒼云、戶旁柱曰植。楗與柱長皆竟門、以正相盡。

中、同長也。張云、從中央量四角、長必如一。陳灃云、按幾何原本云、圜界至中心、作直線俱等。純一案張說有四角、必有四邊。從中央量四角長同者、以量四邊必不同。未嘗也。陳說是圜一中同長之解、用以釋此、未免混亂。此謂於一線適中立點、距兩端必同長。

中、自是往相若也。欒云、此以中字起。中爲一線兩端之中。中距兩端相等。故曰自是往相若也。相若云者、其長相若也。

厚、有所大也。孫云、此云有所大者、謂萬物始於有形。既有而積之、其厚不可極。說云無所大者、言無爲有之本。有因無生。則因無而積之。其厚亦不可極。此皆比擬推極之語。說與經辭若相反。而意實相成也。莊子天下篇惠施曰、無厚不可積也。其大千里。釋文引司馬彪云、物言形爲有。形之外爲無。無形與有形、相爲表裏。故形物之厚盡於無厚。無厚與有、同一體也。其有厚大者。其無厚亦大。高因廣立。有因無積。則其可積、因不可積者。苟其可積、何但千里乎。惠子語、亦與此經略同。純一案惠子語本此。司馬注尤剴切。老子曰、天地萬物生於有。有生於無。足見無非頑空。乃妙有也。墨子有無齊觀。藉有顯無。凡以明墨道一兼無外耳。

厚、張之銳云、形學所謂厚者、乃有厚之謂。若其無厚、即亦無薄。純一案張說不甚合經旨、而釋厚名甚精。**惟無所大。**孫云、此謂積無成有。其厚不可極也。與經文相反、而實相成。

日中、正南也。正原作缶、同。孫云、中國處赤道北。故日中爲正南。張之銳云、正南、午也。日當午、乃爲日中也。純一案此測景知時定方之理。此經無說。

直、參也。說文乚部云、直、正見也。从十目乚。段注、言見之審。則必能矯其枉也。此承日中而次之。言具正見。當如午日空明。燭照萬物。無漏無誤也。參、驗也。荀子解蔽篇、參稽治亂而通其度注。通之物理。參同三。即幾何之直線角。以三直線、成爲句股直角。可以測高測深測遠者。周髀算經、所謂偃矩以窺高。覆矩以測深。臥矩以知遠是也。本經上下文、言點線面體無不備。當不至缺此。此依日中測景之法。而測高深遠。俾所見者無不正墻。所以爲直。蓋本科學之實驗也。此經亦無說。

圜、說文囗部云、圜天體也。墨子特以物理通之。明宇宙在乎手(陰符經)也。一中同長也。鄭伯奇云、卽幾何言圜面惟一心。圜界距心皆等之意。陳云、幾何原本云、圜之中處爲圜心。一圜惟一心、無二心。圜界至中心。作直線俱等。卽此所謂一中同長也。劉嶽雲云、圜此謂圜體自中心、出徑線至周等長也。純一案鄭陳說是。劉說圜體、與說不合。當作圜面。此與上文中同長章、粗看義似近複。精審則界說各殊。蓋彼經名中以線言。此經名圜以面言。主恉不同。

圜、規寫交也。交舊作攴、孫云、寫謂圖畫其象。周髀算經云、笠以寫天。趙爽注云、寫猶象也。攴當爲交之誤。凡以規寫圜形。其邊線周匝相湊謂之交。或爲直線以湊圜心。中交午成十字形。亦謂之交。純一案孫說是也。今據正。

方、此彖圜而交之。考工記輪人、圜者中規。方者中矩。柱隅四讙也。孫云、讙吳鈔本作驩、疑皆雜之誤。呂氏春秋圜道篇云、圜周復雜。高注云、雜猶帀。周髀算經云、圜出於方。趙爽注云、方、周帀也。周易乾鑿度鄭康成注云、方者、徑一而匝四也。此釋方形爲柱隅四雜者、謂方柱隅角四出。而方幕則四圍周帀。亦卽算術方一周四之義。方周謂之雜、猶呂覽謂圜周爲雜矣。張云、讙亦合也。曹說同。純一案孫破讙爲雜、未審。讙驩皆同歡。明鬼篇、此猶可以合驩聚衆。驩吳鈔本作歡可證。歡或作懽。國策秦策二而大國與之懽注、懽猶合也、故張訓讙爲合。周髀算經云、合矩以爲方。不必破讙爲雜、而帀意自具。

方、矩見交也。交舊作攴、孫云、見攴疑亦當爲寫交。矩寫交者、以矩寫方形。其邊線周帀相湊。及隅線相午貫。亦皆謂之交也。張云、見寫大同。純一案孫說交字義長、今據改。見依張說、仍舊可也。曹云、見者、以目察之也。張之銳云、備城門篇云、弋長二寸見一寸、卽此見字之義。凡開方若干丈尺。曰幾丈見方。或幾尺見方。蓋正方四邊等長。見其一邊、卽知其三也。

倍、爲二也。畢云、倍之是爲二。楊云、卽加一倍算法。曹云、倍、加倍也。爲、作爲也。物有生而自兩者、不由乎人爲也、倍則人之爲之也。本一而加爲二也。伍云、凡言倍者、以二乘得。故曰倍爲二也。純一案諸說均是、曹說略得墨旨。

倍、二尺與尺但去一。伍云、倍數一、等於基數二。譬之二尺。尺之倍也。何以知爲尺之倍、以一尺減二尺尚有一。故說曰二尺與尺但去一。純一案墨子著經與說、往往託小包大。當與易象齊觀。此藉算數和較之理以寄意。不得僅以常情二倍於一視之。玆爲發其覆。倍同背。如一之侈而爲二是也。一、兼也。無漏也。二、別也。有漏也。老子曰、昔之得一者、天得一以淸。地得一以寧。萬物得一以生。侯王得一而貞。其致之一也。是以聖人抱一爲天下式。今倍之。猶騈拇枝指。侈於性也。例如二尺倍於一尺。貪者無不利其得。但去一過遠耳。苟能去其倍於一者、而復於一。其庶幾乎。此莊子所以稱其好學而博不異也。

端、說文耑部云、耑、物初生之題也。立部云、端、直也。段注、用爲發耑耑緖字者、叚借也。頁部云、題、頟也。段注、引申爲凡居前之偁。體之無序而最前者也。張云、無序、謂無與爲次序。孫云、依張說、則序當爲敍之叚字。謂端最在前、無與相次敍者。梁云、端者、幾何學所謂點也。體卽體分於兼之體。與幾何之體異。凡形皆起於點、故曰最前。純一案此端在今形學中謂之點。點之始起。其體極微。幾若無有、安有次敍。此冡倍而次之。似悲無盡緣起之有始。猶悲絲染之意。寄於言外者也。

端、是無同也。張云、若有同之、卽非最前。純一案是、指端而言。無同、謂無與相同之點。爲最前之點故。張之銳云、無同、謂一處不能有二點。

有閒、此爲下章閒張本。說文門部云、閒、隙也。段注、隙者、壁際也。引申之、凡有兩邊有中者、皆謂之隙。隙謂之閒。凡罅縫皆曰閒、其爲有兩有中一也。字从門月、門有縫而月光可入。會意也。中也。畢云、閒隙是二者之中。曹云、有閒者、兩旁有而中閒無也。中者、其虛處也。兩物離立、則其中必有閒也。莊子養生主篇云、彼節者有閒是也。

有閒、畢云、此與下閒舊作閒、俱以意改。謂夾之者也。伍云、兩物相夾、其接處不能密合、故曰有閒。閒在所夾之中、故曰有閒中也。

閒、此冡有閒而次之。意又轉變。見辯經立名之精覈。不及旁也。張云、不及旁、謂隙中。曹云、旁、邊際也。對中而言。不及旁者、專指其中虛之處言之、不及兩旁也。伍云、中居兩旁之間、旁位中之兩側、故曰閒不及旁。

閒、謂夾者也。張云、就其夾之而言、則謂有閒。就其夾者而言、則謂之閒。曹云、上言夾之者、兼兩旁之詞。此言夾者、不兼兩旁之詞。所謂不及旁也。

尺、前於區穴而後於端。不夾於端與區內。及、及非齊之及也。曹云、尺者、匠之所操以量廣狹者也。純一案閒與有閒其實同。特立言時、注意之點有異耳。此辯者立談、或應敵時、最須精審處。蓋有閒依兩旁而指其中言、故說云謂夾之者也。閒專指隙言、其命名之定義、不及於兩旁。故曰不及旁也。說以夾者與夾之者、分析不甚明了。故就不及旁、曲暢其說。謂如有尺、前及於區穴。而後端向有餘地。兩旁不並夾於尺端。是尺雖與區內相及。其所謂及。非兩旁齊等之及也。兩旁容尺。不並相及。則其中甚寬綽。不得謂之閒也。閒者、專指兩旁相夾、不能容物之隙以爲言也。

纑、說文糸部云、纑、布縷也。从糸、盧聲。洛乎切。閒虛也。王引之云、纑乃櫨之借字、櫨、柱上方木也。櫨以木爲之、兩櫨之閒則無木。故曰纑閒虛也者、兩木之閒、謂其無木者也。

纑、閒虛也者。舊本脫閒字、王據經增。兩朩之閒、朩舊作木、云章校改。說文朩部云、朩。分枲莖皮也。从中象枲莖。八象枲皮。匹刃切。謂其無朩者也。章云、纑字本不誤。木字則朩之誤耳。隸書轉變。𣏟作麻、朩作木、遂誤作木矣。纑者麻縷。朩者析麻。惟兩朩之閒有虛處、乃可擘析。故曰纑閒虛也。舊以纑爲爐之誤、夫棟梁楣柱、淩虛而駕、人所盡見、又何庸辭費耶。純一案章說精塙。足正王說之非。此章冡上有閒與閒而次之。蓋由漸入微。謂閒有目不及見而中虛者。可以纑驗之。纑之條然可析。卽其兩朩之閒、無朩而虛之證。此明有閒與閒、及等於無閒之理。

盈、上章言有閒與閒、乃至幾於無閒之纑、其中莫不有空虛之處。故次之以盈。明無虛之不相盈也。莫不有也。孫云、廣雅釋詁云、盈、滿也。曹云、物有缺而滿之之謂盈。盈者、充塞之義。無不徧。無不盡也。莫不有者、不欲此有而彼無也。

盈無盈無厚。孫云、言物必有盈其中者、乃成厚之體。無所盈、則不成厚也。於石無所往而不得。石舊作尺、孫云、此上下文雖多云尺、然此尺字實當作石。形近而誤。經說下、廢石於平地。石亦譌尺、可證。此與下文並以堅白石爲釋。言堅白在石、同體相盈。則彌滿全體。隨在皆有堅。亦隨在皆有白。故云無所往而不得。亦卽所謂相盈也。純一案孫說是、今據改。得二。孫云、二卽謂堅白也。公孫龍子堅白論篇云、無堅得白。其舉也二。無白得堅、其舉也二。此云得二、亦謂得白得堅分爲二也。曹云、無往不得者、喻利人之普徧也。得二者、喻聖人之利人。不私厚於己。人己兩得也。所謂愛人不外己。己在所愛之中。此兼愛之旨。純一案此冡閒虛而言盈、蓋以凡物體內、各質點閒、莫不有極微之虛空。而各極微虛空中、並各質點中、莫不有盈乎其中者。而厚之體始成。微之於石、無往不堅。設無所以盈於堅者、安得堅。無往不白、設無所以盈於白者、安得白。堅也、白也、無非得於厚之所以盈者、以相盈也。此知兼之彌綸於有形無形者無閒。無所往而不兩相得也。老子曰、無有入無閒。可相發明。今科學家多謂同一空閒、同時不能容二物。陋已。

堅白、不相外也。孫云、此卽公孫龍堅白石之喻。不相外、言同體也。曹云、墨子有堅白異同之說、名家因之以爲辯。公孫龍有堅白論篇、蓋亦窮理之一術也。石之質堅而其色白。是一物而有堅白之兩端。而兩端皆在於一石。人以手觸石而知其堅。目視石而知其白。然非堅之外有白。白之外有堅。堅白之外有石。故曰不相外也。欒云、堅白之辯、有離盈二宗。離宗出古辯者、有言曰、離堅白若縣寓。其意乃謂石之色性二者。可因時閒空閒上不同之動作。而離之爲堅爲白、使其不相屬。盈宗爲墨子所立、辯經曰、堅白不相外也、卽立量破敵宗之辯。大抵辯者之離、乃離物而成之意。墨子主張物意和合、以爲於石堅白同體。既不可偏去而異處。則於意亦當不相外。純一案欒說精析。此知離世閒法、高談玄理、爲墨子所不許。墨子務眞俗雙融、以科學縣道妙者也。故此以堅白二名、盈於一實。無可離相。喻兼之無不盈、無彼此可分也。

堅白、白字從孫校增。異處不相盈相非、是相外也。孫云、經說下云、於石一也。堅白二也。蓋離堅白爲二而異處。則堅非白。白亦非堅。是爲不相盈。亦即爲相外。若合而同體。則堅內含有白。白內亦含有堅。是爲不相外。此義亦見公孫龍子、互詳經說下。曹云、異處者、各居其所。地不同也。不相盈者、彼此不能相盡。體不同也。相非者、各是己而非他。論不同也。凡物之不同者、此謂彼外也。彼亦謂此外也。堅白者、色質同在於一石。非異處也。堅之所在盡白、白之所在盡堅。非不相盈也。白不妨於堅、堅不妨於白、兩不相非也。梁云、相非、即相排也。異處不相盈者、質礙之爲性。各自占一特異之位置。不能相函。此其所以相排也。純一案此冡盈而次之。言堅白雖得二名。實不能異處、相與外石而自存。蓋堅白並無自體。惟依盈乎堅白者爲體以相盈。故堅不自堅、盈乎白者兼堅之。白不自白、盈乎堅者兼白之。即堅白之不相外、益知盈之莫不有矣。設使堅白不同體而異處、則必不相盈。彼此既不相盈、必且互相排。是相外也。此貴兼以正別之神理也。

攖、相得也。曹云、攖結也。相得、則雖兩物而固結不解也。堅白之次也。純一案攖、觸也。有相密接之義。相得、猶言合一。

攖、尺與尺俱不盡。端與端但盡。與舊作無、從張校改。尺與端端舊著不相盡下、從孫校移此。王本同。或盡或不盡。堅白之攖相盡。體攖不相盡。此冡堅白相盈而次之、言凡兩物相接觸、結合如一謂之攖。盈者、周徧互融。無質礙。不可分也。攖則或有質礙。或無質礙。縱密合爲一。不盡如盈之周徧互融也。故攖有「俱不盡」「但盡」「或盡或不盡」「相盡」「不相盡」之五種、(一)尺猶形學之線、有長無廣者也。以兩尺各一端相攖、(備蛾傳篇有兩端接尺之文今姑本之)則兩尺之長如故。故曰俱不盡。(二)端即形學之點、無長短廣陿厚薄、極微無體者也。兩端相攖以後、祇見一端、不復見有兩端。故曰端與端但盡、謂二端但盡其一耳。張說但當作俱、非。(三)尺與端相攖、則尺如故而端無覩。是端盡尺不盡、故曰或盡或不盡。(四)堅白之攖相盡、因堅白均惟假名、並無獨立之自體、惟託於石以相盈。故相盡。無質礙故。(五)體攖不相盡。孫云、凡兩物體相攖、雖攖而各自爲體。不能相合。是即不相盡也。案孫說是也。此即同一空間同時不能容二物之理。有質礙故。

仳、舊譌似、孫云、似當依說作仳、形近而誤。仳與比通。純一案孫說是。今據正。王引之云、比者、並也。有以相攖、有不相攖也。言攖則互相接合。比則並相排列。不盡相接合。有以相攖、有不相攖、又攖之次也。

仳、兩有端而后可。此象攖而次之。言物相得爲攖。而不盡如攖之相得爲比。比有二義、（一）如鱗比之比。文選景福殿賦、綺錯鱗比。備蛾傅篇云、相覆勿令魚鱗三。雜守篇云、入柴勿積魚鱗簪。均以魚鱗喻相比之意。比比相次。有以相攖。（二）如櫛比之比。文選吳都賦、屯營櫛比。倉頡篇、靡者爲比。鎞者爲梳。比今作篦。又作箆。兩兩相比。皆不相攖。然無論相攖不相攖。必兩有繫著之端。故曰兩有端而后可。

次、國語晉語失次犯令注、次、行列也。無閒而不攖攖也。此象比而次之。意又轉變。言比與次行列整齊。不相紊亂同。惟比則或無閒而相攖。或有閒而不相攖。次則一切無閒、又不相攖。雖不相攖、又無不攖也。例如纑積纖微而成縷。縷縷次第排比。似乎無閒。設果無閒、何可分析。以可分析而分析之。是不相攖也。然當其未分析時。縷縷連合如一。是本相攖也。又如重疊布帛而捆之。帛帛之閒、固無閒矣。然雖無閒、實未合一。然質雖不一、其勢一也。故曰無閒而不攖、攖也。

次、無厚而后可。孫云、后畢本作後。無厚、似謂體極薄而相次比。純一案無厚、即說明無閒之故。物若有厚、纔相次比、難必其密合如一而無閒。不攖而相攖。故曰次、無厚而后可。準此以推、凡物之積點成線。積線成面。積面成體。而層次井然之理。可以比知而效用矣。綜觀自平至倍九章、以同高同長並圜與方、示一切平等之天則、使人直參見諦、皆如日中之正。明有根於無者厚。二倍於一者侈。所以反樸而貴兼也。自端至次九章、示惟一端無序。兩端自有次序。有閒終於無閒。無閒仍是有閒。堅白本無而相盈。或攖或仳極其辯。所謂盈莫不有、蓋以一兼之盈於無窮者厚矣。嗚呼墨聖、內須彌於芥子。轉法輪於微塵。寺小子烏足以知之。蓋大學修齊治平、基於誠意。實本於格物致知。蓋明乎天人物我、分於一兼。而後有平等眞心。有眞德業。今亞化被歐風掃地以盡、政與教分。教與學分。天理無存。人心幾盡死而不知哀。噫、淺學之禍乃爾。

法、字本作灋、說文廌部云、刑也。平之如水。從水。廌所以觸不直者去之、從廌去。方乏切。今文省。所若而然也。畢云、若、順。言有成法可從。純一案此象上文一切物理而言。意謂即物窮理。莫非自然之成法。易繫辭上云、知周乎萬物而道濟天下。故不過。即此法之觀念也。法者、理至平正。所以平天下之不平者也。然、如是也。禮記大傳其義然也注。所若而然、謂順萬物之理性。使各得其平如水也。此墨家平等精神、寓於法理者也。管子七法篇曰、和民一衆、不知法不可。明法解曰、法者、天下之程式。萬事之儀表也。張之銳云、若、順也。順其國俗民情以爲法制也。法循規矩倫理而作、故次於此。梁云、若、順也。似也。肖也。說文法字下云、法、刑也。刑字下云、荆从井、井。法也。型字下云、型、鑄器之法也。模字下云、模、法也。

笵字下云、笵，法也。足證法之本義爲模型模範。所若而然者、謂依此型範作一物事、所結果與原範同也。例如一錢笵所鑄出之錢、其形相等。

法、意規員三也俱。也、同者。可以爲法。言立法之故有三、（一）意之爲法、卽本一切法之原理。臨時審度而輕重之。如大禹謨宥過無大、刑故無小之類是。以法不可恆定而不變。故管子任法篇曰、法者不可恆也。今世最新法理、所謂量刑主義近之。（二）規之爲法、猶法儀篇曰、爲方以矩。爲圓以規之義。規矩準繩、不容人自作聰明。故能使羣依一定之法理以制行也。（三）員同圓。圓之爲法、以圓依規成。大員小員不同。三百六十度同。猶人遵循規矩。則事無大小。倚革邪化。（管子版法）無不圓成也。意規圓三者、不得孤立而爲法。必三者與俱以爲法。法始圓滿而無偏弊。故曰意規員三也俱、可以爲法。尹文子大道下篇曰、聖法者自理出也。理出於己。己非理也。己能出理。理非己也。案聖法者、無不圓滿之法。理猶規也。己猶意也。與此可相參證。張之銳云、俱、備也。意謂意恉、言一法之修纂、必有一定之宗旨也。規、規撫也。謂規撫成法以爲楷範。員、說文云、物數也。謂法之條文件數也。此三者爲法制成立之要素。故必備具。始可以爲法也。梁云、意規員三也俱者、謂心識中所意（同億）度之圓的觀念、與畫圓之規、與所畫出之圓形、三者和合、如此則可制成一圓模矣。故曰可以爲法。

佴、孫云、爾雅釋言云。佴、貳也。郭注云、佴、次。爲副貳。純一案佴、疑卽貳之叚字。此篆法而次之。言有成法、必有副本。說文刀部副段注云、周人言貳。漢人言副。文獻通考經籍考一、周官太史掌建邦之六典八灋云、凡辦灋者考焉。不信者刑之。凡邦國都鄙及萬民之有約劑者藏焉。以貳六官。注、六官各有一通。太史亦副寫一通。故云貳。可證。所然也。承上所若而然省言之、謂與法同然也。

佴、然也者、民若法也。副本如正本、民皆順從也。

說、所以明也。張之銳云、說、解說也。說明事理之所以然、而解釋之也。法律條文、亦最重解釋。故常爲之說明、以免引用錯誤、致生出入也。純一案張說是也。此說彖法而次之。卽禮記少儀依於法游於說之說。佴爲法之副本。說猶法之條例。周禮考工記曰、薄厚之所震動。淸濁之所由出。侈弇之所由興。有說。可爲說所以明之塙詁。又如經說、所以明經義也。經下說在某某、說在上皆若因明之宗。說在下皆若因明之因。亦所以明著其故也。此經無說。欒云、說、所以明是也。卽謂說爲用以說明其所以立之故。蓋立者其故必眞、若其不眞、則故不立。而不立之立、因明謂之似能立。能立之立、因明謂之眞能立。故說所以求眞。非以明似也。

彼、舊譌攸、從張校改。曾本王本並同。不可、兩不可也。說文彳部云、彼、往有所加也。从彳、皮聲。補委切。朱駿聲說文通訓定聲云、靈臺碑德彼四方。經傳皆以彼爲之。叚借爲頗。又爲匪。實爲非。廣雅釋言、彼、俾也。匪、彼也。王念孫疏證云、彼、俾、皆邪也。匪、非也。案說文言往者、以从彳故。有所加者、以从皮故。非僅以得聲也。方言七。皮傅強也。秦晉閒言非其事、謂之皮傅。彼與彼通、彼卽有所加義。有所加則事理之眞相不明矣。眞相不明、故所見爲偏見邪見非正見。彼、頗、俾、匪、皆從彼聲與義而引申之也。大取篇曰、天下無人。是衆之本來眞相也。今對己而往、加以彼之見。則交別之害、加於人者、不可終止也。雖有法有佴有說。能使斯民無因己而加以彼之見乎。彼此見生、匪雖一面之不可、在兩造均不可也。

彼、凡牛樞非牛。兩也。無以非也。樞如戶樞、物至微而屬機要。用以釋彼、必屬加於牛身之機。疑爲橫毋牛鼻、制牛行止之木。莊子秋水篇云、落馬首、穿牛鼻、是謂人。是也。經與說往往神全語半、寄意遙深。此似言牛樞本來非牛、當其未加於牛身時、分明兩物、了不相涉、無以相非也。乃一加於牛身、卽隨在不得解脫、如桎梏然。喻人本無彼此。忽有彼此之見、橫互於中。匪惟鑿喪性眞、而身陷法网而死者、不知凡幾。蓋有彼之見存、由有我之見生。兩皆妄也。無一可者也。

辯、說文辡部云、辯、治也。从言在辡之閒。段注、治者、理也。謂治獄也。會意。符蹇切。爭彼也。辯勝、當也。此冡彼而次之。言彼由我生。必是其義以非人之義。甚至於干法紀。說明書不足以明之。則辯術尙焉。荀子正名篇云、說不喻然後辨。辨則盡故是也。辨、辯同。今法庭有辯護士、蓋依據法理。辯盡其故。保人權也。小取篇云、夫辯者、將以明是非之分。審治亂之紀。明同異之處。察名實之理。處利害。決嫌疑。是其義。爭訟之端、始於有彼之見存。而相加以非毀。是不可不明辯之。故曰辯爭彼也。既有彼卽有此、兩造勝負不可知。必經辯論後、以適合眞理者爲當。故曰辯勝當也。欒云、辯爭非也。爭讀爲諍、彼讀爲非。卽謂辯爲用以爭正彼方所立之非、爲因明之破。因明家分立破眞似共成四義。一眞能立、二眞能破、三似能立、四似能破。實則祇有眞立眞破兩門。因眞能立者、彼方必不能破。不能破而破之、故成似能破。眞能破者、彼方必不能立。不能立而立之、故成似能立。於是可見眞似不能兩立。因眞立立、眞破亦立。故謂立破互相成也。墨子言非、經上云、彼不可兩不可也。卽謂彼此兩方互非、必有一是、而不能兩俱非也。

辯、或謂之牛、或謂之非牛、下或字從孫校增。是爭彼也。是不俱當。不俱當、必或不當。孫云、必上畢本有不字。今據道藏本吳鈔本刪。言兩辯相非、不能皆當。則必有一不當者也。不當若犬。當若舊倒、今校乙。例如遙見一物、其形若犬。或謂之牛。或謂之非牛。是所謂彼也。乃互爭不已。是不俱當。然不俱當之中、必或有一當。有一不當。逼近驗之、果牛也、特遙見其形小若犬、以爲非牛、故不當。謂之牛者、其明能見遠。本不待辯而勝。

而必辯者、明其理眞也。果當也。此知墨家司法、重辯論。尤重物證。而一切無謂之詭辯不堪實驗者、爲墨家所不取矣。

爲、窮知而縣於欲也。畢云、縣、縣字異文。讀如縣挂之類。孫云、縣與莊子寓言篇無所縣其罪之縣義同。郭注云、縣係也。此言爲否決於知。而人爲欲所縣係、則知有時而窮。純一案孫說是也。此冢辯而次之。言是非之至辯、生於卽物窮理之眞知。而一切行爲、因之有利而無害。然人之行爲、往往爲欲所顚倒　而難於解其縣。則知有時而窮、是無眞知之過。大旨教人求眞知以有爲。勿任欲偏勝以自害也。

爲、欲雗其指、傅山霜紅龕集卷二十七雜記云、墨子雗字、字書無之。細觀上文爲雗其指、指食脯曰騷之。又曰欲而騷。下則脯與指皆用雗字。豈雗是騷之譌耶。蚤略似蚤。馬上似隹、又左右易之、遂至此耶。孫志祖讀書脞錄、載墨子奇字雗作雗。云字不見於說文、無攷。孫云、雗竊疑並當爲斵之譌。耕柱篇、備穴篇、斵並譌作雗。經下篇斵。舊本或譌从肴、故又譌从雗也。斵與斫義同。亦詳經下篇。斵指、謂斫手指。斵脯、謂斫乾脯也。張之銳云、斵指、蓋一時激於義憤、欲以此警衆。如唐史南霽雲之事。今時士人演說、流涕陳詞、斵指者尤夥。智不知其害、是智之罪也。若智之愼也、也上舊衍文字、從王樹枬校刪。王闓運云、愼卽眞字。眞知乃有定見。無遺於其害也。而猶欲雗之、則離之。孫云、史記管蔡世家索隱云、離卽罹。罹、被也。案離、俗作羅、同。離之、謂因欲而離患也。是猶食脯也。騷之利害、未可知也。畢云、騷、𦢊字假音。讀如山海經云、食之已騷。孫云、騷之利害、疑言臭之善惡。欲而得騷、得字舊脫、從孫校補。是不以所疑止所欲也。廧外之利害、未可知也。畢云、廧字牆俗寫。趨之而得刀、則弗趨也。刀舊譌力、孫云、力疑當爲刀。經說下亦云王刀、皆謂泉刀也。趨之而得刀句、言若有人言牆外有泉刀、趨之卽得。而不信者則弗趨也。前說信云、不以其言之當也。使人視城得金。此趨牆外得刀、與視城得金、語意正同。純一案孫說是也。今據改。是以所疑止所欲也。俞云、蓋趨之則得利、而人以爲利害未可知、止而弗趨、是以所疑止所欲也。張云、譬如食脯、不知其利害、則仍食之。譬如趨廧外、不知其利害、則弗趨。所疑同、而止不止異。則不在於知明矣。觀爲窮知而縣於欲之理、雗脯而非恕也。張云、恕卽智字誤耳。孫云、爾雅釋器云、魚曰斮之、卽此斵脯之義。雗指而非愚也。所爲與所不爲、所不舊作不所與、今從張校刪正。王樹枬校同。相疑也。非謀也。孫云、謂不暇審計而爲之。所謂縣於欲也。張之銳云、說文曰、慮難曰謀。純一案此說文獨甚宄、疑有後人釋文羼入。卽覩爲窮知而縣於欲之理句可知。

巳、成亡。曹云、巳、止也。具成亡二義。張之銳云、巳謂事之巳然。結果也。事類不一。結果萬殊。然其大要。不外積極消極兩方面。成者積極之結果。亡者消極之結果也。伍云、自巳以下十三章、皆冒下列舉之文。無也字。章法一變。

巳爲衣、成也。治病、亡也。曹云、衣成則止。病亡則止。張之銳云、爲衣而衣成、喻積極之結果。治病而病亡、喻消極之結果也。伍云、此言巳有成亡二義。巳同以、用也。謂辯者持論之目的。成、成立也。當因明之立。亡、蕩除也。當因明之破。凡持論有以成立自宗爲目的者、有以破除敵論爲目的者。有益於己之持論、則務成之。有損於己之持論、則務破之。譬如爲衣、則欲其成。治病、則欲其亡。

使、謂、故。言使有二義。伍云、使、猶假設也。因明謂之立宗。

使、令。以令釋使、謂使之爲言令也。經說下云令使也、可證。謂、經謂也。謂、廣雅釋詁二、說也。廣韻八未、告也。不必成。伍云、謂、所謂也。立說所表示之意義。當因明宗依之後陳。卽論理之表詞。謂與假設之關係、有能成立者。有不能成立者、故曰不必成。故、濕也。必待所爲之成也。濕字義不可通、又倒著故上。濕當作㬎、此文本作故㬎也。今據經校乙。㬎、顯正字。說文日部云、㬎、明微眇也。从日中視絲。古文以爲顯字。段注、經傳顯字、皆當作㬎。㬎者本義。顯者段借。自顯專行而㬎廢矣。說文通訓定聲云、濕段借爲㬎。然則㬎爲此文本義明矣。故者、一切事物之大故小故。使之明㬎、如日中視絲。則所見甚明、事可期成也。故曰、必待所爲之成也。不必成者、非必一無所成。特難必其一一皆成耳。必待所爲之成者、暫時或不卽成。久之無不覩厥成矣。伍云、故所以然也。立說所依據之論證。當因明之因。言立一說、必有故而後能成立。小取云以說出故、言以說明其所以然也。荀子曰辯則盡故、言將其立說之種種論證剖述詳盡也。故與假設之關係、必爲能成立者。故必待所爲之成也。若立說而不舉其故、或所舉之故不確、則其說無由成立矣。

名、說文口部云、名、自命也。从口夕。夕者冥也。冥不相見。故以口自名。武幷切。引申爲一切事物命名之名。七略、藝文志、均列名家。辯經固名學之祖。孔子曰、必也正名乎。名不正則言不順。言不順則事不成。荀子、呂氏春秋、均有正名篇。達、類、私。曾云、名必與實相副、而後可名也。具達類私三義。

名、物。句　達也。孫云、言物爲萬物之通名。荀子正名篇云、故萬物雖衆、有時而欲徧舉之、故謂之物。物也者、大共名也。卽此義。梁云、達、通也、達名、物之通名也。

例如物、凡有物質之實者。皆共得此名也。

有實、必待文名也。名舊譌多、孫云、多當作名。言名爲實之文也。上文云舉告以文名、舉彼實也、可證。純一今據正。

命之馬。句類也。曹云、馬者、肖其形而命之、故曰類也。若實也者、必以是名也。孫云、荀子正名篇云、有時而欲偏舉之、故謂之鳥獸。鳥獸也者、大別名也。卽此義。純一案類名、卽荀子大別名中推而別之之名。以馬爲獸中之一部也。類、說文犬部云、種類相似。唯犬爲甚。从犬、頪聲。此言馬以象形命名。如牛、如羊、如犬、各從其類。故曰若實也者、必以是名也。若者、似也。如也。若實、卽象形之謂。

命之臧。句私也。私名、卽荀子別之至於無別之名。爲一人獨有之專名。故曰是名也、止於是實也。臧、古藏字。守藏之奴名爲臧。王闓運云、今言管家是也。是名也止於是實也。張云、名止於是實、凡人不得名之。

聲出口。俱有名若姓字。字舊譌宇。畢云、疑字。張云、當爲字。物之有名、如人之姓字。曹本作字。今據正。凡口之出聲、必有名與俱出。無論爲達名類名私名、要皆若人之姓字也。欒云、達類二名、皆爲邏輯之公名。墨辯爲達類之分者、蓋卽邏輯五種之類別也。私名卽邏輯之專名。

謂、說文言部云、謂、報也。从言、胃聲。案報者、當其實也。欒云、順言者詞氣之抑揚、聲音之輕重、而發生不同之意味。此名所以有謂性之分也。純一案經說下云、謂、彼是、是也。不可謂者、毋唯乎其謂。彼猶唯乎其謂、則吾謂行。彼若不唯其謂、則吾謂不行。小取篇云、是猶謂也者、同也。吾豈謂也者、異也。均可爲欒說之疏證。移、舉、加。伍云、言謂有移舉加三性。

謂、目、舊到灑下、今校乙。灑狗犬、梁書武帝紀、涕淚所灑。松草變色。灑猶揮也。廣韻揮、灑也。言揮狗爲犬是移也。移也。移舊譌命。從孫校據經文及下文舉也加也審校改。

狗犬、舉也、歐陽云、曲禮、效犬者左牽之。疏、狗犬通名。若分而言之。則大者爲犬、小者爲狗。狗犬舉也、卽對犬謂之犬。對狗謂之狗。稱實舉名。不相繆戾。

叱狗、加也。對狗詞叱、是以威氣相加也。故曲禮云、尊客之前不叱狗。孫云、說文言部云、叱詞也。漢書儒林傳、王式曰、何狗曲也。顏注云、意怒故妄發言。言狗者、輕賤之甚也。加、謂以惡語相加。說文力部云、加、語相增加也。論語集解引馬融云、加、陵也。

知、說文矢部云、識詞也。从口矢。段注、白部云、𥏼、識、詞也。知𥏼義同、故𥏼作知。識敏、故出於口者、疾如矢也。聞、說、親、名、實、合、爲。曹云、知者、人心之大用。具七義。

知、傳受之聞也。方不㢓、孫云、集韻四十漾云、障或作㢓。方謂方域、言知不爲方域所限生障礙也。說也。身觀焉、親也。畢云、言知有得之傳受者、是耳所聞也。非方土所阻者、是人所說也。身自觀之者、則親見也。所以謂、名也。所謂、實也。名實耦、合也。志行、爲也。國故論衡原名、說聞說親三義云。親者、因明以爲現量。說者、因明以爲比量。聞者、因明以爲聲量。赤白者、所謂顯色也。方圓者、所謂形色也。宮徵者、所謂聲也。薰𦤍者、所謂香也。甘苦者、所謂味也。堅柔燥溼輕重者、所謂觸也。遇而可知。歷而可識。雖聖狂弗能易也。以爲名種。以身觀爲極。阻於方域。蔽於昏冥。縣於今昔。非可以究省也。而以其所省者。善隱度其所未省者。是故身有五官。官簿之而不諦審。則檢之以率。從高山下望冢上。木䅽䅽若箸。日中視日。財比三寸盂。且莫乃如徑尺銅盤。校以句股重差。近得其眞也。官簿之而不徧。則齊之以例。故審堂下之陰。而知日月之行。見瓶水之冰。而知天下之寒。官簿之而不具。則儀之以物。故見角帷牆之端、察其有牛。飄風墮麴塵庭中、知其里有釀酒者。其形雖隔。其性行不可隔。以方不㢓爲極。有言蒼頡隸首者。我以此其有也。彼以此其無也。蒼頡隸首之形不可見。又無端兆足以擬有無。雖發冢得其髑骨。人盡有骨。何遽爲蒼頡隸首。親與說皆窮。徵之史官故記。以傳受之爲極。純一案章說傳知說知義有未盡、略補述之。傳知非惟載籍、亦賴師承。如孔子問禮於老聃。墨子受學於史角之後。伏生授書。是其例也。說知如公孫龍子跡府篇、記仲尼問楚王之遺弓止求、以爲仁義未遂。耕柱篇、墨子聞仲尼答葉公之問政、以爲未得其對。皆其例。聞說親三知具足。由是依形定名而名正。循名核實而實符。所以謂與所謂耦、而名實合矣。由是尙志力行、在在可益所爲以利天下矣。此墨氏知行合一之旨也。聞說親、是求知之綱領。名實合、乃知行之樞要。爲則知之實現也。說文七項、平列分釋、梳櫛經文用字之義。未可據爲平列七事也。

聞、說文耳部云、聞、知聲也。从耳、門聲。案从耳門、亦會意。傳、親。曹云、聞具傳親二義。張之銳云、傳、傳聞也。親、親聞也。

聞、或告之、傳也。身觀焉、親也。此彖上章、分釋聞知之義。或告之者、先時之事。異域之事。由傳聞。是比量。身觀焉者、屬現量。具三義、(一)當現在之時。(二)當現處之地。(三)當現有之事物。非僅種子義。非是無體法。

見、說文見部云、視也。从目儿。段注、用目之人也。會意。體、盡。此分釋上章親知之義。張之銳云、上欄云偏也者、兼之體也。故體者言見其一偏。又云盡莫不然也。故盡者、言見其全量。社會之事、不外聞聞見見。故以聞見二者、聞其端也。

見時者、體也、二者、盡也。孫云、時疑當為特。特者、奇也。二者、耦也。特者、止見其一體。二者、盡見其衆體。特二文正相對。純一案時字有義可通。似不必破作特。廣雅釋言云、時、伺也。王氏疏證、觀時覗伺並通。論語陽貨篇、孔子時其亡也而往拜之。疏、謂伺虎不在家時。時卽窺伺之義。說文兼、幷也。从又持秝。墨氏貴之。取其攝多入一也。不一而足也。體分於兼。故僅窺伺其一體。不足以明兼。二斯足以盡之。二者、見此知彼。見異知同。見小知大。論語子罕篇云、我叩其兩端而竭焉。是已。大旨蓋謂淺人視物。縱極窺伺之能。不過見兼之一體而已。唯深造有得者。左右逢原。能盡見淺人所不能見。故曰盡也。此章與上章文均平列、而義皆後勝於前。

合、說文亼部云、合、亼口也。从亼口。侯閤切。段注云、此以其形、釋其義也。三口相同是為合。引申為會合配合等義。

正、宜、必。此分釋上章合知之義。言致知之綱要、不外耳聞與目見。然所聞見者名耳、當卽身實現。俾知行合一以和衆也。合有三義、說分釋之。曹云、合者、相耦而不離也。張之銳云、合謂人衆相合。若今所謂黨會團體。正宜必、言社會結合、以此三者為要件也。

合、舊作古、從楊校改。兵立。張云、兵字從兩手収斤、古者持兵而立。必兩人合偶。純一案張說是也。兵立必正。參伍為偶。有合義。司馬法嚴位篇云、立卒伍。定行列。正縱橫。書牧誓篇云、不愆於六步七步。乃止齊焉。均可諧。喻人當去一己之偏執。與衆協和。始為正也。反中。反、復也。中古平去二聲兼讀。言反復於至中之道、在在皆中節也。否則不正、難於合衆矣。志工。志、心之所之也。墨以天志為極。志工、卽天志中順天之意之善意行。猶從輪人之規以為圓。匠人之矩以為方。不敢聰明自用也。書皋陶謨曰、天工人其代之。是其義。此以無我為正。無我始合於道也。正也。說文正部云、是也。从一。一以止。此言一切行止、始終與衆人合一為正也。臧之為宜也。臧、奴也。所為必利於主。無不合乎事之宜。喻墨道務自苦以利天下。以處衆人之所惡。爲利萬物為宜。有如臧然。故荀子王霸篇、譏其勞苦秏顇莫甚焉。雖臧獲不肯與天子易埶業。為之者役夫之道也。此以屈己利他為合也。非彼、必不有。說文必、分極也。謂以弋分界也。非有彼之見存、則分界之事、可以不有。必也。必者、所以嚴彼此之界。防其互相侵也。聖者用而勿必。張之銳云、論語曰、子絕四。勿意勿必。言惟聖人能權衡時宜。用而勿必。非可望於衆人也。必也者、可勿疑。必也者、可使衆勿疑貳、以免貌合神離也。此以彼此互尊自由為合也。

欲正權利、惡正權害。惡上舊衍且字、從孫校刪。凡經首必標題。此獨無。據說審校、欲上疑脫權字。言欲惡最易使人失其正。當權利害以正之。大取篇云、權、正也。蓋權不可欺以輕重、欲惡利害、審正於權。則一切志行、不敢自私、無不得其平矣。此以物理之宜、示人立德之準。足見墨氏貴兼、在在具科學精神也。欲、貪也。惡、瞋也。皆從癡生。此佛教所以戒貪瞋癡也。曹云、人之欲惡、因利害而生。權、審量也。以正權其利害、則欲惡得其平矣。張之銳云、人之情、欲利而惡害。人人各思以利歸己。以害與人。社會衝突之點。卽由此欲惡不得其正而生。故須防社會之衝突、當先正人之欲惡。

權者兩而勿偏。權舊譌仗、孫云、以經文推之、疑仗當作權。艸書形近而譌。言兩權利害、無所偏主。純一案孫說是也、今據正。欲易偏、權其果利與否而欲正。惡易偏、權其爲害如何而惡正。故莊子秋水篇曰、知道者必達於理。達於理者必明於權。明於權者不以物害己。荀子正名篇曰、道者古今之正權也。離道而內自擇。則不知禍福之所託。此教人具權智。平欲惡。不失其利害之正也。

爲、存、亡、易、蕩、治、化。此分釋上文爲知之義。

爲、甲、舊譌早、從孫校改。臺、孫云、臺謂城臺門臺。詩鄭風出其東門。毛傳云、闍、城臺也。禮記禮器云、天子諸侯臺門。存也。孫云、言爲甲以備戰。於城及宮門爲臺以備守。皆以求存爲爲也。張之銳云。甲以護身。臺以守禦。皆所以保存生命也。純一案此喻人當被精進鎧。（本佛典）嚴淨靈臺。（莊子庚桑楚釋文、靈臺謂心有靈智能任持也。）全性保眞（文子精誠）也。病、亡也。孫云、言治病之爲求其亡、此卽上文治病亡也之義。純一案孫說未允。上文亡對成言、此亡對存言、主恉不同。以上下文例審校、病下疑脫一死字。言病死二者、人所不免。警策世人一切志行、勿自作病。（晉書顧榮傳云、惟酒可以忘憂、但無如作病何耳。）勿自輕死。（老子曰、民之輕死、以其求生之厚。）自取滅亡。（陰符經云、沈水入火、自取滅亡。）貴自強而不息也。

買、糴、易也。張之銳云、買、購物也。糴、售物也。貨物相交易也。純一案交易本互利之道、喻士之用身、不若商人用一布之愼。（貴義）教人各自珍重。老子曰、名與身孰親。身與貨孰多。得與亡孰病。是故甚愛必大費。多藏必厚亡。新約馬太傳耶穌云、人若賺得全世界、賠上自己生命、有何益處。皆此易之微旨。必有力者出以勞人。有財者出以分人。有道者出以教人。則利他卽是自利。誠至善之交易也。

霄、畢云、霄與消同。張之銳云、言消耗之。盡、由漸而消。至終而盡。蕩也。張之銳云、謂若以水蕩而散之。純一案耕柱貴義兩篇、均有是蕩口也之文。蕩卽消磨散盡之義。言人生數十寒暑、容易消耗。如露如電、終與萬物同歸於盡。一切有爲法、（金剛經偈句）莫不然也。（經上、盡、莫不然也。）是所謂磨蕩也。（曹植七啓、素冰象玉。難可磨蕩。）

順、長、治也。言當順天之意。（天志中）長養天下之人、兼愛以正其德。交利以厚其生。是爲治之要道也。

鼃鼠、舊譌買、從孫校改。化也。言人無益於世、必將與鼃鼠同化、而不能自主。是亦生平一切行爲之結果也。釋氏言六道衆生、彼此輪迴、循業而轉。俱舍論云、人若造業、當墮畜生、各自差別。蓋因業感報、自作自受、理不爽也。墨氏已得其旨。夫生死假名、從肉體得。而神識終古不滅。昭七年左傳云、鯀化爲黃熊。（史記夏本紀正義、音乃來反、下三點爲三足也。）莊八年左傳說公子彭生爲豕。淮南子俶眞訓、昔公牛哀轉病也。七日化爲虎。其例也。漢書賈誼傳曰、千變萬化、未始有極、忽然爲人。允巳。孰知爲人爲非人。均由一念狂聖分途。信乎人不可不正欲惡而愼所爲。超凡入聖、越大化而外之。果正欲惡、損己而益所爲、以治天下。又無難化被萬物也。

同、說文冃部云、同、合會也。从冃口。案口在重覆之下、是同之意也。重體、合、類。曹云、同具四義。

同、二名一實、重同也。曹云、二名一實、如狗又名犬。其實一物也。欒云、此言重名全分肯定辭。如云狗是犬、此雖全分肯定。然因狗卽是犬、犬卽是狗。故謂狗如犬、無異云狗是狗。謂狗是狗、直同癡語。故狗是犬一辭、雖具兩名。以非異實、不能論成一意。是故在名學中、此辭無所用。不外於兼、體同也。孫云、亦與經云體分於兼義同。分體統含於兼體之內、故云不外於兼。曹云、不外於兼者、兩體而同一身。如人手足然也。純一案如云堅白在石、體同也。欒云、此言全分肯定辭。胡仲瀾曰、不外於兼、謂一部分、不出乎全部分之外也。案胡君此解甚是。因兩名中、其前者與後者之一部分相同。而其所舉之實、不能出於後者之外。如云孔子是聖人。孔子一名所指之實、不能外於聖人一名所指者也。俱處於室、合同也。曹云、俱處於室者、如人夫婦、詩云妻子好合是也。欒云、此言俱名全分肯定辭。如云牛馬四足。四足爲牛馬二者合同所有。而不爲其二者幷合所有。俱名卽邏輯之集名。有以同、類同也。曹云、有以同者、於不同之中。有其同者焉。易曰方以類聚是也。純一案例如爾雅釋獸云、麠、大麃、牛尾一角。則麠尾牛尾、類同也。又云貀、狗足。則貀足狗足、類同也。欒云、此言一分肯定辭。胡仲瀾曰、有以同者、謂一名之一部、與他名之一部、有以相同而已。案胡君此解甚是。但釋有字尚未憭。據春秋穀梁隱三年傳曰、有內辭也。或外辭也。則有與或、皆爲一分之義。又據小取篇曰、或也者、不盡也。馬或白者、二馬而或白也。非一馬而或白也。其爲一分肯定之義尤明。又曰夫物有以同而不率遂同、卽謂兩似之點、僅爲一分、而非全分相同。有以同之爲一分同、其義更顯。以上四同、重體合三種、均爲全分肯定辭。類則一分肯定辭。

異、不同也。二、不體、不合、不類。孫云、舊本體上脫不字、今依畢校補。吳鈔本不脫。曹云、異亦具四義。張之銳云、四者與同皆相反也。

異、二必異。二物分極。絕不相同。張云、名二而實又異。二也。孫云、謂名實俱異、較然爲二物也。欒云、此言全分否定辭。如云牛非馬。不連屬。

句不體也。欒云、此言有離之全分否定辭。如云指非手。因五指連掌爲一手。今離指離掌而言一指。則指自非手。公孫龍白馬非馬論、卽不體之辯也。不同所、句不合也。欒云、此言異處之全分否定辭。如云楊墨無父無君。因此辭所論者、乃謂楊氏無君、墨氏無父。非云楊氏無父無君。墨氏無父無君也。但此在邏輯言之、爲複辭耳。不有同。句不類也。欒云、此言一分否定辭。如云豕無白者。以上四異、二不體不合二者、爲全分否定辭。不類、爲一分否定辭。同名異名、義極分析。而其微旨、仍以同中有異、異中有同、不可分析、令學者自知之。下章次以同異交得、其意尤顯。

同異交得。曹云、交得者、或同或異兩相得也。放有無。論語里仁篇云、放於利而行。集解引孔注云、放、依也。法儀篇云、放依以從事、猶逾己。可證。言同異依有無而交得。老子曰、常無以觀其妙。常有以觀其徼。此兩者同、出而異名。或此所本。大取篇云、有其異也、爲其同也。爲其同也、異。卽此同異交得之義。莊子天下篇、惠施曰、大同而與小同異。此之謂小同異。萬物畢同畢異、此之謂大同異。本此。蓋傑知同異固無有矣。

同異交得、於福家福富古通。耕柱篇云、鬼不見而富。王引之云、富讀爲福。公孟篇云、爲善者富之。王云、富與福同。釋名釋言語云、福富也。其中多品如富者也。福家卽富家、言無不有也。張之銳云、福、備也。福家、謂富實完備之家。良釋名釋言語云、良、量也。禮樂記、則易直子諒之心油然生矣。韓詩外傳、子諒作慈良。是良與諒通。諒量義同。量知有無、與比度多少對文。㤻舊作恕、孫云、恕當作㤻、㤻、與知通。今據正。有無也。前經云、厚有所大。說云、厚惟無所大。老子曰、天地萬物生於有。有生於無。是量知有無、同異交得也。比孫云、周禮小胥鄭注云、比猶校也。度禮記王制、度地居民。釋文、度量也。多少也。言比度物類孰多孰少、異同亦可交得也。免蚓還園孫云、免當作宅、卽蛇之正字。疑蚓字卽螾之別體。園疑當作圓、亦形之誤。還與旋同。蛇螾皆蜿蟺屈曲而行、故下云去就也。去就也。孫云、彼此相背爲去。相還爲就。純一案言去就旋圓、亦同異交得之理也。鳥折用桐孫云、此義難通。竊疑鳥當爲爲。折當爲梗。干祿字書云、象通作爲。北齊南陽寺碑象作爲、並與鳥形相近。梗折偏旁、亦略相類。象謂象人、卽偶人也。說文人部云、偶、桐人也。越絕書記吳王占夢云、桐不爲器用。但爲偶。當與人俱葬。淮南子繆稱訓云、魯以偶人葬。而孔子歎。宋本許注云、偶人、桐人也。戰國策齊策云、有土偶人與桃梗相與語。土偶曰、子東國之桃梗也。刻削子以爲人。趙策又云、土梗木梗。史記孟嘗君傳、桃梗作木偶人。是木偶人、謂之象人。亦謂之偶。亦謂之梗。以桐爲之、亦曰桐人。故曰象梗用桐。堅柔也。孫云、此謂象人與生人不同者、一堅一柔也。老子曰、人之生也柔弱。其死也堅強。故堅強者死之徒。柔弱者生之徒。

卽此堅柔之義。純一案言象人與生人異其柔。與死人同其堅也。

劒戈甲戈甲舊作尤早、孫云、疑當作劍戈甲、形近而譌。言劍戈以殺人求其死。甲以衛人求其生。此與孟子矢函、韓子矛盾之喻。語意略同。純一案孫說是也。今據正。甲下疑脫盾字。節用上云、甲盾五兵可證。言劍戈以殺人求其死。然正以防人之殺己求其生。甲盾以衛己求其生、然正以便己之殺人求其死。是生死之爲異爲同無定也。**死生也。處室子。**孫云、孟子告子趙注云、處子、處女也。莊子逍遙遊釋文云、處子、在室女也。**子母長少也。**疑當作少長子母也。言同一身也而少長異狀。子母異偁。曹云、少而處室則曰子。長而字子則曰母。**兩絕勝**孫云、言二色相勝。**白黑也。**曹云、下篇云、若白與黑誰勝。純一案白黑二色、迥乎不同。故曰兩絕勝。然同於白者、不可謂其必勝黑。同於黑者、不可謂其必勝白也。**中央**句**旁也。**孫云、謂有四旁、乃有中央。純一案中央四旁、名異實同。果有異可分乎。荀子大略篇云、欲近四旁、莫如中央。或卽本此。**論行學實。**舊重衍兩行字、從孫校刪。**是非也。**孫云、言人之論說行爲學問名實四者、各有是非之異。純一案是非起於異、止於同。**難宿成未也。**曹云、宿與夙同、早也。事之難宿成者、則曰未也。王樹枏云、難蓋未成。宿猶夙、謂已成者。故曰成未也。純一案事有成未之異。理則自無始來本同也。**兄弟**句**俱適也。**張之銳云、適、得也。言兄弟友愛。交相得也。純一案兄弟長幼異而分同。宜相友愛同。**身處志往**句**存亡也。**孫云、身處爲存。志往爲亡。純一案身處此而志他往、是形雖同於存者。而神已異於存者、同於亡者。**霍爲姓**句**故也。**張云、姓疑當爲性。王本改作性。注云、孟子書性也、故也。曹云、故、舊也。霍之爲姓、由來舊矣。下篇云狗假霍也。猶氏霍也。純一案假霍爲姓、異也。習慣如故、同也。荀子正名篇曰、約定俗成。是此故之塙詁。**賈宜**句**貴賤也。**曹云、賈與價同。價之貴賤、各有所宜也。下經云賈宜則售。純一案賈宜則讎、知貴賤本無定也。是貴賤之名雖異、而實則賈之宜同也。此章大旨、言同異始於有、終於無耳。張之銳云、自比度多少也至此、皆推廣同異交得放有無之意而申言之。上二章分析異同、爲論理演繹之要法。此章遺除異同、爲論理歸納之要法。是爲墨學以分析名相始、以遺除名相終之明證。蓋教人惔於欲惡、勇於治化、以兼易別。非僅尙辯術也。梁云、此言同中求異、異中求同、卽同異交得之理也。泰西論理學歸納法、所用五術、(一)求同。(二)求異。(三)同異交得。(四)共變。(五)求餘。共變卽求異之附庸。求餘卽求同之附庸、三足賅五矣。而此三皆墨經中所會導發也。

聞、耳之聰也。張之銳云、聞、聞言也。耳聰則聽不惑。孫云、經說上無說疑有缺佚。純一案下文循所聞而得其意、心之察也。卽此經之說。或由魯勝以後而誤分、蓋聞耳之聰也、與言口之利也。對舉成文。循所聞而得其意心之察也、與執所言而意得見心之辯也、亦對舉成文。乃連四章均無說、足見循所聞十一字爲此經之說。執所言十一字爲下章之說無疑。且循執二字、均非經題、亦足證也。此言耳根善聞。卽耳識、顯示意識了別之作用。頗似佛典言聞性圓通之理。（聞性具三眞實、首楞嚴經偈曰、十方俱擊鼓。十處一時聞。此則圓眞實。隔垣聽音響。遐邇俱可聞。是爲通眞實。音聲性動靜。聞中爲有無。無聲號無聞。非實聞無性。是則常眞實。參觀宗鏡錄四十四卷六七葉。）

循所聞而得其意心之察也。此卽前章之說。循上當有聞字、標經目也。今本脫之、故誤以爲經。張之銳云、循、順也。察、明也。順其所聞之言、以得言者之意。是心之明察也。伍云、意之自外入者、以聞而得之。然耳之能聞者、盡於聲音而止耳。音外之意。是耳之所窮也。聽者因言知意、非聽以耳、而聽以心也。故曰循所聞而得其意、心之察也。純一案張說是也、伍說尤精審。茲更推而言之。論語憲問篇、子擊磬於衞。有荷蕢而過孔氏之門者。曰、有心哉、擊磬乎。列子湯問篇曰、伯牙鼓琴。鍾子期輒窮其趣。家語顏回篇、回聞哭聲。知非但爲死者。又爲生離別。皆其例也。

言、說文言部云、直言曰言。論難曰語。从口、辛聲。語軒切。**口之利也。**張之銳云、利、便也。口便給也。純一案說文刀部云、利、銛也。从刀。和然後利、从和省。力至切。口之利、謂口之出言。當墻切事實。具備條理。如刀之斷物。銳入而極分別之能也。墨家自尹佚捷給善辯、至晏嬰墨子皆然。其口可謂利矣。修身篇曰、言無務爲多而務爲智。無務爲文而務爲察。可證。

執所言而意得見心之辯也。此卽前章之說。執上當有經目言字、今本脫之。言爲心聲。故意之藏於心內者、可以言表出之、揭示於人。俾聞者得見吾意、了當詳明而無疑。此非徒言之辯、乃其心之辯也。又如孟子公孫丑篇曰、詖辭知其所蔽。淫辭知其所陷。邪辭知其所離。遁辭知其所窮。是亦心之能辯。於聞人之言時。可盡得見其意者也。心之察、心之辯。皆明意識了別之作用。楞伽經中、更立別名分別事識。以能分別內外種種事故。伍云、意之自內出者、以言而見之。然口之所能言者、亦盡於聲音而止耳。無聲之言、是口之所難也。言者取言達意。非言以口、乃言以心也。故曰執所言而意得見、心之辯也。

伍云、以上二章、論聞與言之樞要。聞言者、辯之兩大關鍵也。

諾、說文言部云、諾、應也。从言、若聲。奴各切。**不一利用。**孫云、謂辭氣不同、於用各有所宜。若說所云五諾也。伍云、諾、應也。對彼之謂。將有所云云而以聲先之也。

雖是非之論證未宜、而然否之端倪已著。別之爲五、而皆可利於辯論之用。故曰諾不一利用。張之銳云、諾、以言許人也。說有五諾、故曰諾不一。利、宜也。言諾之道多端、當視其所宜而利用之。墨家任俠、重然諾。上欄言任士損己而益所爲是說任俠之行。此說任俠之言也。言貴實踐、諾必履行。是之謂信。社會交際不可少之道德也。故特標此義。前言知行合一。此又言言行合一。

諾、超超字義不可通。疑當爲起之形譌。曲禮云、唯而起。說文口部云、唯、諾也。蓋以彼所謂爲然。旣諾必起而行也。起與下文相從義合。是爲正諾。**員**當爲負之形譌。舊著下文止上、今乙。負、背也。言不允彼所謂。義與相去正合。是爲負諾。**成**舊譌城、張皐文本如此。是證士字誤合。今分釋之。成當爲或。或惑同。言未卽信彼所謂。義與下文无知相應。**土**春秋元命苞云、土之爲言吐也。吐猶出也。謂出口而應。與下文是字義合。**止也。**謂於所諾之事、適可而止。不再進也。起負或土止、適合五數。**相從。**孫云、謂彼謂而我從之。伍云、如應之日然、或唯唯者、是也。**相去。**孫云、說文去部云、去、人相違也。伍云、相去者、彼謂而我違之。如應之日否、或不然者、是也。**无知。**舊作先知、伍改作无知。云、无知者、彼謂而我不知所謂、如應之日何謂也者是也。純一案伍說是、今從之。**是。**伍云、是者、舊以爲是。而將有不應之稱也。**可。**伍云、可者、僅可而未盡之稱也。五諾有全然否者。有半然否者。有未知所然否者。相從、是全然也。相去、是全否也。无知、是未成然否也。是者、雖然也非必然也。可者、此然而彼不盡然也。半然否也。孫云、言人之應諾。其辭氣不同。隨所用而異。有此五者。**五也。**舊譌色、從孫校改。**正五諾**句**若人於知有說。**自正五諾至若自然矣二十五字、舊錯置後若聖人有非而不非下、今從孫校移此。若喩詞。舊譌皆。從孫校改。與下文一律。言諾有五義。當耳循聞而口出言時。必心察彼意、辯以己意而應之、無不適合斯爲正。果爾、若人於所巳知事理、而爲剴切之說明無異也。**過五諾**句**若負。**孫云、舊本譌員、今據吳鈔本正。負者不正之謂。列子仲尼篇、樂正子輿廣公孫龍說云、其負類反倫有如此者。負諾、亦謂非正諾也。純一案五諾不得其正。則有自語與他語相違、及自語與自語相違之過失。**無直無說。**說文乚部云、直、正見也。無正見而諾、卽非正諾、等於無說也。**用五諾若自然矣。**用五諾能無過失而得其正、習貫若自然、無所勉強矣。**長短前後輕重援**援字義不可通。當爲緩之形誤。禮玉藻、父命呼唯而不諾。陳灃集說、唯速而恭。諾緩而慢。義本孔疏。蓋析言之曰唯曰諾、統言之則諾有急緩之別。段注說文云。然也。故緩上當有急字、與上文一律。長短輕重急緩、就諾聲言。前後、就諾時言。孫云、此疑亦論諾之不同。伍云、五諾之出於口、其爲聲也省約。而其徵諸心也、則表顯至明。是故待繁辭博稱而後知者、辯之用也。不待繁辭博稱而後知者、諾之用也。善用諾者、可以省去辯論。於啓發思想、糾正謬誤、爲最有益。凡辯之道、先之以諾、繼之以說。諾得其當、則說行。諾不得其當、則說不行。諾得其當者、謂之正諾。諾不得其當者、謂之過諾。正諾者、諾相從。則說然之。諾相去、則說否之。諾與說應、說應諾立、故說行。過諾者、諾相從、說否之。諾相去、說然之。諾與說反、說與諾違、則說不行。能利用五諾者、卽能盡辯言之宜。案蘇格拉底倡問答法、有反詰、產念、諸式。因明有五問四記答之法。四記答與五諾略相類。相從、相去、類一問記。无知、類反問舍置二記。是、可、類分別記。

服、此冡上文口諾而言心服、服者、服其言之當也。卽中庸服膺勿失之服。言諾之爲辯、以所自悟悟他。務使之悅服。服膺吾說而交利。執訊。音利。注式從唐本。說、言相倪伺也。集韻十二霽說、音研計切、伺也。服謂言相從而不執、執謂言相持而不服、說則不服不執而相伺、若鬼谷子所謂抵巇者。純一案孫說服執訊三義平列、未諦。服、經目也。執說經文、示服之二義也。謂辯之爲道、不易使人服從。或由彼有偏執而難成服。必以正義破之悟之而卒服者。例如公輸子服於墨子之義是也。詳見魯問公輸二篇。或由說伺得閒、善於破彼執著。使自知非、而心悅誠服者。例如公孟子請舍忽易章甫、復見墨子是也。詳見公孟篇。

服目、舊倒著執下、今據經校乙。伍校同。執句難成。孫云、執謂人各執持一說。周禮調人鄭注云、成、平也。難成、謂平議其是非、難論定也。說、舊殘作言、今據經正。伍校同。務成之。伍云、服、辯相屈也。執、各持一說也。說、相倪伺也。執謂執持自說。說謂說伺敵之瑕點。批郤導窾、如鬼谷子所謂抵巇者是也。成、成立其說也。說夫辯者相高以辭。相尙以辯。各持一說、必不俱當。彼善辯者。審於聞言之機。謹於五諾之宜。得其當者而識之。得其不當者而識之。然後於其閒、置其當而攻其不當。彼旣無辭以自解。我乃因敵而制勝。則人可得而服矣。故說曰執難成、說務成之。

巧、說文工部云、巧、技也。工、巧飾也。象人有規榘也。徐鍇曰。爲巧必遵規矩法度、然後爲工。案此巧具工義。且不僅具工義。孟子盡心篇云、能與人規矩、不能使人巧。卽此巧字之義。

轉則求其故。則側同。故、所以然也。此冡服而次之。言辯術之巧妙、恒在輾轉反側求其眞能立眞能破之故、使敵不能不服從也。例如耕柱篇、巫馬子謂子墨子曰、子之爲義也。人不見而服、鬼不見而富。而子爲之、有狂疾。子墨子曰、今使子有二臣於此。其一人者、見子從事、不見子則不從事。其一人者、見子亦從事、不見子亦從事。子誰貴於此二人。巫馬子曰、我貴其見我亦從事、不見我亦從事者。子墨子曰、然則是子亦貴有狂疾者。又巫馬子謂子墨子曰、子兼愛天下、未云利也。我不愛天下、未云賊也。功皆未至、子何獨自是而非我哉。子墨子曰、今有燎者於此。一人奉水將灌之。一人操火將益之。功皆未至、子何貴於二人。巫馬子曰、我是彼奉水者之意。而非夫操火者之意。子墨子曰、吾亦是吾意。而非子之意也。此卽蘇格拉底與因明之反詰法也。伍舉例云、莊子 樂哉魚乎 惠子 子非魚安知魚之樂 莊子 子非我安知
我不知魚之樂 惠子 我非子固不知子矣子非魚子之不知魚之樂審矣(莊子秋水篇)

巧、轉原作傳、據經改。二字舊倒置下文法法取同觀下、今據經移此。九則求執之。白虎通義宗族篇云、九之爲言究也。謂巧於辯者、必輾轉窮究其持論之故、了知一切原因結果。則可得而執持之。

法同、目　則觀其同。禮記少儀云、工依於法。游於說。陳澔集說、依者據以爲常。游則出入無定。工之法、規矩尺寸之制也。說則講論變通之道焉。此所謂觀、蓋兼依與游二義以爲言。故能變通於規矩之外。得其不傳之巧也。規矩尺寸之制、所同也。講論變通之道、有巧寓焉。惟善觀者自得之。

法同、經目、與有閉章同例。舊脫今補。法法取同觀。法法承法同言、言不一法。法法取同觀、言法法之中、必有相同之點。務取觀之、博學也。同卽不異、所謂兼也。莊子德充符篇曰、自其同者視之。萬物皆一也。是其義。又天下篇、偁墨子好學而博不異。亦其諭也。類推於辯術。則重同、體同、合同、類同等等觀念。神而明之、隨在可利用也。蓋法於異中見同、是歸納法之諦理。

法異。目　則觀其宜。法無獨同。必兼有異。法法異宜。存乎達觀。

法異、經目、異字舊脫、今校補。與上文法同一例。取此擇彼問故觀宜。孫云、擇讀爲釋。釋捨古通。見節葬下篇。言取此法則捨彼法也。純一案孫說亦通、擇如字讀。下文彼舉然者、以爲此其然也、則舉不然者而問之、十八字。疑卽釋取此擇彼問故觀宜之文、當移此作注。彼此、含然不然義。所以爲異也。何取何擇、愼思明辨也。問卽審問。總以觀其大故小故、而成正見爲宜。蓋法於同中見異、在取此異、擇彼異、觀其彼此異宜。一一審問其已然當然之故、則理無不得矣。如彼以爲然者、此亦以爲然、同也。不待問也。若此以爲不然、卽其異點所在、則舉而問之。得知其所以異之故、然後觀其孰宜孰不宜、以爲斷案可也。綜上三章大旨言之、巧之能傳。必有其故。如何求之、當觀其所以爲巧之法。執同執異。卽於衆法中、取其同。擇其異。而審其宜。庶巧可得而傳矣。辯術之要。在於同中求異。異中求同。乃至非同非異。卽同卽異。同異交得。始可與天下萬世言兼矣。

止、安居於此、而不還於彼、篤行也。因以別道。別、分也。此冢上三章而次之。言利於人謂之巧。不利於人謂之拙。(魯問)當辯別同異、擇宜以止之。墨者總異同於一兼。止於愛人。因與不墨者別道也。呂氏春秋疑似篇曰、墨子見歧道而哭之。卽欲人皆止於唯一大道而成聖人也。

止、目、舊譌也。倒著不黑者下。今校移此。以人之有黑者、有不黑者、止黑人。與以有愛於人、有不愛於人、止愛人。是孰宜止。後二止字、舊並譌心、從張校正。言人之黑不黑本性成也。乃以不黑之人、止黑人使不黑。不知黑由性成。是不能止者也。若人無不當愛人者、亦性所不能已也。乃以不愛人之人、止愛人之人使不愛人。是尤不宜止者也。黑者、喻墨者。不黑者、喻非墨者。非墨者、必不愛人。墨者、必兼愛人。兼愛人、即巧於利己之道。不愛人者異是。故人當同止於墨道而兼愛人也。墨子色黑、見貴義篇。此似墨子有感而發、總結上文。亦足爲經說皆墨子自著之一證。

彼舉然者以爲此其然也。則舉不然者而問之。此十八字當移前取此擇彼問故觀宜下作注。

正、說文正部云、正、是也。从一从止。徐鍇曰、守一以止也。案是从日正、會意。無非。說文非部云、非、韋也。段注韋各本作違、今正。違者、離也。韋者、相背也。非以相背爲義。不以離爲義。音甫微切。案非者是之反。背於正道也。此彖止而次之、止於一是故無非。

正。目、舊脫、今依說通例補。有非而不非。若聖人。若聖人三字、以喻作結。當在句末。舊倒置有非上、誤。今依說通例乙。人能獨具正見者。於世俗道理、時或相背。於眞實道理、從不相背也。若聖人然、有是無非。世以聖人有非而非之者。特不識聖人者也。聖人固不可非也。此墨子隱以自況也。

經下第四十一 曹云、經下與經上、語勢不同。而其閒一以相承則同。從其說中按次以尋求之。則其章段分明。訛脫亦漸可校補。墨經堅白同異之辯、同者於異而辯其同也。異者於同而辯其異也。下經之首、先舉同異二者、以發凡起例也。欒云、經下篇爲明是之說。爭非之辯。皆先陳所立破之宗論。說在以下、乃出能立破之因由也。

經下篇旁行句讀上列

止類以行人說在同

四足牛馬從孫校推類之難說在名之大小名字從孫校增

經下篇旁行句讀下列

所存與存者孰存說在所主異據說與張校並以意審定

五行毋常勝說在多多舊作宜從欒校改

物盡同名二與鬭愛食與招白與視麗與暴暴字舊脫據說補　夫與履一偏棄之謂而固是也說在因

不可偏去而二說在見與俱一與二廣與脩

不能而不害說在害

異類不吡說在量

偏去莫加少說在故

假必誖說在不然

物之所以然與所以知之與所以使人知之不必同說在病

疑說在逢循遇過

與一或復否說在拒

毆物一體也說在俱一惟是

宇或徙說在長宇久

無欲惡之爲益損也說在宜

損而不害說在餘

知而不以五路說在久

火不熱說在頓

知其所以不知說在以名取

無不必待有說在所謂

擢慮不疑說在有無合

且然不可止而不害用工說在宜

均之絕不說在所均

堯之義也生於今而處於古而異

無久與宇堅白說在因

在諸其所然未者然說在於是推之

景不徙說在改爲

景二說在重

臨鑑而立景到多而若少說在寡區 此文舊錯在前當下列狗犬也上今據說位次移此

景到在午有端與景長說在端

景迎日說在轉 轉舊作摶從孫校改

景之小大說在杝正遠近

鑑位景一小而易一大而正說在

時說在所義二

狗犬也而殺狗非殺犬也可說在重

使殷美說在使

荆之大其沈淺也說在具

以檻爲摶 檻舊作艦從孫校改 於以爲無知也說在意

意未可知說在可用過仵

一少於二而多於五說在建位 位舊作住從曹本改

非半弗斮則不動說在端

可無也有之而不可去說在嘗然

正而不可擔說在摶

宇進無近說在敷

中之內外內外據說乙此文舊錯在前當下列使殷美上今據說位次移此

鑑團景一大一小而必正說在此經舊錯在前作鑑團景一不堅白說在今從欒校移此校訂詳後

負而不撓說在勝

衡而必正說在得舊錯在前今從說位次移此

契挈通與收仮舊譌枝板從張孫校正說在薄

倚者不可正說在梯舊作剃從孫校改

推之必往說在廢材

買無貴說在仮其賈

賈宜則讎說在盡

無說而懼說在弗必必舊作心從孫校改

或過名也說在實

知知之否之足用也誖舊作諄從孫校說在無以也

行脩以久說在先後

一法者之相與也盡類若方之相合也說在方

狂舉不可以知異說在有

不可牛馬之非牛與可之同說在兼

彼此彼此舊作循此循此據說及伍校改與彼此同說在異

唱和同患說在功

聞所不知若所知則兩知之說在告

以言爲盡誖誖說在其言

唯吾謂非名也則不可說在仮

無窮不害兼說在盈否

不知其數而知其盡也說在明者

謂辯無勝必不當說在辯

無不讓也不可說在始

於一有知焉有不知焉說在存

有指於二而不可逃說在以二絫

所知而弗能指說在春也逃臣狗

犬遺者遺舊作貴從張校改

知狗而自謂不知犬過也說在重

通意後對說在不知其誰謂也

不知其所處不害愛之說在喪子

者無說

仁義之爲內外也內說在仵顏

學之無益也無字從孫校據說增說在誹者

誹之可否不以衆寡說在可非

非誹者誖舊作諄從孫校說在弗非

物甚不甚說在若是

取下以求上也說在澤

是是與是同說在不文文舊作州從張楊二校改

經說下第四十三

孫云、篇中論景鑒及升重轉重諸法、與今泰西光重學說略同。尹云、經上體似爾雅釋詁釋言、訓解書也。經下體似印度因明法、則論理學耳。因明法、必立宗因喻三義。宗者、論旨。因者、其所因依。喻者、引一例以證之。經下文多備三者、其論理學之權輿與。

經下上列　經說下上列

止。老子曰、知止不殆。止卽歸宿之意。類以行人。說在同。所謂止者、謂立言必有歸宿也。所謂類者、卽三段論式之大前提。亦卽因明之喻。同品異品、所由決定也。行對止言。類以行人者、謂凡屬行人、無論此類彼類、自西自東、自南自北、歷時久或不久、無不欲達其止息之地者。故曰說在同。周禮秋官有大行人、小行人。其職司皆在齊一異同。義亦可通。列子天瑞篇曰、生人爲行人。行而不知歸、失家者也。一人失家、一世非之。天下失家、莫知非焉。莊子齊物論曰、行盡如馳、而莫之能止。不亦悲乎。皆墨子言外之意。曹云、止、人之足也。

今字作趾。易曰壯於趾。人賴趾以行。非獨人也。凡動物之類、鮮不以足行者、物之同然也。楊云、大取篇曰、夫辭以類行者也、張之銳云、經上云、同異而俱於之一也。

止、彼以此其然也、說是其然也。張之銳云、說止是止、其同易見。我以此其不然也、疑是其然也。張之銳云、疑行卽止。其同難知。此與莊子天下篇、所言鏃矢之疾而有不行不止之時。語意相似。夫鏃矢飛行至疾、其閒尙有止時。何況人行舒緩、足必著地、其閒能無止象。明乎卽行卽止之義、而後可爲知類。蓋動靜互根、萬物畢同畢異。自其同者而觀之、則物無不同。自其異者而觀之、則物無不異。故求同之法、不於其同而於其異。求異之法、不於其異而於其同。求同之法、謂之綜合法、亦謂之歸納法。求異之法、謂之分析法、亦謂之演繹法。本條係言求同之法。下條駟異大小、係言求異之法。相對成義。此然是必然則俱。此七字、舊倒著次章大小也下。純一初審辭旨、以未歸到止上、於此注云疑有脫文。及見墨經校釋以七字移此、實獲我心。欣然從之。而梁改經說止作正、非。蓋止者、墨經注重歸納之要旨也。凡物之同一歸宿者。必有同一之故。而其類難必盡同。則在彼以爲然者。在此或以爲不然。而又不能謂其決不然。亦且疑其爲然。此論理歸納法、異中求同。必經之程。必至明於其類。決定初之未敢遽以爲然者。亦信爲必然。斯得之矣。

四足、牛、馬。四字舊止作駟。孫云、疑當作四足牛馬四字。譌挩合幷爲一字。說云、謂四足獸與。牛馬與。謂與說義同。純一案孫說是也。今據正。推類之難。孫云、言四足獸爲總名。而獸各自有散名。不能以類推也。說在名之大小。舊無名字。孫云、之上疑挩名字。凡總名爲大。散名爲小。詳經說下。純一今據補。張云、類有同有不同、故推之爲難。大小、類不同之最顯者。

四足謂獸。舊作謂四足獸。歐陽云、當作四足謂獸。四足二字、牒經標題。言四足者謂之獸也。純一案歐陽說是、今據乙。孫云、爾雅釋鳥云、四足而毛謂之獸。此謂獸爲四足毛物之大名。與牛馬異。舊作與生鳥與。孫云、疑當作與牛馬異。下三字並形誤。此謂牛馬爲四足獸之種別。純一案孫說是、今據改。與、舉同。名異大小也。舊無名字、據經文增。異舊作與、從孫校改。與上舊有物盡二字、是次章標目文、當移彼。孫云、荀子正名篇、以萬物爲大共名。鳥獸爲大別名。然牛馬復爲獸類之種別。是又獸爲四足之大名。牛馬爲四足之小名。明大小無定、隨所言而異也。若爲麋。麋舊誤麋、孫據道藏本吳鈔本正。若字舊脫、今據說通例喻結補。爲、說文爪部云、母猴也。其爲禽好爪。下腹爲母猴形。王育曰、爪象形也。薳支切。麋、說文鹿部云、鹿屬、冬至解角。从鹿米聲。武悲切。言爲非四足類、乃四手類。與麋爲四足類者、名又異。喻推類之難也。

物盡同名、孫云、物猶事也。謂意異而辭同。二與鬭。句愛食與招。句白與視。孫云、吳鈔本作二。麗與暴。暴字舊脫、從顧校据說補。夫與履。孫云、說作屨、義同。張云、同名之類有此十者。案當云十一者。義詳經說下、純一案二與鬭上、疑脫說在二字。或夫與履下、脫說在口句。

物盡同名、物盡二字、舊錯置於前、今移此。俱鬭。句。顧讀不俱二。張云、有二人然後鬭。然可云俱鬭。不可云俱二。曹云、俱鬭者、人相毆則糾結而不離也。不俱二者、人相疑貳則乖離而不合也。故有俱不俱之異。二與鬭也。二舊本譌三、孫從顧張校正。云言二人相合、斯謂之俱。若俱鬭、雖是二人、然是不相合之俱、故曰不俱二。色舊譌包。從孫校改。肝句肺句子句愛也。張云、四者俱人所愛。而所以愛者異。橘茅孫云、吳鈔本作茆。食與招也。張云、茅亦可食、而巫以茅招神、不與橘同食。周禮司巫云、旁招以茅。白馬多白。句視馬不多視。曹云、多白者、其色全也。不多視者、其體未全見也。伍云、白馬、所以命色也。視馬、所以命能也。白與視也。爲麗不必麗。張之銳云、麗、偶也。名詞所謂妃黃麗白是也。夫婦有時可相偶、如夫婦然。今詞章家以離異。故曰爲麗不必麗也。不必張其鍠墨經通解作爲暴不必暴。云此五字、舊存不必二字。孫詁云、不必二字衍。非也。據上句對文及下麗與暴之義補。爲麗不必麗爲暴不必暴者。舉名實不必稱之例。尹文曰、世有因名以得實。亦有因名以失實。宣王好射。說人之謂己能用強也。其實所用者不過三石。以示左右。左右皆試引之。中闕而止。（言不滿引）皆曰不下九石。非大王孰能用是。宣王悅之。然則宣王用不過三石、而終身自以爲九石。三石實也。九石名也。宣王悅其名而喪其實、此即爲暴不必暴之說。又曰齊有黃公者。好謙卑。有二女皆國色。以其美也。常謙辭毀之。以爲醜惡。醜惡之名遠布。而一國無聘者。衛有鰥夫時冒娶之。果國色。然後曰黃公好謙。故毀其子不殊美。於是爭禮之。亦國色。國色實也。醜惡名也。此違名而得實矣。此即爲麗不必麗之說也。麗與暴也。爲非以人是不爲非。張其鍠云、尹文曰、己是而舉國非之、則不知己之是。己非而舉世是之、亦不知己所非。然則隨衆實爲正。非己所獨了。則犯衆者可非。順衆者爲是。此爲非以人是不爲非之說也。若爲夫以勇不爲夫。爲屨以買不爲屨。不舊譌衣。孫云、此疑當作若爲夫以勇不爲夫。爲屨以買不爲屨。蓋爲非以人是不爲非者。凡己爲非理之事爲非。識人所爲之非亦以字舊脫。爲非。今廢人之非。則非其自爲非。經下云、非誹者諄。即此非字之義。若爲夫以勇不爲夫者。上夫爲勇夫之夫。下夫爲夫婦之夫。言以勇僻夫。則非爲夫婦之夫。爲屨以買不爲屨者。言爲屨而買之於人。則非其所自爲也。此並論異意同辭。三句文例略同。可以互校。今本爲夫下挩一以字。不爲屨不又譌衣。遂不可通。純一案孫說是、今據補正。楊云、韓非子詭使篇、而輕刑法不避刑戮死亡之罪者。世謂之勇夫。張其鍠改買作苴。屨並作屨。下同。云夫若一夫受田百畝之夫。謂農夫也。賤稱也。勇則稱士。古者一車甲士三人。其號殊於士卒。尊稱也。苴、牡麻也。牡麻爲屨則稱屨。以絲爲屨則稱履〃方言曰、絲作爲履。麻作曰屝。又兼愛下云、粗苴之屨是也。此言夫不必賤。士不必貴。爲役同耳。履不必貴。屨不必賤。爲賤同耳。爲舉世賤夫與屨而貴士與履。則亦因成貴賤矣。以證爲非以人是不爲非之義。此例又極名實之變。**夫與屨也。**曾云、此條所辯者。實異而名偶同也。所以合同異也。純一案此說義並難通。諸注未知合否。而孫說異意同辭。曾說實異而名偶同。所以合同異。是此章之大旨也。

一。說文一部云、惟初太極。道立於一。造分天地。化成萬物。**偏棄之。**孫云、棄、吳鈔本作弃。說作偏去。與此下文及經上合。去棄義同。謂凡物或分析一體爲二。或絫比兩一爲二。皆可去其一偏。對下不可偏去而二爲文。純一案此經據說審校、疑脫說在未句。一者、兼之異名。無盡同異所從出者也。兼不一體。體卽兼之一偏。老子曰、天得一以淸。地得一以寧。萬物得一以生。蓋一之不可偏棄也久矣。此與經上損偏去章、並後偏去莫加少章、大旨均同。而立辭則各異也。攷此經似當與下文不可偏去而二、說在見與俱一與二廣與脩合爲一章。因錯簡故、傳寫者遂並經說誤分爲二矣。今經無說在某句、並旁行位次下列獨闕、均其證。下文謂而固是也說在因章、以旁行句讀次第校之。當在物盡同名章下列。始與原本上下兩列次第相合。說詳讀伍評墨辯校釋。

一舊與下文一字、誤合爲二字。今正。**一與一亡不與一在偏去未。**謂此一偏與彼一偏、本相對待。今雖亡去一偏、不與未亡之一偏同在。其實棄去之一偏、並非消滅於無有。雖似亡去、猶未亡去也、兼之爲兼如故也。釋氏無去無來。無增無減之說。可意會之。

謂而固是也說在因。管子心術上篇曰、因也者。舍己而以物爲法者也。言凡有所謂。求墻合乎實際。道在因物付物。依據物觀的標準。不可雜以主觀的偏見。其義正與此同。孫云、說無因義、非。伍云、謂言者意之所指。言謂此則指此實。謂彼則指彼實也。是、寔也。固、一成不易也。固是卽固實。語見荀子正名篇。

此疑脫經目謂字。當補。**有文實也。**張云、文實、猶名實。孫云、張說是也。經說上云、舉、告以文名。舉彼實也。是其證。**而後謂之。**句**無文實也則無謂也。**孫云、謂有名實、始有所謂。無名實、則無所謂。大恉與公孫龍子名實篇所論略同。純一案管子心術上篇云、因也者。無益無損也。有文實而謂之、是無損義。無文實則無謂、是無益義。**不若敷與美。**爾雅釋言、若、順也。書舜典敷奏以言傳、敷、陳也。論語公冶長吾與女弗如也。皇疏與、許也。言無文實、則不得順私敷陳安許其美。**謂是、**句**則是固美也。**句**謂非、**非舊作也、義不可通。草書形似而譌。謂非與謂是相對成文。今校改。王樹枏校同。

則是非美。因其是謂之是、則是固是美也。因其非謂之非、則是固非美。無謂、則報也。呂氏春秋貴因篇曰、子以是報矣、高注報、白也。言無謂、即是表白其無可謂之實也。謂是、謂非、或無謂。皆所謂因也。莊子至樂篇曰、名止於實。此章據經上下列位次審校、當移於下列置物盡同名章下。庶復旁行之舊。說詳讀伍評墨辯校釋。

不可偏去而二。孫云、凡物有二斯有偏。有偏必可去其一。而體性相合者。則雖二而不可偏去。若下所云是也。說在見與不見俱。舊脫不見二字、文不成義。今據說審校補。孫云、說文人部云、俱、偕也。經上云、同異而俱於之一也。又經說上釋俱為合同。並與此義合。言所見者為一。所含而不見者又為一。此皆名有二。而不可偏去者也。即說堅白見不見之義。一與二。孫云、即說白一堅二。色性同體者也。廣與脩。脩舊誤循。俞云、循乃脩字之誤。蓋以廣脩相對為文。廣脩與堅白。皆二字平列。孫據俞校正云、此言若平方之冪。有廣有脩。二者異名。而數度相函。則二而仍一也。純一案凡物理當叩其兩端而竭焉。有相與為二。不可偏去其一者。偏去其一。即落邊見。說在見者與不見者俱。本不可離。若一與二。廣與脩然。此教人明於不見之見。所以破邪見。成正見也。即佛法戒見取見惑諸妄見。而貴眞能見道見諦之理。

見不見離。一二不相盈。廣脩。脩舊譌循、孫據俞校正。堅白。設離所見與所不見而為二。必一非二之體。二非一之兼。實不相盈而後可。無如見與不見俱。廣脩互相含。堅白不相外。雖二而一。烏可執此而遺彼耶。此所以明兼也。孫云、此言若堅白在石。見白不見堅。見堅不見白。白一也。堅二也。二者離。則不能相盈。相盈、猶相函含也。若離者合之、則無不相盈。如廣脩本為二、而從衡相函則為一。堅白亦為二、而色性相含則為一。此皆二而一者也。公孫龍子堅白篇云、於石一也。堅白二也。而在於石。故有知焉有不知焉。有見焉有不見焉。故知與不知相與離。見與不見相與藏。藏故孰謂之不離。即此書之義。

不能而不害。說在害。下害字疑涉上害字誤衍。據說審校、當作說在異任。即若耳目為同喻可證。

不目、舊本倒著舉下、今從曹本乙。舉重不與箴。孫云、箴即鍼之叚字。一切經音義引字詁云、鍼又針箴二形。今作針。說文金部云、鍼、所以縫也。非力之任也。孫云、言箴之舉與不舉、於力無與。即下文舉之則輕、廢之則重、非有力也之義。為握者之頗倍。非智之任也。俞云、字書無頗字。孫云、當為觭、形近而誤。其讀當為奇。周禮大卜杜子春注云、觭讀為奇偶之奇。莊子天下篇云、觭偶不仵。經上云、倍為二也。觭倍者、觭為一。倍為二。與觭偶義同。或云倍為偶之譌、亦通。此言握物而使人射其奇偶之數。雖或億中。不足以為智。故云非智之任也。純一案頗字从角从頁、明示頭上一角。是象形兼會意字。義同觭。觭倍即觭偶。義甚明了。古字不見於說文者多矣。不得因字書不見、輒破之。此言握物而使人射其奇偶之數。雖不能中。非不智也。據若耳目之喻、力智二字疑互錯。若耳目。若耳不能視、不害為聽。目不能聽、不害為明。故次以異類不比。其意尤顯。曹云、若耳目者。耳不能視。目不能聽。各有能有不能也。雖有不能。不害其所能也。

異類不吡。說在量。吡當作比。經說上云、比度多少也。量、分限也。言異類之事物、不能互相比度。蓋其質異、其量自不能以同等觀也。孫云、量謂量度其理數之異同。伍云、量、長短多少貴賤高下之度也。凡量之可比者、必於其類。否則關係不生。雖比而量莫能明。

異。目木與夜孰長。伍云、木之長非夜之長。時量與空量異類也。智與粟孰多。伍云、智之多非粟之多。心量與物量異類也。爵、孫云、謂貴爵。親、孫云、貴其所親者。行、孫云、德行之貴。賈。孫云、賈直之貴。四者孰貴。張云、各貴其貴也。伍云、事類不同也。麋與霍孰高。張云、霍、疑當為寉。麋、獸之高者。寉、鳥之高者。純一案霍當從吳鈔本作雚。雚、植物。麋、動物。言動植異類、不能比其孰高。舊衍麋與霍孰霍五字。從孫校刪。蚓與瑟孰瑟。張云、蚓、蟲名。瑟、蝨同。言麋不可以為霍。蚓不可以為蝨、各異類。孫云、蚓為蚓之或體。純一案下瑟字、瑟縮也。言木與夜不能比其孰長。智與粟不能比其孰多。爵親行賈不能比其孰貴。麋與寉不能比其孰高。蚓與蝨不能比其孰為瑟縮。凡以破長短多少貴賤等名相之執也。又示辯者不能用作比量。致成世間相違、自語相違之過失也。

偏去莫加少。說在故。孫云、去、猶言相離。謂均分一體為二。是為兩偏。然與其合時、體多少無增減。故言如故。即說云無變也。

偏。目俱一無變。孫云、偏者、一之分。分之則偏。合之則一。所謂俱一也。然分合雖不同。而一全體。二半體。無增減。故云無變。即經云莫加少也。純一案孫說是也。此即釋氏不增不減之說。莊子齊物論曰、凡物無成與毀。復通為一。義可互明。

假必誖。說在不然。張云、假、故之反也。假者必誖。以其本不然也。孫云、說文人部云、假、非真也。又言部云、誖、亂也。或作悖。說云假、必非也。誖與非義同。正者為是。則假者為非。非即不然也。伍云、誖、非也。與正相反之意。假者、虛擬不然之辭。以反證所說之然者也。

假。目必非也而後假。孫云、小取篇云、假者、今不然也。張之銳云、假、謂相假冒。以甲為乙也。真則無待假。狗、假霍也。猶氏霍也。張云、霍、疑亦寉字。孫云、霍並當為虎。此言狗假虎名、猶以虎為氏也。古名禽獸草木、亦通謂之氏。大戴禮記勸學篇云、蘭氏之根懷氏之苞是也。純一案本狗而假寉為氏。雖名為雀、固非眞雀。以此論證得當。最易啓悟他非。例如晏子春秋諫上廿五章。景公欲解養馬者。晏子問曰、堯舜支解人、從何軀始。公瞿然。遂不支解。又如諫上四章、景公因弦章以死諫廢酒。恐爲臣制。又愛其死。晏子曰、幸也章遇君也。令章遇桀紂。章死久矣。公遂廢酒。皆假彼冒此。顯其不然者也。若用以論證而失當。「則陷自宗於矛盾。而反以證成敵論。」（二語本伍說）是在善辯者。

物之所以然與所以知之與所以使人知之不必同。說在病。物之所以然。一切現象之大故小故也。所以知之者。往往大視細不盡。細視大不明。難必如實一一知之無遺也。所以使人知之者。更必語焉不詳。遠而失。流而離本也。三者不必同。例如病是已。蓋病何由而起。癥結果何在。其所以然。見者未必能如實知。告者更難使人盡知。曰見知告知者、大氐知其所知。去病之所以然、不知若干遠也。佛敎摩訶止觀、第七正修止觀中觀病相境。宜參稽。此示辯者立辯、能如實知一切法之自相甚難也。甚望萬物之所以然。盡人洞知之。幷告天下人使無不洞知之。說文疒部云、病、疾加也。段注云、包咸注論語曰、疾甚曰病。伍云、所以然、謂物之眞相也。知識材料之輸入、身觀與傳受二者爲基。見、身觀也。告、傳受也。一物也其所以然如是。而觀於物、不必盡得其所以然。而告於人者、又未必盡如其所見。是故一物也。所見異辭。所聞異辭。所傳聞又異辭者。不可勝數也。其故何哉。見與聞不得其正也。如目眚則見朱成碧。耳眩則聚蚊若雷。言歧則生誤聽。辭晦則引別解是也。故曰物之所以然。與所以知之。與所以使人知之。不必同。說在病。

物、目 或傷之、句 然也。孫云、然卽經云物之所以然也。見之、句 智也。張云、智讀爲知。孫云、卽經云所以知之也。告之、句 使智也。孫云、卽經云所以使人知之也。告舊譌吉、王引之云、吉當爲告。張校同。今據正。物或傷之卽經所謂病也。見之則知其病、告之則使人知其病。

疑。張云、疑、在然不然之閒。孫云、謂不可必。梁云、易文言傳云、或之者、疑之也。或如此、或如彼、未能斷定謂之疑。說在逢循遇過。孫云、言疑含此四義。

疑、句 逢 畢云、舊作逄、以意改。爲務則士。務卽易開物成務之務。說文云、推十合一爲士。管子問篇、問處士修行足以教人、可使帥衆蒞百姓者幾何人。士之急難可使者幾何人。謂因士而爲務、難預必也。曹云、爲務者、值其時而爲其事也。孫云、疑務當讀爲鍪。士當爲土、形近而譌。言土壞至賤、而爲鍪者、或用土爲之。明物無貴賤、逢所便利也。爲牛廬者夏寒。孫云、說文广部云、廬、寄也。秋冬去。春夏居。此牛廬、蓋以養牛。若馬之庌。周禮圉師夏庌馬。鄭注云、庌、廡也。廡所以庇馬涼。吳子治兵篇云、夏則涼廡。蓋牧馬牛者並有之。凡爲廬者欲其暖。而庌則取其夏寒。此卽經逢字之義。逢也。伍云、大約言一因二果、其結果未可預定、隨所遭逢而異也。舉之則輕。廢之則重。若石羽。三字舊錯置非巧也下、今從張其鍠校移此。孫云、此未詳其說。蓋亦循從莊子天下篇云、若羽之旋。若磨石之隧。此或與彼同。

自然之義。張其鍠云、石重、舉之則輕。羽輕、置之則重。輕重循乎所舉。非石羽有力能爲輕重也。然人見石則覺其重。見羽則覺其輕。**非有力也。**孫云、廢、置也。此與前舉儀之喻同。**柹從削、非巧也。**柹舊作㭈。張云、㭈當作柹。木之見削而下者。孫云、張校是也。說文木部云、柹、削木札樸也。隸變作柹。言木柹從所削、不足爲巧也。純一今據正。**循也。**孫云、循舊本譌楯。今依經改。說文彳部云、循、行順。此亦當詁爲順。與柹從削之從義同。伍云、循、古遁字。遁謂遁詞。蓋今論理學所謂逃避論點者也。凡判決一事之是非、當擇其主要點。勿擇其非主要點。例如試力。舉重者有力、舉輕者無力。今欲試驗二人之執力、而令舉羽。不能判也。又如試巧。縱橫如意者爲巧、從削順劈者非巧。今欲試驗二人之執巧、而令從削。不能判也。蓋舉羽則烏護與童子等力。從削則公輸與拙者同巧。以非主要點也。此種判斷、舍去要點不論。有似規避。故曰遁也。**鬬者之敝也以飲酒若以日中。**孫云、日中、謂市也。易繫辭云、日中爲市。市以日中時爲最盛。即周禮司市所謂大市日昃而市。故因謂市爲日中。猶嫁娶之禮用昏。因謂之昏也。古市朝、或謂之日中之朝。晏子春秋外篇云、刑死之罪。日中之朝。君過之則赦。即司市之國君過市則刑人赦。是其證也。凡飲酒及市、皆易啓爭鬥。故下云不可知也。梁云、吾見門者、知其蔽矣。不知因飲酒而蔽耶。因在市中受刺激而蔽耶。是當察所遇也。**是不可智也。**孫云、智知通。下同。**遇也。**遇舊作愚、今從經正。伍云、遇、古偶字。禮不期而會曰遇、不期謂偶然也。凡偶然之事、皆不足爲憑、不可據以斷疑。譬如有人因酒醉而與人鬥、不能斷彼平日之好鬥。以其不飲酒時、鬥否未可知。不能以偶然之事實爲根據也。此種現象、係屬偶然、故曰偶也。**智與。**句**以已爲然也與。**句**過也。**過舊譌愚、依經改。孫云、過、謂已過之事。言或固知之。抑或本不知、而以已然之事推之。梁云、以過去經驗爲憑。所經驗者、爲眞知耶。抑僅以已然者爲然耶。是未可定也。伍云、過、猶適也。毛詩商頌殷武傳、已、已然也。謂事前知其如此、而得之效果與。或事後見其如此、而以爲效果與。莊子曰、射者非前期而中、謂之善射可乎。譬養由基彎弓而射、童子亦彎弓而射。養由基有所中、童子亦有所中。然養由基所中之的、乃射前預期之的也。童子所中之的、乃射後始認之的也。故有所預期、則五十步而中車輪爲巧。無預期、則百步而穿蝨心爲拙。若曰能穿蝨心、是亦巧矣。不知適逢其會、何巧之有。故曰適也。純一案此章大旨、示疑辭不足以爲論證作斷案。

與一與本書或讀爲舉。論語述而篇舉一隅、即此舉一之義。**或復否**復、反也。謂或以三隅反。或不以三隅反。**說在拒。**孫云、拒當爲矩。後文云一法者之相與也、盡類若方之相合也。說在方。矩與方義同。純一案孫說是也。拒通矩。淮南子齊俗訓、拘罷拒折之容。高注、拘罷、圓也。拒折、方也。論語述而邢昺疏云、凡物有四隅者、舉一則三隅從可知。學者當以三隅反類一隅以思之。即此說在矩之義。言拒折四而爲方。四而不一。實俱一也。此經無說。

歐物一體也。王闓運云、歐即區。 說在俱一惟是。孫云、惟當作唯。經上云、同、異而俱於之一也。說唯是者、謂物名類相符。則此呼彼應而是也。說云唯是當牛馬、即此義。梁云、凡體皆分於兼。區物一體也者、謂區類萬物。凡別相皆共相之一部分也。自其共相言則俱一。自其別相言則惟是。純一案此墨氏匯萬別於一兼之微旨。尹云、今進化論有萬物一原說。

區舊作俱、梁校改區。云標題字。俱區音近。又涉下文而譌。純一案梁本曹校。今從之。

俱一、若牛馬四足。牛馬不一、若言四足則俱一。 惟是、當牛馬。孫云、惟經同。亦當作唯。謝希深公孫龍子注云、唯、應辭也。案唯是、言應者則爲是。或牛、或馬、名實相符。則此呼而彼應。是名當其物也。 數牛數馬、句 則牛馬二、句 數牛馬、句 則牛馬一。俞云、數牛數馬則牛馬二、謂分牛馬而數之也。數牛馬則牛馬一、謂合牛馬而數之也。 若數指、句 指五而五一。孫云、言合數之爲五指。分數之則爲一指者五也。亦俱一、與牛馬二一之義。

長宇。二字舊倒置說在下。歐陽云、按說首爲長宇二字、疑長宇二字在宇或徙上。觀說末句宇徙久、是經末句應作說在久。今校正爲長宇、宇或徙。說在久。長宇即大宇也。純一案歐陽說是、今從之。 宇或徙。畢云、舊作從、以意改。孫云、說文戈部云、或、邦也。或从土作域。此即邦域正字。亦此書古字之一也。徙者、言宇之方位、轉徙不常、屢遷而無窮也。 說在久。久即宙。言宇與久無從分割。宇非恆定而不轉徙。歷時既久即是宙也。列子天瑞篇鬻熊曰、運轉亡已。天地密移。疇覺之哉。即此宇或徙之義。此文以宇攝久。重在徙宇、蓋謂三世無世。十方無界。視經上久彌異時、宇彌異所、時量方量對立對破尤顯著。

長宇徙而有處宇。孫云、莊子庚桑楚篇云、有實而無乎處者、宇也。有長而無本標者、宙也。文子自然篇、老子曰、往古來今謂之宙、四方上下謂之宇。淮南子齊俗訓、莊子齊物論釋文引尸子、又庚桑楚釋文引三蒼說並同。宇者彌亙諸方。其位不定。各視身所處而爲名。若處中者、本以南爲南。叚令徙而處北、則復以中爲南。更益向北、則鄉所謂北者、亦轉而成南矣。四方隨所徙而異、並放此。然方位雖屢徙不同。而必實有其處。故云徙而有處。莊子云無乎處者、則據其轉徙無常者言之。與此文義不相核也。 宇南北在旦有在莫。宇徙久。旦舊本譌且、王引之云、且當爲旦。有讀爲又。言宇徙則自南而北。歷時必久。屢更旦莫。故云宇徙久。純一案王說是、今據改。言從大宇長時遷徙中、而知有處宇。不知卽此處宇之南北、固已忽而在旦。忽又在莫。徙之已久。果何有久與宇之定在耶。劉載賡云、地體自轉。繞日而旋。歷一年一周隋（俗作橢）軌。日力攝之。不入於別種恆星之範圍。故云長宇徙而有處宇。南北二極。遞見日光者、各有六月、除暮光七十餘日外。北旦三月半、卽南暮三月半。南旦三月半、卽北暮三月半。更相徙易。亙古如斯。故云宇南北、在旦又在暮。宇徙久、卽侯失勒談天所謂恆動也。墨子先侯氏二千餘年、已掀其旨。洵疇人之初祖焉。東方文化、卓絕如斯。

無久與宇、堅白、說在因。此以堅白、喻無久宇。堅白同所、是爲無宇。視拊同時、是爲無久。呂氏春秋盡數篇因智而明之。高注、因、依也。久宇堅白、相依不辯。卽說相盈之義。

無目堅得白、必相盈也。言堅白相得而盈者、以並無自體故。設堅白各有自體、必不能相盈矣。此遣久宇堅白諸名相、所以悟他。用證萬有一乘之歸趣也。

在諸其所然、未者然。張云、在、察也。孫云、所然、謂所已然。未者然、疑當作諸未然。古書諸或作者、音之省也。者未然上、尙有捝字、今無從校補。純一案孫說是也。者卽諸之殘。又倒著未下、者上又脫知字、遂致義不可通。此文疑本作在諸其所然、知諸未然。說在於是推之。蓋論理學推理之定律也。非攻中篇曰、古者有語。謀而不得。則以往知來。可證。

說在於是推之。曹云、今謂古爲已然。古謂今爲未然。彰往察來。以前而推後也。論語孔子曰、其或繼周者雖百世可知也。伍云、是、實也。

在堯善治、自今在諸古也。自古在之今、則堯不能治也。孫云、言堯不能治今世之天下。曹云、察古以知今、所謂以古爲監也。由前以觀後、則世變日新、未可逆睹。雖聰明如堯、有未能也。純一案經言常理。說言變例。以古今異宜。堯在古時善治。在今未必能治。蓋傷世風之不古。亦敎人不必篤舊也。莊子在宥篇曰、昔堯之治天下也、使天下欣欣焉、人樂其性、是不恬也。非德也。非德也、而可長久者、天下無之。義似略同。孔墨同偁堯舜。而墨子獨能創敎之精神、卽此可見。荀卿法後王。韓非不期修古。（見五蠹）李斯且謂道古害今。（史記列傳）或因此變而加厲矣。伍云、小取篇中論推之義曰、其取之也、有所以取之。其取之也同、其所以取之不必同。蓋言推類有時而謬、由於其所以取之、有不必同者也。既不必同、則不盡類。蓋推者必於其眞正之同、而後能俱然也。譬如言堯之治、善治也。此人人所同然者。今推類曰、如行堯之治、是亦善治也。則未必然。何以故、以今之世、非堯之世。今世非堯世、則堯之法不能治也。蓋所善之名與今同。所善之實與今異也。案當日政論家必有舉堯治以立政本者、故墨子以時代不同破之。

景不徙。說在改爲。徙舊本譌從、王引之云、從當爲徙。徙、移也。列子仲尼篇、景不移者、說在改也。張湛注云、景改而更生。非向之景。引墨子曰、景不移、說在改爲也。是其證。孫云、王校是也、今據正。此景謂日光所照、光蔽成陰。莊子天下篇云、飛鳥之景、未嘗動也。釋文引司馬彪云、鳥動影生。影生光亡。亡非往。生非來。墨子曰、影不徙也。正作徙、可以據校。以此經及莊列張馬諸說綜合論之、大意蓋謂不必亡而更生、始有更改。若其不亡、則景常在。後景卽前景、無所改易。故說云光至景亡。若在、盡古息。息卽不徙之義也。欒云、景不徙爲墨子所立之論宗、改爲乃說明此論宗因由。見墨子科學。

景、目 光至景亡。俞云、光之所至、則景亡矣。若在。俞讀句、盡古息。俞云、盡古、猶終古也。考工記、則於馬終古登阤也。莊子大宗師篇、終古不忒。是終古爲古人恒言。釋名釋喪制曰、終盡也。故終古亦曰盡古也。孫云、息當訓爲止。卽經不徙之義。謂有光則景亡。有景則光蔽。若其景在、則後景卽前景。盡古常息止。於是形雖動、而景若止而無改也。欒云、此言景不動之理。莊子天下篇、飛鳥之景未嘗動也、卽釋此章之義。徙指物自空閒之此所徙至彼所而言。景由光線遇阻、改變光度而起差別所致。蓋光自光原直射而來、一遇物體阻光前進、物所蔽處卽無光。使與四周有光之處、明暗差別而成影。藉令物徙、則前見影處、光無阻而至、影遂滅亡。若物不徙、則影永在、終古止息而不徙也。故曰景不徙說在改爲。

景二。說在重。曹云、重、平聲。重、兩光也。東西俱有光。則影一東一西、一表而二影也。

景、目 二光夾一光。一光者景也。曹云、二光、重光也。東西各一光、則東西各一影。無影之地、受二光也。有影之地、受一光也。欒云、此言二光成二影之理。景二謂一物二影、重謂二光同夾一物。凡光至處爲明、不至處爲暗。明與暗比、明處是光、暗處是影。若二光並明、明度同强者爲光、明度差弱者爲影。譬如一燭之光、向物投射、明處爲光、暗處爲影、此一光一影也。若有二燭、夾物而立、則物有二影。以二光夾物蔽處之一光。一光不敵二光之明、故一光成影。是所謂二光二影也。

景到、畢云、卽今影倒字正文。在午、張云、午交午也。有端與景長。說在端。劉嶽雲云、古者橫直交互謂之午。其形爲X。X者光線之交點。欒云、端指光線與室壁相值之點。孫云、光學所謂約行線。由侈而斂、交聚成點。端卽點也。凡約行線中有物隔、則光線必交。穿交而過、則成倒景。在午有端與景長、長謂線、對端爲點而言。謂凡光在交聚成點之時、則有礙於光線之行。故穿交而景到也。鄒伯奇格術補云、密室小孔漏光、必成倒景。雲鳥東飛、其影西逝。又云、日無數光點俱射入小孔中。是爲光線交。過孔則侈而至地。遂成日體之影。皆可證此書之義。

景。目 光之人煦若射。之、至也。詩柏舟之死矢靡它箋。言光至人身、煦然四射。正釋影倒之故。楊云、煦、昫通。孫云、蓋謂如日出時之光四射也。欒云、煦、光學謂之光線。下者之人也高。高者之人也下。此說影倒之象。足蔽下光、故成景於上。首蔽上光、故成景於下。兩蔽字舊作擨、今從陸本唐本改。此說影倒之理。欒云、首足所蔽上下之光、指室外之光言之。所成上下之景、指室內之影言之。在遠近有端與於光。孫云、與於光、謂礙光線之射。故景庫內也。畢云、庫舊作庫、盧以意改。孫云、景障於內、卽光學家所謂約行綫交聚處不見物是也。純一案端卽壁孔光綫交聚處。人在室壁孔外或遠或近、阻礙光線之射。則光線約行、穿交入內而影倒矣。

景迎日。說在轉。轉舊作摶、從孫校改。曹本同。孫云、迎日、卽同光反燭之義。轉、謂鑑受日之光。轉以射人成景。亦卽反燭之義也。曹云、轉、返照也。欒云、景迎日謂迎日之影、對蔽光之影爲背日而言、說云景在日與人之閒是也。轉謂日光同轉。

景。目 日之光、反燭人、則景在日與人之閒。劉嶽雲云、此釋同光之理。如人依鑑立。日射鑑上。若人與日之閒有壁。其距鑑與日距鑑交角等。則人必成景於上。若其閒無壁。則同光線成景極長、而射於無量遠空界中。凡海與沙漠。恒見樓臺人物之象。卽此理。然雖無量遠空界中、仍爲景在人與日之閒也。孫云、日照於東、則人景在西。今以西鑑之光、反燭人成景。則景又在東矣。故云在日與人之閒。欒云、日光照人、若在人後別有一返光體使光同轉、則此返光爲人所蔽處、卽有一影、所謂迎日者是也。此與景二之理略同。特彼由二光相互直射、此因一光反燭轉射也。

景之小大。說在杝正遠近。杝舊作地、孫云、地當爲杝。杝卽迤之叚字。杝正文正相對。言景隨地而易也。說亦云遠近杝正是其證。純一今據改。劉嶽雲云、謂人與鑑相去遠近也。依光學理。發光點與受光處。距遠其景必小。較近其景必巨。書與此款合也。

景。目 木杝、畢云、猶言木斜。殷家儁云、木卽謂立柱也。景短大。孫云、斜近地、故景短。陰景濃、光不內侵故大。木正、景長小。孫云、正遠地、故景長。光複映射、景界不淸故小。光小於木、光舊譌大、從孫校改。則景大於木。鄭復光云、光與物大小相等、其景雖遠相等而無盡。物大光小、則景漸遠漸大而無量。純一案據光小於木、則景大於木、審校。疑脫光大於木、則景小於木、九字。非獨小也遠近。張云、言景有時大於木、非獨小於木也。

純一案非獨小也遠近、語意不完。疑仍有脫文。欒云、言凡立木成景大小、因光木距離遠近、及植木斜正之關係。張居齋曰、經小大、杝正、遠近、皆對舉之文。其云景小、乃因木杝與光距遠故。景大、乃因木正與光距近故。據此經說景短大當作景短小、景長小當作景長大、方合光理。蓋木杝較木正之景短而小者、因杝時光距較正時遠也。

臨鑑而立、景到。 鄒伯奇云、謂窪鏡也。孫云、鄭復光鏡鏡詅癡云、光線自闊而狹、名約行線。約行線愈引愈狹、必交合爲一而成角、名交角線。兩物相射、約行線自此至彼、若中有物隔、則約行線至所隔之物而止。設隔處有孔、則射線穿孔約行、不至彼物不止。如彼物甚遠、則約行必交。穿交而過、則此之上邊、必反射彼下邊。此之左邊、必反射彼右邊者、勢也。能無成倒影乎。**多而若少、** 劉嶽雲云、依光學理。置一物於凹鏡中心以外。即於凹鏡中心與聚光點之間。成物顛倒之形象。但較之實形稍小。若以此物置於凹鏡中心與聚光點之間。即在中心以外。亦成物顛倒之形。但較之實形稍大。此言多而若少、與較實形稍小之款合。是以知人必立於凹鏡中心以外也。**說在寡區。** 此經舊錯在前、今依說位次移此。此即今照相鏡匣之理。如有人臨鑑而立、中間隔以有小孔之板。使光線自闊而狹、約行相交、穿過小孔。則人下方之景、必射於鑑之上方。上方之景、必射於鑑之下方。而成倒景。故曰景到。其形必較原形爲小、故曰多而若少。其妙用由小孔而顯、故曰說在寡區。

臨正鑒。景寡。貌能白黑。 張云、能、態字。孫云、貌吳鈔本作皃。備城門篇態作能、此又能之省。劉嶽雲云、此論因光見色之理也。**遠近杝正。異於光鑒。** 謂人正當鑒前。影即穿過寡區而小。因光見色、凸者白而凹者黑、神肖其貌、故曰貌能白黑。且因人與鑒距離之遠近杝正不同、而光之射於鑒者亦即不同。故曰遠近杝正、異與光鑒。

景當俱就。去尒當俱。 畢云、尒疑亦字。**俱用北。** 此說經下上列無經。而經上下列日中正南也無說。疑即此經當移彼。此爲規識景之理。當與直參章連第。周禮考工記、匠人建國、水地以縣置槷以縣、眡以景、爲規識日出之景、與日入之景。其法以水平地、方一二丈、爲規可數重、置槷(即臬)於中、以縣正之、眡日東出、並日西入、槷端景齊規者皆識之、所謂當俱就也。景出規者皆去之、所謂去亦當俱。所以俱就俱去者、使東西如一、審密而正也。東西正、又中屈之以指槷、則南北亦正。故識景必用北。不得用東與西、以吾國在赤道北也。此側量學。非光學。或因章首一字、誤入於此。

鑒者之臭、 王本作臬。注云、臬影旁微光也。莊子書云罔兩。純一案罔兩見莊子寓言篇。臭、氣也。禮月令其臭羶。易繫辭上其臭如蘭是也。**於鑒無所**

不鑒。景之臭無數、而必過正。正者鑒之正中。故同處、其體俱、然鑒分。此說經亦亡。墨子善望氣。迎敵祠篇、凡望氣。有大將氣、有小將氣、有往氣、有來氣、有敗氣、能得明此者。可知成敗吉凶。是其證。更如文王之有靈臺。關尹之候老子。皆足徵也。墨子或更能以鑒實驗鑒者之氣、而知其心術之邪正也。人當極樂與盛怒時、所發之氣必懸殊。則仁人與暴人所發之氣、亦必懸殊。此在定力深者、本不須鑒而心通。今以鑒燭鑒者之氣觀之、當較遙空望氣尤可據。故曰於鑒無所不鑒。因鑒者景既臨鑒、其臭必因人而各殊。經過鑒中而丕顯。故雖同處體俱、鑒能一一分別。無可隱遁也。案西京雜記、載咸陽宮有方鏡、廣四尺、高五尺九寸、表裏有明。人直來照之、影則倒見。(想鏡面必凹)以手捫心而來、則見腸胃五臟、歷然無硋。人有疾病在內、則掩心而照之、則知病之所在。又女子有邪心、則膽張心動。秦始皇帝以照宮人、膽張心動者(此爲心理作用)則殺之。今X光燭物無礙。豈秦鏡亦以白金類X光者同其製與。墨子多才多藝、其所爲鑑、或亦類此與。抑或墨子執玄鑑於心。照物明白。(淮南子脩務訓)不過藉鏡而益顯與。姑述以備攷。

鑑窪窪舊譌位、張之銳改作洼。云形誤、洼同窪。謂凹鏡也。欒校同。今據正。景舊本譌量、孫從王引之校正。一小而易。俞云、易讀爲施、邪也。一大而正。說在中之內外。內外舊倒、據說乙。此文舊錯在前、今依說位次移此。欒云、此言窪面反光鏡、成正景倒景之理。鑑窪卽窪鑑、墨子有如此倒植文法也。景之小大、比物而言。正易、謂景與物爲正易也。易、變也、謂變物體之正而倒之也。中之外內、中謂鏡之中、自中至鏡面爲內、背出爲外。蓋謂窪鏡照物之景有二、一小於物之本體者、倒景也。一大於物之本體者、正景也。其有大小正倒之別者、因物體臨鏡之位置在鏡中之外內也。

鑒、中之內鑒者近中、則所鑒大、景亦大。遠中、則所鑒小、景亦小。而必正。起於中緣正而長其直也。欒云、此言中之內一大而正之景。中之外、鑒者近中、則所鑒大、景亦大。遠中、則所鑒小、景亦小。而必易。合於中緣易而長其直也。緣易二字、從楊校增。

欒云、此說中之外一小而易之景。中之外內、言鑑者立在鑑中之外或內。鑑者立在鑑中之外成倒景、雖鑑者近中立時之景大、遠中立時之景小、而其景必皆小於鑑者之本身、此景一小而易說在中之外也。鑑者立在鑑中之內成正景、雖鑑者近中立時之景大、遠中立時之景小、而其景必大於鑑者之本身、此景一大而正說在中之內也。據光學窪鏡向有一大而易之景、墨子未言者、蓋因測驗時立在焦點與圓中心之閒向鏡觀察、其景適在中之外而鑑者背後偶未見也。(其實一大而易之景、必須當其處置屛、乃得見之。)經既未言一大而易之景、則中之爲圓中心、抑爲焦點、未敢強解。殷之輅曰、中者全弧之中心。案此章中字、當如殷解。但周禮云、司烜氏以夫遂取明火於日、則古人對於窪鏡焦點之功用已極明瞭、墨子不應不注意其事。禮記云、左佩金遂、右佩木遂。則戰國時已有窪鏡取火之法。張居齋曰、古代窪鏡弧面之度、必不如今日者之均一。因弧度不均、鏡面返光聚合所成之焦點、必參差不一。而圖中心與焦點、因其距離甚近、極易相混、故墨子不辯其爲二。復因度其去鏡面之距、約等弧度之半徑、故命之爲中。至經說謂正景起於中、易景合於中、蓋說者誤以鑑中當區穴、而以窖室穴光成景之理釋之。因鑑者在中之外成倒景、中之內成正景、與人在室外成倒景、室內成正景之事實相同。而鑑者近中景大、遠中景小、又與人距區穴近景大、遠景小者合。故依室外上光下光合於區穴前進成倒、與室內上光下光起於區穴前進成正之理解釋之、而不悟其與經景小而易之說不合也。案居齋此論極精。

鑑團景一大一小而必正。說在……此文鑑團景一小說在七字、舊錯在前、作鑑團景一不堅白說在。今從欒校移此。删堅白二字。大誤作天、而必正三字、因與下文衡而必正說在得章同。校者以爲衍、併省之。遂致兩章俱有譌奪。而前後行次亦亂。今據彼說審校、以衡而必正說在得、復彼之舊。據此說審校、改天作大、並補而必正三字、復此之舊。說在下據說審校、並據實驗所得、疑脫不過正三字。

鑒、目鑒者近、則所鑒大景亦大。其遠、所鑒小景亦小。而必正。景過正故招。欒云、此言突面返光鏡、正景大小之理。鑑團讀爲團鑑、即突鏡也。純一案欒說是也。嘗以凸鏡實驗、見其景、近大遠小無不正。又見正景之外、並有倒景。故曰景過正故招。招即倒之叚字。見說文通訓定聲小部。以此知經文說在下當補不過正三字。庶與景過正故倒相應。

負而不撓。說在勝。負舊譌貞、據楊孫校改。曹本同。注云、負、擔也。擔、衡木也。撓、傾也。勝、能勝任也。得其中則不傾也。

負衡木、加重焉畢云、加舊作如、以意改。而不撓。孫云、言平而不偏撓。極勝重也。張云、勝重之至。右校交繩。

無加焉而撓。極不勝重也。曹云、極、中也。得其中、則兩端之輕重適均。均故能勝重也。右校者、偏荷也。交繩者、以繩約而挈之也。無加者、不重也。純一案此言槓桿適中之重心點。即是支點。其力甚大、極能負重。試以重均等之物、加之槓桿、苟不失其重心點、使能相支如故。必極勝任、而不偏傾。若於槓桿之中心點、偏右以繩挈之。則重心已失、不能支物。雖不加重、左端必傾而下垂、極不勝重也。今之天平、可略明此理。

衡而必正。說在得。此文舊錯在前、今依說位次移此。衡舊作天、天字乃前鑑圍章一大之譌、當移彼。說詳前、並讀伍評墨辯校釋。曹本改天作平、注云、平原訛作天。一說天字又奐字之壞。奐、古衡字。平、謂衡也。得、謂權與物之輕重相得也。衡得權則必正、而不差銖分矣。純一今本曹意據說補衡字。

衡、加重於其一旁、張云、衡、稱也。曹云、加重一旁者、謂稱之制也。必捶。梁校改垂、張云、偏下也。權、稱錘也。重相若也。權重若物重。相衡、權與重相衡。則本短標長。近支點爲本而短。遠支點爲標而長。尹云、標卽杪末也。兩加焉、重相若、一旁加重。一旁加長。兩加爲重可知矣。則標必下。下字義不可通、當是平字之壞。言權與重適等、則標必平。標得權也。刻度於衡。移權於標。視標長短之度、知重若干。蓋標得權而妙用顯也。

契挈逼與收反。舊作枝板、從張孫二校改。說在權。權舊誤薄、從孫校改。運物上升曰挈。任權下引曰收。此上彼下。其用在權。

挈、有力也。孫云、說文手部云、挈、縣持也。提挈也。尹云、挈與地球重力相反。故須有力。引無力也。張云、挈、自上挈之。引、自下引之。純一案引爲地心所引。故無須力也。不止。止舊作心、畢以意改正、與上下文義不合。今從王本改。張之銳本同。不止、言地心吸力、引重下趨。常恆不止也。所挈之止於施也。言適如所挈之重以施權、相當而止。繩制挈之也。繩者繞於輪軸挈重之繩。梁云、制同掣。若以錐刺之。以錐喻貫穿輪車之軸。挈。謂挈重上升。長重者下、短輕者上。挈物繩長者、必物重而勢若下引故。挈物繩短者、必物輕而勢易上升故。上者愈得、舊衍一下字、從張校刪。下者愈亡。上升者愈得勢。下引者愈失勢。繩直權重相若、則止矣。止舊作心、從王闓運張之銳二校改。直同值。繩值權重力適相等、則所挈物、卽止而不動矣。收。收者、繩繫權使下引。用助挈物上升者也。上者愈喪、下者愈得。權使物易上升、若失其重、是爲上喪。而權勢下引、同時卽得其重、是爲下得。張之銳云、用力下引、則所挈之物漸上、而繩愈短而輕、故上者愈喪。用力下引、其所收之繩愈長、則漸得重。故下者愈得。上者權重盡、則遂挈。張之銳云、繩愈下收、物漸升至所挈之處、則權重俱盡、而物遂挈矣。此明挈與收、力點重點、輕重上下雖相反。而實互相爲用。蓋繩不下收、則物亦不能上挈也。鄒伯奇云、此一段、升重法也。

倚者不可正說在梯。舊作剃、從孫校改。曹云、倚、傾仄也。正、平也。梯者、升降之階級也。

倚、目 倍拒堅䠊 王闓運云、堅卽䠊也。旁注以釋䠊字。論語鏗爾一作僒爾。倚焉則不正。十字舊在下文引橫也下。今從曹校移此。尹云、倚、斜也。孫云、堅當作掔、與牽通。言相依倚、相倍負、相楷拒、相掔引。畢云、唐宋字書無䠊字。正字通云、俗字、舊注音嗔、走皃。張其鍠從梁校改倍作倚。云上倚字牒經字。此倚字爲舉倚之義而釋之。拒堅二字不誤。䠊不成字、改梯。此言梯力舉重之理。倚拒堅者、梯必倚而能立。倚必拒堅而後能固。謂梯前立木支之使不可仆。猶今所謂支點矣。梯倚而不正、所以便舉重也。

兩輪高。兩輪爲輲。孫云、四輪高卑不同、故車成梯形也。畢云、雜記云、載以輲車。鄭注云、輲讀爲輇、或作輇。說文云、輇蕃車下庳輪也。又鄭注既夕記云、許叔重說、有輻曰輪。無輻曰輇。張云、輪高而輇卑。張其鍠云、兩輪居梯之上端。兩輪居梯之下端。輪小無輻以取堅固而易轉。故曰爲輇也。卽今木工滑車之制矣。車梯也。孫云、古乘載車。皆兩輪而平。此四輪而前高後低、是爲車梯。依下文蓋假爲斜面升重之用。據史記集解引服虔說、以軒車爲雲梯、則人升高、或亦用之矣。重其前。孫云、縣重於前、蓋以助升重之力。其一端繫於所升之物、所以挈之也。弦其前。孫云、弦疑當作引。既縣重、更於車前別以繩引之、欲使所升之重物、自斜面漸進而上也。純一案孫說是、而破弦爲引則非。弦猶弓弦、謂繩也。載弦其前。曹云、載、再也。張之銳說同。載弦其軲。畢云、軲疑轂字異文。張之銳云、左右前後兩輪之轂、各以繩由滑車繞之、故曰載弦其軲。而縣重於其前。縣繫重物於車前。是梯。畢云、舊作埽、據上文改。下同。挈且挈則行。孫云、行謂重物上升、無所阻滯。凡重。張之銳云、此統言重學之理。上弗挈。張之銳云、言上無力以挈之。下弗收。張之銳云、言下不以力引之。旁弗劫。張之銳云、謂不自旁劫持之。則下直。張之銳云、上下四旁不加他力、則重爲地心所吸、其下必直。扡。張云、扡與拖同。張之銳云、謂斜面也。或害之也。張云、或害之、乃不直。孫云、張說是也。言重物不挈之收之劫之、則下必直。其不直者、必或挈或收或劫害之也。㳅。孫云、言扡則重勢偏下而流、不得止也。畢云、公羊傳桓十年有云、㳅血。陸德明音義云、古流字。梯者不得㳅。畢云、舊作㳅、據上改。孫云、吳鈔本正作㳅。直也。孫云、言梯雖邪、而重物不下流者。以其挈引之、而無異直升也。今也廢石於平地。張云、廢、置也。石舊譌尺、從孫校改。重不下。孫云、下、卽流也。或爲㳅之譌。無䠙也。孫云、䠙、疑當爲踦之形誤。戰國策云、必有踦重者矣。言廢石於平地、則雖重而必不流者、以其無偏踦也。故云無踦。若夫繩之引軲也、是猶自舟中引橫也。孫云、橫、爲舟前橫木之名。言車梯之引其軲、與舟中引其橫、皆藉引之力也。張之銳云、地有磨阻力、車輪圓可以減殺之。鄒伯奇云、此一段轉重法也。

推之必往。說在廢材。推疑本作堆、形誤。說云埘石絫石、是其義。孫云、往疑當作住。蓋謂凡物楷柱之、則住而不動。廢亦置也。謂置材於地。純一案堆之必住、利用地心吸引力也。曹云、此與上條、皆藉物理通人事。以見凡勤於行者、不畏難阻也。故墨子之道、人以爲難行者、慮世途之多阻也。聖人知其難。而不憚其難。故有通變之方。有堅忍之力。卒能濟世之艱。而行己之志也。推類而求之、其于辯經之旨、思過半矣、

誰目、當作堆。埘石絫石耳。畢云、埘、幷字異文。純一案此堆垛法之一種。夾寢者法也。畢云、寢、寢字省文。孫云、法、疑當爲柱。房屋及牆序間依壁而立者謂之柱。夾寢、即謂夾寢室也。純一案此言埘石絫石、爲夾寢所由成之法。

方石去地尺。張云、石高尺也。關石於其下。張之銳云、言方石之下、別以石楷柱之。縣絲於其上。張云、絲繩也。張之銳云、言縣繩於石上繫著之。使適至方石。張之銳云、繩若長則去關石而仍著地、故使適至方石。不下、柱也。張之銳云、言方石不下至地者、以有關石楷柱之也。膠絲去石。曹云、膠、結也。繫絲於石也。膠絲去石者、既繫絲於方石、乃去下之關石也。挈也。曹云、絲微弱而石重、絲能縣石者、挈之理然也。絲絕。絲縣石久、不勝其重而斷絕。引也。地心吸力、引之使然也。未變而石易、收也。石舊作名、從曹本改。王本同。曹云、易、轉也。石重下垂、不必變而石自轉者、收之理然也。純一案自方石去地尺至此、今本經七。吳汝綸校略同。

買無貴、說在仮其賈。畢云、仮、反字異文。曹云、仮、轉變也。賈與價同。仮其價者、平其價也。物價之貴賤、視乎錢幣之輕重、以爲轉移。故國家之制圜法、時輕時重、以持物價之平。故食貨貿遷、利乎民用、而無甚貴甚賤之傷也。歐陽云、按經濟學原理。物價之決定、由于供求之平衡。故一物在一時之價、不獨無所謂貴、亦無所謂賤也。即偶因供過于求而物價落、或求過于供而物價漲。此時物價之貴賤、亦係吾人比較過去物價而言。若論實際、亦無所謂貴、無所謂賤也。又經濟學中、有主觀價值一詞。如一物之市價、不及自估之價大、則自覺價賤、反之則覺價貴。蓋如人之嗜好不同。同此一物、各人之估價亦異。曰買無貴、即隱含此理。歐洲經濟學說、墨子在當日能發之。異哉。

買、目刀糴相爲賈。王本糴作糴、下同。尹云、刀謂錢幣、始鑄錢爲刀形、故以名之。管子輕重乙、黃金刀布者、民之通貨也。糴、市穀也。刀輕則

糴不貴。刀重則糴不易。王闓運云、穀滯也。王刀無變。王闓運云、言王刀者、國以泉刀爲貨、不可使民重輕。糴有變。歲變糴、則歲變刀。若鬻子。曹云、刀、錢刀也。糴、買也。買與價同。相爲價者、計錢刀之輕重、以爲物價之貴賤也。易、輕也。平也。王刀者、刀爲國所制也。變糴者、物力有贏絀之殊也。變刀者、圜法隨時輕重也。鬻與育同。詩云、鬻子之閔斯。凡育子者、順其性而養之、隨時而變通、不主故常也。梁云、刀糴相爲買者。謂貨幣與穀物、互相爲價也。一方面以貨幣易穀物、則見爲穀物之價。一方面以穀物爲貨幣、則見爲貨幣之價。常人只知有物價、不知有幣價、陋也。幣價賤則物價必貴。幣價貴則物價必賤。常人但言百物騰踊、不知爲幣之損其值也。貨幣之名、價雖無變、而物價隨時而變。物價遞年不同、卽貨幣之實價、遞年有升降也。以下兩條、皆論經濟學。此條論價格之眞義。張其鍠云、此說共明二義、其一貨幣雖有法價。而不足以範物價。由供求相準之理。供過於求、則物價賤而覺幣重。求過於供、則物價貴而覺幣輕。幣價可反於物價求之。如豐年穀賤荒年穀貴之類。此貨物相權之例也。其二貨幣增多則値亦輕。如濫鑄貨幣而物價騰湧。與資本充羨而利率輕減之類。此貨幣互相消長之例也。純一案若鬻子者、子至貴也。有時需刀孔急而鬻之。則刀貴於子。足見價無定貴。刀與糴隨時轉變、有如此者。此示萬物貴賤輕重之別、皆屬屢變無常之妄執、而破之也。

買宜則讎。張之銳云、讎與售同。言物之價貴賤合宜、則售也。說在盡。孫云、盡猶適足、言無所絀。張其鍠云、案說言盡去其所以不讎、則孫說未是。

買。目 盡也者、盡去其所以不讎也。所字舊脫、從孫校據下文增。其所以不讎去、則讎。正買也。宜不宜正欲不欲。若敗邦鬻室王闓運云、敗邦思去、急鬻其室。嫁子。梁云、物之正價、以何爲標準、亦視主觀的需要之程度何如耳。或對於貨幣之需要、不甚迫切。或對於所有物、不肯割捨。此所以不售之原因也。此種原因去、則售之。故價之宜不宜、不存乎所售之物之本身、而存乎售者之欲與不欲。若賣屋、若嫁女、旣自願售之、則所售之價、卽價之宜者矣。此論價値之所以成立。右兩條雖未能盡價値之原理。然所發明者巳極深邃。二千年前之經濟學說能如此。求諸他書。未之見也。張之銳云、買盡者、言物之本來正價。到此達於極點也。因有種種妨害物之正價者、致物不能以正價出售、故宜盡去之也。所以妨害物之售者盡去、則物必售、是爲物之正價。物有供求、供多求少、則物價賤。供少求多、則物價貴。供應於求則宜。供不應於求則不宜。故物價之宜不宜、當以人之欲不欲正之也。敗邦、謂敗亂之邦。國亂人多逃亡避禍、去之惟恐不速。室無人居、鬻之甚難。此供多而求少也。子謂女子。言嫁女者、當無女子之時、則身價百倍矣。此供少而求多、皆非正價也。純一案經說言外之意、尚有可得述者。常人一意貪得、恆不惜盡其所有而售之。如不仁之人、決性命之情、而饕貴富是也。（莊子駢拇）世間盡以貴富爲最有價值、於是舉仁義廉節等有妨於貴富而不得售者盡去之、凡爲求所未得之在他、甘願放棄在己所本有以供之者、是爲正價。莫不然也。然則價無定宜、正豈眞正、亦視其欲不欲以爲衡耳。自來求之奢而供過濫、大而亡國、小而破家者有之。如桀紂殺其身而喪天下。（親士）士之用身、意之所欲則爲之。厚者入刑罰、薄者被毀醜、（貴義）是也。抑或有正供而無正求、如欲嫁女而無爲之壻者有之。論語子罕篇云、有美玉於斯、韞匵而藏諸、求善價而沽諸是也。是皆價之不得其正者也。從知天下無正價、價之宜不宜、正係於人之欲不欲、一切唯心造也。抑思物讐則盡、權不我屬。故於未讐之先、當審其價之宜不宜。尤當權其欲之正不正。必盡去其所以不欲讐者而後讐、則價較易得其正、可無後悔矣。此明人生本具之權利、不可輕易拋棄之理。敎人勿濫用此身心、務得正價而讐之。下文繼以生死不必懼、顯謂有所以不盡者、本無生死。足以發人深省。老子曰、名與身孰親。身與貨孰多。得與亡孰病。是故甚愛必大費。多藏必厚亡。可神會之。

無說而懼。張之銳云、問其所以懼之故、彼亦無說以自明。伍云、無說言無理由可說也。**說在弗必。**必舊譌心、從孫校改。曹本王本並同。曹云、說、解說也。人之懼也、有可說者焉。若介乎利害之間、利害不可必者、則其懼也、無可說也。若子在軍是也。情之偏至者、非辯所能解也。

無　目　**子在軍、不必其死生。聞戰亦不必其死生。前也不懼、今也懼。**下死字舊脫、從孫校補。曹本王本並同。子在軍時、軍法森嚴、動輒可危、其死生不可必、當懼也。聞戰時、正宜效命疆場、盡忠報國、況其生死亦不可必、無庸懼也。乃在軍時不懼、而聞戰反懼、足見常人不知生死之故、顚倒甚已。是誠無可解說、而不必其然者也。抑知色身有生死、識性無生死乎。伍云、履平地者、足趾不踰五寸、而童孺往焉。登危峯者、或有方尺之餘、而賁育却步。平地未必不傾。危崖未必便墜。而人情相反若此者、是皆未可以說也。明故能勇、疑故多怯。

或過名也。說在實。孫云、或、域正字。過名、謂過之而成是名。案孫說未可從。墨經包舉大義、類易卦象。說則依經舉例、類易爻象。卽此可見。況經各章神理、前後互相聯串。此冢無說而懼爲次、顯謂人於生死、往往大惑不解、故立或名。或通惑。猶豫不定。蓋違於實際、而成過失之名也。本無生死、謂有生死。本無南北、謂有南北。非惑乎。故下章總之曰、知、知之否之、足用也誖。此皆孫所未悟、遂陷於捨圓就偏之失也。曹云、或者、未定之詞、過、失也。差也。人之於名也易差、惟當審求其實、不可諱過而遂非也。梁云、或、迷惑也。過、錯誤也。名實舛錯謂之惑。故曰或過名也。張之銳云、言世俗習慣稱謂之名、往往過誤、與實不符。孫以說有南北字、謂或爲域之正字、非是。

或、目知是之非此也。如知南北之名、非實也。有知是之不在此也。又知或南或北之名、其實不定在此處也。張云、有讀曰又。

然而謂此南北。南固非南。北亦非北。此南彼北、名無定實。然竟謂此爲南、謂此爲北。張之銳云、此假南北以說過名。如人在北京之北、明知北京非北、又明知北京不在彼所在之地之北、然而彼仍謂北京曰北京。又如人在廣南之南、明知廣南非南、又明知廣南不在彼所在之地之南、然而彼仍謂廣南曰廣南。卽此所謂然而謂此南北也。孫云、莊子天下篇惠施曰、我知天下之中央、燕之北越之南、是也。釋文引司馬彪云、天下無方、故所在爲中、卽此義也。過而以己爲然。以己爲然而不疑、是惑也。是不能正名之過也。張之銳云、雖心知其過、而以己言爲然也。始也謂此南方、故今也謂此南方。張之銳云、言因其始習慣稱謂之便、故今沿誤而稱謂之。世俗名稱如此比者甚衆、皆沿襲謬誤而不加察也。曹云、過失誤也。始於失誤、而終欲遂其非者、人情恆有之也。純一案推原其故、今之謂此南方、由於始之謂此南方。特染於名相之結習不易解、且不以爲非耳。詎知南北依方而有、若離於方、爲有南北之惑。大乘起信論曰、依方故迷、若離於方、則無有迷。老子曰、大方無隅。是巳。

知、識也。凡人之有所懼與有所惑者、皆識有未周而無眞也。故立知名。知者一知無不知、所知無不眞之謂也。知之否之足用也、諄。諄舊譌諄、張云、宜爲諄。知之否之、不知也。不知則無以論、乃以爲足用、是諄也。純一今據正。說在無以也。曹云、無以者、無用也。純一案此言知識非圓滿了徹、無以立論也。若半知半不知、不足用也。以爲足用、所謂愚而好自用、諄巳。中庸曰、人皆曰予知、驅而納諸罟擭陷阱之中、而莫之知辟也。文子上德篇、老子曰、不小覺、不大迷。不小慧、不大愚、皆墨子言外之意。

智、目、張云、讀曰知。論之、張之銳云、論、辯論也。非智無以也。張之銳云、以、用也。非知則不足用也。純一案論之者、如經說上云、以其知論物、而其知之也著、若明、是巳。若無知、則無以立論也。亦隱議當時天下非兼者、知識之偏淺也。

謂辯無勝、必不當。說在辯。張云、辯必有勝。謂辯無勝者、必其辯不當、故當反求其辯也。欒云、此辯無勝、乃道家斥墨子辯術而立之宗。墨子立辯說之術、所以明是廢非。故經上云、說、所以明也。辯、爭彼也。（彼讀爲非）辯勝、當也。說爲因明之立。辯猶因明之破。故辯以爭非爲義。然辯者、立敵不能俱非。兩方必有一當。當者辯勝、此猶因明之眞能破。墨子立辯、故持辯有勝。道家自老子巳謂辯者不善。善者不辯。末流遂衍爲此論。以非墨子。莊周齊物論述長梧之言曰、既使我與若辯矣、若勝我、我不若勝、若果是也、我果非也邪。我勝若、若不吾勝、我果是也、而果非也邪。其或是也、其或非也邪。其俱是也、其俱非也邪。（案或是或非、爲墨辯所許。俱是俱非、爲墨辯所不許。）我與若不能相知也、則人固受其黮闇、吾誰使正之。使同乎若者正之、旣與若同矣、惡能正之。使同乎我者正之、旣同乎我矣、惡能正之。使異乎我與若者正之、旣異乎我與若矣、惡能正之。然則我與若與人、俱不能相知也、而待彼也邪。卽辯無勝論。墨子破之云、辯者、所以定是非也。其辯當、則其辯勝。故曰辯有勝。今持辯無勝、是與辯有勝者辯也。若若是、爾辯無勝之論當、卽爾辯勝。而謂辯無勝、不可也。若曰爾辯無勝之論不當。卽辯有勝之論當也。辯有勝論者勝、而謂辯無勝、尤不可也。梁云、辯之有勝無勝、在當時成爲學術界一重要問題。若莊子、卽主張辯無勝者也。齊物論篇云、我與若辯、若勝我、我果非也邪。我勝若、而果非也邪。卽絕對懷疑派的論調。謂天下無眞是非、辯徒枉用耳。莊子所談名理、多屬於智識範圍以外。墨子乃實用主義派、以智識爲道德之標準、故認辯爲必要。且謂辯之效力、必能得眞是非。此與近世之科學精神最近矣。伍云、此難詭辯者辯無勝之說、而主辯有勝也。辯無勝說、不能成立。何以故、以其自違論宗故。譬如有人持辯無勝論、則可反詰之曰、彼謂辯無勝者、所辯勝否。彼若辯勝、則是辯有勝矣。彼謂不行。彼若辯不勝、則辯無勝之論不立。彼謂亦不行。故曰謂辯無勝、必不當、說在辯。

謂、目　所謂。舊本所謂非、孫據道藏本吳鈔本正。非同也、則異也。同則或謂之狗、或謂之犬也。狗下舊衍其字、今刪。張云、狗犬之謂同。異則或謂之牛、或謂之馬也。舊重牛字、從王樹枏校刪。張云、牛馬之謂異。俱無勝、句是不辯也。孫云、謂是非兩同、無以相勝、則不成辯。莊子齊物論云、是若果是也則是之、異乎不是也亦無辯。然若果然也則然之、異乎不然也亦無辯。卽其義。辯也者、或謂之是、或謂之非、當者勝也。孫云、畢本當下有也字、今據道藏本吳鈔本刪。言是非互見、得其當則勝也。

無讓也。讓上舊衍不字、從吳汝綸校刪。不可。說在始。言是非之辯、所以審治亂之紀。當仁在所不讓。非然者、如禮以讓爲貴。無讓則爭訟起、是相攻之兆端、甚不可也。當愼之於始。

無讓者酒、孫云、謂凡賓主獻酬之酒、於禮無讓。未讓始也。始也、當作之始。不可讓也。未讓不可讓二讓字、吳汝綸讀爲釀。案吳校是。何休公羊敍時加釀辭之釀、釋文作讓可證。言儒者尙禮、亦重讓德、而當賓主獻酬、則無讓者、蓋以酒爲敬也。墨氏則以其禮爲煩擾、無足取也。況酒足以傷生損壽、在未釀之始、卽不可釀也。是反對儒家禮文之一端。足徵墨氏戒酒、所以全性保眞、無異釋老二氏也。此隱譏儒者於酒無讓。爲知不足用也。

於一、有知焉。有不知焉。說在存。此所謂存、卽公孫龍子堅白論篇藏之義。言一爲萬之本、其中所藏者無盡、常人不能俱知之。曹云、一物而兩義存焉。如石之堅白也。手知其堅、不知其白、而白自存。目知其白、不知其堅、而堅自存。存者、藏也。有知有不知、堅白離也。

於石一也堅白二也、而在石故有智焉有不智焉可。曹本智並作知。可字疑衍。石一而堅白二者存焉、故揣堅者、知堅不知白。視白者、知白不知堅。堅白離也。然非堅外有白、白外有堅也。堅白並無自體、不能離石而獨存。故凡知堅不知白者、不知一。知白不知堅者、不知一。卽兼知有堅白者、亦非眞知堅白者也。然則一之爲一、豈易了知哉。

有指於二而不可逃。說在以二參。舊作桑、張云、當爲參。若指一爲知、則當指其二以告之。乃不可逃。或兼指。或參指。純一案張說是也、今據改。惟參不必訓作三。蓋稽也。驗也。二可該三也。論語子罕篇曰、吾有知乎哉、無知也。我叩其兩端而竭焉。蓋有知、卽知有可指、而可逃者也。無知、卽知無不可指。而不可逃者也。道在卽有指無。卽有知指有不知。以二者相參稽、則兩端竭盡無餘蘊矣。壇經付囑品云、有色與無色對、有相與無相對、問有將無對、問無將有對。二道相因。生中道義。維摩經入不二法門品云、善不善爲二、善不善不二。有爲無爲爲二、有爲無爲不二。世間出世間爲二、世間出世間不二云云。皆此有指於二而不可逃之祕義。此章大指、蓋謂止知其一、不知不一之卽一、卽是不知一。眞知一者、指一知二、指二知一、有指自無不傳矣。佛典所謂一實中道、離二邊執、此以二參可引其端。張之銳云、言凡指一物、其內容甚廣、必有所知。有所不知。至少亦有二義、不能逃此定律。二者、卽有所知、有所不知也。如石之有堅白是也。

有指、目。張之銳云、謂有所指、舉是物以告人。子智是、張之銳云、智同知。下同。有智吾所无舉、張云、有讀曰又。无舊譌先、從孫校改。下同。是重。是字舊倒著吾所上、孫云、以下文校之、疑當作子智是、有智吾所无舉、是重。无先形近而譌。子知是、是其一。又幷知吾所无舉、是其重也。吾所无舉、卽下文所云吾所不舉。是重、與下文是一、文亦正相儷。重、謂二名一實。下文所謂智、智狗重智犬是也。子智是、若知狗。智吾所无舉、若因狗知犬。重則若狗犬同類也。則子智是。子知吾所指之一、又知吾所无舉之非一、卽是此一之重、所謂聞一以知二。則子可謂知其一者矣。而不知吾所无舉也也與者同。是一。孫云、一、對上重、及下二三言之。謂唯知其一、若知狗而不知犬。謂有智焉有不智焉也。孫云、謂知其一、而不知其二是一。猶上經云於一有知焉有不知焉也。純一案子不知吾所无舉之非一卽是一、則是子一無所知、謂子於一有知焉、乃其似也。有不知焉、乃其眞也。若智之、則當指之智之、猶所也。告我則我智之。張云、若果知之、則當指子之所知告我、則我知子之所知矣。純一案若子果知一、則當指子所知非一之一告我、則我知子眞知一矣。兼指之以二也。孫云、謂並吾所无舉者而指之。若指狗則兼指犬、指一而所指二也。純一案兼指死生彼此異同卽二是一、斯為知一。衡指之參直之也。孫云、參、三同。言從横指之、則參相直。以一兼二、參直為三也。純一案同、此一也。不同、此一也。亦同亦不同、此一也。非同非不同、此一也。是所謂衡指之、參直之、等二而三而上之。無非一也。斯知一之正見也。若曰必獨指吾所舉、毋舉吾所不舉、孫云、毋舉吾下、吳鈔本有之字。吾所舉者、一也。所不舉者、二與三也。則二者固不能獨指。二字舊無。張云、則下有脫字。或是二字、或是三字。純一案二字義長、今據補。二對一言、表多也。異也。義該三也。經云、有指於二而不可逃、頗相應也。如廣與修互相函、堅與白不相離。固不能獨指廣與堅也。孫云、言於此有二物。或同類、或同處、今特指此物、勢必兼直彼物、故不能獨指。卽經所謂不可逃也。又莊子天下篇云、指不至。至不絕。疑亦卽此節之義。蓋若甲乙同處、欲指甲而勢不能不兼直乙。既兼直乙、則所指不得謂專至甲、亦不能與乙絕也。故云不至不絕。所欲相不傳。張之銳云、相、與佛經所言色相義同。所欲相、謂心所欲言之相也。傳、達也。舉石而獨指石、則心所欲言堅白之相、不能達之於外矣。純一案言若獨指所已知。毋舉所不知。如眼能視、耳能聽、所已知也。而眼離識性不能視、耳離識性不能聽、所未知也。眼根與眼識、固不能獨指。若獨指眼根、則所欲明眼能辯色之眞相、終不可傳也。意若未校。王闓運云、校同。孟子書獨無校乎。張之銳云、校、謂校然明白。言若獨指一物、而不舉其內含之義。則於人意、未能校然明白也。且其所智是也。是、指一言。張云、有所知。所不智是也。於一又有所不知。張云、有所不知。則是智是之不智也。惡得為一。孫云、是智者、所已知也。是之不智者、所未知也。則不能並為一矣。純一案僅此一耳、而有所知、有所不知。是一已分為二也。謂而有智焉、有不智焉。於一有知焉有不知焉。謂汝不全知一、可也。謂汝全不知一、可也。莊子知北游篇無始曰、不知深矣。知之淺矣。弗知內矣。知之外矣。義可與此互相發明。張之銳云、而、猶汝也。此與論語所言舉一隅、不以三隅反、意略同。

所知而弗能指、說在春也。逃臣。狗犬。遺者。遺舊譌貴、從楊孫二校改。張云、言春之在時不可指。純一案張說是也。禮鄉飲酒云、春之為言蠢也。鄭注云、蠢、動生之貌也。釋名釋天云、春、蠢也。萬物蠢然而生也。曹本改春作惷。注云、惷、愚而亂也。遺、失忘也。事有可知而不能指者、若惷、若逃臣、若狗犬二名、若遺忘之事、皆有可知之名、而無可指之實也。張之銳云、此與上條相對成義。上條言所指而有知有不知。此言所知而不能指。上條言物之內延。此言其外衷也。所知而弗能指、謂心雖知之、而不能指其外之所在也。

所 目 春也其埶固不能指也。埶舊譌執、張云、執當爲埶、與勢同。孫云、埶、古勢字、今據正。章云、春卽春夏秋冬之春。言春之去來、人知之、莫能指之。逃臣不知其處。張之銳云、逃亡臣僕、雖知其人、而不能指其逃亡之處。狗犬不知其名也。曹云、狗犬兩名、不能指誰爲是也。純一案狗犬異實、誰能知實知其名也。遺者巧弗能网也。网舊作兩、從孫校改。張之銳云、言遺失物者、雖有巧思、不能指失物所在而网取之也。

以上二章、皆申敘於一有知有不知之義。上章言指其名、而不能盡知其實。此章言知其名、而不能搞指其實。寄意至深遠也。莊子秋水篇云、計人之所知。不若其所不知。可相發明。

知狗而自謂不知犬、過也。說在重。以狗與犬同一實渾言之。故知狗而自謂不知犬、過也、以其名重也。

智 目 智狗、重智犬、則過。張云、旣知狗又知犬、而不知狗之卽犬、則過。純一案狗犬本一實。因其有二名、遂誤認爲二實、故過。不重則不過。若以狗與犬非一實析言之。據郭注爾雅云、狗之有縣蹏者爲犬。犬之未生榦毛者爲狗。分明兩物。名因實異。故知狗犬不重。則謂知狗不知犬、或知狗又知犬、皆不過。說分兩項。前項申敘經義。後項與經義相反。所以曲暢之也。

此章冡上三章而次之。言知一物、不易傳其不一之指也。

通意後對。張云、先通彼意、後乃對之。說在不知其誰謂也。言必通達問者意之所指、然後訓對。否則不知其何謂、卽生彼此宗趣互相差違之過失。

通 目、張之銳云、此舉經通意之通、以下說明所以通意之法。問者曰、子知䮁乎。畢云、䮁當爲驘、卽驘省文、孫云、說文馬部云、驘、驢父馬母者也。从馬嬴聲、或从嬴作騾、此从嬴省聲。而以旨爲西、則傳寫之譌。應之曰、䮁何謂也。彼曰䮁施、卽驘蠬。張云、蓋則智之。孫云、施疑當作也、謂告以驘之名物。張之銳云、䮁作驘。驘疑爲騾之假借字。非驢父馬母之驘。施、疑當作它。爲駝之假借字。前漢書匈奴傳其奇畜則橐佗驢驘、佗亦駝之假借字。要之䮁施、必爲一物之名。單言驘、則不知其爲何物。兼言驘施、則聞者自喻。荀子所謂單足以喻則單、單不足以喻則兼是也。故驘施、或爲驘蠣、或爲駱駝、雖不可知。惟施字決不能作也字、可以斷定。何則、既不知驘何謂。彼仍告以驘也、猶之不告也、安能知之。且於文義、亦甚不通也。若不問驘何謂、徑應以弗知、則過。孫云、不問驘何謂、而徑應以弗知、則不知而復無求知之意、人將不復告、是終於不知矣、故謂之過。張之銳云。不虛心求益、不知者終於不知、故過。且應、必應問之時。曹云、時當其可之謂也。張之銳云、言凡應人之問、必於人問之時、即當應之。若應其應有深淺。如有所不知、不能待我退而攷察、故轉以所問者問彼、以通其意也。其舊作長、孫云、長疑當作其、形近而誤。深、若應之曰驘何謂。淺、若徑應以弗知是也。純一案孫說是、今據改。張之銳云、此與上條亦相對成義。上條言知而不知。此言不知而可以知也。純一案單舉驘則不知、即前經於一有不知焉之例。兼舉驘施則知之、即前經有指於二而不可逃、說兼指之以二也之例。經說前後脈胳相連。因偏顯圓。往往如此。此教人先通彼之意指、審定其果何所謂、然後自謂爲知或不知、庶兩知之。蓋凡事當循名核實、審問明辨、不可輕於然諾。以此所見審諦、剖析毫芒、構思正墒、出辭剴切、立辯必當矣。

經下下列　經說下下列

所存與存者孰存、說在所主異。舊作所存與者於存與孰存駟異說。從張校移中存字著者上、增在主二字。於與二字衍、今删。駟爲下章之譌文。說在所主異、據說以意審訂。

天常中、存其人其所。天舊譌大、從道藏本陸本唐本吳鈔本正。存舊作在、據經及下文改。兩其字舊一作兵一作長、從孫校改。室堂所存也。孫云、此謂其所。其子、存者也。孫云、其疑當爲某之譌。此謂其人。純一案詩云彼其之子與此同。不必破作某。主存者而問室堂、主舊作據、據下文三主字審校改。存舊作在、從張校改。惡所存也。所舊作可、從孫校改。主室堂而問存者、孰存也。是一主存者以問所存。一主所存以問存者。張云、此承言通問。純一案言通問當隨主恉所在、辯明賓主立辭。即因明隨自樂爲立宗之恉。因以天常、對人物之無常言。天常中所存者、人與物耳。物之切於人身、似較能久存者、莫如室堂。室堂是人所存者也。人是所以存室堂者也。乃主人而問室堂、往往人存、而室堂或存或不存。又主室堂而問人、往往室堂存、而人或存或不存。是一主存者以問所存、一主所存以問存者、均不能如天之至常而久存也。故莊子天地篇曰、有形者、與無形無狀而皆存者盡無。金剛經曰、一切有爲法、如夢幻泡影、如露亦如電、應作如是觀。墨子已隱寓其意。抑思凡有形者無常、任運生滅、不能自主。以天較人與室堂、似乎常矣。蓋天之形、不若人與室堂質礙之甚故。然天屬器世界、究非眞常、隨時變遷、無異萬物。故老子曰、天地尚不能久。而況於人乎。四十二章經曰、觀天地念非常。觀世界念非常。從知墨家損己益人、乃欲羣息無常之妄逐、而復太始之眞常、是則兼愛之密因也。

五行毋常勝。說在多。多舊作宜、欒云、宜當作多。古文宐與多形近、又涉下文說在宜而譌。此爲立量破。五行常勝論。常勝、謂土勝水、水勝火、火勝金、金勝木、木勝土、爲一定不變之常理。其說蓋起於上古。書洪範鯀陻洪水、汩陳其五行。即指鯀誤從常勝論土勝水說、以土陻水、致洪水氾濫而亂五行也。毋常勝論、則謂五行相勝、乃以多勝少。其勝者、非一定不變。說云火鑠金、火多也。金靡炭、金多也。即其義。按毋常勝論、疑出墨子。孫子虛實篇、故五行無常勝。孫子書、戰國時人作。蓋即用墨子說、以明其變化不常之義者。又參同契云、「五行錯王、相據以生。火性消金、金伐木榮。」「五行相克、更爲父母。」亦墨子遺說也。純一案欒說精審、今據改。漢書藝文志記五行三十一家云、五行者、五常之刑氣也。又陰陽家因五勝。師古注曰、五勝、五行相勝也。想見當時社會、有此常執。此章蓋依據科學、破彼常勝說之執著也。貴義篇墨子不聽日者之言、是其明證。淮南子說林訓云、金勝木者、非以一刃殘林也。土勝水者、非以一墣塞江也。似爲當時常勝論者自救之辭。張之銳云、相尅制爲勝。五行金勝木、木勝土、土勝水、水勝火、火勝金、此其常也。然亦未可據爲定論、故曰五行無常勝。

五、目 合金之形誤。水土火疑本作金木水火土、脫木字、火土倒誤。文子自然篇曰、金木水火土。其勢相害。其道相待。與此經五行毋常勝文義符合、可據以補訂。尹云、春秋繁露有五行相生相勝篇。火離然孫云、此言火離木而然。易離彖傳云、離、麗也。純一案依孫說、火離下當有木字。火鑠金、火多也。尹云、謂其相尅、所謂毋常勝者。淮南主術、金剛、而火銷之。銷、即鑠也。金靡炭、孫云、靡、𥗼之叚字。說文石部云、𥗼、石磑也。研、𥗼也。言金能𥗼研炭使消散。金多也。張云、所謂無常勝。合之府水。畢云、府疑同腐。孫云、疑當作合之成水。言金得火、則銷鑠而成水。莊子外物篇云、金與火相守則流、是也。純一案孫說是也。言金屬遇熱、則熔解成水。合之成水四字、當移著火多也上。今倒置、文義不順。木離木。孫云、疑當作木離土。離亦與麗同義。易離彖云、百穀草木麗乎土。純一案以上當脫木多也、水多也、土多也等文。若識麋與魚之數、惟所利。以喻作結。言麋與魚、其數孰多孰少無定。惟在利用者、孰多取、孰少取、麋魚不相勝也。

無欲惡之爲益損也。說在宜。孫云、經上云、平、知無欲惡也。說釋以惔然。蓋謂淡泊無所愛憎、於人己或益或損、隨宜無定。純一案孫引經及說、以淡泊無所愛憎釋無欲惡是也。餘欠審。此以欲屬積極的爲益。惡屬消極的爲損。皆害性者。必無欲惡之爲益損、斯宜也。莊子則陽篇曰、欲惡之孽、爲性萑葦。是其義。

無　目　欲惡傷生損壽。欲與惡不守太渾之樸、傷生損壽一也。說以少連。據論語微子篇少連降志辱身、言中倫、行中慮推之。或少連以無欲惡名於時、故此尊重其人以爲說。或欲惡傷生損壽之說、出自少連。少連古賢人、與柳下惠齊名。恢然於欲惡必矣。家語子貢問篇、孔子稱少連達於禮。可證。是誰愛也。也、讀爲邪。言欲生於貪愛、違於顧則憎惡、甚非愛人自愛之道。嘗多粟。說文旨部云、嘗、口味之也。或者欲不有能傷也。疑當作或者有欲不能傷也。言或者以爲有欲、不能傷生。詎知有欲而惡必隨之、同是伐性之斧。縱令無惡而徒有欲、亦足傷生。如粟、所以資生也。飲食之大欲存焉。貪食過多、必致傷胃、有害生理。故莊子達生篇曰、悲夫、世之人以爲養形、足以存生。飲食之間、而不知爲之戒者、過也。若酒之於人也。酒能令人亂性顛狂妄爲。傷身甚矣。故釋道二氏均戒之。而嗜飲者、以爲無傷也。張之銳云、禹惡旨酒。且恕人利人、愛也、則唯恕弗治也。孫云、唯與雖通。純一案恕、智同。言智人未有不以多粟爲利人、因以示愛者。詎知眞能愛利人者不然。蓋人之生、動之死地者、以其求生之厚。夫唯無以生爲者、是賢於貴生(老子)則雖恕者弗治也。然果如何爲治、在損去性餘之欲惡如酒然、是所謂道之眞以治身也。(莊子讓王)呂氏春秋本生篇云、肥肉厚酒、務以自彊、命之曰爛腸之食。粗得其恉。此明少私寡欲、(老子)可以長生之理。墨子戒酒戒多食。無異釋氏。兼愛之量宏。兼愛之理密也。

損而不害。說在餘。孫云、說文食部云、餘、饒也。謂物饒多、則損之爲宜。純一案孫說是也。桓十年左傳云、匹夫無罪、懷璧其罪。謂有餘財不以分人、必有害也。老子曰、五色令人目盲、五音令人耳聾、五味令人口爽、人生一切欲惡、皆性之餘也。當以損爲益者何限。自在纏凡夫、乃至出纏聖人、均須依此頓息攀緣。墨氏辭約義豐、兼愛精義入神矣。易繫辭下云、損以遠害。老子曰、爲道日損。損之又損、以至於無爲。義蘊均無盡。可互明。

損、目　飽者去餘。說文食部云、飽、猒也。从食包聲。博巧切。案食成包、亦會意。昭十二年左傳注云、去其醉飽過盈之心。疏、食充其腹謂之飽。酒卒其量謂之醉。醉飽者、是酒食厭足過度之名。此繼上文言飽食與醉酒、同一傷生損壽。必損去其過量者、始不爲害也。論語鄉黨篇云、不多食、義同。適足不害。言食適足而止、不害於人。能害、能爲害者。飽。在過飽耳。此明節食養生之理。若傷麋之無脾也。孫云、脾讀爲髀。少牢饋食禮云、腊用麋。又云、髀不升。鄭注云、近竅、賤也。古文辟皆作腗、此與古文禮正同。言麋以共祭。而辟不登於祭俎。故傷麋雖無腗、無害於爲腊以共祭。亦損而不害之意。**且有損而后益者、**者上舊衍智字、從孫校刪。曹本同。**若瘧病之人於瘧也。**人舊作之、從孫校改。畢云、瘧、即瘧省文。說文云、瘧、熱寒休作。今經典省几。此省巳。一也。巳即爪字。孫云、廣雅釋詁云、瘧、病也。此瘧或當爲瘧之省文。言人患瘧者、以病損爲益也。純一案老子曰、損之而益。（四十二章）易損六四云、損其疾、使遄有喜。无咎。象曰、損其疾、亦可喜也。義可互明。

知而不以五路、說在久。梁云、五路者、五官也。官而名以路者、謂感覺所經由之路。若佛典以眼耳鼻舌身爲五入矣。人之得知識、多恃五路、荀子所謂緣天官是也。雖然、亦有不以五路知者、例如久是。久者、時間也。吾人之得有時間觀念、全不恃五官之感受。純一案久、即百法明門論第四心不相應行法之時。依於色心剎那展轉假立。故有日月年運長短差別。非實也。此言人知物、必由五官之路。今不以五路者、因藏識中、具名言種。例如久是。故聞久之名、即知爲久。是久固不以五路知、蓋由識即名而知。下文知其所以不知、說在以名取。與此可互明。

智以目見、而目以火見、而火不見。此即公孫龍子堅白論篇云、火與目不見、而神見之本。**惟以五路知、久不當、以目見、若以火見。**此智即神、釋家稱識。言人之有知、以爲由目而見、而目又由火而見。詎知目不能見物、火亦不能令目見物。蓋目與物離。火雖助緣、究不能合目與物以成見。必由神以合之而後成見、故曰火不見。此知五路離神不能知物、故惟以五路知物者、如久即不當。若謂離神惟以目能見、猶若無目而以火能見也、有是理乎。國故論衡原名述此。以法相宗眼識九緣之前五緣、釋此五路、竊以墨氏雖精、恐尚無此邃密。然若五路專屬目言、則必如此釋、始爲精審。但觀經云、知而不以五路、說在久、說云惟以五路知久不當、與經反證以相成。顯由五路轉入目、又由目轉入所以能成見之智。由粗入細、逐次顯眞、是五路祇合以五官釋之。然眼識九緣說允宜參究。又公孫龍子火與目不見而神見之說、於此章之微旨、闡發無遺。即佛教所謂一切法相不離識、蓋五根離識無能緣也。後人輒以詭辯非之、陋矣。莊子天下篇、惠施曰、目不見、義與此同。

火不熱。火不舊作必、從孫校改。**說在頓。**孫云、言火雖熱、而所見者光也、非以其熱。莊子天下篇云、火不熱、此即其義。曹云、頓、遽也。謂俄頃之時也。火雖熱、而乍見之者、但見其光、不覺其熱。徐徐稍久而後熱也。此亦非目之所知也。純一案孫說是也、曹說縫焉。然義猶有未了者、試補述之。火以熱爲性。著熱燒物爲自相。由熱發光、衆皆可見爲共相。

今當俄傾之時、遙見有火、並未著火之熱。故云火不熱、說在頓。孫云、說無頓義、疑當作覩、非。

火、目謂火熱也。非以火之熱。俄有若視日。舊本俄作我、日作曰、均從曹校改。曹云、言火則知其熱。不可以目見而知也。目見其光而已。俄有者、乍見之頃也。日光亦熱、乍視之亦不熱也。純一案曹說精析、此謂火熱者、自無始來名言種之慣習、皆知火必熱故。實則今乍見者、不過火之共相、未著火之自相。蓋以光、非以熱、有若視日然也。宗鏡錄（卷五十二第五六頁）引唯識論云、謂假智詮、不得自相、唯於諸法共相而轉。若著自相者、說火之時、火應燒口、火以燒物爲自相故。緣亦如是、緣火之時、火應燒心。今不燒心、及不燒口、明緣及說、俱得共相而已。可爲此經與說之塙詁。

知其所以不知。說在以名取。名以舉實。效用至大。天下事理無盡、不易盡知。道在博學、勤求世間之有學、及出世間之無學。多知其所以不知之名義、則新知日益矣。例如種種專門學科、必有種種專門名辭。一名必有一名所含之定義、墑能如實包舉以告人、使不得與他名相混。凡求眞知者、知得一名、卽於其學術之所以不知者、得知一名之實。故曰知其所以不知、說在以名取。蓋顯示名言種子。具藏識中也。

智、同知、雜所智與所不智而問之、則必曰是所智也。是所不智也。取去俱能之。是兩知之也。曹云、論語曰、知之爲知之、不知爲不知、是知也。梁云、本書貴義篇云、今瞽者曰、鉅者白也、黔者黑也、雖明目者無以易之。兼白黑使瞽取焉、不能知也。故我曰瞽不知白黑者、非以其名也、以其取也。可作本經注脚。觀此亦可知知其所以不知之非易易矣。純一案雜所知與所不知而問之、最易混所不知爲所知。乃能分極是所知是所不知、是能審於所問、可謂愼思明辨矣。然僅知是是所知、僅知是是所不知、不過知識之範圍。所不知者、不可盲從。當進而求知、弗知弗措無論矣。而所知者、果孰可取、孰不可取、未必取去俱能之。必所取者、俱屬無漏。所去者、俱屬有漏。是則取去俱能之、是兩知之也。是篤行者也。

無不必待有。說在所謂。老子曰、常無以觀其妙。常有以觀其徼。又曰、天地萬物生於有。有生於無。蓋大而三千大千世界以外。小而極微極微微塵以內。國無有之不待於無者。而無則不必待有。凡有、皆有漏之無。凡無、皆無漏之有。故無不必待有、說在所謂之實耳。所以破世人之有執也。伍云、此破無必待有之說也。無之名、待有而有。無之實、離有而無。所謂無者、無「無」也。所以謂之無者、無「有」也。名與有對。實與有離。故曰無不必待有、說在所謂。所謂、實也。何以言無之名與有對、無之實與有離也。無之得名、含「無有」義。

見塵集

方言「無」時意存在「有」。若無「有」者、「無」義不存。故說曰若「無」焉、則有之而后無。無之爲實、並無「無」義。言象俱絕、更何所有。若有「無」者、幾同於「有」。故說曰無「無」焉、（天爲无之誤陷乃爲之誤）則無之而無。

無 目 若無馬、馬舊作焉、從孫校改。曹本同。則有之而后無。孫云、后、吳鈔本作後。馬爲物名、必先有馬、乃可言無馬也。曹云、此待有而說無者。无、舊作無、案无爲未始有。無爲自有而無。今校改。曹本同。若天陷、若字今校增。則無之而無。章云、說文無、古文奇字作无。譚長說天缺西北謂之无。（純一案說文作王育說）此言天陷是也。無之而無、謂本無未缺之時也。曹云、此不待有而說無也。純一案無者、兼之總相也。有者、兼之分體也、無本不必待有、斯可謂有。不過淺人以爲非有、謂之無。必待有始謂之有、所謂異實耳。此明有之而無、有非眞有。無非眞無。如人生而死是。此就眞諦言、所以引伸經義也。無之而無、本來無者、如釋氏所謂龜毛兎角。天然缺陷是。此就俗諦言。所以曲暢經義也。伍云、此章明有無義甚精。宜與十二門論有無觀參稽。穆勒亦謂世間諸名、皆有涵義。惟無之一詞、以無涵義得名。莊子曰、泰初有「無」、「無」無有「無」名。又曰有「有」也者、有「無」也者、有未始「有無」也者、有未始有夫「未始有無」也者。俄而有「無」矣。而未知有「無」之果孰有孰無邪。皆善談無之二相。（有之無與無之無）可與墨經本條參看。

擢慮不疑。張之銳云、擢、拔也。言未來現在過去一切色相、皆拔去於己之思慮、不使疑滯於心也。按擢慮不疑、猶佛經所謂無罣礙。說在有無合。張之銳云一切色相、未來過去皆無、惟現在爲有。過去之無、卽現在之有。現在之有、又爲未來之無。知有之卽無、無之卽有、而後有無可合一。有無合一、而後可空一切色相、疑慮悉去也。此與上條相對成義、上言有無異謂。此言有無合一。曹云、擢者、拔而去之也。慮、思慮也。人有所疑畏而慮生焉、不疑者其慮可去也。有無合者、雖有而不異於無也。不必慮其無也。此條亦有合同異之意。

擢 目 疑 言執著有無而生疑、心不能空。無謂也。臧也今死、說文茻部云、葬、臧也。卽藏字正文。伍云、臧與春泛指兩人名。如今言某甲某乙之類。張之銳云、冬主收臧、草木皆死、今謂現在也。而春也得文、張之銳云、至春則草木皆抽條敷華而有文彩。故曰而春也得文。文死也可。張之銳云、冬時之死、爲春時之文。春時之文、至冬時復死。故曰文死也可。言方文之時、視之如死可也。文、有也。死、無也。四時、未來現在過去也。此說明有無合一之旨。墨經此言、頗類道家。莊子所謂方生方死、方死方生、與此義同。亦與釋氏色卽是空、空卽是色、理想相近。純一案春、集韻隸作萅。說文萅、推也。从艸从日。艸春時生也。屯聲。漢書董仲舒傳、春者天之所以生也。是春具生義。而春也得文文死也可、疑當作而春也得生生死也可。素問天元紀大論、生成之終始也。王冰注、春爲生化之始。秋爲成實之終。終始不息、其化當行。故萬物生長化成收藏自久。楞伽經云、物生卽有滅、仁王護國般若經云、法卽生卽住卽滅。似均可爲此文滅也今死而春也得生生死也可之疏證。蓋世人以人旣死爲無、不知非眞無也。以人旣生爲有、不知非眞有也。蓋卽生卽死。卽有卽無。惟眞人而後有眞知。齊生死爲一條。知有無合一無疑也。疑則無謂也。此破人迷於幻有、不知有無不二之惑也。

且然、句。孫云、**不可正、而不害用工。說在宜。**孫云、工與功古字通。用工猶言從事也。且然者、將然而未然、不能質定、故不可正。而因時乘勢、正可從事。故不害用工。孟子公孫丑篇云、必有事焉而勿正。勿正猶此云不可正。有事猶此云用工。孟子語意與此正同。趙岐注殊不了。純一案凡事當創始時、疑慮無定、成敗不可知。要當勇猛精進、審度機宜、終必有成也。故事前具有正見、預期成效、而勤愼赴的者、最可貴也。

且　目　**猶是也。**張云、且、未然之辭。亦方然。故曰猶是也。是如此也。**且然必然。且已、必已。且用工而後已者、必用工而後已。**猶是心耳。且以爲然、必然。且以爲已、必已。已、止也。且將用工而後已者、必卽用工而後已。凡事與廢、悉隨心轉。苟能擺慮不疑、終必人定勝天。下文均之絕不、說在所均、所以明此義也。此卽釋氏心生種種法生、心滅種種法滅之理。

均之絕不。孫云、吳鈔本作否、古通用。**說在所均。**孫云、謂均其縣、則將絕而不絕也。

均　目　**髮均縣輕重。**張其鍠云、此均字義屬縣。孫讀髮均縣爲句非是。下兩均字義屬髮。**而髮絕、不均也。均、其絕也莫絕。**孫星衍云、列子湯問篇有此文。張湛注云、髮甚微脆、而至不絕者、至均故也。今所以絕者、猶輕重相傾、有不均處也。若其均也、寧有絕理、言不絕也。張其鍠云、列子之文與張湛之義皆非也。列子原文云、髮引千鈞、勢至等也。其義以爲髮均則可引千鈞。張湛云、夫物之所以斷絕者、必有不均之處。處處皆均、則不可斷。故髮雖細而得秤重物者、勢至均故也。又云以其等之故故不絕。絕則由於不等。故墨子亦有此說。今考墨經之義、實不如此。此由稗販作僞書者不通經義、故易成似是而非之謬談耳。髮之所縣、祇任所堪之重。過其所任、無不絕也。縣重爲髮所勝而忽絕、乃可謂不均耳。說言髮均縣輕重。言均輕重則均非一縣。他髮不絕而此髮絕、故責其不均。若以一髮縣千鈞而絕、而責其不均。此不求其故之說、墨家所無也。純一案此說尚可演爲三義、(一)敎人於所研究之對象、雖毫髮之微、必從物觀的標準、精密審察、不容雜以主觀的偏見、破人聰明自用之我執也。愼到曰、措鈞石使禹察之、不能識也。縣於權衡、則釐髮識矣。(意林)蓋本此爲說。此一切學術、所由能求其眞、而應用於無窮也。(二)天下事有毫髮之不均、卽不得其正、而無限禍機伏焉。此墨家所以貴平等、無異釋氏、無盡德業所由成也。列子仲尼篇公子牟曰、髮引千鈞、勢至等也。亦卽本此。(三)天下事雖至將傾覆之時、苟知其幾。無難權衡輕重以求其平。立時救正之。辯經言近旨遠、於此略發其覆。

堯之義也聲於今、而處於古、而異時。說在所義二。聲舊作生、王樹柟云、經說下云、堯之義也、是聲也於今。所義之實、處於古。據此則生於今、當爲聲於今。言有義之聲於今、而義之實則處於古也。故曰所義二。純一案王校是也。今據正。孫云、古今異時。張云、二、名實。

堯霍或以名視人。孫云、視與示通。或以實視人。霍並下文臛、疑均爲臞之譌。文子自然篇曰、神農形悴、堯瘦臞。亦見淮南子脩務訓、當據改。下同。蓋堯所以瘦臞、爲勞天下而致、正其義之實也。舉友富商也、是以名視人也。指是臛也、臛當作臞。是以實視人也。友富商三字、義不可通。友當爲堯、草書形近而譌。富當爲寔、亦形譌。蓋是字譌加宀。商字、伍改作帝、是也。案兼愛中篇以祇帝夏、帝亦譌商。可證。此文疑本作舉堯是帝也、是以名視人也。指是臞也、是以實視人也。文義相對、證明義二之旨顯然。堯之義也、是聲也於今、所義之實、處於古。曹云、實在古。名在今。因時異而義異也。若殆於城門與於臧也。言若者、喻結也。臧、藏正字。謂堯之義、自古至今、若城門然。足令人盡入其中藏身而安也。義之虛聲、利人且然。況自若爲義之實、以交相利者乎。此破人尊古薄今、徒尙義聲之惑也。

狗、犬也。孫云、說文犬部云、犬、狗之有縣蹏者也。狗、孔子曰、狗、叩也。叩氣吠以守。爾雅釋畜云、犬未成豪、狗。此疑同爾雅義、謂同物而大小異名。而殺狗非殺犬也、不可。孫云、莊子天下篇、辯者曰、狗非犬、卽此義。釋文司馬彪云、狗犬同實異名。名實合、則彼所謂狗、此所謂犬也。名實離、則所謂狗、異於犬也。欒云、可上脫不字。伍校同。純一今據補。案經渾言狗卽犬、故曰殺狗非殺犬不可。說在重。說析言狗非犬、故曰殺狗謂之殺犬不可。若兩䏶。說與經義相反。蓋示不定因。非經敵自兩宗共許。或破或立。兩俱不成也。要之如實立量、當以大者名犬、小者名狗爲當。犬狗兩名、實異不重。說在重。孫云、經說上云、二名一實、重同也。

狗目狗、犬也。據下云若兩䏶、犬上疑當有非字。而殺狗謂之殺犬、不可。而殺狗不四字、從孫校增。若兩䏶。孫云、此經云殺狗非殺犬、亦卽名實離之義。純一案許書泥守孔子狗叩之訓、殊欠精析。爾雅狗屬云、未成豪、狗。郭注云、狗、犬子。未生乾毛者。爾雅牛屬云、其子犢。郭注、今青州呼犢爲㹗。廣韻四十五厚、㹗注、夔牛子也。玉篇豸部、廣韻四十五厚、並有豿字、注曰熊虎之子。說文無豿字、蓋漏也。爾雅釋獸、熊虎醜、其子狗。狗據玉篇廣韻當作豿。始與稚犬有別。說文馬部云、馬二歲曰駒。然則犬子曰狗、猶牛子曰㸡、熊虎之子曰豿。馬子曰駒。皆句聲。亦兼意焉。禮月令季春之月、句者畢出。萌者盡達。鄭注云、句、屈生者。句爲草木始生之象。故用以形獸之稚。足證狗爲犬子。狗同於犬、實異於犬。故殺狗謂之殺犬、不可。䫉、疑傀之譌。荀子性惡篇、則傀然獨立於天地之閒而不畏。楊注、傀與塊同。獨居之貌也。此以渾言總相、狗可云犬。析言別相、狗實非犬。兩名子然獨立、不容混也。此破不辯異同之謬也。

使殷美。孫云、殷說作殿。說在使。張云、殷當爲殿、軍後曰殿。純一案依張說、周禮鄉師疏、軍在前曰啓、在後曰殿。殿、疑當爲啓殿二字之脫譌而合者。美、當爲義之形譌。此文當作使、啓、殿、義。說在使。謂或使在前而啓、或使在後而殿、孰義。惟在所使之宜。

使、目 令、使也。據下文殿字審校、此疑脫啓字。我疑義之殘。下脫亦字。使我、疑啓之譌。我不我不疑當作不義。我爲義之殘、又倒著不上。使衍文當刪。亦使我疑亦啓之譌。殿戈疑義之殘。亦使殿、不美疑義之譌。亦使殿。此文舛錯過多、義不可通。疑當作、使令、使也。啓、義亦使啓、不義亦使啓。殿、義亦使殿、不義亦使殿。言無論爲啓爲殿、旣令使之、義卽在是。縱或不義、亦以勉從使令爲義也。或以堯有義之聲啓於前、墨有義之實殿於後、寄意也。今校如此、未取肊斷。

荊之大、其沆淺也。沆舊作沈、從孫校改。說同。說在具。孫云、淺褊也。言荊地廣大。而其國所有之沆澤、則不害其褊淺。莊子天下篇辯者曰、郢有天下、與此意異、而辭可相證。

荊 目 沆 句 荊之具也。具舊作貝、依經文改。則沆淺非荊淺也。孫云、說文水部云、沆、大澤也。言沆在荊、則沆卽爲荊之所有也。然沆包於荊疆域之中、則沆雖淺狹、無害於荊之廣大。故曰沆淺非荊淺。伍云、此言換詞法之易誤者。荊、楚也。沆、大澤也。具謂具區、爾雅釋地、吳越之閒有具區。卽古之震澤。戰國時屬楚。沆爲澤名。楚爲國名。大小、以國言。深淺、以澤言。澤可以言有大小、國不可以言有深淺。沆雖楚地、然荊之大、非沆之大。沆之淺、非荊之淺也。故曰荊之大、其沆淺也。說在具。

若易五之一。孫云、之、猶與也。純一案言荊與沆、若五與一之比。故不可以沆之淺、斷定荊之淺。質量、異也。

以楹爲摶。楹舊譌檻。從孫校正。於以爲無知也。說在意。曹云、楹、柱也。摶、圓也。柱之形圓、一見而可知也。其大小之算、非度量不能知也。徒知其圓、猶未知也。意者、心之所發也。此亦明目見、不可爲心知也。純一案柱之爲圓、世共知之。而其圓度、果在在中規否、無知之者。是知柱之爲圓、不過以意逆之。然正不必以有涯之生、逐無涯之知、適意於一兼可也。

以楹之摶也見之其於意也不易无智意相也。无舊誤先、孫云、先智疑當作无智。无古文奇字。无與先形近而誤。无智、卽經云無知也。純一今據正。若楹輕於秋、孫云、秋、當讀爲萩。說文艸部云、萩、蕭也。王本作萩。曹云秋、秋毫也。張之銳作秋毫。其於意也洋然。柱之形圓、目見之以爲然。其於意也亦無變易、是無知意相也。相卽荀子非相之相、猶象也。无知意相、不察察爲明也。莊子齊物論云、聖人愚芚。老子云、我獨昏昏。是其義。若楹輕於萩、卽齊物論舉莛爲楹道通爲一之說。或謂楹輕於秋毫者、蓋猶釋氏色卽是空之恉。其於意也洋然、楚辭大招西方流沙漭洋洋只、注、無涯貌也。此言洋然、蓋以其意視楹輕於秋毫、廣而無所別析、形容无知之意相。非世人有知、(卽識)須生分別、不能游心於物之初者比也。无知者、猶釋氏所謂無分別智、老子所謂大智若愚也。至是物無大小、心無內外、寥廓天地之根、盈意中而生春矣。蓋墨氏心超物表、兼以正別之神思、宛然如見。此教人格物致知、乃至破分別執、薦取本來也。

意未可知。孫云、此與下文不相屬。說亦無此義。或當別爲一經而挩其半。下經又挩其發端語、遂幷爲一與。說在可用過仵。畢云、卽午字異文。伍云、意同義。仵同午。古文作×。表交叉之義。

段椎錐俱事於履。伍云、事同剸。可用也。孫云、說文殳部云、段、椎物也。金部云、錐、銳也。說苑雜言云、干將鏌鋣、以之補履。曾不如兩錢之錐。純一案廣雅釋詁二鍛、椎也。王氏疏證云、李善注長笛賦引倉頡篇云、鍛椎也。考工記攻金之工有段氏。段與鍛通。此言段椎錐、俱可爲從事於履之用。成繪屨過椎、孫云、繪疑當爲繒。過當爲遇。下同。說文系部云、繒、帛也。古爲屨冬皮夏葛、蓋亦或以繒帛爲之。與成椎過繪履同過仵也。仵舊作件、陸本唐本俱作件。張云、件不成字、依經當作仵。今據正。曹本王本並同。孫云、仵與牾同。牾、逆也。此謂繒爲作履屨之材。段椎錐爲作履屨之器。材與器兩者遇仵以成履屨、相須而爲用也。伍云。此言換詞法之不誤者。義未可知、言意義相等、換詞俱通。可用、通用之義。謂換質。過仵、交互之義、謂換位。其公式如下、

（一）可用、（換質法）譬如爲履。段椎錐俱事於履。今立辭云、

段事于履　甲‖丁

椎事于履　乙‖丁

錐事于履　丙‖丁

此三辭意義相等、換質皆通。故曰段椎錐俱事于履、可用也。

（二）過仵、（換位法）譬如爲履。錐與履相穿過。今立辭云、

履過錐　甲‖乙

錐過履　乙‖甲

此二辭意義相等。換位皆通。故曰成繪履過錐、與成錐過繪履、同。過仵也。

以上比詞類推之律令。

一、少於二而多於五。說在建位。曹云、位原訛作住。建、立也。位、上下左右之位也。珠算之法、上二下五。上一當五。下一當一。左一而當十。右十而當一。故曰一少於二而多於五、視其所立之位也。孫云、建當作進。卽算位之二五進一十也。張之銳從孫校作進位、云數始於單位、倍一爲二、故一少於二。至十則還復爲一、十函二五、故一多於五也。進位、卽算術之以十進位也。純一案建不必破作進、曹說是也。

一、目五有一焉。一有五焉。十二焉。張云、五析之、則有一者五、是一少於二也。建一以爲十、則一有五者二、是多於五也。建一爲十。累一爲二。俞云、五有一者、一二三四之一也。一有五者、一十一百之一也。伍云、十二焉、當作一二焉。五有一焉之一、爲單位之一。一有五焉之一、爲進位之一。故曰一二焉。純一案此以一攝多、破人執一之陋見也。

非半弗斮、畢云、玉篇云、斮、知略切、破也。盧云、斮當與斫斮義同。楊云、斮同櫡。孫云、楊說是也。集韻十八藥云、櫡、說文斫謂之櫡。或从斤作斮。此斮、卽斮之變體。舊本作斮、譌。斮斫同詁。與斮音義亦略同。則不動。說在端。說文半部云、半、物中分也。宋育仁說文部首箋正云、凡物中分之、則兩俱成半。又取半而中分之。則又有半焉。半之意無窮也。案非半弗斮、則端之因斮而見於半者、似乎愈斮愈多。而端之質量如故。未嘗變動也。端爲質之點。釋氏謂之微塵。唯識家謂之極微。唯識論云、諸瑜伽師、以假想慧、於粗色

相、漸次除析、至不可析、假說極微。雖此極微、猶有方分、而不可析、若更析之、便似空現、不名爲色。故說極微、是色邊際。見唯識述記卷七第二十四葉。今物理學者、謂之原子。更精析之、名曰電子。謂分析一物、至不可分析時、一一質點自在、終不變動。義與此同。如算學中之微積分、亦可說明此理。張之銳墨經緒論並圖說、可參攷。梁云、此論物之分析、陳義甚精。

非斵半、非斵半、文義不順。當作非半斵。進前取也。孫云、非半而斵之、則每斵前進也。張之銳云、不由半斵之。而自一端斵之。挨次進前以取之也。前則中無爲半。進前取、則中分處兩半不均、似無所謂半也。猶端也。然端之質量無增減也。前後取、則端中也。若前後適中而取、則端之見於中分者、亦如故。斵必半、毋與非半、不可斵也。要之斵必半、抑或非半、而端終古不動、不可斵也。毋、語助。孫云、莊子天下篇云、一尺之棰、日取其半、萬世不竭。（純一案此說明端所以不動之理。）釋文引司馬彪云、若其可析、則常有兩。若其不可析、其一常存。（純一案兩端一端、不動一也。）故曰萬世不竭。卽此義也。純一案此章冢一而次之。蓋以一爲天下之至少。而亦天下之至多。釋老二氏、均極闡發此理。惠施云、至大無外、謂之大一。至小無內、謂之小一。亦本此。後儒析理不精、輒謂施能爲詭辯、未免厚誣古人。遺誤來學。此示物質不滅之理。破非兼者不了解生死之惑也。

可無也、有之而不可去。張之銳云、言本可無也。若已有之、則不可復去。說在嘗然。嘗與常通。凡物之未形爲有時、似無也、非眞無也。蓋自未有天地已然。既有天地亦然。自古及今、凡有之所在、卽無之所在。常恆不變、不可去也。蓋無可離有而常然。有不可離無而常然。故曰可無也、有之而不可去。說在常然。此無、卽兼之異名。無窮之有之實相。無去無來。無增無減。無內無外。無始無終。學者了知此義、始可與言墨道。

可無也、已給則當給、不可無也。當與常通、當給讀若常給。此實非無而可名無者。其與萬物接也。至無而供其求。（莊子天地）既給乾以資始。又給坤以資生。萬物皆往資焉而不匱。（莊子知北游）太虛寥廓中。曾無無無之所。孰能外無而自爲有哉。梁云、此與科學物質不滅之理、及佛典業力相續、藏識常在之理、皆相發明。

久、有窮無窮。此無之至眞至常也。先天地生而不爲久。日月得之終古不息。（莊子大宗師）故其資給萬有也。以疆域言、天地有窮此無無窮。以時期言、天地有窮、此無無窮。從知此似乎可無、實不可無者。蓋卽兼之總相也。此破非兼者、不知自非眞有、無非眞無之惑也。

正而不可搖。搖舊作擔、孫云、周禮矢人、夾而搖之。釋文云、搖本又作㩦、㩦卽搖之變體。漢隸凡從䍃之字、或變從䍃。漢書天文志亦云、元光中天星盡㩦。㩦與擔形近而誤。

史記建元以來王子侯表、千鍾侯劉搖、漢書王子侯表作劉搖。是其證。純一從孫校改。說在摶。孫云、說文手部云、摶、圜也。圜者、隨所置而正。故云不可搖。張之銳云、正、謂圜之中垂直線也。不可搖者、謂圜之中垂直線、不可動搖也。

正、目丸。舊作九。畢云、一本作凡。孫云、顧校季本亦作凡。今以文義校之、當是丸之形誤。謂正圓之丸。下云摶、卽圓丸之形也。純一今據正。無所處而不中縣摶也。孫云、考工記云、直者中縣。正丸、卽立圜。隨所轉側、而其中線必正直。故云無所處而不中縣。卽經不可搖之意。張之銳云、丸雖圜轉、而中垂直線。則不論如何位置、常中縣成直角。所以然者、以其形摶。中心去圜周、無處不等長也。知此理、則知萬物之在地球、爲地球中心所吸、亦無往而不成中垂直線。以地球體圜如丸。中心重心。併居一位也、純一案張說精審、並有圖說、宜參觀。此以物理重心在中、正縣不搖。喻人當冥契一實中道。擇乎中庸、拳拳服膺而弗失也。唐王起墨子迴車朝歌賦、可爲正而不搖之說明。淮南子主術訓曰、「動靜循理。」「一度而不搖。」是其義。

宇進無近。說在敷。張之銳云、東西南北謂之宇。宇無所往不在。此之近、或爲彼之遠。彼之近、或爲此之遠。是近卽遠之發端。故在宇內進行者、無所謂近也。按宇進無近之理、亦可知地形爲圜。蓋發端之近點、進行一週、必爲至遠之點也。敷、施也。說云、進行者先敷近後敷遠。曹云、宇、天所覆也。進、前行也。無近者、宇內之廣遠、非人行所能窮也。若天之所覆則無所謂遠近也。莊子天下篇云、我知天下之中央、燕之北、越之南是也。燕越且不可爲南北、何遠近之有。此又明地圓之理也。

宇、目、舊譌字、從孫曹校改。又倒置舉下、從曹本乙。區宇不可偏舉也。區舊作傴、從曹校改。張之銳云。宇無不包、不可偏舉一處、以是爲宇之區域也。進行者、先敷近後敷遠。張之銳云、言進行者、先施於近、後乃施之於遠。進行無垠、不以近止。故曰宇進無近也。曹云、區宇、以大地言也。謂之區者、小也。列子云、天地空中之一細物。有形之最巨者是也。不可偏舉者、猶上條所謂無處不中、天圜地亦圜也。人在地上行者、以先後謂之遠近爾。純一案易坤卦云、行地无疆。亦知地形本圓也。此猶釋氏云此空無異彼空、破世人方域遠近之惑也。伍云、此章以區宇不可偏舉、釋宇進無近。其視空間、何等遼闊、鄒衍談天、疑受此論影響。惜當時中國無哥倫布者流、走徧南北極以探窮荒也。

行修以久。修舊譌循、據楊張孫校改。張之銳云、修、長也。說在先後。禮記大學云、物有本末、事有終始。本始所先、末終所後。蓋進德定程也。行、本也。學、末也。修身篇云、士雖有學、而行爲本焉。心無竭愛、身無竭恭、口無竭馴。立德在先也。暢之四支、接之肌膚、華髮隳顛、而猶弗舍、卒成聖人。成德在後也。此承上文以行路喻修德、謂行遠必自邇、無慮途長。積時既久、終必達其欲至之地。宇宙間無盡德業、有恆心毅力者、無不圓成。蓋內聖外王、無近功也。老子曰、千里之行、始於足下。孔子曰、仁者先難而後獲。義可互明。佛典菩薩地第七地、名遠行地。地地入住出、先後次序秩然。宜參稽也。

行、目、舊涉下文衍行者字、今刪。行者必先近而後遠。不可躐等。尹云、管子版法、召遠在修近。遠近、修也。先後、久也。遠下舊本有脩字。俞云、上脩字衍文。遠近脩也。先後久也、相對爲文。以地之相去言曰脩。以時之相去言曰久。孫據刪。云、脩與鈔本並作修。脩叚字。民行修、必以久也。尹云、民脩由於己脩。所謂身必脩、乃可治國者。張云、久道化成。伍云、此破今日適越而昔至之說。純一案今日適越而昔至、頓悟之境也。行修以久、說在先後、漸修之功也。蓋眞見道者貴親證、有頓悟、無頓修也。論語憲問篇曰、君子修己以敬、先近也。修己以安百姓、後遠也。必以久也。

一法者之相與也盡類。類字從孫校增。若方之相合也。合舊本譌召、王引之云、召當作合。經說下云、或木或石、不害其方之相合也。一、同也。一法、同法也。廣雅與、如也。盡、猶皆也。言同法者之彼此相如也。皆若物之方者之彼此相合也。孫據正。說在方。曹云、方者法也。法從方出。故圓者天象之自然也。方者、制器之用也。周髀算經圓出於方。方出於矩。伍云、法、式也。猶今言公式。盡類、謂凡同類者、莫不然也。凡同類者、可得一公式。而一公式之適用範圍、盡於其類。譬如方形爲直角、而角度九十。則無論何物質之方形、其角度皆同。故曰一法者之相與也、盡類若方之相合也、說在方。

一方盡類。類舊譌貌、倒著盡上、王引之云、當作一方盡類。一、同也。言同具方形、則其方盡相類也。孫據正云、呂氏春秋別類篇云。小方大方之類也。卽此一方盡類之義。俱有法而異。孫云、一方盡類、明其方之同。俱有法而異、明同方之中、仍有異也。或木或石、不害其方之相合也。合舊作台、王云、言物之方者、雖有方木方石之異、而不害其方之彼此相合也。作台者、字之誤耳。孫據正。盡類猶方也。類舊作貌、從王校改。孫云、猶與由通。言其所以盡相類者、由於同方也。物俱然。一法盡類、卽因明之宗。方爲因。則木與石雖不同類、而木爲方木。石爲方石。方盡同類。故或木或石、不害其方之相合也。此木彼石。盡同類者。由於方也。以此推之。物物俱然。蓋類卽因明之喻。相類爲同品、不相類爲異品、或由多類合爲一類、爲歸納法。或由一類推爲多類、爲演繹法。總視其立宗如何、而明了其因之爲異爲同、不相違耳。一方盡類、在因明爲同品定有性。蓋破非兼者不知一切卽一之陋執。兼愛下云、別非而兼是者、出乎若方也可證。伍云、俱有法者、謂同具一公式也。異、謂其中有不同之點也。凡同類者、可同用一公式。雖其中有不同之點無害。譬如凡方形之類、皆直角九十度。雖其實有木石種種之不同。而直角之爲九十度、則莫不同也。故曰方盡類、俱有法而異、或木或石、不害其方之相合也。凡一公式之適用於其類、與方形之適用於其類也同。水性能濕、無分江海。火性能燒、無分薪炭。凡同類者必同一公式、與凡方形之皆爲直角同例。故曰盡類猶方也、物俱然。此章以幾何論證、證類之必同。

狂舉不可以知異。梁云、所舉不當、謂之狂舉。公孫龍子通變篇云、無以類審、是謂亂名、是謂狂舉。卽此義也。伍云、狂舉、非正舉也。辯不中律之謂。因明謂之過。中效合法者、謂之正舉。反是、謂之狂舉。知異、辨異也。猶今言分類。辨異之法、同品有、異品無。正。同品有、異品有。不正。狂舉者、謂不合於同品有、異品無之正律也。說在有。狂舉、卽因明之比量相違。異卽差別相、亦名相違因。有卽差別性。如說云、牛有齒、馬有尾、是俱有、不可以知異。若舉以爲異、是狂舉也。說文有部云、有、不宜有也。段注、謂本字不當有而有之偁。引伸遂爲凡有之偁。案此有、蓋本義也。

狂、目、舊倒置牛下、從曹本乙。牛與馬惟異。孫云、惟、公孫龍書作唯。並與雖通。言牛馬性雖異、然其所以異者、不在齒與尾也。以牛有齒、馬有尾、說牛之非馬也不可。是俱有。張云、牛亦有尾。馬亦有齒。不偏有、偏無有。不非同。曰、牛之與馬不類。牛字從盧校增。用牛有角、馬無角、是類不同也。若舉牛有角馬無角、以爲是類之同也。同上不字、從孫校刪。是狂舉也。猶牛有齒、馬有尾。梁云、此言辨物之異、須舉其屬性特異之點。牛之所以異於馬者、非以其有齒也、以其有角也。馬之所以異於牛者、非以其有尾也、以其無角也。何也、牛固有齒、馬亦有齒也。馬固有尾、牛亦有尾也。如辨孔墨異同、而云孔子著書、墨子講學、是不足以明孔墨之異也。云孔子尊樂、墨子非樂、則足以明其異矣。胡適云、（中國哲學史大綱卷上二百二十二頁）張崧年說、偏有偏無的偏字、當作徧字。徧有徧無有、卽是因明學說的同品定有性。異品徧無性。如齒如尾、是牛馬所同有、故不能用作牛馬的差德。今說牛有角、馬無角、是舉出牛徧有馬徧無有的差德了。這種差德、在界說和科學的分類上、都極重要。純一案胡從張崧年說兩偏字、當作徧、非。如作不徧有、則與是俱有矛盾。徧無更與俱有矛盾。矛盾、卽自語相違過。此言齒與尾、是牛馬所俱有。非牛偏有齒、馬偏有尾。亦非馬偏無齒、牛偏無尾。

不偏有、偏無有、所以找足是俱有之義。乃胡屬下讀、謬甚。墨子立說精密、與因明同。蓋破相違決定之失也。

不可牛馬之非牛、與可之同、說在兼。孫云、兼、謂兼舉牛馬也。純一案兼舉牛馬、不可云非牛、因非無牛也。亦可云非牛、因非盡牛也。同是未決定因也。

不、目、舊倒置或下、今乙。或非牛而非牛也可。則或非牛或牛而牛也可。故曰牛馬非牛也未可。牛馬牛也未可。則或可或不可、而曰牛馬牛也未可、亦不可。且牛不二、馬不二、而牛馬二。則牛不非牛、馬不非馬、而牛馬非牛非馬、無難。兼舉牛馬。其中雖或非牛、而謂之非牛也可、以非單牛也。然牛馬二者之中、或非牛、或是牛、既有牛、則謂其中有牛也亦可。以此之故、若徑曰牛馬非牛也、未可、以不無牛也。牛馬牛也未可、以非全牛也。或可或不可、既未決定、則徑曰牛馬牛也未可、亦不可。蓋不應以猶豫因、不共許因、濫作違現論證、致犯能別所別俱不極成過也。且牛不二、馬不二、而牛馬二。分析言之、則牛不可謂之非牛、馬不可謂之非馬。若合牛馬爲一而言之、則非牛非馬、無難明知矣。上文一法章、合同。狂舉章、辯異。此章渾同異。下章正同異。

彼此彼此舊作循此循此、今據說及公孫龍子名實篇文並伍校改。與彼此同、說在異。據說審校。第一彼此是截然各異之彼此。第二彼此、是大致相同之彼此。第三彼此、是亦異亦同之彼此。是三種彼此之名同、而其實各異。故曰彼此彼此與彼此同、說在異。案公孫龍子名實篇本此並後唯吾謂章脫化。

彼　目　正名者彼此。公孫龍子云、位其所位焉、正也。其正者、正其所實也。正其所實者、正其名也。其名正、則唯乎其彼此焉。是此注釋。孫云、謂言當其名。

彼此可。彼彼止於彼、此此止於此。公孫龍子作故彼彼止於彼、此此止於此、可。謝希深注、彼名止於彼實、而此名止於此實、彼此名實不相濫、故曰可。是此注釋。張云、定彼爲彼、定此爲此。孫云、謂彼此之名有定、故可。彼此不可彼且此也、此亦且彼也。五字從孫校增。公孫龍子作彼此而彼且此、此彼而此且彼、不可。謝希深注、或以彼名濫於此實、而謂彼且與此相類。或以此名濫於彼實、而謂此且與彼相同。故皆不可。是此注釋。孫云、此謂彼此之名無定、故不可。**彼此亦可。**孫云、此言彼此在有定無定之間。**彼此止於彼此。若是而彼此也、則彼亦且此此亦且彼也。**亦且彼三字、從孫校增。公孫龍子云、夫名實、謂也。知此之非此也、(下此字今校增)知此之不在此也、則不謂也。(則舊作明據下文改)知彼之非彼也、知彼之不在彼也、則不謂也。案此不謂此、彼不謂彼、故此可彼、彼可此、彼此亦可。莊子齊物論云、物無非彼、物無非是、是亦彼也、彼亦是也、果且有彼是乎哉、果且無彼是乎哉、可相發明。蓋彼此可者、世閒名實正也。彼此不可者、世閒名實疑也。彼此亦可者、出世閒法、遣名顯實、彼此同於一兼、而無彼此之別者也。此知正名之難也。

唱和同患、說在功。說文心部云、患、憂也。从心上貫吅、吅亦聲。詩皇矣串夷載路。釋文云、串、古患反。一本作患。是患與串聲義並同。唱、古亦作倡。淮南子繆稱訓曰、故倡而不和、意而不載、中心必有不合者也。不合、卽是不串。唱和同患、蓋謂唱者和者一心相串也。唱卽教、先覺覺後覺也。和卽學、先自覺而後覺他也。教學相長、有功於文化者大矣。禮學記曰、化民成俗、其必由學乎。敬業樂羣、博習親師諸說可互明。又以憂訓患、亦通。唱和同患、言教者學者、同爲天下憂患、其功甚大。正墨子徧從人而說之、(公孟)望人皆和之之意。易繫辭下作易者其有憂患乎、作墨經者亦然。曹本改患作串也、注云串與貫同。唱、教也。和、學也。貫、習也。同貫者、猶云教學相長也。功者、凡有益於人、有益於己、皆有功也。欒云、患同串。論語述而子與人歌、而善。必使反之、而後和之。亦學之之意也。唱和同串、似謂不及我者教之。過我者學之。一身兼教學二事而行之。

唱無遇、遇舊作過、孫云、卽下云唱而不和。過疑當作遇、遇與偶通。下同。純一案孫說是也、今並據正。**無所周。若稗。**舊作粺、孫云、當爲稗。說文禾部云、稗、禾別也。此喻無所用、若黃稗。純一今據改。昭十三年左傳使周走而呼。注、周、徧也。言唱而無和、則不能周徧。若稗、明唱而不和之故。因若黃稗視之。**和無遇、**孫云、卽下云和而不唱。**使也不得已。**孫云、謂人不唱使然、明非和者之過。**唱而不和、是不學也。智少而不學必寡。**孫云、必上有脫文。楊云、疑脫功字。純一案此文注重寡字。詩桃夭序箋疏引爾雅無夫無婦、並謂之寡。言少匹對、猶孤陋之謂。此言唱而不和、已屬無知。知少而不學、必益寡陋。無須補功字。**和而不唱、是不教也。智而不教、功適息。**孫云、疑當作智多而不教。純一案此文注重教字、智下不必增多字。蓋智而不教功適息、與智少而不學必寡、文以相錯見義。不必字對。細玩章旨、唱和對舉、義頗側重唱邊。以必有唱者、然後能望人和也。唱者多、和者亦多、則和者卽是唱者。然無和者、則唱者無繼、何有傳人。下文取喻以唱者爲主、和者爲從言之。墨子毅然創教之精神、今猶可想見也。**若使人奪人衣、罪或輕或重。使人**

予人酒、功或厚或薄。舊無若字功字。孫云、句首疑脫一字、此蓋喻不和不唱之無功。純一案孫說是也、句首今補若字、說用喻結、通例也。酒下今補功字、與罪或輕或重對文。閔二年左傳衣、身之章也。有文物加被意。禮記射義酒者、所以養老也。所以治病也。故以爲喻。謂唱與和並爲功、然有和者而無唱者、固無知何也。設有唱者而無和者、又奈何。唱者縱欲以文物偏被於人、如衣然。而不和者、無異奪人之衣、使不能普被於其身。孰知僅奪一人之衣、其罪輕。而此不和者、實無異使人偏奪人之衣、其罪甚重也。雖然、人不和而我必唱。唱之果力、必有和者。是猶以養老治病之酒予人、且使人人互相予。若和者衆、則唱之爲功厚。和者寡、則唱之爲功薄。故無論人之和不和、而我必唱、不容已也。此似墨子獨自苦而爲義、（貴義）而天下多聞兼而非之者、（兼愛下）故爲此寓言也。荀子脩身篇曰、以善先人者謂之敎。以善和人者謂之順。蓋亦期善之不絕也。

聞所不知若所知、則兩知之、說在告。粟菽之多少所不知、聞人告以已量之石斗、則若所知。絲麻之輕重所不知、聞人告以已權之銖兩、則若所知。此唱和同串之功也。蓋以所知告人者、唱也。先知覺後知也。以有所不知而尊聞者、和也。聞所不知若所知、則後覺復爲先覺。功在轉相告也。知必兩知。猶之愛必兼愛。利必交利也。曹云、多聞者、所以廣知也。己不厭於聞、則人樂於告也。伍云、告之爲用、在使人知其所不知。而其術、則在利用人之所已知。是故告者藉人之所已知、而告以所不知。聞者因聞己之所已知、而遂知己之所不知也。故曰聞所不知若所知、則兩知之、說在告。

聞、目在外者所知也。在室者、此六字舊脫、從梁校補。所不知也。言在外者所親知。在室者所不知。或曰在室者之色若是其色。孫云、言告以在室者之色、與在外者相若。是聞所不智、聞字舊脫、從伍校補。若所智也。張之銳云、言在內者、雖不目見。有人告之、則所不知者、等於所知也。猶白若黑也誰勝、孫云、若猶與也。純一案問其色究竟誰更白、誰更黑。是若其色也。言其色正相若。若白者必白、今也智其色之若白也、故智其白也。張云、若正而言之。色若此白者彼物必白、則知其色之若白、可以知其白矣。梁云、此文室中室外之喻。謂求知識者、當以所已知者爲基礎。而以求同求異之法、推見其所未知者。如知在外之馬其色白、聞室中之馬與此同色、則知其必亦白。若聞其不同色、則知其非白也。伍云、言所不知之色、若所知之色、此例果當、則若某者必爲某。雖不知某、但知所若者、卽可推知無誤。夫名、以所明正所不智。尹云、釋名釋言語、名、明也。名實使分明也。不以所不智疑所明。伍云、承上文推論正名之術、言求知之道、在藉已知之前提、求未知之斷案。不能以未知之斷案、疑已知之前提。譬如以已知之尺、度所不知之長短、而長短可得而知也。若因所不知之長短、並疑及尺亦未可據、則長短終無由知。而世間知識、胥無由生。故曰若以尺度所不知長。**若以尺度所不智長。**孫云、言以所明正所不知、若不知物之長、而以尺度之也。**外、親智也。室中、說智也。**孫云、此與經說上云、知方不㢓說也、身觀親也、義同。言在外之色、爲親見而知。以室中之色若在外之色、則聞人之說而後知也。伍云、親知說知、分釋經文兩知之義。純一案在外者、在門外、喻未學之人無知也。在室者、喻深造有得、可孚譬而喻也。在室者之色若是其色、喻聖凡不二也。言學者不應久處宮牆之外、當即入門歷階升堂入室也。夫名以所明正所不知、是此章要旨。言名以明實、爲用至大。足令人聞所不知、益所知。即所已知、正所不知。斷不致以所不知者、轉令所已明者而滋惑。若不知物之長、而以尺度之、則分寸不爽矣。凡欲正彼此之名實者、當求多知其名、自能知類通達、以所聞知者、告未聞者使無不知、庶幾唱和同串、功無止息時矣。

以言爲盡誖、誖。說在其言。在其二字舊倒、孫據道藏本吳鈔本正。案陸本唐本並同。張云、言無盡誖者。孫云、謂人言有是非、槪席其非、亦非也。國故論衡原名云、謂言皆妄。詰之曰、是言妄不。則解矣。此謂勝彼破也。

以目誖、不可也。之人之言可、之人舊作出入、從孫校改。**是不誖、則是有可也。之人之言不可、以當、必不當。**舊作審、從孫校改。欒云、太炎好用佛理談墨辯、我不甚謂然。但這條確與因明說的自語相違無二。今引因明入正理論疏一段、以便與說相參。理門論云、如立一切言皆是妄、謂有外道之一切言、皆是虛妄。陳那難言、若如汝說諸言皆妄、則汝所言稱可實事、(之人之言可)既非是妄、一分實故、(是不誖則是有可也)便違有法一切之言。(以上說在其言之可)若汝所言、自是虛妄、餘言不妄、(之人之言不可)汝今妄說非妄作妄、汝語自妄、他語不妄、便違宗法言皆是妄。(以上說在其言之不可)故名自語相違。又云、墨子破此論云、爾言誖者、謂不可也。爾言言盡誖者、謂世人之言皆不可也。若若是、雖他人之言皆不可、而爾言獨可、即不可謂言盡誖。緣爾亦世界中之一人、爾言如可、即不啻謂世人之言尙有不誖者、而爾謂之言盡誖、無乃誖乎。若曰爾言不可、則他人之言固未必皆爲不可。以爾一人之誖、而盡誖世人之言、已屬不可。況爾言誖、爾論即不成立、而人言固不盡誖矣。伍云、此敵詭辯家所持言爲盡誖論也。詭辯派之意、以爲凡有言者、其言皆誖。殊不知自己所持之言盡誖論即誖。何則、使此人所持之言盡誖論不誖、則此人之言不誖。而言言盡誖者、不當。使此人之所持言盡誖論亦誖。則言盡誖之論旣誖、而仍主言盡誖論爲當者、亦不當。張其鍠云、言盡誖、辯無勝、當時有此類學說。故取而闢之。莊子天下篇云、彭蒙之師曰、古之道人。至於莫之是莫之非而已矣。又云、而所言之謾不免於非。莫之是非、故惡可。謂無所可、即以言爲盡誖之說也。而復有所韙、則是有可也。故說據而難之。

唯吾謂非名也則不可。說在仮。孫云、唯舊作惟、今據吳鈔本正。說文口部云、唯、諾也。言部云、諾、應也。唯吾謂、言吾謂而彼應之。若非其正名、則吾謂而彼將不唯、故不可也。仮與反同。反、謂卻之不應也。莊子寓言篇云、與己同則應。不與己同則反。純一案唯吾謂者、言謂合正名、可以唯乎其謂。是立敵共許、所謂眞能立也。非名則不可者、言謂非正名、則不可唯乎其謂。是立敵相違、所謂不能立也。一眞一妄、二者義相反也。

唯、目、舊作惟、從孫校改。下並同。謂是霍可、而猶之非夫霍也。是、此也。夫、猶彼也。霍當作隺、前有假隺猶氏隺之說、足見隺是假名、非眞名。故此謂此假名之隺以爲可者、尚非彼之所謂隺、彼且以爲不可、必不唯乎其謂。蓋隺非正名、非立敵二者決定共許也。必唯乎其謂者、則名實正、而立敵共許矣。謂、彼是。此之所謂、彼以爲是。是也。正也。當也。不可謂者、毋唯乎其謂。孫云、言凡不可謂者、必無人唯我之所謂。彼猶唯乎其謂。猶若義同。則吾謂行。行上舊衍不字、從孫校刪。彼若不唯其謂、則吾謂不行。舊脫吾謂二字、文義不明、據上文則吾謂行補。公孫龍子名實論、本此並前彼此彼此章脫化。曰其名正、則唯乎其彼此焉、與此經文有同異、義可互明。曰彼彼當乎彼、則唯乎彼、其謂行彼。此此當乎此、則唯乎此、其謂行此。其以當而當也、以當而當、正也。是此說謂彼是是也、彼猶唯乎其謂則吾謂行之塙詁、是立敵共許也。曰謂彼而彼不唯乎彼、則彼謂不行。謂此而此（舊譌行今校改）不唯乎此、則此謂不行。其以當不當也、不當而當、亂也。（而下當字舊脫今校補）是此說不可謂者毋唯乎其謂、彼若不唯其謂則吾謂不行之塙詁、是立敵相違也。前彼此彼此章正彼此之名。此章正彼唯此謂之名。皆因當時名多不正而言也。有孔子正名之意焉。故管子樞言篇云、名正則治。名倚則亂。無名則死。故先王貴名。伍云、凡辯之道、名與謂並重。中國古代名家最嚴名與謂之分。今人往往不省。名者所同。謂者所獨。如云人。此人字、名也。一切有理性之人類屬之。彼立說曰人皆有死。我立說曰人有不死。此兩人字、謂也。彼所謂人、謂一切之人也。我所謂人、謂某某等人也。人果有死無死、當以名之所共有者爲斷。不以謂之所獨有者爲斷。蓋名者、立敵共許者也。謂者、立敵相違者也。無相違之謂、則辯論之是非不生。無共許之名、則辯論之勝負不決。此名與謂之作用、所以不可偏廢也。故辯之爲道。所用名詞、當以彼此共許者爲界。則彼必唯吾謂。若其名此謂爲可、而難必彼謂爲可者、則彼必不唯吾謂。而談說共喻之道廢矣。案唯謂非名說之與、其在名學旣盛之後。主唯名者、鶩名而遠實、甚至以名亂實。故辯者進而主張唯謂。以爲名之所舉者廣、而謂之所行者專。凡辯者所爭、皆在謂之是非。而其勝負不僅取決於名。故唯謂之說、似較唯名者爲精進。然持之太過、流爲詭辯、以爲唯吾謂、非關名、則又不可。其末流爲彼是之論。故墨者特起而矯正、旣定名謂之界、更申彼是之說、而爲古代名學上放一異彩也。

無窮不害兼。說在盈否。 畢以盈否知爲句、今從吳汝綸考定。王本同。孫云、卽說人盈無窮不盈無窮之義。純一案經上云、同異而俱於之一也。異表無窮、同卽是一、所以表兼。無窮、萬殊也。兼、一本也。萬殊攝於一本、不相礙也。經上云、盈、莫不有也。盈卽圓滿無缺之義。釋氏所謂一爲無量、無量爲一、可互證。墨子利中取大、務兼天人物我而一之、以一天下之和。（非攻下）蓋證自性本體然也。天下皆聞兼而非難者、由其知之譬盲、或以無窮有礙於兼、謂兼愛不能盈無窮、陋已。張云、人雖無窮、不害兼愛。

無　目　南方、 方舊作者、依孫說改。歐陽云、無下疑脫窮字。宜用無窮二字標題。吳摯甫云、無南當作無窮。不知窮字宜增而誤以南爲窮耳。孫云、此南卽指南方。無南、猶言南無窮也。古者中國所治地、南不盡南海、又天官家不知有南極、故於四方獨以南爲無窮。莊子天下篇惠施曰、南方無窮而有窮、蓋名家有持此義者。 **有窮則可盡、無窮則不可盡。有窮無窮未可智、** 孫云、智與知同。下並同。 **則可盡不可盡** 舊衍不可盡三字、從畢校删。 **未可智。人之盈否未可智、** 盈下舊衍之字、從孫校删。 **而必人之不可盡、** 不字以意增。 **人之可盡** 四字從孫校增。 **不可盡亦未可智、而必人之不可盡愛也、** 不字從孫校增。 **誖。** 孫云、言持人不可盡愛論者不可也。蓋謂人不可盡愛、則有害於兼愛之說。故墨子非之。 **人若不盈無窮、** 無舊作先。從孫校改。 **則人有窮也、** 孫云、謂人若不能盈無窮、旣不能盈、則是有窮也。 **盡有窮無難。** 張云、吾愛盡於有窮、不足以難兼也。 **盈無窮、則無窮盡也、** 孫云、謂人若盈無窮、則無窮既可盈、卽界有盡也。 **盡有窮無難。** 此藉名家所持南方無窮而有窮之義、斷定人若不盈無窮、則人有窮、不難盡愛。人若盈無窮、則無窮卽有窮、亦不難盡愛之。蓋衆生有盡、我顧無盡。衆生無盡、我顧更無盡。是其衆生無盡誓願度之大慈、蓋墨道宗趣也。破非兼者之邪見也。孫云、以上六句、皆難人不可盡愛之說。

不知其數、而知其盡也。說在明者。 此承上章申其義。大取篇曰、天下無人。卽關尹子九藥所謂自然無我、而兼天下之我義。言人之所以爲人、與我之所以爲我者、一如也。故此云不必知天下之人數、惟知其當盡愛之、是可謂之明者。蓋深明本明之性德、彌綸無閒也。

不、目　不知其數、 不舊作二、曹本作不。注云、古書疊字多作二、今從之。王本同。 **惡知愛民之盡也。** 也上舊衍文字、從張校删。惡、汪烏切、音汙。安也。何也。此作非兼者問難之詞、既不知人之數、則人數無盡、安知愛民之能盡也。

或者遺乎其明也。明舊作門、與道藏本同、今並從張校改。曹本同。此對非難者之答詞、言世謂不盡知其人之數、即不能盡愛其人者。蓋不知無緣之大慈、無漏之兼愛、正不必盡知其人之數而後愛。或者遺忘乎自具之明德、與盡人同具之明德。其本體之明、均未嘗息也。

盡明人則盡愛其所明、若不智其數而智愛之盡也無難。天下無非具有明德之人、必盡愛之、使盡人之明德、盡復其本明、則明德盈無窮而不二矣。金剛經云、發無上正等覺心者、應滅度一切衆生。滅度一切衆生已、而無有一衆生實滅度者。是此盡明人則盡愛其所明之眞諦。若是則不知其人之數、而知愛之無不盡也、何難。禮記大學云、明明德、作新民、義同。華嚴經十地品、初歡喜地有云、如衆生界盡、我願乃盡。如世界盡、我願乃盡。如是衆生界盡不盡、世界盡不盡、我願亦不可盡。墨氏有焉。此破非兼者不盡知其人、不能兼愛之法執也。

不知其所處、不害愛之。說在喪子者。張云、不知天下民之所處、而愛可及之。喪、失也。失子者、不知子之所在、不害愛子。張之銳云、所處、謂人所在之處、此亦承上條而申言之。蓋盡則宜知其數。愛則宜知其所處。上言不知其數而知其盡、此言不知其所處而不害愛之、皆就無窮不害兼之義而推闡之也。喪子者、雖不知其子所在之處、固不害其愛之也。以上三條、爲墨子兼愛學說所由成立。而其原則、根於經上體分於兼、仁體愛也、二語。蓋萬物一體、愛力結合、始生世界。世界無窮、故兼愛亦無窮也。純一案張臯文說是也。張子晉注尤精覈。惟謂愛力結合始生世界、語義欠析。吾人所居娑婆染土、固爲衆生業識所變。若夫常寂光土、極樂世界等、爲諸佛法身無量功德所莊嚴。不得謂爲愛力結合。蓋愛力云者、染淨不分之謂。與墨子無緣之大慈、亦不甚相應也。竊謂兼愛、非有緣而滯於情之染愛。蓋無窮之愛、攝於一愛、斯爲兼愛。故不問世界之有窮無窮、人之盡不盡、及各人所在之處。不害明者之兼愛也。此言愛人本於性之一兼、不容自已、猶父母痛愛失喪之子然。不因不知其所處、遂不愛之。法華經信解品云、譬如有人、年既幼稚、捨父逃逝。父每念子、委付財物。楞嚴經大勢至菩薩念佛章云、十方如來、憐念衆生、如母憶子。墨子慈悲量宏、其揆一也。此所謂愛、乃無所愛而無不愛、是無著之大愛。破非難者以爲兼愛必知其人之數、及所在處之安也。惜其說亡、無從蠡測、最是缺憾。

仁義之爲內外也。內外舊倒、孫據吳鈔本乙。內。張云、此與告子之徒辯義外也。張之銳云、仁內義外、乃當時各家辯論名詞。經舉其說而斷定之、以爲皆在內也。

說在仵顏。曹云、此辯時人仁內義外之說之非也。仵、偶也。仵顏者、謂兩目在人之顏面、如相偶然也。兩目有左右、而無內外也。

仁　目　仁、愛也。義、利也。張之銳云、經上云、仁體愛也。義利也。愛利、此也。孫云、言愛利心在於己、明其同在內。所愛所利、彼也。孫云、言所愛所利惠加於人、明其同在外。愛利不相爲內外。張云、俱內。所愛所利下所字舊脫、從王樹枏校增。亦不相爲外內。吳鈔本作內外。誤倒。張云、俱外。其爲仁內也義外也、孫云、爲謂字通。此見孟子公孫丑篇告子語。管子戒篇亦云、仁從中出。義從外作。純一案孟子告子篇亦有此說。告子固墨子弟子、足見當時有此談辯。舉愛與所利也、言謂仁內義外者、皆於愛利爲能、所愛所利爲所、未能分明之故。今偏舉愛與所利、能所混淆、遂成非量。墨子明辯之、使羣知愛利俱內。所愛所利俱外也。是狂舉也。以名舉實、當者爲正。不當者爲狂。狂、安也。亂也。張之銳云、言所舉之詞、不合論理。若左目出右目入。出字舊脫、孫據道藏本吳鈔本補。案陸本唐本、並有出字。目司出入無分左右。此以左目司出、右目司入、喻明仁內義外之非。是之謂眞能破、孟子不及也。孟荀見道、瞠乎墨後。專言名學、荀優於孟。伍云、仁內義外、爲告子之說。而孟子駁之、以爲仁義俱內。今觀此論、始知孟子之說、亦偏舉也。以圖式明之。

（愛）內←—（仁）—→外（所愛）

（利）內←—（義）—→外（所利）

學之無益也。無字從孫校增。說在誹者。張云、誹、非也。誹學之人。孫云、說無誹義。此疑當作學之無益也、說在誖者。言㡿學爲無益、於論爲誖也。此說一無字、而誖又涉下文而誤爲誹、遂不可通。吳汝綸云、依經說則經之誹讀爲誖。純一案依孫吳二校、則說在誖下、者字嫌贅。此言謂學之無益、說在誹者、義自可通。故說斷定其爲誖也。下二章連言誹、而義迭變、顯見此以誹者啓其端也。老子曰、爲學日益。今以學爲無益、特誹者之妄耳。蓋當時有非學者、故此立量破之。曹云、此欲人之勤於學也

學也、以爲不知、學之無益也。故告之也、是使智學之無益也。是教也。以學爲無益也教、誖。學必有益。教人學者、是使知學之有益也。然學者有時或不知所學之無益、故教者告之、使知學之無益、是教之有益於學者大也。乃非學者、竟以學爲無益、且以學無益爲教。是自行與自宗相違矣。蓋學必以有益爲宗、謂學無益、則其言誖。教必以學有益爲宗、乃以學無益爲教、則其行又誖。故曰以學爲無益也教、誖。案當時謂學無益者衆、如淮南子脩務訓曰、今以爲學者之過而非學者。則是以一飽之故絕穀不食。以一蹪之難輟足不行。惑也。又曰、欲棄學而循性、是謂猶釋船而欲蹔水也。又曰、夫學亦人之砥錫也。

而謂學無益者、所以論之過。皆是。禮學記曰、教也者、長善而救其失者也。今以學爲無益也教、適犯自語相違之過也。非誖而何。欒云、墨子破學無益論云、言學則必有教、學者求學其所不知於人、教者以其所知教人、故曰學有益。今持學無益論、是以學有益爲非。而其標宗告人、卽無以異於教人、其教人亦無以異於使人學。若若是、爾言誠當、則不應以學無益教人、而使人學。緣宗行不應相違、且人因學而知學無益、則學仍有益也。若曰爾言不當、則爾宗先妄、而學固有益也。

誹之可否、不以衆寡。說在可非。曹云、誹字從言從非、言人之非也。君子不欲誹人、尤不欲多誹人。然論誹之可否、在理之是非、不在數之多寡也。以其人有可非之實也。

誹目、舊倒著論下、從曹本乙。論誹之可不可、以理。理之可誹、理字舊脫、從王引之校補。曹本同。雖多誹、其誹是也。其理不可誹、誹舊作非、從王引之校改。雖少誹、非也。曹云、可不可者、理之是非也。多少者、人之多少也。孔子曰、衆好之必察焉、衆惡之必察焉。豈可以人言之多少、爲定評乎。今也謂多誹者不可、不論其理之可誹不可誹。是猶以長論短。是猶不審長短之宜、而妄論此長彼短也。欒云、此立量破非誹者也。墨子立誹譽之名、以明美惡而示趨舍。故經上云譽、明美也。誹、明惡也。墨子上譽堯舜、下誹桀紂、以及非攻非樂非命非儒、皆誹也。世以墨子非人太多、謂其不可、故立此量破之。伍云、是非所寄、不在多數、不在少數、而在眞理。今人好言多數卽公理者、非名家所宜採之標準也、上章言非學之誹、是不當理之誹。卽是可非之誹、故在誹者爲誖。下章言當理之誹不可非、如非攻非樂非命非儒、皆當理者也。不可非者也。乃非誹者、不審其不可非而非之、故在非誹者爲誖。此章以誹之可不可、折中於理之當不當。爲前後二章之樞紐。足見墨家辯術之精微。

非誹者誖。誖舊譌詩。從張校改。說在弗非。張云、誹皆當、則非誹者誖。孫云、張說是也、弗非卽當理之謂。

非誹、非舊作不、從孫校改。非己之誹也。不非誹、非可非也。不可非也、是不非誹也。欒云、此顯過破非誹者也。墨子以誹明惡、卽非（動詞）非（名詞）也。非「非」所以明是、故墨子立誹。世以言之是非、彼一此一、相應無窮、莫可質定、故立弗非、而以墨者之誹爲非。然主弗非而又非墨之誹、則其宗行兩歧、故墨子以自語相違破之。蓋言者非誹、所以非墨子之主誹。藉使主誹誠爲不可、而其非之卽已成誹。非墨之誹、卽不異非己之誹。此說所謂非（動詞）誹、非（動詞）己之誹(名詞)也。若言者不非(動詞)墨之主誹、則主誹者自是不誖、而非(名詞)固可以非(動詞)之。此說所謂不非誹、非(名詞)可非(動詞)也。由是言之、言者非誹、其言先誖。若不非誹、主誹自可。主誹既可、非誹自誖。是(肯定詞)非者必誖、而誹不可非。此說所謂不可非也、是不非誹也。又云、墨子立辯說之術、正是非以明去取。立誹譽之名、督善惡以示趨舍。故辯經曰、譽、明美也。誹、明惡也。墨子上譽堯舜、下誹桀紂、卽以督善惡也。莊周曰、與其譽堯而誹桀也。不如兩忘而化其道、卽非誹之說。墨子破之云、誹者、言人之非也。爲欲明非、是以主誹。今爾非誹、爲不欲明人之誹也。若若是、爾言如可、便不當非誹。緣爾非誹、卽是誹也。若曰爾言不可、則主誹論自可、而爾非誹、猶不可也。

物甚不甚。上甚字舊譌箕、孫從俞楊校改。說在若是。孫云、說云、莫長於是、莫短於是。伍云、甚之云者、比度之極端也。極端只一、不得有二。今一物而兼有長短兩甚、是其所謂甚者不甚矣。甚者不甚、不得言甚。故曰物甚不甚、說在若是。

物甚長甚短、莫長於是、莫短於是、是之是也。非是也者、莫甚於是。言天下之物、無長無短。譬如一尺、以丈較之則甚短、以寸較之又甚長。用以度江河、則甚嫌其短。用以度毫毛、則甚嫌其長。故是莫甚於是者、一轉瞬間、非又莫非於是。莊子秋水篇曰、萬物一齊、孰短孰長、義同。此辯者所由有龜長於蛇之論也。此破世人執有長短之陋見也。佛教唯識宗、謂長短爲假色、以其是相待有故。墨氏已得其恉。

取下以求上也。張之銳云、老子曰、江海所以能爲百谷王者、以其能下也。又曰、大國以下小國、則取小國。小國以下大國、則取大國。或下以取、或下而取、與此義相近。言能取下、卽所以求上也。說在澤。水之性求與源平、故取澤爲取下以求上之喻。張之銳云、澤能下故也。尹云、求、等也。

取高下、以善不善爲度。張之銳云、言取高取下、無一定之理。當以善與不善爲度。下者善則取下也。不若山澤。張之銳云、言取高下、不若以山澤爲法。處下善於處上。張之銳云、處上則危。處下則爲衆流所歸。下所請上也。所、卽書召誥王敬作所之所。請、通誠。言取高莫善於山、取下莫善於澤、然山澤通氣。(易說卦傳)高以下爲基。未有離下而能成其高者。故處下善於處上。下所、誠上。江海所以能爲百谷王者、非以其善下乎。老子曰、天下莫柔弱於水。又曰上善若水。水善利萬物而不爭。處衆人之所惡、故幾於道。居善地。心善淵。寓意皆與此同。墨子且以天下莫平於水、而澤則並水之迹而無之、而無不上達、故取爲喻。此知墨道之淵微也。愼到曰、海與山爭水、海必得之。(意林)並宋鈃尹文、作爲華山之冠以自表、(莊子天下)均此情也。荀子正名篇以山淵平、爲惑於用實以亂名、未免著相、蓋儒者通病也。此破山澤高下之妄執也。孫云、莊子天下篇惠施曰、天與地卑、山與澤平。荀子正名篇亦云山淵平。並此意也。

是是說文云、是、直也。从日正。段注直、正見也。十目燭隱則曰直、以日爲正則曰是。與是是與寔同、寔與實同。同。說在不文。文舊譌州、從張楊二校據說改。經說上云、舉、告以文名、舉彼實也。又云、有實必待文名也。此謂卽萬物一一舉其實、同爲無名之樸、不可以文名也。故經上下文、無非如實正見。匯萬別於一同、同於不文也。莊子德充符篇曰、自其同者視之、萬物皆一也。

是舊本衍不字、今刪。目

是則是且是焉、言有是實、則有是文。名實合、姑且以爲是可耳。莊子齊物論曰、是若果是也、則是之。異乎不是也、亦無辯。卽此義。今是文於是而不於是、孫云、文當作之、下並同。不下亦當有之字。純一案此章要旨、在藉一文字、顯不文之是。故文決非之之譌、孫說非。不下亦不必增之字。張之銳云、今但以文詞之美者爲是、所是在文而不在於是。故是不文。故墨者崇實。不務爲文。是不文則是而不文焉。蓋實本不待文名、卽是盡去其文、而不文焉。今是不文於是而文於是。下於字舊作與、今據陸本唐本正。故文與是不文同說也。今於是之不須於文者、而有所文、致是之蔽於文者多矣。文奚益耶。故有是文、當與無是文同觀、始知是是與是無不同。而墨道之所以爲兼者明矣。綜觀經與說四篇、大都紬繹異名、總歸同實。託小包大、寄意遙深。此其遺除名相、鎭之以無名之樸之結論也。曾云、是者、實也。是於是者、文也。文以擬實、有文者無益於實、無文者不損於實也。故文與不文同也。張之銳云、韓非子外儲說左上、楚王謂田鳩曰、墨子者、顯學也。其身體則可、其言多不辯、何也。曰、昔秦伯嫁其女於晉公子、爲之飾裝、從文衣之媵七十人。晉人愛其妾而賤公女、此可謂善嫁妾、而未可謂善嫁女也。楚人有賣其珠於鄭者、爲木蘭之櫃、薰以桂椒、綴以珠玉、飾以玫瑰、輯以羽翠、鄭人買其櫝而還其珠。此可謂善賣櫝矣、未可謂善鬻珠也。今世之談也、皆道辯說文辭之言。人主覽其文而忘其用。墨子之說、傳先王之道、論聖人之言、以宣告人。若辯其辭、則恐人懷其文忘其用、直以文害用也。此與楚人鬻珠秦伯嫁女同類、故其言多不辯。（此文與張引微異、蓋據王先愼集解校正。）田鳩之言、足與此經不文之義相發明。純一案曹張說均是也、此慨當時文勝之弊、隱譏儒者徒長於文而無其實。且謂語言道斷。妙理無關文字。破世間一切文言相也。老子著經、以道可道非常道、名可名非常名始。墨子著經、以是是與是同、說在不文終。其恉一也。釋尊說法四十九年、自謂未會說著一字。更深遠矣。

墨子集解卷十一

漢陽張純一仲如

大取第四十四

畢云、篇中言利之中取大、卽大取之義也。意言聖人厚葬、固所以利親。盛樂、固所以利子、而節葬非樂、則利尤大也。墨者固取此。孫云、畢說非也、此與下篇、亦墨經之餘論。其名大取小取者、與取譬之取同。小取篇云、以類取、以類予、卽其義。篇中凡言臧者、皆指臧獲而言。畢並以葬親爲釋、故此亦有厚葬節葬之說、並謬。此篇文多不相屬、蓋皆簡札錯亂、今亦無以正之也。純一案畢說利之中取大、卽大取之義、是也。惟謂厚葬利親、盛樂利子、殊背墨家宗旨。孫據畢說盡非之、謂此亦墨經之餘論、且置大之命義於不顧。則研覈尤疏。至以篇中凡言臧者、皆指臧獲而言、更爲執一賊道。此與經上下、經說上下、小取、共六篇。當時謂之墨經、（汪中序）卽墨辯。蓋相里子鄧陵子之倫、所傳誦而論說者也。（閒詁傳授考案語）篇名大取者、篇中云所未有而取焉、是利之中取大也、是其義。所未有者何。卽大而無外小而無內、墨道之兼是。說文大部云、天大地大人亦大、故大象人形。段注、老子曰、道大天大地大人亦大。人法地、地法天、天法道。按天之文从一大、大之文則象人首手足皆具、而可以參天地。是爲大。然則墨子取於所未有者、以其利之大。無時量、無方量。直欲盡人皆能大宇宙之總。而合爲一兼也。此大取之名義也。是故篇中盡墨學之綱要。會物理之宜。達生死之變。原極天人物我於一兼。必兼愛天下之人如一己而利之。兼愛尙世後世之人一若今之世而交利之。且綜核異同之名實以名兼。是爲大取。若所取非兼乎愛利之大。惟綜核異同以立辯本。是爲小取。墨子恐人執小而遺大、特著此篇、名曰大取、敎人匯萬別於一兼也。所謂以故生、以理長、以類行、尤扼辯經之要。善學者於此篇求之、思過半矣。或以篇中有子墨子之言也句、疑非墨子自著。竊以子墨子之言也、本作此翟之言也、蓋天下無人四字、乃破除名相。並泯絕人相我相。是兼之所以爲兼。墨家根本敎義也。服其敎者、本極尊崇本師之心、鄭重以易之。意以此言非子墨子不能言、使人勿輕易讀過也。更舉五證如下、（一）此篇理境高超、文筆簡古、駕越全書、極似全書之括論。（二）篇中一見子墨子外不再見、與尙同天志諸篇、首冠子墨子言曰、或篇中數見子墨子言曰者不同。（三）此篇義理精微、非親士脩身等七篇所能頡頏。更非兼愛非攻等各有三篇、爲三墨所記述者比。（四）因無論談辯者、說書者、從事者、莫不遵奉。故傳布愈廣、舛錯亦愈多。而竹帛誤移、篆隸譌變、尙在後。（五）篇中有凡學愛人、不爲己之可學也云云。顯若墨子耳提面命、蓋欲善益多之作也。況此篇獨名大取、包孕宏富、豈門弟子所能言。惜其辭旨幽微、難於一一宣究耳。傅山霜紅龕集墨子大取篇釋云、奧義奇文、後世以不可解而置之。因其文而錄之。道藏中亦有此。曹云、墨子之有辯。以明利害。利中取大、害中取小、故以大取小取名篇、亦經說之流也。按墨子經上經下經說上經說下大取小取凡六篇、篇第相屬、語意相類、皆所謂辯經也。大取、則其所辯者較大、墨家指歸所在也。凡墨子之說、其爲儒家所排斥、世情所畏惡者三端。節葬也、非樂也、非儒也。有爲儒家所排斥、而世情不以爲惡者。兼愛也、非命也。有爲世情所畏惡、而儒家不以爲非者。尚同也、非攻也。節用也。有與儒術相合、而亦不違世情者。則尚賢也、天志也、明鬼也。與夫親士脩身貴義之說皆是也。既與人情有違、則行之不能無窒。與儒術有異、則言之不能無爭。墨子述大禹箕子之教、修內聖外王之術、思以易天下、故必爲辯經。博極萬事萬物之理、窮其原而竟其委。使天下後世、咸曉然於易知簡能之故、則亦有不得已焉者矣。其宗旨則略具於此篇、所辯者大、故曰大取也。張之銳墨子大取篇釋義敍例有云、大取一篇、係以闡揚墨家兼愛學說爲主旨。篇內所援引之名學規律、不過藉以爲學說之辯護、而實亦非論理學也。墨子兼愛主義、即大同主義。即平等主義。亦即近世社會主義。兼愛上中下三篇言兼愛、係就兼愛效果立論、義甚粗淺。大取篇言兼愛、係就兼愛原理立論、義極精深。後人但知儒家攻擊兼愛之說、而墨家如何辯護兼愛之說、則寂焉無聞、此墨學所以中絕也。大取一篇、爲墨家與儒家辯論擁護兼愛主義、最有價值之書。惟文理簡古、至今無人通曉。兼愛主義、得以成立爲一家學說、盡在此篇。湮沒弗傳、至堪痛惜。釋義之作、又烏可以已乎。又總釋云、欲解釋大取篇文義、有兩層問題、當先研究。(甲)名義、畢沅曰、篇中言利之中取大、即大取之義也。孫詒讓曰、畢說非也、此名大取小取者、與取譬之取同。小取篇云、以類取以類予、即其義。銳按孫氏據小取篇以類取以類予之義、解釋取字之義則可。不知取者、大取小取兩篇之所同、而大小者、大取小取兩篇之所異。畢氏解釋大字之義、是否確鑿、姑不必論、然尚知從大小兩字著想。孫氏則僅將兩篇所同的取字、加以解釋、而大小兩字、均一筆抹煞。此何以證明畢說爲非、而己說爲是乎。鄙意大小兩字、即經說上大故小故之大小兩字。大取、謂所取之緣故大。小取、謂所取之緣故小。大取、係表明墨家所取兼愛主義的最大原因。乃爲人類最大多數最大幸福起見。利之中取大的意思、已包括在內。篇中所言以故生、與荀子非十二子篇中所言持之有故、兩故字意義、完全相同。經說上云、小故、有之不必然、無之必不然。大故、有之必無然。大故、係周徧的。小故、係不周徧的。大故、係絕對的。小故、係相對的。大故、係單純的。小故、係複雜的。小取篇中言故多方、殊類異故、不可偏觀也。末一故字、即是小故之故字。蓋人類思想言論之錯誤、大半由於執持小故、拘於一偏之見所致。所以小取篇中、將小故之是而然、是而不然、或一周而一不周、或一是而一不是、凡一切之原因結果、同而不同之地方、指出許多證據、分別鄭重言之如此。然則畢氏以利之中取大、解釋大取兩字、似尚近是。惟利之中取大、可以謂之所取之故大、害之中取小、不可以謂之所取之故小耳。(乙)主旨、一篇書必有一命意所在、爲一篇之主旨。讀者能知作者命意所在、再去推求文辭、自然觸處貫通。本篇主旨、係闡發墨家兼愛學理。兼愛不是空言愛人、要有實際利人之作用。所以開端即將愛與利對舉出來。薄葬非樂、乃利人作用之一。兼愛是以人爲本位、所以有人己厚薄之辯。以人爲本位、因而推論鬼與盜、亦是題中應有之義。利人者各就人之分量、而謀所以利之之方。故慮獲之利、非慮臧之利也。利有厚薄、而愛無親疏。故而愛臧之愛人也、乃愛獲之愛人也。篇中以故生、以理長、以類行、三分句。爲通篇柱子。以故生、是言兼愛主義所以發生之原因。以理長、是言兼愛主義所以實施之條理。以類行、是言兼愛主義所以傳布之方法。前兩章（第一章自篇首至智來者之馬也句止第二章自愛衆世與愛寡世相若至人不必以其情得焉句止）是言以故生。後一章（自聖人之附澤也至篇末）是言以理長以類行。每章中間、各用極精密之論理學、擁護墨家所持之主義。前兩章並將反對墨家學說者所持之論點、逐層爲之答辯。蓋當時反對派所持之論點、約有五端、（一）謂墨家薄葬非樂、爲不愛其親子。（二）謂愛己乃天性自然之事、墨家刻苦自己、厚愛他人、爲違反天性。（三）謂墨家愛無差等、無親疏厚薄之分、爲無父。（四）謂墨家主張兼愛、旣以人爲本位、鬼非人也、何故又主張明鬼。（五）謂墨家主張兼愛、旣以人爲本位、盜亦人也、何故又不非殺盜。大取篇前兩章卽是對於以上論點所作之答辯。依本篇主恉、並參照反對派所持之論點、仔細推尋。大取文義、便都迎刃而解矣。此外尙有應附帶討論者、卽大取與小取篇異同比較是也。此兩篇雖同爲墨家之論理學。但大取篇係以學說爲主體、而以論理爲斷制。小取篇係以論理爲主榦、而以學說爲印證。此其異點也。尹云、曾子自心、小取焉則小得福。大取焉則大得福。劉云、邊沁以個人之幸福爲小。以一羣之幸福爲大。故由個人之幸福、進而謀一羣之幸福。不以個人之苦樂爲苦樂、而以一羣之苦樂爲苦樂。以爲利物、卽以利己也。墨子大取篇亦純乎邊沁之說者也。

天之愛人也、薄於聖人之愛人也。張其鍠大取篇校注云、言天不能煦嫗之。其利人也、厚於聖人之利人也。傳云、鼓萬物而不與聖人同憂。純一案天之愛人無迹、不若聖人愛人之易知。然天之利人、無方量、無時量。非聖人有加愛於人之心、利人有限者比。陰符經曰、天之无恩、而大恩生。易曰、乾始能以美利利天下、不言所利、大矣哉。義均同此。此開宗明義言人雖至聖、其愛人利人、不能如天之無邊疆無已時。故愛利人必取法於天、而志與功始相從而俱大。其所謂天、卽兼之實體、猶佛教之一眞法界、蓋示尙同之指歸。法儀篇云、惟天之行、廣而無私、其施厚而不惪、其明久而不衰、故聖王法之。此明兼愛之利大、一篇之總綱也。卽天志兼愛之本。張之銳云、天地無心愛人、而所利者大。故薄於聖人之愛人、而厚於聖人之利人。張其鍠云、四時行、百物生、以育萬民。非聖人之所能爲。大人之愛小人也、薄於小人之愛大人也。其利小人也、孫云、吳鈔本無此字。純一案陸本唐本並有也字。厚於小人之利大人也。大人、親也。亦喻天。墨氏自況也。小人、子也。亦喻聖人。此儒家也。言大人兼愛天下之人、視若幼子無知、逃亡在外者然。經下云、不知其所處、不害愛之、說在喪子者、是大人之心也。惟所務在永久遠大、無有近功、非小人所及知。故愛甚薄而利甚厚。小人惟愛父母而已、公孟篇曰。夫嬰兒子之知、獨慕父母而已。父母不可得也、然號而不止。此其故何也、卽愚之至也。

然則儒者之知、豈有賢於嬰兒子哉。足見小人所務者淺近、雖較易見、實於大人無所利。故愛似厚而利甚薄。此明墨者兼愛、是無緣之大慈、無漏者也。儒者非兼愛、愛屬有緣、不足言大慈、是有漏者也。教人勿執滯儒家之小道、而不知墨道之大也。蓋對儒家一切申辯之括論。卽非儒之本。傳云、大人、有德有位者、治人者也。小人、百姓也。治於人者也。百姓依護大人以爲生、故愛大人也。張之銳云、大人不爲姑息之愛、而爲人類謀永久遠大之利。故薄於小人之愛大人、而厚於小人之利大人。伍云、兼愛之道、愛利並重。然至愛利不能兩全時、與其愛厚利薄、不如利厚愛薄。以利之卽所以爲愛之實也。張其鍠云、愛不能利、則爲空愛。以利爲愛不見其愛。此大人如禹墨、非以勢位言。

以臧爲愛其親也、愛字舊脫、據下文補。而愛之、愛其親也。愛上舊有非字、從孫校刪。畢云、說文云、葬、臧也、卽藏字正文。謂葬親。純一案此臧與樂相對爲文、畢說是也。易繫辭下葬之中野、漢書劉向傳作臧之中野、可證。以臧爲利其親也、利字舊脫、從孫校據吳鈔本增。而利之、非利其親也。以樂爲愛其子、愛舊作利、今據上下文審校改。而爲其子欲之、孫云、樂謂音樂。愛其子也。以樂爲利其子、而爲其子求之、非利其子也。畢云、此辯葬之非利親、樂之非利子、卽節葬非樂之說也。純一案畢說是也。

此冢上愛利並舉言、以人所最欲愛而利之者、莫若親與子。然無眞知愛利其親與子者、如世以葬爲愛其親、以樂爲愛其子、愛之云者、其志然耳。若以葬爲利其親、樂爲利其子、果奚有利之功耶。顯實言之、均非所以愛利之道。蓋大愛大利、不在葬與樂也。在取天之所以兼愛兼利者、愛利親與子、以愛利天下。是則能喻親子於道、親可得死而不亡之壽。（本老子）子可聞四方無聲之樂。（本禮記孔子閒居）誠愛利之最大者也。此破儒家厚葬爲樂之執、而勸其兼愛也。曹云、樂謂音樂歌舞之屬、凡可樂之事皆是也。禮記云、細人之愛人也以姑息。愛其子而欲其樂、不得曰非愛子也。以云利子則非矣。愛者、情之鍾也。利者、事之得也。既非利之、則亦終非愛之矣。若厚葬以爲親者、既不可云利、並不可謂愛親也。此明節葬非樂之理、以防儒者孝慈之詰難。張之銳云、薄葬非樂、爲儒家攻擊墨家之話柄。此明薄葬非樂、係爲節省社會財力起見。對於親子愛情雖薄、而於天下利益實厚也。墨家以爲厚葬威樂、皆感情之作用、實際上於親子並無利益可言。故爲親厚葬、爲子求樂。謂之爲愛親愛子則可、謂之爲利親利子則不可也。傳云。一本以樂爲利其子六句注云、此是墨教勸勔本義。

於所體之中、而權輕重之謂權。孫云、吳鈔本作於所體輕重之中、而權其輕重之謂權。案其字疑當有。文選運命論李注、引尸子云、聖人權福則取重。權禍則取輕。張其鍠云、儒者推己及人、故言厚薄。墨家有羣無己、故言輕重。權非謂是也、亦非爲非也。亦舊譌非、從孫校改。權正也。曹云、所體、謂親與子也。身者、父母之體也。子者、己身之體也。純一案經上云、體分於兼。此言親子本吾一體、然既分於兼、則不免重視己體、輕視他體。於是衡理不得其平、而是非亂。卽愛人利人亦不得其正。不能如天愛利人之厚、固巳。且以本非愛利人之葬與樂、愛利其親與子。是非不辯、利害貿焉、是不可不假正於權。令心平等中正、以明利害大小之故。利害明、是非自明。蓋權之爲物、稱物平施。能知物之輕重、非能使物爲輕爲重。故權非爲是、亦非爲非、而是非莫不以權而正矣。愼到曰、有權衡者不可欺以輕重。莊子秋水篇曰、達於理者、必明於權。明於權者、不不以物害己。可並此下文會通其義。張之銳云、言於所體之中、權其輕重以爲去取、是之謂權。輕重在物、不在於權、權能知輕重、而不能爲輕重。故曰權非爲是也、亦非爲非也、權、正也。正、猶證也。言以權證明是非也。此段承上段之意、提出薄葬非樂主義所取的標準、以引起下段斷指存擥斷指免身之喩。蓋斷指存擥斷指免身、卽於所體之中而權輕重以爲去取也。伍云、於所體之中而權輕重、謂於所兼愛之中、而比量其體之輕重以爲去取也。夫能兼愛無擇、誠無上之大願。然有時爲外力所限、不能不於所兼愛之中而有去取。此種去取謂之權。權本非至中不易之道、然能隨時得中之用。能隨時得中、是亦中也。故曰權非爲是也、亦非爲非也。權正也。

斷指以存擥、孫云、意林引作腕。畢云、此捥字正文。曹本移此五字置下文其遇盜人害也下、下又增利也二字。利之中取大、害之中取小也。尹云、淮南說山斷指而免頭、則莫不利爲也。故人之情、於利之中、則爭取大焉。於害之中、則爭取小焉。說蓋出此。害之中取小也、畢云、當爲者。純一案讀若者。非取害也、取利也。其所取者、人之所執也。如指與腕本吾一體、皆所當愛。然有時二者不可得兼、則當權衡利害之大小、以定去取也。權利取大、謂當如天兼愛利人、不必獨重親與子也。權害取小、如斷指是。以指不斷、則腕難存。故斷指似取害、實非取害、而取存腕之利也。以害在人所執持中、當審權取舍、喩勿執小而遺大也。蓋執葬爲愛親、則厚體薄神、且埋已成之財而禁後生之財。執樂爲愛子、則不能以時生財、抑且耗財而侈於性。皆不利於親與子、更不利於天下、是人類之大害也。故節葬非樂、如斷指然。是害之中取小也。以此使羣知愛利天下而貴兼、如存腕然。是利之中取大也。是儒家所執以爲人類大害者、墨家於害中取小、卽是人類之大利也。此略似佛教唯識學、破徧計執之微旨。惜其辭過簡質、意義沈晦、難索解人。以上辯明節葬非樂之利大。張之銳云、存擥之利大於存指、故寧斷指以存擥。斷指、害也。存擥、利也。故曰利之中取大、害之中取小也。本篇名大取、係就利之中取大而言。害之中取小、與大取宗恉相背、故復申言之曰、害之中取小者、非取害也、取利也。此段以斷指、喩薄葬非樂、所害者小。以存擥、喩薄葬非樂、所利者大。

遇盜人而斷指以免身、利也。其遇盜人、害也。此明斷指、非得巳也。如旣遇盜、將生命難保、害莫大焉。若僅斷指而能免身、雖不利猶大利也。言天下事之類於盜、常使人失其所有者、非僅厚葬爲樂而已、是不可不遠離之。曹云、一與相接、卽不勝其害矣。以此之故、有識者辯明利害、卽常權其輕重以爲取舍、如避盜然。此蓋用九方歅事、諸子多有是說。此明害中取小之義。案九方歅事、見莊子徐無鬼篇。**斷指與斷腕、利於天下相若、無擇也。**此冡上文又進一解。言指與腕在己雖有擇、苟利天下、則斷指可、斷腕亦可。因己輕天下重、當舍己以利天下、無暇爲指小腕大之擇也。孟子盡心篇所謂摩頂放踵、利天下爲之、是其義。傳云、爲愛利天下者、斷指與斷腕一也。謂指不可惜、腕亦不可惜也。**死生利若、一無擇也。**一、皆也。大戴禮衞將軍文子篇則一諸侯之相也注。利若、承上文利於天下相若而省。此又進一解、言果利天下、生死以之、可也。是能外其身也。斷指存腕以利身、是權一身之害而取其小。蓋對非兼者主張節葬非樂、非利中取大也、不得已也。斷指斷腕、乃至死生無擇以利天下。是兼以易別、實行兼愛之主張、利之中取大也。其不顧一身之害者、以死之與生一體、（淮南子精神訓）死生無變於己、（莊子齊物論）外其身而身存、（老子）誠莫大之利也。惜彼儒者非兼、不能大取耳。張之銳云、此段開首復設一喻者、嫌上文斷指存擘之喻、分別利害、不甚明瞭。因復設一喻、以指示利害不同之點。故曰遇盜人而斷指以免身、利也。其遇盜人、害也。有利害斯有取舍。取舍、選擇之結果也。若二者利之大小相等、則無所用其選擇矣。故曰斷指與斷腕、利於天下相若、無擇也。不但斷指斷擘、利於天下相若無擇。卽進而言之、至於死生問題、苟二者利於天下相若、亦無所用其選擇。故曰死生利若一、無擇也。傳云、一本生死利若一二句注云、生以利天下、與死以利天下若一、則生亦不可惜也。**殺一人以存天下、非殺一人以利天下也。**言假使殺一人、可以存天下、則爲利天下而殺一人何傷。存天下者、利之中取大也、殺一人者、害之中取小也。人殺矣何云非殺、以人有死而不亡者存。能忘其粗色身、施捨之以利天下。而其淨妙身自在、所謂神武不殺也。則雖殺一人、實未殺一人。又或爲天下除害、殺一人以存天下、卽所以利天下。而其人之神識持業如故、非可殺也。是故明鬼。**殺己以存天下、是殺己以利天下。**又因殺人轉到殺己。言苟利天下、殺人殺己亦無擇。爾雅釋言云、是、則也。己亦天下之一人、倘殺己可以存天下、則爲利於天下者大。自當貴義於其身、殺己以利之。法華經提婆達多品曰、觀三千大千世界、乃至無有如芥子許、非是菩薩捨身命處。爲衆生故、然後乃得成菩提道。墨氏其庶幾乎。曹云、此言害於人者、不爲利。利於人而害於己者、不爲害也。兼愛之道、凡有利於天下者不避死。況指與腕、又奚擇焉。故曰墨子兼愛、摩頂放踵、利天下爲之。殺一人以存天下、若漢誅鼂錯之類、不得謂之利天下也。殺己以存天下、若比干伯夷殺身成仁、及將帥臨敵死綏之類。墨子忘己而濟物、故於此尤優爲之。傳云、一本殺己以存天下二句注云、此事佛典中有之。**於事爲之中、而權輕重之謂求。求爲之、非也。**此總上文而言、凡事必有利害、利害必有輕重。故害求其輕、利求其重、尤當權其孰利天下爲最重。所謂利之中取大也。然所以求其大利天下者、當常求於所未有。順應萬物而無心。若竊竊然有心求爲之、亦非也。**害之中取小、求爲義、非爲義也。**此中應前文、言害者必無利於天下、又不利己之謂。既知爲害、當遠避之、急於爲義、則己與天下俱得其利。然或已陷害中、無能解免、亦必權其重輕、捨大取小、急圖挽救。非徒求苟生也、仍求爲義以利天下也。顧求爲義、要本無所求而爲。設有求而爲、如淮南子俶眞訓、所謂絃歌鼓舞、緣飾詩書、以買名譽於天下、繁登降之禮、飾紱冕之服、又非爲義也。自遇盜人至此、辯明儒家非兼、惟圖自利。其厚葬爲樂諸習氣、恒令天下受不足之害、幾無異於盜。而墨者貴兼、則不惜殺身以利天下。其爲義、並非有所求而爲之。張之銳云、墨家爲此言、即比較殺人殺己利之大小。必殺己以存天下、比較殺人以存天下、其利爲大、而後殺身成仁。若不論有利無利、專求殺己、亦非也。故曰於事爲之中、而權輕重之爲求。求爲之、非也。求爲之者、即不權輕重、專求殺己也。蓋死生苟利若一、何貴乎求死以鳴高。所以求死者、正因其死、利重於其生、而始爲之耳。雖然、取利舍害、人之恒情也。顧墨家之取利舍害、乃爲天下取利舍害、非爲一己取利舍害。殺己以利天下、天下則利矣、而己獨取其害而不辭。夫害至於殺身、亦可謂大矣。而墨者反爲之、所以求義也。若但以利己爲主義、而利取其大、害取其小、此世俗小人趨避之所爲、非墨家求義之道也。故曰害之中取小、求爲義。非爲義也。貴義篇云、子墨子自魯卽齊、過故人、謂子墨子曰、今天下莫爲義、子獨自苦而爲義。據此可見墨家爲義、全在自苦。能自苦者、必不於一身害之大小、有所選擇也。

爲暴人語天之爲是也而性。句 **爲暴人歌天之爲非也。**暴人、暴戾之人。凡非兼者、及不自苦爲義以利天下者、皆是。墨子以自苦兼愛、全性之眞。乃反對墨家者、或謂其道大觳、反天下之心。（莊子天下）或譏爲役夫之道。（荀子王霸）蔽於用（解蔽）無見於畸。（天論）且謂兼之不可爲猶挈太山越河濟。（兼愛中）是猶奬勵暴人之虧人自利、爲順天下之心、爲可大用。直以暴人之性、謂是天實爲之。果爾、何異爲暴人而歌頌天之爲非也。彼道家亦法天、儒家亦畏天命、此豈可遍之論乎。此墨子破敵家之偏執、而成立兼愛之正宗、極有力之論證也。張之銳云、墨家以自苦爲極、提倡利人主義。原所以矯正世人利己之病、對症下藥。而攻擊墨家利人主義者、每云厚己薄人爲人類自然之天性。墨家刻苦自己、厚愛他人、是違反人類自然之天性、其道大觳不可學。惟若以此立論、攻擊墨家利人主義。何異向暴戾之人而語之曰、子之封殖自己、虐害他人、乃順從天道、當然如是、且合乎自然之人性也。果如此說、更何異歌頌暴戾之人種種殘忍非禮之事、皆係替天行道、有功人世、而無絲毫罪惡乎。墨家以此說、駁辯反對派利己主義、爲天性自然之論調、並非故甚其辭。須知暴戾之人、封殖自己、虐害他人、一切殘忍罪惡、悉緣厚己薄人之一念、胚胎而生。卽充其量、亦不能出厚己薄人一語範圍之外。而厚己薄人、固反對利他主義者、所認爲人類自然之天性也。儒者云、天卽理也、暴戾之人殘忍罪惡、旣屬合理行爲。方當稱揚之不暇、安得從而非議之耶。此墨家破反對派厚己薄人爲人類天性自然之說、頗有力量、有價值。惜辭意晦澀、讀者莫能通曉、可慨也夫。

諸陳執既有所爲、而我爲之陳執執之所爲、疑衍一執字、當刪。因吾所爲也。陳執、謂徧計陳迹而成執。卽所染之異名。猶習貫然。（大戴記保傅篇習貫之爲常）唯識家言種子熏習。蓋習氣染法、無始以來、串習虛妄、是也。言暴人之所爲、非天使然。由本有習氣種子、蒙潤緣生現行也。人間世一切陳執、旣有先我爲之者、故我亦習染而爲之。諸陳執之所爲、固吾所爲之前因也。是故非命。

若陳執未有所爲、而我爲之陳執、陳執因吾所爲也。此言新熏種子。以我之所爲、不必皆本於陳執。若陳執未有所爲者、亦且自我爲之成陳執。則吾習染之所爲、又後人陳執之前因也。解深密經曰、阿陀那識甚深細。一切種子如暴流。此節大恉似之。是故聖人正體不動。

暴人爲我、傳云、似指爲我之楊朱、拔一毛以利天下不爲者說。爲天之以人非爲是也、傳云、暴人爲殘暴自暴之人。爲我而假之天道自然生殺、何容我爲彼而爲之。是不畏人非、以人之所非爲是。凡殘暴自爲之鄙夫、人必羣非之、而爲我之暴人不顧。純一案依傳說、爲天之讀若謂天志句。

而性。言天下所以多暴人者、皆由自執陳陳之我見、及世間陳陳相因、徧計起執諸邪見、熏習而成。惟知爲我、非天使爲是暴人也。非其性本於天然也。以上辯明暴人之性、自無始來、具足清淨種子、本於一兼、無異墨家、皆可自苦、兼利天下。乃因世間諸陳執日與爲緣、互相熏習、潤生本具汙染種子、發爲現行而成暴人也。蓋暴人之性、本無善惡、非無善惡、非關於天、大恉已見。與孔子性近習遠之說相類。孟荀難與言也。斯人所由貴脩身、愼所染、自造大命、洵爲絕學。此節祕義、研精佛敎唯識學自知之。

不可正而正之。言暴人性非天成、一切所爲、似不可以權正者、要可權其利害大小而正其爲我之非、此所以爲實用哲學也。張之銳云、儒家言厚己薄人、是天性自然。墨家言因爲人性每偏於厚己、始主張兼愛以矯正其流弊、故曰不可正而正之。曹本作暴人謂我爲天志、以人非爲是也、而性不可正而正之。注云、暴人本拂逆天意、而自以爲合乎天意、以人之所非者爲是也。如夏桀矯天命以布命於下、商紂謂有命在天、是皆自謂天志也。此其性殆不可正。而墨者欲從而正之、不得已也。

利之中取大、非不得已也。害之中取小、不得已也。於所未有而取焉、於字舊脫、據下句增。王景義校同。是利之中取大也。於所既有而棄焉、是害之中取小也。言大利所在、存乎未有。本無限量、任人取求。此聖人所以常「爲之於未有」（老子六十四章）而無不利者也。及乎既有、大利盡失、而害生焉。能盡棄之、尙己。萬一不能、亦必捨大取小、猶是利也。此暴人因陳執而爲我、所以常在害中而不悟者也。夫害固人所不取者、今不得已而取其小、足見有之爲害無窮。所以貴儉而不感於外也。節用特其粗迹耳。從知取大利必於未有、非不得已也。於既有而欲盡去其害。亘不易矣。未有、形而上、兼也。既有、形而下、別也。此節總結上文利取大害取小之故、並破非兼者執有之害．而示節用之諦理。允當以破有宗立空宗之佛典視之。唐龐道玄居士將入滅時、語太守于頔曰、但願空諸所有。愼勿實諸所無。墨氏早得其恉。曹云、兼愛尙同、人世所未有之說而墨子取之。攻也、厚葬也、樂也、命也、人世所既有之說、而墨子棄之。與利者、以取爲取。除害者、以棄爲取也。張之銳云、此段結論通節利取大害取小之意。有利無害、是墨家絕對的主張。故曰利之中取大、非不得已也。有時絕對的主張。目的不能徑達、則從害小利大上比較、採取相對的主張。（如節葬非樂）雖有妨於愛的感情、而爲害甚小。且其中所得之利、足以償補其害而有餘、始不得已而採用之。故曰害之中取小、不得已也。利之中取大、爲希望人類將來、最大多數之最大幸福。故曰所未有而取焉、是利之中取大也。害之中取小、乃就人類舊時沿襲的制度、擇其無實際利益、去之又無大妨礙者、（如厚葬盛樂）變更、或割棄其一部分。故曰於所既有而棄焉、是害之中取小也。此因環境時勢所迫、而權衡利害大小而然、非墨家之本恉也。

義可厚、厚之、義可薄、薄之、謂倫列。孫云、謂上當重之字、戰國策宋策高注云、倫、等也。服問鄭注云、列、等比也。曹云、倫列、猶尙書所謂秩敍也。無所不厚、是爲德行。然義不能無分別、惟視乎其可而已。是之謂倫列也。王本謂上重之字。**德行、君上、老長、親戚、**曹云、謂父母也。**此皆所厚也。**伍云、倫列、謂差等也。倫列之愛、非周愛也。如德行君上老長親戚、此皆儒家所厚而愛之者也。如此者、於愛之義爲有缺。**爲長厚、不爲幼薄。親厚、厚。**孫云、厚其近親。**親薄、薄。**孫云、薄其遠親。**親至、薄不至。**孫云、言有至親無至薄。曹云、親厚親薄、以親屬之遠近言也。因其遠近以爲厚薄之差等、但有至厚而無所謂至薄也。**義厚親不稱行而類行。**類舊作顧、從孫校改。張之銳云、開首一長句。義可厚、厚之、義可薄、薄之、謂倫列。係舉儒家愛有差等之說。義、亦儒家所謂義也。倫列、猶云倫次。言儒家以爲施行愛利、當以義分別厚薄。義可厚、厚之。義可薄、薄之。乃愛利自然應有之倫次也。德行、君上、老長、親戚、此皆所厚也。此句係就儒家所謂義所當厚之人、而列舉之、約有是四類。爲長厚不爲幼薄。親厚、厚。親薄、薄。親至、薄不至。此數分句、係就上文列舉儒家所謂應厚之人、指出其所定厚薄標準、不合論理之處、而詰難之也。依上文列舉儒家所謂應厚之人、而歸納之、不外兩個標準。（一）以尊卑分別厚薄。孟子曰、天下有達尊三。爵一。齒一。德一。德行、即孟子所謂德。君上、即孟子所謂爵。老長、即孟子所謂齒　此三者、是以尊卑分別厚薄也。親戚之應厚、是以親疏分別厚薄也。惟既以尊卑爲厚薄的標準、則長者尊而幼者卑。長者當厚、幼者當薄。何以儒家爲長厚而不爲幼薄、是以尊卑爲厚薄標準之說、不能成立也。旣以親疏爲厚薄的標準。親厚、厚。親薄、薄。則親之至極者、厚固當至極。疏之至極者、薄亦當至極。何以儒家但有親至而無薄至乎、是以親疏爲厚薄標準之說、又不能成立也。厚薄無標準、而曰義可厚、厚之。義可薄、薄之。所謂義者、果安在耶。義厚親、不稱行而類行。行、謂施行。此承上文義可厚厚之之意、而撇去德行、君上、老長、諸應厚之人。獨申述義厚親者　因儒家厚薄標準、實以由親及疏、爲施行愛利惟一之主張。是以孟子譏墨子兼愛爲無父。殊不知墨家兼愛、亦以爲義當厚親。特墨家之厚、係以稱行之。儒家之厚、係以類行之。此其異點耳。何謂稱行。稱讀去聲、副也。如以稱稱物、有多少重量、方給以多少價值、言因人而施、其人與天下關係甚大、足以副我的厚愛、而後厚愛之、是謂稱行。何謂類行。不論其人稱厚愛、不稱厚愛、但從己施起、由親及疏以類推之。與己親者、卽厚愛之。與己疏者、卽薄愛之。是爲類行。稱行之厚、以人爲本位。兼愛上篇云　亂何自起、起不相愛。臣子之不孝君父、所謂亂也。子自愛、不愛父、故虧父而自利。弟自愛、不愛兄、故虧兄而自利。臣自愛、不愛君、故虧君而自利。此所謂亂也。墨家以爲不厚親、則天下亂。從天下治亂關係上、說出孝悌、可見墨家之厚親、仍是以人爲本位。故親稱厚、厚之、人稱厚、亦厚之。下文爲天下厚禹。及後章言藉臧也死、而天下害、吾持養臧也萬倍。聖如禹、賤如臧、苟與天下人類利害關係者大、稱我厚愛、無不厚愛之、非獨親也。儒家之類行、是以己爲本位。但有厚親、而無厚人。以親爲愛之極點、依次錫類、而後及於他人。故曰義厚親、不稱行而類行。明儒家厚親之義、與墨家不同之點在此也。此段與儒家辯論用愛差等厚薄之理、剖析微芒、得未曾有。秦漢而後墨學晦暗不彰。學者習聞儒家攻擊墨家之語。而墨家詰難儒家、如此一段文義之謹嚴精鑿、幾無人能舉其辭。亦墨家不尚文學、過於直樸簡古、深入不能顯出、以致難索解人、眞中國學術之不幸也。伍云、墨家立義、一兼無別。爲長厚不爲幼薄。爲親者厚不爲非親者薄。無親疏長幼一也。故隨巢子曰、有厚而無親。有疏而無絕。夷之曰、愛無差等、施由親始。愛無厚薄、爲墨家之根本主義。其不得已而有厚薄者、非本旨也。蓋愛無厚薄、而利有厚薄。愛之在內者無厚薄、而愛之及外者有厚薄。其有厚薄與儒家同、而其所以有厚薄者與儒家異。儒家立宗、卽主有厚薄。故施之於外者、因之而有差異。墨家立宗、不主有厚薄。其施於外者、雖因之而有差異、而本旨則平等也。此儒墨之辯也。

爲天下厚禹、爲平聲禹也。王闓運云、同耶。爲天下厚愛禹、乃爲禹之愛人也。二爲字均讀去聲。愛人舊倒、從孫校乙。王本同。厚禹之爲平聲加於天下。爲字從孫校增。曹本同。而厚禹不加於天下。伍云、此言爲天下之故而厚愛禹、乃爲禹之能愛天下也。所厚在禹。所愛在天下。故對禹雖若獨厚、而對天下則未嘗因之而薄也。若惡盜之爲平聲加於天下、而惡盜不加於天下。言儒家不兼愛、以己爲主而厚親。墨家兼愛、以人爲主而厚天下。如禹爲天下勞形可謂厚矣。故墨家爲天下而厚禹、非爲禹而厚禹。與儒家爲親而厚親者異。必爲禹之所爲、自苦以厚利天下、斯爲厚禹。蓋不能如此、非禹之道、不足謂墨也。以此之故、更爲天下厚愛禹、因禹兼愛天下之人故。是厚愛禹、即所以厚愛天下。與厚愛親、即不能厚愛天下正相反。況墨者厚禹之所爲、加利於天下。禹固天下之人所同厚、非惟墨者所獨厚。則墨者之厚禹、並不加優於天下。若惡盜之所爲、加害於天下。盜固天下之所同惡、非惟墨者所獨惡。則墨者之惡盜、並不加重於天下。是知墨者爲天下、雖厚禹等於不厚禹。是之謂兼愛。豈彼儒家惟知厚親、愛有差等可比哉。此段推翻儒家差等之愛、成立墨家平等之兼愛。曹云、禹聖人也。厚於聖人、即以厚於天下。因聖人之能愛人而利人也。故墨子兼愛而尙賢。以賢者之能愛人而尙之。不必己之愛加于天下。而自無所不愛也。惡盜者反喻以明之。

愛人不外己。己在所愛之中。孫云、言己亦猶是人也。伍云、荀子正名篇云、聖人不愛己、此惑於用名以亂實者也。意蓋指此。純一案聖人不愛己、必當時墨者有此言。如上文斷指與斷腕、利於天下相若無擇、死生利若一無擇、並殺己以利天下云云。又經上、任士損己而益所爲也。說、任爲身之所惡、以成人之所急云云。均可證。乃非兼者不憭、以爲亂實。詎知道家老子貴能外身。莊子貴能外生。儒家亦稱孔子無我。古今豈有聖人愛己、無異庸衆者哉。蓋聖人不愛己者、因急於周愛人、不暇於專愛己、非不愛己也。惟眞知愛己、故不僅兼愛今世之人、必兼衆衆世及尙世後世之人而盡愛之。而後愛己之量、始得圓滿而無虧也。故墨子於此立量、以極成聖人不愛己之說、而破其亂實之非量。謂人己不二、性本一兼。己實不在人外、盡性愛人、即所以愛己。故眞愛己、莫急於兼愛人。充愛之量、人己兩忘。湛然一愛、彌綸天地、有如陽和之無不被。故曰愛人不外己、己在所愛之中。由是人人兼愛、而天下禍篡怨恨無由生矣。己在所愛、愛加於己。倫列之愛己、愛人也。倫通輪。易說卦傳爲弓輪、釋文輪本作倫。釋名釋車、輪、綸也。言彌綸也。周帀之言也。列、禮記禮運故事可列也。注、與作有次第。倫列、即以次輪轉意。此言己既在所愛之中、則凡愛之所加、是加於己。是周帀次第之愛己、道莫急於愛人也。禮記哀公問篇云、不能愛人、不能有其身。義可互明。此段破斥儒家人己之分別、融己於人之中。明兼愛之不可動搖也。張之銳云、墨家兼愛。係以人爲根本觀念。將己的觀念、化爲人的觀念。人與己混合爲一。故曰愛人不外己。己在所愛之中。己亦爲人。則愛亦加於己。故曰己在所愛、愛加於己。愛雖加於己、然非由己生愛、而由人生愛。故曰倫列之愛己、愛人也。明墨家愛人、未嘗無倫列。特墨家之倫列、爲平等的。而儒家之倫列、爲差等的。此節駁儒家施行愛利、以己爲本位、分別厚薄之非。將己的觀念、極力打破。而歸納於人之中。以爲己者、亦人類中一人耳。愛利縱有厚薄、但由人的觀念分別則可、由己的觀念分別則不可也。段末歸納到一人字、說明墨家兼愛主義、根本上成立之原則。蓋人己觀念不同之處、即儒墨學說鴻溝所由劃也。

聖人惡疾病。畢云、言自重其身。尹云、以其廢事。伍云、欲留其身以愛利天下、非爲享樂也。不惡危難。畢云、言爲人則不避艱險。曹云、惡、猶畏也。疾病在身、則或不能爲利人之行、故聖人惡之。危難者、爲人所害、聖人固可行乎患難、而仍可爲利人之事、故不畏也。純一案聖人自視身關天下休戚、恒善調攝、少私寡欲以立命。苟利天下、赴火蹈刃、皆所不辭。

正體不動。四字義甚精微、不可輕忽讀過。易繫辭傳曰、无思无爲、寂然不動。釋氏所謂一心不亂。入無生忍。是其義。昔堯試舜納于大麓、烈風雷雨弗迷。（書舜典。莊子田子方篇曰、有虞氏死生不入於心。）禹南省濟江、黃龍負舟、乃熙笑、顏色不變。（淮南子精神訓）見定功也。墨子一切妙解勝行、盡出於此。蓋人必寧靜、始能致遠。正體不動、則能攝天下之至動於湛寂中、淸淨而無染。於是安住一定、疾病無由生。超絕塵緣、危難無足畏。惟心與神處、形與性調、（文子下德）嵬然若邱山而已。（文子符言）莊子在宥篇曰、抱神以靜、形將自正、我守其一、以處其和。攝大乘論曰、菩薩於定位、義想既滅除。（世親釋卷六葉十六）能修諸佛安住、解脫一切障礙。常起一切有情一切義利行故。（同下卷八葉七）均可與此相發明。曹云、正己者、正其身體也。不動者、見危授命、不避艱險也。禍變無所動於中。但欲己之有利於人、不惡人之或害於己也。

欲人之利也、非惡人之害也。聖人欲惡之正、高超情境。惟憂百姓之窮、與慈利物、己身早置度外。畢云、言欲存其身以利人。非惡人之以危難害己。張之銳云、欲利惡害、人之恒情。墨家專務爲世興利、犧牲自己一身之利、在所弗惜、故無害可惡。但不惡害、在墨家爲相對的、而非絕對的。人身之害、約言之、可分爲個體之害、與環境之害。疾病者、個體之害也。危難者、環境之害也。疾病足以妨害與利之身之健康、故惡之。危難足以磨鍊與利之身之才識、故不惡之。我心有一定之宗旨。進行有一定之趨向。不爲人世任何危難所搖撼。故曰正體不動。欲人之利也。非惡人之害也。

聖人不爲其室臧之故、在於臧。臧、即藏正文。从艸、後人所加。此言聖人不爲其室可以臧身之故、而志在於臧。如禹八年於外、三過其門而不入是。此墨子有道相教、偏從人而說之、所以無煖席也。列子仲尼篇曰、處吾之家、如逆旅之舍。不過能出世而已。未足擬墨子之慈悲。惟釋迦苦行說法、耶穌周游弘道、同此妙行。張之銳云、聖人無己、故無私財。無私財、故不爲其室臧之。以天下之財、還之天下、臧財於天下。天下之所臧、即聖人之所臧。言不爲其室臧之者、無所不在於臧也。

聖人不得爲子之事。言聖人孝思不匱。務形勞天下以尊親。庭前服勞奉養。非大孝也。如管子七法篇曰、不爲愛親危其社稷、故曰社稷戚於親。詩四牡篇云、王事靡盬、不遑將父。晉書溫嶠絕裾之類。均世法也。惟釋迦出家修道、誓願度盡衆生、爲出世法、均可相印證。无能子曰、無所孝慈者、孝慈天下。有所孝慈者、孝慈一家。可謂知言。孟子以此目之曰無父、陋已。張之銳云、天生聖人、以爲天下之人類也。故聖人上體天心、兼愛天下。不得獨爲人子之事、專厚其親也。

聖人之法死亡親、孫云、亡、忘通。謂親死而忘之、即薄喪之義。爲天下也。張之銳云、儒家事死如事生、所以主張厚葬。墨家以父母已死之體魄爲無知、所以制爲薄葬之法。撙節財用、以利天下。厚親分也、以死亡之、亡、忘同。體渴與利。此節葬之本。言厚親固人子本分。但聖人知親形化而性縣解、適可忘情。當疾於從事、以利天下。否則曠時妄費、無補死者。而傑害生者。（晏子春秋外下二章）非不匱之大孝也。況聖人息息與天下相通、厚愛天下、卽所以妥先靈。安忍縈念於親之形骸、恝置天下於不顧。莊子天運篇曰、至仁無親。夫至仁尙矣、孝固不足以言之。是其義。張之銳云、厚親爲分所應爲、墨家事親、何能獨薄。今之薄葬、不過以我親死亡無知之體魄、作爲法制。期於救正世人厚葬侈靡、無益妄費之非。渴爲天下與利耳。渴、猶急也。言汲汲欲爲天下與利也。有厚而毋薄。舊本薄在而上、從曹校乙。毋、陸本作無、同。下文云愛無厚薄。倫列之與利爲己。言聖人愛人有厚無薄、惟爲天下周而次第以與利。盡己之性、忘己以利天下、斯眞爲己之道。張之銳云、此段四舉聖人、以明墨學之所本。聖人指禹及墨子。

語經孫云、語經者、言語之常經也。此總冒下文。王本以此爲篇名、並下文別爲篇、列大取前。案墨子引語經爲辯、未可別爲篇。尹云、謂言語之經。今所謂論理學者、又稱辯學。語經也。畢云、也同者。孫云、當爲者。非白馬焉。舊作焉、今校改。孫云、公孫龍子有白馬論。執駒馬說求之、馬舊作焉、從畢校改。孫云、莊子天下篇云、孤駒未嘗有母。白馬孤駒、蓋名家常語、所謂語經也。無說非也。無舊作舞、從畢校改。漁大之舞大、舞、張之銳校改無。非也。尹云、漁大、魚大也。舞、無也。無大、謂魚極大而無所加。莊子逍遙遊、北冥有魚、其名爲鯤、鯤之大不知幾千里也。卽此魚大說也。然鯤字同卵、本小魚名。其以爲大無所加者、乃虛無想像之大耳、故其說可以非之。張之銳云、語經、卽名家所謂白馬論也。名家白馬論、言白馬非馬。旣說白馬非馬、則轉言之、非白馬當是馬、故曰非白馬、馬。但非白馬、倘不能徑謂之馬。何以故、因白馬之外、猶有黃馬驪馬、及種種以色命名之馬。雖非白馬而亦非馬。以命色之例、與白馬同也。然則欲言非白馬、馬。不可無說以求之也明矣。執駒馬說求之、此卽言非白馬馬、所以求之之說也。蓋駒本馬名、非命馬色。故說是駒馬、不惟非白馬、而亦非黃馬驪馬、及種種以色命名之馬、然後乃可謂之是馬。否則非白馬、仍不得直謂之爲馬、故曰無說非也。小取篇云、以說出故。駒馬之說、卽說明非白馬之所以爲馬也。駒之名生於馬、使駒與馬離、則駒仍爲馬、故駒馬不能謂之非馬。以馬例人、如前言德行君上老長親戚諸名、皆由人生。卽使與人離、而仍可知其爲人。猶離馬而單言駒、仍可知其爲馬也。是德行君上老長親戚者、駒馬之類、而非白馬之類也。欲異德行君上老長親戚於人、而特別厚愛之。是不啻異駒馬於馬也。必德行君上老長親戚諸名、不由人生、如白馬非馬、異白馬於馬而後可。彼儒家異親於人、而獨厚之。不稱行而類行、果將執何說以求之哉。此段以論理學的斷制、證明墨家兼愛、以人爲本位。學理之正確、造語精鑿無比。孫注非白馬馬、雖嘗引公孫龍白馬論白馬非馬之說。而不悟白馬非馬、與非白馬馬、二者語意本係顛倒、不能牽混爲一。須知白馬非馬、是求異。非白馬馬、是求同。求異是別。求同是兼。本章是說兼愛、將一切階級異名之人、歸納爲一切平等同名之人。故言非白馬馬、而不言白馬非馬也。墨家深於名學、引用名家術語、萬不能自相矛盾。漁、同魚。魚大之無大、言魚大而不能說明魚之所以大也。上言非白馬馬、執駒馬說求之。是以馬喻人、以駒喻親。親卽是人、猶之駒卽是馬。此言魚大之無大、是以魚喻親、以大喻厚。親之厚、必有所以應厚之故。猶之魚之大、必有所以成大之說。蓋厚與大有二義。(一)主觀。謂物之本體、有自厚自大之價值、非他方面所得意爲增損。故親之應厚愛、禹之應厚愛、乃親與禹自體生出之關係、足以當厚愛而無愧色、前所謂稱行是也。譬如魚之大、本魚自體之大、人因有大之之觀念。並非我偏愛是魚、而以私意大之也。(二)客觀。厚與大、皆由比較而生之名辭。凡因比較而生之名辭、如厚薄大小等類。必有薄始有厚、有小始有大。墨家愛人、本來無薄、從何說厚。猶之未見魚小、亦安知所謂魚大哉。墨家以稱行說厚愛、實爲顛撲不破之學理。從主觀言之、非從客觀言之也。儒家以類行說厚愛、專從客觀上比較厚薄。而親至薄不至、又無一定厚薄之標準。是言魚大、而不能說明魚之所以大也。故曰魚大之無大、非也。

三物必具、然後足以生。孫云、此下疑當接後以故生以理長以類行也者句。純一案孫校是、今據移。

臧之愛己、非爲愛己之人也。厚人不外己。厚下人字、從孫校增。**愛無厚薄。舉己、非賢也。**

臧、正藏字。舉、呂氏春秋異寶篇不足與舉、注、猶謀也。墨家以有財相分、爲眞愛己之正義。若據財不能以分人而私藏之、惟知愛己、不能忘己愛人、非眞能愛己者也。眞愛己者、知厚愛於人、不外於己。人己兼愛、無彼此厚薄之分、可謂賢矣。若有己之見存、專爲己謀、不能與人均分財、尙得爲賢乎。此尙賢之本。明人己不二、人卽是己。破敵邪見、立自正宗、卽佛法破我執戒貪慳之諦理。近世講社會主義者、所謂打破私有制度、無此根本的卓識。張之銳云、臧謂局固緘臧、以利自封。此種行爲、純屬愛己觀念所生之結果。非因己爲人類、而後私儲其財也。己的觀念、私也。人的觀念、公也。墨家倫列之愛己、愛人也。無己的觀念、則己之財、與人之財無異、何用臧之。故上文云聖人不爲其室臧之、明有臧卽有己也。世之論者、每疑墨家力袪己的觀念、爲厚人薄己。不知墨家旣以己爲人之一分子、則厚人之中、自不能不厚己、故曰厚人不外己。厚己旣在厚人之中、則言厚人、而厚己自見。又何必標出厚己名目、以狹小愛人之量哉。然則墨家反對儒家厚親之說、非反對厚親、實反對厚己。反對厚己者、爲其以己之親疏、分別愛之厚薄。而有己之觀念存也。有己之觀念存者、厚之固非、卽薄之亦未嘗是。故曰愛無厚薄、舉己非賢也。曹云、愛人者無厚薄之分、若但知有己者、不得爲賢也。伍云、凡事之以己爲標準者、非墨家之所貴也。

義利。不義害。志功爲辯。志原作之、孫從道藏本吳鈔本作志。凡事以人爲主者義、以己爲主者不義。義、利人亦利己。不義、害人亦害己。不分人己者、利也、兼也、墨也。安分人己者、害也、別也、儒也。志、愛也。功、利也。志存兼愛、願力宏深、一時周衆衆世、無偏者也。而功或不能兼利、事相偏淺、未易契如實理、有偏者也。志功不可以相從、允宜明辯。然不可以功難兼利而害志。苟人己交相利、亦即以兼易別之道。要在貴義於其身、以厚利天下。斷不可執己非兼、以爲人類之大害也。以上申斥儒家距墨之失也。張之銳云、兼愛下篇云、仁人之事者、必務求興天下之利、除天下之害。今吾本原兼之所生、天下之大利者也。吾本原別之所生、天下之大害者也。不具徵引。由己而分愛之厚薄、別也。愛人不外己、倫列之愛己、愛人也、兼也。經上云、義、利也。義、利。不義、害。志功爲辯。此言學說之是非、合乎義、或不合乎義、當以實際之功利證驗之。兼既有利、別既有害、則是兼義而別不義也。且愛、志也。利、功也。所謂厚薄者、應以功辯、不應以志辯。因厚薄從事實見、非從感情見也。墨家則主張兼愛、而利則隨人而異。父有父之利、子有子之利、貴有貴之利、賤有賤之利、各各不同。故後文云、愛獲之愛人也、生於慮獲之利。慮獲之利、非慮臧之利也。而愛臧之愛人也、乃愛獲之愛人也。利既不同、即不相爲比較、有何厚薄之可言。本篇開端即說明愛利厚薄、不能並爲一談。此復言志功爲辯、以結束前意。明儒家攻擊墨家兼愛之說、而持親疏厚薄有別之論、特未將志功分辯清楚耳。儒家言愛有厚薄、墨家言愛無厚薄、而利有厚薄。愛是志、利是功、故曰志功爲辯。夫志生於心、願力無窮者也。功施於事、範圍有限者也。譬如有水一盂、欲飲渴人。欲飲渴人、志也。愛也。有水一盂、功也。利也。一人飲之、比諸十人飲之、功利厚薄不同也。而水一盂等、欲飲之之念亦等。人少則飲多而利厚、人多則飲少而利薄、其不能等者勢也。天下親者少而疏者多、是利之所施、親者必常厚、而疏者必常薄、亦勢之自然也。墨家雖愛人之親、若愛其親。而己之親則問膳視寢。其於人之親之膳寢、固不能一一問之、而一一視之也。知此則儒墨之辯、亦可以息矣。

有有於秦馬、有有於馬也、智來者之馬也。曹本改智作知。注云、秦之地產馬、而馬非盡產於秦也。曰秦馬者、知馬之所從來而已。愛馬者、不問其地之遠近。愛人者、亦不問其人之親疏也。此亦若公孫龍楚弓之喻。張之銳云、智、同知。此復以馬喻人、結論墨家兼愛以人爲本位之主恉也。公孫龍跡府篇云、龍聞楚王喪其弓、左右請求之、王曰止。楚王遺弓、楚人得之、又何求乎。仲尼聞之曰、亦曰人亡之、人得之而已、何必楚。若此、仲尼異楚人於所謂人。夫是仲尼異楚人於所謂人、而非龍異白馬於所謂馬、悖。楚人、猶此言秦馬。人、猶此言馬。白馬與楚人、是別的觀念。馬與人、是兼的觀念。言既統人類而兼愛之、即不當有種種人的分別。例如有一人、有的是秦馬。又有一人、有的是馬。不論秦馬、或非秦馬、我但知來此者之爲馬而已矣。此與仲尼所言楚人與人的意思、完全相同。可見儒墨之爭、皆末流之弊。二師之道、本不相遠也。

凡學愛人。四字舊在後小圜之圜上、從王引之校移此。愛衆衆世與愛寡世相若。兼愛之有相若。孫云、衆世寡世、以廣陜言。下文尙世後世、以古今言。文自相對。有與又通。純一案、龍猛菩薩造金剛頂瑜伽中發阿耨多羅三藐三菩提心論、有云、菩薩行願、我當利益安樂無餘有情界。觀十方含識猶如己身。案菩薩行願如此、故十方含識有一不得利益安樂者、菩薩心卽不得安樂。墨子慈悲無量與彼同。愛尙世與愛後世、王引之云、尙與上同。一若今之世。王樹枏云、絕句。言愛上世與後世、皆若今之世也。人之鬼、舊作人也鬼、從王樹枏校據小取篇改。非人也。兄之鬼、兄也。天下之利驩。言凡學愛人之道、當知十方世界、三世古今、惟一兼耳。衆衆世、卽釋氏所謂三千大千世界。寡世、謂此娑婆世界。尙世後世今世、過去未來現在三世也。華嚴經合論會釋云、無邊刹境、自他不隔於毫端。十世古今、始終不移於當念。可爲此說明。蓋愛極於兼、無有方量時量之別。宇宙間非惟人類已也、彼禽獸麋鹿、蜚鳥貞蟲、以及盡虛空界、無盡鬼神、何非分於兼者。倘不盡性愛之、兼愛之量、卽有未周。愛有不周、與暴人之不愛人、何以異耶。墨家右鬼、絜爲酒醴粢盛以祭之、所以徧精明之德、圓成自性之兼也。若彼儒家、執無鬼而學祭禮、惑已。詎知人鬼不二、不過生死異名耳。人之鬼雖非人、而兄之鬼不得不謂之兄。兄當愛、兄之鬼豈可不愛。人當愛、人之鬼又豈可不愛。一兼無外、一愛無殊、總宇宙之異而俱於之一、有何鬼之非人、不當兼愛耶。今世之鬼、卽尙世之人。今世之人、又後世之鬼。死此生彼、出彼入此、如環無端。必兼橫徧豎窮之世界、無盡之人與非人而愛之、則天下無不被其利而驩然矣。驩、懽同。近世所謂最大多數之最大幸福、義極偏淺、未足與語此。天下之利驩上、疑有脫文。

聖人有愛而無利、俔日之言也。俔日、當從孫校作儒者。乃客之言也。此五字疑本後人注語、竄入正文、當刪。墨子因儒者諱言利、有聖人惟言愛不言利之說。如子罕言利是。故此破其執著。意以有人我之見存、言愛言利均不可。無人我之見存、言愛言利無不可。旣言愛人、必有實利於人。設無利於人、徒言愛人、非愛人也。愛利並言果何傷。張其鍠云、客之言、猶外人之言。以上爲墨家述儒者之辭。

天下無人、明焦竑經籍志墨家小序云、墨子見天下無非我者而兼愛也。孫云、無人、卽兼愛之義。言人己兩忘、則視人如己矣。子墨子之言也。子墨子舊脫子字、孫據吳鈔本補。案陸本唐本正作子墨子之言也。傅山據本同。疑本作此翟之言、後世墨家尊崇本師、諱其名而易之。猶在。此二字當在也上、謂子墨子之言猶在耳也。疑亦後人增注、當刪。墨子因儒者以己爲主體。執著有我而非兼。乃以人爲主體、消己歸人。謂卽人是己、以對治之。又恐其執著有人、不明兼之實相。終不利於人、亦不利於己。故急破其人相曰、天下無人。

使視天下之人、祇是一我。既無人相、卽無我相、更無天下相、惟冥會一兼而已。關尹子九藥篇曰、自然無我、而兼天下之我。列子仲尼篇曰、視吾如人。莊子逍遙游篇曰、至人無己。均同此慧解。墨子躡解成行、勇於救世、其中士之耶穌乎。

不得已而欲之、非欲之也。非殺臧也。專殺盜、非殺盜也。臧、藏私財也。殺、滅也。殺臧、多財則以分貧、是殺盜之原理也。謂天下無人之言、卽於所未有、利中取大之至言。因世間暴人、不知本無人我之別。安執有我、而起貪欲。往往虧人自利、發生無盡之盜行。並厚其儲藏而不止。而劫奪攻伐之禍、亦因之而不止。原其貪欲之私、本於有身、而不得已。固非欲之正也。如盜、非人所樂爲。必迫於飢寒不得已、始欲爲盜、非本欲爲盜也。是知斯人樂生畏死、忽而爲人、忽而爲鬼之大患、以貪欲爲大本。設不禁止私藏以除貪、專欲減少爲盜之暴行、終非弭盜之方也。故曰非殺臧也、專殺盜、非殺盜也。此尚儉節用之神理。蓋不知天下無人、卽不能棄其所既有。不能棄其所既有、卽不能止天下之財貪。不能止財貪、卽不能止盜貪。不能止盜貪、卽不能止攻伐之殺貪。則兼愛之說、不極成也。此殺臧、殺盜、卽是殺貪。所以兼愛人鬼者、可謂周矣。此中土大乘佛法也。墨子樹義堅卓。惜能了解而實行者希、塵霾至今、可爲浩歎。張之銳云、上文云、利之中取大、非不得已也。害之中取小、不得已也。殺盜、亦是害之中取小、不得已而爲之、非根本去盜之法。故曰不得已而欲之、非欲之也。何謂根本去盜之法、卽廢除遺產制度、定爲法律、不使天下有私財、則不殺盜而盜自絕。（純一案不止貪欲而禁私財、恐盜行終不可絕、盜心終不可絕。至廢除遺產制、賢者優爲之。恐不肖者、以此從事不力也。鄙意今宜仿行英國遺產制、遺產多者較遺產少者、稅率依次遞增。詳上海廣學會出版大同學。）若不禁止私財、而專殺盜、盜終不可去也。故曰非殺臧也、專殺盜、非殺盜也。此言實行兼愛主義、將利益分配均勻、生活問題、完全解決、天下自然無盜。禮運云、大道之行也、天下爲公。貨惡其棄於地也、不必藏於己。力惡其不出於身也、不必爲己。據是以觀、墨家兼愛學說、與儒家大同學說、本無差異。卽近世社會主義之嚆矢。不過墨家欲實行主義於現世、儒家則希望大同主義於未來。所謂大道之行也、與三代之英、丘未之逮也、而有志焉是也。孟子反對墨子兼愛、卽是反對大同學說。而近世儒者、乃謂孟子獨傳孔子大同學說、眞顚倒是非、全無皂白之見也。純一案張說頗得墨恉、而釋上二句及殺盜、未諦。盜非專指人言。亦指盜行言。殺盜、言減少爲盜之惡行、非必殺爲盜之人。墨子兼愛、其道不怒。知盜出於不得已、豈忍殺之。小取篇殺盜、對無盜多盜愛盜言。乃設辭、殺亦當訓減。又以法律禁止私財、而爲利益分配均勻。是專求物質之均平、不顧天然的不平之至平。反失墨子兼愛之本意。蓋墨子以欲天下無盜、在人無私財。欲人無私財、當先無私欲。無私欲、則無私惡、是根本的無上至平之道。故經上云、平、知無欲惡也。說云、平、惔然。此卽根本的殺臧殺盜之妙法。倘不禁欲、而徑禁私財。必致天下人、未受兼愛之利、先受兼愛之害。而苦楚不堪言狀也。

小圜之圜、與大圜之圜同。方至尺之不至也。尺上至字、疑衍。與不至不至二字疑衍。千里之不至、不異。舊本千里譌鍾、之下脫不字。孫云、鍾、當爲千里二字。之至、當作之不至。謂尺與千里遠近異、而其爲不至則同。故下云遠近之謂。今本千里二字、誤合爲重字。校者又益金爲鍾、遂不可通。續漢書五行志童謠以董字爲千里草、與此可互證。純一案孫說是也。今據補正。傳校同。其不至同者、遠近之謂也。是璜也。畢云、說文云、璜、半璧也。是玉也。方、比也。圜有大小不同。而爲三百六十度無不同。言愛人即當盡其兼愛之量、無不周徧如圜然。小圜、喻周愛寡世今世。大圜、喻周愛衆衆世、及尙世後世。設僅周愛寡世今世、而不周愛衆衆世、及尙世後世。是愛仍有未周、即非兼愛。方之行人、尺地未至。與千里之不至、無以異也。蓋千里與尺地、雖遠近不同、而其爲不周至同。詎知世無衆寡尙後今之別。能兼愛、則徧衆衆世於寡世、徧尙世後世於今之世、本無閒也。一愛所至、無不周至。不兼愛、則不惟衆衆世、尙世、後世、愛不能至、如千里之不至。即寡世、今世、愛亦不能周至、亦猶千里之不至。乃至伯父叔父戚族人、以親親有術故、愛亦不能周至、如尺之不至。以不知愛人不外己故、雖專愛己、亦不能周至。其爲尺之不至者多矣。安足與語周徧如圜之兼愛耶。圜同環。喻周徧之兼愛、是爲無偏之愛。墨也。璜、半璧也。喻非兼者不周徧之愛、是爲有偏之愛。儒也。然是璜也、固是玉也、其實非不可爲環也。甚顧凡玉盡爲環、勿爲璜也。兼愛則周徧如圜而無缺也。荀子勸學篇云、千里、蹞步不至、不足謂善御。義略同此。張之銳云、學愛人、謂學墨子兼愛之學也。上文云、愛衆世與寡世相若、兼愛之有相若。愛尙世與愛後世、一若今之世。空閒時閒、共分五世。此五世愛之相若、兼愛之有相若、愛人方爲周徧。鬼是尙世之人、不愛鬼、則五世缺少一世、愛人便不能周徧。無論何世、有一人不愛、即是不兼愛、愛人亦不能周徧。愛人不能周徧、即墨家兼愛主意、不能成立、有缺憾也。圜、周帀也。言愛人之周徧、譬如玉環之周帀。無論小圜大圜、必周帀乃成爲圜。大圜小圜雖不同、而圜則同也。猶之愛衆世與愛寡世、愛之範圍雖有大小、而兼愛之周徧、無不同也。又以行道喻愛人、愛人以兼愛爲欲至之目的地。用愛偶不周徧、即兼愛之目的地、未能完全達到。故曰方尺之不至也、與千里之不至、不異。言行道者、於所欲達之目的地、設若一尺不至而停止、比較千里不至而停止、二人所至之功效等耳。何則、遠近雖不同、而未達所欲達之目的地、固一也。故又曰其不至同者、遠近之謂也。半璧爲璜、璜即不圜之玉、以喻愛人不能周徧。璧與璜、皆是玉。但一爲圜玉、一爲不圜之玉。猶之愛人者、一能兼愛周徧、一不能兼愛周徧。故曰是璜也、是玉也。明不周帀之璜、與非璜之玉同。不周徧之愛，與不愛人之人無異也。蓋儒墨同言仁義、同言愛人利人。而墨家獨主張愛無差等、利有差等。無差等故周徧。此墨家言愛、特別注重之點、所以謂之兼愛。小取篇曰、愛人、待周愛人、而後爲愛人。不愛人、不待周不愛人、有失周愛、因爲不愛人矣。與此段文義相類。

意楹、非意木也。意是楹之木也。意指之人也、非意人也。尹云、非所指則不意之。意獲也、孫云、說文犬部云、獲、獵所獲也。乃意禽也。孫云、言獵者之求、獲、欲得禽也。志功不可以相從也。曹云、心所之爲志。事所成爲功。不可以相從者、言未可同也。純一案此文因璜玉之喻、輾轉引生。言非惟人當兼愛、卽無情之物如木石、亦當在兼愛之列。若璜與玉、君子佩之以比德。是石之可愛者、不以不圖而不愛也。更舉木爲例以明之、如木可爲楹、支大廈以利人、是木可愛也。（禮記祭義篇云、非其時不敢斷一樹。家語弟子行篇云、高柴於草木方長不折。）顧木旣成楹、不復爲木。楹在室中、日與爲緣、故意及之。而未成楹之木、因無緣相接、則勢難意及。故楹雖是木、而意楹非意木、不過意是楹之木而已、然非不愛木也。是猶意所指定之人、卽無緣意及通常之人。亦猶意獵所獲、意在於禽、斷不能意及未獲之禽。蓋物與我有緣者、意志所至、功利可以相從而至。物與我無緣者、意志所至、功利卽不可以相從而至。然萬物之無窮、不害於一兼。雖或因無緣不能兼利、亦不至因無緣而不兼愛也。

利人也、爲其人也。富人、非爲其人也、有爲也以富人。富人也、治人、有爲鬼焉。此承志功不可以相從、而轉言志功有可以相期者。利人如以財分人、是直爲其人而利之也。富人則以爵祿使人富、非僅爲其人。乃爲其人能遵道利民、兼愛天下、故曰有爲也以富人。蓋富人卽使人永受其福、必其人誠能自求多福、且能爲天下人造福。是富人所以治人、俾無不受其福也。然能治人矣、倘不能和鬼神以致百福、則性功未盡、縱利濟當世、難必不愧於屋漏。是爭於明、未能治於神、其治非眞治、必不能久也。故曰治人又爲鬼焉。墨家明鬼、以人粗色身有死、妙色身無死。教人愼厥身修思永、自然有治而無亂。於是尙世之鬼、生爲今世之人。今世之人、死爲後世之鬼者。（易繫辭上云、原始反終、故知死生之說。）無不享兼愛之福利矣。曹云、富人、謂予之爵祿以使之富也。論語云、善人是富。聖王不輕用賞、賞一人而天下勸、是有爲以富人也。祿以代耕、賞稱其功、是富人所以治人也。聖王封先代之後以崇報祀、皆爲鬼而富人也。

爲賞譽利一人、非爲賞譽利人也、非下爲賞譽三字、疑涉上文而衍。亦不至無貴於人。曹云、爲賞譽而專利一人、不得謂之利人者、以其小也。然以爲無貴於人亦不可。純一案曹說是也、言爲賞譽僅利一人、勢不能徧利人、似非兼利之道。然能利一人而天下勸、亦不至無貴於人。喩愛人者、不能因愛一人不爲周徧、遂以愛一人爲不足貴而不愛人也。兼愛者、無一人不愛、無一人不利。而有時其勢祇能利一人、固不害於兼愛也。

智親之一利、畢云、智同知。未爲孝也。曹云、一利、一事之利也。事親而但知其一利、不得爲孝。亦不至於智不爲己之利於親也。不爲己、爲墨家兼愛之骨子。下文不爲己之可學也。可證。利於親上脫不字、義遂難通、疑當作亦不至於知不爲己之不利於親也。知不爲己、則利於人者大。利於人者大、卽善於繼志述事之達孝。而親常在我所利能利之中、利於親莫大焉。故知親之一利、未足爲孝。亦不至於知不爲己之不利於親也。此以一利於親、未足爲孝。必不爲己而兼利人、斯眞利親之大孝。破儒者兼愛無父之謬說也。　以上舉賞譽及孝親、喻兼愛之功不易見。而兼愛之志、固寓於不爲己之一愛中也。

智是世之有盜也、世上舊衍之字、孫據吳鈔本刪。曹本王本並同。盡愛是世。曹云、知世有盜、欲爲世去之。則一世之人、已盡在所愛之中。純一案此非攻之本。世閒之盜、如大國攻小國、大家亂小家・強暴寡、詐謀愚、並凡不爲民興利除害暴奪民衣食之財者皆是。世間金玉珍寶、高車大馬、聲色滋味權勢、皆盜大盜之心者也。而大盜不知、且利用聖人之聖智、滋其法令而盜夸以誨盜、於是舉世競於盜不知非、天下無不受盜之害矣。非攻上篇云、竊人桃李、攘人犬豕鷄豚、取人馬牛、至殺不辜人拕衣裘取戈劍、衆皆知非。今至大爲攻國、則弗知非、從而譽之謂之義、是其證。莊子盜跖篇曰、小盜者拘、大盜者爲諸侯云云。義同。墨子哀世之大迷、綜核盜之名實、務盡醒之、所以盡愛是世者至深切矣。論語顏淵篇季康子患盜、問於孔子、孔子曰、苟子之不欲、雖賞之不竊。老子曰、不貴難得之貨、使民不爲盜。佛教沙彌十戒中、佛云、不得畜積金銀諸器。皆知世之有盜、盡愛是世之要怡也。

智是室之有盜也、不盡是室也。釋名釋宮室云、室、實也。人物實滿其中也。此言旣知是世有盜矣、當知是室亦有盜。妻子也、貨財也、皆㬢滋纏縛、所以秏損性眞之大盜也。故知是室、非安身之眞宅、不盡是室也。

智其一人之盜也、不盡是一人。下一字舊作二、從畢校改。旣知是室有盜矣、當知一人之身亦有盜。陰符經曰、天地、萬物之盜。萬物、人之盜。其盜機也、天下莫能見、莫能知。以此之故、而人遂爲天地萬物所盜矣。聲色盜其耳目、肥甘盜其臟腑、幾若一人之身、有盜環伺焉。佛遺教經曰、諸煩惱賊、常伺殺人、甚於寃家。是盜猶未足以喻之。盜果奚自、蓋五鑿爲正、（通政）心從而壞。（荀子哀公篇）仍此一人自盜之。故知一人之身亦有盜。不盡是一人。必能杜絕其盜機、而不爲所盜、斯一眞人矣。此所由貴節用以全生。從知墨家節用、不僅爲大羣均財而已。

雖其一人之盜、苟不智其所在、盡惡其弱也。弱、低劣也。書洪範六曰弱、疏低劣並是弱事。爲筋力弱、亦爲志氣弱。雖其一人之身、亦旣有盜。當知盜之所在、而勦滅之。苟不知其所在、則盜之爲惡無盡、此身不得自主、莫由自強而不息。心神喪而生理敗矣。此知壽夭。命由己立。八大人覺經云、世閒無常、生死疲勞、從貪欲起。盜起於貪欲、本衆生執我之結習。故節用非命、凡以止貪弭盜、永貞慧命、兼愛可謂入微矣。

諸聖人所先。爲人效名實。效舊作欲、從孫校改。名不必實、不必實三字、從曹本補。尹文子大道上篇曰、有名者未必有形。實不必名。曹云、先、猶急也。聖人通天下之志、故治人以此爲先務也。純一案廣雅釋言云、效、考也。效名實、即鄧析循名責實之意。荀子正名篇云、名聞而實喻、名之用也、聖人先務正名、名正則是非明、治亂審矣。顧名所以狀實、而世有徒有其名而無其實者、如長短方圓是也。亦有擣有其實、雖狀之以名、而常人終於不悟者、如無窮之不外於一兼是也。苟是石也白、敗是石也、說文攴部云、敗、毁也。曹云、敗、破損也。盡與白同。是石也唯大、孫云。唯、雖通。吳鈔本作惟。不與大同。是有便謂焉也。荀子解蔽篇、由埶謂之道、盡便矣。楊注、便、便宜也。此言石果白、則毁其石、仍不失爲白。蓋白盈於石、不可毁也。其白必盡與萬物之白同。若謂其石爲大、則不與萬物之大同。以天下之大無定、大之名無形無色、非白之名無形有色者比也。是同與不同、各因其便宜而偁之。石雖大、不與大同。證明名不必實、破世人大小異同等妄執也。此文以白比大。因白較大爲實故。其實白不能離石而自存、若執白爲實有亦妄。此猶佛教法相宗、教人尋思名言、義相、自性、差別、一一無實之意也。

以形貌命者、必智是之某也、孫云、貌、吳鈔本作皃。下同。焉智某也。曹云、命、命名也。焉、猶乃也。凡有形者、必見其形、乃知其名也。不可以形貌命者、唯不智是之某也、孫云、唯亦與雖通。智某可也。諸以居運命者、畢云、居運、言居住或運徙。苟入於其中者、皆是也、入舊作人、孫云、人當作入。入是去非、文正相對。今據改。曹本王本並同。去之、因非也。諸以居運命者、若鄉里齊荆者皆是。諸以形貌命者、若山丘室廟者皆是也。曹云、有定形者、因形以爲名也。純一案尹文子大道上篇曰、「名也者、正形者也。」物之以形貌命者、必知其爲某物而名之。如知山丘室廟各異、而命名以異、故曰乃知某也。若夫超一切物、不遺一切物、絕對不可以形貌命者、本無名而強命之名、如性云道云、雖名之、固未如山丘室廟之有形貌可覩也。然雖爲感官之所不得、而自內證知是有、故曰雖不知是之某也、知某可也。經下云、可無也、有之而不可去、說在嘗然、即此不可以形貌命者也。此循異實、析異名。更遣異名、契同實也。諸以居住運徙命者、若鄉里齊荆是。蓋依人言、今日入其中、即是居運之地。明日去之、即非居運之地。人生如白駒過隙、居運豈能久乎。諸以形貌命者、若山丘室廟是。蓋依鬼言、鬼之體魄葬於山丘。精靈寄於室廟。又豈能常存不變乎。諸以居運命者、出入無定。諸以形貌命者、變易無常。孰若不可以形貌命者之眞常、密切身心而莫能外耶。此不可以形貌命者、證明實不必名。猶言實無定名。破世人一切有執之陋妄。墨子循循善誘、立言有宗、在在歸納於一兼也。

智與意異。異字舊脫、孫據吳鈔本補。案陸本唐本並有。物可以形貌命者、知覺。不可以形貌命者、意會。官之所感於外者曰知。識之能證於內者曰意。佛教唯識宗、言相分見分、義與此同。重同。孫云、經說上云、二名一實、重同也。具同。孫云、具當爲俱。經說上云、俱處於室、合同也、純一案荀子正名篇云、有異狀而同所者。楊注、謂若老幼異狀、同是一身也。鼅蛾之類亦是也。連同。孫云、國語楚語韋注云、連、屬也。純一案此卽經說上體同之義。同類之同。孫云、經說上云、有以同、類同也。純一案經說下云、或木或石、不害其方之相合也、盡類猶方也。言方木方石、同一方類。同名之同。經下云、物盡同名。荀子正名篇云、猶使同實者、莫不同名也。（同實原作異實、據注或說改。）同根之同。四字舊在然之同下、從孫校移此。大乘起信論云、譬如種種瓦器、皆同微塵性相。丘同。孫云、丘與區同、謂同區域而處。鮒同。孫云、鮒、附通。史記魏世家屈侯鮒、說苑臣術篇鮒作附。周禮大司徒鄭注云、附、麗也。是之同同然之同。然上同字、從一本增。說文是部云、是、直也、从日正、乚部云、直、正見也。是之同、謂實際本同、故正見爲同也、同然之同、謂實際未必盡同。而與論同以爲同、亦不得不謂之同。此二句以下文例之、當作有是之同、有同然之同。有非之異。謂有本不一是之異。有不然之異。謂有彼是此非、是非各執之異。有其異也爲其同也、爲其同也異。異必由同而顯。同固異之總匯。經上云、同、異而俱於之一也。是其義。楞嚴經載世尊綰一巾而成六結。謂畢竟同中、生畢竟異。莊子德充符篇、仲尼曰、自其異者視之、肝膽楚越也。自其同者視之、萬物皆一也。可互證。此因異同遣異同。蓋異同並無自體。惟有假名而已。其以不異不一、詮表兼之實相。可謂酣暢淋漓矣。張之銳云、此段因論智與意異、遂推廣同異之辯。蓋辯同異、爲名學主要作用。上文利害、大小、輕重、厚薄、人己、白馬、驪馬、秦馬、馬、人、鬼盜、小圜、大圜、尺與千里、璜與玉、楹與木、等名詞。皆所以辯別同異也。一曰乃是而然。尹云、論理學同一律也。二曰乃是而不然。尹云、矛盾律也。三曰遷。尹云、換質位法。四曰強。尹云、對當法也。曹云、然者、同也。不然者、異也。遷、遷就也。強、勉強也。遷與強者、皆於不同之中求其同也。伍云、是而然、謂同則同之、異則異之。判詞與原詞相合者也。是而不然、謂同者異之、異者同之。判詞與原詞相反者也。遷謂由同而異、由異而同。判詞漸離原詞者也。強謂非同而同、非異而異。判詞強擬原詞者也。一二爲正格。三四爲變格。純一案是而然、是而不然、詳見小取篇。遷疑卽小取篇之不是而然、強疑卽小取篇之一是而一非也。此極異同之辯、約爲四項。破非兼者之封執、而明兼愛之運用無方也。子深其深、淺其淺、益其益、尊其尊。俞云、尊、當讀爲劕。說文刀部云、劕、減也。劕有減損之義、故與益其益、對文成義。孫云、俞說是也。後漢書光武十王傳贊、沛獻尊節。李注引禮記恭敬尊節、今曲禮作撙節。尊、撙、劕、聲類並同。張之銳云、子、謂當時學子、非難墨家者。深其深、淺其淺、謂墨家所言學理有深淺。如愛人不外己、天下無人、等類。此學理之深者也。節葬、非樂、等類。此學理之淺者也。益其益、如爲天下厚愛禹、以死亡之體渴興利、是之爲益。尊其尊、如墨家尚儉、節葬非樂、所以爲天下撙節財用、是之爲尊。言非難墨家者、當就墨家所主張之學說、深者而深求之。淺者而淺求之。並體察其益者是否當益、撙者是否當撙也。**次察由比因、**次察舊倒、從張之銳校乙、與下文一律。由舊謁山、從曹及王闓運張之銳諸校改。**至優指得。**得舊作復、從孫校改。至優、猶言最優。指、指歸也。張之銳云、由、謂事理之所從生者。論語曰、觀其所由。比、卽春秋屬辭比事之比。純一案由卽兼愛學說所以成立之理由。比卽與兼愛比附之天志非攻諸學說。類也。因卽明辯兼愛節用明鬼諸說所以然之故。彼非難墨家者、既於其學說深其深淺其淺益其益撙其撙矣。次宜進而察其學說所以圓滿成就之根由、及相類比之事實與種種原因、得知兼愛爲當世諸學說至優之指歸、自無所用其非難矣。**次察聲端名因情得。**情得舊作請復、從孫校改。言非難墨家者、既察其由比因、得知兼愛爲至優之指趣。次宜進而察其聲教之端緒、如尚賢尚同等、無非完全兼愛之主義。經上下經說上下、無非藉名學之規律、顯證兼愛之了因。以此墨家學說無可損益之情實、可得而知矣。曹云、按堅白異同之辯、所以極物理萬有不齊之致、而歸之於大同也。不盡其異、則無由得其同。墨子尚同。而辯經於同異之故、詳言之。乃知名家者言、所以爲國不異政、家不殊俗之本也。

匹夫辭惡者、人有以其情得焉。舊匹作正、有作右、情作請、均從孫校改。匹夫、謂無學術者、不知修辭、其辭甚惡。然人尚有聽其辭、而得其情實者。何況墨家根據論理、以發揮其主張之學說。苟推求其故、豈有不得其意恉之所在者哉。**諸所遭執而欲惡生者、人不必以其情得焉。**情舊作請、從孫校改。張之銳云、遭執、謂因自己所遭遇、而執持一種成見。則感情用事、而欲惡生矣。有欲惡、則不能公平論斷、而情實失矣。故曰諸所遭執而欲惡生者、人不必以其情得焉。言世人之所以非難墨家學說者、皆由執持成見、因同異而生愛憎、因愛憎而生取舍。對於墨家主張兼愛之最大原因、未嘗平心靜氣以研求之耳。

聖人之拊瀆也、仁而無利愛。拊舊作附。孫云、道藏本吳鈔本並作拊、案陸本唐本同、今並據改。伍云、瀆當作瀆、淯之古文。淯同育。管子宙合篇、天淯陽、無計量。房玄齡注、淯古育字。拊瀆、卽撫育也。聖人之撫育也、仁而無利愛。謂聖人之撫育羣生也。但有仁心而已矣。非遂能利之愛之也。能利之愛之者、其唯慮乎。純一案依伍說瀆當作瀆。瀆、殊六切。莊子人閒世、是以人惡有其美也。釋文崔本有作育、云賣也。仁卽釋氏所謂無漏種子。蓋無緣大慈、同體大悲也。言聖人拊育天下、一本自性之至仁。攝萬體於一兼、而不敢外視之、從無利人愛人之見存。若有利人愛人之見、分別是人以爲利愛、卽不足爲仁也。**利愛生於慮。**張其鍠云、仁自然溥徧、無所爲也。利愛則有所爲矣。經說上云、慮也者、以其知有求也。昔者之慮也、非今日之慮也。昔者之愛人也、非今之愛人也。經說上云、慮也者、以其知有求也。有求、即是貪著。利愛生於慮、必貪人之利我、而我始利之、必貪人之愛我、而我始愛之。其爲利愛、固不仁甚矣。抑或不貪人之利我、而我著於利之之心、必利之。不貪人之愛我、而我著於愛之之心、必愛之。其爲利愛、亦有違於聖人之至仁、均屬有漏。非墨家貴兼者之所爲也。世人躭染世慮、欲惡無盡。前慮方滅、後慮又生、故昔慮非今慮。以慮慮不同故、昔之愛人、亦非今之愛人也。伍云、此言愛之以時異者。愛獲之愛人也、生於慮獲之利、孫從王引之校、於此增慮獲之利四字、未允。非慮臧之利也。伍云、此言愛之以人異者。而愛臧之愛人也、乃愛獲之愛人也。臧奴、獲婢也。如愛獲、不可謂非愛人也、而其愛獲之故、生於欲得獲之利、非欲得臧之利故獨愛獲。有時愛臧、亦愛人也、乃與愛獲之因其爲人、與我有緣而愛之同。是愛屬有漏、縱云愛人、豈可云兼愛乎。去其愛而天下利、弗能去也。此辯儒者亦愛人。特其愛人、不過知愛獲愛臧之類。愛非兼愛、純是有漏。與墨家之兼愛、即聖人之仁、純是無漏者、顯有不同。蓋非墨者、不知兼體分於一兼、故反對兼愛、其爲愛之利於天下也微矣。視墨家以無愛無不愛者愛天下、即以無利無不利者利天下、弗如也。然儒者雖非兼愛、而常著於愛。以其愛生於慮故、縱云去其愛、而天下利、弗能去也。此言愛本於兼不兼之判別。本於兼之愛、爲仁。爲慈悲。不本於兼之愛、爲慮。爲分別。是墨書中極精微之學理、除內典外、未之見者。昔之知嗇、非今日之知嗇也。兩嗇字舊均作牆、從俞校改。言彼儒者亦節用。顧在昔非兼者之知嗇、大氐積財不能分人、謂之吝。（本晏子春秋問下廿四章）非今墨者之知嗇、務以財分人、自苦爲極、所以全性葆眞者比。

貴爲天子、其利人不厚於匹夫。匹舊作正。從顧俞孫諸校改。曹本王本張之銳校並同。孫云、此言利人之心、貴賤所同。純一案孫說是而義未了。外執之利、如爵也祿也。其爲利人。當者少不當者多。或足以長人之貪欲、爲造惑業之苦因。是害也、非利也。內心之利、如仁也義也。其爲利人、無不當。足以治人之愛著、爲離苦業之善因。斯利也、非害也。仁義非天子所獨有、盡人可推而行之。吾國如老、莊、印度如釋迦、希臘如梭格拉底、柏拉圖等、皆匹夫也。其學說皆足以安定永世之人心、利何如耶。豈彼稱雄一時、無異可憐蟲之天子、（隨園詩話有句云、趙家天子可憐蟲。）所能企及哉。故曰貴爲天子、其利人不厚於匹夫。此墨子貴兼、空盡萬有、一切平等之精義。王闓運云、愛無差等。張之銳云、匹夫、謂無勢微賤之人。凡發明一切科學學理、爲人類謀幸福者、皆爲利愛。非僅得位行道、以政治之作用利天下者爲利愛。

二子事親、或遇孰、或遇凶、其愛親

也相若。曹云、孰與熟同、謂年穀順成也。凶、謂歲歉也。孰則利厚。凶則利薄、而子之愛親無所加損。此見愛之不因乎利也。舊本親上無愛字、從王闓運本增。**非彼其行益也、**繹史作非彼有行益也、案有字較其字義長。疑當作非彼行有益也。**非加也。**疑當作非損也。益依孰言、損依凶言。人子之孝、以先意承志、喩父母於道爲上。博施備物次之。尊仁安義又次之。服勞奉養爲下。（本禮記祭義篇）論語爲政篇、孔子答子游子夏之問孝、曰敬。曰色難。皆於歲之孰凶無與焉。此亦墨氏貴兼之正義也。惟貴兼、故尙儉。尙儉、尤以菽水承歡爲宜、免親傷生損壽也。（呂氏春秋本生篇云肥肉厚酒命之曰爛腸之食故孔子疏食飲水正以遠離染緣）故遇歲孰凶、於事親無益損也。此家上文取譬。天子事親、如遇歲孰。雖奉養加厚、適以傷生。（老子曰、人之生、動之死地亦十有三。夫何故、以其生生之厚。）於兼愛之大孝無益也。匹夫事親、如遇歲凶。雖奉養甚薄、足以長生。（老子曰、夫唯無以生爲者、是賢於貴生。）於兼愛之大孝無損也。天子之利親、不能厚於匹夫如此。則天子之利人、不能厚於匹夫、益明矣。**外埶無能厚吾利者。**埶舊譌執、從孫校改。此綜合上文之結論。以上慈下孝之事。均貴本至性以流露。而境之窮通豐約無與焉。凡物之自外來者、如權位利祿滋味之類。最足增長人之貪愛、祇能爲吾厚害、無能爲吾厚利者。果爾。天子利人、何能厚於匹夫。歲孰事親、何能益於歲凶。此申辯非兼者徒重外埶。不知外物之儻來、名爲厚利、實爲厚害。貴兼者無形之利、本於內心。是周徧的。清淨的。非兼者有形之利、囿於外物。是不周徧的。汙染的。一聖一凡、大異其趣、所以破俗顯眞也。伍云、此愛之以地位異者。**藉臧也死而天下害、**王闓運云、藉、設詞也。**吾特養臧也萬倍、吾愛臧也不加厚。**特舊作持、從陸本唐本並繹史改。孫云、假令臧死、而害及天下。則吾之持養臧也當萬倍。然爲天下去害、非愛臧加厚也。綂一案孫說是也。此言愛利無關於外埶、在本於內心之無不兼也。墨家愛本於兼、從無差等。縱或傾有差等、仍極平等。固非儒者所能知也。自聖人之附濆至此、辯墨者與非墨者、愛不同、利不同、以兼與不兼異故。眞俗異故。下文更暢言異同、破非兼者之陋執。墨氏用心良苦。墨學、幾與佛說等夷、除文老孔莊外、餘子均難企及。張之銳云、墨家主張兼愛、係以人類全體利益爲目的。利之之道、雖各因人而施。而愛之之情、並非偏有厚薄於其閒。儒家譏墨家愛無差等。不知墨家差等在利、而不在愛。持養臧也萬倍、利之何嘗不厚。特厚利臧者、實厚利天下、而非厚愛臧也。差別之中、仍平等也。嗚呼。墨學精微之論、如此節者、殆不多見。乃以文義簡古、湮沒弗傳。茲篇雖存、舉世莫能通曉、可痛也夫。伍云、此言愛之以手段異者。以上發揮愛利生於慮之義甚精。足以塞儒家非難之口。而疑兼愛爲不能實行者、亦可以恍然矣。

長人之異。短人之同。其貌同者也。故同。此文大指、蓋謂人有長短、卽有異同。長人與長人、不能無所異。短人與短人、不能無所同。

要之人同貌同。故可渾而言之曰同。**指之人也與首之人也異。人之體、非一貌者也。故異。**此承上文而轉。言雖同是人、同是形貌。若細核之、則指之於人各異。首之於人各異。人心之不同如其面、至不一也。故曰人之體、非一貌者也。故異。**將劍與挺劍異。**孫云、將、摪之借字。說文手部云、摪、扶也。挺、拔也。**劍、以形貌命者也。其形不一、故異。楊木之木、與桃木之木也、同。諸非以舉量數命者、敗之盡是也。**呂氏春秋義賞篇、敗楚人於城濮、高注、敗、破也。量如分寸尺丈。數如十百千萬。舉以命名、顯撲不破者也。彼諸非此、而以形貌命者。如同是劍也、將劍與挺劍、以形不一而異。而楊與桃各異、以同是木又同。故凡謂爲異者、盡可破其異而爲同。凡謂爲同者、盡可破其同而爲異。非舉量數命者比也。**故一指、**一下舊衍人字、從王引之校刪。曹本同。**非一人也。是一人之指、乃是一人也。**言一指之微、實同天地萬物爲一致。非可限以一人言。莊子齊物論曰、天地一指也。公孫龍子指物論曰、物莫非指。故僅言一指、非一人。必言是一人之指、則其命意之範圍、因舉量數而有定限。不若泛言一指之廣、始知是一人也。列子仲尼篇曰、有指不至。言有所指、則不能無所不至。故又曰無指則皆至。似即本此而申其義。**方之一面、非方也。**方之一面、如方冪。無厚。非同六面之方體。**方木之面、方木也。**方木、是有六面之方體。故僅見其一面、即知爲方木。凡此言異言同、示非兼與兼、非是二物。喻一切人物異同之相狀、均可攝於一兼之實體。惟在有識者、即小以見天地之大全耳。

夫辭以故生、夫辭二字、從孫校增。曹本同。**以理長、以類行者也。**者也舊倒、從孫校乙。曹本同。**三物必具、然後足以生。**此九字、舊錯置前臧之愛己上、從孫校移此。孫云、必與畢通。三物、即指故理類而言之、謂辭之所由生也。**立辭而不明於其所生、妄也。**妄舊作忘、從顧校改。曹本王本並同。**今人非道無所行、唯有強股肱而不明於道、**孫云、唯與雖通。**其困也、可立而待也。夫辭以類行者也。立辭而不明於其類、則必困矣。**墨子立論、其要訣惟在故理類三物而已。此即經上下、經說上下、並小取諸篇之總綱也。經上首言故、明於其辭所由生而不妄也。經下首言類、明其辭以類行而不困也。理則故與類之眞詮、小取篇自摹略萬物之然、論求羣言之比。至以說出故、以類取、以類予。並譬侔援推四法。皆以理長也。辯論之道、盡於此矣。揆之印度三支、故即宗。理即因。類即喻。又故即宗或因。任人據理立量。以類證也。擬以希臘三段、故卽大前提、理卽小前提、類卽結合之斷案也。墨子言必有宗。獨重歸納。其神固無異於因明。若亞氏以後學者、論理形式雖具、而學識遠不及也。張之銳云、此段總結上文、表明大取一篇、歸穴所在。復爲下節所舉各類、作一楔子。乃通篇關鍵轉捩處也。故、卽經說上所言大故小故之故。故者事理所由發生之原因。本篇名大取、係言所取的兼愛主義、所由成立之最大原因。故曰以故生。理、條理也。長、滋長也。言學說既以成立、則當順其條理滋長而發達之也、類、卽小取篇所謂以類取以類予之辭、謂以同類之事理相曉譬也。行者、推行而傳佈之也。以故生以理長以類行三句、爲大取一篇的柱子。自篇首至吾愛臧也不加厚、言以故生。自長人之異至則必困矣、言以理長。自故浸淫之辭至終、言以類行。立辭而不明於其所生、妄也。妄、不誠也。所生、謂辭之原因也。原因不分明、則所斷之結果、必有謬誤。故曰立辭而不明其所生妄也。今人非道無所行、雖有強股胘、而不明於其道。其困也、可立而待也。此以人之行道、喩辭之行類。夫辭、以類行者也。立辭而不明於其類、則必困矣。言不明類取類予之法、則所立之辭、易爲攻擊者所窮、不能宣尊其主義也。天下事物、原理多同。人之知識、若不貫徹。明於彼者、或暗於此。故名學有類行之法、以淺近者喩高深、以已知者測未知、使人易於領悟。此文先說不明於道、則行必困、以例不明於類則辭必困、卽是類行之法。欒云、墨子所立三表。一曰本之。二曰原之。三曰用之。謂本之於故。（本謂根據）原之於理。（原、察也。謂察之於事理。）用之於類也。今卽以故、理、類、爲三表之標目。分說如次。

故

案故字在墨辯涵義最多。經上云、故、所得而後成也。此故字、當以因明之宗邏輯之判釋之。卽眞能立之辭。辭者、意之表也。常人隨心成意、無所推考、意先未誠、辭自非眞、若在辯者、因事造意、順意吐辭、皆有故爲之本、有理爲之原、有類爲之用。故意無不誠。辭無不立。眞實不妄、是之謂故。荀子非十二子之說、每謂其持之有故、言之成理。故卽墨辯所謂本之以生辭者也、以今語釋之、爲緣故、爲根據。辭以故生、其故必眞、則所生辭、方不致妄。否則以妄生妄、終不成眞。故曰立辭而不明於其所生、妄也。故在三表居首、本以生辭、仍名爲故。經說說此、爲立言方便計、乃分爲小故大故二名。而以小故命表首、大故命表尾、亦謂由此小故、生彼大故也。此當因明三支之因。邏輯三段之小原。

案三表首位之故、一名小原、詳如右釋。今再以邏輯喩之、邏輯家論判之是否眞實、必先察其辯之小原已否眞實。因小原失實、辯雖中律、而由以推得之判必不能眞。是故小原與判、其爲眞實、當無復別。卽以連珠言之、一連珠之小原、必爲其前一連珠之判。其式爲

第一連珠			
	例	大原	乙是丙
	案	小原	甲是乙
	判		甲是丙

第二連珠			
	例	大原	丙是丁
	案	小原	甲是丙
	判		甲是丁

如右式第二連珠之小原甲是丙、在第一連珠則爲判、是知甲是丙必爲眞能立之辭。而其爲判、爲小原、不過在連珠中所處之地位而異。於是可見墨辯三表之故、雖本以生辭、而其本身實爲由前一辯之三表生成之辭、則其名之爲故、不亦宜哉。

或據墨子於何本之、本之於古者聖王之事之言。而謂三表首列之故、僅當瑜伽八能立中之正教量。余案辯經論知有聞知、親知、說知、卽瑜伽所謂正教量、現量、比量三者。十論爲世說法、故言必資正教量立、非謂墨子不憑現比二量以自悟也。

理　案大取曰夫辭……以理長、……今人非道無所行、雖有强股肱而不明於道、其困可立而待也。蓋理爲是非之宗、而誠意者先務其本、次由本而察之於理、然後可以誠立。然墨子謂原察衆人耳目之實、又云徵以先王之書、則理雖重比量、亦兼資正教量矣。此當因明之喩體、邏輯之大原。

類　案大取曰、夫辭以類行者也。立辭而不明於其類、則必困矣。蓋謂由理而取其同類或推其異類、以與其所成之辭大故相比。質言之、卽所以證明其所成之辭大故能否成立。墨子謂廢以爲刑政、觀其中國家百姓人民之利。卽類之用也。此當因明之喩、因明分喩爲同喩異喩二種、亦適相同。

案非攻下曰、今遝夫好攻伐之君、又飾其說以非子墨子曰、子以攻伐之爲不義非利物與。昔者禹征有苗、湯伐桀、武王伐紂、此皆立爲聖王、是何故也。子墨子曰、子未察吾言之類、未明其故者也。彼非所謂攻、謂誅也。其類與故字、皆指三表言之。蓋墨子非攻、以攻伐爲不義、因謂其當世王公大人攻伐人國之爲不義。然好攻伐之君、則舉禹征有苗等事以非墨子、試舉三表如左、

故　今王公大人攻伐人國

理　攻伐人國爲不義

類　若昔者智伯攻范中行氏爲攻伐人國之爲不義故今王公大人攻伐人國爲不義也

墨子類舉智伯攻范中行氏之爲不義、以同其小故今王公大人攻伐人國。因得成其今王公大人爲不義之大故、是類有助成大故之用。反之類亦有助破大故之用。如彼類舉禹征有苗之爲義、思以同其小故今王公大人攻伐人國、而破其今王公大人爲不義之大故。然而墨子弗許者、則因昔者禹征有苗是征伐、今王公大人攻伐人國是攻伐。攻伐非征伐、斯知兩故—小故—不同、故墨子謂彼未明其故。而智伯攻范中行爲攻伐人國、是其類。禹征有苗爲非攻伐人國、是非其類。故墨子謂彼未察吾言之類也。

故浸淫之辭、其類在鼓栗。孫云、在下吳鈔本有於字。純一案陸本唐本並有。蘇云、此下言其類者十有三、語意殊不可曉、疑皆有說以證明之、如韓非儲說所云者、而今已不可考矣。純一案墨氏精於名理、立義前後相應。此言其類者十有三、大氏總結上文兼愛之故以立辭、使人明於類行之理而不困也。惜其說亡不可考。張之銳云、此承上文以類行之義。將墨家兼愛學說中、所有一切較大公例、各爲之比附而說明之。使人觸類旁通、易於了解。共十三條、列舉標題、如經上經下之經。所謂其類在某某者、如經下之說在某某。以經說上經說下、及韓非子外儲說內儲說例之。似應別有一篇、附於大取之後。浸者、漸染之意。淫、亂也。謂以淫亂之辭、浸染於人也。孟子曰、淫辭知其所陷。鼓、鼓動也。栗者、恐懼之貌。鼓栗之說、見呂氏春秋淫辭篇。其辭如下、宋王謂其相唐鞅曰、寡人所殺戮者衆矣、而羣臣愈不畏、其故何也。唐鞅對曰、王之所罪、盡不善者也。罪不善、故善者不畏。王欲羣臣之畏也、不若無辨其善與不善而時罪之。若此、則羣臣畏矣。此卽浸淫之辭、欲以鼓動宋王、使羣臣恐懼也。凡攻擊墨家兼愛學說、獎勵殘暴刻薄之行爲。如上文所云爲暴人語天之爲是也、而性。爲暴人歌天之爲非也、等辭。皆唐鞅告宋王之類也。

聖人也、爲天下也。其類在追迷。類在下舊衍于字、今據上下文刪。張之銳校同。釋一云、言聖人悲愍天下昏亂不治、如行人之迷失道路、欲追而復之。墨子所以突不得黔、呼號奔走、爲天下也。追迷說已佚、今姑舉其近似者。如公孟篇云、子墨子謂程子曰、儒者之道、足以喪天下者四政焉。儒以天爲不明、以鬼爲不神、天鬼不說、此足以喪天下。又厚葬久喪、重爲棺槨、多爲衣衾、送死若徙、三年哭泣、扶後起、杖後行、耳無聞、目無見。此足以喪天下。又弦歌鼓舞、習爲聲樂、此足以喪天下。又以命爲有、貧富壽夭安危治亂有極矣、不可損益也、爲上者行之、必不聽治矣、爲下者行之、必不從事矣、此足以喪天下。程子曰、甚矣、先生之毀儒也。子墨子曰、儒固無此四政者、而我言之、則是毀也。今儒固有此四政者、而我言之、則非毀也、告聞也。程子無辭而出。子墨子曰、迷之。反。復坐。墨子非儒四政、係爲天下。而程子迷而不悟、以爲毀儒、悖悖然無辭而出。墨子追而反之、使復坐、再開示之。此亦追迷之類也。純一案追迷或別有說。張引公孟篇文、具明鬼、節葬、非樂、非命、非儒、五義。亦甚合墨恉。畢云、言能追正迷惑。王景羲云、畢說近是。韓非解老云、凡失其所欲行之路而妄行者、謂之迷。迷則不能至於其所欲至矣。衆人之不能至於其所欲至也、自天地之剖判以至於今、故曰人之迷也、其日固已久矣。然則聖人追此迷也。此類久無申證、得韓子說以補其佚、於義亦通。

或壽或卒、其利天下也指若。畢云、言其指相若。蘇云、指當作相。王樹枏校同。其類在譽石。此釋上文死生利若一無擇也之義。譽石不可解。孫云、疑當作礜石。說文石部云、礜、毒石也。山海經西山經云、礜石可以毒鼠。郭注云、今礜石殺鼠、蠶食之而肥。此言礜石毒鼠而利於蠶、以況或壽或卒之利害不同也。純一案或壽或卒從能言、或殺或肥從所言、非其譬也。以意度之。譽古通豫、樂也。石當爲后之形誤、經典多以后爲後、本書亦屢見。此言聖人惡疾病、不惡危難。盡心利天下、在使後人皆得豫樂。或安常而壽、或遇變而卒、其指不變。誠以死生無變於己、（莊子齊物論）唯愛以身利天下、垂裕後昆而已。惜譽后無說。王景羲云、譽石或當作礜石、謂涅也。淮南俶眞訓以涅染緇、則黑於涅。高注、謂礜石、義似之。此言聖人之利在天下、無論或壽或卒、皆能化人爲善、如礜石之染緇也。傅校指若作指名。釋云、聖人之利天下也不爲名。爲名之無益於己也。若利天下而指以爲名、與贊美石頭何異。

一日而百萬生、愛不加厚。其類在惡害。孫云、此疑釋藉臧也死而天下害一節之義。張之銳說同。純一案言爲天下去害、吾養臧萬倍、愛臧固不加厚。卽一日一日之中、而天下百千萬億生靈、無不在吾愛中者、吾之愛亦不加厚、蓋吾非有心愛之也。惜惡害之說無徵。

愛二世有厚薄、而愛二世相若。其類在蛇文。孫云、此釋上文愛尙世與愛後世、一若今之世。純一案二疑並當爲三。三世、指尙世後世今世也。言非兼者以墨氏愛人。縱能兼愛今世之人、不能兼愛尙世後世之人、似乎愛有厚薄。詎知三世之名、別之固有、兼之實無。一愛相若、兼愛相若。卽一是三、無厚薄也。類如蛇身有文、一文多文、文文相若。譬如海水滴水、同一水性。此兼以正別之諦理也。惜蛇文之說無徵。

愛之相若、擇而殺其一人、其類在阬下之鼠。阬舊本作院、孫據道藏本吳鈔本改。案陸本唐本並作阬。傅據本同。孫云、此似釋上文殺一人以存天下、非殺一人以利天下一節之義。爾雅釋詁云、阬、虛也。得鼠則殺之、爲其害物也。曹云、阬、與苑同。苑、所以養物也。鼠亦苑下之生物也。以其爲害故除之。聖人之於民、無不愛也。其害民者、則擇而殺之、非偏有惡於一人也。純一案此言墨家兼愛、本無差別。然有時擇其害天下者而殺滅之、不得已也、所以存天下、利天下也。蓋害人之人、適與阬下之鼠同類。可殺者其幻體、而其兼之實相、則非可以殺滅也。固無礙於兼愛也。惜阬下之鼠無說。

小仁與大仁、其厚相若。其類在申凡。此釋貴爲天子、其利人不厚於匹夫之義。廣雅釋詁云、申、伸也。玉篇云、凡、非一也。案非一、猶一切也。言利人之行、無小無大、其爲仁厚相若。在能引而伸之、觸類而長之、仁及一切也。蓋能小仁不能大仁、不得爲仁。能大仁不能小仁、亦不得爲仁。仁不能藉外埶而加厚。惟發於至性。則無大無小。而厚相若矣。惜申凡之說不傳。

與利、除害也。張之銳云、言與利、在於除害也。其類在漏雍。王云、雍與甕同。井九二、甕敝漏。釋文甕作雍。孫云、王說是也。此似言甕之害在於漏。去其漏、則得汲水之利也。王樹枏云、漏甕、喻政之敝。純一案此釋上文體渴與利、倫列之與利爲己之義。言井之利人、給養不窮、非僅止一體之渴而已。故體渴者、當知天下人同有斯渴。務爲天下多掘井周利之、利亦不外己也。無如汲甕敝漏、頗有害於兼利。應卽以無漏者易其漏者、則有漏之害除、爲天下與利者周矣。墨氏貴兼。視非兼者之執別、在在爲天下害、爲自心害、有如漏甕者不勝除。故亟欲以一兼、盡除天下漏甕之害、以福利天下。而兼愛之性始圓滿而無漏。噫、非深究佛學者、烏足以語此。

厚親不稱行而類行。孫云、此釋上文義可厚厚之一節之義。其類在江上井。江上井之喻義、跟上文漏甕而轉生。言厚親不稱（去聲）兼愛之義行、而類厚厚薄薄之義行、故不能充其類以厚天下。是猶江上之井、縱利人亦有限、甚不足取。若人在江上者、舍江水無限之潤利、而惟井水是汲、奚足貴耶。故莊子大宗師篇曰、有親非仁也。此譏儒家之爲己、非眞爲己。必學墨家之不爲己、斯眞爲己也。故下文云不爲己之可學也。惜江上井說亡。

不爲己之可學也。其類在獵走。張之鋭云、爲讀去聲。經上云、任士損己而益所爲、是不爲己也。反對墨家利人主義者、每以不爲己非人情、不可學、此辯其不然。獵走、田獵競走也。言田獵之逐禽獸、係爲公衆除禾稼之害、非爲個人。而獵者皆爭得獸、競走不怠、故知不爲己之可學而能也。純一案上文有云知不爲己之利於親也、此釋其義。不爲己、是墨家兼愛根本要義。墨子所以無煖席、盡力奔走以利天下者。欲人皆兼愛天下人之親如吾親、兼愛天下人之家如吾家、兼愛天下人之國如吾國。乃至無盜竊異室、無賊賊人身、以止天下禍篡怨恨之亂也。此不爲己之可學而能者也。不爲己、卽孔子所謂毋我。老子所謂外身。莊子所謂外生。釋氏所謂人空義。如獵者競走逐獸、一意求獲、忘其有己、是其類也。惜獵走無說。

愛人非爲譽也。其類在逆旅。此釋上文愛人不外己之義。僖二一年左傳云、號爲不道、保於逆旅。杜注逆旅、客舍也。淮南子精神訓禹南省、方濟于江、黃龍負舟。舟中之人。五色無主。禹乃熙笑而稱曰、我受命于天、竭力而勞萬民。生寄也。死歸也。何足以滑和。高注、人壽不過百年、故曰寄。列子仲尼篇龍叔曰、吾鄉譽不以爲榮、國毀不以爲辱、視生如死、視吾如人、處吾之家、如逆旅之舍。案寄、與逆旅同義。禹與龍叔、可謂達觀。此言人生在世無常、有如逆旅之客。不宜久作行役而忘歸。吾身非吾有、何有於身外之榮譽。然不能不愛人者、以人己本於一兼、不可交別、害天下以自害。務使同歸於一兼、則人己不二、無在非安身之眞宅矣。惜逆旅無說、然其義可知也。傳云、愛人非要譽取名也。如逆旅之待過客。令客安耳。

愛人之親、若愛其親。其類在官苟。此釋上文知親之一利未爲孝。明愛親之正義、在愛人之親、若愛其親也。劉再賡云、官猶公也。苟音亟、敬也。墨子之意、謂愛人之親、若愛其親、其類在公敬。純一案說文桂馥注、苟通作亟。方言自關而西、秦晉之閒、凡相敬愛謂之亟。此言愛人之親、若愛其親、公同敬愛人之親、吾之親自在人敬愛之中。兼愛下篇云、兼士爲其友之親、若爲其親。又云老而無妻子者、有所侍養以終其壽。禮運云、人不獨親其親。卽是公同敬愛其親、所謂大孝不匱也。（禮記祭義）親而不可不廣者仁也。（莊子在宥）又案禮祭義篇云、居處不莊、非孝也。事君不忠、非孝也。涖官不敬、非孝也。朋友不信、非孝也。戰陳無勇、非孝也。五者不遂、裁及於親。敢不敬乎。事君忠、涖官敬、戰陳勇、均可當官敬之義。足見儒墨之道本同也。惜官苟說佚。曹云、苟讀如亟、謂自急飭也。官苟者、急官府之事也。人各親其親者、亦人之情也。然必愛人之親如己之親、然後孝之道盡。所謂敬其父則子悅。合人之歡心以事其親、錫類之義也。
急官事者、視官事如家事然。

兼愛相若、一愛相若。 舊重一愛相若四字、從孫校刪。曹本作兼愛與一愛相若、一愛與兼愛相若。孫云、此釋上文愛衆衆世一節之義。 **其類在死蛇。** 蛇舊作也、畢云、一本作虵。孫云、顧校季本亦作虵。劉再賡云、也、眞書作它。它、爲古蛇字。純一案馬氏繹史引此亦作虵。虵、蛇之俗字。據說文蛇卽它之演。張之銳云、死虵、疑卽孫叔敖殺雙頭蛇事。見賈子新書春秋篇。其言曰、孫叔敖之爲嬰兒也。出游而還、憂而不食。其母問其故。泣而對曰、今日吾見兩頭蛇、恐去死無日矣。其母曰、今蛇安在。曰、吾聞見兩頭蛇者死。吾恐他人又見、吾已埋之也。其母曰、無憂。汝不死。吾聞有陰德者、天報之以福。一愛爲愛己。兼愛爲愛衆人。孫叔敖殺虵、恐其復禍他人。是愛衆人與愛己同也。

以上言其類十有三、皆申明兼愛之諦理。使人明其故、察其類、知其指歸、無難體兼而博愛、誠甚深大乘佛法也。曹云、以上十三條、語勢與經下篇相同、取譬以明事理之當然與其所以然也。辯者之方也。張之銳云、右共十三條、均墨家兼愛學說中、通常所持之論宗也。

小取第四十五

小對大言、以所取於既有者小、非所取於未有者大。且屬談辯小道、無關墨道之大也、然墨學正賴取辯於一物、而原極天下之汙隆。（魯勝墨辯注敍）故凡墨者、莫不大取以爲兼、小取以爲別。別之爲言辯也。如宋鈃尹文惠施公孫龍輩、莫不禁攻以壽民、亦莫不持辯以接物、可證。無如道無封而言有窮。剖析毫芒、卽不免枝指而離本。故俱誦墨經、而取舍不同、皆自謂眞墨。（韓非子顯學）相謂別墨。（莊子天下）別對兼言、謂我能託小包大爲眞。彼則持小遺大爲別也。（胡適之中國哲學史大綱以別墨另爲一派非是）是知小取云者、對大取言、非必小也。老子曰、見小曰明。淮南子原道訓曰、神託於秋豪之末、而大宇宙之總。楞嚴經曰、於一毫端、見寶王刹。坐微塵裏、轉大法輪。是其義。蓋天下事理、無大不在小中。果如何抒意通指、明其所謂。（鄒衍語見公孫龍子序）則辟、侔、援、推、諸法爲至要。不然、雖詳明其故、精析其理、盡知其類、而不善聯串以運用、豈能必其辯當而勝耶。故知此篇亦必出自墨子、觀其體例精嚴、足爲立論之楷模、似非門弟子所能勝任。況篇中絕無子墨子之偁、尤信。雖兩見墨者有此而非之、要知墨偁不自翟始、此所謂墨者、猶儒家自偁吾儒也。呂氏春秋上德篇徐弱恐孟勝死、而絕墨者於世。又去私篇腹䵍對秦惠王曰、墨者之法、殺人者死。皆足爲墨者、係自僃之證。大戴記有小辯篇、義與小取命名同。尤足爲孔墨繼武、當時有此學風之徵驗。曹云、論語孔子曰、名不正則言不順。言不順則事不成。君子名之必可言也。言之必可行也。君子於其言、無所苟而已矣。班志僃名家者流、以此爲其所長。墨子此篇、於文辭之是非同異、詳審而明辯之。乃辯經之流、而名家之要指。與周易文言所謂修辭立其誠者、有相合、無相悖也。唯是墨者貴行而不貴言、此篇較之前篇、其得失之所爭較小、故曰小取也。王闓運云、今按其文、亦語經也。伍云、小取之文、專明辯術、可謂集辯經之大成者。條理明晰、文義顯豁。

夫辯者、將以明是非之分。審治亂之紀。明同異之處。察名實之理。處利害。決嫌疑。此六者、明辯之大用、通篇之總敍也。欒云、以上釋辯、可以兩言該括。曰別同異。曰明是非。凡辯者、第一步先觀異同、察名實。第二步乃明是非、審治亂。故墨辯只是別同異明是非、而以斷定事物之嫌疑與利害而已。純一案欒說甚精。別而爲六。行布也。總而爲二、圓融也。行布圓融、不相礙也。曹本焉字屬上讀。

焉摹略萬物之然。孫云、淮南子本經訓高注云、略、約要也。純一案摹、漢書揚雄傳音義引字林、廣求也。然、謂萬物之現相與實相、卽下文其然也有所以然也之然。言於是卽萬物顯然之現相、廣求其極約要之實相。現相、別也、其然也。實相、兼也、其所以然也。例如人與禽獸、有敎無敎異。而甘食悅色之性同、故生生死死同也。卽此摹略二字、足見墨子名學、在在攝博於約、注重歸納之精采。蓋墨子心目中、無窮的故與類、俱出於此。使立辯者、無不以物理的實驗爲標準也。此立辯第一綱要。

論求羣言之比。卽羣言審覈異同、比較是非、求充符乎萬物之諦理。決定無違、而後立量。言足令敵印證、決定智生。否則違法自相、義成躊躇顚倒、未免自誤誤人矣。例如墨者貴兼、儒者非兼、因儒者不知萬物體分於兼故。詎知兼則交相利、天下治。別則交相害、天下亂也。故論求羣言之比、爲立辯第二綱要。

以名舉實。孫云、經說上云、舉、告以文名、舉彼實也。純一案實者、法自相也。得法自相、相符不違、境屬現量。如實制名、成眞比量。卽經說上云、名實耦、合也。是爲眞知。相（莊子大宗師云有眞人而後有眞知）由是比事屬辭、可無差誤。設名與實離、用名以亂實、卽不能自悟悟他矣。例如經說下云、無、若無馬、則有之而后無。无、若天陷、則無之而無。察无爲未始有、無爲自有而無。則舉无之名、卽知其實爲未始有。舉無之名、卽知其實爲自有而無。故循名核實、其眞諦在能以名舉實。是爲立辯第三綱要。

以辭抒意。大取篇云、夫辭以故生、以理長、以類行者也。立辭而不明於其所生、妄也。旣摹略萬物之然、又論求羣言之比、然後核實定名、因而綴名成辭、其爲辭必如法自相、相符無違、斯爲眞能立之辭。以此抒寫意指、始可觸類旁通而無過。此立辯第四綱要。欒云、按三段之兩前提及斷案、三支之宗因喻、均是辭。不過其形式、有三項之異耳。又以宗自身言是能立、總三支形式言之、則爲所立而非能立矣。

以說出故。經上云、說、所以明也。即說明所以立辭之故。剖析異同、爲全分異一分異、全分同一分同。判別是非、爲全分是一分是、全分非一分非。使敵了然於得失從違之諦理、無難破似立眞也。此立辯第五綱要。伍云、經下說在某某。大取其類在某某。韓非子內外儲說其說在某某。呂氏春秋有始覽解在乎某某。皆中國古代立說之軌範。即以說出故之證。出故即是明因。與因明文倒而義同。欒云、例如公孟篇、公孟子曰、三年之喪、學吾子之慕父母。（子字從俞校增）子墨子曰、夫嬰兒子之知、獨慕父母而已。父母不可得也、然號而不止。此其故何也、即愚之至也。然則儒者之知、豈有以賢於嬰兒子哉。三年之喪學吾子之慕父母、與嬰兒子之知獨慕父母而已、是爲羣言之比。慕父母、名也。以舉三年之喪之實也。嬰兒子之知獨慕父母而已、墨家破儒家慕父母之通名使成別名。特立此辭、便抒節葬所以兼愛之意。蓋慕父母之名、其實爲三年之喪。在儒爲天經地義、墨家若認爲正當、不以嬰兒子之知獨慕父母破之、即不能勝彼。此慕父母一名、在儒爲全許、在墨僅一分許。實儒墨立論、勝負關鍵所在、故墨子不容其成立也。從知一切辭意、係之於名。凡舉一名、當核其實眞妄之量爲全分爲一分也。（以上皆附屬之解釋）父母不可得也、然號而不止。此如法自相、所立之辭。將以抒意、成立自宗也。此其故何也、即愚之至也。此以說出故之例也。然則儒者之知、豈有以賢於嬰兒子哉。此破似悟他也。（此亦附屬之解釋）

以類取、以類予。大取篇云、夫辭、以類行者也。立辭而不明其類、則必困矣。類即因明之喻。依如實理、足以證成其辭與說、爲眞爲妄也。喻有同法異法二種、同謂於宗法性、爲同品定有性、異品徧無性。同異分明、然後取其同類、剔除異類、與敵辯論而應用之以爲斷制。庶吐辭立說、在在足以困敵、而不爲敵困矣。此立辭第六綱要。例如經說下云、惟以五路知、久不當。以目見、若以火見。五路、指眼耳鼻舌身。世人恆以眼耳鼻舌身、能知色聲香味觸、相傳久矣。詎知雖久亦不當。蓋眼耳鼻舌身、不能知物、必依識始能知物。識、墨書稱知、公孫龍子堅白論謂之神。五路不能知物、故目不能見物。不能見、爲宗法性。目不能見、與火不能見爲同類。彼以目能見者、猶以火能見。故取爲喻、足以證成其妄。使人易於領悟、所謂破似悟他也。

有諸己不非諸人、無諸己不求諸人。此見墨者言必足以遷行、行顧言。在在繩墨自矯。言顧行、不貴以言服人、貴能身教以德服人。是墨辯獨具之特色。欒云、下文云、此與彼同類、世有彼而不自非也、墨者有此而非之、即犯有諸己非諸人之過。純一案公孟篇告子謂子墨子曰、我能治國爲政、墨子難之曰、子不能治子之身、惡能治國政、即犯無諸己求諸人之過。伍云、二一句示辯者所應遵守之規律。

或也者、不盡也。假者、今不然也。此言辭義不周與不實、首當明辯者二。或然者、不盡然也。即義不周徧、特偁之辭。質言之、凡言或者、其實必爲全部中之一部分。若認爲全部、則誤矣。例如後文云、馬或白者、即馬不盡白、是爲特偁肯定辭。反之馬或非白、即是特稱否定辭。假者、假定之辭。由觀察許多事物、而統合其類似點說明之、謂之假說。俟屢經實驗、證成不謬、遂成定說。而今暫不能定、故曰今不然。假說爲求得新知必經之階級、歸納論理恆據以成立。例如凡物遇熱必脹、遇冷必縮。在已公認爲不謬後爲定說、在未公認爲不謬前即假說也。凡立假說、有四定律如下、（一）假說必本於科學的事實、不可爲鬼神命相等無稽之言。（二）欲新立一假說、必於既知諸學說難於說明時用之。（三）假說必適合於事實、且與曾經證明之定說不可相反。（四）必爲極單純之辭。

或假二辭爲辯術中必不可無之特例。

效者、爲之法也。所效者、所以爲之法也。故中效、則是也。不中效、則非也。此效也。效者、論理學一定之程式。如故理類三法、或因明論、或三段論式、皆是。故曰爲之法也。是猶天志三篇所謂輪人之有規、匠人之有矩、可爲天下方圓之法者也。所效者、所以爲之法。即效彼方而成此方、效彼圓而成此圓。法儀篇所謂巧者能中之、不巧者雖不中、仿依以從事、猶逾己者也。中效則是者、抒意能入正理、破似立眞也。不中效則非者、立辭說因不定、違宗資敵也。此效之大用。明小取一篇、爲立辯之成法。令墨者串習、不難圓成自宗。摧伏敵論也。畢云、中去聲、

辟也者、畢云、辟、同譬。說文云、譬、諭也。諭、古文喻字。舉它物而以明之也。它、舊作也。王云、也與他同。舉他物以明此物謂之譬。曹本作他、今從王闓運本作它。孫云、潛夫論釋難篇云、夫譬喻也者、生於直告之不明、故假物之然否以彰之。荀子非相篇云、談說之術、分別以喻之、譬稱以明之。純一案經說上下凡言若者、皆正譬。言不若者、皆反譬之例。又如魯問篇云、今有人於此、竊一犬一彘則謂之不仁、竊一國一都則以爲義。譬猶小視白謂之白、大視白則謂之黑。喻其明於小而不明於大同。大視白謂之黑、足以證成他過、使不悟者悟。張之銳云、譬侔援推四法、乃辯學之武器、所用以摧鋒陷陣者。譬即因明論之喻也。凡言猶、言如、言若、等辭。及莊子所謂寓言。後世如柳子厚之梓人傳、韓退之雜說等類、皆譬之例也。譬侔援推四法、不過辯論時用之以期曉喻他人、使難知者易知而已。

侔也者、比辭而俱行也。孫云、說文人部云、侔、齊等也。謂辭義齊等、比而同之。純一案彼此互明、圓彰宗趣。例如法儀篇云、愛人利人、以得福者有矣。惡人賊人、以得禍者亦有矣。是爲雙關體歸納法。又如非命下篇存乎桀紂而天下亂、存乎湯武而天下治。天下之治也、湯武之力也。天下之亂也、桀紂之罪也。亦其例。張之銳云、比辭俱行者、言

賓主兩辭、相比並行、其義自見、不必說明以此況彼。如孟子云、人無有不善、水無有不下是也。相伴之賓主兩辭、有時賓辭或多於主辭。如呂氏春秋功名篇云、善釣者、出魚乎十仞之下、餌香也。善弋者、下鳥乎百仞之上、弓良也。善爲君者、蠻夷反舌、殊俗異習、皆服之、德厚也。水泉深則魚鼈歸之、樹木盛則飛鳥歸之。庶草茂則禽獸歸之。人主賢則豪傑歸之。前兩分句、或三分句、皆賓辭。後一分句、皆主辭也。且賓辭主辭、句法有相等者。亦有參差不相等者。如孟子云、規矩、方圓之至也、聖人、人倫之至也、此句法相等者也。大取云、今人非道無所行、雖有強股肱而不明於道、其困也、可立而待也。夫辭以類行者也。立辭而不明於其類、則必困矣。此句法參差不相等者也。是皆比辭俱行之例。

援也者、曰子然我奚獨不可以然也。孫云、說文手部云、援、引也。謂引彼以例此。純一案、也讀若邪。此借衆以爲然。卽衆所共許之有力墻證、援用之。使衆明知我之宗恉、與衆所共許者、實爲同類。於是己說成立、而敵莫能破。例如墨家以兼愛爲宗、因當時非兼者衆。乃援先聖王禹湯文武巳親行兼。謂墨子不過取法焉、以塞敵口。蓋時無古今、苟兼愛則天下無不利、是爲契合的歸納法。

推也者、以其所不取之同、於其所取者予之也。推之一法、如由一故推知多類爲演繹、或由多類推知一故爲歸納、均用之。此以論敵所不取之同、於其所取之同予之者。例如公孟篇、子墨子與程子辯、稱於孔子。程子曰、非儒、何故稱於孔子也。子墨子曰、是其當而不可易者也。今鳥聞熱旱之憂則高、魚聞熱旱之憂則下、當此、雖禹湯爲之謀、必不能易矣。鳥魚可謂愚矣、禹湯猶云因焉。今翟曾無稱於孔子乎。此係程子難墨子、既非儒不應稱孔子。墨子辯之曰、儒之可非而不可稱者、皆其不當而可易者也。若孔子之當而不可易者、則可稱而不可非也。孔子之當而不可易、是程子所取之同。鳥高魚下、是程子所不取之同。然其爲當而不可易、完全相同。故可予之、以啓程子之悟、使知非儒爲至當也。鳥魚之當、從孔子而推。禹湯之因、從墨子而推也。是爲彙類的歸納法。張之銳云、類取類予、是求同。譬侔援推四法、是求同之作用。

是猶謂也者、同也。吾豈謂也者、異也。是猶謂也者同也、注重在一猶字。例如公孟篇子墨子曰、執無鬼而學祭禮、是猶無客而學客禮也。是猶無魚而爲魚罟也。言同一自相矛盾也。吾豈謂也者異也、注重一豈字。例如公孟篇云、愚豈可謂知矣哉。言愚與知異也。此閒夾敘此二句者、謂立辭不過辯別質量之異同。往往異同縣隔、其宗旨可卽語助辭氣分別之。亦須審度、不容忽也。

夫物有以同而不、孫云、讀爲否。率遂同。詩周頌思文篇帝命率由傳、率、用也。此言物有多分或少分相同、實不盡同、遂可以其爲同而用之。例如牛有尾、馬亦有尾、有以同、類同也。然牛尾非馬尾。牛尾馬尾實不盡同。又如狗與犬、二名一實、重同也。然爾雅釋畜云、犬未成豪狗。說文犬部云、狗之有縣蹏者爲犬。是狗與犬實不盡同。此當用以取譬時、宜精密審愼者也。蓋牛尾馬尾之類同、狗名犬名之重同、未必爲論敵所共許。敵不共許、而我以爲盡同。則自語與物自相、陷於相違之謬矣。

辭之侔也、之、繹史作而。陸本之侔二字倒。有所至而止。止舊作正、從孫校改。王本同。凡舉是非類同相關之理、彼此互明、必有歸趣而止。例如魯問篇云、故所爲巧、利於人謂之巧、不利於人謂之拙。又如貴義篇云、凡言凡動、合於三代聖王堯舜禹湯文武者爲之。凡言凡動、合於三代暴王桀紂幽厲者舍之。皆是。設不審定巧拙善惡因果全同、辭過宂繁、恐至騈枝。此用侔辭、所宜注意也。張之銳云、比辭俱行之法、用之最易錯誤。故曰辭之侔也、有所至而止。謂有一定限度、不得逾越。蓋相侔之辭、必兩者原因結果相同、銖兩相稱、而後可比之以俱行。若不考其原因結果之相同不相同、示以所至之限度、未有不錯誤者也。

其然也有所以然也。其然也同、同上其然也三字、孫從王引之校增。其所以然不必同。例如堯舜湯武、皆聖王也。皆兼愛天下、有所以爲聖王者也。其爲聖王也同、而堯以諸侯廢其兄摯而立、舜以堯咨四岳禪讓而立、湯武均以兵力誅桀紂而自立、其所以得爲聖王者不必同。此援引時、最宜嚴密剖析。務盡去其差異之點、而惟取其完全相同之點。得衆共許、使論敵無閒可乘、斯不謬矣。

其取之也有所以取之。所字、孫據王引之校增。其取之也同、其所以取之不必同。韓非子顯學篇曰、孔墨之後、儒分爲八。墨離爲三。取舍相反不同、而皆自謂眞孔墨。孔子墨子、俱道堯舜。而取舍不同、皆自謂眞堯舜。是堯舜有所以見取於孔墨者同。而孔墨之取於堯舜者雖同、其所以取之堯舜者、孔自孔、墨自墨、不必同。孔墨有所以見取於八儒三墨者同。八儒三墨之取於孔墨者非不同、其所以取之孔墨者、竟分爲八、離爲三、各不同。同者、其名也。不必同者、其實也。論者若但見其名同、未審其實不盡同、徑以名實盡同以應敵。則其辭非眞能立、必爲敵所破、而自陷於謬誤矣。以上分釋譬侔援推四法易生謬誤之理由。

是故辟侔援推之辭、王本作詞。行而異、轉而危、遠而失、流而離本。俞云、危讀爲詭、亦異也。純一案、俞說未析。國策西周策、竊爲君危之、注、危、不安也。則又甚於異。此總釋譬侔援推易生謬誤之理由。以天下事理、異同不易剖析。而言辭涵義、理不一端。苟不精審、必致類行而義歧異。由是展轉傳述而愈譌、於理不安。愈遠愈喪其眞、而過失叢生。至其末流、必且支離破碎而亡本。荀子非相篇曰、傳者久則論略。近則論詳。略則舉大。詳則舉小。愚者聞其略而不知其詳。聞其詳而不知其大也。是以文久而滅。節族久而絕。義可互明。則不可不審也、不可常用也、常、國語越語無忘國常注、典法也。言文辭久傳滋譌、當精審。不可以為典要、貿然用之。故言多方孫云、莊子天下篇惠施多方。呂氏春秋必己篇高注云、方、術也。純一案方、道也。易繫辭上傳方以類聚虞注。又法也。荀子大略博學而無方注。多方、謂理不一致。殊類類有全分類、一分類、相似類、實不類之殊。異故。故有詳略大小之不同、須明辨之。則不可偏觀也。孫云、偏與徧通、純一案此偏字、不必通徧。伍云、言、猶辭也。方、類、故、卽大取之三物理類故。夫辭以故生、以理長、以類行者也。然因有類之殊、故之異、方(理)之多、立辭者、稍一不愼、則生行而異、轉而危、遠而失、流而離本之弊。故立辭者不可不審、不可偏觀。

夫物或乃是而然、或是而不然。或不是而然。五字據下文從胡適小取篇新詁校增。或一周而一不周。周、舊本並作害。王引之云、兩害字俱當作周。隸書周字與害相似。故誤為害。下文此一周而一不周者也。與此相應。字正作周。孫據正。或一是而一非也。非也上舊衍不是也不可常用也故言多方殊類異故則不可偏觀也二十二字、從王引之校刪。言立辯可大別為五類、此總標題也。

白馬、馬也。乘白馬、乘馬也。當時有白馬非馬論。因馬以色命、旣限於白、卽非凡馬。故云白馬非馬。此則反其說以破之、謂馬色雖白、白不能離馬而自存、白不過徒有其名。假以名馬之實其色為白耳。試問乘白馬者、果乘白乎、抑乘馬乎、固乘馬也。故曰白馬、馬也。乘白馬、乘馬也。異白馬於馬者、別也。同白馬於馬者、兼也。此知墨辯重實用也。驪馬、馬也。孫云、說文馬部云、驪馬深黑色。乘驪馬、乘馬也。意言白馬之外、無論為驪馬、或黃白雜毛駓、蒼白雜毛騅、(見爾雅釋畜)均與白馬之為馬同。乘彼馬者、非乘馬色、乘馬形也。獲、人也。愛獲、愛人也。臧、人也。愛臧、愛人也。畢云、方言云、臧獲、奴婢賤稱也。純一案獲與臧既同是人、則愛獲愛臧、卽是愛人。因其注意在獲與臧同為人類故也。此乃是而然者也。以上前提與斷案、不言非、皆肯定、故曰是而然。

獲之親、人也。獲事其親、非事人也。獲之親固是人、而獲之事親、則因其為親而事之、非因其為人而事之。故曰獲事其親非事人也。此因其注意在獲之事親。親、親於人、卽不得不異親於人。立辭意指隨時轉變。須明辯也。其弟、美人也。愛弟、非愛美人也。設其弟為美人、而愛弟者、孝友本於天性、實因其為弟而愛之。決非因其為美人而愛之。王樹枏云、二美字衍文。上文云、獲之親、人也、獲事其親、非事人也。此文云其弟、人也。愛弟、非愛人也、與上文正一律。車、木也。乘車、非乘木也。車由木成、而木既成車、不復爲木。乘車者、以車能載運、非木比也。故乘車、非乘木也。船、木也。乘船、非乘木也。兩乘字舊作人、從畢校改。繹史正作乘。船固是木、而乘船者、以船能容物利涉、故乘船乃利船之用、非乘木也。蓋車之名、舉車載運行陸之實。船之名、舉船載運行水之實。非木之名、無有載運行陸行水之實者比也。盜、人也。舊重人字、從孫校刪。多盜、非多人也。無盜、非無人也。奚以明之。惡多盜、非惡多人也。欲無盜、非欲無人也。畢云、此所謂辯名實之理。世相與共是之。說文次部云、次、欲也。欲皿爲盜。是盜之名、舉人而劫奪貨財之實。顧盜雖是人、人不是盜、以人無盜之意也。故多盜、非多人。無盜、非無人。惡多盜者、惟惡多盜之害人、非惡多人。欲無盜者、特欲世人皆不爲盜、非欲無人。惟此理淺而易知、故世皆以爲然。若若是、則雖盜、舊衍一人字、從孫校刪。王本同。人也。愛盜、非愛人也。不愛盜、非不愛人也。殺盜、舊衍人字、刪。非殺人也。無難矣。矣上舊衍盜無難三字、從孫校刪。曹本王本並同。莊子天運篇曰、殺盜非殺、郭注、盜自應死、殺之順也、故非殺。荀子正名篇云、殺盜、非殺人也、此惑於用名以亂名者也。是爲當時儒家非難墨者之證。此與彼同類、世有彼而不自非也、墨者有此而衆非之。衆字、據下文孫校增。無它故焉、它舊作也、王引之云、也故、即他故。純一案荀子修身富國王霸議兵等篇、屢見無它故焉之文。義與此同、今據正。所謂內膠外閉孫云、爾雅釋詁云、膠、固也。謂內膠固而外閉塞。純一案此下舊衍與心毋空乎內膠七字、今刪。下同。而不解也、此乃是而不然者也。言此無可非難者、與彼相與共是者、實爲同類。乃世不自非、而非吾墨者。良由墨學理深、世難共喩。亦由人心固執、耳目失其聰明、而不可解說也。以上前提皆肯定、斷案皆否定、故曰是而不然。

夫且讀書、非讀書也。夫且二字舊倒、從孫校乙。讀書也三字、從孫校增、好讀書、讀書二字、從孫校增。讀書也。讀字、據下文審校增。夫字在句首者、爲發端詞。且者、將然未然之詞。且讀書、是將欲讀書、尙未讀書、故非讀書。若好讀書、則知其爲讀書也。且鬬雞、非鬬雞也。下鬭字、據下文審校增。好鬬雞、鬬雞也。下鬥字舊譌好、義不可通。據下文審校改。言且將鬥雞、非實鬥雞。必好鬥雞、斯爲鬥雞。昭二十五年左傳、季郈鬥雞。列子黃帝篇、有紀渻子爲周宣王養鬬雞之說、莊子達生篇亦有其文、春秋繁露五行相勝篇曰、不勸田事、博戲鬬雞走狗弄馬、足見當時有此習氣。且入井、非入井也。

止且入井、止入井也。且出門、非出門也。止且出門、止出門也。經說上云、自前曰且、自後曰且、(舊譌已、今校正、詳前。)方然亦且。且入井、言將入井。自前言之、尚未入井、故曰非入井。止且入井、言已止其入井、自後言之、故曰止入井。且出門、止且出門、義同。言以辭抒意、僅繫一同名異實之助動詞。能辯別先後之時差。因之能下正墙之判斷。故用名不可不精審。世相與共是之。此六字、據上文從孫校增。若若是、且夭、非夭也。壽夭也。且夭尚未夭、故曰非夭。壽夭也者、墨子原天地物我於一兼、無壽無夭、故可謂夭非夭、惟壽爲夭。因有生卽無常也。莊子齊物論曰、莫壽於殤子、而彭祖爲夭。天地篇曰、不樂壽、不哀夭。義可互明。欒云、因明論以聲無常立量、此其大旨同。有命、非命也。此非字、係是之反。與上文諸非字義同。非執有命、非命也。此二非字訓譏、義與誹同。無難矣。生死之權。本可自操。惟在惔然無欲惡而已。彼執貧富壽夭有命者、非知命者也。其所謂命、非命也。惟非執有命者知命、故獨能非命。是固無可非難也。此墨家勤生薄死之要道、固世衆未能遽喻者也。此與彼同類、世有彼而不自非也、墨者有此而衆非之。衆舊作罪、從孫校改。或因此篇兩見墨者、疑非墨子自著。竊謂不然、墨非翟姓、墨道非自翟始、墨者尤非墨家私名、不過如儒者自稱吾儒之意。以是轉足證此篇爲墨子自著以教人者也。無它故焉、所謂內膠外閉而不解也。此乃不是而然者也。舊作此乃是而然者也、胡適云、前節由肯定之前提、而得否定之結語、王氏所謂言是又言非者是也。此節則先爲否定之辭、而後作肯定之結語、先非而後是、故當云此乃不是而然者也。案胡校是、今從之。

愛人、待周愛人、而後爲愛人。不愛人、不待周不愛人。不周愛、不下舊衍失字、孫從俞校刪。因爲不愛人矣。乘馬、不待周乘馬、然後爲乘馬也。有乘於馬、固爲乘馬矣。逮至不乘馬、待周不乘馬、而後爲不乘馬。此一周而一不周者也。俞云、周、猶徧也。純一案周、今論理學謂之周延。未若內典偁周徧顯豁。愛人、必待周愛人。以不周愛人、不得謂之愛人也。不愛人、不待周不愛人。以不愛一人、卽是不愛人也。不待周乘馬、然後爲乘馬者、以一人不能乘二馬也。必待周不乘馬、而後爲不乘馬者、以馬必多於乘馬者、乘馬者不乘此馬、未必不乘彼馬、卽不能定爲不乘馬。故必待周不乘馬、而後爲不乘馬。愛人乘馬二例、一周一不周義正相反、量因質異也。張之銳云。愛人乘馬、周不周相顛倒。愛人與不乘馬、爲一周。不愛人與乘馬、爲一不周。居於國、則爲居國。有一宅於國、而不爲有國。居於國與有一宅於國、其實不異。而居國與有國之名、則大異。自來有國者惟諸侯、故僅有一宅於國、不得云有國。蓋居國以國爲主辭、居爲附屬之賓辭、故不謬。有國則以有者爲主辭、國爲附屬之賓辭、故大謬。故有一宅於國、而不爲有國。此論求羣言之比之一例也。桃之實、桃也。棘之實、非棘也。孫云、棘之實、棗也、故云非棘。純一案此知立辭者、當循萬物之名、一一核其實、以明異同。例如桃與棘、爲木同、結實同。乃桃之實名桃、棘之實不名棘、迴乎不同。足見以類取以類予之說、不可率爾常用也。此摹略萬物之然之一例也。問人之病、問人也。以病不離人而生、故問人之病、即是問人、意在愛人也。惡人之病、非惡人也。以所惡惟在病、非關於人。病所惡、人所愛也。人之鬼、非人也。兄之鬼、兄也。祭人之鬼、非祭人也。祭兄之鬼、乃祭兄也。自來習慣、視人之鬼爲鬼、從不視之爲人。故曰人之鬼、非人也。以此之故、祭人之鬼、亦非祭人。而兄之鬼、則以爲兄而非鬼。故祭兄之鬼、亦祭兄而非祭鬼。人無異、鬼無異、以兄非兄而人鬼異。此執別者之所以爲異、非貴兼者之所以爲異也。自問人之病至乃祭兄也、皆論求羣言之比也。之馬之目眇、舊作盼、從顧校改。下同。蘇云、之馬猶言是馬。則謂之馬眇。之馬之目大、而不謂之馬大。尹云、淮南說山、小馬大目、不可謂大馬。大馬之目眇、可謂之眇馬。純一案淮南說本此。之牛之毛黃、則謂之牛黃。之牛之毛衆、而不謂之牛衆。眇、表一目獨小。黃、表毛色中和。眇黃二名、各有可以獨立之義、舉名可知、不致混淆、故可表馬牛體相。若大因小顯、離目無大。衆對寡言、離毛無衆。大衆二名、無可自立之義、故不可以濫况馬牛、自爲狂舉。一馬、馬也。二馬、馬也。此藉馬標單複之義。馬四足者、一馬而四足也。非兩馬而四足也。凡馬四足有定數、因質知量、不相淆濫。馬或白者、二馬而或白也。非一馬而或白。馬或白者上、舊衍一馬馬也四字。從王引之校刪。或白與或不白對。故必二馬始可言或白。若止一馬、白則白、不白則不白、何或白之可言。此知或之爲特稱、對全稱爲不周義也。自之馬之目眇至非一馬而或白、皆摹略萬物之然也。此乃一是而一非者也。以上舉例、皆一是一非、爲併辭示準繩。足見摹略萬物之然、論求羣言之比、最關重要。蓋以名舉實、以辭抒意、當否係之。凡比事屬辭、不可不審也。此知墨辯不重形式、注重義理之分析、可謂知辯本矣。

耕柱第四十六

此與貴義公孟魯問公輸共五篇、蓋門弟子記其言行、無異孔門之論語。今欲考證墨子生平、及其國籍交游等胥賴焉。王闓運云、此皆記墨子言事。

子墨子怒耕柱子。孫云、墨子弟子。純一案怒禮記內則若不可教而后怒之、注、譴責也。與下文我亦以子爲足責甚相應。莊子天下篇𢓜墨子氾愛兼利而非鬭、其道不怒。故知此怒、非瞋也。（釋氏以怒爲恩惑、爲鈍使、非登四地菩薩、未能斷此習氣。墨子不怒、足證是四地以上菩薩。非莊子烏足以知之。）耕柱子曰、我毋俞於人乎。畢云、古愈字、只作俞。太平御覽引作愈。純一案鮑刻御覽四十引作無喻。孫云、荀子榮辱篇楊注云、俞讀爲愈。淮南子說山訓高注云、愈、勝也。子墨子曰、我將上大行、孫云、大、吳鈔本作太。蘇云、大讀爲太。畢云、高誘注呂氏春秋云、大行、在河內野王縣北、山在今河南懷慶府城北、亦名羊腸坂。駕驥與牛、牛舊作羊。王云、羊不可與馬並駕、羊當爲牛。太平御覽地部五引此已誤作羊、藝文類聚山部及白帖五、並引作牛。今據正。子將誰敺。畢云、子舊作我、據藝文類聚太平御覽改。說文云敺、古文驅从攴。藝文類聚引作驅。純一案御覽亦作驅。耕柱子曰、將敺驥也。子墨子曰、何故敺驥也。邪同耕柱子曰、以驥足責。舊作驥足以責、王云、本作以驥足責。言所以敺驥者、以驥之足責故也。此正答墨子何故敺驥之問。今本倒以字於足字之下、則非其旨矣。類聚白帖御覽並作以驥足責。今據乙。蘇云、言任敺策也。子墨子曰、畢云、子墨二字舊脫、據太平御覽增。我亦以子爲足責。舊作足以責、王云、本作我亦以子爲足責、此正答耕柱子以驥足責之語。今本足責作足以責、亦誤。類聚御覽無以字。今據刪。蘇云、亦責備賢者之意。曹云、責、猶鞭策也。

巫馬子蘇云、巫馬子爲儒者也。疑即孔子弟子巫馬期。否則其後。孫云、史記孔子弟子傳云、巫馬施字子旗。少孔子三十歲。計其年齒、當長墨子五六十歲。未必得相問答、此或其子姓耳。純一案巫馬子、或即巫馬期。其年與墨子當相若、斷不能長墨子五六十歲。以墨子弟子禽滑釐、會受業於子夏、（見呂氏春秋當染篇並史記儒林傳）子夏少巫馬施十四歲、（史記仲尼弟子列傳子夏少孔子四十四歲）推之可知。篇中又有子夏之徒、問於子墨子曰、君子有鬬乎云云、其答辭顯若長者待後進然。此知墨子之年、必與子夏巫馬施相上下也。參觀墨子年代考。謂子墨子曰、畢云、藝文類聚引謂作問。鬼神孰與聖人明智。子墨子曰、鬼神之明智於聖人、類聚七十三引作鬼神明於聖人。猶聰耳明目畢云、藝文類聚雜器物部、引作聰明耳目。之與聾瞽也。畢云、藝文類聚引瞽作盲。昔者夏后開蘇云、開即啓也、漢人避諱而改之。使蜚廉折金於山、舊有川字、畢云、藝文類聚、後漢書注、太平御覽、玉海、俱引蜚作飛。蘇云、此爲夏之蜚廉。孫云、初學記鱗介部、文選七命注、並作飛。畢本折作採、云据文選注改。王云、畢改非也、折金者擿金也。後漢書崔駰傳注、藝文類聚雜器物部、初學記鱗介部、太平御覽珍寶部九、路史疏仡紀、廣川書跋、玉海器用部引此、並作折金。文選注作採金者、後人不曉折字之義而妄改之、非李善原文也。又云、山水中雖皆有金、然此不兼川言。後漢書注、文選注、藝文類聚、初學記、太平御覽引此、皆無川字。則川字、乃後人以意加之也。純一今據刪。以鑄鼎於昆吾。舊作而陶鑄之於昆吾、畢云、藝文類聚、後漢書注、文選注、俱引作以鑄鼎於昆吾。括地志云、濮陽縣、古昆吾國。故城、縣西三十里。昆吾臺、在縣西百步。在顓帝城內、周回五十步、高二十丈、卽昆吾虛也。純一案初學記引亦作以鑄鼎於昆吾。畢校是、王校同。今並據改。是使翁難雉乙卜於白若之龜舊無雉字、孫據玉海增。云翁當作菾。說文口部嗌籒文作菾、經典或叚爲益字。漢書百官公卿表、菾作朕虞是也。菾與翁形近。節葬下篇、哭泣不秩聲嗌。嗌亦誤作翁、是其證。難當爲斲、備穴篇斲以金爲斲。斲今本亦譌難。又經說上篇斲指斲臑、斲並作難、皆形近譌易。斲與斮音義同、詳經下篇。斲雉猶言斮雉、卽謂殺雉也。史記龜筴傳、說宋元王得神龜云、乃刑白雉。及與驪羊。以血灌龜。於壇中央。蓋以雉羊之血釁龜也。乙當作巳、巳與以同。言啓使伯益殺雉以釁龜而卜也。王樹柑云、萬歷本與玉海同。曰、鼎成四足而方。四舊作三、王云、三足本作四足。此後人習聞鼎三足之說、而不知古鼎有四足者。遂以意改之也。藝文類聚、廣川書跋、玉海引此、皆作四足。博古圖所載商周鼎四足者甚多。廣川書跋曰、祕閣二方鼎。其一受太府之量一斛七斗。又一受量損二斗三升。四足承其下。形方如矩。可爲古鼎四足之證。孫云、王說是也。此書多古字。舊本蓋作亖足。故譌爲三。後文楚四竟之田、四今本亦譌三。可證。純一今據正。不炊而自烹。畢云、此亯字俗寫、玉海引作亨。藝文類聚引作不灼自成。孫云、說文火部云、炊爨也。銅劍讚及鼎錄並云不炊而自沸。論衡儒增篇云、世俗傳周鼎不爨自沸。不投物物自出。漢時俗語、蓋出於此。純一案開元占經百十四、占經百十四、引瑞應圖曰、神鼎者、質文之精也。知凶知吉。知存知亡。能重能輕。能不炊而沸。不汲而滿。中生五味。或亦本此而神其說。不舉而自臧。畢云、玉海引作藏。孫云、銅劍讚作不舁而自藏。鼎錄亦作藏。稽瑞引墨子曰、神鼎不灼自熟。不爨自沸。不汲自滿。五味生焉。疑卽此異文。炊灼、熟烹、舉爨、字形並相近。不遷而自行。畢云、太平御覽引作擺。擺實古拪字。後加爲擺耳。今書又作遷。皆傳寫者少見改之。又藝文類聚引俱無而字。純一案古音諸十六庚引此、方烹臧行諧。以祭於昆吾之虛。舊作墟、孫據吳鈔本正。畢云、括地志云、昆吾故城。在濮陽縣西三十里。孫云、此卽漢書郊祀志說九鼎嘗鬺亨上帝鬼神也。上鄉。畢云、疑同向饗。江有誥云、方烹臧行鄉陽部。乙又言兆之由畢云、舊脫乙字、又字作人、据藝文類聚玉海改。藝文類聚由作繇。無兆之二字。玉海亦作繇。孫云、乙當作巳。由繇通。言巳卜。又言其兆占也。左傳閔二年杜注云、繇卦兆之占辭。曰、饗矣。孫云、上文命龜云上饗、此兆從之、故云饗矣。逢逢白雲。孫云、逢、蓬通。毛詩小雅采菽傳云、蓬蓬、盛貌。莊子秋水篇云、蓬蓬然起於北海。純一案御覽八百十正作蓬蓬白雲。一南一北。一西一東。王云、藝文類聚同。太平御覽、路史、玉海、並作一東一西。王引之云、作一東一西者是。一東一西、當在一南一北之上。雲與西爲韻。西古讀若詵詵征夫之詵。說見六書音均表。北與國爲韻。而諸書所引、一南一北句皆在上。則其誤久矣。九鼎既成、遷於三國。畢云、北國爲韻。藝文類聚引作而遷三國。純一案古音諧一說引此。夏后氏失之、殷人受之。殷人失之、周人受之。孫云、此卽夏鼎也。漢書郊祀志云、禹收九牧之金、鑄九鼎。象九洲。皆嘗鬺亨上帝鬼神。其空足曰鬲。以象三德。饗承天祜。夏德衰、鼎遷于殷。殷德衰、鼎遷于周。此以禹爲啓、蓋傳聞之誤。夏后殷周之相受也、數百歲矣。使聖人聚其良臣、與其桀相而謀、孫云、桀、傑通。謀、舊本誤諫。王引之云、諫當爲謀、言雖聖人與良臣桀相共謀、必不能知數百歲之後也。蘇說同、孫據正。豈能智數百歲之後哉。畢云、智一本作知、下同。藝文類聚引云、此知必千年、無聖之智、豈能知哉。而鬼神智之。是故曰、鬼神之明智於聖人也、猶聰耳明目之與聾瞽也。孫云、與、與鈔本作於。曹云、此亦明鬼之意。

治徒娛、王本作治徒娛、注云治徒氏、蓋以工爲姓。娛其名也。縣子碩孫云、二人蓋並墨子弟子。呂氏春秋尊師篇云、高何、縣子石、齊國之暴者也、指於鄉曲、學於子墨子、卽此縣子碩也。蘇云、檀弓有縣子瑣、疑卽其人。純一案蘇說是也。檀弓記縣子云、古者不降、買棺外內易、(謂外內簡易、治之不貴精好、鄭注孔疏並非。)給衰繐裳非古、並以暴觝暴巫爲非。皆恪遵墨教可證。問於子墨子曰、爲義孰爲大務。子墨子曰、譬若築牆然。孫云、譬、與鈔本作辟。能築者築、能實壤者實壤、能欣者欣。王引之云、欣當讀爲睎。說文云、睎、望也。呂氏春秋不屈篇曰、今之城者、或操大築乎城上、或負畚而赴乎城下。或操表掇以善睎望。此云能築者築、卽彼所云操大築乎城上也。能實壤者實壤、卽彼所云負畚而赴城下也。能欣者欣、欣與睎同。卽彼所云操表掇以善睎望也。睎字從希得聲、古音在脂部。欣字從斤得聲、古音在諄部。諄部之音、多與脂部相通。故從斤之字、亦與從希之字相通。說文曰昕、從日斤聲、讀若希。左傳曹公子欣時、漢書古今人表作郗時、是其證也。然後牆成也。爲義猶是也。能談辯者談辯、能說書者說書、能從事者從事、然後義事成也。談辯、說書、立言也。從事、立功也。立言立功、皆所以立德也。

巫馬子謂子墨子曰、子兼愛天下、未云利也。我不愛天下、未云賊也。賊、害也。俞云、此兩云字、均當訓有。廣雅釋詁、云、有也。功皆未至、子何獨自是而非我哉。子墨子曰、今有燎者於此、畢云、說文云、燎、放火也。舊於此倒、本如此。孫云、顧校季本、亦作於此。一人奉水、將灌之、喻兼愛。一人摻火、將益之、喻不兼愛。畢云、摻即操字異文。功皆未至、子何貴於二人。巫馬子曰、我是彼奉水者之意、意舊作義、孫據道藏本吳鈔本正。而非夫摻火者之意。子墨子曰、畢云、舊脫墨子二字、以意增。吾亦是吾意而非子之意也。小取篇云、譬也者、取他物而以明之也。此其實例。

子墨子游荊耕柱子於楚。畢云。游謂游揚其名而使之仕。王云、耕柱子上不當有荊字、荊蓋耕字之誤而衍者。蘇云、篇首但言耕柱子、此多一荊字。純一案此游字、不必泥作游揚解。荊即楚之古名。或墨子時游於楚、耕柱子在焉。墨子未過耕柱子、惟從游二三子過之。下文云耕柱子處楚無益、顯見耕柱子早在楚、不待墨子游揚。及毋幾何而遺十金於子墨子、又足為耕柱子因墨子至楚而餽遺之之證。此文當讀子墨子游荊為句。耕柱子於楚為句。即知荊非衍文。二三子過之、食之三升、孫云、三升、蓋謂每食之數。雜守篇云、參食食參升、小半日再食。說苑尊賢篇、田需謂宗衛曰、三升之稷、不足於士。閻若璩謂古量五當今一、則止今之大半升耳。莊子天下篇說宋鈃尹文曰、請欲固置五升之飯足矣。先生恐不得飽。弟子雖飢、不忘天下。此復少於彼、明其更不飽矣。王闓運云、日致米三升、蓋下客之廩。客之不厚。二三子復於子墨子曰、耕柱子處楚無益矣。二三子過之、食之三升、客之不厚。子墨子曰、未可智也。畢云、智一本作知、下同。毋幾何、而遺十金於子墨子。孫云、吳鈔本無於字。孟子公孫丑篇趙注云、古者以一鎰為一金。鎰、二十兩也。俞云、戰國齊策、乃使操十金。注、二十兩為一金。然則十金、為二百兩矣。墨氏崇儉、其徒以十金餽遺、不為不豐。曰、後生不敢死。孫云、後生、即弟子之稱。畢云、稱不敢死者、猶古人書疏稱死罪常文。曹云、論語顏淵曰子在回何敢死。後生對長者之常言也。有十金於此。願夫子之用也。

子墨子曰、果未可智也。

巫馬子謂子墨子曰、子之爲義也、王云、舊本脫曰子二字、今以意補。人不見而服。鬼不見而富。服舊作耶、王引之云、耶字義不可通、蓋服之壞字也。富讀爲福、福富古字通。而、汝也。人不見而服者、未見人之服汝也。鬼不見而富者、未見鬼之福汝也。故下文曰而子爲之有狂疾也。服與福爲韻。純一案王說是也、今據正。鬼下孫本衍而字、從陸本唐本畢本刪。竊疑福古或寫作畐、形近而譌。近年發見南粤王忽墓、內有圭銘、受畐無疆可證。而子爲之、有狂疾。子墨子曰、今使子有二臣於此。畢云、謂家臣。其一人者、見子從事、不見子則不從事。其一人者、見子亦從事、不見子亦從事。子誰貴於此二人。巫馬子曰、我貴其見我亦從事、不見我亦從事者。子墨子曰、然則是子亦貴有狂疾者。者舊作也、楊校茅本作者。純一案者字義長、今據正。墨子之意、言爲義不須人見、更不問鬼之見不見。是正心也、誠意也、非狂疾也。而子以爲狂疾。今子貴子之臣不見子亦從事者、是子亦貴有狂疾者也。

子夏之徒問於子墨子曰、君子有鬭乎。子墨子曰、君子無鬭。子夏之徒曰、狗狶猶有鬭、孫云、狶、道藏本吳鈔本作豨。下同。說文豕部云、豨、豕走豨豨也。方言云、猪、南楚謂之豨。惡有士而無鬭矣。惡、屋呼切、何也。子墨子曰、傷矣哉。言則稱於湯文、行則譬於狗狶。陸本唐本並同道藏本作豨。傷矣哉。狗豨與士君子矛盾、不能並立者也。問者之辭、已有自語相違之失。墨子了知之、因舉士君子所樂稱之湯文、針對狗豨、以破其妄。可謂眞能破矣。曹云、此亦非攻之說。

巫馬子謂子墨子曰、舍今之人而譽先王、畢云、先舊作大、一本如此、下同。是譽槁骨也。譬若匠人然、智槁木也、畢云、智同知。而不智生木。子墨子曰、天下之所以生者、以先王之道教也。今譽先王、是譽天下之所以生也。可譽而不譽、非仁也。畢云、舊脫非字、一本有。純一案墨子之意、以天下無盡人類、所賴以生存者、不外於先王之道敎、所謂聖敎量也。今譬先王、正是譬天下人均當兼愛交利以圖生存之眞理、福利未來之人類於不已、非譬先王已往之槁骨也。先王之槁骨、所當薄也。先王之道敎、所當厚也。是足以資益衆生之慧命、不可不譬者也。可譬而不譬、恐天下之人類、失其所以生、一旦盡成槁骨也。非仁也。仁者、一切生物所含無限生理之種子也。

子墨子曰、和氏之璧、孫云、韓非子和氏篇云、楚人和氏得玉璞楚山中、奉而獻之厲王。使玉人相之、曰石也。王以和爲誑、而刖其左足。及厲王薨、武王卽位、和又奉其璞而獻之。武王使玉人相之、又曰石也。王又以和爲誑、而刖其右足。武王薨、文王卽位、和乃抱其璞而哭於楚山之下。王乃使玉人理其璞而寶焉、命曰和氏之璧。案淮南子覽冥訓高注、以和氏所獻者、爲楚武王文王成王、與韓子不同。隋侯之珠、孫云、淮南子覽冥訓高注云、隋侯、漢東之國、姬姓諸侯也。隋侯見大蛇傷斷、以藥傅之。後蛇於江中銜大珠以報之。因曰隋侯之珠。蓋明月珠也。畢云、文選李斯上秦始皇書注引隋作隨。純一案太平御覽八百二、八百三、並引作夜光之珠。三棘六異、孫云、史記楚世家云、居三代之傳器、吞三翮六翼以高世主。索隱云、翮亦作融。三翮六翼、亦謂九鼎。空足曰翮。六翼卽六耳、翼近耳旁。宋翔鳳云。棘同翮。異同翼。亦謂九鼎也。此諸侯之所謂良寶也。可以富國家、衆人民、治刑政、安社稷乎。曰不可。欒云、墨子非諸侯所謂良寶之辯、列爲三表、此其故也。此辭約之、卽和璧隋珠、三棘六異、不可以利民也。所爲貴良寶者、爲舊作謂、古通用。茅本陸本麿本並作爲。今從之。爲其可以利人也。人字從欒校增。欒云、此三表之理。此辭當轉之爲可以利民者、良寶也。而和氏之璧隋侯之珠三棘六異、不可以利人、是非天下之良寶也。欒云、此三表之類。純一案此故卽三段論之大前提、理卽小前提、類卽斷案、此因明所謂眞能破也。今用義爲政於國家、人民必衆、刑政必治、社稷必安。欒云、墨子主「義是良寶」之說、列爲三表、此其故也。此辭約之、卽義可以利民也。所爲貴良寶者、可以利民也。欒云、此三表之理。此辭當轉之爲可以利民者良寶也。而義可以利人、故曰義天下之良寶也。欒云、此三表之類。純一案此因明所謂眞能立。

葉公子高問政於仲尼、孫云、論語述而集解孔安國云、葉公名諸梁、楚大夫。食采於葉、僭稱公。左定五年傳、葉公諸梁、杜注云、司馬沈尹戌之子、葉公子高也。莊子人閒世釋文云、字子高。曰、善爲政者若之何。仲尼對曰、太平御覽六百二十四引、作若何對曰。善爲政者、遠者近之、而舊者新之。畢云、論語作近者說、遠者來。孫云、韓非子難三篇亦云、葉公子高問政於仲尼、仲尼曰、政在悅近而來遠。子貢問曰、何也。仲尼曰、葉都大而國小、民有背心。故曰政在悅近而來遠。此舊者新之、言待故舊如新、無厭怠也。子墨子聞之、時孔子年六十三。墨子之年、當已壯立。曰、葉公子高、未得其問也。仲尼亦未得其所以對也。言問者未問其所以然。對者亦未對其所以然。葉公子高、豈不知善爲政者之遠者近之、舊作也、從畢校據上文改。曹本同。而舊者新之哉。之舊作是、從蘇校據上文改。曹本同。問所以爲之若之何也。不以人之所不智告人、畢云、智一本作知。而以所智告之。舊無而字、從王闓運校增。故葉公子高未得其問也。仲尼亦未得其所以對也。此知墨家言、在在務明其故、合乎名學規律也。

子墨子謂魯陽文君畢云、文選注云、賈逵國語注云、魯陽文子楚平王之孫、司馬子期之子、魯陽公、卽此人。其地在魯山之陽。地理志云、南陽魯陽有魯山。師古曰、卽淮南所云魯陽公與韓戰、日反三舍者也。蘇云、魯陽文君、卽魯陽文子也。國語楚語曰、惠王以梁與魯陽文子、文子辭、與之魯陽。是文子當楚惠王時、與墨子時世相值。孫云、文君卽左哀十九年傳之公孫寬、又十六年傳云、使寬爲司馬。淮南子覽冥訓高注云、魯陽楚之縣公、楚平王之孫、司馬子期之子、今南陽魯陽是也。曰、大國之攻小國、譬猶童子之爲馬也。舊無也字、畢云、一本有。文選注云、幽求子曰、年五歲閒、有鳩車之樂、七歲有竹馬之歡。孫云、道藏本吳鈔本並有也字、今據補。童子之爲馬、足用而勞。孫云、言童子戲、效爲馬耳。今大國之攻小國也、攻者農夫不得耕、攻上當有備字。婦人不得織、以守爲事。攻人者亦農夫不得耕、婦人不得織、以攻爲事。故大國之攻小國也、譬猶童子之爲馬也。言其足用而勞同。曹云、此亦非攻之說。子墨子曰、言足以復行者常之。不足以舉行者勿常。不足以舉行而常之、是蕩口也。孫云、貴義篇亦有此章、而文小異。蕩口、此篇亦兩見。蓋謂不可行而空言、是徒敝其口也。經說上篇云、霄、盡、蕩也。卽消磨敝盡之義。子墨子使管黔敖舊作滶、畢云、疑敖字。曹本作敖、今據正。氵旁、蓋涉下文游字誤衍。此卽檀弓之黔敖。觀其爲食於路以待餓者、是多財則以分貧也。及餓者不食嗟來之食、從而謝焉、是能以繩墨自矯也。皆實行墨教之證。高石子去衛之齊見墨子。或亦明去衛之故於黔敖也。案黔敖與曾子同時、從知墨子生年、必較長於曾子、與孔子並時而差後無疑。游高石子於衛。孫云、魯問篇有高孫子、呂氏春秋尊師篇、有墨子弟子高何、未知卽高石子否。衛君致祿甚厚、設之於卿。畢云、舊作鄉、一本如此。孫云、顧校季本作卿。荀子臣道篇楊注云、設、謂置於列位。高石子三朝必盡言、而言無行者。去而之齊、尹云、之往也。見子墨子曰、衛君以夫子之故、舊本挩衛字、孫據道藏本季本吳鈔本補。致祿甚厚、設我於卿。石三朝必盡言、而言無行者、舊脫者字、語意不完、據上文補。是以去之也。衛君無乃以石爲狂乎。孫云、無吳鈔本作毋。子墨子曰、去之苟道、受狂何傷。古者周公旦非關叔、畢云、關卽管字假音、一本改作管、非是。左傳云、掌其北門之管、卽關也。欒云、非字當讀爲避。古讀非字如彼、與避字音近。金滕、周公乃告二公曰、我之弗辟、(讀爲避)我無以告我先王。卽其避管叔之由。而周公居東二年、卽其東處於商奄之時也。劉云、周公非關叔、卽治管叔之罪。周公爲三公見新書。辭三公者、辭三公之職而征三監也。東處于商蓋、蓋卽奄。列子楊朱篇曰、居東三年。誅兄放弟。此居東卽征管蔡之確徵。說見邶鄘衛考。辭三公、東處於商奄、舊作蓋、從王校改。孫云、此謂周公居東、蓋東征滅奄、卽居其地、亦卽魯也。人皆謂之狂。後世稱其德、揚其名、至今不息。且翟聞之、爲義非避毀就譽。去之苟道、受狂何傷。高石子曰、石去之、焉敢不道也。昔者夫子有言曰、天下無道、仁士不處厚焉。論語泰伯篇云、邦無道、富且貴焉、恥也、義同。尹云、孔子所謂無道則隱。今衛君無道、而貪其祿爵、則是我苟啗人食也。舊作苟陷人長、從孫校改。王樹枏云、萬歷本作則是我苟處人厚也。曹本改長作粻。子墨子說。尹云、說、喜也。而召子禽子孫云、卽禽滑釐、見公輸篇。王本刪上子字、尹本從之。曰、姑聽此乎。夫倍義而鄉祿者、孫云、說文人、部云、倍、反也。蘇云倍背同。鄉向同。我常聞之矣。倍祿而向義者、於高石子焉見之也。子墨子曰、世俗之君子、貧而謂之富則怒。怒其讒己也。無義而謂之有義則喜。貪虛譽也。豈不悖哉。

公孟子曰、先人有則三而已矣。說文、三、天地人之道也。有古與爲通。詩瞻卬婦有長舌。大戴記本命注、作婦爲長舌。子墨子曰、孰先人而曰有則三而已矣。子未智人之先有曹云、則、法也。孰先人者、詰之也。墨子以義爲先。後生。欒云、子未知人之先有後生爲句。以無論如何久遠之先人、固皆嘗爲後生矣。故墨子斥其不知也。

有反子墨子而反者曰、日字舊脫、孫云、荀子解蔽篇楊注云、反、倍也。下反、當爲返之段字。廣雅釋詁云、反、歸也。者下當有日字。蓋門人有倍墨子而歸者、其言如是。純一案孫說是、今據增。我豈有罪哉。吾反後。孫云、言彼有先反者、吾雖反、尙在其後。子墨子曰、是猶三軍北。曹云、北、敗北也。失後之人求賞也。孫云、謂戰敗失道而後歸、不得與殿者同賞。

公孟子曰、君子不作、術而已。儀禮士喪禮筮人許諾不述命、鄭注云、古文述皆作術。畢云、術同述。曹本一律作述。孫云、此卽非儒篇所云君子循而不作也。子墨子曰、不然。人之甚不君子者、甚舊作其、從蘇校據下文次不君子改。古之善者不述、述原作詠。俞云、詠當爲訹、字之誤也。上文君子不作、術而已。此云古之善者不訹、術與訹、並述之段字。其字並從朮聲、故得相段借也。若作詠、則與述聲絕遠矣。純一今據改。下同。今之善者不作。之舊作也、從孫校改。曹本同。其次不君子者、古之善者不述、述原作遂。從畢校改。下同。己有善則作之、欲善之自己出也。今述而不作、述原作訹。是無所異於不好述而作者矣。述原作遂。吾以爲古之善者則述之、述原作訹。今之善者則作之、欲善之益多也。蘇云、此言述作不可偏廢、皆務爲其善而已。述主乎因、故以古言。作主乎剏、故以今言。述而又作、則善益多矣。曹云、墨子之意、但欲其善而已。在人在己、或作或述、無可無不可也。

此亦非儒之說。

巫馬子謂子墨子曰、我與子異。畢云、子舊作之、一本如此。純一案陸本唐本並作子。我不能兼愛。我愛鄒人於越人、愛魯人於鄒人、愛我鄉人於魯人、愛我家人於鄉人、愛我親於我家人、愛我身於吾親、以爲近我也。尹云、言愛由近始、所謂愛有等差者。擊我則疾、擊彼則不疾於我。孫云、疾、猶痛也。說文手部云、擊、攴也。我何故疾者之不拂、而不疾者之拂。拂、去也。廣雅釋詁二。畢云、舊不疾二字倒、一本如此。故有我有彼、有彼二字、從曹本增。墨子貴兼、視人猶己。又人己兩忘。大取篇且謂天下無人。故此云有我有彼。有殺彼以利我、無殺我以利彼。上利字、下彼字、舊脫。從蘇俞二校增。曹本同。注云、墨子摩頂放踵以利天下、是不憚殺我以利人也。巫馬子之言、有似魏武寧我負人、毋人負我之說。子墨子曰、子之義將匿邪、意將以告人乎。意與抑同。巫馬子曰、我何故匿我義。匿、藏也、不使人知也。畢云、義、一本作意、非。吾將以告人。子墨子曰、然則一人說子、孫云、謂悅其義而從之。一人欲殺子以利己。十人說子、十人欲殺子以利己。天下說子、天下欲殺子以利己。一人不說子、一人欲殺子、以子爲施不祥言者也。十人不說子、十人欲殺子、以子爲施不祥言者也。天下不說子、天下欲殺子、以子爲施不祥言者也。說子亦欲殺子、不說子亦欲殺子、是所謂經者口也。殺常之身者也。李選本常作當。淮南子精神訓熊經鳥伸、高注、經、動搖也。者、此也。俗作這。詩柏舟之死矢靡它箋、之、至也。言率爾動搖此口、則殺機常至其身、蓋古語也。曹本改作是所謂經若口而殺常之身者也。注云、經、由也。所謂唯口興戎之意。墨子兼愛、非不愛己也。故大取篇云、愛人不外己、己在所愛之中。世未有憎人惡人、而其身能自全者也。巫馬子一言、隨在皆爲殺機所伏。墨子之辯、可謂深切著明矣。子墨子曰、四字疑衍。當刪。子之言惡利也。曹云、惡讀爲烏、言子何所利而爲此言也。若無所利而不言、是蕩口也。（不與丕同音、故古多用不爲丕、如不顯卽丕顯是。說文一部云、丕、大也。此謂無所利而大言、徒敝口舌而已。蕩口、亦猶莊子所謂孟浪之言。孫云、蕩口義見前。曹云、此亦兼愛之旨。）

子墨子謂魯陽文君曰、今有一人於此、牛羊芻豢、（舊作犓豢、從太平御覽八百六十引改。）雍人但割而和之、（雍舊作維、畢云、維人、當爲饔人之誤。但割、卽袒割。說文人部云、但、裼也。从人、旦聲。經典用但爲袒字之義而忘其本。孫云、雍維形近而誤。儀禮公食大夫禮、少牢饋食禮、並有雍人。雍、雝之隸變、卽饔之省。純一今據改。王本尹本並同。曹本作饔人。）食之不可勝食也。（孫云、道藏本無不可二字、有食之二字。吳鈔本同。畢本增不可二字、無食之二字。云舊脫不可二字、據太平御覽增。案以文義校之、食之不可四字當並有、今據增。）見人之作餅、（畢云、作舊作生、据御覽改。孫云、說文食部云、餅、麪餈也。）則還然竊之。（孫云、還疑睘之借字。說文目部云、睘、驚視也。純一案孫說亦通。還同環、圜遶也。）曰舍余食。（畢云、言捨以爲余食。）不知甘肥安不足乎。（知、陸本作智。甘肥原作日月、從曹本改。案安字無義、當删。歐陽云、曹說是、卽孟子甘肥不足於口之義。）其有竊疾乎。魯陽文君曰、有竊疾也。子墨子曰、楚四竟之田、（畢云、四竟二字、舊作三意、据太平御覽改。）曠蕪不可勝闢。（不可上舊衍而字、據御覽删。畢云、魯陽楚縣故云然也。）垺虛數千。（垺虛舊作評靈、從孫校改。謂閒隙虛曠之地。）不可勝入。（入字從孫校增、曹本同。）見宋鄭之閒邑、（孫云、閒邑言空邑、與王制閒田義同。）則還然竊之。此與彼異乎。魯陽文君曰、是猶彼也。實有竊疾也。（曹云、此亦非攻之說。）

子墨子曰、季孫紹與孟伯常治魯國之政、（蘇云、季孫紹與孟伯常二人、不見於春秋。當爲季康子孟武伯之後、與墨子同時者也。）不能相信、而祝於叢社。（神祠。叢、樹也。）曰、苟使我和。（王引之云、苟、猶尙也。）是猶弇其目、（畢云、說文云弇、蓋也。）而祝於叢社曰、（舊作也、從俞校改。）苟使我皆視。豈不繆哉。

子墨子謂駱滑氂（孫云、吳鈔本作釐、下仍作氂。案此與禽子同名。）曰、我聞子好勇。駱滑氂曰、然。我聞其鄉有勇士焉、吾必從而殺之。子墨子曰、天下莫不欲與其所好、度其所惡。與、助也。善也。曹云、度、圖也。謀去之也。王引之云、與當爲與。度當爲廢。王闓運本度改廢。今子聞其鄉有勇士焉、必從而殺之。是非好勇也、是惡勇也。

墨子集解卷十二

漢陽張純一仲如

貴義第四十七

老子曰、太道廢有仁義。務絕仁棄義、蓋欲去人爲之善、而復天眞之樸也。墨子以一切事物之宜。莫非天理之周流、故貴義。務盡人以合天、蓋老學之初階也、亦所以圓成老學者也。曹云、此篇題曰貴義、篇中言義之處甚多。墨子之所謂義者、何也。兼愛是也。兼愛不謂之仁、而謂之義者、義爲仁之表也。易曰、立天之道曰陰與陽。立地之道曰柔與剛。立人之道曰仁與義。以仁配陰柔、以義配陽剛者、表裏之謂也。仁者、心之德。生於其心、而著於事物、乃爲天下之通義矣。

子墨子曰、萬事莫貴於義。今謂人曰、予子冠履、而斷子之手足、子爲之乎。必不爲。何故。則冠履不若手足之貴也。又曰、予子天下、而殺子之身、子爲之乎。必不爲。道家所以大己而小天下。何故。則天下不若身之貴也。王云、太平御覽人事部十一、六十二、資產部二、引此。並作何則、無故字。曹本從之。爭一言以相殺、是義貴於其身也。義貴舊倒、畢云、太平御覽引作義貴於身。孫校同。今據乙。尹云、孟子舍生取義、旨與此同。故曰萬事莫貴於義也。孫云、淮南子泰族訓云、天下大利、比之身則小。身之重也、比之義則輕。義本此。

子墨子自魯卽齊、畢云、二字舊倒、以意改。孫云、毛詩鄭風東門之墠傳云、卽、就也。言由魯至齊。過故人。畢云、太平御覽引作之齊過故人。純一案御覽四百二十一、八百二十二、兩引同。故人謂子墨子曰、故人二字舊脫、語意不完。御覽四百二十一引重。今據補。今天下莫爲義、子獨自苦而爲義、子不若已。子墨子曰、今有人於此、有子十人。一人耕而九人處、則耕者不可以不益急矣。亢倉子農道篇曰、非老不休、非疾不息、一人勤之、十人食之。此知墨子自苦爲人之精神、多本於農家。何故。則食者衆而耕者寡也。王校亦刪故字、曹本同。今天下莫爲義、則子如勸我者也。畢云、太平御覽引、作子宜勸我。王云、此不解如字之義、而以意改之也。如、猶宜也。言子宜勸我爲義也。如字古或訓爲宜。純一案御覽見人事部六十二、資產部二。何故止我。

畢云、御覽兩引故作以。

子墨子南游於楚、獻書惠王。四字舊作見楚獻惠王、今據文選謝玄暉和伏武昌登孫權故城詩注、及渚宮舊事删訂。畢云、檢史記、楚無獻惠王也。藝文類聚引作惠王是。又案文選注、引本書云、墨子獻書惠王、王受而讀之、曰良書也。恐是此閒脫文。孫云、此文挩佚甚多。余知古渚宮舊事二云、墨子至郢、獻書惠王、王受而讀之、曰良書也。是寡人雖不得天下、而樂養賢人、請過進日百種以待官舍人不足須天下之賢君。墨子辭曰、翟聞賢人進。道不行不受其賞。義不聽不處其朝。今書未用、請遂行矣。將辭王而歸。王使穆賀以老辭。魯陽文君言於王曰、墨子、北方賢聖人。君王不見、又不爲禮、毋乃失士。乃使文君追墨子、以書社五里封之。不受而去。此與文選注所引合。必是此篇佚文。但余氏不明著出墨子、文亦多删節譌舛、今未敢據增。余書獻惠王、亦止作惠王。疑故書本作獻書惠王、傳寫脫書存獻、校者又更易上下文以就之耳。尹云、惠王、昭王子也。呂覽貴因、墨子見荊王、錦衣吹笙、因也。荊卽楚耳、疑爲此脫簡。王受而讀之、曰良書也。此文從畢孫二校、據文選注及渚宮舊事增。不用、使穆賀以老辭。舊本作獻惠王以老辭、使穆賀見子墨子。今據孫校增訂。蘇云、楚惠王以周敬王三十二年立、卒於考王九年。始癸丑、終庚寅、凡五十七年。墨子之游、蓋當其暮年、故以老辭。孫云、渚宮舊事注云、時惠王在位已五十年矣、余說疑本墨子舊注。然則此事在周考王二年、魯悼公之二十九年也。穆賀見子墨子、子墨子說穆賀。說、以言語諭人、使從己也。尹云、穆賀、蓋楚典客之官。穆賀大說。說、欣喜也。謂子墨子曰、子之言則成善矣。畢本成改誠、云舊作成、據藝文類聚改、一本同。孫云、顧校季本亦作誠。純一案陸本唐本、並同道藏本作成。王云、古或以成爲誠、不煩改字。尹云、成、誠也。大戴記官人非誠質者也、周書誠作成。而君王天下之大王也。毋乃曰賤人之所爲而不用乎。畢云、藝文類聚引作用子又節。子墨子曰、唯其可行、譬若藥然。畢云、藝文類聚引作焉。一草之本、一字舊脫、從蘇校補。王本同。尹本從之。釋云、本、根也。天子食之以順其疾。畢云、藝文類聚引順作療。尹云、順、理也。豈曰一草之本而不食哉。畢云、藝文類聚引食作用。今農夫入其稅於大人、尹云、稅、田租也。大人爲酒醴粢盛、畢云、粢當爲齍、說文云、黍稷在器以祀者。盛、解同。俱从皿。亦見周禮也。前文皆同此義。以祭上帝鬼神。豈曰賤人之所爲而不享哉。言子之君王不能大於天子上帝。故雖賤人也、上比之農、下比之藥、曾不若一草之本乎。且主君亦嘗聞湯之說乎。孫云、主君、謂穆賀也。戰國時主君之稱、蓋通於上下。昔者湯將往見伊尹。令彭氏之子御。彭氏之子半道而問曰、半道、陸本唐本曹本同。畢本王本、俱作中道。尹云、道、路也。君將何之。尹云、之、往也。湯曰、將往見伊尹。彭氏之子曰、伊尹、天下之賤人也。孫云、尚賢中篇云、伊摯有莘氏女之私臣、親爲庖人、故曰天下之賤人。若君欲見之、孫云、吳鈔本若君作君若。純一案陸本、唐本、並作君若。亦令召問焉、彼受賜矣。愚人重勢不重道。湯曰、非女所知也。孫云、吳鈔本女作汝。今有藥於此、於字從蘇校增。王樹枏云、萬歷本有於字。食之則耳加聰、目加明、則吾必說而強食之。說與悅同。尹云、良藥苦口利於病、故必強食。今夫伊尹之於我國也、譬之良醫善藥也。而子不欲我見伊尹、是子不欲吾善也。因下彭氏之子、不使御。彼苟然、然後可也。說文苟部云、苟、自急敕也。音亟、撒也。蓋湯下彭氏子不使御、彭氏子亟戒愼其言而肅然。然後湯仍使之御也。尹云、苟、誠也。言楚王誠如湯、則可用賤人之言。

子墨子曰、凡言凡動、利於天鬼百姓者爲之。凡言凡動、害於天鬼百姓者舍之。凡言凡動、合於三代聖王堯舜禹湯文武者爲之。凡言凡動、合於三代暴王桀紂幽厲者舍之。小取篇云、侔也者、比辭而俱行也、此其例。

子墨子曰、言足以遷行者常之、言足使行遷於善者、可常言。不足以遷行者勿常。不足以遷行而常之、孫云、舊本挩下不足二字、王據上句補、與耕柱篇合。今從之。是蕩口也。蘇云、耕柱篇亦有此文、上遷字作復、下二遷字作舉。

子墨子曰、必去六辟、孫云、辟、僻之借字。曹云、辟、偏也。六辟、卽六情也。不曰六情而曰六辟者、人心無偏。流於情則偏矣。嘿則思、畢云、默字俗寫从口。言則誨、動則事。曹云、謂心勤口勤身勤也。使三者代御、三者舊倒、俞云、當作使三者代御。三者、卽嘿言動三事也。御、用也。

荀子禮論篇、時舉而代御。楊注曰、御進用也。此云代御、義與彼同。言更迭用此三者、則必爲聖人也。孫據正。王本同。尹本從之。釋云、御、古文作馭。說文使馬也。周禮鄭注、凡言馭者、所以毆之、內之於善。必爲聖人。心去喜去怒去樂去悲去愛去惡心舊作必、從曹本改。去惡二字、從俞校增。曹本王本尹本並同。而用仁義。曹云、喜怒樂悲愛惡、所謂六辟也。心流於情、則失其中、故曰辟也。去六辟、乃能用仁義、所謂滅情以復性也。手足口鼻耳目、目字從孫校增。曹本同。從事於義必爲聖人。曹云、勤於爲義者、聖人之功用也。立人之道曰仁與義。仁陰而義陽、故於心則兼言仁義。於身則專言義。此一段墨子之精義、千古聖人之同軌也。中庸曰、喜怒哀樂之未發、謂之中。發而皆中節、謂之和。中也者、天下之大本也。和也者、天下之達道也。致中和。天地位焉。萬物育焉。內聖外王之道、一以貫之矣。未發者、未有情也。節者、損也。損之又損以至於無、則情滅而性顯。如烟盡而火明、塵開而鏡明也。墨家之道、在儉與勤。其治性情也亦然、儉以去情、勤以盡性也。儉之至、則六情不發。勤之至、則身心口鼻耳目、無動靜語默、無敢暇逸。莊生所謂日夜無卻、則無適而非仁義之流行也、非聖人而何。

子墨子謂二三子曰、爲義而不能、必無排其道。畢云、排猶背。王景羲云、排背雙聲。譬若匠人之斲而不能、無排其繩。曹云、排、詆誹也。尹云、繩、所以正木者。

子墨子曰、世之君子、使之爲一犬一彘之宰、一犬二字舊脫、王據羣書治要補。云、魯問篇亦云竊一犬一彘。孫云、宰、即膳宰也。見儀禮燕禮禮記文王世子玉藻。純一案治要引此脫爲字。不能則辭之。使爲一國之相、不能而爲之。而與則義同。豈不悖哉。尙賢中下二篇、皆有此喻。所謂明於小而不明於大也。

子墨子曰、今瞽曰、鉅者白也、俞云、鉅無白義、字當作豈。豈者皚之段字。廣雅釋器、皚、白也。皚省作豈、又誤作巨、因爲鉅矣。呂氏春秋有始覽、南方曰巨風。李善注文選、引作凱風、蓋亦省凱爲豈、而誤爲巨也、可以爲證。黔者黑也。孫云、吳鈔本黑作墨、非。純一案陸本唐本並譌墨。畢云、說文云、黔、黎也。秦謂民爲黔首、謂黑色也。尹云、莊子天運、烏不日黔而黑。雖明目者無以易之。兼白黑使瞽取焉、陸本黑譌墨、唐本同此。不能知也。孫云、淮南子主術訓云、問瞽師曰、白素何如、曰縞然。曰黑何若、曰黮然。援白黑而示之、則不處焉。與此語意同。故我曰瞽不知白黑者，黑、陸本唐本並作墨，非。孫云、知、吳鈔本作能。以上文校之、疑當作不能知。今本及吳本、並挩一字耳。王景羲云、以下句君子不知仁句例之、能字不當增。非以其名也，以其取也。言知之非艱、行之維艱。今天下之君子之名仁也，雖禹湯無以易之。兼仁與不仁，而使天下之君子取焉，不能知也。故我曰天下之君子不知仁者，非以其名也，亦以其取也。

子墨子曰，今士之用身，不若商人之用一布之愼也。孫云、周禮泉府鄭注云、布、泉也。其藏曰泉。其行曰布。尹云、說文商、行賈也。布、幣也。今謂之錢。名布者、言其分布流行也。詩抱布貿絲。商人用一布，布不繼，舊本無不字、繼字在不敢下、曹本如此。今從之。不敢苟而讐焉。言不敢苟且而讐物。畢云、讐、即售字正文。王闓運云、售、以錢市物也。必擇良者。今士之用身則不然，意之所欲則爲之，厚者入刑罰，薄者被毀醜。尹云、言大罹辠而小則損名。則士之用身，不若商人之用一布之愼也。言商人將用一布、知其布一去不復來、無以爲繼。不敢苟且無抉擇而讐物。士之用身、須用一時、則命減一時。須用一日、則命減一日。身重於布、奚啻萬倍。乃任意所欲而爲之。厚者入刑罰、薄者被毀醜、蓋喜怒樂悲愛惡使之然也。一任六辟、濫用其身。外鑿內傷、縱如金石、亦不堪銷損矣。豈若商人用一布之愼哉。是故憺然無欲惡、得其所以自養之情、而不感於外者、爲可貴也。此知墨家尙儉、正所以兼愛也。王本人下無之字。

子墨子曰，世之君子，欲其義之成，而助之修其身則慍。衆生顚倒、大都類此。是猶欲其牆之成，而人助之築則慍也，豈不悖哉。孫云、吳鈔本義作治。治要引此文同。

子墨子曰，古之聖王，欲傳其道於後世，是故書之竹帛，鏤之金石，傳遺後世子孫，欲後世子孫法之也。今聞先王之道而不爲，道舊作遺、從王校改。曹本同。是廢先王之傳也。

子墨子南遊使衞、孫云、遊吳鈔本作游。畢云、北堂書抄作使於衞。楊校、孔本書鈔一百一引無使字。純一案無使字是。此文疑本作子墨子南游於衞。關中載書甚多。畢云、關中猶云扃中。關扃音相近。孫云、畢說是也。文選張衡西京賦、旗不脫扃。薛綜注云、扃、關也。左傳宣十二年孔疏引服虔云、扃、橫木校輪閒。蓋古乘車、箱輢閒以木爲闌、中可庋物、謂之扃。亦謂之關。故墨子於關中載書矣。弦唐子見而怪之、孫云、廣韻一先云、弦又姓、風俗通云、弦子後。左傳、鄭有商人弦高。曰、吾夫子教公尙過曰、孫云、公尙過、呂氏春秋高義篇作公上過。高注云、公上過、子墨子弟子也。案王符潛夫論、志氏姓篇、衞公族有公上氏。廣韻一東云、衞大夫有公上王。尙上字通、過疑亦衞人。揣曲直而已。孫云、說文手部云、揣、量也。今夫子載書甚多、何有也。王樹枏云、有、猶爲也。孟子將爲君子焉、將爲野人焉、趙注云、爲、有也。漢書張湯傳、何厚葬爲。漢紀作何葬之有。爲有同聲、故通借。

子墨子曰、昔者周公旦朝讀書百篇、畢本無書字、云、本多作讀書百篇、繹史同。藝文類聚引無書字、北堂書抄凡三引、兩引無、一引有。孫云、道藏本、吳鈔本、並有書字。純一案抱朴子勗學篇曰、周公上聖、日讀百篇。墨翟大賢、載文盈車。夕見漆十士。畢云、漆、七字假音。今俗作柒。藝文類聚引作七。孫云、唐岱嶽觀碑、五經文字石本、七字並作漆、純一案類聚見卷五十五。孔本書鈔九十七好學篇引漆作七。吳玉搢別雅卷五云、吳孫皓天發神讖碑、天璽元年桼月、又桼月廿三日唐武曌璽麻年記、設金籙寶齋河圖大醮桼。皆以桼爲七。桼、本膠桼之桼。上從木。中著八、象桼汁形。下從水。或書作桼、上從來者誤也。又墨子夕見漆十士、漆亦借爲七字。張參五經文字、凡七字皆作漆。云後人省作柒。六書本義、謂以七漆二字、合造成之。金石文字記、謂柒卽漆之草書。楊嘉校、孔本書鈔九十八藝文部四引、漆十士作士七十。故周公旦佐相天子、其脩至於今。脩、修同。治也。言周公之致太平。因勤讀不輟、允當效法。孫云、吳鈔本脩作修。翟上無君上之事、下無耕農之難、吾安敢廢此。畢云、北堂書鈔引云、相天下猶如此、況吾無事、何敢廢乎。純一案書鈔見九十七好學篇、墨子之意以講學明道、宏濟時艱、爲己專責。呂氏春秋博志篇曰、孔丘墨翟、晝日諷誦習業、夜親見文王周公旦而問焉。翟聞之、同歸之物、信有誤者。孫云、易繫辭云、天下同歸而殊塗。孔疏云、言天下萬事、終則同歸於一。蓋謂理雖同歸、而言不能無誤。然而民聽不鈞、王闓運云、然、如此也。畢云、鈞、均字假音。孫云、吳鈔本作均。曹云、同歸之物者、謂天下之事雖各殊、其歸則同也。有誤者、謂所見異詞、所聞異詞、所傳聞異詞。故民聽不均也。尹云、誤則滋惑。是以書多也。王闓運云、書、方言地志之類。尹云、言便考證。今若過之心者、數逆於精微。王樹枏云、老子多言數窮、注云、數、謂理數也。後漢鄧騭傳注云、數、猶理也。逆、有考究之義。周禮司書司會暨鄉師注、皆云逆猶鉤考。謂過之心、能鉤考於理之精微也。同歸之物、既已知其要矣。要、要指也。是以不教以書也。至道雖同歸一彙、傳者恒不免紛歧而誤。必備多書。勤於考證。精於校讐。庶可探其本原。從知漢儒之學、淵源甚古。若過傑造有得、故使遠離文字、親證道妙、攝博於約也。而子何怪焉。畢云、言苟得其精微、則無用以書爲敎。

子墨子謂公良桓子曰、蘇云、公良桓子、蓋衛大夫。孫云、史記孔子弟子列傳有公良儒、陳人。則陳亦有此姓。衛、小國也。處於齊晉之閒、猶貧家之處於富家之閒也。貧家而學富家之衣食多用、則速亡必矣。今簡子之家、孫云、廣雅釋言云、簡、閱也。飾車數百乘、馬食菽粟者數百匹、婦人衣文繡者數百人。若取飾車食馬之費與繡衣之財以畜士、若舊作吾、從俞校改。必千人有餘。若有患難、則使數百人處於前、數字、從王校增。數百人處於後。人處二字、從畢校增。與婦人數百人處前後、孰安。吾以爲不若畜士之安也。

子墨子仕人於衛、畢云、舊脫人字、一本有。孫云、荀子富國篇楊注、引作子墨子弟子仕於衛。則疑仕於衛上、捝弟子二字。純一案據楊注則人字當作弟子。所仕者至而反。反同返。子墨子曰、何故反。對曰、與我言而不當。畢云、後作審。孫云、荀子注引亦作當、疑審字近是。曰待女以千盆、孫云、女吳鈔本作汝。盆、畢本改益。云舊作盆誤。古無鎰字、只作益、或作溢。漢書食貨志云、黃金以溢爲名、注孟康曰、二十兩爲溢也。賈逵國語注云、二十四兩。王云、古鎰字、皆作溢、無作益者。此言千盆五百盆、皆謂粟、非謂金也。荀子富國篇今是土之生五穀也、人善治之、則畝數盆。楊倞曰、蓋當時以盆爲量。引考工記曰、盆實二鬴。又引墨子曰、待女以千盆、授我五百盆。則盆非益之譌也。純一案鬴、六斗四升。授我五百盆、故去之也。子墨子曰、授子過千盆、則子去之乎。對曰、不去。子墨子曰、然則非爲其不審也、王樹枏云、審、宜從上文作當。當、合也。吳摯甫曰、上文當字、當從此文作審。考工記注審、猶定也。呂覽先己篇注審、實也。皆此文審字之義。爲其寡也。

子墨子曰、世俗之君子。視義士不若視負粟者。下視字舊脫、太平御覽四百二十一八百四十兩引、並有視字。今據增。今有人於此、負粟息於路側、欲起而不能。尹云、起謂起而負之。君子見之、無長少貴賤必起之。必助之起。何故也。王云、故字亦後人所加、御覽人事部六十二引無故字。純一案御覽八百四十引作何重故也。曰義也。今爲義之君子、畢云、之舊作也、据太平御覽改。奉承先王之道以語之、縱不說而行、孫云、說吳鈔本作悅、純一案御覽四百二十一作悅。八百四十作說。又從而非毀之。則是世俗之君子之視義士也、不若視負粟者也。畢云、一本脫此字。純一案太平御覽兩引、並無也字。道藏本陸本唐本、也並誤作之。

子墨子曰、商人之四方、尹云、之往也。市賈倍徙。倍舊作信、從畢校改。下同。曹本同。孫云、徙、蓰字通。雖有關梁之難、盜賊之危、必爲之。今士坐而言義、無關梁之難、盜賊之危。此爲倍徙、不可勝計。然而不爲。則士之計利、畢云、則舊作財、一本如此。不若商人之察也。

子墨子北之齊、遇日者。畢云、文選注引遇作過。孫云、高承事物紀原引亦作過。史記日者列傳集解云、古人占候卜筮、通謂之日者。純一案文選注、見劉孝標辯命論。御覽九百二十九引作遇。日者曰、帝以今日殺黑龍於北方、畢云、事類賦引殺作屠。而先生之色黑。孫云、舊本生誤王、今據吳鈔本顧校季本正。純一案陸本唐本並作生。尹云、色、顏气也。不可以北。畢云、北、事類賦作往。孫云、淮南子要略云、操舍開塞、各有龍忌。許注云、中國以鬼神之事曰忌。北胡南越、皆謂之請龍。案此日者以五色之龍定吉凶、疑卽所謂龍忌。許君請龍之說、未詳所出、恐非古術也。子墨子不聽、遂北。至淄水、不遂而反焉。反同返、還也。畢云、舊脫至淄水不遂五字、据史記日者傳集解及事類賦增。史記集解云、墨子不遂而反焉、又多二字。淄水出今山東益都縣西南顏神鎮東南三十五里原山、經臨淄縣東北流至壽光縣北入海。日者曰、我謂先生不可以北。子墨子曰、南之人不得北、北之人不得南、其色有黑者、有白者、何故皆不遂也。以白者何故不遂、破日者之說。

且帝以甲乙殺青龍於東方。以丙丁殺赤龍於南方。以庚辛殺白龍於西方。以壬癸殺黑龍於北方。若用子之言、是禁天下之行者也。畢云、舊脫天字之字。據太平御覽增。是圍心而虛天下也。蘇云、圍或當作違。吳玉搢云、圍心卽違心、古圍違字通。曹本改圍作圍、王本同。純一案蘇吳校未允、曹王率意破字、尤非。廣雅釋詁圍、裹也。此言人心所之、六合無礙、本無時地可分。若以占方自迷、是自裹其心、卽自裹其足。必致人事毫無進步、而天下爲墟也。虛、墟字正文。此知墨子獨能破除一切迷信、務自苦而爲義。且以義強聒天下、爲天下造大命也。子之言不可用也。曹云、此亦非命之意。凡日者之說、亦以吉凶休咎有定數、而人不可違。且繫引四時五行、旺相孤虛、以億災祥之遠近。後世其書益多。聖人先天弗違、後天奉時、不用其言也。

子墨子曰、孫云、此上疑有挩文。吾言足用矣。明李贄墨子批選自序云、古之聖人、言必可用、用必其言。舍吾言革思者、吾字從孫校增。蘇云、革、更也。是猶舍穫而攈粟也。孫云、國語魯語、收攟而烝。韋注云、攟、拾也。一切經音義引賈逵云、攈、拾穗也。攟攈字同。純一案別雅卷四云、捃、攈、攟、攟、皆一字也。畢云、一本作攈、非。以其言非吾言者、畢云、太平御覽引其作他。純一案御覽見九百二十八。是猶以卵投石也。盡天下之卵、其石猶是也、不可毀也。畢云、御覽作石猶不毀也。

公孟第四十八

公孟子謂子墨子曰、惠棟云、公孟子、卽公明子、孔子之徒。宋翔鳳云、孟子公明儀、公明高、曾子弟子。公孟子與墨子問難、皆儒家之言。孟與明通、公孟子卽公明子。其人非儀卽高、正與墨翟同時。孫云、說苑脩文篇、有公孟子高、見顓孫子莫及曾子。此公孟子疑卽子高、蓋七十子之弟子也。君子共己以待、蘇云、共讀如恭。孫云、荀子王霸篇云、則天子共己而已。楊注云、共讀爲恭、或讀爲拱、垂拱而已也。案此共己當讀爲拱己。非儒篇云、高拱下視是也。問焉則言、不問焉則止。譬若鍾然。意林引作君子如鍾。扣則鳴、不扣則不鳴。孫云、非儒下篇述儒者之言曰、君子若鍾、擊之則鳴、弗擊不鳴、卽此。畢云、說文云、扣、牽馬也。敂、擊也。讀若扣。此假音耳。尹云、扣同敂、孟子書抽矢扣輪。子墨子曰、是言有三物焉。王引之云、所謂是言有三物者、不扣則不鳴者一。雖不扣必鳴者二。而公孟子但云不扣則不鳴、是知其一而不知其二也。故曰子乃今知其一耳。子乃今知其一耳。耳舊譌身、又衍也字、從王引之校刪正。又未知其所謂也。若大人行淫暴於國家、進而諫、則謂之不遜。因左右而獻諫、則謂之言議。此君子之所疑惑也。孫云、吳鈔本所下有以字。疑惑、謂言之無益而有害、則君子遲疑不敢發。此明不扣而不鳴之一物。若大人爲政、將因於國家之難、譬若機之將發也、然、君子知之、必以諫。知字舊脫、文義不明。非儒篇云、若將有大寇亂、盜賊將作、若機辟將發也。他人不知、己獨知之。義與此同。今據補。然而大人之利。王樹枏云、然而者、是乃也。范望注太玄務測云、然、猶是也。儀禮燕禮大夫不拜乃飲。鄭注云、乃、猶而也。乃而古多通訓。然而大人之利、是乃大人之利也。王闓運云、言不言則有難、言則有利。若此者、雖不扣必鳴者也。若大人舉不義之異行。尹云、異、猶邪也。雖得大巧之經、尹云、若六韜陰符之類。可行於軍旅之事。欲攻伐無罪之國、王闓運云、若公輸雲梯。有之也君得之、則必用之矣此十一字疑衍、或爲後人注語竄入正文、當刪。以廣辟土地。辟、同闢。籍稅⿰貝爲材。⿰貝爲舊作僞、畢云、僞疑當爲⿰貝爲。說文云、此古貨字、讀若貴。籍舊作著、孫云、著當作籍。毛詩大雅韓奕箋云、籍、稅也。節用上篇云、其籍斂厚。材財字通。籍稅⿰貝爲材、猶云籍斂貨財矣。純一今並據正。出必見辱。所攻者不利、而攻者亦不利、是兩不利也。若此者、雖不扣必鳴者也。孫云、以上明不扣必鳴之二物。且子曰君子共己以待、以字舊脫、據上文補。曹本同。問焉則言、不問焉則止。譬若鍾然、扣則鳴、不扣則不鳴。今未有扣、子而言、是子之所謂不扣而鳴邪。謂上所字、從孫校增。是子之所謂非君子邪。畢云、已上申明又未知其所謂。

公孟子謂子墨子曰、實爲善人孰不知。譬若良巫、處而不出有餘糈。舊巫誤玉、從孫校改。糈舊誤精、孫據王校正。云淮南子說山訓云、巫之用糈藉。高注云、糈祀神之米。譬若美女、處而不出、人爭求之。行而自衒。孫云、內則奔則爲妾、鄭注云、奔或爲衒。列女傳辯通篇齊鍾離春衒嫁不售。畢云、說文云、衒、行且賣也。衒或字。人莫之取也。之、舊本作知。畢云、知一本作之。孫云、作之是也。意林作人莫之娶。今據正。純一案取娶同。尹云、越絕書石買曰、衒女不貞、衒士不信。今子徧從人而說之、徧、舊作偏、畢以意改。道藏本季本吳鈔本正作徧。王以偏爲古徧字、詳非攻下篇。何其勞也。子墨子曰、今夫世亂、求美女者衆、美女雖不出、人多求之。今求善者寡、畢云、言好德不如好色。不強說人、人莫之知也。曹云、墨子以其兼愛之說、上說下教。雖天下不取、強聒不舍。卽其摩頂放踵、以利天下之意也。身尙不愛、奚愛於一言。救世之心、於是爲切矣。純一案釋氏之言曰、衆生無盡誓願度、墨子亦然。且有二生於此、善星一。星、王據下文改筮。吳汝綸曰。善星一句。善星、卽善占星者。一之言同也。句下無闕文、王妄改之、由失其句也。王樹枬云、此讀是。善星一、與下仁義鈞、句法正相儷。行爲人筮者、與處而不出者、其糈孰多。糈舊譌精、孫據王校改。王云、說文、糈、糧也。言兩人皆善筮、而一行一處、其得米孰多也。史記貨殖傳云、醫方諸食技術之人、焦神極能、爲重糈也。公孟子曰、行爲人筮者其糈多。子墨子曰、仁義鈞。吳鈔本鈞作均。行說人者其功當有亦多二字、言己說人之功多。善亦多。人勸於善者亦多。何故不行說人也。曹云、此亦上章不扣必鳴之說、亦以教勸也。勸於教者、亦仁術也。

公孟子戴章甫、畢云、戴本多作義、以意改。王闓運本戴作義、注云、公孟名字也。畢改作戴、非。純一案陸本唐本並作義。孫云、顧校季本正作戴。士冠禮記云、章甫、殷道也。鄭注云、章明也。殷質言以表明丈夫也。論語先進篇端章甫、集解鄭玄云、衣玄端、冠章甫、諸侯日視朝之服。禮記儒行魯哀公問孔子儒服、對曰、某長居宋、冠章甫之冠。此公孟子儒者、故亦儒服與。搢忽、畢云、搢、卽晉字俗寫。忽、卽笏字古文。尙書在治忽、亦用此字。舊作忽、誤。孫云、儀禮既夕、木笏。鄭注云、今文笏作忽。史記夏本紀集解引鄭康成注尙書、作在治曶。云曶者、笏也。忽、曶、笏、字並通。釋名釋書契云、笏、忽也。君有教令及所啓白、則書其上、備忽忘也。荀子哀公篇、哀公曰、然則夫章甫絇屨紳而搢笏者、此賢乎。孔子對曰、不必然。儒服、而以見子墨子。曰、君子服然後行乎。其行然後服乎。子墨子曰、行不在服。莊子田子方篇云、君子有其道者、未必爲其服也。爲其服者、未必知其道也。鹽鐵論刺議篇云、衣儒衣、冠儒冠、而不能行其道、非眞儒也。公孟子曰、何以知其然也。邪同、子墨子曰、昔者齊桓公、高冠博帶、舊有金劍木盾四字、孫云、此所言皆朝服、朝服未有用盾者。純一案太平御覽六百八十四引、藝文類聚六十七引、並無金劍木盾四字、今據删。以治其國、其國治。昔者晉文公、大布之衣、牂羊之裘、孫云、牂、道藏本吳鈔本並从牛、誤。韋以帶劍、孫云、並詳兼愛中下篇。以治其國、其國治。昔者楚莊王、鮮冠組纓、孫云、說文系部云、組、綬屬。其小者以爲冠纓。但組纓不足爲華侈、與鮮冠綘衣博袍、文例不相應。疑此組當爲䌙之叚字。荀子樂論篇云、亂世之徵、其服組。綘衣博袍、畢云、太平御覽引作褒衣博裦。純一案藝文類聚六十七引文與此同。御覽六百九十引綘作縫。又八百十九引袍作衮。王云、哀十四年公羊傳、反袂拭面涕沾袍。何注曰、袍、衣前襟也。綘舊本作絳。王引之云、絳當爲綘字之誤也。綘與縫同。縫衣、大衣也。字或作逢。又作摓。儒行衣逢掖之衣。鄭注曰、逢、猶大也。大掖之衣、大袂襌衣也。莊子盜跖篇、摓衣淺帶。釋文曰、摓衣又作縫。列子黃帝篇釋文、向秀注曰、儒服寬而長大。縫綘逢摓、字異而義同。綘衣與博袍連文、綘博皆大也。孫據正。以治其國、其國治。昔者越王句踐、剪髮文身、孫云、淮南子齊俗訓云、越王句踐劗髮文身、南面而霸天下。說苑奉使篇越諸發曰、越翦髮文身、爛然成章、以像龍子者、將避水神也。以治其國、其國治。此四君者、其服不同、其行猶一也。翟以是知行之不在服也。晏子春秋諫下十四章曰、三王不同服而王、非以服致諸侯也。誠于愛民、果於行善、天下懷其德而歸其義。公孟子曰、善。吾聞之曰、宿善者不祥。畢云、讀如無宿諾。曹云、言聞善則宜亟行之。請舍忽易章甫、復見夫子、可乎。子墨子曰、請因以相見也。尹云、因、仍也。言其仍舊。若必將舍忽易章甫、必、一本作不。蘇云、必是也。孫據正。王樹枏云、萬歷本不作必。而後相見、然則行果在服也。畢云、言其意在服也。純一案墨子善於對治邪執、於此可見。家語好生篇魯哀公問於孔子曰、昔者舜冠何冠乎、孔子不對。公曰、寡人有問於子、而子無言、何也。對曰、以君之問、不先其大者、故方思所以爲對。公曰、其大何乎。孔子曰、舜之爲君也、其政好生而惡殺。其任授賢而替不肖。德若天地而靜虛。化若四時而變物。是以四海承風。暢於異類。君舍此道、而冠冕是問、是以緩對。此孔子以行不在服、破哀公之邪執。與墨子同。公孟子儒服、不知儒也。曹云、此見墨子之教、通而不滯。知矯枉者之仍非正也。

公孟子曰、君子必古言服然後仁。孫云、孟子告子篇答曹交曰、子服堯之服、誦堯之言、行堯之行、是堯而已矣。公孟子之言同於彼、但孟子兼重行。而公孟子唯舉言服、故為墨子所折。子墨子曰、昔者商王紂、卿士費仲、為天下之暴人。孫云、明鬼下篇作費中、中仲古今字。箕子、微子、為天下之聖人。此同言、同一古言。而或仁或不仁也。下或字、據下文補。畢云、言同時之言、而仁不仁異。周公旦為天下之聖人、關叔為天下之暴人。孫云、關叔即管叔、詳耕柱篇。此同服、同服古服。或仁或不仁。然則不在古服與古言矣。且子法周、王闓運云、章甫周道。而未法夏也。畢云、謂節葬節用之屬、墨氏之學出於夏。純一案既以古言古服或仁或不仁、破古言服之必仁。又以章甫法周非法夏、周不如夏古、破其古之非古也。子之古非古也。曹云、墨子之教、源出大禹。故云然。

公孟子謂子墨子曰、昔者聖王之列也。尹云、列、位也。上聖立為天子、其次立為卿大夫。立與位同。今孔子博於詩書、察於禮樂、詳於萬物。若使孔子當聖王、則豈不以孔子為天子哉。尹云、所謂揖讓而傳賢。子墨子曰、夫知者必尊天事鬼、愛人節用、合焉為知矣。今子曰孔子博於詩書、察於禮樂、詳於萬物、而曰可以為天子。是數人之齒、而以為富。俞云、齒者、契之齒也。古者刻竹木以記數、其刻處如齒、故謂之齒。易林所謂符左契右、相與合齒是也。列子說符篇宋人有游於道、得人遺契者。歸而藏之、密數其齒。曰、吾富可待矣。此正數人之齒以為富者。蓋古有此喻。蘇說同。曹云、言道以能行為貴。如僅能知之、是數他人之寶、不得為富也。略近後儒知行合一之說。

公孟子曰、貧富壽夭、齰然在天、畢云、齰同錯。曹云、今按當與鑿同、猶云確然也。不可損益。又曰、君子必學。子墨子曰、教人學而執有命。有命、則富壽不可以學致。貧夭不可以學免。猶自教相違之過。是猶命人葆、畢云、葆、言包裹其髮。而去亣冠也。王引之云、玉篇亣古文其。

公孟子謂子墨子曰、有義不義、無祥不祥。畢本據下文改無爲有、王云、畢改非也。公孟子之意、以爲壽夭貧富皆有命。而鬼神不能爲禍福。故曰有義不義、無祥不祥。墨子執非命之說、以爲鬼神實司禍福。義則降之祥、不義則降之不祥、故曰有祥不祥。有祥不祥、乃墨子之說、非公孟子之說。不得據彼以改此也。顧蘇說同。曹云、義者人所爲。祥者鬼所爲。此卽無鬼之說。子墨子曰、古者聖王者字舊脫、孫云、古下吳鈔本有者字。純一案陸本唐本並有、今據補。皆以鬼神爲神明、而爲禍福。畢云、而同能。曹本改作能。執有祥不祥、是以政治而國安也。自桀紂以下、皆以鬼神爲不神明、不能爲禍福。執無祥不祥、是以政亂而國危也。故先王之書、亣子有之曰、亣子舊作子亦、戴云、子亦當作亣子。亣、古其字。其子卽箕子。周書有箕子篇、今亡。孔晁作注時、當尙在也。純一今據正。亣傲也、畢云、以下亣字、舊皆作亦。尹云、傲則不義。曹云、也當作心、篆文似。出於子、不祥。此言爲不善之有罰、爲善之有賞。曹本有也字。

子墨子謂公孟子曰、喪禮、君與父、母、妻、後子、死。畢云、後子、嗣子也。三年喪服。孫云、義詳節葬下非儒下二篇。伯父、叔父、兄弟、期。戚族人五月。戚字從王校增、說詳節葬下篇。姑、姊、陸本作姉。舅、甥、皆有數月之喪。或以不喪之閒、誦詩三百、孫云、周禮大司樂鄭注云、以聲節之曰誦。弦詩三百、孫云、禮記樂記注云、弦、謂鼓琴瑟也。歌詩三百、孫云、周禮小師注云、歌、依詠詩也。舞詩三百。孫云、謂舞人歌詩以節舞。左襄十六年傳云、晉侯與諸侯宴于溫、使諸大夫舞。曰、歌詩必類。是舞有歌詩也。墨子意謂不喪、則又習樂、明其曠日廢業也。毛詩鄭風子衿傳云、古者教以詩樂、誦之歌之、弦之舞之、與此書義同。若用子之言、則君子何日以聽治、庶人何日以從事。公孟子曰、國亂則治之、國治則爲禮樂。舊本脫國字、王據下文補。國貧則從事。貧舊作治、王云、下國治當爲國貧。治與亂對。富與貧對。國亂則治之、卽上文所謂君子聽治也。國貧則從事、卽上文所謂庶人從事也。非儒篇曰、庶人怠於從事則貧、故曰國貧則從事。今本貧作治者、涉上文國治而誤。今據正。國富則爲禮樂。子墨子曰、國之治也、也字據下文增。聽治故治也。五字舊脫、曹本從盧校補治之故治也五字。案上文從事與聽治對、今改治之作聽治、下同。聽治廢、則國之治亦廢。聽治舊作治之、據上下文義改。國之富也、從事故富也。從事廢、則國之富亦廢。下事字舊譌是、孫據道藏本吳鈔本正。王樹枏云、萬歷本作從事廢。純一案、陸本唐本並作事。故雖治國、勸之無饜、畢云、猶云勉之無已。然後可也。今子曰國治則爲禮樂、亂則治之、是譬猶噎而穿井也。畢云、說文云、噎、飯窒也。飯窒則思飲。俞云、晏子春秋雜上篇、噎而遽掘井。死而求醫也。古者三代暴王桀紂幽厲、薾爲聲樂、畢云、說文云、薾、華盛也。或侈假音字。不顧其民。是以身爲刑僇、國爲虛戾者、孫云、吳鈔本無者字。虛戾舊倒、王云、當爲虛戾。魯問篇曰、是以國爲虛戾、身爲刑戮也。趙策曰、齊爲虛戾。又曰社稷爲虛戾、先王不血食。戾、猶厲也。非命篇曰、國爲虛厲、身在刑戮之中。是虛戾卽虛厲也。王樹枏云、萬歷本正作虛戾。皆從此道也。此亦非樂之說。

公孟子曰、無鬼神。又曰、君子必學祭禮。禮舊作祀、從畢校改。孫云、卽五禮之吉禮。子墨子曰、執無鬼而學祭禮。犯自語相違之過。是猶無客而學客禮也。孫云、客禮、卽五禮之賓禮。是猶無魚而爲魚罟也。孫云、說文网部云、罟、网也。爾雅釋器云、魚罟謂之罛。詩碩人孔疏引李巡云、魚罟、捕魚具也。

公孟子謂子墨子曰、子以三年之喪爲非、子之三日之喪亦非也。畢云、三日當爲三月。韓非子顯學云、墨者之葬也、冬日冬服、夏日夏服、桐棺三寸、服喪三月。高誘注淮南子齊俗云、三月之服、是夏后氏之禮。而後漢書王符傳注、引尸子云、禹制喪三日、亦當爲月。曹云、今按墨子治喪之禮、本乎大禹。蓋當時夏禮、猶有傳者。三日、三月、皆是也。其大者三月、其輕者三日耳。漢孝文帝遺詔、令天下吏民、出臨三日、皆釋服。是用三日之喪也。巳下棺、三十六日釋服。通未葬之日計之、則用三月之喪也。孝文以六月己亥崩、以乙巳葬、纔七日耳。蓋禹墨之制、葬期不遠、通乎上下。無所謂天子七月、諸侯五月、大夫三月、士踰月之殊也。子墨子曰、子以三年之喪、非三日之喪、是猶倮謂撅者不恭也。倮、舊作果。孫據道藏本改。吳鈔本又作裸。案陸本唐本並作倮。畢云、當爲祼。說文云、袒也。玉篇云、倮、赤體也。洪云、禮記內則不涉不撅、鄭注、撅、揭衣也。晏子春秋外篇上、吾讖晏子、猶倮而訾高撅者也。其義與此同。俞云、撅衣雖不恭、然祼則更甚。故曰是猶倮謂撅者不恭也。

公孟子謂子墨子曰、知有賢於人、孫云、謂偶有一事、賢於他人。則可謂知乎。子墨子曰、愚之知有以賢於人、孫云、有以、吳鈔本作亦有。曹云、禮記云、夫婦之愚、可以與知。語曰、愚者千慮、必有一得。而愚豈可謂知矣哉。王闓運云、言聖當無所不知。

公孟子曰、三年之喪、尹云、論語子生三年、然後免於父母之懷。此儒家喪必三年說也。學吾子之慕父母。子字舊無。俞云、吾下脫子字。曾子海王篇吾子食鹽二升少半。尹知章注曰、吾子、謂小男小女也。下文嬰兒子、卽吾子也。純一今據補。王本尹本同。子墨子曰、夫嬰兒子之知、尹云、釋名釋長幼人始生曰嬰兒。胸前曰嬰、抱之嬰前以乳養之。故曰嬰兒。畢云、衆經音義云、倉頡篇云、男曰兒。女曰嬰。獨慕父母而已。父母不可得也、然號而不止。號、哭也。禮雜記下曾申問於曾子曰、哭父母有常聲乎。曰、中路嬰兒失其母焉、何常聲之有。此亣故何也。孫云、亣、顧校季本作其。卽愚之至也。然則儒者之知、豈有以賢於嬰兒子哉。曹云、墨子以爲愚之至、不過謂久哀亦無益於親而已。

子墨子問於儒者曰、曰字舊在問上、從蘇校乙。王本同。王樹枏云、萬歷本無曰字。何故爲樂。曰、樂以爲樂也。孫云、說文木部云、樂五聲八音總名。引申爲哀樂之樂。此第二樂字、用引申之義。古讀二義同音、故墨子以室以爲室難之。樂記云、故曰樂者樂也。君子樂得其道。小人樂得其欲。又禮器云、樂者、樂其所自成。仲尼燕居云、行而樂之、樂也。荀子樂論篇亦云、樂者、樂也。此卽墨子所庣儒者之說。子墨子曰、子未我應也。今我問曰、何故爲室。曰、冬避寒焉。夏避暑焉。且以爲男女之別也。且舊作室。俞云、避寒避暑、爲男女之別三句、皆以室言。不當於男女之別句、獨著室字。室乃且字之誤。今據改。則子告我爲室之故矣。今我問曰、何故爲樂。曰樂以爲樂也。畢云、舊脫爲字、據上文增。是猶曰何故爲室、曰室以爲室也。曹云、樂以爲樂、上樂如字。下樂音洛。與室以爲室之語自別。今按樂之所以爲樂者、娛心意悅耳目而已。然苟無樂、而心意耳目未嘗有苦也。若爲室以避寒暑、別男女、則無室而必有苦矣。故室不可無、而樂可無也。此墨子非樂之本意。子墨子謂程子曰、蘇云、程子、卽程繁也。見三辯篇。儒之道足以喪天下者四政焉。儒以天爲不明、畢云、舊脫天字、据下文增。以鬼爲不神、天鬼不說。說同悅。此足以喪天下。又厚葬久喪、重爲棺槨、多爲衣衾、送死若徙。言如遷家。三年哭泣、扶後起、杖後行。孫云、並詳節葬下篇。耳無聞、目無見。此足以喪天下。又弦歌鼓舞、習爲聲樂。此足以喪天下。又以命爲有。貧富壽夭治亂安危有極矣、孫云、有極猶言有常、詳非儒下篇。尹云、極猶準也。不可損益也。爲上者行之、必不聽治矣。必不二字舊倒、孫據吳鈔本乙。與下文合。爲下者行之、必不從事矣。此足以喪天下。程子曰、甚矣先生之毀儒也。子墨子曰、儒固無此若四政者、而我言之、若舊本作各、王校改各爲若。云、若亦此也。墨子書多謂此爲此若。孫據正。純一案管子山國軌篇輕重甲篇均有此若言何謂也文。則是毀也。今儒固有此四政者、而我言之、則非毀也、告聞也。畢云、言告所聞。程子無辭而出。子墨子曰、迷之。謂迷惑。反。令程子還也。復坐。程子復坐。復舊譌後、從王校改。進復曰、王云、復如孟子有復於王者曰之復。謂程子進而復於墨子也。曹云、復、自也。鄉者先生之言、有可閒者焉。閒舊作聞、從畢校改。孫云、孟子云、政不足與閒也。趙注云、閒、非也。若先生之言、則是不譽禹、不毀桀紂也。孫云、此因墨子言不毀儒而遂難之、言人不能無毀譽也。曹本禹下增湯字、注云、程子謂墨子之言有可疑者、疑其言本毀儒而自以爲非毀也。桀紂之暴亂、不過喪天下。今謂儒者足以喪天下、而又曰非毀也。故程子疑之。子墨子曰、不然。言譽禹、亦非譽禹。毀桀紂、亦非毀桀紂。惟各如其實、相告聞耳。夫應孰辭、稱議而爲之、敏也。孫云、孰辭、習孰之辭。猶言常語。議吳鈔本作義。純一案荀子禮論篇貧富輕重、皆有稱者也。楊注、稱謂各當其宜。尺證反。譏、譏論也。敏廣韻十六軫云、達也。言應孰習之辭、擬議各當其宜、以相酬對、是爲敏達。則譽禹、非爲譽也。毀桀紂、亦非爲毀也。如此始與非毀儒之神理相應。厚攻則厚吾、薄攻則薄吾。言譏論設不稱其實、則爲譽爲毀皆過也。固望有人攻之。故人厚攻之、則是厚吾。薄攻之、則是薄吾。荀子修身篇云、非我而當者、吾師也。義略同。曹云、攻、謂辯難也。凡與吾言相詰難者厚、則視吾亦厚。薄則視吾亦薄。言聖人之道、欲人相詰難。不畏人之攻之也。應孰辭而稱議、是猶荷轅而擊蛾也。言應孰辭而持論適當、則被譏者無可逃避。故以荷轅擊蛾爲喻也。轅、轅車木也。畢云、蛾同蟻。曹云、此段見墨氏之於儒者、但有匡救之道、而無攻擊之事。正所以厚待儒者、非薄之也。孟子好辯、則比楊墨於禽獸洪水夷狄亂賊、是毀也。此可見儒墨兩家、大小厚薄之殊。而孟子之於仲尼、相去遠矣。

子墨子與程子辯、稱於孔子。畢云、稱述孔子。程子曰、非儒、如上文云、喪天下之四政。尹云、据此則非儒乃墨子所自著。何故稱於孔子也。子墨子曰、是亣當而不可易者也。亣舊作亦、俞云、當爲亣、古文其字也。言我所稱於孔子者、是其當而不可易者也。其字即以孔子言、今據改。今鳥聞熱旱之憂則高、尹云、聞、知也。憂同優、感也。魚聞熱旱之憂則下。尹云、下猶深也。當此雖禹湯爲之謀、必不能易矣。鳥魚可謂愚矣、禹湯猶云因焉。王云、云、猶或也。言鳥魚雖愚、禹湯猶或因之也。古者云與或同義。今翟曾無稱於孔子乎。畢云、言孔子之言、有必不能易者。此下舊有有游於子墨子之門者謂子墨子曰先生以鬼爲神明知能爲禍人哉二十七字、今据一本移後。

有游於子墨子之門者、身體強良、孫云、良吳鈔本作粱、後魯問篇亦云強粱、然義似不同。思慮徇通。孫云、史記黃帝本紀、黃帝幼而徇齊。集解徐廣曰、墨子曰、年踰五十、則聰明心慮無不徇通矣。裴駰案徇、疾也。索隱云、徇齊、家語及大戴禮、並作叡齊。一本作慧齊。叡慧皆智也。史記舊本亦有作濬齊。蓋古字假借徇爲濬、濬深也。義亦並通。案徐引墨子、今無此文、蓋在佚篇中。說文人部云、徇疾也。徇即侚之譌。莊子知北游篇云、思慮恂達。又借恂爲之。純一案通、達也。欲使隨而學。使隨疑當作隨使。言欲隨從墨子、聽其指使而學。子墨子曰、姑學乎、吾將仕子。尹云、言游之而使仕。勸於善言而學。尹云、勸勉也。其年、孫云、意林引作朞年。畢云、同期年。而責仕於子墨子。意林、作就墨子責仕。子墨子畢云、舊脫二字、以意增。曰、不仕子。子亦聞夫魯語乎。孫云。吳鈔本無夫字。語、意林引作人。魯有昆弟五人者、亓父死、畢云、亓、舊作亦、下同。一本俱作其。孫云、意林正作其。下並同。亓長子嗜酒而不葬。亓四弟曰、子與我葬、畢云、與舊作無、一本如此。當爲子沽酒。勸於善言而葬。已葬、而責酒於其四弟。孫云、吳鈔本無其字。四弟曰、吾末予子酒矣。孫云、末道藏本吳鈔本並作末。子葬子父、我葬吾父、豈獨吾父哉。子不葬、則人將笑子、故勸子葬也。今子爲義、我亦爲義、豈獨我義也哉。子不學、則人將笑子、故勸子於學。

有游於子墨子之門者。子墨子曰、盍學乎。對曰、吾族人無學者。子墨子曰、不然。夫好美者、孫本夫譌未。豈曰吾族人莫之好、故不好哉。夫欲富貴者、豈曰吾族人莫之欲、畢云、已上八字舊脫、據一本增。故不欲哉。畢云、太平御覽引云、墨子謂門人曰、汝何不學。對曰、吾族無學者。墨子曰、不然。豈有好美者、而曰吾族無此、不欲邪。富貴者而曰吾族無此、不用也。與此微異。好美欲富貴者、不視人、猶強爲之。夫義、天下之大器也、何以視人、尹云、言不可視人而不爲。必強爲之。墨子以天下無貴於義者、故以勉詞作結。畢云、以上十六字、舊脫在則盜何遽無從下、今據一本移正。

有游於子墨子之門者、謂子墨子曰、先生以鬼神爲明知、孫云、生舊本譌王、今據道藏本吳鈔本正。又舊本神爲二字到轉、王校乙正、吳鈔本不到。能爲禍人哉福、畢云、人哉已上二十七字、舊在今翟會無稱於孔子乎下、今据一本在此。一本又無知能爲禍人哉六字。孫云、吳鈔本亦無知能以下六字。又畢本脫福字、各本並有、今增。王云、此當以能爲禍福連讀、不當有人哉二字。下文曰、先生以鬼神爲明、能爲禍福、爲善者賞之、爲不善者罰之。是其證。今本禍福之間衍人哉二字、則義不可通。案王說固是、但疑當作能爲人禍福哉。人哉二字、恐非衍文。未敢肊定、姑仍舊本。純一案曹本從王校刪人哉二字、尹本同。爲善者福之。福舊作富、義同。今改。與上下文一律。爲暴者禍之。舊脫爲字、王補。今吾事先生久矣、而福不至。意者先生之言有不善乎。王引之云、意者疑詞。廣雅曰、意、疑也。鬼神不明乎、我何故不得福也。也讀爲邪。子墨子曰、雖子不得福、吾言何遽不善、而鬼神何遽不明。王云、遽、亦何也。連言何遽者、古人自有複語耳。漢書陸賈傳、使我居中國、何遽不若漢。子亦聞乎匿刑徒之有刑乎。舊作匿徒之刑之有刑乎、孫云、此疑當作匿刑徒之有刑乎、衍一之字。刑徒又誤到耳。蓋卽左傳昭七年、所謂僕區之法。孔疏引服虔云、爲隱匿亡人之法也。純一案孫說是也、今據刪正。聞下乎字疑衍。對曰、未之得聞也。畢云、之得二字舊倒、以意移。曹本無之字。子墨子曰、今有人於此、什子、孫云、言其賢過子十倍、下云百子同。子能什譽之、而一自譽乎。尹云、什譽則無一匿。對曰、不能。有人於此百子、子能終身譽亓善、而子無一自譽乎。此自譽二字舊脫、語意不完、今校補。對曰、不能。子墨子曰、匿一人者猶有罪。今子所匿者若此亓多、將有厚罪者也。尹云、厚猶大也。何福之求。曹云、此以匿人之罪、况匿人之善也。

子墨子有疾、跌鼻進而問曰、太平御覽七百三十八引作墨子病、洗鼻問曰。孫云、問下吳鈔本有焉字。先生以鬼神爲明、能爲禍福、爲善者賞之。舊本脫爲字、王校補。爲不善者罰之。今先生聖人也、何故有疾。御覽作何故病。意者先生有不善乎。欒云、先生下衍之言二字。蓋由校者誤據上章先生之言有不善乎鬼神不明乎句而妄增者也。純一今據刪。鬼神不明知乎。子墨子曰、雖使我有病、王本作疾、尹本從之。鬼神何遽不明。鬼神二字、從孫校增。人之所得於病者多方。有得之寒暑、有得之勞苦。二有字義與或同。說詳晏子春秋校注卷七廿二章。是猶百門而閉一門焉、是猶二字舊本脫、據魯問篇補。則盜何遽無從入。王云、舊本脫閉字入字、今據魯問篇、及太平御覽疾病部一引補。孫云、淮南子人閒訓云、室有百戶閉其一、盜何遽無從入。卽本此文。尹云、以盜喻疾。

二三子有復於子墨子學射者。（二三子、太平御覽七百四十五引作或。）子墨子曰、不可。夫知者必量亓力所能至、（孫云、吳鈔本作夫智者亦必量力所能至。純一案御覽作夫學者必量其力。）而從事焉。國士戰、且扶人、猶不可及也。（畢云、猶兼。）今子、非國士也、豈能成學、又成射哉。（言學貴專精。）

二三子復於子墨子曰、（復、白也。）告子曰言義而行甚惡、（曹云、此告子毀墨子之言。王樹枏云、日字脫簡、當在有人於此下。顧云、日當爲曰。蘇云、告子日之日當作曰、或爲口字之訛。下墨子言告子口言而身不行、是其證也。然此告子自與墨子同時、後與孟子問答者、當另爲一人。孫云、曰字不誤。此文當作告子曰、墨子言義而行甚惡。蓋告子嘗以此言毀墨子、而二三子爲墨子述之。故下文墨子云、稱我言以毀我行。又云、告子毀猶愈亡也。今本告子曰下挩墨子二字、遂若二三子庴告子行惡、與下云毀皆不相應矣。顧蘇說並未憭。又案孟子告子篇趙注云、告、姓也。子、男子之通稱也。名不害。兼治儒墨之道者。嘗學於孟子。趙氏疑亦隱據此書、以此告子與彼爲一人。王應麟、洪頤煊說、並同。然以年代校之、當以蘇說爲是。純一案蘇以後與孟子問答者、當另爲一人。孫從之。謬。孟子趙注以爲一人者是。觀墨子不許告子之爲仁。及經說下其爲仁內也、義外也、舉愛與所利也、是狂舉也。正與告子與孟子之辯論同。况告子言性無善惡、又與大取篇爲暴人語天之爲是也而性大旨合。顯見告子言性、師承墨子。而仁內義外、則告子之偏執。是學於墨子之告子、即與孟子辯論之告子、趙注可據。惟趙謂其嘗學於孟子、則非。蓋孟子少時、墨子或猶未卒。告子幼受學於墨子。晚年與孟子言性。斷非學於孟子也。）請棄之。（猶孔門鳴鼓而攻之。）子墨子曰、不可。稱我言以毀我行、愈於亡。（孫云、亡、無字同。純一案愈於不稱我言者。曹云、愈於言行並毀者。）有人於此、謂翟甚不仁。（曹本翟上增謂字、注云、此毀其行也。今從之。王本翟上增曰字、尹本同。）尊天事鬼愛人、（曹云、此稱其言也。）甚不仁、猶愈於亡也。（謂言我甚不仁、愈於絕不稱我者。）今告子言談甚辯、言仁義而不吾毀。（曹云、不毀我之言。）告子毀、（畢云、二字舊倒、今移。純一案言毀我行。）猶愈於亡也。（於字舊脫、據上文補。曹云、此亦忘己濟物之一端也。）

二三子復於子墨子曰、告子勝爲仁。（曹云、勝、堪任也。勝爲仁、言堪爲仁也。畢云、文選注引無爲字。蘇云、勝爲仁者、言仁能勝其任也。或以勝爲告子名、未知然否。孫云、文選陳孔璋爲曹洪與魏文帝書云、有子勝斐然之志。李注引此文釋之、則崇賢似以勝爲告子之名。蘇引或說本於彼。閻若璩四書釋地、又續引或說、謂告子名不害、字子勝。並無墻譅、疑不足據。子墨子曰、未必然也。告子爲仁、譬猶跂以爲長、畢云、跂、舊作跛、据文選注改。此企字假音。爾雅云、其踵企。陸德明音義云、去跂反。本或作跂。說文云、企、舉踵也。跂、足多指。一字異。隱以爲廣、畢云、隱、文選注引作偃。隱偃音相近、亦通。言企足以爲長。仰身以爲廣。偃、猶仰。不可久也。曹云、言雖暫能、而不可久。

告子謂子墨子曰、我能治國爲政。能字、從孫校據下文墨子難之曰惡能治國政增。子墨子曰、政者、口言之、身必行之。今子口言之、而身不行、是子之身亂也。子不能治子之身、惡能治國政。言行相違、子身自亂、安能治國。子姑亡、曹云、且不必言治國也。子姑防子之身亂之矣。吳鈔本無身字。舊本無子姑防三字、畢云、一本作子姑防子之身亂之矣是。純一今從之。

曹云、此篇亦非儒之意。公孟子、程子、皆當時儒者。告子、亦儒者也。孟子書多載告子之說、不知此篇之告子、即其人歟、抑別有其人歟。孜墨子生孔子之後、其與孟子時不相接。若此告子、即孟子之告子。則必墨子之年壽甚長、告子及見之。告子之年壽甚長、孟子及見之。　又按孟子云、楊朱墨翟之言盈天下。既曰盈天下、則當日人人著信可知。儒者之術、咸病其迂遠而鮮任用之者。自今觀之、儒之與墨、誠有所不及也。墨子強於行、其辯亦至矣。秦漢以後人、終右儒而左墨者。儒長於文、凡書以文傳也。墨之行極難、人人欲便其私而畏其難也。此儒書之所以益多、而墨家所以微也。

墨子集解卷十三

漢陽張純一仲如

魯問第四十九

魯君蘇云、此魯君自是魯國君、故以齊攻爲患。孫云、以時代考之、此魯君疑卽穆公。純一案穆公與子思晚年並縣子同時。孟子公孫丑篇曰、昔者魯繆公無人乎子思之側、則不能安子思。檀弓上、繆公召縣子而問焉。墨子之年、當長子思二十歲。縣子爲墨子弟子。孔子卒於魯哀公十六年、時墨子已四十歲上下。哀公在位二十七年、悼公繼之、在位三十七年。元公繼位、二十一年。穆公卽位、墨子年已百餘歲。恐非也。竊疑此魯君、當卽悼公或元公也。謂子墨子曰、吾恐齊之攻我也、可救乎。子墨子曰、可。昔者三代之聖王禹湯文武、百里之諸侯也。說忠行義取天下。三代之暴王桀紂幽厲、讎忠行暴失天下。忠舊作怨、俞云、怨乃忠字之誤。言與忠臣爲讎也。上文說禹湯文武曰說忠行義取天下、與此相對、可證。今據正。吾願主君之上者尊天事鬼、下者愛利百姓、厚爲皮幣、卑辭令、亟徧禮四鄰諸侯。孫云、亟、舊本誤作函、今以意校正。爾雅釋詁云亟、疾也速也。本篇亟字多誤爲函。曹本同。敺國而以事齊。歐陽云、敺卽孟子爲淵敺魚、爲叢敺爵、爲湯武敺民之敺。通驅。言驅其國人而以事齊也。患可救也。非此、顧無可爲者。非此顧舊作非願二字、王云、願當爲顧、字之誤也。顧願草書相似、顧與固通。顧上當有此字、言非此、固無可爲者也。此字卽指上數事而言。今本顧譌作願、又脫此字、則義不可通。孫據以補正。

齊將伐魯、子墨子謂項子牛曰、孫云、項子牛、蓋田和將。伐魯事、詳後。伐魯、齊之大過也。昔者吳王東伐越、棲諸會稽。孫云、吳伐越事、詳非攻中篇。國語越語云、越王句踐棲於會稽之上。韋注云、山處曰棲。西伐楚、葆昭王於隨。孫云、葆、保通。左傳定四年、吳入郢。楚鬭辛與其弟巢以王奔隨。北伐齊、取國子以歸於吳。舊本國下衍太字。王云、國太子本作國子、謂齊將國書也。吳敗齊於艾陵、獲國子。事見左傳哀十一年。後人誤以國爲國家之國、因加太字耳。孫據刪。諸侯報其讎、百姓苦其勞、而弗爲用。是以國爲虛戾。孫云、虛戾、義詳公孟篇。身爲刑戮也。昔者智伯伐范氏與中行氏、兼三晉之地。孫云、詳非攻中篇、此三晉、謂晉卿三家、卽智氏范氏中行氏也。故非攻篇云、並三家以爲一家。與韓趙魏不同。諸侯報其讐。百姓苦其勞而弗爲用。是以國爲虛戾身爲刑戮也。也上舊衍用是二字、從王校刪。曹本同。故大國之攻小國也、是交相賊也、禍必反於國。禍舊作過、從曹本改。

子墨子見齊大王曰、畢云、太平御覽無大字、下同。蘇云、大當讀泰、卽太公田和也。蓋齊僭王號之後、亦尊其祖爲太王、如周之古公云。俞云、大公者、始有國之尊稱。故周追王、自亶父始而稱大王。齊有國、自尙父始而稱大公。以及吳之大伯、晉之大叔皆是也。田齊始有國者、和也。故稱大公。猶尙父稱大公也。至其後子孫稱王、則亦應稱大王矣。猶亶父稱大王也。因齊大王之稱、他書罕見、故學者不得其說。太平御覽引此文、遂刪大字矣。孫云、蘇俞說是也。據史記田敬仲世家、及六國年表、田莊子卒於周威王十五年、子大公和立。安王十六年、田和始立爲諸侯。墨子見大王、疑當在田和爲諸侯之後。王闓運云、時六國並王、大國稱大王。純一案御覽、見三百四十六。孫說墨子見大王、當在田和爲諸侯之後、未審。如蘇俞說、大王既屬僭號追稱、未必非田莊子。卽爲田和、未必在爲諸侯之後。蓋田和始命爲諸侯、在魯繆公二十二年、次年卽卒。墨子大年、未必百二十餘歲、亦未必於田和將卒時始見之。耕柱等篇、成於門人之追述、當在六國時耳。今有刀於此、試之人頭、倅然斷之。畢云、卒字異文作倅、讀如倉猝。可謂利乎。大王曰、利。子墨子曰、多試之人頭、倅然斷之、可謂利乎。大王曰、利。子墨子曰、刀則利矣、孰將受其不祥。大王曰、刀受其利、試者受其不祥。畢云、言持刀之人。子墨子曰、並國覆軍、賊敖百姓、畢云、舊作敖、非。太平御覽引作殺。案說文云、𢿱、古文殺出此。今依改正。孫云、畢校是也。說詳尙賢中篇。孰將受其不祥。孫本孰譌執。大王俯仰而思之曰、我受其不祥。

魯陽文君將攻鄭、子墨子聞而止之、謂魯陽文君曰、魯字從畢校增、曹本同。王闓運云、魯陽、邑。文、謚也。此誤以魯爲國。今使魯四境之內、畢云、謂魯陽。大都攻其小都、大家伐其小家、殺其人民、陸本唐本、並作民人。取其牛馬狗豕布帛米粟貨財、則何若。魯陽文君曰、魯四境之內、皆寡人之臣也。今大都攻其小都、大家伐其小家、奪之貨財、則寡人必將厚罰之。子墨子曰、夫天之兼有天下也、亦猶君之有四境之內也。今舉兵將以攻鄭、天誅亓不至乎。孫云、道藏本吳鈔本、亓並誤亦。尹云、誅、討也。魯陽文君曰、先生何止我攻鄭也。我攻鄭、順於天之志。鄭人三世殺其父、蘇云、父當作君。據史記鄭世家云、哀公八年、鄭人弒哀公、而立聲公弟丑、是爲共公。三十年、共公卒。子幽公已立。幽公元年、韓武子伐鄭、殺幽公。鄭人立幽公弟駘、是爲繻公。二十七年、子陽之黨共弒繻公。是三世弒君之事也。孫云、黃式三周季編略、亦同蘇說。黃氏又據此云、三年不全、以魯陽文君攻鄭、在安王八年、即鄭繻公被弒後三年也。然二說並可疑。攷文君即公孫寬、爲楚司馬子期子。據左傳子期死白公之難、在魯哀公十六年、次年寬即嗣父爲司馬。則白公作亂時、寬至少亦必已弱冠。鄭繻公之弒、在魯繆公十四年。上距哀公十六年、已八十四年。文君若在、約計殆逾百歲、豈尚能謀攻鄭乎。竊疑此三世並當作二世、蓋即在韓殺幽公之後。幽公之死、當魯元公八年。時文君約計當七十餘歲、於情事儻有合耳。天加誅焉、使三年不全、孫云、呂氏春秋本生篇高注云、全、猶順也。三年不全、猶玉藻云、年不順成。我將助天誅也。子墨子曰、鄭人三世殺其父、而天加誅焉、使三年不全、天誅足矣。今又舉兵將以攻鄭、曰吾攻鄭也、順於天之志。譬有人於此、其子強梁不材、孫云、老子云、強梁者不得其死。莊子山木釋文云、彊梁、多力也。詩大雅蕩毛傳云、彊梁、禦善也。孔疏云、彊梁、任威使氣之貌。故其父笞之。其鄰家之父、舉木而擊之、曰吾擊之也、順於其父之志、則豈不悖哉。

子墨子謂魯陽文君曰、攻其鄰國、殺其民人、取其牛馬粟米貨財、則書之於竹帛、鏤之於金石、以爲銘於鍾鼎、傳遺後世子孫、曰莫若我多。畢云、我多舊作多吾、一本如此。孫云、顧校季本亦作我多。周禮司勳云、戰功曰多。今賤人也、亦攻其鄰家、殺其人民、取其狗豕食粮衣裘。畢云、粮、糧字俗寫。亦書之竹帛、以爲銘於席豆、以遺後世子孫、曰莫若我多。亣可乎。孫云、亣、道藏本吳鈔本並誤亦。魯陽文君曰、然、吾以子之言觀之、則天下之所謂可者、未必然也。

子墨子謂魯陽文君曰、謂各本作爲、此從吳鈔本。曹本同。世俗之君子、皆知小物而不知大物。今有人於此、竊一犬一彘、則謂之不仁。竊一國一都、則以爲義。譬猶小視白謂之白、大視白則謂之黑。孫云、吳鈔本無則字。是故世俗之君子、知小物而不知大物者、此若言之謂也。此若畢改爲若此、云舊二字倒、一本如此。孫云、顧校季本同。王云、畢改非也。古者謂此爲若、連言之、則曰此若。此若言之謂也、已見尙賢篇及節葬篇。墨子書言此若者多矣、它書亦多有之。

魯陽文君語子墨子曰、孫云、語、吳鈔本作謂。楚之南有啖人之國者、舊衍橋字、從曹本删。王樹枏校同。孫云、節葬下篇作炎人、而以食子爲輆沐國俗。與此不同。竊疑啖人之名、卽起於食子、此篇是也。純一案陸本楚下無之字。楚之南、節葬篇作越之東。其國之長子生、王樹枏云、節葬篇作其長子生。則解而食之、解舊作鮮。畢云、鮮一本作解。孫云、節葬下篇亦作解。顧云、作鮮者誤。純一案陸本唐本並作解、今據正。尹云、鮮同斯、離析也。謂之宜弟。美則以遺其君、君喜則賞其父。孫云、後漢書南蠻傳云、交阯其西有噉人國、生首子、輒解而食之、謂之宜弟。味旨則以遺其君、君喜而賞其父、今烏滸人是也。李注引萬震南州異物志云、烏滸、地名也。在廣州之南、交州之北、則漢時尙相傳有是國也。豈不惡俗哉。子墨子曰、雖中國之俗、亦猶是也。殺其父而賞其子、曹云、謂攻戰死者、則卹賞其孤子。何以異食其子而賞其父者哉。苟不用仁義、何以非夷人食其子也。曹云、此譏好攻伐之君、輕用民以死、又從而賞之。

魯君之嬖人死、魯君爲之誄。孫云、釋名釋典藝云、誄、累也。累列其事而稱之也。魯人因說而用之。子墨子聞之曰、誄者、道死人之志也。尹云、道、言也。今因說而用之、是猶以來首從服也。明其用之不當也。孫云、來首疑卽貍首。蓋貍與來古音相近、故貍首亦謂之來首。服謂服馬。以來首從服、言以貍駕車。明其不勝任也。曹云、來、麥也。來首、麥草之根也。草木以根爲首。以草根爲衣服、言非所宜用也。此事見禮記檀弓篇、縣賁父卜國爲魯君御、因馬驚敗、赴敵而死之。魯君莊公以其死非罪而誄之。士之有誄自此始。可見魯人之說而用之也。墨子以人戰死爲可傷、譏魯人之反以爲說也。亦非攻之意。王闓運本改來首作耒首。注云、耜也。服、轅馬也。喻牛馬異用。尹本從之。

魯陽文君謂子墨子曰、有語我以忠臣者、令之俯則俯、畢云、頫字俗寫。令之仰則仰、處則靜、呼則應、可謂忠臣乎。子墨子曰、令之俯則俯、令之仰則仰、是似景也。畢云、古影字只作景、葛洪加彡、而明刻淮南子有注云、古影字道藏本無、蓋明人妄增耳。今尙書亦有影響字、寫者亂之。處則靜、呼則應、是似響也。孫云、管子心術篇云、若影之象形、響之應聲也。漢書天文志亦云、如景之象形、響之應聲。君將何得於景與響哉。若以翟之所謂忠臣者、上有過則微之以諫、孫云、微者、覹之借字。說文見部云、覹、司也。漢書游俠傳、使人微知賊處。顏注云、微、伺閒之也。此微之以諫、亦言伺君之閒而諫之也。尹云、猶云幾諫。己有善則訪之上、而無敢以告外。孫云、爾雅釋詁云、訪、謀也。謂進其謀於上、而不敢以告人也。尹云、善則歸君。純一案晏子春秋問上廿章云、忠臣不揜君過、諫乎前不華乎外。華與譁同。匡其邪而入其善。尹云、匡、正也。孫云、入其善、謂納之於善也。畢云、匡字舊闕、注云、太祖廟諱上字、蓋宋本如此、今增。尙同而無下比。王云、舊本脫同字、今補。此文具見尙同三篇。孫云、尙與上通。尹云、比謂阿私。是以美善在上、而怨讐在下。舊本脫是字、王據尙賢篇補。安樂在上、尙賢中篇作而所怨謗在下、寧樂在君。而憂慼在臣。此翟之所謂忠臣者也。舊本脫所字、孫據吳鈔本補。

魯君謂子墨子曰、我有二子。一人者好學。一人者好分人財。孰以爲太子而可。子墨子曰、未可知也。或所爲賞與爲是也。畢云、與舊作興、以意改。孫云、畢校是也。而讀爲賞與句則非。此當讀或所爲賞與爲是也八字句。與卽譽之叚字。言好學與分財、或因求賞賜名譽而僞爲是、不必眞好也。純一案孫說是、今從之。所字疑衍、當删。釣者之恭。釣舊作鈞、俗寫、據藝文類聚六十六引改。孫云、淮南子說山訓云、釣者使人恭。非爲魚賜也。畢本無魚字、云賜字、一本作魚賜、藝文類聚作魚。孫云、當作魚賜、今本挩一字耳。道藏本、吳鈔本、並有魚字。今據增。純一案魚字不可少。此文均四字句、類聚作非爲魚也是。王闓運本同。賜字衍、當删。餌鼠以蟲、餌舊作䊳、蓋餌之俗體。畢据藝文類聚改。蟲、類聚作肉。孫云、蟲疑當爲蠱、蠱有毒、餌鼠以蠱、卽謂毒鼠。非愛之也。之、指鼠言、陸本唐本之並誤作人。吾願主君之合其志功而觀焉。志、心願也。功、行事也。曹云、分人以財、亦不必其善。必合觀其志功、而後可定也。

魯人有因子墨子而學其子者、禮記文王世子凡學世子。釋文學、戶孝反、教也。廣雅釋詁、學、教也。白虎通辟雍學之爲言覺也、以覺悟所不知也。其子戰而死、其父讓子墨子。孫云、說文言部云、讓、相責讓。子墨子曰、子欲學子之子、今學成矣。知義貴於身。戰而死、而子慍、是猶欲糶糴、讐則慍也。糶糴二字舊倒、從吳鈔本乙。王云、廣雅糴、買也。糶、賣也。畢云、售字正作讐。純一案墨子了徹生死之故、故薄死。此言受教如糴。戰死致用如糶。糶卽讐。正教成之證。不宜慍怒。慍則與教子之恉相背也。豈不費哉。顧云費與拂同。王云、費讀爲悖。卽上文之豈不悖哉也。緇衣、口費而煩。鄭注曰、費、或爲悖。作悖者正字、作費者借字也。

魯之南鄙人有吳慮者、畢云、太平御覽引作吳憲。純一案御覽八百二十二鄙誤鄭。冬陶夏耕、自比於舜。南對北言、此知墨子居魯北境。吳慮蓋卓然農家也。農者務勤勉以厚民生爲義。此冬陶夏耕、所以勉厚民生也。自比於舜者、不必託之邃古、而世易信從也。其用心與許行託於神農同。是亦救時之賢者。子墨子聞而見之。吳慮謂子墨子曰、曰字從孫校增。義耳義耳、焉用言之哉。吳慮以當時處士橫議、（孟子滕文公下）道路曲辯、輩輩成羣、（商君書農戰）病農巳甚。不可尤而效之。故其言如此。是其力矯時弊之苦心也。子墨子曰、子之所謂義者、畢云所謂二字舊倒、以意改。孫云、吳鈔本顧校季本、疋作所謂。亦有力以勞人、有財以分人乎。此農家均勞逸、均貧富二大綱。孫云、勞謂爲
人任其勞也。羣書治要引尸子貴言篇云、益天下以財爲仁。勞天下以力爲義。吳慮曰、有。子墨子曰、翟嘗計之矣。翟慮耕而
食天下之人矣。舊本而食二字、在天下之下、王據下文乙正。盛。然後當一農之耕。孫云、此云極盛、不過當一農之耕也。下同。分
諸天下、不能人得一升粟。籍而以爲得一升粟、籍舊作籍、畢云、藉字假音。綿一今從吳鈔本正。曹本王本並同。尹
云、藉、借也。假也。其不能飽天下之飢者、既可睹矣。尹云、既概也。翟慮織而衣天下之人
矣。盛。然後當一婦人之織。分諸天下、不能人得尺布。籍而以爲得尺布、舊脫以字
孫據上文增。其不能煖天下之寒者、既可睹矣。翟慮被堅執銳救諸侯之患矣。矣字從孫
校依上文增。盛。然後當一夫之戰。一夫之戰、其不能御三軍、能字據上文增、尹本同。釋云、御、禦也。既可
睹矣。孫云、睹、吳鈔本作覩。說文目部云、睹、見也。古文作覩。翟以爲不若誦先王之道而求其說、通聖人
之言而察其辭。上說王公大人。次說匹夫徒步之士。次下說字、從畢校補。王公大人用
吾言、國必治。匹夫徒步之士用吾言、行必修。舊作脩、此從吳鈔本。故翟以爲雖不耕而
食飢、不織而衣寒、功賢於耕而食之尹云、賢、勝也。織而衣之者也。故翟以爲雖
不耕織乎、而功賢於耕織也。此知吳慮之農、陝義之農也。墨子則以有道肆相教誨、欲進吳慮爲廣義之農。所謂廣義之農者、如尸子曰、神農夫負婦戴、
以治天下。堯曰、朕之比神農、猶且與昏也。是堯雖未躬耕、而心儀神農爲天下臞瘦者、猶之農也。荀子大略篇曰、禹見耕者耦立而式。是禹之自苦爲極、不必農之迹而得農之神也。此知墨子獨自苦
而爲義。且因天下不爲義而益急者。實上接堯禹之心傳、將令天下一心（亢倉子農道篇）也。論語子路篇、樊遲請學稼圃。孔子小之。義與此同。吳慮謂子墨子曰、
義耳義耳、焉用言之哉。子墨子曰、藉設而天下不知耕。教人耕、與不教人

耕而獨耕者、畢云、舊脫不字、一本有。其功孰多。吳慮曰、教人耕者其功多。子墨子曰、藉設而攻不義之國、鼓而使衆進戰、與不鼓而使衆進戰而獨進戰者、其功孰多。吳慮曰、鼓而進衆者其功多。子墨子曰、天下匹夫徒步之士少知義、而教天下以義者功亦多、何故弗言也。善破吳慮之執。若得鼓而進於義、則吾義豈不益進哉。義之量擴大矣。

子墨子游公尙過於越。公尙過說越王、越王當即句踐。說者、以言語喻人使從己也。越王大說、畢云、舊作悅、下同。此俗寫字、今改正。謂公尙過曰、先生苟能使子墨子至於越而教寡人、至字從孫校據下文增。請裂故吳之地方五百里、孫云、吳鈔本無方字。畢云、時吳已亡入越、故曰故吳。以封子墨子。公尙過許諾。遂爲公尙過束車五十乘、孫云、說文束部云、束、縛也。以迎子墨子於魯、曰、吾以夫子之道說越王、越王大說、謂過曰、苟能使子墨子至於越而教寡人、孫云、吳鈔本無於字。請裂故吳之地方五百里以封子。尹云、過稱其師、因尊云子。子墨子謂公尙過曰、子觀越王之志何若。孫云、志、吳鈔本作意。意越王將聽吾言、用我道、則翟將往、量腹而食、度身而衣、自比於羣臣、曹云、言己之自奉、將比於羣臣之不能者、言至薄也。亦奚以封爲。尹云、淮南俶眞、夫聖人量腹而食、度形而衣、節於己而已。貪汙之心、奚由生哉。奚能以封爲哉。奚舊作不、畢云、一本作奚是。孫據正。抑越王不聽吾言、王字從孫校增。不用吾道、知范蠡去、文種死、必不能用其道。而我往焉、則是我以義糶也。孫云、爾雅釋詁云、糶、賣也。曹云、糶、市也。猶云衒玉求售。鈞之糶、尹云、鈞、同均。之、是也。亦於中國耳、何必於越哉。曹云、論語記柳下惠曰、枉道而事人、何必去父母之邦。亦此意也。畢云、呂氏春秋高義云、子墨子游公上過於越、公上過語墨子之義。越王說之、謂公上過曰、子之師苟肎至越、請以故吳之地、陰江之浦、書社三百、以封夫子。公上過往、復於子墨子。子墨子曰、子之觀越王也、能聽吾言、用吾道乎。公上過曰、殆未能也。子墨子曰、不唯越王不知翟之意、雖子亦不知翟之意。若越王聽吾言、用吾道。翟度身而衣、量腹而食、比於賓萌、未敢求仕。越王不聽吾言、不用吾道、雖全越以與我、吾無所用之。越王不聽吾言、不用吾道、而受其國、是以義糶也。義糶何必越、雖於中國亦可。即用此文。

子墨子游魏越。孫云、墨子弟子。曰、既得見四方之君子、則將先語。蘇云、即子將奚先之意。王闓運云、問語所宜先也。子墨子曰、凡入國必擇務而從事焉。國家昏亂、則語之尚賢尚同。國家貧、則語之節用節葬。國家憙音湛湎、畢云、說文云、憙、說也。孫云、吳鈔本湛作沈、字通。說文水部云、湎、沈於酒也。史記宋世家云、紂沈湎於酒。初學記二十六引韓詩云、齊顏色均衆寡謂之沈、閉門不出者謂之湎。則語之非樂非命。國家淫僻無禮、孫云、僻、吳鈔本作辟。則語之尊天事鬼。國家務奪侵凌、則語之兼愛非攻。則舊作即、此從吳鈔本、與上文一律。故曰擇務而從事焉。舊本脫攻故二字、王據上文及非攻篇補。曹云、此見墨子之言、皆救世之良法也。尹云、所謂對病而下藥者。

子墨子出曹公子於宋。舊本出上衍曰字、於上衍而字。並從王校刪。曹云、出、猶言游也。孫云、曹公子亦墨子弟子。俞云、出字義不可通、當爲士字之誤。士與仕通。純一案俞說稍泥、孟子告子下出則無敵國外患者、趙注、出、謂國外也。墨子魯人、曹公子亦魯人、墨子仕之於宋、故云出。下文三年而反、出與反文正相對。況出對處言、尤合。三年而反、同返。睹子墨子曰、孫云、吳鈔本睹作覩。始吾游於子之門、短褐之衣、畢云、短从豆聲、讀如裋。孫云、詳非樂上篇。藜藿之羹、舊本脫藜字之字、王以意補。朝得之則夕弗得、弗得祭祀鬼神。弗得二字舊不重。孫云、祭祀不以藜藿、又不當在夕、此當重弗得二字。言雖藜藿之羹、尚不能朝夕常給。故不得祭祀鬼神也。純一案孫說是、今據補。而以夫子之故、故舊作政。俞云、政乃故字之誤。蓋子墨子仕曹公子於宋、則宋必致祿。故曰以夫子之故、家厚於始也。耕柱篇曰、衞君以夫子之故、致祿甚厚。純一案俞說是、今據正。而猶乃也。家厚於始也。尹云、言家富於昔時。有謹祭祀鬼神。舊作有家厚、孫云、有讀爲又。純一案家厚二字、涉上誤重。今刪。然而人徒多死、六畜不蕃、身湛於病。尹云、湛、沈也。吾未知夫子之道之可用也。子墨子曰、不然。夫鬼神之所欲於人者多。欲人之處高爵祿則以讓賢也。晏子春秋問上廿章云、睹賢不居其上。義同。多財則以分貧也。晏子春秋諫下十九章云、藏財而不用。兇也。夫鬼神豈唯擢黍拑肺之爲欲哉。黍舊譌季、從王引之校改。曹本王本尹本並同。蘇云、意言鬼神非徒貪嗜飲食者也。案書君陳篇曰、黍稷非馨、明德惟馨。大旨同。今子處高爵祿而不以讓賢、一不祥也。多財而不以分貧、二不祥也。不祥本於自私。此知墨子妙悟玄猷。欲人心境澄清。冥通大化。與鬼神合其吉凶。今子事鬼神、唯祭而已矣。論語先進篇季路問事鬼神、子曰未能事人、焉能事鬼。程子曰、盡事人之道、則盡事鬼之道。而曰病何自至哉。官以物亂、精耗神散。日與爲接者、何非致病之門。是猶百門而閉一門焉、曰盜何從入。陰符經曰、萬物人之盜、孰知盡閉其門而防之。淮南子人閒訓、室有百戶閉其一、盜遽無從入。本此。若是而求百福於有怪之鬼神、豈可哉。百字神字、從孫校增。有怪、疑即詩抑之篇不可度思義。天志中篇云、又以先王之書、馴天明不解之道也知之。不解、亦即此有怪之意。曹公子不知敬鬼神之正義、不惟祭祀之迹、在乎讓賢博施以濟世。故墨子教之如此。從知墨子之敬鬼神、蓋即色遊玄。通乎物之所造也。學者多譏祭祀爲迷信。陋已。

魯祝以一豚祭、祝、專主祭者。尹云、豚、小豕也。而求百福於鬼神。子墨子聞之曰、是不可。今施人薄而望人厚、則人唯恐其有賜於己也。今以一豚祭、而求百福於鬼神、唯恐其以牛羊祀也。以所求者過奢故。鬼神二字、從孫校增。古者聖王事鬼神、孫云、吳鈔本無者字。祭而已矣。孫云、謂無所求也。禮器云、祭祀不祈。鄭注云、祭祀不爲求福也。純一案祭統云、是故賢者之祭也、不求其爲。爲、去聲。亦祭祀不祈之義。夫祭固不爲求福也。所以虛中、專致其精明之德以交於神明也。福不可求而自至者也。設因求福而祭、則其心已貪汙、是自求禍也。鬼神恒依人心之貞一與否現吉凶也。故最上上祭、莫若自苦爲極。兼愛天下。則德合无疆。福利无疆矣。今以豚祭而求百福、則其富不如其貧也。言心爲物役、未有已時。未若貧而無累心安也。

彭輕生子孫云、疑亦墨子弟子。曰、往者可知、來者不可知。子墨子曰、藉設而親在百里之外、藉舊作籍、從曹本改。王本同。而俟也。尹云、藉設、假設也。則遇難焉、則、王闓運注卽。期以一日也、及之則生、不及則死。今有固車良馬於此、尹云、韓非難勢、夫曰良馬固車、臧獲御之、則爲人笑。王良御之、則日取乎千里。又有奴馬四隅之輪於此、畢云、駑、古字只作奴。一本作駑、說文無駑字。尹云、四隅之輪謂不圓。使子擇焉、子將何乘。對曰、乘良馬固車、可以速至。尹云、言速至則來者可知。子墨子曰、焉在不知來。不知舊作矣、盧云、似謂焉在不知來、文誤。蘇云、知與矣相近而誤。而知上更脫不字也。純一案盧蘇二校是、今並據以補正。曹本同。注云、墨子之知來者、信之於理也。易曰、自天祐之、吉無不利。子曰、天之所助者、順也。祭則受福、蓋得其道矣。如墨子之兼愛而儉勤、其受福於天、可以操券而得者。實人生救死之固車良馬也。先天而天弗違。後天而奉天時、有其自信者也。

孟山孫云、疑亦墨子弟子。譽王子閭曰、昔白公之禍、詳非儒篇。執王子閭、孫云、左哀十六年傳、白公欲以子閭爲王。子閭不可、遂劫以兵。杜注云、子閭、平王子啓。斧鉞鉤要、畢云、此正字。餘文作腰者、後改亂之耳。直兵當心、孫云、直兵、劍矛之屬。晏子春秋雜上說崔杼盟晏子云、戟拘其頸、劍承其心。晏子曰、曲刃鉤之、直兵推之、嬰不革矣。呂氏春秋知分篇云、直兵造胷、曲兵鉤頸、高注云、直、矛也。謂之曰、爲王則生、不爲王則死。王子閭曰、何其侮我也。也讀若邪。殺我親而喜我以楚國。我得天下而不義不爲也、又況於楚國乎。遂死而不爲。舊無死字、孫云、左傳云、子閭不可、遂殺之。新序義勇篇同。是子閭實死。遂下疑當有死字。今據補。王子閭豈不仁哉。子墨子曰、難則難矣、然而未仁也。若以王爲無道、則何故不受而治也。此知墨子言治、以民爲貴。尙同中篇曰、故古者之置正長也、將以治民也。卽此原理。若以白公爲不義、何故不受王、誅白公然而反王。畢云、言何不借王之權以殺白公、然後反位於王。俞云、畢讀誅白公爲句、則然而反王、文不成義矣。禮記檀弓篇、穆公召縣子而問然、鄭注曰、然之言焉也。誅白公然而反王、猶云誅白公焉而反王、七字爲一句。純一案此敎孟山當權利害之輕重、以利民與國。故曰難則難矣、然而未仁也。

子墨子使勝綽事項子牛。孫云、勝綽墨子弟子。項子牛三侵魯地、孫云、項子牛、齊人。見前。三侵魯、不知在何年。以史記六國年表、及田齊世家考之。魯元公十九年、齊伐魯葛及安陵。二十年、取魯一城。穆公二年、齊伐魯取郕。十六年、伐魯取最。或即三侵之事與。純一案孫說不盡可從。據六國年表、自魯元公十七年至二十一年、五年之閒、田齊三伐魯、已足三侵之數。亦合墨子生存之年。若加入穆公十六年田和伐魯取最事、則爲四侵矣。以墨子之高義、能容勝綽背義而諂項子牛、歷時十九年、始請退乎。况本書明曰三侵、未言四侵也。以墨子生年考之、恐至穆公十六年、墓木已拱。又據閒詁墨子年表、於穆公十四年下、記鄭人三世殺君事、已知與文君年不合。墨子與文君同時、可見此十六年伐魯取最之說、亦不合也。而勝綽三從。子墨子聞之、使高孫子請而退之。孫云、高孫子、亦墨子弟子。曰、我使綽也、將以濟驕而正嬖也。畢云、濟、止也。嬖、同僻。今綽也祿厚而譎夫子。夫子三侵魯、而綽三從、是鼓鞭於馬靳也。畢云、說文云、靳、當膺也。言馬欲行而鞭其前、所以自困。猶使人仕而反來侵我也。翟聞之、言義而弗行、是犯明也。曹云、謂明知而故犯。綽非弗之知也、祿勝義也。

昔者楚人與越人舟戰於江。孫云、猪宮舊事越人作吳越。下同。楚人順流而進、迎流而退。見利而進、見不利則其退難。越人迎流而進、順流而退。見利而進、舊脫而字、王補。見不利則其退速。越人因此若埶、亟敗楚人。舊本埶亟作執函。王云、執字函字、皆義不可通。執當爲埶、埶即今勢字。此若埶者、此埶也。若、亦此也。古人自有複語耳。墨子書多謂此爲此若、說見上文。函當爲亟。讀亟稱於水之亟。亟、數也。言越人因此水勢、遂數敗楚人也。孫云、王說是也、猪宮舊事、亦作勢亟。今據正。公輸子孫云、文選西都賦薛綜注云、魯般一云公輸子、魯哀公時巧人。孟子離婁篇云、公輸子之巧。趙注云、公輸子名班、魯之巧人也。或以爲魯昭公之子。檀弓云、季康子之母死、公輸若方小、斂、般請以機封。鄭注云、若之族、多技巧者。後公輸篇作公輸盤。自魯南游楚。畢云、太平御覽引作公輸般自魯之楚。純一案御覽見三百三十四。孫云、猪宮舊事云、及惠王時。焉始爲舟戰之器。畢云、器、御覽引作具。王云、焉、猶於是也。言於是始爲舟戰之器也。月令曰、天子焉始乘舟。晉語曰、焉始爲令。大荒西經曰、開焉始得歌九招。此皆古人以焉始二字連文之證。作爲鉤拒之備。拒舊作強、從孫校據御覽改。下並同。退者鉤之、進者拒之。畢云、御覽引作謂之鉤拒、退則鉤之、進則拒之也。孫云、退者以物鉤之則不得退。進者以物拒之則不得進。此作鉤強無義、凡強字並當從御覽作拒。事物紀原引亦同。備穴篇有鐵鉤鉅。備高臨篇說弩亦有鉤距。鉅距拒義並同。故下文亦云、子拒而距人、人亦拒而距子。量其鉤拒之長、而制為之兵。孫云、儲宮舊事作量短長而制為兵。楚之兵節、越之兵不節、楚人因此若埶亟敗越人。孫云、舊本埶亦誤執、亟亦誤亟、今依王校正。史記楚世家惠王時無與越戰事、蓋史失之。公輸子善其巧、以語子墨子曰、我舟戰有鉤拒、不知子之義、亦有鉤拒乎。子墨子曰、我義之鉤拒、賢於子舟戰之鉤拒。我鉤拒、我鉤之以愛。下句我字、涉上句衍。拒之以恭。拒舊作揣從孫校據上文改。下同。弗鉤以愛則不親、弗拒以恭則速狎。舊脫一狎字、畢以意增。孫云顧校季本亦重狎字。狎而不親則速離。故交相愛、交相恭、猶若相利也。孟子離婁篇曰、愛人者人恆愛之、敬人者人恆敬之、義同。今子鉤而止人、人亦鉤而止子、子拒而距人、人亦拒而距子。交相鉤、交相拒、猶若相害也。故我義之鉤拒、賢於子舟戰之鉤拒。於字據上文增。公輸子削竹木以為䧿。孫云、說文烏部舃、篆文作䧿。畢云、太平御覽引作鵲。純一案御覽見七百五十二。䧿成而飛之、舊本少一䧿字。王云、文不足義。初學記果木部第十八、白帖九十五、並多一䧿字。純一今據補。三日不下。孫云、儲宮舊事云、嘗為木鳶、乘之以窺宋城。與此異。列子湯問篇云、墨翟之飛鳶。張注云、墨子作木鳶、飛、三日不集。淮南子齊俗訓云、魯般墨子、以木為鳶而飛之、三日不集。此皆以䧿為鳶、又謂二人同為之。蓋傳聞之異。論衡儒增篇亂龍篇說並同。韓非子亦云木鳶、詳後。公輸子自以為至巧。子墨子謂公輸子曰、子之為䧿也、不如翟之為車轄。畢云、太平御覽引翟作匠、句末有也字。須臾劉三寸之木、劉舊譌劉。王云、劉當為劉。廣雅曰、劉、斫也。今據正。孫云、說文車部云、轄、鍵也。舛部云、舝、車軸耑、鍵也、案轄舝字通。古車轄多以金為之。據此、則亦有用木者。淮南子繆稱訓云、故終年為車、無三寸之轄、不可以驅馳。又人閒訓云、車之所以能轉千里者、以其要在三寸之轄。文選七啟注、引尸子云、文軒六駃題、無四寸之鍵、則車不行。諸書說鍵轄之度略同。抱朴子應嘲篇云、墨子刻木雞以戾天、不如三寸之車轄。此又以䧿為雞、與他書異。而任五十石之重。孫云、說文禾部云、䄷、百二十斤也。經典通借石爲之。五十石、六百斤也。故所爲巧、巧、孫本作功誤。爲、王本尹本並作謂。利於人謂之巧。不利於人謂之拙。畢云、韓非子外儲說左上云、墨子爲木鳶三年而成、蜚一日而敗。弟子曰、先生之巧、至能使木鳶飛。墨子曰、不如爲車輗之巧也。用咫尺之木、不費一朝之事、而引三十石之任。致遠力多。久於歲數。今我爲鳶三年成。蜚一日而敗。惠子聞之曰、墨子大巧。巧爲輗。拙爲鳶。與此異也。

公輸子謂子墨子曰、吾未得見之時、我欲得宋。自我得見之後、予我宋而不義。我不爲。子墨子曰、翟之未得見之時也、子欲得宋。自翟得見子之後、予子宋而不義、子弗爲。是我予子宋也。畢云、予、一本作與。子務爲義。翟又將予子天下。孫云、舊本予作與。今據吳鈔本正。與上文同。曹云、論語曰、一日克己復禮、天下歸仁焉。是不啻與之以天下也。曹云、此篇亦貴義之意、而非攻之說居多。其中亦有墨子自敘之文。古人箸書、其自敘之文、多置諸卷末焉。

公輸第五十

孫云、淮南子道應訓云、墨子爲守攻。公輸般服。而不肎以兵知。卽本此篇。

公輸盤畢云、史記孟子荀卿傳集解、後漢書張衡傳注、文選陳孔璋爲曹洪與魏文帝書注、皆引作般。廣韻引作班。孫云、世說文學篇劉注、文選長笛賦七命郭景純游仙詩司馬紹統贈山濤詩李注、並引作般。戰國策宋策、呂氏春秋愛類篇、葛洪神仙傳同。呂覽高注云、公輸、魯般之號。在楚爲楚王設攻宋之具也。綰一案太平御覽三百二十二又三百三十六引本書、又三百二十引呂氏春秋、三百二十七引尸子。並作般。爲楚造雲梯之械成、畢云、張湛列子注云、雲梯可以淩虛。孫云、淮南子兵略訓許愼注云、雲梯、可依雲而立。所以瞰敵之城中。又脩務訓高注云、雲梯攻城具、高長上與雲齊、故曰雲梯。械、器也。史記索隱云、梯者、構木瞰高也。雲者、言其昇高入雲、故曰雲梯。謂攻城之樓櫓也。將以攻宋。畢云、文選注引作必取宋。太平御覽云、尸子云、般爲蒙天之階、階成將以攻宋。子墨子聞之、自魯往。舊作起於齊。從畢校、據呂氏春秋愛類篇及文選廣絕交論注改。裂裳裹足、日夜不休、此八字舊僅作一行字、今從王校據呂氏春秋愛類篇及世說新語文學篇注補訂。十日十夜而至於郢。孫云、高誘云、郢、楚都也。見公輸盤。公輸盤曰、夫子何命焉爲。子墨子曰、北方有侮臣者、者字從俞校增。願藉子殺之。公輸盤不說。孫云、吳鈔本作悅。子墨子曰、請獻千金。千舊作十、畢云、一本作千金是。孫云、渚宮舊事亦作獻千金於般。純一今據改。公輸盤曰、吾義固不殺人。孫云、宋本國策作殺王。吳師道校注、引別本作压、卽武后所制人字。則與此同。子墨子起、再拜曰、請說之。吾從北方聞子爲梯、畢云、太平御覽引作階。將以攻宋。宋何罪之有。荆國有餘於地、而不足於民。殺所不足而爭所有餘、不可謂智。宋無罪而攻之、不可謂仁。知而不爭、不可謂忠。爭而不得、不可謂強。義不殺少而殺衆、不可謂知類。公輸盤服。子墨子曰、然胡不已乎。胡舊作乎。畢云太平御覽引作胡不已也。王樹枏云、上乎卽胡音之譌、宜從御覽所引改。孫校同。今據正。曹云言旣以爲然、則其事何不遂止也。公輸盤曰、不可。吾旣已言之王矣。子墨子曰、胡不見我於王。公輸盤曰、諾。子墨子見王。孫云、呂氏春秋貴因篇云、墨子見荆王、錦衣吹笙、疑卽此時事。蓋以救宋之急、權爲之也。曰、今有人於此、舍其文軒、孫云、宋策高誘注云、文軒、文錯之軒也。鄰有敝轝、孫云、宋策、神仙傳、並作敝輿。而欲竊之。舍其錦繡、畢云、以上十一字舊脫、据太平御覽增、一本亦有。轝卽輿異文耳。顧云、戰國策有。鄰有短褐、而欲竊之。孫云、短、裋之借字、詳魯問篇。舍其粱肉、鄰有糠糟、而欲竊之。此爲何若人。高云、言名此爲何等人也。王曰、必爲有竊疾矣。王云、尸子止楚師篇及宋策並作必爲有竊疾矣。此脫有字、則文義不明。耕柱篇亦曰有竊疾也。純一今據補。

子墨子曰、荆之地方五千里、宋之地方五百里。畢云、七字舊脫、据太平御覽增。顧云、戰國策有。此猶文軒之與敝轝也。梁劉孝綽司空安成康王碑銘曰、荆之比宋、墨翟陳轝路之殊。畢云、太平御覽引敝作弊。荆有雲夢、孫云、爾雅釋地十藪、楚有雲夢。郭注云、今南郡華容縣東南巴丘湖是也。案華容爲今湖北監利石首二縣境。犀兕麋鹿滿之。畢云、太平御覽滿作盈。孫云、御覽疑依宋策改。江漢之魚鼈黿鼉、爲天下富。宋所謂無雉兔鮒魚者也。舊本謂作爲。鮒魚作狐貍。畢云、太平御覽狐貍作鮒魚。王云、作鮒魚是也。無雉兔、對上文荆有犀兕麋鹿言之。無鮒魚、對上文荆有魚鼈黿鼉言之。若狐貍、則與魚鼈黿鼉不相應。此後人不曉文義而改之也。尸子、戰國策、並作鮒魚。孫云、神仙傳亦作鮒魚。爲、宋策作謂、字通。純一今並據御覽尸子戰國策改。曹本同。注云、鮒、小魚也。此猶粱肉之與糠糟也。孫云、道藏本吳鈔本並作糠、卽糠之俗。備城門篇止作康。荆有長松文梓楩枏豫章。高云、皆大木也。畢云、說文無楩字、尸子作梗、太平御覽引此、亦只作梗。孫云、道藏本季本並作梗。吳鈔作本楩。史記司馬相如傳集解、引郭璞云、楩、杞也。似梓枏、葉似桑。豫章、大木也。生七年乃可知也。說文木部、楩爲山枌榆、與楩枏異木。宋無長木。此猶錦繡之與短褐也。臣以三事言之、言之二字舊本脫、從曹本補。王之攻宋也。王字舊脫、從御覽補。曹本同。爲與此同類。臣見大王之必傷義而不得宋。畢云、已上十一字舊俱脫、太平御覽有、或當在此。純一今從畢校、並據御覽七百五十二引淮南子、補宋字。王曰、善哉。雖然公輸盤爲我爲雲梯、必攻宋。攻舊作取、案上下文均言攻、繹史引作攻。今據正。畢云、太平御覽引有云、「宋王曰公輸子天下之巧士作爲雲梯設以攻宋曷爲弗取」二十二字。皆與此異。豈此文已爲後人所節與。孫云、御覽所引、與淮南子脩務訓文略同。呂氏春秋愛類篇亦云、王曰公輸般、天下之巧士也。已爲攻宋之械矣。墨子舊本、或與彼二書同。於是見公輸盤。子墨子解帶爲城、御覽一百九十二、又三百三十六引同。以牒爲械。北堂書鈔百十九守備引又百二十六攻具引並作以褋爲械。孫云、史記索隱云、謂墨子爲術、解身上革帶以爲城也。牒者、小木札也。械者、樓櫓等也。王云、說文、札、牒也。廣雅曰、牒、版也。故可以爲械。公輸盤九設攻城之機變、畢云、太平御覽城一作宋。之下御覽引有具字。孫云、史記集解文選注引、並與今本同。子墨子九距之。公輸盤之攻械盡、孫云、文選注攻下有城字、神仙傳同。史記索隱引劉氏云、械謂飛梯橦車飛石車弩之具。子墨子之守圉有餘。圉、御覽三百三十六作禦。畢云、御覽引有云、今公輸設攻之械、墨子設守之備。公輸九攻、而墨子九拒之、終弗能入。於是乃偃兵、輟不攻宋。俱多於此文。孫云、御覽所引亦與淮南子文略同。疑皆涉彼而譌。公輸盤詘、畢云、御覽引作屈。孫云、廣雅釋詁云、詘、屈也。古字通。吳鈔本作屈。史記集解引仍作詘。索隱云詘、音丘勿反。謂般技已盡、墨守有餘。而曰吾知所以距子矣、孫云、呂氏春秋愼大篇高注云、墨子曰、使公輸般攻宋之城、臣請爲宋守之備。公輸般九攻之、墨子九卻之。又令公輸般守備、墨子九下之。未知何據。而下史記集解引有言字。吾不言。子墨子亦曰、吾知子之所以距我者、者字舊脫。畢云、文選注引有者字。孫云、史記集解引亦有。純一今據補。吾不言。畢云、文選注引有之字。楚王問其故、子墨子曰、公輸子之意不過欲殺臣。靈知明照、能遍他心。管子內業篇曰、正心在中、萬物得度。墨子有焉。殺臣、宋莫能守、畢云、文選注有乃字、是。可攻也。然臣之弟子禽滑釐等三百人、孫云、釐、文選注引作氂。陳琳書云、翟氂、與墨翟二子名也。漢書儒林傳亦作氂。案禽子名、後備城門備梯篇亦作滑釐。史記索隱云、禽滑釐者、墨子弟子之姓字也。釐音里。呂氏春秋當染篇作禽滑驪。尊師篇作禽滑黎。列子楊朱篇作禽骨釐。殷敬順釋文作禽屈釐、音骨貍。漢書古今人表同。惟列子湯問篇、莊子天下篇、說苑反質篇、與此同。滑骨屈、釐氂黎、並聲近字通。呂覽作驪、字書所無、當即釐之譌。已持臣守圉之器、圉、禦同。在宋城上而待楚寇矣。待舊作侍、孫據蘇校正。案陸本唐本正作待。雖殺臣、不能絕也。楚王曰、善哉。吾請無攻宋矣。畢云、請、後漢書注引作楚。宋、史記集解云宋城。矣文選注引作也。孫云、後漢書張衡傳注引、與今本同。子墨子歸、過宋。孫云、墨子魯人。此云歸過宋者、上云起於齊、則亦歸齊也。依文選注及呂氏春秋淮南子作自魯往、則當爲歸魯。自楚至齊魯、皆得過宋也。天雨、庇其閭中。畢云、庇、蔭。孫云、說文門部云、閭、里門也。守閭者不內也。孫云、管子立政篇云、置閭有司以時開閉。周禮鄉大夫云、國有大故、則令民各守其閭、以待政令。時楚將伐宋、宋已聞之。故墨子歸過宋、守閭者恐其爲閒諜、不聽入也。尹云、內、納也。故曰治於神者、衆人不知其功、爭於明者、衆人知之。孫云、羣書治要引尸子貴言篇云、聖人治於神、愚人爭於明也。畢云、文與戰國策及尸子略同。高誘注呂氏春秋愼大篇、引此節文。

曹云、此篇亦墨子自敘之文。當日禁攻寢兵救世之戰、此其說之得行者也。自入東周以來、諸侯兵爭、民苦之久矣。齊桓定霸、兵甲稍息。霸業既衰、而亂復熾。於是聖人上說下教、以筆舌救之。仲尼成春秋、而亂臣賊子懼。墨翟、禽滑釐、宋鈃、尹文、忘身憂世、堅忍蒙垢而不辭。非仁者而能若是乎。自春秋之後、戰國之前、百數十載之閒、載籍不可得而詳。大氐處士橫議之世局。然而橫目之民、得少紓於禍亂、則處士不爲無功。是以知儒墨皆聖人、其心與天地參也。逮乎戰國之時、大亂極矣。聖人在上、則爲大禹爲文王。聖人在下、則爲仲尼爲墨翟。孔子相魯、僅及三月。墨子止楚勿攻宋、亦僅解禍於一時。皆神化之偶見。未足以盡其功能。則時爲之也。墨子之書、其正編蓋止於此。此後有第五十一之一篇、其文闕而篇題亦闕、殆亦自敘述之類。若備城門以後、禽子所傳守城之法、墨子之餘緒耳。非微言大義之所存也。

墨子集解卷十四

漢陽張純一仲如

備城門第五十二畢云、說文云、備、愼也。葡、具也。經典通用備爲葡具之字、此二義俱通。孫云、自此至雜守凡二十篇、皆禽滑釐所受守城之法也。案五十二、吳鈔本作五十四。則前當有兩闕篇、未知是否。李筌太白陰經守城具篇云、禽滑釐問墨翟守城之具、墨翟荅以六十六事、卽指以下數篇言之。六十六事、別本陰經作五十六事、今兵法諸篇、闕者幾半、文字復多挩互、與李筌所擧事數不相應。所記兵械名制、錯雜舛牾、無可質證。今依文詁釋、略識辜較、亦莫能得其詳也。純一案自此以下、今存十一篇、蓋用餞非攻之實者。以空言弭兵、於事無濟、故研精而成此絕技、是爲專門之學、非禽滑釐不能記述。卽此篇禽滑釐問於子墨子、備梯篇禽滑釐子事子墨子三年、備高臨備穴備蛾傳諸篇禽子再拜云云、均可證。子爲男子通稱、非自尊也。王闓運云、此下皆言守備之法。恐己說不行、不免兵攻。故思備攻堅守、使人不能害、則兵自絀、正所以非攻也。然備攻亦必用兵、則效兵家。加以必求勝、故刻覈不肖忍於殺人、更不若褱孫言兵之從容。今故別錄爲附、哀其說之矛盾以申其本意。尹云、墨子既作非攻篇、而恐人不己聽也。於是復作備城門諸篇、嚴守法以制人之攻。繹其文詞、大類考工記。或者索解不得、遂謂自備城門以下無足觀、可哂也。今疏其文理、詳爲考證、所言守法、實古兵家之巨擘。蓋其設置之周、思慮之密、直大律在謹矣。後世侈談毀城者、其亦知所返哉。

禽滑釐問於子墨子曰、由聖人之言、鳳鳥之不出。畢云、見論語子罕篇。純一案歎世衰。諸侯畔殷周之國。畔、叛同。蘇云、殷周皆天子之國、言世衰而諸侯畔天子也。王闓運云、封國有先後、以殷周總之。甲兵方起於天下。大攻小。強執弱。吾欲守小國、爲之柰何。子墨子曰、何攻之守。禽滑釐對曰、今之世常所以攻者。尹云、以、用也。臨畢云、臨一。詩皇矣與爾臨衝傳云、臨、臨車也。陸德明音義云、韓詩作隆。孔穎達正義曰、臨者、在上臨下之名。孫云、備高臨篇云、積土爲高、以臨我城。薪土俱上、以爲羊黔。蒙櫓俱前、遂屬之城。又備水篇並船爲臨。備蛾傳篇有行臨。然則臨乃水陸攻守諸械、以高臨下之通名。不必臨車也。臨聲轉作隆。淮南子氾論訓云、隆衝以攻。又兵略訓云、攻不待衝隆雲梯而城拔。高注云、隆、高也。鉤畢云、鉤二。詩傳云、鉤、鉤梯也。所以鉤引上城者。孫云、備鉤篇、今佚。鉤卽魯問篇所謂鉤距之鉤。備穴篇又有鐵鉤鉅。備梯篇謂施長鉤緣之以攻城。管子兵法篇云、淩山阬不待鉤梯。韓非子外儲說左上篇、趙主父秦昭王令工施鉤梯、上潘吾及華山。皆是也。馬端辰云、六韜軍用篇有飛鉤長八寸。鉤芒長四寸。墨子分鉤與梯爲二、鉤卽皇矣之鉤。傳云、鉤、鉤梯者、謂以鉤鉤梯而上。故又申之曰、所以鉤引上城者、非謂鉤卽梯也。歐陽云、茅元儀武備志云、飛鉤亦名鐵鴟鉤。鋒長利四刃曲貫鐵索。以麻繩續之鐶。敵人披重甲。頭有鍪笠。又畏矢石。不敢仰視。候其聚處、則擲鉤于稠人中、急牽挽之。每鉤可取二人。則鉤與梯當然非一也。衝畢云、衝三。詩傳云、衝、衝車也。說文云、轈、陷敶車也。高誘注淮南子云、衝車大鐵著其轅端、馬被甲、車被兵、所以衝於敵城也。又曰、衝所以臨敵城、衝突壞之。詩正義云、衝者從傍衝突之稱、兵書有作臨車衝車之法。按轈正字。衝假音。孫云、詩皇矣孔疏又云、墨子有備衝之篇、今佚。定八年左傳云、主人焚衝。杜注云、衝、戰車。六韜軍用篇、有武衝大扶胥、疑卽此。荀子彊國篇又有渠衝。楊注云、渠、大也。渠衝、攻城之大車也。韓非子八說篇云、平城距衝、疑卽荀子之渠衝矣。逸周書小明武篇云、具行衝梯。莊子秋水篇云、梁麗可以衝城。亦卽此。梯畢云、梯四。案卽雲梯。孫云、說文木部云、梯、木階也。後有備梯篇。通典有作雲梯法、詳彼篇。堙畢云、堙五。一本作壍。案當爲垔。俗加土。說文云、垔、塞也。玉篇云、何休曰上城具。堙、通典云、於城外起土爲山、乘城而上。古謂之土山、今謂之壘道。用生牛皮作小屋、並四面蒙之。屋中置運土人、以防攻擊者。注云、卽孫子所謂距闉也。孫云、土山、亦見太白陰經攻城具篇。左傳襄六年、晏弱圍萊、堙之、環城傅于堞。杜注云、堙、土山也。書費誓孔疏云、兵法、攻城、築土爲山、以闚望城內、謂之距堙。孫子謀攻篇作距闉。曹操注云、踊土積高而前、以附其城也。尉繚子兵教下篇云、地狹而人衆者、則築大堙以臨之、蓋堙與高臨略同、惟以堙池爲異。此書今本備堙無專篇、而本篇後文寇闉池一節、蓋卽備堙之法。又舊備穴篇亦有救闉池之文、今移入本篇。闉、堙、字通。純一案玉篇云、垔、亦作陻、堙同。水畢云、水六。孫云、後有備水篇。穴畢云、穴七、孫云、後有備穴篇。突畢云、突八。孫云、後有備突篇、不詳攻法。而云城百步一突門、乃守者所爲。疑突與穴略同、但穴爲穴地、突爲穴城、二者小異耳。襄二十五年左傳鄭伐陳、宵突陳城。杜注云、突、穿也。三國志魏明帝紀、裴松之注、引魏略、載諸葛亮攻陳倉、爲地突、欲踊出於城裏。郝昭於內穿地橫截之。則突亦穴地矣。未聞其審。歐陽云、據後漢書竇融傳、公孫瓚令守突門。注、突門守城之門。則突又似爲守城之門也。空洞畢云、空洞九。孫云、說文穴部云、空、竅也。淮南子原道訓高注云、洞、通也。史記大宛傳云、徙其城下水空以空其城。集解徐廣曰、空一作穴。此空洞當亦穴突之類。其攻法之異同、今篇佚無可考。蛾傅孫云、舊作附、後有備蛾傅篇卽此。諸本作附、字通。而與後篇目不相應、今校改。畢云、蛾附十。蛾同蟻。孫子云、將不勝心忿而蟻附。注云、使卒徐上城、如蟻緣城。殺士也。轒轀畢云、轒轀十一。太平御覽云、太公六韜曰、凡三軍有大事、莫不習用器械。攻城圍邑則有轒轀臨衝。視城中則有雲梯飛樓。周遷輿服雜事曰。橨榅、今之橦車也。其下四輪。從中推之、至敵城下。說文云、轒、淮陽名車穹隆轒。玉篇云、轒輗、兵車。作輗。輗轀音相近。藝文類聚引孫子又作枌轀。通典云、攻城戰具。作四輪。車上以繩爲脊。生牛皮蒙之。下可藏十人塡隍。推之直抵城下、可以攻掘。金火木石、所不能敗。謂之轒轀車。孫云、畢引六韜據御覽、文多譎抗、今據軍略篇校正。通典本太白陰經。孫子謀攻篇云、攻城之法、脩櫓轒轀。曹注云、轒轀者、其下四輪、從中推之、至城下也。文選長楊賦李注引服虔云、轒轀、百二十步兵車、可寢處。說文車部云、轀、臥車也。案備轒轀篇今佚、後備水篇以船為轒轀、與攻城之車異。軒車畢云、軒車十二。孫云、備軒篇今佚。說文車部云、軒、曲輈藩車也。彼謂卿大夫所乘車。此攻城軒車、未詳其制。左宣十五年傳云、登諸樓車。杜注云、車上望櫓。此軒車疑卽樓車。楚辭招魂王注云、軒、樓版也。馬端辰云、六韜軍用篇飛樓、蓋卽墨子之軒車、左傳之巢車。歐陽云、茅元儀武備志、巢車、其制以八輪。車當中建高竿。竿首施轆轤。以繩挽板屋上竿首。其屋方四尺。高五尺。以生牛皮裹之。以禦矢石。竿之高下、以城為準。使人藏屋中、下窺城中事。遠望如鳥巢、故謂之巢車也。

敢問守此十二者柰何。子墨子曰、我城池修、守器具、樵粟足、樵舊作推、孫云、推粟義難通、推當為樵之誤。下云為薪樵挈、又云薪食足以支三月以上。樵粟、卽薪食也。純一今據正。上下相親、又得四鄰諸侯之救、此所以持也。孫云、國語越語韋注云、持守也。且守者雖善、而君不尊用之、而君不用之從盧校增。尊字從王闓運本增。則猶若不可以守也。舊本脫猶字、俞據下句補。若君用之守者、又必能乎守者、不能而君用之、則猶若不可以守也。然則守者必善、而君尊用之、蘇云、尊用、猶專用也。俞云、尊讀為遵、古字通也。然後可以守也。

凡守圍之法、城厚以高。舊作凡守圍城之法厚以高、從孫校改。王闓運云、一。池深以廣。池舊譌也、孫從王引之校改。王本尹本並同。池上舊衍壕字、王景羲云、當作池深以廣。今據刪。王闓運云、二。高樓撕楯、守備繕利。舊作樓撕揗、王景羲云、此段皆四字句。疑此抗高字。高樓撕揗、備圍城臨時之首具。故篇中屢言之。今據補高字。孫云、撕當作撕、後文高磨𢷎、𢷎亦卽撕之誤。揗吳鈔本作楯。洪云、揗、當作楯。通俗文欄檻謂之楯。今並據正。王闓運云、三。尹云、撕、浮思也。小樓之稱。薪食足以支三月以上。畢云、支舊作交、以意改。孫云、此卽上文守器具樵粟足之義。尉繚子守權篇云、池深以廣、城堅而厚、士民備、薪食給、弩堅矢強、矛戟稱之、此守法也。王闓運云、四。人衆以選、王闓運云、五。尹云、選、練也。管子七法器成卒選注。吏民和。畢云、民舊作尺、以意改。王闓運云、六。尹云、賈子新書脩政語下、和可以守。而嚴可以守。而嚴不若和之固也。大臣有功勞於上者多。王闓運云、七。主信以義。王闓運云、八。萬民樂之無窮。王闓運云、九。不然父母墳墓在焉。王闓運云、十。若田單守城、燕人掘城外冢。尹云、管子小問故國父母墳墓之所在固也。管子以爲民必死之一。不然山林草澤之饒足利。王闓運云、十一。不然地形之難攻而易守也。王闓運云、十二。不然則有深怨於適。敵同。而有大功於上。王闓運云、十三。不然則賞明可信而罰嚴足畏也。王闓運云、十四。畢云、管子九變云、凡民之所以守戰至死、而不德其上者、有數以至焉。曰、大者親戚墳墓之所在也。田宅富厚足居也。不然、則州縣鄉黨與宗族足懷樂也。不然、則上之教訓習俗、慈愛之於民也厚。無所往而得之也。不然、則山林澤谷之利足生也。不然、則地形險阻易守而難攻也。不然、則罰嚴而可畏也。不然、則賞明而足勸也。不然、則有深怨於敵人也。不然、則有厚功於上也。此民之所以守戰至死而不德其上者也。與此文相似。言有此數者、方可以守圍城。孫云、自凡守圍城之法以下一百十二字、舊本錯在後文長椎柄長六尺頭長尺斧其兩端三步一下、今依俞校移此。此十四者具則民亦不疑其上矣。疑舊作宜、從王本改。尹本同。其字今校增。然後城可守。十四者無一、則雖善守者、守字舊脫、義欠明了、據上文審校補。不能守矣。自此十四者具至不能守矣、舊本錯在後文備穴者城內爲高樓以謹下、孫依蘇俞校移此。

故凡守城之法、備城門爲縣門沈。畢云、舊脫門字、据太平御覽增。孫云、左傳莊二十八年縣門不發、杜注云、縣門施於內城門。又襄十年圍偪陽、偪陽人啓門、諸侯之士門焉。縣門發。孔疏云、縣門者、編版廣長如門。施關機以縣門上、有寇則發機而下之。太白陰經云、縣門、縣木版以爲重門。王闓運云、今閘板也、可縣可沈。機長二丈。孫云、機、卽左傳疏所謂關機也。六韜軍用篇、有轉關轆轤。尹云、機樹門之兩旁、爲阬而縣沈其門者。其上蓋有鹿盧。廣八尺。孫云、蓋一扇之廣度。爲之兩相如。孫云、謂門左右兩扇同度。門扇數、畢云、門扇舊作間扁、据下文改。尹云、言其非一、若今倉門板。令相接三寸。孫云、說文戶部云、扇、扉也。扉、戶扇也。爲縣門之扇、編版相銜接者三寸。欲使無縫際。施土扇上、畢云、舊土扇作士扁、非。通典守拒法云、城門扇及樓堠、以泥塗厚備火。無過二寸。王樹枏云、當作三寸。通典云、塗扇以泥。塗城門扇、厚可三寸備火。塹中深丈五。畢云、說文云、塹、阬也。廣比扇。孫云、亦八尺而兩之。塹長以力爲度。尹云、長同棖、塹兩旁也。力、扐也。禮記王制、祭用數之仂、謂數之奇餘也。蓋塹兩旁地、各五尺云。王景羲校同。塹之末爲之縣。末猶上也、孫云、縣卽縣門。可容一人所。尹云、言壍旁更有餘地以容人。所、許也。孫云、以上縣門之法。客至。客舊譌容、王引之云、容當爲客。客至、謂敵人至城下也。蘇說同。孫據正。云雜守篇作寇至、義同。月令孔疏云、起兵伐人者謂之客。敵來禦捍者謂之主。諸門戶皆令鑿而幕孔幕舊譌慕、畢据下文改。孫云、幕並當作冪。蓋鑿門爲孔竅、而以物蒙覆之、使外不得見孔竅也。與備穴篇鑿連版令容矛略同。太白陰經守城具篇云、鑿門、爲敵所逼、先自鑿門、爲數十孔、出強弩射之。王闓運云、孔以覘外、又幕掩之。孔之各爲一一畢云、孔舊作孜、以意改。蘇云、孔字疑誤重。雜守篇云、寇至諸門戶令皆鑿而類竅之。與此合。純一案孔字不重。此文疑本作諸門戶皆令鑿孔而幕之。孔各爲二、今本一孔字倒著幕下、一孔字倒著之上、並當乙。幕一一。鑿而繫繩長四尺。蘇云、雜守篇云、各爲二類、一鑿而屬繩。繩長四尺、大如指。孫云、此蓋言每門扇鑿二孔、皆冪之。其一冪更繫以繩、蓋備牽挽以爲固也。以上鑿冪門戶之法。卽太白陰經之鑿門。

城四面四隅。孫云、城四面、謂四正也。城隅、見詩邶風、及考工記匠人。賈疏引五經異義云、天子城高七雉、隅高九雉。公之城高五雉、隅高七雉。侯伯之城高三雉、隅高五雉。都城之高、皆如子男之城高。是城隅高於城卒二雉。故匠人鄭注釋爲角浮思。皆爲高磿𢶍。舊作高磨𢶍、王引之云、磨當爲磿。字書無𢶍字、蓋𢶍字之譌。磿𢶍疊韻字。磿𢶍、蓋樓之異名也。號令篇曰、他門之上必夾爲高樓、使善射者居焉。彼之高樓、卽此之高磿𢶍也。今據正。使重室子居亣上、孫云、室下舊衍乎字、從畢校刪。重室子、謂貴家子也。號令篇云、富人重室之親。又云、使重室子。亣畢本皆作丌、今並從王校作亣、詳公孟篇。候適。畢云、敵字假音、史記亦用此字。視亣能狀、畢云、能卽態字。說文云、態或从人。與亣進退左右所移處。退字從蘇校增。失候斬。尹云、父說、斬截也。軍刑有斬首斬趾及以矢貫耳之刵。司馬法、小罪聅、中罪刖、大罪剄。聅、以矢貫耳也。俗謂之小斬。刖謂斬趾。剄卽斬首。墨子言斬多矣。當括此三者。輕重各當其罪、非專指斬首言也。孫云、以上爲高磿𢶍候適之法。

適人爲穴而來、畢云、穴舊作內、以意改。尹云、來攻我也。我亟使穴師選卒、迎而穴之。舊本亟作函、迎作匝、孫從王校改。卒作本、今從孫校改。王云、言敵人爲穴而來。我急使穴師、選善穴之士、鑿穴而迎之也。案士當依孫校作卒。尹云、穴師、穴士工也。爲之具內弩以應之。具舊譌且、從畢校改。孫云、內弩、卽備穴篇之短弩、穴中以拒敵者、以上備穴之法、蘇云、此數語當入備穴篇。而錯出於此者。

民室材木瓦石、材舊作杅、從王引之校改。可以益城之備者、益舊作蓋、王引之云、蓋當爲益。言民室之材木瓦石、可以益守城之備也。蘇說同。今據改。盡上之。畢云、盡舊作蓋、以意改。言民室中所有、盡爲城備。不從令者斬。孫云、以上斂材木瓦石之法。尹云、尉繚子將令、有敢不從令者誅。

昔築七尺。王闓運云、昔夕同字。尹云、昔築。謂因守夜所築以候敵者。純一案七尺、高也。一居屬。畢云、疑鋸欘。孫云、畢據管子小匡篇文、尹知章注云、鋸欘、钁類也。廣雅釋器云、鋸、鉏也。集韻引埤倉云、鐲、鉏也。爾雅釋器云、斪斸謂之定。郭注云、鋤屬。考工記車人鄭注引爾雅作句欘。五步一壘。積土而高。五築有銻。孫云、銻疑當作銕、銕卽夷也、與古文鐵字不同。書堯典、宅嵎夷、史記說文並作銕。國語齊語云、惡金以鑄鉏夷斤欘。韋注云、夷、平也、所以削平草地。管子小匡篇云、惡金以鑄斤斧鉏夷鋸欘。尹知章注云、夷、鋤類也。此作銻者、形聲相近而誤。長斧、柄長八尺。孫云、備蛾傅篇云、斧柄長六尺。此較彼長二尺、故曰長斧。六韜軍用篇、大柯斧刃長八寸、重八斤、柄長五尺以上、一名天鉞。十步一長鎌、柄長八尺。孫云、說文金部云、鎌、鍥也。刀部云、劊、鎌也。方言云、刈鉤自關而西、或謂之鉤、或謂之鎌。六韜軍用篇云、芟草木大鎌、柄長七尺以上。三百枚。十步一鬭長椎、柄長六尺、頭長尺。王樹枏云、鬭字衍文。備蛾傅篇、椎柄長六尺、首長尺五寸。則此文尺下脫五寸二字。斧亣兩端。孫云、斧其兩端、義頗難通。疑斧當爲兌。猶下大鋋云、兌其兩末也。三步一孫云、自城四面四隅以下一百三十字、舊本錯在後五十二者十步而二下。顧校移此、今從之。三步一當屬下大鋋爲句。大鋋前長尺。孫云、此下至牆七步而一凡七百字、舊本錯入備穴篇、今移此。案古兵器無名鋋者、鋋疑並鋌之誤。說文金部云鋋、小矛也。六韜軍用篇云、曠野草中方胸鋋矛千二百具。張鋋矛法、高一尺五寸。今本六韜亦誤鋋、惟施氏講義本不誤。後文別有連鋌、與此異。尹云、前、尖也。蚤長五寸。孫云、說文叉部云、叉、手足甲。蚤、卽叉之借字、今字通作爪。蓋鋌末銳細、如車輻及蓋弓之蚤也。兩鋌交之置如平、如不平不利。如不舊倒、孫云、上如與而同。不如平、當作如不平。言置之必兩鋌平等乃善。若不平則用之不利也。今據乙。兌亣兩末。畢云、兌同銳。孫云、以上具守器之法。

穴隊若衝隊、孫云、隊隧字通。左傳襄二十二年、齊伐晉爲二隊。又哀十三年、越子伐吳爲二隧。杜注云、隧、道也。必審知攻隊之廣狹、知舊譌如、從孫校改。狹王本作陜。尹本同。而令邪穿亣穴、畢云、邪舊作雅、據下文改。邪、尹本作斜。釋云、斜則便衝。令亣廣、必夷客隊。孫云、毛詩出車傳云、夷、平也。以上備隊之法。吳摯甫云、言其所穿之穴、廣如客隊平也。

疏束樹木、令足以爲柴搏。孫云、說文木部云、柴、小木散材。禮記月令鄭注云、大者可析謂之薪。小者令束謂之柴。周禮羽人百羽爲摶、鄭注云、摶、羽數束名也。又考工記鮑人卷而搏之、鄭衆注云、摶讀爲縳。一如瑱之縳、謂卷縳韋革也。廣雅釋詁云、縳、束也。此柴搏、亦束聚樹木之名。尹云、疏、理也。縳、結聚也。毋前面樹、長丈七。孫云、毌舊作毋、從畢校改。說文毌部云、毌、穿物持之也。尹云、丈七尺也。尺一、尹云、每尺一樹。以爲外面。孫云、蓋以大樹相連貫。植之於外。而積柴搏於其內也。以柴搏從橫施之。孫云、從吳鈔本作縱。外面以強塗。孫云、強塗、謂以土之性強韌者塗之使不落。管子地員篇、說五恋五纑之土、潤澤而彊力。皆所謂強土也。毋令土漏。尹云、強塗之。強、固也。堅也。令亣廣厚、能任三丈五尺之城以上。此積柴搏、所以貴堅強也。孫云、蓋積柴搏、如城之高。此亦當於城外爲之、以爲城之屛蔽也。以柴木土稍杜之、尹云、防土漏也。土、卽杜根也。詩徹彼桑土。稍、小柴木也。淮南兵略曳稍肆柴。杜、塞也。廣雅作摟。以急爲故。孫云、廣雅釋詁云、故、事也。前面之長短、豫蚤接之。尹云、豫、先也。蚤、早也。令能任塗、足以爲堞。孫云、柴搏之上、亦爲之堞如城法。善塗亣外、令毋可燒拔也。孫云、以上爲柴搏之法。

大城丈五爲閨門。孫云、依上文則大城高三丈五尺。門之高當不下二三丈。此閨門乃別出小門、故止高丈五尺。與上塹深度同。淮南子氾論訓云、夫醉者俯入城門、以爲七尺之閨也。彼宮中小門、故高止七尺。此城閒小門、度倍逾之。爾雅釋宮云、宮中之門、其小者謂之閨。此城閒小門、與宮中小門名同。畢云、說文云、閨、特立之戶。上圓下方有似圭。廣四尺。孫云、亦一扇之廣度也。上縣門廣八尺、此閨門廣度半之。爲郭門、孫云、此亦城之外門。號令篇有女郭。與郛郭之門異。郭門在外爲衡。孫云、蓋橫木以嚴門。以兩木當門、鑿亣木維敫上堞。孫云、敫與傳通。謂以繩穿鑿而繫之、傳著城上堞也。爲斬縣梁。孫云、斬、塹之省。呂氏春秋權勳篇云、斬岸堙溪。縣梁、卽於塹上爲之。後云塞外塹、去格七尺爲縣梁。歐陽云、武備志、機橋用一梁。仍爲轉軸。兩端施橫括。置溝濠上。賊至卽去括。人馬踐之則翻。此縣梁疑卽機橋。聆穿斷城以板橋、王闓運云、聆當爲令。孫云、連板爲橋、架之城塹、以便往來。下云、木橋長三丈。六韜軍用篇、有渡溝塹飛橋卽此。

歐陽云、武備志、城外鑿壕。去大城約十步。上施釣橋。釣橋造以楡槐木。其制如橋。上施三鐵環。貫以二鐵索。副以麻繩。繫屬于城樓上。板橋殆與之同。**邪穿外以板**

次之倚殺如城報。孫云、倚殺、猶言邪殺。經下篇云、倚者不可正。報當爲埶、言板橋邪殺爲之、如城之形埶也。王本報作闕、尹本從之。純一案殺讀去聲。不正也。義與邪同。**城內有傳壞因以內壞爲外。**孫云、蓋爲再重堞。蘇云、兩壞字、皆堞字之誤。**鑿其閒深丈五尺。**孫云、鑿內外堞閒爲塹。云、塹中深丈五。**上室以樵**蘇云、室、實也。言以薪實之。孫云、室讀爲窒、聲同字通。論語陽貨、惡果敢而窒者。釋文引鄭注云、魯讀窒爲室。備蛾傅篇云、室中以楡若蒸。並以室爲窒。爾雅釋言云、窒、塞也。**可燒之以待適。**畢云、同敵。孫云、以上爲閨門、郭門、塹縣梁、板橋、內外堞之法。

令耳屬城爲再重樓。孫云、令耳未詳、或與雜守篇午玲義同。爾雅釋宮云、四方而高曰臺。陜而脩曲曰樓。說文木部云、樓、重屋也。歐陽云、武備志、城重門之上必有樓。一以威外侮。一以便守瞭調度。大樓者、在裏層門上大城之上。則重門上之樓、即再重樓也。尹云、屬、附也。**下鑿城外堞內深丈五、**孫云、與上內外堞之閒同。**廣丈二樓若令耳皆令有力者主敵善射者主發。**尹云、發、射發也。漢書地理志、南郡有發弩官。**佐皆廣矢**孫云、疑當作佐以厲矢。雜守篇云、藺石厲矢、諸材器用。皆謹部、皆有積分數。**治裾諸**孫云、治裾即作薄也。備蛾傅篇、有置薄伐薄之法。備梯篇、薄並作裾。黃紹箕云、裾當爲椐之譌。釋名釋宮室、籬以柴竹作之。青徐之閒曰椐。椐、居也。居於中也。廣雅釋宮、欜、杝也。玉篇木部、欜、藩落籬。廣韻九魚、欜枯、藩籬名。說文無欜、即椐之後出字。詒讓案黃說是也。廣雅以椐與藩欏落同訓杝。欏落即羅落、則椐亦即藩杝羅落之名。六韜軍用篇、說守城有天羅虎落。漢書鼂錯傳爲中周虎落。顏注鄭氏云、虎落者、外蕃也。師古云、以竹篾相連、遮落之也。此篇下文亦云、馮垣外內以柴爲藩、制並同。蓋皆以柴木交互爲藩杝也。諸當爲者之叚字。歐陽云、裾作椐是。諸非者叚字、當爲櫧。山海經前山經、其木多櫧。郭注、或作櫧、似柞。子可食。冬夏生。作屋柱難腐。椐櫧皆木。以椐爲藩。即以櫧爲柱支藩也。**延堞**孫云、謂椐與堞相連屬。**高六尺部廣四尺。**尹云部、培也。㙛土也。孫云、依迎敵祠篇、城上每步守者一人、蓋即每步爲一堞、堞廣四尺。步各留二尺爲旁之空闕。此云部者、謂城堞閒守者所居立之分域。號令篇、城上吏卒養、皆爲舍道內、各當其隔部。蓋一堞爲一部也。**皆爲兵弩簡格。**兵字舊脫、孫據道藏本吳鈔本補。尹云、簡、編也。格同閣、架也。說海引桂海虞衡志曰、猺人弩、又名編架、弩無箭槽編架而射也。即古弩簡格之遺制。**轉射機。**王闓運云、作機令弩可轉。尹云、可轉以射前後左右。**機長六尺貍一尺。**孫云、貍道藏本作貍、下同。案貍、蘊之借字。說文艸部云、蘊、壅也。謂機之蘊於土者一尺也、蘊、備梯篇作埋、俗字。備穴篇作貍、貍借字。王闓運云、貍令不動、弩乃易轉。尹云、說文夅、持弩拊。即此。兩杖合而爲之輼、孫從俞校、改杖作材。云互詳備穴篇。輼亦即備穴篇之車輪輼也。說文車部云、輼臥車也。非此義。而別有輗字云、大車後壓也。以此及備穴篇所說輼形制推之、似皆以重材、爲鎭厭杜塞之用、故以車輪等爲之。其字蓋當作輗。前轒輼、玉篇亦作轒輗、是其證也。兩材、謂木材。亦合兩輪爲輼之類。尹云、古者杖長六尺、兩杖合則弩幹爲一丈二尺。考工記弓長有六尺六寸者、有六尺三寸者、又有六尺者。此長丈二、以弩較弓大耳。輼、同宛。屈也。弩之彎處。釋名釋兵弓、簫弣之閒曰淵。淵、宛也、言曲宛也。彼淵即此輼也。輼長二尺、中鑿夫之爲道臂臂長至桓。孫云、此疑當作中鑿夫二爲道臂、臂長至桓。諦繹此文、輼蓋有趺有臂有桓。趺、足也。臂、橫材也。桓、直材也。與渠荅制略同。後文說渠云、夫兩鑿。中鑿夫二、即兩鑿也。夫與趺通、即指輼言之。謂鑿夫之中爲二空、以關射機之背。通臂蓋以一長木爲之。猶後云通舄。夫旁爲兩直桓、臂長接之、故又云臂長至桓也。尹云、弩柄曰臂。二十步、令一善射者主之、舊脫主字、之在者上。從王注本增乙。尹本同。佐一人、皆勿離。謹守。

城上百步一樓、樓四植、植皆爲通舄。蘇云、四植即四柱。舄同磶、柱下石也。孫云、舄詳備穴篇柱下傳舄注。王闓運云、通、貫也。下高丈、上九尺、孫云、上云再重樓、故上下高度不同。尹云、樓下高丈、上則九尺。廣長各丈六尺。長舊譌喪、王云、喪當爲袤。廣雅、袤長也。純一今據陸本唐本正。皆爲寧。畢云、亭字、孫云、後文云、城上百步一亭。王闓運云、寧蓋窗誤。尹云、寧同櫺、窗也。三十步一突、尹云、竈窗謂之突。九尺、孫云、下文別有廣高之度、此當是長度也。廣十尺、高八尺、鑿廣三尺、表二尺、蘇云、表亦長字之誤。王云、表、亦當爲袤。爲寧。孫云、亦即亭字。城上爲攢火夫、孫云、文選西都賦李注、引蒼頡篇云、攢、聚也。太白陰經烽燧臺篇、及通典兵守拒法。並有火鑽。又疑即備蛾傳篇之火捽也。夫、當爲趺省。歐陽云、周書王思政傳、思政守潁州。東魏高嶽築土山以臨城中。晝夜攻之。思政亦作火攢。因迅風便投之土山。火攢或即攢火夫也。爲度。王闓運云、以城內高下也。置火亣末。尹云、末、夫杪也。城上九尺一弩、一戟、尹云、戟、有枝兵也。周禮、戟長丈六尺。長以城高下一椎、陸本爲權。一斧、一艾。孫云、艾、刈之借字。國語齊語云、挾其槍刈耨鎛、韋注云、刈、鎌也。皆積參石蒺藜。洪云、參石、當是絫石之譌。絫石即礧石。後漢書杜篤傳、一卒舉礧、千夫沈滯。李賢注、礧、石也。前漢書匈奴乘隔下礧石、一切經音義卷十七引集韻、今守城者、下石擊賊曰礧。孫云、洪說是也。蒺藜、後文作疾犂。備穴篇、又作蒺藜。六韜軍用篇云、木蒺藜、去地二尺五寸、百二十具。鐵蒺藜、芒高四寸、廣八寸、長六尺以上、千二百具。兩鏃蒺藜、參連織女、芒間相去二尺、萬二千具。又軍略篇云、設營壘、則有行馬蒺藜。本草陶弘景注云、蒺藜、多生道上而葉布地。子有刺。狀如菱而小。今軍家乃著鐵作之、以布敵路上。亦呼疾藜。言其凶傷也。歐陽云、武備志、鐵蒺藜並以置賊來要路、使人馬不得騁。古所謂渠答也。漢書鼂錯傳、鼂言守塞、以便爲之高城深池。具藺石。布渠答。注、渠答蒺藜也。

渠長丈五尺廣丈六尺。舊作渠長丈六尺。孫云、渠、守城械名。尉繚子武議篇云、無蒙衝而攻。無渠荅而守。王引之云、渠長丈六尺、當作渠長丈五尺、廣丈六尺。雜守篇曰、渠長丈五尺、廣丈六尺、是其證。今本長丈下、脫五尺廣丈四字、則失其制矣。今據補。

夫長丈二尺。二尺二字、孫據王引之校增。云、夫當爲趺之省。

臂長六尺。亣貍者二尺樹渠毋傅堞五寸。舊作樹渠毋僕堞三丈、王引之云、當作樹渠毋傅堞五寸。謂渠與堞、相去五寸也。備城門篇曰、渠去堞五寸。雜守篇曰、樹渠毋傅葉五寸。葉與堞同。皆其證。蘇說同。孫據正。

藉莫。畢云、幕同。孫云、通典兵守拒法云、布幔、複布爲之。以弱竿縣挂於女牆八尺。折拋瓦之勢。則矢石不復及牆。太白陰經守城具篇、說同。說文巾部云、幔、幕也。帷在上曰幕。則布幔當卽此藉幕之遺制。藉幕及下藉車、義疑與備高臨篇、技機藉之之藉同。歐陽云、通典、韋孝寬守玉壁。縫布爲幔。隨其所向則張設之。布既縣于空中。其車竟不能壞。可以參證。

長八尺廣七尺。尹云、便伺望而避身。

亣木也。蘇云、木疑當作末。孫云、凡幕皆以木材張之。則作木亦通。

廣五尺。木以張幕、必廣於七尺。疑本作廣七尺五寸。今本作廣五尺、不合其制。誤。

中藉苴爲之橋。苴、玉篇云、麻也。儀禮、士昏禮、笄加於橋。鄭注云、橋所以庪笄。此言幕張於木、中藉麻爲之橋。橋所以庪幕也。

索亣端。繫索於橋之兩端。

適攻。畢云、適同敵。

令一人下上之勿離。王闓運云、上下其幕、窺敵蔽身。

城上二十步一藉車。當隊者不用此數。孫云、當隊、謂當攻隧也、左襄二十五年傳云、當陳隧者、井堙木刊。隊隧通。號令篇又作當遂。不用此數者、當隧則所用多、不定二十步一。備蛾傳篇云、施縣陴、大數二十步一。攻隊所在、六步一。卽此意也。

城上三十步一讋竈。讋、畢本作礱、注云、備城門作礱、疑皆蠪字。純一案陸本唐本、與畢本同。孫云、道藏本作讋、今從吳鈔本。雜守篇亦作礱。讋、礱、皆字書所無。畢疑蠪字近是。史記滑稽傳云、以壠竈爲椁、索隱引皇覽壠竈作礱突。此讋當卽礱之誤。說文火部云、烓、行竈也。此壟竈在城上爲之以具火、蓋卽行竈也。

持水者必以布麻斗革盆。舊本持水譌傳火、斗譌什、王云、傳火當爲持水。什當爲斗。卽後所云持水麻斗革盆救之也。斗與革盆、皆所以持水。孫云、王說是也、今據正。布麻斗、蓋以布爲器。加以油漆、可以挹水者。斗、卽科之借字。說文木部云、科、勺也。

勺部云、勺、所以挹取也。喪大記云、沃水用枓。革盆、蓋以革爲盆。可以盛水。說文革部云、鞔、量物之鞔、一曰抒井鞔、古以革。徐鍇繫傳云、抒井、今言淘井。鞔、取泥之器。案鞔蓋卽挹水之器、殆所謂革盆歟。十步一。柄長八尺。孫云、謂麻斗之柄。說文木部云、杓、枓柄也。斗大容二斗以上到三斗。斗舊本並譌什、末斗字又譌十。俞云、什十並斗字之誤。斗大容二斗以上到三斗、猶下文云、大容一斗以上至二斗也。孫云、俞說是也。蘇校同。今並據正。上斗字、卽枓之叚字。此革盆有柄以挈持。又有枓之容水。其枓之容數、則二斗以上至三斗不等也。敝䋄䋄舊作裕、從孫校改。新布長六尺。孫云、此蓋經布、亦以備火。中拙。孫云、拙、詘之借字。柄長丈。十步一。必以大繩爲箭。王闓運云、箭幎口使堅韌也。大射云、幎用錫。綴諸箭。古文作晉。鄭注云、箭、篠。此用繩代竹。城上十步一鈂。畢云、舊作宂、傳寫誤也。說文云、鈂、臿屬。玉篇云、直深切。水甁。畢云、玉篇云、甁同缶。孫云、說文缶部云。缶瓦器。左襄七年傳、具綆缶。杜注云、缶、汲器。據下文則疑甀之誤。容三石以上。小大相雜。孫云、小大舊到、今據道藏本吳鈔本乙。下文救門火云、一垂水容三石以上、小大相雜。與此文同。純一案陸本唐本並作小大。盆蠡各二財。蘇云、財當爲具。孫云、蠡當卽後文奚蠡。財下疑挩自足二字、詳備穴篇。蘇校非。爲卒乾飯人二斗、以備陰雨。而使積燥處。而舊作面、蘇云、言陰雨不能舉火、爲乾餱以備也。面當作而。今據正。令吏卒爲城內堞外行餐。吏卒舊作使守、從孫校改。孫云、餐、吳鈔本作湌。說文食部云、餐、呑也。或作湌。廣雅釋詁云、湌、食也。城內堞外、謂內堞之外也。上文有內堞外堞。王闓運云、行餐、送飯也。置器備。孫云、號令篇云、爲內堞內行棧、置器備其上。殺沙礫鐵。畢云、殺、䉒省文。說文云、䉒、糲䉒。散之也。皆爲坏斗。孫云、說文土部云、坏、一曰土未燒。令陶者爲薄甁。大容一斗以上至二斗。卽用取三、王闓運云、用三合一。祕合束堅爲斗。尹云、祕、密也。城上隔棧高丈二。剡亓末。舊末上衍一字、從蘇校刪。尹云、剡末、則人難踰越。爲閨門。見前閨門兩扇。令可以各自閉也。孫云、謂可閉一開一。救闉池者、畢云、闉同堙。以火與爭、鼓橐馮垣外內、以柴爲燔。畢云、橐舊作槖、以意改。垣舊作埴、陸本作塡、此從孫校改。孫云、橐詳備穴篇。埴當爲垣、形近而誤。馮垣在女垣之外、蓋垣牆之卑者。漢書周緤傳、顏注云、馮陪聲相近。此馮垣亦言與女垣爲陪貳也。旗幟篇云、到馮垣。到女垣。號令篇云、女郭馮垣一人。是其證。尹云、燔、燒也。靈丁三丈一尹云、鏖丁卽鈴釘、矛名也。方言九、凡矛骹細如鴈脛者、謂之鶴厀。郭注、今江東呼爲鈴釘。

火耳施之。孫云、火耳疑當作犬牙。形近而誤。犬牙施之、言錯互施之。令相銜接也。尹云、所謂射火。耳、弭也。無緣之弓。

十步一人居柴內弩。尹云、居、據也。柴同鈭。鈭錍斧也。一曰居、坐也。柴、柴車也。備高臨、十人主此車。此、柴也。內弩謂納弩。

弩半爲狗犀。尹云、以狗犀當矢也。半、畔也。孫云、狗犀疑卽後文之狗屍狗走。說詳後。

者環之牆七步而一。尹云、者、同堵。禮記儒行環堵之室、注環堵、面一堵也。五版爲堵。五堵爲雉。孫云、以上救闉池之法。疑備闉篇之佚文。自大鋌以下七百字、舊本錯入備穴篇城壞或中人之下。今依顧校移著於此。

救車火。孫云、備蛾傳篇云、車火燒門。備梯篇作輝火。此車火、疑當作熏火。熏與車、篆文上半相近而誤。王闓運云、以車載火。

爲烟矢射火城門上。孫云、此謂敵射火攻城也。烟矢、當作熛矢。說文火部云、熛、火飛也。讀若標。熛、誤作煙、又從俗作烟、遂不可通。孫子火攻篇云、烟火必素具、亦熛火之誤。王闓運云、射火、今火箭。

鑿扇上爲棧塗之。孫云、棧疑當作栈、與弋同。卽下文之豚弋也。然杜君卿所見已作棧、未敢輒改。畢云、涂字俗寫从土、本書迎敵祠亦只作涂。通典守拒法云、門棧以泥厚塗之。備火。柴草之類貯積、泥厚塗之、防火箭飛火。

持水麻斗革盆救之。斗革舊譌升草、孫據王校正。

門扇薄植。畢云、說文云、欂、壁柱。植、戶植也。薄假音字。

皆鑿半尺。孫云、蓋卽鑿孔以豚弋。然不當云半尺、疑有誤。純一案周尺當今尺八寸。王闓運云、鑿五寸、令容塗也。尹云、塗厚半尺。下云塗茅屋若積薪者、厚五寸以上。

一寸一豚弋。豚、舊譌豫。王引之云、豫當爲豚、字本作椓。說文云、椓、擊也。周南兔罝傳曰、丁丁、椓杙聲。是也。通作豚。周官壺豚氏注曰、豚擊之。是也。豚弋又見下文。史記趙世家、伐魏敗豚澤。今本豚字亦誤作豫。凡經傳中從豕從彖之字多相亂。孫據正。云六韜軍用篇云、椓杙大鎚。俗本六韜椓譌椽、與此相類。惟宋施子美講義本不誤、

弋長二寸。孫云、寸舊作尺、今據道藏本吳鈔本正。說文弋部云、弋、橜也。此椓弋門上以持塗、度不宜太長。後文亦云、豚弋長七寸。

見一寸。畢云、見疑閒字。孫云、卽上文云二寸一椓弋也。下文亦云弋閒六寸。王本改見作寬。

相去七寸。孫云、上云閒一寸者、謂一行之中、每一寸一弋。此則前後行相去之數也。

厚塗之以備火城門上所鑿以救門火九字王注本作雙行小注、尹本從之。

者各一垂水。畢云、垂、甀字省文。說文云、甀、小口罌也。者各、王本作有名。注云每人也。尹本從之、蘇云、有名謂每名。淮南氾論、抱甀而汲。則垂所以汲水者。

容三石以上。容舊作火、從王校改。顧云、火當作大。蘇云、垂、所以盛水者。

小大相雜。王闓運云、以便人行。孫云、以上救車火之法。

門植關必環錮。孫云、植、持門直木。關、持門橫木。詳非儒篇。說文金部云、錮、鑄塞也。畢云、言扃固之。環與扃音相近。以錮金若鐵鍱之。畢云、錮字疑衍。說文云、鍱、鏶也。孫云、錮、疑銅之誤。下金字、乃銅字偏旁之誤衍者。純一案此錮非鄉義、謂堅固也。說文鍱、段注謂金銅鐵椎薄成葉者。此文疑當作門植關必環句。錮以銅若鐵之鍱句。環卽以金類爲環、而相連屬之鏈。古曰鎖。言門植關必以鏈固鎖、並加銅葉或鐵葉以固之。

門關再重。鍱之以鐵必堅。梳關關二尺。孫云、疑梳並當爲桄。說文木部云、桄、充也。楗、距門也。此桄關卽謂楗、今之木鎖是也。蓋門植關、兩木橫直交午之處、別以木鎖控之。以其橫互門閉、故謂之桄關。下關字、當是衍文。二尺者、桄關之長度。淮南子繆稱訓云、匠人斲戶、無一尺之楗、不可以閉藏。彼爲尋常房室之門、楗止一尺。此城門之楗、故倍之。若門植與關、則其長皆竟門、必不止一二尺矣。說文門部云、閉、闔門也。从門才、所以距門也。蓋才以十象植與關橫直交午之形。下一短畫、則正象楗橫互之形。參互審繹、可見古楗門之制矣。

梳關一莧。畢云、管字假音。春秋左氏云、北門之管。孫云、管或作筦、與莧聲形俱近。說苑君道篇、楚筦饒。呂氏春秋長見篇、管作莧。管卽鎖也。月令、脩鍵閉。愼管鑰。鄭注云、鍵牡、閉牝也。管鑰、搏鍵器也。孔疏以管鑰爲鑰匙、鍵爲鑰、須二者不同。通言之、鎖亦謂之管。檀弓鄭注云。管、鍵也。是又合管鍵爲一。此一莧、與檀弓注義同。蓋於木鎖之外、更加金鎖以爲固。故詳著之。木鎖金鎖同著於關植之上。故爾雅釋宮郭注云、植、戶持鎖植也。

封以守印。守城中主守事者。尹云、上加印封。印、執政所持信也。商君書定分、封以法令之長印。又曰封以禁印。

時令人行貌封。畢云、貌疑視字。王闓運云、貌、潛視也。尹云、言視封條之固否。純一案行貌封、謂巡視封印之形狀如故否。

及視關入桓淺深。入舊譌人、蘇云、人當作入。桓、所以關也。視其淺深、謹防之。孫據正。云桓蓋門兩扉旁之直木。凡持門之木橫直相交。而關又橫貫兩桓以爲固。故視其入桓淺深。恐其入淺則不固也。

門者皆無得挾斧斤鑿鋸椎。尹云、門者、守門者也。蘇云、禁此五者、防有變也。巳上言城門關鎖之法。

城上二步一渠。孫云、此渠乃守械。以金木爲之。渠立程丈二尺。舊作程丈三尺、孫云、程當爲桯。考工記輪人、蓋杠謂之桯。立桯、卽渠之杠直立者也。丈三尺、當作丈二尺。上文及雜守篇說渠、並云夫長丈二尺。純一案孫說是也、今並據正。冠長十丈陸本唐本丈作尺、是。辟長六尺。畢云、辟同臂。孫云、備穴篇正作臂、今移前。冠、蓋渠之首。臂、其橫出之木也。

二步一荅。荅、陸本唐本並作答。荅廣九尺。舊止一荅字、王云、此當作二步一荅、荅廣九尺。上文二步一渠、渠立程丈三尺、與此文同一例。今本少一荅字、則文不足意。袤十二尺。畢云、袤舊作表、如淳注漢書鼂錯傳引此、重荅字。今據補。尹云、荅同塔。亦望敵者。

据前漢書注改。孫云、以上渠荅之法。

二步置連梃、畢云、舊作挺、以意改。說文云、梃、一枚也。孟子音義云、丁徒頂切。通典守拒法云、連梃、如打禾連枷狀。打女牆外上城敵人。孫云、太白陰經守城具篇、說連梃與通典同。歐陽云、武備志、攀城則以連枷棒擊之。亦卽此。長斧、長椎、各一物。孫云、說文木部云、椎、擊也。齊謂之終葵。槍二十枚。孫云、國語齊語云、挾其槍刈耨鎛。韋注云、槍、椿也。一切經音義引三蒼云、木兩端銳曰槍。周置二步中。尹云、周、徧也。孫云、以上雜守器之法。

二步一木弩、畢云、通典守拒法云、木弩、以黃連桑柘爲之弓。長一丈二尺、徑七寸、兩弰三寸、絞車張之。大矢自副。一發聲如雷吼。敗隊之卒。尹云、說文弧、木弓也。弩其有臂者耳。必射五十步以上。北堂書鈔百二十五今本同此、陳禹謨本以作巳。及多爲矢節。及、逮也。至也。猶言發而必中也。孫云、矢與鈔本作矦、同。尹云、節亦矢。矢節爲疊韻連語。毌以竹箭。毌、同串。孫云、矢材以竹箭爲佳。說文竹部云、箭、矢也。爾雅釋地、東南之美者、有會稽之竹箭焉。郭注云、竹箭、篠也。楛趙搜楡孫云、書禹貢云、惟箘簵楛。釋文引馬融云、楛木名、可以爲箭。方言云、杠、南楚之閒謂之趙。郭注云、趙當作桃、聲之轉也。此趙或亦桃之譌。搜、字書所無。疑當爲樜、形近而誤。樜、柘之借字。說文木部云、樜木、出發鳩山。山海經北山經、作柘木。廣韻四十禡云、柘、樜同。尹云、趙同筱、箭屬小竹。搜卽度、杖也。楡、山枌楡。說文所謂梗是也。木堅靭。可王闓運云、笴。尹云、同柯。矢幹也。蓋尹云、蓋、苦茅類。求王闓運云、銶。尹云、求同銶、鑿首也。詩破斧、又鈌我銶。釋文銶、今之獨頭斧。一曰求竹類。管子地員有求黽。齊疑卽黃鉞斧也。易旅釋文引張軌注、今本作資斧。鐵夫。孫云、夫卽鈇。備穴篇有鐵鈇。播以射衝舊作衝、據王校改。孫云、說文手部云、播、布也。謂分布使衆射之。及櫳樅。孫云、櫳樅見後。蓋亦攻守通用之器。道藏本、吳鈔本、二字並从手。下同。畢云、以上木弩之法。

二步積石、尹云、苑蠡兵法、飛石重十二斤、爲機發行三百步。文選閒居賦、礮石雷駭。子虛賦、礧石相擊。皆兵家所用石類也。石重千鈞以上者五百枚。畢云、後漢書注引作積石百枚、重千鈞以上者。舊千作中、据改。孫云、此見堅鐔傳注、千並作十、未知畢據何本。說苑辯物篇云、三十斤爲鈞。毋百。盧云、疑云毋下百、脫下字。或尙有脫字。以亢疾犂。孫云、周禮馬質鄭注云、亢、禦也。畢云、此疾犂正字、漢書注作蒺藜。非。通典守拒法云、敵若木驢攻城、用鐵蒺藜下而敦之。壁上疑脫壘字。皆可王闓運云、言不必定用石。善方。尹云、善、繕也。備也。方、同防。禦也。孫云、以上積石之法。

二步積苙。畢本作笠、云一本作至、舊作苙。孫云、道藏本吳鈔本並作苙。說文竹部云、笠、簦無柄也。非守圉之械。畢本非也。苙當爲苣之形譌。後文人擅苣長五節是也。彼五節當爲五尺。此長度倍之。蓋苣、束葦爲之。有大小長短之異。常時所擅用其小者、其大者則積之以備急猝夜戰之用、故長度特倍於恆也。尹云、苙即粒、折木也。用以推拉城下而擊人者、若今滾木。通典有壘木、即此。大一圍。孫云、儀禮喪服鄭注云、中人之扼圍九寸。長丈。二十枚。五步一罌。孫云、說文缶部云、罌、缶也。蘇云、下言木罌、容十升以上者、五十步而十。是五步一罌也。盛水有奚蠡。蠡字舊脫、據王蘇二校增。王云、奚下當有蠡字。下句奚蠡、即承此而言。杜子春注周官鬯人曰、瓢、謂瓠蠡也。瓠蠡奚蠡、一聲之轉。蘇云、奚下脫蠡字、說文奚、大腹也。蠡音黎、瓠瓢也。漢書東方朔傳、以蠡測海是也。奚蠡大容一斗。五步積狗屍五百枚。陸本蠡大倒、上五字作伍。孫云、狗屍、疑即上文之狗犀。屍犀音近通用。後又有狗走、即此、蓋亦行馬柞鄂之類。尹云、狗屍、鉤矢也。尉繚子將理、雖鉤矢射之弗追也。狗屍長三尺、喪以弟、畢云、喪、藏也。孫云、弟當爲茅、形近而誤。狗屍蓋以木爲之。而掩覆以茅、所以誤敵、使陷擠不得出也。瓮亓端。孫云、瓮、吳鈔本作甕、同。案當爲兌、形近而誤。王本以弟瓮句。注云、夷瓮大瓮。堅約弋。王本亓端堅約弋句。注云、係以杙、令易舉。尹云、用以射敵。十步積摶大二圍以上。孫云、摶舊作樽、道藏本吳鈔本並作摶、前柴摶亦作摶。今據正。摶即束木之名。尹云、摶同播、謂圓形之大木也。長八尺者二十枚。二十五步一竈。竈有鐵鐕。畢云、舊脫一竈字、据太平御覽增。鐕、鬵字假音。說文云、鬵、大釜也。一曰鼎大上小下若甑曰鬵。讀若岑。方言云、甑、自關而東或謂之鬵。太平御覽引作鑊。容石以上者一。畢云、太平御覽引作容二石以上爲湯。戒以爲湯。尹云、有事則煑沸水以沃敵。戒、警也。備也。畢云、已上積石苙狗屍摶竈之法。及持沙毋下千石。尹云、沙散可以眯目。及同扱、收也。持、庤也。儲也。孫云、毋下猶云毋減。此言至少之數。三十步置坐候樓。畢云、通典守拒法有云、却敵上建堠樓、以版跳出爲櫓。與四外烽戍晝夜瞻視。樓出於堞四尺。畢云、說文云、堞、城上女垣也。堞省文。廣三尺。長四尺。長舊作廣、從俞校改。板周三面、密傅之。蘇云、傅即塗也。所以防火。夏蓋亓上。蘇云、所以避日。孫云、顧校移後樓五十步一至五十二者十步而二、凡百二十三字著於此。似未塙、今不從。五十步一藉車。孫云、詳前。藉車必爲鐵纂。陸本藉車二字不重。畢云、說文云、鑿、治車軸也。纂假音字。五十步一井屏。孫云、井屏、即屏廁。非汲井也。周禮宮人爲其井匽、鄭衆注云、匽、路廁也。圂圂不潔、故以屛垣障蔽之。尹云、井偏井。所以受水潦、除其不潔。屛、同屏。廁也。周垣之。尹云、垣、牆也。四周爲牆、以辟惡臭。說文謂之㙩。六韜農器、里有周垣。高八尺。五十步一方。俞云、方者、房之叚字。五十步置一房、爲守者入息之所、故必爲關籥守之也。尚書序乃遇汝鳩汝方、史記殷本紀作女房。是方房古字通。方尙必爲關籥守之。蘇云、尙與上同。關籥卽管籥。五十步積薪、毋下三百石。善蒙塗、毋令外火能傷也。百步一櫳樅。畢云、舊从手非。尹本並从手云、謂堆土而爲高處耳。其字當與壠崇同。起地高五丈。三層。下廣前面八尺、後十三尺。孫云、後廣於前五尺。亣上稱議衰殺之。畢云、言稱此而議減其上。尹云、言上稱宜而漸減。百步一木樓。尹云、所謂木樵樓、重屋也。樓廣前面九尺、孫云、此無後廣之度、疑有脫文。高七尺。樓𨋢居坫畢云、坫疑坫字、說文云坫、屛牆也。又或同阽、漢書注如淳曰、阽近邊欲墮之意。孫云、𨋢坫二字、並字書所無。畢以坫爲坫、近是。疑𨋢當从匆。左定九年傳、載蔥靈寢於其中。孔疏引賈逵云、蔥靈、衣車也。有蔥有靈。左傳蔥靈卽囪欞。疑蔥有作捴者、亦與囪通。樓𨋢卽樓囪也。或謂𨋢當爲輣之譌。說文車部云、輣、兵車也。後漢書光武紀李注、引作樓車。亦通。出城十二尺。孫云、吳鈔本作步。百步一井、井十甕。畢云、舊作百步再再十甕、据太平御覽改。尹云、甕、汲缾也。以木爲繫連。蘇云、繫連所以引甕而汲也。王闓運云、繫連、鬭。水器容四斗到六斗者百。六斗舊作六什、孫從蘇校正。云左傳襄九年宋災備水器。杜注云、盆罃之屬。百步一積雜秆。各本作秆、一本如此。尹云、秆卽槀。禮考工、凡取幹之道、柘爲上竹爲下。周大二圍以上者五十枚。百步爲櫓。畢云、說文云、櫓、大盾也。櫓廣四尺、高八尺、爲衝術。孫云、衝術、卽上文之衝隊。隊術、一聲之轉。禮記月令審端徑術、鄭注云、術、周禮作遂、是其例也。此下所爲、皆以當衝遂。百步爲幽牘王本作瀆。俞云、牘卽竇字之誤。孫云、牘當爲隫之誤。說文阜部云、隫、通溝以防水者也。與竇聲義並相近。考工記匠人竇其崇三尺、鄭注云、宮中水道。幽隫、猶言闇溝也。廣三尺、高四尺者千。孫云、此爲數太多、疑非也。或當爲一之誤。王本改作十、尹本同。二百步一立樓。王云、初學記居處部、鈔本御覽居處部四、玉海宮室部引、並作立樓。刻本御覽、立譌作大。純一案鮑刻仿宋本御覽、亦作立。城中廣二丈五尺二。孫云、下二字疑衍。此立樓在堞內者之度。其出堞外者則五尺。下文云、出樞五尺是也。內外合計之、則廣三丈也。上文說坐候樓、亦云樓出於堞四尺。王本二字作上、屬下作上長二丈句。長二丈、出樞五尺。孫云、樞疑當作拒、謂立樓之橫距出堞外者五尺也。備高臨篇云、臺城左右出巨、各二十尺。拒巨並距之借字。詳備高臨篇。城上廣三步到四步、乃可以爲使鬬。孫云、三步者、一丈八尺。四步者、二丈四尺也。此言堞內地之廣度必如此、乃足容守卒行止及儲庤器用也。王本使鬬作便門。俾倪廣三尺、高二尺五寸。畢云、說文云、陴、城上女牆俾倪也。杜預注左傳作僻倪。衆經音義云、三倉云、俾倪、城上小垣也。蘇云、卽睥睨。釋名云、城上垣曰睥睨。言於孔中、睥睨一切也。純一案一切經音義六十七引釋名云、言於孔中俾倪非常事也。陛高二尺五寸。寸字舊脫、孫云、下文有寸字、此亦當有。說文𨸏部云、陛、升高陛也。今據補。廣長各三尺、遠廣各六尺。孫云、遠廣義不可通、疑遠當爲道。謂城上下當陛之道也。下文云、道陛高二尺五寸、長十步。下廣字、道藏本吳鈔本並作唐。文選甘泉賦李注引鄧展云、唐道也。則唐義亦通。城上四隅、童異高五尺。孫云、童異疑當爲重廙、說文广部云、廙、行屋也。又疑當爲重婁。婁與樓通。備蛾傅篇云、隅爲樓。王闓運云、五尺不能容人、未詳。尹云、若今警崗。童、小也。異同廙。四尉舍焉。孫云、尉蓋卽下文所謂帛尉。商子境內篇云、其縣四尉。北堂書鈔職官部引韋昭辨釋名云、廷尉郡尉縣尉、皆古官也。以尉尉人心也。凡掌賊及司察之官皆曰尉。尉、罰也。言以罪罰姦非也。尹云、自上安下曰尉。武官悉以爲稱。左閔二年傳羊舌大夫爲尉。舍、居也。畢云、已上候樓井屛櫳樅木樓井雜杆櫓幽櫝立樓之法。城上七尺一渠、長丈五尺。尺字舊本脫、王據雜守篇補。貍三尺。畢云、貍、薶省文。蘇云、貍、埋同。去堞五寸。夫長丈二尺。俞云、畢云夫同趺、如足兩分也。尹云、樹以撐渠者。使其不搖。臂長六尺、半植一鑿、內後長五寸。孫云、疑當作內徑五寸。此徑譌爲後、又衍長字、遂不可通。備高臨篇說連弩車、衡植左右皆圜內。內徑四寸。足相比例。又上云門關薄植、皆鑿半尺、半尺卽五寸之徑也。內枘、古今字。楚辭九辨云、圜鑿而方枘兮。尹云、須鑿內乃可合一、若今銜口。夫兩鑿。畢云、兩舊作雨、以意改。尹云、渠兩旁各一夫。純一案皆須鑿而與渠接合。渠夫前端、下堞四寸而適。孫云、謂適相當也。貍渠鑿坎。尹云、樹渠之地坎。覆以瓦。尹云、防其溼朽。冬日以馬矢。矢舊作夫、從孫校改。尹云、謂冬寒而火以馬矢也。今北方俗猶然。說文𦳊、糞也。字亦作屎。莊子知北遊、在屎溺。史傳皆以矢爲之。寒皆待命。孫云、言待命令而施之。若以瓦爲坎。孫云、此謂或卽以瓦爲坎亦可。

城上千步一表、孫云、千疑當作十。尹云、表、柱也。呂覽愼小、置表於南門之外。長丈棄水者操表搖之。孫云、以告人、慮有體汙也。尹云、搖令人知、免致疑爲水攻。五十步一廁、與下同圂。畢云、五下舊衍一五字。說文云、圂、廁也。孫云、廁爲城上之廁、圂則城下積不潔之處。旗幟篇所謂民圂也。蓋城上下廁異而圂同。王闓運云、將不得自置廁。之廁者畢云、之、往也。見爾雅。不得操。畢云、言不得有挾持。尹云、言有秩序。操、躁也。

城上三十步一藉車。蘇云、上作五十步、備穴篇作二十步、未詳孰是。當隊者不用。孫云、以上文校之、此下當挩此數二字。王本、隊旁注隧字。

城上五十步一道陛。孫云、謂當道之階也。陛詳前。高二尺五寸。王闓運云、與俾倪齊。長十步。王闓運云、跨兩俾倪。

城上五十步一樓𢫬。孫云、𢫬疑當爲撕、草書相近而譌。上文云、樓撕揗卽此。𢫬勇勇必重。孫云、此當作樓撕必再重、卽上文所云屬城爲再重樓也。今本樓再二字並譌爲勇、又到亂失次耳。土樓百步一外門、歐陽云、土疑爲上、宜乙作樓上、同城上棧上之例。王闓運云、暗門。發。王闓運云、令可出入。樓左右渠之。蘇云、渠、塹也。所以防踰越者。爲樓加藉幕、畢云、舊作慕、以意改。孫云、前作藉莫、卽幕之省。制詳前。棧上出之以救外。障蔽外來之矢石。

城上皆毋得有室若它可依匿者、它舊作也、畢改他。王云、他、古通作也。不煩改字。此從王本。盡除去之。

城下州道內、畢云、疑周道。孫云、周道見後備水篇、周禮量人云、營軍之壘舍、量其州涂。鄭衆注云、州涂、還市朝而爲道也。又考工記匠人云、環涂七軌、杜子春注云、環涂環城之道。此州道、與州涂環涂義並略同。百步一積薪、毋下三千石以上、善塗之。薪舊作藉、王引之云、藉當爲薪。積薪必善塗之者、所以防火也。上文云五十步積薪、毋下三百石、善蒙塗、毋令外火能傷也。與此文同一例。特彼以城上言之、此以城下言之耳。雜守篇亦曰、塗積薪者、厚五寸已上。蘇說同。孫據正。

城上十人一什長、孫云、迎敵祠篇云、城上五步有伍長、十步有什長。蓋城上步一人、十步則十人、有什長。二篇文異義同。畢云、通典守拒法云、城上五步有伍長、十步有什長、五十步百步、皆有將長。屬一吏士、孫云、疑一當爲十。一帛尉。畢云、帛同伯。孫云、疑當云百人一百尉。迎敵祠篇云、城上百步有百長。又疑帛或當作亭。篆文二字形近。王闓運云、典錢帛者。百步一亭。尹云、亭以伺望敵者。垣高丈四尺、垣高舊倒、從蘇校乙。厚四尺。爲閨門兩扇。孫云、此卽亭垣之門、閨門見前。令各可以自閉。孫云、上文同、道藏本吳鈔本閉作閑。亭一尉。舊脫一字、王據太平御覽職官部六十七補。孫云、此卽上帛尉。城上百步一亭、故亭一帛尉矣。蘇云、言亭有尉主之。尉必取有重厚忠信可任事者。重厚、舊止作一序字。王云、序當爲厚、厚上當有重字。人必重厚忠信然後可以任事、故曰尉必取有重厚忠信可任事者。號令篇曰、葆衞必取戍卒有重厚者。請擇吏之忠信者。無害可任事者令將衞。是其證。今本厚作序、序上又脫重字、則義不可通。孫據王說補正。云以上置什長亭尉之法。二舍共一井爨。爨陸本唐本並作爨。孫云、此卽什長百尉所居舍也。儀禮士虞禮鄭注云、爨、竈也。尹云、井、所以汲飲者。灰、康、粃、孫云、吳鈔本康作糠、俗字。畢云、說文云、穅。穀皮也。康或省字。秕、不成粟也。此从米、非。歐陽云、虎鈐經曰、石灰穅秕、回風颺于城上、以眯敵人目。用與此同。杯、畢云、麩字假音。通典守拒法、有灰麩穅秕馬矢。孫云、畢說未塙、杯當爲秠之借字。秠卽稃也。爾雅釋草云、秬黑黍。秠一稃二米。周禮春官敘官鄭注云、秬如黑黍。一稃二米。詩大雅生民孔疏引周禮注、稃作秠。又引鄭志云、秠卽皮。其稃亦皮也。是秠與稃字亦通。說文禾部云、稃、稽也、稽、穅也。故墨子亦以秠與康粃同舉也。通典不知杯卽爲稃、故以麩易之、與此書字不合也。王本作秠、旁注麩字。尹云、杯同麩、小麥屑皮也。馬矢、畢云、舊作夫、據太平御覽引云備城皆收藏灰穅馬矢改。通典云擲之以眯敵目也。皆謹收藏之。尹云、收、聚也。

城上之備渠譫、王云、譫蓋襜字之誤。齊策曰、百姓理襜蔽、舉衝櫓。襜蔽卽淮南子氾論訓高注所云幨幰。所以禦矢也。故廣雅曰、幨謂之幰。幨與襜字異而義同。孫云、王說譫是也。此書載渠制甚詳、必非甲盾之名。襜疑卽所謂藉幕。藉車、孫云、見前。行棧、孫云、見後。行樓、孫云、疑卽上文之木樓。到、孫云、到非守械、疑當爲斫、俗書或从刀。頡皋、尹云、史記信陵君傳、北境傳舉烽。文穎注作高木櫓、櫓上作桔槔、頭兜零以薪置其中、謂之烽。常眡之、有寇、卽火然舉之以相告。卽此所謂頡皋也。莊子天運桔皋者、引之則俯、舍之則仰。淮南氾論桔皋而汲。則以頡皋爲井上汲水物者。連梃、長斧、長椎、孫云、並見前。長茲、孫云、茲卽鎡錤也。漢書樊噲傳贊、雖有茲基、顏注引張晏云、茲基、鉏也。國語魯語、韋注云、耨、茲其也。一切經音義引蒼頡篇云、鉏、茲其也。說文木部云、欘、斫也。齊謂之鎡錤。茲其卽鎡錤之省。純一案孟子公孫丑作鎡基。尹云、鎡錤、所以掘土者。距、孫云、疑卽備穴篇之鐵鉤鉅。飛衝、孫云、卽衝車。韓非子八說篇、有距衝。蓋二者攻守通用之。尹云、飛者明其速。縣□孫云、縣下疑闕梁字、縣梁見前。批、尹云、謂攀人之物。屈樓五十步一。堞下爲爵穴。畢云、舊作內、以意改。孫云、爵穴、謂於城堞間爲孔穴也。後文云、城上爲爵穴、下堞三尺。與此堞下爲爵穴、文足相證。三尺而一。尹云、爵穴、所以避人。爲薪皐。孫云、疑卽前頡皐。二圍長四尺半、必有挈。挈、舊作潔、從畢校改。王本尹本並同。孫云、如畢說、則與後文爲薪樵挈義同。瓦石重二斤以上。斤舊譌升、從王校改。上畢云、疑衍。城上沙、畢云、舊作涉、下同。俱以意改。五十步一積。孫云、句。竈置鐵鐕焉。畢云、舊作錯、據上文改。鐕同鬵。與沙同處。孫云、上文說鐵鐕以爲湯及持沙、故與沙同處。木大二圍、長丈二尺以上、善耿亣本。畢云、言連其本、亣舊作卞、以意改。孫云、耿疑聯之誤。名曰長從。孫云、疑與上文樅樅義同。五十步三十木橋。尹云、百步再井、則五十步爲一井、故置一橋以備汲水之用。說苑反質、爲機重其前、輕其後、命曰橋。三十、謂橋或三或十也。長三丈、毋下五十。尹云、言必於五十步置之。復使卒急爲壘壁、以蓋瓦復之。舊本復並譌後、卒譌辛、王引之云、此當作復使卒急爲壘壁、以蓋瓦復之。復之卽覆之。謂以蓋瓦覆壘壁也。孫據正。用瓦木罌容十斗以上者。斗舊譌升、從孫校改。五十步而十盛水。孫云、方言云、自關而西、晉之舊都、河汾之間、其大者謂之甀。自關而東、趙魏之郊、謂之瓮。或謂之甖。甖其通語也。甖、罌同。史記韓信傳、以木罌缻渡軍。是罌或瓦或木、皆可以盛水也。且用之五十二者。蘇云、十二字訛、當爲五斗者。孫云、且用之三字無義、疑當作瓦罌大三字。五十二者、當作五斗以上者。案瓦罌大五斗以上者爲一句。歐陽云、之字疑當作容。十二者、當從蘇說作五斗者。言用罌容十斗以上者五十步而十盛水。更用容五斗者盛水十步而二也。十步而二。孫云、二或當從俞校作四。顧校以樓五十步一至此一百二十三字、爲上文夏蓋其上之下挩文云當與言五十步次。今案顧說可通、然無由定其當次何句、未敢輒移、姑仍舊本。又舊本此下有城四面四隅皆有高磨襯云云凡二百三十二字、顧俞兩校、定爲上文挩簡並是也。今依分爲二段、移著於前。

城下里中家人各葆亣左右前後如城上。孫云、葆、吳鈔本作保。字通。此謂相保任也。城小人衆、葆離鄉老弱國中、及它大城。它从王本、舊作也、畢校改他。孫云也卽古他字。離鄉謂別鄉、不與國邑相附者。說文𨛜部云鄉、國離邑、民所封也。春秋繁露止雨篇云、書十七縣、八十離鄉。葆亦與保通、謂保守也。淮南子時則訓四鄙入保、高注云、四竟之民、入城郭自保守。蘇云、城小人衆則不可守、宜遣其老弱葆於國中、及他大城。王本乙作國

中老弱、葆離鄉及它大城。本從之。釋云、離、遠也。尹

寇至度必攻、尹云、度、量也。主人先削城編。王闓運云、苦、城茨也。孫云、此蓋言先除附城室廬。唯勿燒。王闓運云、防失火。孫云、勿吳鈔本作毋。寇在城下、時換吏卒署。畢云、說文云、署、部署。有所网屬。純一案段注署、位之表也。网屬猶系屬、若网在綱。孫云、言吏卒時移易往來、不定在一署也。而毋換亣養。俞云、養卽廝養之養。宣十二年公羊傳、廝役扈養死者數百人、何休注曰、炊亨者曰養。孫云、俞說是也。吳子治兵篇云、弱者給廝養。此言吏卒署雖時換、而其廝養給使令者、則各有定署、不得移易也。亦見號令篇。王闓運云、養、竈下卒。換之防泄軍情。養毋得上城。寇在城下、收諸盆甕耕積之城下。畢云、收舊作牧、以意改。孫云、說文皿部云、盆、盎也。又缶部云、罋、汲缾也。甕卽罋之隸變。王本罋作甕、耕改缾、屬上爲句。尹云、城下、城內之下。百步一積、積五百。孫云、言五百箇爲一積也。城門內不得有室、爲周官桓吏。王闓運云、周置一官。桓置一吏。專令巡守之。桓、表也。千步一表。尹云、周官、謂城周巡行之官。漢書百官公卿表、有司隸校尉周官。四尺爲倪。王闓運云、俾倪、裨堞鈌、在堞間。尹云、城上女牆。行棧內閈二一、孫云、閈卽閉字。王闓運云、今門門。關一、王闓運云、今門杠。堞除城場外、孫云、爾雅釋宮云、場、道也。謂城下周道。去池百步、牆垣樹木小大盡壞伐除去之。盡舊作俱、孫云、俱吳鈔本作盡。純一案陸本唐本並作盡、今據改。王本尹本並同。畢云、伐舊作代、以意改。寇所從來、若昵道傒近、孫云、當作近傒、傒與蹊字通。釋名釋道云、步所用道曰蹊。蹊、傒也。言射疾則用之、故還傒於正道也。蓋正道爲道。間道爲傒。昵近義同。王本改近作徑。若城場、王闓運云、道徑樹牆、悉除去如城下。皆爲扈樓。皆舊譌家、孫據道藏本吳鈔本正。尹云、扈、護也。立竹箭。尹云、謂植竹箭以防敵。二人中守堂下。二人舊作天、從王本改 。尹本同。云、中充也。說文廡、堂下周屋。此堂下、卽廡所在地也。一稱爲庌。純一案此六字、與上文不相屬。疑當移置爲大樓高臨城下。爲大樓。孫云、爲大樓以候望也。此卽臺門之制、但加高大耳。尹云、將帥所居。高臨城。尹云、便候敵。堂下周散道。王闓運云、四周留道。中應客。尹云、應客於廡。說文庌、廡也。通俗文客堂曰庌。孫子作戰篇賓客之用。賈林注引李太尉曰、三軍之門、必有賓居論議。彼賓卽此客也。客待見。王闓運云、客至或就樓中應之、或令待見也。尹云、謂待查問乃見、恐其爲刺。時召三老在葆宮中者、與計事得。舊本在譌左、宮譌官、王引之校正。尹云、前漢書陳勝項籍傳、號召三老豪傑會計事。師古曰、

號令召呼之。孫云、漢書百官公卿表、秦制、鄉有三老掌敎化。後號令篇云、三老守閭、則邑中里閭亦置三老。管子度地篇云、與三老里有司伍長行里。史記滑稽傳、西門豹治鄴、亦有三老。漢書高祖紀、漢二年舉民年五十以上、有脩行能率衆爲善、置以爲三老。鄉一人。擇鄉三老一人。爲縣三老。與縣令丞尉以事相敎復、勿繇戍。蓋亦放秦制爲之。舊本此下有爲之奈何云云五十四字、王俞兩校、定爲上文及備穴篇之錯簡是也。今據分別移正。失。舊譌先、孫云、當爲失。屬上與計事得失爲句。言與客計事、審其得失也。今據改。行德計、謀合乃入葆。孫云、德當爲得、古通用。此冢上計事得失而言、謂所行既得計、謀又相合、乃聽其入葆城也。葆入守。無行城。無離舍。孫云、謂自外入葆者、不得行城離舍也。諸守者、審知卑城淺池而錯守焉。孫云、論語包咸注云、錯、置也。錯守、猶言置守。或云、楚辭國殤王逸注云、錯、交也。謂交錯相更代而守。亦通。晨暮卒歌以爲度。用人少易守。孫云、以上四十三字、舊本誤錯入雜守篇。今審定與此上下文正相承接、移著於此。卒歌、歌疑鼓之誤。兵法禁歌哭、不當使卒歌也。末句有誤。尹云、少謂壯者。守法。五十步。丈夫十人。丁女二十人。孫云、釋名釋天云、丁、壯也。老小十人。計之、五十步四十人。孫云、此城下不當隊者、守備之卒、每十步則八人。與下文城上城下當隊者人數並異。畢云、丈夫丁女老小共四十人。城上樓卒、率一步一人。舊卒譌本、上譌下。王云、本當爲卒、謂守樓之卒也。孫據正。云、城下當爲城上。此言城上守樓及傳堞者、每步一人。與上下文城下卒數不同。上云城上百步一樓、則樓不得在城下明矣。城上地陝、故一步止一人。今據改下作上。二十步二十人。城小大以此率之、乃足以守圉。圉舊作圍、王云、圍當爲圉、字之誤也。守圉卽守禦。公輸篇、子墨子守圉有餘。淮南主術訓、瘠者可使守圉。漢書賈誼傳、守圉扞敵之臣。並與守禦同。孫據正。客馮面而蛾傅之。畢云、客舊作宕、以意改。孫云、小爾雅廣言云、馮、依也。面、謂城四面。純一案客、敵也。面當作城。主人先知之、則主人利。知之舊倒、從畢校乙。則字舊在先上、今校乙。孫云、此上下文、疑皆備蛾傅篇之文。錯著於此。客適。孫云、以下文校之、疑當作客病。王樹枏校同。客攻以遂。畢云、同隊。十萬之衆、萬下舊衍物字、從孫校刪。王本尹本並同。畢云、衆一本作數。攻無過四隊者。上術廣五百步。孫云、術隊一聲之轉。皆謂攻城之道。百舊譌十、今據吳鈔本正。中術三百步。下術百五十步。百字舊脫、從孫校補。王本尹本同。諸不盡百五十步者、十字舊脫、從孫校補。王本尹本同。主人利而客病。王闓運云、來道狹則易於樂守。廣五百步之隊、孫云、即上文之上術也。丈夫千人。丈舊譌大、孫從王校改。丁女子二千人。老小千人。凡四千人。舊本脫四字、孫據王引之校補。云、此城下當隊者。備守之卒。十倍於前不當隊之數也。商子兵守篇、說守城分三軍。壯男爲一軍。壯女爲一軍。男女之老弱者爲一軍。與此法略同。而足以應之。此守術之數也。孫云、顧校移上文凡守圍城之法至不然則賞明可信而罰嚴足畏也一段。又城下里中家人至時召三老在葆宮中者與計事得一段著此下。恐不塙。今不從。使老小不事者。守於城上不當術者。孫云、不當攻隊者、守事不急、故使老小守之。城持出、必爲明填。王闓運云、城持、持出城者。若今護照。純一案下文云持出不操填章。似乎持爲符節之屬。填章則將其人之姓名年貌、幷其出入之事由期限等、一一填明之。令吏民皆智知之。從一人。吏民據下文當作吏卒。從與縱同。言將其人所持之符節與填章。令守吏及卒、皆檢驗而知其無僞、然後縱之使出也。百人以上、王本改下注云、今百長什長及兵卒。持出不操填章。王闓運云、無城持者。從入非其故人、王闓運云、易一人從入。乃亣填章也。王闓運云、以填章與所易之人。純一案百人以上四字疑衍、言凡持有符節欲出城、而未有填章者。或從外入城者、非出城之原人、乃原人之填章。必有奸謀。不得任其出入。千人之將以上止之、勿令得行。王闓運云、裨將以下、則徑收問。行及吏卒從之。行該出入言。之人、持填有異。吏卒不認眞檢擧。縱之出入。罪等同謀。卒舊譌率、孫據道藏本吳鈔本正。皆斬、具以聞於上。王闓運云、急不待報。此守城之重禁。舊衍之字、從王本刪。尹本同。大姦之所生也。大舊譌夫、從王本正。尹本同。不可不審也。孫云、自城下里中家人至此、並通論守法。與前後文論守備器物數度者不同。疑皆他篇文之錯誤。以先行德計謀合一段、在雜守篇證之、或故書本皆在彼篇與。王云、各本此下有候望適人至穴土之攻敗矣、凡三百四十五字、乃備穴篇之錯簡。詒讓案舊本此篇穴土之攻敗矣下、又有斬艾與柴長尺至男女相半、凡三百九十四字、亦備穴篇文。今並移正。

城上爲爵穴。孫云、謂於城堞間爲空穴、小僅容爵也。顧云、此以下是備高臨篇文、釋技機藉之也。案顧說是也。然未知截至何句止、姑仍其舊。下堞三尺。廣亣外。蘇云、此言爵穴之法。廣外則狹內、令下毋見上、上見下也。五步一爵穴。大容苣。舊譌苴、王引之云、苴字義不可通。苴當爲苣、字之誤也。說文、苣、束葦燒也。此云爵穴大容苣、下云內苣爵穴中、二文上下相應。故知苴爲苣之譌。蘇說同。今據正。高者六尺。下者三尺。疏數自適爲之。孫云、言自稱地形爲疏數必調適也。塞外塹去格七尺爲縣梁。孫云、塞當爲穿。此言穿城外爲塹、而縣木爲橋梁、乃發以圉敵也。若如今本作塞外塹、則下不當云勿塹矣。後文亦云去城門五步大塹之。上爲發梁。與此可互證。格、卽備蛾傅篇之杜格。旗幟篇之牲格也。蓋於城外樹木爲之、以遏敵人之傅城者。或云格與落通。六韜軍用篇、漢書晁錯傳、並有虎落。卽此。城遳陜不可塹者勿塹。遳舊誤遳、王引之云、當爲遳。玉篇笮、狹也。亦作遳。孫據正。尹云、陜、隘也。今字作狹。今城上三十步一聾竈。孫云、詳前。畢云、聾卽壟字。人擅苣長五尺。人擅舊作入壇、王引之云、義不可通、當爲人擅。擅讀曰撣。說文撣、提持也。古通作擅。人擅苣者、人持一苣也。備水篇云、臨三十人、人擅弩。又曰、三十人共船、亣二十人人擅有方劍甲鞮瞀、十人人擅苗。是凡言人擅者、皆謂人人手持之也。孫據正。云、六韜敵強篇云、人操炬火。炬卽苣之俗。擅操義同。長五節、節非度名。當作長五尺。純一案孫說是也。今據正。尹云、後漢書皇甫嵩傳、束苣乘城。可以昭明者。寇在城下、聞鼓音燔苣。復鼓、內苣爵穴中、照外。蘇云、內讀如納。諸藉車皆鐵什。畢云、什與錯音近。說文云、錯、以金有所冒也。孫云、上文云、藉車必爲鐵纂。卽此。什王本作升、注云、鐵升、以鐵爲梯。藉車之柱長丈七尺。亣貍者四尺。孫云、柱長丈七尺、而貍者四尺。則在上者丈三尺、較下夫四分之三在上爲微贏。或長丈七尺、七當爲六、則於率正同。下又云桓長丈二尺半。夫長三丈以上至三丈五尺。孫云、夫趺字同。馬頰長二尺八寸。孫云、說文頁部云、頰、面旁也。馬頰、蓋象馬兩頰骨袌出之象。尹云、馬頰、若今夾板輔夫足。用試藉車之力而爲之困。尹云、試、用也。孫云、困、梱之借字。說文木部云、梱、門橜也。橜、弋也。一日門梱也。口部困、古文作柴。廣雅釋宮云、橛、機、闑、柴也。卽以古文困爲梱。荀子大略篇云、和之璧、井里之厥也。晏子春秋雜上篇、作井里之困。困亦卽梱也。據荀晏二書、則梱以木石爲之。此藉車以大車輪爲梱者、蓋亦於趺下爲之。夫四分之三在上。夫舊譌失、從孫校正。王本同。孫云、夫、趺之借字。藉車夫長三丈。丈舊譌尺、從孫校正。四三在上。孫云、當作四之三在上。此二句、卽釋上夫四分之三在上之義。疑舊注之錯入正文者。馬頰在三分中。孫云、馬頰、橫材旁出、邪夾趺外。在三分中、卽在上三分內也。馬頰長二尺八寸。夫長二丈四尺。丈舊譌十、今校改。以下不用。孫云、言不及度。則不中用。治困以大車輪。藉車桓長丈二尺半。孫云、桓卽桓楹之桓、與柱義同。藉車蓋有四直木。其二薶者爲柱。二不薶者爲桓。上文柱長丈七尺。藲者四尺。則不藲者丈三尺也。此度腑五寸、未詳。如柱長當爲丈六尺。則不藲者亦丈二尺。相贏五寸、或爲枘以入夫與。諸藉車皆鐵什。什、王本尹本並作升。復車者在之。孫云、復疑後之誤、在疑左之誤。左佐古今字。王本在作任、尹云、復、往來也。謂人升降任用也。寇闉池來。闉舊作闉、畢云、闉疑當爲衞、或闉字。池、城池。孫云、闉是也。備穴篇有救闉池之文。今移於前。王本尹本並作闉。今從之。闉、塞也。塡也。池、城外之池。爲作水甬。孫云、水甬、蓋漏水器。月令角斗甬。鄭注云、甬、今斛也。中空、可通水者。深四尺堅幕貍之。幕舊作慕、從孫校改。十尺一。覆以瓦而待令。瓦舊作月、畢以意改穴。王云、月亦當爲瓦。上文云鑿坎覆以瓦。是其證。畢改爲穴。非也。蘇說同。孫據正。以木大圍長二尺四分而早鑿之。孫云、早疑中之誤。言鑿木中空之也。上文云、鑿長二尺中鑿夫之。可證。置炭火亣中、而合幕之、幕舊譌慕、孫云、當爲幕。謂既置炭火、乃以物合而覆之。今據正。而以藉車投之。爲疾犂投。長二尺五寸。大二圍以上。孫云、備梯篇作蒺藜投、蓋亦爲機以投之。自城上爲爵穴至此、王本移置備穴篇諸作穴者五十人男女相半下。尹本從之。涿弋。畢云、弋舊俱作代、以意改。孫云、代疑杙之誤。涿、椓之借字。詳前。弋長七寸。弋閒六寸。畢云、弋舊作我、以意改。孫云、亦當作杙。剡亣末。孫云、說文刀部云、剡、銳刺也。狗走。孫云、此當即上文之狗屍。惟尺度異耳。前救闉池章又作狗犀。廣七寸。長尺八寸。蚤長四寸。孫云、蚤、爪同。蓋剡銳其末。詳前。犬牙施之。牙舊作耳、從孫校改。孫云、犬舊本誤大、今據道藏本吳鈔本正。耳當爲牙。犬牙施之、謂錯互設之。以上並備闉池之法。與上文錯入備穴篇救闉池之文略同。

子墨子曰、守城之法、必數城中之木、十人之所舉爲十挈。王闓運云、挈、於木上施楔、便人手持。五人之所舉爲五挈。凡輕重以挈爲人數。尹云、視其挈若干、即知需人若干。爲薪蕉挈。孫云、蕉樵之俗。集韻四宵云、樵或作蕉。王闓運云、此挈用索。壯者有挈、弱者有挈、皆稱亣任。凡挈輕重所爲、吏人各得亣任。蘇云、吏當作使。孫云、蘇校是也。吏使古字亦通。此釋皆稱其任句義、疑亦舊注錯入正文。又雜守篇云、使人各得其所長、天下事當。與此文例相似。疑此與彼數語當相屬。或有錯簡也。

城中無食、則爲大殺。畢云、殺言滅。孫云、自子墨子曰至此一段、與上下文義不相屬。疑當在雜守篇斗食終歲三十六石之上。而誤錯著於此。

去城門五步大塹之。尹云、塹、阬也。高地丈五尺。下地至泉三尺而止。舊作高地三丈下地至、王引之云、此本作高地丈五尺。下地至泉三尺而止。備穴篇曰、高地丈五尺、下地得泉三尺而止。是其證。今本丈五尺、譌作三丈。至下又挩泉三尺三字。則義不可通。孫云、王說是也。上文亦云、塹中深丈五、今據補正。施賊亓中。王闓運云、賊、害人物。上爲發梁而機巧之。畢云、梁、橋也。孫云、此卽上文所謂縣梁也。縣梁有機發。可設可去。故曰發梁。尹云、通典守拒法、坑上安轉關板橋。水經注引燕丹子曰、燕太子丹質於秦。秦王遇之無禮。乃求歸。秦王爲機發之橋。欲以陷丹。丹過之。橋不爲發。比傅薪土。傅舊作傳、從顧蘇二校改。比、密也。蘇云、傳、義與敷同。使可道行。孫云、謂塹上爲機梁、上布薪土如道、以誘敵也。旁有溝壘毋可踰越。孫云、毋、吳鈔本作無。而出佻戰且北。舊作而出佻且比、王引之云、當作而出佻戰且北。北、敗也。佻與挑同。言出而挑戰、且佯敗以誘敵也。故下文曰適人遂入、引機發梁、適人可禽。備穴篇曰、穴中與適人遇、則皆圍而毋逐。且戰北、以須鑪火之然。彼言且戰北、猶此言佻戰且北也。今本脫戰字、北字又譌作比、則義不可通。今據補正。適人遂入。畢云、舊作人、以意改。引機發梁、適人可禽。適人恐懼、而有疑心、因而離。畢云、下脫簡。王本改適人恐懼以下十一字爲小注。離下增之字。尹云、離、羅也。謂羅敵人。

備高臨第五十三

孫云、吳鈔本作五十五。

禽子再拜再拜曰、敢問適人積土爲高。畢云、適同敵。以臨吾城。孫云、周書大明武篇云、高堙臨內。日夜不解。又云城高難上。湮之以土。疑皆高臨攻城之法、與堙略同也。薪土俱上。以爲羊黔。畢云、雜守作羊坽、未詳其器。王云、雜守作羊坽、非作羊坽也。坽與上下兩城字爲韻。則作坽者是。集韻坽、郎丁切、峻岸也。王闓運云、羊、小也。黔岑通用字。純一案羊坽、似謂高積薪土。周圍有階。如羊字形。便登也。蒙櫓俱前。孫云、櫓、大盾。詳備城門篇。謂敵蒙大盾以蔽矢石而俱前攻城也。遂屬之城。孫云、國語晉語韋注云、屬、會也。猶雜守篇云城會。兵弩俱上。爲之柰何。子墨子曰、子問羊黔之守邪。羊黔者、將之拙者也。舊本脫之守邪羊黔五字、王云、當作子問羊黔之守邪、羊黔者將之拙者也。備梯篇曰、問雲梯之守邪、雲梯者、重器也。亓動移甚難。備蛾傳篇曰、子問蛾傳之守邪、蛾傳者、將之忿者也。雜守篇曰、子問羊坽之守邪。羊坽者、攻之拙者也。皆與此文同一例。今本脫之守邪羊黔五字、則文義不明。孫據王校補。足以勞卒。卒舊譌本、王云、本當爲卒。孫從之。云說詳備城門篇。王樹枏云、雜守篇正作足以勞卒。不足以害城守爲臺城。尹云、言爲臺於城上。以臨羊黔。左右出巨各二十尺。孫云、臺城卽行城也。下備梯篇說行城。亦云左右出巨各二十尺。與此制同。巨當爲距之叚字。說文足部云、距、雞距也。儀禮少牢饋食禮、俎距。鄭注云、距讀爲介距之距。俎距、脛中當橫節也。此行城編連大木、橫出兩旁。故亦謂之距。蓋與俎距義略同。行城三十尺。王樹枏云、備梯篇云、行城之法、高城二十尺。此云三十尺。必有一誤。純一案孫校備梯篇、疑必有一誤同。竊以彼高城、謂高出於城上。城字或非衍。尹云、備梯篇曰、行城之法、高城二十尺、上加堞廣十尺。此云三十尺、蓋堞高有十尺耳。行、乘也。謂別爲城而加於城上者。歐陽云、通典守拒法、凡敵攻城。多背王相起土爲臺。我于城內、薄築長高于敵臺一丈以上。卽自然制彼無所施力。其要全在高于敵臺耳。強弩射之。射字舊脫。從孫校增。王樹枏云、備梯篇云、夾而射之。則此之上、當有射字。披機藉之。披舊譌技、王樹枏云、備梯篇作披機藉之。披字是。漢書薛宣傳注云、披、發也。廣雅釋詁云、披、張也。備蛾傳篇作校機藉之、校亦披字之譌。純一案王說是也。今據正。奇器□□之然則羊黔之攻敗矣。備高臨高舊誤矣。從王引之校改。王闓運本同。以連弩之車。尹云、弩連於車、因名連弩。材大方。材舊譌杖、孫從俞校正。一方一尺。每方一尺、材斯大矣。長稱城之厚薄。稱、適合也。

兩軸四輪。四舊作三、俞云、旣爲兩軸、不得三輪。三當爲四。古三四字皆積畫、因而致誤。今據正。輪居筐中。孫云、筐、疑謂車闌。亦卽車箱。詩小雅鹿鳴毛傳云、筐、篚屬。車闌謂之筐、猶車笭謂之篚與。尹云、筐、箱也。言輪以箱蔽之。重下上筐左右旁二植。孫云、旁二植、則左右通爲四植。猶備城門篇云、樓四植。左右有衡植。孫云、衡與鈔本作橫。下同。衡植左右皆圜內。孫云、內、枘同。內徑四寸。左右縛弩皆於植。縛舊作縳、孫云、縳當爲縛。純一案陸本唐本正作縛、今據改。尹云、繫植上也。以弦尹云、弦、弓弦也。象絲軫之形。弩亦用之。鉤弦。孫云、釋名釋兵云、弩鉤弦者曰牙、似齒牙也。尹云、管子問篇鉤弦之造注、鉤弦所以挽弦。至於大弦。尹云、大、直也。言緊張之。弩臂前後與筐齊。孫云、卽下文之橫臂也。說文弓部云、弩、弓有臂者也。釋名釋兵云、弩、其柄曰臂、似人臂也。筐高八尺。孫云、爲上下筐之高度。上下分之、各四尺也。後雜守篇、說軺車板箱、亦高四尺。弩軸去下筐三尺五寸、連弩機郭用銅。用舊作同、從孫校改。孫云、釋名釋兵云、牙外曰郭。爲牙之規郭也。含括之口曰機、言如機之巧也。亦言爲門戶之樞機、開闔有節也。王闓運云、郭、鑛今古字。一石三十斤。斤從畢本。陸本唐本同。王本尹本並作斤。孫本譌鈞。尹云、謂引弩重一百五十斤。石秝也。百二十斤曰秝。引弦鹿盧。盧字從孫校增。王本同。尹云、引、開弩也。鹿盧、滑車。用之以省力者。長奴。孫云、奐鈔本無長字。畢云、奴同弩。尹云、說文彀、張弩也。此長同張。奴卽弩也。筐大三圍半。孫云、謂筐材圓圍之度。左右有鉤距。尹云、鉤距、兵器之鉤而有鉅者。所謂戟是也。呂覽知分、謂之句兵。備穴篇、爲鐵鉤鉅長四尺、方三寸。尹云、方、幷也。輪厚尺二寸。鉤距臂博尺四寸厚七寸長六尺。鉤舊作銅、孫據王蘇二校正。橫臂齊筐外蚤尺五寸。孫云、蚤、爪同。謂臂端剡細者、詳備城門篇。有距。孫云、亦謂橫出旁枝如雞距也。見上。博六寸。厚三寸。長如筐。有儀。孫云、管子禁藏篇尹注云、儀、猶表也。謂爲表以發弩。王闓運云、儀、闚管也。以測量命中。有詘勝可上下。王闓運云、詘勝、屈申也。弩必可使上下屈申如意。通典以爲梯名、非。純一案儀當卽刻有度數之表。所以望遠近射準者。爲武重一石。孫云、武疑趺之聲誤。王闓運云、弩趺也。以材大圍五寸。孫云、圍五寸、以圓周求徑率算之。止徑一寸五分有奇。材太小。似非也。上文云筐大三圍半。備城門篇云、積摶大二圍以上。此疑亦當云、以材大五圍。寸字衍。矢長十尺以繩□□矢端。疑□□或卽繫著二字。如弋射。舊重如字。弋作戈。孫云、如不當重、疑衍。戈當爲弋、形近而誤。說文隹部云、隿者。繳射飛鳥也。詩鄭風女曰雞鳴、孔疏云、以繩繫矢而射鳥、謂之繳射。漢書司馬相如傳、顏注云、以繳係矰仰射高鳥、謂之弋射。今據刪正。以磿鹿卷收。磿鹿舊本作磨鹿。王引之云、磨鹿當爲磿鹿。謂車上之磿鹿、轉之以收繩者也。故曰以磿鹿卷收。磿鹿猶鹿盧、語之轉耳。孫云、六韜軍用篇、有轉關轆轤。此卷收卽冢上矢端著繩而言。古弋射蓋亦用此。矢高弩臂三尺用弩無數出。出承矢言、謂射發也。人六十枚。王闓運云、每人少亦給矢六十。用小矢無留。王闓運云、無數、都計之詞。無留、亦無數也。純一案無留、謂盡量用之。十人主此車。陸本唐本並作卓。遂具寇。尹云、言當攻隧。具、備也。爲高樓以射適。適舊作道、從孫校改。城上以荅羅矢。陸本唐本荅作答。尹云、荅同鞈、重革也。當心著之、可以禦矢。字一作韐。淮南主術、鞅鞈鐵鎧。瞋目扼掔。其於以禦兵刃懸矣。羅、闌也。遮也。孫云、下有捝簡。

備梯第五十六

禽滑釐子事子墨子三年。手足胼胝。畢云、腁省文、从月。面目黧黑。畢云、黎字俗寫从黑。役身給使。不敢問欲。子墨子甚哀之。甚舊作其、從畢校改。王本尹本並同。乃管酒塊脯。孫云、塊、道藏本吳鈔本並作槐。畢云、乃舊作及、以意改。塊當爲餽、饋字假音。尹云、管酒、謂酒以管盛者、所謂清酒。塊猶切也。尚書大傳酌酒切脯。除爲師之禮、約爲朋友。寄於大山。孫云、大山卽泰山。尹云、大山在魯。墨子魯人、故寄大山。寄、猶游也。純一案魯北界太山。此知墨子之居、距大山不遠。味菜坐之。孫云、味菜、當讀爲滅茅。晏子春秋諫下篇云、景公獵休、坐地而食。晏子後至、滅葭而席。公不說曰、寡人不席而坐地、二三子莫席。而子獨搴草而坐之、何也。味茅、猶言滅葭。亦卽搴茅而坐之也。味當作眛、與滅古音相近。左氏隱元年經、公及邾儀父盟于蔑、蔑公羊作眛、卽其比例。說文手部云、搣、批也。批捽也。滅亦卽搣之借字。若然、眛茅卽是薙搣茅草。古書矛字、或掍作柔。宋本淮南子氾論訓云、槽柔無擊。說苑說叢篇云、言人之惡、痛於柔戟。並以柔爲矛。故此茅字、亦作菜矣。以樵禽子。王引之云、樵蓋醮之借字。士冠禮注曰、酌而無酬酢曰醮。故上文言酒脯。王本樵作醮。尹本承之。釋云。醮同噍。食也。李笠云。醮爲醮之本字。王說與孫氏暗合。校以字體。醮樵形近。又足補孫說不及。禽子再拜而嘆。孫云、吳鈔本作歎。子墨子曰、亦何欲乎。畢云、亦當爲亣字之誤。孫云、亦字自通。不必改亣。禽子再拜再拜曰、敢問守道。子墨子曰、姑亡姑亡。孫云、姑亡、言姑無問守道也。亦見公孟篇。古有亣術者、內不親民、外不約治。孫云、呂氏春秋本味篇高注云、約、飾也。以少閒衆、以弱輕強、身死國亡、爲天下笑。子亣愼之、恐爲身薑。畢云、同僵。強亡薑爲韻。純一案古音諧十六庚引此。禽子再拜頓首。王闓運云、薔不爲無道者守也。願遂問守道。曰、敢問客衆而勇、堙資吾池。堙舊作煙、陸本同、唐本作烟。王云、煙當爲堙。堙、塞也。備穴篇、救闉池者。闉與堙同。蘇說同。王本尹本並作堙。俞云、資、當讀爲茨。淮南子泰族篇、茨其所決而高之。高注曰、茨、積土填滿之也。是茨與堙同義。古茨字或作薋。爾雅釋草篇、茨蒺藜。釋文茨本作薋、是也。墨子書作資者、卽薋字而省艸耳。說文土部垐、以土增大道上。茨與垐通。孫云、俞說是也。梯臨之攻。蓋皆兼用堙法。軍卒並進。雲梯既施。孫云、通典兵門、攻城戰具云、以大木爲床。下置六輪。上立雙牙。牙有檢梯。節長丈二尺。有四桄。桄相去有三尺。勢微曲。遞互相檢。

飛於雲閒。以窺城中。有上城梯。首冠雙轆轤。枕城而上。謂之飛雲梯。蓋其遺法。大白陰經攻城具篇同。攻備已具。武士又多。爭上吾城。畢云、上舊作士、据太平御覽改。爲之柰何。畢云、弛施多何爲韻。案古音諧十一麻引此。子墨子曰、問雲梯之守邪。守字舊闕、王云、此當作問雲梯之守邪。上文曰敢問守道。又曰、顧逾問守道。備城門篇曰、問穴土之守邪。備蛾傅篇曰、子問蛾傅之守邪。雜守篇曰、子問羊坽之守邪。皆其證。今脫守字、則文不成義。蘇說同。孫據補。雲梯者、重器也、亓動移甚難。王闓運云、此雲梯卽呂公車。守爲行城雜樓相見以環亓中。兪云、相見、卽相閒也。備城門篇見一寸。畢云、見疑閒字。是其例也。以適廣陜爲度。尹云、攻隊廣狹。環中藉幕。畢云、舊作慕、以意改。毋廣亓處。畢云、度幕處爲韻。行城之法高城二十尺。孫云、謂高出於城上。備高臨篇云、行城三十尺。此云高城二十尺。疑必有一誤。上加堞廣十尺。左右出巨各二十尺。孫云、巨讀爲距。見備高臨篇。雜樓高廣如行城之法。雜樓二字舊脫、兪云、上文皆言行城、而此卽云高廣如行城之法、義不可通。疑高廣上、脫雜樓兩字。上文云、守爲行城雜樓相見以環其中、以適廣陜爲度。然則行城也、雜樓也、本有二事、故云相見。相見卽相閒也。上文旣言行城之法、此繼言雜樓、故省其文曰雜樓高廣如行城之法。純一案兪說是也、今據補。爲爵穴煇鼠。孫云、爵吳鈔本作雀。同。爵穴制、見備城門篇。煇當讀爲熏。史記呂后紀、戚夫人去眼煇耳。亦以煇爲熏。爵穴煇鼠、蓋亦城閒空穴之名。明其小僅容爵鼠也。鼠畢本以意改鼠。案鼠卽鼠之變體、不必改。詩豳風七月穹窒熏鼠。此與彼義同。蓋以火煙熏穴以去鼠、因之小空穴亦謂之熏鼠矣。備穴篇有鼠穴、亦卽此。施苔亓外。陸本唐本苔作答。亓並譌亦。機衝棧城。棧舊作錢。王引之云、錢字義不可通、當是棧字之誤。衝見雜守篇。備城門篇說城上之備有行棧、卽此所謂棧也。城卽行城。見上文。純一案王說是也、今據改。孫云、六韜發啓篇云、無衝機而攻。蓋攻守通用此。廣與隊等。雜亓閒以鐫劒。孫云、說文金部云、鐫、破木鐫也、釋名釋用器云、鐫、鐫也。有所鐫入也。廣雅釋言云、鐫、鑿也。劒與鐫異用、並舉殊不倫。疑當爲斲。劒備穴篇亦譌劒、可證。斲鐫皆所以斫破敵之梯者。純一案劒可刺敵。持衝十人。孫云、此城內之衝。以距攻城之梯者。使十人持之。執劒五人。孫云、劒亦疑當爲斲。皆以有力者。令案目者視適。孫云、淮南子泰族訓云、欲知遠近而不能、敎之以金目則射快。許注云、金目、深目。所以望遠近射準也。此案目疑與金目義同。王闓運云、案目、今望遠鏡。令目聚光。純一案金目、不傳其制。想必以金屬製成之長管、密切於目以注視、則望遠甚明。故許注云深目。案目之制、其理必同。畢云、適同敵。以鼓發之。夾而射之。重而射之。之字據孫校補。王本尹本並同。尹云、夾謂兩旁。重則上下。披機藉之。詳備高臨篇。城上繁下矢石沙灰以雨之。畢云、太平御覽引繁作多。灰舊譌炭、王引之云、炭當爲灰。俗書灰字作灰、與炭相似而誤。灰見備城門篇。沙灰皆細碎之物。炭則非其類矣。雜守篇亦誤作炭。太平御覽兵部五十五引此正作灰。絶一今據正。薪火水湯以濟之。審賞行罰以靜爲故。尹云、故、事也。尉繚子攻權篇、兵以靜勝。一曰故、固也。六韜金鼓篇、三軍以戒爲固。從之以急。毋使生慮。畢云、故慮爲韻。蘇云、言兵貴神速。久則變矣。尹云、慮、顧也。若此則雲梯之攻敗矣。

守爲行堞。堞高六尺而一等。畢云、等級。施劍亓面。孫云、劍亦疑當爲斲。以機發之。衝至則去之。尹云、衝卽上所謂衝車。去、發也。言發以驅敵。不至則施之。尹云、施、設也。言設以待用。爵穴三尺而一。孫云、備城門篇說同。蒺蔾投。備城門篇云、疾犂投長二尺五寸、投、擲也。蒺蔾投、蓋投蒺蔾之機械。必遂而立。孫云、疑當作必當隊而立。尹云、言當隧。以車推引之。裾城外。畢云、裾城未詳。文與備蛾傳同。彼裾城外、作置薄城外四字。下裾字俱作薄。孫云、裾上當有置字。裾當爲椐之譌。詳備城門篇。下並同。蓋於城外別植木爲薄、以爲藩杝也。王闓運云、裾城、月城。重護如裾。去城十尺。裾厚十尺。伐裾。畢云、備蛾傳此下有之法二字。小大盡本斷之。畢云、本備蛾傳作木。以十尺爲傳。畢云、備蛾傳作斷。此傳字、當爲𠢇之譌也。說文云、𠢇古文斷。皀古文叀字。尹云、傳、植也。爾雅植謂之傳。雜而深埋之。畢云、備蛾傳雜作離。尹云、埋不一處。堅築。畢云、備蛾傳有之字。毋使可拔。二十步一殺。孫云、殺蓋擁裾、左右橫出爲之。置裾如城之廣袤、二十步則爲之殺。如備穴篇置穴、十步則擁穴、左右爲殺也。殺有一鬲。孫云、鬲備蛾傳篇作壞。案當與隔通、號令篇有隔部、署隔。蓋擁裾爲殺。於殺中爲隔。以藏守圍之人及器具。又爲門以備出擊敵也。尹云、鬲同隔、障也。鬲厚十尺。孫云、與裾厚同。殺有兩門。孫云、蓋內外兩重門。門廣五尺。裾門一施淺埋弗築。令易拔。孫云、施下疑有脫字。王樹枏云、據備蛾傳篇薄門板梯、貍之勿築令易拔。則此文施下應有板梯二字。城上希裾門而直桀。舊無上字、據王校增。畢云、備蛾傳篇作置揭。王引之云、城下當有上字。希與睎同。直與置同、桀與楬同。言城上之人、望裾門而置楬也。備蛾傳篇作城上希薄門而置楬。是其證。今本脫上字、則文不成義。孫云、王說是也、望裾門而置楬者、所以爲識別。以便出擊敵也。縣火四尺一鉤樴。孫云、說文木部云、樴、弋也。鉤樴、蓋以弋著鉤而縣火。五步一竈。竈門有鑪炭。畢云、舊脫一竈字、據備蛾傳增。孫云、畢本脫門字、今據吳鈔本道藏本補。備蛾傳篇亦有門字。尹云、鑪炭所以傳火。淮南俶眞、炊以鑪炭。令適人盡入煇火燒門。畢云、煇、備蛾傳作車。孫云、煇亦讀爲熏。說文屮部云熏、火煙上出也。車疑亦熏之譌。縣火次之。出載而立。孫云、說文車部云、載、乘也。似謂戰車。亣廣終除。尹云、終、盡也。兩載之閒一火。畢云、閒下舊有載之門三字、据備蛾傳去之。當是上三字重文之譌。皆立而待鼓而然火。舊本待譌持、然作燃、王云、此當依備蛾傳篇、作皆立而待鼓而然火。謂燒門之人、皆待鼓音而然火也。孫據正。即具發之。孫云、具與俱通。備蛾傳篇作俱。適人除火而復攻。王引之云、除字義不可通。除當爲辟、辟與避同。言我然火以燒敵人、敵人避火而復攻城也。備蛾傳篇、正作敵人避火而復攻。孫云、除火、謂敵屛除城上所下之火、左昭十八年傳云、振除火災。備蛾傳篇作辟、義同。王說未塙。縣火復下。適人甚病。故引兵而去。則令吾死士。畢云、舊脫士字、據備蛾傳增。左右出穴門擊遺師。畢云、猶有餘師。蘇云、遺蓋潰之誤。備蛾傳篇同。孫云、遺疑當爲遁之誤。令賁士主將皆聽城鼓之音而出。孫云、賁與虎賁義同。宋書百官志云、虎賁舊作虎奔。言如虎之奔走也。風俗通義正失篇云、言猛怒如虎之奔赴也。王樹枏云、禮樂記注云、賁、憤怒也。賁士、猶言勇士猛士。與上死士同例。周禮有虎賁旅賁、皆取賁憤之義。王闓運云、賁士、奔命士也。又聽城鼓之音而入。因素出兵施伏。畢校改素爲數。云舊數作素。伏作休、據備蛾傳改。王本尹本並從之。尹云、設埋伏之兵。王云、鄭注喪服曰、素、猶故也。因素出兵、猶言照舊出兵耳。畢改素爲數、則義不可通。備蛾傳篇正作素、不作數也。夜半城上四面鼓噪。畢云、說文云、譟、擾也。此省文。適人必或。畢云、同惑。有此必破軍殺將。尹云、六韜論將、不有亡國。必有破軍殺將。以白衣爲服。尹云、三國志呂蒙傳、盡伏其精兵䑶艫中。使白衣搖櫓。作商賈人服。晝夜兼行。計蓋出此。以號相得。孫云、謂口爲號也。號令篇云、夕有號。六韜金鼓篇云、以號相命。勿令乏之音。尹云、得、知也。六韜敵強、徵號相知。若此。畢云。舊作也、以意改。則雲梯之攻敗矣。

備水第五十八

城内塹外周道。孫云、詳備城門篇。廣八步。備水謹度四旁高下。旁、與方通。城中地偏下。舊作城地中偏下、從孫校乙正。令耳亣内。畢云、耳疑瓦字。蘇云、令與瓴通。六書故曰、瓴、牝瓦仰蓋者。仰瓦受覆瓦之流、所謂瓦溝。孫云、耳疑當爲巨。篆文相近。即渠之省。此與備城門篇令耳異。及下地。舊本重衍一地字。今從王樹枏校刪。王闓運云、皆令通於下地。深穿之令漏泉。畢云、通典守拒法云、如有洩水之處。即十步爲一井。井之内潛通引洩漏。即其遺法。歐陽云、武經總要曰、凡賊諸攻不利。必引水灌城。周視地勢、有可洩水處、十數步開一井。井內各相通、以洩流之。法亦同。置則瓦井中。畢云、則同側。視外水深丈以上。鑿城内水耳。孫云、耳亦當爲巨、即水渠字。吳摯甫云、水耳、疑是水門之誤。通典每船三十人、自暗門銜枚而出。是用此文也。並船以爲十臨。畢云、言方舟以爲臨高之具。王本作十以爲臨。尹云、廣雅艑謂之桄。此臨即艑。說文所謂橫者。廣韻十二庚橫云方舟、謂並船也。臨三十人。孫云、戰國策楚策云、舫船載卒、一舫載五十人。此一船止三十人。與彼異。人擅弩計四有方。方、畢本作弓。云舊作方、以意改。王云、擅與揮同。謂提持也。說見備城門篇。孫云、備蛾傅篇云、令一人操二丈四矛、矛誤作方。則此方、亦茅之誤。有、疑當爲酋。音近而誤。韓非子八說篇云、搢笏干戚。不逮有方鐵銛。有方亦酋矛之誤、與此正同。此文疑當云人擅弩什四酋矛。或作什六人擅弩四酋矛。什計艸書相近而誤。號令篇云、諸男女有守於城上者什。六弩四兵。蓋守法通率。十人之中。六人執弩主發。四人執兵主擊刺。此云什四酋矛、即四兵也。然則臨三十人。蓋擅弩者十八人。擅矛者十二人與。必舎畢云、舎同繕。言勁也。以船爲轒轀。陸本作轞轒。孫云、疑當讀必舎以船爲轞轀七字句、畢讀恐非。此與陸戰以車爲轒轀同。詳備城門篇。二十船爲一隊。選材士有力者三十人共船。亣二十人人擅有方孫云、疑亦當作亣十二人、人擅酋矛。與上文什四酋矛文數正合。今本十二兩字誤倒、酋矛亦誤作有方、遂不可通。劍甲鞮瞀。畢云、瞀、鍪字假音。王引之云、鞮鍪、即兜鍪也。兜鍪、冑也。故與甲連文。韓策曰、甲盾鞮鍪。漢書楊雄傳。鞮鍪生蟣蝨。介冑被霑汗。師古曰、鞮鍪即兜鍪也。字亦作鞮鞪。漢書韓延壽傳、被甲鞮鞪。皆其證。十人人擅苗孫云、下人字舊本挩、今據王校補。案疑當作十八人、人擅弩。先養材士爲異舍食亣父母妻子以爲質。尹云、管子小問篇、妻子質也。爲使民必死必信之本。視水可決、以臨轒轀、決外隄。尹云隄、防也。城上爲射機。舊作議、孫云、疑當爲射機。備城門篇、有作射機之法。彼下文又云、二十步一、令善射者佐之。與此文可互證。今據改。疾佐之。

畢云、通典守拒法云、城中速造船一二十隻。簡募解舟檝者。載以弓弩鍬钁。每船載三十人。自暗門銜枚而出。潛往斫營。決彼隄堰。覺即急走。城上鼓噪。急出兵助之。即其遺法。歐陽云、武經總要曰、若水已入城。則于新築牆外作船二十隻。又選勇士每船三十人。質其父母妻子。各授弓弩短兵鍬钁。遣暝夜從門銜枚並出。決城堤堰。破賊營砦。所選之士、須預習水戰。度力不足、則加船以進。或賊已覺、則城上鼓噪爲助。法亦同。

備突第六十一

孫云、此篇前後疑有挩文。

城百步畢云、後漢書注引有爲字。一引無。一突門。孫云、此城內所爲以備敵者。六韜突戰篇云、百步一突門。門有行馬。突門各爲窯竈。孫云、窯竈詳後備穴篇。王本作窐竈。尹本承之。釋云、窐同烓、行竈也。詩謂之煁。純一案王校蓋從後漢書注下文改此。竇入門四五尺。爲亓門上瓦屋。孫云、亓字吳鈔本無。尹云、言作屋而以瓦覆之。毋令水潦能入門中。吏主塞突門。用車兩輪。以木束之。尹云、以楢聲轉。以木即楢木。說文楢、柔木也。工官以爲耎輪。塗亓上。孫云、亓舊作其、吳鈔本作亦、今據校改亓。維置突門內。孫云、此即備城門篇之轀也。凡轀皆以車輪爲之。而維以繩。故備蛾傅篇云、斬維而下之。蘇云、維、繫也。使度門廣陝舊作狹、俗字。從孫校改。尹云、使、吏也。令之入門中四五尺。之字疑當在廣陝上。今本倒誤。後漢書注、引作度門廣狹之令人入門四尺中、尤誤。置窯竈。畢云、窯、後漢書注引作窐。非。門旁爲橐。畢云、舊作槖、下同。據後漢書注改。又韓非子云、干城拒衝。不若堙穴伏櫜。櫜當爲橐。充竈伏柴艾。畢云、舊伏作狀、以意改。後漢書注作又置艾。孫云、案袁譚傳李注、引伏亦作狀。則唐本已誤。寇即入下輪而塞之。舊本輪誤輔、畢云、後漢書注引作輪。王云、輪字是也。上文曰吏主塞突門。用車兩輪。是其證。孫云、王校是也、蘇說同。今據正。純一案此文疑當作寇入即下輪而塞之。鼓橐而熏之。

備穴第六十二

孫云、備城門篇說攻具十二、穴在突前。此次與彼不同。疑亦傳寫移易、非其舊也。

禽子再拜再拜曰、敢問適人有善攻者。適舊本作古、王云、古乃適之壞字。今改正。穴土而入。縛柱施火。縛舊本作縛、孫依王校改。王本同。以壞吾城。孫云、商子境內篇云、穴通則積薪。積薪則燔柱。通典兵門說距闉、謂鑿地爲道。行於城下。攻城。建柱。積薪於其柱。圖而燒之。柱折城摧。即古穴攻法也。城壞或中人孫云、此下舊本有大鋌前長尺云云七百餘字、今依顧校、移前備城門篇。純一案或中人屬下爲之奈何爲句。爲之奈何。尹云、或同國。謂城中之人。子墨子曰、問穴土之守邪。備穴者、城內爲高樓、以謹王引之云、自爲之奈何至以謹、凡二十四字。舊本誤入備城門篇、今移置於此。孫云、王校是也。蘇說同。今據正。以謹屬下候望適人爲句。候望適人。適人爲變築垣聚土非常者。畢云、言以所穴之土築垣。王闓運云、見其土多。則知穴土。若彭有水濁非常者。畢云、水濁者、穴土之驗。王云、若猶與也。彭與旁通。王闓運云、彭、暴也。此穴土也。急塹城內。畢云、玉篇云、壍同塹。王本尹本並作塹。穴亣土直之。畢云亣舊作內。以意改。直、當也、穿井城內、五步一井、傅城足。畢云、傅舊作傳、以意改、王闓運云、於城脚作井。高地丈五尺、孫云、此言高地則以深丈五尺爲度。下地得泉三尺而止。舊本無下字、王引之云、當作下地得泉三尺而止。下地與高地對文。孫據補下字。令陶者爲罌、容四十斗以上、固順之以薄鞈革、置井中。畢云、即通典所云、以新罌用薄皮裹口如鼓也。孫云、文選馬汧督誄、李注引作幕罌、幕即冪之誤、可證通典如鼓之說。王樹枏云、當作以薄革固鞈之、順置井中。說文鞈、生革、可以爲縷束也。言以薄皮固束罌口、順置之井中也。薄鞈革三字不辭、鞈通作絡。使聰耳者伏罌而聽之。王景羲云、此後世所謂甕聽也。宋王致遠開禧德安守城錄中、亦述其法。蓋用聾而聽耳者。審知穴之所在、欒云、此聲學也。即定質傳聲之理。鑿穴迎之。穴舊譌內、王校改穴。云、篆文穴字作內、因譌而爲內。畢云、文選(馬汧督誄)注引云、若城外穿地來攻者、宜於城內掘井以薄城。幕罌內井。使聽耳者伏罌而聽。審知穴處。鑿內迎之。太平御覽引云、若城外穿地來攻者。宜城中掘井。以薄甕內井中。使聽聰者伏甕聽之。審知穴處。鑿內而迎之。與此微異。通典守拒法、地聽、於城內八方穿井。各深二丈。以新罌用薄皮裹口如鼓。使聽耳者於井中、託罌而聽。則去城五百步內悉知之。審知穴處、助鑿迎之云云。即其法也。歐陽云、虎鈐經曰、于城內四隅穿井、各深二丈。令人覆載新瓮于井上。坐于其外。賊到而聽內。有孔城地道並聞瓮中辨遠近矣。地聽之法同。惟穿井尺度有異。通典兼令人枕空胡祿臥。有人馬行三十里外、東西南北、皆響見于胡祿中。名曰地聽。則又一法也。

令陶者爲月明王引之云、月明當爲瓦罌。隸書瓦字作凡、與月相似而誤。明者、罌之壞字耳。王樹枏云、月當爲瓦、是矣。明字亦瓦字之誤、屬下讀。蓋瓦誤爲月、而月又誤爲明耳。下文云中判之。合而施之穴中。故知是瓦。不是罌。歐陽云、月明疑爲瓦罌類之別名。因其弧形似月、可偃覆、故云然。不必改字也。長二尺五寸。大六圍。大字據王引之校增。中判之。合而施之穴中。穴舊譌內、孫據王校正。偃一。畢云偃仰。覆一。瓦一仰一覆、相合中空。形圓如柱。孫云、下疑當接後下迫地句。柱之。尹云、於月明旁、置柱以支之。外善周塗。尹云、周徧也。亓傅柱者勿燒。恐壞柱也。畢云、亓傅舊作亦傳、以意改。舊衍柱者勿燒四字、從畢校刪。柱善。尹云、言柱已塗。塗其竇際。畢云、縫也。勿令泄。孫云、卽下文云無令氣出也。兩旁皆如此與穴俱前。畢云、穴舊作內、以意改。孫云、言爲穴柱與鑿穴俱前、猶下云令穴者與版俱前也。自柱之外至此三十四字。並說穴柱。與上下文不相蒙。疑當在後文無柱與柱交者下。然首尾文義亦不甚相接。未敢輒移。附識於此。下迫地。孫云、此文不屬、疑當接上偃一覆一句。蓋謂施罌穴中、其下迫地也。置康若灰亓中。畢云、康卽穅字、見說文。灰舊譌疾、王引之云、疾乃灰之誤。備城門篇爨灰康秕、卽其證。康灰皆細碎之物、故同置於穴中。孫據正。勿滿。灰康長五竇。尹云、長同張、施也。猶設也。孫云、五疑亙之誤。說文木部云、栕、竟也。古文作亙。此言竟滿其竇。猶下云戶內有兩蒺藜。皆長極其戶。左右俱雜相如也。孫云、雜猶帀也。

穴內口爲竈、令如窯。畢云、說文云、窯、燒瓦竈也。卽今窰字正文。令容七八員艾。孫云、員、卽丸也。論衡順鼓篇云、一丸之艾。左右竇皆如此。竈用四橐。孫云、淮南子本經訓云、鼓橐吹埵。高注云、橐、冶鑪排橐也。穴且遇。畢云、舊作愚、据下改。尹云、言遇敵也。以頡皋衝之。疾鼓橐熏之。必令明習橐事者。畢云、習舊作翟、以意改。勿令離竈口。畢云。通典守拒法云、審知穴處。助鑿迎之、與外相遇。卽就以乾艾一石。燒令煙出。以板於外密覆穴口。勿令煙洩。仍用鞴袋鼓之。卽其遺法。所云以板於外密覆穴口。勿令煙洩。卽下連版法也。連版。以穴高下廣陝爲度。孫云、陝吳鈔本作狹。陝正狹俗。令穴者與版俱前。鑿亓板。令容矛。畢云、矛舊作予、以意改。參分亓疏數。孫云、此言版上鑿空之數。蘇云、參與三同。數讀爲促。令可以救竇。穴則遇。蘇云、則猶卽也。以版當之。畢云、版舊作攸、以意改。以矛救竇。勿令塞竇。竇則塞。引版而郄。畢云、引舊作弓、以意改。郄、郤字俗寫。

孫云、王改卻。廣雅釋言云、卻、退也。過一竇而塞之。過、王校作遇。鑿亓竇、通亓煙。煙通、疾鼓橐以熏之。從穴內聽穴之左右。從舊作徙、畢以意改從。王引之云、畢改非也。敵人穴土而來。我於城內鑿穴而迎之。此本無他穴可徙。不得言徙穴也。徙當爲從。謂從穴內聽之也。隸書從字作従、與徙相似而誤。孫云、王校是也、今據正。穴下之字舊脫、今據道藏本吳鈔本補。王本葉作值。尹本同。急絕亓前、勿令得行。若集客穴、塞之以柴塗、令無可燒版也。然則穴土之攻敗矣。畢云、穴舊作內、以意改。

王引之云、自候望適人至穴土之攻敗矣、凡三百四十五字。舊本亦誤入備城門篇、今移置於此。以謹候望適人六字、文義緊相承接。不可分屬他篇。且上文曰備穴者城內爲高樓。下文曰然則穴土之攻敗矣。則爲備穴篇之文甚明。孫云、王校是也、蘇說同。今據移正。

寇至吾城、急非常也。謹備穴。穴疑有應寇。急穴。穴未得、愼毋追。畢云、言己不謹其備、且勿追寇。孫云、似言未得敵穴所在。則勿出城追敵。凡殺以穴攻者、二十步一置穴。穴高十尺、鑿十尺。孫云、言穴廣與高等。鑿如前。孫云、如讀爲而、言穴向前鑿也。尹云、如、往也。步下三尺。孫云、謂每步則下三尺。所下太多。疑步上有抚字。然十步擁穴、左右橫行、高廣各十尺爲殺。舊無爲字、從孫校補。舊重高字、道藏本吳鈔本並無、孫據刪。云此言凡穴直前十步。則左右橫行、別爲方十尺之穴謂之殺。以備旁出也。備梯篇說置裾城外亦云二十步一殺。俚兩罌、深平城。畢云、俚同埋。孫云、備城門篇作貍。此作俚、並貍之叚字。王本俚作貍。尹本同。置板亓上、𦗈板以聽。聽井舊誤倒、從蘇校乙。孫云、𦗈疑聯之誤。聯版、即上文之連版也。王景羲云、考工記「鮑人以博爲帴」、鄭讀如牷豬帴。釋文云、牷豬帴之語、未見出處。俗謂牷豬脂爲𦗈、音素干反。豈取此乎。周禮注殘餘字、本多作帴、宜依殘音。然則帴𦗈同部。鄭讀最明。疑此𦗈板或本作𦗈、後譌爲𦗈、而其最初之本、實當爲棧。棧之譌爲𦗈、猶帴之轉爲𦗈也。否則即柵之譌字。說文柵、編樹木也。通俗文木垣爲柵。則柵者豎編、棧者橫編。蓋此井穴薶兩罌、罌底雖逼地、而上下橫豎、疑皆施板爲井壔、以便環坐伏聽、其形似柵、故取名焉。井五步一。孫云、即上文所謂穿井城內、五步一井也。窑用𢭸若松爲穴戶。孫云、𢭸未詳。疑當爲枱。鐘鼎所見彝器款識、公始敦。始字作㚼、是其例也。此𢭸字、亦當從木。說文木部、枱、耒耑也。或兼從司省。今叚爲梓字。說文梓、楸也。從木宰聲。與枱古音同部、得相通借。墨書多古文。此亦其一也。蘇云、搠或桐字之訛。王本尹本並作桐。戶穴有兩蒺藜。孫云、戶穴當作戶內。蒺藜藜作蔾、與六韜軍用篇同。詳備城門篇。吳鈔本作藜。皆長極亓戶。尹云、極、至也。戶爲環。孫云、蓋著環以便開閉。壘石外㙻。孫云、吳鈔本作厚、案外厚義難通、㙻疑埻字之誤。玉篇土部、及集韻十九鐸、字並作墎。蓋卽郭之異文。與墎字別。漢書尹賞傳云、致令辟爲郭。顏注云、郭爲四周之內也。此云壘石外㙻、亦謂壘石爲穴外周郭。卽下文云先壘窯壁也。高七尺加堞亓上。勿爲陛與石。王本石作戶。注云、恐敵乘之。以縣陛上下出入。孫云、此皆備敵人之集吾穴也。蘇云、言穴中勿爲階陛。出入者縋而上下也。

具鑪橐。畢云、舊俱作槖。橐以牛皮。鑪有兩甀。尹云、甀、缶也。所以盛物。容一石餘。以橋鼓之。尹云、父說、橋同籥。管也。中空。橫置橐鑪之閒。爾雅、大管謂之籥。百十。歐陽云、百十、言鼓之次數耳。每亓熏四十什。孫云、以文義審之、此當作毋下重四十斤。王本每下注毒字。什作升。尹本從之。釋云、熏火烟上出也。謂有煙之物。毒本誤每。純一案尹說義長。四十疑本四五之誤。五古文作㐅、因誤爲十也。然炭杜之。畢云、然卽燃正文。純一案杜、塞也。滿鑪而蓋之。毋令氣出。適人疾近吾穴。吾舊作五百、蘇云、五百二字、乃吾字之訛。下言吾穴是也。王樹柟校同。今並據改。穴高若下不至吾穴。孫云、言客穴與吾穴、不正相直也。卽以伯鑿而求通之。孫云、伯、吳鈔本作百。疑當作倚。倚、邪也。言穴不正相直。則必邪鑿之乃可通也。後文云、內去竇尺、邪鑿之。穴中與適人遇。則皆圉而毋逐。蘇云、圉與禦同。言與敵相持、勿逐去之。且戰北。孫云、當作戰且北。言戰而詳北以誘敵。使深入穴中也。純一案詳北卽佯敗也。以須鑪火之然也。尹云、須、待也。然、燒也。卽去而入壅穴殺。孫云、壅卽擁之俗。壅穴殺、卽上文所謂十步擁穴、左右橫行、高廣各十尺者也。有鼠竄。孫云、下一字、疑卽竄之異文。變穴形爲阜耳。說文穴部云、竄、匿也。从鼠在穴中。鼠竄、猶云、鼠穴矣。爲之戶及關籥獨順。孫云、此亦謂殺也。關籥當讀爲管鑰。管卽鎖、鑰卽匙也。純一案順當爲愼、古順字作愼、形近而誤。得往來行亓中。穴壘之中各一狗。狗吠卽有人也。歐陽云、通典守拒法曰、置聾犬於城上、吠之處卽須加備。未言穴壘也。

斬艾與柴長尺。畢云、柴舊作此、以意改。孫云、此疑柴之省。此書多用省借字。如以也爲他。以之爲志。皆其例也。備突篇亦云充竈伏柴艾。自斬艾與柴長尺至男女相半凡二百九十四字、舊本錯入備城門篇、畢本同。王云、以下多言鑿穴之事、當移置於備穴篇。然未知截至何句爲止。案王校甚是、而未及移正。蘇謂此錯文當截至諸作穴者五十人男女相半爲止、是也。本篇下文五十人三字。前後文義不相屬。即錯簡之𨻶迹未盡泯者也。今據移著於此。乃置窯竈中先壘窯壁。迎穴爲連版。舊無版字。王引之云、連下當有版字。而今本脫之。上文曰連版以穴高下廣陜爲度。是其證。今據補。鑿井傅城足、三丈一。孫云、上云五步一井。六尺爲步、五步即三丈也。視外之廣陜而爲鑿井、愼勿失城。尹云、失猶害也。卑穴高從穴難。文有譌脫、不可解。畢云、二穴字舊俱作內、以意改。蘇云、言高下不相值也。鑿井城內。內舊作上。俞云、城上無鑿井之理。城上當作城內。即上文穿井城內之事。今據改。爲三四井、內新甀井中。內同納。畢云、當爲新甀。孫云、甀當爲甀之誤。王本甀作甀。尹本同。釋云、甀小口罌也。伏而聽之。審知穴之所在。舊作審之、孫云、以上文校之、審下之字疑衍。王樹枏校同。今並據刪。案此與前伏罌而聽、同是定質傳聲之理。穴而迎之。穴且遇、尹云、且、將也。用頡皋衝之。五字舊在有力者三人下、今從王本移此。尹本同。爲頡皋必以堅材爲夫。畢云、同趺。如足兩分也。材舊作杖、俞云、杖乃材字之誤。言必以材之堅者、爲頡皋之趺也。孫據正。以利斧施之。施、設也。備禦敵。命有力者三人趣伏此井中。此五字舊在灌以不潔十餘石下。今從王本乙。尹本同。畢云、伏舊作狀、以意改。趣同促。孫云、此當爲柴。上文斬艾與柴。柴亦作此。備突篇亦柴艾並舉。故此下文云置艾其上。皆可證。尹云、趣、急也。灌以不潔十餘石。畢云、若穢矢之類。置艾亓上七分。孫云、七分義不可解。疑當作七八員三字。上文云穴內口爲竈令如窯。令容七八員艾。是其證。尹云、如不潔十石、則艾七石。盆蓋井口。毋令煙上泄。旁亓橐口。尹云、旁、傍也。疾鼓之。以車輪爲轀。舊無爲字。孫云。轀、轀同。上當有爲字。以車輪爲轀、猶備城門篇云、兩材合而爲之轀。下文云以車兩走爲蓋也。轀即轀之別體、文省作蓋。正字當作轒。詳備城門篇。今從孫校補爲字。一束樵。染麻索塗中以束之。染舊作梁、蘇云、梁爲染之誤。染麻索以塗者、所以避燒。孫云、蘇說是也。備蛾傅篇云、染其索塗。今據正。鐵鎖畢云、當爲瑣。說文無鎖字。據備蛾傅作瑣。孫云、六韜軍用篇、鐵械鎖參連百二十具。又有環利鐵鎖。長二丈以上。千二百枚。此鐵鎖端亦有環。與彼制合。縣正當寇穴口。畢云、穴舊作內、以意改。鐵鎖長三丈。畢云、通典守拒法云、先爲桔槔、縣鐵鏁、長三丈以上。束柴葦焦草而燃之。除於城外所穴之孔。以烟燻之。敵立死。即此遺法。一端環。一字舊脫、從王本補。孫說同。一端鉤。孫云、言鐵鎖有兩端。一端爲環。一端爲鉤。據通典說鐵鎖、蓋以環繫於桔槔。而鉤則以束柴葦焦草而燃之者也。後文又有鐵鉤。畢云、巳上璺聽連版伏艾縣鎖備穴土之法。傀穴高七尺五寸。孫云、傀穴猶竇穴。亦卽備梯篇之熏鼠也。尹云、說文竄、匿也。从鼠在穴中。傀穴者、卽取義於竄。用以藏身。廣、柱閒七尺。七舊作也、孫云、也疑七之誤。謂穴牆兩旁各爲柱。其閒七尺。今據改。二尺一柱。孫云、此謂穴牆一邊、二尺則一柱也。柱下傅舄。畢云、張衡西京賦云、雕楹玉碣。李善注云、廣雅云碣、礩也。碣古字作舄。孫云、一切經音義引許叔重云、楚人謂柱碣曰礎。二柱共一負土。負土舊作員十一、孫云、員十一義不可通。下文兩言員士、疑十一卽士字傳寫誤分之。然員士亦無義、蓋當爲負土。周禮冢人賈疏云、隧道上有負土。此爲穴亦爲隧道、故有負土。蓋以板橫載、而兩柱直楷之。故云二柱共一負土。下並同。今據改。兩柱同質。畢云、礩、古字如此。孫云、此與備城門篇樓四植。植皆爲礩舄。制蓋略同。橫負土。孫云、謂負土之版橫者。柱大二圍半、必固亣負土。尹云、恐其崩壞。無柱與柱交者孫云、似謂柱橫直相交。然無字必誤。上文錯入備城門篇者、有柱之外善周塗其附柱者云云三十四字。疑此下之錯簡。詳前。穴二窯、皆爲穴門上瓦屋。舊作皆爲穴月屋、王引之云、當作皆爲穴門上瓦屋。謂於穴門上爲瓦屋也。備突篇曰、突門各爲窯竈。竇入門四五尺。爲亣門上瓦屋。是其證。隸書瓦字作凡。與月相似而誤。又脫門上二字。則義不可通。孫云、王校是也。蘇說同。純一今據補正。爲置吏舍人各一人。孫云、漢書高帝紀顏注云、舍人、親近左右之通稱也。文穎云、舍人、主廄內小史官名也。必置水。孫云、蓋以備飲。塞穴門以車兩走。兩、輛同。畢云、卽車輪。孫云、備突篇作車兩輪。備蛾傳篇亦云以車兩走。然車輪不當云走、義未詳。爲藍。孫云、藍亦卽轀字。塗亣上、以穴高下廣陝爲度、令入穴中四五尺、維置之。入舊作人、蘇云、人當作入。維、繫也。此亦見備突篇。孫據正。當穴者客爭伏門。畢云、舊穴作內、客作容、以意改。孫云、道藏本客字不誤。門疑門之誤。轉而塞之爲窯、容三員艾者。畢云、容舊作客、以意改。令亣突入伏尺。畢云、亣突入舊作亦突人、以意改。一本無伏尺二字。孫云、伏、疑卽上文之密。二字音近。如宓羲、宓或作伏。顏之推家訓書證篇、謂俗作密。是其例。純一案尺疑穴之誤。伏傅突一旁。畢云、傅舊作付、以意改。王本付下、旁注附字。以二橐守之、勿離。尹云、謂常守也。穴矛、畢云、舊作內矛、以意改。以鐵尹云、言穴內矛以鐵爲之。長四尺半、孫云、此疑卽後文所謂短矛。大如鐵服。王闓運云、服、耜也。廣二尺。說卽刃之二矛。六字王本刊陰文、注云、此當云卽二刃之矛、誤倒。尹本從之、釋云、說、銳也。卽、若也。通鑑李閔操兩刃矛注、兩刃矛者、鋏之兩旁皆利其刃。內去竇尺。孫云、內亦當爲穴。邪鑿之。尹云、邪、斜也。上穴當心。王本心作小。尹本從之。亣矛長七尺。孫云、謂穴高則用長矛。穴中爲環。尹云、言爲圓屋。謂穴旁爲半圓之屋。利歐陽云、利字句、言爲環而利也。率穴二。尹云、言求利則當穴二環。率、用也。鑿井城上。上當爲內。俟亣穿井且通。穿舊作身、王云、身者、穿之壞字也。隸書身字或作牙、見漢盧士嚴發殘碑。與穿字下半相似而誤。純一案王校是也、今據正。居版上。尹云、居、坐也。而鑿亣一偏。偏舊作徧、從畢校改。下同。王本尹本並同。已而移版鑿一偏。頡皋爲兩夫。孫云、亦同趺。而旁貍亣植。而敷鉤亣兩端。敷舊作數、孫云、吳鈔本作敷。純一案陸本唐本同。今據正。敷、施也。謂施鉤於頡皋之兩端也。亣舊作其、吳鈔本作亦、孫校正。諸作穴者五十人。男女相半。孫云、自斬艾與材長尺至此三百九十四字、並從備城門篇移此。舊有五十人三字、從孫校刪。攻穴穴舊作內、從孫校改。尹本同。釋云、攻、治也。爲傳士之□受六參蘇云、士當作土。□字誤。蓋言器之盛土者。孫云、傳士疑當爲持土之譌。參疑當爲桼、桼卽蘽之叚字。蘽、盛土籠。尹本作傳土之器、釋云、說文所謂梩是也。傳、負也。淮南齊俗、强脊者使之負土。參、同操、箕也。受、猶容也。約枲繩以牛亣下、可提而與投。蘇云、枲繩、麻繩也。牛疑絆字之誤。與當作舉。純一案本書恆以與爲舉。王本與作舉。尹本承之。釋云、約、繫也。提、挈也。已則穴尹云、則、卽也。七人守退壘之中、爲大廡一、藏穴具亣中。蘇云、廡、古文甒。見儀禮注。方言云、罌、周魏之閒謂之甒。難穴孫云、難、當爲斲。二字形近。古書多互譌。詳耕柱及經下篇。下並同。取城外池脣。尹云、池脣土潤而易穴。木月散之。王本尹本月並作片。什斬亣穴。王本尹本斬並作塹。尹云、言用十人以爲阬。撒木片者、便於踞坐。或者謂木脣所以吸水。一本作木月、蓋脣誤字。深到泉。泉舊本誤作界、王引之云、界字文義不明、界當爲泉。備城門篇、下地得泉三尺而止。是其證。隸書泉字或作泉。見漢郃陽令曹全碑。界字作界。見衛尉卿衡方碑。二形相似而誤。孫云、王說是也、今據正。難近穴爲鐵鈇。孫云、說文金部云、鈇、莝刀也。金與鈇林長四尺孫云、鈇林疑當作鈇枋。枋、柄通。周禮太宰八柄、外史作枋。財自足。孫云、財舊本誤則、據道藏本吳鈔本正。史記孝文紀、見馬遺財足。索隱云、財字與纔同。漢書揚雄傳、財足以奉郊廟。顏注云、財讀爲纔。同。管子度地篇云、率

部校長官佐財足。財自足、數適足不過多也。客卽穴、孫云、漢書西南夷傳、顔注云、卽、若也。亦穴而應之。爲鐵鉤鉅、長四尺

者、財自足。孫云、鉅與距通。荀子議兵篇所謂宛鉅。穴徹蘇云、徹、通也。純一案陸本唐本並作穴徹、下文短矛短戟、似均與徹字相應。以鉤客穴

者。蘇云、此言鐵鉤之用。爲短矛、短戟、尹云、說文矠、短矛也。廣韵謂之䂎。周禮戟長丈六尺。此云短戟、蓋斥戛言。短弩、䖟矢。孫云、䖟矢、蓋亦

短矢也。方言云、箭、其三鐮長尺六者、謂之飛䖟。郭注云、此謂今射箭也。文選閒居賦激矢飛

䖟、李注引東觀漢記、光武作飛䖟箭以攻赤眉。廣雅釋器云、飛䖟、箭也。此䖟矢、疑亦卽飛䖟

也。尹云、䖟同芒、鋒刃也。財自足。穴徹以鬭。蘇云、矛戟弩矢所以鬭。以金劍爲難孫云、此義難通、疑當作斲以金爲斲。斲俗書或作

劚。說文刃部、劒籀文作劍。二形相近。斲譌難、與前同。說文斤部云、斲、斫也、斫、擊也。爾

雅釋器云、斫謂之鐯。斲卽鐯之俗。鐯斫音義同。此云斲以金爲斲。卽謂以銅爲斫也。斲其器之名。

斲卽斫。指其刃之首。故以金爲之。凡斧斤之刃。以擊伐爲用。故通謂之斫矣。尹云、難、捍也。長五尺。孫云、蓋幷刃及杘之度。後斧長三尺。亦幷杘計之。是其例。爲

銎、畢云、說文云、銎、斤斧穿也。純一案段注云、穿者、通也。詩釋文作斧空也。三字。謂斤斧之孔、所以受柄者。豳風毛傳曰、方銎曰斨。隋銎曰斧。隋謂狹長。木杘、孫云、廣雅釋詁

云、杘、柄也。畢云、玉篇丑利切。杘有慮枚。孫云、慮、疑鑢之省。說文金部云、鑢、錯銅鐵也。謂於木柄爲齒若鑢錯。枚未詳。純一案詩閟宮毛傳、枚枚、礱密也。孔疏、

枚枚者、細密之意。此謂木柄爲齒、如鑢錯之密也。以左客穴。孫云、左佐古今字。左下疑挩一字。純一案似當補右字。戒持二字疑當在以左右客穴上。戒說文、

警也。廣韻、愼也。言戒持以上各兵器、從事於客穴也。罌容三十斗以上。畢云、容舊作客、以意改。孫云、斗舊譌斤、據王校正。貍穴中。畢云

貍舊作狸、以意改。丈一。孫云、上文說爲罌置井中。井五步一。又云三丈一。三丈卽五步也。此云丈一。與彼不合。疑丈上當有三字、而傳寫挩之。以聽穴者聲。

爲穴高八尺。廣孫云、廣下疑挩尺數。善爲傅置。孫云、疑當作善爲傅埴。卽上文云、善周塗其傅柱者之義。純一案陸本唐本並作傅置、是。謂聽聲以

當置罌傳命也。具鑪牛皮橐。舊作具全牛交橐。孫云、疑當作具鑪牛皮橐。上云具鑪橐。橐以牛皮。橐亦並誤作橐。此全卽鑪字偏旁金形之誤。皮與交形亦相近。純一案孫說

是也。今據正。皮及坛孫云、疑當作及瓦缶。缶去形近。俗書或增益偏旁作坻。又譌作坛。遂不可通。上文云鑪有兩甀。衞穴二。蓋陳䨻及艾。蘇云

蓋當如上文戒持罌之戒。令也。畢云、鄭君注公食大夫禮云、藿、豆葉也。說文云、䨻、尗之少也。少

言始生之葉。䨻省文、孫云、蓋當爲益。此書益字多譌爲蓋。詳非命上篇。益陳䨻及艾、言多具此

二物也。純一案說文艸部云、蓋、苦也。穴徹熏之。尹云、謂於穴通時熏之。莊子讓王、王子搜逃乎丹穴。越人薰之以艾。斧苦、蓋也。亦可備熏以取烟。[illegible]王本作鼛。以金爲斫。斧以舊倒、今乙。金謂剛鐵。孫云、斫亦卽斧刃。𣏌長三尺。孫云、考工記、車人爲車。柯長三尺。博三寸。厚一寸有半。五分其長、以其一爲之首。鄭注云、謂今剛關頭斧、柯其柄也。案此𣏌卽柯。斫卽首也。𣏌長三尺。與彼制同。六韜軍用篇亦云、伐木大斧、重八斤、柄長三尺以上。衛穴四。王闓運云、每穴二斧。爲壘孫云、疑當爲藟。見備城門篇。衛穴四十。王闓運云、每穴二十。屬四。孫云、屬、斸之省。卽備城門篇之居屬。爲斤斧鋸鑿钁。孫云、吳鈔本作钁。玉篇金部云、钁、局虞切、軍器也。尹云、屬同斸、斫也。斤斧一。鋸二。鑿三。钁四。斤斫木斧。钁大鉏也。財自足。爲鐵校衛穴四。孫云、說文木部云、校、木囚也。周易集解引虞翻云、校者、以木絞校者也。鐵校、蓋鑄鐵爲闌校以禦敵。備蛾傳篇有校機。疑卽此。爲中櫓高十丈半、廣四尺。孫云、十丈半、於度太高。疑丈當作尺。備城門篇云、百步爲櫓、櫓廣四尺。高八尺。廣與此同。而高差二尺半。彼蓋小櫓與。王本十作一。注云、穴不容一丈。字有誤。純一案穴高八尺。丈當爲尺。或七之譌。十爲橫穴八櫓。孫云、疑當作大櫓。六韜軍用篇、有大櫓小櫓。下疑有挩文。蓋具槀枲槀陸本唐本並作槀。財自足。以燭穴中。孫云、蓋、當亦益之誤。道藏本作葢、則疑葢之譌。屬上櫓葢爲句。亦通。純一案葢、陸本唐本並作葢。蘇云、槀枲可然以爲燭。尹云、枲、麻也。蓋持䤈。蘇云、據文義當作戒持䤈、䤈或醯字之訛。俞云、䤈疑醯之壞字。孫云、此亦當作益持醯。蘇改蓋爲戒。非。廣韻十二齊云、醯、俗作醓。此䤈卽醓之誤。下並同。醯蓋可以禦煙。春秋繁露郊語篇云、人之言醯去煙。今本繁露醯作䤈、亦字之誤。王本䤈作醓。注云、蓋持疑卽戒持、䤈從醯省巳聲。飯甑氣水。治湯火傷。故以救熏。純一案下云以盆盛䤈。恐非飯甑氣水。蘇俞孫諸校作醯是。客卽熏以救目。救目分方鑿穴救目二字、陸本唐本並重。王本尹本均不重。畢云、鑿卽鼓。蘇云、疑鑿字之譌。王本改鑿。尹本承之。釋云、言分四方而鑿。不限一處。以盆盛䤈置穴中。盆舊譌益、從蘇校改。王本尹本同。丈盆。丈舊譌文、據道藏本吳鈔本陸本唐本正。言在穴中、丈地置一盆。毋少四斗盆不能容四斗、斗疑當作升。卽熏以目臨䤈上目舊譌自、從孫校改。王本尹本並作目。及以沺目俞云、沺疑油之壞字。孫云、沺當爲洒。說文水部云、洒、滌也。西部籀文西作卤、故譌作田形。洒目、卽以救目也。王本沺改油、注云、油目、塗目睫也。

備蛾傳第六十二畢云、蛾同螘。說文云、螘、蚍蜉也。蛾、羅也。又云蛾、蠶化飛蟲也。經典多借爲螘者、音相近耳。傳亦附字假音。孫云、前備城門篇蛾作蟻、俗螘字。孫子謀攻篇作蟻附。曾注云、使士卒緣城而上、如蟻之緣牆。周書大明武篇云、俄傳器櫓、俄亦蛾之誤。

禽子再拜再拜曰、敢問適人強梁。（適陸本唐本作敵。同。梁舊作弱、王本作梁。尹本同。今據改。）遂以傅城、後上先斷、（王云、斷、斬也。號令篇曰、不從令者斷。擅出令者斷。失令者斷。）以爲法程、（法舊譌涖、從王校改。畢云、城程爲韻。王云、言敵人蛾附登城。後上者則斷之。以此爲法程也。案古音諧十青引此。）斬城爲基。（孫云、斬、塹之省。或云鏨之省。說文金部云、鏨、小鑿也。尹云、基、牆始也。）掘下爲室。前上不止。（畢云、上舊作止、以意改。）後射既疾。（畢云、室疾爲韻。純一案古音諧四卩引此。）爲之柰何。子墨子曰、子問蛾傅之守邪。蛾傅者、將之忿者也。（忿舊作忽。洪云、孫子謀攻篇、將不勝其忿而蟻附之。蛾傅卽蟻附。禮記學記、蛾子時術之。釋文本或作蟻、古字通用。忽卽忿字之譌。孫據正。王本忿作忍。尹本同。）守爲行臨射之、（孫云、卽高臨。詳前。）校機藉之、（校爲拔字之譌。詳備高臨篇。）擢之、（孫云、舊本擢作攉、今據道藏本吳鈔本正。說文手部云、擢、引也。攫、爪持也。審校文義、當以作擢爲正。純一案陸本唐本並作擢。）太氾迫之、（孫云、太氾當爲火湯。備梯篇云、薪火、水火湯以濟之。王本太作火。注云、氾洒湯粥毒油。）燒荅覆之、（荅、陸本唐本作答。尹云、答以木爲之。制詳下文。覆爲傾覆。）沙石雨之。然則蛾傅之攻敗矣。備蛾傅爲縣陴、（舊作脾、畢云、疑陴字。今據改。下同。王本改牌。尹本同。）以木板厚二寸、前後三尺。旁廣五尺。高五尺。而折爲下磿車。（磿舊作磨、孫云、磨當爲磿、周禮遂師鄭衆注云、抱磿、磿下車也。當卽此下磿車。亦卽備高臨篇之磿鹿。蓋縣重物。爲機以利其上下。皆用此車。故周禮王葬以下棺。此下縣陴亦用之。下云爲之機、亦卽此也。純一案孫說是也。今據正。王本同。）輪徑尺六寸。（輪舊作轉、從蘇校改。孫云、圜徑尺六寸、則其周四尺八寸強。）令一人操二丈四矛。（矛舊作方、畢云疑矛字。孫云畢校是也。考工記廬人云、夷矛三尋。鄭注云八尺曰尋。此卽夷矛也。今據改。）刃其兩端。居縣陴中、以鐵璅（孫云、吳鈔本作瑣、鐵璅見前。畢云、說文無鎖字。此璅與瑣、皆無鎖鑰之義。古字少、故借音用之。）敷縣陴上衡。（縣下舊衍二字、從蘇校刪。孫云、敷、傅通。純一案以鐵璅敷縣陴上衡句、謂以鐵璅傅著縣陴之上衡也。）爲之機。令有力四人、下上之。勿離。（離舊作難、俞云、難乃離字之誤。備城門篇、突一、旁以二橐守之、弗離。備穴篇、令一善射之者、佐一人、皆弗離。並其證。孫據正。）施縣陴、尹云、施、設也。大數二十步一。攻隊所在、六步一。蘇云、此言設縣陴多寡之數、蓋疏密視敵爲之。王闓運云、縣陴伏人。以候敵上。爲纍畢云、當爲壘。苔廣從各丈二尺。苔、陸本唐本並作答。各丈舊倒、王引之云、從音縱橫之縱。廣從丈各二尺、義不可通。丈各當爲各丈。言苔之廣從、各丈二尺也。蘇說同。孫云、王校是也。下文云苔廣丈二尺。純一今據正。王本作爲纍苔廣從各丈二尺。尹本作爲壘答。釋云、答纍土也。今字作塔。下同王本。以木爲上衡。以大麻索編之。舊作以咻索大編之、從孫校乙正。染其索。染陸本作深誤。塗中爲鐵鏁。畢云、据上文當爲璪。王篇云、鏁俗。鉤其兩端之縣。孫云、六韜軍用篇云、環利鐵鎖、長二丈以上、千二百枚。環利大通索、大四寸、長四丈以上、六百枚。客則蛾傳城。王本則作卽。尹本同。燒苔以覆之。王闓運云、苔以護城堞。燒之斷敵上。連筳抄大皆救之。王本七字連讀、大皆作火以。注云、筳、卽匙也。抄、火增答中、尹本承之。釋云、救、止也。言散火以止敵。以車兩走。孫云、卽備城門篇之轀也、車兩走卽兩輪。此及前備穴篇、並以車兩輪爲兩走。備突篇云、吏主塞突門、用車兩輪、以木束之、塗其上。軸閒廣大。尹云、閒同鐗。車軸鐵也。王本大改丈。尹本同。以圉犯之。圉、同禦。犯、侵害也。之指敵。觸其兩端。孫云、觸疑當爲独之變體。廣雅釋詁云、独刺也。玉篇刃部云、独刺刃也。經典從刃字、或變從囪。爾雅釋詁、矜苦也。釋文、矜作矜。是其例也。觸其兩端、猶上云二丈四刃、刃其兩端矣。以束輪編各本作偏、此從王本尹本。尹云、編、邊也。若今搪鐵。說文則謂之鑛。徧塗其上。王闓運云、敵不能焚。使室中以榆若蒸。孫云、室讀爲窒。備城門篇云、窒以樵。可燒之以待敵。窒亦作室。說文艸部云、蒸、析麻中榦也。周禮甸師鄭注云、木大曰薪、小曰蒸。尹云、室、實也。以棘爲旁。王闓運云、以與也。命曰火捽。尹云、言爲火之所捽。一曰傳湯以當隊。客則乘隊。王本則作卽。尹本同。燒傳湯斬維而下之。王引之云、燒下當有苔字、上文兩言燒苔、是其證。孫云、傳湯、卽以車兩走所作轒名。自可燒。不必增苔也。備突篇說輪轀、並云維置之。故必斬維、乃可下也。令勇士隨而擊之。以爲勇士前行。王闓運云、戰守皆以火捽居前。尹云、言以火捽前行。行、列也。前漢書李廣蘇建傳、前行持戟盾。後行持弓弩。城上輒塞壞城。王闓運云、亦以火捽塞也。城下足爲下說鑱。孫云、說當作銳。同聲叚借字。說文金部云、鑱、銳也。王本說作銳。尹云、說同銳、芒也。鑱、銳也。廣雅作攙。杙長五尺。杙舊譌找、王引之云、當爲杙。蘇說同。孫據正。王本尹本並同。大圉半以上。圉舊譌圉、從畢校正。王本尹本並同。孫云、六韜軍用篇云、委環鐵杙、長三尺以上、三百枚。皆剡其末。尹云、剡、銳利也。爲五行。行閒廣三尺。貍三尺。尹云、謂貍杙也。大耳樹之。孫云、大耳疑犬牙之誤。見備城門篇。爲連殳長五尺。孫云、說文殳部云、殳。以杖殊人也。周禮、殳以積竹。八觚。長丈二尺。建於兵車。旅賁以先驅。大十尺。孫云、殳不得大至丈、必有誤。疑大十當作大寸。十卽寸之譌。王本十改一。純一案大寸似又覺小。王校近是。梃長二尺。畢云、梃舊俱从手、以意改。大六寸。索長二尺。孫云、卽備城門篇之連梃。凡連殳連梃。蓋皆以索係連之。椎、柄長六尺、首長尺五寸。孫云、備城門篇、長椎長六尺。頭長尺。斧、柄長六尺。孫云、御覽兵部引備衝法、用斧長六尺、亦與此同。備城門篇、長斧柄長八尺。此短二尺。與彼異。刃必利皆。歐陽云、皆、當是鍇之音假。方言、堅也。自關而西秦晉之間曰鍇。言刃必利堅也。⿱艹羿其一。孫云、字書無⿱艹羿字。尹云、⿱艹羿卽羿、羽鶩風而上也。其、箕也。⿱艹羿箕者、蓋上城守械之名。海內西經、赤水之際。非仁⿱艹羿莫能上岡之巖。後荅廣丈二尺□□丈六尺。尹云、闕文當爲其從二字。垂前衡四寸。尹云、衡、橫也。謂橫木也。古者棟立中央。衡木四垂。因云垂前衡耳。兩端接尺。相覆勿令魚鱗三。蘇云、雜守云、入柴勿積魚鱗簪。畢云、疑槮字假音。竊謂此處三字、亦槮字假音也。孫云、蘇說是也。言爲荅之法。以本兩端相銜接。以尺爲度。不可鱗次不相覆也。王闓運云、魚鱗、覆淺。著其後行。孫云、前有前衡、此疑當作後衡。上下文有前行、與此義似不同。中央木繩一。孫云、木疑當作大。長二丈六尺。荅樓不會者以牒塞。蘇云、會、猶合也。孫云、說文片部云、牒、札也。廣雅釋器云、牒、版也。謂以版塞壁隙。數暴乾。畢云、說文云、暴、晞也。王闓運云、令易燒。荅爲格令風上下。尹云、格、柂架、蓋置風扇者。所以促火之燃、堞惡疑壞者。孫云、疑壞、謂未壞而疑其將壞也。先貍木十尺。十疑五之譌。五古文X。一枚一節壞斲植以押盧薄於木。押、陸本唐本作狎。畢云、唐大周長安三年石刻云、爰雕爰斲。卽斲字。盧上舊衍盧字、從畢校刪。盧薄。孫云、漢書王莽傳、爲銅薄櫨。顏注云、柱上枅也。畢云、說文云、櫨、柱上柎也。薄壁柱。尹云、薄櫨爲疊韵連語、倒文亦然。長八尺。長舊譌表、從蘇校正。王樹枏校同。王本尹本並同。廣七寸。徑一尺。舊作經尺一、從孫校改乙。數施。施、設也。一擊而下之。孫云、擊疑卽桔槔之桔。詳備城門篇。下之、疑當作上下之。桔槔可上下也。爲上下。尹云、長短不一。銛而斲之。王本斲作斵。注云、銛、鏵也、如兩刃臿。經一鈎（孫云、經一、疑當作經一尺。鈎疑當作鉤。上疑有捝字。純一案、鈎陸本作鉤。）禾樓（孫云、禾疑當作木。備城門篇有木樓。）羅石（孫云、羅疑當作絫。絫、壘之轉。絫石卽礧石。見備城門篇。）縣荅（王闓運云、三者皆守具。）植內毋植外（孫云、備城門篇云、樓四植。植卽柱也。）杜格貍四尺（孫云、杜格義難通、疑當作柞格。國語魯語云、設穽鄂。韋注云、穽、陷也。鄂、柞格也。柞杜形近而誤。周禮雍氏鄭注云、擭、柞鄂也。莊子胠篋篇云、削格羅落罝罘之知多、則獸亂於澤矣。釋文引李頤云、削格、所以施羅網也。柞格柞鄂削格、蓋皆穽擭之名。旗幟篇有牲格、疑卽此。）高者十尺。（孫本譌丈。）木長短相雜。兌其上。（蘇云、兌同銳。）而外內厚塗之。為前行（尹云、謂在軍之前而行。前漢書衛青霍去病傳、前行捕虜千四百人。）行棧（孫云、見備城門篇。）縣荅隅為樓（尹云、謂城隅也。）樓必曲裏（孫云、曲裏卽再重之譌、說詳備城門篇。）土五步一（蓋謂積土也。）毋下二十畾。（下舊譌其、畢云、畾、絫字。孫云、毋其二十畾、疑當作毋下二十畾。此書其字多作亣、與下形近故互譌。畾讀為孟子虆梩之虆。古字通用。盛土籠也。見備城門篇。純一案孫說是也。今據正。）爵穴十尺一。（孫云、爵穴、制詳備城門篇。）下堞三尺。廣其外。（堞舊譌壞。孫據蘇校正。王樹枏校同。尹云、廣其外、謂穴口大。）轉䐗城上（王闓運云、䐗、墍也。以所穴土墍城上。）樓及散與池（孫云、散疑當作殺。）革盆（孫云、見備城門篇。）若轉攻（王闓運云、敵舍此攻彼也。）卒擊其後。（尹云、卒、急也。言急擊敵後。）緩失治。（緩舊譌緩、孫云、當為緩。言不急擊敵、則以法治之。今據改。）車革火（孫云、未詳。此數語與上下文義不相屬。疑有譌捝。尹云、革、急也。言用車火以攻敵。）

凡殺蛾傳而攻者之法。（王本無者字。尹本同。）置薄城外。（王闓運云、以下並見備梯篇。孫云、蓋於城外植木為藩蔽。薄、備梯篇作裾、裾當為椐之誤。黃紹箕云、說文艸部薄、林薄也。一曰蠶薄。荀子禮論篇楊倞注云、薄器、竹葦之器。此書所云椐、蓋卽編木為藩杝。椐為古聲孳生字。薄為甫聲孳生字。二字同部、聲近義同。案黃說是也。亦詳備城門篇。）去城十尺。薄厚十尺。伐操之法（畢云、操當為薄。）大小盡木斷之（備梯篇、作小大盡本斷之。）以十尺為斷（備梯作傳。）離而深貍堅築之（王樹枏云、離據備梯作雜、則離當為雜字之誤。吳摯甫云、離字是。當依此文校改備梯篇文。）毋使可拔。二十步一殺。有𡏖（孫云、當作鬲。王闓運云、當作壙。）厚十尺。（畢云、備梯云、殺有一鬲。鬲厚十尺。）殺有兩門。門廣五尺。尺舊譌步、從孫校正。畢云、舊脫一門字、據備梯增。薄門板梯。貍之勿築。畢云、舊脫勿字、據備梯增。令易拔。城上希薄門而置楬。楬舊譌揭、王引之云、揭字義不可通。揭當爲楬字之誤也。楬、杙也。希與睎同。望也。言望薄門而立杙也。備梯篇置楬作直桀。置直楬桀並通。廣雅楬、杙也。爾雅雞棲於弋爲桀。今據正。縣火四尺一椅。孫云、當作檥。畢云、備梯作鉤檥。五步一竈。竈門有爐炭。傳傳火令敵人盡入。畢云、舊作人、以意改。煇火燒門。煇舊作車、從王本改。孫云、車備梯篇作煇。此疑熏之誤。詳備城門篇。縣火次之出載而立。畢云、舊脫出字、据備梯增。其廣終隊。兩載之閒一火。皆立而待鼓音而然。備梯篇有火字。畢云、待舊作持、以意改。孫云、然舊作燃、俗字。今據吳鈔本正。卽俱發之。敵人辟火而復攻。孫云、小爾雅廣言云、辟、除也。此爲敵人屛除所發之火、復從舊隧而來攻。故下云縣火復下也。備梯篇作除火。與此義正同。縣火復下。敵人甚病。敵引𡗝而去。去舊作揄、畢云、音之譌、据備梯改。孫云、揄去音不甚近、疑當爲逃之借字。古兆聲俞聲字、多互通。如詩小雅鹿鳴、示民不恌。毛傳云、恌偸也。可證。𡗝舊譌哭、俞云、哭當作師。說文帀部師、古文作𡗝。形與哭相似。故師誤爲哭也。王本作𡗝、注云、古文師。尹本同。今從之。則令吾死士左右出穴門擊遺師。詳備梯篇。令賁士主將、皆聽城鼓之音而出。孫云、賁士、卽奔士也。歐陽云、賁士卽虎賁之士、省稱也。士之勇敢者。孫云、奔士、義欠明。又聽城鼓之音而入。因素出兵將施伏。蘇云、素當作數。孫云、素不誤、詳備梯篇。王本素下、旁注數字。夜半而城上四面鼓噪。敵人必或。畢云、人舊作之、据備梯改。或與惑同。破軍殺將。以白衣爲服。畢云、舊脫白字、據備梯增。以號相得。尹云、用口號以相識別。

墨子集解卷十五

漢陽張純一仲如

迎敵祠第六十八

敵以東方來。迎之東壇。壇高八尺。孫云、月令鄭注云、木生數三。成數八。堂密八。孫云、蓋堂爲多角形。爾雅釋山云、山如堂者密。郭注引尸子云、不知堂密之有美樅。俞云、密字無義、疑當作宊、說文穴部宊、深也。謂堂深八尺也。不言尺者。蒙上而省。宊密相似、因誤爲密矣。下並同。年八十者八人主祭。尹云、老人主祭、尊老意耳。數用八者、洪範五行傳、所記迎春禮亦然。青旗青神長八尺者八。弩八。八發而止。將服必青。其牲以雞。孫云、月令注云、雞木畜。敵以南方來。迎之南壇。壇高七尺。孫云、月令注云、火生數二。成數七。堂密七。年七十者七人主祭。赤旗赤神長七尺者七。弩七。七發而止。將服必赤。其牲以狗。孫云、賈子新書胎敎篇、青史氏記云、南方其牲以狗。狗者南方之牲也。此與彼合。月令犬屬秋。注云、犬金畜。與此異。敵以西方來。迎之西壇。壇高九尺。孫云、月令注云、金生數四。成數九。堂密九。年九十者九人主祭。白旗素神長九尺者九。弩九。九發而止。將服必白。其牲以羊。孫云、賈子云、西方其牲以羊。羊者西方之牲也。此與彼合。月令羊屬夏。注云、羊火畜、與此異。敵以北方來。迎之北壇。壇高六尺。孫云、月令注云、水生數一。成數六。堂密六。年六十者六人主祭。黑旗黑神長六尺者六。弩六。六發而止。將服必黑。其牲以彘。畢云、巳上與黃帝兵法說同。見北堂書鈔。孫云、月令注云、彘水畜。孔叢子儒服篇、孔子高對信陵君問祈勝之禮云、先使之迎於敵所從來之方爲壇。祈克於五帝。衣服隨其方色。執事人數從其方之數。牲用其方之牲。卽本此。徙外宅諸名大祠。徙舊譌從、孫云、從當作徙、形近而誤。謂城外居宅及大祠。寇至、則徙其人及神主入內也。今據改。靈巫或禱焉。尹云、說文玉部、靈、巫也。以玉事神。字或從巫作靈、純一案靈巫、民之精爽不攜貳者。見楚語下。給禱牲。尹云、給、供也。

凡望氣開元占經九十七猛將軍陣勝負雲氣占云、太公曰、凡與軍動衆陳兵。天必見其雲氣、示之以安危。故勝敗可逆知也。其軍中有知曉時氣者厚寵之。常令淸晨若日午察彼軍及吾軍上氣色。皆須記之。若軍上氣不盛。加警備守。輒勿輕戰。戰則不足。守則有餘。察氣者軍之大要。常令三五人參馬登高若臨下察之、進退以氣爲候。尹云、漢書藝文志、別成子有望軍氣六篇。圖三卷。在陰陽家。六韜兵徵、略有其法而不詳。淮南兵略、明於奇正賌陰陽、刑德五行。望氣候星、龜策禨祥。此會爲天道者也。有大將氣。占經賢將氣占云、凡敵軍上氣黃白潤澤者、將有威德。或軍上氣發漸漸如雲、變作山形、將有深謀。或敵上氣黑中赤在前者、將精悍。皆不得擊。凡氣上與天連。軍中將賢良也。或當此大將氣。有中將氣。四字據茅坤本補。占經猛將氣占云、凡氣如龍如虎。或如火烟之形。或如火光之狀。或如山林。或如塵埃頭尖而卑。或氣壘如門上樓。皆猛將之氣也。或當此中將氣。有小將氣。占經云、凡敵上氣青而疎散者。將怯弱。前大而後小者。將怯不明。此未知可當小將氣否。有往氣有來氣。疑脫有勝氣三字。占經勝軍氣占云、凡敵軍上氣如山。或氣黃白厚潤而重者。勿與戰。有敗氣。畢云、今其法存通典兵風雲氣候雜占也。純一案占經敗軍氣占云、軍敗之氣。如羣鳥亂飛。疾伐之必大勝。能得明此者、太平御覽十五引抱朴子外篇云、軍上氣黑如樓、將軍移軍必敗。其將勇則氣如火炎、勢如張弩、雲如日月、赤氣繞之、所見之地大勝、不可攻也。可知成敗吉凶。古人爲學、注重涵養。涵養功深。則淸明在躬。志氣如神。文王有靈臺。望祲氛。察災祥。關尹喜望見有紫氣浮關。知眞人當過。候物色而迹之。果得老子。佛敎有所謂天眼通、更微妙也。歐陽云、六韜王翼篇、天文三人。主司星曆、候風气、推時日、攷符驗、校灾異。知天心去就之機。是望气等職、均設有專官也。

與巫醫卜有所。孫云、謂巫醫卜、居各有所。或讀有所長句、亦通。長具藥。孫云、醫之長、掌具藥備用。宮之孫云、疑當作宮養之。今本挩養字。號令篇云、守入城、先以候爲始、得輒宮養之。可證。善爲舍尹云、舍以尊居之。巫必近公社。尹云、便禱祝。必敬神之。尹云、言敬巫而神之。巫卜望氣以請報守。舊作巫卜以請守、孫云、茅本請作諸、守上當依王校增報字。察巫卜下亦當有望氣二字。純一案孫校是也。今並據補。守獨智巫卜望氣之請而已。王闓運云、守、謂城中主守事者。孫云、二略中略云、禁巫祝不得爲吏士卜問軍之吉凶。舊本氣誤在之字下。畢云、智知同。言望氣之請、唯告守獨知之。王云、請皆讀爲情。墨子書通以請爲情。此文當作巫卜以請報守、守獨智巫卜望氣之請而已。智與知同。言巫卜以情報守。巫卜望氣之情、唯守獨知之而已。勿令他人知也。號令篇曰、巫祝吏與望氣者。必以善言告民。以請上報守。守獨知其請而已。是其證。

舊本脫報字、氣之二字又誤倒、則義不可通。蘇校同。孫據乙。其出入爲流言。尹云、流、無根源之謂。說文則謂之讂。純一案玉篇讂、呼縣切。流言也。有所求也。驚駭恐吏民。尹云、言巫卜造言以惑衆。驚駭恐皆懼也。謹微察之。王云、說文覹、司也。司今作伺。覹字亦作微。史記廉頗藺相如傳曰、趙使人微捕得李牧。漢書游俠傳、使人微知賊處。師古曰、微、伺問之也。孫云、亦詳號令篇。斷罪不赦。孫云、說文斤部云、斷、截也。車部云、斬、截也。又首部云、𩠐、截也。三字同訓。此斷蓋卽𩠐字。亦卽斬也。商子賞刑篇云、晉文公斷顚頡之脊以徇。尹云、斷、決也。理也。墨子言斷多矣。蓋謂以將理斷之。輕重各當其罪。若今之交軍事裁判然。非專指斬斷言也。周禮小司寇、以三刺斷庶民獄訟之中。赦、舍也。望氣舍近守宮。宮舊作官、茅本作宮。據改。王本尹本並同。今收賢大夫及有方技者若工弟之。收舊作牧、今從孫校並王本改。孫云、工謂百工。王闓運云、亦令近守宮爲第宅。尹云、方、術也。技、藝也。六韜王翼、方士三人主百藥。以治金瘡。以痊萬病。史記扁鵲傳、問中庶子喜方者。舉屠酤者蘇云、酤與沽通。賣酒也。置廚給事弟之。畢云、言次第居之。古次第字只作弟。孫云、弟疑當爲䏁之省。䏁與秩同。言廩食之。王闓運云、酒食易聚衆。亦令次第近守宮。尹云。弟同第。館也。酒食易聚衆。故亦近守宮而館之。以便微察。

凡守城之法。縣師受事出葆。孫云、周禮地官、有縣師、上士二人。若有軍旅之戒、則受灋於司馬。以作其衆庶、及馬牛車輦。會其車人之卒伍、使皆備旗鼓兵器以帥而至。侯國蓋亦有此官、戰國時猶沿其制也。尹云、縣師、縣長也。周禮有縣正。王闓運云、出葆各保其守。循溝防築薦。尹云、循、巡也。禮記月令、循行國邑。王闓運云、士工有當築者。有當薦者。薦藉苫蓋也。通塗。尹云、通、餉道也。六韜王翼、通糧四人。主通糧道、致五穀。脩城百官共財。蘇云、共讀如供。百工卽事。司馬視城。脩卒伍。孫云、吳鈔本視作施。脩作修。設守門。二人掌右閹。舊本二誤三、俞云、左右人數、不應有異。疑三人是二人之誤。蓋門之啓閉、皆四人守之。啓則有左右之分。故曰二人掌右閹。二人掌左閹。及閉則無左右之分。故止曰四人掌閉也。孫云、兪說是也。茅本正作二人。今據正。二人掌左閹。孫云、閹、闔之借字。猶耕柱篇、商奄作商蓋。說文門部云、闔、門扇也。左右闔、卽謂門左右扇。四人掌閉。尹云、左右掩門。乃拄鎖之。百甲坐之。孫云、左文十二年傳云、裹糧坐甲。荀子正論篇云、庶士介而坐道。城下門百甲、城上步一甲、文正相對。城上步一甲一戟。孫云、備城門篇云、城上樓卒率一步一人。其贊三人。孫云、小爾雅廣詁云、贊、佐也。三人、爲甲戟士之佐。合之五人、而分守五步。非一步有五人也。五步有五長十步有什長。百步有百長。孫云、卽備城門篇之帛尉也。尹云、通典守拒法、城上五步有伍長。十步有什長。五十步百步皆有將長。旁有大率。孫云、卽旗幟篇、四面四門及左右軍之將。分守四旁。尹云、率、帥也。說文作衛。六韜均兵篇、五車一長。五十車一率。中有大將。孫云、卽旗幟篇中軍之將。皆有司吏卒長。尹云、皆、階也。淮南氾論、險階之卒。司吏卒長、均軍官名。管子小匡、十軌爲里。里有司。尉繚子伍制篇、令吏自什長以上、至左右將、皆相保也。兵教上篇、什長教成、合之卒長。城上當階。有司守之。移中。王闓運云、移大將應攻隊。尹云、中、衛也。中處擇急而奏之。擇舊作譯、畢云、言居中者、擇急事奏之。譯當爲擇。今據改。俞云、畢校是也。惟未解奏字之義。史記蕭相國世家索隱曰、奏者、趨向之也。擇急而奏之、謂有急則趨向也。尹云、謂急、危迫也。言擇危迫者以聞於上。士皆有職。尹云、職、謂徽職也。說文衣部卒、隸人給事者爲卒。卒衣有題識者。尉繚子兵教上篇、卒異其章。書其章曰、某甲某士。題識與章、皆職類也。純一案說文巾部徽、徽識也。以絳帛箸於背。亦職類。城之外矢之所遝。遝舊作還。王云、還當爲遝、謂矢之所及也。下同。孫據正。說詳非攻下篇。尹云、城之外、百步以外也。尉繚子制談篇、殺人於百步之外者、弓矢也。壞其牆無以爲客菌。蘇云、意言城外有牆、是令敵人得障蔽以避矢、宜急壞之。孫云、菌、猶言翳也。周書王會篇、有菌鶴。孔注云、菌鶴可用爲旌翳。是菌有翳蔽之義。王樹柟云、菌、當爲圉字之誤。言壞其牆、無以爲敵之捍圉也。三十里之內薪蒸材木皆入內。材木舊只作水、孫云、水無入內之理。當爲木。上又捝材字。薪蒸、細木。材木、大木也。雜守篇云、材木不能盡入者燔之。是其證。今據增訂。尹云、恐爲敵用。且備城也。歐陽云、營城揭要、言守有五事。其五、城內外相近之處、所出之糧食材料器具。敵將攻時、急收于城內。是西人守拒之法、與此無異也。狗彘豚雞食其宍。畢云、宍肉字異文。廣韻云、肉俗作宍。斂其骸以爲醢。孫云、說文酉部云、醢、肉醬也。爾雅釋器云、肉謂之醢。有骨者謂之臡、臡醢亦通偁。腹病者以起。孫云、呂氏春秋直諫篇高注云、起、與也。謂病瘉而與起。但審校文意、似謂肉醢等當以養病者。則病者當爲守圉受傷之人。不宜專舉腹病。此似有譌字。竊疑腹或當爲腝。卽臡之正字。屬上醢腝爲句。於義較通也。王闓運云、以骨醢和麵。止泄利。且飽人也。城之內薪蒸廬室矢之所遝。舊作還、孫據王校改。皆爲之涂令固。令固舊作菌令。王樹柟云、當作皆爲之涂令固。言薪蒸廬室、皆爲之蒙涂。令其固也。備城門篇云、五十步積薪、毋下三百石、善蒙涂。雜守篇云、塗茅屋積薪者、厚五寸已上。此卽其義也。今本固譌作菌、又倒在令字之上、而義遂不可通。今據正。命昏緯狗纂馬擥緯。孫云、後漢書、張衡傳、李注云、纂、繫也。說文手部云、擊、固也，大戴禮記夏小正。農緯厥耒。傳云、緯、束也。言緯纂必堅固。純一案下緯字疑衍。蘇云、言夜必防閑狗馬。勿令驚逸。靜夜聞鼓聲而譟。畢云、譟字異文。所以閹客之氣也。客、敵也。畢云、閹、遏也。所以固民之意也故孫云、周禮大司馬云、鼓皆馳。車徒皆譟。鄭注云、譟、讙也。時譟則民不疾矣。尹云、疾、病也。孫云、凡守城之法以下至此。疑他篇之文、錯箸於此。歐陽云、按此文似宜移置備城門十四者無一則雖善守者不能守矣女。

祝史乃告於四望山川社稷先戎。孫云、祝史、謂大祝大史也。周禮大宗伯、鄭注云、四望五嶽四鎭四瀆。案山川蓋謂中小山川在竟內者。先戎舊作先於戎、王本删於字。今從之。尹本同。釋云、先戎、謂始造兵爲軍法者，其神蓋蚩尤、或云黃帝。禮王制謂之禡祭。前漢書黃帝紀、祠黃帝祭蚩尤於沛庭。歐陽云、先戎與稱先嗇先農一例。

乃退。公素服誓于太廟、尹云、太廟、始祖廟。曰某人爲不道。某舊作其、蘇云、疑當作某人。孫云、孔叢子正作某人不道。今據正。不脩義詳。孫云。脩吳鈔本作修、畢云、詳、祥同。唯力是王。力舊作乃、孫云、疑當作唯力是正。明鬼下篇云、諸侯力正。王本作唯力是王。純一今從之。案詳王爲韻。尹本同。釋云、是王猶言自大。曰、予必懷亡爾社稷。蘇云、懷疑當作壞。王本尹本並作壞。孫云、懷猶言思也。王樹枏說同。滅爾百姓。二參子尙夙夜自廈。夙字舊脫。畢云、廈當爲厲。蘇云、參卽三。下參發義同。尙下當脫夙字。或尙卽夙字之譌。孫云、孔叢子儒服云、二三子尙皆同心比力死守。與此略同。王本作二三子、注云、尙夜當是夙夜。夏假暇同用字。尹云、尙、庶幾也。廈、同假。加也。言自奮。純一今依諸校增夙字。以勤寡人。尹云、勤、事也。和心比力兼左右各死而守。孫云、兼下疑挩一字。畢云、左右、助也。王闓運云、而、女也。純一案兼下當補助字。既誓。公乃退食。舍於中太廟之右。孫云、茅本太作大。中太廟、侯國太祖之廟也。儀禮聘禮賈疏、說諸侯廟制云、太祖之廟居中。二昭居東。二穆居西。廟皆別門。祝史舍于社。百官具御。尹云、具、備也。御、侍也。乃升鼓于門。畢云、門舊作問、以意改。升舊譌斗、孫云、斗疑升之誤。下云乃下、文正相對。孔叢子儒服云、乃大鼓於廟門。詔將帥。命卒習射三發。擊刺三行。告廟用兵於敵也。純一案王本尹本並作升、今據改。右置旂左置旌于隅。孫云、謂門左右隅。置旂一置旌也。一練名射、王闓運云、練揀通用字。選善射有名者。參發告勝。參發、三射也。五兵咸備。孫云、五兵詳節用上篇。

乃下。尹云、升鼓當門、至此乃下。出旂。舊作出挨。王本尹本並如此。今從之。升望我郊。王闓運云、升門樓望。乃命鼓。尹云、命擊鼓也。王闓運云、鼓三遍也。俄升旌。孫云、公羊桓二年何注云、俄者、謂須臾之間。旌舊作役、王本尹本並作旌。今從之。司馬射自門右。蓬矢射之。尹云、蓬、蒿也。茅參發。孫云、茅當爲矛。蘇云、屬上讀、似言束茅而射之。誤。弓弩繼之。校自門左。孫云、校蓋軍部曲吏。管子度地篇、有部校長官。商子境內篇云、軍爵自一級以下至小夫、命曰校徒操士。戰國策中山策云、五校大夫。高注云、五校軍營也。校下疑挩射字。王闓運云、校、大校副將也。先以揮。王闓運云、蓋輝火。今火箭。木石繼之。祝史宗人告社。孫云、左傳哀二十四年杜注云、宗人禮官也。案卽周禮大小宗伯、侯國及都家並有之。尹云、宗人、主祭祀之官。覆之以甑。孫云、說文瓦部云、甑、甗也。此蓋厭勝之術。未詳其義。

旗幟第六十九

畢云、說文云旗、熊旗五游、以象罰星、士卒以爲期。釋名云、熊虎爲旗。軍將所建。象其猛如虎。與衆期其下也。幟當爲織。詩、織文鳥章。傳云、徽、織也。陸德明音義音志云、又尺志反。又作識。案漢書亦作志、而無从巾字。純一案一切經音義五十八云、幟今作幟、同尺志反、幖也。王改幟並爲職。云、墨子書旗識字如此、舊本從俗作幟。篇內放此。孫云、幟正字當作識。號令雜守二篇、徽職字並作職者、叚借字也。王校甚是。但司馬貞玄應所引並作幟。則唐本如是。以相承已久。未敢輒改。

守城之法。木爲蒼旗。北堂書鈔百二十騎爲鳥旗與爲龍旗注、引此文木作水。誤。火爲赤旗。薪樵爲黃旗。尹云、黃、土色也。石爲白旗。石、書鈔作金。尹云、石堅而色白。水爲黑旗。黑、書鈔作墨。食爲菌旗。孫云、自倉英旗以上七旗、並以色別。菌非色名、疑當爲茜。說文艸部云、茜、茅蒐也。茅蒐可以染絳、字或作蒨。左定四年傳、繒茷、雜記鄭注、引作蒨旆。死士爲倉英之旗。蘇云、倉英當卽蒼鷹。王本英注鷹。俞云、倉英之旗、乃青色旗。倉英、卽滄浪也。在水爲滄浪。在竹爲蒼筤。並是一義。此文作倉英者、英古音如央。故與浪同聲。孫云、俞說是也。竟士爲虎旗。竟士書鈔作士。孫云、竟、競之借字。逸周書度訓篇云、揚舉力竟。亦以竟爲競。畢云、猶云彊士。蘇云、猶言勁卒。王樹枬云、竟士當爲賁士之誤。賁士見備梯備蛾傳篇。孟子音義引丁音云、虎賁先儒言如猛虎之奔。則賁與虎義相近。虎舊譌雩、王云、鈔本北堂書鈔武功部八引此爲虎旗。通典兵五亦曰、須戰士銳卒、舉熊虎旗。純一今據正。多卒爲雙兔之旗。書鈔無多字之字。尹云、雙則多矣。兔善走。詩故以兔詠武夫。五尺男子爲童旗。書鈔作男爲童旗。孫云、五尺、謂年十四以下。詳雜守篇。女子爲梯末之旗。梯末之三字書鈔作擒矢二字。蘇云、梯、疑當作枯楊生稊之稊。尹云、梯同稊。楊葉之未舒者。弩爲狗旗。尹云、狗性善走。或者狗斥熊子言。今之狗熊是其類。戟爲莅旗。畢云、北堂書鈔引作林旗。孫云、莅疑即旌字。月令季秋載旌旐。淮南子時則訓、旌作荏。荏莅皆旌之譌。隸書旌或作荏。形相近。周禮司常九旗、析羽爲旌、尹云、莅即征、鶽飛鳥名也。禮記月令、征鳥厲疾。注、征鳥、題肩也。齊人謂之擊征。或名曰鷹。劍盾爲羽旗。孫云、蓋即司常九旗之全羽爲旞。尹云、取輕利之義。車爲龍旗。畢云、舊作蘢、據北堂書鈔改。騎爲鳥旗。孫云、騎謂單騎即騎馬。亦見號令篇。尹云、取疾義也。凡所求索旗。尹云、索、亦求也。名不在書者。尹云、謂人物之末書旗名於冊者。皆以其形名爲旗。尹云、繪其人物之本形於旗。城上舉旗。尹云、須何人物。即舉何旗以致之。見通典守拒法、而文略異。備具之。尹云、旗備具也。官致財物。物足而下旗。下物字舊譌之、孫云、之當作二、即物之重文。物足而下旗、言致財物既足共城上之用。則偃下其旗也。純一今據正。

凡守城之法。石有積。樵薪有積。菅茅有積。孫云、茅吳鈔本作茆。說文艸部云、菅、茅也。陸璣毛詩艸木疏云、菅似茅而滑澤無毛。柔韌宜爲索。茆茅古字亦通。萑葦有積。萑、舊譌雚、孫云、說文艸部云、萑、薍也。葦、大葭也。萑部云、雚小爵也。音義並別。此雚當爲萑。經典省作萑。或掍作雚。非是。周禮司几筵萑席。唐石經初刻、亦譌作雚。純一今據正。木有積。炭有積。沙有積。松柏有積。蓬艾有積。麻脂有積。金錢有積。錢舊作鐵、王云、金鐵當爲金錢、守之誤也。金錢粟米、皆守城之要物。故並言之。若鐵則非其類矣。號令篇曰、粟米錢金布帛。又曰、粟米布帛錢金。雜守篇曰、粟米布帛金錢。皆其證。太平御覽居處部二十引此、正作金錢。純一今據正。粟米有積。井竈有處。畢云、通典守拒法云、城上四隊之間、各置八旗。若須木橯拯板舉蒼旗。須灰炭稗鐵舉赤旗。須橋木樵葦舉黃旗。須沙石甎瓦舉白旗。須水湯不潔舉黑旗。須戰士銳卒舉熊虎旗。須戈戟弓矢刀劍舉鷙旗。須皮氈麻鏁錄钁斧鑿舉雙兎。城上舉旗。主當之官。隨色而供。亦其遺法。重質有居。畢云、言居其妻子。五兵各有旗。節各有辨。孫云、說文刀部云、辨、判也。凡符節判析其半。合之以爲信驗。荀子性惡篇云、辨合符驗。周禮小宰、傳別朝士判書。鄭注引故書、別判並作辨。聲義並相近。法令各有貞。孫云、廣雅釋詁云、貞、正也。尹云、貞定也。輕重分數各有請。孫云、請與誠通。主愼道路者有經。孫云、愼循之叚字。謂循行道路也。周禮、體國經野。鄭注云、經謂爲之里數。尹云、經、常也。界也。亭尉孫云、亭尉、即備城門篇之帛尉、及迎敵祠篇之百長也。尹云、謂主亭者。各爲幟。尹云、此謂主亭者之爲幟耳、廣雅釋器云、幟、幡也。說文新附、幟、旌旗之屬。竿長二丈五。帛長丈五。廣半幅者六。六舊譌大、畢云、太平御覽引云、凡幟帛長五丈、廣半幅。孫云、史記高祖紀、索隱引墨翟曰、幟帛長丈五廣半幅。一切經音義五十八云、墨子以爲長丈五尺廣半幅曰幟也。並卽據此文。是唐本已如此。御覽不足據。後文城將幟五十尺。以次遞減至十五尺止。亭尉卑自當丈五尺。不宜與城將等也。又者大、畢本据惠士奇禮說改爲有大、屬下寇傅攻前池外廉爲句。案者字不誤。大當爲六、二字形近。下文大城、大又譌六。可互證。六卽亭尉幟之數。蓋每亭爲六幟、以備寇警緩急舉踣之用。下文舉一幟至六幟。解如數踣之。並以六爲最多。故此先著其總數也。惠畢並誤改其文。又失其句讀。純一案孫說是也。今據正。

寇傅攻前池外廉。孫云、廉、邊也。詳雜守篇。城上當隊鼓三舉一幟。到水中周。孫云、周州聲近通用。俗又作洲。說文川部云、水中可居曰州。周遶其旁。鼓四舉二幟。到藩。孫云、吳鈔本作蕃。藩蓋池內匡岸。編樹竹木爲籬落。備城門篇云、馮垣外內以柴爲藩。卽此。雜守篇云、牆外水中爲竹箭。明水在外牆在內矣。尹云、藩、樊也。謂城邊。鼓五舉三幟。到馮垣。孫云、蓋卑垣在外堞外者。詳備城門篇。鼓六舉四幟。到女垣。孫云、女垣卽堞。說文土部云、堞、城上女垣也。阜部云、陴、城上女牆。俾倪也。此女垣在馮垣內、大城外。蓋卽號令篇之女郭。備城門篇之外堞也。備城門篇別有內堞。鼓七舉五幟。到大城。畢云、大舊作六、以意改。下同。鼓八舉六幟。乘大城半以上。鼓無休。尹云、休、止也。夜以火。尹云、不用幟以令士、孫子軍爭篇、故夜戰多火鼓。晝戰多旌旗。所以變民之耳目也。淮南兵略訓、晝則多旌。夜則多火。如此數。歐陽云、通典、每晨及夜平安舉一火。聞警戒舉二火。見煙塵舉三火。見賊燒柴籠、則不獨夜有火、而晨亦有火也。

寇卻解。輒部幟如進數。王引之云、部讀爲踣。謂仆其識也。周官大司馬弊旗、鄭注曰、弊、仆也。仆踣部古字通。呂氏春秋行論篇引詩曰、將欲踣之、必高舉之。踣與舉正相反。故寇來則舉識。寇去則踣識也。如進數者、如寇進之識數而遞減之。識之數以六爲最多。故寇進則自一而遞加之。寇退則自六而遞減之也。而無鼓。蘇云、言夜以火代幟。鼓數同。寇退則無鼓也。城將爲絳幟。舊只作城爲隆、孫云、疑當作城將爲絳幟。絳隆隆聲類並同。左成十八年傳魏絳、樂記孔疏引世本絳作降、是其證。此以隆爲絳、猶尚賢中篇以隆爲降也。隆下又挩幟字。周禮司常鄭注云、凡九旗之帛皆用絳。城將卽大將。見號令篇。尊於四面四門之將。故幟高於彼十尺。純一案孫說是也。今據補正。長五十尺。四面四門將長四十尺。孫云、號令篇云、四面四門之將。必選擇之有功勞之臣、及死事之後重者。其次三十尺。其次二十五尺。其次二十尺。其次十五尺。高無下十五尺。舊作四十五尺。孫云、此四字衍。高無下十五尺、卽冢上長五十尺。

以次遞減。至此爲極短也。今據刪。

城中吏卒民男女皆辨異衣章微職。舊本辨作荍。無職字。王引之云、荍字義不可通。荍當爲辨。辨異二字連文。周官小行人曰、每國辨異之。隸書辨字或作辨。見漢李翕析里橋郙閣頌。因譌而爲荍。王念孫云、衣章微當作衣章微職。說文微、識也。墨子書微識皆作微職。見號令雜守二篇。章亦微識之類也。故齊策云、變其微章。微亦與微同。此言男女之衣章微識、皆有別也。故曰皆辨異衣章微職。令男女可知。且此篇以旗幟爲名、則當有職字明矣。今本辨譌作荍、微下又脫職字、故義不可通。孫云、王校是也。純一今據補正。令男女可知。自城中吏卒民至此、原文錯置在後不從令者斬下、今從孫校移此。城上吏卒置之背。王引之云、卒字涉下文吏卒而衍。下文卒置於頭上、則不得又置之背也。又案頭上也、肩也、背也、胸也、皆識之所置也。說文微、識也。以絳帛箸於背。張衡東京賦、戎士介而揚揮。揮同微。薛綜曰、揮謂肩上絳幟。皆其證。今不言識者、城上吏之上有挩文耳。孫云、王說是也。此置背等、並謂吏卒所著小微識。與上將旗不相冢。下文城中吏卒民男女皆辨異衣章微令男女可知十八字、疑卽此節首之挩文、傳寫譌錯著於彼。而此小微識、遂與上旗識淆掍不分矣。尉繚子經卒令、說卒五章。前一行蒼章、置於首。次二行赤章、置於項。次三行黃章、置於胸。次四行白章、置於腹。次五行黑章、置於要。又兵教上篇云、將異其旗。卒異其章。左軍章左肩。右軍章右肩。中軍章胸前。書其章曰、某甲某士。此上文五十尺至十五尺、卽謂將異旗。以下乃言卒異章之事。二書可互證。尹云、卒衣題識也。卒於頭上。尹云、若今帽章。卒、士卒也。尉繚子兵教、前後章各五行。尊章置首上。城下吏卒置之肩。畢云、舊作眉、据禮說改。下同。尹云、若今肩章。左軍於左肩。畢云、左軍舊作在他、据禮說改。孫云、吳鈔本亦作在他、道藏本作在也、以字形審之、疑當作左施於左肩。右施於右肩。右軍於右肩。五字舊脫、據王校補。王本尹本並同。案兩於字、疑並當作施。義與置同。中軍置之胷。畢云、此俗字、當爲匈或肾。尹云、尉繚子分塞令篇、中軍左右前後軍、皆有分地。各一鼓。中軍一三。孫云、疑當作中軍三。言鼓多於左右軍。一衍文。王本作中軍日三鼓。尹云、一日三次鼓也。每鼓三十擊之。孫云、三十擊之、謂或三擊、或十擊、多少之數不過此也。號令篇云、中軍疾擊鼓者三。又云、昏鼓鼓十。諸門亭皆閉之。尹云、以枹擊也。諸有鼓之吏、謹以次應之。當應鼓而不應。不當應而應鼓。下應鼓上舊衍不字、孫依蘇校據道藏本吳鈔本刪。主者斬。畢云、言罪其鼓主。歐陽云、尉繚子曰、鼓之而當、則賞功立名。鼓之而不當、則身死國亡。鼓之所關甚大也。道廣三十步。於城下夾階者各二其井。尹云、井漏井。所以受水潦。置鐵礶。尹云、礶、管也。所以通水。於道之外爲屛。孫云、屛所以障圂。開元占經、甘氏外官占甘氏云、天溷十星。在外屛南。注云、天溷、廁也。外屛、所以障天溷也。史游急就篇云、屛廁淸溷糞土壤。尹云、屛同屏、廁也。三十步而爲之圜高丈。尹云、圜同欄。大木柵也。爲民圂垣高十二尺以上。巷術周道者。孫云、說文行部云、術、邑中道也。周道、詳備城門篇。言巷術通周道者。必爲之門。畢云、必舊作心、以意改。門二人守之。非有信符勿行。尹云、符節所以爲信。因云信符。淮南子要略訓、約重致。剖信符。鶡冠子博選篇、信符不合。事擧不成。不從令者斬。孫云、自巷術周道者至此、並與旗幟無涉。疑它篇之錯簡。純一案自各一鼓中軍至此、均與旗幟無涉。此下舊有城中吏卒民云云十八字。從孫校移前。

諸守牲格者。孫云、牲格、蓋植木爲養牲闌格。守城藩落象之、因以爲名。備蛾傅篇云、杜格貍四尺、高者十尺。木長短相雜。兌其上。而外內厚塗之。疑亦卽此。彼杜格當爲柞格。或此牲亦當作柞。牲杜柞形並相近。三出却適。畢云、却、玉篇云、郤字之俗。守以令召賜食前。孫云、守卽號令篇之太守。以令亦屢見彼篇。言傳令來前賜食。尹云、賜食於前、優待之耳。予大旗。蘇云、予與通用。署百戶邑若他人財物。尹云、言所奪敵人財物。建旗其署。王闓運云、此署謂三出者所守。令皆明白知之曰某子旗。孫云、尉繚子兵敎上篇云、乃爲之賞法。自尉吏而下、盡有旗。戰勝得旗者。各視其所得之爵。以明賞勸之心。左哀十三年傳云、彌庸見姑蔑之旗、曰吾父之旗也。牲格內廣二十五步。外廣十步。表以地形爲度。俞云、表乃袤字之誤。備穴篇、鑿廣三尺。表二尺。王氏訂表爲袤之誤。正與此同。斬卒中敎解前後左右孫云、斬疑當作勤。尉繚子有勤卒令。漢書晁錯傳云、士不選練。卒不服習。起居不精。動靜不集。趨利弗及。避難不畢。前擊後解。與金鼓之音相失。此不習勤卒之過也。蓋謂部勒兵卒。將居中而敎其前後左右。解字疑誤。尹云、斬、取也。猶聚也。言聚士卒於牲格中而敎之。解、分也。卒勞者更休之。休舊作修、孫據吳鈔本茅本正。純一案卒勞者更番休息之。自牲格內廣至此與旗幟無涉。

號令第七十

蘇云、墨子當春秋後。其時海內諸國。自楚越外無稱王者。故迎敵祠篇言公誓太廟。可證其爲當時之言。若號令篇所言令丞尉三老五大夫太守關內侯公乘男子。皆秦時官。其號令亦秦時法。而篇首稱王。更非戰國以前人語。此蓋出於商鞅輩所爲。而世之爲墨學者。取以益其書也。倘以爲墨子之言。則誤矣。孫云、蘇說未塙。令丞尉三老五大夫等制、並在商鞅前。詳篇中。

安國之道。道任地始。孫云、禮記禮器鄭注云、道、猶從也。尹云、道、自也。任、用也。周禮載師、掌任土之法、八言任地。地得其任則功成。地不得其任則勞而無功。人亦如此。備不先具者、無以安主。尹云、主、君也。吏卒民多、心不一者。皆在其將長。孫云、言責在將與長也。諸行賞罰言諸者、非一之義。及有治者。有、猶專也。必出於王公。舊作公王、畢云、公舊作功、一本如此。孫云、茅本亦作公。道藏本吳鈔本並作功。此對上將長爲文、疑當作王公。下文云出粟米有期日。過期不出者。王公有之。是其證。傳寫誤到耳。純一案陸本作公、墨子書屢言王公大人。孫說是也。今據乙。數使人行勞賜尹云、勞、賚也。守邊城關塞備蠻夷之勞苦者。尹云、所謂邊功。舉其守卒之財用有餘孫云卒疑卒之誤。歐陽云、卒卽帥、指守邊城之長卒。尉繚子千人而率。尹云、產物富之地。不足地形之當守者。舊作守邊者、邊守蓋涉上文守邊誤衍。王本無。尹本同。今據刪。尹云、地形不足、則無險可恃。故賴舍守。管子地圖地形之出入相錯者盡藏之。其器備常多者。王樹枏云、常爲當字之誤。王本尹本並作當。尹云、器謂守械。邊縣邑、視其樹木惡則少用。孫云、言材木不足共用。尹云、少用以惜物力。田不辟、少食。畢云、辟、闢假音字。尹云、以其非產穀之所。無大屋尹云、詩云夏屋。草蓋孫云、說文艸部云、蓋、苫也。釋名釋宮室云、屋以草蓋曰茨。茨、次也、次比草爲之也。草蓋、謂以草蓋屋。王闓運云、無瓦也。少用乘。各本作桑一本如此。王闓運云、乘、謂車也。尹云、以車需木。多財民好食孫云、下有挩誤。尹云、地多富民則可好食、而不必少食。爲內堞舊作牒、從孫校改。內行棧孫云、均見備城門篇。置器備其上。城上吏卒養。孫云、養卽廝養之養。公羊宣七年何注云、炊亨曰養。皆爲舍道內。尹云、舍、室也。各當其隔部。孫云、太白陰經司馬穰苴云、五人爲伍。二伍爲部。部隊也。隔部、卽城上吏卒什人所守分地。皆有隔以別其疆界。下云人自大書版、著之其署隔。則凡署皆有隔。養什二人。孫云、十人爲什。言每卒十人、則有養二人。吉天保孫子集注引曹操云、一車駕四馬。養二人、主炊。步兵十人。亦十步卒二養。與此略同。爲符者曰養吏一人。孫云、養吏、吏掌養爲符信者。辨護諸門。孫云、辨護、猶言監治也。亦見周禮大祝山虞鄭注。山虞賈疏引尙書中候握河紀云、堯受河圖稷辨護。注云、辨護者、供時用相禮儀。案辨卽今辦治字。漢書李廣傳、顏注云、護爲監視之。此養吏辦護諸門、亦謂辦治監視諸守門之事。與中候注義小異。畢云、辨、卽今辦字正文。

門者及有守禁者皆無令無事者得稽留止其旁。舊本重稽字、又止作心。道藏本吳鈔本茅本稽字並不重。畢云、衍一稽字。王引之亦刪稽。又云、心當爲止。言勿令無事者、得稽留而止其旁也。隸書止心相似、故止譌爲心。孫云、王校是也。蘇說同。今據刪正。倭刻茅本校云、心一作止。正與王校同。

不從令者戮。尹云、戮、罪也。一曰殺也。

敵人但至千丈之城。但疑俱字之殘。孫云、千茅本作十、下文仍作千。雜守篇云、率萬家而城方三里。此云千丈、爲方五里有奇、蓋邑城之大者。尉繚子守權篇云、千丈之城。則萬人守之。戰國策、趙策云、今千丈之城。萬家之邑相望也。齊策亦云、千丈之城。拔之尊俎之閒。必郭迎之。迎舊作近、孫從畢校改。主人利。不盡千丈者勿迎也視敵之居曲衆少而應之。孫云、曲、部曲。歐陽云、常語部居連文、則居曲卽是部曲也。此守城之大體也其不在此中者皆心術與人事參之。孫云、心疑當作以。

凡守城者以亟傷敵爲上。孫云、亟舊本譌函、今據王校正。說詳魯問及備城門篇。畢云、言扞禦傷敵。其延日持久以待救之至不明於守者也。舊本不字、倒著也下。孫云、倭本校云、至下脫不。王景羲云、下文不字、當在明於守句上。純一今據乙。能此。此、指亟傷敵言。乃能守城守城之法敵去邑百里以上城將如令。令舊作今、畢云、當爲令。孫云、畢說是也。此書軍吏。有城將、卽大將。有輔將、卽四面四門之將。地治之吏。有守、有令、有丞、有尉、有五官。凡守城之事。皆城將及守令主之。並詳後。如令猶言若令。下文如令、亦如令之譌。純一今據正。王本尹本並作令。盡召五官及百長。孫云、五官、蓋都邑之小吏。周制、侯國有五大夫。因之都邑亦有五官。韓非子十過篇云、趙襄子至晉陽。行其城部及五官之藏。此卽都邑之五官。殆如後世吏有五曹之類。後文吏有比丞比五官。則五官卑於丞也。又左傳成二年。晉軍帥之下、有司馬、司空、輿帥、候正、亞旅。成十八年及晉語、悼公命官、別立軍尉而無亞旅。成二十五年傳、又謂之五吏。淮南子兵略訓、說在軍五官、有司馬、尉候、司空、輿。與晉制同。竊疑此五官、亦與彼相類。後文有尉都司空候。或卽五官之名與。亦詳節葬篇。以富人重室之親舍之官府。府舊本譌作符、王引之云、符當爲府。言舍富人重室之親於官府也。下文云、其有符傳者、善舍官府。是其證。篇內言官府者多矣。若云舍之官符、則義不可通。此涉上下文諸符字而誤。孫云、王校是也。蘇說同。今據正。謹令信人守衛之。尹云、信人、謂可信任之人。謹密爲故。俞云、故、猶事也。言務以謹密爲事也。備梯篇以靜爲故。備穴篇以急爲故。義與此同。及傳城。及傳舊本譌作乃傳、俞云、乃傳當作及傳、字之誤也。上云敵去邑百里以上。此云及傳城。其事正相次。傳卽蛾傳之傳。備蛾傳篇曰、逡以傳城是也。孫云、俞校是也。今據正。守城將營無下三百人。舊作守將、孫云、守下道藏本吳鈔本茅本有城字。純一案陸本唐本亦有城字。今並據增。四面四門之將、必選擇之有功勞之臣、歐陽云、上之字疑衍。及死事之後重者。蘇云、重者、卽重室子也。尹云、後重、謂後子而承重者。從卒各百人。尹云、若今衛兵。門將並守他門。孫云、謂他小門。他門之上。畢云、舊脫門字、以意增。必夾爲高樓。使善射者居焉。女郭馮垣一人守之。舊誤重一人二字、從蘇校刪。孫云、女郭卽女垣。以其在大城之外。故謂之郭。釋名釋宮室云、城上垣亦曰女牆。言其卑小比之於城。若女子之與丈夫也。旗幟篇云、到馮垣、鼓六舉四幟。到女垣、鼓七舉五幟。使重室子室舊本誤字、王云、重字子、卽重室子之譌。蘇校同。孫據正。重室子見備城門篇。五十步一擊。孫云、文選長楊賦、李注引韋昭云、古文隔爲擊。此擊疑亦署隔之名。蘇云、擊當作樓。王闓運云、游擊將也。尹云、擊、詰也。謂專司游行者。因城中里爲八部。部一吏。孫云、城內爲八部吏。吏各從四人。王本無吏字。以行衢術及里中。畢云、衢當爲衜。說文云、衜道也。春秋傳曰、及衜以擊之。孫云、此術、與旗幟篇巷術、及後術衢義同。與備城門篇衢術異。里中父老不擧守之事及會計者。父老下舊有小字。王引之云、父老下不當有小字、蓋涉下文老小而衍。擧讀爲吾不與祭之與。與擧古字通。謂里中父老不與守城及會計之事者。純一案王說是也。今據刪。分里以爲四部。孫云、此又於一里之中、分之爲四部。部一長。孫云、每里四長。以苛往來不以時行。蘇云、苛、譏訶也。孫云、周禮射人鄭注云、苛、謂詰問之。行而有他異者。以得其姦。吏從卒四人以上有分守者。舊無守字、從王校補。孫云、此卽八部、每部之吏也。王引之云、分下當有守字。而今本脫之、則文義不明。分守、謂卒之分守者也。下文曰男女老小、先分守者、人賜錢千。是其證。大將必與爲信符。大將使人行守操信符。信符不合。符字舊脫、今校補。王樹枏說同。及號不相應者。蘇云、號卽夜間口號。伯長以上輒止之。孫云、伯百通、卽上文百長。以聞大將。畢云、告大將。當止不止及吏從卒縱之。王樹枏云、從吏二字誤倒、據上文乙正。王本無從字。皆斬。諸有罪自死罪以上、舊本挩以字、孫從王校補。皆遝父母妻子同產。舊本遝作還、王云、還當爲遝。謂罪及父母妻子同產也。下文云歸敵者、父母妻子同產皆車裂。孫云、王校是也。今據正。說詳非攻下篇。尹云、同產、兄弟姊妹也。諸男子有守於城上者。子舊作女、孫云、疑當云諸男子。備城門篇云、守法、五十步。丈夫十人。丁女二十人。老小十人。此男子、卽丈夫也。下文別云丁女子。則此不當兼有女明矣。純一今據改。什六弩四兵。蘇云、十人爲什。兵、戎器也。言十人之中、弩六而兵四之。孫云、蘇說是也。六韜軍用篇云、甲士萬人。強弩六千。戟櫓二千。矛楯二千。與此率正同。丁女子老少人一矛。蘇云、丁女子、猶言丁女。見備城門篇。卒有驚事。孫云、驚讀爲警。文選歎逝賦李注云、警、猶驚也。蘇云、言猝有警急之報。中軍疾擊鼓者三。城上道路、里中巷街、孫云、說文行部云、街、四通道也。皆無得行。行者斬。女子到大軍。令行者男子行左。女子行右。無並行。皆就其守。不從令者斬。離守者三日徇。舊本作三日而一徇、畢云、當爲徇。衆經音義云、三倉云、徇、偏也。蘇云、而字衍。孫云、而一二字、疑皆衍文。此二句、皆冡上文而箸其刑。不從令者斬、卽不從男行左女行右之令也。離守者、卽不就其守者也。與下文離守絕巷救火者斬、義同。但無故離守。罪重於不從令者。故不惟斬之。且肆其尸三日。所謂三日徇也。義亦詳後。純一今據刪而一二字。此所以備姦也。此舊作而、蘇云、而字衍。孫云、而乃此字之誤。非衍文。下文云、此所以勸吏民堅守勝圍也。是其證。純一今據改。里𤴓與皆守宿里門。孫云、里正卽上文里長。每里四人。王闓運云、守宿里門、言里𤴓之本職。純一案與同舉。吏行其部至里門。𤴓與開門內吏。蘇云、內讀如納。吳摯甫云、與猶爲也。言正爲之開門而納吏也。與行父老之守。吳摯甫云、言正與吏、共巡視父老之守也。尹云、公羊宣十五年傳注、一里八十戶、八家共一巷。中里爲校室。選其耆老有高德者名曰父老。其有辯護伉健者爲里正。皆受倍田得乘馬。父老比三老孝弟官屬。里正比庶人在官之吏。及窮巷幽閒無人之處。舊本無幽字、俞云、閒上脫幽字。幽閒二字連文。見明鬼篇天志篇。孫據增。姦民之所謀爲外心罪車裂。尹云、外心、外叛之心。管子版法、驟令不行。民心乃外。孫云、周禮條狼氏、誓馭曰車轘。鄭注云、謂車裂也。此刑與斬別。𤴓與父老及吏主部者不得、皆斬。尹云、上云里爲八部、部一吏。王闓運云、徇者斬之。得之、除。畢云、舊脫得字、據下文增。孫云、茅本得字不脫。尹云、除、免也。謂免罪。又賞之黃金人二鎰。蘇云、此連坐之法。唯得罪人則除其罪。且有賞也。孫云、鎰、二十四兩也。詳貴義篇。大將使信人行守。信舊作使、孫云、使人當作信人。上云謹令信人守衛之、下云大將使信人將左右救之。皆其證。今據改。長夜五循行。蘇云、循徇通用。短夜三循行。尹云、循、巡也。齊策、明日乃厲氣循城。四面之吏。尹云、城四面也。亦皆自行其守、如大將之行。尹云、長夜五、短夜三也。不從令者斬。

諸竈必爲屏。畢云、舊必作火、屏作井、據藝文類聚改。火突高出屋四尺。火突、烟囱。愼無敢失火。藝文類聚八十引作愼無失火。畢云、今江浙人家有高牆出屋如屏。云以障火。是其遺制。失火者斬。其端失火以爲亂事者。孫云、端、似言失火所始。以爲事者、據下文當作以爲亂事者。此挩亂字。今據補。車裂。伍人不得、斬。孫云、伍、吳鈔本茅本作五。下並同。畢云、言同伍不舉罪之。尹云、尉繚子伍制令、軍中之制。五人爲伍。伍相保也。伍有干令犯禁者、揭之免於罪。知而弗揭、全伍有誅。歐陽云、尉繚子以同罪保伍、謂之連刑。得之、除。救火者無敢讙譁。畢云、說文云、讙譁轉注。尹云、讙、同吅。驚呼也。及離守絕巷救火者斬。尹云、絕、越也。其正及父老有守者、巷中部吏皆得救之。者舊譌此。孫云、此當作者。二字草書相似、因而致誤。部吏、即城中八部、部一吏。官尊於里正。或有適居是巷者。亦得救之。純一案、孫說是、今據正。部吏亟令人謁之大將。玉篇、謁、告也。白也。畢云、部吏二字舊倒、據下移。孫云、吳鈔本不倒。亟舊本譌函。今據茅本正。王校同。大將使信人將左右救之。部吏失不言者斬。諸女子有死罪、及坐。尹云、及坐、連坐也。失火皆無有所失、尹云、言無所損。逮。孫云、漢書淮南厲王長傳顏注云、逮、追捕之也。其以火爲亂事者如法。尹云、如法而連坐也。圍城之重禁。孫云、以上備火之禁。

敵人卒而至、蘇云、卒、猝同。嚴令吏民無敢讙囂、三冣並行。冣舊作最、王引之云、最當爲冣。冣與聚通。謂三人相聚。二人並行也。說文冣、積也。徐鍇曰、古以聚物之聚爲冣。冣與最字相似、故諸書中、冣字多譌作最。孫云、王說是也。純一今據改。相視坐泣流涕若視視字疑涉上文而衍。擧手相探。孫云、說文手部云、探遠取之也。相指。相呼。尹云、呼同謼。評也。禮記曲禮城上不呼。相麾。畢云、舊作歷、以意改。孫云、詩小雅無羊云、麾之以肱。說文手部云、麾、旌旗所以指麾也。麾俗摩字。相踵。孫云、說文止部云、踵、跟也。踵卽歱借字。謂以足跟相躡也。相投。孫云、說文手部云、投、擿也。相擊。相靡以身及衣。孫云、謂以身及衣相切靡。莊子馬蹄篇、喜則交頸相靡。釋文李云、靡、摩也。易繫辭剛柔相摩。韓注云、相切摩也。摩靡字同。訟駮言語。畢云、說文云、駮、獸如馬。駁、馬色不純。据此義當爲駁。尹云、訟、爭也。駮同駁、訟駮言語者。謂哤雜之言。及非令也而視敵動移者斬。伍人不得。斬。得之除。孫云、尉繚子伍制令云、伍有干令犯禁者、揭之、免於罪。知而弗揭、全伍有誅。又云、吏自什長以上、至左右將、上下皆相保也。有干令犯禁者、揭之、免於罪。知而弗揭者、皆與同罪。歐陽云、尉繚子什伍相結、上下相聯。無有不得之姦、無有不揭之罪。軍令之嚴密、大抵如斯。伍人踰城歸敵。尹云、歸、猶降也。伍人不得。斬。與伍歸敵舊作與伯歸敵、王樹枏云、當作與伍歸敵。上言伍人踰城歸敵、謂一伍之人、有歸敵者。此言與伍歸敵。謂伍人皆歸敵也。純一案王校是也。今據正。隊吏斬。孫云、隊吏、卽上文之伯長百長。與吏歸敵、隊將斬。孫云、隊將、卽四面四門之將。歸敵者、父母妻子同產、皆車裂。先覺之除。蘇云、言先覺察者、除其罪也。尹云、言覺而先告。當術孫云、術隧通。當術、卽備城門篇之當隊。謂當敵攻城之道也。下云却敵於術同。需敵孫云、需吳鈔本作舒。需讀爲懦。考工記輈人、馬不契需。鄭衆注云、需讀畏需之需。需敵、謂怯敵也。離地斬。畢云、言離其所。歐陽云、尉繚子將自千人以上、有戰而北、守而降、離地逃軍、命曰國賊。身戮家殘、去其籍、發其墳墓、暴其骨于市、男女公于官。自百人以上、有戰而北、守而降、離地逃衆、命曰軍賊。身死家殘。男女公于官。蓋軍事所關甚大、其威刑固宜較常加重也。伍人不得。斬。得之除。其疾鬬却敵於術。敵下終不能復上。疾鬬者隊二人賜上奉。畢云、玉篇云、俸、房用切。俸、祿也。此作奉、古字。而勝圍。戴云、而讀爲如。如勝圍句。尹云、而、能也。城周里以上。王闓運云、解圍之遠。封城將三十里地。尹云、城將、城內主將也。爲關內侯。畢云、韓非子顯學云、關內之侯、雖非吾行。吾必使執禽而朝。史記春申君列傳、黃歇上書云、韓必爲關內之侯。又云、魏亦關內侯。則戰國時有關內侯也。孫云、戰國策魏策一、王不若與竇屢關內侯。漢書百官公卿表、秦制、賞功勞爵二十級。十九、關內侯。顏注云、言有侯號、而居京畿、無國邑。輔將如令、賜上卿。令舊本誤今、蘇云、輔將、城將之次者、猶裨將也。今當爲令。孫云、蘇說是也。今據正。輔將、卽上文四面四門之將也。漢書百官表、縣令長、皆秦官。皆有丞尉。史記商君傳云、集小都鄉邑、聚爲縣。置令丞。秦本紀、在孝公十二年。國策趙策、載趙受上黨千戶封縣令。則縣有令、蓋七國之通制矣。丞及吏比於丞者賜爵五大夫。孫云、漢書百官表、秦爵九、五大夫。顏注云、大夫之尊也。呂氏春秋直諫篇、荆文王時有五大夫。戰國策、趙魏楚策亦並有之。則非秦制也。尹云、丞、佐也。謂佐軍事者。官吏豪傑與計堅守者。畢云、二字舊倒、以意改。士人及城上吏比五官者。士人舊訛十人、從蘇校改。孫云、下文云、諸人士外使者來必令有以執將。士人、卽人士也。城上吏、蓋卽百尉之屬。上云、盡召五官及百長。皆賜公乘。孫云、漢書百官表、秦爵八、公乘。顏注云、言其得乘公家之車也。男子有守者爵人二級。孫云、九章算術衰分篇劉注云、墨子號令篇、以爵級爲賜。蓋卽指此文。尹云、秦爵、一級曰公士、二級曰上造。商君書境內、陷隊之士。人賜爵一級。女子賜錢五千。孫云、此亦謂有守者。男女老小先分守者人賜錢千。孫云、先當作無。說文無、古文奇字作无。與先相似、因而致誤。無分守者、與上文有分守者、正相對。以其本無分守、故止人賜錢千。與上有守者男子賜爵、女子賜錢五千、輕重異也。復之三歲無有所與不租稅。孫云、漢書高帝紀、蜀漢民給軍事勞苦、復勿租稅二歲。顏注云、復者、除其賦役也。紀又云、過沛、復其民、世世無有所與。注云、與讀曰豫。尹云、與、豫也。言不豫繇役。此所以勸吏民堅守勝圍也。吏卒侍大門中者。孫云、此謂城將所居大門。曹無過二人。孫云、雜守篇云、守大門者二人、夾門而立。畢云、說文云、曹、獄之兩曹也。在廷東从𣍘。治事者从日。案卽兩造、造曹音近。而蜀志杜瓊曰、古者名官職不言曹。始自漢以來名官盡言曹。吏言屬曹、卒言侍曹、非也。勇敢爲前行伍坐。蘇云、謂五人並坐。令各知其左右前後。尹云、合己與左右前後卒、則爲五人。逸周書武順篇、一卒居前曰開。一卒居後曰敦。左右一卒曰閭。四卒成衛曰伯。擅離署戮。門尉晝三閱之。孫云、說苑尊賢篇、宗衛相齊罷歸。召門尉田饒等二十有七人而問焉。漢書高祖功臣侯表、有門尉彫䟤、蓋亦沿戰國之制。莫畢云、說文云、莫、日且冥也。鼓擊門閉。一閱。尹云、謂夜閱也。守尹云、守城之長。時令人參之上逋者名。蘇云、參、猶驗也。逋、謂離署者。鋪食皆於署。王闓運云、鋪、臥也。今云牀鋪。不得外食。蘇云、鋪謂坐處。言不得離署而他食也。尹云、言不在外寄食。守必謹微察視謁者。孫云、國策齊策、王斗見齊宣王。宣王使謁者延入。漢書百官公卿表、謁者掌賓贊受事。應劭云、謁、請也。白也。孫子用閒篇云、必先知其守將左右謁者門者舍人之姓名。執盾。孫云、漢書惠帝紀注、應劭云、執楯、親近陛衞也。高祖功臣侯表、有執盾閣澤赤、繒賀、孔藂、某襄、張說。中涓。孫云、史記高祖功臣侯表、集解引漢儀注云、天子有中涓。如黃門皆中官者。國語吳語、涓人疇。韋注云、涓人、今中涓也。史記楚世家作鋗人。韋昭云、今之中涓是。說苑奉使篇云、繅北犬撽上涓人。史記萬石君傳、正義如淳云、中涓主通書謁出入命也。漢書陳勝傳、故涓人將軍呂臣爲蒼頭軍。注應劭云、涓人、如謁者。曹參傳、顏注云、中涓親近之臣、若謁者舍人之類。涓、潔也。主居中掃潔也。及婦人侍前者。侍舊本譌待、孫據蘇校正。王本尹本並同。尹云、婦人謂婢妾。周禮有婦官。左傳有宦女。漢有官女。曾子戒篇、中婦諸子。注、以爲內官之號。皆婦人侍前者。志意顏色使令言語之請。蘇云、請讀如情。及上飲食必令人嘗。尹云、嘗、口味之也。若非請也繫而詰故、舊本若作皆、繫作擊、詰作請。蘇云、上句請讀如情。下句如字。謂詰問也。孫云、皆疑若之誤。末句當作繫而詰故。謂囚繫而詰問其事故也。純一案孫說是也、今並據改。守有所不說。孫云、吳鈔本茅本作悅。純一案陸本唐本並作悅。謁者執盾中涓及婦人侍前者。侍唐本作待。守曰斷之。孫云、斷、即斬也。詳迎敵祠篇。衝之。孫云、衝與撞通。說文手部云、撞、凡擣也。若縛之不如令、及後縛者、皆斷。必時素誡之。孫云、必吳鈔本作不。尹云、素、豫也。諸門下朝夕立若坐、各令以年少長相次。尹云、次、敍也。旦夕就位、先佑有功有能。畢云、佑舊作估、非。此右字俗加人。尹云、佑同右。言列諸右以尊之。前漢書高帝紀、無能出其右者。其餘皆以次立。五日官各上喜戲喜王本尹本並作嬉。居處不莊好侵侮人者一孫云、此謂察諸門下侍從吏人之事。然五日既太疏闊。喜戲、居處不莊、好侵侮人者、又不宜限以人數。於文義絕難通。疑當作日五閱之。各上喜戲居處不莊好侵侮人者名。閱與官艸書相近。日五譌到。下挩之字。名又譌作一。雜守篇、說守大門者二人。吏日五閱之。上逋者名。是其證也。諸人士外使者來、必令有以執。畢云、令舊作合、以意改。孫云、謂旗章符節之屬。王闓運云、無符驗不得入。將出而還。尹云、還、反也。謂將出而以符驗反於門者。若行縣、必使信人先戒舍室、乃出迎、門守乃入舍。孫云、門當爲聞。言先告守將、乃入舍也。下文云、候以聞守、是其證。王闓運云、至門。又設守。乃入。防姦變。純一案乃出迎門句。言出迎於門、守乃入舍。爲人下者常司上之。王引之云、司、古伺字也。之讀爲志。墨子書或以之爲志字。見天志中下二篇。言爲人下者、常伺察上人之志、隨之而行也。蘇云、司上之、當言伺上所之。隨而行。松上不隨下。王引之云、松讀爲從。學記、待其從容。鄭注、從或爲松。是其例也。言從上不隨下也。必須□□隨。疑爲必須命而隨。言雖隨而行。必待上命而後相隨。客卒守主人及以爲守衛。王闓運云、客卒、援師也。不令守城。唯令守衛主人帳前。主人亦守客卒。孫云、客卒、謂外卒來助守者。主人、謂內人爲守卒者。二者使互相守察。防其爲姦謀也。城中戍卒、其邑或以下寇、謹備之、數錄其署。蘇云、此卽守客卒之事。蓋戍卒之入衞者、或其鄉邑、已爲敵人所取。則必謹防其卒、恐生內變也。以已通用。孫云、漢書董仲舒傳、顏注云、錄、謂存視之也。同邑者。尹云、謂戍卒家居之邑相同者。勿令共所守。尹云、分守則易防。與階門吏爲符。孫云、階吏、卽迎敵祠篇所云城上當階、有司守之是也。符合入勞。入舊作人、孫據道藏本正。尹云、謂卒中、其家居之邑已下、因而亡其家者。符不合、收言守。舊作牧守言、蘇云、牧當作收。謂收治之。孫云、蘇校是也。此當作收言守。謂收而告之守也。後云亟以疏傳言守。綰一令並據蘇孫說正。若上城者、舊作城上、孫云、吳鈔本茅本作上城。綰一案陸本唐本均作上城。今並據乙。衣服他不如令者。王闓運云、上城無符者。有符而衣服及他可疑者。孫云、下有挩文。宿鼓。王闓運云、事已急迫。卽鼓以警。孫云、周禮修閭氏、鄭衆注云、宿、謂宿衞也。謂夜戒守之鼓。在守。謂責在守將。大門中莫令騎。尹云、莫、無也。言必步行。若使者操節。閉城者皆以執。王闓運云、必有符驗。鼛昏鼓。尹云、鼛同纔。初也。鼓十。諸門亭皆閉之。蘇云、上云、莫鼓擊、門閉。卽此。行者斷、必繫問行故。繫舊作擊、從孫校改。言必繫而稽留之。問其夜行之故。乃視其罪之輕重而行罰。乃行其罪。王闓運云、犯夜有輕重。晨見。王闓運云、辨色時。尹云、謂天曙時。掌文鼓、縱行者。尹云、文鼓、鼖鼓也。詩作賁鼓。長凡八尺。周禮鎛師、凡軍之夜。三鼜皆鼓之。守鼜亦如之。鄭注守鼜、備守鼓也。鼓之以鼖鼓。司馬法曰、昏鼓四通爲大鼜。夜半三通爲晨戒。旦明五通爲發昫。晨戒者、警衆發使嚴備、侵早當行。發昫者、晨昫之時當發。卽此所云鼓文鼓縱行者。縱、放也。諸城門吏、各入請籥。入、陸本作人、誤。開門已、輒復上籥。蘇云、籥同鑰。孫云、說文門部作闟。月令鄭注云、管籥、搏鍵器也。孔疏云、管籥以鐵爲之。似樂器之管籥。搢於鏁內、以搏取其鍵也。周禮司門、掌授管鍵、以啓閉國門。鄭司農注云、管、謂籥也。鍵謂牡。尹云、此云請籥、以職時籥存主帥處。有符節不用此令。寇至、樓鼓五、有周鼓、孫云、有讀爲又。言樓鼓五下。又周徧鼓以警衆也。雜小鼓乃應之。孫云、尉繚子勒卒令云、商、將鼓也。角、帥鼓也。小鼓、伯鼓也。小鼓五、後從軍、斷。王闓運云、凡言斷者、蓋斬左趾。命必足畏。尹云、畏、威也。賞必足利。令必行、令出、輒人隨、省其行不行。行上舊有可字。孫云、人舊本譌入、今據道藏本吳鈔本茅本正。可字疑衍。言凡出令。必以人隨而省察其行不行也。今據刪。號。尹云、謂口號也。管子幼官篇、愼號審章。夕有號。孫云、備梯篇云、以號相得。倭本校云、夕一作名。失號、斷。爲守備程、而署之曰某程。尹云、程、法也。署、表也。題也。置署街衢階若門。舊本街字誤重、從蘇校刪。王本尹本並同。尹云、言階門均署程也。令往來者皆視而放。蘇云、放、依倣也。孫云、放疑當爲知。諸吏卒民有謀殺傷其將長者、與謀反同罪。有能捕告、賜黃金二十斤。謹罪。尹云、謹、嚴也。非其分職而擅取之。取之舊本倒、王引之云、擅之取、當爲擅取之。與擅治爲之對文。今取之二字倒轉、則文不成義。孫云、王校是也。蘇校同。今據乙正。若非其所當治、而擅治爲之、斷。諸吏卒民非其部界而擅入他部界、輒收、畢云、舊作牧、以意改。以屬都司空若候。孫云、漢書百官公卿表、宗正屬官、有都司空令丞。如淳云、都司空、主水及罪人。說文狀部云、獄、司空也。復說獄司空。此候爲小吏。與後候敵之候異。都司空候、疑即五官之二。說詳前。尹云、候、候人也。所以備姦究。周禮夏官、候人、各掌其方之治道與其禁令。候以聞守。不收而擅縱之、斷。能捕得謀反、賣城、踰城歸敵者一人、歸字舊脫、從畢校補。以令爲除死罪二人、城旦四人。孫云、漢書惠帝紀注、應劭云、城旦者、旦起行治城、四歲刑也。尹云、許其以捕得之功、代贖人罪。反城事父母去者、尹云、言託詞以養父母。去者之父母妻子悉舉。尹云、悉沒官爲奴婢。史記商君傳、舉以爲收奴。歐陽云、尉繚子、卒逃歸至家日、父母妻子弗捕執及不言、亦同罪。與此可互稽。民室材木瓦若藺石數。瓦舊本誤凡、王引之云、凡字義不可通、凡當爲瓦。字之誤也。若、猶及也。與也。謂民室之材木瓦及藺石也。材木瓦藺石、即備城門篇之材木瓦石藺石。又見雜守篇。漢書晁錯傳曰、具藺石布渠荅。孫云、王說是也。今據正。漢書晁錯傳注、服虔云、藺石、可投人石。如淳云、藺石、城上雷石也。李廣傳作壘石。說文㫃部云、旝建大木。置石其上。

發以機、以槌敲。署長短大小。尹云、署、題也。當舉不舉。吏有罪。諸吏卒民吏字從孫校增。居城上者、各葆其左右。孫云、葆與鈔本作保。尹云、葆、卽保任也。周禮大司徒、令五家爲比。使之相保。管子小匡、卒伍之人、人與人相保。左右有罪而不智也、畢云、智同知。其次伍有罪。尹云、次、編。若能身捕罪人、若告之吏、皆構之。顧云、構讀爲購。說文購、以財有所求也。蘇云、構與購同。謂賞也。若非伍而先知他伍之罪、皆倍其構賞。城外令任、城內守任。孫云、言城外內。守與令分任之。令卽縣令。守卽太守也。令丞尉亡、得入當。孫云、凡守人亡其所司。令丞尉當受讁罰者。使得別入當以自贖卽下云必取寇虜是也。尉繚子束伍令云、亡伍而得伍、當之。得伍而不亡、有賞。亡伍而不得伍、身死家殘。又說亡長得長、當之。亡將得將、當之。彼法本伍亡而得別伍之人、則相抵當免其罪。亡長亡將亦然。與此入當之法、小異而大同。王闓運云、當、質也。滿十人以上、令丞尉奪爵各二級。百人以上、令丞尉免以卒戍。蘇云、言免官而遣戍。諸取當者、必取寇虜乃聽之。蘇云、當、謂其值足以相抵也。募民欲以財物粟米貿易凡器者。舊本以字在米下、文義不順。從孫校乙。以平賈予。舊作卒以賈予、孫云、此當作以平賈予。雜守篇云、皆爲置平賈。可證。隸書卒或作本、平與相近而誤。今本又到其文。遂不可通。純一案孫說是也。今據乙正。尹云、募、廣求也。王闓運云、民以財粟易器。官以價與有器者。而收其財粟。則價專爲錢。非財粟也。圍城急於得米粟。蘇云、賈價同。言平其值也。邑人知識昆弟有罪、雖不在縣中而欲爲贖、王闓運云、城中人贖城外罪人。若以粟米錢金布帛他財物免出者、言入財免罪出獄。令許之。尹云、以其可供軍實。傳言者十步一人。王闓運云、傳上令。純一案亦達下情。稽留言及乏傳者斷。蘇云、稽留、謂不以時上聞。乏傳、不爲遞也。尹云、稽、延也。留、止也。諸可以便事者、亟以疏傳言守。孫云、亟舊本誤函、下同。今並據茅本正。王校同。漢書蘇武傳、顏注云、疏謂條錄之。尹云、所謂上書陳言者。便、利也。傳言者。爲之陳於守。吏卒民欲言事者、亟爲傳言請之吏、稽留不言請者斷。請舊譌諸、從畢校改。縣各上其縣中豪傑若謀士居大夫。畢云、其大夫之家居者。王闓運云、致仕大夫。俞云、上不能悉知、故使縣各上其名也。純一案淮南子泰族訓、智過萬人者謂之英。千人者謂之俊。百人者謂之豪。十人者謂之傑。此蓋以才智過人渾言之。尹云、備軍事顧問也。重厚口數多少。
畢云、重厚、言富厚。尹云、備籌餉也。口數多少、以便徵兵。官府城下吏卒民家、孫云、家、吳鈔本茅本作皆。純一案陸本唐本並作皆。今據各本增皆字。
皆前後左右相傳保火。火發自燔、孫云、說文火部云、燔、爇也。燔曼延。句燔人。句、俱從畢讀。孫云、說文又部云、
曼、引也。廴部云、延行也。歐陽云。上句言其延燒、下句言其灼傷人也。斷。諸以眾彊凌弱少及彊姦人婦女、畢云、玉篇云、姦
同姦、俗。孫云、吳鈔本作強奸。純一案姦、陸本唐本並作姦。以讙譁者皆斷。王闓運云、以、與也。諸城門若亭、謹候視往
來行者符。符傳疑、孫云、周禮司關有節傳。鄭注云、傳、如今移過所文書。釋名釋書契云、過所或曰傳。傳、轉也。轉移所在。執以爲信也。崔豹古今注云、凡傳皆以
木爲之。長五寸。書符信於上。又以一板封之。皆封以御史印章。所以爲信也。未知周制同否。疑、謂疑其矯僞也。若無符、皆詣縣廷言請。孫云、廷舊本誤
延、今據茅本正。說文廴部云、廷、朝中也。縣廷、令所治。後漢書郭太傳、李注引風俗通云、廷、正也。言縣廷郡廷朝廷、皆取平均正直也。王樹枏云、讀皆詣縣廷言請句。純一今從之。請、
情通。實也。問其所使。問、詰也。其有符傳者、善舍官府。其有知識兄弟欲見之、爲召。
尹云、召、評也。評其出見。凡以言曰召。以手曰招。勿令入。舊脫入字。從蘇校補。王本尹本並同。尹云、言令於客舍少坐。不得入內。里巷中三老守
閭。孫云、三老詳備城門篇。尹云、閭、里門也。令厲繕。尹云、言厲兵繕甲。夫爲荅。王闓運云、上云二步一荅。廣九尺。尹云、夫、人也。若他以事
者、微者、尹云、微、無也。謂無事者。不得入里中。三老不得入人家。舊作家人。孫云、家人疑到、謂入平民家也。純一今據乙。王闓
運云、當常守閭。傳令里中者以羽。者舊譌有、從蘇校正。王本尹本並同。尹云、所謂羽檄。羽在三老所。舊作三所差、文不成義。蘇云、
三下當脫老字。而差字卽老字之訛。誤倒也。今據乙正。家人各令其官中。孫云、倭本校云、官一作家。蘇云、官當作宮。王本尹本並作宮。純一案其字上尙有脫
字。失令若稽留令者斷。家有守者治食。王闓運云、司炊爨。吏卒民無符節、而擅入里
巷官府。吏三老守閭者失苛止。畢云、言不訶止之。舊作心、以意改。皆斷。諸盜守器械財物、及

相盜者、直一錢以上皆斷。尹云、錢、金幣之名。古名曰泉。吏卒民各自大書於桀。舊作傑、此從吳鈔本。王本尹本並同。洪云、桀、古通作楬字。周禮職幣、皆辨其物而奠其錄。以書楬之。鄭注、楬之、若今時爲書以著其幣。孫云、桀與楬通。詳備蛾傳篇。著之其署隔。隔舊作同。從孫校改。守案其署。尹云、案同按。視也。擅入者斷。城上日壹發席蓐。孫云、日上疑挩二字。後云葆宮三日一發席蓐。爾雅釋器云、蓐謂之茲。郭注云、蓐、席也。令相錯發。蘇云、言互相稽察。尹云、言每日易人以發之。有匿不言人所挾藏在禁中者斷。王本斷上有皆字。尹云、人所挾藏禁品、發席蓐者不得匿而不言。倘有匿而不言則論辠。吏卒民死者、輒召其人。尹云、召、詐也。人、謂死者家屬。與次。尹云、次同資。財也。所謂卹金。司空葬之。尹云、葬於公壤。司空主土。又主書勳。故掌其事。令勿得坐泣。舊作勿令、今校乙。傷甚者、令歸家治病。家字舊在病下、文義不順。今校乙。善養。予醫給藥。賜酒日二升。肉二斤。令吏數行閭視病。有瘳、畢云、說文云、瘳、疾瘉也。輒造事上。孫云、謂病瘳、卽造守所供役也。詐爲自賊傷以辟事者、畢云、辟同避。言詐爲廢疾以避事。族之。孫云、謂夷三族。詳後。歐陽云、虎鈐經曰、託傷詭病、以避艱難、此謂亂軍。如是者斬之。此言族、則其法更嚴矣。事已。守使吏身行死傷者家。家字舊挩、孫據道藏本吳鈔本茅本增。歐陽云、嘉靖本亦有家字。王樹枏云、身行死傷、語意不完。據下文必自行死傷者家、以弔哀之。則此文死傷下脫者家二字。純一今據補者字。尹云、身親也。臨戶而悲哀之。寇去、事已、塞禱。孫云、史記封禪書、冬塞禱祠。索隱云、塞與賽同。賽今報神福也。漢書郊祀志、顏注云、塞謂報其所祈也。管子禁藏篇云、塞久禱。韓非子外儲說右篇云、秦襄王病、百姓爲之禱。病愈、殺牛塞禱。畢云、塞卽賽正文。守以令益邑中豪傑力鬭諸有功者。孫云、益猶言加賞也。商子境內篇云、能得爵首一者、賞爵一級。益田一頃。益宅九畝。必身行死傷者家。以弔哀之。身見死事之後。尹云、所謂孤子、管子輕重甲、桓公欲賞死事之後。城圍罷。主亟發使者往勞。亟舊本亦譌亟、孫據茅本正。王校同。蘇云、勞讀去聲、謂慰問也。王闓運云、主、主守者。舉有功及死傷者、數使爵祿。孫云、使下疑脫一字。尹云、使、俾也。與也。守身尊寵、尹云、守親見而授與之。寵、榮也。明白貴之。所以使左右里巷之衆、莫不興起也。令其結怨於敵。王闓運云、恐爲敵用。故令結怨。城上卒若吏、各保其左右。孫云、保上下文皆作葆。此當同。若欲以城爲外謀者、父母妻子同產皆斷。左右知不捕告、皆與同罪。城下里中、畢云、里舊作理、以意改。家人皆相葆、若城上之數。王闓運云、亦保左右。有能捕告之者、封之以千家之邑。若非其左右、乃他伍捕告者、乃舊作及、此從道藏本吳鈔本茅本、陸本唐本並作乃。封之二千家之邑。

城禁。王本二字斷句提行。尹本同。今從之。吏卒民下。舊作使卒民不、孫云、使當爲吏、吏卒上文常見。不當爲下。言吏卒民在城上者、不得擅下也。純一案孫說是也、今據正。效寇微職和旌者斷。效舊作欲、從孫校改。孫云、欲疑效之譌。微職、卽微識之借字。詳後。和旌、謂軍門之旌。周禮大司馬職云、以旌爲左右和之門。鄭注云、軍門曰和。今謂之壘門。立兩旌以爲之。孫子軍爭篇云、交和而舍。曹注云、軍門爲和門。不從令者斷。非令擅出者斷。舊作非擅出令者斷。今從王本乙。尹本同。失令者斷。倚戟縣下城、下舊譌不、蘇云、不疑當作下。孫云、蘇校是也。今據正。倚戟縣下城、言下城不由階陛。倚戟縣身以下也。尹云、孫子行軍篇、倚杖而立者飢也。杜佑謂倚杖矛戟而立。縣、猶縋也。上下不與衆等者斷。無應而妄讙呼者斷。孫云、而茅本作爲。總失者斷。孫云、總、疑當爲縱。縱失、謂私縱罪人也。尹云、總、聚。失、同佚。謂淫戲。譽客內毀者斷。畢云言稱敵而自毀、以其惑衆。離署而聚語者斷。尹云、聚語、卽周禮族談。說文謂之噂。聞城鼓聲、而伍後上署者斷。人自大書版。尹云、若今名牌、以便考查。著之其署隔。畢云、舊作鄗、以意改。孫云、說文𨸏部云、隔、障也。署隔、蓋以分別署之界限者。守必自謀其先後、謀、計也。度也。非其署而妄入之者斷。離署左右、共入他署。左右不捕。挾私書、行請謁、及爲行書者。尹云、行送私書之人。釋守事而治私家事。尹云、釋、舍。卒民相盜家室嬰兒。尹云、若今略誘。皆斷。無赦。人舉而藉之。孫云、藉與籍通。尹云、尙書大傳籍之、謂殺其身。執其家。籍其宮。

無符節而橫行軍中者斷。尹云、尉繚子分塞令、吏屬無節、士無伍者、橫門。誅之。

客在城下、因數易其署、而無易其養。孫云、謂廝養。詳備城門篇。王本無此十四字。注云、與諸禁不類、又已見上。今刪。

譽敵少以爲衆。歐陽云、虎鈐經曰、多而言少、少而言多、此謂誤軍。如是者斬之。法略同。

亂以爲治、敵攻拙以爲巧者斷。

客主人無得相與言、及相藉。蘇云、藉猶借也。尹云、藉、薦也。言以草薦席地而坐。

客射以書、無得譽孫云、無吳鈔本作毋。俞云、譽當作舉、字之誤也。下文日禁無得舉矢書。尹云、所謂矢書。齊策、魯仲連乃書約之矢、以射城中遺燕將。外示內以善、無得應。尹云、應、答也。不從令者皆斷。

禁無得舉矢書。王闓運云、外矢射內之書。尹云、舉、用也。禁謂禁令。若以書射寇、犯令者父母妻子皆斷。身梟城上。畢云、說文云、県、到首也。賈侍中說、此斷首到縣県字。今多用梟者。說文云、梟从鳥、頭在木上。義亦通。

有能捕告之者、賞之黃金二十斤。

非時而行者、唯守、及摻太守之節而使者。孫云、漢書百官公卿表、郡守、秦官。景帝中二年更名太守。國策趙策說韓靳黈、趙馮亭、並云太守。吳師道謂當時已有此稱。以此書證之、信然。畢云、史記趙世家云、孝成王令趙勝告馮亭曰、敝國君使致命、以萬戶都三封太守。千戶都三封縣令。正義云、爾時未合言太守。至漢景帝始加太守。此言太衍字。沅案此書亦云太守、則先秦時已有此官。張守節言衍字、非也。摻、即操異文。廣雅云、摻、操也。以爲二字、非。言行不以時、唯守者及操節人可。餘皆禁之。

守入臨城。孫云、入舊本作人、今據茅本正。下文云守入城。先以候爲始。必謹問父老吏大夫請有怨仇讎不相解者。孫云、請當爲諸。召其人明白爲之解之。孫云、周禮地官調人、鄭衆注云、今二千石以令解仇怨。後復相報移徙之。是漢以前、有吏以令爲民解怨之法。

守必自異其人而藉之。孫云、藉亦與籍通。即雜守篇所云札書藏之也。蘇云、藉、謂記其姓名也。孤之。畢云、孤舊作狐、以意改。孫云、謂不得與其曹伍相聚而處。皆防其爲亂。王本孤作抓。尹本同。

有以私怨害城若吏事者、父母妻子皆斷。其以城爲外謀者三族。畢云、史記云、秦文公二十年法、初有三族之罪。然家語云、宰予與田常之亂、夷三族。楚世家云、鍜人曰、新王法有敢饟王從王者、罪及三族。酷吏列傳云、光祿徐自爲曰、古有三族。則知三族是古軍法、非始於秦。尹云、刑三族也。周禮謂之屋誅。儀禮士昏禮記惟是三族注、三族、謂父昆弟、己昆弟、子昆弟也。後世乃有以三族爲父族母族妻族者。一人有罪、親戚皆夷、德雖如舜、不免刑均。噫、慘矣。有能得若捕告者。以其所守邑小大封之。王本小大二字倒、尹本同。守還授其印。尹云、還、復也。尊寵官之。令吏大夫及卒民、皆明知之。豪傑之外多交諸侯者常請之。孫云、說文言部云、請、謁也。令上通知之。尹云、令通其名於上。純一案通、亦徹也。漢書高帝紀下、通侯諸將注、引應劭。善屬之。善與豪傑相連屬。尹云、屬、聚也。言聚豪傑於一處而居之。所居之吏。尹云、豪傑所居之處之守吏也。上數選具之。孫云、選讀爲饌。廣雅釋詁云、饌、具也。食也。蘇云、具謂供具。令無得擅出入。尹云、數、屢也。選具、揀閱也。守吏久則與豪傑相識。或多徇隱。故數揀閱而易守吏以稽察之。令豪傑無得擅出入。連質之。孫云、謂質其親屬也。術鄉長者父老、豪傑之親戚舊有父母二字、王引之云、父母二字、皆後人所加也。古者謂父母爲親戚、故言親戚則不言父母。後人不達、故又加父母二字耳。篇內言父母妻子者多矣、皆不言親戚、下文有親戚妻子、則但言親戚而不言父母、是親戚即父母也。孫云、王說是也。純一今據刪。妻子、必尊寵之。若貧舊有人食二字、孫云、食字衍。或當爲貧乏之食、亦通。王本刪食字。純一案人字衍、今校刪、句法較整鍊。不能自給食者、上食之。及勇士舊衍父母二字、從王引之校刪。親戚妻子、皆時賜酒肉。舊無賜字、王云、酒肉上當有賜字。而今本脫之、則文義不明。下文曰、父母妻子皆同其宮。賜衣食酒肉。是其證。純一今據補。必敬之。舍之必近太守。守樓臨質宮而善周。孫云、質宮即下葆宮。畢云、質宮、言質人妻子之處。守樓臨之、所以見遠、必周防之也。古者貴賤皆謂之宮。必密塗樓。令下無見上、上見下。下無知上有人無人。守之所親、舉吏貞廉忠信無害可任事者。王本守之下增以字。孫云、舉當讀爲與。無害、無所枉害。如言公平吏之義。其飲食酒肉勿禁。錢金布帛財物、各自守之、愼勿相盜。葆宮之牆必三重。牆之垣、守者皆累瓦釜牆上。孫云、茅本釜作塗。蘇云、此防其踰越。使有聲聞於人。門有吏、主者里門筦閉。孫云、者、諸通。里門舊倒、從蘇校乙。蘇云、筦關古通用。書中管叔、亦作關叔。必須太守之節。葆衛必取戍卒有重厚者。孫云、葆衛、謂葆宮之衛卒也。謹擇吏之忠信舊作請擇吏之忠信者、孫云、請疑譴之誤。以上文校之、者字當衍。今據删正。無害可任事者。令將衛。尹云、言以爲葆衛之長。說文謂之衛。續漢書百官表、衛率主宮門衛士。率卽衛也。自築十尺之垣。尹云、自同垍、堅土也。自築猶云堅築。周還牆。還讀如環。圍繞也。門闉者弁令衛司馬門。弁舊譌非、從孫校改。孫云、吳鈔本無門字。門闉者、謂守大門及闉門之人。備城門篇云、大城丈五爲閨門、廣四尺。公羊宣六年傳云、入其大門、則無人門焉者。入其閨、則無人閨焉者。孫子用閒篇、亦有門者。詳前。非疑當爲弁。言吏卒衛葆宮之門闉者。弁令衛司馬門。猶上文云門將弁守他門也。漢書元帝紀顏注云、司馬門者、宮之外門也。漢官儀云、公車司馬、掌殿司馬門。三輔皇圖云、宮之外門、爲司馬門。史記索隱云、天子門有兵欄、曰司馬門也。列女傳辯通篇、鍾離春詣齊宣王、頓首司馬門外。國策趙策云、武安君過司馬門、趨甚疾。則戰國時、國君之門、已有司馬門之稱。此司馬門、則似是守令官府之門。又非公門。賈子等齊篇云、天子宮門曰司馬門。諸侯宮門曰司馬門、是漢初諸侯王宮門、亦有是稱、蓋沿戰國制。尹云、三輔黃圖、漢未央、長樂、甘泉宮、四面皆有司馬門。凡言司馬者、宮垣之內、兵衛所在。司馬主武事、故謂宮之外門曰司馬門。望氣者舍、必近太守、巫舍必近公社、必敬神之。巫祝史與望氣者、孫云、史舊作吏、今據吳鈔本茅本改。迎敵祠篇有祝史。純一案陸本唐本並作史。必以善言告民。以請上報守。孫云、舊本作報守上、今據王蘇校乙。請讀爲情。並詳迎敵祠篇。守獨知其請而已。畢云、言望氣縱有不害、而必以善告民。但私以實告守耳。蘇云、言以情上報守、故獨守知之也。巫與望氣者、舊作無與望氣、王引之云、無卽上文巫字、因聲同而誤。蘇云、望氣下當有者字。純一今並據以補正。妄爲不善言驚恐民。斷勿赦。度食不足。令民各自占家五種石斗數。令舊作食。從俵校本改。斗舊作升、從王校改。王云、史記平準書、各以其物自占。索隱引郭璞云、占、自隱度也。謂各自隱度其財物多少、爲文簿送之於官也。蘇云、五種、謂五穀。孫云、周禮職方氏鄭注云、五種、黍稷菽麥稻。爲期具在簿周舊作其在薄害、王本如此。注云、城中悉簿。今從之。孫云、薄疑當作簿、簿古簿字。尹云、言限期而使之登冊簿。說文作箈。卽今計簿。吏與雜訾。王闓運云、總算也。尹云、與、豫也。雜、會也。訾、量也。猶計也。期盡匿不占、占不悉、令吏卒微得。舊本占不悉作占悉、微作款、王引之云、占悉、當作占不悉。令吏卒款得、當作令吏卒微得。微、與覹同。說文覹、司也。覹字亦作微。上文云、守必謹微察。迎敵祠篇曰、謹微察之。言使民各自占其家穀而爲之期。若期盡而匿不占、或占之不盡。令吏卒伺察而得者皆斬也。史記平準書曰、各以其物自占。匿不自占。占不悉。戍邊一歲。沒入縉錢。卽用墨子法也。今本脫不字、敚字又譌作款、則義不可通。孫云、王說是也。今據補正。皆斷。有能捕告賜什三。孫云、賜吳鈔本作賞。案下文亦作賞。尹云、什三、什分之三。收粟米布帛錢金舊本收誤牧。又脫帛字。王云、牧字義不可通。牧當爲收、字之誤也。收粟米、卽承上文令民自占五種數而言。布帛錢金、則連類而及之耳。孫云、王校是也。布下王又增帛字、蘇校並同。與雜守篇合。並據補正。牛馬畜產。牛馬舊作出內、王樹枏云、出內二字、與收字不應。當爲牛馬之誤。雜守篇云、逮民獻粟米布帛金錢牛馬畜產。是其證。純一案王校是也。今據正。皆爲平直其賈與主券人書之。券人二字舊倒、王引之云、主人券、當作主券人。謂與主券之人、使書其價也。雜守篇曰、民獻粟米布帛金錢牛馬畜產、皆爲置平賈、與主券書之。是其證。今本券人二字誤倒、則義不可通。孫云、王說是也。今據乙。尹云、若今之期票。事巳。皆各以其賈倍償之。畢云、古償只作賞。此俗寫。又用其賈貴賤多少賜爵。尹云、又、或也。前漢書食貨志、漢文帝從鼂錯之言。令人入粟輸邊。六百石爵上造。四千石爲五大夫。萬二千石爲大庶長。又曰、武帝時入財者補爲郎。欲爲吏者許之。其不欲爲吏、而欲以受賜賞爵祿、若贖出親戚所知罪人者。出舊本誤士、王引之云、贖士二字、義不可通。士當爲出。謂以財物贖出其親戚所知罪人也。上文云、知識昆弟有罪而欲爲贖。若以粟米錢金布帛他財物免出者許之。是其證。隸書出士二字相似、故諸書中出字多譌作士。孫云、王說是也。今據正。以令許之。其受構賞者、令葆宮見。宮舊作官、孫從蘇校正。以與其親。孫云、與吳鈔本作予。王闓運云、至守宮面給之。欲以復佐上者。王闓運云、應募不受財券。尹云、言欲以所出之物而助上。不受價值。皆倍其爵賞。王闓運云、値百石者、賞以二百石爵。

某縣某里某子家食口二人、積粟六百石。尹云。此簿式也。二人積粟六百石、則其粟多。

某里某子家食口十人、積粟百石。蘇云、此卽自占其石升之數也。王闓運云、粟少。

出粟米有期日。過期不出者。王公有之。尹云、收爲官有。有能得若告之。尹云、得知也。賞之什三。

愼無令民知吾粟米多少。孫云、無吳鈔本作毋。以上占收民食之法。

守入城先以候爲始。蘇云、候、謂訪知敵情者。尹云、以擇候爲先務。歐陽云、孫子曰、候之而知動靜之理。虎鈐經曰、苟不能候敵之情而須與戰者、是可謂舉衆與敵也。皆視候之事甚重也。得輒宮養之勿令知吾守衞之備候者爲異宮父母妻子皆同其宮賜衣食酒肉信吏善待之候來若復。王闓運云、候從敵所來。尹云、復、謂先來而復往耳。就閒守宮。王闓運云、令在守宮休息。三難外環。孫云、難當爲雜。雜守篇云、塹再雜。此三雜、猶言三帀也。上亦云、葆宮之牆必三重。隅爲之樓。尹云、所謂角浮思。內環爲樓。尹云、環、周也。樓入葆宮丈五尺爲復道。蘇云、復與複通。上下有道故曰復。葆不得有室。王闓運云、必居樓也。尹云、言其獨居。三日一發席蓐。略視之。尹云、略、巡行也。布茅宮中厚三尺以上。孫云未詳其用。發候、必使鄉邑忠信善重士。尹云、發、猶遣也。有親戚妻子厚奉資之。王本作厚資奉之。必重發候。爲養其親戚若妻子。舊無戚字、王樹枏云、上文云。候必使鄉邑忠信善重士。有親戚妻子厚奉資之。則此文親下應脫戚字。今據補。爲異舍無與員同所。孫云、廣雅釋詁云、員、衆也。尹云、所、處也。言加厚而不與常員同處。給食之酒肉。王闓運云、又別給酒肉也。遣他候奉資之如前候。反相參審信。反、謂前後所遣候俱反。蘇云、參、猶驗也。信、謂其言不安。厚賜之候三發三信重賜之不欲受賜而欲爲吏者許之二百石之吏。孫云、商子境內篇、有千石、八百石、七百石、六百石之令。此云二百石之吏、下又有三百石之吏、蓋秩視小吏。尹云、祿食二百石。守授之珮印。舊作守珮授之印、今從王本乙。尹本同。畢云、佩字俗寫从玉。其不欲爲吏而欲受構賞爵祿皆如前。舊脫爵字、孫云、祿上疑當有爵字。上文云、其不欲爲吏。而欲以受賜賞爵祿。以令許之。下又云、其構賞爵祿罪人倍之。皆可證。純一今據補。有能入深至主國者。孫云、主國、國都。問之審信、賞之倍他候。其不欲受賞而欲爲吏者許之三百石之吏。爲吏舊本作爲利。三百石之吏、舊本作三石之侯、道藏本茅本侯又作候。王云、利當爲吏。上文云、不欲受賜而欲爲吏者。卽其證。吏利俗讀相亂、故吏譌作利。王引之云、三石之侯、當作三百石之吏。上文侯三發三信、許之二百石之吏。此文能深入至主國者、賞之倍他侯。故許之三百石之吏。上文云、有能捕告之者。封之以千家之邑。若非其左右及他伍捕告者。封之二千家之邑。是其例也。今本石上脫百字、吏字又譌作侯、則義不可通。孫云、王校是也。蘇說同。茅本利正作吏。今並據補正。**扞士受賞賜者。**孫云、左傳桓二年杜注云、扞、衞也。蘇云、扞士、能卻敵者。**守必身自致之其親之所令其見守之任。**舊本重其親之三字、令作見。蘇云、其親之三字誤重。上見字疑當作令。卽上所謂守身尊寵明白貴之者也。王樹柟云、親之下重衍其親之三字。見其下重衍見字。言扞士受賞賜者。守必身自致之。其親之所。以見其守之任信也。所字絕句。純一案其親之三字誤重、今並據删。其上見字、從蘇校作令。則下見字非衍。**其欲復以佐上者。**言其不欲受賞、而欲復以佐上者。**其構賞爵祿倍之。**舊作罪人倍之。王引之云、罪人二字、與上下文不相屬。蓋衍文。純一案王說是也。上文欲以復佐上者、皆倍其爵賞。可證。今據删。**出候無過十里。**出舊本譌士、王引之云、士亦當爲出。謂出候敵人、無過十里也。下文曰、候者日暮出之。是其證。蘇云、此候謂斥候。孫云、說文人部云、候、伺望也。斥與候不同。詳後及雜守篇。**居高便所樹表。**居同据。所、處也。尹云、便、平也。樹表、立表也。**表三人守之比至城者三表。**舊本比譌北、王云、北字義不可通。北當爲比。比、及也。顧蘇說同。孫云、茅本正作比、不誤。今據正。王引之云、三表當爲五表、說見後。**與城上熢燧相望。**熢、畢本陸本唐本並作烽。王本尹本同。畢云、說文云、熢燧、表候也。邊有警則舉火。𨷖塞上亭守熢火者。𤒟篆文省。漢書注云孟康曰、熢如覆米䉛。縣著契皋頭。有寇則舉之。燧、積薪、有寇卽燔然之也。此二字省文。**晝則舉烽、夜則舉火。聞寇所從來。審知寇形必攻論小城不自守通者。**孫云、言城小不能自守、又不能自通於大城也。王本論作論、尹本同。**盡葆其老弱粟米畜產。遣卒候者無過五十人。客至堞去之。**孫云、至堞、謂傳城也。傅城則堞無所用、故去之。**愼無厭建。**孫云、建讀爲券。聲近字通。考工記輈人、左不楗。杜子春云、書楗或作券。鄭康成云、券今倦字也。又雜守篇作唯弇逮。則疑建卽逮之形誤。逮與怠音近古通。非儒篇立命而怠事、晏子春秋外篇怠作建。二義並通。未知孰是。純一案此文並晏子春秋兩建字、皆逮之譌。逮通怠。**候者曹無過三百人。**尹云、所謂游偵。孫云、此人數與上不同、未詳其說。**日暮出之。**畢云、據上文暮當爲莫。**爲微職。**畢云、卽徽織。微當爲徽。說文云徽、幟也。以絳帛箸於背。从巾、微省聲。春秋傳曰、揚徽者公徒。東京賦云、戎士介而揚揮。薛綜注云、揮爲肩上絳幟如燕尾。亦卽徽也。說文又無幟字、當借織爲之。孫云、正字當作徽識。周禮司常、鄭注作徽識。以徽徽爲徽、職爲識、皆同聲段借字。詳前旗幟篇。

空隊要塞、人之所往來者。人之舊倒。蘇云、隊當作隧。要塞、謂險隘之處也。之人二字誤倒。王樹枏校同。今並據乙。孫云、隊隧字通。吳摯甫云、空隊者、孔道也。

令可以迹。迹者無下里三人。平明而迹。舊本以迹作口。無明字。王引之云、此當作令可以迹。迹者無下里三人。平明而迹。言人所往來之道、必令可以迹。其迹者之數、無下里三人。至平明時而迹之也。雜守篇云、距阜山林、皆令可以迹。平明而迹。是其證。今本可下脫以迹二字、平下又脫明字、則義不可通。周官迹人注、迹之言跡知禽獸處。雜守篇曰、可以迹知往來者少多。純一案王說是也；今據補。尹云、迹、謂步其跡也。

各立其表。尹云、表謂旌旗。純一案下文見寇越陳表。則表非必旌旗。凡可以爲標識而甚著明者皆是。

城上應之。候出越陳表。孫云、陳表、雜守篇作田表。田陳古音相近字通。田表、謂郭外之表也。尹云、越踰也。

遮坐郭門之外內。孫云、國語晉語、候遮扞衛不行。韋注云、遮、遮罔也。書則候遮。夜則扞衛。說文辵部云、遮、遏也。案遮雜守篇謂之斥。此候與遮、二者不同。候出郭十里、迹知敵往來多少。遮則守郭門不遠出。候遮各有表、與城上相應。蓋郭外候者置表、郭內遮者置表與。

立其表。令卒之半居門內。令其少多無可知也。舊本半作少、可知誤倒、王引之云、此當作令卒之半居門內。令其少多無可知也。言令其卒半在門外。半在門內。不令人知我卒之多少也。雜守篇云、卒半在內。令多少無可知。是其證。上文云、愼無令民知吾粟米多少。意與此同。今本半作少者、涉下句少多而誤。可知又誤作知可、則義不可通。孫云、王校是也。蘇說同。茅本正作無可知也。今據正。王本少多作多少。

卽有驚。畢云、卽舊作節、以意改。蘇云、驚同警。

見寇越陳表。畢云、說文云越、度也。言踰越而來。孫云、陳表、卽候所置表。

城上以麾指之。畢云、麾卽摩字異文。摩卽麾字省文。說文云摩、旌旗所以指摩也。从手、靡聲。玉篇云、摩、呼爲切。

遮坐擊鼓正期、以戰備從麾所指。遮舊作迹、從蘇孫二校改。鼓字舊脫、從蘇王二校補。蘇云、迹坐當從上文作遮坐。擊下脫鼓字、謂坐而擊鼓也。正期以戰備、當從雜守篇作整旗以備戰。王樹枏云、據雜守篇、則此文擊下脫鼓字。正與整通。期與旗通。孫云、蘇校上句近是。以戰備從麾所指、謂遮者既見寇。則具戰備。從城上旌麾所指。進退而迎敵。此遮者從戰。而候則敵至去之、不從戰。亦其異也。蘇校從雜守篇改戰備爲備戰、誤。說詳雜守篇。

望見寇。王云、舊本脫見寇二字。雜守篇、望見寇舉一烽。入竟舉二烽。今據補。

舉一垂。入竟。蘇云、竟同境。舉二垂。狎郭。畢云、狎、近。舉三垂。入郭。王云、舊本脫郭字、今據上文補。舉四垂。狎城擧五垂。王引之云、垂當爲表。俞云、垂者、郵之壞字。郵、卽表也。禮記郊特牲篇、有郵表畷。鄭君說此、未明郵表畷、蓋一物也。古者於疆界之地、立木爲表、綴物於上。若旌旗之旒、謂之郵表畷。郵與旒通、畷與綴通。鄭君引詩爲下國畷郵。今長發篇作綴旒。是知郵畷卽綴旒也。以其用而言、所以表識也。以其制而言、若綴旒然。此郵表畷所以名也。墨子書多古言。雜守篇捶表卽郵表也。郵誤爲垂、後人妄加手旁耳。重言之曰郵表。單言之、則或曰表或曰郵。皆古人之常語也。王氏竟改爲表。雖於義未失、而古語亡矣。孫云、俞說是也。夜以火皆如此數。舊無數字。王樹枏云、如此下脫數字。雜守篇云、夜以火如此數。是其證。是火如垂之數也。純一今据補。去郭百步牆垣樹木小大盡伐除之。外空井盡窒之。王引之云、外空井、當作外宅井。謂城外人家之井也。恐寇取水、故塞之。故下文云無令可得汲也。雜守篇云、外宅溝井可窴塞。是其證。若空井則無庸塞矣。王樹枏云、空字不誤。空井、謂無人食之也。不可据雜守篇爲證。無令可得汲也。王云、舊本脫令字。案下文曰、無令客得而用之。今据補。雜守篇曰、無令寇得用之。外空窒盡發之。王引之云、外空窒、當作外宅室。謂城外人家之室也。發室伐木、皆恐寇得其材而用之也。故下文云、無令客得而用之。雜守篇云、寇薄、發屋伐木。是其證。蘇云、窒當作室。孫云、室窒聲類同。古多通用。備城門篇云、室以樵。彼以室爲窒。與此可互證。非誤字也。漢韓勑修孔廟碑、室字亦作窒。王樹枏云、空字不誤。空室、謂無人居之也、不可据雜守篇爲證。尹云、發、撤也。純一案發廢古通。詳非命上篇。木盡伐之。諸可以攻城者盡內城中。蘇云、內讀如納。令其人各有以記之。尹云、記其物數。事已、已字舊脫、王本尹本並作事已。今据補。孫云、言守事畢也。各以其記取之。吏爲之券。各以舊倒、從王本尹本乙。吏舊作事、從蘇校改。書其枚數。當遂材木不能盡內、卽燒之。王云、遂與隧同。道也。內與納同。舊本材誤枚、卽誤旣、王引之云、枚木文不成義、枚當爲材。旣燒之、當爲卽燒之。言當道之材木、不能盡納城中者。卽燒之。無令寇得而用之也。雜守篇云、材木不能盡入者燒之。無令寇得用之。是其證。今本材作枚、涉上文枚數而誤。卽字又誤作旣、則義不可通。孫云、王校是也。蘇說亦同。今据正。當遂、卽備城門篇之當隊。無令客得而用之。人自大書版、著之其署忠。孫云、忠疑當爲中之誤。純一案兼愛下篇、意不忠親之利。卽以忠爲中。足見中忠古通用。王本尹本並作中。有司出其所治則。猶云所定刑章。從淫之法。尹云、從、縱也。淫同婬。私逸也。其罪射。畢云、謂貫耳。俞云、古不名貫耳爲射。射疑刵字之誤。孫云、說文耳部云、聅、軍法以矢貫耳也。射正字作聅。與聅形近。畢隱據許書。義亦通。務色謾正。正從茅本。蘇云、務色、疑當作矜色。孫云、謾正、謂欺謾正人。淫囂不靜。當路尼衆。畢云、尼、止。舍事畢云、言舍其事。後就。孫云、舊本有路字、道藏本茅本無、今據刪。言事急而後至。畢云、言緩。踰時不寧。孫云、謂不謁告也。漢書高帝紀注、李斐云、休謁之名、吉曰告。凶曰寧。其罪射。讙囂駴衆。畢云、駴、駭字異文。周禮云、鼓皆駴。陸德明音義云、本亦作駭。胡楷反、李一音亥。又大僕戒鼓。鄭君注云、故書戒爲駭。則駴本戒之俗加也。其罪殺。非上不諫。非、誹也。次主凶言。王闓運云、次、恣。其罪殺。無敢有樂器奕棋軍中。奕棋舊作弊騏、孫云、弊騏疑奕棋之誤。說文収部云、奕、圍棋也。綿一今據改。王本尹本並同。有則其罪射。非有司之令、無敢有車馳人趨。尹云、史記絳侯周勃世家云、將軍約、軍中不得驅馳。有則其罪射。無敢散牛馬軍中。尹云、散、放也。有則其罪射。飲食不時、其罪射。無敢歌哭於軍中。有則其罪射。令各執罰盡殺。王闓運云、盡殺者、無首從。有司見有罪而不誅、同罰。若或逃之、亦殺。凡將率鬬其衆謂主領其衆私門。失法殺。凡有司不使士卒吏民聞誓令、士舊譌去、從俞校改。王本尹本並同。代之服罪。代、舊本誤伐。王引之云、伐字義不可通、伐當爲代。卒吏民不聽誓令者其罪斬。若有司不使之聞誓令、則當代之服罪矣。孫云、王說是也。蘇說同。今據正。凡戮人於市、死三日徇。舊作死上目行、孫云、此句有誤。疑當作死三日徇。徇徇古今字。死與尸聲近義通。謂陳尸於市三日、以徇衆也。周禮鄉士云、肆之三日。左襄二十二年傳、楚殺觀起。三日。棄疾請尸。是戮於市者、皆陳尸三日也。三與古文上作二相似。日目徇行、形並相近。傳寫譌舛、遂不可通。綿一案孫說是、今据正。謁者侍令門外。王闓運云、侍、待行。尹本侍作待。孫云、令門、謂置令之門、營門外也。爲二曹夾門坐。尹云、二曹、左右曹也。鋪食更無空。蘇云更、代也。言鋪食則遣其曹更代、勿令空也。王闓運云、臥食相代上直。門下謁者一長。尹云、言置一人以爲謁者長。守數令入中視其亡者以督門尉孫云、文選藉田賦、李注引字書云、督、察也。與其官長及亡者入中報。尹云、報、白也。四人夾令門內坐。二人夾散門外坐。孫云、四人二人、亦謂謁者。尹云、散門、側門也。客見持兵立前。防客行刺也。鋪食更上侍者名。舊本譌民、孫依道藏本茅本正。守堂下爲高樓。舊本堂作室、無爲字。孫云、室下不得爲樓。室當爲堂之誤。高上疑當有爲字。備城門篇云、守堂下爲大樓高臨城、卽此。純一案孫說是也。今据補正。候者望見乘車若騎卒道外來者。孫云、道亦從也。詳前。及城中非常者。輒言之守。守以須城上候城門及邑吏來告其事者以驗之。舊本須誤順、蘇云、順爲須之訛。須、待也。雜守篇云、須告之至、以參驗之。孫据正。樓下人受候者言以報守。王闓運云、受外來候者言。畢云、言傳其言。中涓二人、夾散門內坐。門常閉。王闓運云、宮內散門也。鋪食更。中涓一長者。王闓運云、者字衍。環守宮之術衢。孫云、說文行部云、四達謂之衢。尹云、術亦謂大道。置屯道。尹云、屯、聚也。戍也。管子輕重乙、置屯籍農。各垣其兩旁高丈爲埤院。畢云、院當爲俔。立初雞足。孫云、此上下文有挩誤。初疑勿之誤。公孟篇揩忽、忽作怱、與此相類。雞足、謂立物如雞足之形。後雜守篇云、入柴勿積魚鱗簪。又前備傅蛾篇云、相覆勿令魚鱗三。此文例、與彼正同。置夾挾。尹云、挾、鋏也。夾挾者、筷箸剪刀之類。視葆食而扎書得必謹案視參驗。王闓運云、而、與。葆食、送守者食。札書、外來書札於夾道。案視、防毒害。舊本驗作食。王云、參食、當爲參驗。雜守篇曰、吏所解皆札書藏之。以須告之至、以參驗之。是其證。此驗譌爲僉、又譌爲食耳。純一案王校是也。今據正。札書得、疑當作得札書。與視葆食對文。者節不法。者、古通諸。正請之。孫云、正請亦當爲止詰。王闓運云、請於其長。屯陳垣外術衢街皆爲樓。舊無爲字。孫云、茅本無街字。屯陳卽上文之屯道。樓上疑挩爲字。純一案孫說是也。今據補。尹云、街、四通道也。樓、亭樓。周禮所謂思次者。可以候望。一稱旗亭。高臨里中。樓一鼓一聾竈。下一字舊脫、從王本補。尹本同。孫云、聾、竈之段字。詳備城門篇。樓有一竈者、夜以舉火。卽有物故句鼓。孫云、物故猶言事故。言有事故則擊鼓也。吏至而止。孫云、止舊本譌正、今據茅本正。言擊鼓以報吏、吏至鼓乃止也。夜以火指鼓所。城下五十步一廁。廁與上同圂。孫云、備城門篇云、城上五十步一廁、與下同圂。與此略同。純一案下廁字疑誤重。諸有罪過而可無斷者。諸舊作請、孫云、請亦當爲諸之誤。純一今據正。令抒廁利之。畢云、似言罰之守廁。蘇云、利似謂除去不潔、使之通利。抒舊作杼、孫云、杼當爲抒。左傳文六年杜注云、抒、除也。純一案孫校是也。今據正。此重衛生。亦敎有罪者、當自淨其心也。釋氏僧犯戒者、亦有此罰。

雜守第七十一

禽子問曰、王闓運云、此已見前、重雜錄之。客衆而勇、輕意見威、孫云、輕意義難通。意疑當爲竟之譌。竟競古字通。與旗幟篇竟士義同。輕竟言輕鬥。猶下云重下輕去矣。純一案輕意猶肆意。尹云、見、顯也。以駭主人。薪土俱上、以爲羊坽、孫云、茅本作坽、从今。積土爲高、以臨吾民。舊止作以臨民、畢云、句脫一字。王樹枏云、據備高臨篇云、積土爲高、以臨吾城。則此文民上應脫吾字、純一今據補。蒙櫓俱前、遂屬之城。畢云、民城爲韻、孫云、坽亦合韻。江有誥云、輕人坽民城。眞耕通韻。兵弩俱上、爲之柰何。子墨子曰、子問羊坽之守邪。舊本挩之字、孫據王校補。羊坽者、攻之拙者也、足以勞卒、不足以害城。羊坽之攻、攻舊譌政、從蘇校改。王本尹本並作攻。遠攻則遠圄、近攻則近圄、舊本兩圄字並作害。下攻字作城。孫云、城當作攻。害並當爲圄。圄與圉禦字同。此涉上文而誤。言遠攻則遠禦之。近攻則近禦之也。純一案孫說是也。今並據正。害不至城。舊本無害字、畢云、句脫一字。孫云、此當作害不至城。即上云不足以害城也。因上文兩圄字並譌害、此句首害字、轉涉彼而脫耳。純一今據補。王本尹本並同。矢石無休、左右趣射、蘭爲柱孫云、蘭疑即備城門篇之兵弩簡格。柱謂楷柱。王本蘭上作口、蓋闕文符號。尹本同。純一案上下文皆四字句、此句脫一字、蘭當依孫校作簡格、所以支射弩也。後望以固、厲吾銳卒、愼無使顧、尹云、言無前後顧也。六韜戰車篇、陳不堅固。士卒前後相顧。即陷之。守者重下、尹云、毋使城爲人下。攻者輕去。尹云、敵不能攻而去。畢云、去舊作云、以意改。固顧去爲韻。純一案柱亦合韻。古音諧十二魚去聲引此、射固顧下去諧。江有誥云、固顧去魚部。養勇高奮、王本奮作憤。尹本同。民心百倍、多執數賞、賞舊作少、王云、多執數少、義不可通。少當爲賞。賞字脫去大半。僅存小字。因譌而爲少。言我之卒。能多執敵人者。數賞之。則卒乃不怠也。下文正作多執數賞。卒乃不怠。純一案蘇說同。今據正。卒乃不怠。畢云、舊脫卒字、據上文增。倍殆爲韻。怠舊作殆、王云、怠殆古字通。孫本作怠。王本同。今從之。古音諧四之上聲引此、倍殆諧。江有誥云、之部。同。

疑有脫文。作土不休。土舊譌士、孫云、士當作土。卽上文之積土也。商子兵守篇云、客至而作土以爲險阻。純一今據正。不能禁禦。遂屬之城。王闓運云、此上蓋問臨衝之法。以禦雲梯之法應之。

凡待堙衝雲梯臨之法。堙舊作煙、畢云、煙同堙。孫云、當依備城門篇作堙。今據改。必廣城以禦之。廣從陸本唐本、畢本作應。石不足。石舊作日、今從王闓運校改。尹本同。則以木椁之。尹云、椁、守城具也。周禮職金、國有大故、而用金石、則掌其令。注、用金石者、槍雷椎椁之屬。疏、皆謂守城禦捍之具。左百步右百步。孫云、茅本右作又。繇下矢石沙灰以雨之。灰舊作炭、今據備梯篇王引之校改。尹云、六韜勵軍篇、高城深池。矢石繁下。薪火水湯以濟之。選厲銳卒。愼無使顧。審賞行罰。審賞舊本誤倒、王云、當爲審賞行罰。今本二字倒轉。則文義不順。備梯篇正作審賞。孫云、王校是也。茅本不到。今據乙。以靜爲故。尹云、故事也。從之以急。無使生慮。畢云、生舊作主、以意改。孫云、茅本正作生。備梯篇亦作生。純一案禦步用顧故慮韵。古音諧十二魚去聲引此、顧故慮諧。江有誥云魚部。同。恚𢡱高憤。畢云、說文恚、恨也。恿、古文勇从心。則字當爲恿。王引之云、畢以𢡱爲恿之誤。是也。恚當爲恙、字之誤也。恙與養古字通。憤與奮同。上文云養勇高奮。民心百倍。是其明證也。民心百倍。多執數賞。卒乃不怠。畢云、舊乃不二字倒、以意改。顧故慮倍怠爲韻。純一案古音諧四之上聲引此倍怠諧。江有誥云之部。同。怠、徒以反。

衝臨梯。皆以衝衝之。

渠長丈五尺。其埋者三尺。畢云、埋舊作理、以意改。夫長丈二尺。夫舊譌矢、蘇云、備城門篇矢作夫。孫云、當爲夫、卽趺之省。詳備城門篇。純一今據正。王本尹本並作夫。渠廣丈六尺。其梯丈二尺。梯舊作弟、蘇云、弟與梯同。下文作梯是也。王樹枏云、據下文弟當爲梯。純一今據改。渠之垂者四尺。樹渠無傅葉五寸。畢云、葉卽堞字。蘇云、備城門篇、言去堞五寸。與此言合。王本葉作堞。尹本同。梯渠十丈一。孫云、渠之有梯者、謂之梯渠。王闓運云、十丈各一。梯渠荅大數里二百五十八。大數、大概之數。非命上篇云、大方論數是也。陸本唐本荅作答。下同。渠荅百二十九。王闓運云、二梯一渠荅。諸外道可要塞以難寇。其甚害者、爲築三亭。蘇云、此言險隘宜守。害謂要害。築亭、備瞭望也。亭三隅、亭三二字舊本到、孫據茅本乙。織女之。陳奐云、織女三星成三角。故築防禦之亭、以象織女處隅之形。孫云、陳說是也。此言亭爲三隅形、如織女三星之隅列。六韜軍用篇云、兩鏃蒺藜。參連織女。是古書多以織女擬三角形之證。令能相救。諸距阜、畢云、距舊作詎、以意改。蘇云、距鉅通用。大也。山林溝瀆丘陵阡陌畢云、古只爲仟伯。郭門若閻術可要塞。孫云、說文門部云、閻、里中門也。及爲微職。孫云、詳號令篇。可以迹知往來者少多。及所伏藏之處。

葆民。先舉城中官府民宅室署、大小調處。孫云、葆民、卽外民入葆者。計度城內宮室之大小、分處之必均調也。葆者或欲從兄弟知識者許之。識字舊脫、王引之云、知下當有識字。而今本脫之。則文義不完。號令篇曰、其有知識兄弟欲見之、是其證、孫據補。外宅粟米畜產財物。諸可以佐城者、送入城中。事卽急、則使積門內。孫云、事急、不及致所積之處。則令暫積門內。取易致也。此下舊本有候無過五十云云十四字、乃下文錯簡。今移於彼。民獻粟米布帛金錢牛馬畜產。皆爲置平賈。孫云、號令篇、作皆爲平直其價。疑置平亦平直之誤。純一案皆爲置平賈、與號令篇皆爲平直其賈義同。而文固不必同。與主券人書之。人字舊脫、據號令篇補。

使人各得其所長。天下事當。畢云、長當爲韻。純一案江有誥云、陽部。古音諧十六庚引此。尹云、因材器使。其事自當。鈞其分職。天下事得。畢云、職得爲韻。純一案古音諧一職引此。尹云、鈞、平也。皆其所喜。天下事備。畢云、喜備爲韻。純一案江有誥云、職得喜備之部。古音諧四之去聲引此。彊弱有數。天下事具矣。畢云、數具爲韻。純一案古音諧十三侯去聲引此。江有誥說侯部。同。蘇云、此八句與前後文語意不倫。疑有錯簡。歐陽云、此八句、似宜移置備城門篇而君尊用之然後可守也下、較合。

築郵亭者圜之。尹云、郵亭、書舍。謂傳送文書所止處。今驛館也。前漢書黃霸傳、使郵亭鄉官、皆畜雞豚。薛宣傳、橋梁郵亭不修。者、同堵。圜、繞也。高三丈以上。令侍殺孫云、侍當爲倚。言邪殺爲梯也。備城門篇云、倚殺如城埶可證。爲辟梯。畢云、辟、卽臂字。梯兩臂長三丈。丈舊譌尺、孫云、亭高三丈以上。則梯長不得止三尺。疑尺當爲丈。綸一今據改。連門三尺。孫云、連門、疑當作連版。尹云、連門、桓門也。柱之植立者曰桓。雙植以爲門者、謂之桓門。一稱和門。用以出納文報者。報以繩連之。尹云、報多故以繩結。前漢書武五子傳、日置驛書。往來相報。槧再雜。尹云、槧、牘樸也。謂未書之版。其小者曰札曰牒。若今之鄉片。再、重也。雜、集也。爲縣梁孫云、槧當爲塹、塹縣梁、見備城門篇。再雜、猶言再帀。詳經上篇。聾竈孫云、當作壟竈。詳備城門篇。亦言每亭爲一壟竈。號令篇云、樓一鼓一壟竈。亭一鼓。

寇烽驚烽亂烽。孫云、言舉烽有此三等。以爲緩急之辨。傳火以次應之。至主國止。畢云、舊作正、以意改。其事急者引而上下之。孫云、謂引烽而上下之。烽著桔槔頭。故可引而上下。詳號令篇。烽火以舉。王云、以、巳同。王本尹本並作巳。輒五鼓傳。又以火屬之。畢云、火舊作又、以意改。尹云、屬、續也。言寇所從來者少多。言、謂以鼓或火爲號。相傳以代言也。藝文類聚八十引作烽火巳舉、言寇所從來多少。尹云、使傳者言之。旦弇還。弇、疑葬之誤。還、說文復也。玉篇反也。謂自旦及莫、自莫及旦、反復不巳也。去來屬尹云、往來不巳。斥傳者言。次烽勿罷。以次舉烽勿疲。尹云、罷、止也。望見寇舉一烽一鼓。一鼓二字舊脫、據王引之校增。入境畢云、號令篇作竟是。舉二烽二鼓。二鼓二字、據王校增、射妻。孫云、妻疑要之譌。上文屢云要塞、下文又云有要有害、可證。射要、謂急趨要害。王本作射樓。尹本同。舉三烽三鼓。三鼓二字、孫據舊本校作一藍、今據王校改。郭會、孫云、謂寇至郭。舉四烽四鼓。四鼓舊作二藍、從王校改。城會、舉五烽五鼓。鼓舊譌藍、從王校改。王引之云、藍字義不可通。蓋鼓字之誤。鼓字篆文作鼓。上艸誤爲廿。中叹誤爲臥。下业誤爲血。遂合而爲藍字。此文當云望見寇、舉一烽一鼓。入境、舉二烽二鼓。射妻、舉三烽三鼓、郭會、舉四烽四鼓。城會、舉五烽五鼓。上文曰烽火以舉、輒五鼓傳。正與此舉五烽五鼓相應。史記周本紀、幽王爲熢燧大鼓。有寇至、則舉燧火。是有熢卽有鼓也。今本舉一烽舉二烽下、脫一鼓二鼓四字。舉三烽三鼓舉四烽四鼓、鼓字旣皆誤作藍。而上句三字又誤作一。下句四字誤作二。唯下文舉五烽五藍、藍字雖誤、而兩五字不誤。猶足見烽鼓相應之數。而自一烽一鼓、以至五烽五鼓、皆可次第而正之矣。下文曰、夜以火如此數。正謂如五烽五鼓之數。則藍爲鼓字之誤甚明。夜以火如此數。王引之云號令篇、夜以火皆如此。亦謂如五表之數。案表當作垂。守烽者事急。孫云、此下疑有脫文。候無過五十。寇至葉、隨去之。唯弃逮。孫云、寇至葉隨去之、舊本作寇至隨葉去五字。畢以意改葉爲棄。王云、畢改非也。此當作寇至葉隨去之。言候無過五十人。及寇至堞時、卽去之也。號令篇曰、遣卒候者、無過五十人。客至堞去之。是其證。今本去下脫之字、又升隨字於葉字上、則義不可通。又云葉與堞同。上文樹渠無傳葉五寸。亦以葉爲堞。案王校是也。今據乙增。又此十四字、舊本誤錯入上文事卽急則使積門內下。今移於此。號令篇云、遣卒候無過五十人。客至堞去之。愼無厭建。候者曹無過三百人。日暮出之。爲微職。與此上下文正同。則其爲錯簡無疑矣。唯弃逮、亦當作無厭逮。逮、急通。號令篇作無厭建。日暮出之令皆爲微職。距阜山林、皆令可以迹。平明而迹。迹者無下里三人。各立其表。城上應之。舊作無迹各立其表下城之應、王引之云、此本作平明而迹。迹者無下里三人。各立其表。城上應之。言迹者之數。每里無下三人。各立其表。而城上應之也。號令篇云、迹者無下里三人。平明而迹。各立其表。城上應之。是其證。今本迹者無下里三人七字、祇存無迹二字。城上應之、又譌作下城之應。則義不可通。純一今據補正。候出置田表。孫云、田表、候出郭外所置之表。郭外皆民田。下云田者男子以戰備從斥。卽郭外耕田之民也。斥坐郭內外立旗幟。蘇云、號令篇云、候出越陳表。遮坐郭門之外內立其表。文校此爲優。田與陳通。孫云、斥遮義同。幟俗字。上文微職並作職。卒半在內。令多少無可知。卽有驚。孫云、驚、警同。詳號令篇。舉孔表。尹云、逸周書王會篇、方人以孔鳥。爾雅釋天、旌旂、錯革鳥曰旟。孔表者、謂錯有孔鳥之旟。旟、聚也。所以聚士卒。見寇舉牧表。尹云、爾雅釋畜、牛黑腹牧。牧表、謂旌而注有旄尾。城上以麾指之。斥步鼓整旗旗以備戰。從麾所指。斥跟上文指言、有教令之意。步、卽書牧誓不愆六步七步之步。斥步鼓整旗旗以備戰、言斥令步武與鼓聲一致。並整齊旗幟期以備戰。下旗字、爲期之叚字或譌字。王本尹本下旗字並作期。屬下讀。孫云、備戰、當從旗幟篇作戰備。卽兵械之屬。言斥各持戰備。從城上旌麾所指而迎敵也。下云田者男子以戰備從斥。義同。指舊本譌止。今據道藏本茅本正。蘇云、號令篇作指。田者男子以戰備從斥。孫云、謂從斥卒禦敵。女子亟走入。孫云、亟舊本譌函、王校改亟。茅本正作亟。今據正。卽見寇。寇舊譌放、孫云、當爲寇。下文可證。純一今據正。王本尹本並作敵。鼓傳到城止。舊本鼓譌到、止譌正、王引之云、上到字當爲鼓。正當爲止。鼓傳到城止。見下文。上文又曰、烽火以舉。輒五鼓傳。孫云、茅本止字不誤。今據正、純一今據王校、改上到字爲鼓。守表者三人。更立鄣表而望。鄣舊作捶、從俞校改。詳號令篇。蘇云、號令篇言表三人守之。與此合。守數令騎若吏行旁視、有以知其所爲。其舊譌爲、從蘇校改。王本尹本並同。孫云、旁視、猶言徧視。其曹一鼓。孫云、言守表者、每曹有一鼓。尹云、曹、羣也。輩也。望見寇鼓傳、到城止。

斗食。斗舊本譌升、孫據畢俞蘇校正、王闓運云、壯士日食一斗。廉頗一飯斗米。純一案閻若璩謂古量五當今一。終歲三十六石。蘇云、據下言斗食食五升。又言日再食。是一食五升。再食則一斗。以終歲計之。當三十六石也。參食、終歲二十四石。四食、終歲十八石。舊本食上脫四字。孫據道藏本茅本補。蘇云、當作參食終歲二十石。四食終歲十八石。然二十下尙當有脫字。據下言參食食參升。日再食則六升。以終歲計之。當得二十一石六斗。四食食二升半。日再食則五升。以終歲計之。當得十八石也。俞云、此數不同者。上所說是常數。下所說是圍城之中、民食不足、減去其半之數也。參食者、參分斗而日食其二也。故終歲二十四石也。句下脫四字、當據下文補。四食者、四分斗而日食其二也。故終歲十八石也。五食、終歲十四石四斗。四斗舊止作升、俞云、五食者、五分斗而食其二。則每日食四升。終歲當食十四石四斗。今作終歲十四石升、蓋誤斗爲升。又脫四字耳。蘇校亦增四字。孫據補正。六食、終歲十二石。俞云、六食者、六分斗而食其二也。故終歲十二石也。蘇云、下言六食一升大半。是每日食三升有奇。以終歲計之。當得十二石也。斗食食五升。孫云、上斗字、舊本亦譌升、今依畢蘇校正。參食食參升小半。四食食二升半。五食食二升。六食食一升大半。日再食。俞云、此依前數而各減其半。斗食者每日一斗、今則爲五升矣。參食者每日六升大半、今則爲參升小半矣。不言小半者、傳寫脫去也。下文言六食食一升大半、則此必言食參升小半可知。蓋參食、本食六升大半、而減之爲三升小半。猶六食、本食三升小半、而減之爲一升大半也。無小半二字、卽於數不足矣。四食、本食五升、故減爲二升半。五食、本食四升、故減爲二升。其數甚明。孫云、此申析上文斗食以下。日再食。每食之升數也。故末又云日再食、以總釋之。俞以此爲民食不足、依前數而各減其半、非墨子之恉。而謂參食食參升下、當有小半二字則甚塙。今據增。救死之時。日二升者二十日。日三升者三十日。日四升者四十日。孫云、日二升者、再食、每食一升也。日三升者、每食一升有半也。日四升者、每食二升也。如是、而民免於九十日之約矣。孫云、約謂危約。尹云、減九十日則可多供九十日之食。寇近、亟收諸雜鄉金器若銅鐵。孫云、亟舊本譌亟、今據茅本正。王校同。雜鄉、當作離鄉。言城外別鄉器物、皆收入城內也。備城門篇云、城小人衆、葆離鄉老弱國中及他大城。及他可以左守事者。顧云、左、助也。蘇云、左佐通用。下同。先舉縣官室居官府不急者、材之大小長短及凡數。孫云、凡數、猶言大總計數也。周禮御史云、凡數從政者、即急先發。尹云、發、撤也。淮南說山訓、發屋而求狸。寇薄蘇云、薄謂迫近。發屋伐木。雖有請謁勿聽。尹云、言必發伐之。入柴孫云、入讀爲內。勿積魚鱗簪。畢云、疑槮字假音。讀若高誘注淮南子積柴之罧。孫云、畢說是也。淮南子說林訓本作罧。高注云、罧者、以柴積水中以取魚。罧讀沙槮。幽州名之爲涔也。說文作罧。云積柴水中、以聚魚也。備蛾傳篇說荅云、兩端接尺相覆、勿令魚鱗三、三即參、亦即槮之省也。爾雅釋器云、槮謂之涔。郭注以爲聚集柴木捕取魚之名。小爾雅廣獸云、簪、槮也。簪涔字通。蓋通言之、凡積聚柴木、並謂之槮。槮簪參簪、聲並相近。通典兵門說束柎云、皆去鐶刊以束爲魚鱗次。橫檢而縛之。杜即依此書也。太玄經禮次六、魚鱗差之、乃矢施之。魚鱗簪、猶言魚鱗次、魚鱗差也。當隊。令易取也。孫云、當隊、即當隧、詳備城門篇。王本作當隧。無令字。材木不能盡入者燔之。無令寇得用之。孫云、商子兵守篇云、客至發梁徹屋給從。從之不給而熯之。使客無得以助攻備。與此同。積木各以長短大小惡美形相從。猶云分類聚積。孫云、大小茅本作小大。純一案陸本唐本、與茅本同。城四面外各積其內。尹云、積於各城門內也。諸大木者皆以爲關鼻。者字疑衍、以疑爲必之誤。畢云、言爲之紐。令事急可曳。尹云、關、貫也。鼻、孔也。爲關鼻、令大木易排次。且急則易曳。淮南主術訓。若指之桑條以貫其鼻。乃積聚之。

城守司馬以上。尹云、齊策、有雍門司馬、謂守齊城西門者。前漢書百官公卿表、城門校尉。掌京師城門。屯兵有司馬。父母昆弟妻子、有質在主所。乃可以堅守。

署尹云、署、部署也。都司空孫云、都司空、蓋五官之一。詳號令篇。大城四人。候二人。孫云、候亦五官之一。詳號令篇。二茅本作一。純一案陸本唐本並作二。縣候面一。孫云、四面面各一候。亭尉、次司空、孫云、亭尉、即備城門篇之帛尉。號令篇之百長。其秩蓋次於縣尉。次司空、亦次於都司空也。亭一人。

吏侍守所者、財足廉信。畢云、言厚祿足以養其廉信。父母昆弟妻子、有在葆宮中者、乃得爲侍吏。諸吏必有質、乃得任事。守大門者二人、孫云、守、疑當作侍。號令篇云、吏卒侍大門中者曹無過二人。純一案守字不誤。夾門而立、令行者趣其外。蘇云、趣、疾行也。所以防窺伺者。各四戟夾門立。孫云、此言夾門別有持戟者四人也。而其人坐其下。王本立而二字互易。尹本同。吏日五閱之、上逋者名。

池外廉。外舊本譌水。王云、水廉當爲外廉。鄭注鄉飲酒禮曰、側邊曰廉。池外廉、謂池之外邊近敵者也。下文曰、前外廉三行。旗幟篇曰、大寇傳攻前池外廉。皆其證。隸書外字或作外、見漢司隸校尉魯峻碑。與水相似而譌。史記秦本紀、與韓襄王會臨晉外。正義、外字一作水。孫據正。有要有害、必爲疑人。尹云、前漢書。西南夷兩粵朝鮮傳、大司農豫調穀積要害處。師古曰、在我爲要。於敵爲害也。疑人、偶人。謂像人也。六韜虛壘篇、望其壘上。多飛鳥而不驚。上無氛氣。必知敵詐而爲偶人。三國志、江表傳、孫權使朱儁喻關羽令降。羽乃作像人於城上而潛遁。偶人像人、皆疑人也。令往來行夜者射之。尹云、令敵失矢。謀其疏者。蘇云、言要害之處、必嚴密防守。至於人疏之處、亦不可不預爲謀也。俞云、疑人、蓋束草爲人形。望之如人。故曰疑人。謀其疏者、謀乃諜字之誤。孫云、俞說是也。牆外水中孫云、即城外池也。牆疑即旗幟篇之藩。爲竹箭。畢云、舊作篣、今改。下同。孫云、茅本並作箭。蘇云、削竹而布之水中。所以防盜涉者。箭尺廣二步。孫云、言插竹箭之處、廣二步也。尹云、池之廣也。箭下於水五寸。下於二字舊倒。蘇云、當作箭下於水五寸、言藏之水中。令人勿見也。孫依蘇校乙。雜長短。蘇云、使之不齊也。

前外廉三行。孫云、旗幟篇云、前池外廉。前外廉三行、謂前池之外廉。列竹箭三行也。外外鄉、內亦內鄉。蘇云、鄉讀如向。王本作外鄉內亦內鄉外。尹本從之。三十步一弩廬。廬廣十尺、袤丈二尺。孫云、弩廬、即置連弩車之廬也。通典兵守拒法、有弩臺。制與此略同。而步尺數異。詳備高臨篇。隊有急。孫云、隊亦謂當攻隊。極發其近者往佐。王引之云、古字極與亟通。極發、即亟發也。莊子盜跖篇、亟去走歸。釋文、亟、急也。本或作極。荀子賦篇出入甚極。又曰反覆甚極。楊注並云、極讀爲亟。急也。淮南子精神篇、隨其天貲而安之不極。高注云、亟、急也。王本極作亟。尹本同。其次襲其處。孫云、漢書揚雄傳、顏注云、襲、繼也。蘇云、言軍有危急。則發其近者往助之。近者既發。則移其次者居之。以爲接應也。

守節出入、使主節必疏書。孫云、主節、小吏掌符節者。與號令篇主券相類。周官有掌節、屬地官。蓋都邑亦有之。尹云、疏書、謂條錄之。署其情、令若其事。尹云、署、表也。題也。言題明其事由於冊上。純一案若、如也。謂恰如其事實。無浮辭。無遺漏也。而須其還報、尹云、還、反也。以參驗之。參舊作劔、王云、劔驗當為參驗。謂參驗其事情也。此參譌為僉、又譌為劔耳。隸書參或作叅、僉或作㑒、二形相似而誤。孫云、王校是也。蘇說同。參驗見後。純一據正。今節出、使所出門者輒言節出時摻者名。畢云、言操節人即出、門者當記其名。百步一隊、孫云、上疑有挩文。閤通守舍。孫云、說文門部云、閤、門旁戶也。爾雅釋宮云、小閨謂之閤。茅本作閣、非。純一案陸本作閣、唐本作閣。相錯穿室。尹云、穿室、謂穿地而為屋。治復道。復道見號令篇。為築墉。尹云、墉、牆也。上云道各垣其兩旁。墉善其上。蘇云、善與繕通。孫云、此善下有挩字、後文說軺車云、善蓋上。備穴篇云、善塗其竇際。此疑亦當云善蓋其上。或云善塗其上。又此下舊本有先行德至用人少易守、凡四十三字。當為前備城門篇之錯簡。今審定移正。

取疏。取古通聚。畢云、疏正字。下作蔬、俗。尹云、疏、菜也。草之可食者。字一作蔬。管子輕重乙、斂蔬藏菜。令民家有三年畜蔬食、孫云、畜蓄字通。下同。以備湛旱歲不為。王云、論衡明雩篇曰、久雨為湛。湛旱、水旱也。言令民多蓄蔬食。以備水旱歲不為也。晉語注曰、為、成也。廣雅同。歲不為、猶玉藻言年不順成也。賈子孽產子篇曰、歲適不為。是其證。王本改不作以。連下常字、讀歲以為常句。尹本同。常令邊縣豫種畜芫芸烏喙祩葉。蘇云、芫、魚毒也。漁者煑之以投水中、魚則死而浮出。故以為名。烏喙、烏頭別名。孫云、說文艸部云、芫、魚毒也。太平御覽藥部、引吳氏本艸云、芫華根有毒。可用殺魚。本艸經云、烏頭一名烏喙。廣雅釋艸云、蘸奚、毒附子也。一歲為萴子。二歲為烏喙。三歲為附子。四歲為烏頭。五歲為天雄。芸非毒艸、當為芒字之誤。爾雅釋艸云、葞、春草。郭注云、一名芒草。山海經中山經云、葌山有木曰芒草。可以毒魚。朝歌山作莽草。周禮翦氏及本艸經同。本艸字又作莔。並聲近字通。芒與芫皆毒魚之艸。蓋亦可以毒人。祩、茅本作株、疑當為梂。梂與椒同。急就篇云、烏喙附子椒芫華。皇象本、作烏啄付子梂元華。芒芸梂株、字形並相近。烏喙茅本作烏啄、亦與皇同。梂與烏喙芫華等、皆藥之有毒者。故此書及史游、並兼舉之。葉不審何字之誤。通典兵守拒法云、凡敵欲攻。即去城外五百步內井樹牆屋、並塡除之。井有塡不盡者、投藥毒之。外宅溝井可窴塞。窴舊本作寘、畢云、同塡。王校作窴。孫據改。云、說文穴部云、窴、塞也。不可、置此其中。顧云、左氏傳、秦人毒涇上流。孫云、顧說是也。言井溝可窴塞、則窴塞之。不可窴塞者、以上所蓄毒艸置其中。毋使敵汲用也。

安則示以危。危則示以安。下則字舊脫、王本補。尹本同。今從之。

寇至。諸門戶令皆鑿而類竅之。各爲二類。一鑿而屬繩。繩長四尺。大如指。詳備城門篇。

寇至。先殺牛羊雞狗彘鳧鴈。鳧舊作烏、從王校改。畢云、說文云、鴈、鵝也。此與鴻雁異。呂氏春秋云、莊子舍故人之家。故人令豎子爲殺鴈饗之。亦見莊子。新序刺奢云、鄒穆公有令。食鳧鴈必以粃。無得以粟。皆卽鵝也。今江東人呼鵝、猶曰雁鵝。王云、畢說是也。烏非家畜。不得與牛羊雞狗鵝並言之。烏當爲鳧。此鳧謂鴨也。亦非弋鳧與鴈之鳧。廣雅、鳧、鶩、鸊也。鸊與鴨同。晏子春秋外篇、君之鳧鴈食以菽粟、是也。故曰殺牛羊雞狗鳧鴈。蘇說同。彘字舊本倒置下文皆剝之之上。王引之云、彘與皮革筋角脂羽並言之、亦爲不倫。彘字當在上文牛羊雞狗之閒。迎敵祠篇亦云、狗彘豚雞。純一案王校是也。今據移正。收其皮革筋角脂䏣羽。畢云、舊收作牧、皮作支、俱以意改。䏣卽考工記𦛗字。本𦝫字之譌也。王本䏣作𦛗。尹本改䏣作腦。釋云、腦本作𦛗。旁注腦字。皆剝之。

吏㯻桐𠧪孫云、吏疑使之誤。下有捝字。㯻疑櫝之誤。說文木部云、櫝、楸也。故與桐並舉。然文尙有捝誤。𠧪茅本作自。尹云、𠧪當作卤。通作㮚。今作栗。亦木名。爲鐵錍。孫云、方言云、凡箭、其廣長而薄鐮謂之錍。郭璞注云、江東呼鎞箭。蘇云、錍、賓彌切。音卑。說文曰、鈭、錍。斧也。歐陽云、㯻疑當作撢、修也。吏字不誤。言吏修桐栗而爲鐵錍也。厚簡爲衡柱。柱舊作枉、孫云、厚疑當爲后、與後聲近字通。簡疑爲蘭之誤。前備城門篇、亦有兵弩簡格。卽蘭格也。枉當爲柱。此疑卽上文所謂蘭謂柱後也。純一案孫疑厚當爲后、未塙。疑簡當爲蘭、近是。謂枉當爲柱、是也。今據改。王本尹本並同。事急。卒不可遠。令掘外宅材。材舊作林、孫云、疑當作材。下同。言事急、守城之卒不可令遠出。則令掘外宅材木。納城內以備用。又疑或當作事急卒。不可還、卒、猝同。言倉猝不及致材木也。王闓運云、林宜作材。純一今據改。謀多少。尹云、謀、度也。若治城□爲擊。孫云、卽號令篇所云五十步一擊也。城下疑缺上字。純一案陸本唐本、城下雙行注元本空。王本擊作墼。尹本同。三隅之。孫云、言擊之形爲三隅不方也。重五斤已上諸材木、渥水中。無過一筏。材舊作林、據蘇孫二校改。王本尹本並同。蘇云、渥、漬也。孫云、重五斤以上、謂材木之小者。論語公冶長集解引馬融云、編竹木大者曰栰。小者曰桴。方言云、簰謂之栰。通典兵門云、槍十根爲一束、勝力一人。四千一百六十六根、卽成一栰。此後世法、不知墨子所謂一筏、數錢何也。純一案筏、陸本同、唐本作茷。塗茅屋若積薪者、厚五寸已上。吏各舉其部界中財物、可以左守備者上之。舊本部作步、無之字。王引之云、步界二字、義不可通。步當爲部。吏各有部。部各有界。故曰部界。號令篇曰、因城中里爲八部。部一吏。又云、諸吏卒民、非其部界而擅入。皆其證也。俗讀部步聲相亂。故部譌作步。上下當有之字。上之、謂上其財物也。備城門篇云、民室材木瓦石、可以益城之備者盡上之。與此文同一例。今本脫之字、則文義不明。又云左與佐同。純一案王說是也。今據補正。王本財作材。尹本同。有讒人、尹云、讒、諜也。有利人、有惡人、有善人、尹云、善惡斥儀貌言。有長人、尹云、長技。有謀士、有勇士、有巧士、有使士、孫云、使士、謂可以奉使之士。尹云、善詞令而可使四方者。歐陽云、使士疑當作伎士。太白陰經選士篇曰、有觀察深密、謀慮出人表者。上賞。得而禮之。名曰智囊之士。卽此謀士也。曰有引五石之弓、矢貫五札。戈矛劍戟、便于利用。陸搏犀虎。水擢黿鼉。挑身捕虜、搴擴旗鼓者。上賞。得而撫之。名曰猛毅之士。卽此勇士也。曰有制造五兵、攻守利器、奇變詭譎者。上賞。得而厚之。名曰伎巧之士。卽此巧士也。曰有步五行、運三式、多言天道、詭說陰陽者。上賞。得而存之。名曰伎術之士。卽此伎士也。據此、則伎巧與伎術不同。巧士爲技巧。技士爲伎術。不加分辨、遂因伎之形近而誤爲使耳。純一案歐陽說是。有內人者、尹云、長於內政。有外人者、尹云、優於外交。有善人者、尹云、好稱人善。有善門人者、蘇云、上句善下疑脫一字。善門疑善門之訛。守必察其所以然者應名、乃內之。蘇云、應名、言名實相應也。內讀如納。民相惡、尹云、自相訟也。若議吏。謂質於吏。聽其論斷。吏所解。孫云、吏所解、謂民相惡有讎怨。吏爲解之者。見上號令篇。皆札書藏之。札舊本譌作禮、王引之云、禮書當爲札書。古禮字作礼、與札相似。札譌爲礼、後人因改爲禮耳。札書見號令篇。孫云、王校是也。今據正。周禮調人云、凡有鬭怒者成之。不可成者則書之。先動者誅之。鄭注云、不可成、不可平也。書之、記其姓名辯本也。此札書與彼義同。以須告之至以參驗之。孫云、告下疑當有者字。睨者小五尺不可卒者爲署吏令給事官府若舍。蘇云、睨者二字、傳寫錯誤。或爲兒童之訛。意言弱小未堪爲卒、唯給使令而已。孫云、孟子梁惠王篇趙注云、倪、弱小繄倪者也。說文女部云、婗、嫛婗也。廣雅釋親云、婗、兒子也。此睨、卽婗之叚字。或云睨者小、疑當作諸小婗。者卽諸之省、亦通。孟子滕文公篇云、五尺之童。管子乘馬篇云、童五尺。荀子仲尼篇云、五尺豎子。論語泰伯篇云、可以託六尺之孤。周禮鄉大夫賈疏引鄭注云、六尺、年十五以下。然則五尺者、蓋年十四以下也。舍、謂守者之私舍。王本睨作兒、無者字。尹本同。釋云、周禮鄉大夫之職。以歲時登其夫家之衆寡。辨其可任者。國中自七尺以及六十、野自六尺以及六十有五。皆征之。疏、七尺、謂年二十。六尺、謂年十五。此云五尺、則年在十五以下。因云不可卒耳。署、猶部也。給事、猶云供役。若灑掃應對等事。

藺石孫云、見號令篇。厲矢諸材、畢云、舊作林、以意改。器用皆謹部。尹云、謹理其部居。各有積分數。尹云、或積或分各有數。爲解車以枱城矣蘇云、此句錯誤不可讀。解車、疑卽軺車。據下文是言車之載矢者。城矣二字、或卽載矢之訛。下以字衍。孫云、此枱當爲木材、疑卽梓之叚借字。枱、籀文从辝作辝。與梓聲類相近也。備穴篇、用搿若松爲穴戶。搿疑亦卽枱梓之異文。王本矣作矢。尹本同。以軺車畢云、漢書注服虔云、軺音瑤、立乘小車也。輪軲孫云、道藏本茅本軲作軲。軲亦見經說下。純一案陸本唐本並作軲。廣十尺王闓運云、軲、今作箍。圜也。轅長丈孫云、此蓋直轅。與考工記大車同。長丈、當爲轅出箱前者之度。下云箱長與轅等、則並當箱與箱前二者計之、轅適長二丈也。車人凡爲轅、三其輪崇。此輪六尺而轅二丈、贏於彼也。爲三輻孫云、三輻疑當作四輪。備高臨篇、連弩車兩軸四輪、亦誤作三輪。廣六尺。孫云、凡輪廣與崇等。考工記車人、鄭注、柏車、山車。輪高六尺。此與彼度同。爲板箱長與轅等。孫云、說文竹部云、箱、大車牝服也。考工記車人云、大車牝服、二柯又參分柯之二。鄭注云、大車、平地載任之車。牝服、長八尺。謂較也。鄭司農云、牝服、謂車箱。此車箱長丈、蓋長於大車二尺也。高四尺。舊作四高尺、蘇云、當作高四尺。孫據乙。善蓋上治中、令可載矢。孫云、舊本脫中字、今據道藏本吳鈔本茅本補。純一案陸本唐本並有中字。

子墨子曰、凡不守者有五、城大人少、一不守也。畢云、舊作者、以意改。孫云、茅本正作也。不誤。城小人衆、二不守也。人衆食寡、三不守也。市去城遠、四不守也。畜積在外、富人在虛、蘇云、虛同墟。言不在城邑也。五不守也。率萬家而城方三里。畢云、言大率萬家而城方三里。則可守。孫云、方三里者、積九里。爲地八千一百畝也。以萬家分居之。蓋每宅不及一畝。貧富相補。足以容之矣。尉繚子兵談篇云、量地肥墝而立邑。建城稱地。以城稱人。以人稱粟。三相稱。則內可以固守。外可以戰勝。

自備城門以下十一篇、兵械名制。莫得其詳。譌脫錯亂、難於校讀。今姑依據閒詁、廣爲甄錄。兼采二王(王樹枏王闓運)吳(汝綸)尹(桐陽)諸注、具備參稽。閒亦竊附管闚、力求其是。未必是也。綜覽諸家之說。其於墨書本旨。大氐允稱眞詮者半。未能塙定者半。謹竢來哲盡宣究之。

曹云、今按墨子書、十五卷。七十一篇。國朝先正從道藏本錄出。功莫大焉。其中有篇目而缺其文者凡八篇。幷無篇目者十篇。毛詩正義引墨子有備衝篇、今亦不知其列在第幾也。自備城門以下、存文十一篇。訛脫特甚。今亦不復校錄其文。墨子以非攻爲敎。若非詳明守禦之法、則世之溺於功利之說者。未必因口舌而爲之阻止。故其止楚勿攻宋。亦示之以能守之實用。而後楚人信之。非僅以空言感動暴人也。老子稱兵者不祥之器。有道者不處。若墨子專言守圉。猶是仁人之事也。唯是古賢之書、有言理言事之別。言理者、可以救一時之人心。即可以救後世之人心。此心同。此理同。俟諸百世而不惑者也。言事者、則視乎其時。視乎其地。可以捍此之患。未必可行之於彼。可以捍一時之患、未必可推之於後世。故墨子備城門諸篇、縱使文義完足。在今日實爲已陳芻狗。況其訛脫不可讀乎。倘泥古法逞臆說。以斷爛殘缺之簡記。疑誤後人。殃民覆國。仁人必不忍出此。豈墨子之志乎。與其過而存之也。毋寧過而缺之。倘亦有當於先聖之敎耶。

墨子佚文

樂者、聖王之所非也。而儒者爲之過也。畢云、見荀子、當是非樂篇文。孫云、見樂論篇、然似約擧非樂篇大意、畢以爲佚文、未塙。

孔子畢云、子字皆鮒所更。墨本用孔子諱。見景公。公曰、先生素不見晏子乎。對曰、晏子事三君而得順焉。是有三心。所以不見也。公告晏子。晏子曰、三君皆欲其國安。是以嬰得順也。聞君子獨立不慚於影。今孔子伐樹削迹、不自以爲辱。身窮陳蔡、不自以爲約。始吾望儒貴之、今則疑之。

景公祭路寢聞哭聲。問梁丘據。對曰、魯孔子之徒也。其母死、服喪三年。哭泣甚哀。公曰、豈不可哉。晏子曰、古者聖人非不能也。而不爲者。知其無補於死者。而深害生事故也。畢云見孔叢詰墨篇、疑非儒上第三十八篇文。孫云、案二條並見晏子春秋外篇。或墨子亦有是文。曹云、今案晏子之說、則當日列國之喪事。各從其國之舊俗。仲尼之徒、則遵周禮耳。儀禮喪服、定自周公。禮記云、三年之喪。達乎天子。堯典云、如喪考妣三年。則又似父母之服、無古今之別。墨子以三月之喪爲夏敎。而譏儒者之久喪、以爲非先王之法。孟子滕文公定爲三年之喪、而百官父兄皆不欲曰。宗國魯先君莫之行。吾先君亦莫之行。是魯人已不用周公之典矣。禮之在古今、究未易議斷也。

堂高三尺。畢云、索隱云、自此以下韓子之文。故稱曰也。孫云、後漢書趙典傳注、首有堯舜二字。韓非子十過篇、亦有此文。卽索隱所據也。土階三等。茅茨不翦。采椽不刮。孫云、後漢書、文選魏都賦注作斲。又文選東京賦注引作刑。食孫云、後漢書注作飯。土簋。啜土刑。孫云、後漢書注作歠土鉶。糲粱之食。孫云、後漢書注作飯。藜藿之羹。夏日葛衣。冬日鹿裘。其送死、桐棺三寸。擧音不盡其哀。畢云、見史記太史公自序。又見文選注、後漢書注、文皆微異。今韓非子雖有之、然疑節用中下篇文。孫云、此司馬談約引墨子語、似未必卽節用中下篇文。

篇佚文。羣書治要、及藝文類聚十一、太平御覽八十、引帝王世紀云、墨子以爲堯堂高三尺。土階三等。茅茨不翦。采椽不斲。夏服葛衣。冬服鹿裘。論衡是應篇云、墨子稱堯舜堂高三尺。儒家以爲卑下。以上諸書及後漢書注、文選注、疑並據史記展轉援引。非唐本墨子書、實有此文也。

年踰十五則聰明心孫云、畢本作思、今據史記五帝本紀集解校正。慮無不徇通矣。畢云、見裴駰史記集解索隱、十五作五十。無不作不。一云作十五非是。孫云、索隱云、俗本作十五非是。案謂年老踰五十不聰明。何得云十五。蓋小司馬所見墨子、猶是足本、故據以校正史注俗本之謬。

禽滑氂問於墨子曰、錦繡絺紵、將安用之。墨子曰、惡、是非吾用務也。古有無文者得之矣。夏禹是也。卑小宮室、損薄飲食、土階三等、衣裳細布。當此之時、黼孫云、舊本挩、盧文弨據御覽八百二十校補。今從之。黻無所用、而務在於完堅。殷之盤庚、大其先王之室、而改遷於殷。茅茨不翦、采椽不斲、以變天下之視。當此之時、文采之帛、將安所施。夫品庶非有心也、以人主爲心。苟上不爲、下惡用之。二王者、以孫云、舊衍化字、今從盧校刪。身先于天下。故化隆於其時、成名於今世也。且夫錦繡絺紵、亂君之所造也。其本皆與於齊景公。王注、古者絺繡、景公始繡紵、失暑服之制。喜奢而忘儉。幸有晏子以儉鑴之。然猶幾不能勝。夫奢安可窮哉。紂爲鹿臺糟邱酒池肉林。宮牆文畫雕琢刻鏤。錦繡被堂金玉珍瑋。婦女優倡鐘鼓管絃流漫不禁而天下愈竭。故卒身死國亡。爲天下戮。非惟錦繡絺紵之用邪。今當凶年、有欲予子隨侯之珠者。不得賣也。珍寶而以爲飾。又欲予子一鍾粟者。得珠者不得粟。得粟者不得珠。子將何擇。禽滑氂曰、吾取粟耳。可以救窮。墨子曰、誠然。則惡在事夫奢也。長無用、好末淫、非聖人之所急也。故食必常飽、然後求美。衣必常暖、然後求麗。居必常安、然後求樂。爲可長、行可久、先質而後文。此聖人之務。禽滑釐曰、善。畢云、見說苑、疑節用中下篇文。純一案見說苑反質篇。孫云、節用諸篇、無與弟子問答之語。畢說未塙。曹云、亦節用之說也。晏子節儉。故墨家多稱之。此段及前孔叢子詰墨篇二段、意出於墨子。而文與墨子不甚類。蓋亦墨家之徒。託爲其師說耳。竊意出於禽子之門人者爲多。

吾見百國春秋畢云、見隋李德林重答魏收書。孫云、見隋書本傳。亦見史通六家篇。春秋下畢本有史字、今據史通刪。攷德林書云、史者編年也。故晉號紀年。墨子又云、吾見百國春秋。史又無有無事而書年者、是重年驗也。審校文義、李書史字當屬下爲句。畢氏失其句讀、遂幷史字錄之、謬也。

甘瓜苦蔕。天下物無全美。畢云、二句原書闕、見埤雅引。下二條亦原書所無。

古之學者、得一善言、附於其身。今之學者、得一善言、務以說人。言過而行不及。畢云、書鈔引新序、齊王問墨子曰、古之學者爲己。今之學者爲人。何如。對曰、古之學者云云、則爲墨子之言甚明。

君子服美則益敬。小人服美則益驕。以上三條見馬總意林、曹本王本尹本均移此、今從之。孫云、今本公輸篇後、兵法諸篇之前、闕第五十一篇。以上數條、疑皆此篇佚文。

禽子問天與地孰仁。墨子曰、翟以地爲仁。太山之上則封禪焉。北堂書鈔百五十七培塿篇引此文同、又地篇引無之上二字。培塿之側畢云、太平御覽作沈。則生松柏。書鈔地篇無之側二字、培塿篇側作上則作卽。下生黍苗莞蒲。書鈔地篇無下生二字。水生黿鼉龜魚。民衣焉食焉藝文類聚六地部有家焉二字。死焉。書鈔地篇無鼉龜二字、又無死焉二字。地終不責德焉、故翟以地爲仁。書鈔培塿篇、作故以爲仁也。畢云、見藝文類聚、又見北堂書鈔、太平御覽。吳淑事類賦文微異。曹云、今按莊子稱墨子爲才士。古今稱天地人曰三才。以地爲仁者、地之才顯而易知也。老子亦曰人法地。

畫衣冠、異章服、而民不犯。畢云、見文選注。純一案見王元長永明九年策秀才文注、墨子曰、畫衣冠、異章服、謂之戮。上世用戮、而民不犯。曹云、史記孝文本紀詔曰、蓋聞有虞氏之時、畫衣冠、異章服、以爲僇而民不犯。何則、至治也。

墨子獻書惠王。王受而讀之、曰、良書也。畢云、見文選注。純一案見謝玄暉和伏武昌登孫權故城詩注。孫云、本書貴義篇云、子墨子南游於楚、見楚獻惠王、疑卽獻書惠王之誤。又余知古渚宮舊事二、亦云墨子至郢、獻書惠王、王受而讀之、曰良書也。與李所引正同、彼文甚詳。疑皆本墨子。但不箸所出書、今不據補錄。詳貴義篇。

時不可及。日不可留。畢云、見文選注。純一案見曹子建贈王粲詩注。曹云、及、追也。此二語卽惟日不足之說。亦敎勤也。

備衝篇畢云、見詩正義。純一案見大雅皇矣。

備衝法絞善麻長八丈。內有大樹、則繫之。用斧長六尺、令有力者斬之。畢云見太平御覽、疑備衝篇文。孫云、通典兵守拒法云、敵若推轒車、我作轤鐵鑽、幷屈桑木爲之。用索相連轄頭、適到。速以鐶串轄頭。於其旁便處、分令壯士牽之翻倒。弓弩而射、自然敗走。案杜蓋卽本墨子遺法、而以後世名制易之。

申徒狄謂周公曰、賤人何可薄也。周之靈珪。出於土石。隨之明月、出於蚌蜃。畢本於畫衣冠異章服而民不犯條前、列申徒狄曰、周之靈珪、出於土石、隨之明月、出於蚌蜃二十字。注云見藝文類聚。孫云、此卽後申徒狄謂周公章之文、當並爲一條。純一今從之。類聚見八十三寶玉部少豪大豪、出於污澤。天下諸侯皆以爲寶。狄今請退也。畢云、見太平御覽。又一引云、周公見申徒狄曰、賤人強氣則罰至。申徒狄曰、周之靈珪、出於土口。楚之明月、出口蚌蜃。五象出於漢澤。和氏之璧、夜光之珠、三棘六異、此諸侯之良寶也。孫云、此文當在佚篇中。今書耕柱篇、雖亦有和璧隨珠三棘六異之文、然非申徒狄對周公語。畢說非也。通志氏族略、引風俗通云、申徒狄、夏賢人也。林寶元和姓纂說同。莊子外物篇云、湯與務光。務光怒。申徒狄因以踣河。此卽應說所本。淮南子說山訓高注、則云申徒狄殷末人也、史記鄒陽傳集解服虔云、申徒狄殷之末世人也。索隱引韋昭又云、六國時人。莊子大宗師釋文、亦云申徒狄殷時人。案依韋說、則此周公、或爲東西周君。御覽八百二引、有和氏之璧語。又韓詩外傳一、及新序士節篇、並云申徒狄曰、吳殺子胥、陳殺泄冶而滅其國、則狄非夏殷末人可知。疑韋說近是。

桀女樂三萬人。晨譟聞於衢。服文繡衣裳。畢云、見太平御覽。孫云、此管子輕重甲篇文。以後御覽所引諸條、似多誤以它子書語爲墨子。不甚足據也。今亦未及詳校。

秦穆王遺戎王以女樂二八。戎王沈於女樂、不顧國亡政國之禍。畢云、見太平御覽。純一案北堂書鈔一百五遺戎王女樂二八注引墨子同。曹本作不顧國政亡國之禍。王本作不顧國亡攻國之禍。尹本同。曹云、以上兩條、皆非樂之說。

良劍期乎利。不期乎莫邪。畢云、見太平御覽。曹云、此亦節用之說。

禹造粉。畢云、見太平御覽。純一案此疑非儒篇文、當在古者羿作弓下。

禽子二字舊倒、從孫校乙。曹本同。問曰、多言有益乎。墨子曰、蝦蟆蛙蠅孫云、蠅當作黽。日夜而鳴。舌乾擗然而不聽。畢云、一引作口乾而人不聽之。今鶴雞時夜而鳴。天下振動。多言何益。藝文類聚九十鳥部引墨子曰、禽子問曰、多言有益乎。對曰、蝦蟇日夜鳴、口乾而人不聽之、鶴雞時夜而鳴、天下振動。多言何益乎。唯其言之時也。畢云、見太平御覽。

昔夏之衰也、有推哆大戲。殷之衰也、有費仲惡來。足走千里。手制兕虎。畢云見太平御覽。純一案制當作列。孫云、此晏子春秋諫上篇文。

神機陰開、剞劂無迹、人巧之妙也。而治世不以爲民業。孫云、此淮南子齊俗訓文。劂彼作剮、此誤。

工人下漆而上丹則可。下丹而上漆則不可。萬事由此也。孫云、此淮南子說山訓文。純一案由猶同。

神明鉤繩者、乃巧之具也。而非所以爲巧。孫云、此淮南子齊俗訓文。神明作規矩。神明之事、不可以智巧爲也。不可以功力致也。天地所包。陰陽所嘔。雨露所濡。以生萬殊。翡翠瑇瑁碧玉珠。文采明朗澤若濡。王闓運云、七字成韻語。摩而不玩。久而不渝。江有誥云、嘔孺、(汝藍反。)殊、(市藍反。)珠孺渝、侯部。奚仲不能放。魯般弗能造。此之謂大巧。孫云、此淮南子泰族訓文。江有誥云、造(徂叟反)巧、幽部韵。夫至巧不用劍。大匠大不斲。孫云、此淮南子說林訓文。下大字衍。夫物有以自然而後人事有治也。故大匠不能斲金。巧冶不能鑠木。金之勢不可斲。而木之性不可鑠也。埏埴以爲器。刳木而爲舟。鑠鐵而爲刃。鑄金而爲鍾。因其可也。畢云、見太平御覽。而文不似墨子、或恐誤引他書。孫云、未條淮南子泰族訓文。曹云、今按太平御覽之書、成於宋初、援引必不誤。尋繹文義、黜巧而崇樸。正與墨家之旨相合。蓋墨子所以詰難公輸之說。巧者、鬼神之所忌。而殺機之所伏也。墨子以強本節用爲教。則所以成天下之務者。必以樸拙爲基。而勞勤心力以致之。初不尙智巧之爲也。魯問篇載公輸削木爲鵲、飛之三日。而墨子譏之云、利於人謂之巧。不利於人謂之拙。至其造雲梯之械、爲攻取之具、則墨子深惡之。禮記云、德成而上。藝成而下。百工之巧。儒者弗尙。老子云、大巧若拙。又云絕巧棄利、盜賊無有。又云民多技巧、奇物滋起。莊子載抱甕之老人。以桔槹爲恥。曰有機械者必有機事。有機事者必有機心。故巧也者、又道家所深惡而痛絕之者也。易知簡能、可大可久、此則千聖百王之所同軌矣。因推論之如此。又按古聖賢微言大義、藉著書以傳後、而書不必盡出一人之手。有爲門人小子之所記述、歷久而漸失其眞者。莊子之書、內篇外篇雜篇、其中純駁不倫、而皆曰莊子也。仲尼之書、易傳其自著也。孝經論語、則及門記錄之書。至於七十子之徒、傳稱聖人之說、尤不可勝數。墨子之書七十一篇、不必皆墨子之自著。而他書中稱引墨子之說、不必出於本書。苟求其義類而合。固當採而存之。不可廢也。其有不合。明者自能辨之云。

以上佚文皆畢氏採集。

金城湯池孫云、水經河水二酈道元注。

釜丘孫云、水經濟水注云、陶丘、墨子以爲釜丘也。

使造孫云、疑脫物字。三年而成一葉。天下之葉少哉。孫云、廣弘明集、朱世卿法性自然論。案韓非子外儲說左上、宋人爲玉楮葉章有此文、或本墨子語也。

舜葬於蒼梧之野。象爲之耕。孫云、劉賡稽瑞。

禹葬會稽。鳥爲之耘。孫云、稽瑞。以上二條、疑節葬上中二篇佚文。然說舜葬處與節葬下篇不合。未詳。

五星光明芭豔如旗。孫云、稽瑞。　以上六條、畢本無、孫氏校增。

棄作舟。藝文類聚七十一舟車部舟引墨子。疑亦非儒篇文。

天雨土、君失封。開元占經三天占。

天雨粟、不肖者食祿與三公一位。開元占經三。

天雨黍豆粟麥稻、是謂惡祥。不出一年、民負子流亡、莫有所向。占經三。

國君失信、專祿去賢、則天雨草。占經三。

天雨甑釜、歲大穰。占經三。

天雨絮、其國將喪、無復有兵。占經三。

天雨墨、君陰謀。占經三。

天下火、燔邑城門、其邑被圍。占經三。

以上九條、畢本孫本俱無、今校增。

墨偁之探本

孟子荀子列子莊子韓非子皆偁墨翟、或單偁墨。高誘注淮南修務訓、呂氏春秋當染篇、並云名翟。而於呂覽愼大注、則偁以墨道聞。漢書藝文志顏師古注、亦僅云名翟。詳諸家所偁、從未明言墨爲姓者。惟通志氏族略引元和姓纂云、墨氏孤竹君之後、本墨胎氏、後改爲墨氏、戰國時宋人墨翟、著書號墨子。此蓋因伯夷叔齊姓墨胎氏、遂以附會翟姓墨、無足徵信。今詳審墨子爲魯人、知偁宋人不塙。則援墨胎爲姓、亦不塙無疑。信乎高誘以墨道聞之說、非姓明矣。

近江瑔著讀子卮言、論墨子非姓墨、頗具卓識。其說曰、墨家諸人無一偁姓、以宗族姓氏爲畛域所由生、故去姓而偁號、以充其兼愛上同之量。又與釋氏之法同。此孟子所以斥之爲無父、亦墨氏之學、所以獨異諸家、而高出千古也。（案瑔說墨非姓是。說墨家諸人無一偁姓、未塙。墨門如彭輕生子、田俅子、孟勝、徐弱、田襄子等、似皆有姓。通志氏族略胡非氏、陳胡公後有公子非、其後子孫爲胡非氏。戰國時有胡非子著書。尤其證。）凡以明墨爲學爲道耳。余向疑莊子之論墨子曰、以繩墨自矯、而備世之急。荀子之非墨子曰、刻死而附生謂之墨。（禮論篇）又曰、其送死瘠墨。（樂論篇）以爲墨者、從其行義言之。今觀瑔說、不期而合。

廣雅釋器云、墨、黑也。釋名釋書契云、墨、晦也。似物晦黑也。翟奚取於是哉。莊子天下篇云、日夜不休、以自苦爲極。曰不能如此、非禹之道也、不足謂墨。潛夫論讚學篇曰、禹師墨如。是知翟祖大禹、見莊子天下篇。又說苑反質篇、墨子荅禽滑釐、亟偁大禹卑小宮室、損薄飲食云云、均其證。卽祖墨如、而墨偁之本著明矣。禹王天下、色尚黑、禮記檀弓上、夏后氏尚黑。執玄圭。書禹貢禹錫玄圭。玄、幽遠義。文選文賦佇中區以玄覽注。老子曰、滌除玄覽。河上公曰、心居玄冥之處、覽知萬物。玄之取義深矣。禹蓋以墨爲道、故形勞以利天下、而不矜不伐、曰、生寄死歸、淮南子精神訓深明生死之故、呂覽知分篇、禹達乎生死之分禹之道微矣。周徵藏史聃之言曰、知白守黑。維摩經佛國品云、能善分別諸法相、於第一義而不動、是其義。又曰玄之又玄、衆妙之門。玄與墨同義。楚辭懷沙玄文幽處兮注、玄、墨也。蓋卽傳禹之道者也。五千言中、持慈儉外身、及不爭不矜伐之說。文子符言篇亦有老子曰、生所假也、死所歸也之文。皆符合可證。上古三代之世、學皆在於天子、尙同中引周頌之詩曰、載見辟王、聿求厥章。呂氏春秋當染篇曰、魯惠公使宰讓請郊廟之禮於天子。皆其證。史官守之。老子世守柱下、得掌數千年之祕藏、與史佚漢書藝文志墨家以尹佚二篇列首。史角無異。禹之傳、既在史氏。墨子學於史角之後、見呂氏春秋當染篇。又屢游楚、知必詳聞聃史之道、墨子書存道藏可證。因以上接大禹之傳。觀其摩頂放踵以利天下、孟子盡心及其徒百八十人、皆可赴火蹈刃、死不還踵、淮南子泰族訓卽大禹竭力而勞萬民淮南子精神訓之義。翟嘗言愛人非爲譽也、其類在逆旅、大取蓋源出生寄死歸之旨。其道不怒。見莊子天下篇、蓋我法二執俱空也。故有慈無爭。國語周語下、昔史佚有言曰、德莫若讓。然則翟之以墨立教、棄文崇實、其淵源有自也。蓋墨者、滌除玄覽分別都無之謂。道不極於墨、不知有無異同之俱一。人己生死之大通。兼之義無由明也。傅墨翟者、猶史佚史角、醫和醫緩之類也。韓非子顯學篇曰、墨之所至、墨翟也。玩其意、墨道至翟集大成、不自翟始顯然。讀晏子春秋、綜核晏子之行、爲人者重、自爲者輕。問上 無非墨行、墨子傅其知道者再、晏子固卓然墨者。揚子法言五百篇 云、墨晏儉而廢禮、明以晏爲墨道也。太平御覽四百三十七 云、胡非子修墨以教、墨之爲道益明。太史公敍六家、劉向條九流、名以其學術名。黄紹基墨子閒詁跋 後世誤以墨爲姓、則失其本、不可以不辨。

墨子魯人說

問詁、墨子魯人。呂覽當染愼大篇注。貴義篇云、墨子自魯卽齊。又魯問篇云、越王爲公尙過束車五十乘以迎子墨子於魯。呂氏春秋愛類篇云、公輸般爲雲梯、欲以攻宋。墨子聞之、自魯往見荆王曰、臣、北方之鄙人也。淮南子脩務訓亦云、自魯趨而往。十日十夜至於郢。並墨子爲魯人之塙證。純一案孫說是也。茲更舉證以實之、明墨子塙非宋人、並非楚之魯陽人也。公輸篇曰、子墨子歸過宋。其自楚歸、明非楚人。曰過宋、明非宋人。非攻中篇曰、東方有莒之國者。莒在魯東也。貴義篇曰、南游使衞。衞在魯之西南、故曰南游。設爲楚之魯陽人、當曰北游矣。又曰南游於楚、見楚惠王。則非楚之魯陽人尤顯著。又曰北之齊、至淄水、不遂而返。魯在齊南也。公孟篇有游於子墨子之門者、其年、而責仕於子墨子。子墨子曰、不仕子、子亦聞夫魯語乎。可見此游於墨子之門者非魯人、故墨子舉鄉諺以喻之。魯問篇、魯君與墨子問答者再。設非魯人、何不云游於魯見魯君耶。又魯人有因子墨子而學其子者。觀此魯人、必居距墨子不遠。又魯之南鄙人有吳慮者、冬陶夏耕、自比於舜、子墨子聞而見之。顯見墨子居魯北境、故曰南鄙。曰聞而見之、不甚遠故也。又魯君之嬖人死、魯君爲之誄、魯人因說而用之。又魯祝以一豚祭、而求百福於鬼神。墨子均以爲不可。設墨子非魯人、何獨記魯細事之詳耶。耕柱篇巫馬子謂子墨子曰、我與子異、我不能兼愛、我愛魯人於鄒人云云。蓋其鄉人、時與晤談耳。備梯篇禽滑釐子事子墨子三年、子墨子甚哀之、乃管酒塊脯寄於太山滅茅坐之。太山卽魯北境也。兼愛中篇曰、挈泰山而越河濟。亦借本地風光取譬也。淮南子氾論訓曰、總鄒魯之儒墨、通先聖之遺敎。凡此皆足爲墨子是魯國人之塙證。

墨子年代攷

史記孟子荀卿列傳記墨子時代、或曰並孔子時、或曰在其後。漢書藝文志云、在孔子後。抱朴子亦云、孔子時人、或云在其後。 自後莫宗一是、迄無定論。閒詁年表謂當與子思並時、是巳。謂生年尚在其後、誤甚。今詳加徵討、墨子當生於周敬王十年與二十年之閒。適當孔子四十歲前後、與子夏曾子等齊年。蓋與孔子並時而差後、遷固二說均可通。汪中墨子序云、墨子實與楚惠王同時。其年於孔子差後、或猶及見孔子。藝文志以爲在孔子後者是也。非攻中篇、言知伯以好戰亡、事在春秋後二十七年。又言蔡亡、則爲楚惠王四十二年。墨子並當時及見其事。非攻下篇、言今天下好戰之國、齊晉楚越。又言唐叔呂尚邦齊晉、今與楚越四分天下。節葬下篇、言諸侯力征、南有楚越之王、北有齊晉之君。明在句踐稱伯之後。魯問篇越王請裂欲吳之地方五百里以封子墨子、亦一證。 秦獻公未得志之前、全晉之時三家未分、齊未爲陳氏也。又言吳起之裂、以楚悼王二十一年。非墨子之所知、均極精塙。茲更舉證如下。

（一）公輸般與墨子同時。季康子之母死、般請以機封。檀弓下 康子後孔子十一年卒、魯哀公十六年、孔子卒。二十七年、季康子卒。 此足爲墨子及見孔子之鐵證。

(二)孔子生於魯襄公二十二年、當楚平王爲太子取秦女、以其好而自取時、巳二十五歲。平王至少當在四十歲左右、魯陽文君爲其孫、當與惠王齊年。魯陽文君卽公孫寬、於左哀十六年爲楚司馬。孔子是年卒。文君與墨子齊年。以此推知孔子長於惠王與文君、不過三十歲、或四十歲。墨子時世正相值、特年較少耳。

(三)越王郊迎子貢、見史記仲尼弟子列傳、並越絕書吳越春秋。時在孔子未卒前四年。孔子六十九歲、子貢三十八歲。滅吳、在孔子卒後六年。子貢四十八歲其欲裂故吳之地封墨子時、不可知。而說越王之公尙過、爲墨子弟子。以此推想墨子之年、不少於子貢必矣。子貢少孔子三十一歲、然則史遷謂墨子爲孔子時人、豈不信乎。

(四)墨子弟子禽滑釐、曾受業於子夏、見呂氏春秋當染篇並史記儒林傳子夏少孔子四十四歲。史記仲尼弟子列傳。耕柱篇又有子夏之徒、問於子墨子曰君子有鬭乎云云。此知墨子與子夏、並時無疑。曹云、子夏之徒、問於墨子、與論語記子夏之門人、問交於子張相同。則墨子正與七十子並時也。

(五)墨子弟子管黔敖、卽檀弓之黔敖。嘗爲食於路、以待餓者、曰嗟來食。乃餓者不食嗟來之食、從而謝焉、卒不食而死。曾子聞之曰、其嗟也可去、其謝也可食。曾子少孔子四十六歲。此知墨子年長於曾子。

(六)耕柱篇巫馬子謂子墨子曰、鬼神孰與聖人明智。蘇時學云、巫馬子爲儒者也、疑卽孔子弟子巫馬期、否則其後。案巫馬施少孔子三十歲、仲尼弟子列傳長墨子不過十歲許。正相值也。

(七)公孟篇公孟子謂子墨子曰、君子共己以待云云。惠棟云。公孟子即公明子、孔子之徒。純一案據此則墨子之年、與七十子伯仲可知。

(八)論語陽貨篇宰我問三年之喪、期已久矣、君子不爲禮、禮必壞、三年不爲樂、樂必崩。詳墨儒之異同四似因墨子節葬短喪之說而云然是宰我墨子、年相上下也。

(九)淮南子要略云、墨子學儒者之業、受孔子之術、以爲其禮煩擾而不悅云云。似墨子或嘗受學於孔子。

(十)耕柱篇葉公子高問政於仲尼曰、善爲政者若之何。仲尼對曰、善爲政者、遠者近之、而舊者新之。子墨子聞之曰、葉公子高未得其問也、仲尼亦未得其所以對也、云云。知葉公之問、當在孔子往返蔡葉間時、白公之亂前未久、墨子時已三十或四十歲。

(十一)魯問篇孟山以白公之禍、譽王子閭爲仁、墨子曰、難則難矣、然而未仁。史記十二諸侯年表白公之亂、在魯哀公十六年。孔子於是年卒。墨子此言必在事後未久、而其時已講學授徒矣。

(十二)文子自然篇云、孔子無黔突、墨子無煖席。漢書藝文志班固自注云、文子、老子弟子、與孔子並時。案文子與孔子同時、亦即與墨子同時、故其言孔墨並舉。設墨子在七十子後、文子不及時、安能爲此言。文子楚人、墨子屢之楚、其道合、故相知。蓋墨子蜚譽、必在壯時、當孔子晚年。文子爲道家鉅子、亦必壽考。故其著書、並孔墨許言之。

以上皆足爲墨子與孔子並時而差後之證。

（十三）墨子弟子縣子碩、耕柱篇。魯繆公嘗因陳莊子死召而問焉。檀弓 繆公尊禮子思。孟子公孫丑下 子思生於孔子五十九歲、孔子編年 縣子與子思同時、則墨子長於子思必矣。

（十四）孟子受業於子思、史記列傳 嘗斥楊墨而闢之。張湛注列子云、楊朱後於墨子、孟子當後於楊朱、必更後於墨子。觀滕文公上篇墨者夷之、告子下篇宋牼、均在墨子後。孟子稱夷之曰夷子、稱宋牼曰先生。足見夷之宋牼之年、均長於孟子、當與子思齊。又孟子所禮貌之匡章、離婁 且稱惠子爲公。呂氏春秋愛類 足見惠子年長、惠子固述墨子之學者。

以上皆足爲墨子年長於子思之證。

案墨子生年、當與七十子相伯仲。長子思十餘歲、其卒獨在後耳。前賢因其言行多在七十子後、故劉向別錄云、在七十子之後、史記索隱引之。文選長笛賦李注亦云、今案其人在七十弟子後、皆未知其卒年獨後也。後漢張衡謂當子思時。武億跋墨子云、墨子實當楚惠王時、上接孔子未卒、故太史公一云並孔子時、信而有徵、於遷固二說皆不背。曹耀湘云、墨子生孔子後、與七十子並時。蓋無可疑。或者享年長久、與六國時相接、亦未可知。閒詁以墨子後及見齊太公和、與齊康公興樂、楚吳起之死。蓋忘其魯問非樂親士諸說、非盡出墨子之手也。以泥此故、竟謂墨子不及見孔子、生年尚在子思之後。是猶畢氏誤以中山之滅、謂墨子實六國時人、至周末猶存也。神仙傳謂墨子至漢武帝時猶存、尤不足信。然墨子壽考、觀其獻書惠王、惠王以老辭可知。惠王在位五十七年、墨子生年當與惠王齊、卒在其後約二十年、享年殆近百歲。以其素無欲惡、經上平知無欲惡也。經下無欲惡之爲益損也。經正體不動、大取當無足異。抱朴子列之神仙傳、必有以也。

墨儒之異同

大道無形、本同也。形而爲有、則異名。儒墨二家、水火久矣、實無足異。蓋體道以致用者殊耳。試述二家之異同。

（一）儒墨之學所從出者、文質各異。蓋儒宗周禮、墨宗夏禮也。孔子曰、『周監於二代、郁郁乎文哉、吾從周。』（論語八佾）又曰、『吾說夏禮、杞不足徵也。吾學殷禮、有宋存焉。吾學周禮、今用之、吾從周。』（中庸）墨子則嘗『學儒者之業、受孔子之術、以爲其禮煩擾而不說、厚葬靡財而貧民、久服傷生而害事、故背周道而用夏政。』（淮南子要略）又謂公孟子曰、『子法周而未法夏也、子之古非古也。』（公孟篇）以是墨家非儒、儒家距墨。雖同一救世之心、而所趨之途則各殊也。

（二）墨家立說、以天爲最高之標的、亦猶儒家之欽崇天道。顧墨子標示之天、賞善罰暴、顯有意志、殆如景教之上帝、較孔子之所謂天、更有威靈、故著天志、使人皆愼奉之、兼愛而交利。並著法儀、尙同、以天爲至仁、使天下從事者皆以天爲法、盡去人我之執、一同天下之義。此墨家獨樹一幟之大本。蓋確有見於天人不二、感應之理至微妙也。若儒家雖亦以道之大原出於天、而強聒說教、未見如墨者爲人之多、救世之勇。所異者、儒家惟游平方之內、墨家則有游平方外之精神、寓於方之內也。（方之外、方之內、見莊子大宗師。）

（三）墨家重祭祀、務絜爲酒醴粢盛、以敬天事鬼。與孔子之「祭如在祭神如神在」同。（論語八佾）皆本歷史舊貫也。惟墨家著有明鬼之篇、確證鬼神之實有、且賞善罰暴。猶老子所謂「天網恢恢疏而不失」者然。將以正天下之人心、而弭天下之亂。孔子則不語怪力亂神、（述而）且曰敬鬼神而遠之。（雍也）故墨子語公孟子曰、「執無鬼而學祭禮、是猶無客而學客禮也。是猶無魚而爲魚罟也。」（公孟篇）此又其異點也。（王充論衡薄葬案書二篇、持論多與墨子爲難、蓋仲任見道未憭、又生於後漢、其時墨教已失其勢力、無足怪。）

（四）喪葬之禮、儒墨甚不一致。墨子力主薄葬短喪、蓋本禹法也。尸子曰、「禹爲喪法、使死於陵者葬於陵、死於澤者葬於澤、桐棺三寸、制喪三月。」淮南子要略云、「節財薄葬、閑服生焉。」又齊俗訓云、「三年之喪、是強人所不及也、而以僞輔情也。三月之服、是絕哀而迫切之性也。」高誘注、「三月之服、夏后氏之禮。」韓非子顯學篇云、墨者之葬也、冬日冬服、夏日夏服、桐棺三寸、服喪三月、世以爲儉而禮之。顧以薄葬言、則孔子於伯魚之死用薄葬、並以門人厚葬顏回爲非。（先進）孟子亦以貧富不同、後喪踰前喪。（梁惠下）是知孔孟非極端主厚葬。特非如墨子極端主薄葬耳。至墨主短喪、固與孔孟絕對相反。論語憲問篇子張曰、「書云、高宗諒陰、三年不言。何謂也。」子曰、「何必高宗、古之人皆然。」陽貨篇、宰我問三年之喪期已久矣、君子三年不爲禮、禮必壞、三年不爲樂、樂必崩。舊穀既沒、新穀既升。鑽燧改火、期可已矣。（竊疑宰我似受墨教短喪非樂之影響、乃以喪可稍短、樂不可廢、發爲此問、亦卽墨子與孔子同時之一證。）子曰、「食夫稻、衣夫錦、於汝安乎。」曰、「安。」「女安則爲之。夫君子之居喪、食旨不甘、聞樂不樂、居不處安、故不爲也。今汝安則爲之。」宰我出。子曰、「予之不仁也。子生三年、然後免於父母之懷。夫三年之喪、天下之通喪也。予也有三年之愛於其父母乎。」其責之嚴矣。孟子盡心篇、齊宣王欲短喪。公孫丑曰、爲朞之喪猶愈於已乎。孟子曰、「是猶或紾其兄之臂、子謂之姑徐徐云爾。」蓋儒重宗法之道德、墨務天下之富厚、所以異也。

（五）墨子偁道「大禹形勞天下、以自苦爲極。」（莊子天下篇）謂福可請、禍可違。深恐執有命之言、致衆不強勁、上下皆惰於從事、爲天下厚害。故盡力非之曰、「命者暴王所作、窮人所術、非仁者之言。」（非命下篇）於子夏所謂「死生有命、富貴在天」之說、（論語顏淵）絕不能容。其振刷斯人之精神者至矣。夫已往之命、定於宿報者、不可謂無。未來之命、宜大造就者、不可執有。論衡命義篇曰、『墨家之論、以爲人死無命。儒家之議、以爲人死有命。』蓋於人生死之故、墨家所見、深於儒家也。黃帝瑞書曰、敬勝怠者吉。怠勝敬者滅。卽墨家非命之微旨。

（六）墨子『昭昭然爲天下憂不足、』荀子富國篇 力主勞儉。以樂無益於人、必致『虧奪民衣食之財、并廢君子之聽治、與賤人之從事。』非樂 且以堯舜湯武言、『樂逾繁者治逾寡、』三辯 故非樂。儒家則以禮樂爲治天下之要端、詳禮樂記 故荀子作樂論以敵之。此間墨主勤勞以厚生。多注意於貧民、期於兼相愛交相利。儒尚優美之感化。貧民往往向隅。二家所見不同也。

（七）墨子主張兼愛、人己兩忘、直視『天下無人。』大取 故以『別之所生爲天下之大害、期於一兼以易別。』本兼愛下 所謂愛無差等也。孟子滕文上 論語亦稱博濟爲聖、顧以『堯舜猶病、』雍也 惟教人汎愛而已。學而汎愛衆 故親親之殺、中庸孟子盡心上亦曰親親而仁民、 畛域難除。蓋墨本乎天。儒本乎人者異也。

（八）墨子力行兼愛、故非攻。蓋深以『勁殺其萬民、覆其老弱』非攻下 爲憂也。孟子則謂『率土地而食人肉、罪不容於死、故善戰者服上刑。』離婁上 實與墨子同一慈悲。然如墨子『取天之人、』取逼聚 以攻天之邑、刺殺天民』非攻下 云云。則兼之爲義、又孟子一間未達者。

（九）墨子祖禹菲飲食、惡衣服、卑宮室、（說苑反質 論語泰伯）故節用。孔子於禹無間然、且以「節用」爲道千乘之國之要端。（論語學而）無異也。乃荀子以墨子蔽於用而不知文、（解蔽篇）謂其節用是使天下貧、（富國篇）辯已。蓋墨家節用、欲使天下無不富、且以限制在上者之厲民、與儒家同。而其恐侈於性、尙質不尙文、極端反對奢靡、則與儒家異。墨務爲人厚、自爲薄。雖貴爲天子、富有天下、如堯與禹、均極儉約。迨晏嬰爲齊相、亦食麤衣惡居湫隘。儒則素貧賤行乎貧賤、素富貴行乎富貴。故孔子譏晏嬰、論叔孫敖、（韓非子外儲左下）以其太儉也。

（十）墨子言脩齊治平之道、與儒家同尙仁義、（呂覽有度、孔墨之弟子徒屬、充滿天下、皆以仁義之術、教導於天下。）墨子同說詩書、同稱堯舜、同非桀紂、無異致也。惟儒家宗師仲尼、（漢書藝文志儒家）墨子則與滯於禮者異趣。故雖「俱道堯舜、而取舍不同。」（韓非子顯學篇）墨子嘗謂「堯不能治今世之天下、」（經說下）是固尼父未嘗道也。蓋孔子「述而不作、」故公孟子曰、「君子不作、術而已。」墨子甚不謂然、謂述作不可偏廢、「古之善者則述之、今之善者則作之、欲善之益多。」（耕柱篇）足見墨子理想豁達、能保守更能進取也。

（十一）儒家禮不往教。（曲禮）故公孟子曰、「君子共己以待、問焉則言、不問則止。」墨家則不憚勞、務「徧從人而說之。」（公孟篇）是儒墨二家、施教之法異也。

（十二）政教不分、儒墨皆同。然墨家有鉅子、又似政教已有分離之勢。儒仍舊貫、因君位世襲。有貴貴親親之義。墨主天子國君以及鄉里之長、皆由公選、尚同又歧異也。

墨子與農家及其源流

農者、勉也。廣雅釋詁三。尙賢中篇引呂刑云、農殖嘉穀。管子大臣篇云、用力不農、有罪無赦。皆其義。厚也。書洪範農用八政傳鄭注、讀爲醲。濃也。論語子路吾不如老農皇疏。昔神農夫負婦戴、以治天下。尸子勤勉以厚生民者至矣。衆感其德濃厚如神、故稱神農。風俗通義皇霸禮含文嘉其時『男女貿功、資相爲業。』『非老不休、非疾不息。』『天下一心。』亢倉子農道篇無有貴賤貧富勞逸之不均。傳曰、『神農形悴、』文子自然篇有以也。神農氏世衰、諸侯相侵伐、暴虐百姓。軒轅乃修德振兵、撫萬民、度四方。而諸侯尊之、立爲天子。軒轅勞勤心力耳目、節用水火材物、披山通道、未嘗寧居。史記黃帝本紀下逮諸侯廢摯立堯。淮南子本經訓云、堯能爲民除害。萬民皆喜、置堯以爲天子。以上皆君臣萌通約之所本。堯爲天下『瘦臞。』見文子自然篇且愧德薄、未若神農嘗曰、『朕之比神農、猶旦與昏也。』尸子卒倦勤而禪舜。舜爲天下憂勤而『黧黑。』文子自然篇魯問篇魯之南鄙人有吳慮者、冬陶夏耕、自比於舜。奔走而死蒼梧之野。史記舜本紀禹繼、『智營形析、心罔弗辰。』峋嶁碑文出見耕者耦立而式。荀子大略沐甚雨、櫛疾風、莊子天下卒致『偏枯。』列子楊朱是皆勤勞以醲民生、固墨子所心儀也。墨子書屢稱男耕女織、征不義、幷堯舜禹事可證。世又愈衰、厲民自養者多。長沮桀溺荷蓧丈人論語微子之儔、大氐皆抱道而農、以均勞逸爲務者。當時無所謂道家農家、百家紛於末流、初起厥惟一道。如亢倉子道家有農道篇。老子不貴難得之貨(墨家同)本卽神農之法、見淮南子齊俗訓。管子道家亦法家、而輕重甲揆度等篇屢稱神農之教。呂氏春秋道家亦雜家尊師愼勢等篇數稱神農。知度篇且云唯彼天符不周而周、此神農之所以長而堯舜之所以章也。人心之危、道心之微、儒家所謂心傳、荀子解蔽篇稱爲道經之言。儒墨互相非、同稱堯舜。統此以觀、可知百家紛於末流也。觀其言曰、『是魯孔丘與是知津矣。』『耰而不輟。』曰、『四體不勤、五穀不分、孰爲夫子、植其杖而芸。』皆識其不勤農業顯然、是農家之尙勞賤、足民食、以平上下之序、道已盛行於楚。想墨子頻游楚、老子於楚爲大師、墨學貴慈儉、玄同於老子者十六七、卒不僅開風氣於齊魯間、南方墨者亦盛、均有脈絡可尋。心契之久矣。不然何『昭昭然爲天下憂不足』荀子富國篇之甚耶。厥後許行自楚之滕。孟子三陳仲去齊之楚。於陵子辭祿蓋沮溺諸賢流風未墜、有以啓之。

以上敍墨子與農家之淵源竟、以下述墨子之勤勞主義。

〔二〕平等觀　墨子因『儒者親親有術、尊賢有等、言親疏尊卑之異。』非儒以爲不合『天志』故『非儒』而樹『愛無差等』孟子三之義。

今天下無小大國、皆天之邑也、人無幼長貴賤、皆天之臣也。法儀臣子之不孝君父、所謂亂也。雖父之不慈子、兄之不慈弟、君之不慈臣、此亦天下之所謂亂也。兼愛上

愛衆衆世、與愛寡世相若、愛尙世與愛後世、一若今之世。大取

墨家兼愛之量、幾等於佛教、特樹義不及佛教圓滿耳。基督教遠不及也。

（三）交利說　墨子交利說其大綱三。（一）有力以勞人、魯問篇墨子見吳慮語（二）有財以分人。同上、又語曹公子多財則以分貧。（三）有道肆相教誨。兼愛下、又天志中篇云、天之意欲人之有力相營、有道相教、有財相分也。蓋其交相利之實行也。約分四項言之。

（一）交利之正義

今吾將正求與天下之利而取之、以兼爲正。是以聰耳明目、相與視聽乎。是以股肱畢強相爲動宰乎。而有道肆相教誨。是以老而無妻子者、有所侍養以終其壽。幼弱孤童之無父母者、有所放依以長其身。兼愛下

（二）交利卽自利

使其一士者執別、使其一士者執兼。是故別士之言曰、吾豈能爲吾友之身、若爲吾身。爲吾友之親、若爲吾親。是故退睹其友。飢卽不食、寒卽不衣、疾病不侍養、死喪不葬埋。別士之言若此、行若此。兼士之言不然、行亦不然。曰吾聞爲高士於天下者、必爲其友之身、若爲其身。爲其友之親若爲其親。然後可以爲高士於天下。是故退睹其友、飢則食之、寒則衣之、疾病侍養之、死喪葬埋之。兼士之言若此、行若此。中略天下無愚夫愚婦、雖非兼之人、必寄託家室於兼之友是也。本兼愛下是故大取篇曰、愛人不外己。己在所愛之中。己在所愛、愛加於己。倫列之愛己、愛人也。

(三)交利之效益

夫唯能使人之耳目、助己視聽。使人之吻、助己言談。使人之心、助己思慮。使人之股肱、助己動作。助之視聽者衆、則其所聞見者遠矣。助之言談者衆、則其德音之所撫循者博矣。助之思慮者衆、則其謀度速得矣。謀上談字從王校刪助之動作者衆、即其舉事速成矣。尚同中

(四)國際之交利

今若有能信效先利天下諸侯者、大國之不義也、則同憂之。大國之攻小國也、則同救之。小國城郭之不全也、必使修之。布粟乏絕則委之。幣帛不足則共之。以此效大國、『則大國之君說。以此效小國、』十一字今校增則小國之君說。非攻下

以上務即一兼、以齊人事之不齊。莊子作齊物論、義同。荀子謂其『有見於齊、無見於畸。』天論篇彼已保羅云、『官體雖百、而身則一。目不能對手云、吾無須爾。頭不能對足云、吾無須爾。如一體苦、百體同苦。一體榮、百體同樂。』新約哥林多前書十二章言無尊卑、當交相利、大旨同。

(二)尚勤勞　墨子『日夜不休、以自苦為極。』『枯槁不舍、』『備世之急。』莊子天下篇蓋甘為人役而不役人、與耶穌一揆。新約馬太二十章昔百丈禪師一

日不作一日不食。所以防人自侈安營者至微。固不僅爲人類增實利、消除凍餒已也。荀子以墨子必自勞苦之說、爲役夫之道。（王霸篇）所見殊膚。今舉墨書如下。

（一）勤勞爲人資生之本分

今人固與禽獸麋鹿蜚（通飛）鳥貞（通征）蟲異者也。（中略）賴其力者生、不賴其力者不生。君子不強聽治、卽刑政亂。賤人不強從事、卽財用不足。（中略）王公大人蚤朝晏退、聽獄治政。此其分事也。士君子竭股肱之力、亶其思慮之智。內治官府、外收斂關市山林澤梁之利、以實倉稟府庫。此其分事也。農夫蚤出暮入、耕稼樹藝、多聚叔粟。此其分事也。婦人夙興夜寐、紡績織紝、多治麻絲葛緒綑布繰。（舊作縿從王校）此其分事也。（非樂）

（二）勤勞與否利害懸絕

今也王公大人之所以蚤朝晏退、聽獄治政、終朝均分而不敢怠倦者、何也。曰彼以爲強必治、不強必亂。強必寧、不強必危。故不敢怠倦。今也卿大夫之所以竭股肱之力、殫其思慮之知、內治官府、外斂關市山林澤梁之利、以實官府、而不敢怠倦者何也。曰彼以爲強必貴、不強必賤。強必榮、不強必辱。故不敢怠倦。今也農夫之所以蚤出暮入、強乎耕稼樹藝、多聚叔粟、而不敢怠倦者何也。曰彼以爲強必富、不強必貧。強必飽、不強必飢。故不敢怠倦。今也婦人之所以夙興夜寐、強乎紡績織紝、多治麻絲（舊作綀從王校）葛緒、捆布縿、（舊作繆從王校）而不敢怠倦者何也。曰彼以爲強必富、不強必貧。強必煖、不強必寒。故不敢怠倦。（中略）王公大人怠乎聽獄治政、卿大夫怠乎治官府、則我以爲天下必亂矣。農夫怠乎耕稼樹藝、婦人怠乎紡績織紝、則我以爲天下衣食之財將必不足矣。（非命下）

〔三〕百工均當勤勞（卽是振興工業）

凡天下羣百工、輪車、鞼匏、陶冶、梓匠、使各從事其所能。（節用中）

以上蓋本兼之眞理、雖有足財、恆無足心、（本親士）勉爲天下人生利也。荀子富國篇云、『墨子大有天下、小有一國、將少人徒、省官職、上功勞苦、與百姓均事業、齊功勞。』可謂紀實之言。

〔四〕均貧富　墨子以剷去貧富階級、莫急於爲大羣理財。而分配極其平均。（人生過富必驕奢、過貧必窘迫墮落、罪惡一也。）故節用爲要義。試進述之。

（一）節飲食

古者聖王制爲飲食之法曰、足以充虛繼氣、強股肱、耳目聰明則止。（能薄滋味以養形、卽少嗜欲以養神。）不極五味之調、芬香之和。（以是腐腸毒藥故）不致遠國珍怪異物。（節用中）

(二)節衣服

爲衣服之法、冬則練帛、足以爲輕且煖。夏則絺綌、足以爲輕且凊。謹此則止。故聖人之爲衣服、適身體、和肌膚而足矣。非榮耳目而觀愚民也。辭過　徒飾外觀之美、是以天地有用之身、供愚民之玩賞、賤莫甚焉。

(三)節宮室

爲宮室之法曰、室高足以辟潤濕。孫云謂堂基之高　邊足以圉風寒。上足以待雪霜雨露。宮牆之高、足以別男女之禮。又圉盜賊。謹此則止。凡費財勞力、不加利者不爲也。辭過及節用上

(四)節舟車

凡爲舟車之道、加輕以利者則止。則止二字從洪校改不加者去之。節用上

(五)節甲盾五兵以足自衞爲限

凡爲甲盾五兵、加輕以利、堅而難折者則止。不加者去之。節用上

(六)節喪葬務保毋財足以資生而利羣爲孝

子墨子制爲葬埋之法曰、棺三寸足以朽骨、衣三領足以朽肉、掘地之深、下無菹漏、氣無發洩於上、壟足以期其所、則止矣。哭往哭來、反從事乎衣食之財。節葬

墨子以人不節用，卽侈於性，且無餘財以分人，而交利之性德不能圓成。故不節用，無異分公共之利以私營。將財用不能兼足於羣衆，雖云保合太和也。必薄身而厚民，使各人與公衆共享同等之樂利，而後心可少足矣。近世馬克斯主義，略得墨氏之粗迹，而絕無其精義。且具瞋心而生暴行，違反兼愛之諦理，無足取也。

上述四義，皆墨道之綱領。尙有各要旨：（一）因天下無正長則亂，不得不選擇天下賢良者，立爲天子三公，下逮鄉里之長。（二）使皆上同天之義，以上本尙同 而爲兼君。退睹其萬民，飢卽食之，寒卽衣之，疾病侍養之，死喪葬埋之。兼愛下（三）尙賢以德就列，以勞殿賞，有能則舉之，無能則下之，舉公義，辟除也私怨。尙賢上 處高爵祿則以讓賢。魯問（四）不容厚措斂乎萬民，虧奪民衣食之財。非樂（五）時有大盜攻國，世弗知非。非攻上 常嚴七患之備。此知墨子『形勞天下，』莊子天下 無安心。親士 所以濃厚民生者至矣。

以上敍墨子勤勞主義竟。以下述其流別，於孟子書得一二人。

一　許行

有爲神農之言者許行，自楚之滕，踵門而告文公曰：『遠方之人，聞君行仁政，願受一廛而爲氓。』文公與之處。其徒數十人，皆衣褐，捆屨織席、以爲食。（中略）陳相見許行而大悅、盡棄其學而學焉。陳相見孟子、道許行之言曰、『滕君則誠賢君也。雖然、未聞道也。賢者與民並耕而食、饔飧而治。今也滕有倉廩府庫、則是厲民而以自養也、惡得賢。』（孟子滕文公篇）

觀許行之徒數十人、皆衣褐、與墨者裘褐爲衣（莊子天下）同、一儉也。捆屨織席以爲食、與墨家不苟啗人食（詳耕柱孫校）同、一勞也。重並耕、戒厲民、蓋無上無下、皆務爲羣衆生利、不容分人之利以自養、惡其不勞而獲也。孟子不著其學、度其道必精微廣大。甚難言也。不然陳相何以盡棄其學而學之。試觀下文可知梗概。

從許子之道、則市賈不貳、國中無僞。雖使五尺之童適市、莫之或欺。布帛長短同、則賈相若。麻縷絲絮輕重同、則賈相若。五穀多寡同、則賈相若。屨大小同、則賈相若。

此知其市物、『足以奉給民用則止。』（節用中）故但以長短輕重多寡大小爲價、無有精粗美惡之不齊、亦尚同之一粗端。故爲農爲工、幷耕之事不必同、而並耕之理無不同。玩國中無僞之旨、想見其兼愛交利、分配至均、有公忠而無私積、有協同而無爭執。孟子固未足與此。然卽其『物之不齊』一言徵之、知必有以齊天下之至不齊者已。是卽所謂兼也、墨道也。

二　陳仲子（即田仲亦稱於陵子）

陳仲子豈不誠廉士哉。居於陵、三日不食、耳無聞、目無見也。井上有李、螬食實者過半矣。匍匐往將食之、三咽、然後耳有聞、目有見。　仲子所居之室、所食之粟、彼身織屨、妻辟纑以易之也。　仲子齊之世家也。兄戴蓋祿萬鍾。以兄之祿爲不義之祿而不食也、以兄之室爲不義之室而不居也。辟兄離母、處於於陵。

據孟子書、足見仲子之操、無異許行。觀其記許行於墨者夷之前、記陳仲於距墨子後。蓋深知其宗趣多同、從類也。仲子行類墨子者、更可於於陵子徵之。

齊王將使於陵子爲齊大夫。於陵子遂去齊之楚、居於於陵。（辭祿）　楚王使使持黃金百鎰、聘於陵子爲相。於陵子辭而謝其使者。（未信）　於陵子既辭楚相、爲人灌園。食力灌園之餘、寓神沖虛之表。（灌園）

是猶墨子不受越聘、（魯問）所謂「道不因其升沈而信於亡往」（灌園）也。

於陵子曰、最昔之民、相與鈞天地之有、夷生人之等。休休與與、亡校滿損。（貧居）

此知仲子棲神於「兼」之墨行。亡校滿損、寫盡適市無欺之祕義。

有淵人亡珠於市、於陵子過之、而疑焉。遂聽直於市長。於陵子澤色、亡與辯也。大盜

此卽墨子不怒之道、莊子天下篇曰、其道不怒。可謂「良金百鍊而不失其采、美玉百湼而不渝其潔」辯窮矣。無如其道大觳而難行、甚見嫉於世主與儒家。趙威后怪其率民而出於無用、何爲至今不殺。戰國策齊策四孟子謂蚓而後充其操。荀子謂其不如盜。不苟篇蓋其曲彌高、其和彌寡。

墨學與景教序

大矣哉。諸佛聖人之垂化也。匡維世道、救護衆生、均無微不至。如釋迦視大地衆生如赤子。耶穌愛人亦如父母之愛其子。墨聖亦兼愛衆衆世並上世後世。一若今之世。曰不知其所處。不害愛之。說在喪子者。雖說教之時地不同。然其誘掖化導。慈悲普度之旨。則殊途而同歸也。嘗思此地球上。自有人類以來。設無開物成務之聖人以覺牖之。則此物欲易乘。貪瞋熾盛之人類。其不淪爲禽獸也幾希。惟賴釋迦耶穌等爲救世主。作大導師。方能摧邪扶正。轉迷啓悟。而一一引入於明性達天之正軌也。夫佛法盛行於東亞。景教廣布於西歐。近世則景教傳佈之廣。無遠勿屆。佛法則以眞理妙義之圓滿。亦爲歐美碩學所傾向。是則執世界宗教界之牛耳。厥惟釋景兩教。可無疑義。顧釋教徒能將如來心傳。發揚光大以餉於世者。歷代不乏其人。景教傳至中國。自唐迄今。已歷年所。向不爲我邦通人所稱道。豈景教果不足道歟。竊意耶穌。若無一種眞精神以感化人者。何能若是之廣傳也。於此頗生疑問。擬就有道而正之久矣。比經海上。欣遇講學鉅子漢陽張仲如先生。多所請益。而昔疑得以冰釋。先生并以其近著墨學與景教一書見示。拜讀之餘。不覺發生無窮之感想與無窮之希望也。夫墨子爲我周時大哲。其學說適用於近世社會者。不一而足。思想識見之精卓尤多與景教眞義相合者。惜自漢以來。崇儒術。斥諸子。而墨學因以久晦。故膚學者尠知墨學之精微。景教徒亦多以狂妄淺陋自劃。而迷昧其本教之高深。謂非宗教家與學術思想界之大恥乎。今先生以淹博之學識。精密之心思。揭示墨景二家之宗要。明其得失。較其異同。言之有物。如數家珍。且時時引同佛典。益見高妙。其所以嘉惠後學。啓迪斯世者。至殷且渥。法施功德。豈可以恆沙計耶。嗟乎。近世之傳道者。誰不入主出奴。他非我是。今先生一洗人我門戶之陋習。在在以眞理爲歸。能使景教中人因研究景教之機緣。而注意於我國之國粹。洵足爲東西文化攜手之先聲。且旁徵佛說。揭櫫玄言。尤足使之了然於佛法之眞義。誠能將釋景貫通。依歸眞理。則昌明景教。不異宏揚佛教。是尤方便巧說之無上法門也。法華經云。治世語言。資生產業。皆與實相不相違背。故外道權小。皆歸佛乘。矧景教之脗合於佛說者甚多。足以杜人心之惡源。而爲社會人羣增幸福。與釋迦度生之宏願。一致無二。故以佛法圓成景教。廣救衆生。使共臻於和平安寧光明清淨之域。斯可稱菩薩摩訶薩之深智大悲。亦即墨耶救世之一片婆心也。是爲序。民國十二年壬戌莫春之朔支那菼芻顯蔭謹序於瀛島之天曼陀羅室。

欒調甫先生來書

大箸墨學與景教。拜讀之下。頗覺評論公允。對證確切。深得二家眞詮。全無門戶之私。標分宗教二義。俾知教儀或有所別。宗本莫不相通。尤爲入眞理之門。向病教中諸子識量大陝。不能旁證各宗教以相通。得大箸而利導之。有功景教匪淺。不僅引人學佛已也。民國十二年四月十九日晚

欒制廷梅頓首。

弁言

余嘗解說墨子。見同於基督教者。輒比附之。顧以墨書爲主。於基督教不詳也。乃就正於蔡先生孑民。承指示曰。「墨家與基督教。有相同處。如天志與上帝。明鬼與靈魂。兼愛與博愛。其最大者也。但墨子之哲學思想。似不及基督教之閎深。因基督教經數千年學者之闡發。純一案基督教與墨學哲理互有短長。基督根本教義、自保羅後、沈晦已二千年。今所傳者均非其眞、急待宣究、與墨書同。而墨學則閣置已久也。若專作墨家與基督教一篇。證其相同者。疏其相異者。各還其本來面目。不強加附會。則甚善矣。」茲謹遵而整理之權衡二家之說。僅舉適相當者。互相發明。以爲佛階焉。竊以就出世法言。墨學固不及景教暢達。就世間法閒寓出世法言。景教實不及墨學優美。而墨景二教。均不及佛教圓滿邃密。又無可諱言。今非昌明佛法。不足以救正人心。福利世間。嘗有志依據東方文化。光復基督教旨而精進之。冀減強權之禍。此其嚆矢也。未知果有當否。明哲繩正爲幸。民國十一年十二月十日張純一。

墨學與景教目錄

(三)墨家之兼即景教之聖靈無所不在

(乙)立教

(一)尙同

(1)上同於天可除妄而止亂

(2)當感天恩愛人以圖報

(3)光榮天道以配天

(二)兼愛

(1)不相愛則亂生反證兼愛不容緩

(2)當兼相愛

(3)君臣父子均當順天之意平等相愛

(4)愛人之親若愛其親

(5)孝親未若兼愛天下之重

(6)愛人在求歸宿

(7)兼愛自無敵怨

(8)無緣大慈同體大悲

(9)四施

墨學與景教

墨子生於中國周敬王十年與二十年之間。（詳拙著墨子年代攷）耶穌生於猶太。當我國漢哀帝建平三年。（據廣學會出版道統年表詳拙著耶穌基督人子釋義）時地遙隔。而其妙解勝行。大致多同。冥符佛老者不少。蓋皆一眞性體自然流露。無足異也。間雖各本舊貫。獨出精義。亦因當時政教極敝。有以激揚之。二聖之學。動本無動。莊子天下篇論墨子云。「日夜不休。以自苦爲極。」墨書大取篇云。「正體不動。」新約約翰傳（十四章十節）記耶穌云。「我語爾儕之言。非由己意。乃宅我心之父（父當作佛）自作其事。」可證。是之謂楞嚴大定。是之謂無爲。以故心妙蓮華。身入汙泥。恒不惜軀命。以福利社會。其德均可謂至矣。所異者。墨子務以辯學改造時勢。使國富民足。以「一天下之和。」（非攻下）其思想不出政治道德範圍。耶穌務以宗教救正人心。使信仰永生。變濁世爲天國。其神理每超乎政治範圍之上。蓋一以世法爲本。善現出世之行。一以出世法爲本。超脫世間之事。基督教本出世法。不能圓成世間法。往往破壞世間法。流弊甚大。故不足言卽世出世法。其舍己利他無別也。試比較研究之。分二大綱。

(甲)標宗　宗者。教之體也。佛教從根本解決。據實說稱心。墨景二一教就作用權說。稱天志。稱上帝。今西人來吾國傳教。稱上帝或眞神。執著文字相。牢不可破。從不自知其上帝眞神、卽無形之偶像。謬妄極矣。吾國人無識盲從。良堪哀愍。又教會徒就傳教士之學校。稱神學或稱神科。均足爲西方精神的文化陋劣之證。心也。天也。帝也。本無彼此內外之分。名異而實一也。蓋實相無相。本難言詮。顧欲普應羣機。攝心正軌。不得不藉粗象之天。或衆信之帝。以開悟之。約分三目。

(一)墨家之天。卽景教之上帝。佛教謂之一眞法界。析爲九事言之。

(1)天體大而無外

子墨子言曰。今天下之士君子。知小而不知大。何以知之。以其處家者知之。若處家得罪於家長。猶有鄰家所避逃之。然且親戚兄弟所知識共相儆戒。皆曰不可不戒矣。不可不愼矣。惡有處家而得罪於家長而可爲也。非獨處家者爲然。雖處國亦然。處國得罪於國君。猶有鄰國所避逃之。然且親戚兄弟所知識共相儆戒。皆曰不可不戒矣。不可不愼矣。誰亦有處國得罪於國君而可爲也。此有所避逃之者也。相儆戒猶若此其厚。況無所避逃之者。相儆戒豈不愈厚然後可哉。且語言有之曰。焉而晏日焉而得罪。將惡避逃之。曰無所避逃之。天志上

夫造宇宙及其中萬物之上帝。乃天地之主。不居人手所造之殿。使徒行傳十七章二

十四節

墨言家有外。國有外。小也。故可避逃。天則廣廓無邊。非家國之小可避逃者比也。景言上帝妙身本無限量。斷不可以人手所造極有限量之殿居之。均以道體極大無外顯神化也。顧景言上帝創造宇宙。荒誕無稽。墨家無此謬說。蓋時地因緣文野各殊也。

（2）天體無不周徧天監無不明知

夫天不可爲林谷幽閒無人明必見之。天志上

宜於密室閉門祈禱。天父必監於隱微。顯以報之。馬太傳六章六節

天之爲體。無閒不入。人不能說在此在彼。暗室之中。體膚之內。細極纖塵。莫不充塞。內感外應。因果不差。有若神明之監察。無所避逃。二家所見胥同。故有此權說也。若衡以釋氏三界唯心之理。則均屬外道矣。

（3）天爲萬有之原　此猶佛教無不從此法界流之說。可分二類。

（子）自然者。

且吾所以知天之愛民之厚者有矣。曰以磨爲日月星辰以昭道之。制爲四時春秋冬夏以紀綱之。霣降雪霜雨露。以長遂五穀麻絲。使民得而財利之。天志中

造天地海及萬物之上帝。自天降雨。賞賜豐年。使我儕飲食飽足。滿心喜悅。使徒行傳十四章十七節

（丑）人為者。

列為山川谿谷。播賦百事。以臨司民之善否。為王公侯伯。使之賞賢而罰暴。賊金木鳥獸。從事乎五穀麻絲。以為民衣食之財。天志中

主造萬族。使居於徧地。又定其所居之疆界。使徒行傳十七章二十六節

凡政權必奉天承命而出。故有司不令善人畏使惡人畏。羅馬書十三章一節三節

以宇宙無盡事理。盡出於天。卽一二家言天兼愛之本。

（4）天兼愛天下厚於親之愛其子。

今有人於此。驩若愛其子。竭力單務以利之。今夫天兼天下而愛之。撽遂萬物以利之。若豪之末。非天之所為。而民得而利之。則可謂否矣。天志中

爾曹雖不善。尚知以美物予子。況爾天父。豈不更以美物給其求乎。馬太傳七章十一節

造宇宙及萬物之上帝。常以生命氣息並萬物賜給萬衆。使徒行傳十七章二十五節

墨言天愛民之厚。天志中　景言上帝惟是愛。約翰一書四章十六節　其旨一也。第墨教言愛兼言利。是因屬意於色身。以明屬意於靈性。景教言愛不言利。則專

屬意於靈性。而不屬意於色身也。

（5）明哲維天。至尊無上。天即佛教之法身

天子未得次己而爲政。次同恣 有天政之。天志上

天子爲善。天能賞之。天子爲暴。天能罰之。明哲維天。臨君下土。天志中

上帝與祕之智慧。世間有權位者。無一知之。哥林多前書二章七八節

上帝洪福權能無上。提摩太前書六章十五節

墨景二聖。薄視汙世虛榮。冥契玄猷。無異致。魯問篇載越王爲公尚過束車五十乘。以迎子墨子於魯。願裂故吳之地方五百里封之。墨子曰。越王不聽吾言。不用吾道。雖全越以與我。吾無所用之。呂氏春秋高義篇 耶穌則因衆將迫之爲王。子身入山避之。約翰傳六章十五節 從知二聖之心。背塵合覺。教人皆欽崇天道一也。

（6）惟天至仁可法

天下之爲父母者衆。而仁者寡。天下之爲學者衆。而仁者寡。天下之爲君者衆。而仁者寡。故父母學謂師也 君三者。莫可以爲治法。然則奚以爲治法而可。故曰莫若法天。天之行廣而無私。其施厚而不德。其明久而不衰。故聖王法之。既以天爲法。動作有爲。必度於天。法儀篇

天父使日照善者惡者。降雨於義者不義者。故爾儕當純全如天父然。馬太傳五章末

墨子之意惟天可法。耶穌云「除上帝外無一善者。」馬太傳十九章十七節是使人除分別執。上合天德同也。天也、上帝也、皆一眞性體之別名。

（7）天視人類一切平等

今天下無小大國。皆天之邑也。人無幼長貴賤。皆天之臣也。法儀篇

且夫天之有天下也。辟之無以異乎國君諸侯之有四境之內也。今國君諸侯之有四境之內也。夫豈欲其國臣萬民之相爲不利哉。夫天之有天下也。將無已同以異此。天志中

此小子中卽亡其一。亦非爾天父意也。馬太傳十八章十節至十四節

主造萬族。本於一脈。使居全地。我儕爲其子。使徒行傳十七章二十六至二十八節

墨景皆視斯人於天。猶「體分於兼。」故盡屬天心所鍾愛。毫無分別。然較之釋氏衆生無邊誓願度。量則陝矣。今講社會主義者。無此根本的妙解。猶水無源。木無本。

（8）天之權力無限賞罰至公。實由自然之道不可違人心之感召理至微妙也

今若使天下之人。偕若信鬼神之能賞賢而罰暴也。則夫天下豈亂哉。鬼

神之罰。不可爲富貴衆強勇力強武堅甲利兵。鬼神之罰必勝之。若以爲不然。昔者夏王桀。貴爲天子。富有天下。上詬天侮鬼。下殃殺天下之萬民。天乃使湯致明罰焉。桀有勇力之人推哆、大戲。生列兕虎。指畫殺人。人民之衆兆億。侯盈厥澤陵。然不能以此圉鬼神之誅。此吾所謂鬼神之罰。不可爲富貴衆強勇力強武堅甲利兵者此也。且不惟此爲然。昔者殷王紂。貴爲天子。富有天下。上詬天侮鬼。下殃殺天下之萬民。天乃使武王至明罰焉。紂有勇力之人費中、惡來、崇侯虎。指畫殺人。人民之衆兆億。侯盈厥澤陵。然不能以此圉鬼神之誅。此吾所謂鬼神之罰。不可爲富貴衆強勇力強武堅甲利兵者此也。明鬼篇

愛人利人者、天必福之。惡人賊人者、天必禍之。法儀篇

上帝全能。秉權而王。啓示錄十九章六節

爾能逃上帝之審判乎。抑藐視其鴻慈容忍。不知其仁愛導爾悔改乎。乃爾剛愎不悛。積愆于怒。待上帝震怒。審判顯現之日。必視各人所行而報之。凡恒心行善。求尊榮無壞者。報以永生。爭鬭、不順眞理而爲不義者。報以赫怒。患難窘苦。罰諸作惡之人。蓋上帝不偏視人也。羅馬書二章三至十一節

賞罰、審判。均就事相結果對庸衆之權說。若大禹謨曰。惠迪吉。從逆凶。

孟子曰。禍福無不自己求之者。公孫丑上則據理實言之。老子曰。天之道不爭而善勝。天網恢恢。疏而不失。七十三章釋氏曰。因該果海。果徹因原。因果不二。俱可會通。

（9）天富好生之德。不容人或相殺。此與非攻相通

且吾言殺一不辜者。必有一不祥。殺不辜者誰也。則人也。予之不祥者誰也。則天也。若以天爲不愛天下之百姓。則何故以人與人相殺。而天予之不祥。此我所以知天之愛天下之百姓也。天志上

爾曹聞有諭古人之言曰。勿殺人。殺人者難逃審判。惟我告爾曹。凡向兄弟動怒者。難逃審判。馬太傳五章廿二節

釋氏慈悲及於物。故戒殺放生。謂一切衆生。平等一如也。墨聖貴兼。亦具此義。而其愛恒惟及於人。故惟禁殺人。與耶穌同。天予不祥。卽是審判。所謂自作孽不可活。教人勿虧性德。滯天行也。耶穌更闡明殺人之機伏於怒。怒卽佛教根本無明之瞋。謂不必有殺人之迹。倘偶動一瞋念。卽無異於殺人。而性德已大虧於無形。故曰凡向兄弟動怒者。難逃審判。權衡二家之說。似乎墨有遜色。然墨道亦以不怒著稱。莊子天下脩身篇且曰殺傷人之荄。勿存之心。故知二教無可軒輊。至墨氏愛鬼。景教不

愛鬼。墨又優於景矣。

綜觀上述二聖與世爲配。宗天道以立教。大體固無不同。惟是崇尚神權。等於梵天外道。衡以緣生諦理。未免根本動搖。然耶穌嘗引經訓謂斯人莫非上帝。（約翰傳十章三十四節）墨子則謂聖人之德。總乎天地。（尚賢中）顯似佛教萬法心生。尙能會權歸實。攝外於內。百世以俟聖人而不惑矣。

（二）墨家之明鬼卽景教之言靈魂不滅　顧墨書言鬼神。無在不有。雖深谿博林幽閒毋人之所。施行不可不董。見有鬼神視之。其能賞賢罰暴與天志同。觀其以明鬼繼天志可證。所謂泛神者是也。景教謂上帝無所不在。故言審判。必專屬之上帝。所謂一神者是也。遠西哲學家。斤斤於泛神一神之辨。不知實相無相。一多不二。乃執著名相。不了心源周徧無垠。其陋甚矣。蓋未讀佛書故也。

大雅曰。文王在上。於昭于天。周雖舊邦。其命維新。有周不顯。帝命不時。文王陟降。在帝左右。穆穆文王。令問不已。若鬼神無有。則文王旣死。彼豈能在帝之左右哉。（明鬼）

貧者拉撒路死。天使扶之置於亞伯拉罕之懷。因其生前已受諸苦。故得安慰。（路加傳十六章二十節至二十五節義詳鄒簪福音扶擇談）

老子云。無死地。易繫辭上云。原始反終。故知死生之說。精氣爲物。游魂爲變。是故知鬼神之情狀。言靈魂不滅。與墨景二教同。老子有云。死而不亡者壽。無異景教之言永生矣。墨未明言永生。賞罰不及身後。是其短也。景言天堂地獄他土依報。則藏識異熟。因果不空矣。然新約教義偏駁。未若佛教美滿。不知修證無生。不了輪迴苦趣。亦其短也。佛教唯識學。分析境、行、果。甚明。學者幸流覽焉。

(三)墨家之兼。卽景教之聖靈無所不在。

無窮不害兼。經下

聖靈如風。不知其何來何往。約翰三章八節 言聖靈無所不在。無去來也。

景言聖靈徧一切處。墨氏言兼。大致不相差也。華嚴法界玄鏡曰。無邊理性。全在一塵。一塵理性。無有分限。攝一切入一。攝一入一切。可會通之。

以上釋標宗竟。

(乙)立教 教者。宗體之用也。道不可言。言則有漏。但爲啓悟凡迷。不得不假言令解。故廣列義相。使皆因事契理。不容已也。約分十九目。

(一)尙同。 此兼愛之本也。

（1）上同於天可除妄而止亂

古之始生民未有正長之時。蓋其語曰。天下之人異義。是以一人一義。二人二義。十人十義。百人百義。千人千義。其人數茲衆。其所謂義者亦茲衆。是以人是其義。而非人之義。故交相非也。是以內者父子兄弟作怨讐。離散不能相和合。天下之百姓。皆以水火毒藥相虧害。至有餘力不能以相勞。腐殄餘財不以相分。隱匿良道不以相敎。天下之亂若禽獸然。明乎民之無正長。以一同天下之義。而天下亂也。是故選擇天下賢良聖知辯慧之人。立以爲天子。使從事乎一同天下之義。天下之百姓皆上同於天子。而不上同於天。則天菑猶未去也。將以罰下人之不上同乎天者也。天子又總天下之義。以尙同於天。本尙同三篇

我儕亦人。性情與爾曹同。特傳福音給爾曹。使去虛妄。歸依造天地海與萬物之永生上帝。使徒行傳十四章十五節

性上帝眞實。人皆虛妄。羅馬書三章四節

墨以世人之義。愈衆愈亂。皆由我見熾然。徧計起執。故力不相勞。財不相分。道不相敎。互相讎害無異禽獸。義必自天出者。始爲兼愛交利。故貴有人總天下之義以上同於天。景以人類性情。往往分別爾我。盡屬

虛妄。實爲亂階。（春秋繁露天道施云、妄者、亂之始也。）必傳福音。使衆「恒心勞力工作。即有餘財周給貧乏。言必善以輔德裨益聽者。」（以弗所書四章二十八九節）斯爲建立天國之正義。蓋二家欲勦滅斯人之業識。使冥契天德。而「一天下之和」（非攻下）同也。惟墨敎包羅政治。亦藉政以行。主政者。必由民選。必選仁者。景敎則子然獨立與政分離。又相異也。至於政敎之分與不分。（事可分理不可分）互有短長。未易判斷。

（2）當感天恩愛人以圖報。

故古者聖王明知天鬼之所福。而辟天鬼之所憎。以求興天下之利。而除天下之害。是以天之爲寒熱也節。四時調。陰陽雨露也時。五穀孰。六畜遂。疾菑戾疫凶饑則不至。是故子墨子曰。今天下之君子。中實將欲遵道利民。本察仁義之本。天意不可不順也。且夫天下蓋有不仁不祥者。曰當若子之不事父。弟之不事兄。臣之不事君也。故天下之君子與謂之不祥者。（與同舉）今夫天兼天下而愛之。撽遂萬物以利之。若豪之末。非天之所爲也。而民得而利之。則可謂否矣。然獨無報夫天。而不知其爲不仁不祥也。此吾所謂君子明細而不明大也。（天志中）

夫鬼神之所欲於人者多。欲人之處高爵祿則以讓賢也。多財則以分貧也。夫鬼神豈唯擢黍拑肺之爲欲哉。今子處高爵祿而不以讓賢，一不祥也。多財而不以分貧，二不祥也。今子事鬼神唯祭而已矣。而曰病何自至哉。是猶百門而閉一門焉。曰盜何從入。若是而求百福於有怪之鬼神，豈可哉。（魯問篇）

上帝之功德，人所能知者，恆顯明於人心。蓋自天地開闢以來，上帝永能神性，雖目不及見，顧觀其所造之物，明明可知，無由推諉。乃衆知之而不尊榮之感謝之，卒致意念虛妄，心以頑而愈昧，自稱爲智，反成愚魯。（羅馬書一章十九至二十二節）

故爾於祭壇獻禮物時，憶曾獲罪於爾兄弟，則置禮物於壇，先往和乃兄弟，後獻禮物可也。（馬太傳五章二十三四節）

經云：我欲矜恤，不欲祭祀，其意云何，爾曹且往思之。（馬太傳九章十三節）

墨景二教均以人資萬物而生。「萬物本乎天」，「故教民美報焉。」（禮郊特牲）祭祀者，「所以報本反始也。」（禮郊特牲）春秋繁露祭義篇云：「祭之爲言際也。」亦使人以精誠之感，旁通神化於無際也。蓋「天人一氣，隱顯相通，和氣致祥，沴氣致殃，未有不由人主者也。」（文子精誠纘義）故中庸曰：致中和，天地位焉，萬物育焉。釋氏謂世界爲衆生業識所成，從知墨景二一聖順俗敷教。務感天恩而圖報。兼愛之心至深遠也。又以世人不知天道卽在人道中。或致瀆神而無利於人。乃以克己愛人卽以報天。且明天之所欲於人者多。不在祭。其慈悲信無量矣。惟墨子因儒者敬鬼神而遠之。恐失其所以爲祭之精義。故屢言祭祀以維之。耶穌因諸祭司競尙儀文亡其實。故不言祭祀、惟務「以靈以誠拜上帝。」約翰傳四章二十四節而所以爲祭之精義自顯。此又二聖補偏救敝易地皆然者也。

（3）光榮天道以配天

故唯毋明乎順天之意。奉而光施之天下。天志中

泰誓曰。文王若日若月乍照。光于四方于西土。卽此言文王之兼愛天下之博大也。譬之日月兼照天下之無有私也。兼愛下

爾儕乃世之光。當照於人前。歸榮於爾在天之父。馬太傳五章十四十六節

我乃世界之光。從我者卽無冥行。而得生命之光。約翰傳八章十二節

上帝榮光。卽基督而顯。哥林多後書四章六節

光者。所以破暗也。二家以上帝光無私照。人當與日月合明同。惟墨引他證。景卽自證。不無差異。而景教揭示生命之光。幾近於釋氏無量壽光之義。較之墨學。尤能深入顯出矣。

(二)兼愛。　兼爲愛本。愛以兼生。此宗教雙融。根本要義也。墨景二聖俱已理事障盡。泯絕人相我相。大取篇云、天下無人。約翰傳十七章二十三節云、使衆合一。故匯萬別於一兼。融自他於一愛。無二致也。時人以景教爲博愛。詎知博愛義淺。兼愛義深。耶穌設不明性體分於一兼。其愛決不能博乎。故不從其說。以實理非關文字也。又有基督徒以兼愛不如博愛量宏者。門戶見陝。陋妄不足道。茲分九項述之。

(1)不相愛則亂生。反證兼愛不容緩。

嘗察亂何自起。起不相愛。臣子之不孝君父。所謂亂也。子自愛不愛父。故虧父而自利。弟自愛不愛兄。故虧兄而自利。臣自愛不愛君。故虧君而自利。此所謂亂也。雖父之不慈子。兄之不慈弟。君之不慈臣。此亦天下之所謂亂也。父自愛也不愛子。故虧子而自利。兄自愛也不愛弟。故虧弟而自利。君自愛也不愛臣。故虧臣而自利。是何也。皆起不相愛。雖至天下之爲盜賊者亦然。盜愛其室不愛異室。故竊異室以利其室。賊愛其身不愛人身。故賊人身以利其身。此何也。皆起不相愛。雖至大夫之相亂家。諸侯之相攻國者亦然。大夫各愛其家。不愛異家。故亂異家以利其家。諸侯各愛其國。不愛異國。故攻異國以利其國。天下之亂物具此而已矣。兼愛上

兄弟將致兄弟於死。父之於子亦然。子攻父母而死之。馬太傳十章二十一節

民將攻民。國將攻國。馬太傳二十四章七節

景教之言。不及墨書之詳。而以亂自不相愛生。父子不相愛則不慈孝。兄弟不相愛則不和調。人與人不相愛則必相賊。國與國不相愛則必相攻。大旨一也。蓋人因執境迷心。分別取著。故我見熾然。貪瞋橫發。此西歐未聞兼愛學說。政尙侵略。四年戰鬭之本也。

（2）當兼相愛

若使天下兼相愛。愛人若愛其身。猶有不孝者乎。視父兄與君若其身。惡施不孝。猶有不慈者乎。視弟子與臣若其身。惡施不慈。故不孝不慈亡有。猶有盜賊乎。故視人之室若其室。誰竊。視人身若其身。誰賊。故盜賊亡有。猶有大夫之相亂家。諸侯之相攻國者乎。視人家若其家。誰亂。視人國若其國。誰攻。故大夫之相亂家。諸侯之相攻國者亡有。兼愛上

愛人如己。馬太傳廿二章三十九節　兼愛下云、爲彼猶爲己也。大取篇云、愛人不外己。

二家辭有詳約。而兼以易別之旨一也。

（3）君臣父子均當順天之意平等相愛

順天之意。上強聽治。則國家治矣。下強從事。則財用足矣。若國家治、財用

足。則內有以潔爲酒醴粢盛以祭祀天鬼。外有以爲環璧珠玉以聘撓四鄰。諸侯之冤不興矣。邊境兵甲不作矣。內有以食飢息勞。持養其萬民。則君臣上下惠忠。父子兄弟慈孝。故唯毋明乎順天之意。奉而光施之天下。則刑政治。萬民和。國家富。財用足。百姓皆得煖衣飽食便寧無憂。（天志中 當參觀兼愛上篇、兼與天名異而實一。）

子女當孝敬父母。父勿激怒子女。當遵至道教育之。僕當敬畏忠事主人。主人待僕亦當寬和。因彼此同一天父。天父不偏待人也。（以弗所書六章一至九節）

二家言天視人。無長幼貴賤之別同。特墨氏陳義廣。景教立義陝。蓋猶太文化過低。且因當時隸屬羅馬。未便涉及於政耳。

（4）愛人之親若愛其親。（大取 兼愛下云、卽必吾先從事乎愛利人之親。然後人報我以愛利吾親也。）

兼士爲其友之親若爲其親。（兼愛下）

彼母卽吾母。（羅馬書十六章十三節 約翰傳十九章二十七節約翰迎養耶穌之母同）

聖人不得爲子之事。（大取 詳集解）

（5）孝親未若兼愛天下之重。

孰爲我母。孰爲我兄弟。凡遵行我父旨者。卽我兄弟姊妹及母也。（馬太傳十二章末 參觀福音抉擇談）

莊子天運篇曰。至仁無親。夫至仁尙矣。孝固不足以言之。可爲二聖之塙詁。

(6)愛人在求歸宿

愛人非爲譽也。其類在逆旅。大取解詳集解

自謂在世爲客旅。爲寄居者。明其欲得家鄉。彼若思所出之故鄉。則有轉機。然彼等渴仰更美之家鄉。卽在天者。希伯來書十一章十三至十六節

言人在世。一切現行。無非虛妄。非安身之眞宅。當舍己利他。淸淨自心。求永居之樂土同。惜未若佛教十二因緣之經論。說順生還滅之警切。

(7)兼愛自無敵怨

其道不怒。莊子天下　此宋鈃尹文見侮不辱之本。是兼愛之果德、是非攻之密因。

敵爾者愛之。逼迫爾者爲之祈禱。如此則可爲爾天父之子。馬太傳五章四十四五節

我執不空。不能無怒。不怒卽佛教四無量心平等一如之捨。同時必具無緣大慈。同體大悲。故當侮辱橫來。亦惟哀愍其無知。誓願度之而已。墨子弟子隨巢子曰。不肖者則憐之。不肖不憐。是忍人也。意林可證。耶穌在十架上。求父赦敵之無知。路加傳二十三章三十四節卽充其不怒之心也。老子曰。以德報怨。釋氏曰。怨親平等。其揆一也。

（8）無緣。大慈。同體。大悲。

不知其所處。不害愛之。說在喪子者。經下解詳集解

或有二子。季語父曰。請父予我所當得業。父從其請。歷時未幾。季攜所有。遠遊。浪費。耗盡無餘。備受窮苦。轉念歸家。其父遠見。憫而趨前。抱頸接吻。

路加傳十五章十一節至末參觀福音抉擇談

二聖皆以父母愛子痛切。喩聖人之愛人。雖人皆自外。而聖人愛之之心無已也。

（9）四施。卽力施。財施。法施。身施。施是佛教六度之一。

（子）力施。卽禮運所謂力惡其不出於身。不必爲己。蓋亟欲爲天下生利。不忍分人之利以自養。是交相利之能先施者也。

有力以勞人。魯問篇墨子見吳慮語

墨子稱道曰。昔者禹之湮洪水。決江河。而通四夷九州也。名山三百。支川三千。小者無數。禹親自操橐耜。而九雜天下之川。腓無胈。脛無毛。沐甚雨。櫛疾風。置萬國。禹大聖也。而形勞天下也如此。使後世之墨者。多以裘褐爲衣。以跂蹻爲服。日夜不休。以自苦爲極。曰不能如此。非禹之道也。不足謂墨。中略將使後世之墨者必自苦。以腓無胈。脛無毛。相進而已矣。中略雖枯槁

不舍也。莊子天下篇

大有天下。小有一國。必自爲之然後可。則勞苦耗顇莫甚焉。如是則雖臧獲不肯與天子易埶業。爲之者役夫之道也。墨子之說也。荀子王霸篇

耶穌曰。爾儕誰欲爲大。當爲衆役。誰欲居首。當聽衆評。正如人子至。非役人也。乃役於人。馬太傳二十章廿六至廿八節

保羅曰。我憑兩手自作。供我與從者之需。凡事亦當如何勤勞。以扶持荏弱者。當記主言施比受更有福也。使徒行傳二十章三十四五節

我未素餐於人。惟自勞苦。晝夜工作。帖後三章八節

墨子非樂。卽欲盡人齊勞。不可虧奪民衣食之財以自養。與保羅所謂人不工作卽不當食。帖後又三十節當安靜工作自食其力。又十二節若符節合。所以備世之急。卽爲社會服務也。亦藉以防止懈怠惛沈掉舉諸熏習。精進以自度。佛教百丈禪師一日不作。卽一日不食。義正相同。墨景二家之自度。均寓於度他中。誠大乘菩薩行也。竊願今之講勞農主義者。從自心根本上研究之。

（丑）財施。

有財以分人。魯問墨子見吳慮語

鬼神欲人多財則以分貧。多財而不以分貧。不祥也。（魯問墨子語曹公子）往鬻所有以濟貧。則必有財於天。（馬太傳十九章廿一節）我不欲彼豐而爾窘。乃欲其均。今爾以有餘補彼不足。則後彼亦以有餘補爾不足。是之謂均。（哥後八章十四節）人有財產。見兄弟窮乏而不矜恤。烏能愛上帝哉。（約翰一書三章十七節）施財以濟貧。固愛人也。亦眞愛己之祕訣。因人生根本無明。貪居其一。慳由此生。最易牽纏慧命。使難向上而淪墮。故墨子云。其富不如其貧也。（魯問）耶穌云。爾財所在。爾心繫之。（廿一節）均所以發其隱也。節用之精義寓焉。今耶穌舊教徒有神貧之說。雖不免著相。視新教徒心爲形役。物至而人化物者。高出遠甚。今講社會主義者。無此原理。陋矣。

（寅）法施約爲三分。

（一）敷教富具熱誠

公孟子謂子墨子曰。今子徧從人而說之。何其勞也。子墨子曰。今求善者寡。不強說人。人莫知之也。（公孟）

子墨子自魯即齊。過故人。故人謂子墨子曰。今天下莫爲義。子獨自苦而爲義。子不若已。子墨子曰。今有人於此。有子十人。一人耕而九人處。則耕者不可以不益急矣。何故。則食者衆而耕者寡也。今天下莫爲義。則子如勸我者也。何故止我。（貴義）上說王公大人。次說匹夫徒步之士。王公大人用吾言國必治。匹夫徒步之士用吾言行必修。（魯問）

耶穌徧游諸城諸鄉。宣傳天國福音。（馬太傳九章三十五節）

耶穌曰。爾曹往普天下。傳福音與萬民。（馬可傳十六章十五節）

（二）因地因人施教

子墨子曰。凡入國必擇務而從事焉。國家昏亂。則語之尙賢尙同。國家貧。則語之節用節葬。國家憙音湛湎。則語之非樂非命。國家淫僻無禮則語之尊天事鬼。國家務奪侵淩。卽語之兼愛非攻。故曰擇務而從事焉。（魯問）

墨子見荊王。錦衣吹笙。因也。（呂氏春秋貴因篇高注云、墨子好儉非樂、錦與笙非其所服也。而爲之、因荊王之所欲也。）

對猶太人。我卽作猶太人。以救猶太人。對法律下人。我卽作法律下人。以救法律下人。對無法律人。我卽作無法律人。以救無法律人。（哥前九章廿節）

施洗師約翰語衆曰。有二衣則分與無衣者。有食亦然。語稅吏曰。定賦之外勿取。語軍士曰。勿強暴。勿訛詐。以所得之糧爲足。（路加傳三章十一至十四節）語法利賽人及撒都該人曰。當誠心悔改。（馬太傳三章七八節）

法華經觀音菩薩普門品云。觀世音菩薩。遊此娑婆世界。爲衆生說法。若有國土衆生應以佛身或長者居士等身得度者。卽現佛身或長者居士等身而爲說法。墨景二家雖無此神通。而求契理契機。大致正同。皆甘入地獄救人者。

（三）傳道具大無畏之毅力。

公輸盤九設攻城之機變。子墨子九距之。公輸盤之攻械盡。子墨子之守圉有餘。公輸盤詘。而曰吾知所以距子矣。吾不言。子墨子亦曰。吾知子之所以距我。吾不言。楚王問其故。子墨子曰。公輸子之意。不過欲殺臣。殺臣宋莫能守。可攻也。然臣之弟子禽滑釐等三百人。已持臣守圉之器。在宋城上而待楚寇矣。雖殺臣不能絕也。公輸 墨子以汎愛兼利非鬭爲教。聞楚將攻宋。自魯趨而往。十日十夜至於郢。以止之。眞大乘菩薩應世也。

司馬喜難墨者師於中山王前以非攻曰。先生之所術非攻夫。墨者師曰然。曰今王興兵而攻燕。先生將非王乎。墨者師對曰。然則相國是攻之乎。司馬喜曰然。墨者師曰。今趙興兵而攻中山。相國將是之乎。司馬喜無以應。呂氏春秋應言篇

墨者鉅子孟勝。死荊陽城君之難。弟子死之者百八十三人。使後世求嚴

師求賢友求良臣者、均於墨者求之。死之、所以行墨者之義而繼其業者也。本呂氏春秋上德篇

耶穌示門徒。己必往耶路撒冷。將備受苦於長老祭司諸長及文士。且見殺。三日復生。彼得援而止之曰。主、不可。願無此事。耶穌顧謂彼得曰。撒旦退。爾阻我。因爾不體上帝之意。乃體人之意也。馬太傳十六章二十一至二十三節

猶太人及入猶太教之虔敬者。多從保羅巴拿巴。二使徒勸其勿自外上帝之恩。至後安息日。邑民幾畢集。欲聽上帝之道。猶太人見衆至。嫉之益甚。詰難保羅誹而詛之。保羅巴拿巴毅然曰。上帝之道。當先傳於爾曹。乃爾曹棄之。自以爲不堪得永生。故我儕轉向異邦人。蓋遵主命。將爲異邦人之光。施行救恩。直至地極。猶太人乃唆虔敬貴婦及邑紳。窘逐二使徒出境。二人對衆拂去足塵。至以哥念同入猶太人會堂傳道。使徒行傳十三四章

使徒彼得約翰保羅等。爲傳耶穌永生之道。或屢被囚。或舍命不渝。務戰勝世間之罪惡。流覽新約史自知。

二家各務伸其教義。不爲濁世威武屈同。惟中土文化優、墨寓出世法於世法。猶太文化低、景以出世法而略世法。又異也。

（卯）身施。

經上曰。任。士損己而益所爲也。說曰。任。爲身之所惡。以成人之所急。(解詁經上)
墨子兼愛。摩頂放踵。利天下爲之。(孟子盡心)
墨子服役者百八十人。皆可使赴火蹈刃。死不還踵。(淮南子泰族訓)
人爲友捐命。愛無大於此者。(約翰傳十五章十三節)
基督爲我儕捐命。我儕亦當爲弟兄捐命。(約翰一書三章十六節)

舍生取義。二家無不同。

(三)非攻。　非攻爲兼愛之要端。本兼愛攝。墨景二教。仰體天心兼愛。以天下不義之事。莫如攻伐爲禍之烈。故非之以救時之敝。而陳義則墨詳而景精。觀文自明。

非攻三篇。極言攻國之罪。大於竊人桃李。攘人犬豕雞豚。殺不辜人。扡衣裘。取戈劍。不義莫大焉。乃天下弗知非。從而譽之謂之義。譬猶少見黑曰黑。多見黑曰白。少嘗苦曰苦。多嘗苦曰甘。凡戰鬭之事。刺殺天民。廢時耗財。縱有所得。不如所喪之多。故國恆以攻戰亡。惟立義以一天下之和。大國之不義也則同憂之。大國之攻小國也則同救之。小國城郭之不全也必使修之。布粟乏絕則委之。幣帛不足則共之。是以德求諸侯者。天下之服可立而待也。則知者之道也。

爾收刀入鞘。因凡動刀者。必死於刀下。（馬太傳二十六章五十二節）爾聞有言云。目償目。齒償齒。惟我告爾。勿與惡人爲敵。有人批爾右頰。則轉左頰向之。有人訟爾。欲取爾裏衣。則並外服亦聽取之。有人強爾行一里。則偕之行二里。爾聞有言云。愛爾同人。憾爾仇敵。惟我告爾。敵爾者愛之。詛爾者祝之。憾爾者善待之。陷害窘逐爾者爲之祈禱。如此。則可爲爾天父之子。若爾秖愛愛爾者。獨友於兄弟。有何過人耶。異邦人不亦如是乎。故爾儕當慈悲如天父然。（馬太五章三十八節至末路加六章三十六節）

二聖非攻性德之宏。潤齊天地。顧墨本世間法。景本出世法。不無差異。故墨不廢守圉。景則絕不抵抗。務不起分別。因以純善度之。厥後墨者胡非、宋鈃、尹文、惠施、公孫龍輩。均能遵行其教而不鬬。景教徒乃與十字軍。前後共七次。凡二十餘年。悖矣。今吾國人極愛和平。覺墨聖君子無鬬（耕柱）之流風。猶未墜也。景教各國雖設弭兵（春秋時宋向戌有此故事）會。國際裁判會。以防戰禍。乃言行相違。製艦造礮。厲行刼奪。釀成惡鬬四年。而牧師負槍殺虐者。迄不知其非。實汚辱基督。不免墨子狗豨之傷也。（耕柱篇、子夏之徒曰、狗豨猶有鬬。墨子傷之。）

（四）節用。墨家節用。淺者以爲爲社會理財。均貧富而已。（詳前財施）孰知實與兼愛相表裏。蓋不能外物。則不能外生。不能外生。則不能兼。不能兼、則其愛多罅漏也。辭過篇曰。得其所以自養之情。而不感於外。是節用者。將齊天下於一樸。亦實行兼愛一要旨也。由是羣甘恬憺。斷不致虧人以自恣。則又非攻之奧援也。景教同具此義。觀耶穌保羅之言可知。

飲食之法。足以充虛繼氣。強股肱。耳目聰明則止。不極五味之調。芬香之和。節用中

故聖人之爲衣服。適身體。和肌膚而足矣。非榮耳目而觀愚民也。辭過

今士之用身。不若商人用一布之愼也。貴義

故我告爾勿爲生命憂。何以食。何以飲。勿爲身體憂。何以衣。生命不重於糧乎。身體不重於衣乎。勿爲明日憂。明日之事。俟之明日。一日惟受一日之勞足矣。馬太傳六章末

虔敬兼知足。利莫大焉。蓋我儕無所攜而來。亦無所攜而去。有衣食卽當知足。彼圖富有者。陷迷惑。罹網羅。墮於無理有害之慾中。終惟沈淪滅亡而已。貪得爲萬惡之原。人慕之則迷失正道。猶以許多愁苦自刺其心也。提摩太前書六章

（五）節葬。

聖人之法死亡（忘）親。爲天下也。厚親。分也。以死亡之。體渴興利。（大取）

一門徒謂耶穌曰。主容我歸葬父。耶穌曰。爾從我。任彼死人葬死人。（馬太傳八章二十二節此文違背世法不可盲從須觀福音抉擇談）

二家薄喪葬以利天下同。所異者。墨重實利以資生命。景重生命不顧世法耳。

（六）非命　墨景二聖均體天行之健。強勁以化天下。使無不勇猛精進。擣善而避惡。有造於社會者大矣。詩文王篇云。永言配命。自求多福。是其義。

非命三篇以執有命者之言。是覆天下之義。覆天下之義者。是滅天下之人。實爲天下厚害。故曰命者暴王所作。窮人所術。非仁者之言。先王之書亦嘗有曰。福不可請。禍不可諱。敬無益。暴無傷者乎。在於桀紂則天下亂。在於湯武則天下治。天下之治也。湯武之力也。天下之亂也。桀紂之罪也。若以此觀之。夫安危治亂。存乎上之爲政也。豈可謂有命哉。王公大人聽獄治政。強必治。不強必亂。強必寧。不強必危。卿大夫內治官府。外斂關市山林澤梁之利。強必貴。不強必賤。強必榮。不強必辱。農夫耕稼樹藝。強必富。不強必貧。強必飽。不強必飢。婦人紡績織紝。強必富。不強必貧。強必煖。

不強必寒。

子墨子北之齊。遇日者。日者曰。帝以今日殺黑龍於北方。而先生之色黑。不可以北。子墨子不聽。遂北。至淄水不遂而反焉。日者曰。我謂先生不可以北。子墨子曰。南之人不得北。北之人不得南。其色有墨者有白者。何故皆不遂也。且帝以甲乙殺青龍於東方。以丙丁殺赤龍於南方。以庚辛殺白龍於西方。以壬癸殺黑龍於北方。若用子之言。是禁天下之行者也。是圍心而虛天下也。子之言不可用也。（貴義）

耶穌從不言命。嘗言我卽道路眞理生命。（約翰十四章六節）教人力求永生。有進無退。猶是墨家非命之神理也。如曰。我來非召義人。乃召罪人。（馬太傳九章）蓋欲盡化罪人爲義人也。耶穌嘗引經云。爾儕是神。（約翰傳十章三十四節）保羅云、其奧秘卽是基督在爾儕心內。（歌羅西書一章二十七節）是斯人永生之命。權自己操。果能上合天德。則有壽無夭。有安無危。無不自由矣。此知景教教人自苦利他。保合太和。與墨教一也。而樹義精卓過之。蓋世出世間異也。耶穌預知至耶路撒冷必將遇害。彼得諫阻。耶穌責之。（馬太傳十六章二十一至二十三節）保羅亦預知至耶路撒冷必遇難。（使徒行傳二十章二十二至二十四節）亞迦布幷衆友勸阻。保羅不聽。（同上二十一章十至十四節）皆與墨子不聽日者之言同。

墨景二聖均務掃除社會迷信。教人自強造命。不可任運以沈淪。無異致也。

(七)非儒　當時儒者大氐偏執己見。繁飾虛文而亡其實。墨聖非之。與景尊之非法利賽文士等正同。蓋依據眞理。改正天下之信仰故爾。墨子見歧道。耶穌見京城。俱哭。呂氏春秋疑似篇。路加福音十九章。慈悲洵無量矣。

非儒篇前半俱可徵信。後半明指孔某近於誣詆。不可盡信。

子墨子謂程子曰。儒之道足以喪天下者四政焉。儒以天爲不明。以鬼爲不神。天鬼不悅。此足以喪天下。又厚葬久喪。重爲棺槨。多爲衣衾。送死若徙。三年哭泣。扶後起。杖後行。耳無聞。目無見。此足以喪天下。又弦歌鼓舞。習爲聲樂。此足以喪天下。又以命爲有。貧富壽夭。治亂安危有極矣。不可損益也。爲上者行之。必不聽治矣。爲下者行之。必不從事矣。此足以喪天下。程子曰。甚矣先生之毀儒也。子墨子曰。儒固無此若四政者。而我言之。則是毀也。今儒固有此四政者。而我言之。則非毀也。告聞也。公孟篇　餘公孟篇十一事耕柱篇一事不具引

馬太傅二十三章全斥法利賽人與僞善之文士。又二十二章記法利賽人撒都該人事。可參觀。

耶穌語門徒曰。謹防法利賽人及撒都該人之酵。卽防法利賽人及撒都該人之教道。馬太傳十六章六節十二節

墨景二聖以文儒習僞。最爲眞理之障。故非之雖所非之事實。以時地因緣互異。而破邪執。伸正義。一也。

（八）貴義義所以兼利天下，亦兼愛攝。　經上云義利也。以義爲利天下之大本。貴屈己以伸之。

子墨子曰。萬事莫貴於義。今謂人曰予子冠履。而斷子之手足。子爲之乎。必不爲。何故。則冠履不若手足之貴也。又曰予子天下。而殺子之身。子爲之乎。必不爲。何故。則天下不若身之貴也。爭一言以相殺。是義貴於其身也。故曰萬事莫貴於義也。貴義

耶穌曰。人若富有天下。而喪其生命。何益之有。將以何者易其生命耶。馬太傳十六章二十六節

爲義被窘逐者有福。蓋天國乃其國也。馬太傳五章十節

今當以肢體獻於義爲僕以成聖。羅馬書六章十九節

一家以身貴於天下義貴於身同。而立言一剛一柔異。

（九）自由

墨教無自由之名。然確有自由之實。如非攻。卽非攻者之侵人自由也。備城門等守圉法。所以保護自由也。鉅子孟勝死荆陽城君之難。弟子從死者百八十三人。呂氏春秋上德篇　正所謂不自由毋寧死。申自由之大義於天下也。腹䵍之子殺人。秦王令吏弗誅。卒行墨法殺之。呂氏春秋去私篇　是尊重他人自由之勝行也。必尙同於天。一同天下之義。以止天下之亂。蓋以天卽眞理。眞理大明於天下。則人間一切我貪我癡我見我慢。自然消滅。於是各得自由。無犯人自由者矣。自由者。天人一兼之產物。與平等一而二。二而一者也。

耶穌曰。苟爲吾徒。必識眞理。眞理必使爾自由。約翰傳八章三十二節

案墨家之有鉅子。無異景教之有教皇。爲天下謀自由也。幸諸鉅子學識優秀。道德高尙。未見如當日教皇專橫殘忍。箝束人思想言論之自由。蓋我國有孔老鼎峙。歷史的文化甚深遠。西則獨尊一耶。歷史的文化甚淺故也。

（十）平等　義已見前標宗（7）。茲專就教略言之。

不黨父兄。不偏富貴。　雖天亦不辯貧富貴賤遠近親疏。尙賢中

無論是猶太人。是希利尼人。是自主者。是爲奴者。是男是女。因在基督耶

穌內都成爲一矣。（加拉太三章廿八節）
二教均以平等著稱。無庸多贅。惟墨重色身。景重靈性。立足點各異耳。若佛教則佛菩薩以及胎卵溼化衆生。世出世法。一切平等。量更宏矣。

（十一）堅信　凡一教主創教。必塙然有以自信者。用堅徒屬之信仰。因信爲一切功德母也。心地觀經曰。入佛法海。信爲根本。可爲二聖堅信之說明。

子墨子曰。吾言足用矣。舍吾言革思者。是猶舍穫而攈粟也。以其言非吾言者。是猶以卵投石也。盡天下之卵。其石猶是也。不可毀也。（貴義）

耶穌曰。天地可廢。吾言不可廢。（馬太傳二十四章三十五節）

（十二）持戒

莊子謂墨翟禽滑釐。以繩墨自矯。日夜不休。以自苦爲極。（天下篇）

腹䵍云。墨者之法。殺人者死。傷人者刑。（呂氏春秋去私篇）

有諸己不非諸人。無諸己不求諸人。（小取）

不可殺人。不可姦淫。不可偷盜。不可妄證。（馬太十九章十八節）

爾目中有梁木。何以語爾兄弟曰。容我去爾目中之草芥。僞善者乎。先去自己目中之梁木。然後可見以去爾兄弟目中之草芥。（馬太傳七章三節）

彼以難負重任縛而置之人肩。而己則一指不動。故不可效其所爲。（馬太傳二十三章三四節）

（十三）善下。處下善於處上。下所。請上也。（經說下請過誠、言在下處誠爲最上。詳集解。）人請爾赴婚筵。勿坐首位。恐有尊於爾者見請。則請爾者來語爾曰。讓位與斯人。爾必慚愧而趨末位。爾被請時。往坐末位。則請爾者來語爾曰。友。上坐。則爾在同席前有榮矣。蓋自高者將降爲卑。自卑者將升爲高也。（路加傳十四章八至十一節）

老子曰。大者宜爲下。（六十一章）江海所以能爲百谷王者。以其善下之。故能爲百谷王。（六十六章）易謙彖曰。謙亨。天道下濟而光明。地道卑而上行。天道虧盈而益謙。地道變盈而流謙。鬼神害盈而福謙。人道惡盈而好謙。謙尊而光。卑而不可踰。君子之終也。義均與墨景同。釋氏則戒我慢。有七慢九慢諸數。慢山慢坑諸名。務必心持謙恭。常自卑下。庶免慢使驅心。生死輪流。受苦不盡。析理邃密又進焉。

（十四）去識　世界爲衆生業識所成。吾人側身其間。恆爲衆苦逼迫。不易解脫。去識所以拔苦本也。

子墨子曰。必去六辟。嘿則思。言則誨。動則事。使三者代御。必爲聖人。必去喜去怒去樂去悲去愛去惡。而用仁義手足口鼻耳目。從事於義。必爲聖人。（貴義）

耶穌曰。虛心者有福。以天國乃其國也。（馬太傳五章三節）

經云。我將滅智者之智。廢慧者之慧。智者安在。經士安在。斯世之辯士安在。上帝豈非使斯世之智爲愚乎。（哥林多前書一章十九節）

人因無始習染。而有喜怒愛惡諸俗智。卽佛教所謂識。大都迷妄顛倒。性靈所由梏亡也。淮南子原道訓曰。「夫喜怒者。道之邪也。憂悲者。德之失也。好憎者。心之過也。嗜欲者。性之累也。」必盡去之。而性靈之縛乃解。故耶穌曰。虛心有福。天國與焉。顧凡夫中無所主。往往任情昏動。徧計起執。遣除不易。必有上同於天之義。以爲善巧方便。俾嘿則思此而意業淨。言則誨此而口業淨。動則事此而身業淨。然後一言一行一意念。莫不通道爲一矣。從知墨順天志。景依上帝。所以勦滅識心。清淨身口意業也。

（十五）破執　墨景之書。所以破人偏執。引入正理者。觸目皆是。御見二聖。悲智妙運。救世心切也。今略舉五證如次。

（1）破名相執。

名不必實，實不必名。苟是石也白，敗是石也，盡與白同。是石也唯大，不與大同。是有便謂焉也。（說詳大取集解）

風任意而吹，爾聞其聲，而不知其何來何往。凡由聖靈生者亦若是。（約翰傳三章七八節）

墨言名實皆非眞，有各因其便宜而偁之。景言聖靈本無去來，如風然。因人心迷惑，似有去來，均所以破名相執也。

（2）破貪著執。　言貪者於諸有情及資具等，愛樂耽著爲性，能障無貪，生苦爲業也。

智是室之有盜也，不盡是室也。智其一人之盜也，不盡是一人。（一舊作二，從畢校改。詳解大取集解）天常中存其人，其所室堂所存也。其子，存者也。據存者而問室堂，惡所存也。主室堂而問存者，孰存也。（詳經下集解）

斷指以存擘，利之中取大，害之中取小也。害之中取小者，非取害也，取利也。其所取者，人之所執也。遇盜人而斷指以免身，利也。其遇盜人，害也。（大取義詳集解）

凡爲我名，捨棄屋宇、兄弟、姊妹、父母、妻子、田疇者，將獲福百倍而得永生。

（馬太傳十九章末）

耶穌曰。爾欲盡善。往售所有以濟貧。則必有財於天。且來從我。少者聞言愀然而去。貲厚故也。耶穌謂門徒曰。駝穿針孔。較富者入天國尤易。（馬太傳十九章二十一至二十三節）

不負十架從我者。不堪爲吾徒。（馬太傳十章三十八節）

（3）破見取執　見取云者。謂於諸見及所依蘊。執爲最勝。能與一切鬪諍。障礙正見。故必破之。

公孟子戴章甫搢忽儒服而以見子墨子曰。君子服然後行乎。其行然後服乎。子墨子曰。行不在服。（公孟）　公孟子曰。善。吾聞之曰。宿善者不祥。請舍忽易章甫。復見夫子可乎。子墨子曰。請因以相見也。若必將舍忽易章甫而後相見。然則行果在服也。（公孟）

公孟子曰。君子必古言服然後仁。子墨子曰。昔者商王紂。卿士費仲。爲天下之暴人。箕子、微子。爲天下之聖人。此同言而或仁或不仁也。周公旦爲天下之聖人。關叔爲天下之暴人。此同服或仁或不仁。然則不在古服與古言矣。且子法周而未法夏也。子之古非古也。（公孟）

耶穌曰。婦人。當信我。時將至。爾曹拜父。非於此山。亦非於耶路撒冷。眞拜父者。當以靈以誠拜之。因上帝是靈。故拜之者必以靈以誠。（約翰傳四章二十一至二十四節）法利賽人以安息日不宜有爲耶穌據經利生。以破其執。且自謂人子是安息日之主。（馬太傳十二章一至十三節）蓋以安息在心。不在迹也。（義詳鄙著改造基督教之討論）

（4）破生死執。

死生利若一無擇也。殺一人以存天下。非殺一人以利天下也。殺己以存天下。是殺己以利天下。（是則也解詳大取篇）

自愛生命者反喪之。惟於此世自厭惡其生命者。可保之以永生。（約翰傳十二章二十五節）

殺身而不能殺靈魂者。勿懼。（馬太傳十章二十八節）

老子曰。吾所以有大患者。爲吾有身。及吾無身。吾有何患。（十三章）孔子曰。無求生以害仁。有殺身以成仁。（論語衛靈篇　孟子告子上云、仁人心也。可見仁卽人所以爲生之種子。）從知老子孔子。均以人之有身。足爲性德之累。教人外身以存身。而墨景二聖主張更烈。直視生死爲一條。欲人袪惑斷障。眞覺復本。可謂慈悲入神矣。是誠宗教根本要義。惜其詮境加行。遠不及釋氏精詳。學者當於法相宗求之。

（5）破人我執。

天下無人。（大取言莫非我也）

使彼儕合爲一。如父與我爲一然。（約翰傳十七章二十二節）

（十六）示範。

周頌道之曰。聖人之德。昭於天下。若天之高。若地之普。（從俞校）若山之承。不圻不崩。若日之光。若月之明。與天地同常。則此言聖人之德章明博大埴固以脩久也。故聖人之德。蓋總乎天地者也。（尚賢中）

耶穌曰。我乃世界之光。（約翰傳八章十二節）是與日月合明也。

耶穌因衆將迫之爲王。入山避之。（約翰傳六章）蓋性德堅定。不變不遷。超象外而屹立。止其所以厚終。靜而能持。不爲浮動無常之世榮搖。惟山可表德也。

曰上天下地。權均在我。（馬太傳二十八章）是總攝天地於一心。德合無疆也。

（十七）心傳　此以無上道妙。要在離言親證。非文字所能宣。是爲教外別傳。惟有利根上智。方可心心相印。釋氏禪宗所謂傳佛心印是也。

公尙過之心。數從於精微。同歸之物。既已知其要矣。是以不教以書也。（貴義）

尹文子。墨學大家也。即莊子天下篇徵之。願天下之安寧。以活民命。兼愛也。人我之養。畢足而止。節用也。禁攻寢兵。救世之戰。非攻也。作爲華山之冠以自表。平上下之等也。見侮不辱。即墨子不怒之道。周行天下。上說下教。雖天下不取。強聒不舍。猶墨子徧從人而說之。獨自苦而爲義也。乃著書大道上篇云。大道治者。則名法儒墨自廢。又云。是道治者。謂之善人。藉名法儒墨者。謂之不善人。蓋以墨之眞卽是道。墨可廢。道不可廢。道果不廢。墨卽不廢也。（解詳墨學傳授攷）保羅德行文學在景教爲巨擘。獻身基督。宣傳福音。終生不娶。嘗屢被囚。數瀕死而進取且益厲。乃達羅馬人書曰。倘我能救兄弟骨肉。卽自被呪詛。與基督決裂。亦所願也。（九章三節）

尹文保羅之言。蓋深有得於墨景二聖救世之心傳。與佛教所謂苟能度衆生。打佛罵佛無所不可。義同。維摩經法供養品曰。「依於法不依人」。（天台教義有四依此其一）「諸供養中法供養勝」。從知墨景二教非大乘權智菩薩。無能爲役。

（十八）供養　弟子於師。理當供養。亦所以廣道之傳也。

子墨子游荆。耕柱子於楚。二三子過之。食之三升。客之不厚。二三子復於子墨子曰。耕柱子處楚無益矣。二三子過之。食之三升。客之不厚。子墨子曰。未可智也。毋幾何而遺十金於子墨子曰。後生不敢死。有十金於此。（俞氏樾云二十兩爲一金。）願夫子之用也。子墨子曰。果未可智也。（耕柱）

耶穌在伯大尼癩者西門家。有婦攜玉缾。盛至貴之香膏。就耶穌席。沃其首。門徒見而不悅曰。惡用此糜費爲哉。此膏可鬻多金以濟貧者。耶穌知之曰。何爲難此婦。蓋貧者常偕爾。我不常偕爾。婦傾此膏於我躬。美事也。（原文穿鑿今删訂）我誠告爾。普天下不論何處傳福音。必述此婦所行。使人效法。（馬太傳二十六章六至十三節）

（十九）囑累。　墨書尙賢尙同等各三篇者。大都墨離爲三。各本師承說書。校者強分上中下以爲識別。故大旨多同。文有出入詳略。無異景教四福音。惟墨子嘗自著經說並大小取六篇。耶穌則僅以身血立爲新約。（此新約非謂四福音今以四福音爲新約者是不知新約之迷誤也）不著一字。是其異也。而二家不務爲文。專重躬行又甚同。至若墨有鉅子。景有使徒。（舊稱祭司後名監督主教教皇）蓋由教主付囑道要。使之積累流布。「無令斷絕。隨諸衆生所應得利。而爲廣說。」（維摩經囑累品）「亦若儒家之有師承宗派。佛氏之有傳授衣盋矣。」（閒詁墨學傳授攷）

墨者以巨子爲聖人。皆願爲之尸。冀得爲其後世。（莊子天下）

孟勝爲墨者鉅子。將死荆陽城君之難。其弟子徐弱諫孟勝曰。死而有益陽城君。死之可矣。無益也。而絕墨者於世。不可。孟勝曰。不然。吾於陽城君也。非師則友也。非友則臣也。不死。自今以來。求嚴師必不於墨者矣。求賢友必不於墨者矣。求良臣必不於墨者矣。死之所以行墨者之義而繼其業者也。我將屬鉅子於宋之田襄子。田襄子賢者也，何患墨者之絕世也。因使二人傳鉅子於田襄子。（呂氏春秋上德篇）案徐弱恐孟勝死而絕墨者於世，孟勝因使二人傳鉅子於宋之田襄子。其中顯有教外秘傳，與釋氏同。非修養功深不與焉。

耶穌殉道以後，甘爲耶穌捨命建立教會者，首推彼得保羅二使徒。彼得之名命自耶穌。譯卽磐石意，蓋謂究竟堅固，不變不壞，猶佛教所謂楞嚴也金剛也。耶穌嘗謂彼得曰，我將於此磐石上建立教會，將以天國之鑰賜爾。（馬太傳十六章十八九節）

耶穌召保羅爲使徒。（使徒行傳九章三節）

保羅謂提摩太曰，爾所得之恩賜，卽昔依預言在衆長老按手時所賜爾者。切勿輕忽。（提摩太前書四章十四節）願爾以上帝因我按手賜爾之恩，再發動之，如火復熾。（提摩太後書一章六節）案昔者使徒受職，行按手禮，有如釋氏密宗之灌頂法，具大靈感，今則徒具虛文耳。

莊子之論墨子曰，其生也勤，其死也薄，其道大觳，使人憂，使人悲，其行難爲也。反天下之心，天下不堪。（天下）耶穌號召於衆曰，當入窄門，因引之死地者，其門闊，其路寬，入之者多，引之生地者，其門窄，其路陝，入之者少。馬太傳七章十三四節是二教之難傳同。何故至今。一成絕學。一遍大地。蓋墨因儒教排斥。漢武罷除而衰。景能爭勝異教。得羅馬堪司炭聽服從而興。因地緣殊。頗關世運也。

以上釋立教竟。

（丙）結論

墨教之總綱。曰兼愛。景教之總綱。曰愛人如己。一以無窮不害兼。一以上帝在萬有中。若合符節。惟墨務下學而上達。景由形上以冒下。不無差異。若耶穌曰。我乃世界之光。見我卽見父。飲我所予之水永不渴。且於其腹成泉原流爲活潑之江河。凡信者。免沈淪卽佛教之輪迴獲永生。卽佛教之無生爾曹卽上帝。天國在爾心。是皆宗教根本要義。墨氏未逮者也。大取篇曰。愛衆衆世。與愛寡世相若。兼愛之有相若。有讀又愛尙世與愛後世。一若今之世。是又景教所未逮。然墨之爲教。赅於政與學。景則純乎宗教。陳義精深於墨無疑。若經上下。經說上下。大取等篇。哲理淵微。又景教所萬難企及也。學者當知就教相言。容有精粗深淺之異。就宗體言。實無有異。墨景二聖固皆親證宗體。心行平等。護念衆生矣。平心而論。二教義理。互有短長。可相頡頏。以視佛法。偏淺疏漏。瞠乎後矣。

讀伍評梁胡欒墨辯校釋

去歲七月。奉到欒君調甫讀梁任公墨經校釋稿。見經說上戶樞免瑟瑟通蝨之證。極欽佩。而於經下鑑團景一章。不能無疑。又於梁校所舉牒字例。未敢苟同。嘗與欒君討論。卒以整理鄙著無暇。置之。今六月、欒君由蓬萊寄示伍君非百評梁胡欒墨辯校釋異同寫印本。適拙作墨學分科寫訖、展讀之、又與欒君函商旁行、牒字、堅白論離盈分宗三事。未及其他。近又得伍君由成都寄來報端特載本文與欒君寄示者同。並函囑商搉。迴環雒誦。獲益匪淺。顧以「旁行」「牒經」二公例、於治墨學關係甚大。經說上「諾超城員止」以下百三十五字。梁任公胡適之二校均未安。並欒讀墨經校釋異同。多屬行列錯亂。急須攷定。三者管闚所及。與諸君不無相左。謹貢一愚。藉求明達教正。

旁行公例　欒調甫先生讀梁任公墨經校釋。說明旁行在竹書錯簡之後。由帛書分句而然。足資玩索。伍非百先生有辯經原本非旁行說、余尚未見。今讀伍先生評梁胡欒墨辯校釋異同、見其與欒先生商搉此例、極愜鄙懷。爰就管見。草此牘說。自知爝火、難當日光。祇以思想各殊、聊備達識一覽。

純一於旁行讀法、初未深考。竊以墨子著經、當是竹簡（兼愛天志非命等篇、皆自三墨屢云書之竹帛、竹先帛後可證）籀文原寫、卽爲旁行。因訪章君太炎。亦以爲然。今再四推想。假定原本卽是旁行。因各經獨立。乃自然之文體。又因下端空白過多。乃以後半寫入、如上列以塡之。約舉五證。

（一）經上下兩篇之文。今本誤合並寫。不知何時改作。寫者或惜行閒空白過多。以爲據說位次。不難逐章分辨。輒依旁行次序。改作直行。上下列相值。寫滿而亂之。故今據說位次。考訂經文。則上行下行。閒一相錯。仍不紊亂。偶有紊亂。（經上「巧轉則求其故大益」經下「一偏棄之」又自「臨鑑而立至不堅白說在」又「天而必正說在得」等。）蓋由展轉傳寫致誤。或由校者未諳經義。強作解事而譌。此據經說。卽知原經本屬旁行。兩列分讀。

（二）經說上下兩篇之文。顯依經本旁行兩截詮釋。故前後次第不亂。一望可知。閒有挩落（例知經上上列「大益」下列「直參也」經下上列「與一或復否說在拒」下列「不知其所處不害愛之說在喪子者」俱無說是。）錯置。（如「謂而固是」章之說、以經校之、當在下列錯入上列是。）亦可據經求得其實。

（三）魯勝注墨辯敘云。「墨辯有上下經。經各有說。今引說就經。各附其章。疑者闕之。」玩引說就經各附其章之意。想見「經」「說」位次。

行列分明。令人可疑者無多。此亦原經。必非如今本直行合寫之僞。

(四)墨子欲善之益多。述作並重。（見耕柱篇）不務循古。（見非儒篇）且務破古執。（公孟篇云、子之古非古也。）故自立說著書。經或門人尊稱。據貴義篇墨子自信其言足用而不可非。或自著即稱經。亦無足異。當時禮樂二經。必在墨子廢棄之列。則簪書無所用其謙。其竹簡必二尺四寸。與六經等長。經文各章。字數無多。兩截旁行。不惟秩序整齊易讀。亦可減少空白。節用竹簡。

(五)墨子理想。精於分析。談辯之閒。無不嚴定界限。故著辯經。即易象上傳「君子以族類辯物」之意。辯者、別也。在在必極其別。始能審異而致同。體例既異他書。必不直行連寫。自亂行列。與他書混。況墨道貴兼。賴以廣明。諸高才生。均必誦習。則爲旁行。使人因其條理聯貫而易讀。固無可疑。以此經上上列末行「讀此書旁行」五字。或即墨子自書以示例。亦未可知。

臆測墨經原本。一簡上下兩截。各書一經旁行。書式通例如左。

故所得而後成也	止以久也
體分於兼也	必不已也

原經上下行列，可因閒詁之誤而證知者。

上列	下列
舉擬實也	知聞說親
	名實合爲

知聞說親名實合爲，本爲一經。孫誤分爲二，遂致名實合爲上列空白。不合原簡旁行，章章相比之理。故拙箋不從，以上下行列證之，原本可見。

上列	下列
舉擬實也	知聞說親名實合爲
言出舉也	聞傳親

原經二章，本書一簡，上下兩截。後人誤倒而合爲一，即不合原本者。

上列	下列
	巧轉則求其故大益

孫云：『以旁行句讀次第校之，大益當在巧轉則求其故句上。』寫如下式。

上列	下列
	巧轉則求其故
大益	

案孫說是也。惟寫作兩簡，致巧轉上列空白，大益下列又空白，仍與原本不合。今從其說改寫之，庶相符矣。

損偏去也	服執說
益大（有挩文詳集解）	巧轉則求其故

據經說互證、知大益之說亡。經上上下行列、除此簡外、幷無錯亂。其原本墻爲兩截旁行無疑。

凡經兩截旁行。每截經文首字、相比平列。下端長短不一、因各經字多少而異。

引證史記律書數

九九八十一以爲宮

三分去一五十四以爲徵

律數祇十七行、故不重。墨經多、節用竹簡、故兩重。

經上上列文體變例一章。通例每名獨立成章此獨二名倂爲一章

久彌異時也宇彌異所也	聞耳之聽也

久宇二文。倂寫一行。梁校分爲二條。以「同異而俱於之一」屬下列•未可從。余初亦疑同梁校、卒從原本。詳集解。蓋讀墨經、不可著文字相、以其神理、恆當於文字外求之。竊以同異而俱於之一。爲結上起下之文。不誤。

「久」「宇」二名、合寫分釋。顯示古今旦莫之異同一久、東西南北之異同一宇。久宇異名而實又同。特變例書之、以明道妙無方也。下列如「日中」「有閒」「堅白」「同異交得」「法同」「法異」諸經、皆非一字爲題。是爲墨子行文。不主故常之證。

經下書式變例五章。

假定簡長二尺四寸。每簡書字一行。每行可容三十餘字。至多不過四十字。無定數。因籀文大小不一、一字畫多者、或占畫少者二三字之地位。

經上各章。字數無多。寫占半簡不足。先寫上列。後寫下列。兩截旁行。界劃分明、不生疑閒。經下如「物盡同名」「二偏棄之」今校「物之所以然」「堯之義也」「一法者之相與也」等章、其文均較他章字多。勢必半簡不能容。當生疑閒。謂於次簡續書乎。則其下列或上列、不能空白。所書經文、必與前行相次。今以旁行次第考之、知其不然。謂於半簡擠書兩行乎。想一簡寬、不過七八分、難容兩行籀文。再三審度、惟有二法。（一）書長章時。字迹稍斂。準以半簡書完。但此種寫法、亦不甚便。（二）稍占同簡下列或上列之位置。離開少許量寫他章。如此似覺較近。始與今本章次相合。姑擬原簡書式變例如下。

物盡同名二與鬬愛食與招白與視麗與暴夫與履　謂而固是也說在因 一偏棄之不可偏去而二說在見與俱一與二廣與脩　無欲惡之爲益損也說在宜	物之所以然與所以知之與所以使人知之不必同說在病　無不必待有說在所謂	宇或徙說在長宇久無久與宇　堯之義也生於今而處於古而異時說在所義二	負而不撓說在勝　一法者之相與也盡類若方之相合也說在方

試卽「物盡同名」章下。「謂而固是」章、行列錯亂以證。

物盡同名下、疑捝「說在」二字。或夫與履下捝說在□一句。

一偏棄之與不可偏去而二、當爲一經。約舉五證。（一）一偏棄之下、獨無說在某句。（二）「一偏棄之」與「不可偏去而二」據經與說文理、審知當爲一章。（三）經說前後次序神理往往相連、準此則謂而固是條、不應間隔一偏棄之與不可偏去二條使不相屬。（四）一偏棄之下列竟無相值之經。（五）以旁行句讀次第校之當爾。校訂下詳。

謂而固是也說在因章。以旁行句讀次第校之、當在物盡同名章下列。始與原本兩截次第相合。今經從說誤入上列。又誤分一偏棄之爲章列置於上、遂致下列三行空白。絕非廬山眞面。因思致誤之由。以原簡物盡同名章文長。寫占下截地位。上下列相距甚微。又值次簡一偏棄之不可偏去而二二章亦文長。寫占下截地位。異於各簡通例。傳寫者誤以三經相連合而爲一。又漏寫一偏棄之四字。既覺。率爾補著謂上。不知爲倒。校者據此。遂分一偏棄之不可偏去而二二之說爲二說。並移下列謂而固是章之說。入於上列。而「經」「說」上下行次乖違矣。今依兩截旁行次序考訂。一偏棄之與不可偏去而二二當合爲一。謂而固是章、當置物盡同名章下。說從經移。庶幾「經」「說」上下行列。悉復原狀。此卽經下書式變例而知各經旁行上下列相值。秩然不紊也。

又卽經下上列章次錯亂。據說以校而知原經旁行次第分明。

經下上列。旁行次第。前後錯亂。多非原本之舊。想由竹簡錯置。或傳寫遺漏數章。既覺卽於誤處補其遺。或校者任意併省。魯勝引說就經後復分本。（晉尙淸淡、多本於王弼注易老。魯勝注此經、遂成鼎足。想必風行一時。）或亦有以增其誤。今依經說下次序、考定旁行原本、說明如左。

宇或徙說在長宇久「無久與宇」

無久與宇四字、初疑爲宇或從章經文。或說文末句之錯簡。今依曹箋說首必牒經字例審校。則無久與宇堅白說在因爲一章。據說位次當與宇或從章連第。中間「臨鑑而立」「鑑位」「鑑團」三章。據說當在「景之小大」章後。了然無疑。說詳集解。

鑑團景一不堅白說在

閒詁以文不相屬、分作二章、非。堅白二字、涉下而衍、當刪。此文據說當在負而不撓章前。疑本作「鑑團景一大一小而必正說在……」。今本「一」下挩大字。「不」字乃「一小」形近而譌。據說當補「而必正」三字。說在下不知挩若干字。一大一小而必正。團鑑之景本然。據說並實驗可知。乃錯置譌奪。竟不可讀。拙箋校寫時。苦不得解。甫見欒校作「鑑團景一小一大而必正說在得、」以近是從之。然疑得字有譌。又以凸鏡實驗。見正影外並有到影。疑終未釋。今覺負衡木上「招」字、卽到之叚。見說文通訓定聲小部孫讀句誤。景過正故到、言臨團鑑、其景近大遠小無不正。然過正處尙有到景。頗與實驗符合。以經說互證。深信字字塙切。惟不知說在下挩字若干、爲缺憾耳。疑當作說在「不過正、」庶與「景過正故到」相應。

□而必正說在得

據文審校、知爲說「衡」章之經、當在負而不撓章後。舊而上天字、與說衡加重於其一旁三十五字、俱不相應、當爲鑑團章一大之譌。此經句首挩一字。因鑑團章與此經同「而必正說在」五字、校者誤以爲衍、併省之。遂致兩章俱有譌奪。而前後行次亦亂。句首字、曹箋云、天字乃臭之壞、臭古衡字也。梁云、「據說似當作衡、」案曹說可從。梁似塙見曹箋、隱據之以爲己說。觀其說牒經字、亦隱據曹箋無疑。

又卽經下上下行列、審校譌挩所在、而知原經旁行行列整齊。經下上列自「宇或徙」旁行至「挈與收仮」共十四章、下列自「堯之義也」旁行至「不可牛馬之非牛」共十五章、上列闕經一章顯然。乃校上列經說、塙闕三經、何也、蓋景當俱就、去亦當俱、俱用北、爲經上「日中正南也」之說、（詳集解）屬測量學、非光學。校者不知、見句首景字、與光學諸章同。遂誤由彼移此、致日中正南也無說。固非闕經也。當據正。鑒者之臭章闕經、卽由前後行次錯亂時挩落。（又方石去地尺章闕經、不知何故。）此據經說下上列次序、校訂經下上列次序、一一悉復舊觀。卽知經上經下原本、均屬兩截旁行無疑。

以上臆說、因未能詳求旁證。不知果有當否。尚希通學是正之。

管見寫訖數日。適奉欒君新著墨子經上下篇旁行說稿。並囪囑商酌。益本舊著、因答伍問、稍改而加詳。增至八千餘言。拜讀之間、見引伍著數處、頗服二君之博雅。同時又得欒君寄示曹鏡初先生耀湘墨子箋、急檢經說四篇首尾讀之。見其言曰。「經上下皆間一以相承。如宗廟之昭穆。如織錦之緯絲。此文體之變。不知其意指何在。畢氏因錄經文爲兩截、旁讀以成文。竊意墨子當日編簡本如是也。」不意原本旁行說、曹箋已先我得之、足爲管見或不盡謬之證。驚喜移時。然與欒伍二君之說未知孰是。八月八日純一附誌。

牒經公例

梁任公墨經校釋讀墨經餘記云。凡經說每條之首字、必牒舉所說經文之首一字、以爲標題。此句在經說中、決不與下文連讀成句。

胡適之後序駁之云。至多只可說經說每條的起首、往往標出經文本條中的一字或一字以上。(一)不限經說每條的首一字。(二)不限經文每條的首一字。(三)不必說「必。」(四)不可說此字在經說中、決不許與下文連讀成句。

欒調甫讀墨經校釋云。梁先生用公例的方法、實在有些可議。但他說的公例、未可厚誹。

伍非百評梁胡欒墨辯校釋異同、自舉墨辯釋例中、標目五例云。（一）標目文、係重述經文之首一字。（二）凡說皆有標目文。（三）凡標目文無義。（四）不以說之首一字偶同、而省略標目文。（五）凡標目只一字、無論經文可割裂否皆不計。又爲靈於運用、說有「顚倒」「併省」「脫落」三誤因。並「形近」「義近」「音近」「涉下」「涉上」種種字誤。

純一案曹鏡初先生墨子箋云、經說二篇、每遇分段之際、必取經文章首一字、以識別之。其中亦有脫漏數處。必明乎此、然後此四篇之章句次序、始可尋求。而校訛補脫、略有依據之處矣。此蓋梁伍二君、牒經之所本。牒經之例、可收據經治說據說治經之效。但泥迹以求、必於經於說、任意增刪改移、甚足爲古書危。說所以說明經義、自可推理而知。必如梁說、未免削足徇屨。經上大都舉名立義、嚴定界說、重在句首一字、或二字日中有閒堅白法同法異四字。同異交得如「有閒」「同異交得」等條、梁已自破其例、經說上卽說明經首一字或二字、故極似牒字、非必牒字。經下大都破名言相、導俗入眞、經文多不屬名而屬辭。題旨不在句首。而在文句必與說在某之一字或數字相應。牒字例即不盡合。案牒經莫如易六十四卦之彖辭。然以「乾」「坤」「觀」「噬嗑」「明夷」「升」「井」「巽」諸卦考之。即不然。則梁以凡經說每條之首一字、必牒舉所說經文之首一字、以爲標題。此句在經說中、決不與下文連讀成句之例、已不可通。又如公穀二傳、尤酷似牒字者。然以梁說衡之、亦不可通。例如公羊於定十二年經叔孫州仇帥師墮郈、傳以曷爲帥師墮郈起。穀梁於莊二十三年經秋丹桓宮楹、傳以禮天子諸侯黝堊起。又於桓十四年經夏五、傳在末句作結。均非故意牒字可知。梁執牒字之迹、即爲牒字所誤。純一特以梁說質之章君太炎、章君亦甚以梁說爲非。今讀伍著五例、可危視梁尤甚。更使梁說靈於運用、爲增「顚倒」「併省」「脫落」三誤因。吾恐由此「經」「說」受創、無完膚矣。綜計梁校泥此、任意刪改原書、管見以爲不可從者甚多。經說上三條刪材字、三二條增言字、五二條竟將上文移來增平字、六六條刪經白不二字、八四條由上條中間移來聖者用而勿必六字、又改聖作正、又增正字、九一條移來諾條之諾改作言、九二條移服執說章並巧轉章之說爲說、九五條改心作正、並改經止作正、經下二條增謂字、五條改上條句末之末作謂爲說、六條移上條不若敷與美爲說、又改與作舉、一三條移下條若數指改若作合爲說、一五條刪長字、一六條增撫字。一七條改在作推、三七條斷無爲句、三八條斷於爲句、三九條斷有爲句、四三條爲一所字移八字於上條、五八條斷以爲句、六二條刪無也二字、六四條刪傴字、六八條改且作牛、七八條爲須一學字刪下文五字、皆泥牒經之誤也。伍君泥此、舉例八條、管見以爲可從者一條而已。下詳雖然、梁欒伍三君、本經求說本說求經之精神、塙足爲治墨辯者法。純一仍極敬重之至。蓋說恆標經目、固爲墨辯公例。惟以執著牒經、多方泥求、未免危及古書耳。再就伍君所舉「顚倒」「併省」「脫落」諸例、略述管見。

（一）如「有閒謂夾之者也」「力重之謂」一類、是併省的錯誤。原文有閒上當有有字、力重上當有力字、校寫者以爲重文誤衍了。如經下「仁義之爲內外也」一章、其經說云仁。仁愛也、義利也、是未衍以前的原文。

純一案有閒上增有字、力重上增力字、恐鄰蛇足。

（二）如服執說章之說云、執服難成、說舊作言缺字 務成之。當作服執難成說務成之、又狂舉章牛狂與馬唯異、當作狂：牛與馬唯雖同 異一類、是顚倒的錯誤。若說標目不必在句首、請問這牛狂一類的句子怎麽講。

純一案伍校服執說之經與說甚是、後詳。說狂牛與馬惟異、與曹箋同。此類壔是顚倒的錯誤。

（三）如經說下云「謂四足」「獸」與「牛馬」與「物」特特字舊脫今添 盡與大小也、乃說經文推類之難。說在之大小特盡。舊誤物 「謂」上當有「推」字。「兩輪爲高兩輪爲輲車梯也」」乃說經文倚者不可正說在梯、兩輪上當有倚字。一類、是脫落的錯誤。

純一案謂上當有推字、不塙。兩輪上當有倚字、當從曹箋移是猶自舟中引横也下十字於前。

有「形近」「義近」「音近」「涉下」「涉上」種種字誤。

純一恐因牒經例多、「經」「說」眞面目、將從此失盡矣。

經「中同長也」

說同。這「同」字是標目文「中」之譌、因爲形近音近涉上而誤。楗與柱之同長也、心中自是往相若也。

純一案同楗與柱之同長也、爲同長以正相盡也之說。此經之說爲中自是往相若也。欒校以中字起是。

純一狂瞽、凡茲臆說未悉當否。尙希梁欒伍三先生進而教之。

以上述旁行牒經兩公例終。

曹箋有曰：「經則閒錯以成章、說則先上截而後下截。故說可以校經、經亦可以校說、互相校而得其端緒。則章段分明、句讀亦不難審訂矣。」此凡治墨經者、終當奉爲準繩者也。八月八日純一附記。

關於經說上諾超城員止以下一百三十五字　謹就伍君所校諸條商榷之。

（一）諾不一利用說諾：（超城員止也）相從相去先知是可五色

（長短……前後……輕重……援……）正五諾皆人於知有說過五諾若員無直無說用五諾若自然矣

說明超城員止也五字、與長短前後輕重援七字、疑當是上文同異交放之說、錯入於此。而又有脫文耳。因上文歷舉「有無」「多少」「去就」「死生」十幾個對待名詞、與「員止」（此二字有誤疑當作運止或員直）「長短」「輕重」「前後」宜爲連類而及之文。且超城員止也一句、與上文比度多少也等句、文法相類。疑長短前後輕重等句、亦當爲「□□長短也、□□前後也、□□輕重也」一類、特以錯簡脫文較多、不可訂正耳。先當作无色當作也。

純一案此條梁胡二校並非、孫校略可從。超疑起之譌、員疑負之譌。城張皋文本作成。足證土字誤合。成疑當爲或、或惑同。土吐同。止字不誤。適合五數、皆釋諾也。詳集解。伍校以長短前後輕重援、爲隔前數條之說移置過遠。況須加許多字、始成相類之文、殊不塙。

（二）服執說（音利）說服：執（舊倒誤）難成說（舊作言說之壞字）務成之

說明諾服二一章、釋諾說二一法之利用。

純一案伍校據經正說甚是、惟謂諾服二一章釋諾說二一法之利用、不塙。當作釋諾服二法之利用。經上全篇主要字、皆在句首。則服執說章、主要字必爲服字。非說字。

（三）巧轉則求其故說九則求執之

說明經巧轉上脫丸字、當據經說補。說九當作丸、標目。下脫巧轉二字、錯入左行。執當作埶、即古勢字、又倒誤。原文當爲丸巧轉則求之埶。

純一案以九則求執之、爲巧轉則求其故之說。新穎獨到。惟以九作丸、執作埶、似與上下文不相屬。未塙。說當以後文法法取同觀下巧轉二字移此作巧轉九則求執之。蓋巧爲此章之題、不必改九作丸爲題。九執二字、均不誤。義詳集解。

（四）大益另是一章屬旁行本上行

說明孫校大益、當作益大也。另是一章、應屬旁行上行。余按大益、與儇俱底上下行互錯。今宜將儇俱底移下行、大益移上行。上行損益對舉、下行「轉丸」「連環」並列。庶文義、文體、行次、三者俱合。

純一案大益章、伍從孫校是也。惟謂儇俱底章、當移下行、非是。不得據改九作丸之誤、又改行次、反以致亂。管見詳前旁行公例、並集解。

（五）法同則觀其同說（法）法：取同觀……。（巧轉）

說明說衍一法字、觀字下有脫文、疑當補一同字。巧轉爲右行之脫文、錯入於此。

純一案法法承法同言、言不一法、無衍字。惟說必標經目爲釋、法法上當有法同二字。與有閒章同例。觀下不必補同字。義詳集解。

（六）法異則觀其宜。說法：取此擇彼、問故觀宜。

說明說問當作唄、形誤。經說下說在問者、問誤爲明。明問互誤。經說此例最多。

純一案說法下當有異字、述經目也。問字以不改明爲是。下文「彼舉然者、以爲此其然也、則舉不然者而問之」十八字、再三審校、敢斷爲取此擇彼問故觀宜之案語、當移此作小注、詳集解。

（七）止因以別道。說以人之有黑者有不黑者也止：黑人與以有愛於人、有不愛於人、心愛人、是孰宜心彼舉然者、以爲此其然也、則舉不然者而問之。

說明經止、當作正。此正字、卽經上「合：正宜必」之「正、」說云「正者用而勿必、」卽此義。說黑當作墨、形誤。以人之有墨者有不墨者也一句、應在左行標目文「止」字下。傳寫者誤將第一行標目文、寫在第二行也。止當作正。說見上。人與倒誤、當作與人。二心、皆必之譌。上必字係普遍用法、下必字乃專門術語、爲三合之一。三合者、正宜必也。

純一案伍校此章、均不搞。止字不誤。標目止字譌也。又倒著不黑者下、當乙正。人與不必乙、兩心字、當從張校作止。彼舉然者十八字、係上章案語錯簡、詳前。經止、彖上三條而次之、篤行也。說當作止。以人之有墨者、有不墨者、止墨者。與以有愛於人、有不愛於人、止愛人。是孰宜止。義詳集解。胡適之所校多欠審。而云「止字的意義最重要、乃墨辯裏一個重要術語」是已。

（八）缶無非。說若聖人有非而不非。

說明經正當作聖。說聖、標目文、倒誤。

純一案伍校非。詳集解。

以上讀伍校經說上諾超城員止以下一百三十五字終。

伍評欒對墨辯校釋不同意的十幾條　此間如「同異而俱於之一」「久彌異時宇彌異所」「一偏棄之」「謂而固是也」「不可偏去而二」「宇或徙」「鑑團景一不堅白說在」「天而必正說在得」「景當俱就」諸章、皆由審校行次、或行次錯亂與諍。管見已寫於旁行公例、不贅。又有須聲明者二例。(一)於伍評完全同意者不說、如「名物達也」、「以言爲盡誖」二章是。(二)於所評難下論斷、在己尚須參究者不說、「五行無常勝」章是。義略詳集解。此外僅餘三事、姑妄言之。

(一)伍君云、因爲有引說就經旁行本、所以經與說有同著一塊兒錯的可能性。據我臆定「儇俱底」「體分於兼」「堯之義也」一類、都是同著一塊兒錯的。

純一案儇俱底章不錯、說見前。體分於兼章承上言、明大故卽兼、小故卽體。爲全經開宗、亦不錯。經下重在破名相。以堯之義隨意陳說、亦不爲錯。

(二)經說「盈：無盈無厚於尺無所往而不得得二」

梁校得二兩字、乃「倍爲二也」經說之錯簡。孫校屬下堅白章、引公孫龍子「無堅得白其舉也二無白得堅其舉也二」爲證。不知下條白字、乃傳寫者妄加耳。石中堅白相盈、與此文無盈無厚之義、全不相涉。

欒校得二兩字不衍。尺字下當有盈字、乃分釋有盈無盈之義。其文爲盈：無盈、無厚於尺。盈、無所往而不得、得二。與窮條經說分釋有窮無窮者同。若云得二是錯簡、照古簡字數推算、至少須八九十個字方可。

伍云、梁校得二兩字非是、但欒校亦非、當移下堅白章。因爲梁先生要删下文的白字、方說得二、與公孫龍子得二的說話無涉。若果下文白字不應刪、未見得不涉。梁先生何必舍近求遠、舍有據而求無據呢。欒校據有窮無窮分釋的文例、說尺下應增盈字、新穎獨到。足供吾輩治墨學者之參考。吾甚喜欒君此條、能「以墨辯治墨辯」也。唯連讀得二兩字爲句、覺牽強。

純一案梁校誤甚、伍以爲非、是也。而以欒校尺下增盈字爲獨到、恐不塙。竊以有窮無窮、冢上尺字、就尺外空間言。故以容尺不容尺爲辭。此盈字爲自端至次共九章之中堅。尺當從孫校作石。言萬有以盈成體、於石可驗。當讀「盈、無盈無厚、於石無所往而不得二」不可以無盈對舉。欒增盈字、似失其旨。說詳集解。

（三三）經「堅白不相外也」說曰「堅：異處不相盈相非是相外也」

梁校白不二字宜衍、因經上每條皆首一字爲句。此條堅相外也、與下攖相得也、爲反對之文。經上經說上全未討論到堅白石問題、乃後世墨者觭偶不仵之辭耳。

欒校白不二字不衍、墨辯以前、亦曾經有人討論過堅白問題、幷不是公孫龍子才有的。幷且公孫龍的堅白論、是離宗。墨子的堅白論、是盈宗。安見經上沒討論堅白問題。

伍云，白不二字當從欒校，至離宗盈宗的話，實在能分析古代堅白論的派別，發前人所未發。唯余以上文得二兩字，似應加在此處標目堅字上，乃直行本的倒誤。

純一案梁泥牒經之例，所校誤甚。伍從欒校，是也。惟堅下不從孫校增白字，亦泥標目只一字之誤。并謂得二兩字，當在此處標目堅字下，亦非。至謂離宗盈宗的話，實在能分析古代堅白論的派別，斯所未喻。純一於堅白論，實未深考。雖知堅白論不始於墨子，（孔子已有堅白之說）要自墨子而著。顧就墨子公孫龍言。深信公孫龍，祖述墨子以成家。（晉魯勝已有此說）所謂離者，分析名相。離其所盈也。別也。所謂盈者，遣除名相。盈其所離也。兼也。經說下云，見不見離，一二不相盈，廣修堅白。是離堅白以爲言，實表堅白不可離也。公孫龍子曰，於石一也。堅白二也。而在於石，故有知焉，有不知焉，（即經說下之文）有見焉，有不見焉。故知與不知相與離，見與不見相與藏。（藏即經下所謂存）藏故孰謂之不離。曰目不能堅，手不能白，不可謂無堅，不可謂無白，其異任也，其無以代也。以上皆發揮見不見離之義。堅白域於石，惡乎離，即盈之說也。下文堅未與石爲堅，白固不能自白云云，即言堅白並無自體，即是離物無堅無白、是離之正所以盈之。猶佛教相宗之分析名相、正爲遣除名相計也。凡以達一兼無外之旨也。故以離與盈一而二、二而一、不能分宗也。嘗質之欒君、繼得覆云、張子晉先生意與純一同。吾知欒君於此有甚深之研究、今知伍君亦然用此敬祈明教。

以上讀伍評欒對墨經校釋異同終。

此篇共分三段、均屬墨經重要問題。聊攄蠡測、甚願與微繼絕之碩儒教正之。

民國十二年八月四日寫訖、

墨子大取篇釋義敍

墨子書號稱難讀。其勝義尤在經及經說大取諸篇。鄙箸閒詁箋、於此疑滯獨多。後得張子晉先生墨經注。歎其美不勝搜。以解大故小故精塙。亟錄入冊。又有微積分、地圓說、足資學者參證。鄙箸墨學分科采之。近先生爲大取篇釋義。了徹大原。細入湊理。後有作者、恐無能加之矣。竊惟墨書雖以經與說爲要。而大取實其總綱。天下無盡德業。未有不出於平等心者。墨道貴兼。卽世出世閒大乘佛法。將利中取大。位育天地萬物於至中至和之兼中也。此卽一切平等心也。交別者、天下之大害所自生也。人盡取兼以易別。天下之害胡自生。故學愛人。當先明兼。兼之爲物。大無外。小無內。取不盡。用不竭。德行、事功、文學、技術、舉莫能外。尙同天志。遣人己之妄執。契兼本也。節用非攻。一利害於正權。宏兼量也。經與說析名實之異同。會兼相也。學墨者治大取。思過半矣。先生詳分章段。爲窮奧賾精卓之義。多前賢所未發。試就拙箋對勘。閒有同趣者。如以義主兼愛理論精深是。有可互明者。如云大取小取之命名是。然余之不謬。得先生書以證者。亦僅矣。義有拙箋未逮者。如謂大故周徧。小故不周徧是。有足正拙箋之誤者。如解非白馬馬是。有解余所不能解者。如有有於秦馬。有有於馬也是。凡此足徵先生獨到。有與拙箋相反者。如以大取小取兩篇。斷非墨子自箸是。此待來哲論定。至謂大取爲與儒家辯護。自成一家學說。尤得墨氏心傳。允爲治墨宗師。先生恢張絕學。其功大矣。儻後之君子。紹隆先生之緒。使墨書之難讀者。盡人易曉。類通大小之故於一兼。兼攝大小之行於一愛。忘己利物。取於未有者大而無窮。卽是篇之以類予者大而無窮。

中華民國十二年雙十節漢陽張純一敘於上海定廬。

中華民國二十五年九月印刷
中華民國二十五年九月初版

墨子集解（修正本）（全一册）

實價國幣一元四角
（外埠酌加運費匯費）

註述者　張純一
發行者　世界書局有限公司代表人　陸高誼
出版印刷者　上海大連灣路　世界書局
發行所　上海及各省　世界書局

本書負責校對者荆樹森

崇文学术文库·西方哲学

1. 靳希平　吴增定　十九世纪德国非主流哲学——现象学史前史札记
2. 倪梁康　现象学的始基：胡塞尔《逻辑研究》释要（内外编）
3. 陈荣华　海德格尔《存有与时间》阐释
4. 张尧均　隐喻的身体：梅洛-庞蒂身体现象学研究（修订版）
5. 龚卓军　身体部署：梅洛-庞蒂与现象学之后
6. 游淙祺　胡塞尔的现象学心理学 [待出]
7. 刘国英　法国现象学的踪迹：从萨特到德里达 [待出]
8. 方红庆　先验论证研究[待出]

崇文学术文库·中国哲学

1. 马积高　荀学源流
2. 康中乾　魏晋玄学史
3. 蔡仲德　《礼记·乐记》《声无哀乐论》注译与研究
4. 冯耀明　"超越内在"的迷思：从分析哲学观点看当代新儒学
5. 白　奚　稷下学研究：中国古代的思想自由与百家争鸣
6. 马积高　宋明理学与文学
7. 陈志强　晚明王学原恶论 [待出]
8. 郑家栋　现代新儒学概论（修订版）[待出]

崇文学术·逻辑

1.1 章士钊　逻辑指要
1.2 金岳霖　逻辑 [待出]
1.3 傅汎际 译义，李之藻 达辞：名理探 [待出]
1.4〔英〕耶方斯 著，王国维 译：辨学
1.5 亚里士多德 著：工具论（五篇 英文）
2.1 刘培育　中国名辩学 [待出]
2.2 胡　适　先秦名学史（英文）[待出]
2.3 梁启超　墨经校释
2.4 陈　柱　公孙龙子集解
3.1 窥　基　因明入正理论疏（金陵本）[待出]

崇文学术译丛·西方哲学

1. 〔英〕W. T. 斯退士 著，鲍训吾 译：黑格尔哲学
2. 〔法〕笛卡尔 著，关文运 译：哲学原理 方法论
3. 〔德〕康德 著，关文运 译：实践理性批判
4. 〔英〕休谟 著，周晓亮 译：人类理智研究 [待出]
5. 〔英〕休谟 著，周晓亮 译：道德原理研究 [待出]
6. 〔美〕迈克尔·哥文 著，周建漳 译：于思之际，何所发生 [待出]
7. 〔美〕迈克尔·哥文 著，周建漳 译：真理与存在 [待出]

崇文学术译丛·语言与文字

1. 〔法〕梅耶 著，岑麒祥 译：历史语言学中的比较方法
2. 〔美〕萨克斯 著，康慨 译：伟大的字母 [待出]
3. 〔法〕托里 著，曹莉 译：字母的科学与艺术 [待出]

中国古代哲学典籍丛刊

1. 〔明〕王肯堂 证义，倪梁康、许伟 校证：成唯识论证义
2. 〔唐〕杨倞 注，〔日〕久保爱 增注，张觉 校证：荀子增注 [待出]
3. 〔清〕郭庆藩 撰，黄钊 著：清本《庄子》校训析
4. 张纯一 著：墨子集解

徐梵澄著译选集

1. 尼采自传（德译汉）
2. 薄伽梵歌（梵译汉）
3. 玄理参同（英译汉并疏解）
4. 陆王学述
5. 老子臆解
6. 孙波：徐梵澄传（修订版）

出品：崇文书局人文学术编辑部
联系：027-87679738，mwh902@163.com

唯识学丛书

01. 周叔迦　唯识研究
02. 唐大圆　唯识方便谈
03. 慈　航　成唯识论讲话
04. 法　舫　唯识史观及其哲学
05. 吕澂唯识论著集
06. 王恩洋唯识论著集
07. 梅光羲唯识论著集
08. 韩清净唯识论著集
09. 王恩洋　摄论疏
10. 王恩洋、周叔迦　唯识二十论注疏（二种）
11. 王恩洋、周叔迦　因明入正理论释（二种）
12. 无著、世亲等　唯识基本论典合集
13. 太虚、欧阳竟无等　唯识义理论争集
14. 王夫之、废名等　诸家论唯识
15. 熊十力等　新唯识论（批评本）
16. 太虚唯识论著精选集
17. 唯识所依经三种合刊（藏要本影印）
18. 唯识十支论·无著卷（藏要本影印）
19. 唯识十支论·世亲卷（藏要本影印）
20. 成唯识论（藏要本影印）
21. 田光烈唯识论著集
22. 欧阳竟无　唯识讲义
23. 罗时宪　唯识方隅
24. 倪梁康　八识规矩颂注译（二种）
25. 杨廷福　玄奘年谱
26. 金陵刻经处大事记长编（1864—1952）

禅解儒道丛书

1. 憨　山　老子道德经解
2. 憨　山　庄子内篇注
3. 蕅　益　四书蕅益解
4. 蕅　益　周易禅解
5. 章太炎　齐物论释
6. 马一浮　老子注
7. 杨仁山　经典发隐
8. 欧阳渐　孔学杂著

西方哲学经典影印

01. 第尔斯（Diels）、克兰茨（Kranz）：前苏格拉底哲学家残篇（希德）
02. 弗里曼（Freeman）英译：前苏格拉底哲学家残篇
03. 柏奈特（Burnet）：早期希腊哲学（英文）
04. 策勒（Zeller）：古希腊哲学史纲（德文）
05. 柏拉图：游叙弗伦 申辩 克力同 斐多（希英），福勒（Fowler）英译
06. 柏拉图：理想国（希英），肖里（Shorey）英译
07. 亚里士多德：形而上学，罗斯（Ross）英译
08. 亚里士多德：尼各马可伦理学，罗斯（Ross）英译
09. 笛卡尔：第一哲学沉思集（法文），Adam et Tannery 编
10. 康德：纯粹理性批判（德文迈纳版），Schmidt 编
11. 康德：实践理性批判（德文迈纳版），Vorländer 编
12. 康德：判断力批判（德文迈纳版），Vorländer 编
13. 黑格尔：精神现象学（德文迈纳版），Hoffmeister 编
14. 黑格尔：哲学全书纲要（德文迈纳版），Lasson 编
15. 康德：纯粹理性批判，斯密（Smith）英译
16. 弗雷格：算术基础（德英），奥斯汀（Austin）英译
17. 罗素：数理哲学导论（英文）
18. 维特根斯坦：逻辑哲学论（德英），奥格登（Ogden）英译
19. 胡塞尔：纯粹现象学通论（德文1922年版）
20. 罗素：西方哲学史（英文）
21. 休谟：人性论（英文），Selby-Bigge 编
22. 康德：纯粹理性批判（德文科学院版）
23. 康德：实践理性批判 判断力批判（德文科学院版）
24. 梅洛－庞蒂：知觉现象学（法文）

西方科学经典影印

1. 欧几里得：几何原本，希思（Heath）英译
2. 阿基米德全集，希思（Heath）英译
3. 阿波罗尼奥斯：圆锥曲线论，希思（Heath）英译
4. 牛顿：自然哲学的数学原理，莫特（Motte）、卡加里（Cajori）英译
5. 爱因斯坦：狭义与广义相对论浅说（德英），罗森（Lawson）英译
6. 希尔伯特：几何基础 数学问题（德英），汤森德（Townsend）、纽苏（Newson）英译
7. 克莱因（Klein）：高观点下的初等数学：算术 代数 分析 几何，赫德里克（Hedrick）、诺布尔（Noble）英译

古典语言丛书（影印版）

1. 麦克唐奈（Macdonell）：学生梵语语法
2. 迪罗塞乐（Duroiselle）：实用巴利语语法
3. 艾伦（Allen）、格里诺（Greenough）：拉丁语语法新编
4. 威廉斯（Williams）：梵英大词典
5. 刘易斯（Lewis）、肖特（Short）：拉英大词典